民国阳江商会档案汇编

上

阳江市档案馆◎编

東方出版社

图书在版编目（CIP）数据

民国阳江商会档案汇编 / 阳江市档案馆编 . — 北京：东方出版社，2021.7

ISBN 978-7-5207-1968-1

Ⅰ . ①民… Ⅱ . ①阳… Ⅲ . ①商会—档案资料—汇编—阳江—民国 Ⅳ . ① F729.6

中国版本图书馆 CIP 数据核字（2021）第 142538 号

民国阳江商会档案汇编

MINGUO YANGJIANG SHANGHUI DANGAN HUIBIAN

责任编辑：张晓雪

出　　版：东方出版社

发　　行：人民东方出版传媒有限公司

地　　址：北京市西城区北三环中路 6 号

邮　　编：100120

印　　刷：河北环京美印刷有限公司

版　　次：2021 年 7 月第 1 版

印　　次：2021 年 7 月北京第 1 次印刷

开　　本：787 毫米 ×1092 毫米　1/16

印　　张：65.5

字　　数：656 千字

书　　号：ISBN 978-7-5207-1968-1

定　　价：308.00 元

发行电话：（010）85924738

《民国阳江商会档案汇编》编辑委员会

《民国阳江商会档案汇编》编辑组

前 言

阳江县为粤西南大邑，东接台山、恩平，北接阳春，西邻电白，南临南海，内连粤中、粤西诸邑，外通大洋之利。阳江县治所在地阳江城地理位置优越，扼漠阳江出海口，不仅是粤中、粤西商品流通和对外贸易的主要通道，也是广东省会通往南路和海南岛的要道，在1000多年前就成为漠阳江流域的文化、经济和政治中心。优越的地理位置和便利的交通，使阳江城在明清时期工商业日趋繁荣，同治年间有商店500多户，资金雄厚。民国时期阳江城俨然成为粤西工商业重镇，1948年已有私营工商业1629户。

作为广大工商业者的社会团体，阳江县商会诞生于清末。1908年，商人叶景春等筹办商会，呈知州转请农工商部立案，设商务分会于太傅路太傅祠。民国初年，军阀混战，盗匪猖獗，商务分会向商人筹款，组成商团，购置枪支弹药，武装三个小队，分驻商业繁荣之地，日夜巡逻，保护商旅。1931年2月，阳江县商会改组成立，以“图谋工商业及对外贸易之发展，增进工商业公共之福利”为宗旨。此后，阳江县商会十分活跃，积极承担联合工商业者、保护工商业者的利益、沟通商界与政府的联系、参与各项政治事务和社会治理等诸多职能，直到1949年随着国民党统治的崩溃而解散。

过去学术界对商会史的研究，主要集中在上海、苏州、天津、汉口、广州等大城市，而粤西重镇阳江则少有研究成果论及。这种情况与档案史料查阅和利用的局限密切相关。阳江市档案馆保存了较为完整的民国时期商会档案，约2.1万件，时间自1930年至1949年，绝大多数的档案成文时间在1939年至1949年间，主要为民国时期的文书、表册，是民国时期阳江商会活动的真实记录。这批档案得到了当地档案管理部门的良好保存，但所惜一直未进行系统整理和编纂出版，学术研究的利用率比较低。因此，系统整理和编纂《民国阳江商会档案汇编》，充分发掘民国阳江商会档案的文化内涵和研究价值，能为近代阳江商会活动、民族工商业发展和社会经济变迁的研究提供第一手的资料，有利于推动地方历史文化事业的发展；此外，对于保护与开发国家重点档案，服务广东民国史、革命史、地方经济及其他政治、社会问题的研究，也有非常重要的参考价值。

《民国阳江商会档案汇编》收录了民国时期阳江商会档案卷宗的主要文件，涉及商会的各类活动与社会多方面的业务往来及联系，内容主要包括商会的组织沿革，发展工商实业和保护工商业者的措施，参与经济事务、税收征管以及政治、司法和社会等各项事务，涉及经济、政治、军事、教育、社会等多个方面。所选档案涵盖了多种类型，主要有文件、电报、信函、法规、章程、传单、会议录、日志、证明书等。

民国阳江商会这批档案极有价值、弥足珍贵，基本上还处于无人开发利用的状况，因此对其进行系统整理和编纂是一项重要的工作。在整理和编纂的工作中，我们严格遵守国家档案局发布的《国家重点档案保护与开发项目管理办法》，结合阳江市档案馆馆藏档案的案卷实际特点，对档案进行修裱抢救及数字化之后进行汇编。我们期望通过对民国阳江商会档案的系统整理、编纂和公开出版，全力推动全国重点档案开发和保护项目的工作进度，便于社会对民国阳江商会活动、工商业发展的借鉴学习与科研利用。同时，整理和编纂工作难免挂一漏万，错漏之处在所难免，恳请专家学者不吝赐教、批评指正。

编　者

凡 例

一、本书为阳江市档案馆馆藏民国商会档案卷宗所存档案文件之汇编，涉及商会的各类活动及其与社会多方面的业务往来和联系，包括会议记录、提案、函电、公文、表册、调查报告等。

二、本书根据所选用档案内容和民国时期阳江社会经济变迁的实际情况，采取“主题——事件——时间”的体例，即分为组织沿革，会务与会费，发展工商实业，参与经济事务，参与税收征管，参与政治、司法和社会活动等六个主题，每个主题包括若干事件，据此将档案分门别类，一件一题，同一事件的档案按照时间为序进行编排。档案如无具文时间者，统一编于所属专题事件的后面，或根据编者推定的大致时间编排于合适位置。

三、本书为保持档案原貌，收录档案文献均全文影印。

四、本书依据中国第二历史档案馆编制、国家档案局发布的《民国档案目录中心数据采集标准民国档案著录细则》，结合阳江市档案馆馆藏民国档案的案卷实际特点，对选取出来的档案编制目录，目录内容包括题名和形成时间。文件原有题名的，就照录原题名；没有题名的、题名不完整或不能揭示主要内容的，重新拟写题名，力求精练、准确、完整，揭示出责任者、内容、文种，符合《民国档案目录中心数据采集标准民国档案著录细则》规定的标准。

目 录

一、组织沿革

（一）广东省商会联合会

（二）阳江县商会组织

（三）阳江县各同业公会

二、会务与会费

（一）会议记录

（二）会务往来

（三）会费收支

三、发展工商实业

（一）扶助实业

（二）代办商务

（三）协助购办民生用品

（五）便利商运

（六）维护商人利益

四、参与经济事务

（一）经济管理

（二）财政金融

（三）度量衡

（四）粮政

（五）物价

（六）经济调查

五、参与税收征管

（一）总论

（二）营业税

（三）所利得税

（四）屠宰税

（五）呈请减免营业税

（六）呈请减免所利得税

（七）呈请减免其他税捐

六、参与政治、司法和社会活动

（一）政治活动

（二）调解劳资纠纷

（三）调解商业纠纷

（四）消防活动

（五）社会事业

一、组织沿革

（一）广东省商会联合会

1. 广东省商会联合会会员大会宣言草案（1946 年 10 月 20 日）

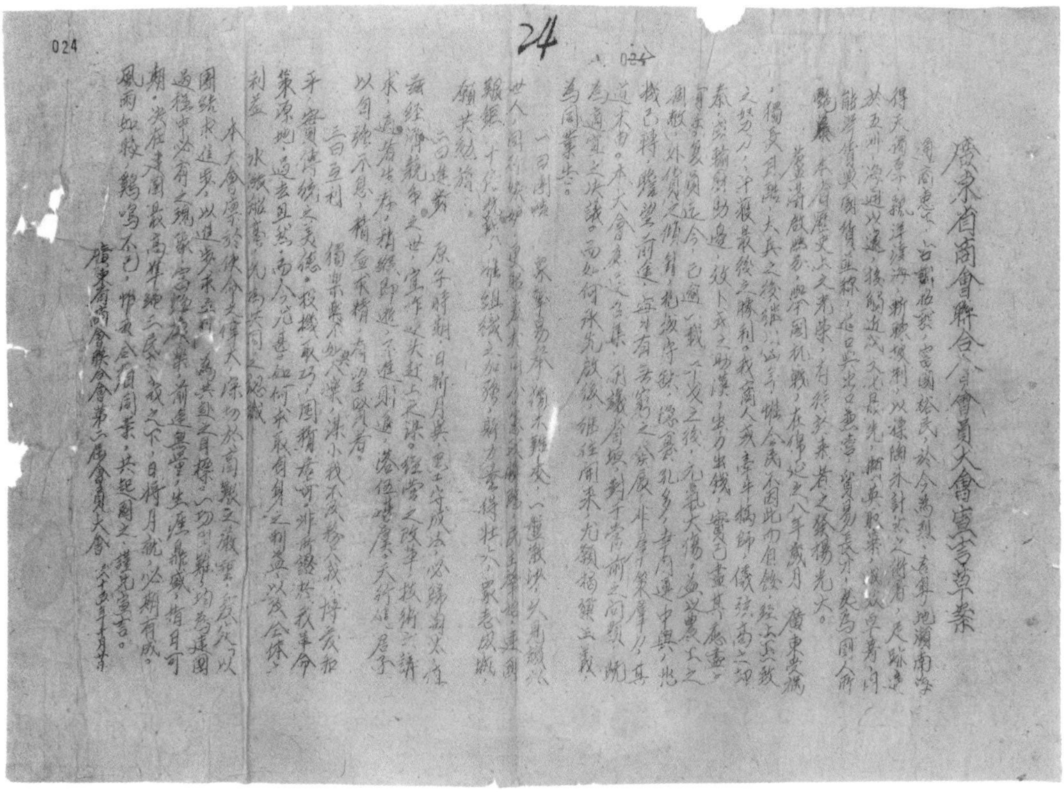

廣東省商會聯合會會員大會宣言草案

2. 广东省商会联合会告全省商界同胞书（1947 年 9 月 30 日）

060　~~059~~　62

請轉發
貴會各
同業公會

務會存查

廣東省商會聯合會
告全省商界同胞書

全省商界同胞：

憲政實施在邇，普選即將舉行。我全國商業團體之國大代表及立法委員名額，經奉核定。吾粵爲對外通商最早之口岸，迄今仍爲華南經濟重心，商業團體對此次各種選舉，自宜密切注意，**斯固吾人應享之權利，抑亦吾人應盡之義務。**茲者競選活動業已開始，謹揭數義，爲我全省商界同胞告：

復員以來，本省工商事業，因經日人殘暴之摧毀，以致元氣大傷，吾人疾苦，尤未能獲致政府之培護，現在憲政定期實行，我粵商人，爲爭取本省經濟上之平等地位，解除限制本省經濟發展之束縛，以促進工商事業之發達起見，對於爲吾人喉舌之商業團體國大代表及立法委員之選舉，必須特別重視，而未許漠不關心；否則本省商業情形，勢將每況愈下，而粵省在全國經濟上之地位，亦難有改善希望，此爲我商界同人所應注意者一。

國民大會代表及立法委員，地位重要，蓋一則代表人民行使政權，一則代表政府行使立法權，故其人選如何，匪特關係選人權益，抑且影响憲政前途，自應慎重推選，以副衆望。本省商業團體所配名額至少，因而人選更應重視。本會對此次選舉，爲求慎重將事，至盼我商界同人，深切認識國大代表與立法委員之重要地位，**不獨不應放棄其選權，更應特別珍視其選票，**務希以整個團體福利爲前提，幸勿稍私情誼，以期將來所選出者，確爲我商界理想之人物，不致有負吾人負托。至於競選者個人之成敗，固其餘事，此爲我商界同人所應注意者二。

本會爲全省商人所共同組織，以此次大選，關係重要，經設置特種委員會，主辦競選事宜。除指導各地商界同胞依法辦理各種選舉手續外，並爲便利選舉進行起見，推出**藍遜、關能創、林德中、潘仲良、吳瑞麹、麥學創**等爲本省商業團體國民大會代表候選人，**何雅各**爲本選區商業團體立法委員候選人。上述諸君，**皆爲純正之商業從業人員，且係信仰三民主義之忠實同志，**歷年爲商人服務及參加商業團體工作，頗著勞績（其資歷另有介紹）本會認爲選舉意志固貴自由，然對若干共認爲理想之人物，一致予以支持，亦未始非明智之舉。茲者選舉即將舉行，凡我同人，務請就將來政府公佈候選人名單中，審慎抉擇，**俾克選出真正能代表商人利益，且足以協助國家政令推進之人物。**此爲我商界同人所應注意者三。

以上所陳，卑無高論。第以茲事體大，無論選舉人或競選人，**均應犧牲小我，顧全大我，憑良心主張，確守商人立場，力行民主道德，**務使此次我粵商界選舉，獲得理想結果，藉以宣達我商界意志，促進本省工商事業之發達，是則本會所敬謹祈求於我全省商界同胞者也。

三十六年九月三十日

3. 广东省商会联合会章程

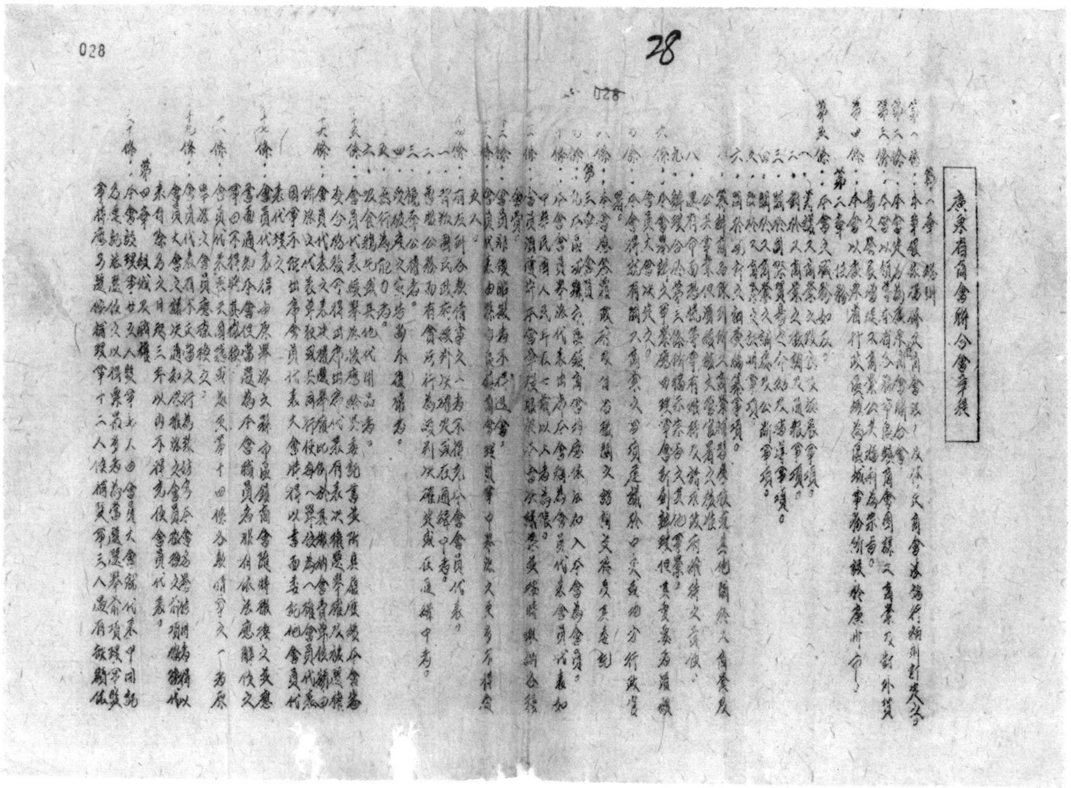

廣東省商會聯合會章程

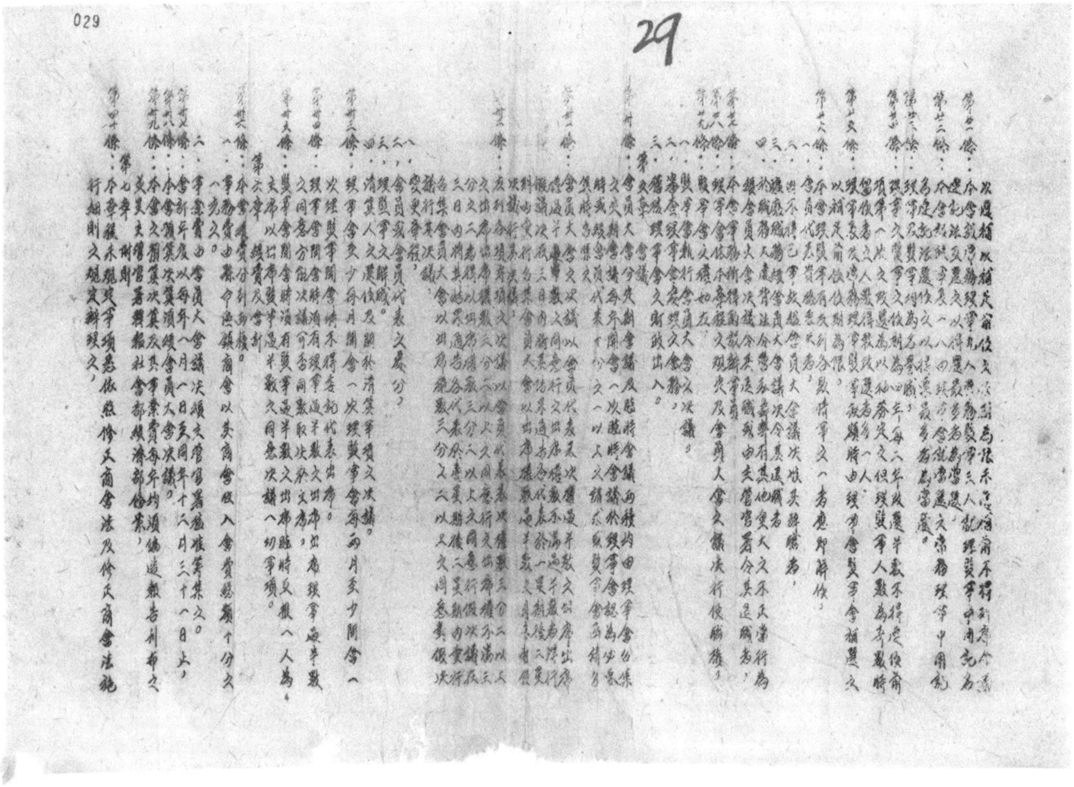

029

29

第廿一條：[illegible]

第廿二條：[illegible]

第廿三條：[illegible]

第廿四條：[illegible]

第廿五條：[illegible]

第廿六條：本會理監事有左列各款情事之一者應即解任：
一、[illegible]
二、[illegible]
三、[illegible]
四、[illegible]

第廿七條：[illegible]

第廿八條：[illegible]

第廿九條：監事會之職權如左：
一、監察理事會執行會員大會之決議。
二、審查理事會處理之會務。
三、稽核理事會之財政出入。

第五章　會議

第三十條：會員大會分定期會議及臨時會議兩種，[illegible]

第卅一條：[illegible]

第卅二條：左列各款事項之決議[illegible]
一、[illegible]
二、[illegible]
三、[illegible]
四、清算人之選任及關於清算事項之決議。

第三十三條：理事會至少每月開會一次，理監事聯席會議每兩月至少開會一次。

第卅四條：理事會開會時不得委託代表出席。
次理監事開會時須有理事過半數之出席，出席理事過半數之同意方能決議，可否同數取決於主席。

第卅五條：監事會開會時須有監事過半數之出席，臨時互推一人為主席，以出席監事過半數之同意決議一切事項。

第六章　經費及會計

第卅六條：本會經費分列兩種。
一、事務費由各鎮商會以其商會所入會費總額十分之一充之。
二、事業費由會員大會議決籌集之。

第卅七條：會計年度以每年一月一日起至同年十二月三十一日止。

第卅八條：本會之預算決算須經會員大會決議。

第卅九條：本會之預算決算及其事業費每年均須編造報告刊布之，並呈報主管官署暨社會部經濟部備案。

第七章　附則

第四十條：本章程未規定事項悉依照修正商會法及修正商會法施行細則之規定辦理之。

030

30

029

第四十八條：本章程如有未盡事宜須會員大會之決議呈准廣東省政府社會處修改之並轉報社會部經濟部備案。

第四十九條：本章程呈准廣東省政府社會處備案施行並轉報社會部經濟部備案。

（二）阳江县商会组织

4. 人民团体调查表（广东阳江县商会）（1936 年 10 月 2 日）

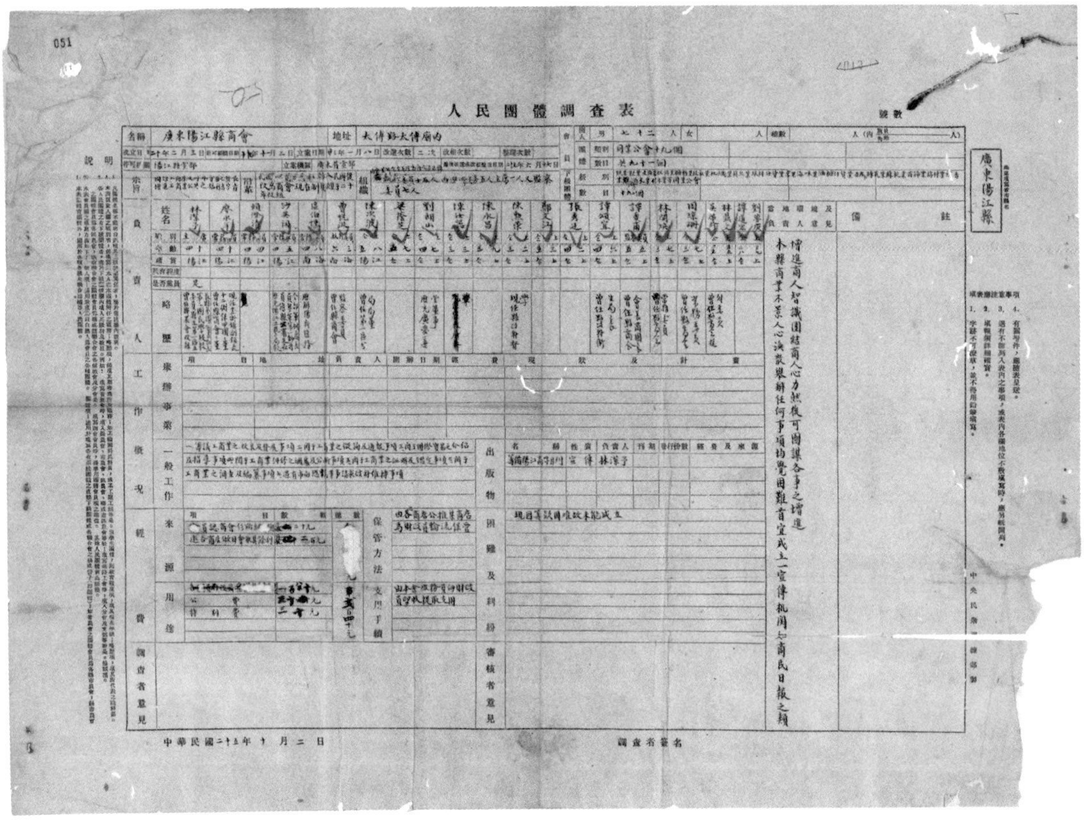
人民團體調查表

名稱　廣東陽江縣商會

中華民國二十五年十月二日

調查者簽名

5. 阳江县商会向县党部、县政府呈报执监委员就职日期连同章程及委员、会员各名册(1940 年 4 月 18 日)

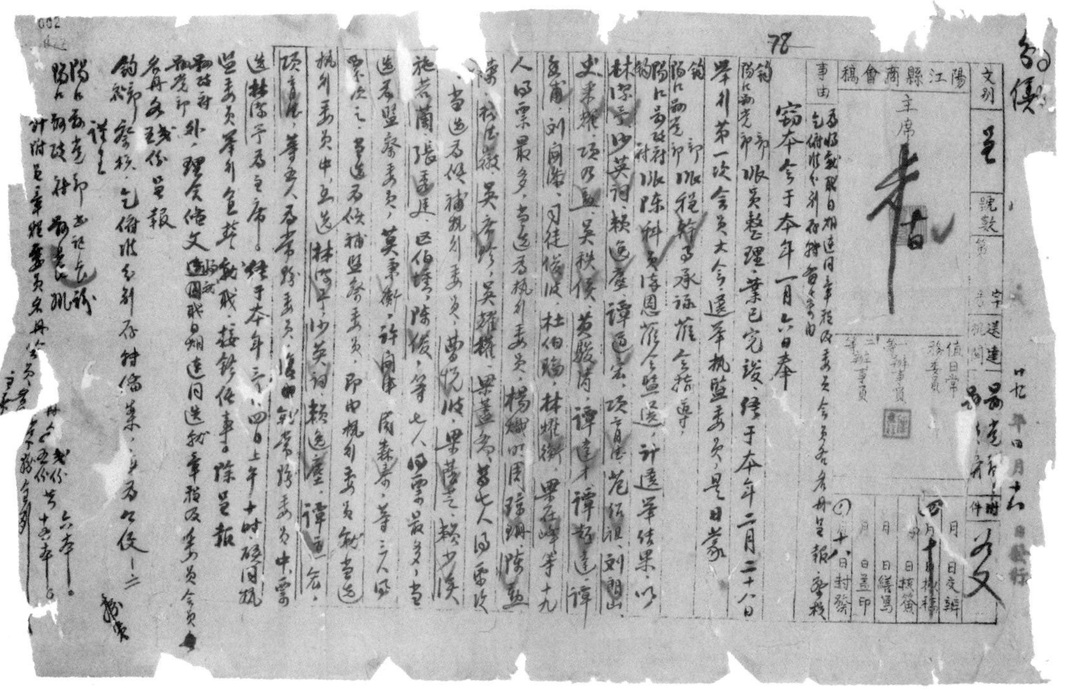

6. 阳江县政府关于派杨树春指导改选商会执监委员的指令（1942 年 7 月 23 日）+ 附：阳江县商会致县政府的呈（1942 年 7 月 11 日）

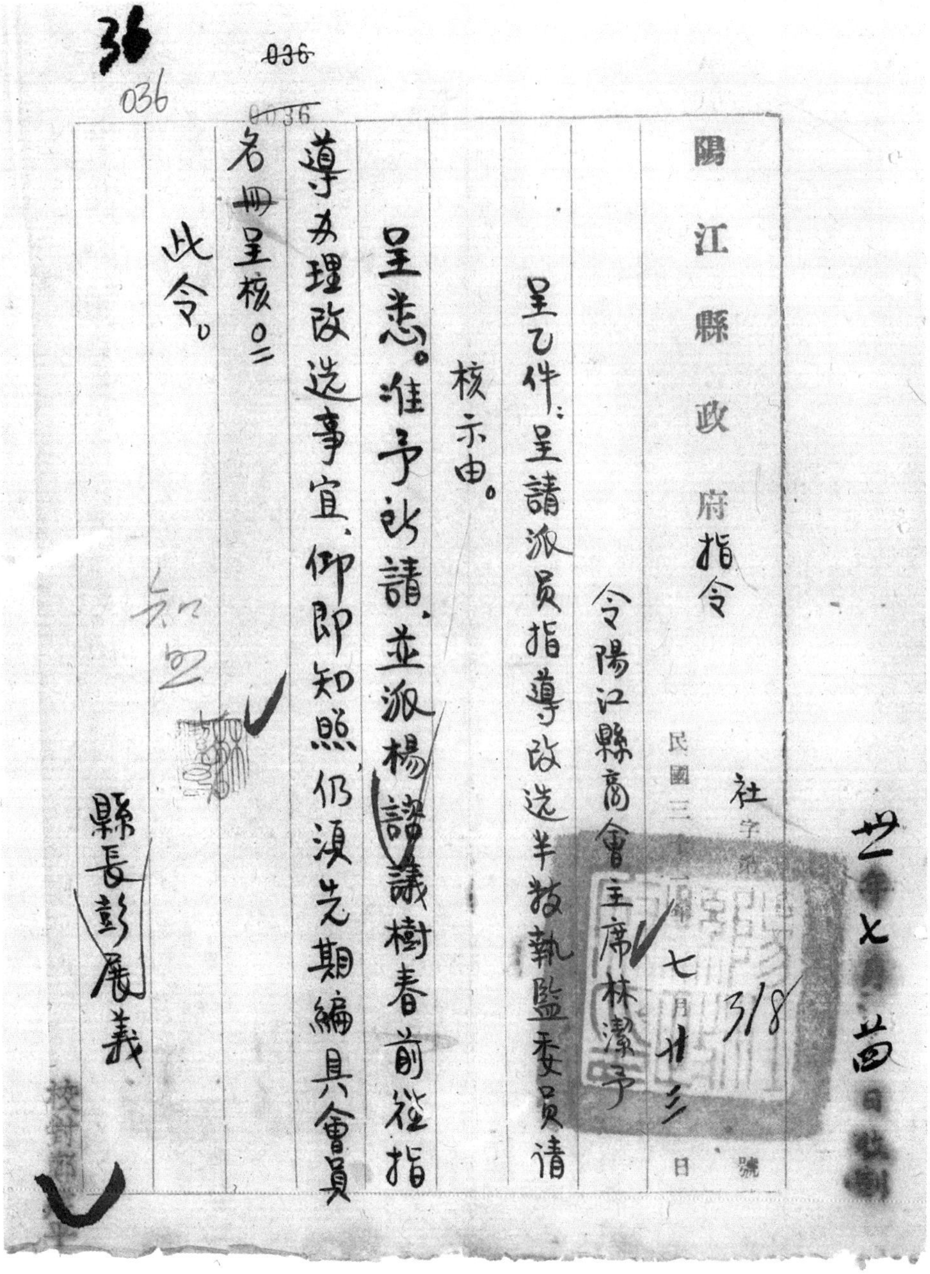
陽江縣政府指令　社字第　號

民國三十一年七月廿三日

令陽江縣商會主席林潔予

呈乙件：呈請派員指導改选半數執監委員請

核示由。

呈悉。准予所請，並派楊諮議樹春前往指導办理改选事宜，仰即知照，仍須先期編具會員名冊呈核。

此令。

縣長彭展義

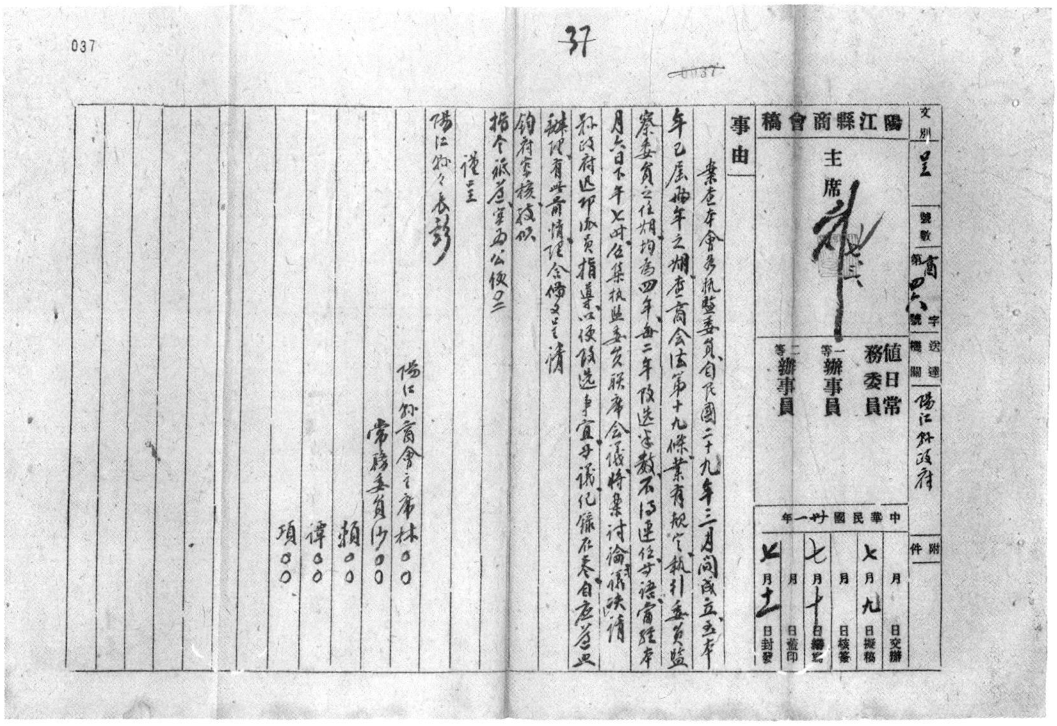

037

37

0037

陽江縣商會稿

文別：呈

號數：第商字四六號

送達機關：陽江縣政府

主席：林（簽）

值日常務委員

一等辦事員

二等辦事員

中華民國卅一年 七月 日交辦 七月九日擬稿 月 日核簽 七月十日繕寫 月 日蓋印 七月十一日封發

附件

事由

案查本會各執監委員自民國二十九年三月間成立，本年已屆兩年之期，查商會法第十九條業有規定：執行委員、監察委員之任期均為四年，每二年改選半數，不得連任。茲經本月六日下午七時召集執監委員聯席會議特案討論，僉議決請縣政府迅即派員指導，以便改選事宜，毋誤，紀錄在卷，自應簽呈，謹陳前情，理合備文呈請鈞府察核，核准指令祇遵，實為公便。

謹呈

陽江縣縣長彭

陽江縣商會主席林〇〇

常務委員沙〇〇

賴〇〇

譚〇〇

項〇〇

7. 阳江县商会关于商号依法加入同业公会的通告（1942 年 8 月 24 日）

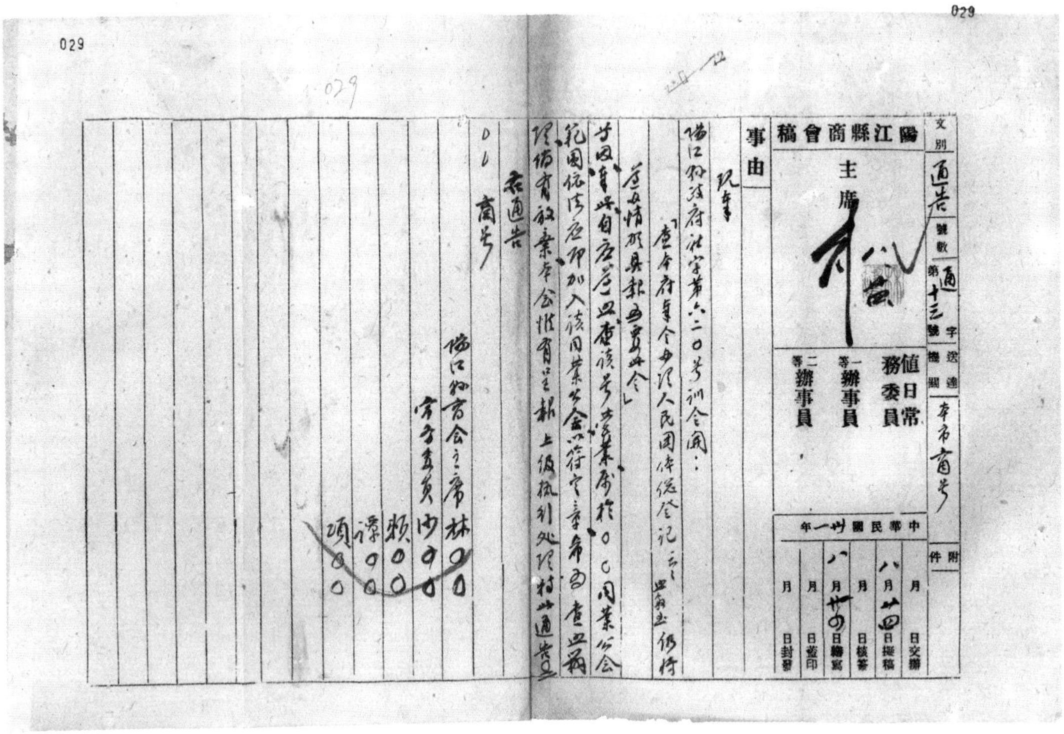
029

阳江县商会稿

文别：通告

号数：第通十三号

送达机关：本市商号

主席 林

值日常务委员

一等办事员

二等办事员

中华民国卅一年 八月廿四日拟稿 八月廿四日缮写

事由

现奉

阳江县政府社字第六二〇号训令开：

"查本府奉令办理人民团体总登记……仰将该县情形具报为要。此令。"

等因，奉此。自应遵查该号营业属于○○同业公会范围，依法应即加入该同业公会，以符定章，希即查照办理，备齐该业本会，报会呈报上级，执行处理。特此通告。

阳江县商会主席 林○○

常务委员 沙○○ 赖○○ 谭○○ 项○○

右通告

○○商号

8. 阳江县商会关于组织商民自卫队的通告（1945 年 2 月）

057

陽江縣商會通告

通字第一零七號
中華民國三十四年二月 日

現奉
陽江縣政府本年二月二日秘字第五六三號代電開：
「現值時局緊張，謠言蠭起，奸僞盜匪，蠢動堪虞，亟應預爲防患，以維治安，爲此電仰遵照，尅卽組織本城商民自衛隊一小隊以上，(卽三十名以上)以協助軍警査緝奸宄、維持商塲秩序，鞏固治安，仍將成立日期，隊長隊兵花名械弾册，具報備查，爲要，」等因，奉此，遵於本月六日下午二時，召集各理監事，各同業公會，各街社首，開聯席會議，並由 吳縣長到會指導訓話畢，隨卽議決，(一)成立隊兵一小隊，並於十七日成立「陽江縣商會商民自衛隊管理委員會」(二)推定林潔予，沙英詞，賴逸塵，譚道安，項育德，莫嘉銚，吳秩侯，史釆耀，杜伯瑞，張秀延，陳勵榮，等十一人負責辦理該會組織事宜，(三)自衛隊長員開辦費，及經常費，按照縣城鎮自衛費等級派繳，紀錄在卷，除呈報 縣政府備案外，查
貴號繳納自衛費，前經鎮公所規定等級，爲 等 級，本會按照增收，自衛隊開辦費，(槍彈，服裝，皮帶，及裝具，隊員安家費，床鋪，膳具等費，)一次過應繳國幣 仟 佰 拾 元，每月經常費國幣 佰 拾 元 角，爲此通告，如派員到處收繳，希卽照數繳交，以資支給，事關維持商塲秩序，鞏固治安要政，幸勿違延，爲要，此告。

右通告

商號 路街

9. 阳江县政府关于从速组织商民自卫队致县商会的代电（1945 年 3 月 9 日）

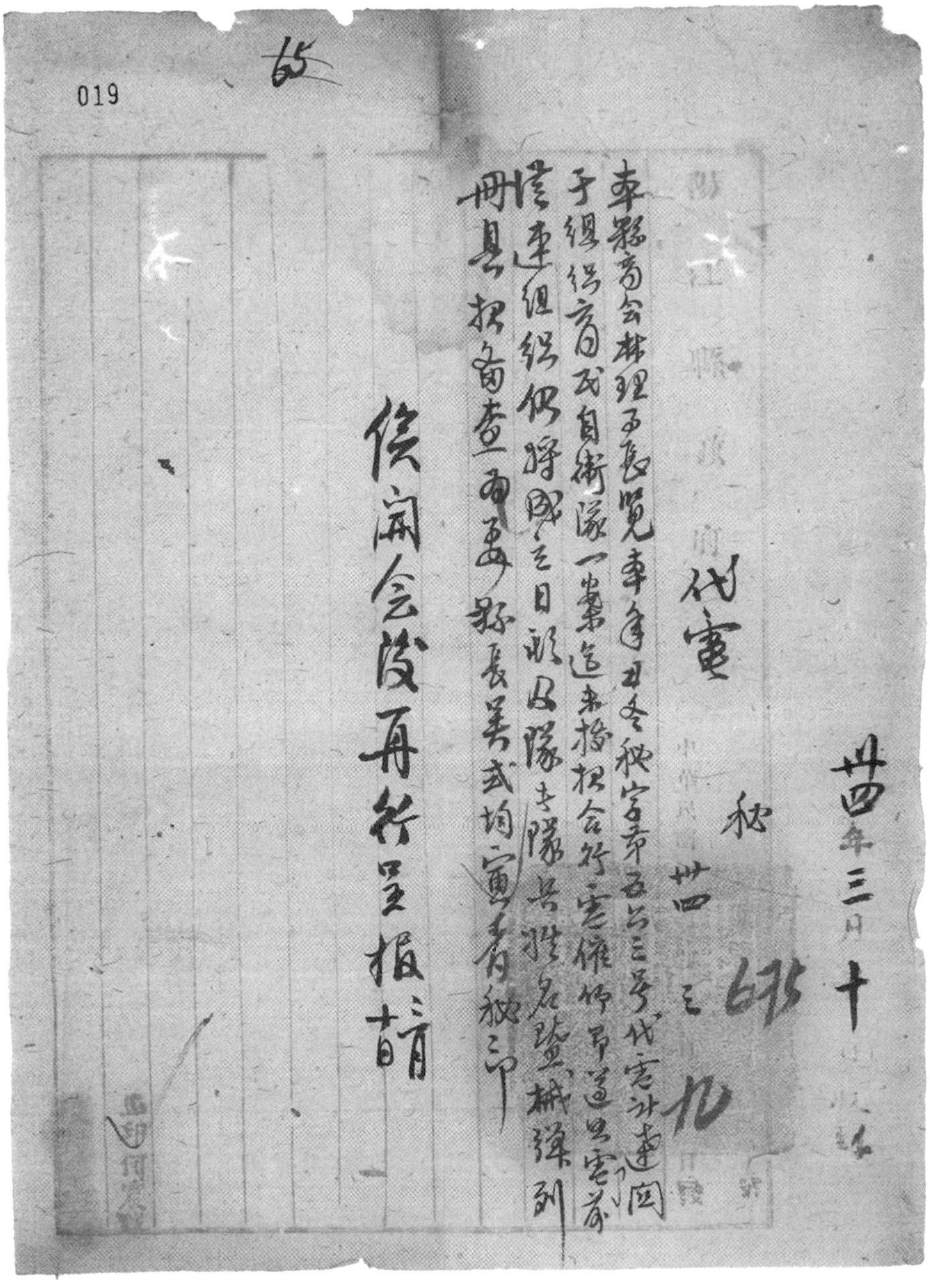
019

65

陽江縣政府代電

秘

卅四年三月十日

本縣商會林理事長覽：本年二月秘字第五七三號代電計達。關于組織商民自衛隊一案迄未據報，合行電催，仰即遵照，迅速組織，俾將成立日期及隊長隊員姓名暨槍彈列冊具報備查為要。縣長吴武均。寅青秘三印

俟開會後再行呈報

10. 阳江县商会关于本市各街社首暨各商店联名请暂行缓办商民自卫队致县政府的呈（1945 年 3 月 27 日）

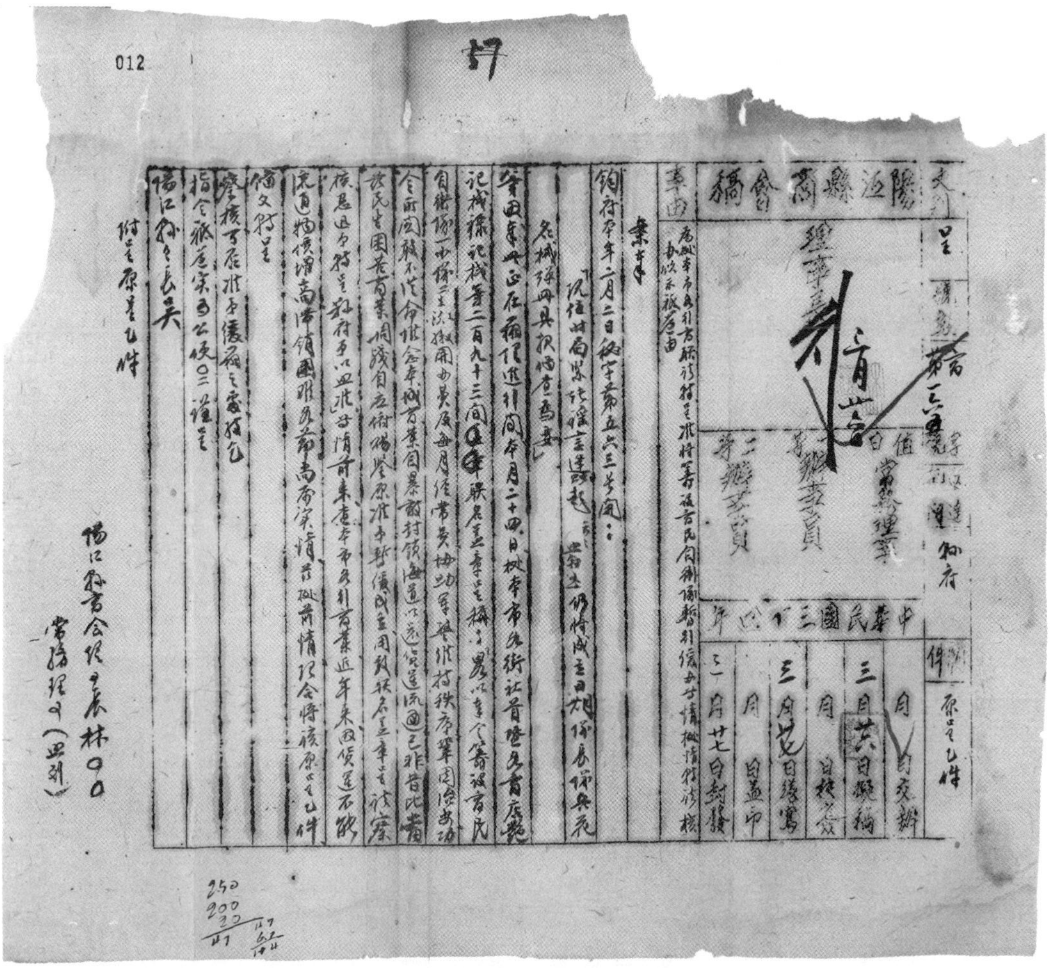
陽江縣商會稿

鈞府本年二月二日鈞字第五六三號函：

11. 阳江县职业选举商会投票所通告（1945 年 9 月 18 日）

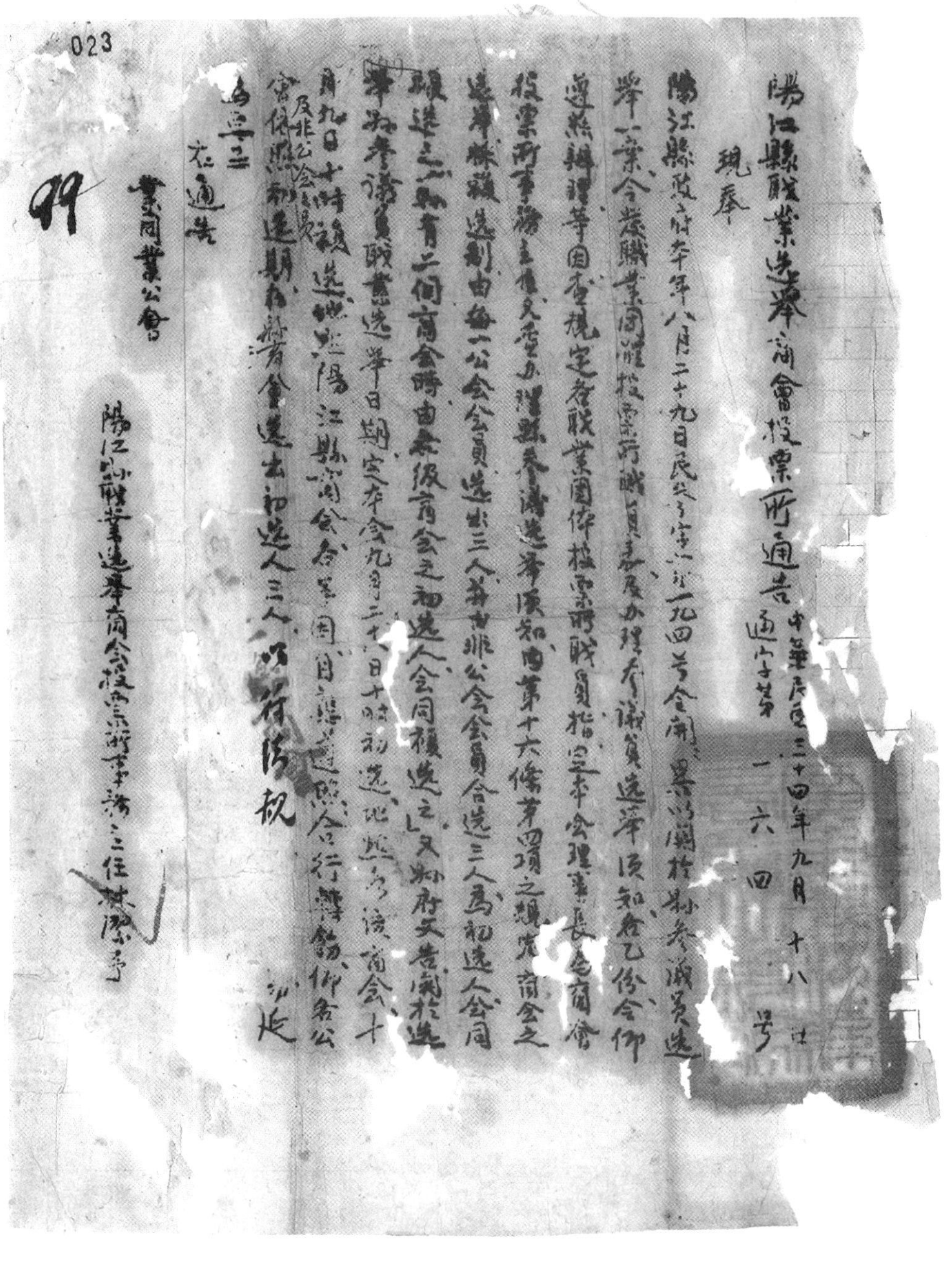

023

陽江縣職業選舉商會投票所通告

通字第一六四號

中華民國三十四年九月十八日

現奉

陽江縣政府本年八月二十九日民字第一九四号令開："案以關於縣參議員選舉一案，令發職業團體投票所職員表及辦理參議員選舉須知各乙份，仰遵照辦理"等因。查規定各職業團體投票所職員，指定本會理事長為商會投票所事務主任，負責辦理縣參議選舉。須知內第十六條第四項之規定，商會之選舉係複選制，由每一公會會員選出三人，並由非公會會員合選三人為初選人，會同複選之。如有二個商會時，由各級商會之初選人會同複選之。又縣府又告，關於選舉縣參議員職業選舉日期，定本年九月二十日十時初選，地點在陽江縣商會；十月九日十時複選，地點陽江縣商會各等因。自應遵照，令行轉飭，仰各公會及非公會會員依照初選期，於本會選出初選人三人，以符法紀，切延為要。

此

右通告

業同業公會

陽江縣職業選舉商會投票所事務主任林□□

99

12. 阳江县商会筹备改选委员会通告（1945 年 9 月 24 日）

阳江县商会筹备改选委员会通告 中选字第八六五号 中华民国卅四年九月廿四日

本（九）月廿二日下午二时召[illegible]委员[illegible]
[illegible]会开第三次委员会议，议决案第三项：
关于各公会选举日期应定何时案，议决定十月五日起依次选举之：

一、十月五日上午十时绸布业公会，下午一时国药业公会、[illegible]器业公会

二、六日上午十时五金电器业公会，下午一时油糖业公会、[illegible]鞋业公会

三、七日上午十时木业公会，下午一时南北货业公会、线香业公会

四、八日上午十时粮食业公会，下午一时[illegible]业公会、[illegible]业公会

五、十一日上午十时[illegible]业公会，下午一时首饰业公会、[illegible]业公会

六、十二日上午十时纸业公会，下午一时旅业公会、[illegible]业公会

七、十三日上午十时（[illegible]）药业公会，下午一时[illegible]业公会、[illegible]业公会

又议决案第四项：[illegible]
[illegible]
[illegible]县府备案，并[illegible]

右通告

[illegible]业同业公会

13. 阳江县商会关于第四届理监事到任的通告（1945 年 12 月 21 日）

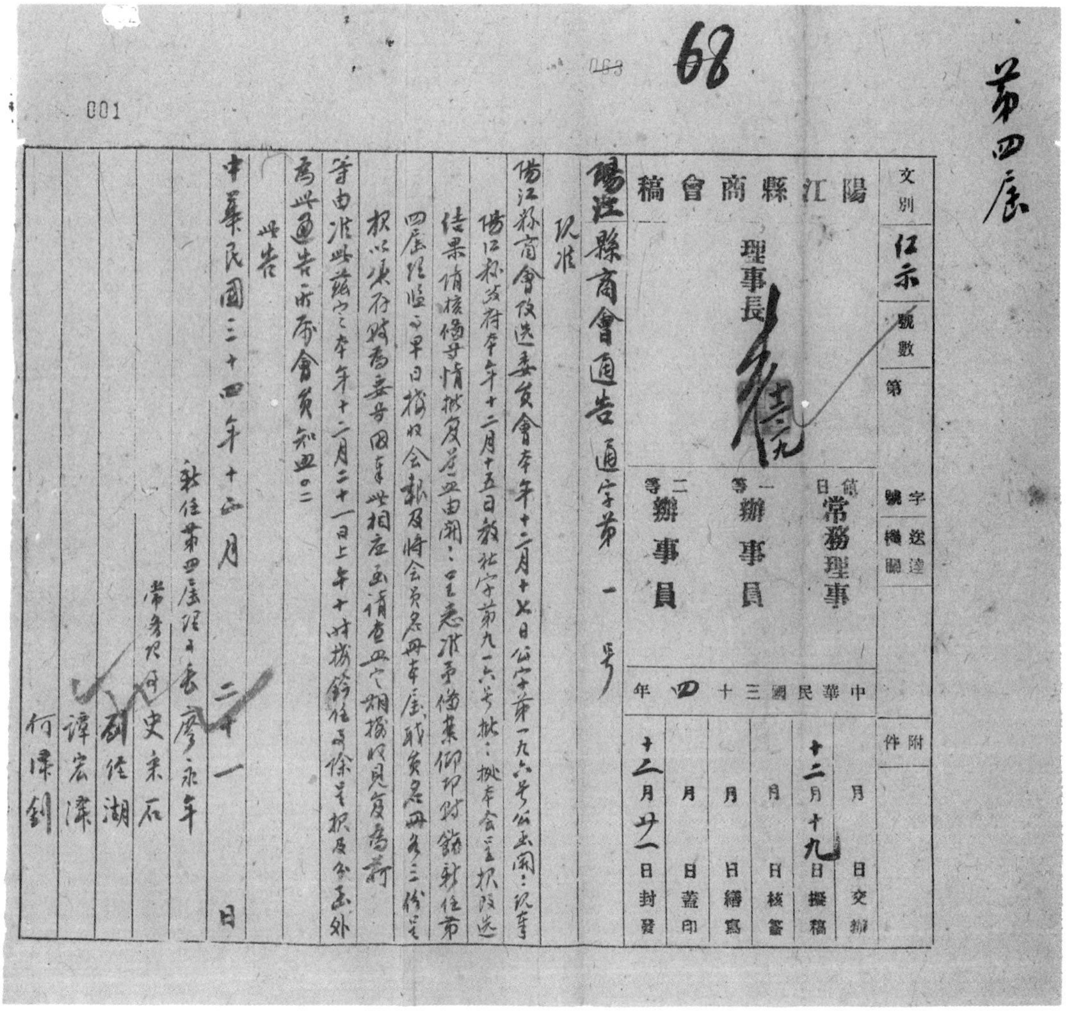

68

第四届

001

阳江县商会稿

文别：通告

理事长

常务理事

一等办事员

二等办事员

中华民国三十四年

十二月十九日拟稿

十二月廿一日封发

阳江县商会通告 通字第一号

现准

阳江县商会改选委员会本年十二月十七日公字第一九六号公函开：现奉

阳江县政府本年十二月十五日教社字第九一六号批：据本会呈报改选

结果请核备等情，据此，应予照准，仰即饬知新任第

四届理监事早日接收会务，及将会员名册、本届职员名册各三份呈

核以凭存转为要，等因，准此，相应函请查照，克日接收见复为荷

等由，准此，兹定本年十二月二十一日上午十时接管，除分函外

为此通告本会会员知照。

此告

中华民国三十四年十二月二十一日

新任第四届理事长 廖永年

常务理事 史来石 刘维湖 谭宏滦 何汉钊

14. 阳江县商会关于选举第四届理监事结果致广东省立两阳中学的公函（1945年12月22日）

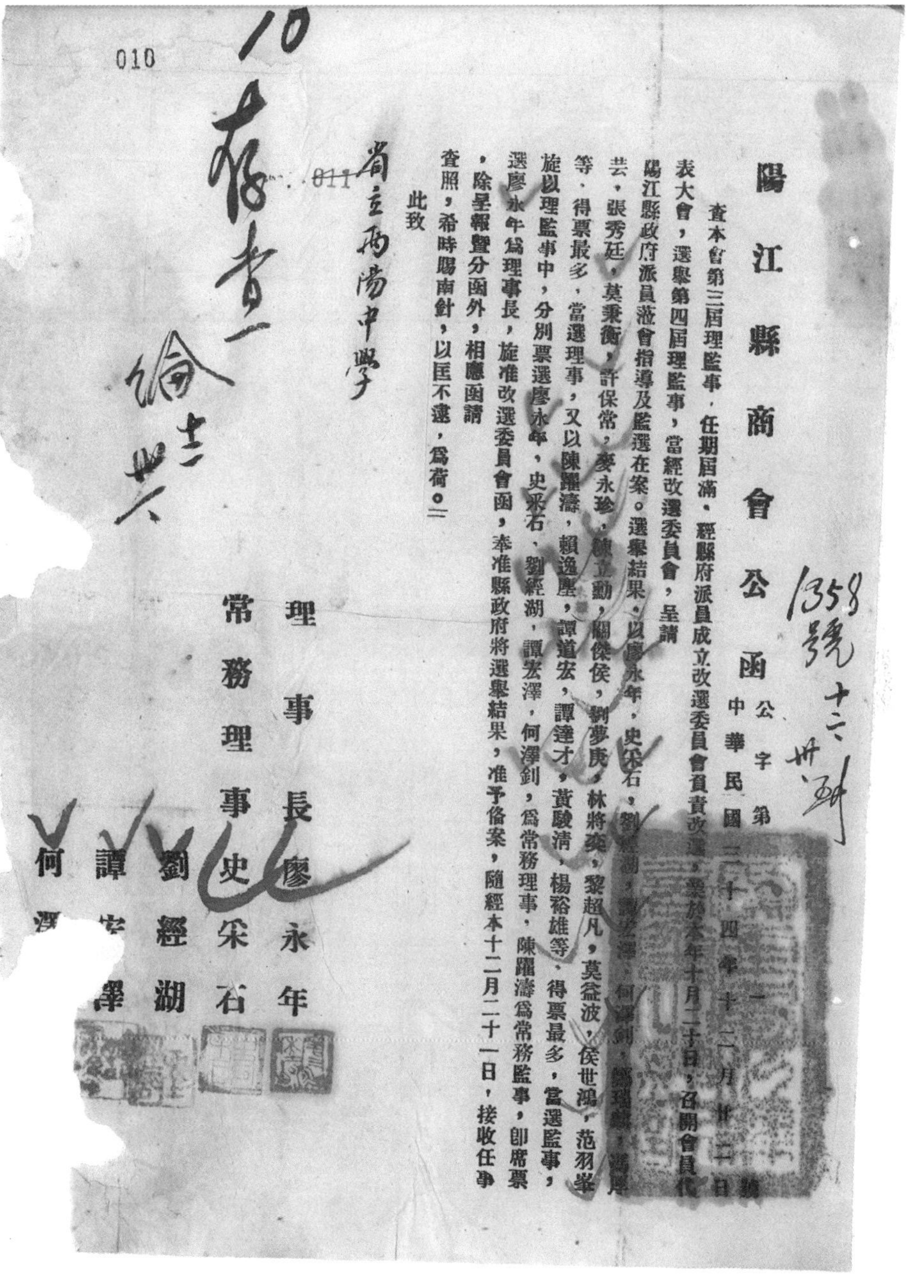

陽江縣商會公函

公字第　號
中華民國三十四年十二月廿二日

查本會第三屆理監事，任期屆滿，經縣府派員成立改選委員會負責改選，業於本年十月二十日，召開會員代表大會，選舉第四屆理監事，當經改選委員會，呈請陽江縣政府派員蒞會指導及監選在案。選舉結果，以廖永年，史采石，劉經湖，譚宏澤，何澤釗，[illegible]，[illegible]芸，張秀廷，莫秉衡，許保常，麥永珍，陳立勳，關傑侯，劉夢庚，林將奕，黎超凡，莫益波，侯世鴻，范羽峯等，得票最多，當選理事，又以陳耀濤，賴逸塵，譚道宏，譚達才，黃駿清，楊裕雄等，得票最多，當選監事，旋以理監事中，分別票選廖永年，史采石，劉經湖，譚宏澤，何澤釗，爲常務理事，陳耀濤爲常務監事，即席票選廖永年爲理事長，旋准改選委員會函，奉准縣政府將選舉結果，准予備案，隨經本十二月二十一日，接收任事，除呈報暨分函外，相應函請

查照，希時賜南針，以匡不逮，爲荷。

此致

省立兩陽中學

理事長 廖永年

常務理事 史采石 劉經湖 譚宏澤 何澤釗

15. 阳江县商会理事长廖永年向县长呈报第四届理监事选举结果（1945 年 12 月 24 日）

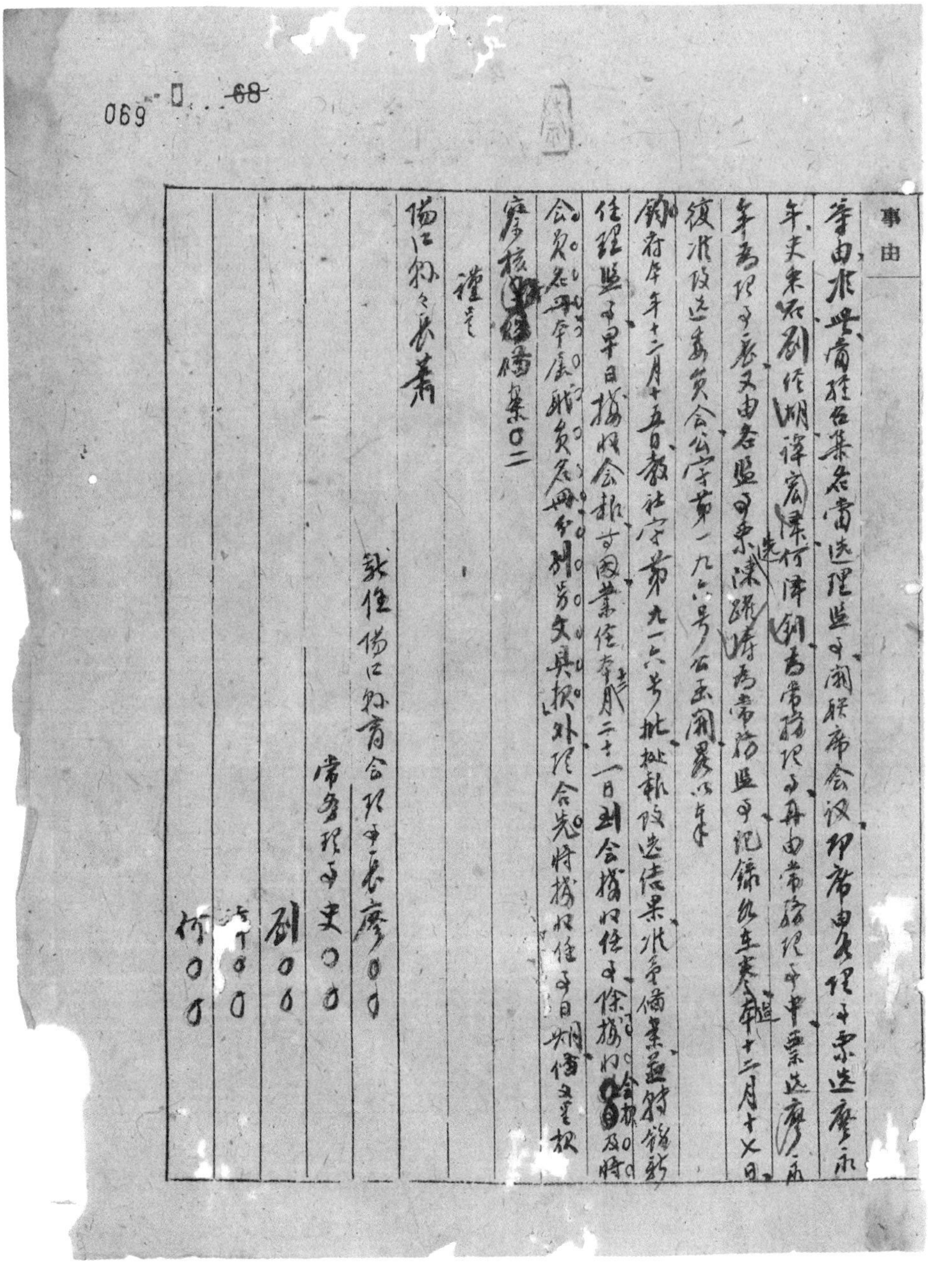
069

事由

案由本会前于本月召集各会员选理监事开联席会议，即席由各理事票选廖永年、史东升、刘佐湖、谭容深、何沛钧为常务理事，再由常务理事中票选廖永年为理事长，又由各监事票选陈跻寿为常务监事，纪录在卷。奉十二月十七日复准改选委员会公字第一九六号公函开：以本年钧府本年十二月十五日教社字第九一六号批：据报改选结果，准予备案，并转饬新任理监事早日接收会务等因。业经于本月二十一日到会接收任事，除将接收会议纪录及会员名册、会员职员名册分别另文具报外，理合先将接收任事日期备文呈报

察核备案。

谨呈

阳江县县长萧

兼任阳江县商会理事长廖〇〇

常务理事史〇〇

刘〇〇

谭〇〇

何〇〇

16. 阳江县商会第四届当选理监事名册（1945 年 12 月 26 日）

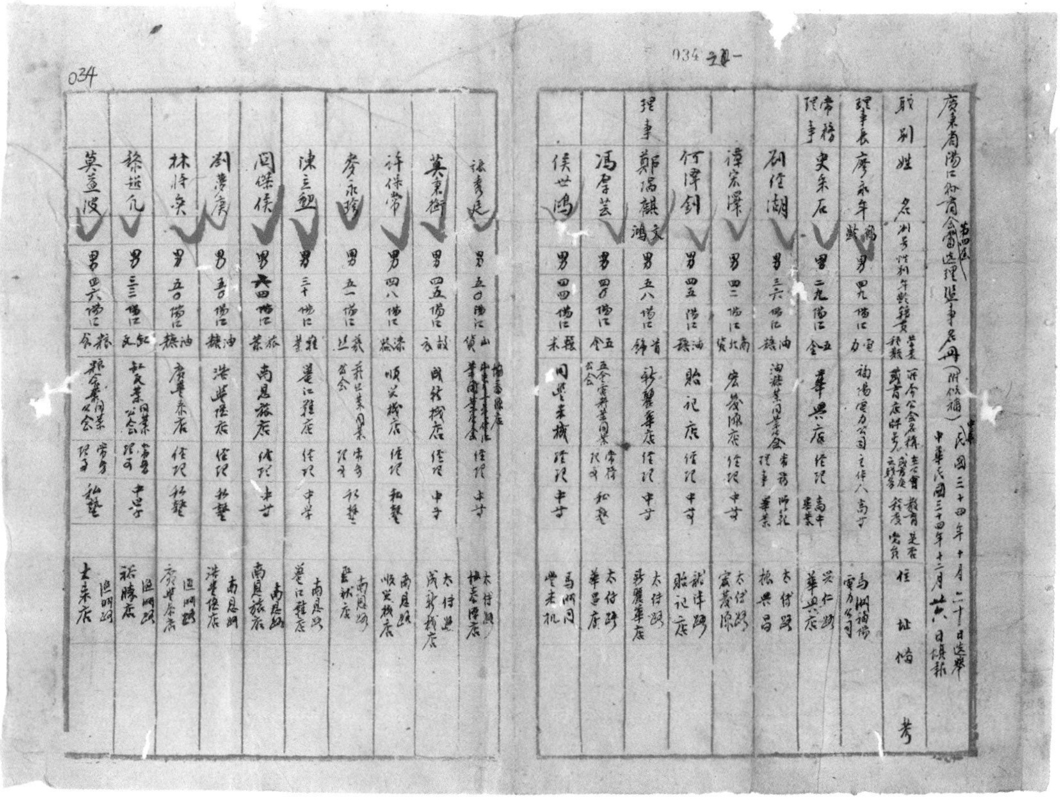

035

3422

	范羽華	男	五六	陽江	糧食	發興店	經理	私塾	發興店 漁洲路
候補監事	陳國安	男	四四	海南	國藥	國藥業同業公會	常務理事	私塾	存仁堂 漁洲路
	楊以明	男	三五	陽江	木業	同安杉店	經理	中學	同安杉店 興仁路
	林佳巖 山景	男	四四	陽江	首飾	華玉店	經理	中學	華玉店 太傅路
	項炎	男	三〇	陽江	[illegible]	華豐衣	經理	高中	華豐店 河堤路
	劉桂	男	十九	平岡	五金	全利棧店	經理	私塾	全利棧店 興仁路
常務監事	陳兆濤	男	五二	陽江	首飾	瑞華店	經理	高中	瑞華店 太傅路
監事	譚進才	男	三六	陽江	國藥	永和隆店	經理	私塾	永和隆店 漁洲路
	賴逸廣	男	五〇	陽江	西藥	贊天藥房	經理	大學	贊天藥房 太傅路
	黃駿清	男	四二	陽江	糧米	源昌米機	經理	中學	源昌米機 漁洲路
	史來根	男	四七	陽江	五金	燦記棧店	經理	私塾	燦記棧店 漁洲路
	譚道宏	男	三七	陽江	木業	永隆杉店	經理	中學	永佳杉店 興仁路
	楊振雄	男	二〇	陽江	木業	存利杉店	經理	中學	存利杉店 興仁路
候補監事	林文偉	男	四九	陽江	[illegible]	同昌店	經理	私塾	同昌店 河堤路
	譚康慶	男	四八	陽江	糧食	安和店	經理	私塾	安和店 漁洲路
	陳實粲	男	三五	陽江	乾業	明珠店	經理	中學	明珠店 南恩路

2

17. 阳江县商会为 1946 年 1 月 7 日理监事补行宣誓就职典礼呈县政府、国民党县党部（1946 年 1 月 3 日）

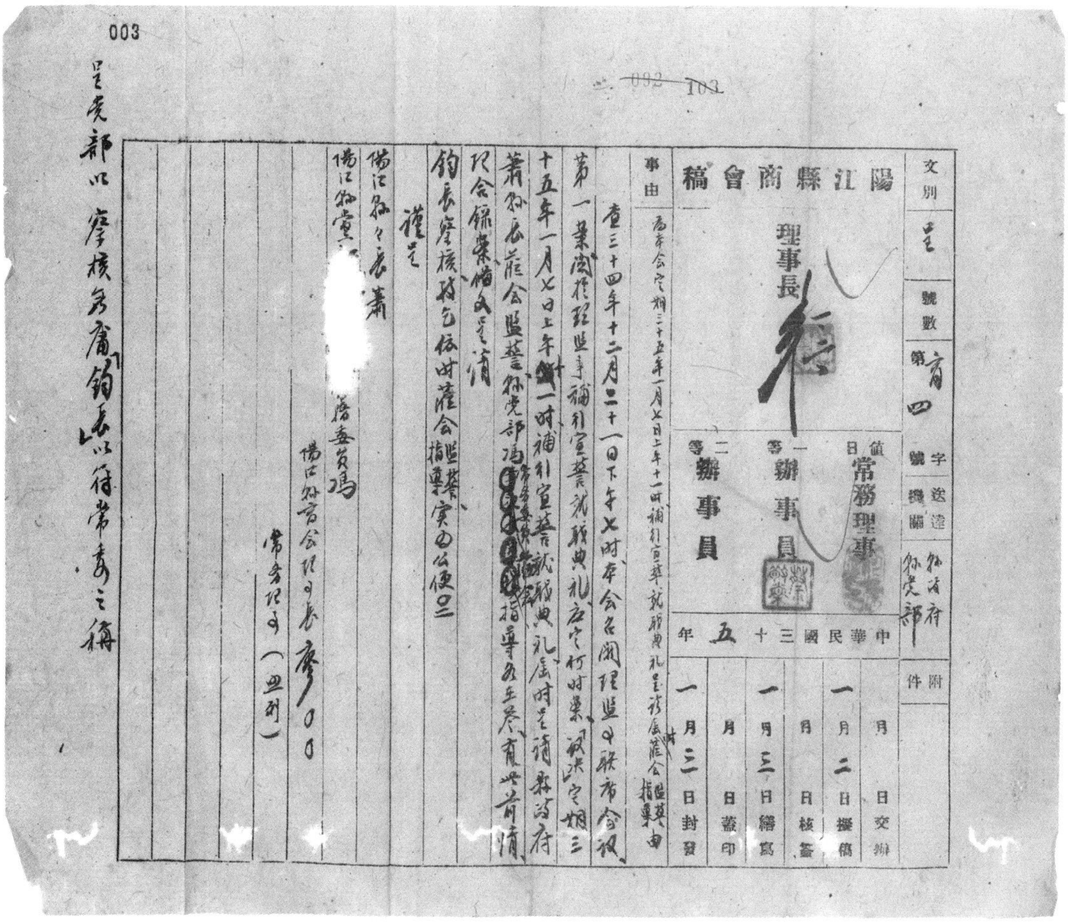

陽江縣商會稿

文別：呈

號數：第育四號

理事長

值日常務理事

一等辦事員

二等辦事員

中華民國三十五年

一月 日交辦

一月二日擬稿

月 日核簽

一月三日繕寫

月 日蓋印

一月三日封發

送達機關：縣政府 縣党部

附件

事由：為本会定期三十五年一月七日上午十一时補行宣誓就職典礼呈請派员蒞会监誓指導由

查三十四年十二月二十一日下午七时本会召開理监事联席會议第一案関於理监事補行宣誓就職典礼應定何时案，议决定期三十五年一月七日上午十一时補行宣誓就職典礼，屆时呈请縣政府、縣党部派员蒞会监誓指導各在卷。查此前情，理合錄案備文呈請

鈞長察核，特派员蒞会监誓指導，實為公便。

謹呈

陽江縣縣長蕭

陽江縣黨部書記長馮

陽江縣商會理事長廖〇〇

常务理事

（四副）

18. 阳江县政府关于改选商会理监事应依法办理的代电（1946 年 1 月 30 日）

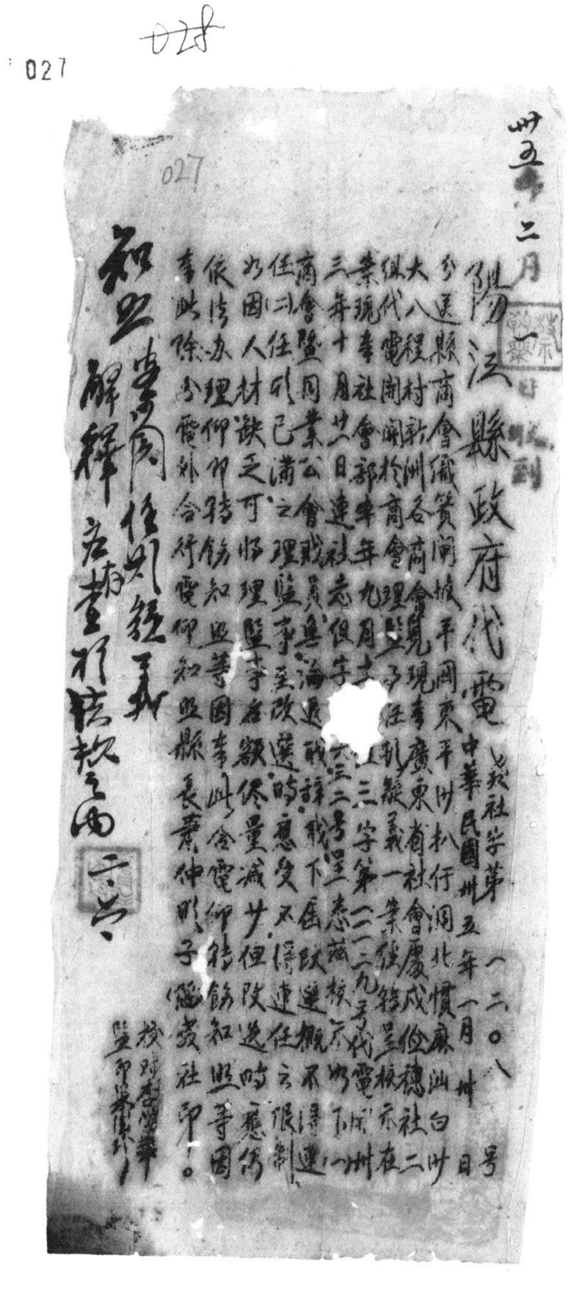
陽江縣政府代電

中華民國卅五年一月卅日

19. 阳江县政府奉广东省社会处训令县商会从速造具收复地区复员及会员名册（1946年4月1日）

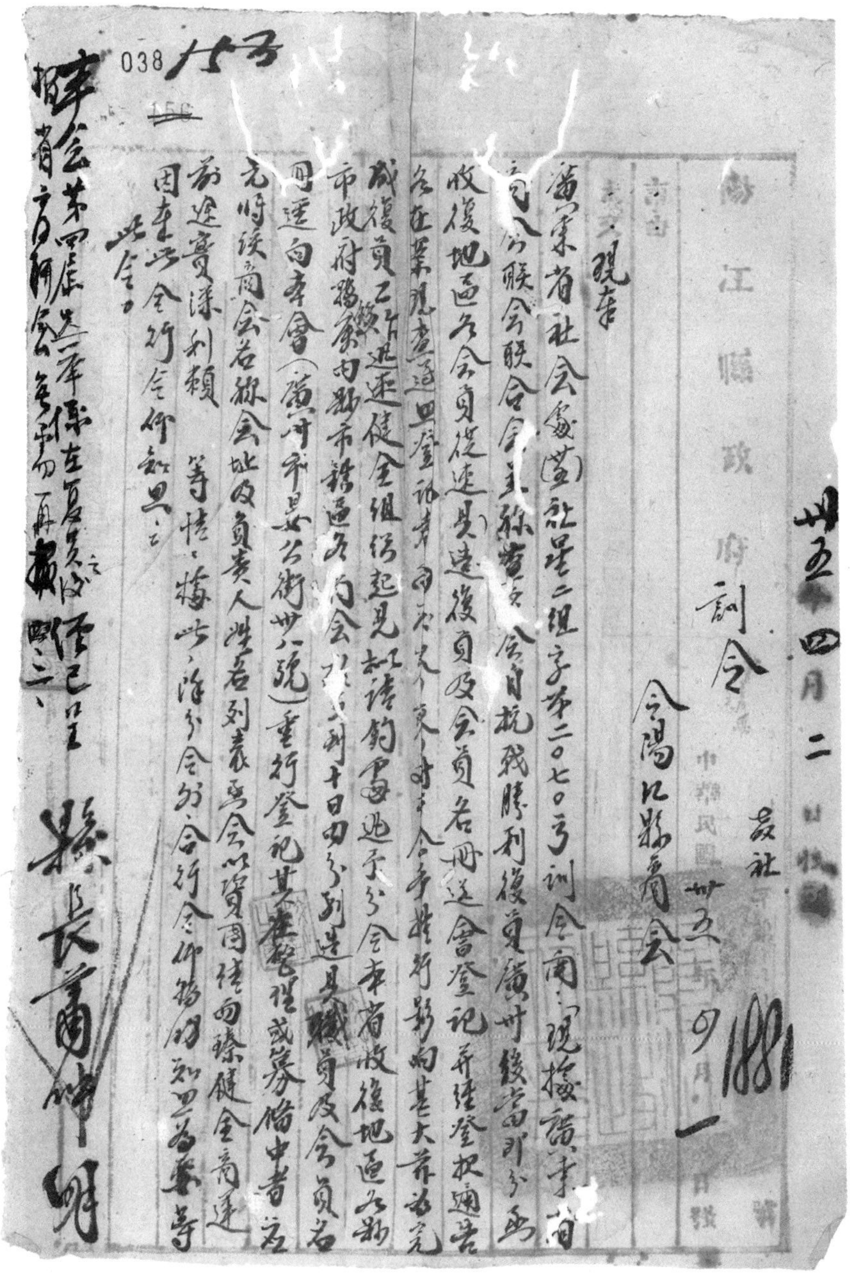

20. 阳江县政府关于推定代表出席广东省商会联合会代表大会并将应缴会费数目上报致县商会的代电（1946 年 9 月 12 日）

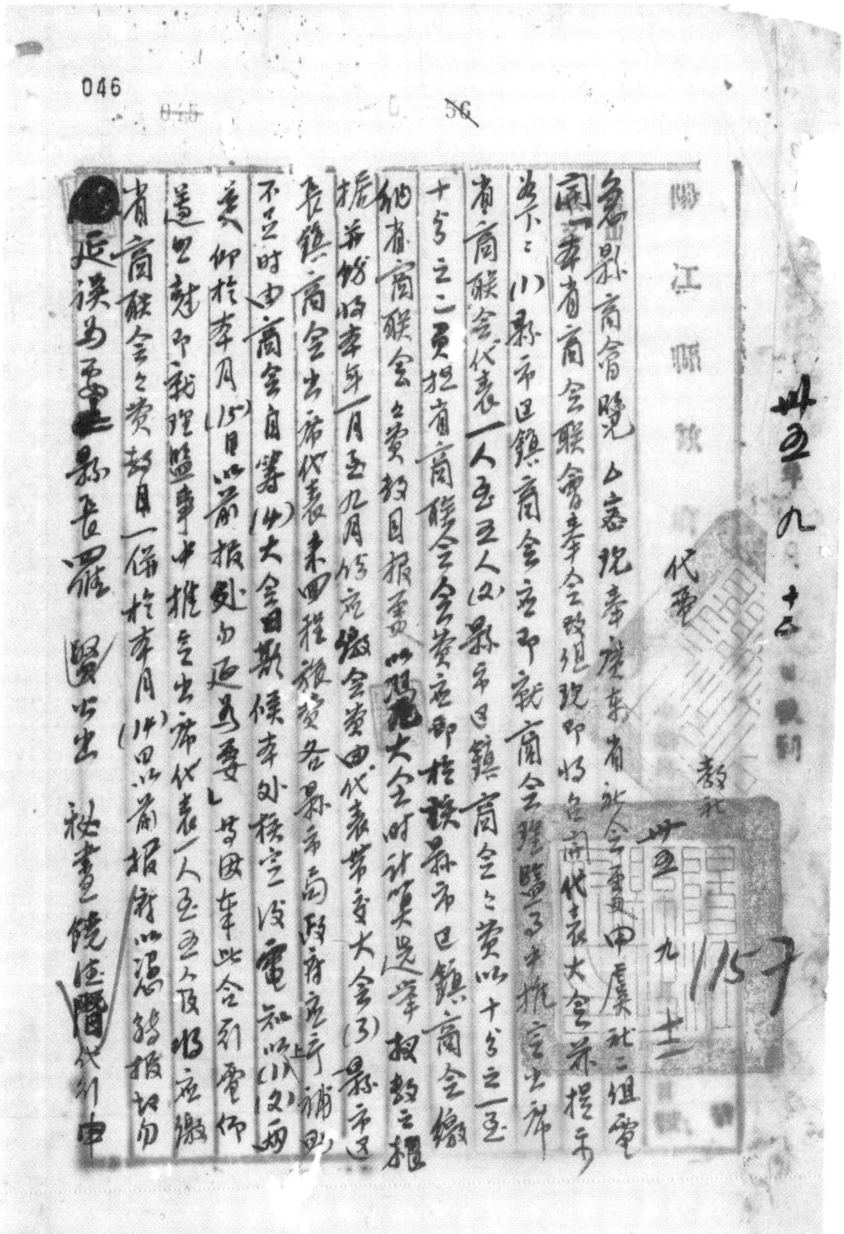

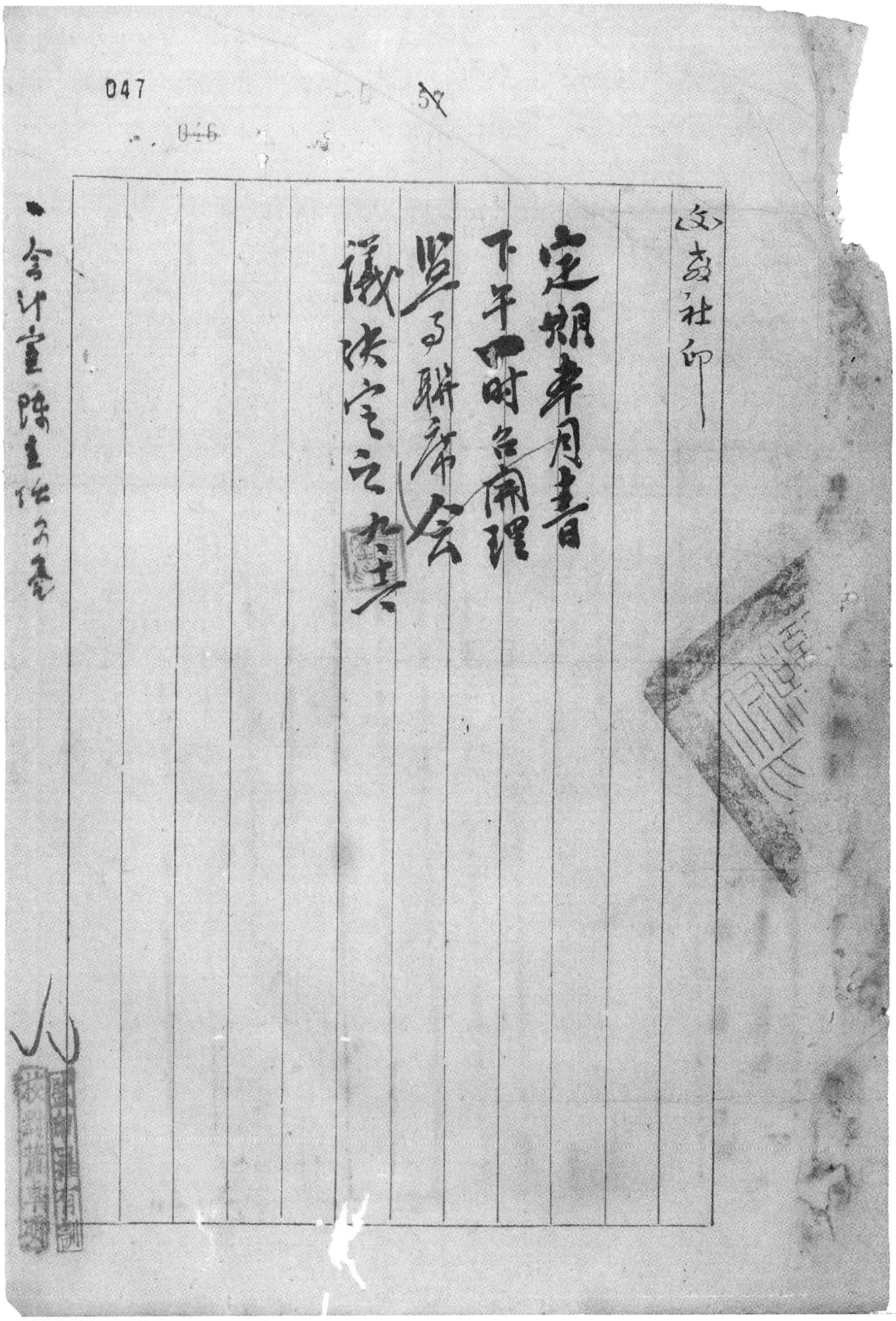

047

~~046~~

〈文〉教社印

定期本月青

下午四时召开理

监事联席会

议决定之 九.十六

会计室陈主任存查

21. 阳江县政府关于推选代表出席广东省商会联合会代表大会致县商会、织篢商会、闸坡商会的代电（1946 年 10 月 1 日）+ 附：阳江县商会经派定廖永年理事长和刘经湖常务理事为代表依时到会（1946 年 10 月 1 日）

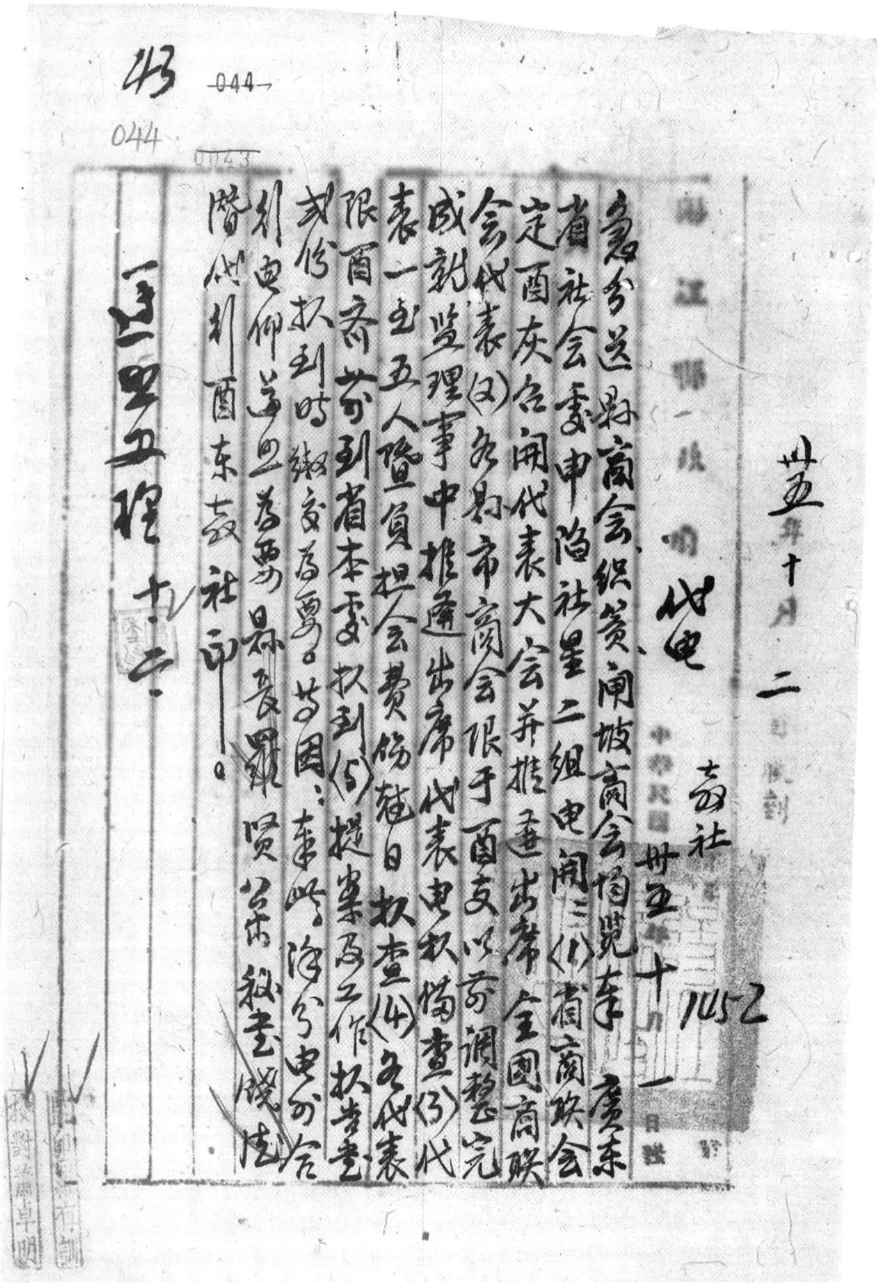

阳江县政府代电

急。分送县商会、织篢、闸坡商会均览：奉广东省社会处申[illegible]社星二组电开：（1）省商联会定酉灰召开代表大会并推选出席全国商联会代表。（2）各县市商会限于酉支以前调整完成，就监理事中推选出席代表电报备查。（3）代表一至五人，膳宿自担，会费饬随[illegible]自报查。（4）各代表限酉齐前到省本处报到。（5）提案及工作报告书式，俟报到时缴交各等因；奉此，除分电分会外，特电仰遵照为要。县长罗[illegible]贤 叩 秘书 钱[illegible]
附代电。酉东敖社印。

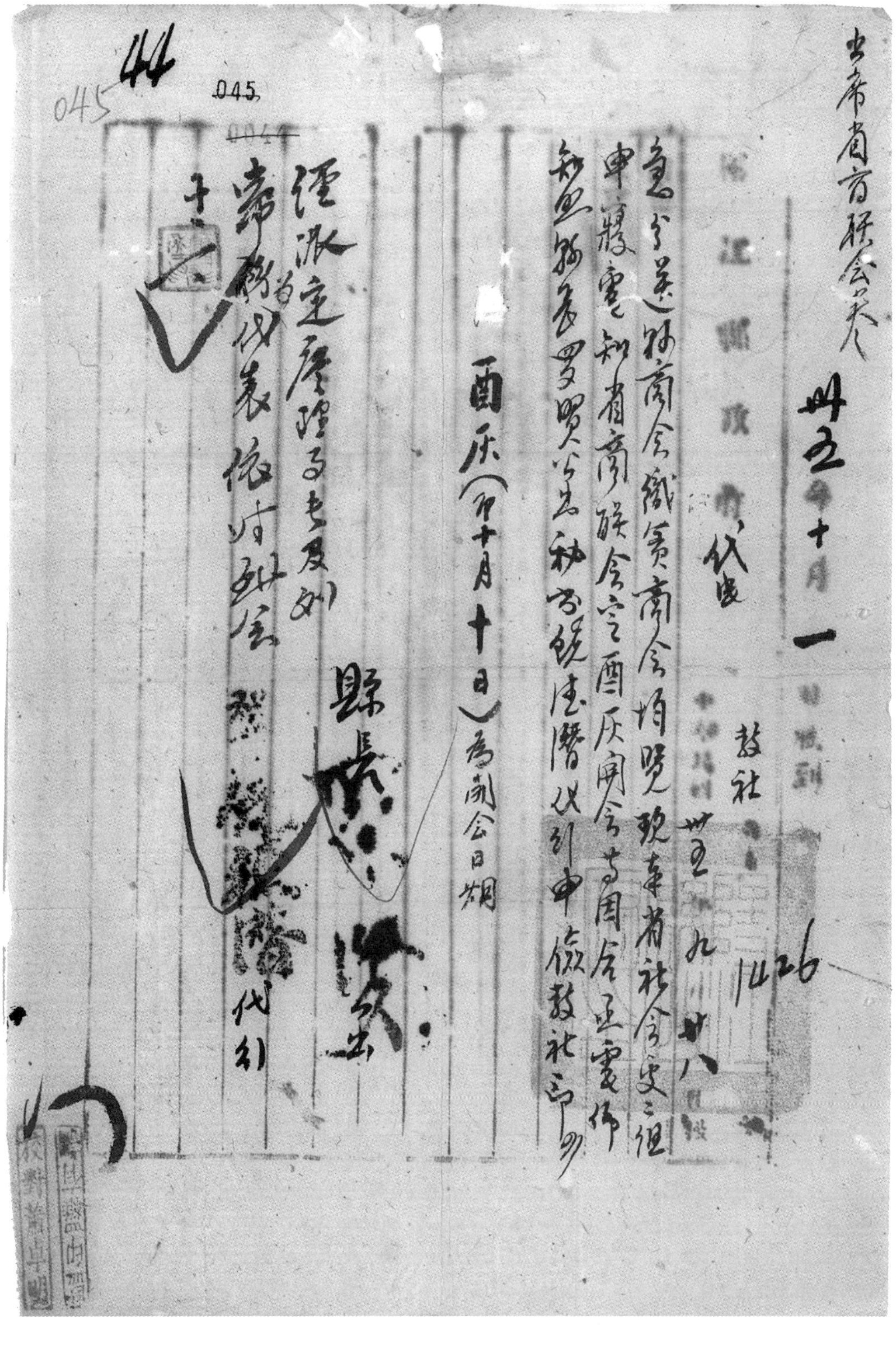

出席省商联会人

卅五年十月一日 1426

綦江县政府代电

教社 卅五 九 廿八

急。分送綦商会、铁货商会、[illegible]奉省社会处之组申[illegible]电知，省商联会定酉庆开会[illegible]希迅转各会员[illegible]代引申。綦江县政府教社印

酉庆（酉十月十日）为商会日期

经派定[illegible]及如常务代表依时赴会

县长 [illegible] 代行

22. 阳江县商会向县政府呈报编列所属职业团体选举人商店名簿一本请核办（1947 年 9 月 29 日）

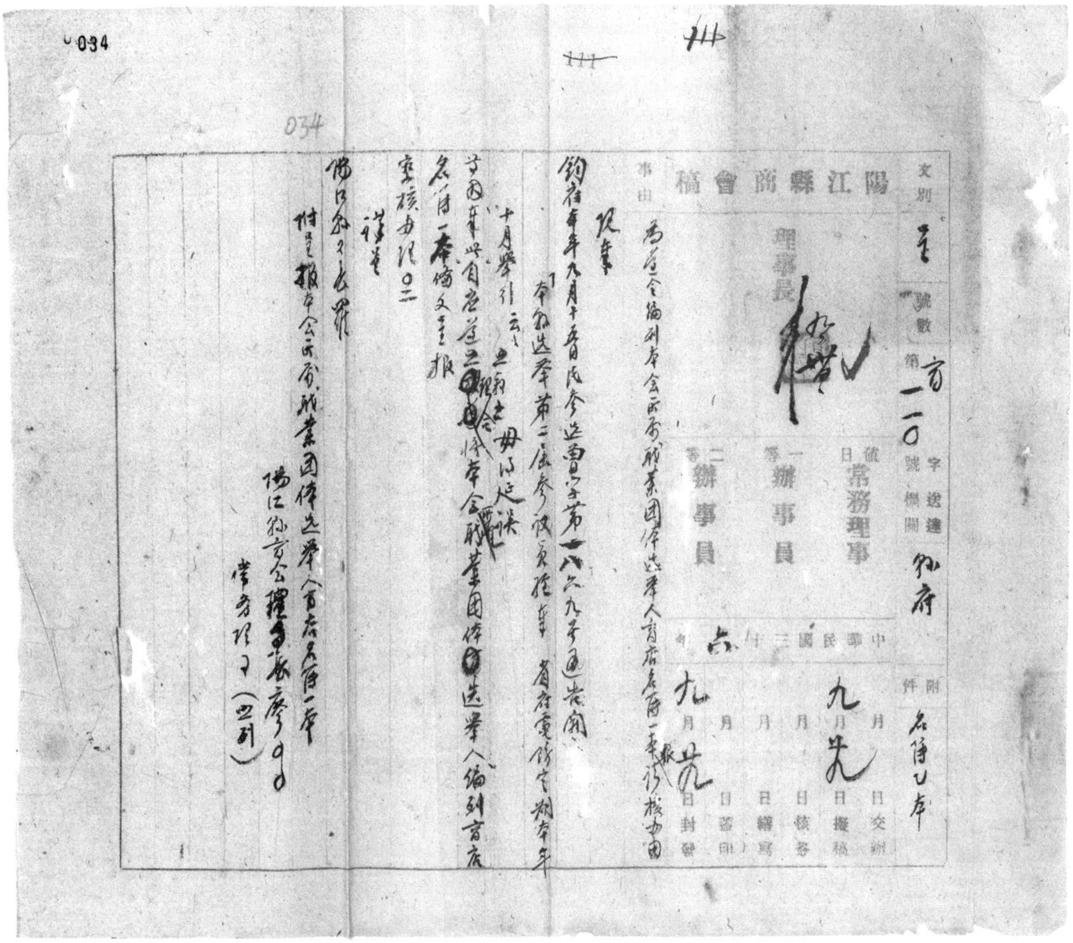

23. 阳江县商会关于商界从业同人按照规定选举并将选举人名册上报致闸坡商会、东平商会、织篢商会等的代电（1947 年 1 月 1 日）

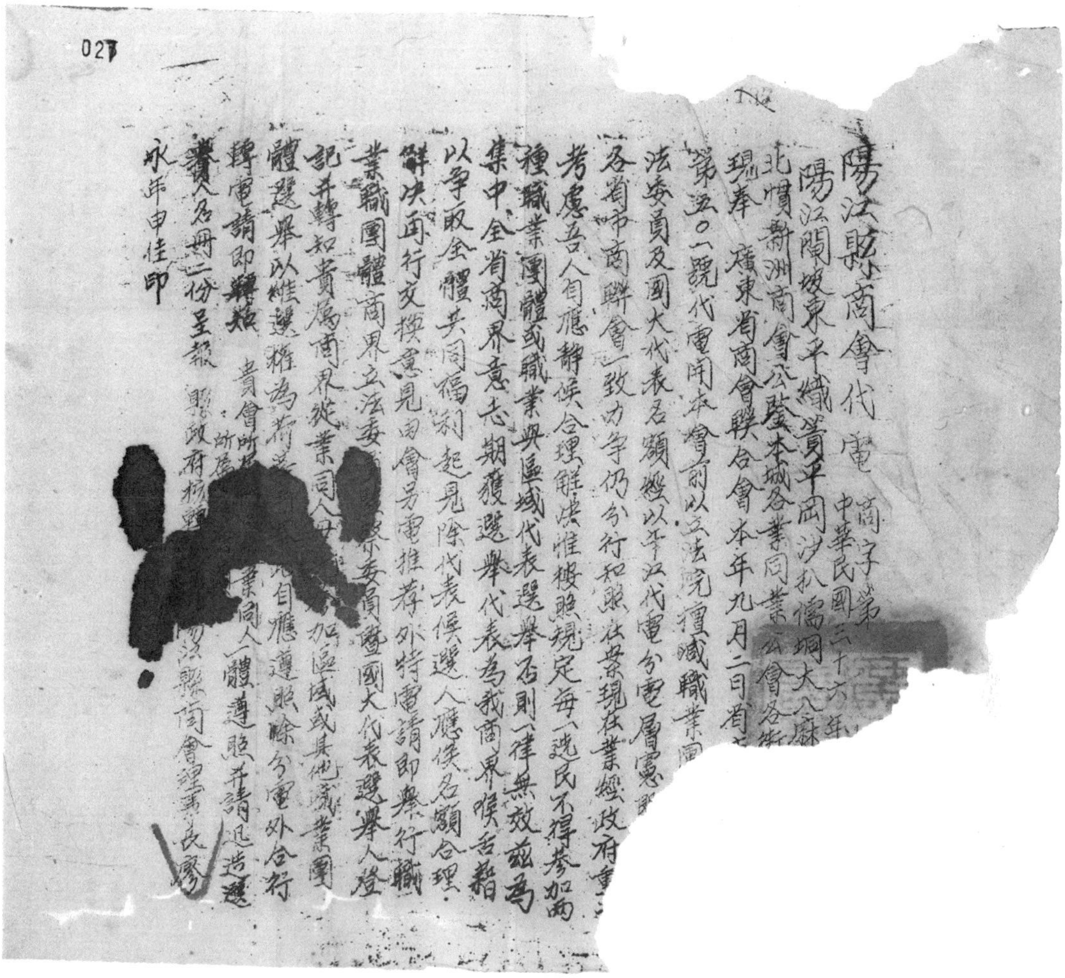

027

陽江縣商會代電　商字第　中華民國三十六年
陽江閘坡東平織篢平岡沙扒儒垌大八麻
北慣新洲商會公鑒本城各業同業公會各街
現奉　廣東省商會聯合會本年九月二日省
第五〇一號代電開本會前以立法院擅減職業團
法委員及國大代表名額幾以平江代電分電屬憲
各省市商聯會一致力爭仍分行知照在案現在業經政府重
考慮吾人自應靜候合理解決惟按照規定每一選民不得參加兩
種職業團體或職業與區域代表選舉否則一律無效茲為
集中全省商界意志期獲選舉代表為我商界喉舌藉
以爭取全體共同福利起見除代表候選人應俟名額合理
解決再行交換意見由會另電推薦外特電請即舉行職
業職團體商界立法委……界立法委員暨國大代表選舉人登
記并轉知貴屬商界從業同人每……加區域或其他職業團
體選舉以維選權為荷……自應遵照除分電外合行
轉電請即轉飭　貴會所屬……業同人一體遵照并請迅造選
舉人名冊二份呈報　縣政府核……陽江縣商會理事長廖
永年申佳印

24. 阳江县政府关于奉广东省社会处代电商业同业公会不加入当地商会如何处理致县商会的训令（1948 年 4 月 13 日）

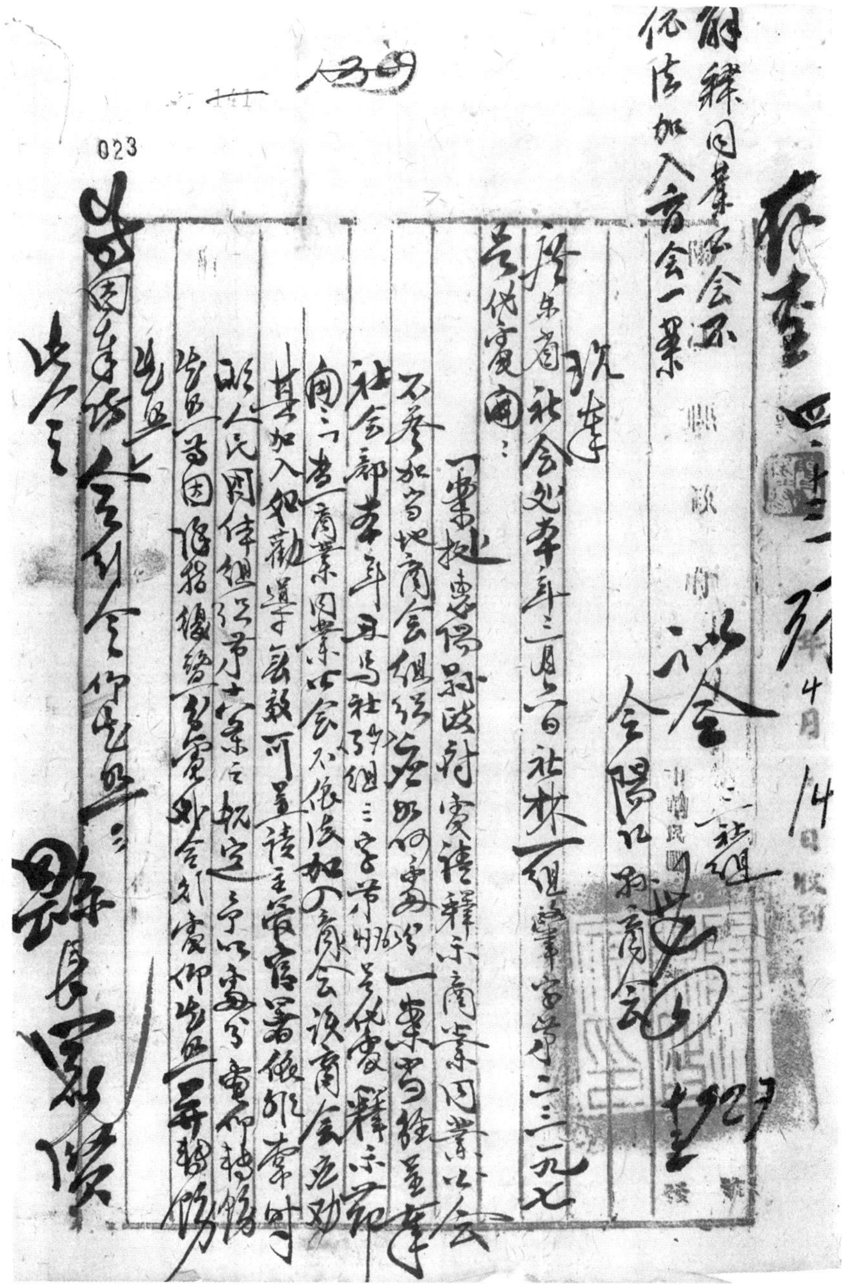

25. 阳江县商会关于各公会常务理事缺席商会理监事及各同业公会、各街社首等联席会议三次将受处办致各公会的通告（1948 年 5 月 31 日）

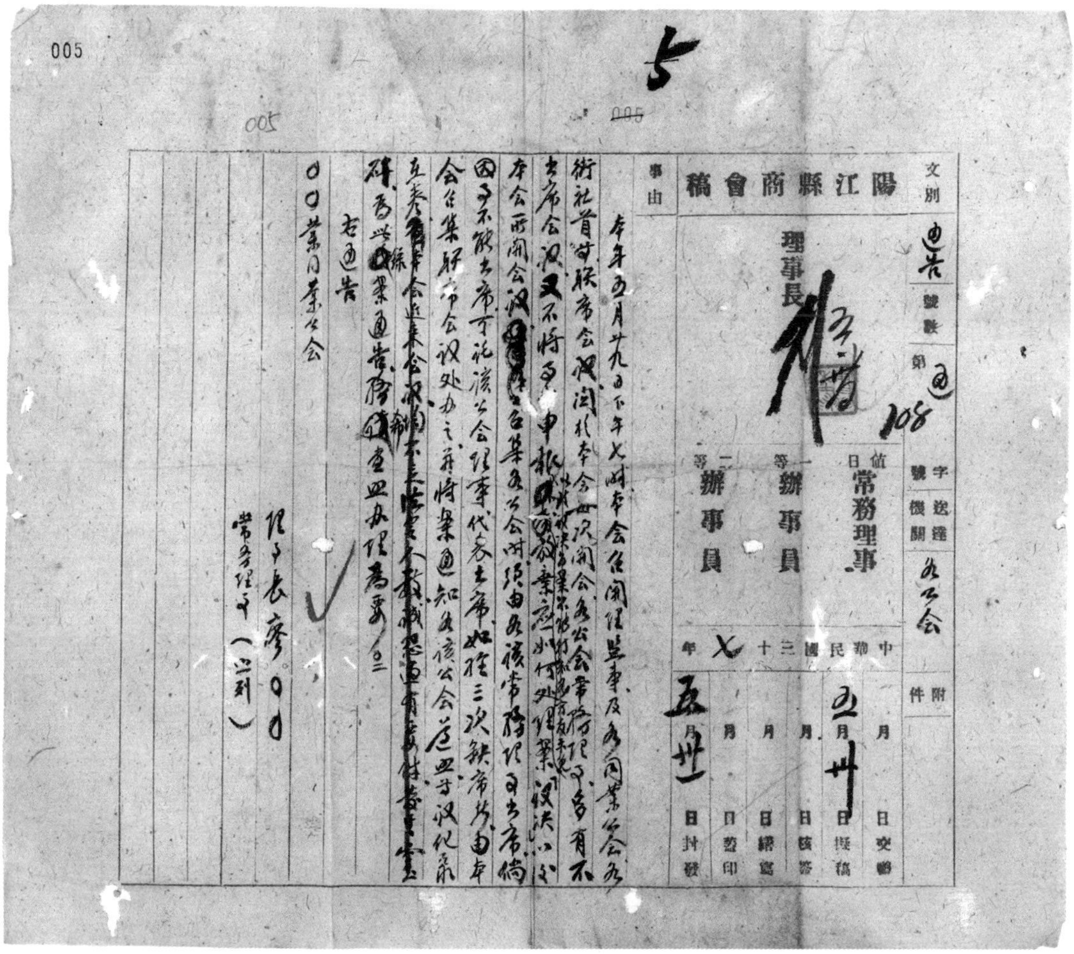

文别：通告
第 通 108 号
陽江縣商會稿
理事長
常務理事
一等辦事員
二等辦事員
送達機關：各公会
中華民國三十七年
五月卅日 擬稿
五月卅一日 封發

事由

本年五月廿九日下午七时本会召开理监事及各同业公会各街社首等联席会议，关于本会四次开会各公会常务理事多有不出席会议，又不将[illegible]申报[illegible]议决：以后本会所开会议[illegible]各业各公会时须由各该常务理事出席，倘因事不能出席可托该公会理事代表出席，如经三次缺席者，由本会召集联席会议处办之，并将案通知各该公会[illegible]。[illegible]

右通告

○○业公会

理事长 廖○○
常务理事（公列）

26. 阳江县商会理监事名册

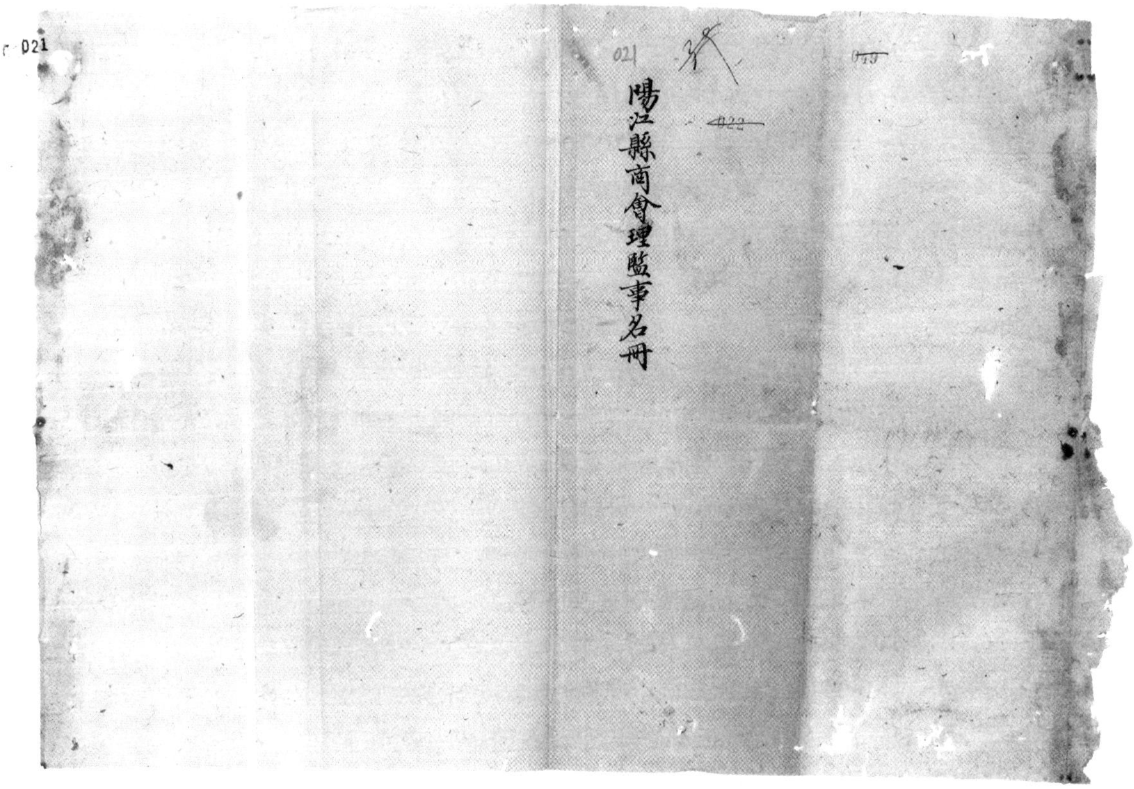
陽江縣商會理監事名册

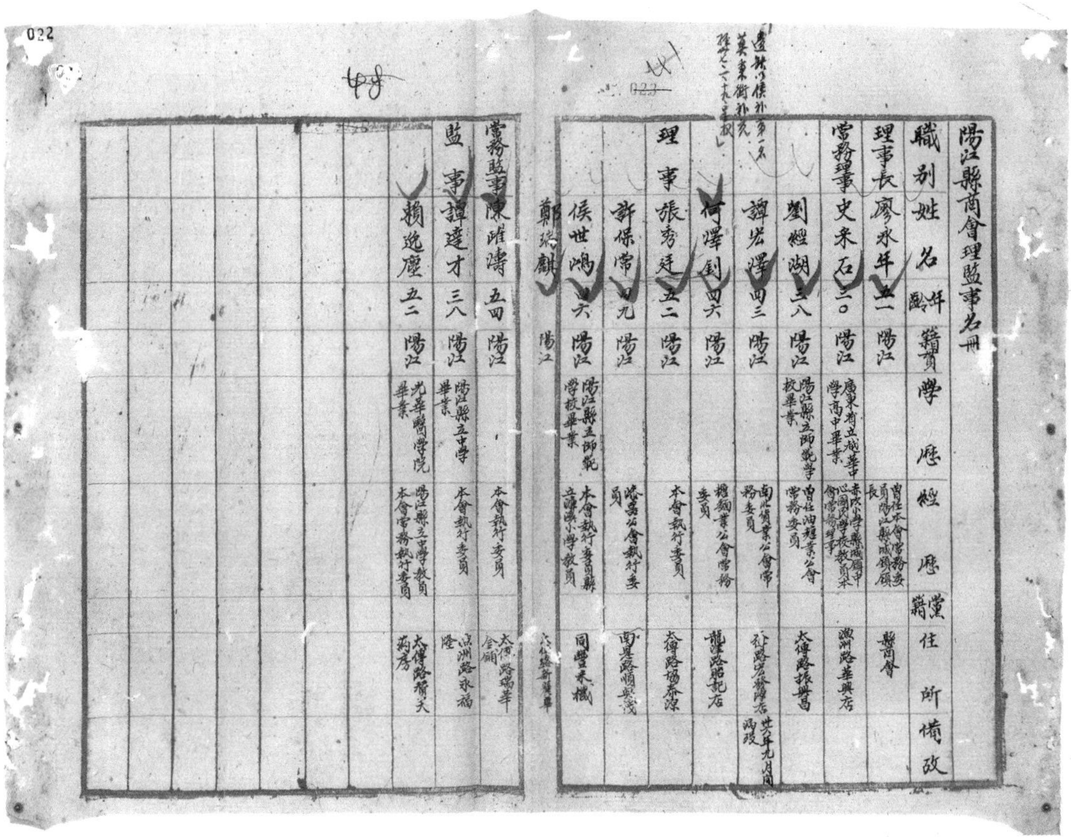

遺缺以候補第一名莫東衡補充

陽江縣商會理監事名冊

職別	姓名	年齡	籍貫	學歷	經歷	黨籍	住所	備攷
理事長	廖永年	五一	陽江		曾任本會常務委員陽江縣城鎮鎮長		縣商會	
常務理事	史秉石	三〇	陽江	廣東省立越華中學高中畢業	赤坎小學縣城鎮中心國民學校教員本會常務理事		漠洲路華興店	
理事	劉經湖	三八	陽江	陽江縣立師範學校畢業	曾任油糖業公會常務委員		太傅路振興昌	
	譚宏澤	四三	陽江		南北貨業公會常務委員		新路宏發隆店	卅六年九月間病故
	何澤釗	四六	陽江		糖麵業公會常務委員		龍津路昭記店	
	張秀廷	五二	陽江		本會執行委員		太傅路協泰源	
	許保常	四九	陽江		漆器公會執行委員		南恩路順興茂	
	侯世鴻	四六	陽江	陽江縣立師範學校畢業	本會執行委員縣立漪漠小學教員		同豐米機	
	鄭瑞麒		陽江				六合路新[illegible]	
常務監事	陳睢濤	五四	陽江		本會執行委員		太傅路瑞華金舖	
監事	譚達才	三八	陽江	陽江縣立中學畢業	本會執行委員		漠洲路永福隆	
	賴逸塵	五二	陽江	光華醫學院畢業	陽江縣立中學教員本會常務執行委員		太傅路齊天藥房	

27. 阳江县商会关于奉县党部训令依章成立阳江县城商会党团致各委员的函

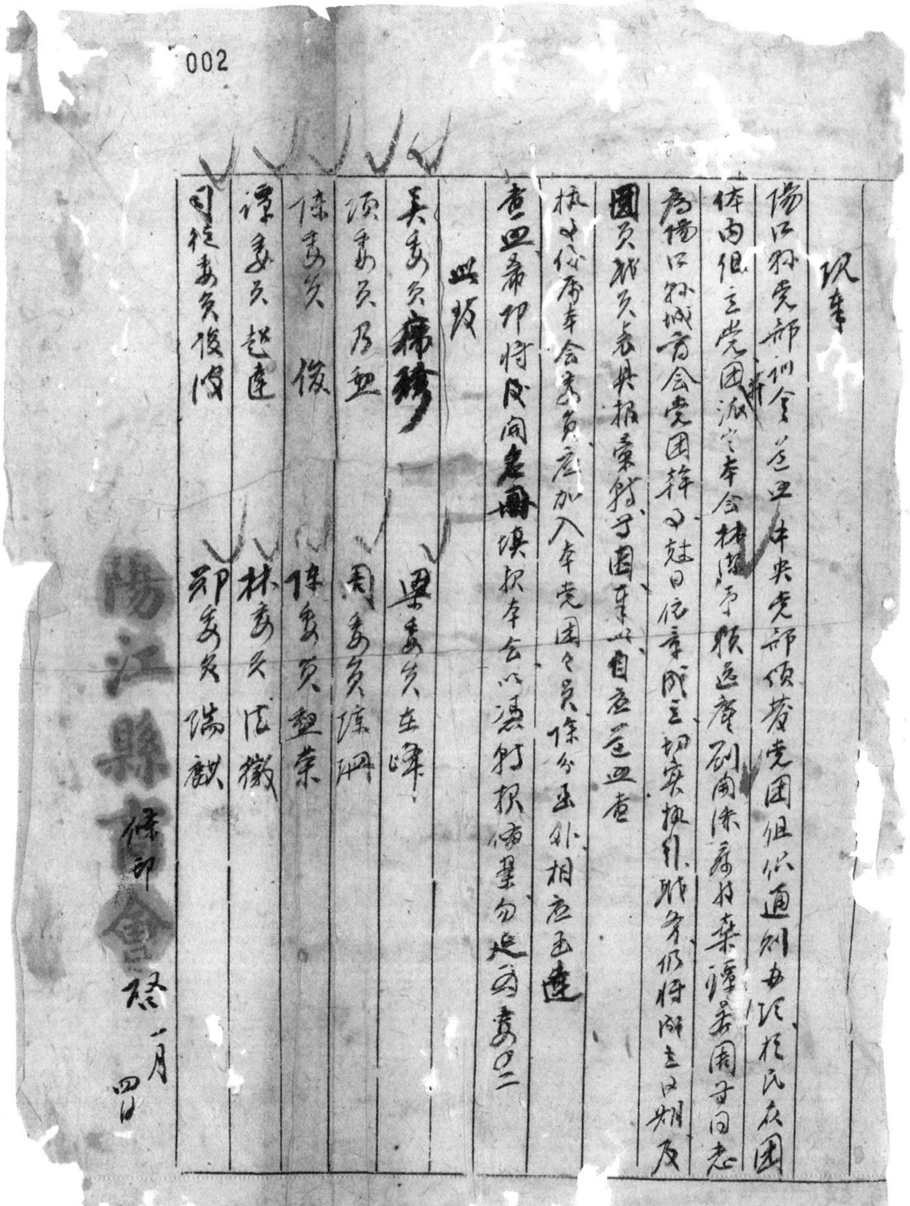
002

逕啓者：

奉陽江縣黨部訓令：遵照中央黨部頒發黨團組織通則，在民衆團體內組立黨團，派定本會林[illegible]、[illegible]、劉[illegible]、[illegible]、葉[illegible]、譚[illegible]等同志為陽江縣城商會黨團幹事，著即日依章成立，切實執行職務，仍將成立日期及團員姓名表具報彙轉，等因。奉此，自應遵照。查執事係本會黨員，應加入本黨團為團員，除分函外，相應函達，查照，希即將[illegible]填報本會，以憑[illegible]為要。此致

吳委員[illegible]　梁委員在峰

[illegible]委員[illegible]　周委員[illegible]

陳委員俊　陳委員[illegible]榮

譚委員超達　林委員[illegible]

司徒委員俊[illegible]　鄧委員瑞[illegible]

陽江縣商會（印）

[illegible]一月四日

（三）阳江县各同业公会

28. 阳江县商会关于缴各同业公会章册致县长的呈（1938 年 6 月 18 日）

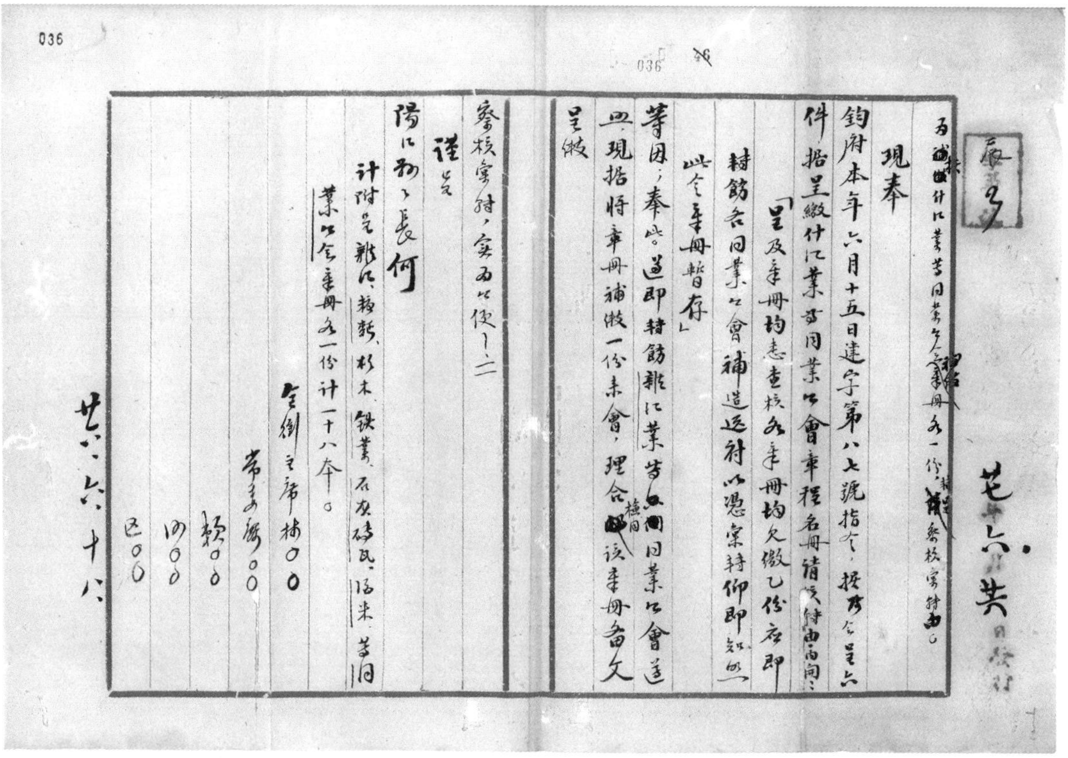
现奉
钧府本年六月十五日建字第八七号指令，据本会呈六
件，据呈缴什化业等同业公会章程名册请核转由内开：
「呈及章册均悉。查核各章册均欠缴乙份，应即
转饬各同业公会补造送府，以凭察核转仰即知照。
此令。章册暂存」
等因。奉此，遵即转饬杂化业等同业公会遵
照，现据将章册补缴一份来会，理合检同该章册备文
呈缴
察核，实为公便。谨呈
阳江县县长何
计附呈杂化、榨粉、杉木、铁业、石灰砖瓦、谷米等同
业公会章册各一份，计一十八本。
全衔主席林〇〇
常务委员〇〇
〇〇
〇〇
区〇〇
廿七.六.十八

29. 阳江县商会向县长呈报阳江县糖面业同业公会委员名册更正（1938 年 6 月 18 日）

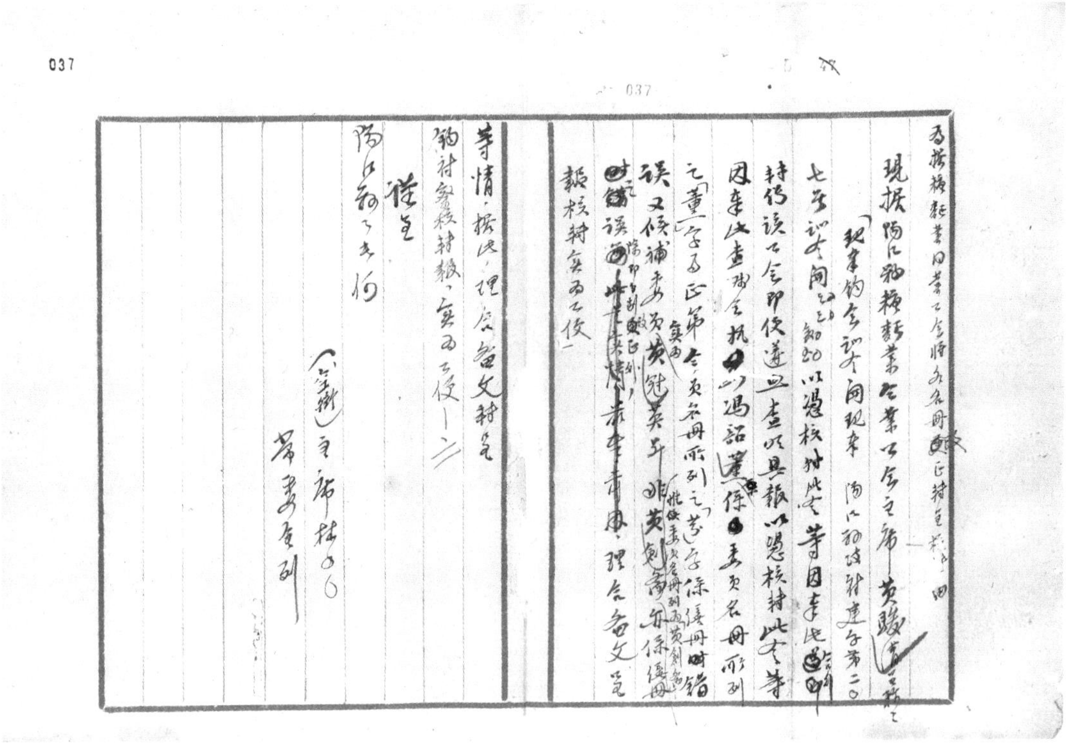

30. 阳江县商会关于梁嘉汝呈请改正什江业同业公会名称的通告（1942 年 9 月 16 日）

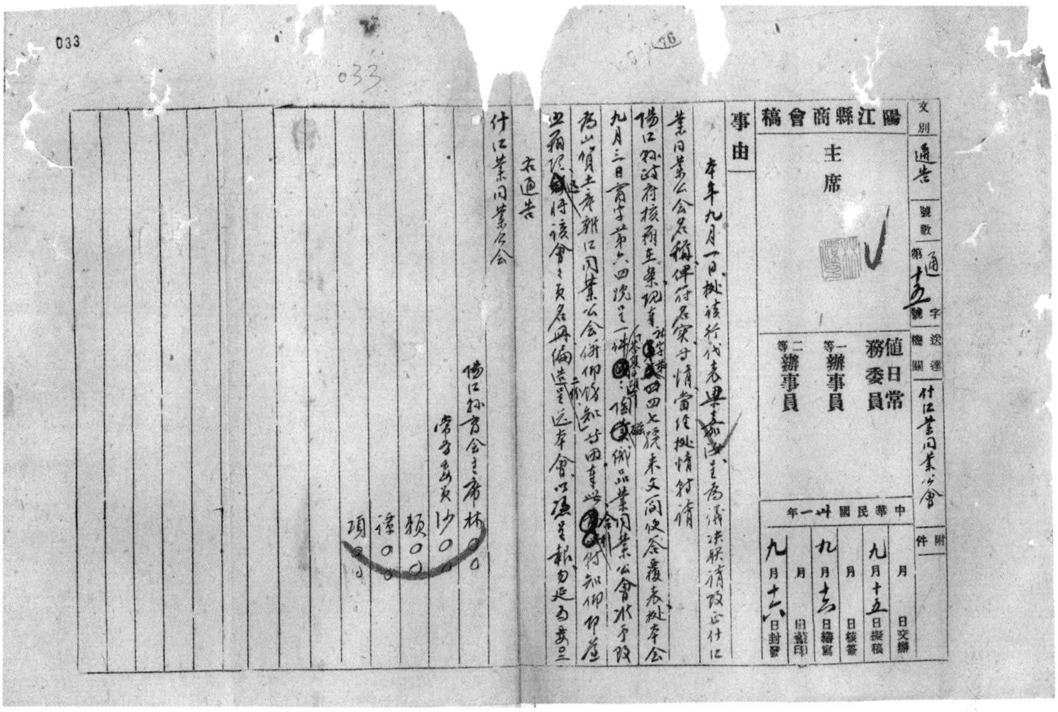
陽江縣商會稿

文別：通告

號數：第 通 十五 號 字

送達機關：什江業同業公會

主席

值日常務委員

一等辦事員

二等辦事員

中華民國卅一年

九月 日交辦 九月十五日擬稿 月 日核簽 九月十五日繕寫 月 日用印 九月十六日封發

附件

事由

本年九月一日據該行代表梁嘉汝呈為議決聯請改正什江業同業公會名稱俾符名實等情當經據情轉請陽江縣政府核[illegible]

示通告

什江業同業公會

陽江縣商會主席林〇〇

常務委員沙〇〇

[illegible]〇〇

[illegible]〇〇

項〇〇

31. 阳江县商会关于奉县政府训令从速组织同业公会的通告（1942 年 9 月 19 日）

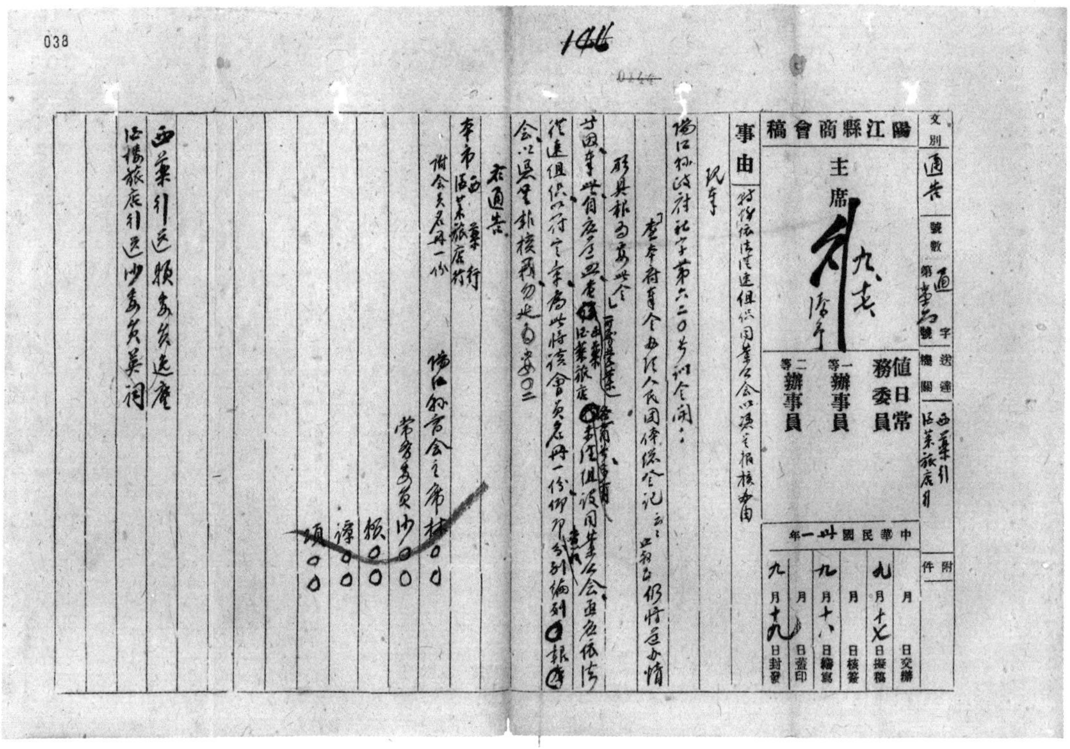

038

146

陽江縣商會稿

文别：通告

號數：第　號

送達機關：西药行、旅业旅店行

主席

值日常務委員

一等辦事員

二等辦事員

事由：为奉令从速组织同业公会以凭汇报核办由

中華民國卅一年

九月十七日擬稿　九月十八日繕寫　九月十九日封發

附件

为通告事：案奉

阳江县政府社字第六二〇号训令开：

……

常务委员

32. 阳江县商会呈县政府本县无银钱店开设无从组织公会（1942 年 9 月 29 日）

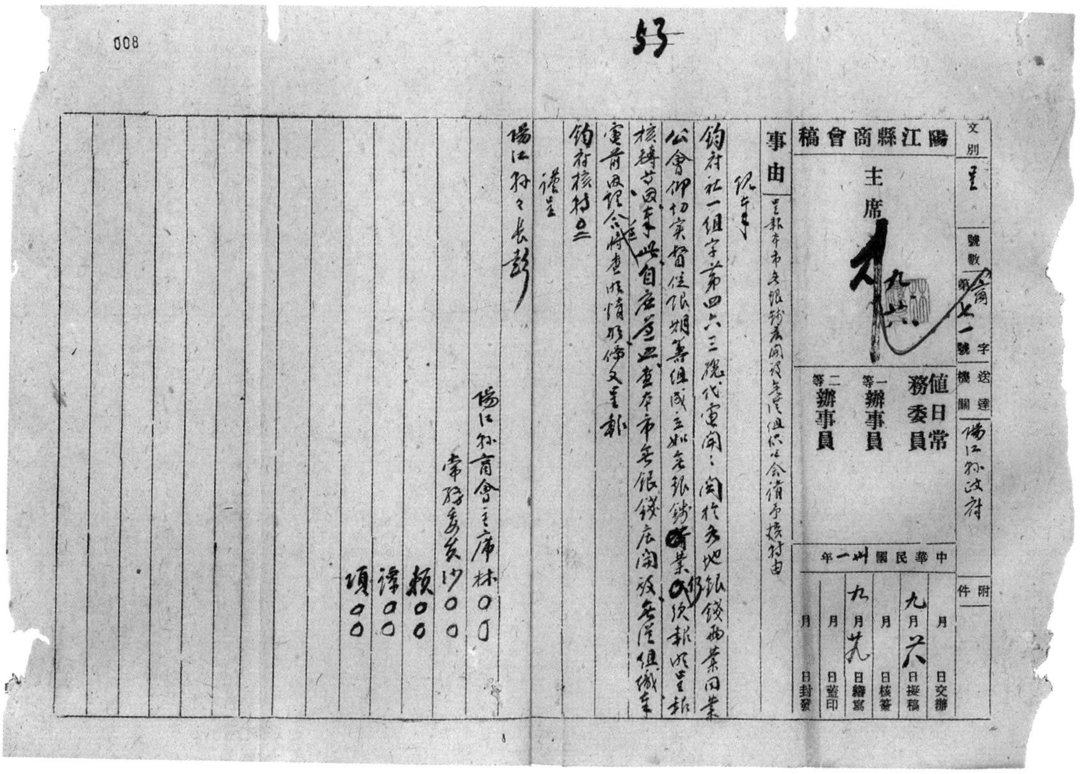

陽江縣商會稿

文別：呈

送達機關：陽江縣政府

中華民國卅一年 九月廿六日擬稿 九月廿九日繕寫

事由：呈報本市無銀錢兩業同業公會請予核轉由

案奉

鈞府社一組字第四六三號代電開："關於各地銀錢兩業同業公會仰切實督促限期籌組成立，如無銀錢業，亦須據情呈報"等因。奉此，自應遵照。查本市無銀錢店開設，無從組織。奉電前因，理合將查明情形備文呈報

鈞府核轉。

謹呈

陽江縣縣長彭

陽江縣商會主席林○○

常務委員○○

33. 阳江县商会向县政府呈缴县城酒楼旅店同业公会组织章程及发起人姓名、年籍表请备案（1942 年 11 月 12 日）+ 附：阳江县城酒楼旅店同业公会致县商会的呈（1942 年 11 月 12 日）

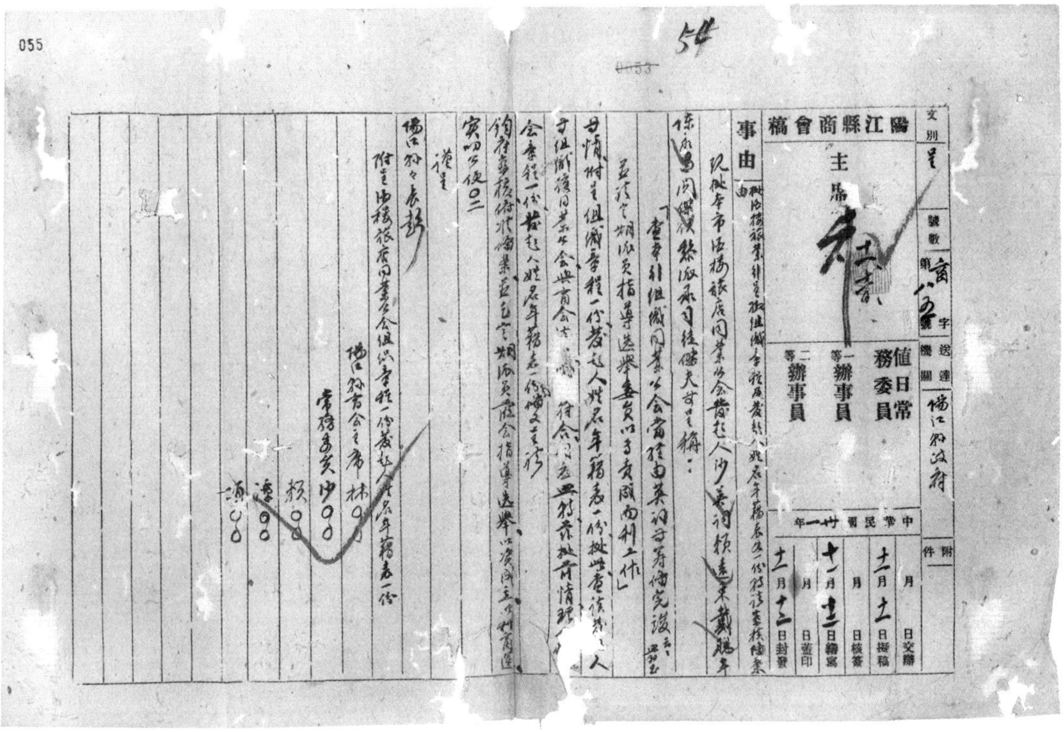

陽江縣商會稿

文別 呈

號數 第 字 號

送達機關 陽江縣政府

附件

主席

值日常務委員

一等辦事員

二等辦事員

事由

中華民國卅一年

十一月十一日擬稿　月日核簽　十一月十二日繕寫　月日蓋印　十一月十二日封發　月日交辦

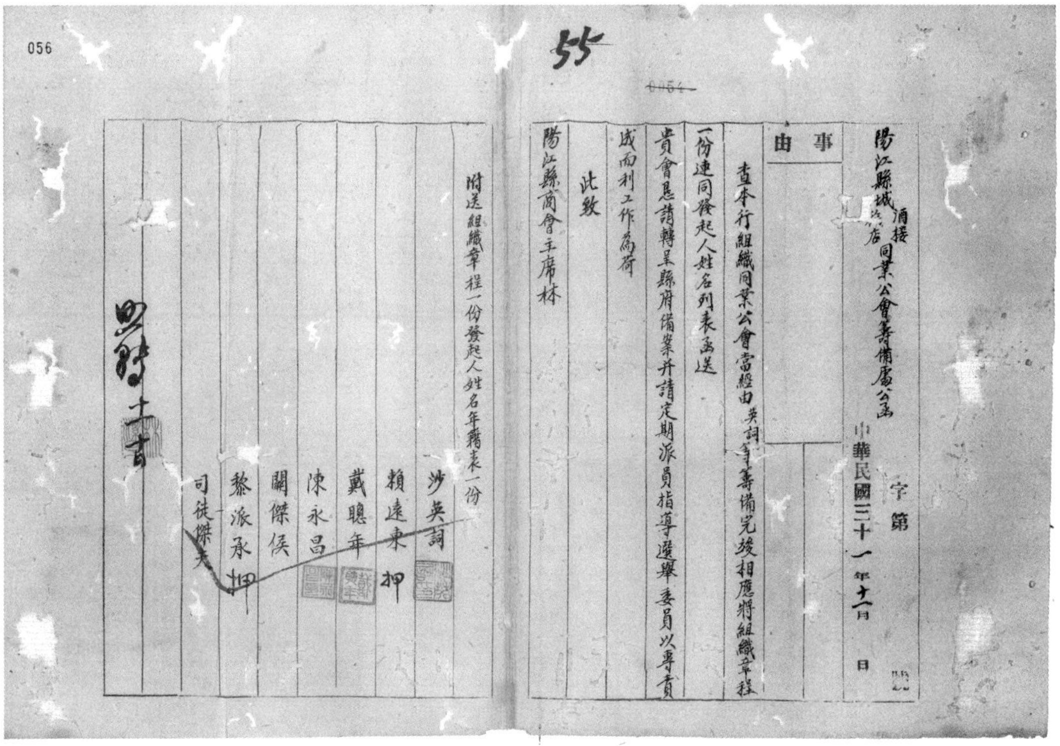

陽江縣城酒樓茶店同業公會籌備處公函

字第　號

中華民國三十一年十二月　日

事由

查本行組織同業公會當經由英詞等籌備完竣相應將組織章程一份連同發起人姓名列表函送

貴會恳請轉呈縣府備案并請定期派員指導選舉委員以專責成而利工作為荷

此致

陽江縣商會主席林

附送組織章程一份發起人姓名年籍表一份

沙英詞

賴遠東　押

戴聰年

陳永昌

關傑侯

黎派承　押

司徒傑夫

34. 阳江县商会通告米业同业公会遵照办理广东直接税局阳江分局第四四五号公函
（1942 年 11 月 16 日）

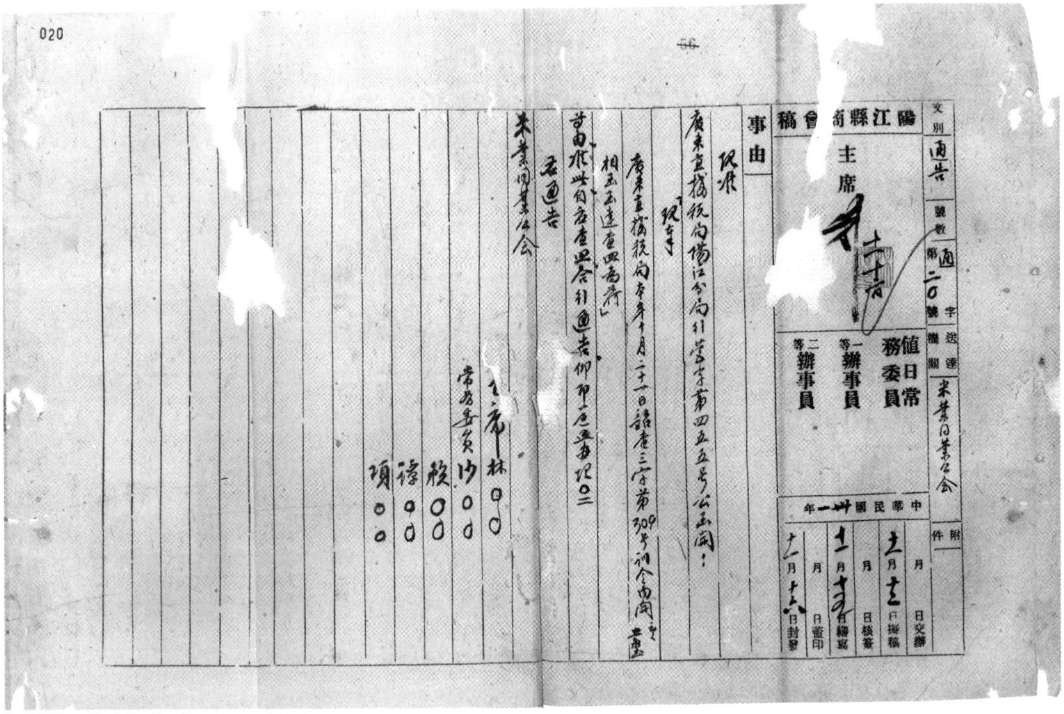

陽江縣商會稿

文別：通告
號數：第通二〇號字
送達機關：米業同業公會
主席
值日常務委員
一等辦事員
二等辦事員
中華民國卅一年
十一月十五日擬稿
十一月十五日繕寫
十一月十六日封發

事由

現准
廣東直接稅局陽江分局引字第四五五號公函：
「現奉
廣東直接稅局本年十月二十一日諮產三字第309號訓令內開：
……
相應函達查照為荷。」
等由。准此，自應查照令行通告，仰即一體遵照為要。
右通告
米業同業公會

主席　林〇〇
常務委員　沙〇〇
校〇〇
譯〇〇
項〇〇

35. 阳江县商会关于酒楼茶室同业公会成立呈请县政府派员莅会监誓（1943 年 1 月 26 日）+ 附：阳江县酒楼茶室同业公会致县商会的呈（1943 年 1 月 26 日）

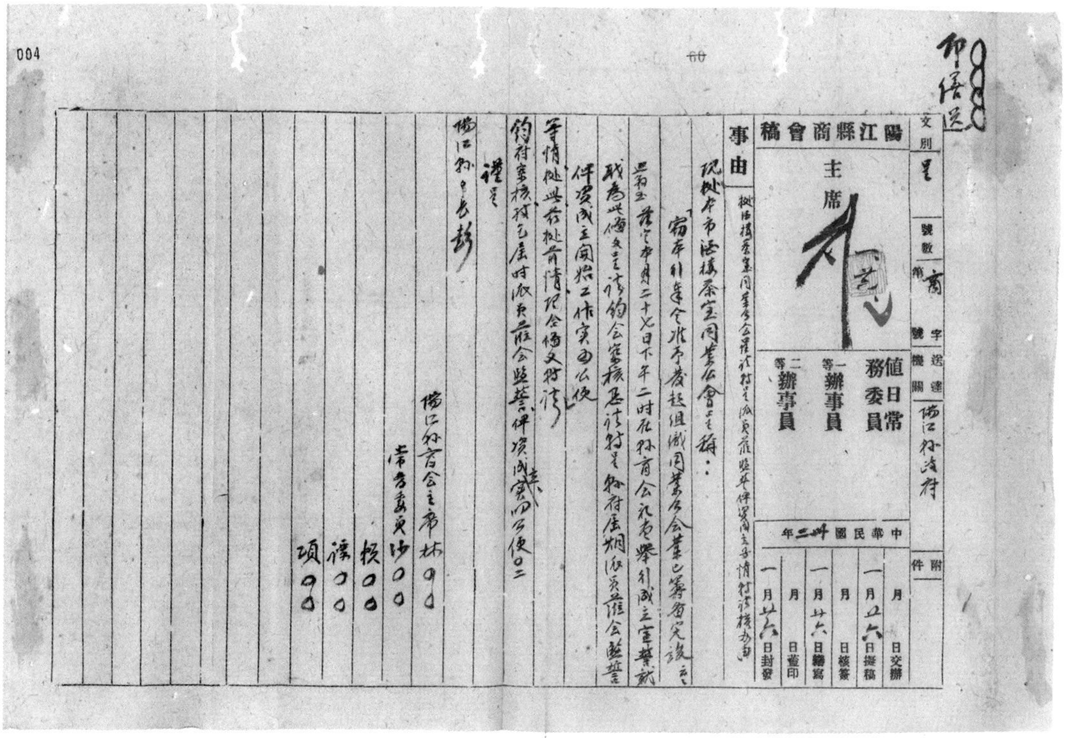

003　　59

酒楼茶室同業公會呈

字第　號

事由：為舉行定期成立宣誓就職恳請轉呈派員監誓以昭慎重由

中華民國三十二年一月廿六日

竊本行奉令准予發起組織同業公會業已籌備完竣定期本月二十五日舉行會員大會選舉執監委員經蒙　陽江縣政府是日派吳雲科員為監選員及　鈞會主席林潔亭到場指導計選舉結果以沙英詞、戴聰年、敖全開、賴遠東、黎派承等五人得票最多當選為執行委員謝彦明得票次之當選為候補執行委員何績鰲、張板、陳華甫等三人得票最多當選為監察委員鍾修讓得票次之當選為候補監察委員并由執行委員互選沙英詞為常務委員兹定本月廿七日下午二時（在本市商會禮堂）舉行成立宣誓就職典禮此備文呈請　鈞會察核恳請轉呈　縣府届期派員蒞會監誓俾資成立開始工作實為公便

謹呈

陽江縣商會主席林

酒楼茶室業同業公會常務委員沙英詞

卅二年一月廿六日收到

36. 阳江县商会关于奉县政府指令定期举行会员大会选举执监委员成立旅店业组织同业公会的通告（1943 年 2 月 9 日）+ 附：阳江县政府致县商会主席林洁予的指令（1943 年 2 月 2 日）

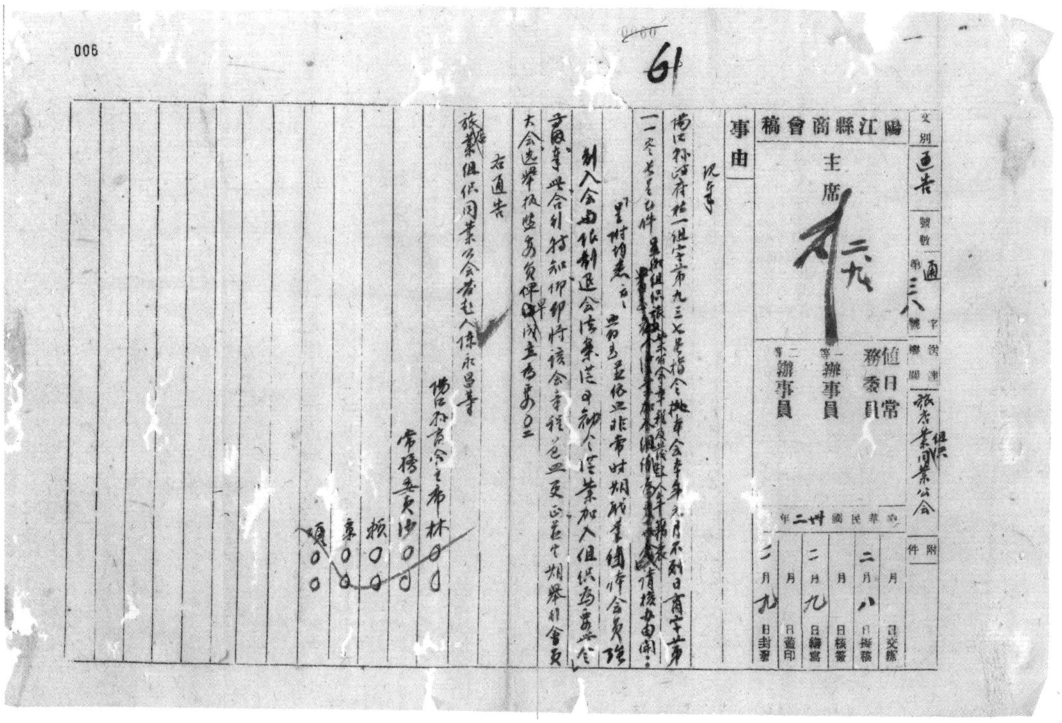
陽江縣商會稿
文別 通告
主席
值日常務委員
第一等辦事員
第二等辦事員
事由
中華民國卅二年
二月八日擬稿
二月九日繕寫
二月九日封發
附件
右通告

007

62

0061

陽江縣政府指令　社一組字第937號

中華民國卅二年二月廿日

卅二年二月二日收到

事由

令縣商會主席林滌予

本年九月廿一日商字第（10）號呈一件，呈繳組織旅業公會章程及發起人名冊表請核示由

呈附均悉。查該擬章程第十五條下段該公會執監委員，用無記名連記法選任之，核與部頒選舉通則規定不合，應改為以記名連記法選出之。其餘尚合，除將原繳章程存部外，仰即轉飭遵照更正，並依照非常時期職業團體會員強制入會與限制退會辦法，勸令該業加入組織為要。

此令

縣長彭展義

附候公會改正

37. 阳江县商会向县政府呈报县酒楼饭店业同业公会成立请察核备案（1943 年 1 月 28 日）+ 附：阳江县酒楼饭店业同业公会致县商会的呈（1943 年 2 月 28 日）

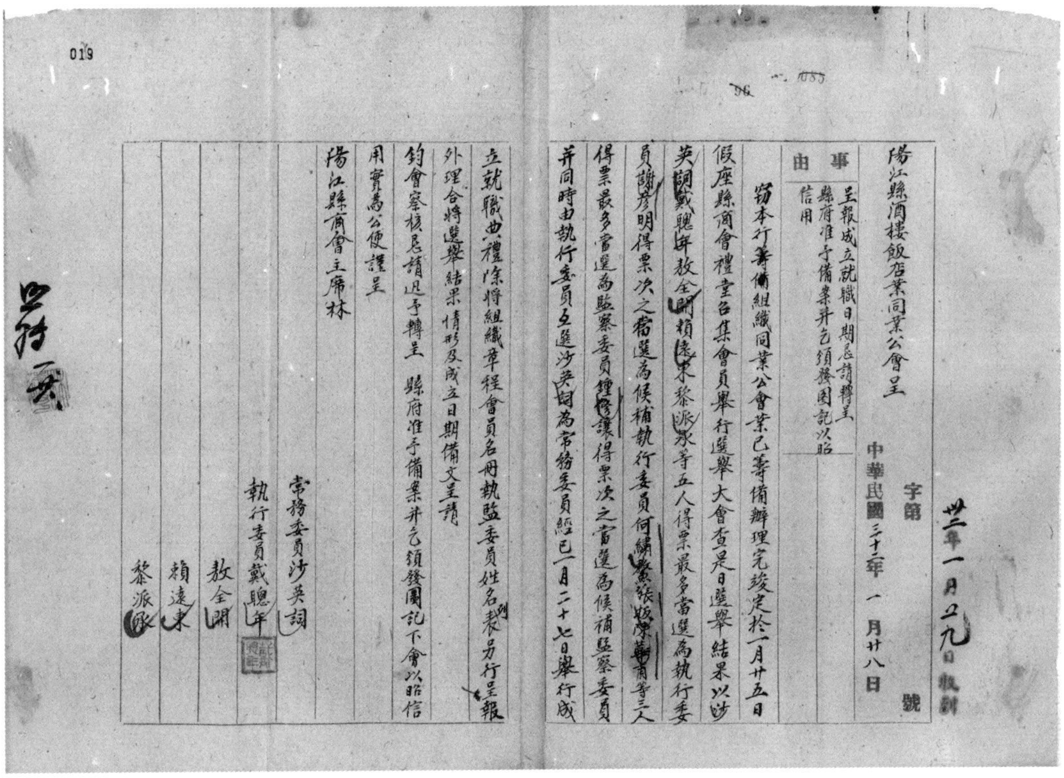

陽江縣酒樓飯店業同業公會呈

字第　號

中華民國三十二年一月廿八日

事由：呈報成立就職日期懇請轉呈縣府准予備案并乞頒發圖記以昭信用

竊本行籌備組織同業公會業已籌備辦理完竣定於一月廿五日假座縣商會禮堂召集會員舉行選舉大會查是日選舉結果以沙英詞戴聰年敖全開賴遠東黎派永等五人得票最多當選為執行委員譚彦明得票次之當選為候補執行委員何[illegible]張[illegible][illegible]等三人得票最多當選為監察委員鍾[illegible]讓得票次之當選為候補監察委員并同時由執行委員互選沙英詞為常務委員經已一月二十七日舉行成立就職典禮除將組織章程會員名冊執監委員姓名表另行呈報外理合將選舉結果情形及成立日期備文呈請鈞會察核懇請迅予轉呈縣府准予備案并乞頒發圖記下會以昭信用實為公便謹呈

陽江縣商會主席林

常務委員　沙英詞
執行委員　戴聰年
敖全開
賴遠東
黎派永

020

97　086

阳江县商会稿

文别	呈
号数	第一二〇号 商字
送达机关	阳江县政府
主席	林
值日常务委员	
一等办事员	
二等办事员	
附件	

中华民国卅二年

交办	拟稿	核签	缮写	盖印	封发
月　日	一月卅日	月　日	二月廿日	月　日	二月廿六日

事由

现据合属酒楼饭店业同业公会呈称：

「窃本行组织同业公会，业已筹备已完竣，云云　迅予办理

合将选举结果情形及成立日期备文呈请钧会察核，恳请转迅予

转呈县府准予备案，并乞颁发图记，以昭信用，实为公便」

等情。据此，兹据所情，理合备文转呈

钧府察核，俯赐备案，并请颁发该会图记，以资信用，实为公便。

谨呈

阳江县县长彭

阳江县商会主席林〇〇

常务委员欧〇〇

杨〇〇

谭〇〇

项〇〇

38. 阳江县商会关于故衣业同业公会组织筹备处将发起人名单随文察核请准予派员指导成立的通告（1945 年 3 月 31 日）+ 附：阳江县故衣业同业公会组织筹备处致林洁予的呈（1945 年 3 月 28 日）

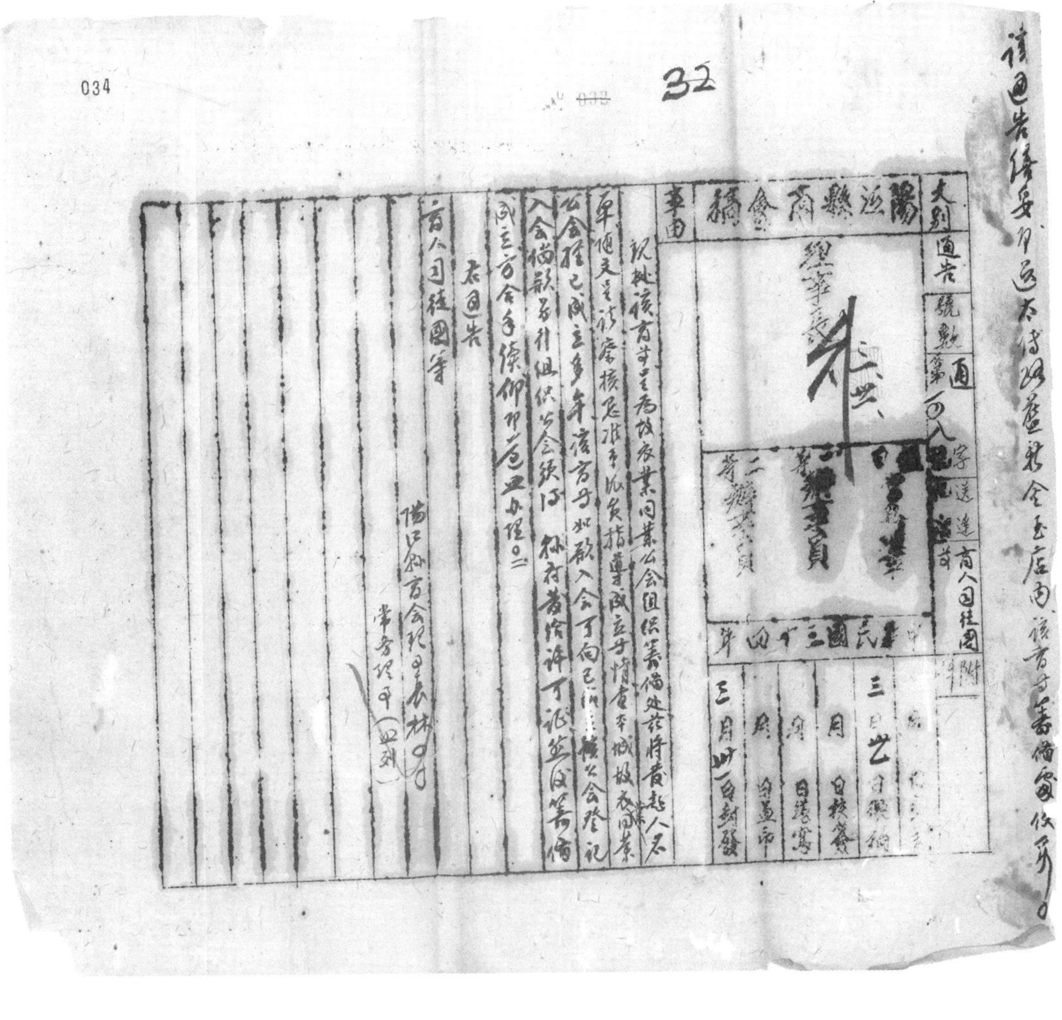

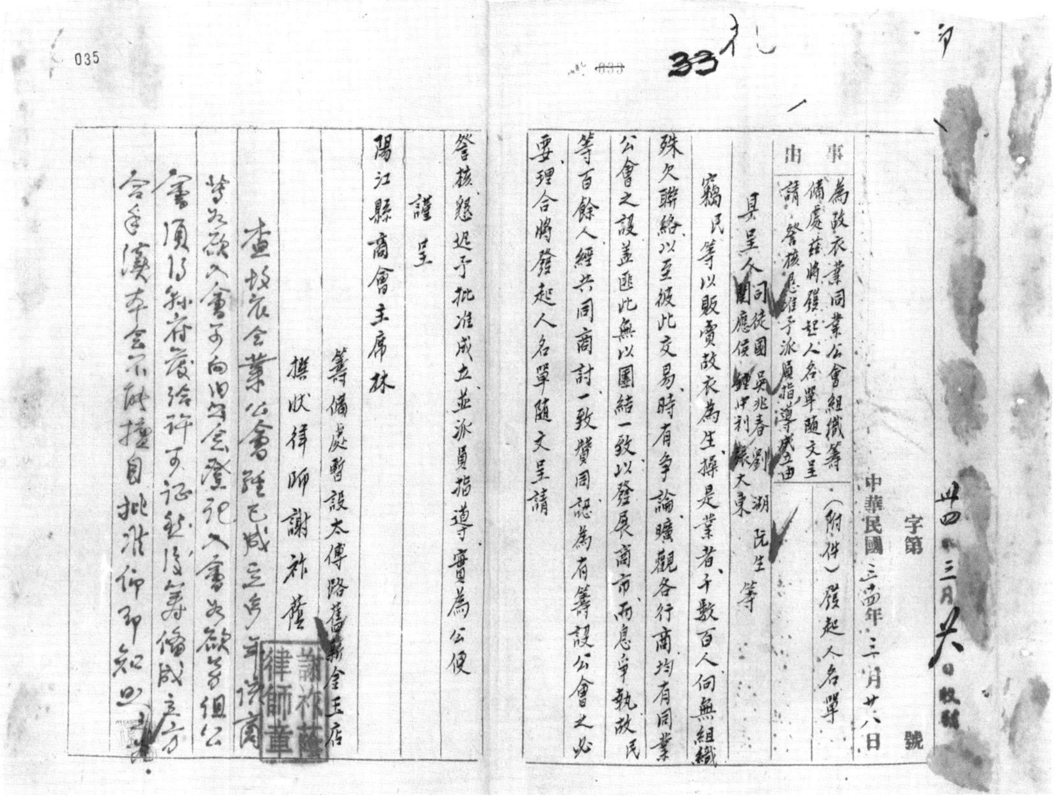

035　33

事由：為故衣業同業公會組織籌備處莊將發起人名單隨文呈請鑒核懇准予派員指導成立由

字第　號

中華民國三十四年三月廿六日

（附件）發起人名單

具呈人　司徒國、吳兆春、劉湖、關應侯、鍾中利、張大東　先生等

竊民等以販賣故衣為生，操是業者千數百人，向無組織，殊欠聯絡，以至彼此交易時有爭論。矚觀各行商均有同業公會之設，蓋匪此無以團結一致，以發展商市，而息爭執。故民等百餘人經共同商討，一致贊同，認為有籌設公會之必要。理合將發起人名單隨文呈請

鑒核，懇迅予批准成立，並派員指導，實為公便。

謹呈

陽江縣商會主席林

籌備處暫設太傅路舊新金玉店

撰狀律師謝祚蔭

查故衣業公會經已成立多年，該商等如欲入會，可向該公會登記入會；如欲另組公會，須得各行簽給許可證，然後籌備成立，方合手續，本會不能擅自批准，仰即知照。

卅四年三月廿六日收到

39. 阳江县商会关于不参加公会的商店依法规不准参加选举的通告（1945 年 10 月 6 日）

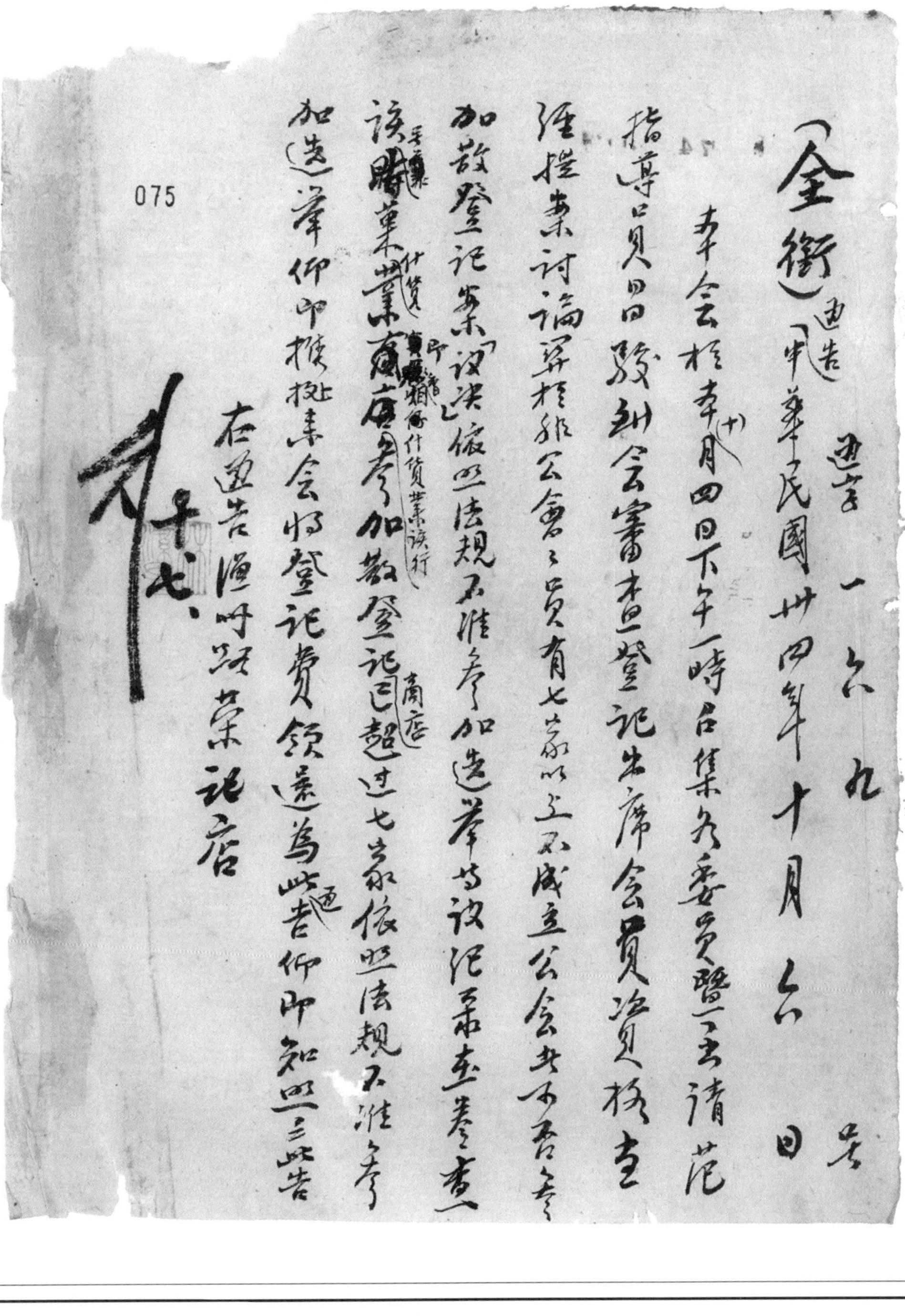
通字一八九号
（全衔）通告（中华民国卅四年十月六日）
本会于本（十）月四日下午一时召集各委员暨□□请莅
指导员四日验封会审查登记出席会员资格，查
经提案讨论再于行公会会员有七家以上不成立公会者不参
加该登记案决议依照法规不准参加选举等设记录在卷查
该手巾业什货业商店参加该登记已超过七家依照法规不准参
加选举仰即携据来会将登记费领还为此通告仰即知照此告
右通告渔呼路荣记店

075

40. 阳江县商会关于各业同业公会改选第四届委员会和改正名称请颁发图记致县政府的呈（1946 年 1 月 12 日）+ 附：阳江县商会请发第四届改正名称及从新组织各业公会图记表

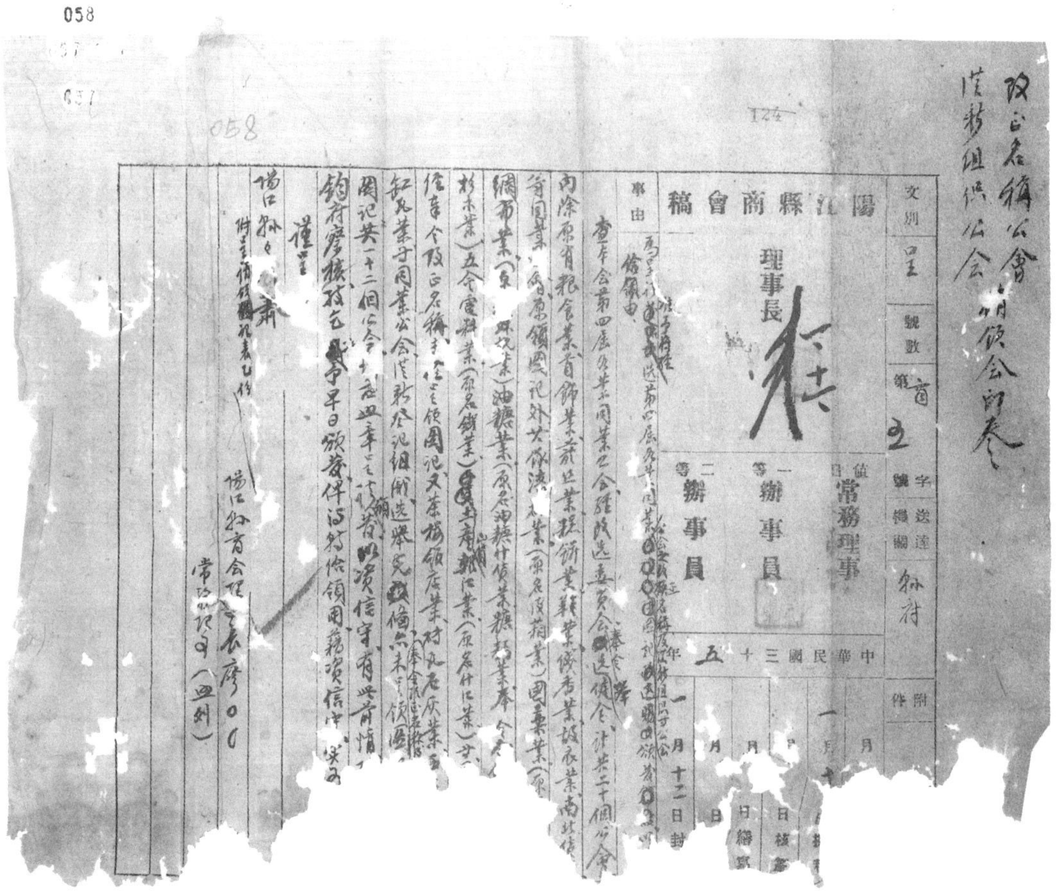
陽江縣商會稿

文別	呈
號數	第 號
理事長	
常務理事	
一等辦事員	
二等辦事員	
事由	
附件	

中華民國三十五年一月十二日封

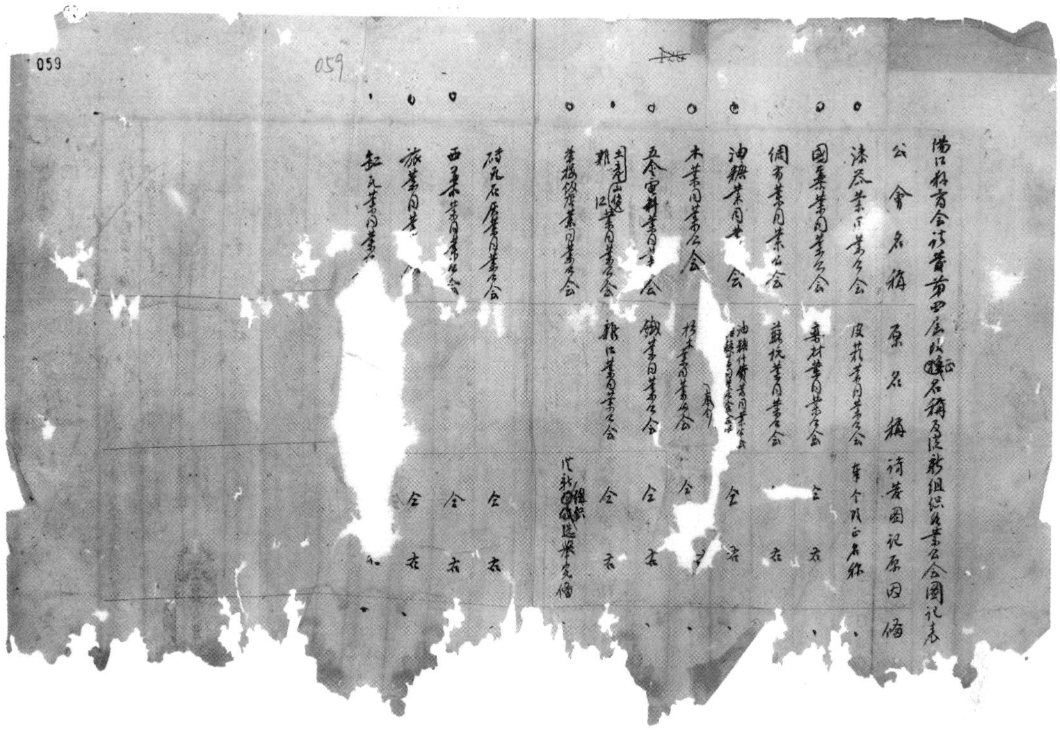

059

汉口特市商会请发第四届改组名称及从新组织各业公会图记表

公会名称	原名称	请发图记原因	备考
漆器业同业公会	皮花业同业公会	奉令改正名称	
国药业同业公会	药材业同业公会	仝右	
绸布业同业公会	苏帮业同业公会	仝右	
油糖业同业公会	油糖杂货业同业公会	仝右	
木业同业公会	杉木业同业公会	仝右	
五金电料业同业公会	铁业同业公会	仝右	
杂（土产山货）业同业公会	杂货业同业公会	仝右	
茶楼饭馆业同业公会		从新组织选举完备	
砖瓦石灰业同业公会		仝右	
西药业同业公会		仝右	
旅馆业[illegible]		仝右	
缸瓦业同业[illegible]		[illegible]	

41. 阳江县城南北货业同业公会向县商会理事长廖永年呈缴人民团体登记表、商店会员代表名册恳请准予察核存转（1946 年 3 月 12 日）

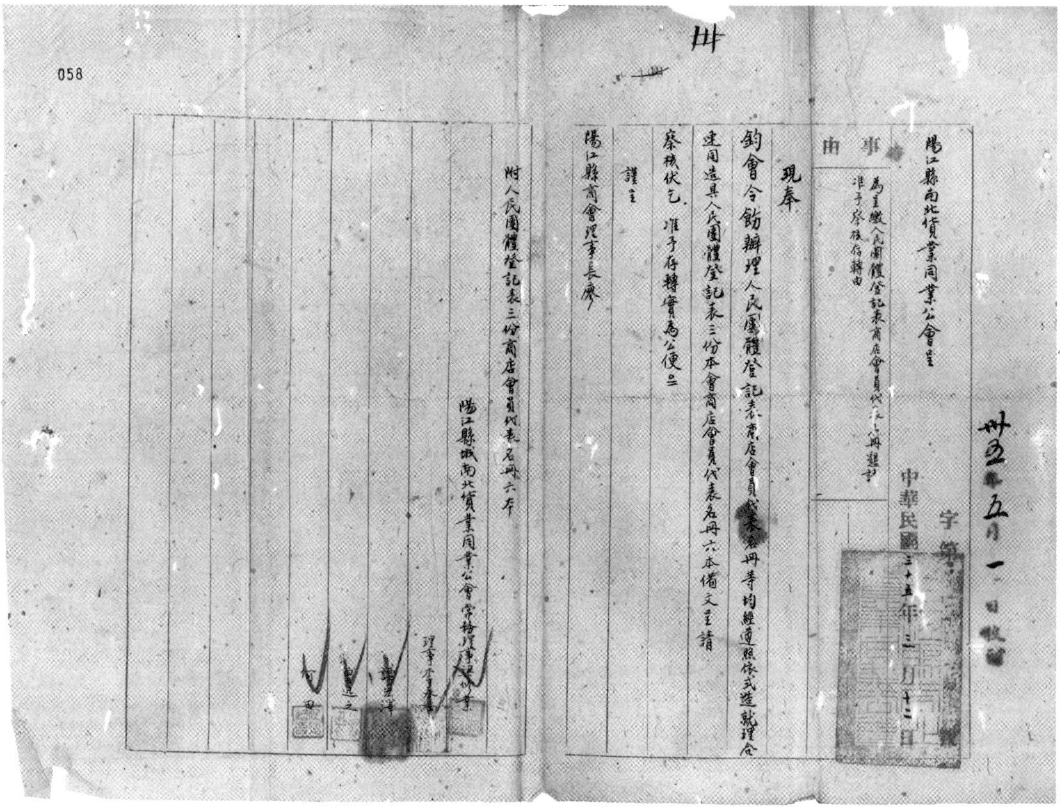

卅
陽江縣南北貨業同業公會呈
事由：為呈繳人民團體登記表商店會員代表名冊懇請准予察核存轉由
字第　號
中華民國三十五年三月十二日
卅五年五月一日收

現奉
鈞會令飭辦理人民團體登記表、商店會員代表名冊等，均經遵照依式造就，理合連同造具人民團體登記表三份、本會商店會員代表名冊六本，備文呈請
察核，伏乞准予存轉，實為公便。
謹呈
陽江縣商會理事長廖
附人民團體登記表三份、商店會員代表名冊六本
陽江縣城南北貨業同業公會常務理事梁炳棠
理事李□泰
譚宏澤
□遇之
何□田

42. 阳江县城烟丝业同业公会关于会员不参加本会请依照法规办理以维会务致县商会理事长廖永年的呈（1947 年 8 月 2 日）

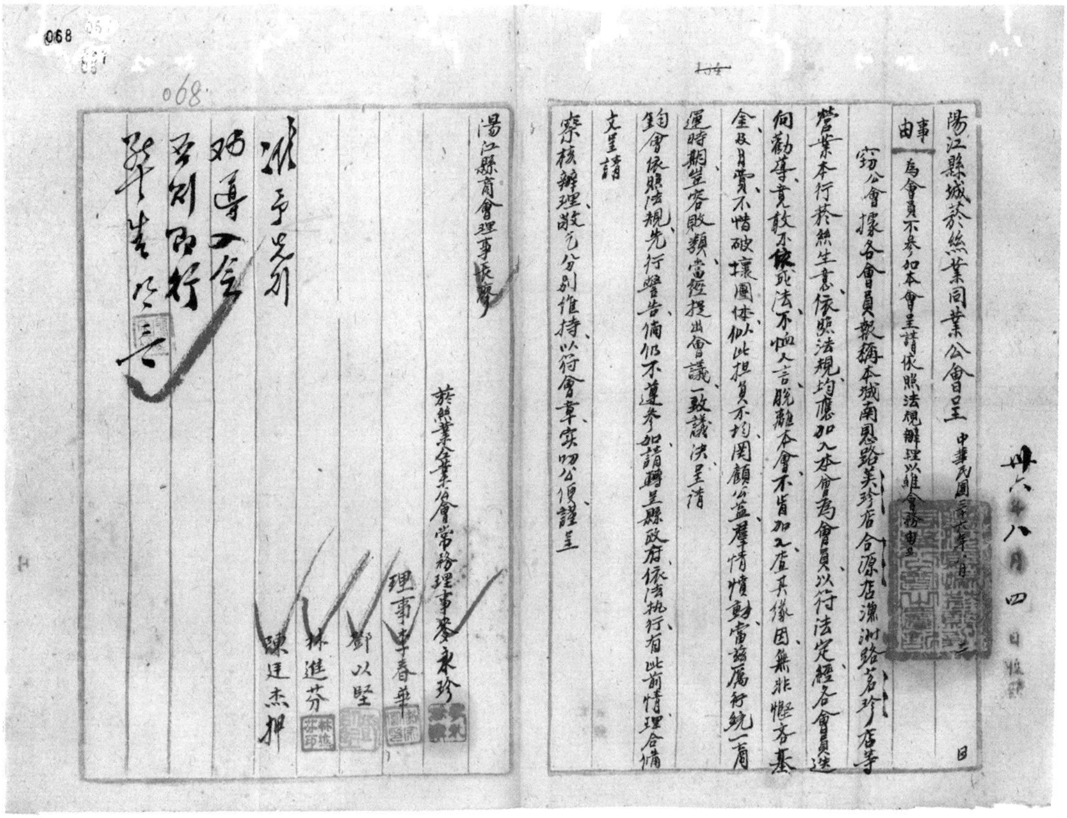
陽江縣城菸絲業同業公會呈　中華民國三十六年八月二日

事由：為會員不參加本會呈請依照法規辦理以維會務由

竊公會據各會員報稱本城南恩路美珍店、合源店、濂洲路茗珍店等營業本行菸絲生意，依照法規均應加入本會為會員，以符法定。經各會員迭向勸導，竟敢不依照法，不恤人言，脫離本會，不肯加入。查其緣因，無非慳吝基金及月費，不惜破壞團體，似此擔負不均，罔顧公益，羣情憤動。當茲厲行統一有運時期，豈容敗類。當經提出會議，一致議決呈請鈞會依照法規先行警告，倘仍不遵參加，請轉呈縣政府依法執行。有此前情，理合備文呈請察核辦理，敬乞分別維持，以符會章，實叨公便。謹呈

陽江縣商會理事長廖

菸絲業同業公會常務理事麥永珍

理事李春華 鄧以堅 林進芬 陳廷杰

43. 阳江县城百货业同业公会筹备会向县商会理事长廖永年呈报发起组织百货业同业公会推举代表筹备完竣请察核备案并转请县政府派员指导选举理监事（1947 年 10 月 12 日）

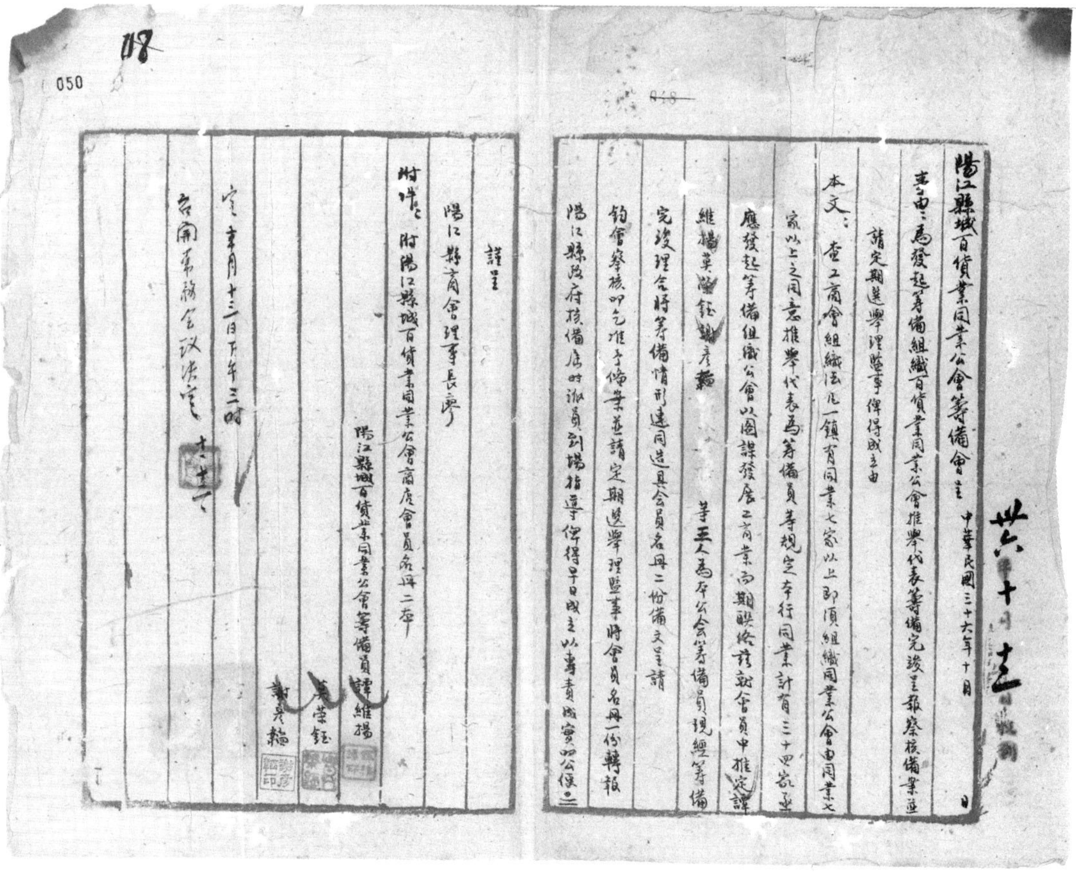

陽江縣城百貨業同業公會籌備會呈　中華民國三十六年十月　日

事由：為發起籌備組織百貨業同業公會推舉代表籌備完竣呈報察核備案並請定期選舉理監事俾得成立由

本文：查工商會組織法凡一鎮有同業七家以上即須組織同業公會由同業七家以上之同意推舉代表為籌備員等規定本行同業計有三十四家亟應發起籌備組織公會以圖謀發展工商業而期聯絡茲就會員中推定譚維揚莫榮鈺謝彥翰等三人為本公會籌備員現經籌備完竣理合將籌備情形連同造具會員名冊二份備文呈請鈞會察核即乞准予備案並請定期選舉理監事將會員名冊一份轉報陽江縣政府核備屆時派員到場指導俾得早日成立以專責成實為公便

謹呈

陽江縣商會理事長廖

附件：附陽江縣城百貨業同業公會會員名冊二本

陽江縣城百貨業同業公會籌備員　譚維揚　莫榮鈺　謝彥翰

定本月十三日下午三時召開常務会议決定

44. 阳江县政府指令商货业同业公会按照人民团体组织程序重新发起申请组织（1947年10月21日）

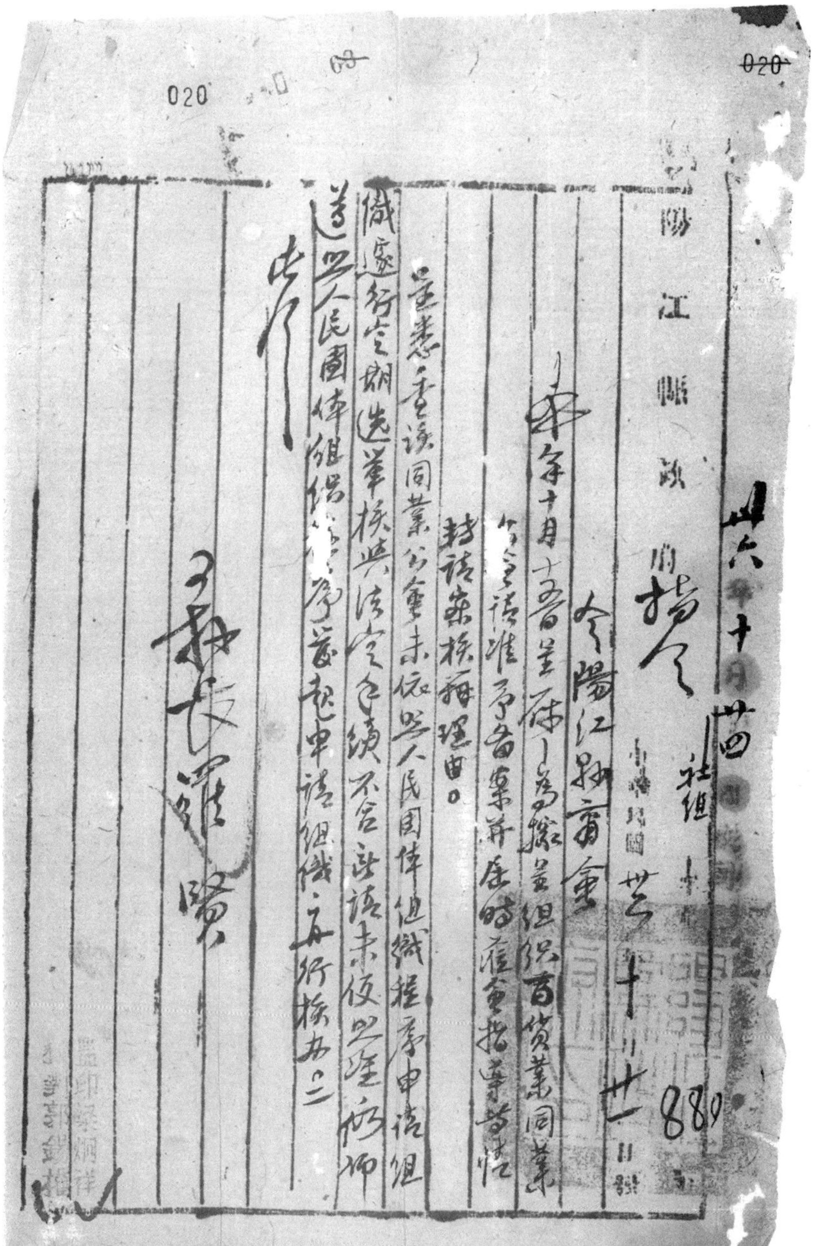

020

卅六年十月廿四

陽江縣政府指令 社組字第 號

中華民國卅六年十月廿一日

888

令陽江縣商會

本年十月十五日呈一件為據呈組織百貨業同業公會請准予備案並派員蒞會指導等情

轉請察核辦理由。

呈悉。查該同業公會未依照人民團體組織程序申請組織，遽行召開選舉，核與法定手續不合，所請未便照准。仰遵照人民團體組織程序發起申請組織，再行核辦。

此令

縣長 羅

45. 阳江县商会关于县政府批准成立铁钉业同业公会的通告（1947 年 10 月 28 日）

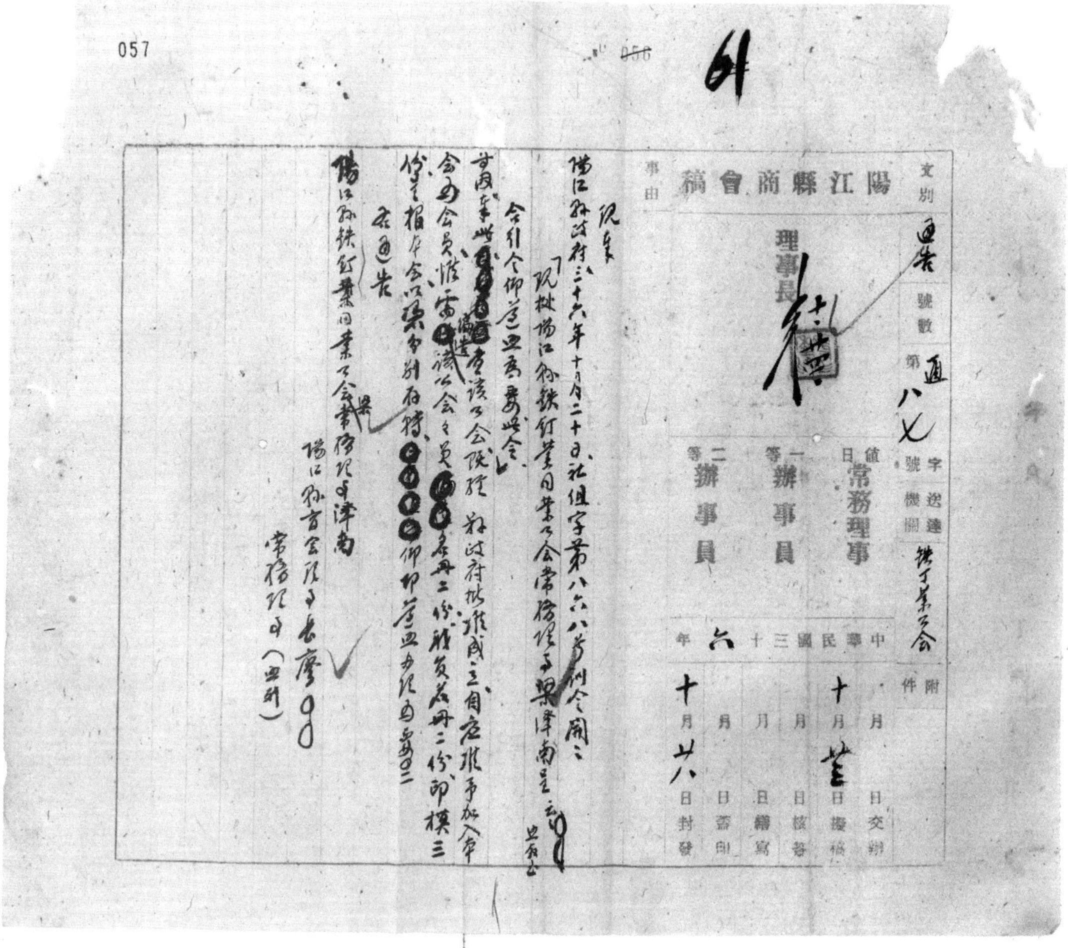

46. 阳江县商会奉县政府训令通告铁钉业同业公会依法退出县商会组织（1948 年 5 月 19 日）+ 附：阳江县政府致县商会的训令（1948 年 5 月 17 日）

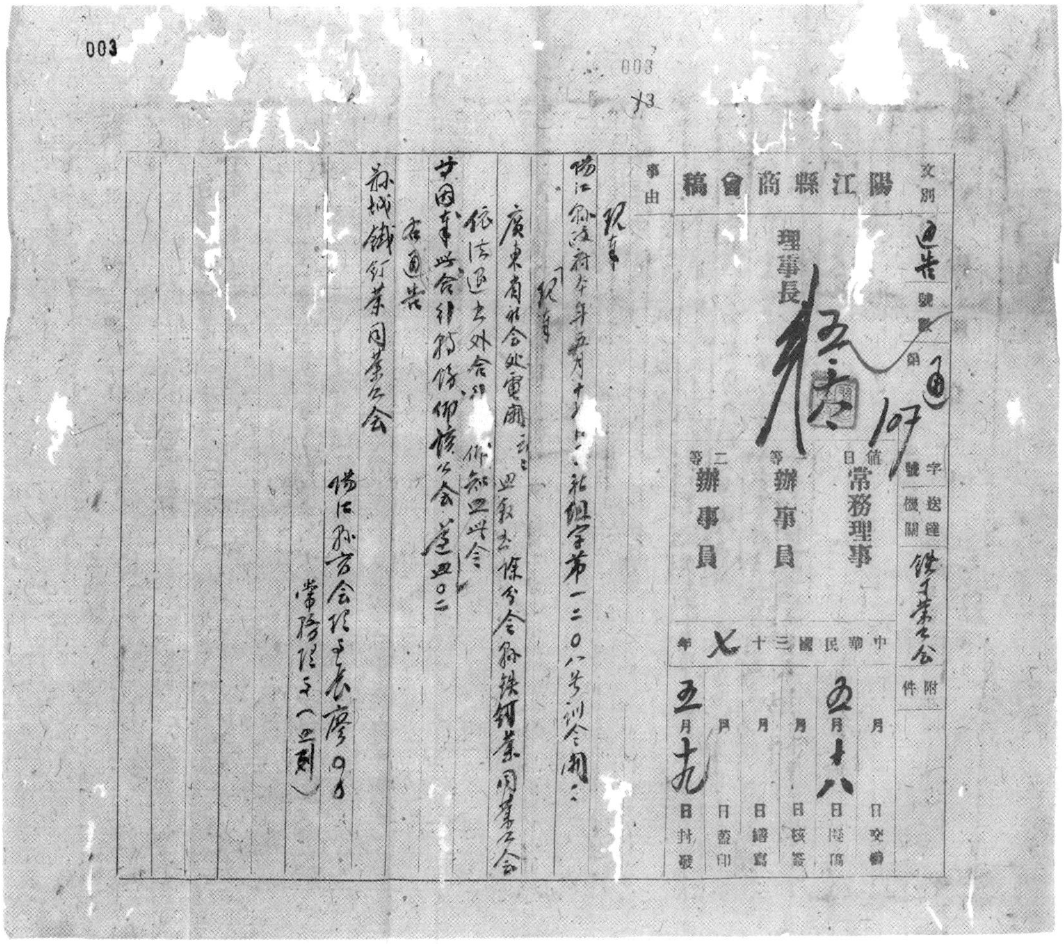

陽江縣商會稿

文別：通告
號數：第　號
理事長
值日常務理事
一等辦事員
二等辦事員
送達機關字號：鐵釘業公會
附件
中華民國三十七年
五月十八日擬稿
五月十九日封發

事由

陽江縣政府本年五月十七日社組字第一二〇八號訓令開：「現奉廣東省社會處電開：『[illegible]條令陽江縣鐵釘業同業公會依法退出外會，仰知照。』等因；奉此，合行令仰該會遵照。」[illegible]

此通告

縣城鐵釘業同業公會

陽江縣商會理事長廖[illegible]
常務理事

002

002

陽江縣政府訓令

三社組

令陽江縣商会

現奉
廣東省社會處電開：
查縣市工業同業公会未經指定為重要工業之工業同業公会，依工業會法第八条之規定，應由縣市行政區域為組織區域，區鎮不得組織，原有依舊法組織者，應即依工業會法改組，退出各該商会，參加籌組省工業會。省工業会與省商联會係省級團体，仰即依法迅办理具报為要。
等因。奉此，除分令縣鐵釘業同業公會依法退出外，合行令仰知照。此令。

縣長 羅

轉知照

卅七年五月十八日

1208

47. 阳江县商会奉县政府训令通告批准铁钉公会继续参加县商会组织（1948 年 7 月 5 日）+ 附：阳江县政府致县商会的训令（1948 年 7 月 3 日）

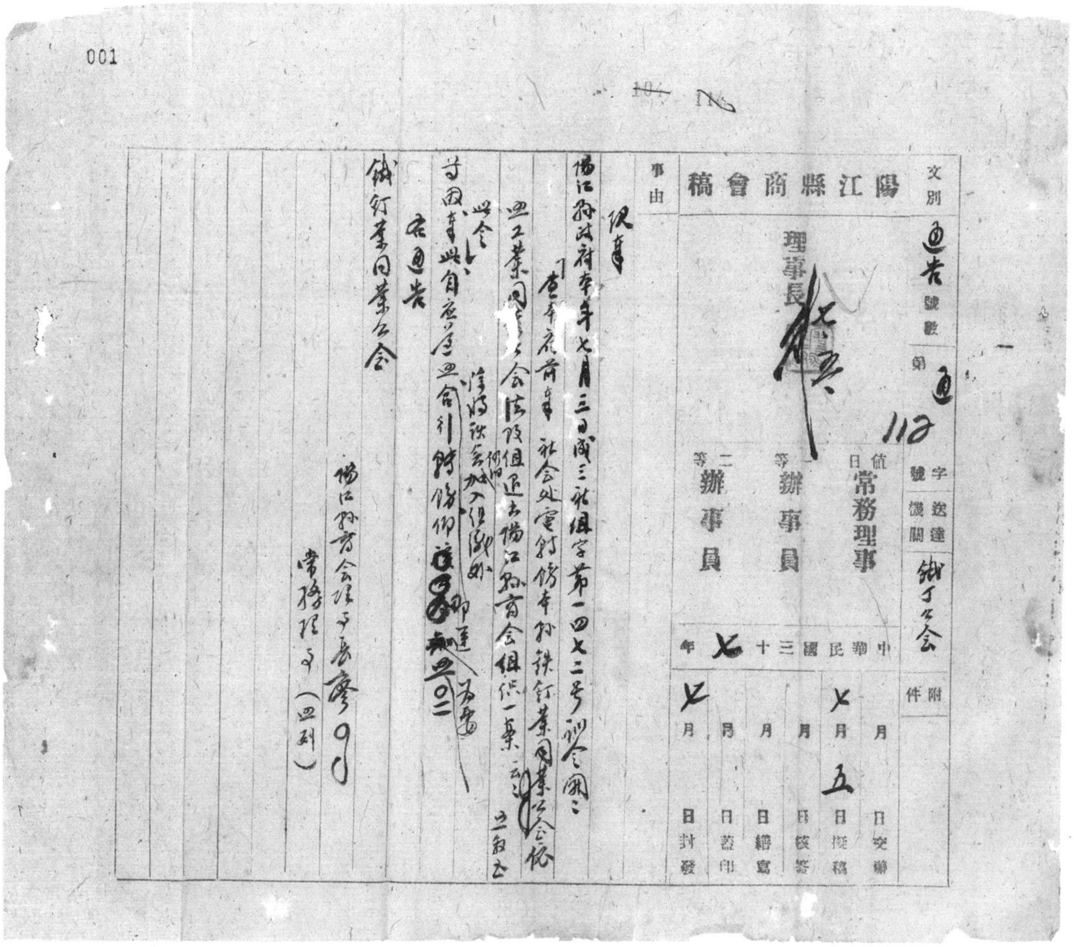
001

陽江縣商會稿

文别：通告

第 通 112 號

理事長

常務理事

一等辦事員

二等辦事員

送達機關字號：鐵釘公會

附件

中華民國三十七年七月五日擬稿

事由

陽江縣政府本年七月三日府三社組字第一四七二號訓令開

鐵釘業同業公會

常務理事（四列）

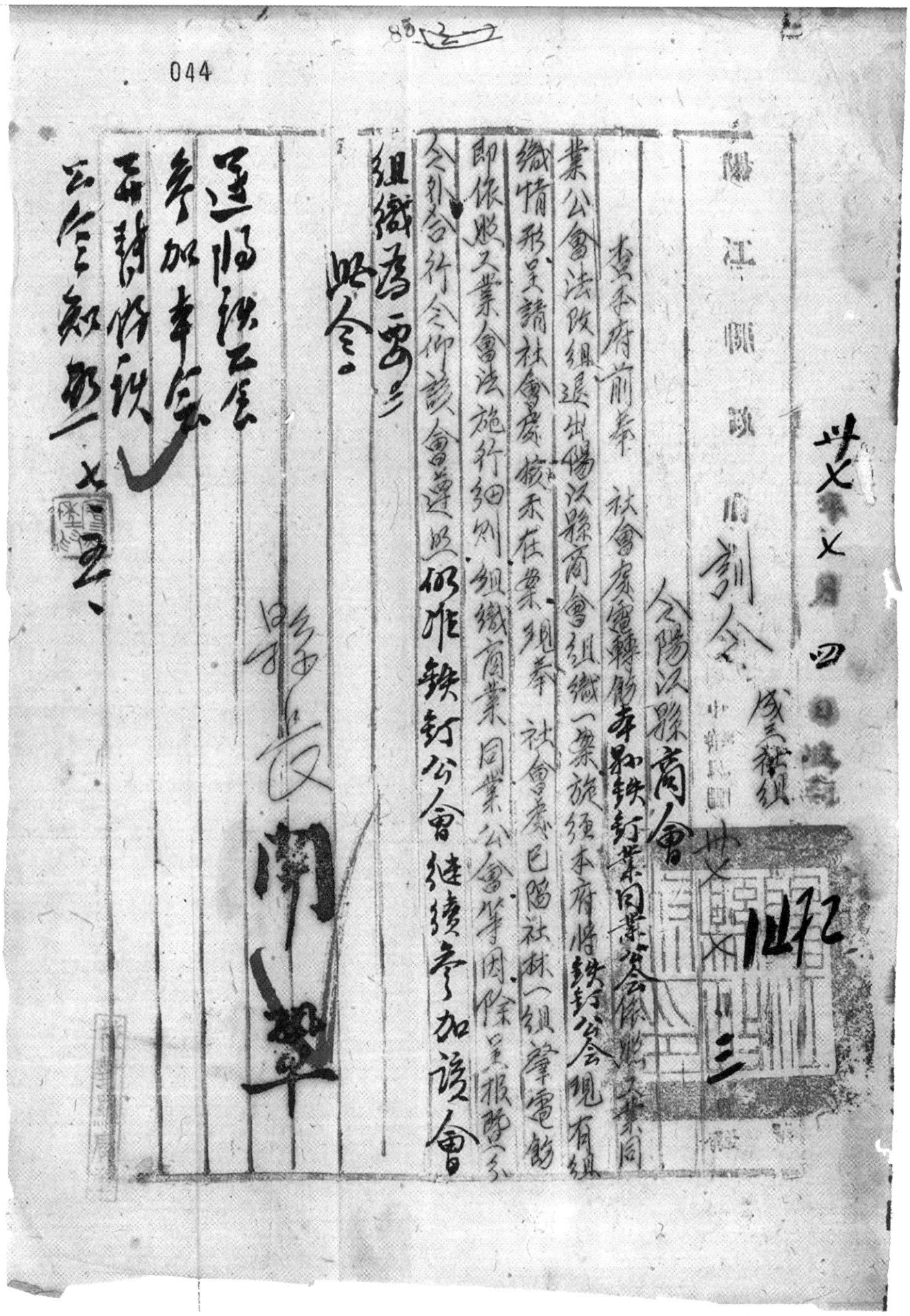

044

阳江县政府训令　（卅七）社组字第　号

卅七年七月四日

令阳江县商会

查本府前奉社会处电转饬本县铁钉业同业公会依照工业同业公会法改组退出阳江县商会组织一案，旋经本府将铁钉公会现有组织情形呈请社会处核示在案。现奉社会处巳陷社林一组牵电饬即依照工业会法施行细则组织商业同业公会等因。除呈报暨分令外，合行令仰该会遵照，以准铁钉公会继续参加该会组织为要。

此令。

48. 阳江县铁器商业同业公会向县商会理事长廖永年呈报更正公会名称并请转呈县政府核发图记（1948 年 8 月 19 日）

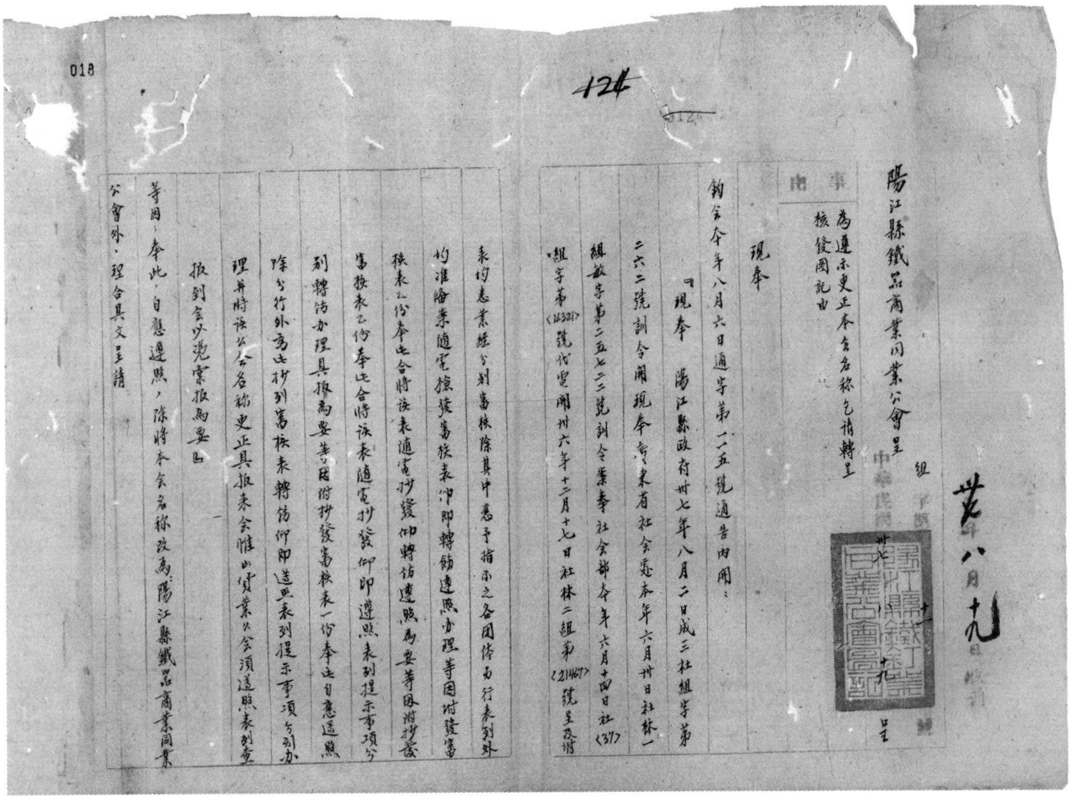
018

124

陽江縣鐵器商業同業公會呈 組字第 號

中華民國卅七年八月十九日

事由：為遵示更正本會名称乞請轉呈核發圖記由

現奉

鈞会今年八月六日通字第一一五號通告內開：

「現奉 陽江縣政府卅七年八月二日成三社組字第二六二號訓令開：現奉廣東省社会處本年六月卅日社林一組啟字第二五七二二號訓令：案奉社会部本年六月十四日社〈37〉組字第〈16321〉號代電開：卅六年十二月十七日社林二組第〈21467〉號呈及附表均悉，業經分別審核，除其中應予指示之各團体分行表列外，均准備案，隨電檢發審核表，仰即轉飭遵照辦理等因，附發審核表乙份，奉此，合將該表隨電抄發，仰轉飭遵照為要等因，附抄發審核表乙份，奉此，合將該表隨電抄發，仰即遵照表列提示事項分別轉飭辦理具報為要等因，附抄發審核表一份，奉此，自應遵照，除分行外，合亟抄列審核表，轉飭仰即遵照表列提示事項分別辦理，并將該公会名称更正具報，本会惟以貿業公会須遵照表列查

報到会，以憑彙報為要」

等因，奉此，自應遵照，除將本会名称改為陽江縣鐵器商業同業公會外，理合具文呈請

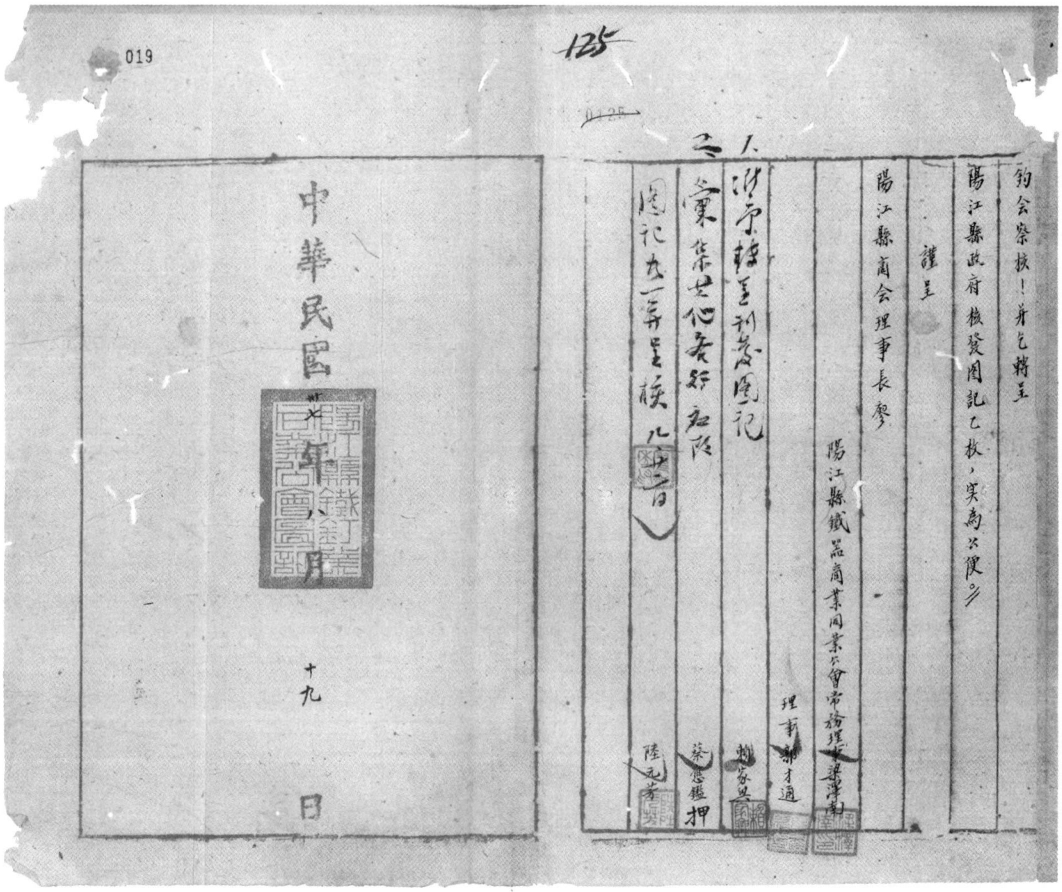

019

125

0125

鈞会察核！并乞轉呈

陽江縣政府核發圖記乙枚，实爲公便。

謹呈

陽江縣商会理事長廖

陽江縣鐵器商業同業公會常務理事梁澤南

理事鄒才通

趙[illegible]昌

蔡懋鑑押

陸元芳

中華民國卅七年八月十九日

二人

附呈轉呈刊發圖記

案集廿他各奸知照

圖記在一案呈核 九月十二日

49. 阳江县商会主席林洁予关于铁业同业公会改正章程第十七条呈请县政府察核

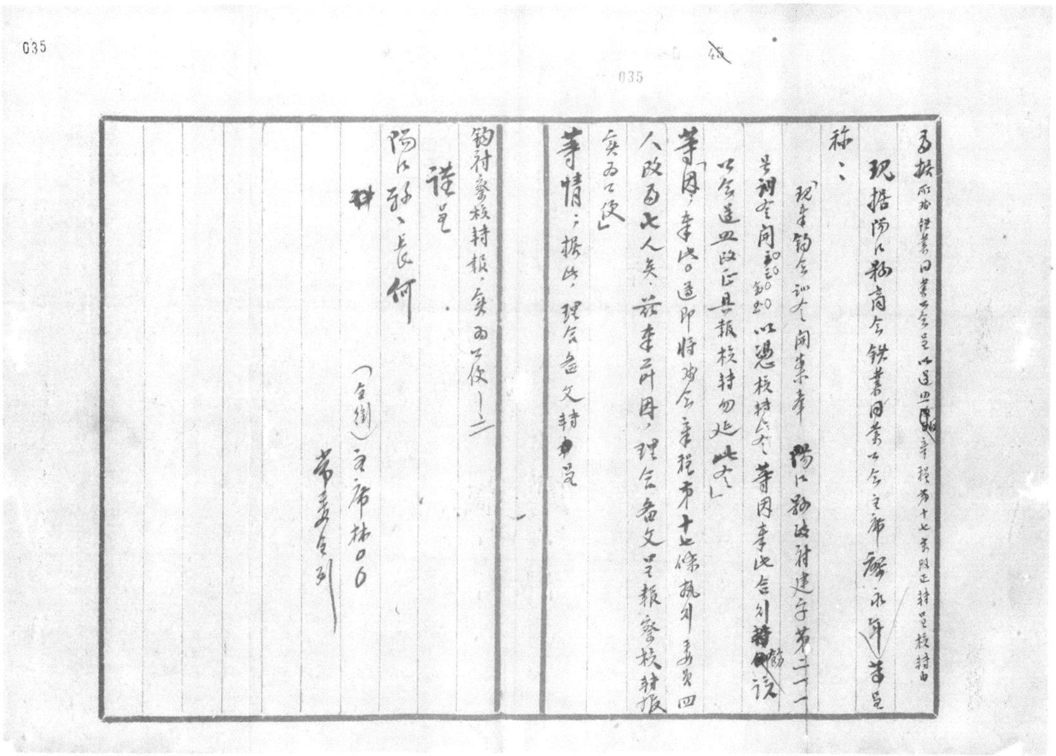

為據所屬鐵業同業公會呈以遵照改正章程第十七条改正請核轉由

現據陽江縣商會鐵業同業公會主席繆永年等呈稱：

「現奉鈞會訓令開：案奉陽江縣政府建字第二一一號訓令開：……以憑核轉……等因；奉此，合行令仰該公會遵照改正具報核轉，勿延，此令」等因；奉此，遵即將本會章程第十七條執行委員四人改為七人矣。茲奉前因，理合备文呈報察核轉報，實為公便」

等情；據此，理合备文轉呈

鈞府察核轉報，實為公便！

謹呈

陽江縣縣長何

（全銜）主席林○○

常委全列

二、会务与会费

（一）会议记录

50. 阳江县商会记录簿（第二届第三号）（1939 年 7 月 12 日）

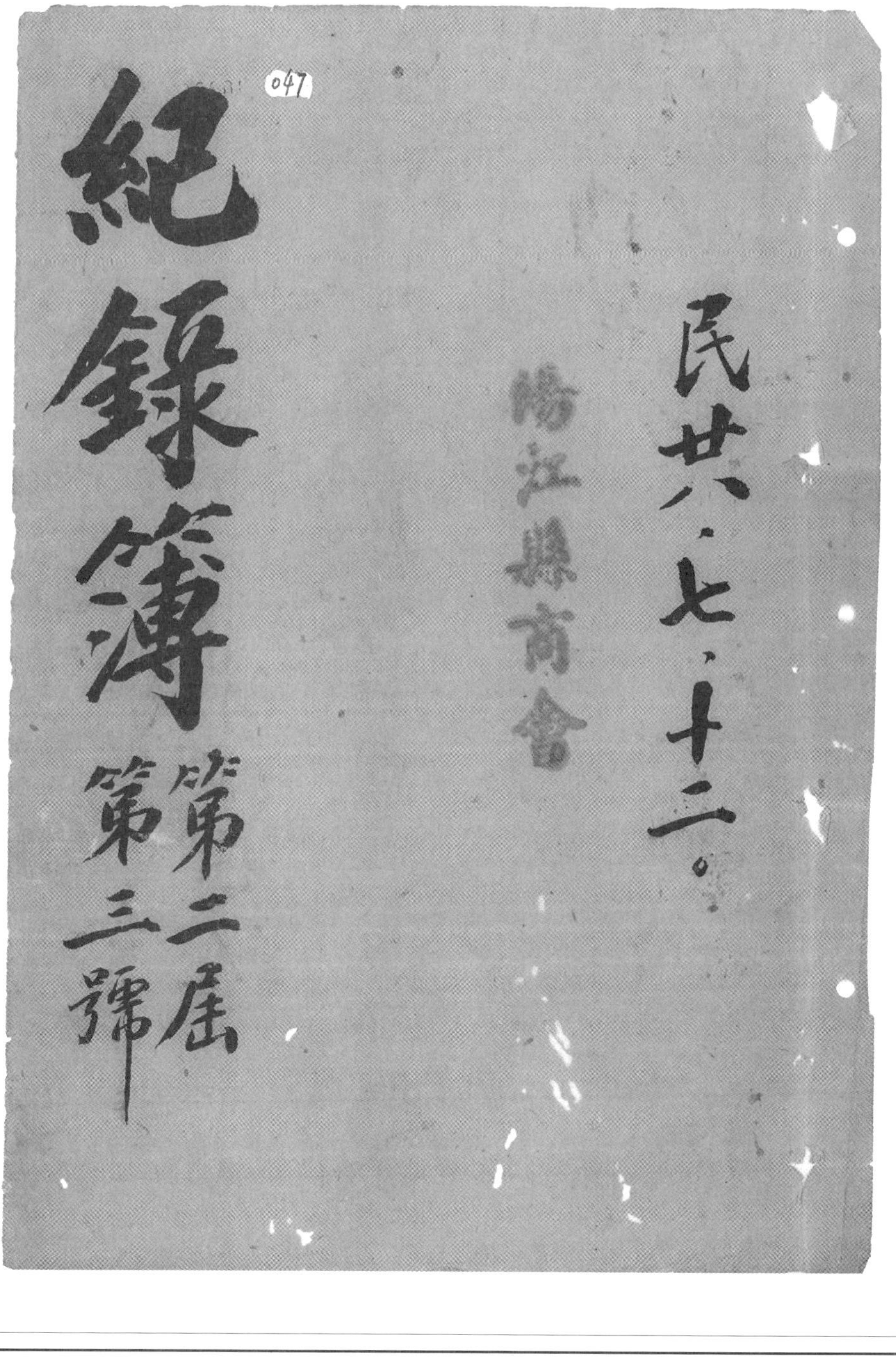

047

民廿八、七、十二。

陽江縣商會

紀錄簿

第二屆

第三號

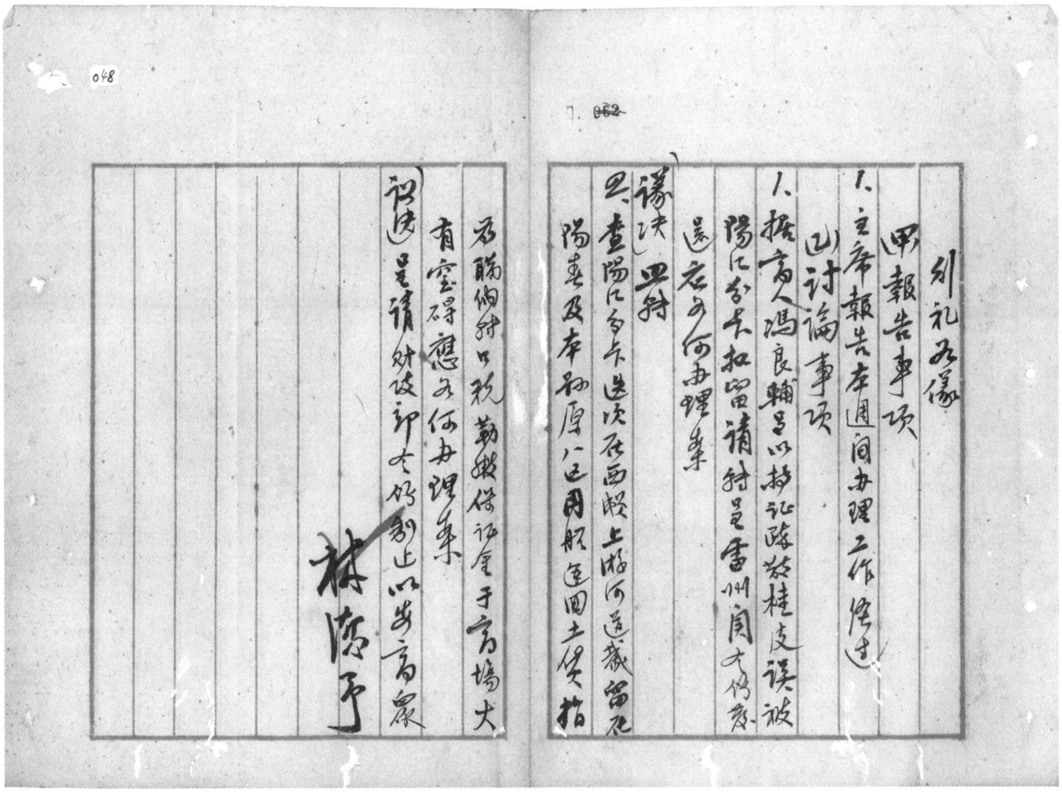

048

7. ~~062~~

行禮如儀

（甲）報告事項

1、主席報告本週間辦理工作（從略）

（乙）討論事項

1、據商人馮良輔呈以將江路裝桂皮誤被陽江分卡扣留請轉呈雷州關予以豁免應如何辦理案

議決：照轉

2、查陽江分卡迭次在西販上將河道截留尼陽東及本物厚八區用船運回土貨指為偷稅勒繳保證金，於商場大有窒礙，應如何辦理案

議決：呈請財政部令飭制止以安商衆

林濟予

51. 阳江县商会常务委员会议录（其一）（1940 年 3 月 5 日~1940 年 10 月 5 日）

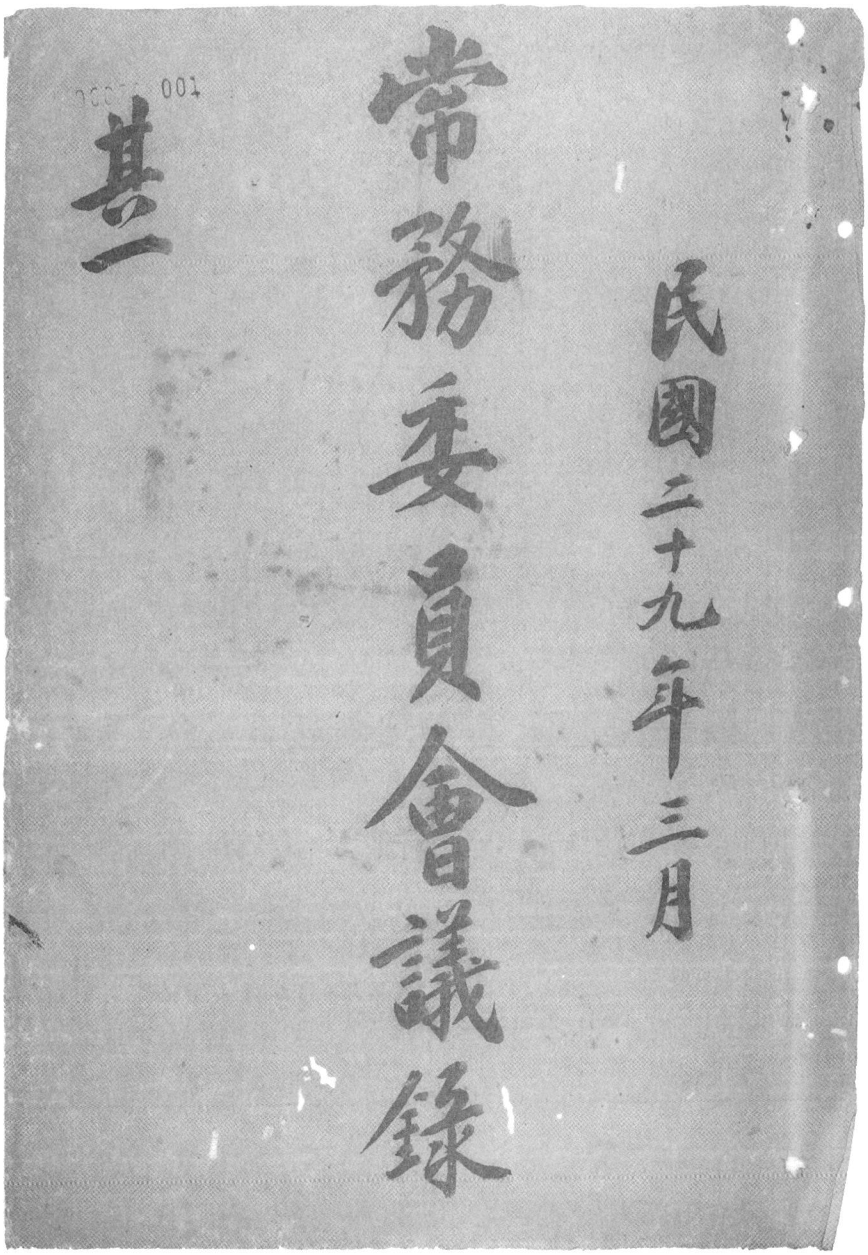
民國二十九年三月

常務委員會議錄

其一

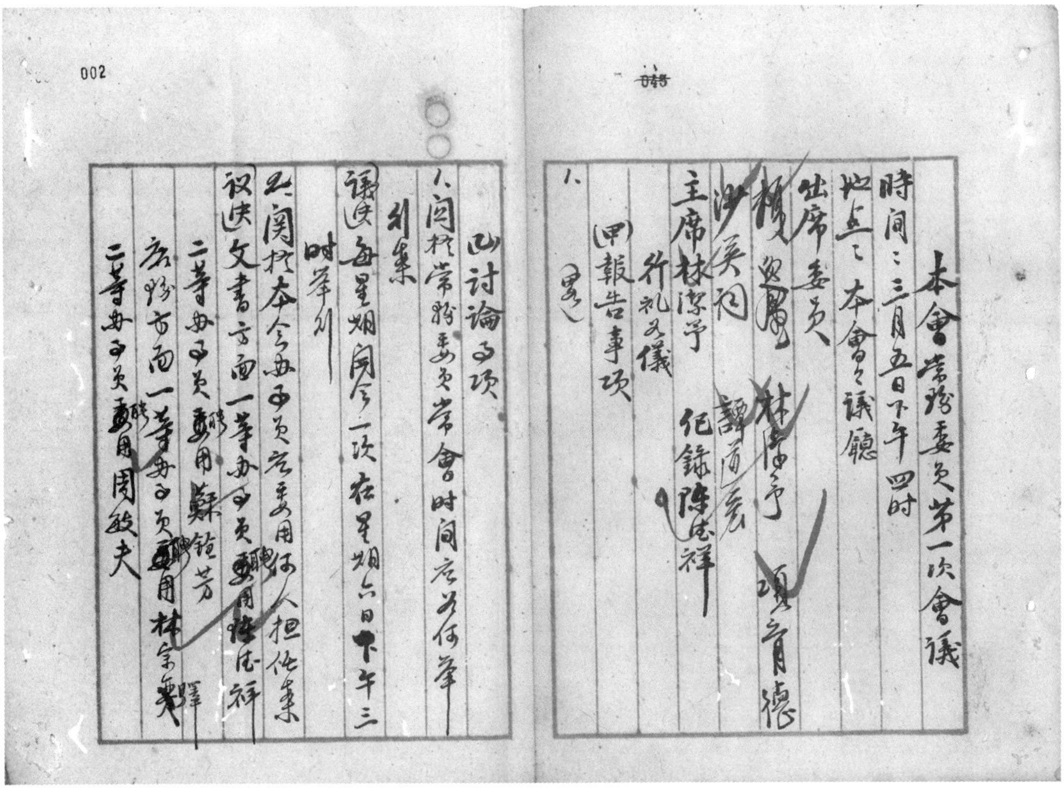

本會常務委員第一次會議

時間：三月五日下午四時

地点：本會會議廳

出席委員：[illegible] 林[illegible] 項育德 [illegible] 譚[illegible]

主席：林[illegible]　紀錄：陳[illegible]祥

行礼如儀

1、

（甲）報告事項

（略）

（乙）討論事項

1、關於常務委員常會時間應如何舉行案

議決：每星期開會一次，在星期六日下午三時舉行

2、關於本會部委員應用何人担任案

議決：文書方面一等部委員兼用陳[illegible]祥

二等部委員兼用蘇鐘芳

總務方面一等部委員兼用林[illegible]

二等部委員兼用周啟夫

002

3、關於各常務委員辦公時間應如何規定案

議決：各常務委員每日均要到會辦公值日常務，要常川駐會

4、據金利冬來譚昌呈為續逢旧铁改铸農具請轉呈發給准予核舉證明書以憑於逢由各處查驗轉案

議決：照轉

常務委員第二次常會

時間：三月九日下午三時

地点：本會會議廳

003

出席委員

柯漢雲

譚道宏

嚴育德

林滌予

主席林滌予　紀錄譚佳孫

1、

行礼如儀

（甲）報告事項

（乙）討論事項

1、關於本會會費應如何進行收繳案

議決：分甲乙丙丁四等級派繳，由本年三月一日收起

2、據太傅路裕安京果曾迅之呈為派任李子周繼舉慶卸職交貨，請發給證明書以資識別，應否照准案

議決：准予照給

3、據仁和廠東沙耀文呈為轉買赤油之船，謹將船名久來號，請每隻給予會照，以資多寡以為正本，應如何辦理案

議決：查明辦理

4、據漁船業永昌米機分來陸伯煌呈，為派任陳伯煌、陳仙洲、陸飛、韋分剁、徐廣、胡隆、柳洲、黃慶等為職員，請發給證明以資識別，應如何辦理案

議決：准予照發

林……

三月九日

常務委員第三次常會

時間：三月十六日下午三时

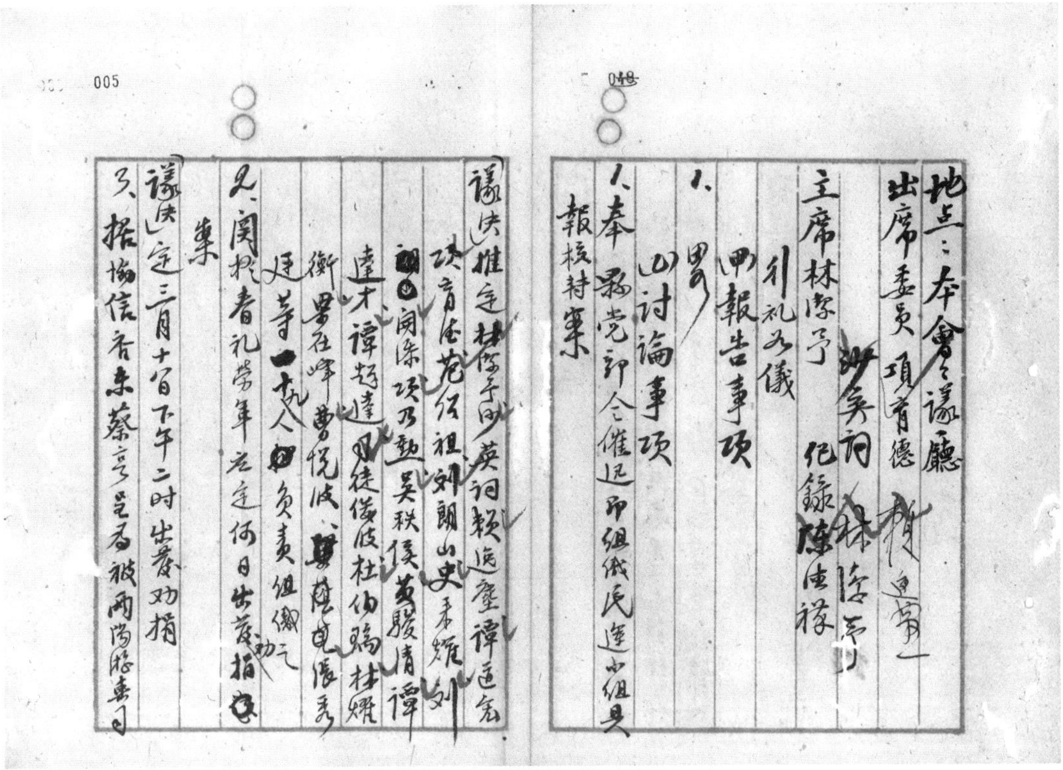
地点：本会会议厅
出席委员：项肖德　沙英词　林陵芳　[illegible]
主席：林家予　纪录：陈佳禄
行礼如仪
（甲）报告事项
（乙）讨论事项
1、奉县党部令催迅即组织民运小组员报核等案
议决：推定林家予、沙英词、赖遂、谭通宏、[illegible]、范绍祖、刘朗山、史秉耀、[illegible]、周荣球、乃勤、吴秩侯、黄腾清、谭达才、谭超达、[illegible]、杜伯鸣、林耀衡、[illegible]、梁悦波、[illegible]、张秀廷等十九人负责组织之
2、阅视春礼劳军应定何日出发劝捐案
议决：定三月十日下午二时出发劝捐
3、据协信香业蔡[illegible]呈为被两阳[illegible]

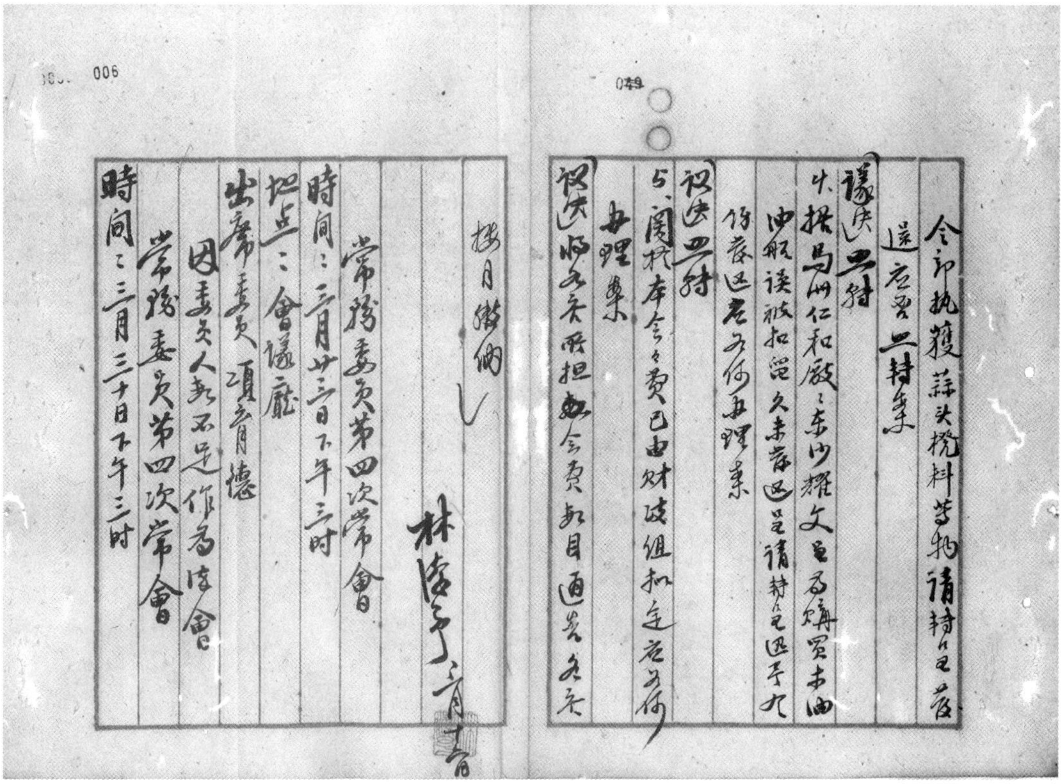

令饬执获蒜头搅料等物请转令发还应否，请公决案

议决：照办

4. 据马洲仁和厂之来函，称文昌号购买桐油船误被扣留，久未发还，呈请转令迅予发还，应如何办理案

议决：照办

5. 关於本会会费已由财政组拟定，应如何办理案

议决：将各会员所担负会费数目通告各会员按月缴纳

林镕 三月十一日

常务委员第四次常会

時间：三月廿三日下午三时

地点：会议厅

出席委员：项育德

因委员人数不足作为谈话会

常务委员第四次常会

時间：三月三十日下午三时

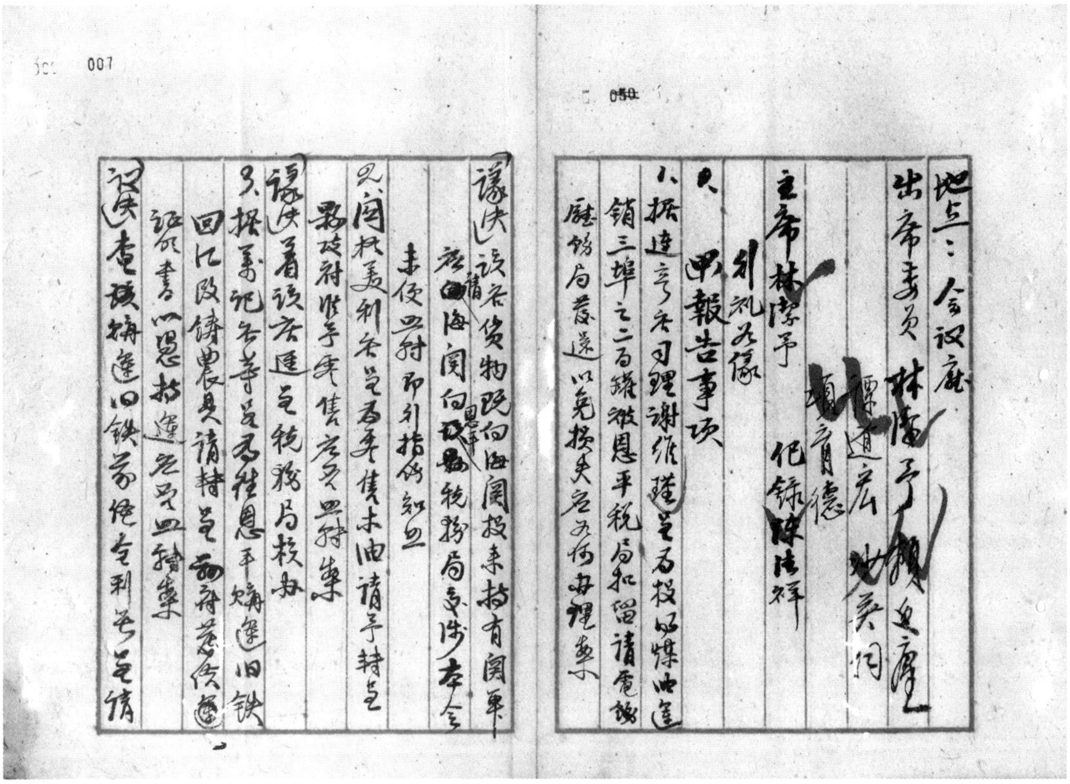

地点：会议厅
出席委员：林泽予 魏文广 谭道宏 吴炽 冯植德
主席：林泽予
纪录：陈陆祥
行礼如仪
甲、报告事项
一、据达章公司经理谢维莲呈为投运煤油运销三埠之二区，缴息平税局扣留，请电谕厘务局发还，以免损失，应如何办理案
议决：该公司货物既向海关投来，持有关单，应请海关向统税局交涉，本会去函即行指示知照
又、关权义利公司呈为来售木油请予转呈税政府准予采售，应如何办理案
议决：着该公司迳呈统税局核办
又、据万记公司等呈为缴息平糖运旧铁回江改铸农具，请转呈税务发给证明书，以免扣留，应如何办理案
议决：查该镇运旧铁有损利益，免予转请

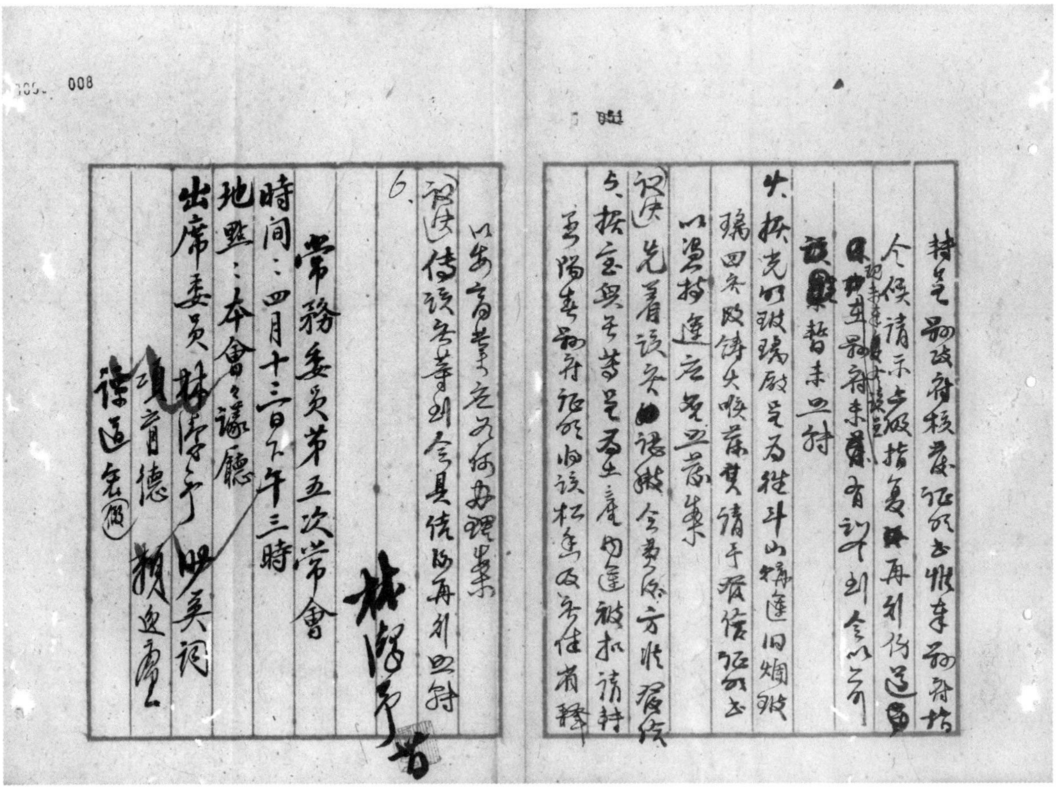

051

請先函致各號核發證明書，將本項各存
令候請示上級指復再行辦理，日中互助會未蒙會到會以前
該款暫未函付
七、據光明玻璃廠呈為從斗山搬運回烟玻
璃四箱被海關扣留，請予發給證明書
以憑持運在案，呈核案
議決：先著該號聯合會員保結方准發給
八、據富興號等呈為土產出運被扣，請轉
函海關要求發給證明，由該號等備具保結

008

以上各案查另行辦理
議決：傳該號等到會具結再行出封
6.
常務委員第五次常會
時間：四月十三日下午三時
地點：本會議廳
出席委員：林澤予、吳昶、賴育德、徐適、賴迎處
林澤予

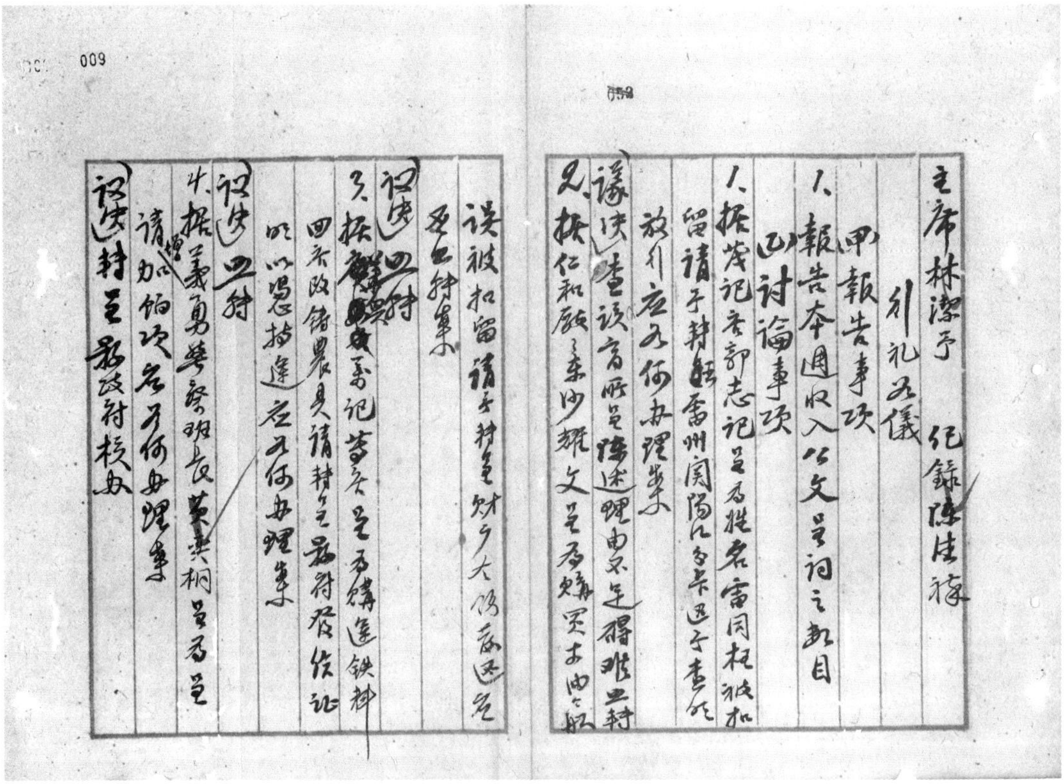
主席林潔予　引礼吳儀　紀錄陳佳祿

甲、報告事項

1、報告本週收入公文呈詞之數目

乙、討論事項

1、據茂記呈為姓名雷同被扣留請予辦理雷州閩陽凡各票逕予查究放行應如何辦理案

議決：查該商所呈陳述理由不足，礙難照准

2、據仁和廠東沙報文呈為[illegible]謂被扣留請予發還財物大宗逕還應如何辦理案

議決：照准

3、據[illegible]號[illegible]記等商呈為購運鐵鑊回市政籌農具請發還以維生計此次恐被扣遠應如何辦理案

議決：照准

4、據義勇警察班長黃其桐呈為呈請增加餉項應如何辦理案

議決：轉呈縣政府核辦

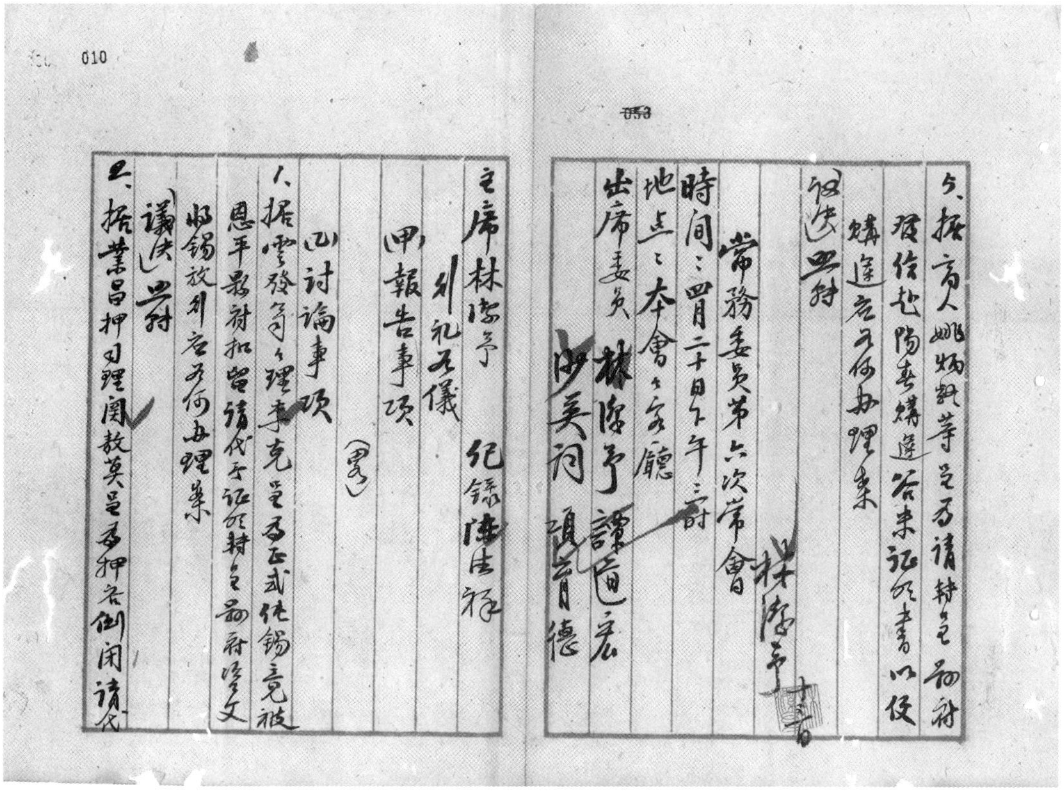

六、據商人姚炳欽等呈為請轉呈省府撤[illegible]屯溪[illegible]媾逆答來證明書以便媾逆應如何辦理案

議決：照付

林際亨

常務委員第六次常會

時間：四月二十日下午三時

地點：本會會客廳

出席委員：林際亨　譚[illegible]宏　沙[illegible]　胡[illegible]德

主席：林際亨　紀錄：陳[illegible]

行禮如儀

（甲）報告事項

（略）

（乙）討論事項

一、據雲發公司經理李克堂為正式往錫竟被惠平縣府扣留請代予證明轉呈省府移文收錫放行應如何辦理案

議決：照付

二、據業昌押司理閻敦英呈為押名[illegible]閉請代

011

出席委员　赖迎庆　林泽?
谭道?　沈?祠
主席林泽?　纪录陈?存
（一）行礼如仪
（甲）报告事项
（略）
（乙）讨论事项
1、据市互助?第三区公理国??三区为本由经申请设立
护送被控请免党财部迅予查册关系保留?

证明书函税务局封存财产收回营业证撤销
准予四牌名予何办理案
议决：照行
3、据广恒押店理冯集成至为声明停业报请
核明附具核语封存之货税局封存财产
准予停业应如何办理案
议决：照行
常务委员第七次常会
时间：四月廿七日下午三时
地点：本会会议厅

林泽?

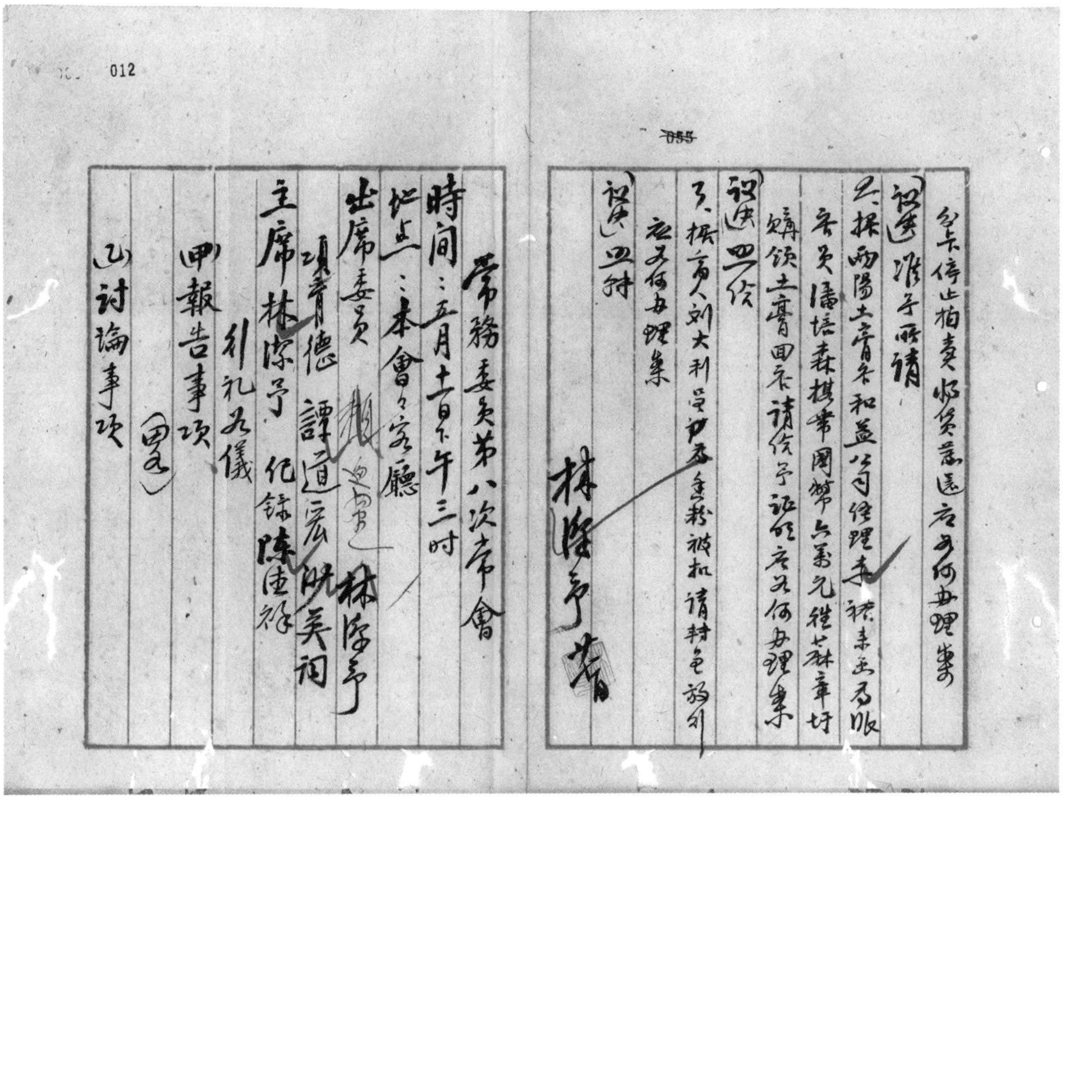

012

常務委員第八次常會
時间：五月十一日下午三时
地点：本會會客廳
出席委員：林濬予
項青德 譚道宏 吴美詞
主席 林濬予 紀錄 陳佳祥
行礼如儀
(甲)報告事項 (略)
(乙)討論事項

055

停止拍賣應如何辦理案
決議 准予所請
(二)據兩陽土膏和益公司經理李……
決議 四份
(三)據商人劉大利……請封……
應如何辦理案
決議 照付

林濬予

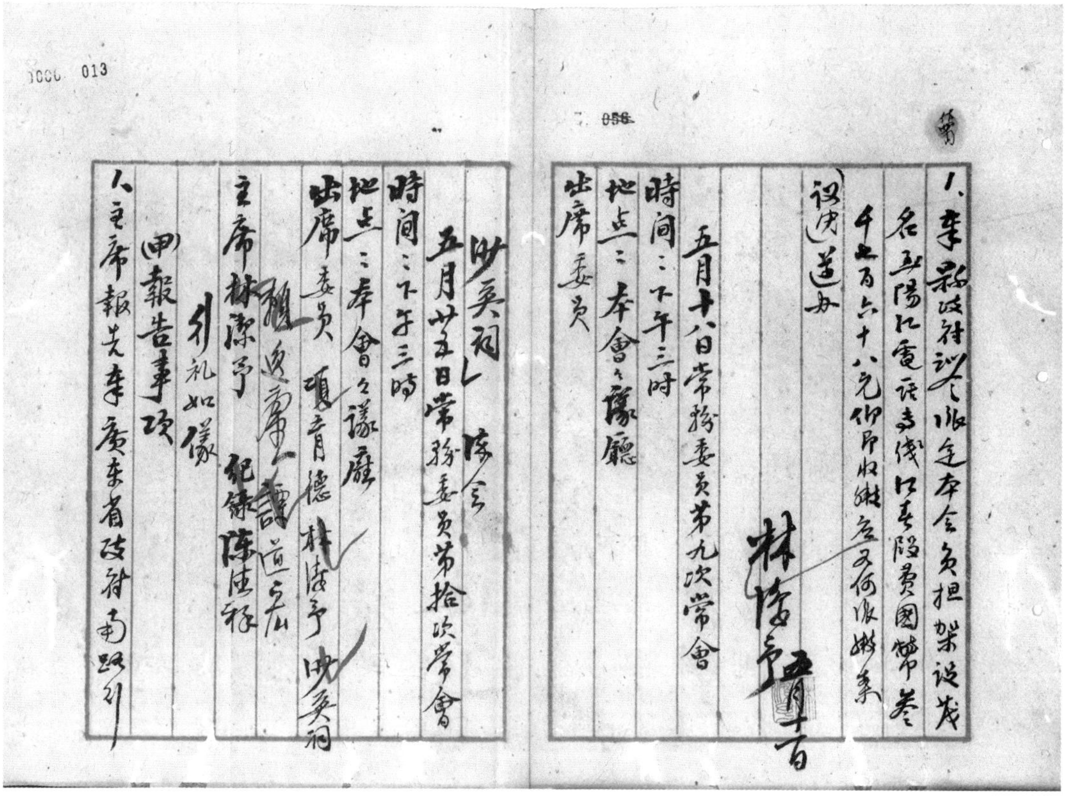

1、奉新政府……本会负担架设费
名与阳江电话……千五百六十八元……
议决：通过

五月十八日常务委员第九次常会
时间：下午三时
地点：本会会议厅
出席委员

林德予　五月十日

沙英祠
五月廿五日常务委员第拾次常会
时间：下午三时
地点：本会会议厅
出席委员　项育德　林德予　沙英祠
主席　林德予　纪录　陈廷……
行礼如仪
（甲）报告事项
1、主席报告奉广东省政府……

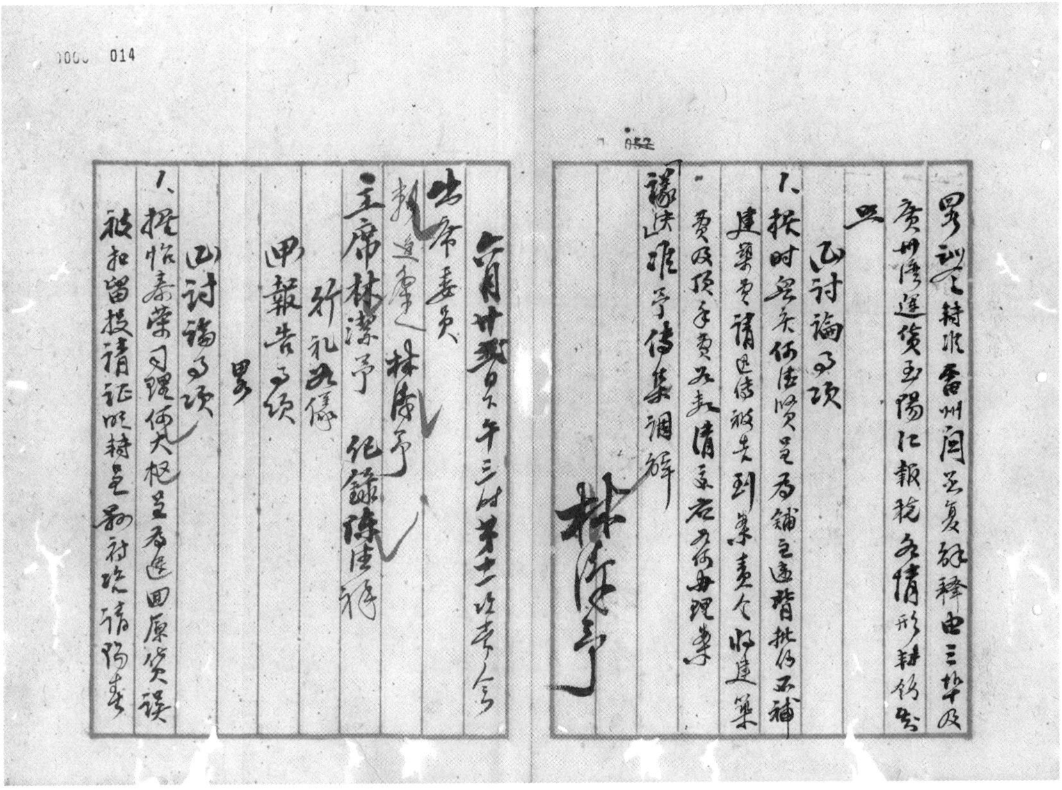

0852

界訊特派香州同志夏祝釋由三埠及
廣州傳達貨至陽江報稅之情形請酌

四

(五)讨論事項

1、林时榮何陸呈為鋪已遭背拆仍不補
建築費請退債被告到案責令收建築
費及預手費五十元清還存全理案

議决：准予傳集調解

林潔予

0000 014

六月廿二日下午三时第十一次常會

出席委員 劉道厚 林廉予

主席 林潔予 紀錄 陳建祥

行礼如儀

(三)報告事項

略

(四)讨論事項

1、據怡泰榮司理何大權呈為送回原貨誤
被扣留援請証明特予剔除請向海關

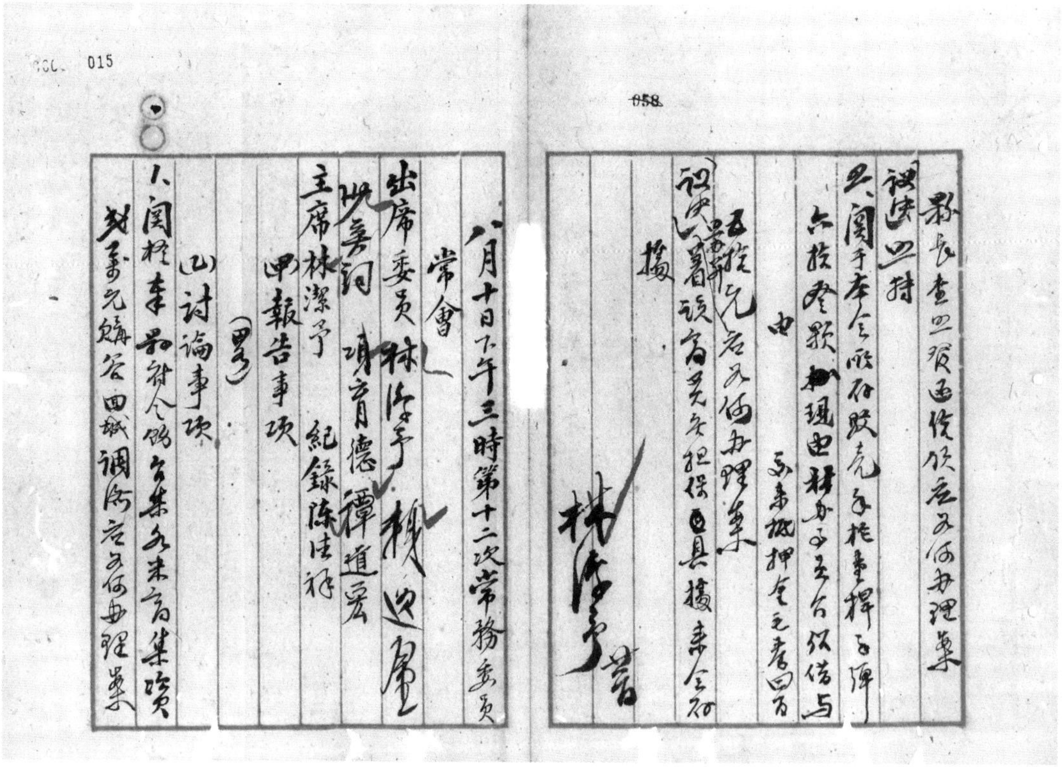

058

县长查照函催依法应如何办理案

议决：照转

五、关于本会所存驳壳手枪壹杆子弹六拾发，[illegible]现由林[illegible]予至[illegible]借与[illegible]也

[illegible]押金元[illegible]四百

五拾元应如何办理案

议决：着该商更具担保函具据来会存据

林洁予　签

015

八月十日下午三时第十二次常务委员常会

出席委员　林洁予　[illegible]

列席　项育德　谭道宏

主席　林洁予　纪录　陈佳祥

（甲）报告事项

（略）

（乙）讨论事项

1、关于李[illegible]会员[illegible]集[illegible]

[illegible]回城调[illegible]应如何办理案

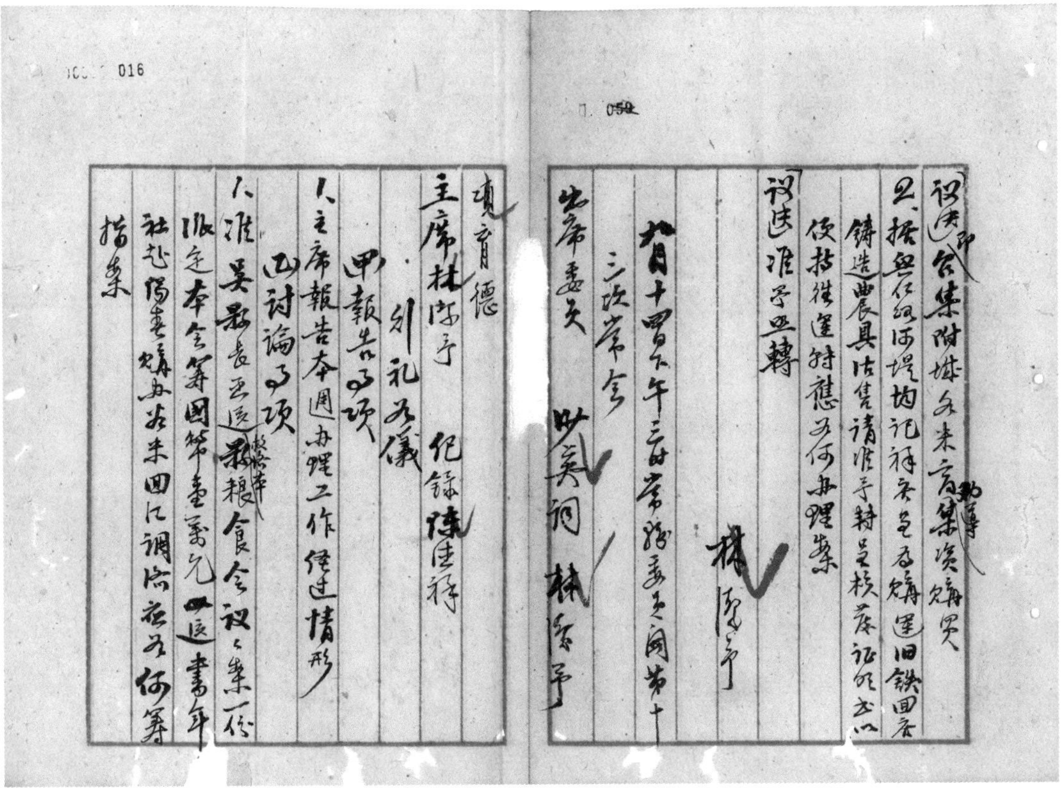
议决：印发台集附件分送各委员
二、据丝织厂堤坳记称奉令为筹运旧铁回厂铸造农具出售请准予转呈核发证明书以便沿途运输随时应如何办理案
议决：准予照转
林阶予
九月十四日下午三时常务委员会第十三次常会
出席委员：吴焕润 林阶予 姚育德
主席：林阶予 纪录：陈佳存
引礼如仪
甲、报告事项
1、主席报告本周办理工作经过情形
乙、讨论事项
1、准吴县县长函送粮食会议议案一份，派定本会筹[illegible]书年[illegible]社[illegible]来回[illegible]调[illegible]应如何筹
指导

089

议决：即召集执监委员分头向各殷实筹措

又、关于中秋献金奉县党部函送本城

城商号捐献国币事仰迅即由本会收

集汇献，应如何办理案

议决：照本城向月捐款办法，由各街社首

向各商号收缴，限本月廿七日收款缴

会汇送

林潔亭 九月廿四日

九月廿四日下午三时常务委员会第十四次

常会

017

出席委员 林潔亭 谭青德

撤通审

主席 林潔亭 纪录 陈佳祥

行礼如仪

（甲）报告事项

1、主席报告本周办理工作经过

（乙）讨论事项

1、据太傅路区社机房等函，以免抗战被农

被困扣留，请转函县政府以恤商艰，应如何

办理案

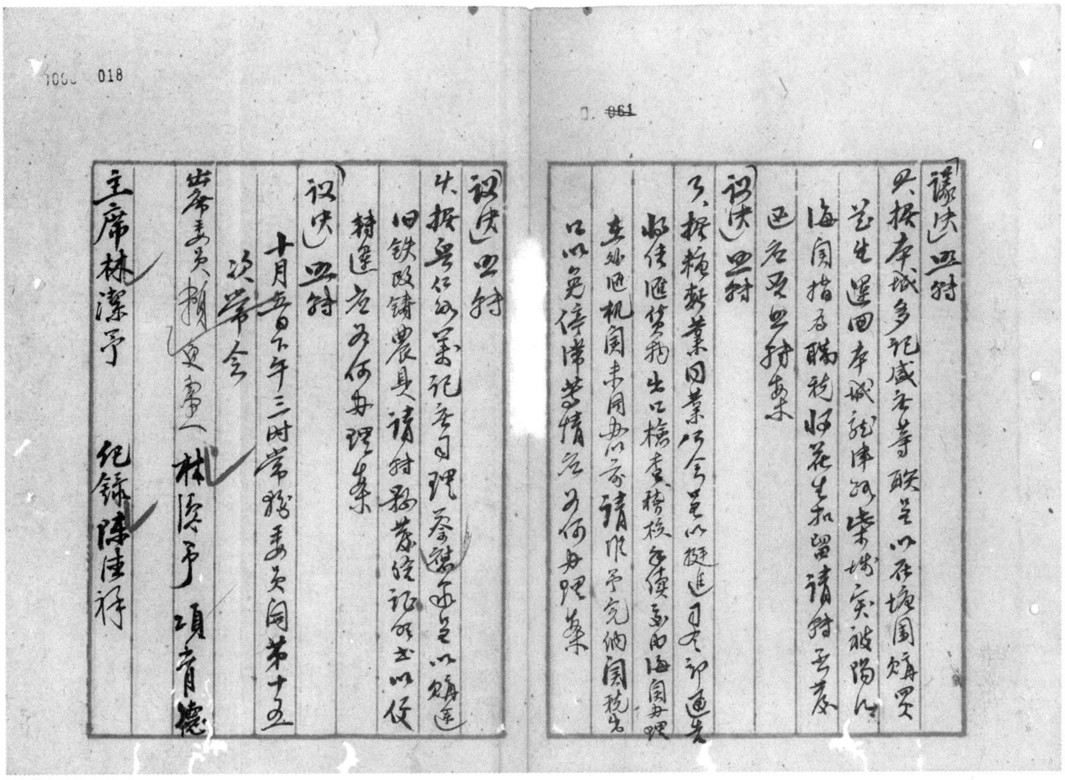

议决：照转

五、据本城多记盛号等联呈以本埠国货罗芝生运回本城纸律紫坊实被陷以海关指为漏税将花生扣留请转函交涉函应如何办理案

议决：照转

六、据糖业同业公会呈以拟运往汕头糖出口须经海关检查报纳关税出口以免停滞等情应如何办理案

议决：照转

七、据兴仁纺织厂记号理以旧铁改铸农具请转函以便转运应如何办理案

议决：照转

十月五日下午三时常务委员会第十五次常会

出席委员 赖更事 林深予 项育德

主席 林深予　纪录 陈佳祥

52. 阳江县商会常务委员会议录（其二）（1940 年 10 月 9 日 ~1945 年 6 月 16 日）

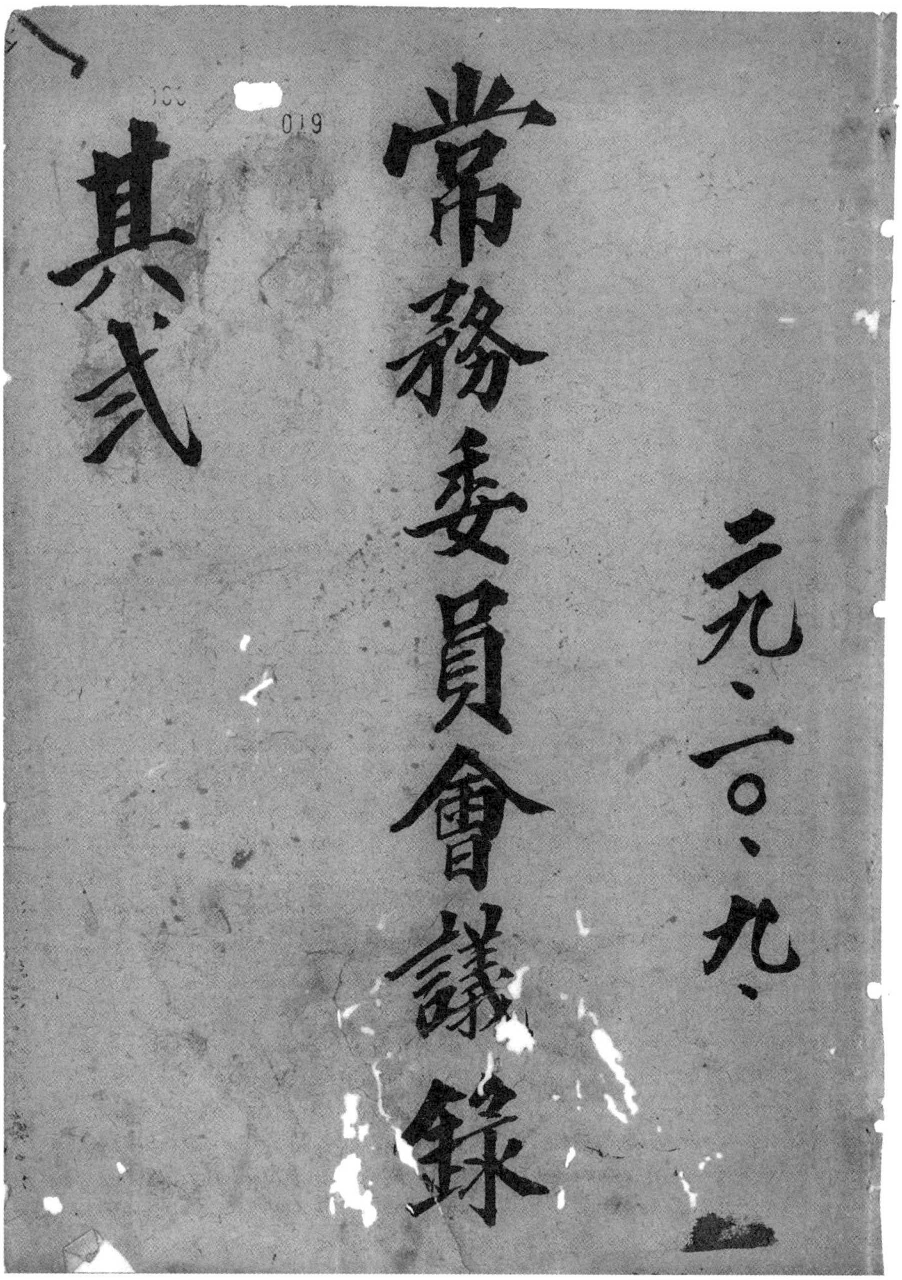
二九、一〇、九、

常務委員會議錄

其弍

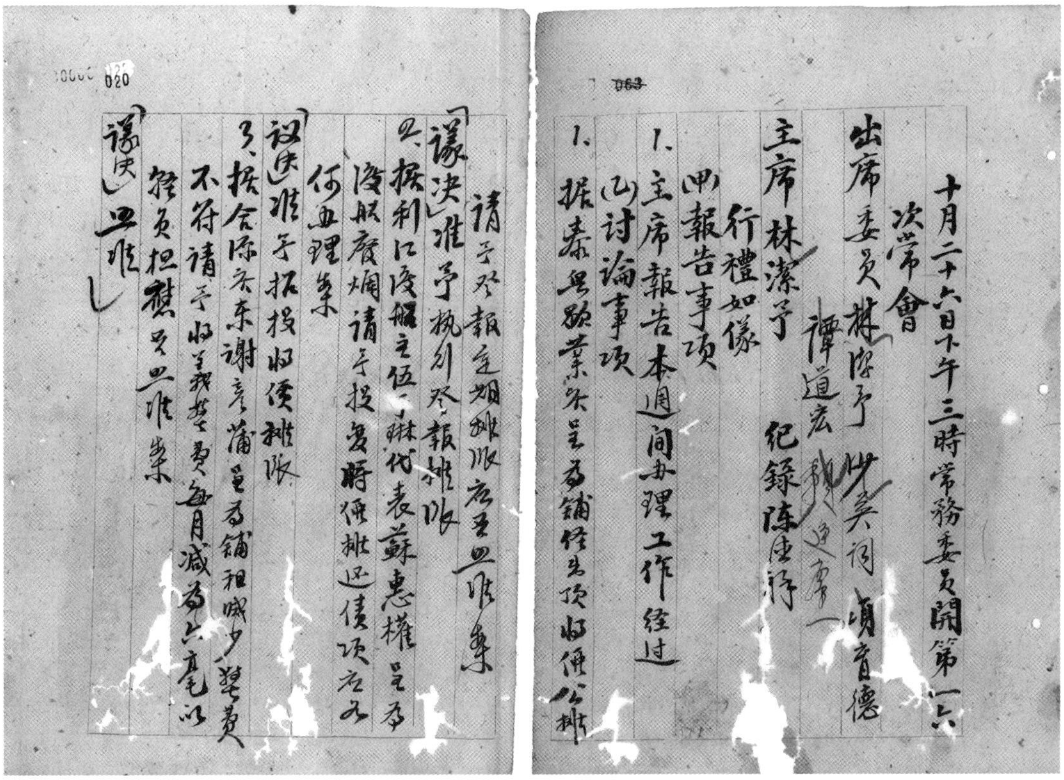
十月二十六日下午三時常務委員開第一六次常會
出席委員 林潔予 譚道宏 吳詞 項育德 魏逸廣
主席 林潔予 紀錄 陳座存
行禮如儀
（甲）報告事項
1. 主席報告本週間办理工作經过
（乙）討論事項
1. 據泰與號業呈為舖經告頂收便公撤
請予照報並將撤收應予照准案
議決：准予執行照報撤收
2. 據利記洋服主伍森代表蘇惠權呈為洋服歇業請予撥歸時便撤还債項应如何办理案
議決：准予撥歸收便撤收
3. 據合源衣东謝彥蒲呈為舖租減少，擬費不符，請予將其擬費每月減為六毫，以輕負担，擬應照准案
議決：照准

1-064（2-）

十一月二日下午三时常务委员开第一七次常会

出席委员　谭道宏　项育德　林洁予

主席　林洁予　　纪录　陈佳祥

行礼如仪

（甲）报告事项

1、主席报告本周间办理工作经过

（乙）讨论事项

1、现准阳江县防共支会公函摘录陈敌人口物资合议一案，请查照办理等由，应如何通知各商民案

议决：通告各商民知照。

021

十一月九日下午三时常务委员开第一八次常会

出席委员　林洁予　项育德　吴祠　谭道宏

主席　林洁予　　纪录　陈佳祥

引礼如仪

（甲）报告事项

022

為簽呈事竊戢等均皆家境貧難捉襟見肘無資事畜近因生活高漲不已前定薪額與米津對于各個人生活不敷甚鉅無法維持月中伙食戢等茲為解決目前生活計乞請酌予增加月薪以作購買魚菜之需並每月每人增加行米叁斗俾應支持現狀而于日常工作稍予安定免致為口奔勞頻呼庚癸於職務上不無影响有此前由理合簽請

鈞會察核乞予提出常會核議照准請求並乞由七月份起增添叨德便謹此簽呈

林主席

一等辦事員周畋夫

二等辦事員林宗驛

蔡畋棨

譚若周

雜差周宏基

陳小奇

准移呈[illegible]

閱常會議決 九五

中華民國三十一年八月十二日

023

卅又三

三月廿日执委茶一次 常会 铁彦 委员六人

谭哲逵、谭孟甫 徐俊成 林熠衢、冯景峰

五月廿日执委茶一次 常会 铁彦 委员七人

冯育庆 黄振清 谭哲逵 徐俊成 林伯鸣

六月廿日执委茶二次 铁彦 二人

谭孟甫 已伯堂 陈俊

七月廿日执委茶三次 铁彦 六人

冯乃盈 黄振清 谭哲逵 徐俊成

林伯鸣 林熠衢

九月十六日 执委茶二次 铁彦 二人

陈俊 已伯堂

十月七日执委茶四次 常会 铁彦 三人

陈俊 已伯堂 林少溪

1、主席報告本週间办理工作经过

（乙）讨論事項

1、奉县政府令飭筹款製發消防隊服装旗幟應如何办理案

議決：查該消防隊係本縣城警察所節制，并非本会所辖，且本社首对于每月幫助消防隊伙食已感無法籌足，至於該項服裝費實無從籌措，應即呈復請令飭县政府另行籌款製發

2、奉县政府令转飭县會詳報擬[illegible]即误會僱扣生豬情形，應如何办理案

議決：請諄常務逐為詳查，擬復再轉飭該案商人將實情呈會核轉

3、據啟泰等商人蘇四、丙大[illegible]商人黄華等聯呈為傷人海關籍稅勒索連同扣留妄報充公，難照折服，懇乞設法救濟，以安商旅，應如何办理案

議決：定期召集全体委員暨各街社首開會決定救濟办法

十一月十六日下午三時常務委員開一九次會議

1—066

出席委员　项育德　赖逸群

（因出席未足人数流会）

十一月廿三日下午三时常务委员开第一九次

常会

出席委员　项育德　林洁予　谭道宏　赖逸群

主席　林洁予　　纪录　陈佳祥

引礼如仪

（甲）报告事项

1. 主席报告本週间办理工作经过

025

（乙）讨论事项

1. 阳江铁业同业公会常务委员史秉耀呈以现阅阳江海关近来扣留运载铁器对于铁料系铸造农具者由当地机关证明准予进口是否有当请转呈查照饬知等情应否照转案

议决：照转

2. 现奉南路行政督察专员兼广东省政府南路行署主任第一科抄发报告第二第三两节阅视税务局长及海关分卡负责人员被控贪污渎职一案应如何查复案

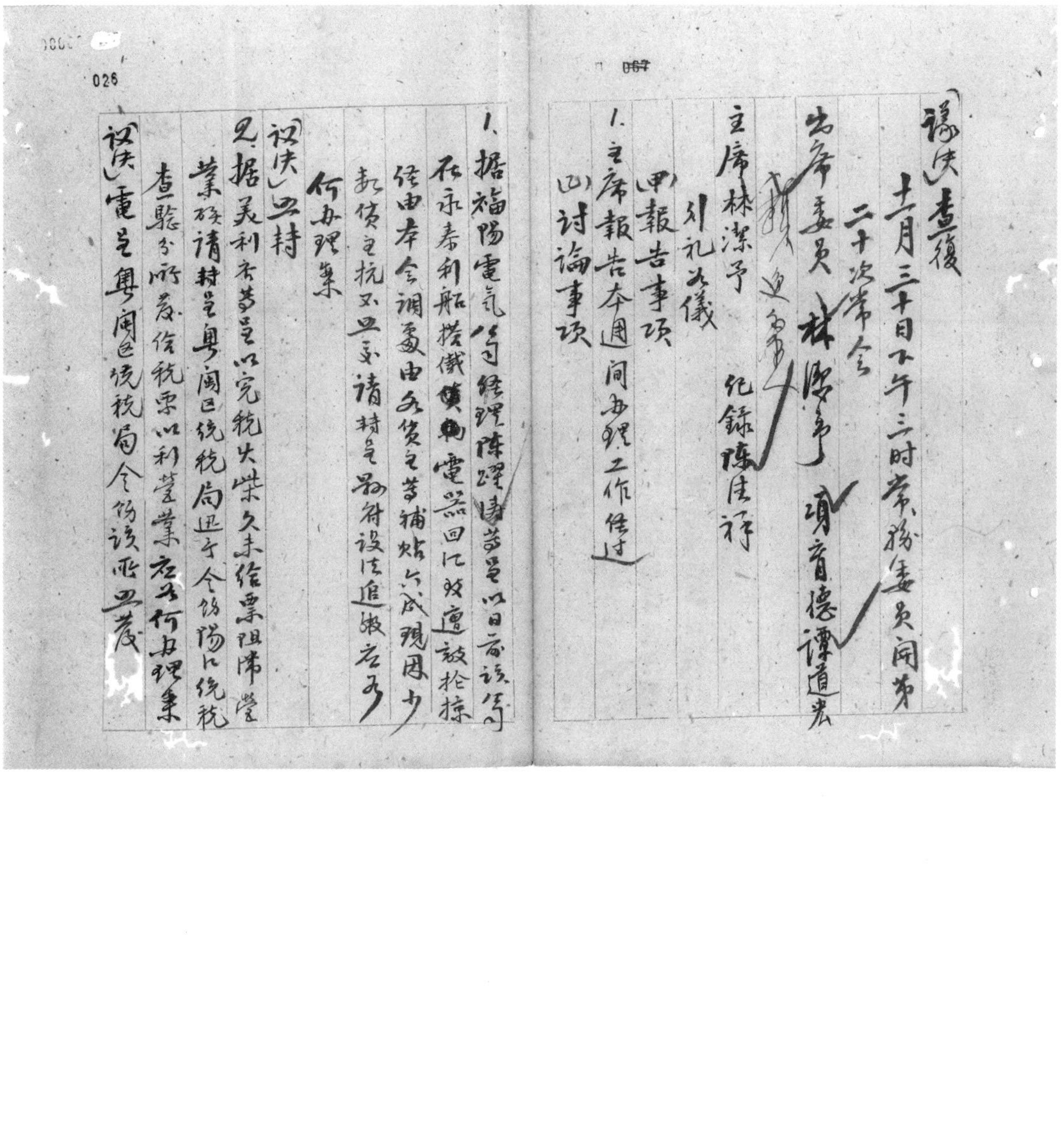

〔议决〕查复

十一月三十日下午三时常务委员会第二十次常会

出席委员 林洁予 项育德 谭道宏

主席 林洁予 纪录 陈佳祥

引礼如仪

（甲）报告事项

1. 主席报告本周间办理工作经过

（乙）讨论事项

1、据福阳电气行经理陈耀涛等呈以日前该行在永泰利船搭载电器回汇，致遭敌抢掠，经由本会调处，由各货主等补贴六成，现因少数货主抗不照交，请转呈县府设法追缴，应如何办理案

〔议决〕照转

2、据美利方等呈以究税失禁，久未给票，阻滞营业，恳请转呈粤闽区统税局迅予令饬阳江统税查验分所发给税票，以利营业，应如何办理案

〔议决〕电呈粤闽区统税局令饬该所照发

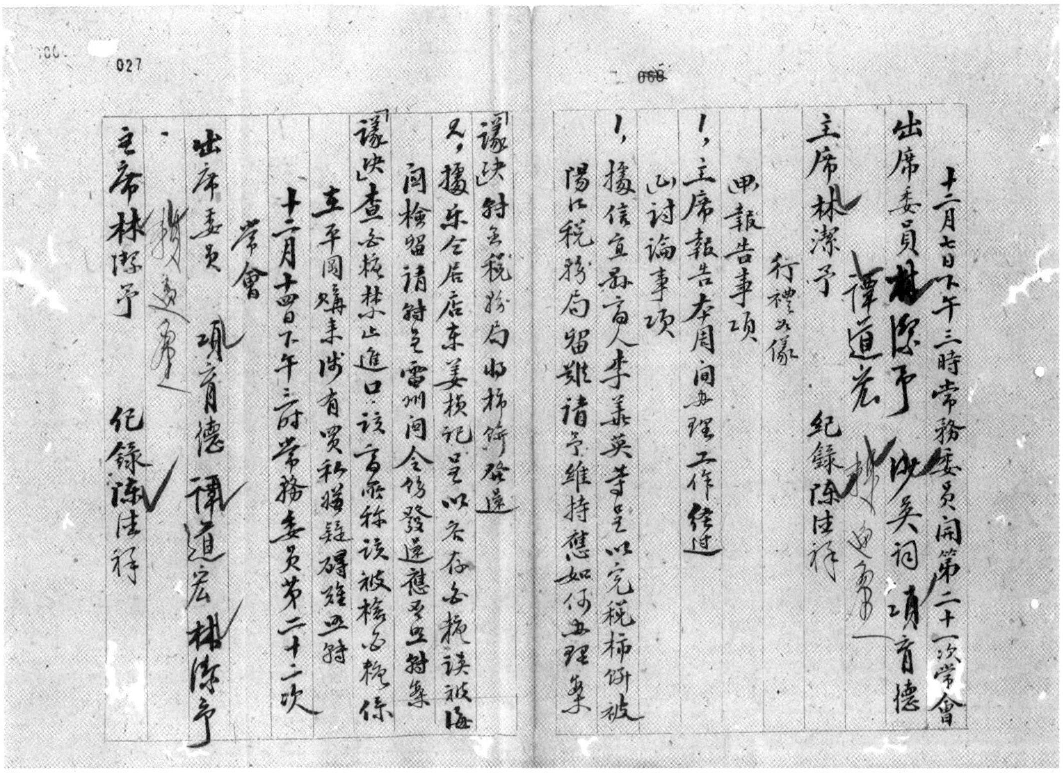

十二月七日下午三時常務委員開第二十一次常會
出席委員 林潔予 吳詞 項育德 譚道宏
主席 林潔予 紀錄 陳佳祥
行禮如儀
甲、報告事項
1，主席報告本周間办理工作經過
乙、討論事項
1，據信宜縣商人李萧英等呈以完稅柿餅被陽江稅務局留難請予維持應如何办理案
議決：函稅務局將柿餅發還
又，據乐会居店东姜桢记呈以各存各檳誤被海關檢留請轉函雷州關令飭發還應予照轉案
議決：查各檳禁止進口，該商所称該被檢各檳係由平岡購來，涉有買私嫌疑，礙難照轉
十二月十四日下午三时常務委員第二十二次常會
出席委員 項育德 譚道宏 林潔予
主席 林潔予 紀錄 陳佳祥

（二）行礼如仪

（甲）报告事项

1、主席报告本周间办理工作经过

（乙）讨论事项

1、据悦利参东吴华蕃呈以合营同意见不合请传集各股东到会调处双方即行拆股以免纠纷应如何办理案

〔议决〕准予传集调解

十二月二十八日下午三时常务委员会第二十三次常会

出席委员 林潔予 谭育德 谭道宏 [illegible]

主席 林潔予 纪录 陈德祥

行礼如仪

（甲）报告事项

1、主席报告本週间办理工作经过

（乙）讨论事项

1、本阳江县防共支会请饬执行各会户缴纳乾沙及水一案仰遵照办理具报应如何办理案

〔议决〕即晓谕会内各会户严限一律缴纳乾沙及水

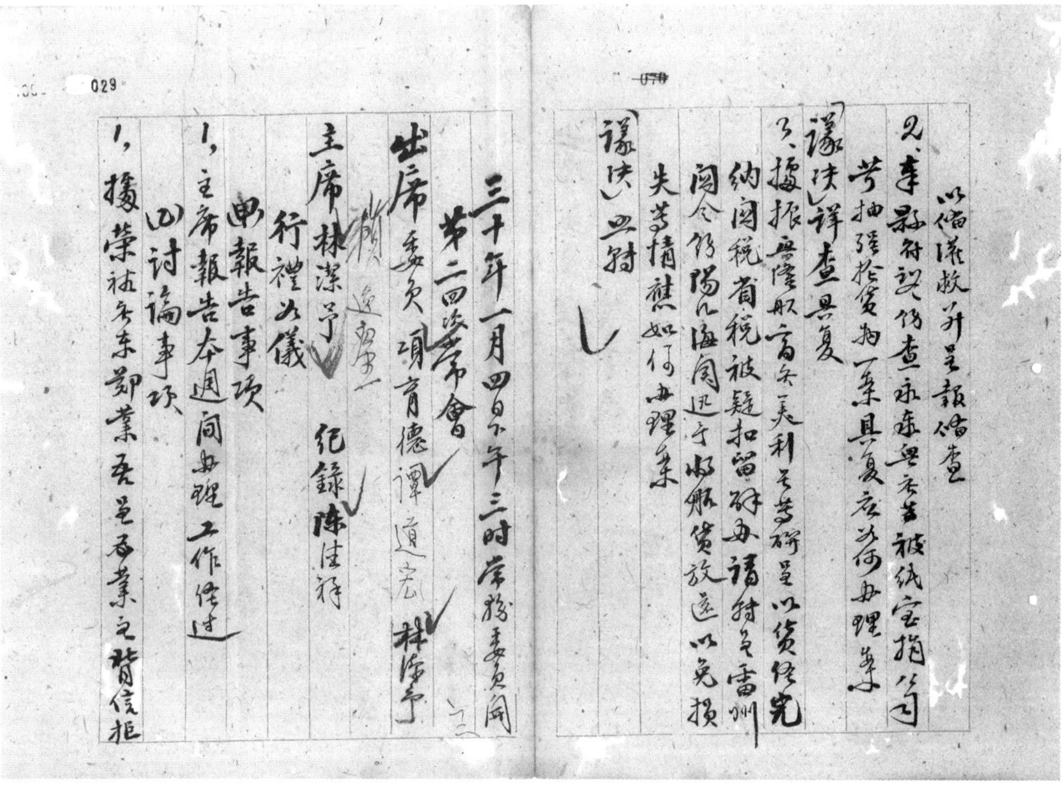

以備借款并呈報備查
2、李尉符設法查永泰與李益被紙官扣留
共抽稅於貨物一案具復應如何辦理案
議決：詳查具復
3、據振興隆船商人吴利等稱呈以貨經完
納關稅省稅被疑扣留存辦請轉電雷州
關令飭陽江海關迅予將船貨放還以免損
失等情核如何辦理案
議決：照轉

三十年一月四日下午三時常務委員會
第二次常會
出席委員　譚育德　譚遠宏　林潔予
主席　林潔予　　紀錄　陳佳祥
行禮如儀
(一)報告事項
1、主席報告本週間辦理工作經過
(二)討論事項
1、據榮祐參東鄭業丞呈為業已背信拒

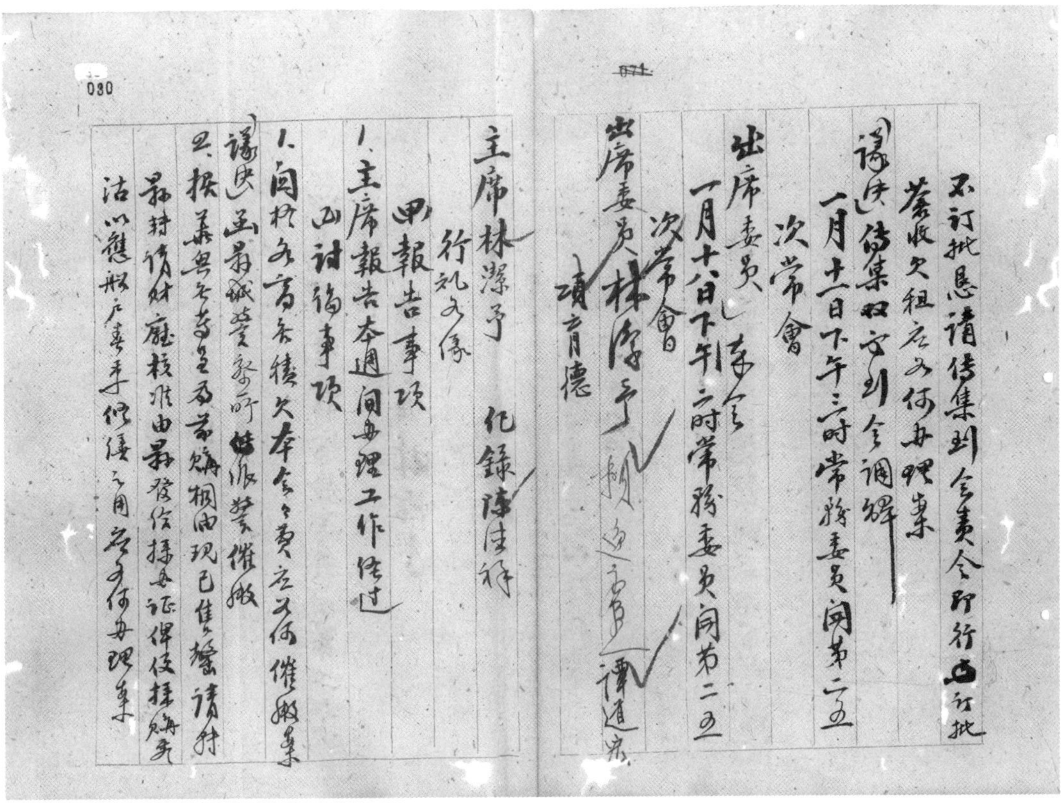

不订批恳请传集到会责令即行函订批
案收欠租应如何办理案
议决：传集双方到会调解
一月十二日下午三时常务委员会第二十五次常会
出席委员：
一月十八日下午三时常务委员会第二十五次常会
出席委员：林澍予 谭道宏

030

主席：林澍予　记录：陈佳桦
行礼如仪
甲、报告事项
1、主席报告本周间办理工作经过
乙、讨论事项
1、关于各商号积欠本会会费应如何催缴案
议决：函请县政府警察所派警催缴
丙、据义兴等五商号为购烟纸现已售罄请转

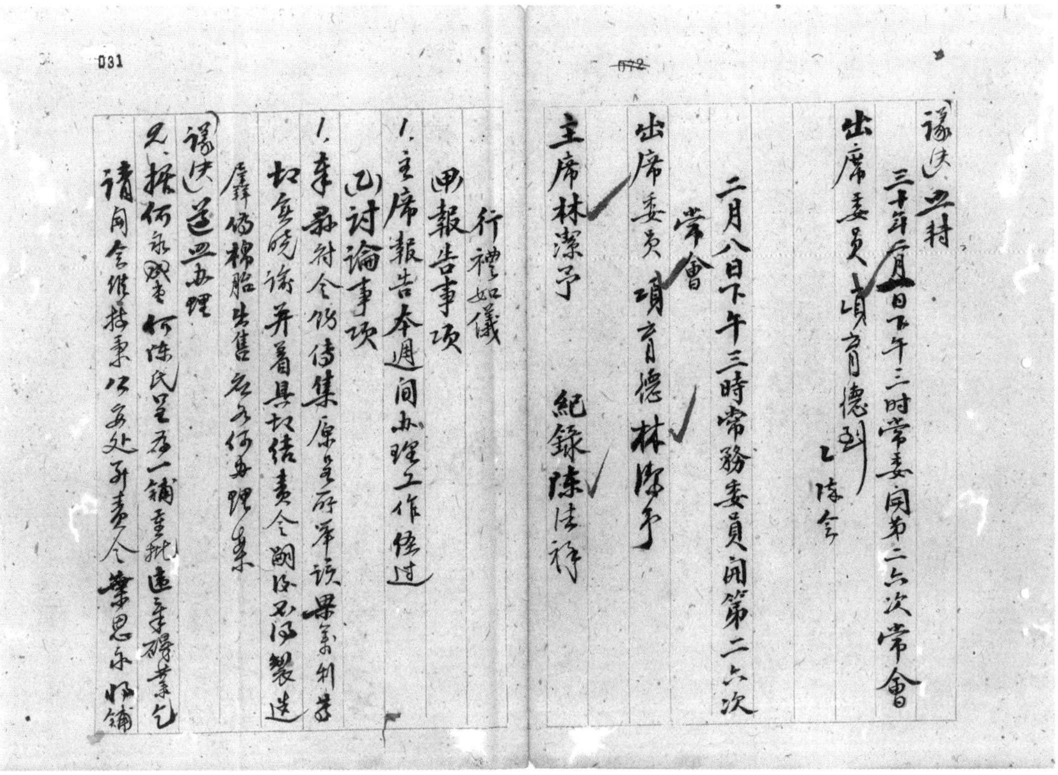
072
議決：照轉
三十年二月一日下午三时常委開第二六次常會
出席委員　譚育德到
已停會
二月八日下午三時常務委員開第二六次常會
出席委員　譚育德　林潔予
主席　林潔予
紀錄　陳法存
031
行禮如儀
(甲)報告事項
1、主席報告本週間辦理工作經過
(乙)討論事項
1、奉縣府令飭侍集原呈府军訂罪案判决切實曉諭并着具切結責令闔邑不得製造麝鹿棉胎出售應如何辦理案
議決：遵照辦理
又、據何永聯春 何陳氏呈為一舖重批遠年碍業乞
請商會維持秉公處理并責令葉思永收舖

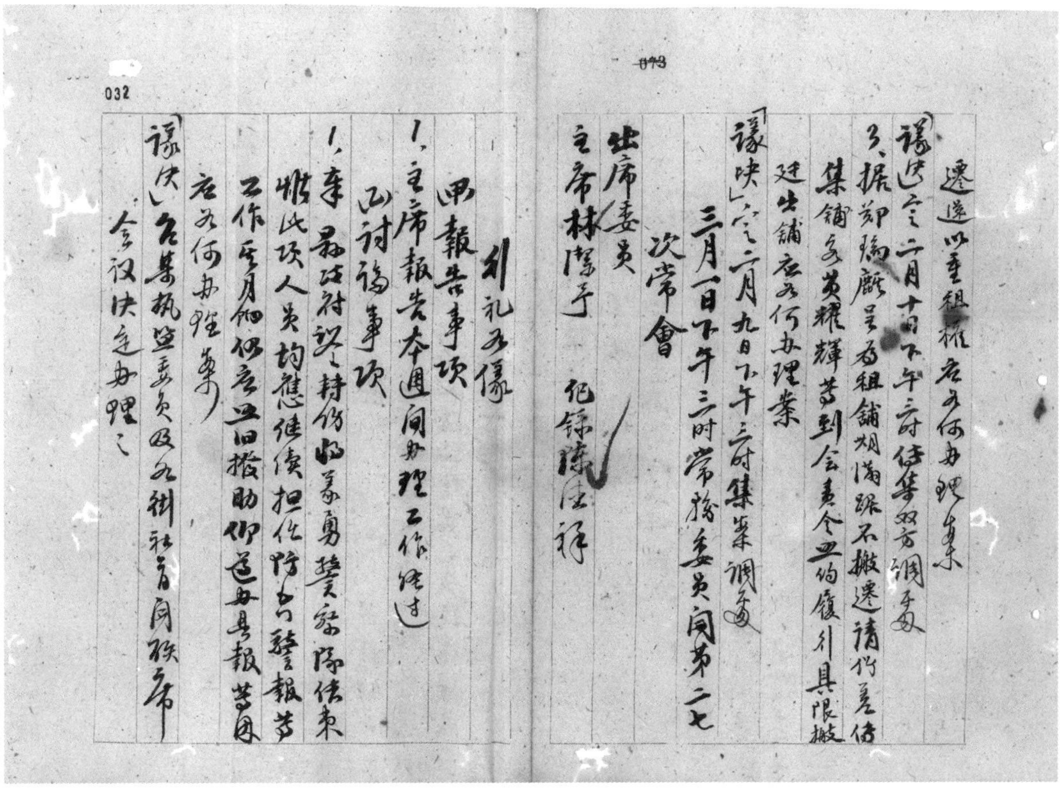

迁移以重租构店务何办理案
议决：二月十日下午六时传集双方调处
3、据郑瑞麟呈为租铺相隔踞不搬迁，请仰差传
集铺务员黄耀辉等到会责令照约复行具限搬
迁出铺应如何办理案
议决：二月九日下午六时集案调处
三月一日下午三时常务委员会第二十七
次常会
出席委员
主席林际子　纪录陈佳祥

032

行礼如仪
（甲）报告事项
1、主席报告本周间办理工作经过
（乙）讨论事项
1、李君诚对于设置特务队募勇警察队结束
收此项人员均应继续担任防守警报等
工作，每月伙食照旧拨助，仰通知县报告团
应如何办理案
议决：召集执监委员及各街社首同议，届
会议决定办理之

034

六、奉县政府训令抄发各县杉木产销调查表式，仰迅详查填报，以凭核转等因，应如何查填案

议决：查我邑并无杉木生产，各乡民所需用者，均赴西江各县购买，应即将情具复。

七、据联发号经理袁士嘉呈，以搭西昌轮赴港购买外汇货物，被缉私队收关，列清单请转函阳江海关、阳江外汇审查委员会、广东省银行阳江办事处证明收保证金备还领销担保等情，应照转案

议决：照转。

033

八、据商人郑利兼呈，以搭西昌轮赴港购汇货，被缉私队收，请转函阳江海关外汇审查委员会、阳江银行办事处证明收保证金备还，并领销担保等情，应照转案

议决：照转。

四月五日下午三时常务委员开二八次常会

出席委员

主席 林泽亭　　纪录 林伦

行礼如仪

（甲）主席报告本周办理工作经过

（乙）讨论事项

1、查本会奉　钧府令饬派缴商店抗战准备金国币贰万壹仟元，除于本年九月间扣抵为府提取于未觉缴出之建筑防御工事费壹千五百五十七元三角五分外，本会实收得壹万柒仟四百九十六元壹角壹分，业经解缴，惟有存会壹拾贰元壹角壹分及未用收据，此次本城惨遭敌劫，各行商店损失不赀，似难追缴，应如何办理案

（议决）请求将存会之款及未用收据连同欠缴情形呈报，核为备案。

2、据毓津路联盛店呈为被焚化三十枪照炷物，请转呈报办事情，应如何办理案

（议决）照转

3、奉　钧府训令饬将林秀光呈控品珍店藉搜失枪乘机抄抢案查明具复，等因，应如何办理案

（议决）

4、奉　钧府令关于出口及往港船只须由本会给证，如抵香港须赴旅港同乡会报明到达日期盖戳证

~~076~~

明并代运麦米回江赈济并因应如何办理案

（议决）给予证明并请运回办理

四月十二日下午三时开常务委员第二十九次常会

出席委员

主席林深予

行礼如仪

甲报告事项

主席报告奉周办理经过工作

035

（乙）讨论事项

1、关于新存各场派员协同点收由港运回麦米案应如何推定案

议决：派周委员务敏夫协同前赴点收登记数目

四月十九日下午三时

常務委員第三十次常會

時間：卅年九月十六日下午二时

地點：本會會客廳

出席委員：林際予 沙美詞 顧育德 譚道宏 積逸塵 紀森 李月桑

主席：林際予

行禮如儀

(甲)報告事項

主席報告本週籌理工作經過情形

(乙)討論事項

一、同人本會職員付役予茶等近因生活高漲不已前定薪數與米津尚不敷甚巨專法維持請求予以增加月薪并每月每人增加食米三斗以資補救俾可支持現狀應日常工作藉予安定如請由七月份起增應如何辦理案

議決：由本年八月份起每員每月准予增加食米二斗至求價由每月份第一週常務會議決定之，月薪仍照七月份計算

又、同人等負役八月份與九月份加增食米價格應如何決定案

037

078

议决：八九月份每斗米价，决定国币伍拾柒元，着由庶务处照支。

3、関于各同业公会登记表，再仍有多数尚未缴来，应如何催促以利改选案。

议决：登报再通告各公会从速缴来，并登报通告。

林涛予

常务委员第三十一次常会

时间：：卅一年九月十九日下午三时

地点：：本会会客厅

出席委员 林涛予 谭迪宏

主席 林涛予 赖迪星 谭育德

纪录 蔡材华

引礼如仪

（甲）报告事项

主席报告本周办理工作经过情形

（乙）讨论事项

1、関于本会职员每月食米以前请增加米津，经议决准予

每人每月增加米津三斗，由八月份起按月以米价给八九

两月份每斗米价国币伍拾柒元核与员役薪俸米津之数相差

不远，以予每人每月请将员每月薪数酌量增加俾得廿伍

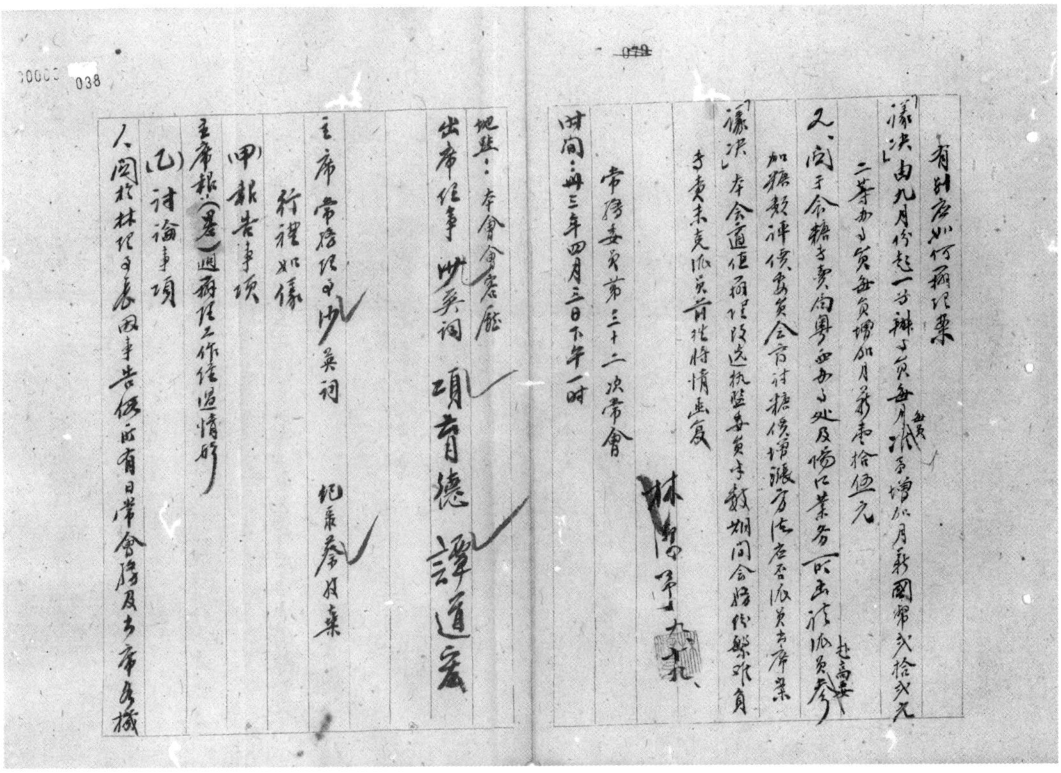

038

有关应如何办理案
议决：由九月份起一等办事员每员每月派予增加月薪国币贰拾贰元
二等办事员每员增加月薪壹拾伍元
又、关于会务事务因粤西办事处及协和业务所出差派员参（赴高要）
加糖数评价委员会讨论糖价增涨方法应否派员出席案
议决：本会适值办理改选执监委员等数项同会务紧难负
专责未克派员前往特情函复

常务委员第三十二次常会
时间：卅三年四月三日下午一时
地点：本会会客厅
出席理事 沙英词 项育德 谭道宏
主席 常务理事 沙英词　　纪录 秦贝棠
行礼如仪
(甲)报告事项
主席报告（略）过去办理工作经过情形
(乙)讨论事项
一、关于林理事长因事告假所有日常会务及主席各职

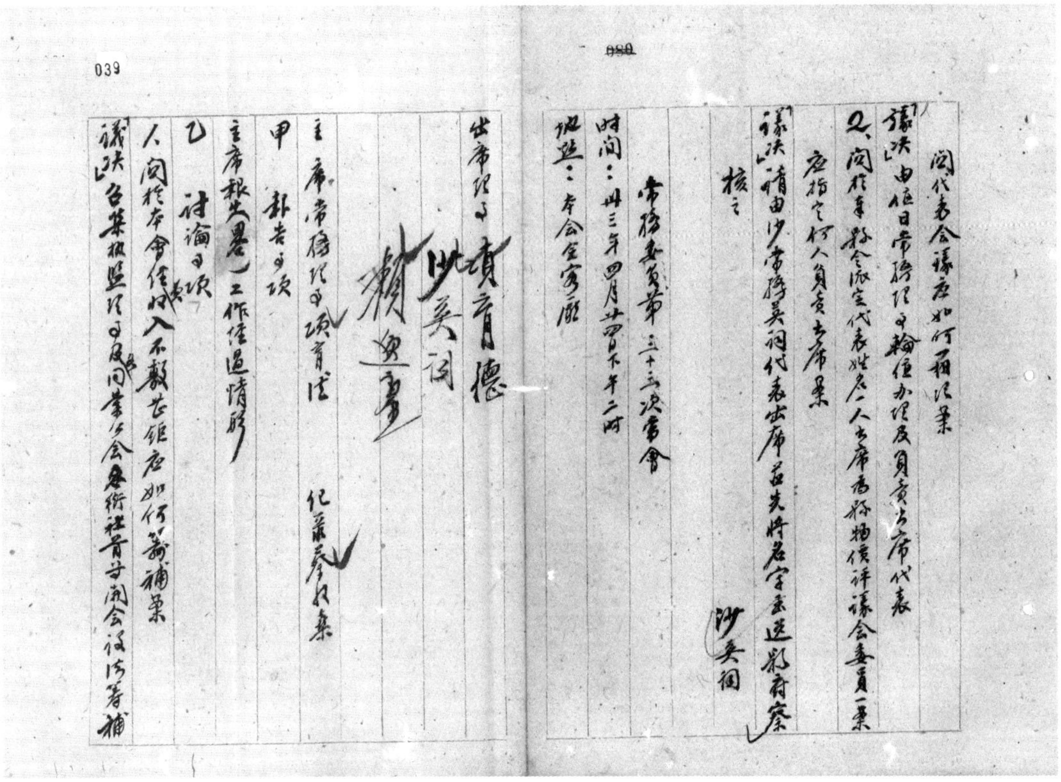
038

关代表会议应如何推派案

议决：由值日常务理事轮值办理及负责出席代表

2、关于本县参会派定代表姓名一人出席县物价评议会委员一案

应指定何人负责出席案

议决：请由沙常务英福代表出席并先将名字呈送县府察核

沙英福

常务委员第三十三次常会

时间：卅三年四月廿四日下午二时

地点：本会会客厅

039

出席理事　谭育德　沙英福　赖逸宾

主席　常务理事谭育德　　纪录　蔡秋荣

甲　报告事项

主席报告（略）工作经过情形

乙　讨论事项

1、关于本会经费入不敷支钜应如何筹补案

议决：各业按照理事及同业公会参衔社员会员分筹补

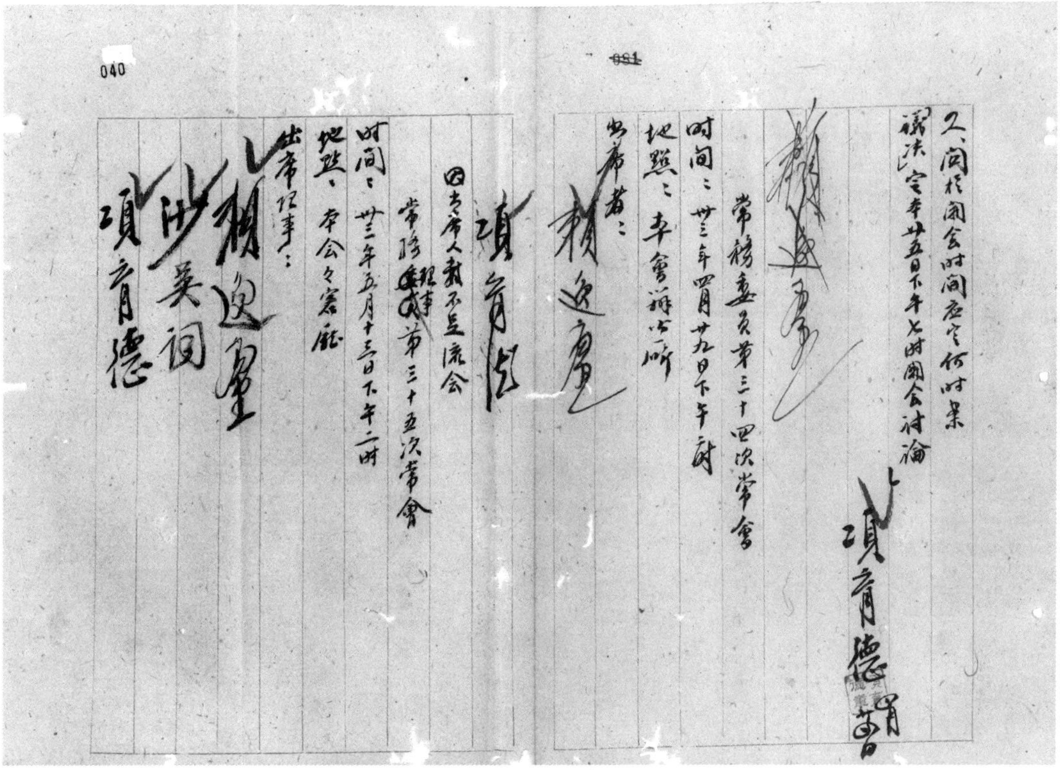

041

又、关于开会时间应定何时案
议决：定本廿五日下午七时开会讨论

项育德 署

赖迩豪

常务委员第三十四次常会
时间：卅三年四月廿九日下午□时
地点：本会办公所
出席者：
赖迩豪
项育德

040

（四）出席人数不足流会
常务理事第三十五次常会
时间：卅三年五月十三日下午二时
地点：本公会会客厅
出席理事：
赖迩豪
沙英词
项育德

042

谭道宏

主席常务理事谭道宏　纪录蔡材桑

（甲）报告事项

主席报告本周两月工作经过情形

（乙）讨论事项

一、关于本会每月会费应否增加案

议决：依照前会员均量增加，规定每月级数目如下

特等月费卅元

甲一月费廿元　甲二〃〃 [illegible]　甲三〃〃 [illegible]

乙一〃〃 [illegible]　乙二〃〃 [illegible]　乙三〃〃 [illegible]

丙一〃〃 [illegible]　丙二〃〃 [illegible]　丙三〃〃 [illegible]

丁一〃〃十元　丁二〃〃九元　丁三〃〃八元

戊一〃〃七元　戊二〃〃六元　戊三〃〃五元

041

二、关于每月增加公费数目应否呈报县党部及通告各商店知照案

议决：先呈县党部、县政府备案，俟批准后通告各商店知照

照

三、关于本会新订月费应何时起收案

议决：由本年五月一日起收

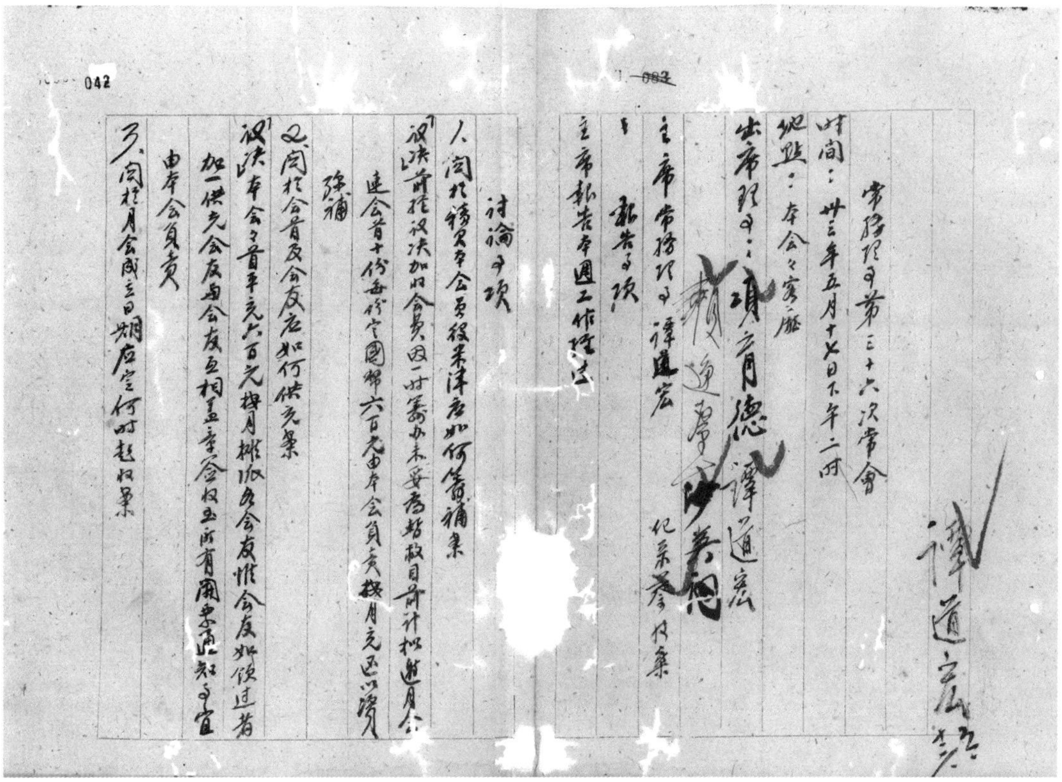

常务理事第三十六次常会

时间：卅三年五月十七日下午二时

地点：本会会客厅

出席理事：项方月 德 赖逸夢 谭道宏 秦叔恩

主席：常务理事 谭道宏　　纪录：秦叔集

甲、报告事项

主席报告本周工作经过

讨论事项

1、关于转呈本会会员裁米津贴如何筹补案

议决：前经议决加收会费，因一时筹办未妥，为暂救目前计，拟进月会连会首十份，每份定国币六百元，由本会负责按月先垫以资弥补

2、关于会首及会友应如何供应案

议决：本会会首年定六百元，按月摊派，各会友惟会友如愿过者加一供应，会友与会友互相全会收至所有关系通知事宜由本会负责

3、关于月会成立日期应定何时起收案

谭道宏

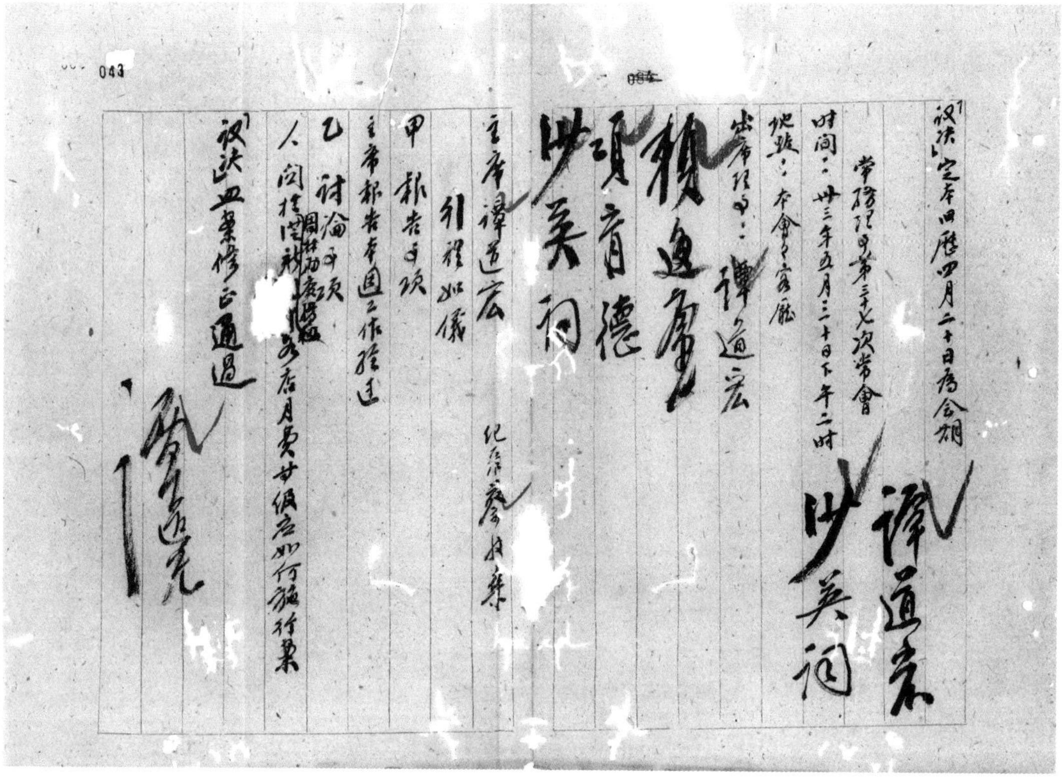
043

议决：定本四历四月二十日为会期

常务理事第三十七次常会

时间：卅三年五月二十日下午二时

地点：本会会客厅

出席理事：谭道宏　赖逸鸿　项育德　沙英祠

谭道宏　沙英祠

主席谭道宏　　纪录蔡牧森

引礼如仪

甲　报告事项

主席报告本周工作经过

乙　讨论事项

一、关于[illegible]本店月费廿纸应如何编付案

议决：照案修正通过

[illegible]

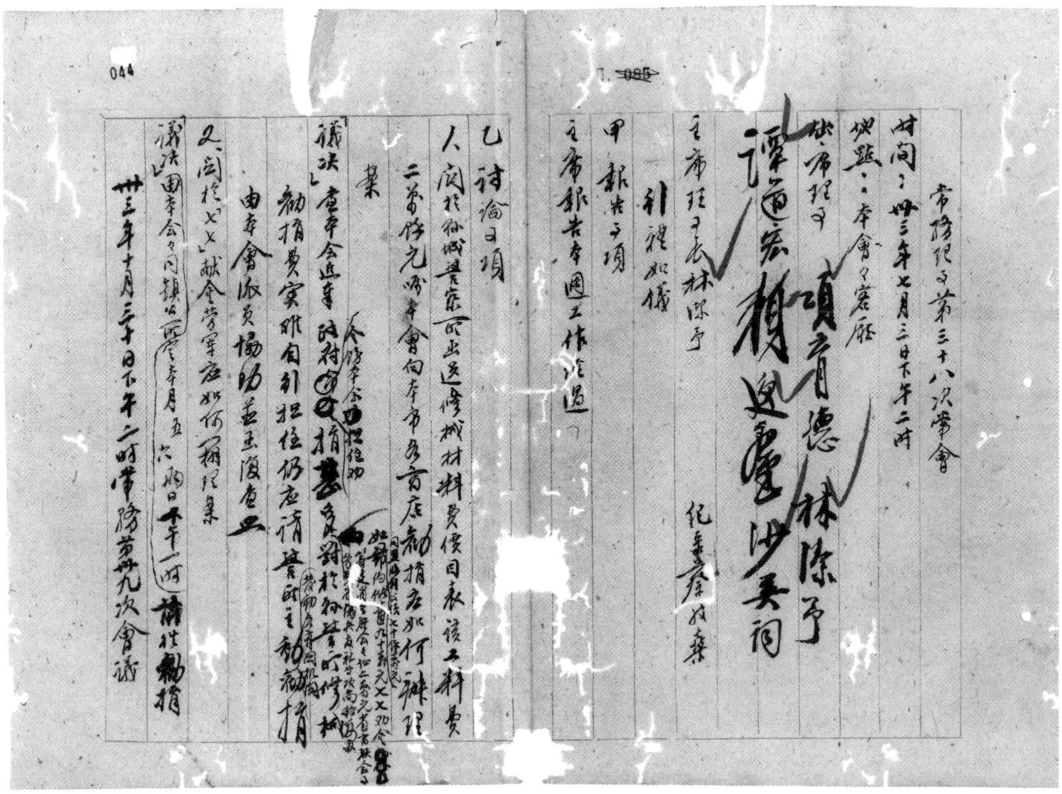

1. ~~085~~

常务理事第三十八次常会

时间：卅三年七月三日下午二时

地点：本会会客厅

出席理事：谭道宏　项肖德　林际予　魏迎尘　沙美祠

主席：理事长林际予　　纪录：蔡枚森

行礼如仪

甲、报告事项

主席报告本周工作经过（略）

044

乙、讨论事项

一、关于机械业所出送修械材料费价目表该项材料费二万余元，嘱本会向本市各商店劝捐应如何办理案

议决：查本会近来政府[illegible]捐款多，对于[illegible]修械劝捐费实非自行担任，仍应请[illegible]主动劝捐

二、关于七七献金劳军应如何办理案

由本会派员协助并呈复查照

议决：由本会会同镇公所于本月五六两日下午一时请往劝捐

卅三年七月三十日下午二时常务第卅九次会议

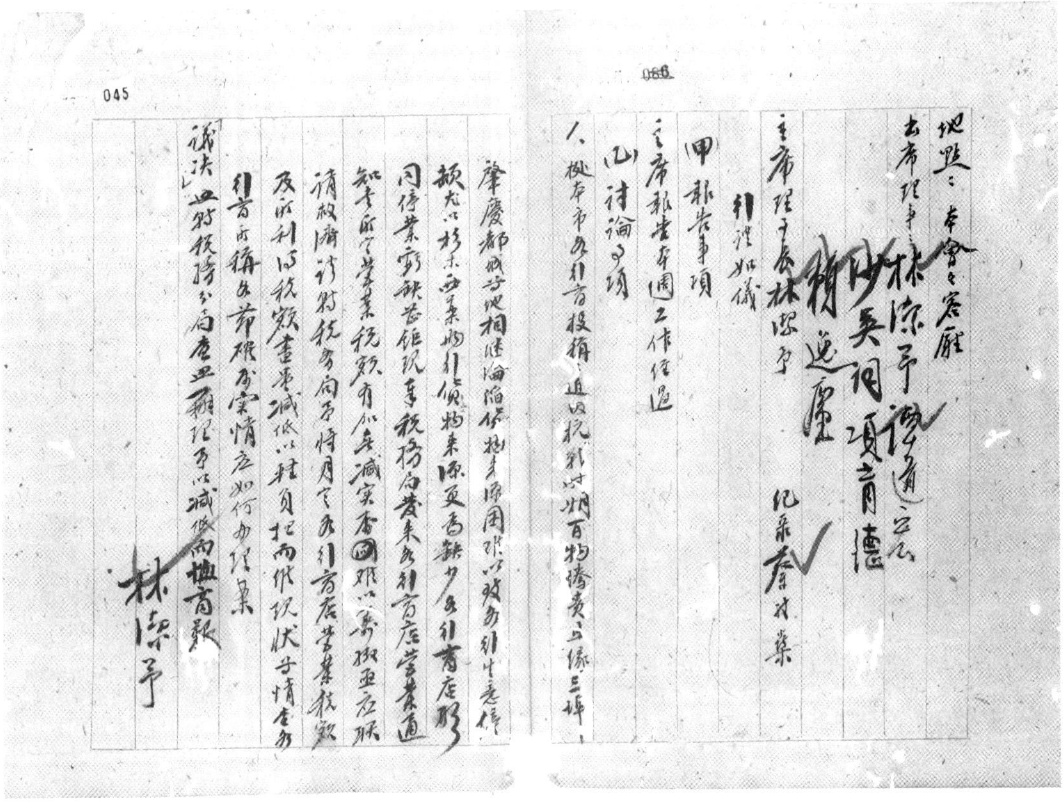

046

地点：本会会客厅
出席理事：林际予　谢道云　吴同　项肯德　赖运庐
主席：理事长林际予　　　　　纪录：秦汝棠
行礼如仪
（甲）报告事项
主席报告本周工作经过
（乙）讨论事项
一、拟本市各行商损失，近因抗战时期百物腾贵，且缘三埠、

045

肇庆、都城各地相继沦陷，货物来源困难，以致各行生意停顿，尤以杉木、西药、果物行货物来源更为缺少，各行商店形同停业，影响税务，向来各行商店营业通知书所定营业税额，有所未减，实属困难，以为应拟呈请放宽，请对税务局暂停月定各行商店营业税款及所利得税款尽量减低，以轻负担而保现状，并请查各行商所称各节，根据实情应如何办理案

议决：由对税务分局呈请理事以减低而维商艰

林际予

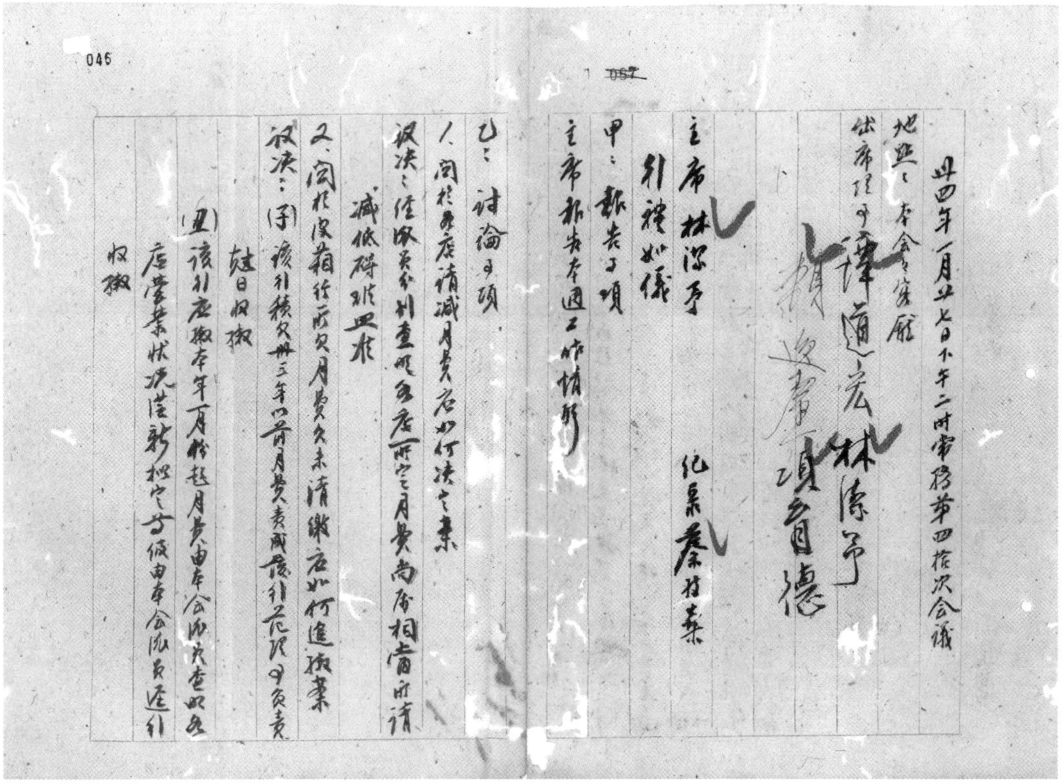
045

卅四年一月廿七日下午二时常务第四届次会议

地点：本会会客厅

出席理事：谭道宏 林泽予 赖汉康 项自德

主席：林泽予

纪录：秦行森

引礼如仪

甲、报告事项

主席报告本周工作情形

乙、讨论事项

1、关于五金店请减月费应如何决定案

议决：经派员分别查明五金店所定月费尚属相当，所请减低碍难照准

2、关于皮箱行所欠月费久未清缴应如何追缴案

议决：(子)该行积欠卅三年四至十二月月费责成该行花记负责随日收缴

(丑)该行应缴本年一月份起月费由本会派员查明各店营业状况，从新拟定分级，由本会派员逐行收缴

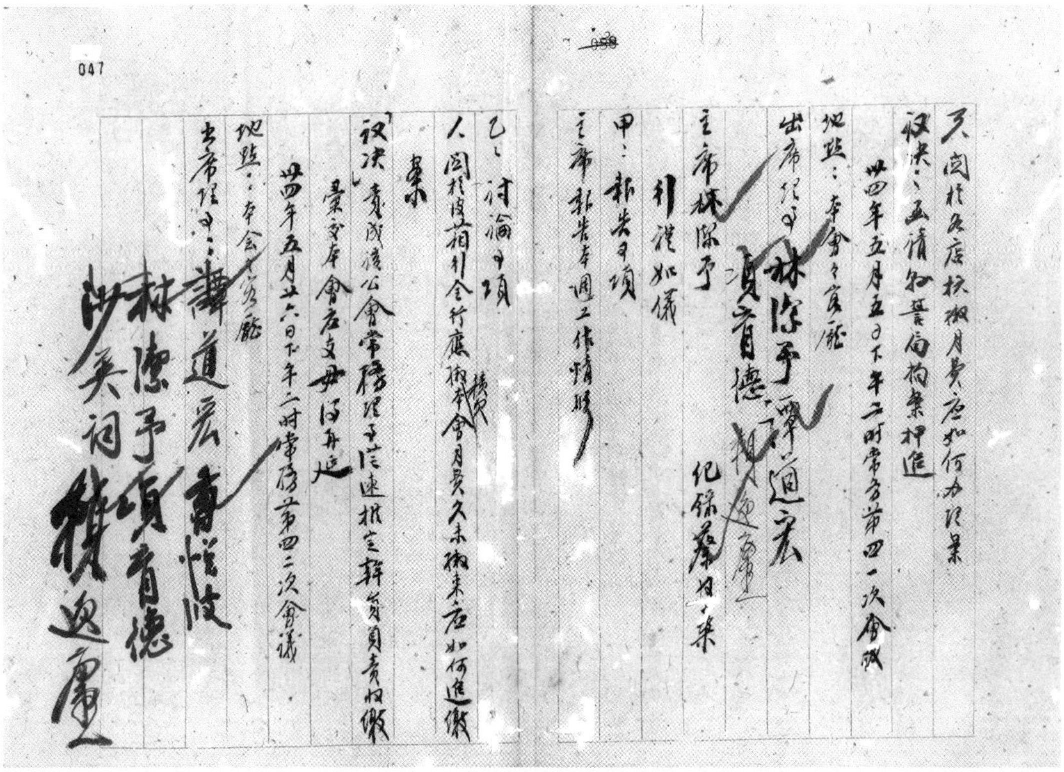

六、关于各店抗拟月费应如何办理案
议决：函请知警局拘案押追
卅四年五月五日下午二时常务第四一次会议
地点：本会会议厅
出席理事：林际予　谭道宏　谭育德　刘超廉
主席：林际予
行礼如仪
纪录：蔡祖荣
甲、报告事项
主席报告本周工作情形
乙、讨论事项
一、关于皮箱行全行应摊本会月费久未缴来应如何追缴案
议决：责成该公会常务理事从速拟定办法负责收缴
业务本会应交由该会再追
卅四年五月廿六日下午二时常务第四二次会议
地点：本会会议厅
出席理事：谭道宏　曹悦波　林际予　谭育德　沙英词　钱逸虞

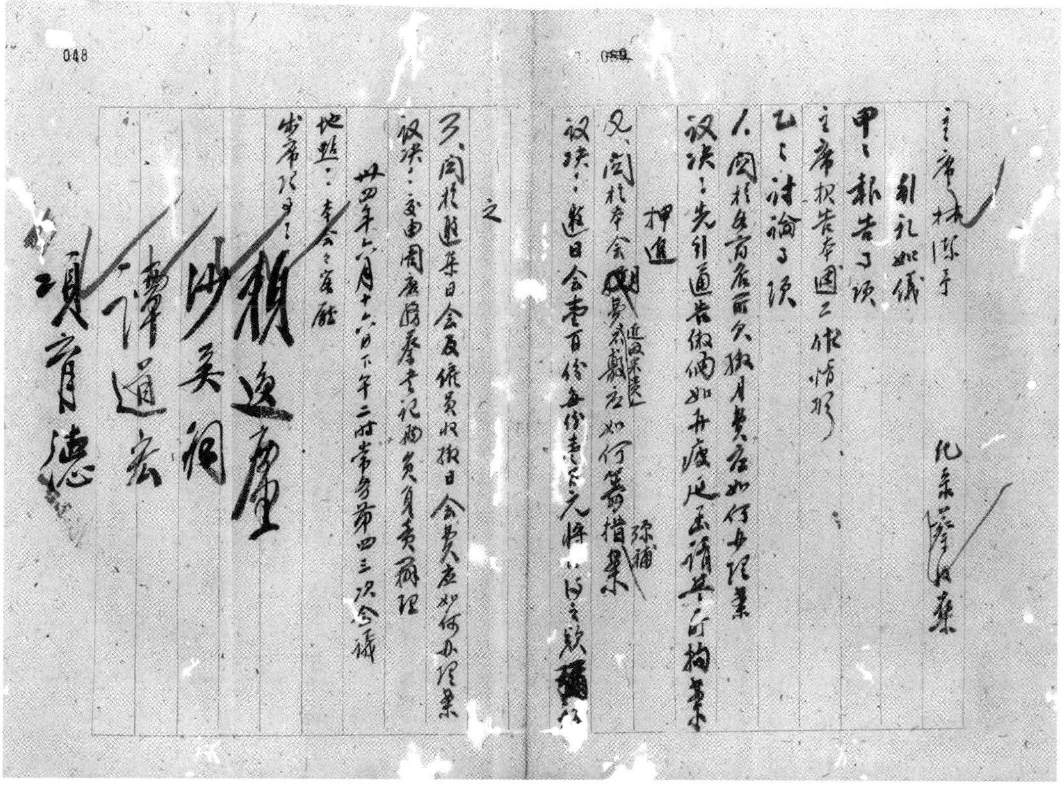

049

主席林琛予　　　　纪录陈政森

行礼如仪

甲、报告事项

主席报告本团工作情形

乙、讨论事项

一、关于各商店所欠缴月费应如何办理案

议决：先行通告催缴，如再屡延，函请县府拘案押追

二、关于本会财务（近由梁懋）应如何筹措弥补案

议决：逃日会费百份每份壹元，将以前之款弥补

048

之

三、关于逃集日会及统员收缴日会费应如何办理案

议决：交由周庶务秦书记两员负责办理

卅四年六月十六日下午二时常务第四三次会议

地点：本会会客厅

出席人员：

赖逸尘

沙吴润

谭道宏

项育德

050

主席　林际予　　纪录　蔡世森

林际予

行礼如仪

甲、报告事项

主席报告本周工作情形

乙、讨论事项

一、关于本会撤销民生日用品申请专署之影响本会补助费应如何筹措以应支付案

议决：再开週日会一期每日每行定收弍百元出租以五天开会一次将所得之利润拨归本会补助费

二、关于选举日会及职员十名应如何办理案

049

议决：由周康侯负责办理

53. 阳江县商会执行委员会议记录簿（1940 年 11 月 3 日 ~1942 年 12 月 1 日）

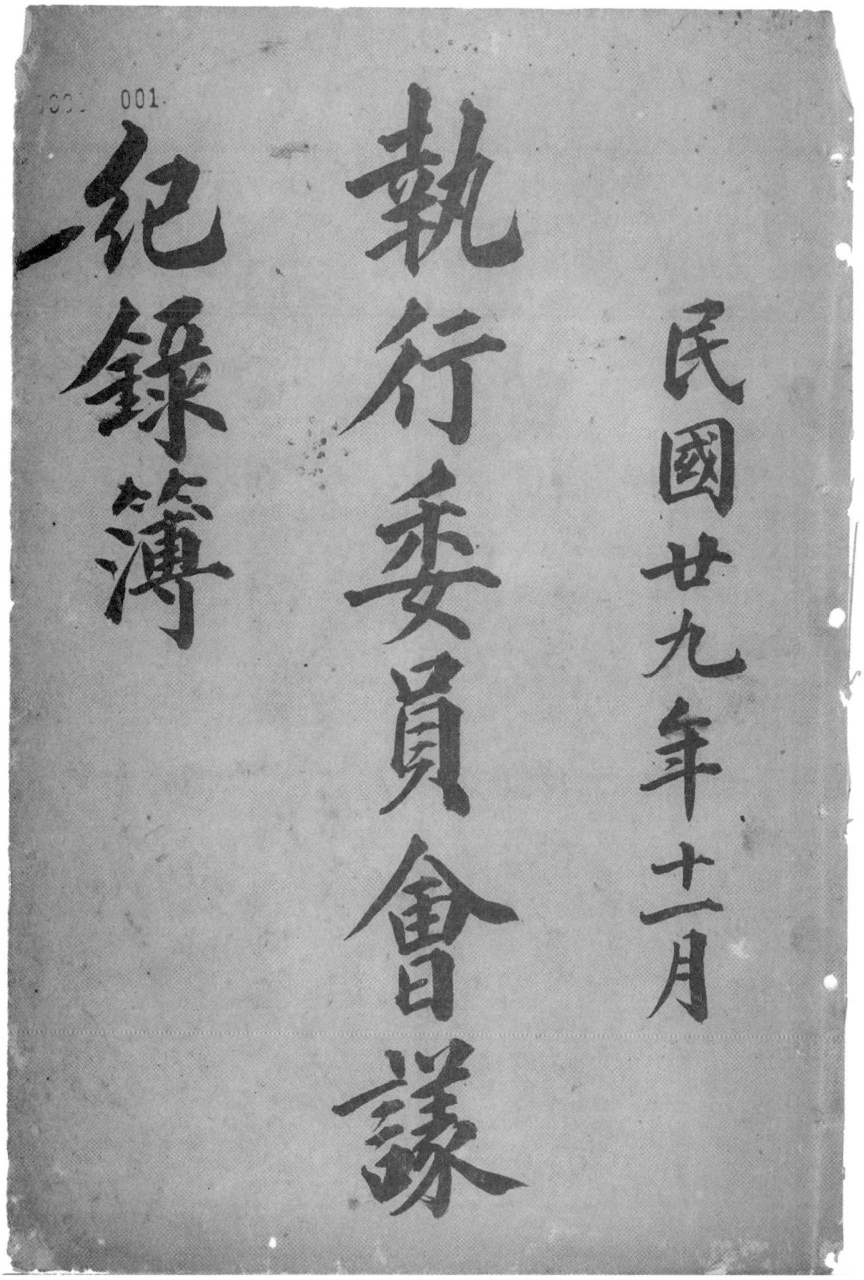
001

民國廿九年十一月

執行委員會議

纪錄簿

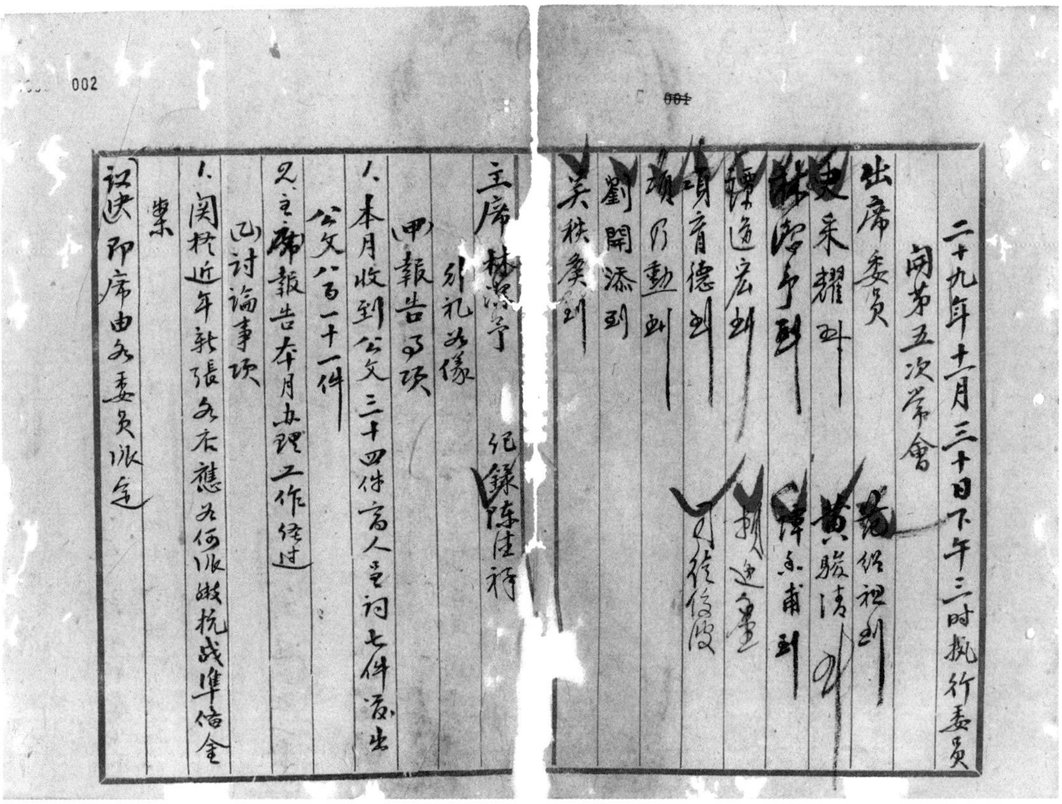
002
001
二十九年十二月三十日下午三时执行委员会第五次常会
出席委员
史采耀到　范绍祖到
林□予到　黄骏清
谭逸宏到　谭承甫到
关育德到　赖逸峯
冯□勤到　司徒俊
刘開添到
吴秩彝到
主席 林□予　纪录 陈佳锌
行礼如仪
(甲)报告事项
1.本月收到公文三十四件 商人呈词七件 发出公文八百一十一件
2.主席报告本月办理工作经过
(乙)讨论事项
1.关于近年新张各商店应如何派缴抗战准备金案
议决 即席由各委员派定

002

2、奉第七战区挺进第八纵队司令部令饬商会自向政府筹缴修葺石角炮楼支出之款四百四十一元五角四分，应如何办理案

议决：特请县政府办理

3、主席提议本会执监委员及雇员拟一律造制服一套以壮观瞻案

议决：通过，委员每套由本会帮助服装费伍成，办事员什役全数帮助

二十九年十二月廿日下午三时执行委员第六次常会

003

出席委员：林深予　谭志方　史采耀　吴积发　项育德　杨通衡　范绍祖　邓伟俊　赖通广　阮国梁　顾月麦

主席：林深予　　纪录：陈佳符

引礼如仪

甲、报告事项

1、报告本月收入公文三十六件，发出公文九件

003

發出公文十八件

叉、主席報告本月办理工作經过

四、討論事項

1、准陽江統稅查驗分所來函關於統稅貨品進口要納統稅方准銷售，惟陽江海關對于統稅進口均征關稅，各商人認為重征，迭到本會請轉咨海關查詢並妥办理案

議決：函陽江海關查照見复

三十年一月廿日下午七時執行委員第七次常會

004

出席委員

停会

四月三十日下午三時執行委員第八次常會

出席委員十三人

主席林傑予　紀錄林倫

行禮如儀

甲、報告事項

1、主席報告本月份收入公文四拾三件，商民呈詞拾三件，發出公文拾四件

2、主席報告本月辦理工作經過

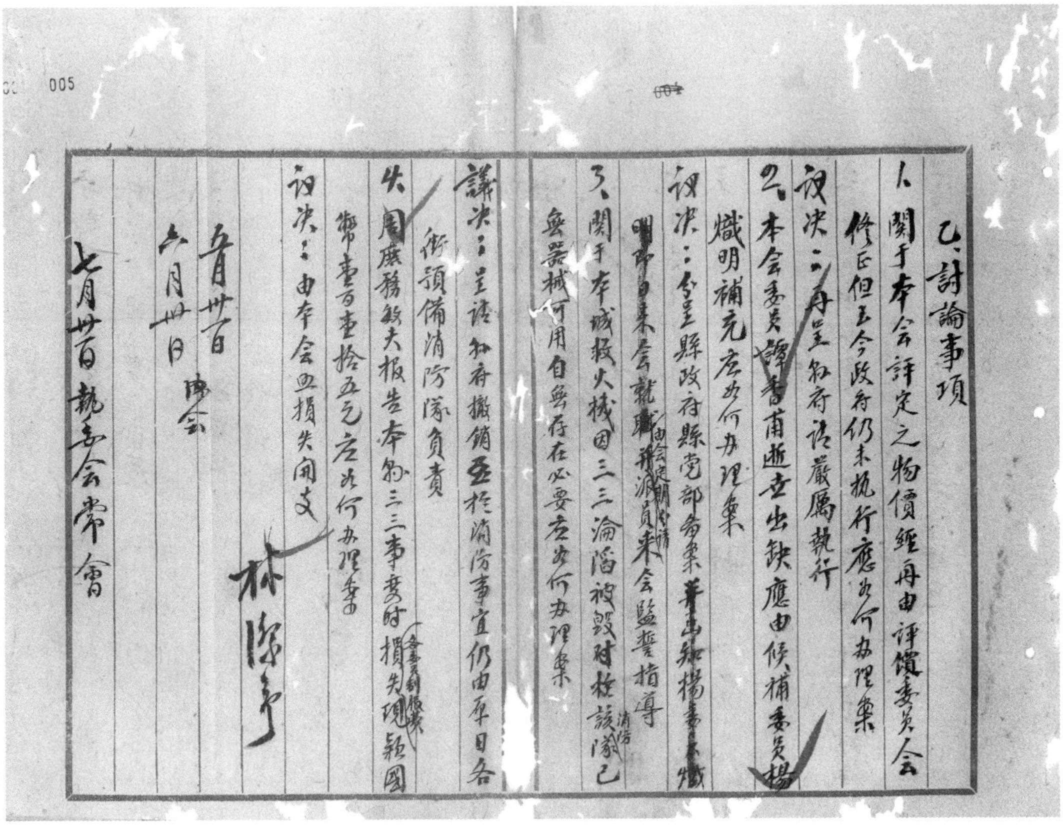
005

乙、討論事項

1、關于本会評定之物價經再由評價委員会修正但至今政府仍未执行應如何办理案

議決：二、再呈县府請嚴厲執行

2、本会委員譚香甫逝世出缺應由候補委員楊熾明補充應如何办理案

議決：三、呈县政府县党部备案並函知楊委員熾明即日来会就職由会定期呈請派員来会監誓指導

3、關于本城救火械因三三淪陷被毀对於該消防隊已無器械可用自無存在必要應如何办理案

議決：三、呈請县府撤銷至於消防事宜仍由平日各街頭備消防隊負責

失周廣務報告本会三三事變时損失現款國幣壹百壹拾五元應如何办理案

議決：由本会照損失開支

六月廿日

六月卅日 常会

七月廿三日 執委会常會

林

时间：卅年七月卅日下午二时

地点：本会会议厅

次数：第十一次

出席委员：刘雨添　范绍祖　项乃勤

散会

执委常务会议录第十一次

时间：卅年八月二日下午七时

地点：本会会议厅

出席执行委员：林泽宇　项育德

赖逸尘　刘雨添　项乃勤　吴性庚

杜伯瑞　谭达才　刘朗山　曾悦波

[illegible]　范绍祖　谭道容

主席　林泽宇　　纪录　周文通

行礼如仪

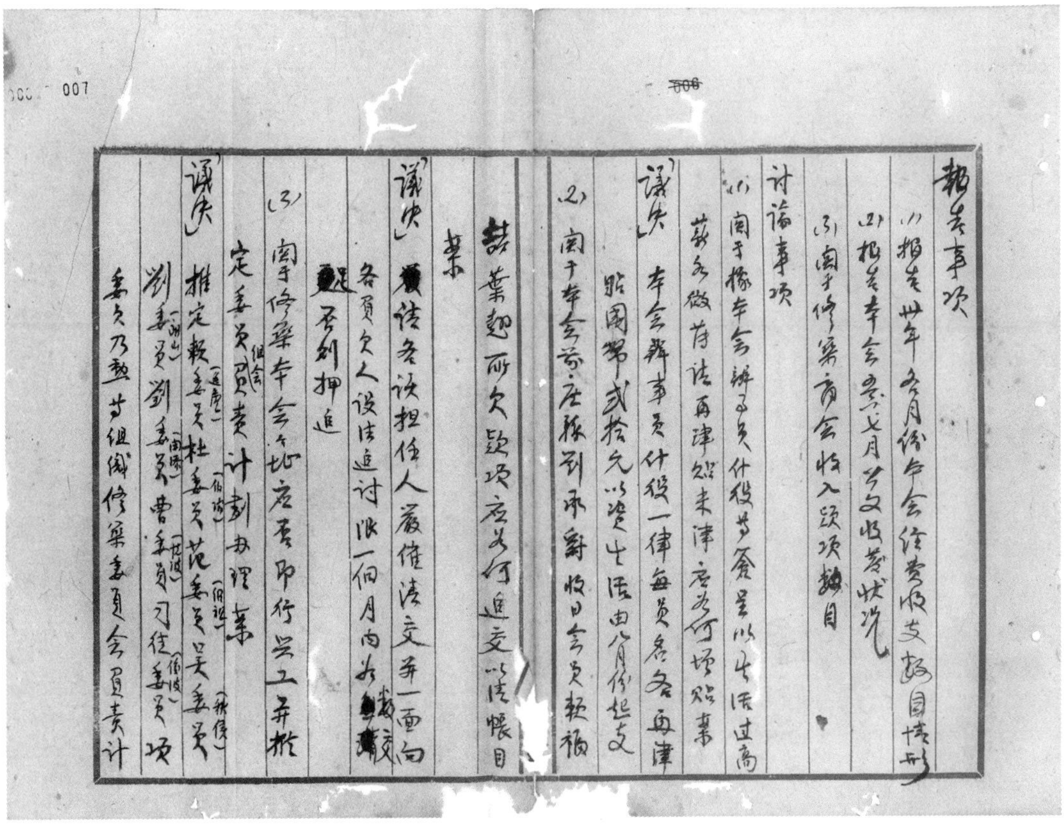

007

~~006~~

报告事项

(1) 报告卅年九月份本会经费收支数目情形

(2) 报告本会卅年七月份收费状况

(3) 关于修筑商会收入款项数目

讨论事项

(1) 关于本会办事员什役等以生活过高薪金微薄请再津贴米津应如何增加案

议决 本会办事员什役一律每员每名再津贴国币弍拾元以资生活由八月份起支

(2) 关于本会前·应张刘承爵收日会员捐福业趣所欠款项应如何追交以清帐目案

议决 函请各该担任人严催清交并一面向各员欠人设法追讨限一个月内如数清交否则押追

(3) 关于修筑本会会址应否即行兴工并推定委员组会负责计划办理案

议决 推定钱委员（逸尘）杜委员（伯瑜）范委员（佩祖）吴委员（秋侯）刘委员（渊山）刘委员（雨味）曹委员（芝波）司徒委员（佩波）为委员乃热心组织修筑委员会负责计

008

劃办理并拟定主席及各常務委為當
員委員

林[illegible]亨

三十一年二月廿八日下午七时執行委員第十二次常會

出席委員十四人

主席林[illegible]亨　紀錄[illegible]棨

行礼如儀

(甲)報告事項

1、主席報告一月份收入公文七十九件，發出公文三十五件

二月份收入公文四十四件，發出公文十四件

2、主席報告一二兩月份[illegible]經過

(乙)討論事項

1、关于建築本會會址定何日招工開投案

「議決」定三月六日開投

2、关于各街社會欠繳各費應如何追繳案

「議決」函請縣城警察所派警傳案押追

3、关于建築本會會址尚不敷之數應如何籌措案

「議決」俟前經勸捐不敷之數[illegible]再行會議籌措

林[illegible]亨

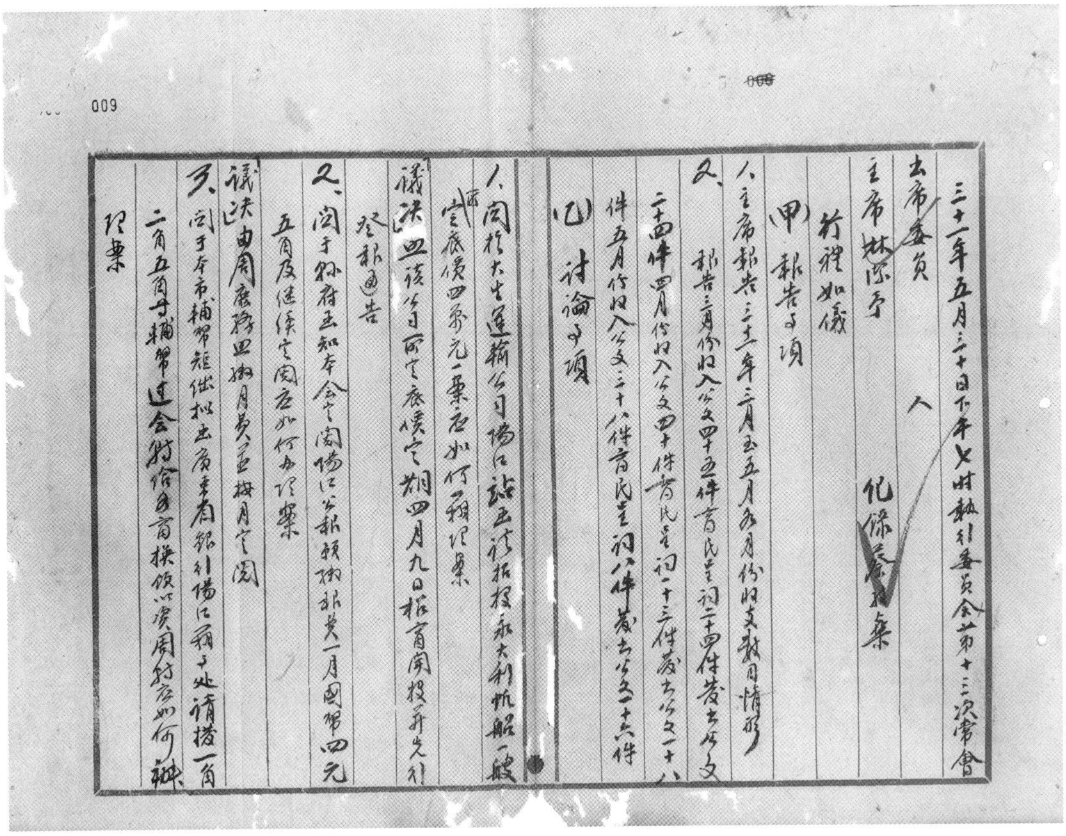

009

三十一年五月二十日下午七时执行委员会第十二次常会

出席委员　人

主席林[illegible]予　　倪保[illegible][illegible]

行礼如仪

（甲）报告事项

一、主席报告三十一年三月至五月各月份收文数目情形

二、报告三月份收入公文四十五件，育民[illegible]词二十四件，发出公文二十四件；四月份收入公文四十件，育民[illegible]词一十三件，发出公文一十八件；五月份收入公文二十八件，育民[illegible]词八件，发出公文一十六件

（乙）讨论事项

一、关于大生运输公司[illegible][illegible]征[illegible]大利轮船一艘[illegible]底价四万元一案应如何办理案

议决：照旧[illegible]底价定期四月九日投标开标并先行登报通告

二、关于[illegible]府函知本会之开协征公报预约报费一月国币四元五角及[illegible]应如何办理案

议决：由商务处[illegible][illegible]月费照按月之阅

三、关于本市辅币短绌拟由广东商银行协和处请拨一角二角五角辅币送会转给商人换领以资周转应如何办理案

次數第十二次

卅年一月份收入公文五十六件　商民呈詞二十三件　共七九件　發出公文三十五件

二月份收入公文三十七件　商民呈詞七件　共四四件　發出公文一十四件

010

為簽呈事竊職等近因生活高漲對於個人生活費不敷請酌予增加月薪與米津經蒙提出常會議決准予每人每月增加行米三斗由八月份起按月以米價定給八九兩月份每斗米算價國幣四十元在案惠蒙隆情毋任感激現查一等辦事員各月薪連米津一百八十八元二等辦事員各月薪連米津一百八十五元什役月餉連米津各一百八十元核計員役薪餉與米津之數相差不遠似於等級不分聲譽殊覺不美為此簽呈

察核乞予將一二等辦事員月薪額數酌量增加俾得等級有別實感公便可否之處恭候

示遵謹呈

林主席

開常会办理　九、十七

一等辦事員蔡啟燊　周啟夫

二等辦事員譚□周　林宗驊

中華民國三十一年九月十七日

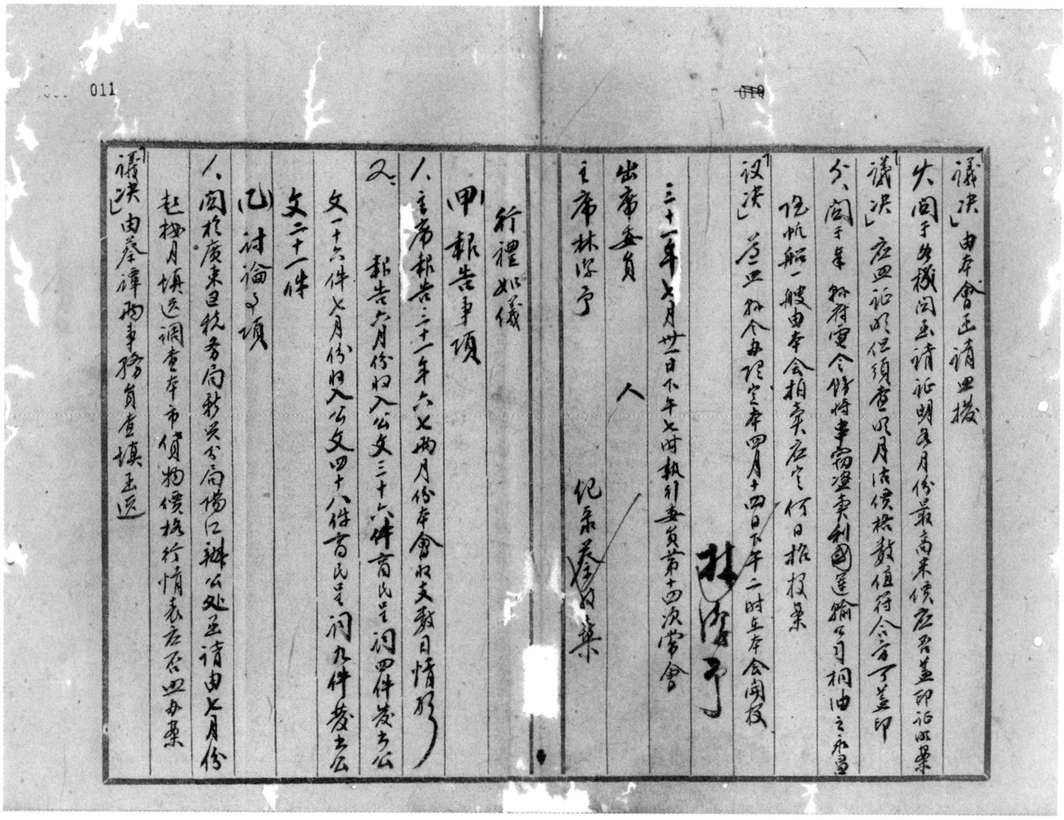

議决：由本會呈请照撥

六、関于各機関呈请証明五月份最高米價應否盖印証明案

議决：應照証明，但須查明月結價格數值符合方予盖印

七、関于本年粮府電令修將本商湿東利國運輸公司桐油之承運帆船一艘由本會指定應定何日抽簽案

議决：定四月十四日下午二时在本會開簽

三十一年七月廿一日下午七时執行委員第十四次常會

出席委員　　人

主席林□予　　紀录□□葉

林□予

行禮如儀

（甲）報告事項

1、主席報告三十一年六七兩月份本會收支數目情形

2、報告六月份收入公文三十六件，商民呈詞四件，發出公文一十六件；七月份收入公文四十八件，商民呈詞九件，發出公文二十一件

（乙）討論事項

1、関於廣東□秋号向新兴公司借仁雅公處呈请由七月份起按月填送調查本市貨物價格行情表應否照办案

議决：由秦偉兩事務員查填呈送

011

012　　011

八、関於本會函知參議員及鄉鎮民代表候選人聲請檢
覈一案本會應委員丁云一改聲請案
議決：通知各執監委員函知，即合辦理
九、関於本會依法勸募救濟捐款應如何捐送案
議決：向各公會捐去國幣伍百元，由本會先行墊撥，候歸案
該款歸還
十、関於專翻令着派書記一員到府會同各科員前往各城鎮
各保辦理聯保事宜案
議決：照派謝事務員前往辦理
十一、関於准縣警察大隊部函定八月一日下午二時在隊部招商
開投追繳警服，屆時派員監投，應派定何人案
議決：派林事務員宗驊前往監投
三十一年八月三十一日下午七時執行委員會第十五次常會
出席人數委員共　人
主席林家　紀錄蔡□□
行禮如儀
（甲）報告事項
一、主席報告八月份本會收支數目情形
二、報告八月份收入公文三十八件，官民呈詞一十七件，發出公文二十五件
（乙）討論事項

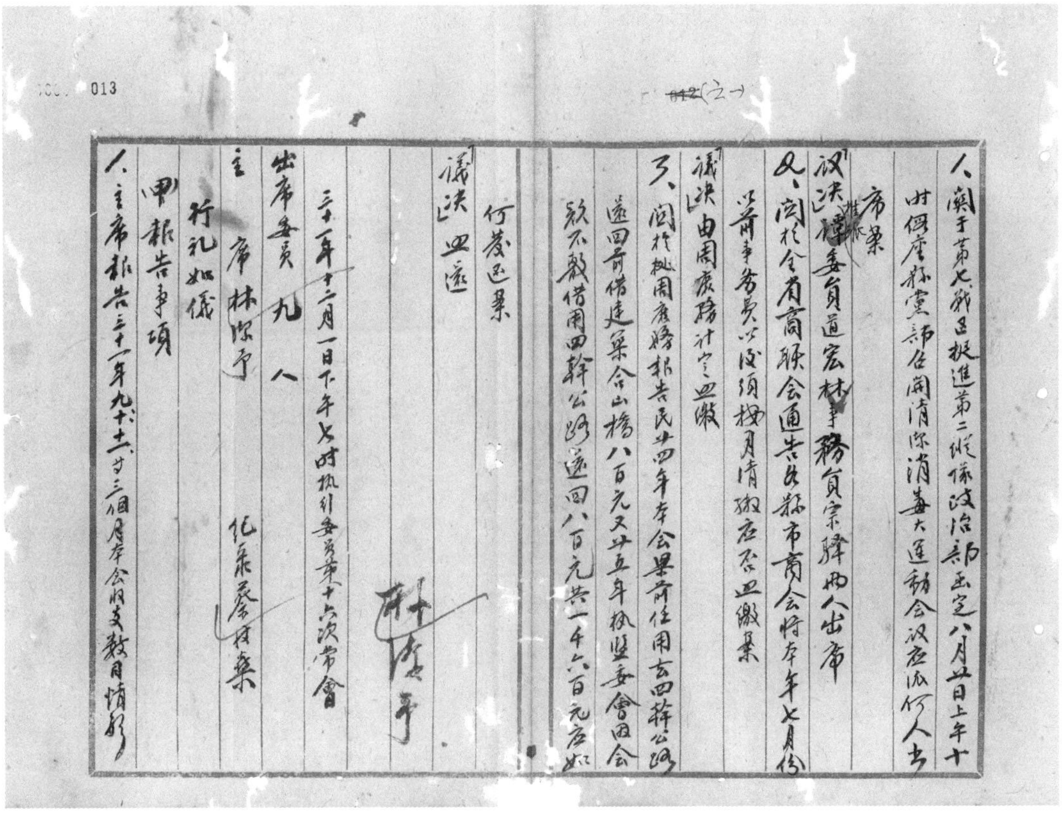

（二一）

八、关于第七战区拟进第二纵队政治部函定八月廿日上午十时假座林云部合开清除消毒大运动会议应派何人出席案

议决：推派委员道宏、林聿务员宗牌两人出席

九、关于全省商联会通告各县市商会将本年七月份以前事务费未缴须按月清缴应否照缴案

议决：由周庶务计算照缴

十、关于拟周庶务报告民廿四年本会果前住用玄田斡公路递回前借建筑合山楼八百元又廿五年执监委会因会款不敷借用四斡公路递回八百元共一千六百元应如何发还案

议决：照还

013

三十一年十二月一日下午七时执行委员第十六次常会

出席委员 九人

主席 林际亨　　纪录 蔡材乐

林际亨

行礼如仪

甲、报告事项

一、主席报告三十一年九、十、十一、十二四个月本会收支数目情形

12(22)

014

又、報告九月份收公文[illegible]十件、商民呈詞[illegible]十件、發出公文[illegible]十件、十月份收公文[illegible]十件、商民呈詞[illegible]十件、發出公文[illegible]十件、十一月份收公文[illegible]十件、商民呈詞七件、發出公文[illegible]十件、

己、討論事項

1、關於儲蓄實踐會前經議決各委員負責會員十人限本年今催促成立應如何辦理案

議決：由本會委員向同業公會會員徵足每委員負責徵求十人限十日內彙送到會

54. 阳江县商会商民自卫队委员会会议簿（1945 年 2 月 7 日 ~1945 年 2 月 27 日）

商民自衛隊委員會々議簿

民國卅四年二月

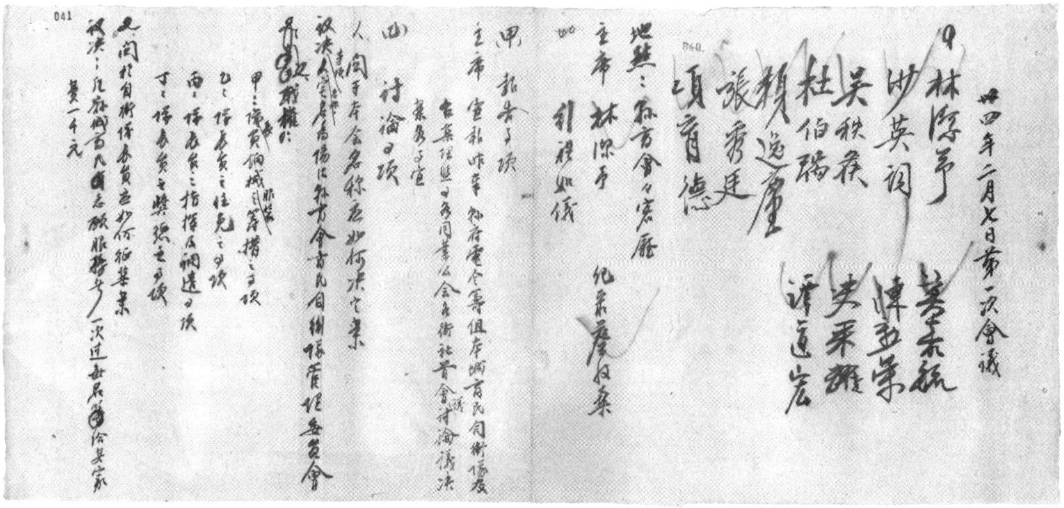

卅四年二月七日第一次會議

林際亭　黄柔毓
沙英詞　陳[illegible]策
吴秋萩　吴采[illegible]
杜伯瑞　譚道宏
賴逸庵
張秀廷
馮育德

地點：本會會客廳

主席　林際亭　紀錄　廖[illegible]

（一）行禮如儀

（甲）報告事項

主席宣報昨奉縣府電令籌組本縣商民自衛隊[illegible]

[illegible]同業公會各衛社晋會討論議決

案[illegible]

（乙）討論事項

1. 關于本會名稱應如何決定案

議決：[illegible]本縣商會商民自衛隊隊[illegible]負責會

[illegible]

甲、隊員編制[illegible]等事項

乙、隊長隊員之任免事項

丙、隊長之指揮及調遣事項

丁、隊員之獎懲事項

2. 關於自衛隊員應如何給養案

議決：凡隊員[illegible]服務每一次過夜[illegible]給[illegible]

費一千元

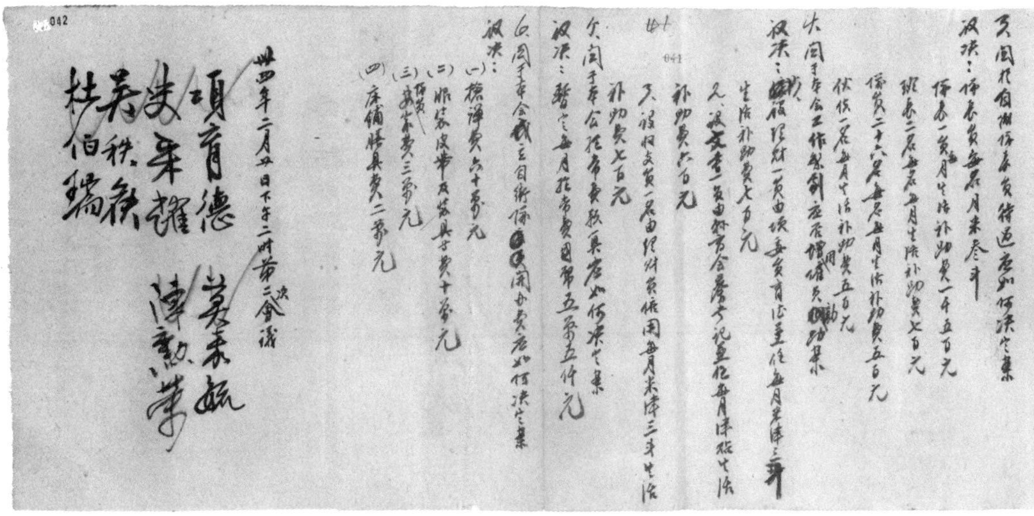
三、同人自愿任务员待遇应如何决定案
议决：任务员每名月米叁斗
任务一员月生活补助费一千五百元
班长二名每名每月生活补助费七百元
队员二十八名每名每月生活补助费五百元
伙伕一名每月生活补助费五百元
四、同人本会工作繁剧应否酌给补助案
议决：经理财一员由该会负责人任每月米津三斗
生活补助费七百元
五、设文书一员由本会委员兼任每月米津三斗生活
补助费六百元
六、设收支员一名由经理员兼任每月米津三斗生活
补助费七百元
七、同本会所需费款应如何决定案
议决：暂定每月所需费用一万五千元
八、同本会成立日所需开办费应如何决定案
议决：
（一）标语费六千元
（二）服装皮带及装具等费十万元
（三）任务员召集费三万元
（四）床铺炊具费二万元
卅四年二月廿日下午二时第二次会议
项育德 朱年耀 吴秩毅 杜伯瑞
葛来麟 陈勋荣

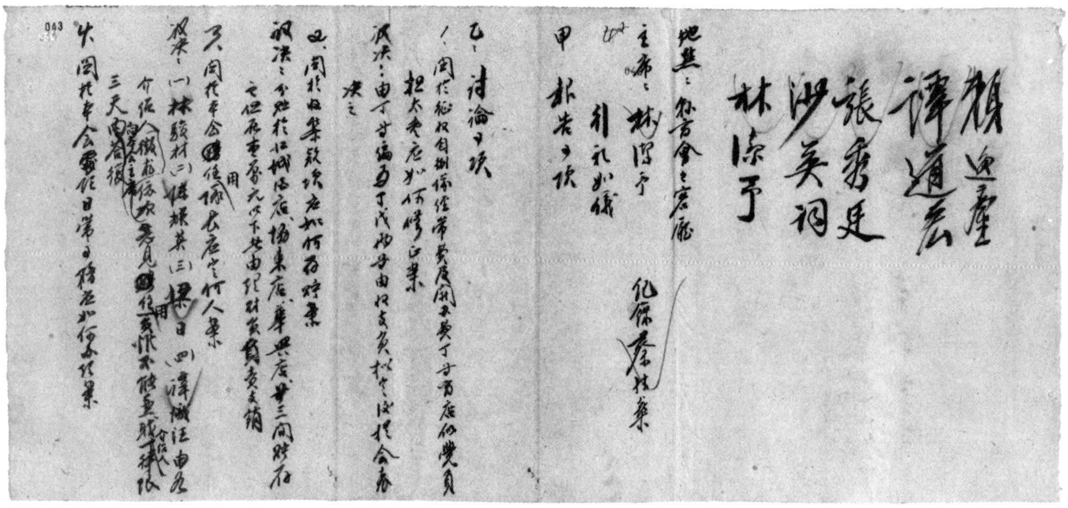

张秀廷

林添予

地点：本商会会客厅

主席：林添予

甲、报告事项

乙、讨论事项

一、[illegible]

决议：[illegible]

二、[illegible]

决议：[illegible]

三、关于本会[illegible]

决议：(一)[illegible]

四、关于本会[illegible]

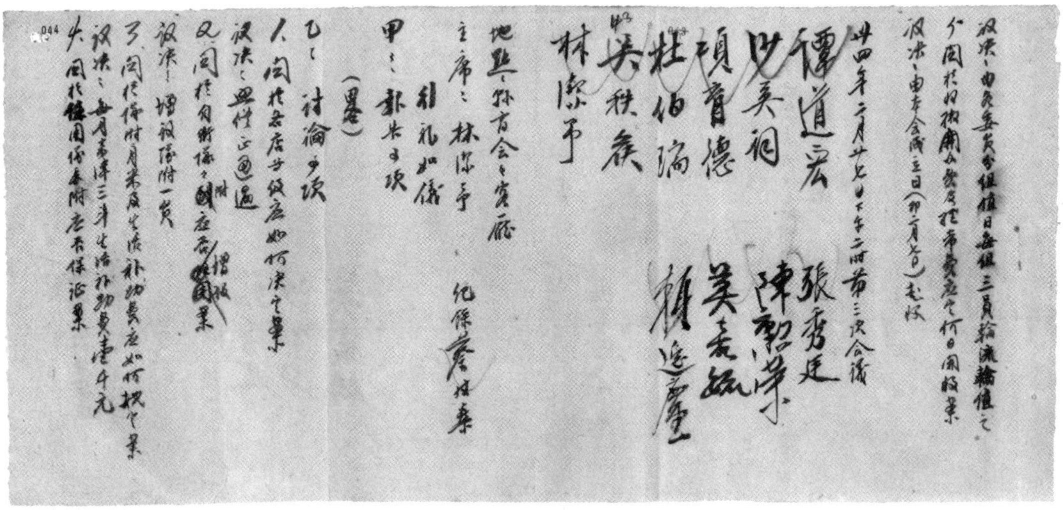
议决：由委员会组值日每组三员轮流轮值之
4.关于旧捐开分发及往年发应何日开始案
议决：由本会成立日（即二月七日）起收
卅四年二月廿七日下午二时第三次会议
谭道宏　张秀廷
叶美祠　陈[illegible]荣
项育德　吴[illegible]娴
杜伯瑞　赖逸[illegible]
吴秩毅
林际平
地点：侨商会会客厅
主席：林际平　纪录：詹[illegible]秦
行礼如仪
甲、报告事项
（略）
乙、讨论事项
1.关于本会店址应如何决定案
议决：照修正通过
2.关于[illegible]应否增设附[illegible]案
议决：增设保附一员
3.关于修改月米及生活补助费应如何规定案
议决：每月每人三斗生活补助费壹千元
4.关于维持侨务附属应否保证案

議決：須殷實商店担保之

55. 阳江县商会常务理事第一至十四次会议记录（1945 年 12 月 25 日 ~1946 年 8 月 30 日）

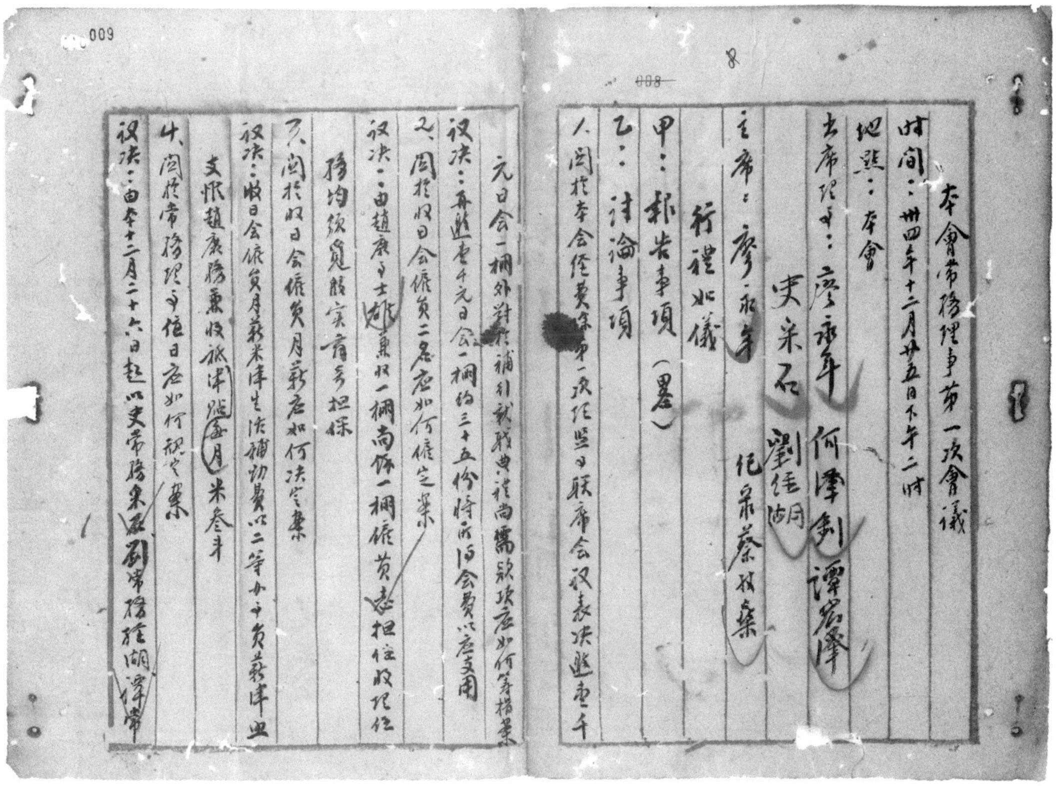
本會常務理事第一次會議
時間：卅四年十二月廿五日下午二時
地點：本會
出席理事：廖乘年 何澤釗 譚宏澤 史采石 劉佳洲
主席：廖乘年
紀錄：蔡枝燊
行禮如儀
甲：報告事項（畧）
乙：討論事項

007

務宏謙、何克猷、譚釗按日輪流值日，俾資熟理

廖承年

第二次會議

時間：卅五年二月五日下午二時

地點：本会々客廳

出席理事：廖承年　劉經湖　史來石

主席：廖承年

紀錄：蔡季枝棠

行禮如儀

甲、報告事項

008

主席報告卅四年十二月至卅一日及卅五年一月份經收日会數目情形

乙、討論事項

一、関於本年經費應如何籌措案

決議：除原有月費照收外，並追壹千元日会一捐，共八十份，將每日收入公費撥作經費，由本年二月中旬起收

廖承年

第三次會議

時間：卅五年二月廿日

地點：本會々客廳

出席理事：廖承年　劉經湖　譚寶峰

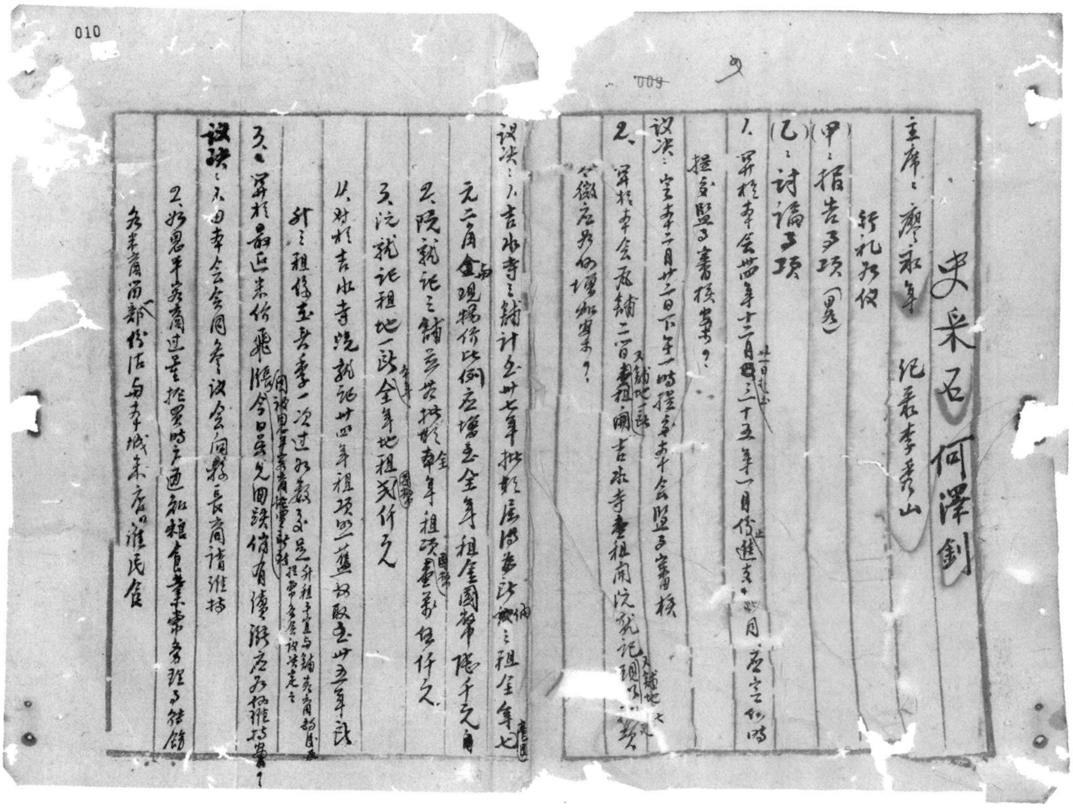
史采石 何泽釗

主席：廖永年　纪录李秀山

行礼如仪

（甲）报告事项（略）

（乙）讨论事项

1. 关于本会当年十二月至三十五年一月份进支[illegible]月[illegible]

提会照予审核案？

议决：定本年二月廿二日下午一时提本年会照予审核

2. 关于本会承铺二间[illegible]租吉水寺[illegible]租[illegible]

[illegible]应如何增加案？

议决：1. 吉水寺之铺计至卅七年[illegible]租全年[illegible]

元二角[illegible]理[illegible]比例应增至全年租金国币[illegible]千元

2. [illegible]铺[illegible]本年租项[illegible]

3. [illegible]租地一段全年地租[illegible]

4. 对于吉水寺[illegible]卅四年租项[illegible]至卅五年[illegible]

[illegible]租[illegible]一次[illegible]

3. 关于最近米价飞涨[illegible]

议决：[illegible]由本会会同参议会向县长商请维持

[illegible]米商[illegible]民食

011

20

~~010~~

四、关于向盐商募捐建筑师范学校费应定何时进行案？

议决：定于本二月廿四日上午九时出发募捐

五、关于撤各业公会委员中分理与商会接洽及自任应加委手续应定何日举行案？

议决：定于本二月廿五日下午六时举行之

六、关于本会常务会议每月应定（照章规定）几次案？

议决：每月开会三次，以一日、十一日、廿一日下午二时举行之。

廖永年

第四次会议

时间：卅五年二月廿八日下午六时三十分

地点：本会会议厅

出席者：廖永年　谭容峰　刘绍棚　何峰钊

主席：廖永年　　纪录：廖汝棠

行礼如仪

甲、报告事项（略）

乙、讨论事项

一、关于奉令派捐建筑师范学校经费于本市方面应派几何，指拨分应如何分配案

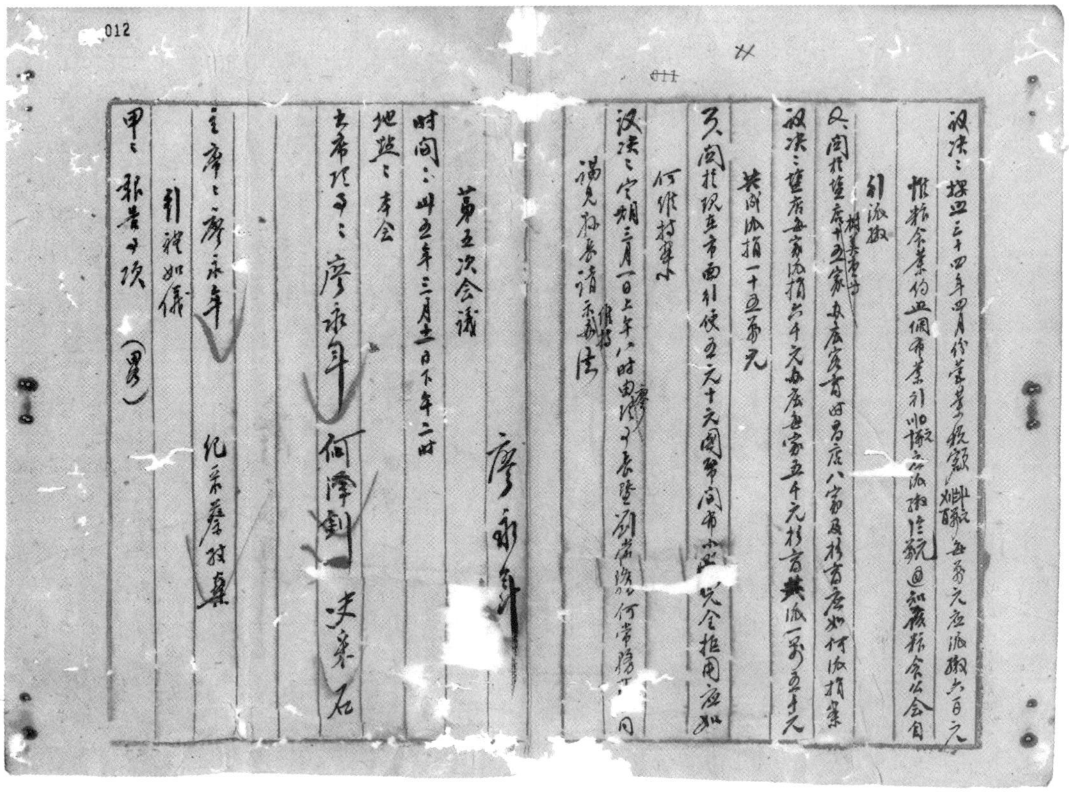

议决：照卅四年四月份营业额[illegible]每万元应派缴六百元
惟粮食业仍照[illegible]通知粮食公会
引派缴
又、關於鹽店十五家[illegible]如何派捐案
议决：鹽店每家派捐六千元，每[illegible]家五千元，[illegible]共派一萬五千元
共派捐一十五萬元
又、關於現在市面行使五元十元國幣[illegible]完全拒用應如
何[illegible]
议决：定期三月一日上午八时由[illegible]劉[illegible]何常務[illegible]同
謁見縣長請示辦法

第五次会议
时间：卅五年二月十一日下午二时
地点：本会
出席者：廖承年 何泽钧 史秉石
主席：廖承年 纪录：[illegible]
引礼如仪
甲：报告事项（略）

廖承年

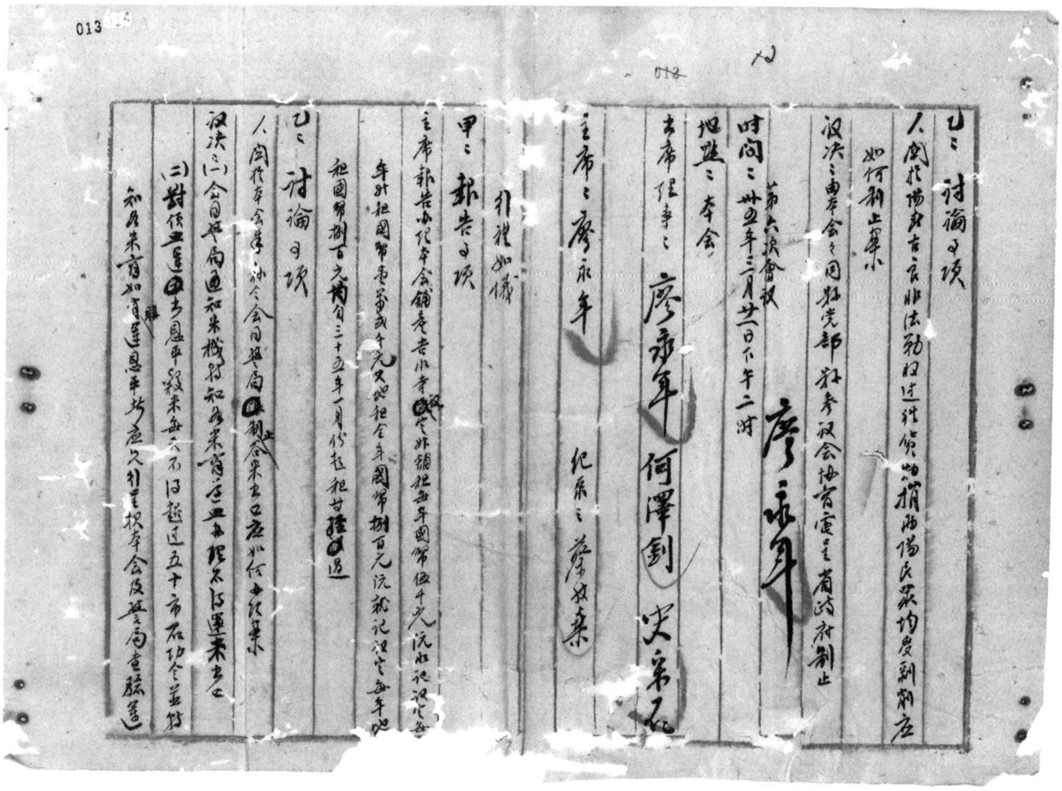

乙、讨论事项

人、関於协助吉宜非法勒扣过往货物捐，两阳民众均受剥削，应如何制止案

议决：由本会会同县党部、县参议会协商呈省政府制止

第六次会议

时间：卅五年三月廿一日下午二时

廖永年

地点：本会

出席理事：廖永年　何泽钊　沈[illegible]

主席：廖永年　纪录：蔡[illegible]

行礼如仪

甲、报告事项

主席报告：[illegible]

[illegible]

乙、讨论事项

人、関於本会[illegible]

议决：（一）[illegible]

（二）[illegible]

[illegible]

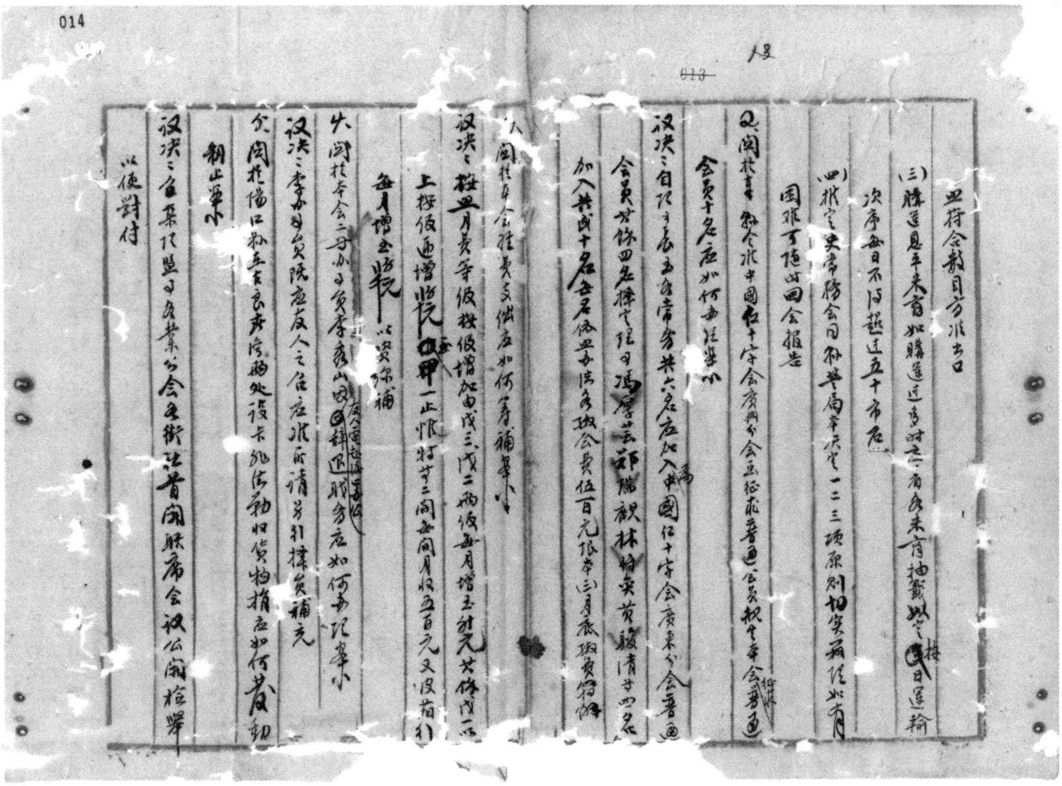

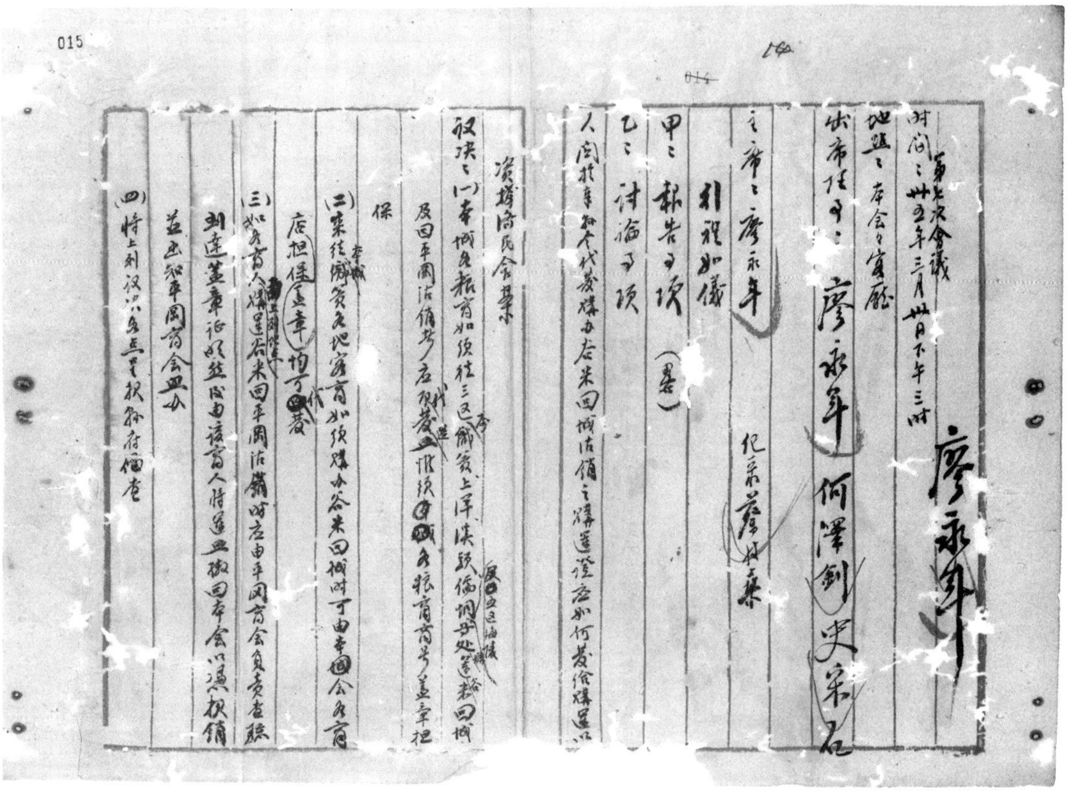
015
第七次会议
时间：卅五年三月廿日下午三时
地点：本会会客厅
出席人：廖永年 何泽钊 史宋石
主席：廖永年
纪录：廖树棠
引礼如仪
甲、报告事项（略）
乙、讨论事项
保
议决：(一)
(二)
(三)
(四)
并函知本国商会查办

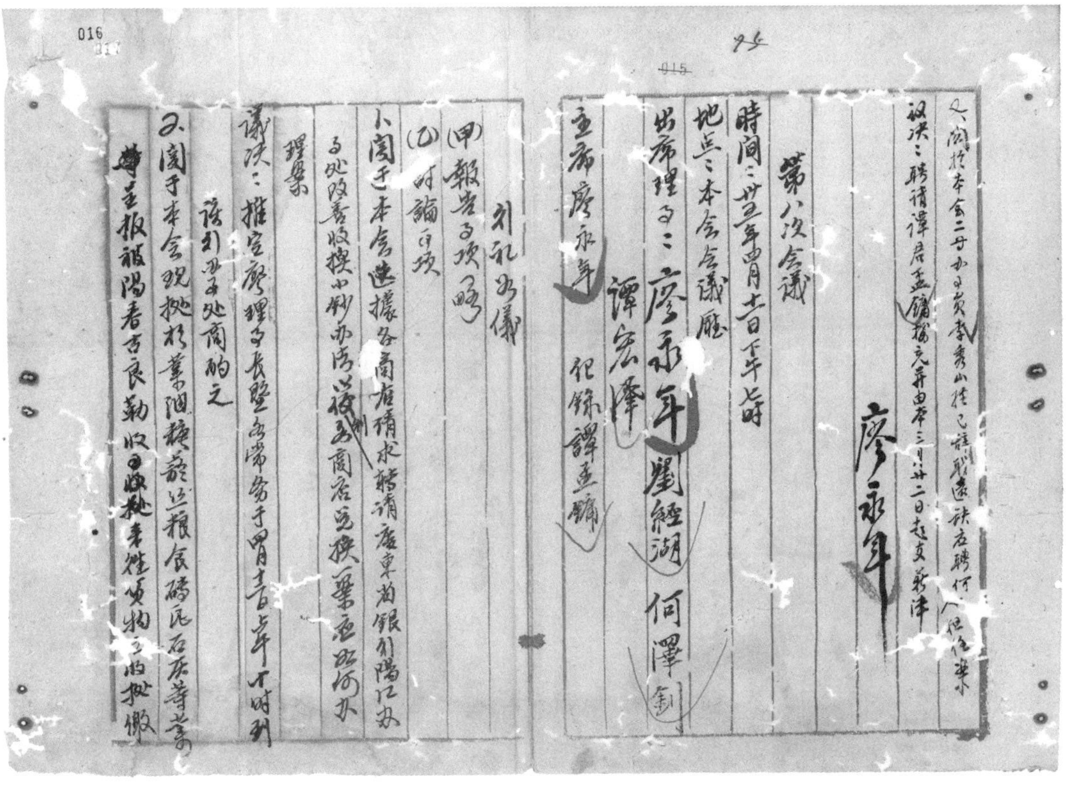
016

95

015

又、關於本會二月办事員李秀山往已辭職，遂缺應聘何人繼任案

議決：聘請譚居孟鏞接充，並由本年三月廿二日起支薪津

廖永年

第八次會議

時間：卅三年四月十二日下午七時

地点：本會會議廳

出席理事：廖永年 劉經湖 何澤釗 譚宏澤

主席：廖永年　紀錄：譚孟鏞

行礼如儀

(甲)報告事項：略

(乙)討論事項

一、關于本會迭據各商店請求轉請廣東省銀行陽江办事处改善收換小鈔办法，以便利商店兌換一案，應如何办理案

議決：推定廖理事長暨常務于四月十三日上午十時到該行办事处商酌之

二、關于本會現擬將葉烟、糖、蔬、豆、糧食、磚瓦、石灰等業暫並報請陽春官良勤收日常捐雜貨物之擬徵

016　26

交本会请电呈省府及两盐察发还赐明令制止案

办案应如何办理案

议决：应即电呈省政府暨分送两广盐务公署迅赐明令制止并咨补[illegible]撤究以利商运

又关于本县参议会召开第一次会议本会对地方应兴应革事宜应如何提案以谋地方福利案

议决：（一）对于广东省银行阳江办事处违背法令对于收换小钞擅自拟订办法故意留难兹现应提出质问之点如下：（甲）拟该行佈告祇限迳缴该行电令并未[illegible]佈告及收到该行电报示来函及其中详细

017

情形外界确难知悉此应质问者一（乙）[illegible]日拟该行佈告[illegible]

行佈告所[illegible]该行电令内一元五元十元细钞一律停兑[illegible]

收受[illegible]该行自定办法每人每日限收二[illegible]元[illegible]

行电令相[illegible]此应质问者二（丙）[illegible]

（丙）自该行佈告后各商店及民众存到该行兑换者尚有持款守候收兑仍未能收足[illegible]致怨声载道

此应质问者三

以上三点请该行迅速定满答复[illegible]

并将[illegible]电公佈[illegible]电令切实办理

[illegible]该行自定办法取消

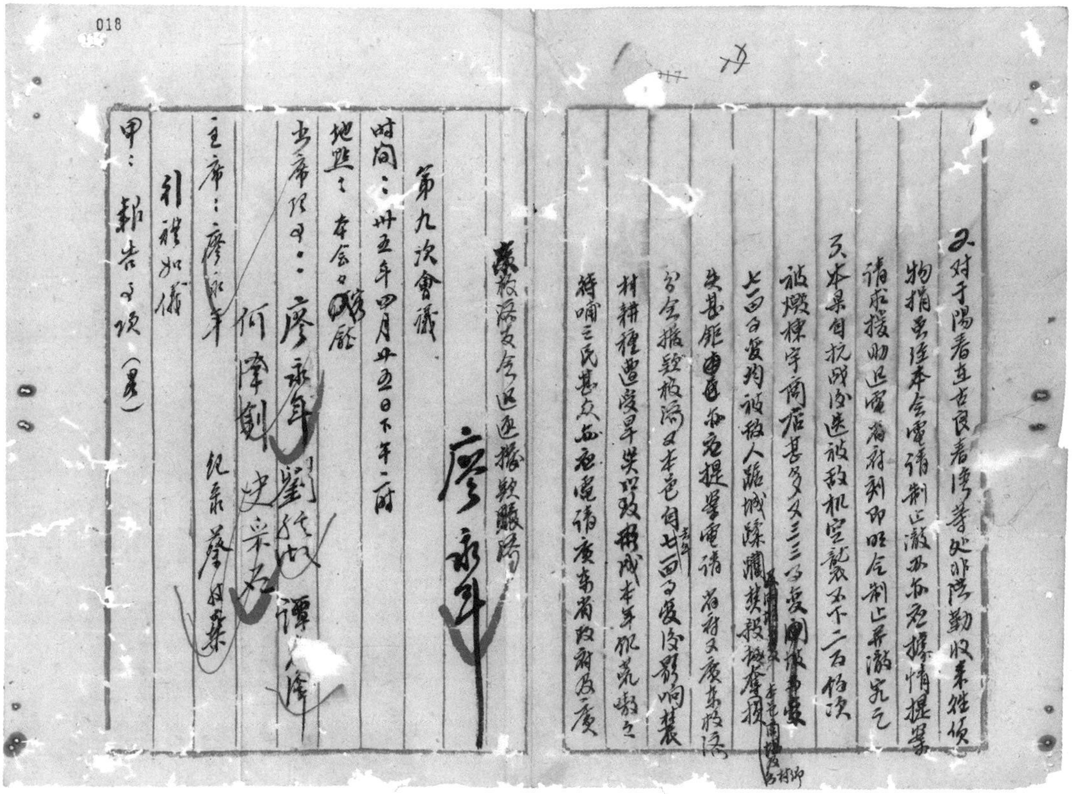

2. 对于阳春县古良春湾等处非法勒收米谷货物捐费经本会电请制止撤办尔后据情提案请求援助返电省府剩印昭令制止并澈究已

3. 又本县自抗战以还被敌机空袭不下二百余次被燬楼宇商店甚多又三三年夏间敌七百五发均被敌人蹂躏焚毁抢夺损失甚钜由本会提案电请省府及广东救济分会振发救济又本邑自七四五年夏受影响农村耕种遭受旱灾以致形成本年饥荒嗷嗷之待哺之民甚众亦经电请广东省政府及广

第九次會議

時間：卅五年四月廿五日下午二時

地點：本会会議廳

出席理事：廖永年 何肇劉 劉從政 史采石 譚人峰

主席：廖永年

紀錄：蔡樹森

引禮如儀

甲：報告事項（略）

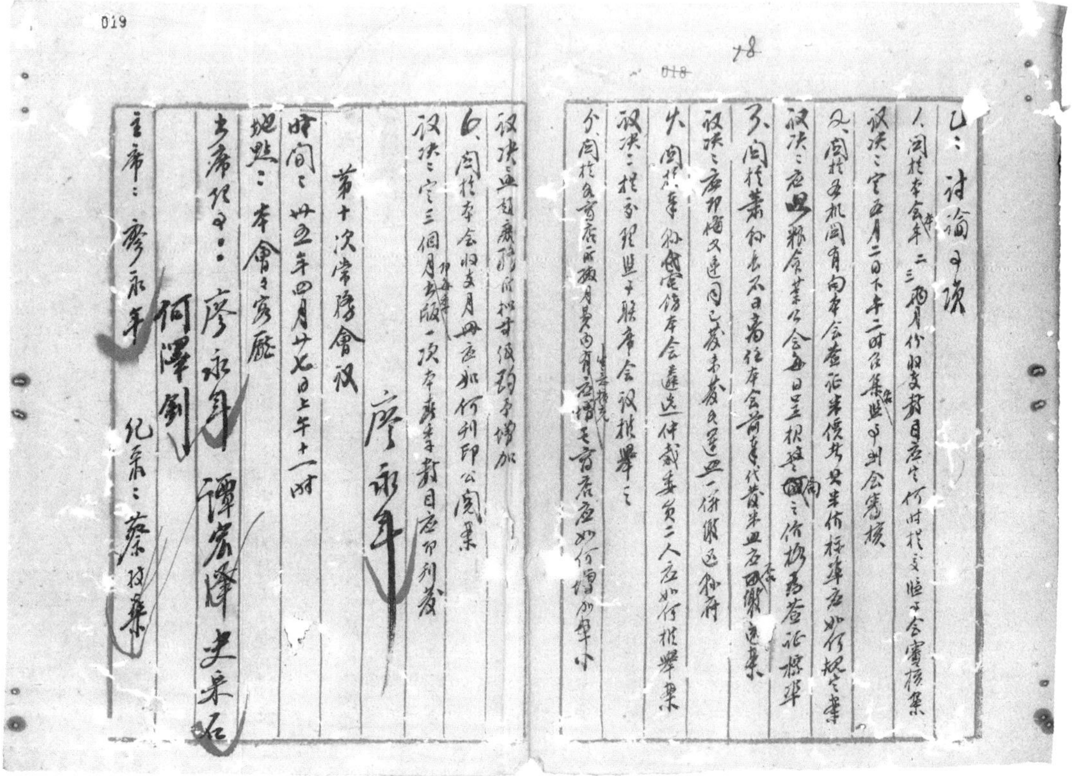

018

乙、讨论事项

1、关于本会本年二、三两个月份收支数目应于何时提交临时会审核案

议决：定五月二日下午二时召集临时会审核

2、关于各机关有向本会查证米价者，其米价标准应如何规定案

议决：应由粮食业公会每日呈报粮价之价格为查证标准

3、关于叶衍长不日离任，本会前年代借米四石应否退还案

议决：应即备文连同已发未发收据并一併缴还县府

4、关于[illegible]电请本会选送仲裁委员二人应如何推举案

议决：推[illegible]理监事联席会议推举之

5、关于各商店所缴月费内有应增者，商店应如何增加案

019

议决：[illegible]酌予增加

6、关于本会收支月册应如何刊印公阅案

议决：定三个月出版一次，本会收支数目应印刊发

廖永年

第十次常务会议

时间：卅五年四月廿七日上午十一时

地点：本会会客厅

出席理事：廖永年　何泽[illegible]　谭[illegible]　史泉石

主席：廖永年

纪录：蔡[illegible]

020

021

79

~~019~~

列報如後

甲、報告事項（略）

乙、討論事項

一、関於本会會員求者孫引湯仁安了處兑換小鈔，每日求換者壹百家，每家換壹仟元，擬至本月廿九日起（換）對於收換工作應如何分配案

議決：每日派值日常務理事一人協同理事三人及本會職員辦理之

又、関於兑換小鈔時間應如何規定案

議決：定每日上午十時至十二時止，下午二時至四時止，并上午指定兑換五十家，下午兑換五十家，共同壹百家

丙、関於淮地方法院函請登借同法國糧業公秩五十萬元應如何籌借案

議決：由本會向各商店借給之，由本會經手交收

廖永年

第十一次常務會議

時間：卅五年五月八日下午一時

地點：本会会議廳

出席理事：何澤劉 譚家峰 廖永年 史秉臣 劉德明

主席：廖永年

紀錄：蔡振鑫

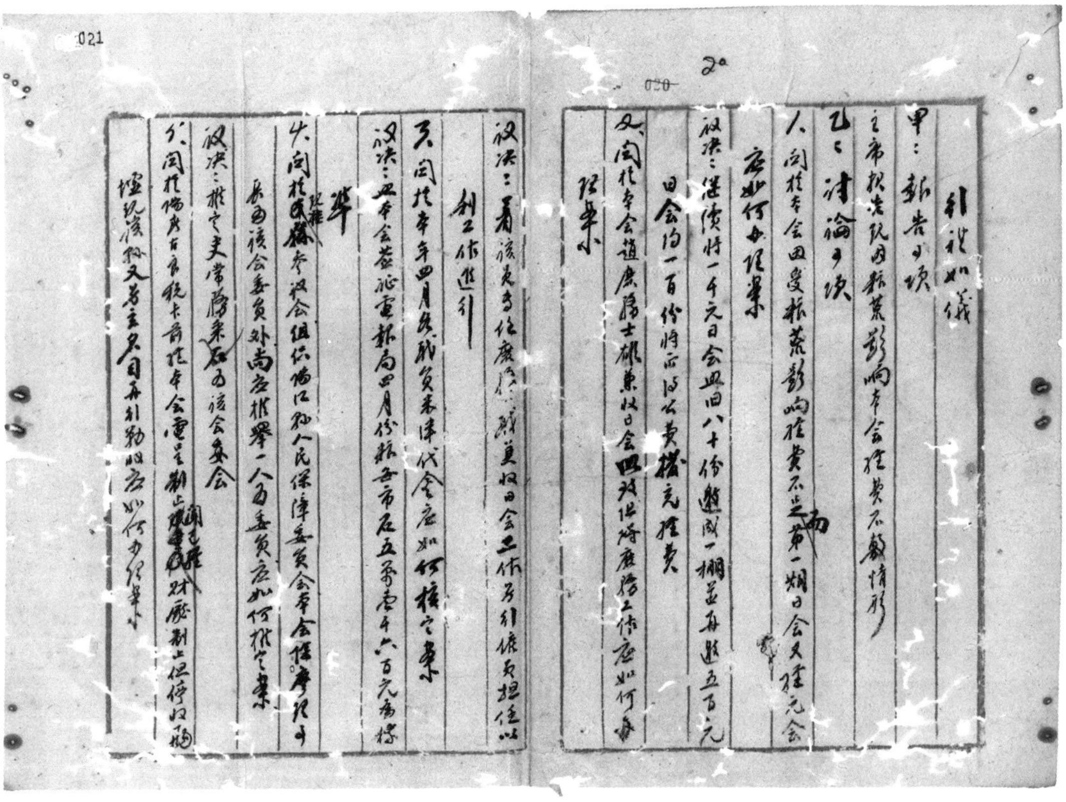
020

討議如儀

甲：報告事項

主席報告現因糧荒影响本会經費不敷情形

乙：討論事項

一、关於本会因受糧荒影响經費不足而第一期日会又經元会

应如何办理案

議決：繼續將一千元日会與旧八十份邀成一桐並再邀五百元

日会约一百份將所得公費撥充經費

二、关於本会遵廣播士机票以日会四成保持广播工作应如何办

理案

021

議決：着該員等任廣播一職暂收日会工作另行依员担任以

利工作進行

三、关於本年四月份戰費來保代金应如何核定案

議決：照本会發祝電報局四月份糧每市石五千六百元為標

準

四、关於县参議会組織陽江縣人民保障委員会本会推举代表

除由該会委員外尚应推舉一人为委員应如何推定案

議決：推定吳常務委員为該会委员

五、关於陽春縣稅卡前往本会电呈制止財廠制止征停收稅

煙現該縣又為立名目再行勒收应如何办理案

·022

21

议决：再行劝勉挂牌售价，自行取消，呈请制止。

五、关于各行同业公会应依第四届各种表册报由本会呈核，应如何依规办理。

议决：请由何常务泽钊负责督催，以策集款。

廖永年

第十二次常务会议

时间：四五年五月十四日上午十一时

地点：本会会客厅

出席人数：廖永年　何泽钊　史宋石

主席：廖永年　纪录：蔡杖华

行礼如仪

甲：报告事项（略）

乙：讨论事项

一、关于本市慈善救济协会应赴湛江市代领之救济物资一批，经

议决由本会派一员会同政府派员押运，由何常务……案。

议决：查该救济物品系由政府派员携运，本会无须再派。

又、关于本会代省银行兑换五元十元小钞，经过两周，现拟一般商民多以换款太少，兹兑换者尚多，且本会会务繁冗，难再兑

款应如何办理案。

023

22

议决：将情由知照有限引协江办事处自行布告兑换本会未便代为兑换办理

廖永年

时间：二十五年五月廿五日上午十一时（第十三次常务会议）

地点：本会会客厅

出席经理：廖永年　史荣石　刘伟敏　谭宏泽

纪录　蔡灼棠

主席：廖永年

行礼如仪

甲、报告事项

乙、讨论事项

一、关于省政府派员前往阳江市携运赈物南宁运费拟由本会向各商店代借五十万元应如何办理案

议决：向各商店尽量派借仍请县府补发该项借款公文以资根据

二、关于本会赵庶务上日兼收日会依收员至本年五月八日并第一期日会已无会对于本年五月薪津应如何支给案

议决：该庶务兼做收费薪津至五月应以半月支给

三、关于本五月份各职员米津价应如何核定案

议决：参加本城邮政局签证及本月廿五日米价平均应定每名六

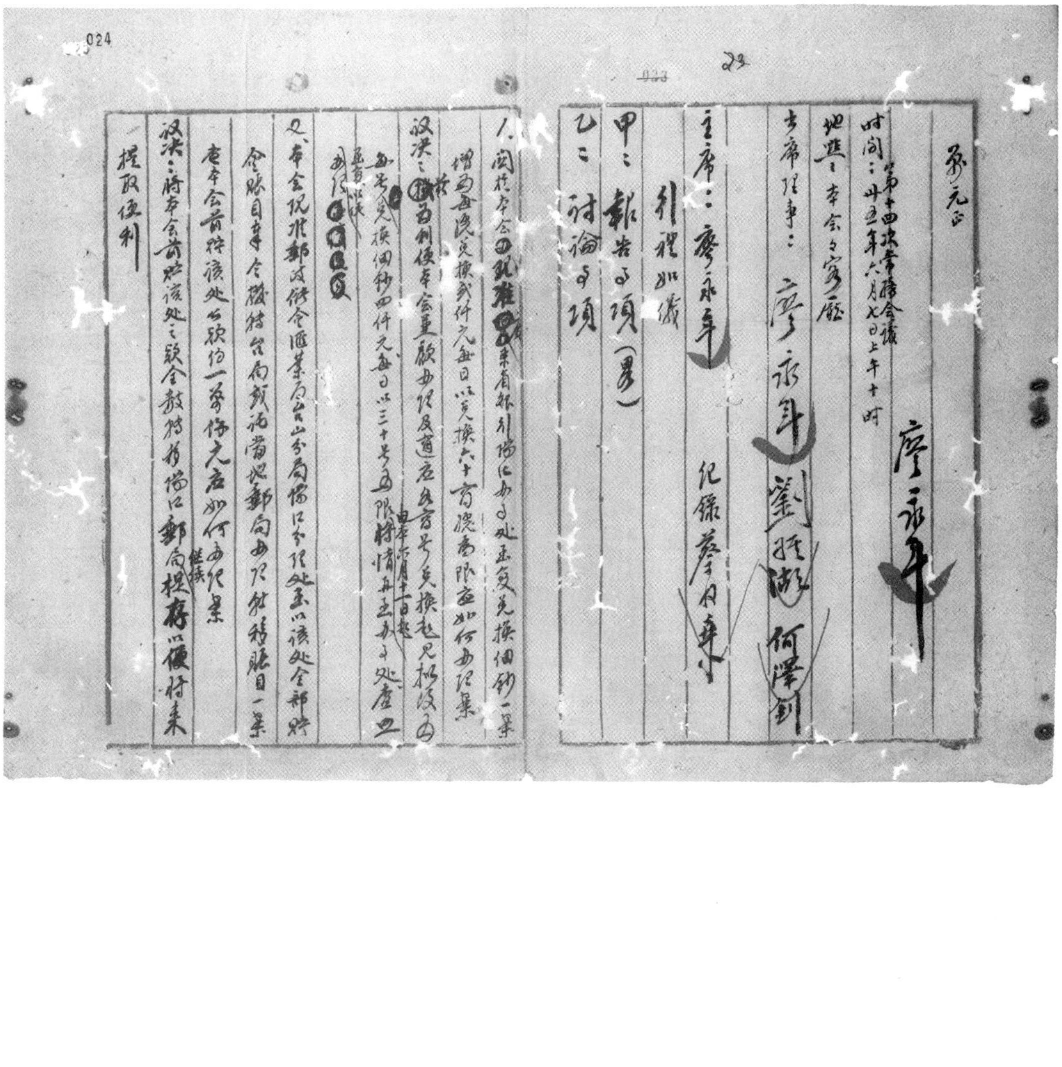
时间：卅五年六月七日上午十时 第十四次常务会议
地点：本会会客厅
出席理事：廖永年 刘振湖 何泽钊
主席：廖永年 纪录 蔡孝
引礼如仪
甲、报告事项（略）
乙、讨论事项
议决
又、本会现在邮政储金汇业局
议决：将本会前往该处之款全数转移
提取便利

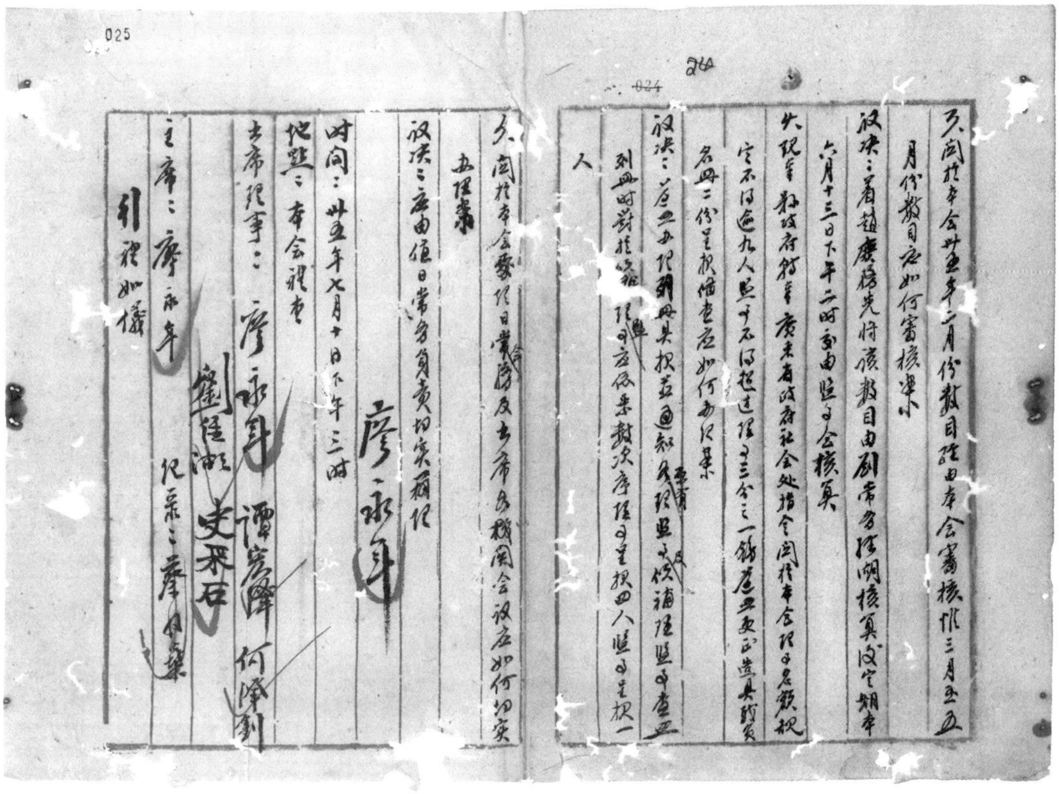

024

乙、关于本会卅五年一二月份数目经由本会审核，作三月至五
月份数目应如何审核案
议决：着赵广扬先将该数目由副常务经手核算，定期本
六月十三日下午二时交由监事会核算
失现奉县政府转奉广东省政府社会处指令，关于本会理事名额规
定不得逾九人，监事不得超过理事三分之一，应照更正造具职员
名册二份呈报备查，应如何办理案
议决：应照办理，列册具报，并通知候补理监事，查照
列册。对于名额，理事应依票数次序，理事呈报四人，监事呈报一
人

025

丙、关于本会发行日常事务及出席各机关会议应如何切实
办理案
议决：应由值日常务负责切实办理　廖承年
时间：卅五年七月十日下午三时
地点：本会礼堂
出席理事：廖承年　谭宏泽　何泽刘　刘经湘　史采石
主席：廖承年
纪录：廖■■
引礼如仪

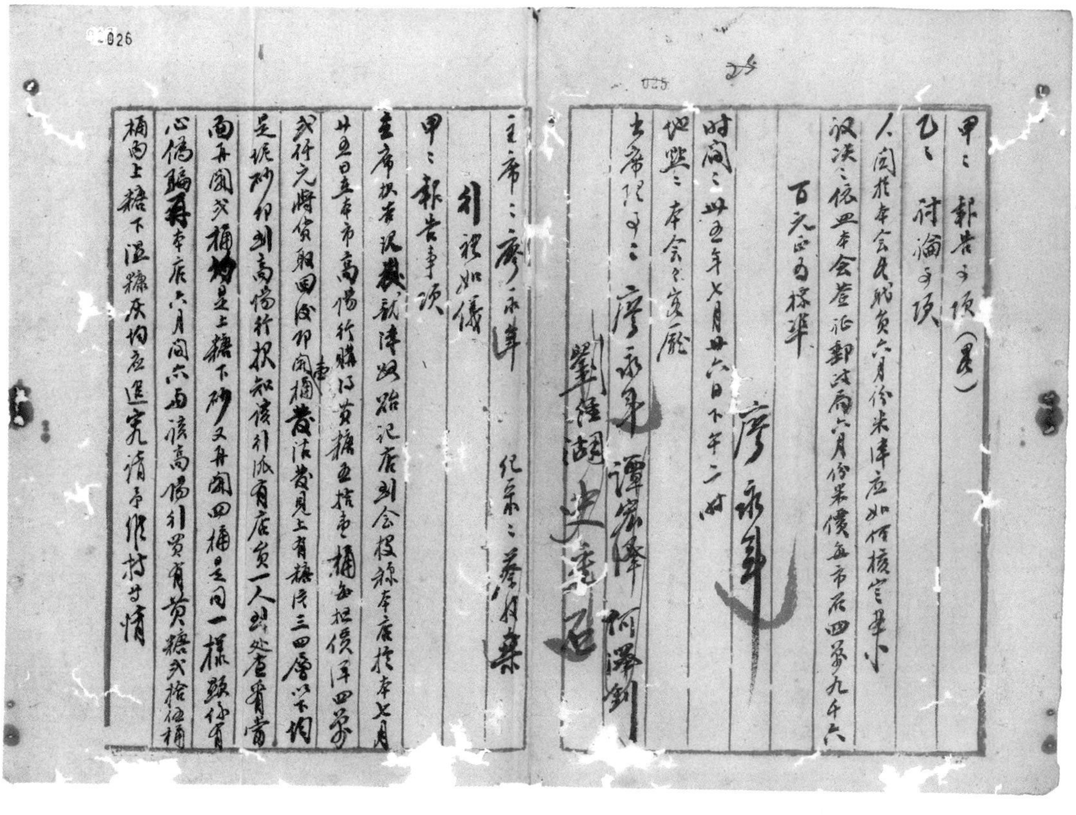
甲、報告事項（略）
乙、討論事項
1、關於本會職員六月份米津應如何核定案
議決：依照本會參照郵政局六月份米價每市石四萬九千六百元正為標準
時間：卅五年七月廿六日下午二時
地點：本會會議廳
出席理事：廖永年 譚宏澤 何澤釗 劉經湖 史意臣
廖永年
主席：廖永年 紀錄：蔡作森
行禮如儀
甲、報告事項
主席報告：現據新津縣路記店到會投稱，本店於本年七月廿五日在本市高陽行購得黃糖五拾壹桶，每担價洋四萬貳仟元，將貨船回後，即開桶發現上有糖皮三四層以下均是泥砂，即到高陽行報知，該行派有店員一人到處查看，當面再開貳桶均是上糖下砂，又再開四桶是同一樣，顯係有心偽騙，再本店六月間亦曾在該高陽行買有黃糖貳拾伍桶，桶面上糖下混糠皮，均應追究，請予作討論情

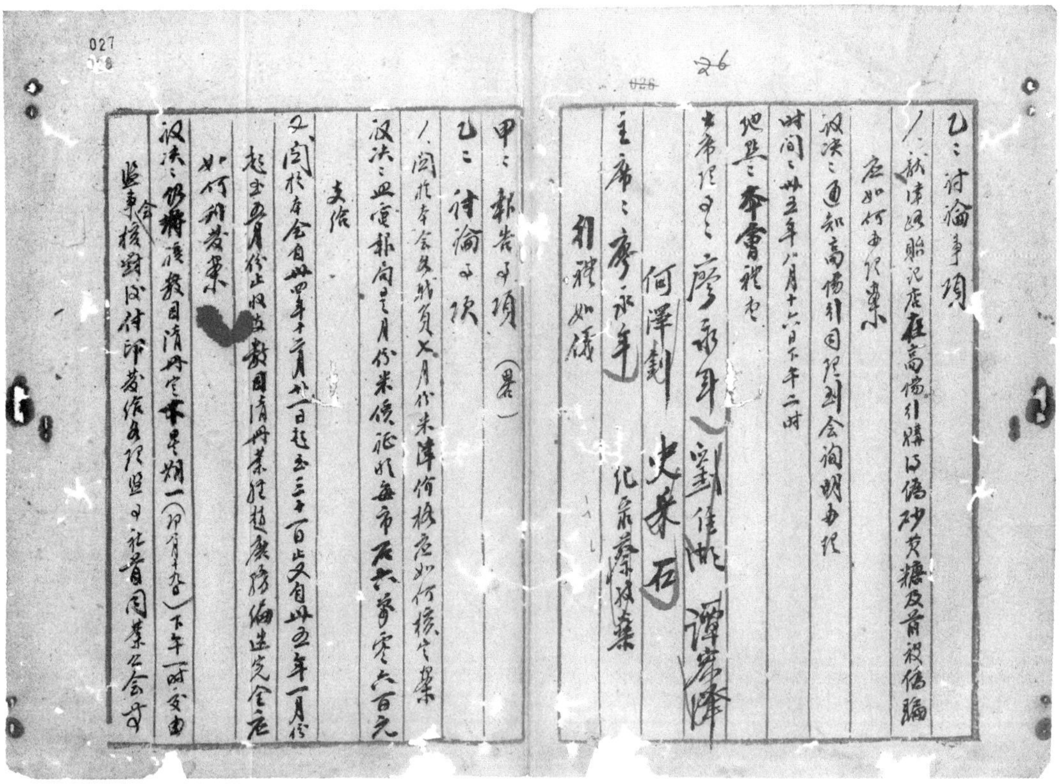
26

乙、讨论事项

1、就请派船况应在高偕引购以备砂黄糖及前被偏骗

应如何办理案

议决：通知高偕行同现到会询明办理

时间：卅五年八月十六日下午二时

地点：本会礼堂

出席理事：廖永年　刘佳洮　谭宇峰

何泽钊　史朵石

主席：廖永年　纪录：蔡焕荣

行礼如仪

027

甲、报告事项（略）

乙、讨论及决

1、关于本会各职员七月份米津价核应如何核定案

议决：照电报本年七月份米价照市价六万零六百元

支给

2、关于本会自卅四年十二月廿一日起至三十一日止又自卅五年一月份起至五月份止收支数目清册业经赵康振编造完全应如何办理案

议决：将收支数目清册交黄杲炯一（即本月十九日）下午一时交由

监事会核对后付印发给各理监事及各同业公会等

查阅

六、关于一等办事员赵士雄、蔡银森签呈以米薪不敷，请（一等办事员负责任繁重）

酌予增加由八月份起支给应如何办理案

议决：查该一等办事员二员职务繁劳，与其余职员负责任颇有分别

应由八月份起每员每月酌加米津壹斗，以示优待

七、对于本会捐费支付业已决定本年元日会业经期满，按时该

日会议为或付之一份共递捐于今日开收捐费康

呈报支请追认案

议决：照案通过

廖永年

时间：三十四年八月廿日下午二时

地点：本会礼堂

出席人数：廖永年　史采石　刘经湖　谭宗泽

主席：廖永年　纪录：蔡枝森

行礼如仪

甲、报告事项

主席报告：现本会众于本年八月廿九日下午因中商师校舍

业经指定拨款兴工建筑，第一期建筑费除已有一千仟元外

尚差三百余元左右未有，亲向本会对面商店借建筑

56. 阳江县商会理事会议记录簿（1946 年 6 月 15 日 ~1946 年 12 月 16 日）

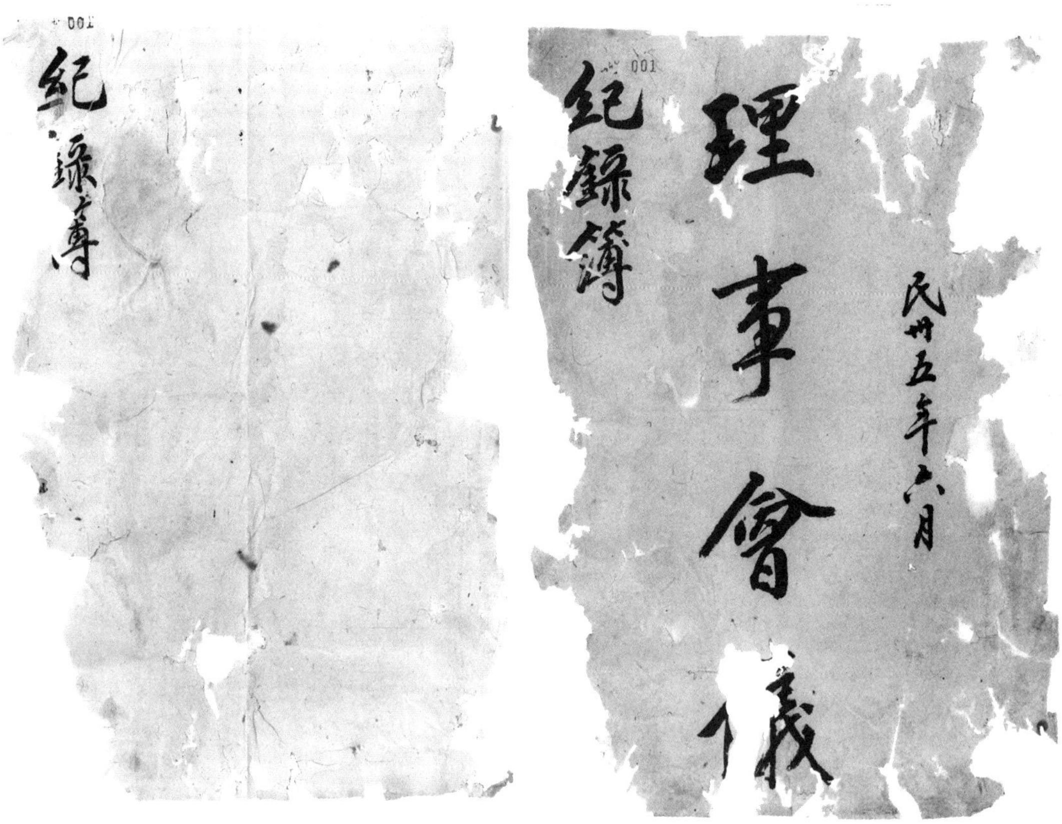

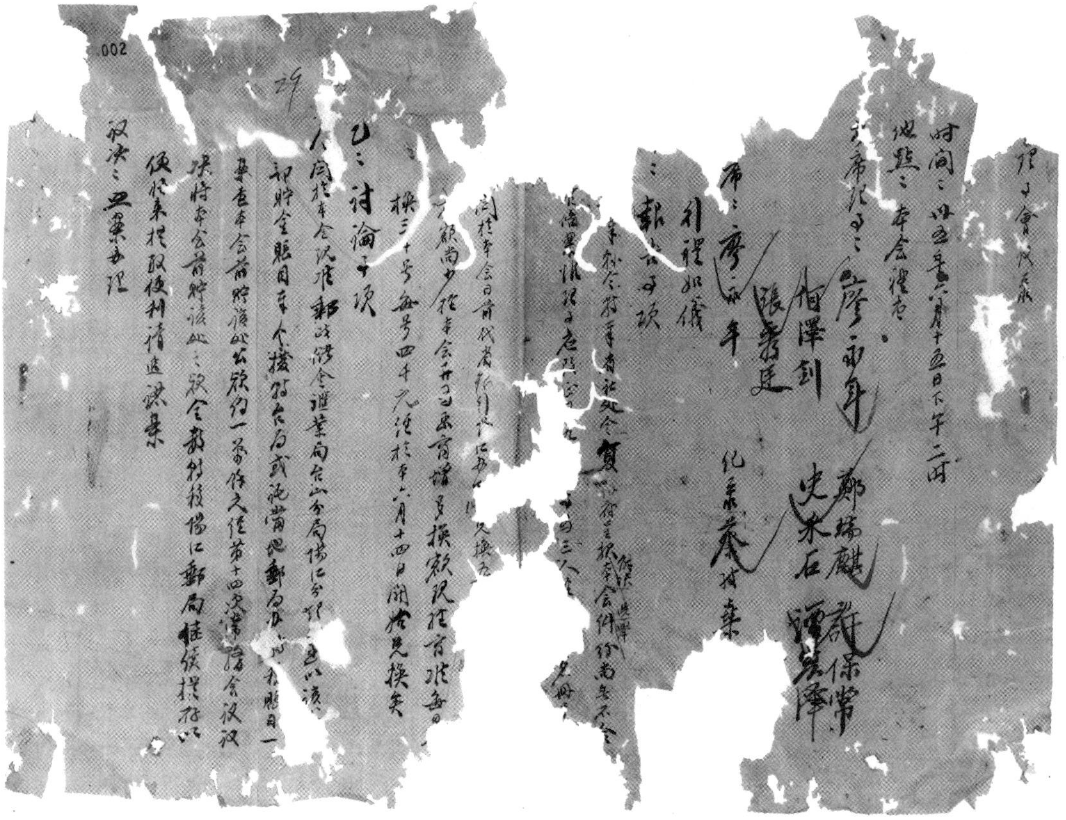
[illegible]理事會議紀錄
時間：卅五年六月十五日下午二時
地點：本会禮堂
出席理事：廖雨年 鄭瑞麟 [illegible]保常 何澤釗 史禾石 譚[illegible]澤 張秀廷
主席：廖雨年 紀錄：蔡[illegible]桒
行禮如儀
報告事項
[illegible]
[illegible]
[illegible]關於本会日前代為[illegible]
[illegible]額尚少，於本会廿三日來商增多換款，現往當非每日[illegible]換三十號，每號四千元，經於本六月十四日開始兌換矣
乙、討論事項
一、關於本会現准郵政儲金匯業局台山分局[illegible]以該[illegible]
[illegible]全賬目[illegible]撥[illegible]或[illegible]郵局[illegible]賬目一
案查本会前將[illegible]公款約一萬[illegible]經第十四次常務会議議
決將本会前將該[illegible]之款全數[illegible]郵局[illegible]
傾代表提取使利清還欠款案
議決：照案辦理

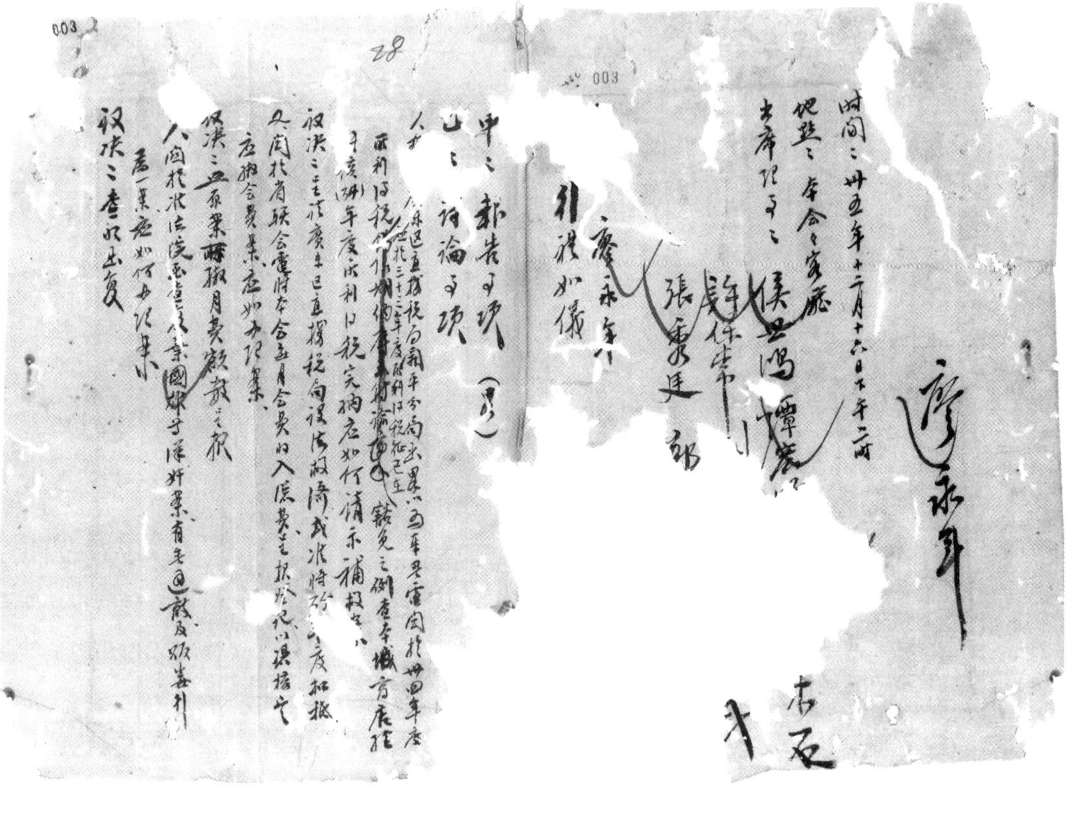

时间：卅五年十二月十六日下午二时

地点：本会会客厅

出席理事：侯世鸿 谭[illegible] 许保常 张秉廷 [illegible]郎 廖永年

行礼如仪

甲、报告事项（略）

乙、讨论事项

[illegible]

议决：[illegible]

议决：[illegible]

议决：[illegible]

004

004

大阅於斜税捐处在石觜头设卡征收行商营业税，设未述拟多

商反对会拟告，首当孙作在广州等处办货回江门，依程过该卡，均

被视同行商

要征收行商营业税，方曰发行[redacted]家所重纸且征

只斜均免收，有该卡之设，但独有是否合[redacted]法，请转函县税捐

处至复，以释疑窦等语，应如何办理案

议决：函县税捐处解释，并将章程税则抄列来会参阅。

廖一承

57. 阳江县商会常务理事会议记录（1947 年 10 月 4 日 ~1949 年 10 月 24 日）

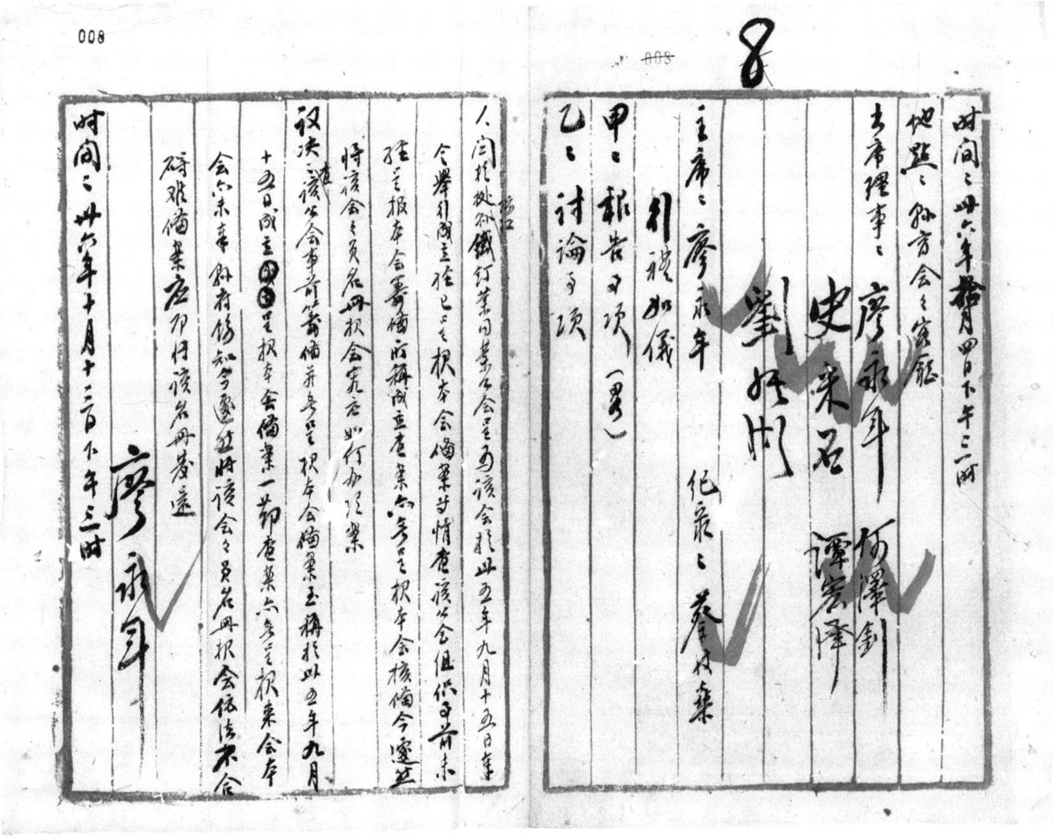

008

8

时间：卅六年拾月四日下午二时

地点：本会々议厅

出席理事：廖永年　何泽钊　史来君　谭宏峰　刘[illegible]

主席：廖永年　纪录：蔡[illegible]棠

行礼如仪

甲、报告事项（略）

乙、讨论事项

一、关于[illegible]铁钉业同业公会呈为该会于卅五年九月十五日业令举行成立经已呈报本会备案等情查该公会组织事前未经呈报本会筹备前称成立在案亦未呈报本会核备今遽然将该会々员名册报会究应如何办理案

议决：该公会事前筹备并未呈报本会备案至称于卅五年九月十五日成立亦未呈报本会备案一节查案亦未呈报来会本会未奉县府饬知今遽然将该会々员名册报会依法不合碍难备案应即将该名册发还

时间：卅六年十月十二日下午三时

廖永年

9

009

地址：本会会客厅

出席理事：廖永年 何泽 刘 刘经则 史来石

主席：廖永年　纪录：蔡林桑

行礼如仪

甲、报告事项（略）

乙、讨论事项

八、准北碚本埠百货业同业公会筹备会筹备员谭作杨子立函

为发起筹备组织百货业同业公会推举代表筹备完竣报请备

009

案并称已选举理监事于　日成立，呈请应如何办理案

议决：定期十月廿日上午十一时在本会礼堂选举该会理监事并呈请县府派员指导暨通知该会筹备员知照

又、关于本会会费已交之现在继续追查劳元日会一桶共欠一百一十份，拟于本十月十四日开始应如何办理案

议决：照案通过

廖永年

时间：卅六年十二月廿日下午二时

地址：本会会客厅

出席常务理事：刘经则 史来石

10

主席：刘信湖　纪录：蔡材燊

引礼如仪

甲、报告事项

乙、讨论事项

一、关于本会员役等十二月份米津贴应如何决定案

议决：照邓汝南议照上月份米价贰拾叁万元支给

二、关于江华及民国两日报社暨税捐处函送来[illegible]筹款名誉券请代推销应如何办理案

议决：江华报、民国报名誉券由理监事认销，或请税捐处认

010

销，责成共协向各会员推销

刘信湖

时间：卅七年元月廿九日下午三时

地点：本会会客厅

出席理事：廖永年　史来石　何泽创

主席：廖永年　纪录：蔡材燊

引礼如仪

甲、报告事项（略）

乙、讨论事项

人、关于本市政府选举事务所发来商界立委选举票实五佰壹拾伍张应定何时选举案

议决：定期本月二十日上午十时在本会召集各业分别选举人选

举之

又、关于本会员役三十七年一月份米津应以何决定案

议决：按照邮局所发米价每市石壹百叁拾万元支给

廖永年

时间：卅七年二月十七日下午二时

地点：本会会客厅

出席常务理事：廖永年　何庠钊　史来石　刘[illegible]

主席：廖永年　纪录：秦[illegible]

甲、报告事项

主席报告三十六年份本会经费收支不敷情形

乙、讨论事项

（一）人、关于本会本年经费及去年经费不敷应如何筹措案

议决：遵照五万元日会一捐约一百一十份将所收会员[illegible]为

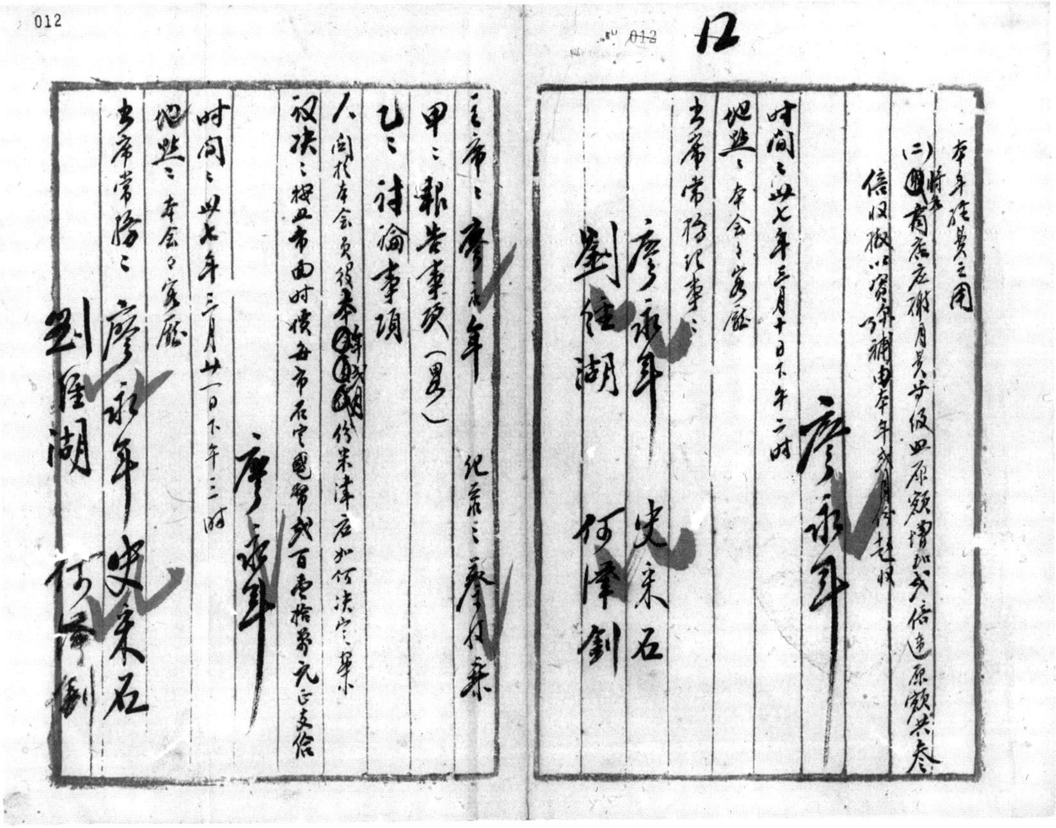
本年经费之用
（二）将本商店应缴月费甲级四原额增加贰倍连原额共叁倍收缴以资弥补由本年贰月份起收
廖承年
时间：卅七年三月十日下午二时
地点：本会会客厅
出席常务理事：廖承年　史来石　刘健湖　何泽钊

主席：廖承年　纪录：廖仪乘
甲、报告事项（略）
乙、讨论事项
一、关于本会负担本年度修米津庄如何决定案
议决：按照市面时价每市石定国币贰百壹拾万元正支给
廖承年
时间：卅七年三月廿一日下午三时
地点：本会会客厅
出席常务：廖承年　史来石　刘健湖　何泽钊

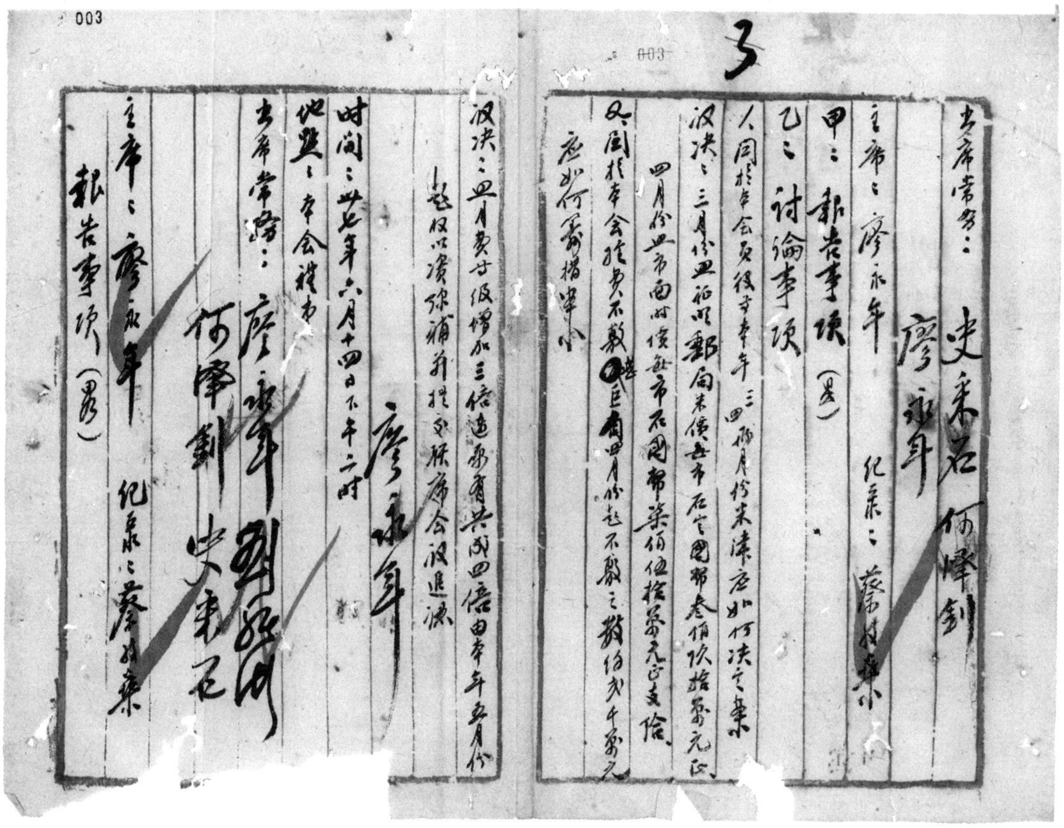
3

003

出席常务：史东石 廖永年 何泽钊

主席：廖永年　纪录：蔡树棠

甲：报告事项（略）

乙：讨论事项

一、同业会员役[illegible]本年三、四两月份未缴应如何决定案

议决：三月份四[illegible]邮局未缴[illegible]市[illegible]部叁佰玖拾万元正，四月份四[illegible]市[illegible]部柒佰伍拾万元[illegible]支给。

又、同业本会经费不敷[illegible]四月份起不敷之数[illegible]千万元应如何筹措案

议决：四月费廿级增加三倍连原有共成四倍，由本年五月份起[illegible]以资弥补，并提交联席会议追认。

廖永年

时间：卅七年六月十四日下午二时

地点：本会礼堂

出席常务：廖永年 何泽钊 刘[illegible] 史东石

主席：廖永年　纪录：蔡树棠

报告事项（略）

004

讨论事项

一、关于本年五月份货捐子米粜店如何决定案

议决：照旧，郭向五月份每市石价格国币捌佰伍拾陆[illegible]

二、关于本会经费项下五万元会现已充完应如何继续照进案

议决：继续进十万元由会内捐米壹百伍拾件本年六月十六日开收以充会费

三、关于本会房舍向后由通花处多有[illegible]漏，每遇天雨漏湿不堪应如何修葺案

议决：由赵广培负责水工取具预算提交理事会决定之

四、现据渔网捐公司店东同往后[illegible]与胜利[illegible]借坊[illegible]会利[illegible]店七九步花一样田面花四[illegible]拟如清[illegible]一案应如何办理案

五、本城各商号卅七年度营业牌照税经各代表步为税捐处[illegible]长商号按照所决办法完纳，现各商号照[illegible]税捐处未允照收，似失信誉应如何办理案

议决：定本[illegible]月下午三时召集各代表到会齐往税捐处商妥，请照前定办法办理并请[illegible]

时间：卅七年七月八日上午十一时

廖[illegible]

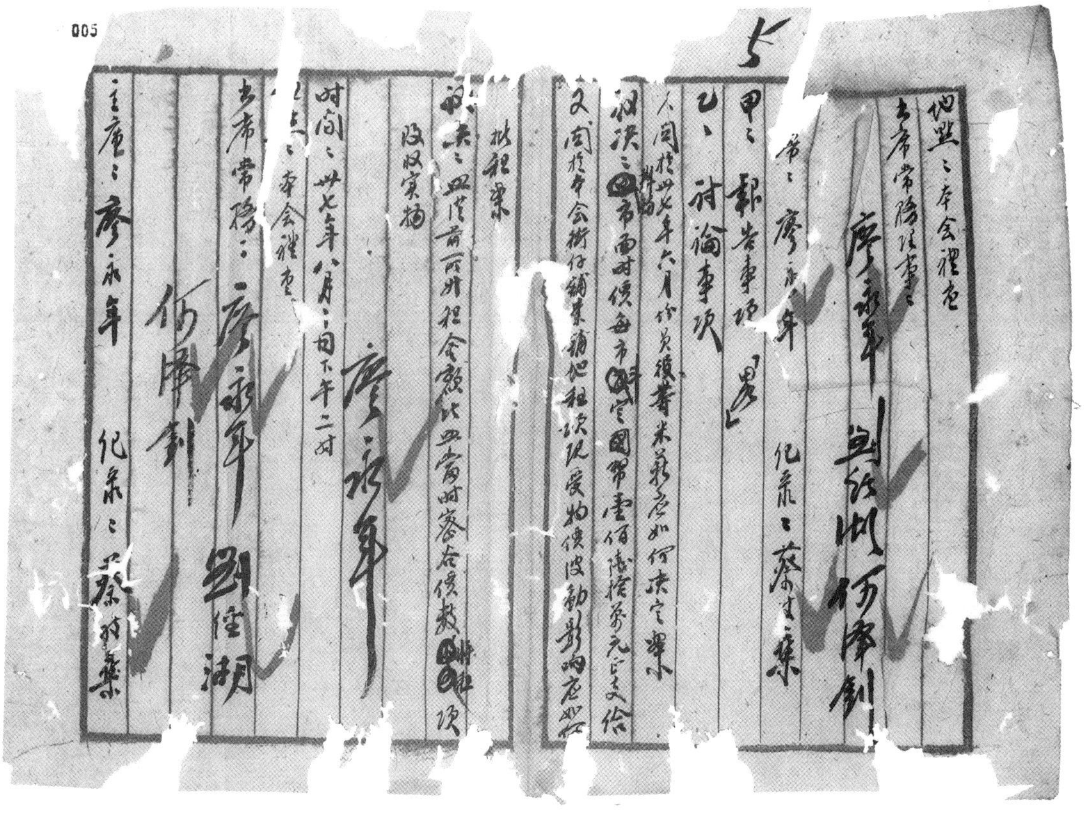

005

5

地点：本会礼堂
出席常务理事：廖永年　刘[illegible]　何泽钊
主席：廖永年　　纪录：蔡[illegible]棠
甲、报告事项（略）
乙、讨论事项
一、关于卅七年六月份员役薪米[illegible]应如何决定案
议决：照市面时价每市斗定国币壹佰[illegible]元正支给
又、关于本会街仔铺业铺地租改收实物[illegible]影响应如何[illegible]
核租案
议决：照从前所收租金数以照当时谷价核数[illegible]项
改收实物

时间：卅七年八月一日下午二时
地点：本会礼堂
出席常务理事：廖永年　刘佳湖　何泽钊
主席：廖永年　　纪录：蔡[illegible]棠

6

甲、報告事項（略）

乙、討論事項

一、關於卅七年七月份員役米薪應如何決定案

議決：照路市面時價每斗定國幣柒佰萬元支給

二、關於本会經費不敷，並已六七兩月份欠缺三億〔并本月需款〕應如何籌措案

議決：[illegible]本会所收月費增加九倍，追差數共約十億，由本会[illegible]八月份起收入經費因應，并提交[illegible]席会議追認

廖永年

006

時間：卅七年九月[illegible]四日下午二時

地點：本会辦公廳

出席常務：廖永年 劉匡湖 史采石 何[illegible]

主席：廖永年

紀錄：蔡[illegible]

甲、報告事項

乙、討論事項

一、關於卅七年八月份員役米津應如何決定案

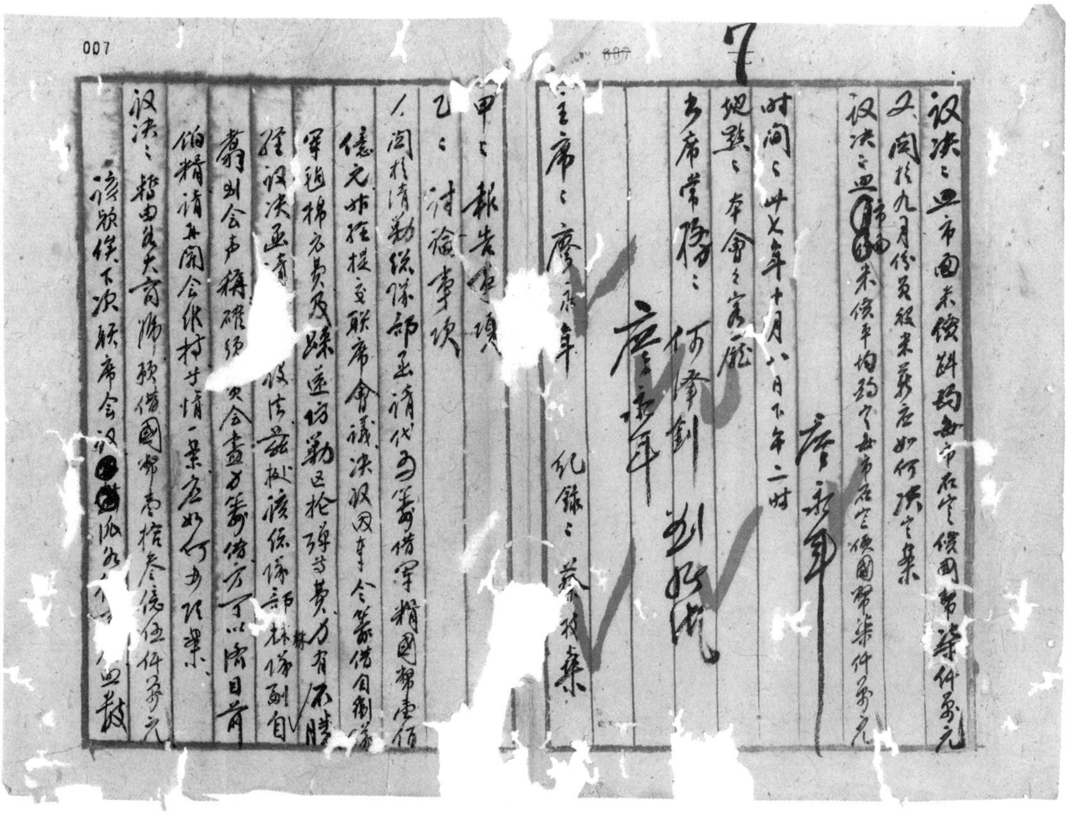
007

7

议决：照市国米价科均每市石定价国币叁仟元
又、关于九月份员役米贴应如何决定案
议决：照九月份市国米价平均约每市石定价国币柒仟元
廖永年
时间：卅七年十月八日下午二时
地点：本会会客厅
出席常务：何肇钊 刘[illegible] 廖永年
主席：廖永年 纪录：蔡秋森

甲、报告事项
乙、讨论事项
1. 关于请勤总队部函请代为筹借军粮国币壹佰亿元并经提交联席会议决议因本会筹借困难军鞋棉衣费及[illegible]递防勤区枪弹等费乃有不胜[illegible]经议决函请[illegible]议决派该总队部林副队长自募到会声称确须[illegible]贵会尽力筹借方可以济目前[illegible]请本会[illegible]情一案应如何办理案
议决：[illegible]由各大商号预借国币[illegible]元[illegible]该款俟下次联席会议[illegible]

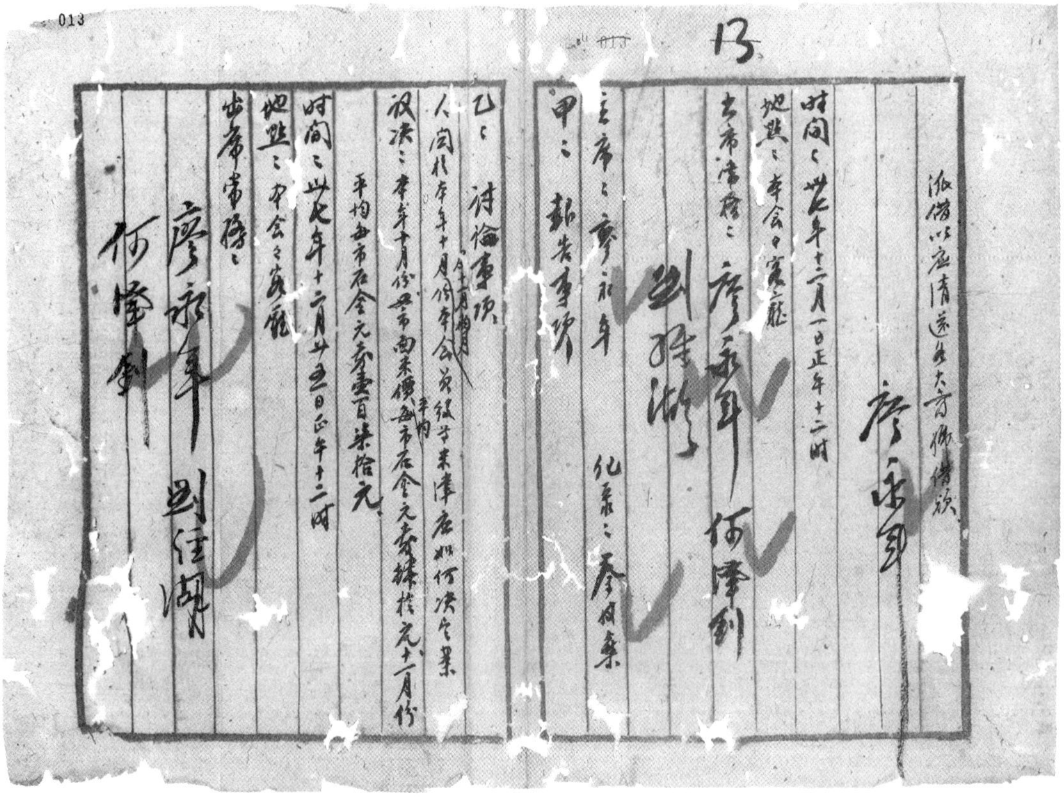

013

13

派借以应清远县大营协借款

廖永年

时间：卅七年十二月一日正午十二时

地点：本会会议厅

出席常务：廖永年　何泽钊　刘骍游

主席：廖永年　　纪录：李日棠

甲、报告事项

乙、讨论事项

人员代本年十月份（十一月份）本会员役米津应如何决定案

议决：本年十月份以本市西米价平均每市石金元券柒拾元，十一月份平均每市石金元券壹百柒拾元。

时间：卅七年十二月廿五日正午十二时

地点：本会会议厅

出席常务：廖永年　刘佳湖　何泽钊

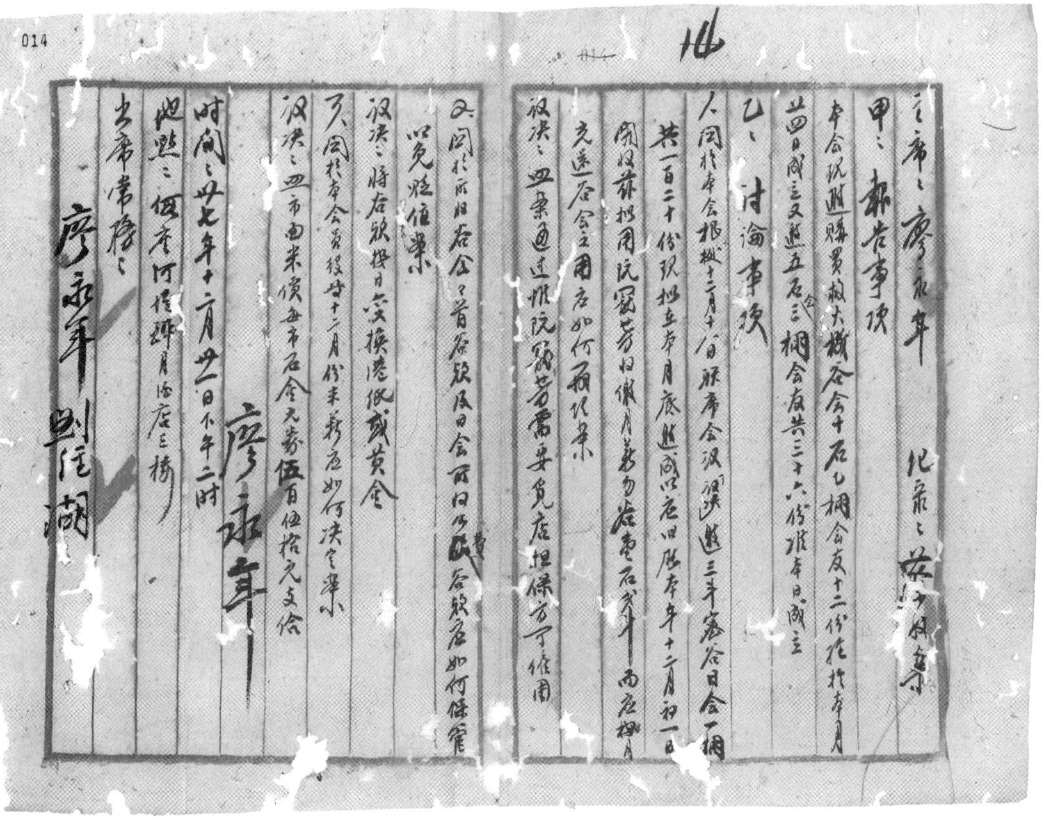
014

主席：廖永年　纪录：[illegible]

甲、报告事项

本会现通过购买救火机各会十石[illegible]桐会友十二份，定于本月廿四日成立；又通过五石三桐会友共三十六份，准本日成立。

乙、讨论事项

一、关于本会根据十二月十八日[illegible]通过三年寒衣日会一桐，共一百二十份，现拟在本月底通过成立，旧历本年十二月初一日[illegible]，如何？请公决案。

议决：照案通过，惟[illegible]需要觅店担保方可使用。

又、关于所旧存会之首届欠款及日会所欠款各款应如何保管，以免贬值案。

议决：将存款按日兑换港纸或黄金。

丙、关于本会员役每十二月份未薪应如何决定案。

议决：照市面米价每市石金元券伍百伍拾元支给。

廖永年

时间：卅七年十二月廿二日下午二时

地点：[illegible]河堤路[illegible]店三楼

出席常务：廖永年　刘[illegible]湖

015

15

何廖钊

主席：廖永年　　纪录：蔡汝燊

甲：报告事项（略）

乙：讨论事项

一、关于本县政府戌四三实字第11027号代电抄发[illegible]会会议录修[illegible]本会应派员会同[illegible]南平[illegible]常设卡稽查[illegible]一案应如何办理案

议决：[illegible]现系旧历年关对于商务纷繁且职员多未能兼派应将情形呈请准予免派

二、关于本会理事长暨刘常务日内赴省[illegible]对于会务应派何人代行案

议决：由史常务秉君在[illegible]期间代行会务并呈县府备案

廖永年

时间：卅六年二月三日下午二时

地点：本会会客厅

出席常务：廖理事长　何常务　史常务　刘常务

主席：廖永年　　纪录：蔡汝燊

甲：报告事项（略）

乙：讨论事项

一、关于本会消防义勇队经费去年尚欠[illegible]数目应[illegible]

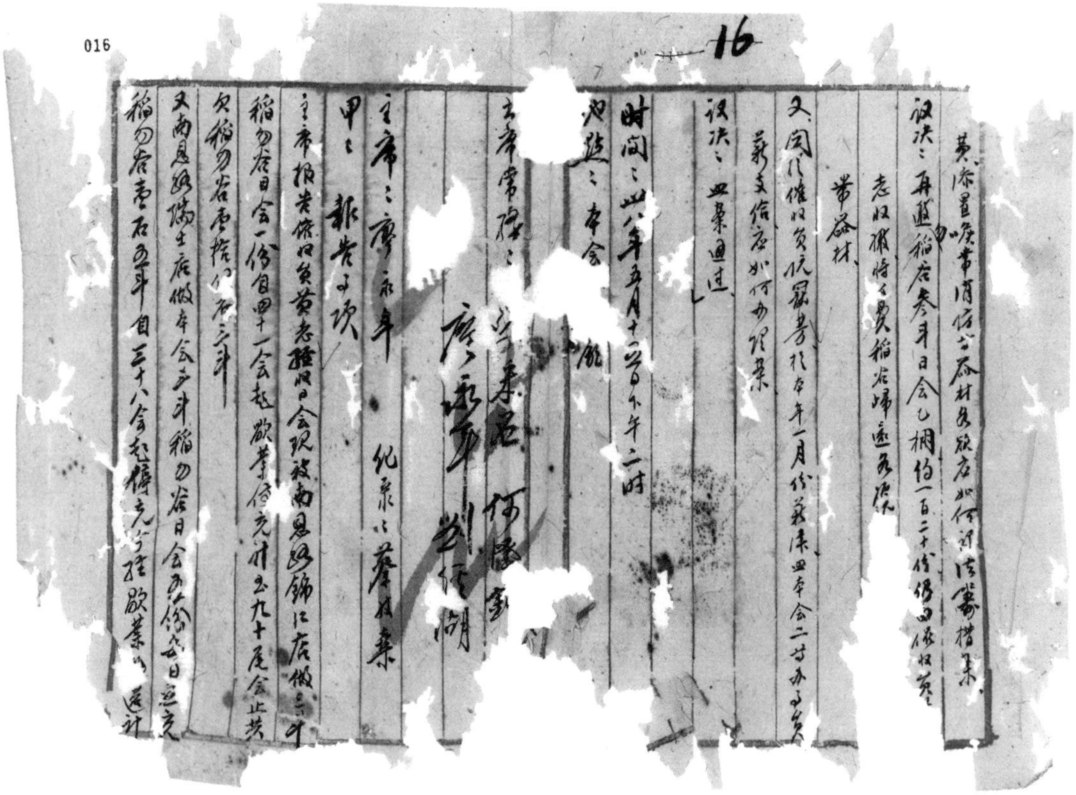

016

16

黄、添置唤常消防公器材及救应如何讨论筹措案。

议决：再邀稻谷参事日会乙捐约一百二十份，作为[illegible]

志以报将费稻谷归还各[illegible]

常务器材、

又、关于催收货抗缴款于本年一月份前缴清四本会二十[illegible]

新支信应如何办理案

议决：照案通过。

时间：卅八年五月十六日下午二时

地点：本会

出席常务：[illegible]李居[illegible] 何儒[illegible]

廖永年 刘[illegible]湖

主席：廖永年　纪录：蔡权业

甲、报告事项

主席报告：依旧负黄志强日会现被南昌邮锦[illegible]应做[illegible]

稻谷日会一份自四十一会起欲筹[illegible]九十尾会止共

欠稻谷壹[illegible]石[illegible]

又南昌邮锦生应做本会[illegible]稻谷日会[illegible]日[illegible]

稻谷壹石[illegible]自三十八会起[illegible]欲筹[illegible]计

017

17

五九十石合共负欠稻谷[illegible]拨归不偿欠[illegible]

乙、讨论事项

一、关于南恩锦汇庄欠本会日会另稻谷一十五石二斗

及端士庄欠本会日会另稻谷七十九石五斗应如何

追讨案

议决：（一）先行登报声明凡[illegible]该两铺之底架生什

物及铺主收回该两铺者，须向本公所将该款偿还（负责）

本会，并请究追以作公帑

（二）将该两店账簿情形报交[illegible]十股东会议决定

追偿办法

二、关于本会[illegible]本年各日会收欠锦汇、端士两间账（据江当前总理称）

共每日应交另稻谷壹石[illegible]斗，会[illegible]拨交存如何

办理案

议决：自本月十六日起凡该两日会共均少交稻谷壹石八

斗，[illegible]本会[illegible]该会交究以及会友所存白稻谷

起日会将[illegible]稻谷拨[illegible]日[illegible]照存谷先后次序偿还

之

三、关于前所[illegible]日会所续存款尽收回有毫银[illegible]补贴[illegible]

拟未知印刷便应如何办理案

议决：暂将该件为由赵广[illegible]保管（负责）

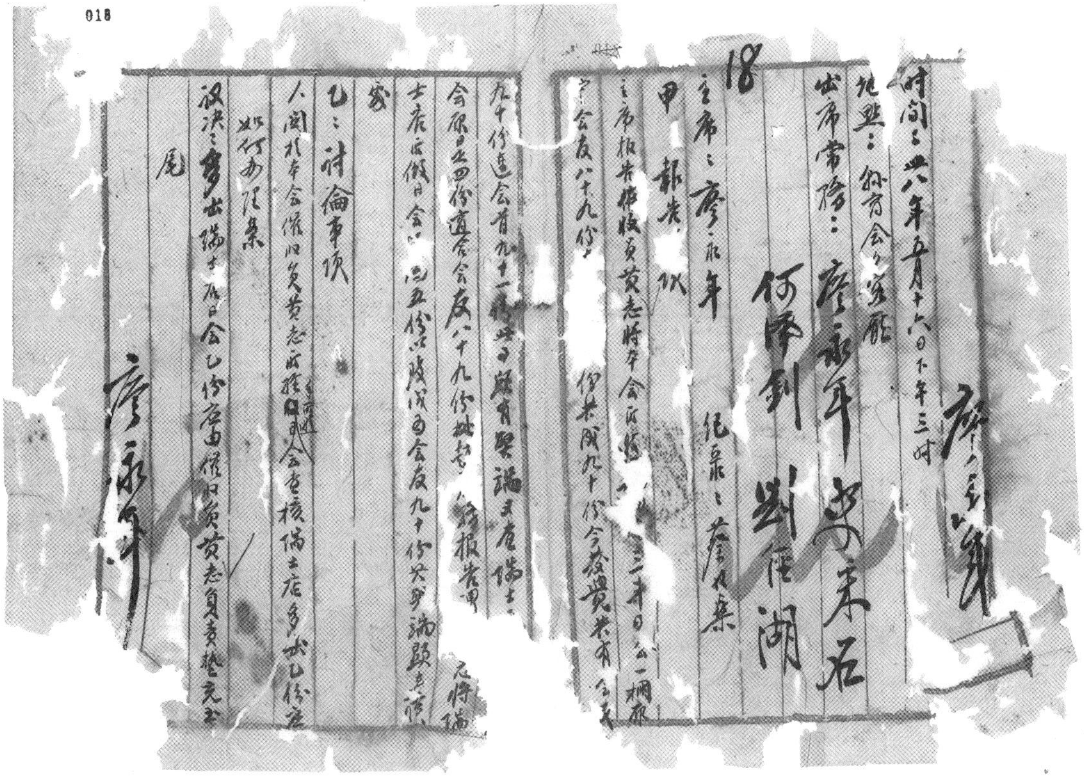
018

18

时间：卅八年五月十六日下午三时
地点：[illegible]育会々议厅
出席常務：廖永年 [illegible]来石
何[illegible]钊 刘[illegible]湖
主席：廖永年　纪录：[illegible]
甲、報告
主席报告係收费黄志將本会[illegible]三[illegible]日[illegible]
会友八十九份[illegible]伊未成九十份今交費共有会友
九十份[illegible]会首九十一份[illegible]
会原[illegible]四份[illegible]会友八十九份[illegible]报告[illegible]
士应[illegible]五份[illegible]会友九十份[illegible]
案
乙、討論事項
一、關於本会[illegible]黄志[illegible]会查核[illegible]
如何办理案
议决：[illegible]会乙份[illegible]黄志負责[illegible]
尾
廖永年

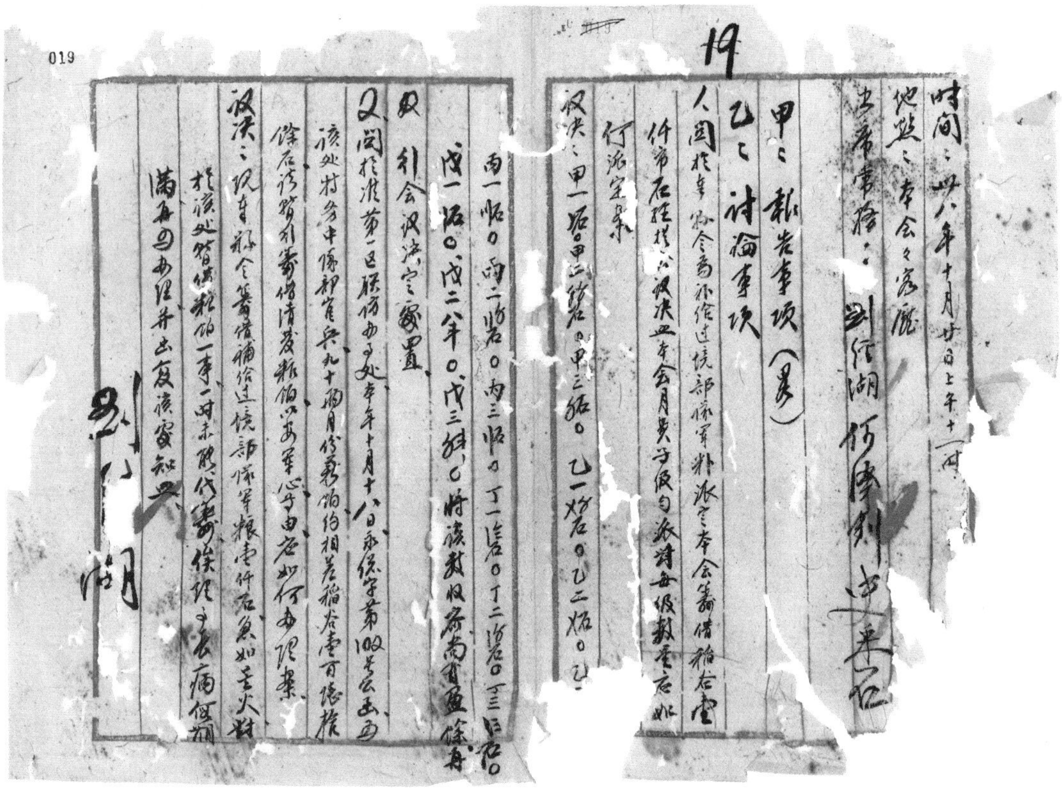

019

19

时间：卅八年十月廿日上午十一时
地点：本会会客厅
出席常务：刘绍湖　何像　刘□　冯平□
甲：报告事项（略）
乙：讨论事项
一、因准本县参议会函准过境部队军粮派定本会筹借稻谷壹
仟市石经提交议决由本会月费中提派并每级数由
何派定案
议决：甲一担○甲二担○甲三担○　乙一担○乙二担○乙
丙一担○丙二担○丙三担○丁一担○丁二担○丁三担○
戊一担○戊二八斤○戊三担○将该款收齐尚有盈余再
议
二、引会议决定处置
三、因据第一区联防办事处本年十月十八日函字第100号公函
该处村务中队部官兵九十两月份薪饷约相差稻谷壹百担
除在该处劝捐外请发款以安军心应由本会如何办理案
议决：现本县会筹借补给过境部队军粮壹仟石负担已大对
于该处所请拨款一事一时未能代筹俟此项负担完
满再由办理并出复该处知照
刘绍湖

020

20

时间：卅六年十月廿四日上午六时半

地点：本会会客厅

出席理事：刘任楷 史秉五 何衡 刘

主席：刘任楷　纪录：蔡丹桑

甲、报告事项（略）

乙、讨论事项

八、关于苏家屯区当局以又东台撤退，对本城真空时期维持市面治安应需经费应如何筹措案

议决：对应需一切费用暂由总筹备粮食项下拨交，后将粮提交商事会设法筹还之

刘任楷

（二）会务往来

58. 阳江县大信号因生意歇业恳请转呈税务局取销牌照致县商会主席林洁予的呈（1942年2月）

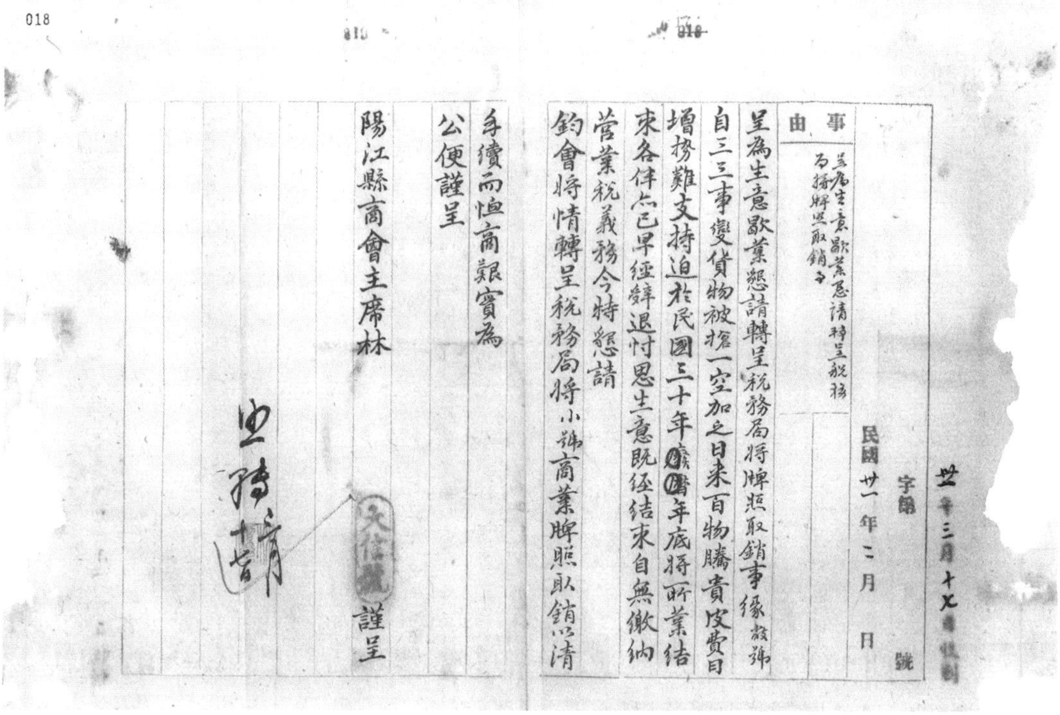

卅一年三月十七日收到

字第　號

民國卅一年二月　日

事由：呈為生意歇業懇請轉呈稅務局將牌照取銷事

呈為生意歇業懇請轉呈稅務局將牌照取銷事。緣敝號自三三事變貨物被搶一空，加之日來百物騰貴，皮費日增，揭難支持，迫於民國三十年年底將所業結束，各伴亦已早經辭退。忖思生意既經結束，自無繳納營業稅義務，今特懇請鈞會將情轉呈稅務局將小號商業牌照取銷，以清手續而恤商艱，實為公便。謹呈

陽江縣商會主席林

大信號　謹呈

照轉　十七

59. 阳江县商会准予发给大亨公司证明书（1942 年 3 月 21 日）

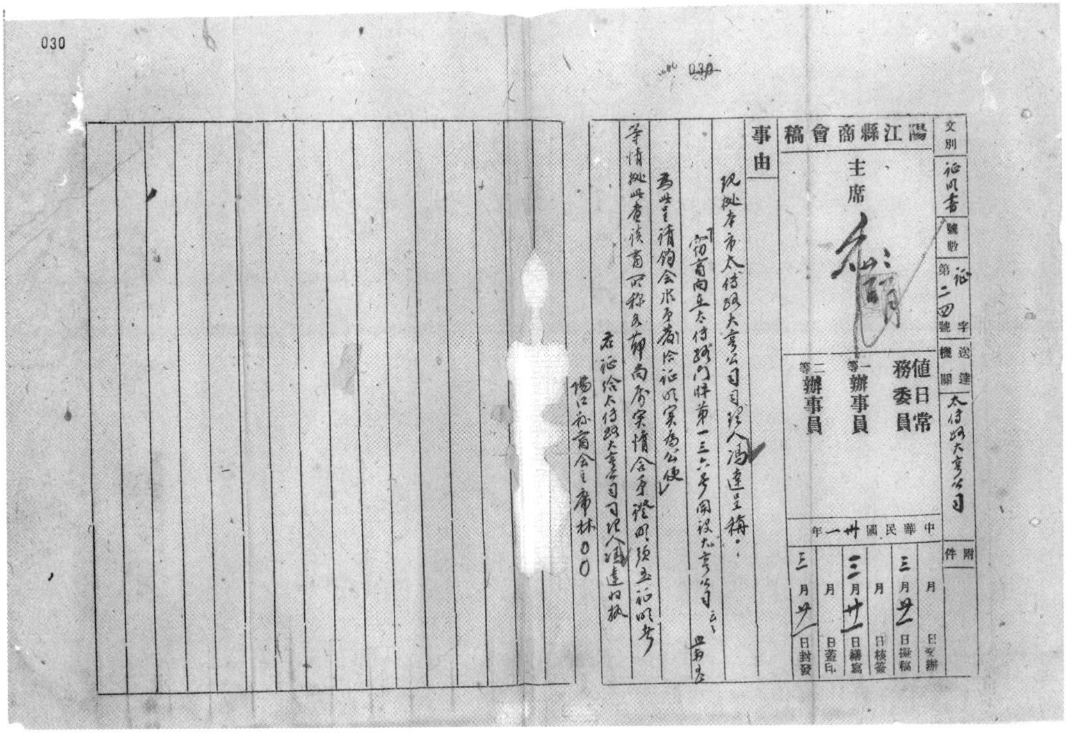

030

陽江縣商會稿

文別：證明書

號數：第二四號（證字）

送達機關：太傅路大亨公司

主席 林

值日常務委員

一等辦事員

二等辦事員

中華民國卅一年

三月廿一日擬稿　三月廿一日繕寫　三月廿一日封發

事由：

現據本市太傅路大亨公司司理人馮達呈稱：「竊商向在本市太傅路門牌第一三六號開設大亨公司……為此呈請鈞會准予發給證明書為公便」等情。據此，查該商所稱係屬實情，合予證明，須至證明書者。

右證給太傅路大亨公司司理人馮達收執

陽江縣商會主席林〇〇

60. 阳江县商会关于义德荣店亏缺歇业请将营业税牌照注销致广东直接税局阳江分局的公函（1942 年 4 月 24 日）+ 附：义德荣店致商会的呈（1942 年 4 月）

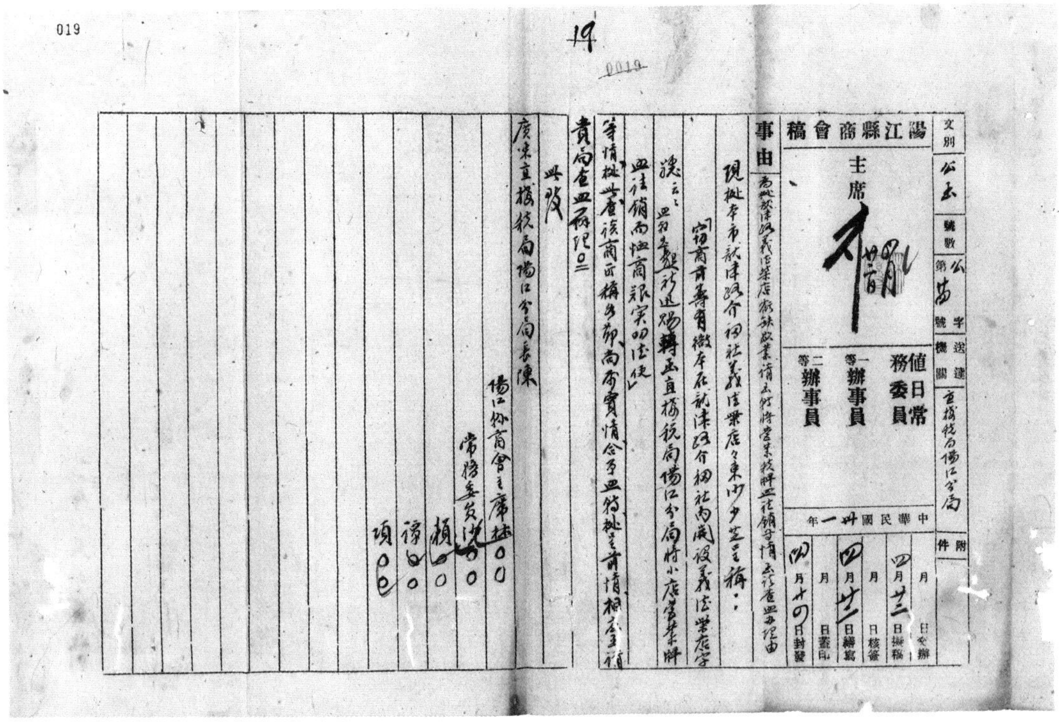

019

19

0019

陽江縣商會稿

文別：公函

號數：第　公　字　號

送達機關：直接稅局陽江分局

附件：

主席：林[illegible]

值日常務委員

一等辦事員

二等辦事員

中華民國卅一年　四月[illegible]日交辦　四月廿三日擬稿　月　日核簽　四月廿四日繕寫　月　日蓋印　四月廿四日封發

事由：為准義德榮店虧缺歇業請將營業稅牌照注銷等情函請查照辦理由

現據本市新津路介福社義德榮店店東[illegible]呈稱：「竊商前曾[illegible]在新津路介福社開設義德榮店字號，[illegible]轉函直接稅局陽江分局將小店營業牌照並注銷，而恤商艱，實叨德便」等情。據此，查該商所稱各節，尚系實情，合予函請[illegible]貴局查照辦理。

此致

廣東直接稅局陽江分局局長陳

陽江縣商會主席林○○

常務委員[illegible]○○

[illegible]○○

[illegible]○○

[illegible]○○

020

20

0020

020

具呈人義德柴店店東沙步芝

事由
為鋪住歇業請求予轉函直接稅局陽江分局注銷營業牌照以恤商艱由

字第　號

民國三十一年四月　日

卅一年四月廿三日收到

竊商前籌有微本在龍津路介福社內開設義德柴店字號，現因年老又因近年虧蝕過重，無法支持，住於三十年度將該柴店歇業回家閑居，以度老年。惟思小店既住歇業，自應報請將營業牌照注銷，以符手續。有此前情，合具呈請

鈞會察核，懇祈迅賜轉函直接稅局陽江分局將小店營業牌照注銷，而恤商艱，實叨德便。○二

謹呈

陽江縣商會主席林

61. 高要县商会函阳江县商会请搜集查缉查验机关证据俾得共同检举以利商运（1942年11月6日）

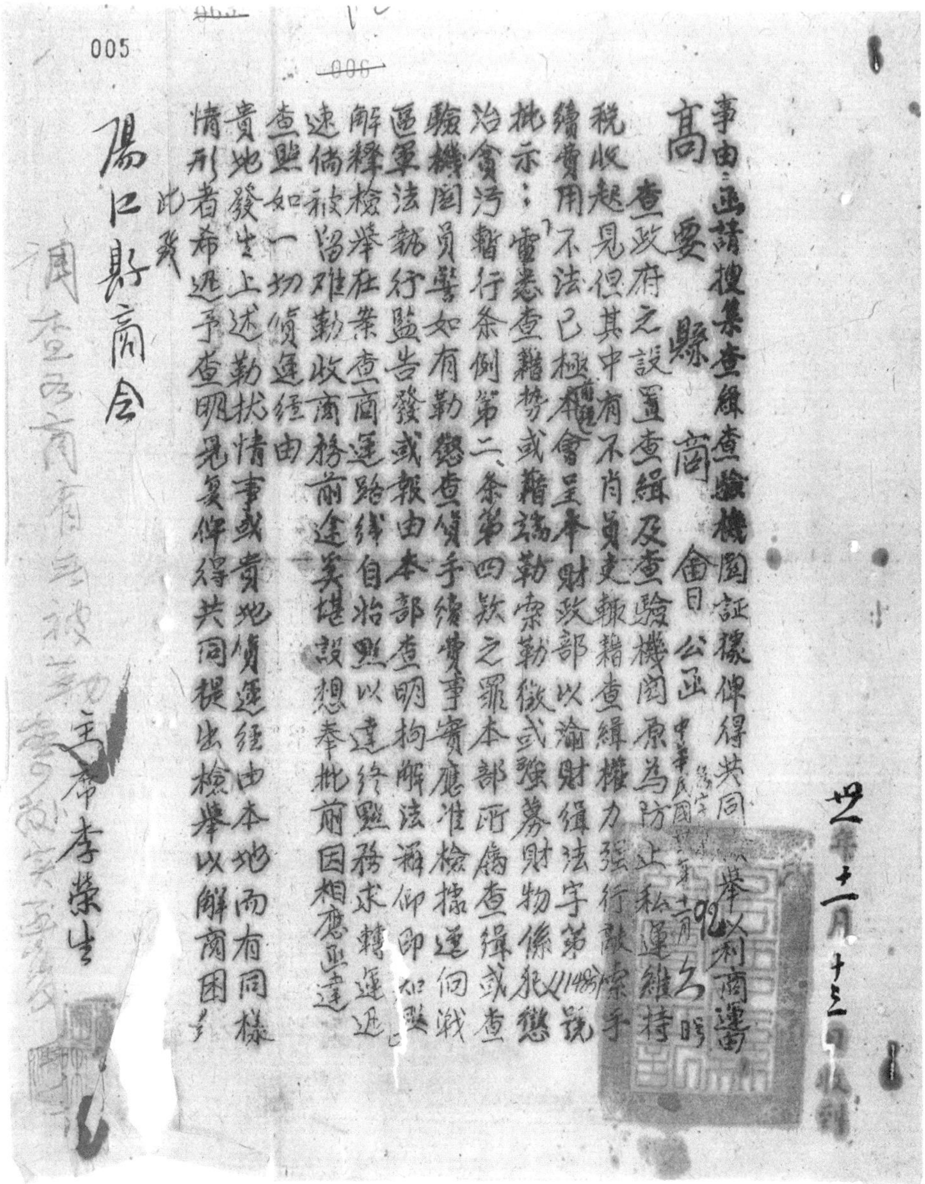

005

事由：函請搜集查緝查驗機關証據俾得共同檢舉以利商運由

高要縣商會公函　中華民國卅一年十一月六日

查政府之設置查緝及查驗機關，原為防止私運，維持稅收起見，但其中有不肖員吏，輒藉查緝權力，強行敲索手續費用，不法已極。本會呈奉財政部以渝財緝法字第(11485)號批示：「查查緝機關或藉端勒索勒徵或強募財物，係犯懲治貪污暫行條例第二條第四款之罪，本部所屬查緝或查驗機關員警如有勒戀查貨手續費事實，應准檢據逕向戰區軍法執行監告發，或報由本部查明拘解法辦，仰即知照」解釋檢舉在案。查商運路線自始點以達終點，務求轉運迅速，倘被留難勒收，商務前途實堪設想。奉批前因，相應函達查照。如一切貨運經由貴地發生上述勒抶情事，或貴地貨運經由本地而有同樣情形者，希逕予查明見復，俾得共同提出檢舉，以解商困。

此致

陽江縣商會

主席　李榮生

卅一年十一月十三日收到

62. 阳江县商会关于阳江县商店已领住宿证及到肇购货有无困难情形致高要县商会的公函（1942年11月12日）

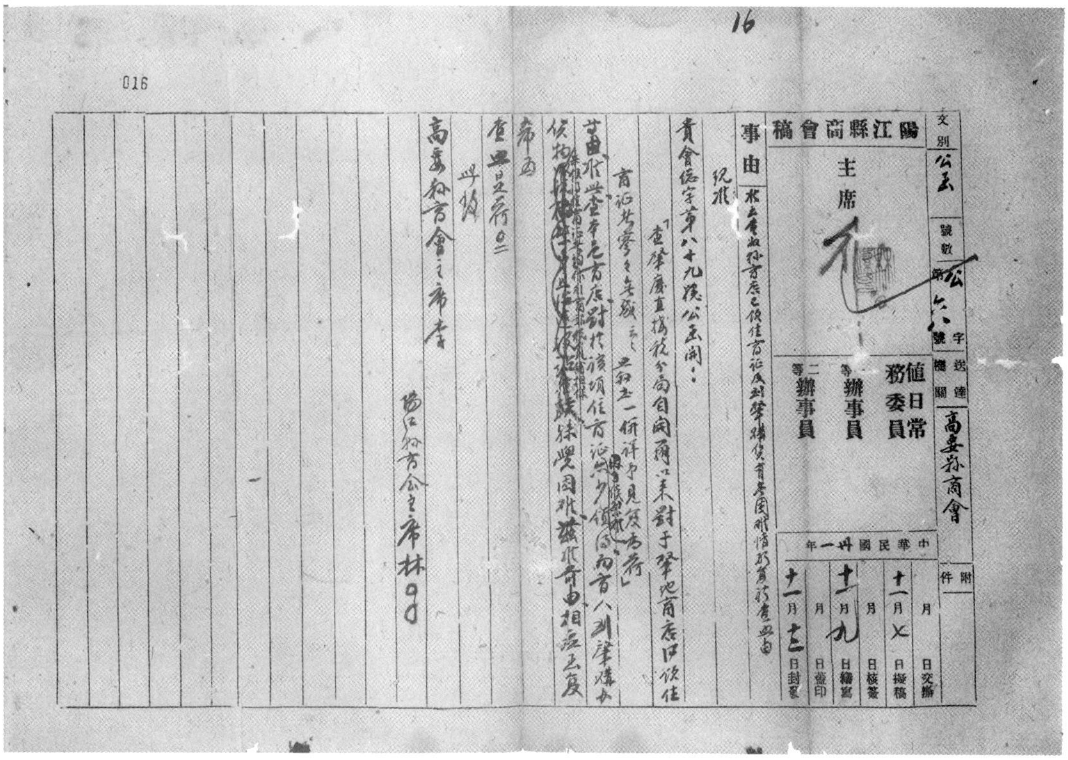

63. 广东省商会联合会关于督促各地重要业及必需品业商业同业公会订立本业统制办法或营业规约的代电（1944 年 4 月 24 日）

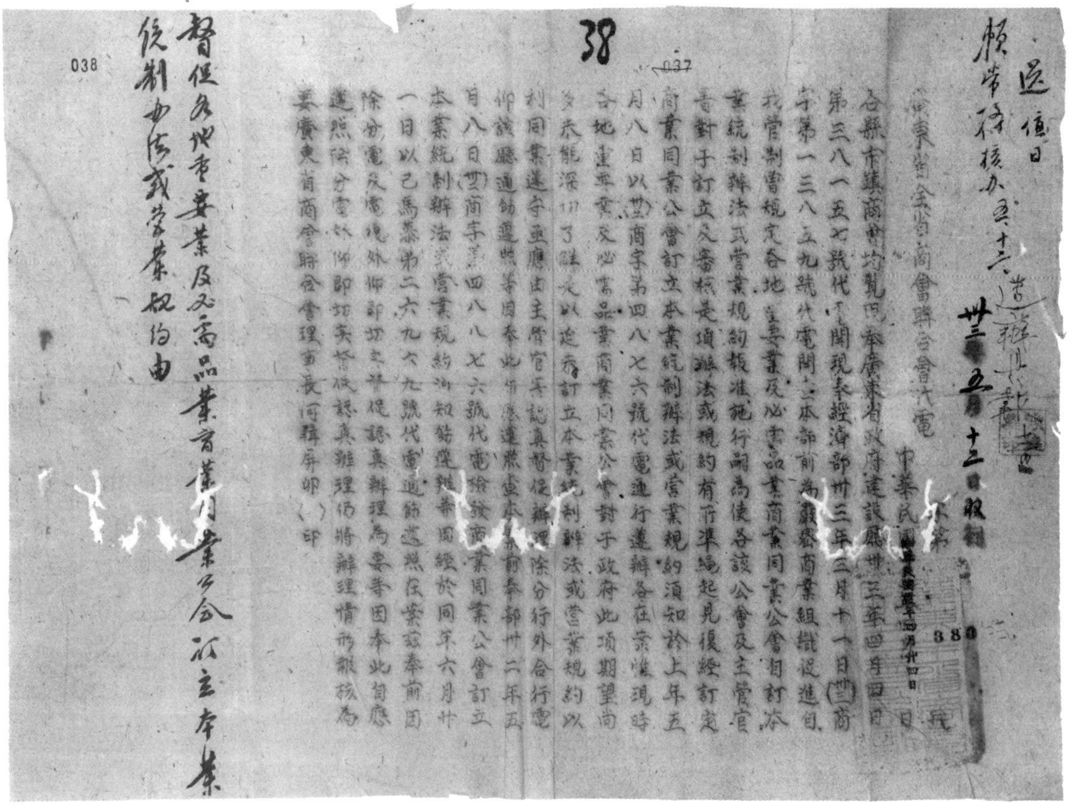

送值日
頗常存核办　五．十六
卅三．五．十三日收到

廣東省全省商會聯合會代電
中華民國卅三年四月廿四日

各縣市鎮商會均鑒：頃奉廣東省政府建設廳卅三年四月四日
第三八一五七號代電開：「現奉經濟部卅三年三月十一日（卅三）商
字第一三八五九號代電開：「查本部前為嚴密商業組織，促進自
治管制，曾規定各地重要業及必需品業商業同業公會自訂本
業統制辦法或營業規約，報准施行，嗣為使各該公會及主管官
署對于訂立及審核是項辦法或規約有所準繩起見，復經訂定
商業同業公會訂立本業統制辦法或營業規約須知，於上年五
月八日以（卅二）商字第四八七六號代電通行遵辦各在案。惟現時
各地重要業及必需品業商業同業公會對于政府此項期望，尚
多未能深切了解，亟以從速訂立本業統制辦法或營業規約，以
利同業遵守，亟應由主管官署認真督促辦理，除分行外，合行電
仰該廳通飭遵照。」等因。奉此，除遵照並查本廳前奉部卅二年五
月八日（卅二）商字第四八七六號代電檢發商業同業公會訂立
本業統制辦法或營業規約須知，經飭遵辦理并經於同年六月廿
一日以己馬綦字第二六九六九號代電通飭遵照在案。茲奉前因，
除分電及呈復外，仰即切實督促認真辦理為要。」等因。奉此，自應
遵照。除分電外，仰即切實督促認真辦理，仍將辦理情形報核為
要。廣東省商會聯合會理事長何輯屏卯（敬）印

督促各地重要業及必需品業商業同業公會訂立本業統制辦法或營業規約由

64. 阳江县城渔洲路万祥源经理陈熊德因生意结束向县商会理事长廖永年呈报停业请察核备查（1946 年 7 月 3 日）

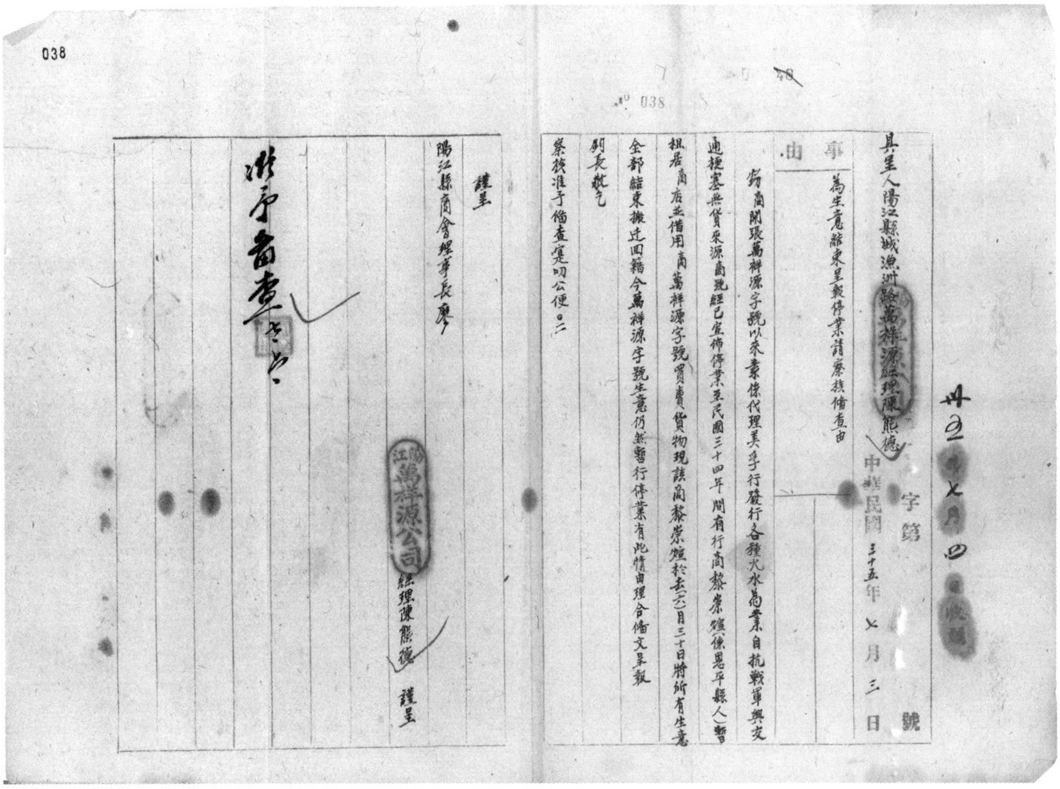

具呈人陽江縣城漁洲路萬祥源經理陳熊德

中華民國三十五年七月三日

字第 號

事由　為生意結束呈報停業請察核備查由

竊商開張萬祥源字號以來素係代理美孚行發行各種火水爲業自抗戰軍興交通梗塞無貨來源商號經已宣佈停業至民國三十四年間有行商黎崇煊（係恩平縣人）暫租居商店並借用商萬祥源字號買賣貨物現該商黎崇煊於去（六）月三十日將所有生意全部結束搬返回籍今萬祥源字號生意仍然暫行停業有此情由理合備文呈報

列長鈞鑒

察核准予備查寔叨公便。

謹呈

陽江縣商會理事長廖

陽江萬祥源公司

經理陳熊德

謹呈

准予備查

卅五 七月四

65. 阳江县商会关于奉广东省建设厅附发各厂矿工人受雇解雇遵守事项的训令（1946年7月24日）

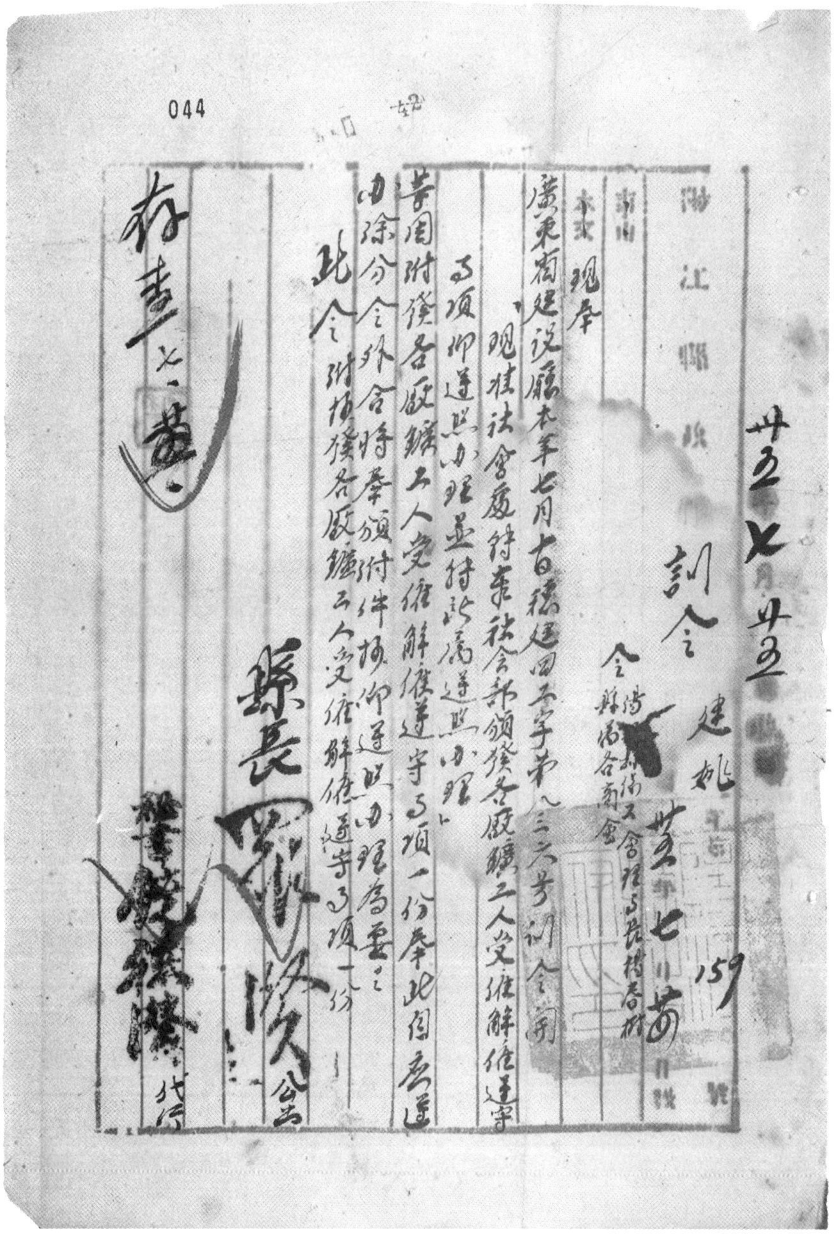

阳江县政府训令 建姚字第159号

令 县属各商会 阳江县商会理事长[illegible]

事由

本文 现奉

广东省建设厅本年七月十日建四工字第八三六号训令开：

"现准社会处转奉社会部颁发各厂矿工人受雇解雇遵守事项，仰遵照办理并转饬所属遵照办理"

等因，附发各厂矿工人受雇解雇遵守事项一份。奉此，自应遵办。除分令外，合将奉颁附件抄仰遵照办理为要。

此令

附抄发各厂矿工人受雇解雇遵守事项一份

县长 罗[illegible]

卅五 七 廿五

存查 七、[illegible]

66. 阳江县各同业公会向县商会联呈福阳电力公司腐败瞒请加价并请转呈广东省建设厅、国民政府经济部严令制止（1946 年 9 月 18 日）

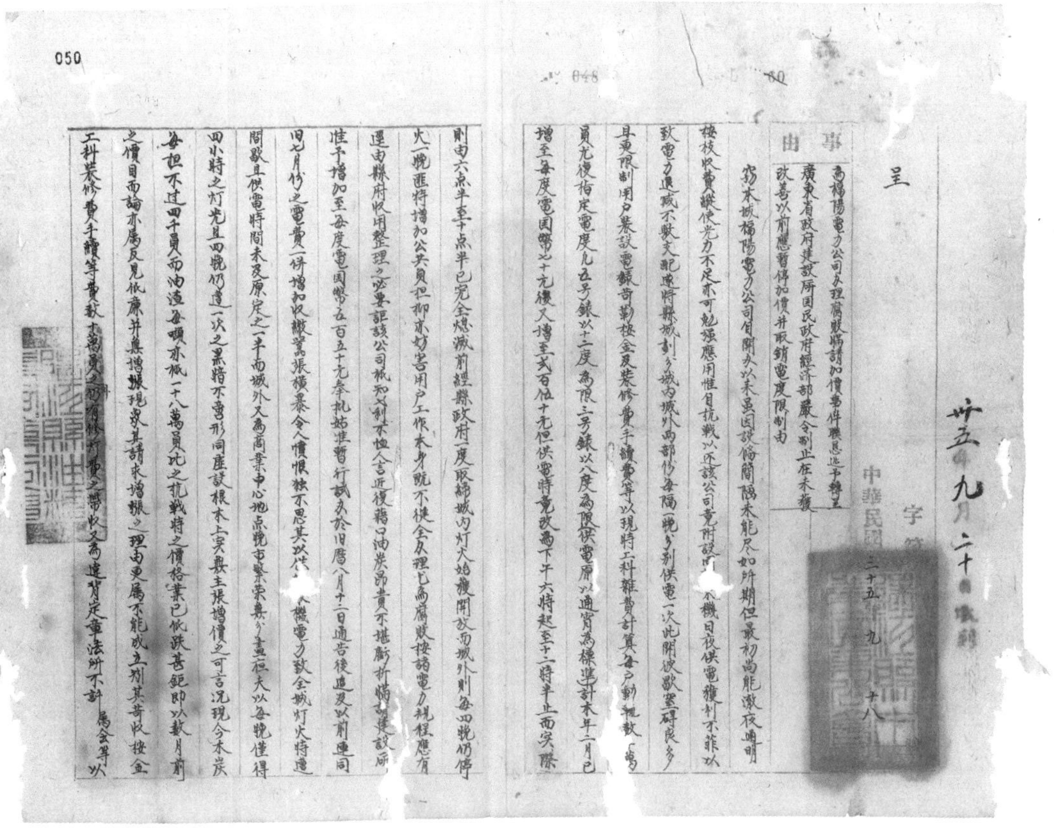

051

事關公用重負何堪爰求全体商民之同意据实陳請備蒙
鈞会俯賜維持轉呈核奪則不特屬会行商感恩已也有此餘由用特聯名蓋章瀝情呈請
鈞会察核恩准予轉呈廣東建設所同民政府經济部嚴令制止在未複改善以前應暫停加價
并取銷電度限制实為公便
謹呈
陽江縣商会理事長廖

定於本九月二十六日
下午二时召集商洞
并召及该公会代表
双方出会调解　九廿五

陽江縣木業同業公会常務理事楊裕雄
油糖業同業公会常務理事劉經湖
南北貨業同業公会常務理事梁修業　押
蔴綠業同業公会常務理事麥永珍　押
故衣業同業公会常務理事劉開漆
山貨土產竹江業公会常務理事張光翰
國藥業同業公会常務理事陳同安
西藥業同業公会常務理事賴逸
五金電料業同業公会常務理事馮厚芸
鞋業同業公会常務理事陳立歡
缸瓦業同業公会常務理事黎燕允
磚瓦石灰業同業公会常務理事林文津
漆器業同業公会常務理事黃械雯　外出
茶樓飯店業同業公会常務理事沙英詞

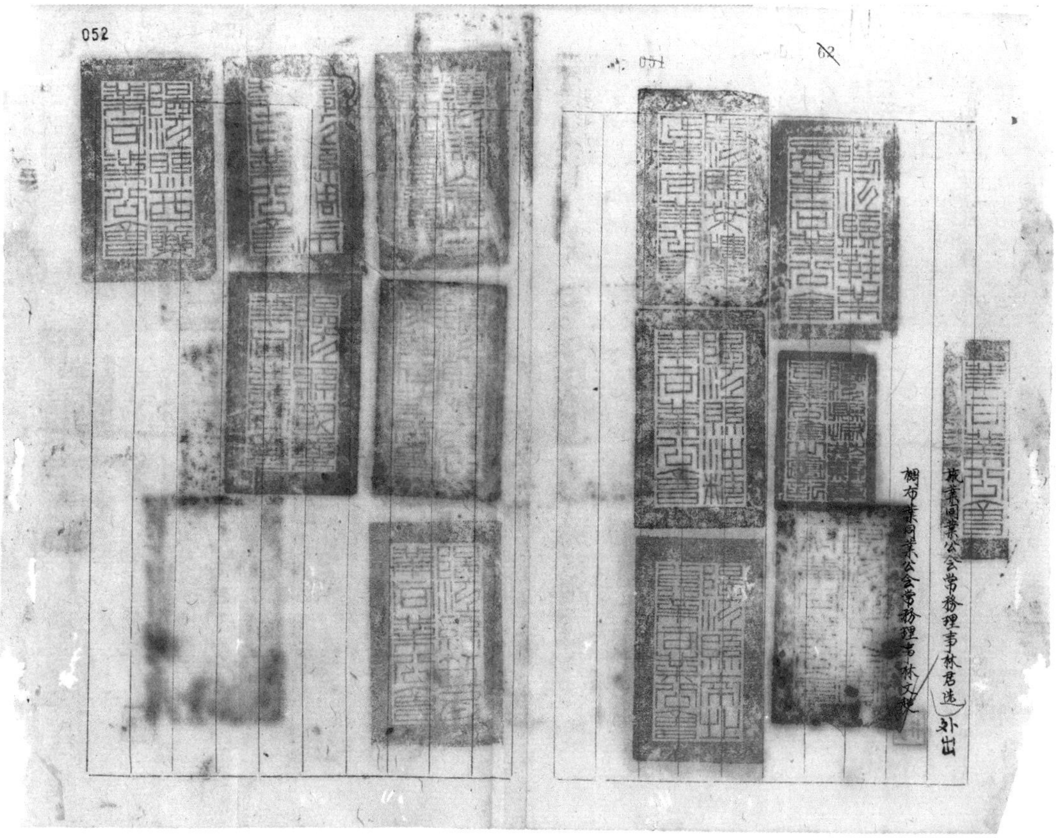
052

051

旅業同業公会常務理事林君选 外出

綢布業同業公会常務理事林文枝

67. 阳江县五闸上社新旧社首关于各项公物点交接收清楚请查照办理致县商会理事长廖永年的函（1946 年 12 月 18 日）

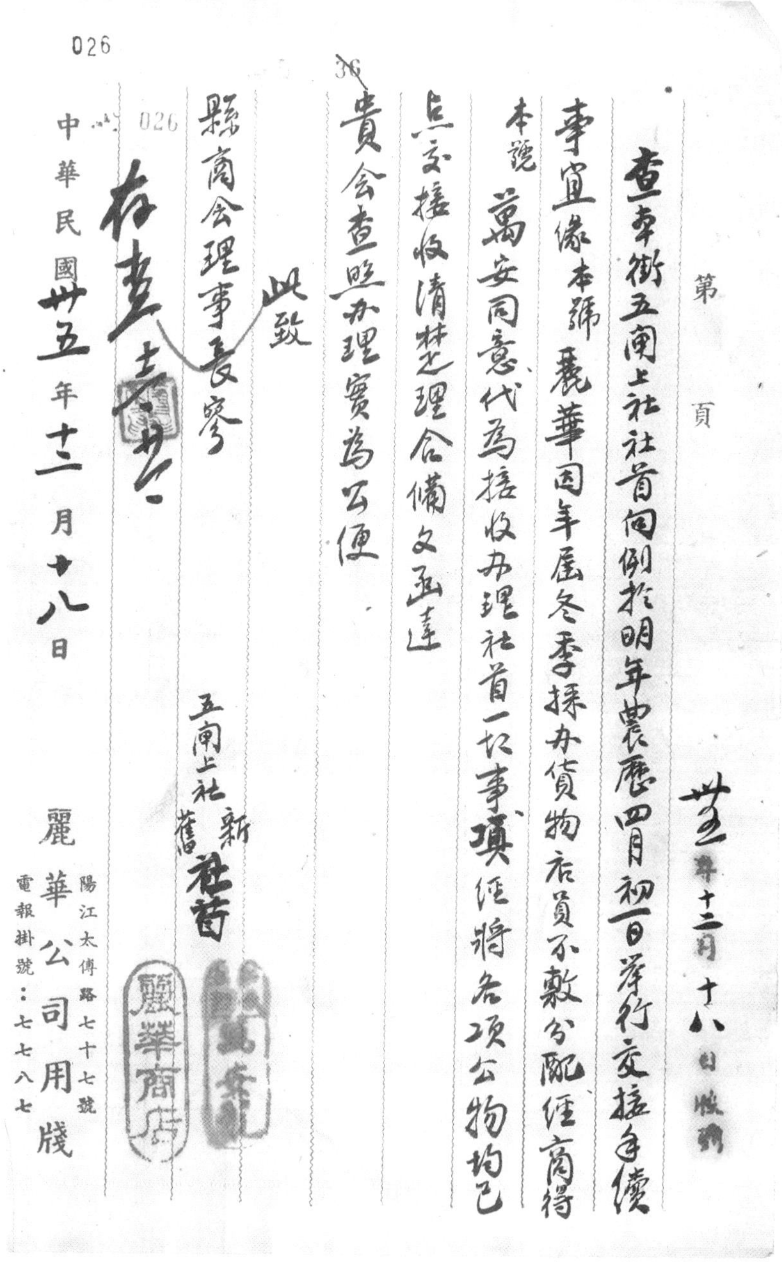

026

第 頁

查本街五閘上社社首向例於明年農曆四月初一日舉行交接手續事宜，緣本號麗華因年屆冬季採办貨物店員不敷分配，經商得本號萬安同意代為接收办理社首一切事項，經將各項公物均已点交接收清楚，理合備文函達
貴会查照办理，實為公便。

此致
縣商会理事長廖

五閘上社新舊社首

中華民國卅五年十二月十八日

存查 十八

卅五年十二月十八日收到

麗華公司用箋 陽江太傅路七十七號 電報掛號：七七八七

68. 广东省商会联合会关于准国民党广东省执行委员会函嘱捐募党务基金致阳江县商会的代电（1947 年 1 月 9 日）+ 附：摘抄广东省党务基金筹募实施纲要

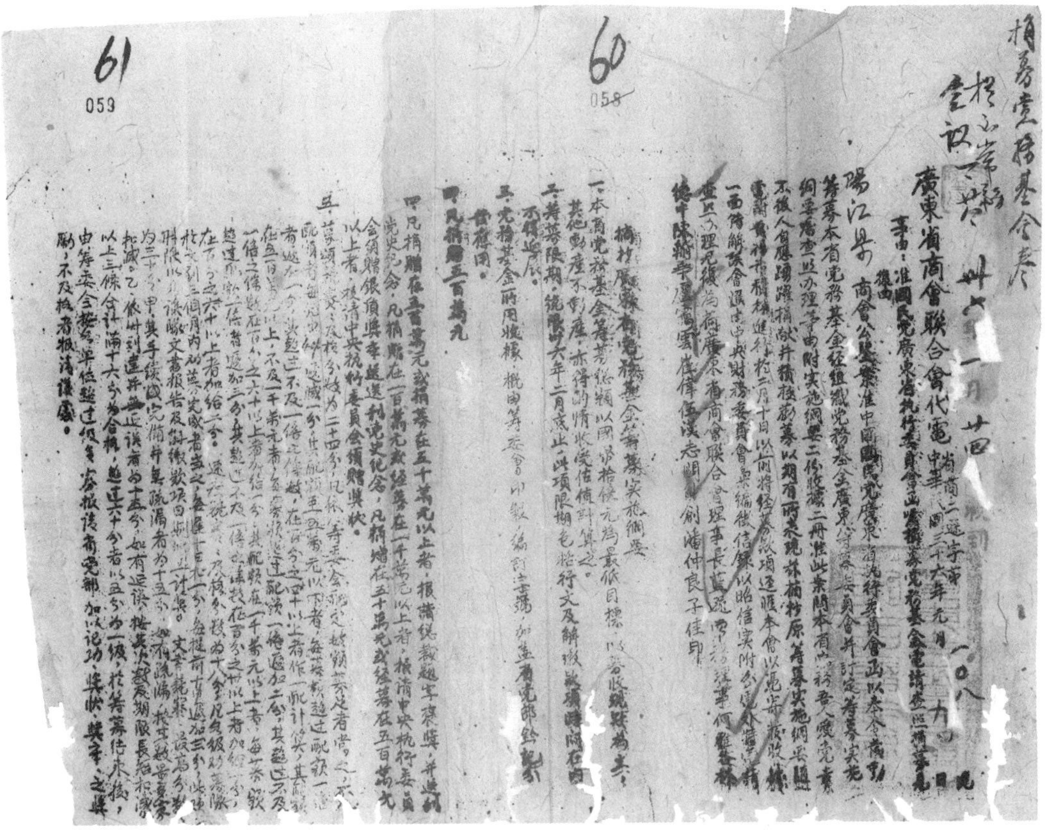

69. 广东省商会联合会关于广东省政府准行政院秘书处函切实扶植社团组织俾得发展业务的代电（1947 年 3 月 26 日）

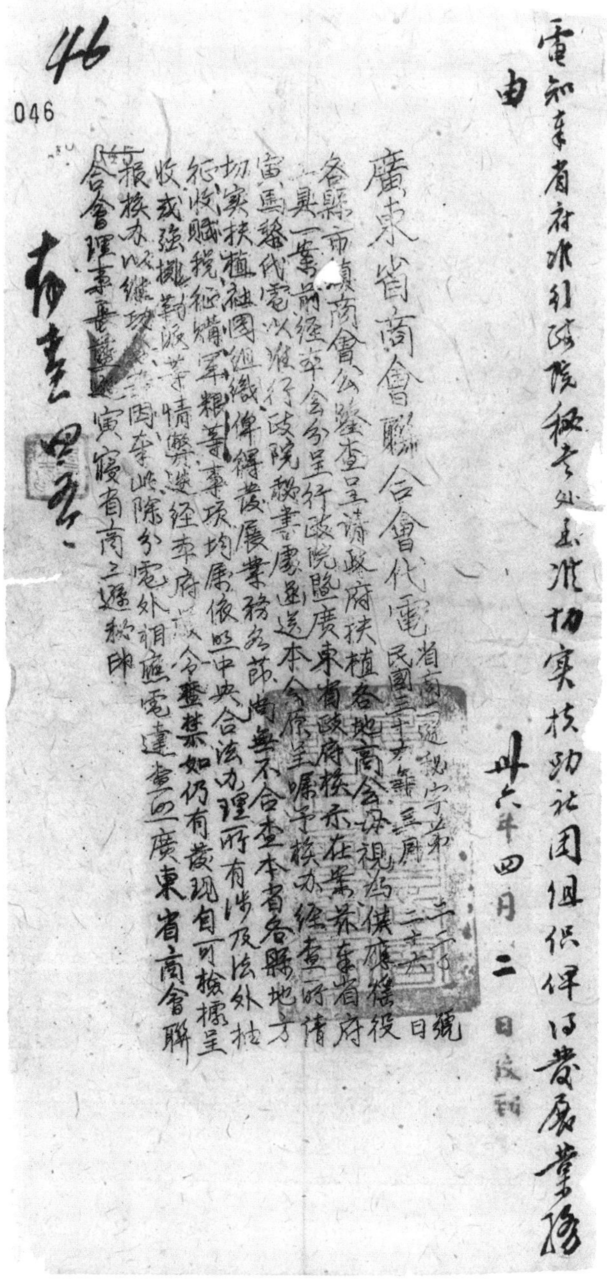
46

046

电知东省府准行政院秘书处函准切实扶助社团组织俾得发展业务 由

广东省商会联合会代电 省商通秘字第一二一号 民国三十六年三月二十六日

各县市镇商会公鉴：查呈请政府扶植各地商会，毋视为供应杂役一案，前经本会分呈行政院暨广东省政府核示在案。兹奉东省府寅马秘代电以准行政院秘书处函送本会原呈，嘱予核办，经查所请切实扶植社团组织，俾得发展业务各节，尚无不合。查本省各县地方征收赋税、征购军粮等事项，均应依照中央合法办理，所有涉及法外苛收或强拉勒派等情弊，迭经本府令严禁，如仍有发现，自可检据呈报核办，以维[illegible]。因奉此，除分电外，相应电达查照。广东省商会联合会理事长[illegible]。寅寝省商之总秘印

卅六年四月二日收到

70. 阳江县商会奉广东省商会联合会代电通告全国商联会关于全国商人节的规定（1947年4月8日）

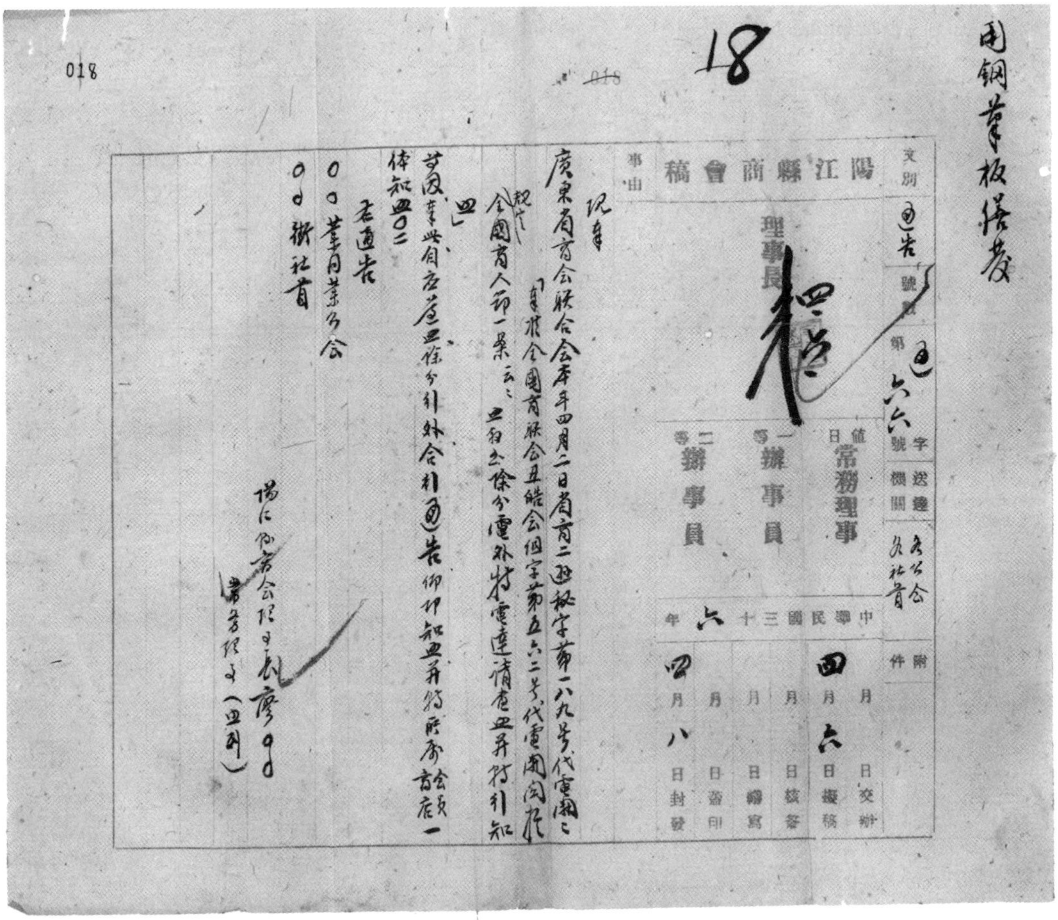

018

18

周钢 黄 板 堡 发

陽江縣商會稿

文別：通告

號數：第 通 六六 號

送達機關：各公会 各社首

附件：

理事長 （签押）

值日常務理事

一等辦事員

二等辦事員

中華民國三十六年 四月六日擬稿 四月八日封發

交辦　擬稿　核簽　繕寫　蓋印　封發

事由：

現奉

廣東省商会联合会本年四月二日省商二函秘字第一八九号代電開：「奉准全國商联会丑皓会四字第五六二号代電開闗於規定全國商人節一案云云……並轉知」等因，奉此，自應遵照，除分引外，合行通告，仰即知照，並轉飭所屬商店一體知照。

此通告

〇〇業同業公会

〇〇街社首

陽江縣商会理事長廖〇〇

常務理事（四月）

71. 广东省商会联合会关于经济部奉行政院指令纱布南运禁令应暂缓解除的代电
（1947 年 4 月 25 日）

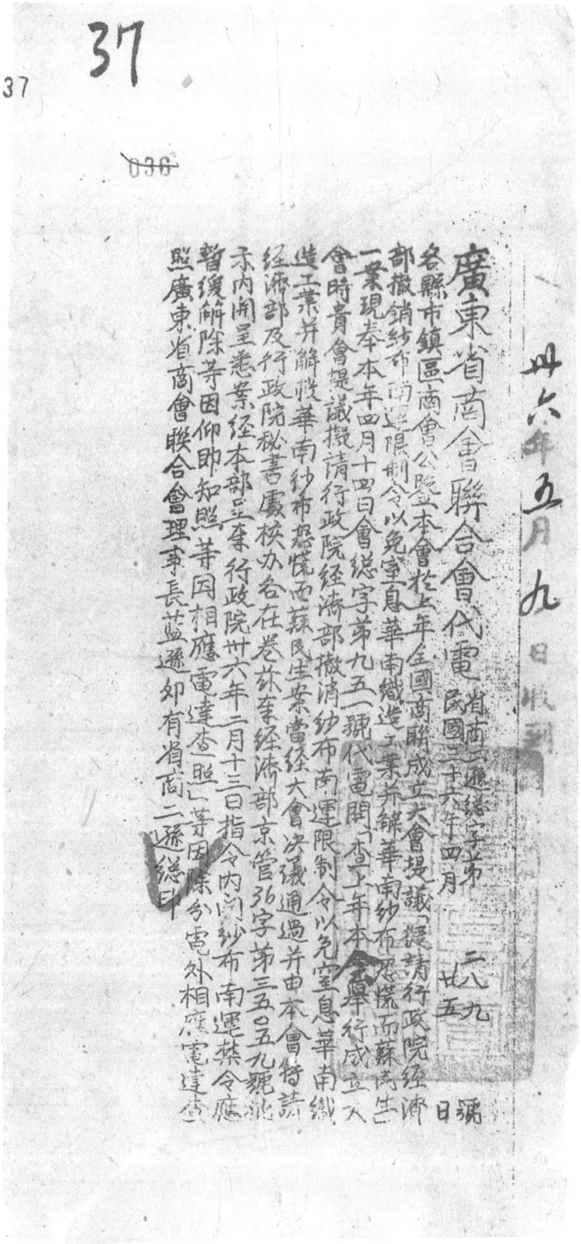
37
037
036
卅六年五月九日收到
廣東省商會聯合會代電 省商二遞總字第二八九號 民國三十六年四月廿五日
各縣市鎮區商會公鑒：本會於上年全國商聯成立大會提議「提請行政院經濟部撤銷紗布南運限制令以免窒息華南織造工業并解華南紗布恐慌而蘇民生」一案，現奉本年四月十四日會總字第九五一號代電開：「查上年本會舉行成立大會時，貴會提議擬請行政院經濟部撤消紗布南運限制令以免窒息華南織造工業并解救華南紗布恐慌而蘇民生案，當經大會決議通過，并由本會特請經濟部及行政院秘書處核办各在卷。茲奉經濟部京管36字第三五〇五九號訓示內開：呈悉。案經本部呈奉行政院卅六年二月十三日指令內開：紗布南運禁令應暫緩解除等因，仰即知照。等因。相應電達查照」等因。除分電外，相應電達查照。廣東省商會聯合會理事長藍遜卯有省商二遞總印

72. 广东省商会联合会关于全国商联会成立大会提议请政府从速确定经济政策、改善金融措施及政府意见的代电（1947 年 4 月 30 日）

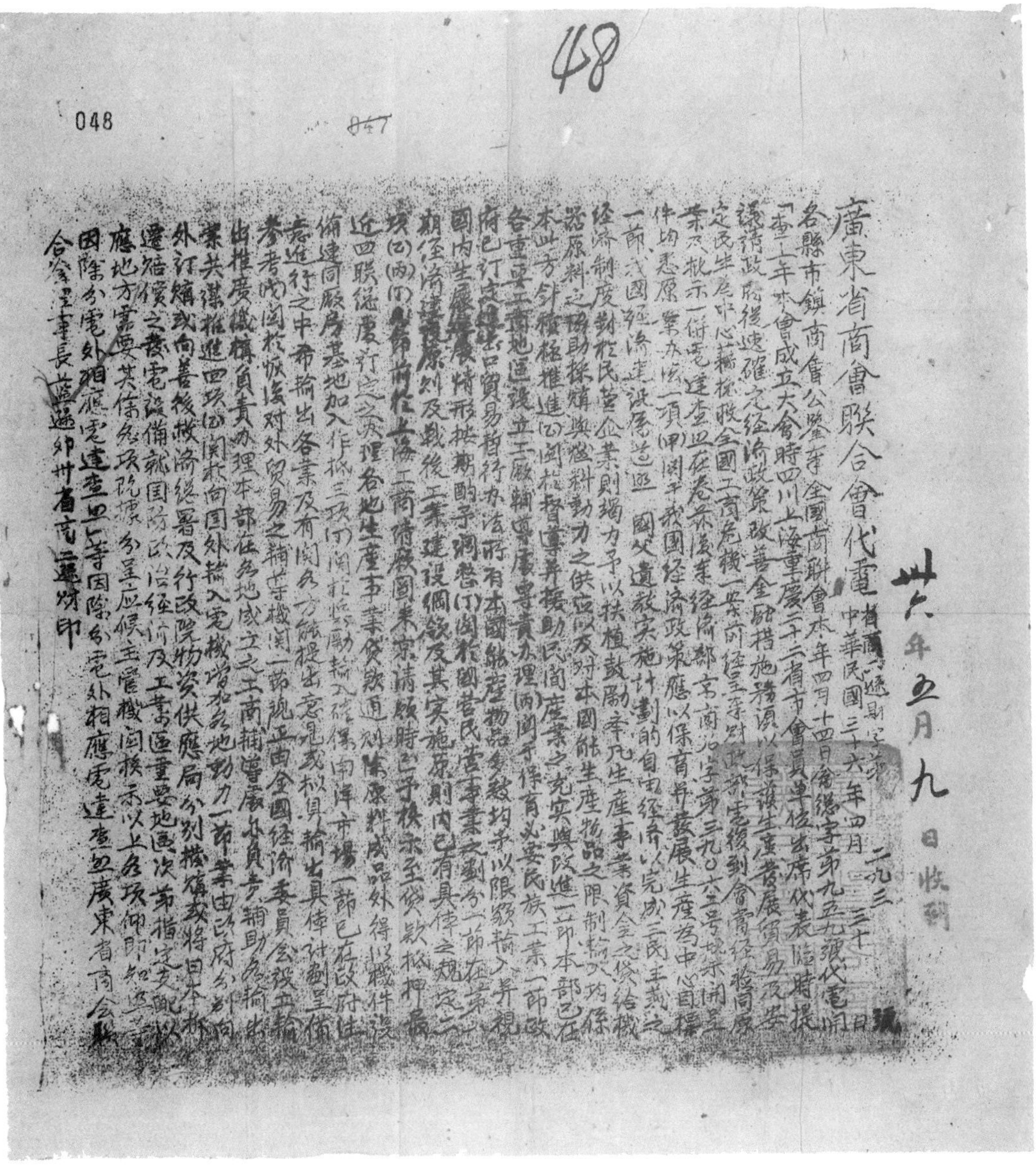

048

48

047

廣東省商會聯合會代電　省商[illegible]選字第[illegible]號　中華民國三十六年四月二九三三十日

卅六年五月九日收到

各縣市鎮商會公鑒：奉全國商聯會本年四月十四日會總字第九五九號代電開「查本年本會成立大會時四川上海重慶二十二省市會員單位出席代表臨時提議請政府從速確定經濟政策改善金融措施請須以保護生產發展貿易及安定民生為中心藉挽救全國工商危機一案前經呈奉行政院[illegible]部電復到會當經[illegible]同原案及批示一併電達查照在卷茲據經濟部京商[illegible]字第三九〇六三號代電開呈件均悉原案辦法一項(甲)關于我國經濟政策應以保育并發展生產為中心目標一節我國經濟建設原遵照國父遺教實施計劃的自由經濟以完成三民主義之經濟制度對於民營企業則竭力予以扶植鼓勵并凡生產事業資金之貸給機器原料之協助採購與燃料動力之供應以及對本國能生產物品之限制輸入均係本此方針積極推進(乙)關於督導并援助民間產業之充實與改進一節本部已在各重要工商地區設立工廠輔導處專責辦理(丙)關于保育民族工業一節政府已訂定進出口貿易暫行辦法將有本國能產物品多數均予以限額輸入并視國內生產發展情形按期酌予調整(丁)關於國營民營事業之劃分一節在第一期經濟建設原則及戰後工業建設綱領及其實施原則內已有具体之規定二項(乙)(丙)(丁)各節前經上海工商請願團來京請願時已予核示至貸款抵押最近四聯總處訂定之處理各地生產事業貸款通則除原料成品外得以機件設備建同廠房基地加入作抵三項(丁)關於獎勵輸出確保南洋市場一節已在政府施行之中希輸出各業及有關各方能提出意見或擬具輸出具体計劃呈備參考(戊)關於恢復對外貿易之輔導機關一節現正由全國經濟委員會設立輸出推廣機構負責辦理本部在各地成立之工商輔導處亦負責輔助各輸出業共謀推進四項(己)關於向國外購入電機增加各地動力一節業由政府分別向外訂購或向善後救濟總署及行政院物資供應局分別撥給或將日本賠還賠償之發電設備就國防政治經濟及工業區重要地區次第指定支配以應地方需要其餘各項既據分呈應候主管機關核示以上各項仰即知照等因除分電外相應電達查照」等因除分電外相應電達查照　廣東省商會聯合會理事長[illegible]卯卅省商二選財印

73. 广东省商会联合会关于附发经济部废止有关战时工商业法规通知的代电（1947年5月7日）+ 附：经济部废止有关战时工商业法规名单

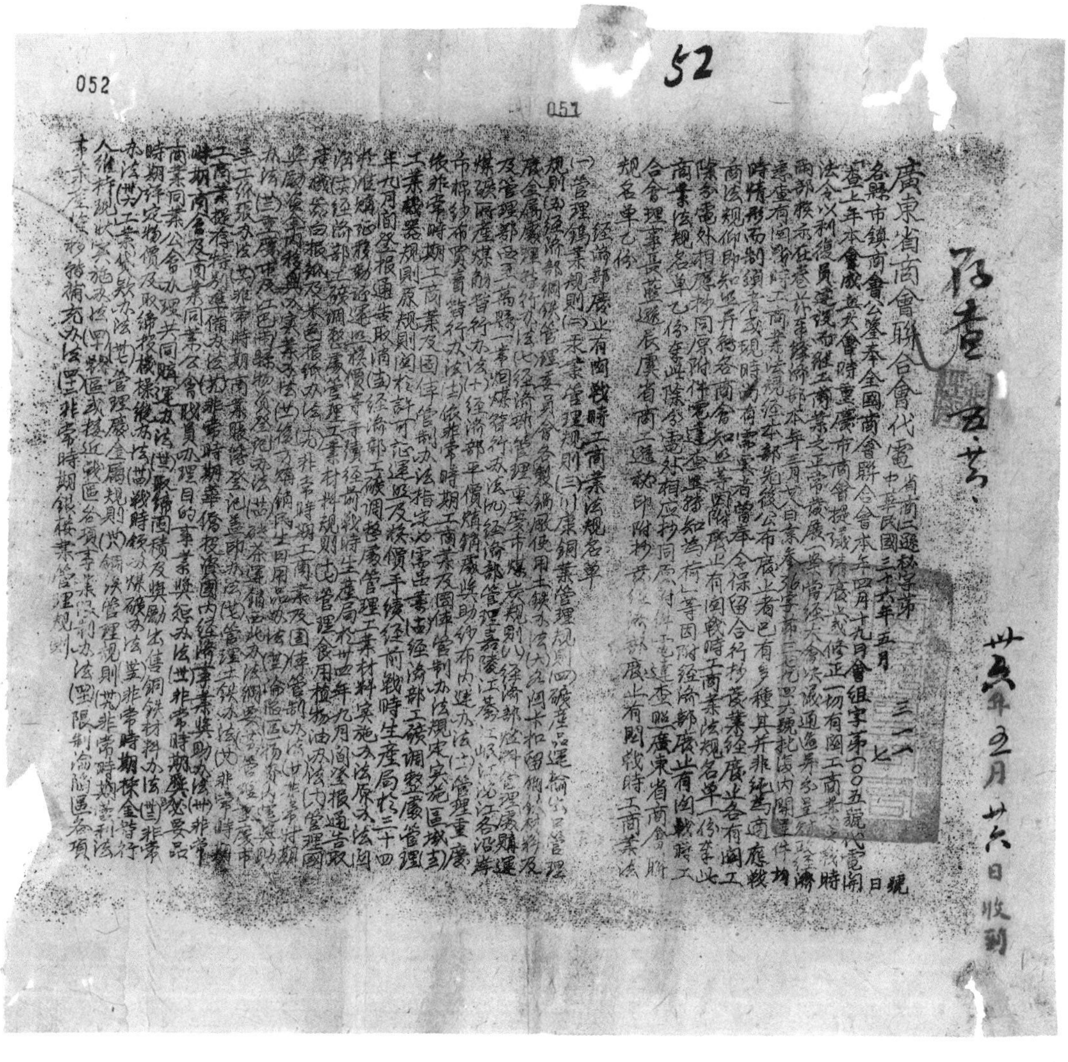

74. 广东省商会联合会关于广东省政府社会处通饬各县市政府严禁分裂商运另组类似商会组织的代电（1947 年 5 月 10 日）

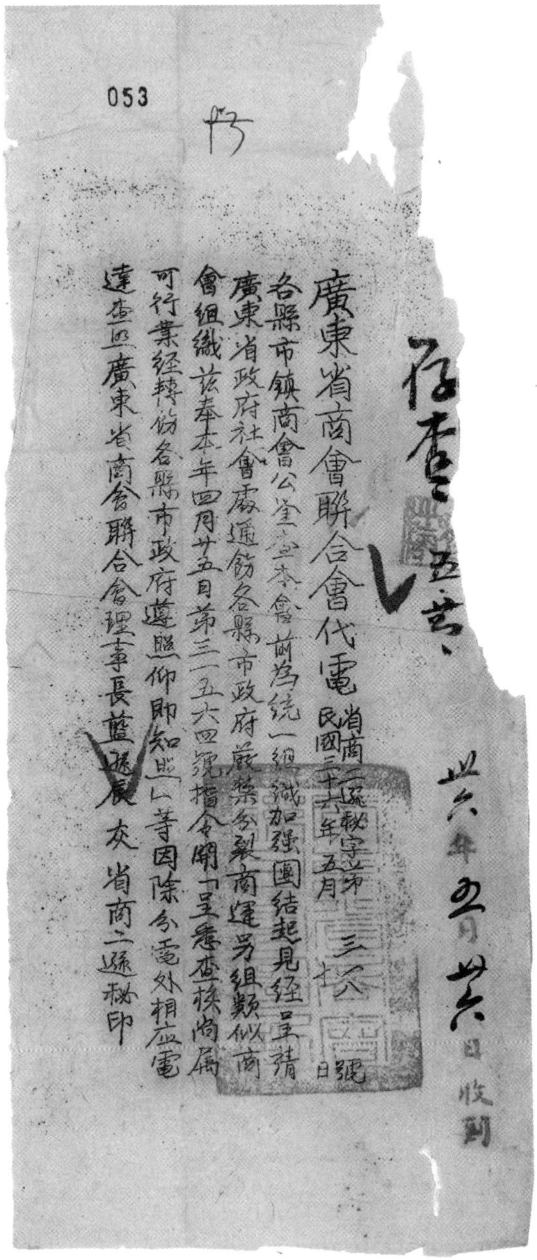

053

存查 五.卄六

卅六年五月卅六日收到

廣東省商會聯合會代電 省商二遞秘字第三一八號 民國三十六年五月 日

各縣市鎮商會公鑒：查本會前為統一組織加強團結起見，經呈請廣東省政府社會處通飭各縣市政府嚴禁分裂商運另組類似商會組織，茲奉本年四月廿五日第三一五六四號指令開：「呈悉，查核尚屬可行，業經轉飭各縣市政府遵照，仰即知照」等因。除分電外，相應電達，查照。廣東省商會聯合會理事長藍遜辰。灰。省商二遞秘印

75. 广东省商会联合会关于解除战时管理锡汞两项矿产品的代电（1947 年 8 月 11 日）

40

040

039

解除战时管理锡汞两项矿产品由

卅六年八月廿六日收到

廣東省商會聯合會代電　省商二遜秘字第四六一號　民國三十六年八月十一日

各縣市區鎮商會公鑒：奉廣東省政府本年七月卅日第三〇七三五號代電開：「奉行政院本年六月三日從盈字第二一〇六〇號訓令開：『據經濟部呈稱：查錫汞兩項礦產品前為戰時管理礦產條例規定應予管理之物品，嘗於卅五年五月經鈞院第七四四次會議決定解除管理，當由本部會同資源委員會登報公告自卅五年六月十一日起商民可自由運銷。同年十一月十七日鈞院公布「修正進出口貿易暫行辦法」第一條規定凡一切貨品除附表（五）所列者外均得自由出口。其附表（五）禁止出口貨品列有「政府管理之礦產品由政府特別規定者」即鎢銻錫水銀及其礦砂，惟錫與水銀既經鈞院核定解除管理，自無禁止出口之必要，復經函詢資源委員會查明國內之錫與水銀產量除供給國防工業需要外尚有餘量可資輸出，擬應將「修正進出口貿易暫行辦法」第一條規定附表（五）第一款之錫水銀予以刪除，以免牴觸等情，應准照辦。除指令並分令外，合行令仰知照並轉飭知照』等因，除分電外，合行電仰知照」等因，除分電外，合行電仰知照並轉飭知有關行商為荷。廣東省商會聯合會理事長蔡遜未　省商二遜秘印

存查　八　廿八

76. 广东省商会联合会关于依照惩治汉奸条例甄别伪商会组织的代电（1947 年 8 月 19 日）

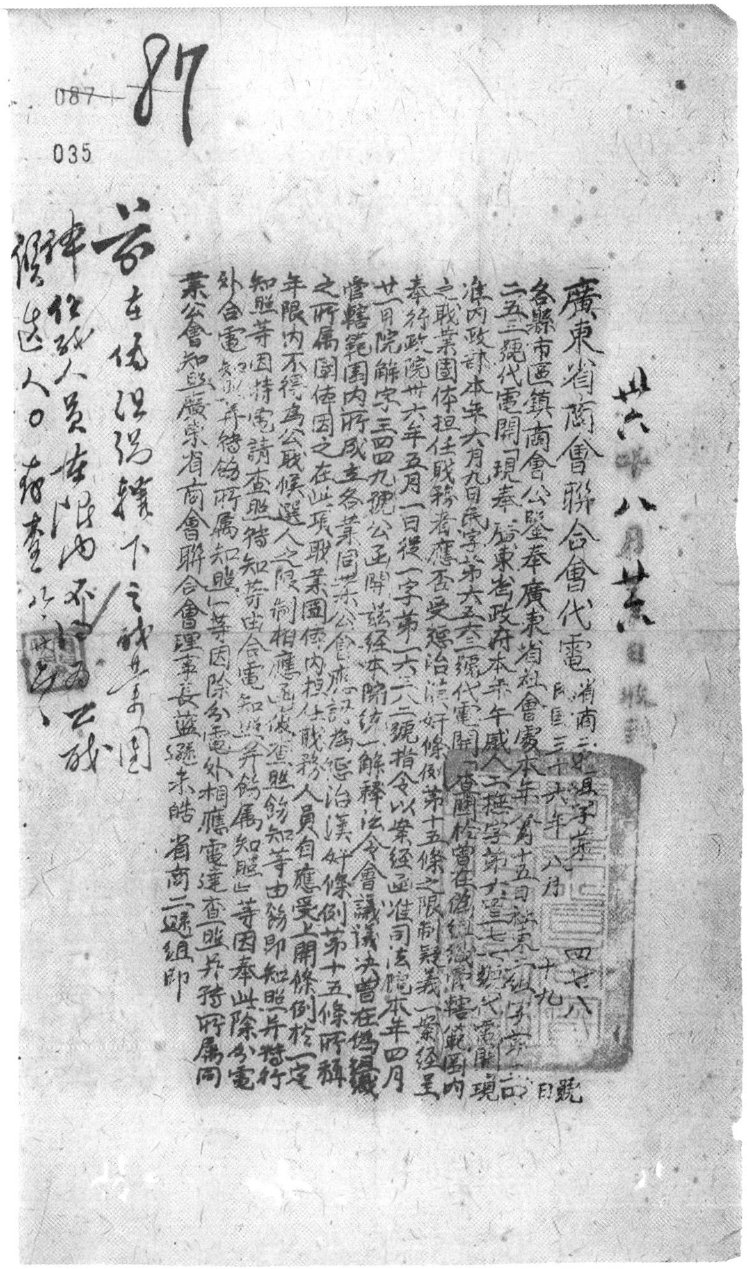

广东省商会联合会代电 省商二字第[illegible]号 民国三十六年八月 日

各县市区镇商会公鉴：奉广东省社会处本年八月十五日社[illegible]字第[illegible]号代电开：「现奉广东省政府本年[illegible]字第[illegible]号代电开：「准内政部本年六月九日民字第六五六三号代电开：『查关于曾在伪组织管辖范围内现任之职业团体担任职务者应否受惩治汉奸条例第十五条之限制疑义一案，经呈奉行政院卅六年五月一日从一字第一六三六二号指令，以案经函准司法院本年四月廿一日院解字三四四九号公函开：兹经本院统一解释法令会议议决，曾在伪组织管辖范围内所成立各业同业公会应认为惩治汉奸条例第十五条所称之所属团体，因之在此项职业团体内担任职务人员，自应受上开条例于一定年限内不得为公职候选人之限制，相应函复查照，饬知等由，饬即知照，并转行知照等因，特电请查照，转知等由，合电知照，并饬属知照。』等因，奉此，除分电外，合电知照，并转饬所属知照。」等因，除分电外，相应电达查照，并转饬所属同业公会知照。广东省商会联合会理事长蓝[illegible]未皓 省商二组印

77. 阳江县成新栈店东莫杰关于向太傅祠堂值理承租瓦铺建筑请予发给证明书致县商会理事长廖永年的呈（1947 年 9 月 5 日）

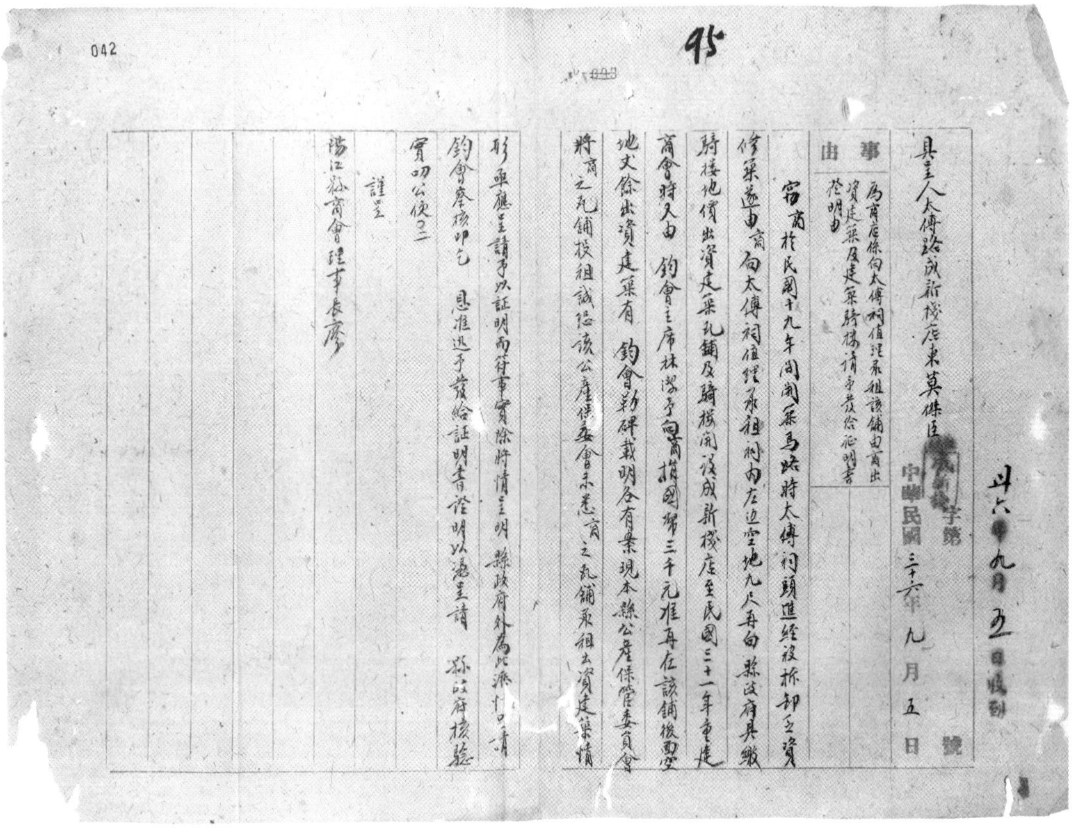

042

95

具呈人太傅路成新棧店東莫傑臣　字第　號

事由：為商店係向太傅祠值理承租該鋪由商出資建築及建築騎樓請予發給證明書由

中華民國三十六年九月五日

卅六年九月五日收到

竊商於民國十九年間闢築馬路時太傅祠頭進經被拆卸乏資修築遂由商向太傅祠值理承租祠內左邊空地九尺再由縣政府具繳騎樓地價出資建築瓦鋪及騎樓開設成新棧店至民國三十一年重建商會時又由鈞會主席林潔予向商捐國幣三千元准再在該鋪後面空地丈餘出資建築有鈞會勒碑載明各有案現本縣公產保管委員會將商之瓦鋪投租誠恐該公產保委會未悉商之瓦鋪承租出資建築情形爰應呈請予以證明而符事實除將情呈明縣政府外為此瀝情呈請鈞會察核叩乞恩准迅予發給證明書證明以憑呈請縣政府核驗實叨公便

謹呈

陽江縣商會理事長廖

78. 广东省商会联合会关于国大代表和立法委员选举注意事项的代电（1947 年 10 月 2 日）+ 附：国民大会代表、立法院立法委员职业团体及妇女团体选举注意事项

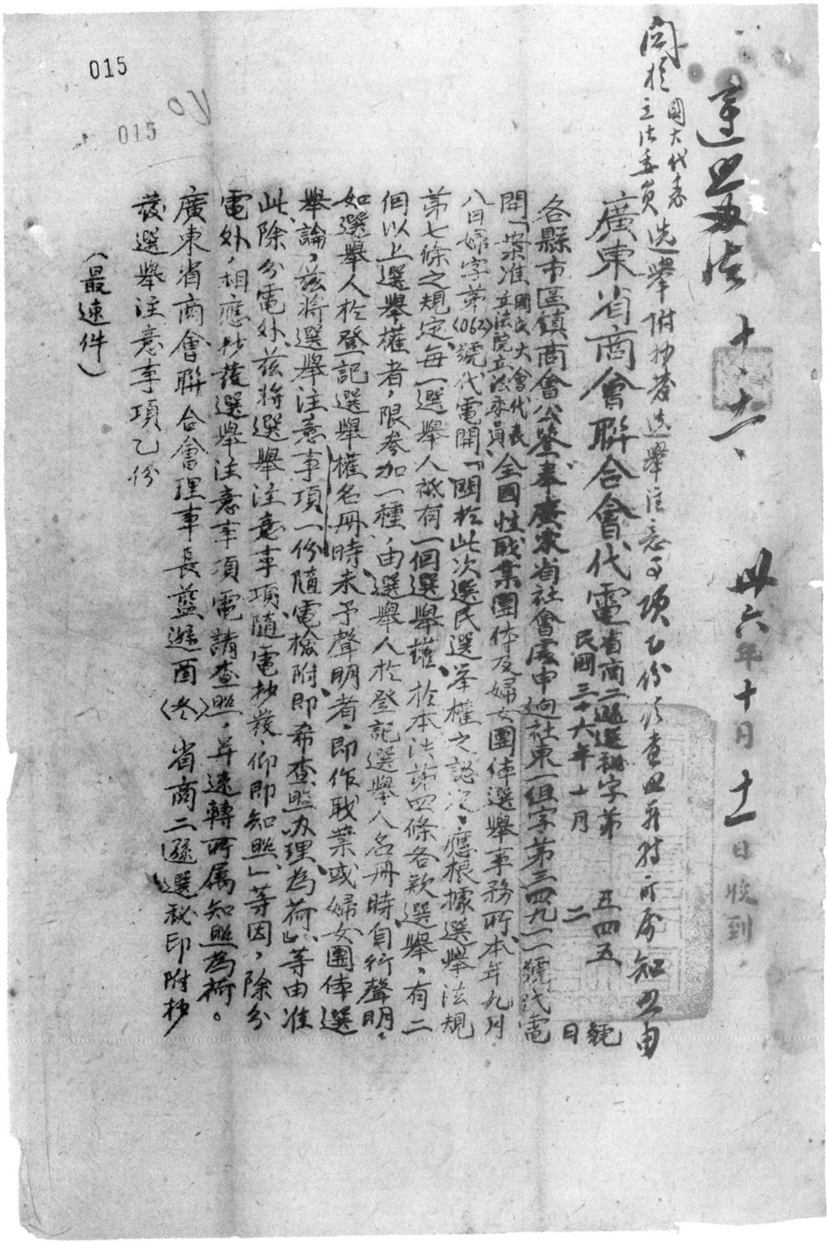

廣東省商會聯合會代電 省商二選秘字第五四五號

民國三十六年十月二日

各縣市區鎮商會公鑒：奉廣東省社會處申迴社東一組字第三四九一號代電開：「案准國民大會代表立法院立法委員全國性職業團体及婦女團体選舉事務所本年九月八日婦字第(062)號代電開：『關於此次選民選舉權之認定，應根據選舉法規第七條之規定，每一選舉人祇有一個選舉權，於本法第四條各款選舉，有二個以上選舉權者，限參加一種，由選舉人於登記選舉人名冊時自行聲明。如選舉人於登記選舉權名冊時未予聲明者，即作職業或婦女團体選舉論。茲將選舉注意事項一份隨電檢附，即希查照辦理為荷。』等由，准此，除分電外，茲將選舉注意事項隨電抄發，仰即知照。」等因，除分電外，相應抄發選舉注意事項，電請查照，並遠轉所屬知照為荷。

廣東省商會聯合會理事長藍[illegible]國（冬） 省商二選秘印 附抄發選舉注意事項乙份

（最速件）

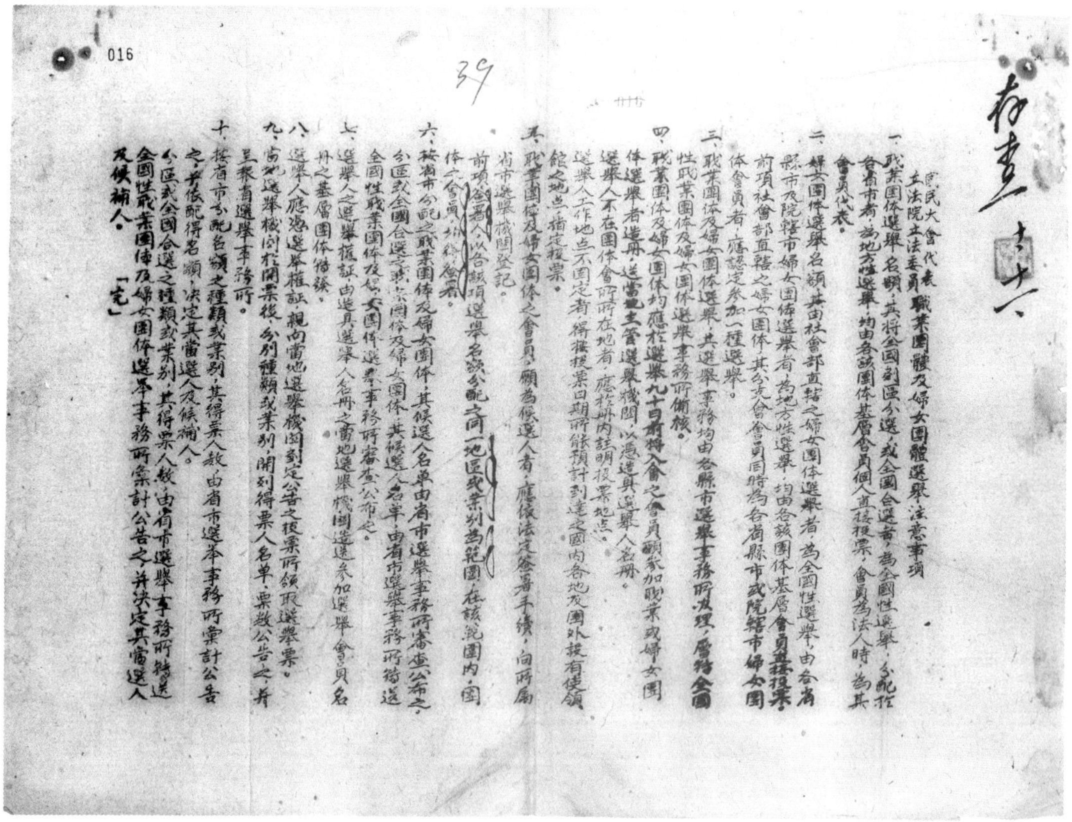

016

存查　十六

39

國民大會代表
立法院立法委員職業團體及婦女團體選舉注意事項

一、職業團体選舉名額，其將全國劃區分選，或全國合選者，為全國性選舉，分配於各省市者，為地方性選舉，均由各該團体基層會員個人直接投票，會員為法人時，為其會員代表。

二、婦女團体選舉名額，其由社會部直轄之婦女團体選舉者，為全國性選舉，由各省縣市及院轄市婦女團体選舉者，為地方性選舉，均由各該團体基層會員直接投票。前項社會部直轄之婦女團体，其分支會會員同時為各省縣市或院轄市婦女團体會員者，應認定參加一種選舉。

三、職業團体及婦女團体選舉，其選舉事務均由各縣市選舉事務所辦理，屬於全國性職業團体及婦女團体選舉事務所備核。

四、職業團体及婦女團体均應於選舉九十日前將入會之會員願參加職業或婦女團体選舉者造冊，送當地主管選舉機關，以憑造具選舉人名冊。選舉人不在團体會所所在地者，應於冊內註明投票地點。選舉人工作地點不固定者，得按投票日期所能預計到達之國內各地及國外設有使領館之地點，指定投票。

五、職業團体及婦女團体之會員，願為候選人者，應依法定簽署手續，向所屬省市選舉機關登記。前項簽署人，以各該項選舉名額分配之同一地區或業別為範圍，在該範圍內之團体之會員，均得簽署。

六、按省市分配之職業團体及婦女團体，其候選人名單由省市選舉事務所審查公布之。分區或全國合選之職業團体及婦女團体，其候選人名單，由省市選舉事務所彙送全國性職業團体及婦女團体選舉事務所審查公布之。

七、選舉人之選舉權証，由選舉人名冊之當地選舉機關造送參加選舉會員名冊之基層團体轉發。

八、選舉人應憑選舉權証，親向當地選舉機關劃定公告之投票所領取選舉票。

九、當地選舉機關於開票後，分別種類或業別，開列得票人名單、票數公告之，并呈報省選舉事務所。

十、按省市分配名額之種類或業別，其得票人數，由省市選舉事務所彙計公告之，并依配得名額，決定其當選人及候補人。分區或全國合選之種類或業別，其得票人數，由省市選舉事務所轉送全國性職業團体及婦女團体選舉事務所彙計公告之，并決定其當選人及候補人。

「完」

79. 广东省商会联合会关于零星交易开立发票困难一案财政部有关规定的代电（1947 年 10 月 28 日）

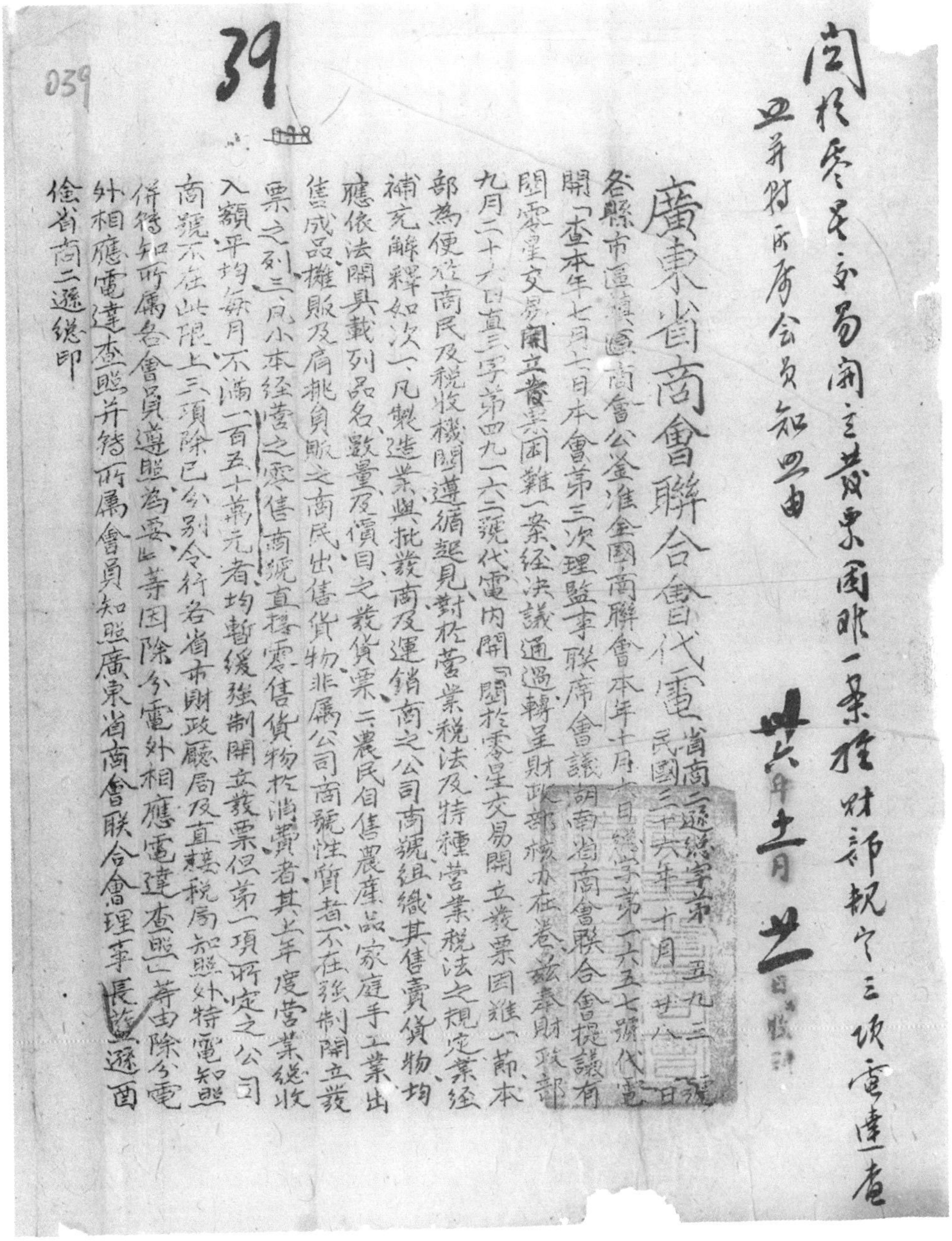

80. 阳江县商会奉广东省商会联合会代电通告 11 月 1 日为商人节（1947 年 10 月 31 日）+ 附：广东省商会联合会代电（1947 年 10 月 21 日）

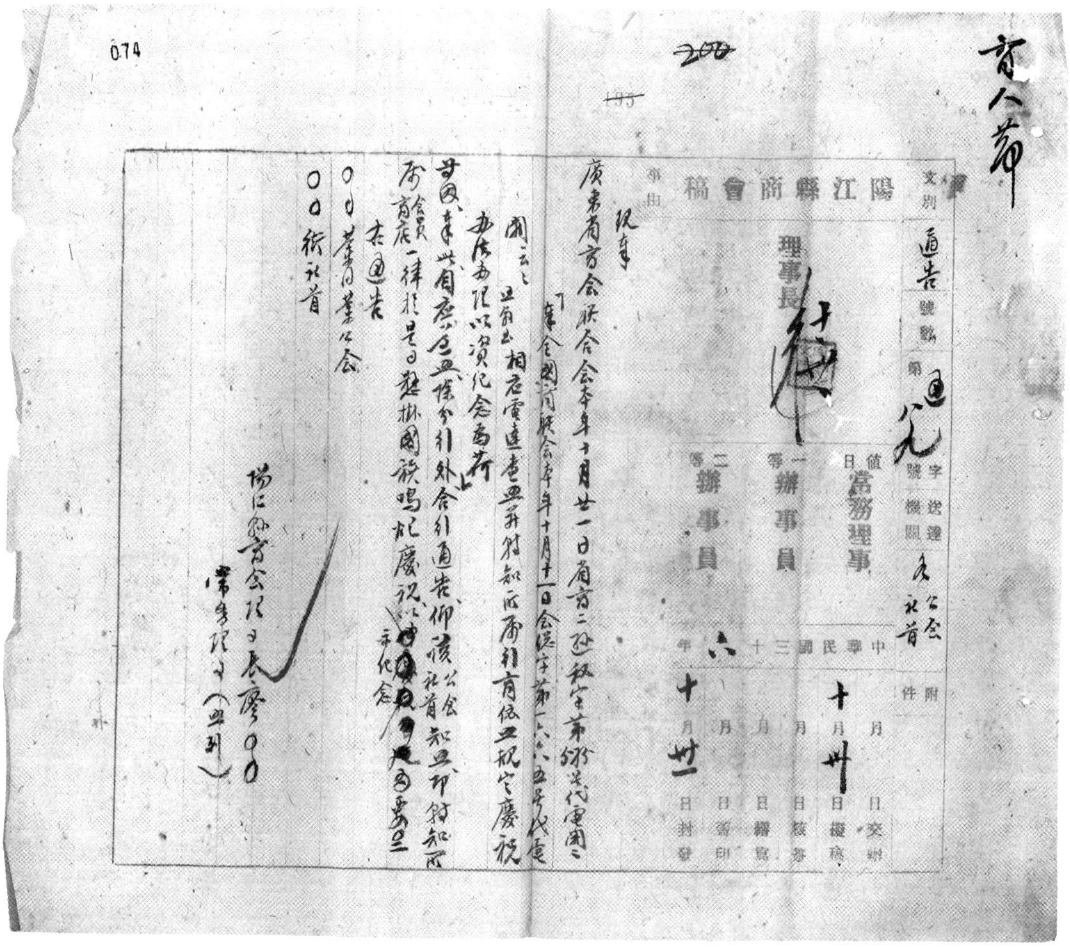

075

~~196~~ 201

十一月一日商人節卷

廣東省商會聯合會代電

省商二遞秘字第五七五號
民國三十六年十月廿一日

各縣市區鎮商會公鑒：奉全國商聯會本年十月十一日會總字第一六六五號代電開「查本年十一月一日為商人節，前經本會成立大會決議通過并電達查照在卷，茲以屆臨節期不遠，亟應先事籌備以示慶祝，除決定由本會電請中樞有關機關首長及社會名流賜撰論文及題詞洽請上海商報社發行特刊并由本會王理事長於是日向國內外工商界廣播闡揚商人節之意義外，至本會所屬各會員單位統一慶祝辦法頃決定亦請於是日一、商請所在地報紙發行特刊二、層轉各公司行號於是日懸掛國旗一日 三、其他慶祝辦法由各地商會就所在地情形察酌辦理，除分電外，相應電達查照，并轉知所屬知照酌辦」等因，除分電外，相應電達查照，并轉知所屬行商依照規定慶祝办法辦理，以資紀念為荷。廣東省商會聯合會理事長藍遜酉馬省商二遞總印

卅六年十月廿九日收到

81. 阳江县商会发给广和兴店复业的证明书（1947 年 11 月 15 日）

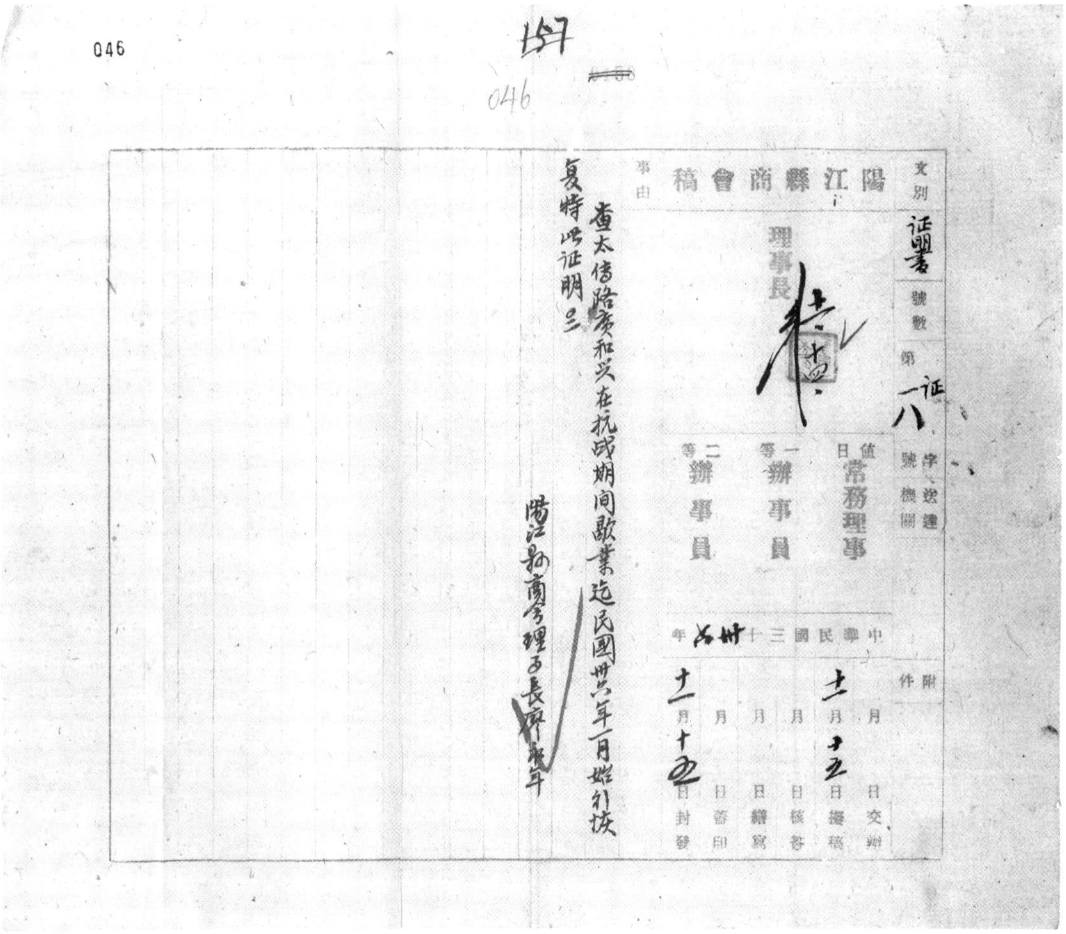
046

157

陽江縣商會稿

文別：证書

號數：第一证八

理事長

值日常務理事

一等辦事員

二等辦事員

中華民國三十六年

十一月十五日擬稿

十一月十四日封發

事由

查太傅路廣和興在抗戰期間歇業，迄民國卅六年一月始行恢復，特此证明。

陽江縣商會理事長

82. 阳江县棉艺兴店东林彦彪向县商会理事长廖永年呈请发给证明书（1948 年 2 月 6 日）

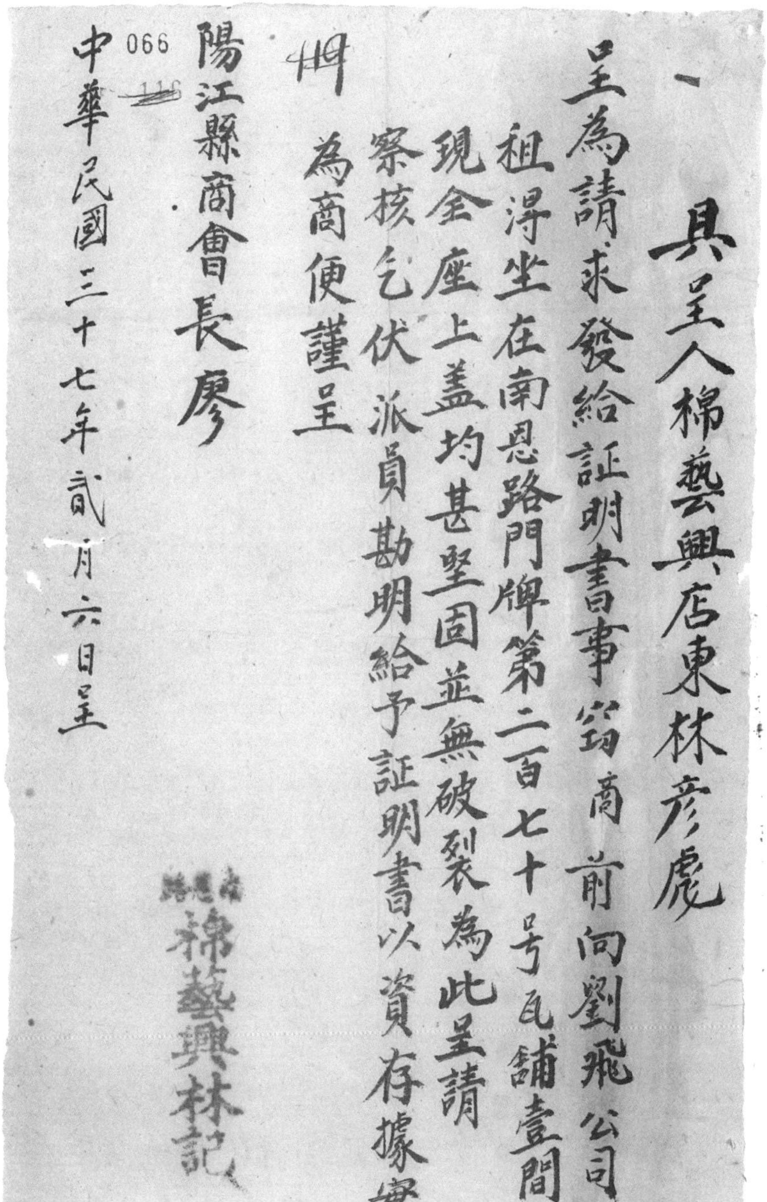

具呈人棉藝興店東林彥虎

呈為請求發給証明書事竊商前向劉飛公司租得坐在南恩路門牌第二百七十号瓦鋪壹間現全座上蓋均甚堅固並無破裂為此呈請察核乞伏派員勘明給予証明書以資存據實為商便謹呈

陽江縣商會長廖

中華民國三十七年貳月六日呈

南恩路
棉藝興林記

83. 广东省商会联合会关于理事长出席国大请于 3 月 22 日前用书面提案对于工商业建议事项的代电（1948 年 3 月 11 日）

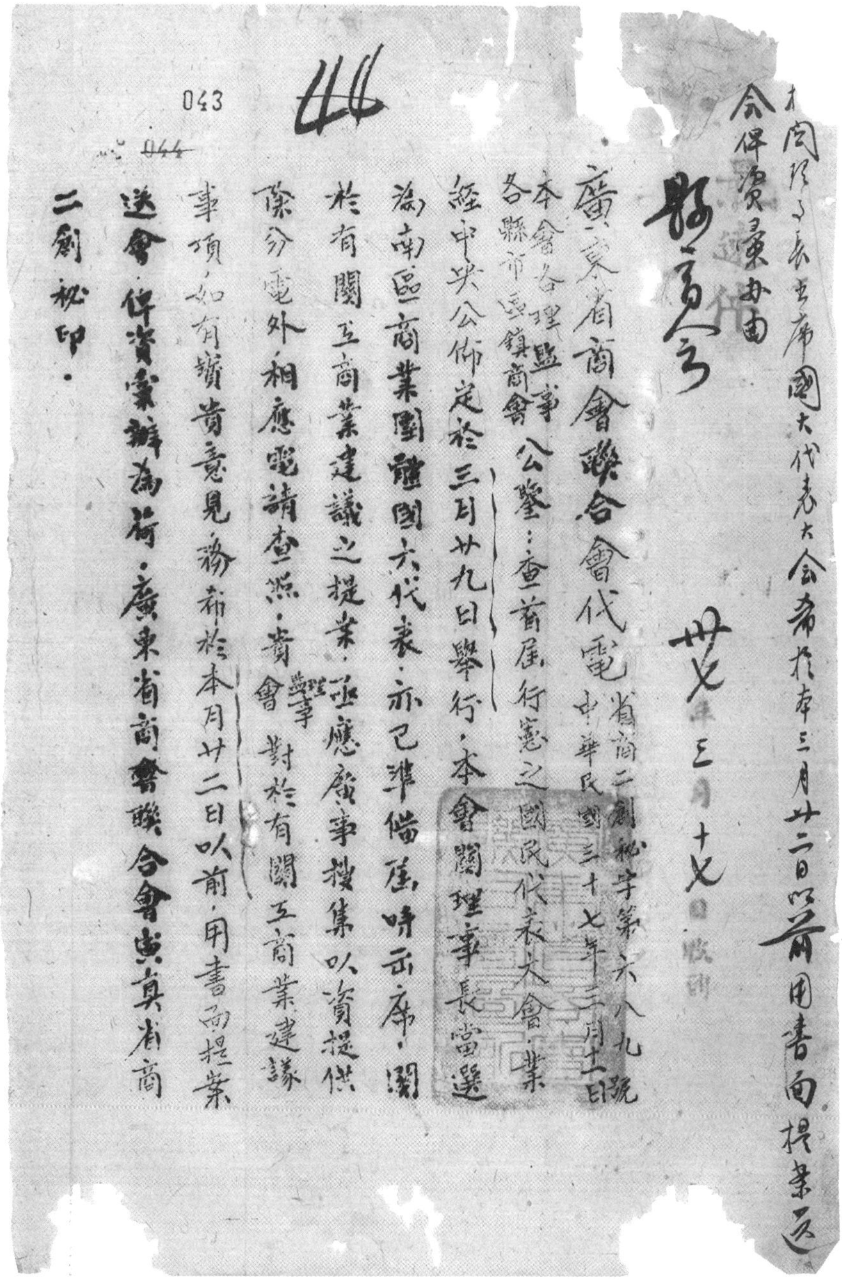

46
043
~~044~~

本同理事长出席国大代表大会希于本三月廿二日以前用书面提案送会俾资汇办由

新会

卅七年三月十七日收到

广东省商会联合会代电　省商二创秘字第六八九号　中华民国三十七年三月十一日

本会各理监事
各县市区镇商会　公鉴：查首届行宪之国民代表大会，业经中央公布定于三月廿九日举行，本会关理事长当选为南区商业团体国大代表，亦已准备届时出席，关于有关工商业建议之提案，亟应广事搜集以资提供。除分电外，相应电请查照，贵会（理监事）对于有关工商业建议事项，如有赞贵意见，务希于本月廿二日以前，用书面提案送会，俾资汇办为荷。广东省商会联合会寅真省商二创秘印。

84. 阳江县广泰成皮箱漆器总厂因派伴携带单车、收音机往广州恐被误为入口货物或其他误会函请县商会理事长廖永年予以证明（1948 年 4 月 13 日）

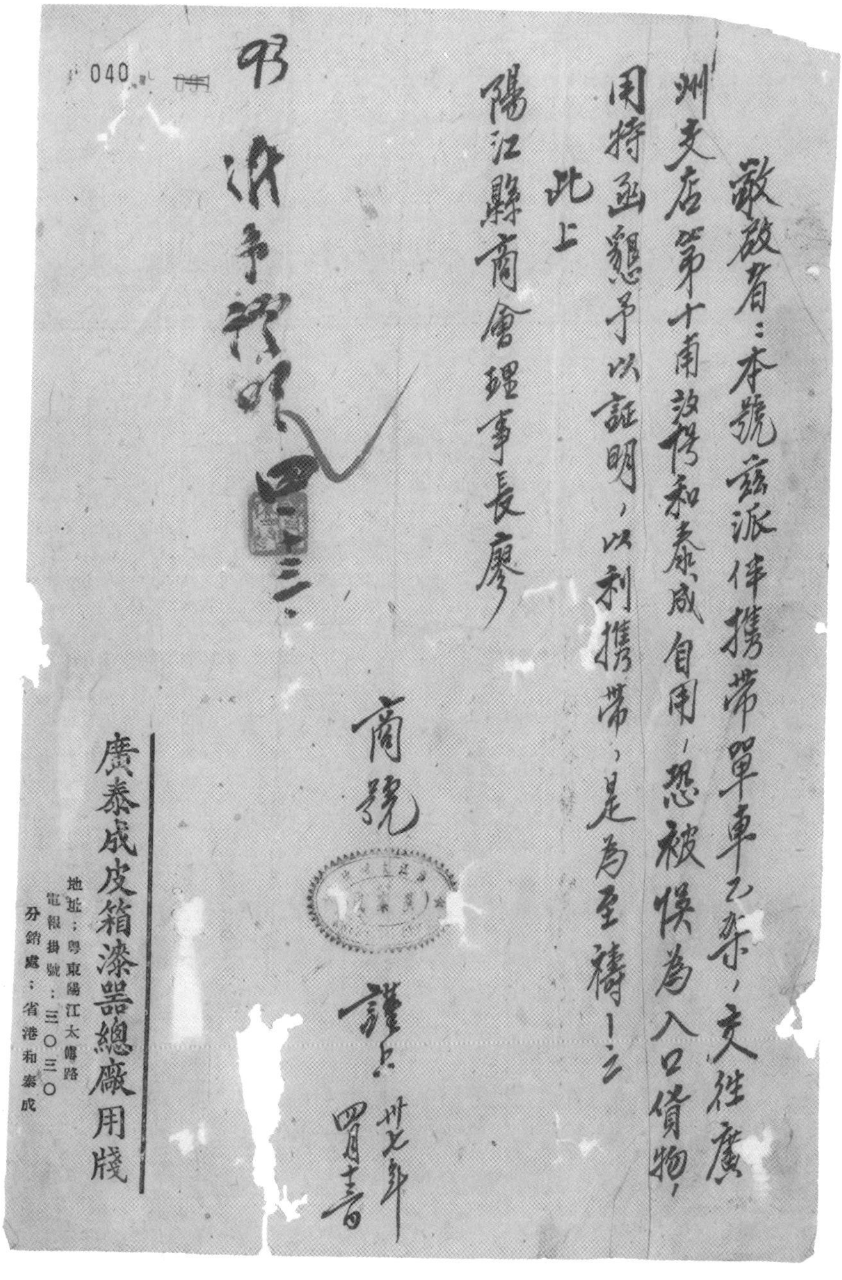

040 041

93

敬啟者：本號茲派伴携帶單車乙架，交往廣州支店第十甫路和泰成自用，恐被誤為入口貨物，用特函懇予以証明，以利携帶，是為至禱！之

此上

陽江縣商會理事長廖

商號 謹上

卅七年四月十三

准予證明 四、十三

廣泰成皮箱漆器總廠用牋

地址：粵東陽江太傅路

電報掛號：三〇三〇

分銷處：省港和泰成

敬啟者：本號茲派伴携帶收音機工具，前赴廣洲市修理，恐被誤為入口貨物，或其他誤會，因特函懇予以証明，以利携帶，是為至禱！

此上

陽江縣商會理事長廖

商號　謹上

卅五年四月十三日

准予證明　四、十二

廣泰成皮箱漆器總廠用箋

地址：粵東陽江太傅路

電報掛號：三〇三〇

分銷處：省港和泰成

85. 广东省商会联合会关于《前锋日报》出版商人节专刊函请阳江县商会理事长廖永年赐稿（1948 年 10 月 15 日）

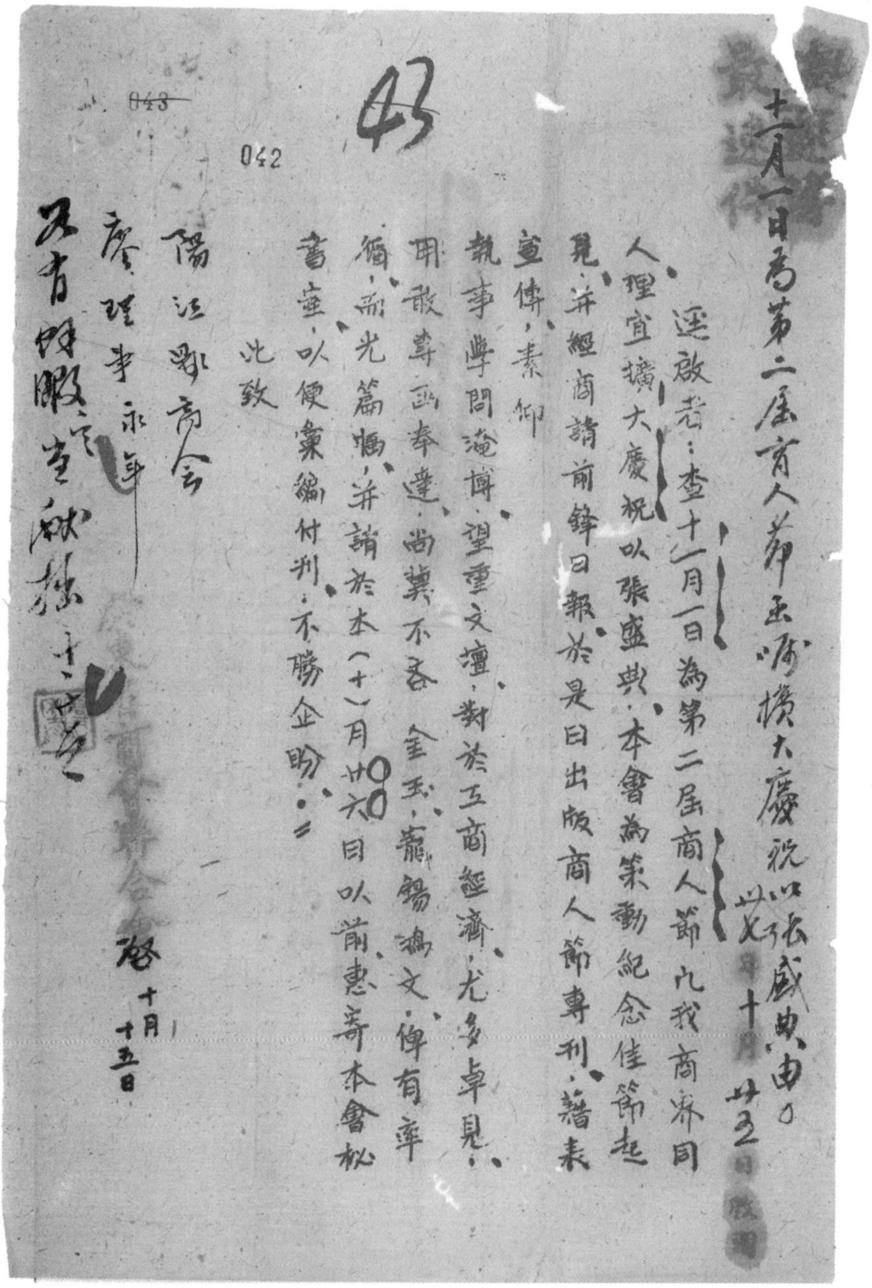

最速件

十一月一日為第二屆商人節函請擴大慶祝以張盛典由

卅七年十月廿三日

逕啟者：查十一月一日為第二屆商人節，凡我商界同人，理宜擴大慶祝，以張盛典。本會為策動紀念佳節起見，並經商請前鋒日報於是日出版商人節專刊，藉表宣傳，素仰

執事學問淹博，望重文壇，對於工商經濟，尤多卓見，用敢專函奉達，尚冀不吝金玉，寵錫鴻文，俾有率循，而光篇幅，並請於本（十）月廿六日以前惠寄本會秘書室，以便彙編付刊，不勝企盼。

此致

陽江縣商會

廖理事永年

廣東省商會聯合會啓 十月十五日

86. 广东省商会联合会关于暂行实施关税暨贸易总协定一案的代电（1948 年 10 月 15 日）+ 附：外交部致工商部的代电

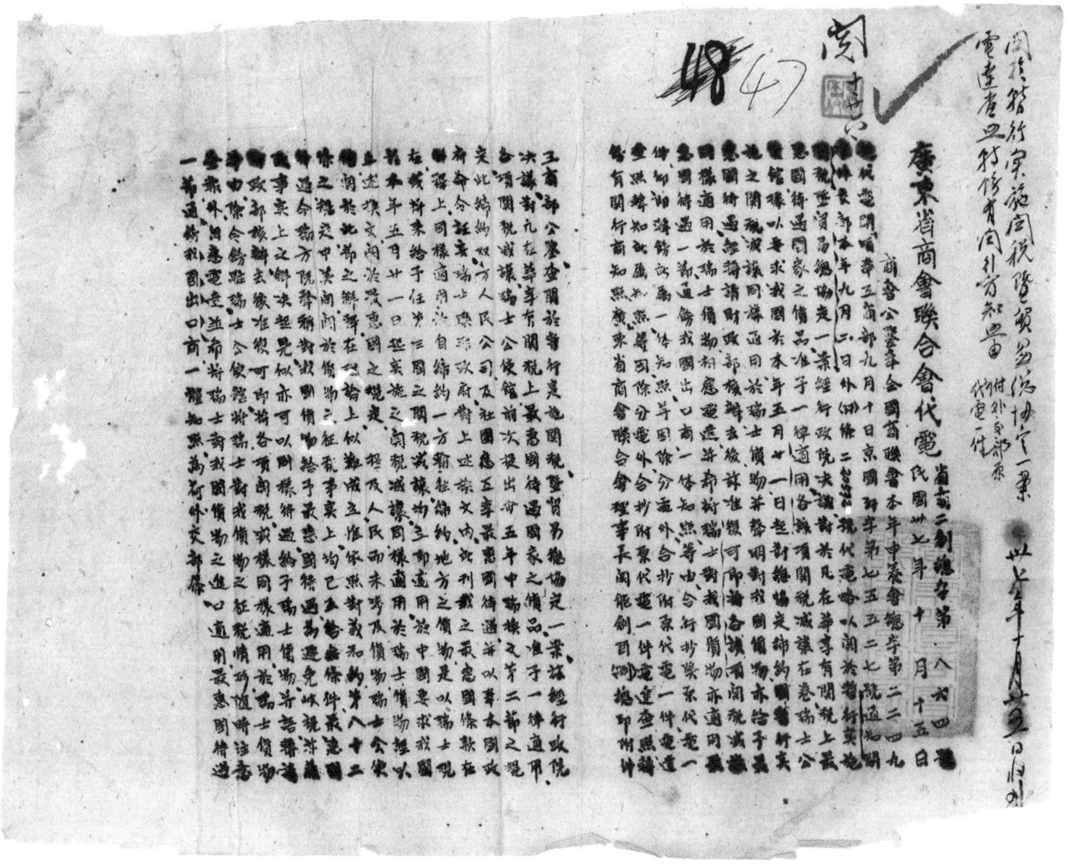

閱

關於暫行實施關稅暨貿易總協定一案電達查照轉飭有關行商知照由

附外交部原代電一件

卅七年十月廿五日收到

廣東省商會聯合會代電　省商二創總字第八六四號　民國卅七年十月十五日

商會公鑒：奉全國商聯會本年中聯會總字第二二四九號代電開：准工商部九月十日京國貿字第七五五二七號通知開：准外交部本年九月二日外(卅)條二[illegible]號代電略以：關於暫行實施關稅暨貿易總協定一案，經行政院決議對於凡在華享有關稅上最惠國待遇國家之貨品准予一律適用各該項關稅減讓在卷。瑞士公使館據以要求我國於本年五月廿一日起對總協定締約國實施之關稅減讓同樣適用於瑞士貨物，並聲明對我國貨物亦給予最惠國待遇。經簽請財政部核辦去後，茲准覆可即准各該項關稅減讓同樣適用於瑞士貨物，相應電達，希查照轉飭瑞士對我國貨物亦適用最惠國待遇一節通飭我國出口商一體知照等由，合行抄發原代電一件，仰即轉飭所屬一體知照等因。除分電外，合抄附原代電一件電達查照，轉飭有關行商知照。廣東省商會聯合會理事長閔能劍[illegible]

工商部公鑒：查關於暫行實施關稅暨貿易總協定一案，經行政院決議對凡在華享有關稅上最惠國待遇國家之貨品准予一律適用各該項關稅減讓。瑞士公使館前次提出十五年中瑞條文第二節之規定，此締約雙方人民、公司及社團應互享最惠國待遇，並以華本國政府命令認定瑞士[illegible]政府對上述條文內所列載之最惠國條款在稅務上同樣適用於自締約一方領土締約地方之貨物，是以瑞士現在我將來給予任何第三國之關稅減讓均應適用於中國，要求我國對本年五月廿一日起實施之關稅減讓同樣適用於瑞士貨物。並以上述條文內[illegible]惠國之規定，關稅及人民而未涉及貨物，[illegible]權援引此節之解釋在法律上似難成立，惟[illegible]第八十二條之規定，中[illegible]商約關於貨物之征稅事實上均已互給無條件最惠國待遇，今該方既聲稱對我國貨物給予最惠國待遇，為避免[illegible]之事實上之解決，[illegible]似亦可以同樣待遇給予瑞士貨物[illegible]。即致部核辦去後，准覆可即將各項關稅減讓同樣適用於瑞士貨物[illegible]，由部令飭駐瑞士公使館將瑞士對我國貨物之進口適用最惠國待遇一節[illegible]外，相應電達，希查照轉飭我國出口商一體知照為荷。外交部條[illegible]

87. 广东省商会联合会因全国商联会依法召开第二届会员代表大会改选理监事电请各县市区镇商会如有关于商务兴革事宜用书面寄会汇编（1948 年 11 月 4 日）

廣東省商會聯合會代電

省商二劉秘字第八八九號
民國三十七年十一月四日

各縣市區鎮商會公鑒：現准中華民國商會全國聯合會酉卯代電開：查本會自成立以來，瞬屆兩載，各地商業艱苦日益，賴因挽回補救端賴群策群力，至本會原有各理監事任期將滿，依法應召開第二屆會員代表大會改選半數，該經第十二次常務理事會議決議事項分別通知如下：(一)開會地點假上海市商會會議廳；(二)日期自本年十一月十八日起至二十日止共三日；(三)出席代表：貴會原任出席本會代表如有變動，請即改推（一人至十一人）并先期造冊送會。代表中有因事不能出席者，祈備具委託書委託其他代表出席。此外如須偕同秘書或專員出席時，并希載明各該員姓名及人數；(四)提案希在本會議七日前交郵航寄本會（上海市商會本會上海分事務所）以便彙編付議；(五)報到自十一月十五日至十七日；(六)交通由本會呈請社會部轉咨交通部通知各省市社會局對遠地各代表儘量予以交通上之便利，俾各代表即可就近洽辦；(七)其他未盡事宜容再另案通知等議紀錄在卷。除分電外，相應電達，查照辦理，并希電復為荷。等由，准此，自應照辦。除屆時由敝會劉鹽推派代表出席外，相應電達查照，如有關於商務興革重要建議，將提案及各會員當地商業概況，務希儘速于本十二月十四日前用書面寄本會彙編，以便提會為荷。廣東省商會聯合會理事長劉能劉(介)(代)(支)秘印。

（三）会费收支

88. 阳江县商会主席林洁予通告盐业公会嗣后各盐店请领证明土产什货出入口须附月费（1942 年 1 月 13 日）

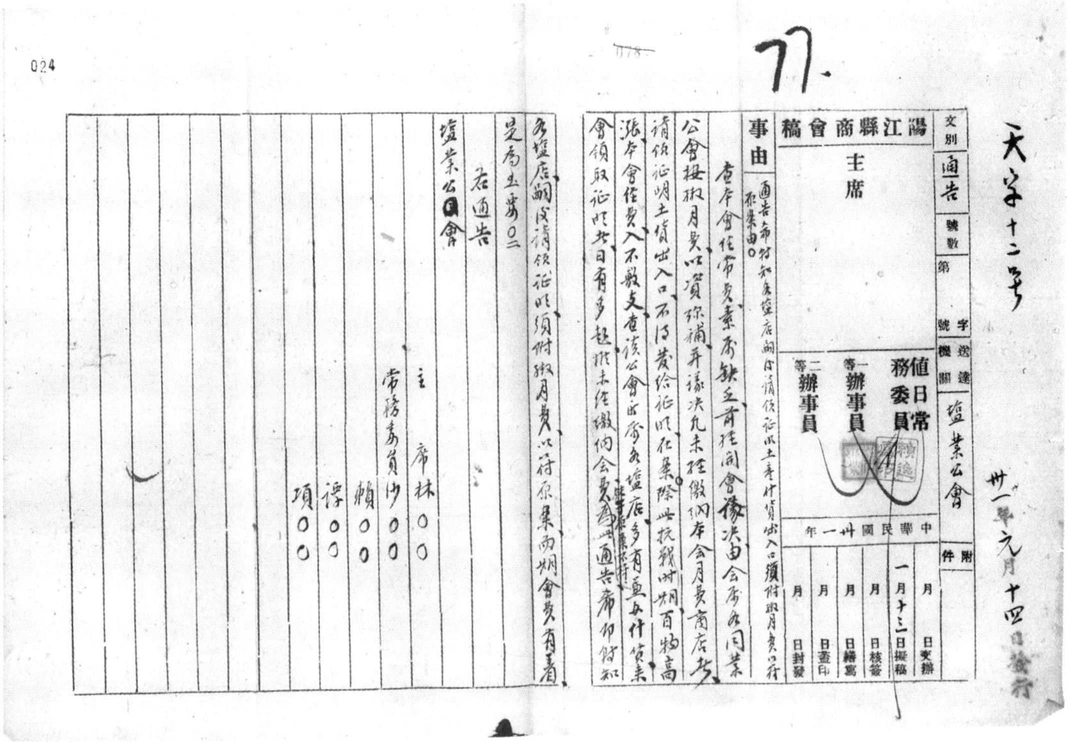
阳江县商会稿

文别：通告　号数：第　字　号　天字十二号

送达机关：盐业公会

主席

值日常务委员　一等办事员　二等办事员

中华民国卅一年

一月十三日拟稿　月　日核签　月　日缮写　月　日盖印　月　日封发　月　日交办

附件

卅一年元月十四日发行

事由：通告希转知各盐店嗣后请领证明土产什货出入口须附缴月费以符原案由。

查本会经常费素形缺乏，前经开会议决由各同业公会按收月费以资弥补，并议决凡未经缴纳本会月费商店者请领证明土货出入口不得发给证明，在案。际此抗战时期百物高涨，本会经费入不敷支，查该公会所属各盐店多有运土什货来会领取证明，其日有多起，兹未经缴纳会费。为此通告，希即转知各盐店嗣后请领证明须附缴月费，以符原案，而维会费有着。是为至要。

右通告

盐业公会

主席林〇〇

常务委员沙〇〇

赖〇〇

谭〇〇

项〇〇

89. 阳江县商会主席林洁予向国民党阳江县党部书记长呈报 1940 年 3 月份起至 1941 年 12 月份收支数目表（1942 年 5 月 11 日）+ 附：阳江县商会 1940 年 3 月份起至 12 月份收支数目表、1941 年份收支数目表

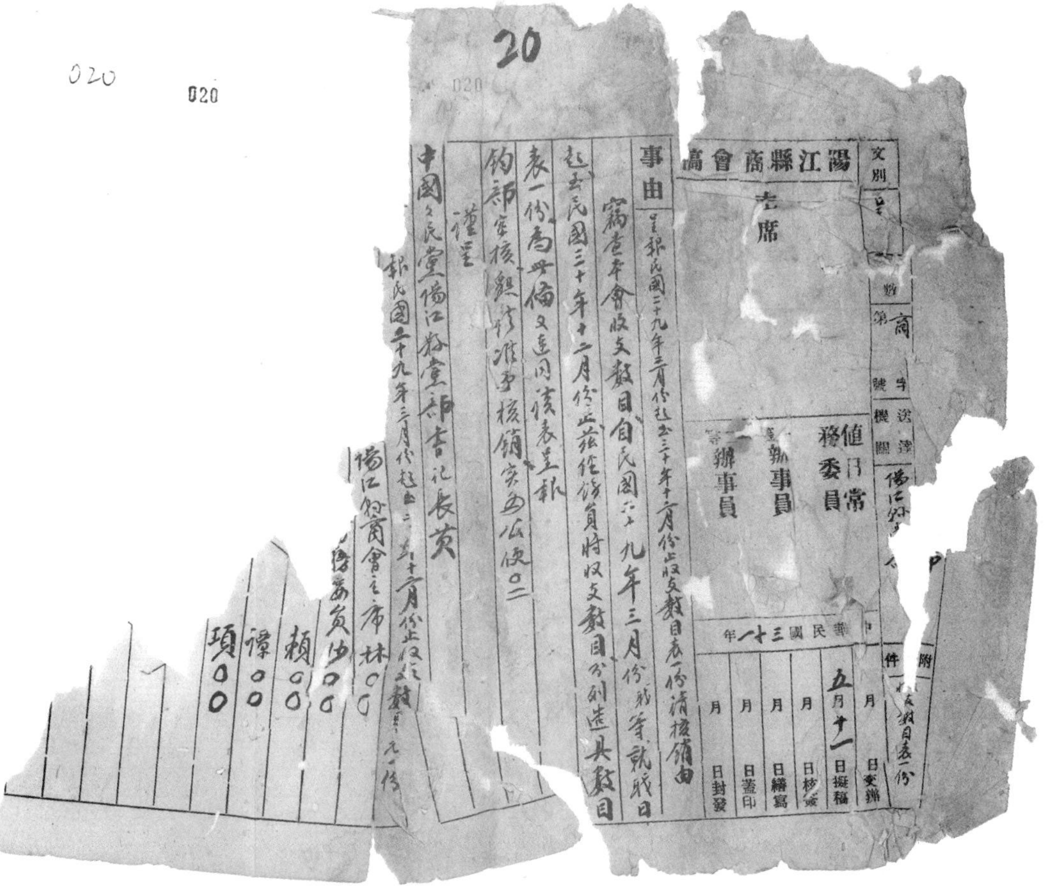

陽江縣商會稿

主席

事由：呈報民國二十九年三月份起至三十年十二月份止收支數目表一份請核銷由

竊查本會收支數目自民國二十九年三月份起至民國三十年十二月份止茲經將負時收支數目分列造具數目表一份為此備文連同該表呈報

鈞部察核准予核銷實為公便

謹呈

中國國民黨陽江縣黨部書記長黃

陽江縣商會主席林

中華民國三十一年五月十一日擬稿

附件：收支數目表一份

021

阳江县商会造报民国二十九年五月份起至三十年十二月份止收支数目总表

二十九年五月份起至十二月份止	收入	四七九五元二六	支出	五〇七五元五五[illegible]
三十年一月份起至十二月份止	收入	一九五三八八六	支出	九六九一五一
收入合计		二四三三四元一二	支出合计	一四七六七元〇五
存数		九五六七元〇[illegible]（築本会之址费用）		

22

022

陽江縣商會造報民國二十九年三月份起至十二月份止收入數目表

譚前任移交款	一一〇元九一
北洪商會補助費	一三八九
各商店月費	一七〇三四五
頂鋪佃費	四五一〇
廣益公司股息	六九四五
各鋪租	一五〇〇
証明書及村運証紙費	一四一八〇
劍青[illegible]承借商[illegible]	二六三八七
收回各店[illegible]年	四八一[illegible]

023

023

23

阳江猪商会造报民国二十九年二月份起至十二月份止支出数目表

纸张笔墨邮纸电话等费	五〇六五〇元	
各委员款请各机关各宾游饮等费	六八七五〇	
递交店日金费	一九〇九七四	
林主席伕马费	二〇〇〇〇	每月定支伕马费二十元共支如上数
少常务伕马费	一〇〇〇〇	每月定支伕马费一十元共支如上数
频常务伕马费	一〇〇〇〇	仝上
谭常务伕马费	一〇〇〇〇	仝上
项常务伕马费	一〇〇〇〇	仝上
曹监察常务伕马费	一〇〇〇〇	仝上

024 24

[illegible]江[illegible]商会造报民国三十年份收入数目表

各商店月费	一〇四二八
出口保证捐 杂会证款	一三二〇八八〇
各街派缴[illegible]财政费	二三六八三
赈济会拨来恤款	一〇〇〇〇
各街派缴防空 床板椅凳费	四二〇一六
防空通过证手续费	一六一六〇
土货证明书 西村运沾费	九五八五
广益公司市场股息	八四〇〇
[illegible]水泥铺租	五八〇

025 25
025

阳江县商会造报民国三十年份支出数目表

纸张笔墨干电火水邮费担水工茶烟杂费	六三五	八八	
建筑会址预买红瓦坭及永隆修葺塘头会围等金费	一九五四	〇〇	
购置各物及修葺费	三一五七	五二	内支代收主席长公债二千元及支各委员职员等制服费、整修华康被榜桌椅台凳邬子费共支如上数
主席常务执监各委员全年伙马费	一三二〇	〇〇	主席一员月支二十元，常务五员每员月支一十元，执监各委员每员月支二元，全年共支如上数
缴回财政保管委员会薪金	二四	〇〇	月支二元，全年共支如上数
还邬文汇晴时公债息	五	八四	
办事员四员薪津	一六五二	〇〇	一等办事员二员每员月支薪津元二十四元，二等办事员二员每员月支薪津元，全年共支如上数
什役二名工金	六六〇	〇〇	每名月支二十八元，全年共支如上数
拨三年不敷支数	二八〇	二七	

90. 阳江县商会向广东省商会联合会函报 1942 年 1 月至 6 月事务费（1942 年 9 月 23 日）

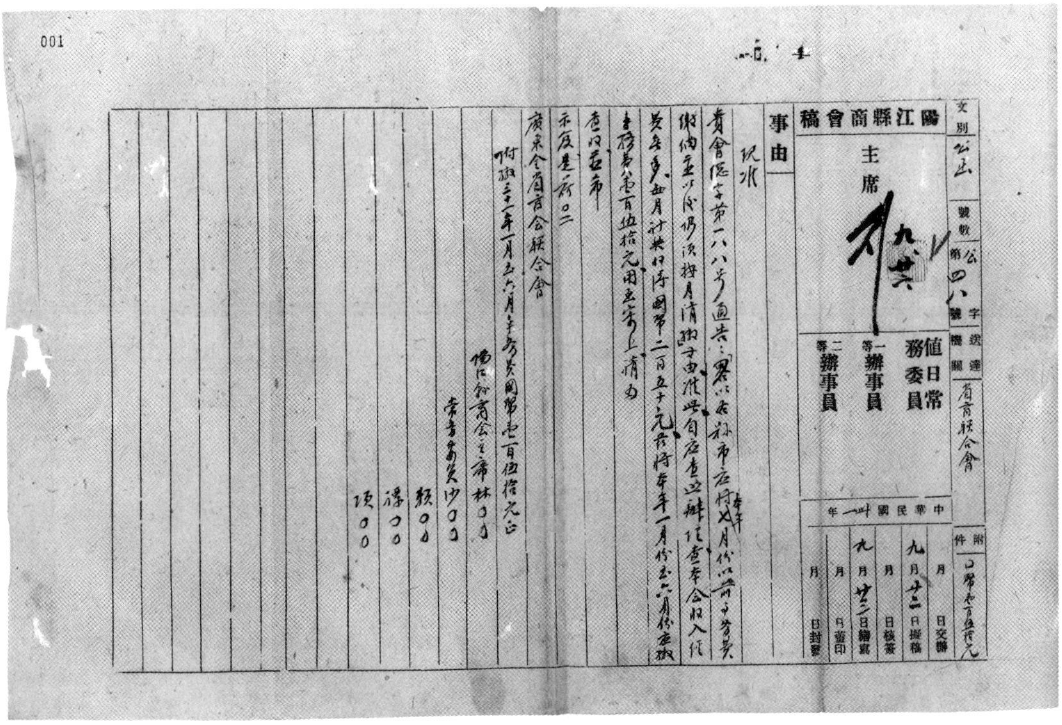

001

陽江縣商會稿

文別：公函

號數：公字第四八號

送達機關：省商聯合會

附件：國幣壹百伍拾元

主席

值日常務委員

一等辦事員

二等辦事員

中華民國卅一年

九月廿二日擬稿　九月廿二日繕寫

月　日交辦　月　日核簽　月　日蓋印　月　日封發

事由

逕啟者：

貴會總字第一八八號通告：「略以各縣市應將本年一月份以前會費繳納，至少限仍須按月清繳」等由，准此，自應遵辦。查本會應入經費每月計共國幣二百五十元，茲將本年一月份至六月份應繳事務費壹百伍拾元，用函寄上，請查收為荷。

此致

廣東全省商會聯合會

附撥三十一年一月至六月事務費國幣壹百伍拾元正

陽江縣商會主席 林○○

常務委員 沙○○

顏○○

梁○○

項○○

91. 阳江县商会 1942 年 3 月至 6 月份四个月进支数目清册（1942 年）

032

32.

陽江縣商會中華民國三十一年三月至六月份四個月進支數目清冊

033

33.

兹將三四五六月份進支數目清冊列左

承上月結存來國幣叁拾弍元九角八分

三月至六月份收入數目

一入[illegible]共捐來陸千捌百捌拾九元[illegible]

一入津[illegible]代表大会出席費共弍百[illegible]

一入譚琛拾[illegible]陸衫二單共陸百零四元叁角正

一入譚琛拾[illegible]振興昌英坑拾包壹千弍百弍拾五元正

一入賣字條[illegible]號至[illegible]號止收來[illegible]月份四個月月費共壹千[illegible]元

一入頂鋪按船共收來陸柱共弍百八拾七元壹角五分正

一入吉水寺阮水記阮執記鋪租共叁拾弍元五角九分正

一入收回瑞芝[illegible]興瑞芝園兩店貯生本息共玖拾叁元壹角正

一入劉承[illegible]借用長欵四百八拾壹元六角正

一入當衆明投各物磨子[illegible]共弍千六百叁拾四元五角正

一入滿寶記買舊水喉[illegible]玻璃三斤十三兩[illegible]拾八元七角五分正

一入振興昌與復成買舊藤牌七十個[illegible]共壹百五拾弍元六角[illegible]正

一入欽記買舊爛木[illegible]共叁拾捌元五角正

一入譚岩周拾買舊爛木箱拾個弍拾壹元正

一入各號各壚捐來築會欵共壹萬七千弍百五拾六元正

一入提取回林主席貯欵共壹萬零七百四拾元正

一入各號擔照保證費共壹百壹拾六元正

一入廣益公司市場股份息券四拾元折國幣弍拾捌元正

一入土貨證明書轉運證三月至六月份止共收來壹千叁百九拾五元

合共收來國幣肆萬叁千陸百零弍元五角正

三月至六月份支出數目

一支三月至六月份辦公費四個月紙張各物共壹百捌拾五元九角四分六文

一支送嶺華口令券七拾九元四角二仙折國幣伍拾伍元六角正

一支[illegible]殉難將士花圈對共弍元捌角正

一支[illegible]義壹萬部壹百元正

一支三三大會與總理逝世大會派捐弍拾元正

一支繳戰費不敷數與許安駒收戰債工金共四元七角六分正

24.

一支發各號交社節仔二本壹元式角六分正
一支同文印主食出貴二通告書壹千張叁拾元正
一支買電燈胆四隻共叁拾捌元正
一支雜差包干紫四個月壹百式拾元正
一支漢文印證明書辦稿紙月費收據四單共式百六拾叁元九角八分
一支公義貴與民國日報費四個月共叁拾式元八角
一支紀念旗扮 先烈大會派伍元正
一支印通告原紙山貝紙大水共壹拾六元零五分
一支香燭火水共壹拾叁元伍角正
一支打[illegible]燈鉄鉛各物請苦力工與借送磅秤及看磅共人工四拾元
一支[illegible]告白銅牌一個式元壹角正
一支蛇巷街有水龍藤牌竹帽鉄槍担子柒元正
一支協泰液與大隆掃帚大帽水壳共壹拾叁元五角七分正
一支全記搭棚四個連工包料共柒拾元正
一支端午節卹伸福二次共用式拾六元正

二

034

一支端午節賞縣府號房與本会雜差共式元正
一支萬安油木面盤一個壹拾叁元正
一支歡送鍾司令公讌派繳叁拾元正
一支裕隆瓦茶煙瓦煲二單共式拾九元式角八分正
一支每月雜差招呼各客熟烟共壹拾壹元式角正
一支四個月開會二十次熟烟共壹拾四元正
一支六月份與嫂担水工伍元正
一支建築會址及改築禮堂新安電燈材料新置柏椅紙水衣勾洋釘各物共叁萬捌千叁百捌拾式元式角 此款數于七月四日經監察委員會推賴委員少溪核對清楚數目符合
一支寶光映会址全座一幅壹百元正
一支本會落成開幕禮拍照炮竹茶点工金生菓各物共用壹千零式拾柒元正
一支林主席伕馬費四個月共捌拾元正
一支沙賴譚項曹常務委員五位伕馬費四個月共式百元正

035

35

036

一支執行各委員十四位伕馬費四個月共壹百壹拾弍元正
一支監察各委員六位伕馬費四個月共四拾八元正
一支一等辦事員蔡敬桑薪津四個月共弍百柒拾弍元正
一支一等辦事員周敵夫薪津四個月共弍百柒拾弍元正
一支二等辦事員譚若周薪津四個月共弍百陸拾元正
一支二等辦事員林宗驛薪津四個月共弍百陸拾元正
一支帮周敵夫收捐款工金四個月共四拾八元正
一支新濡華理財酬金四個月共八元正
一支雜差盧宏基工金米津四個月共弍百四拾元正
一支雜差陳小奇工金米津四個月共弍百四拾元正
合共支國幣肆萬弍千柒百元零柒四角壹分正
除支之外尚存國幣玖百叁拾伍元零七分
附録
林旦庚除抵一眾外尚欠府國幣柒百陸拾元正

三

[illegible]數[illegible]經核合
八四兩月份數目由張[illegible]員秀廷經核合
六月份數目由顧委員少溪經核合
此數如有不符祈即指正送還限一個月内查對如無查對
作為默認合併敘明

[illegible]連任二次

[illegible]

92. 阳江县商会 1942 年 7、8、9 月份进支数目清册（1942 年）

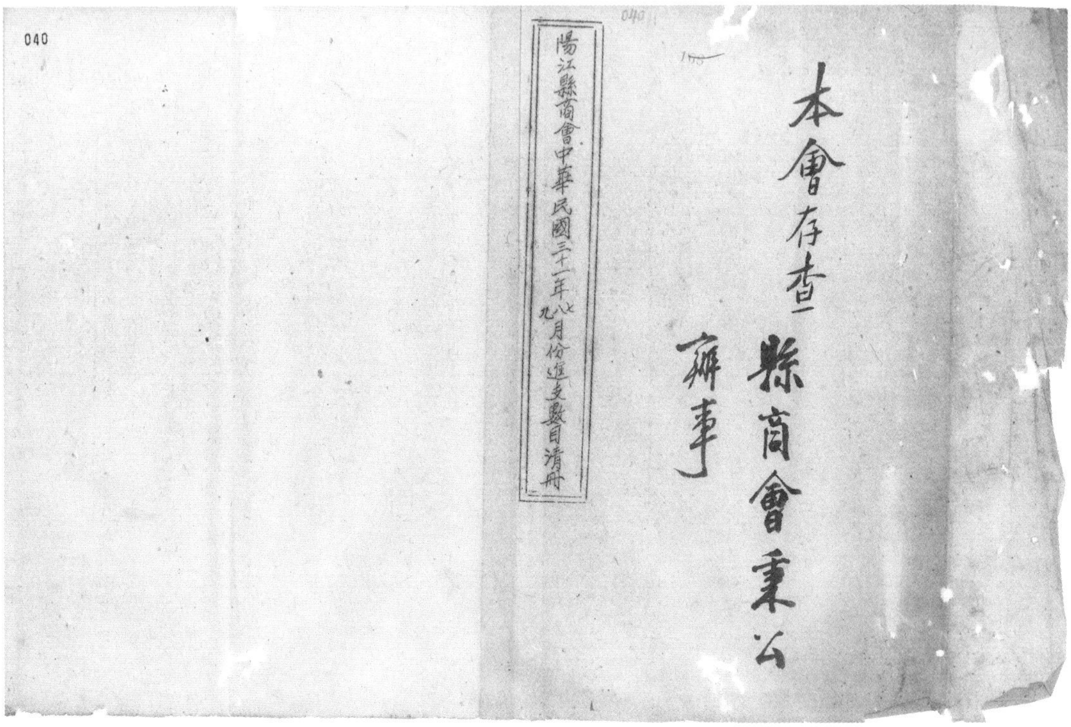
040

本會存查

縣商會秉公

辦事

陽江縣商會中華民國三十一年七八九月份進支數目清冊

041

109

謹將七月份進支數目開列于後

承上月存來國幣玖百叁拾五元零七角正

七月份收入數目

一入建字[illegible]號至[illegible]號止捐來陸百叁拾壹元五角正

一入勤字[illegible]號至[illegible]號止捐來壹千七百貳拾壹元正

一入[illegible]號至[illegible]號又[illegible]號至[illegible]號止收來會費共貳百捌拾四元七角

一入合山步分各商會與公兵站店三柱捐共來叁百四拾七元

一入轉運征陳乃捐無費外實收來壹百零伍元正

一入[illegible]貨証明書[illegible]百張計收來壹百叁拾七元五角

一入保證槍照二十四張收來四拾捌元正

合共收來國幣叁千貳百七拾四元七角

七月份支出數目

一支是月辦公費紙筆茶葉印泥油各項共四拾六元六角四分

一支公文紙和昌墨福泰和墨硯[illegible]原紙[illegible]共五拾八元八角

一支華昌號元字鎖匙[illegible]刀仔等什共六元五角

一支給安和印刷[illegible]六百張[illegible]壹拾五元一角

一支是月工[illegible]柴[illegible]叁拾元正

一支主席及各常務委員向省商聯會領証章六枚共叁拾壹元貳角

一支協泰源[illegible]草蓆一張貳拾四元正

一支河[illegible]國分[illegible]祭二[illegible]壹拾六元正

一支載運許司令公[illegible]叁拾六元四角正

一支[illegible]月[illegible]水[illegible]元七角

一支印長[illegible]山貝紙六張貳元壹角六分

一支[illegible]拾五元正

一支[illegible]共貳拾元正

一支[illegible]元五角正

一支買香燭三次茶葉一次共四元貳角正

一支民國日報費七元貳角正

一支[illegible]鼓夫收捐款工金壹拾貳元正

一支是月開會四次與什差[illegible]共五元六角

一支新會[illegible]共[illegible]角

一支[illegible]伕馬費貳拾元正

一支[illegible]常務委員五位伕馬費共五拾元

一支執行委員[illegible]共貳拾捌元正

一支監察委員六位伕馬費共壹拾貳元正

一支新聘[illegible]理財[illegible]全貳元正

170

一支蔡焱[illegible]辦事員薪津陸拾捌元正
一支周敏夫辦事員薪津陸拾捌元正
一支譚岩周辦事員薪津陸拾五元[illegible]
一支林宗韓辦事員薪津陸拾五元正
一支什差國宏基工津陸拾元正
一支什差陳小奇工津陸拾元正
合共支出國幣式仟零伍拾伍元一角正
除支外連上存國幣式千壹百五十四元六角七分
于八月五日經監察委員張秀廷核合

八月份收入數目
一入助字條[illegible]号至[illegible]号止[illegible]收來壹千七百壹拾七元正
一入贊字條[illegible]号至[illegible]号又[illegible]号至[illegible]号止共收來叁百玖拾五元正
一入廣益公司市場股份息[illegible]四拾元折國幣式拾[illegible]元正
一入土貨証明書與轉運証共收來壹百叁拾九元正
合共收入國幣式千式百七拾九元零式分

八月份支出數目
一支是月辦公費紙筆印泥[illegible]共五拾叁元四角[illegible]分
一支送合山總[illegible]兩年[illegible]折合壹千零[illegible]

二

042

一支同業公會聯合辦事處借支式百五拾叁元九角叁分
一支各同業公會借充[illegible]費伍百元正
一支[illegible]七八兩月份担水工共壹拾元正
一支選舉議員[illegible]印[illegible]共壹拾元正
一支再造[illegible]門鎖匙兩條與整鎖頭共六元六角六分
一支什差值日木牌一個壹拾元正
一支買茶葉本月份共九元正
一支是月什差包茶叁拾元正
一支買存盤京銀三寸半墨盒一個壹拾元正
一支[illegible]捐款工金壹拾式元正
一支民國日報費七元式角正
一支中元節神福用式拾元正
一支中元節賞縣府護房與本會什差共式元正
一支是月開會四次共點煙叁元五角正
一支是月交各什差[illegible]各客點煙式元八角正
一支林玉席伕馬費式拾元正
一支沙[illegible]證項曾常委五位伕馬費共伍拾元正
一支執行委員十位伕馬費共式拾八元正

171

一支監察委員六位伕馬費共壹拾貳元正
一支新庸華理財酬金貳元正
一支蔡辦事員薪津共壹百捌拾八元正
一支周辦事員薪津共壹百捌拾八元正
一支譚辦事員薪津共壹百捌拾五元正
一支林辦事員薪津共壹百捌拾五元正
一支雜差周宗基工津共壹百捌拾元正
一支雜差陳山工津共壹百捌拾元正
一支頂鋪係分各員款貳百捌拾七元一角正
合共支國幣叁千伍百叁拾九元七角五分
除支之外尚存國幣捌百九拾叁元九角五分
于十月七日經監察委員張秀廷核合

九月份收入數目

一入建字第…號至…號止捐來叁仟貳百陸拾六元四角
一入費字第…號至…號止收來月費叁百陸拾元零八角
一入來土貨證明書與轉運證共收來貳百伍拾叁元五角
一入來代證各錢捻紙二十二張收來陸拾四元正
一入各公會遣來繳僑費共四百四拾四元貳角

三八

043

一入花橋坊來防軍奉救興會費共叁元六角六分 已合繳款和
一入三鋪街來宗財應會費陸元四角正 由今山橋遣繳和
合共入國幣四千叁百九拾八元九角六分

九月份支出數目

一支是月辦公費筆墨紙章印色油等項共四拾貳元七角四分
一支各報費共合拾四元九角五分
一支福泰和四泥原紙六張貳拾七元正
一支交回源生店貯租七拾元正
一支漢文印證明書捐款收據一單壹百叁拾九元貳角五分
一支漢文印信封四百一單壹拾捌元叁角六分
一支整燈胆二只人工貳元正
一支中秋節神福四拾元正
一支中秋節賞縣府號房本會付差共四元正
一支匯交省商聯會事務費連郵費壹百五拾貳元八角五分
一支是月開會與招待各客點烟共七元六角正
一支與嫂擔水工伍元正
一支茶葉香塔共玖元正
一支安記西式元斗櫈四張一單壹百叁拾元正

一支修改鏡架二元柒角
一支[illegible]四拾捌元零五分
一支存貯陽江省銀行弍千五百元正
一支林主席伕馬費弍拾元正
一支沙頼鐘須常務委員四位伕馬費共四拾元正
一支執行委員十四位共伕馬費弍拾捌元正
一支曹監察常務委員伕馬費壹拾元正
一支監察各委員六位伕馬費共壹拾弍元正
一支新麗華理財酬金弍元正
一支蔡辦事員[illegible]新津弍百壹拾元正
一支周辦事員[illegible]新津弍百壹拾元正
一支譚辦事員[illegible]新津弍百元正
一支林辦事員[illegible]新津弍百元正
一支什差周[illegible]壹百捌拾元正
一支什差陳[illegible]工津壹百捌拾元正
一支稽周[illegible]捐款[illegible]壹拾弍元正
一支是月交什役[illegible]千柒叁拾五元正
合共支出國幣四千五百七拾元零五角

四

除支之外尚存國幣柒百弍拾弍元四角
附錄存款
一存貯陽江廣東省銀行國幣弍仟伍百元正
一存貯林主席國幣柒百陸拾元正
其餘各店貯交各業主租款與各店攤數存款均交財政管理員新麗華處貯收進支無數
于十月七日經監察委員張務廷核合
此數于十月七日經張委員務廷核算六合數清查並無錯誤送冊限一個月內查對如有不符祈即指示如無查对作為默認
合併敘明

93. 阳江县商会向广东省商会联合会函报每月会费收入总数（1946 年 12 月 23 日）

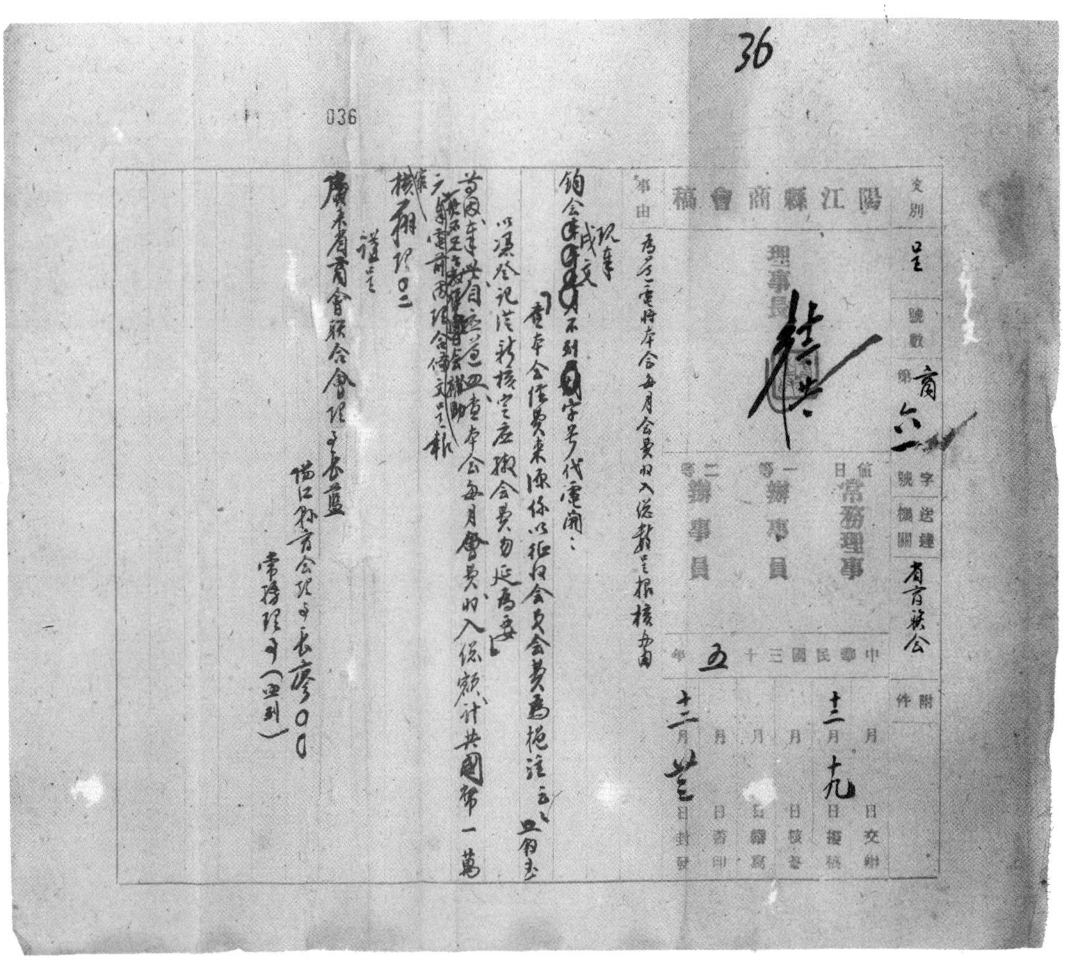

36

036

陽江縣商會稿

文別：呈

號數：第 商 六二 號

理事長 [illegible]

值日 常務理事

一等 辦事員

二等 辦事員

字號 送達機關：省商聯会

附件

中華民國三十五年 十二月十九日 [illegible] 十二月廿三日

交辦 擬稿 核簽 繕寫 蓋印 封發

事由：為呈一覆將本会每月会費收入總數呈報核備由

[illegible]

謹呈

廣東省商會聯合會理事長 藍

陽江縣商會理事長 [illegible]

常務理事 [illegible]

94. 阳江县商会关于拟增加各商店月费的通告（1947 年 2 月 1 日）

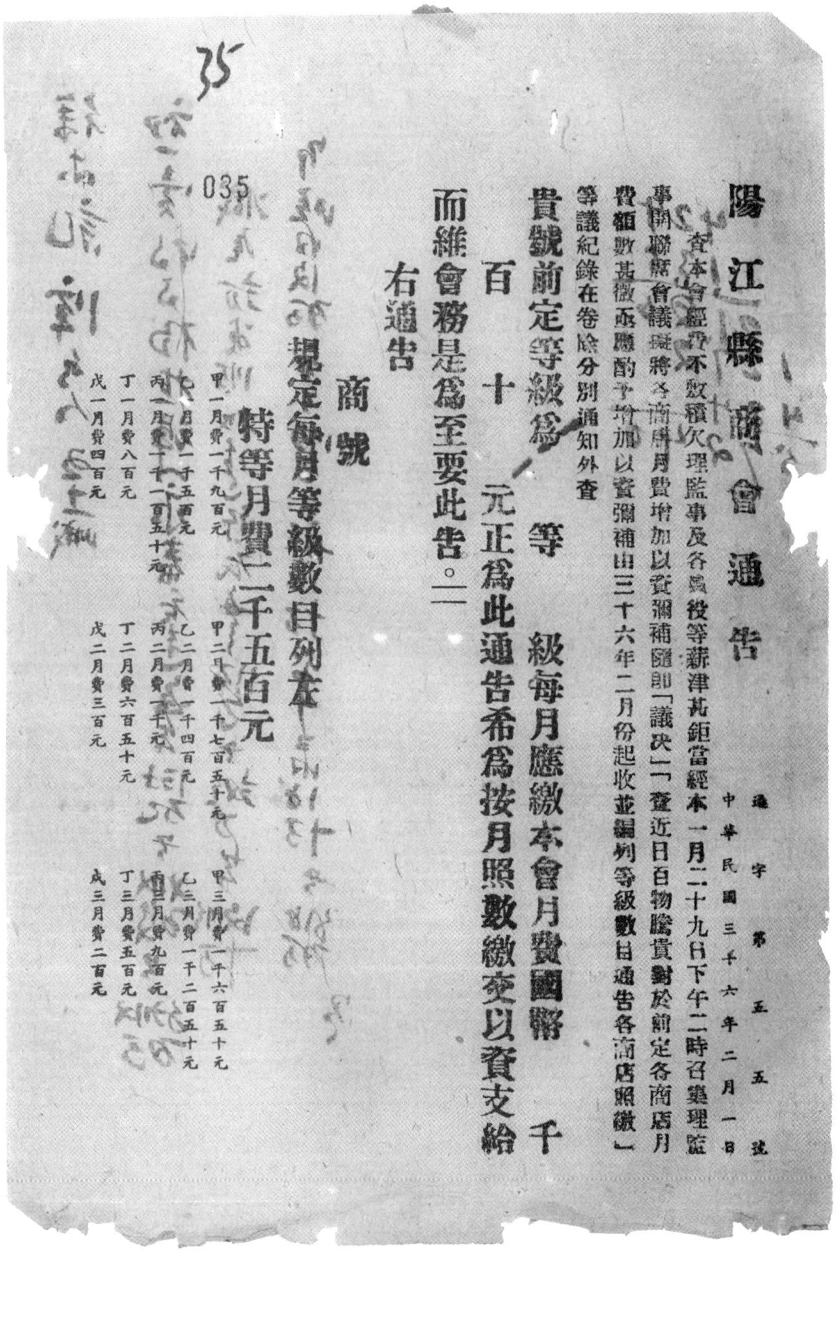

通字第五五號
中華民國三十六年二月一日

陽江縣商會通告

查本會經費不敷積欠理監事及各員役等薪津甚鉅當經本一月二十九日下午二時召集理監事開聯席會議擬將各商店月費增加以資彌補隨即「議決」「查近日百物騰貴對於前定各商店月費額數甚微亟應酌予增加以資彌補由三十六年二月份起收並編列等級數目通告各商店照繳」等議紀錄在卷除分別通知外查

貴號前定等級爲　等　級每月應繳本會月費國幣　千　百　十　元正爲此通告希爲按月照數繳交以資支給而維會務是爲至要此告。二

右通告

商號

規定每月等級數目列左

特等月費二千五百元

甲一月費一千九百元　甲二月費一千七百五十元　甲三月費一千六百五十元

乙一月費一千五百元　乙二月費一千四百元　乙三月費一千二百五十元

丙一月費一千一百五十元　丙二月費一千元　丙三月費九百元

丁一月費八百元　丁二月費六百五十元　丁三月費五百元

戊一月費四百元　戊二月費三百元　戊三月費二百元

95. 阳江县商会理事长廖永年关于拟将本城各商店月费增加四倍的通告（1947 年 11 月 6 日）

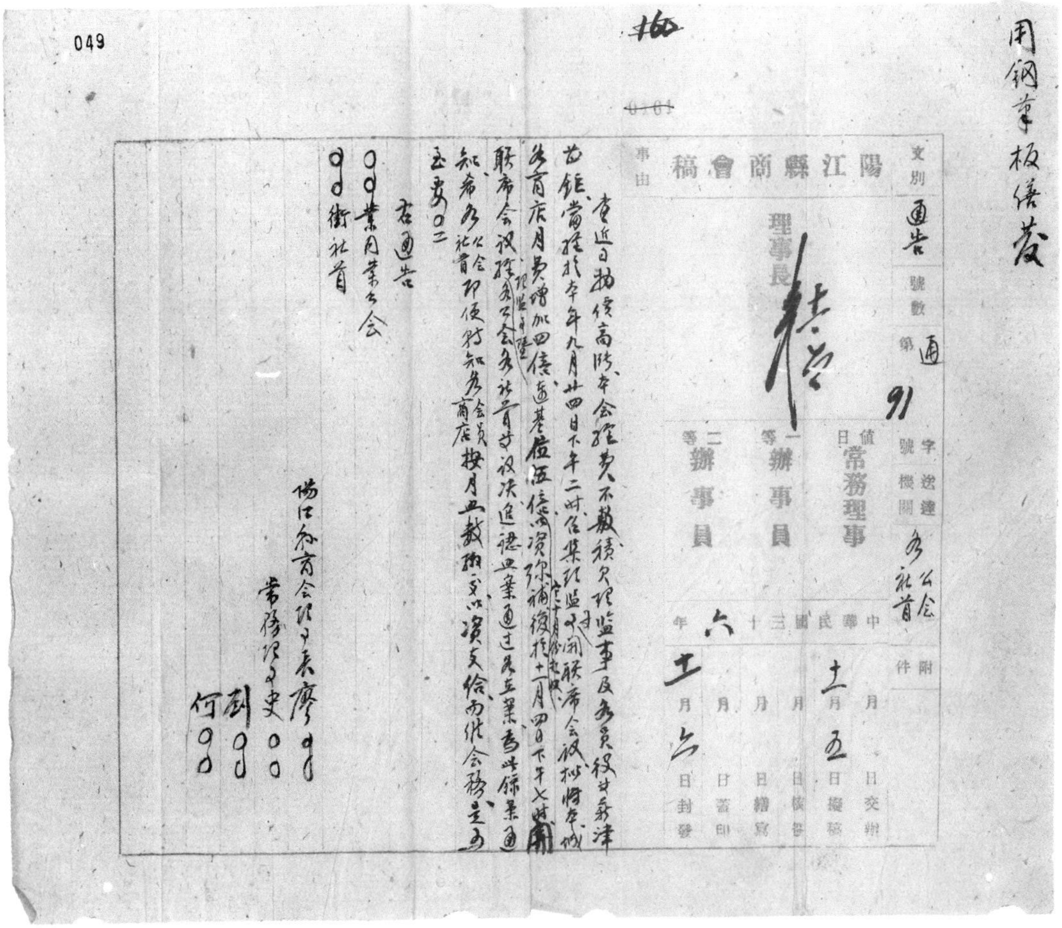

049

用钢版板缮发

陽江縣商會稿

事由

文別：通告

號數：第 91 號

理事長 [signature]

常務理事

一等辦事員

二等辦事員

送達機關：各公会、社首

中華民國三十六年十一月五日擬稿

十一月六日封發

附件

查近日物价高涨，本会经费入不敷，积欠理监事及各员役薪津甚钜，当经于本年九月廿四日下午二时召集理监事开联席会议，拟将本城各商店月费增加四倍，连基数伍倍，藉资弥补。复于十一月四日下午七时开联席会议，经各公会、社首出席议决追认，并业通过在案。为此备案通知各公会、社首即便转知各会员商店，按月照数缴交，以资支给而作会务。至要。〇二

右通告

〇〇业同业公会

〇〇街社首

阳江县商会理事长廖〇〇

常务理事史〇〇

刘〇〇

何〇〇

96. 广东省商会联合会关于从 1948 年 1 月份起各会员单位月费照原拟定额增加一倍征收的代电（1947 年 12 月 29 日）

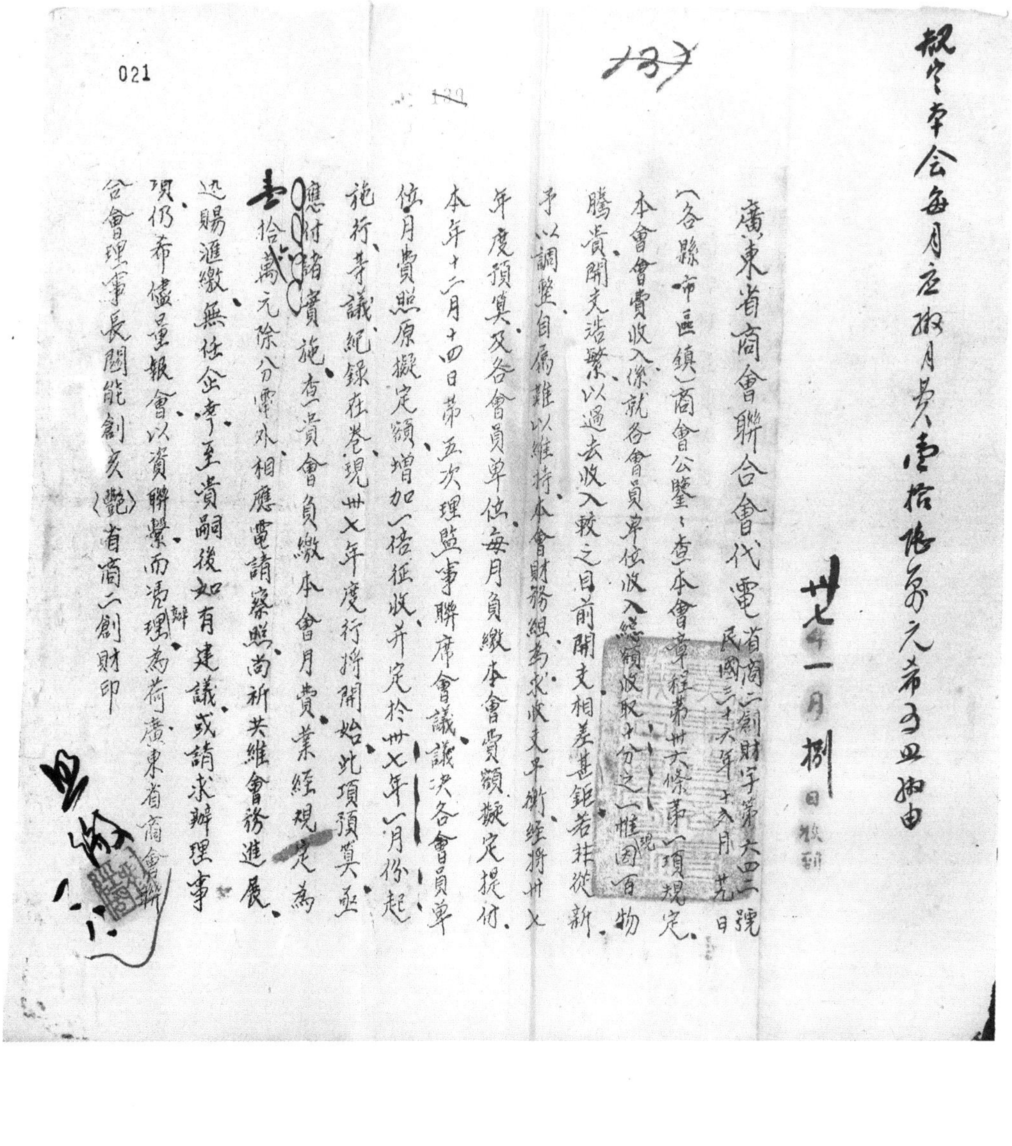
021

137

廣東省商會聯合會代電 省商二創財字第六四三號 民國三十六年十二月廿九日

（各縣市區鎮）商會公鑒：查本會章程第卅六條第一項規定，本會會費收入係就各會員單位收入總額收取十分之一，惟現因百物騰貴，開支浩繁，以過去收入較之目前開支相差甚鉅，若非從新予以調整，自屬難以維持本會財務，組織為求收支平衡，經將卅七年度預算及各會員單位每月負繳本會費額擬定，提付本年十二月十四日第五次理監事聯席會議，議決各會員單位月費照原擬定額增加一倍征收，並定於卅七年一月份起施行，等議紀錄在卷。現卅七年度行將開始，此項預算亟應付諸實施，查貴會負繳本會月費業經規定為壹拾萬元，除分電外，相應電請察照，尚祈共維會務進展，迅賜匯繳，無任企禱。至貴嗣後如有建議或請求辦理事項，仍希儘量報會，以資聯繫而憑辦理為荷。廣東省商會聯合會理事長關能創亥（艷）省商二創財印

卅七年一月捌日收

97. 阳江县同发号因暂停营业呈请县商会将会费免收（1948 年 2 月）

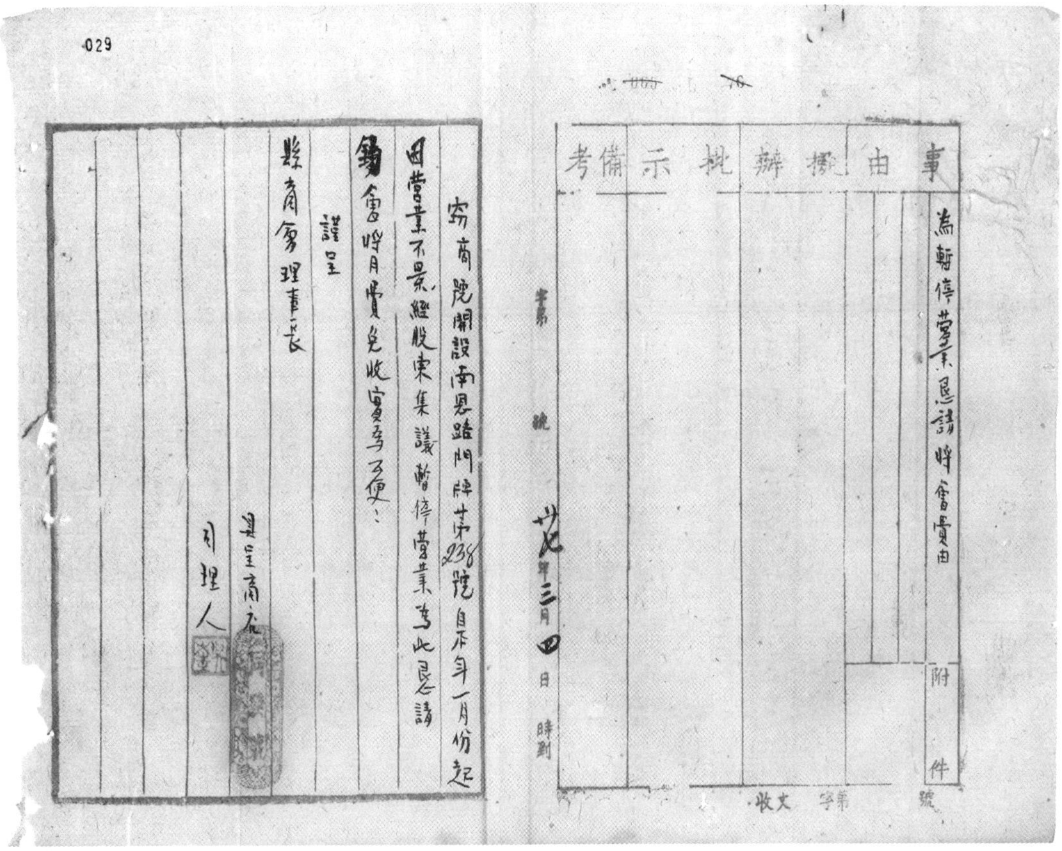

029

事由：為暫停營業懇請將會費由

擬辦

批示

備考

附件

第　字　號

卅七年三月四日　時到

收文　字第　號

竊商號開設南恩路門牌第238號，自本年一月份起因營業不景，經股東集議暫停營業，為此懇請鈞會將月費免收，實為公便。

謹呈

縣商會理事長

具呈商號

司理人

030

中華民國卅七年二月　日

98. 广东省商会联合会关于催缴纳月费的紧急代电（1948 年 6 月 9 日）

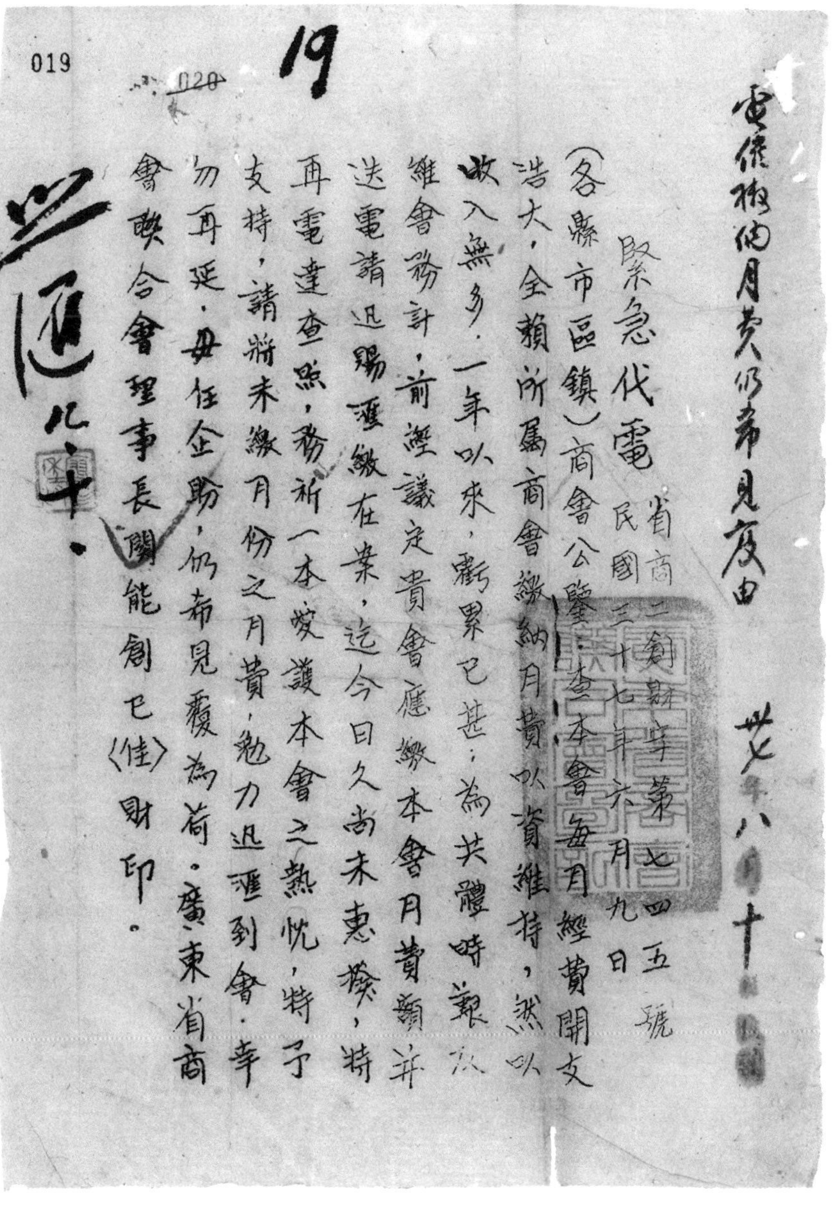

緊急代電 省商二劍財字第七四五號 民國三十七年六月九日

（各縣市區鎮）商會公鑒：查本會每月經費開支浩大，全賴所屬商會繳納月費以資維持，然以收入無多，一年以來，虧累已甚；為共體時艱，以維會務計，前經議定貴會應繳本會月費額并送電請迅賜匯繳在案，迄今日久尚未惠撥，特再電達查照，務祈一本愛護本會之熱忱，特予支持，請將未繳月份之月費，勉力迅匯到會，幸勿再延，毋任企盼，仍希見覆為荷。廣東省商會聯合會理事長關能創巳〈佳〉財印。

99. 阳江县商会关于调整各商店月费改收金圆券的通告（1948 年 10 月 12 日）

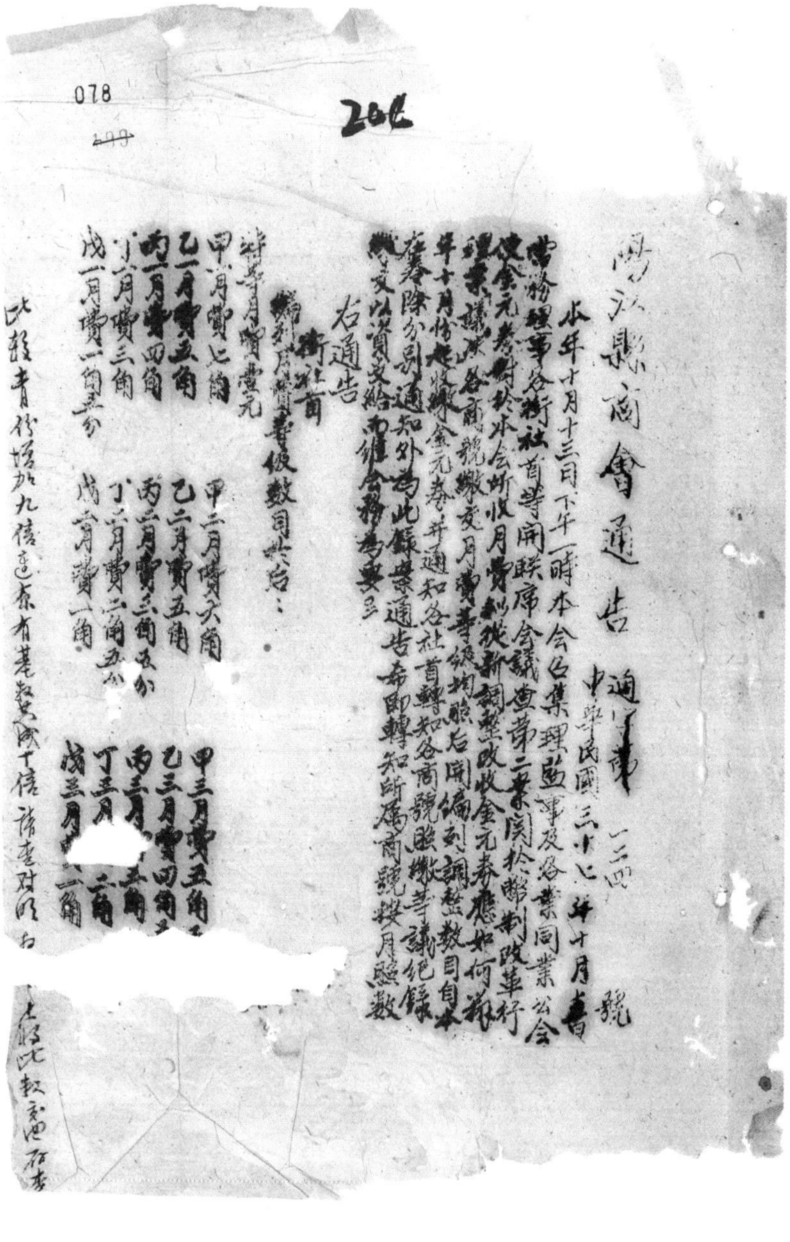

100. 阳江县商会关于向本城商店筹借白银 300 元呈请核收给据（1949 年 6 月）

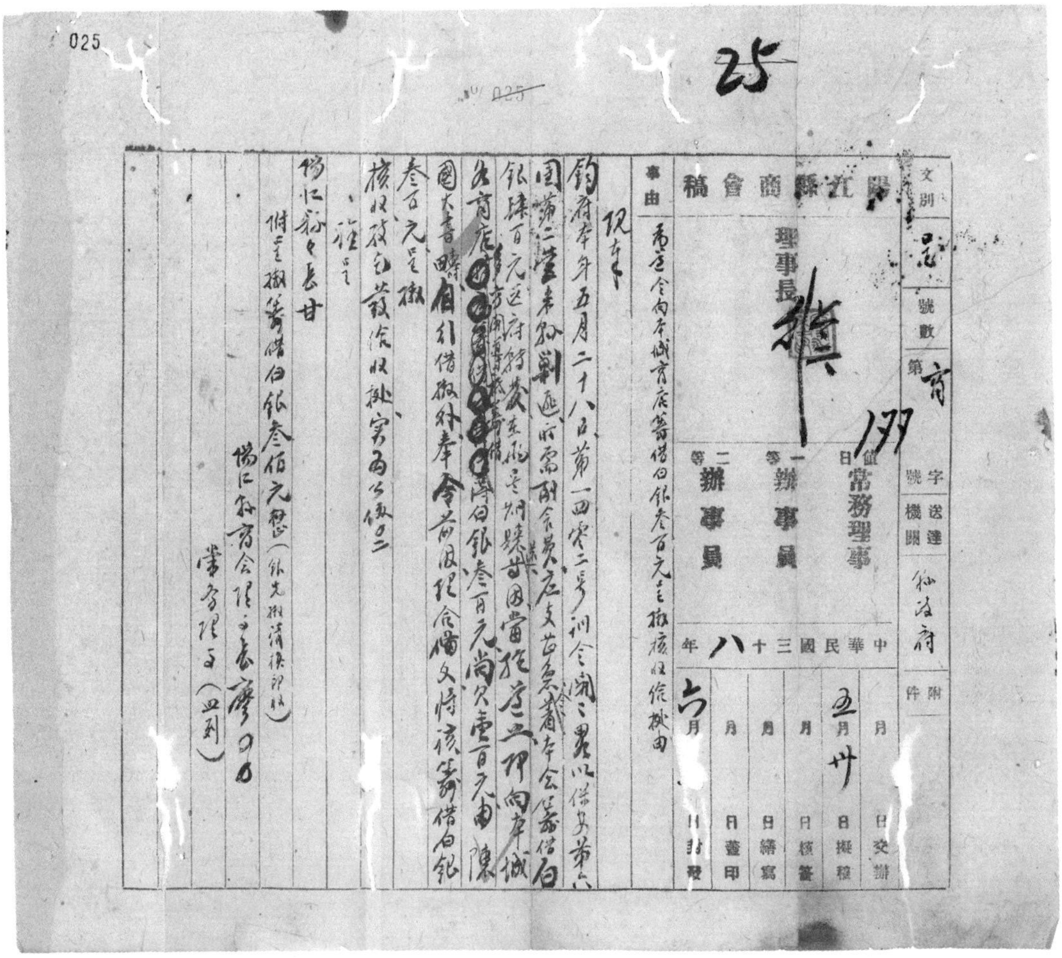

101. 阳江县政府关于向各商店借谷限 7 月 20 日以前一律缴足的指令（1949 年 7 月 11 日）

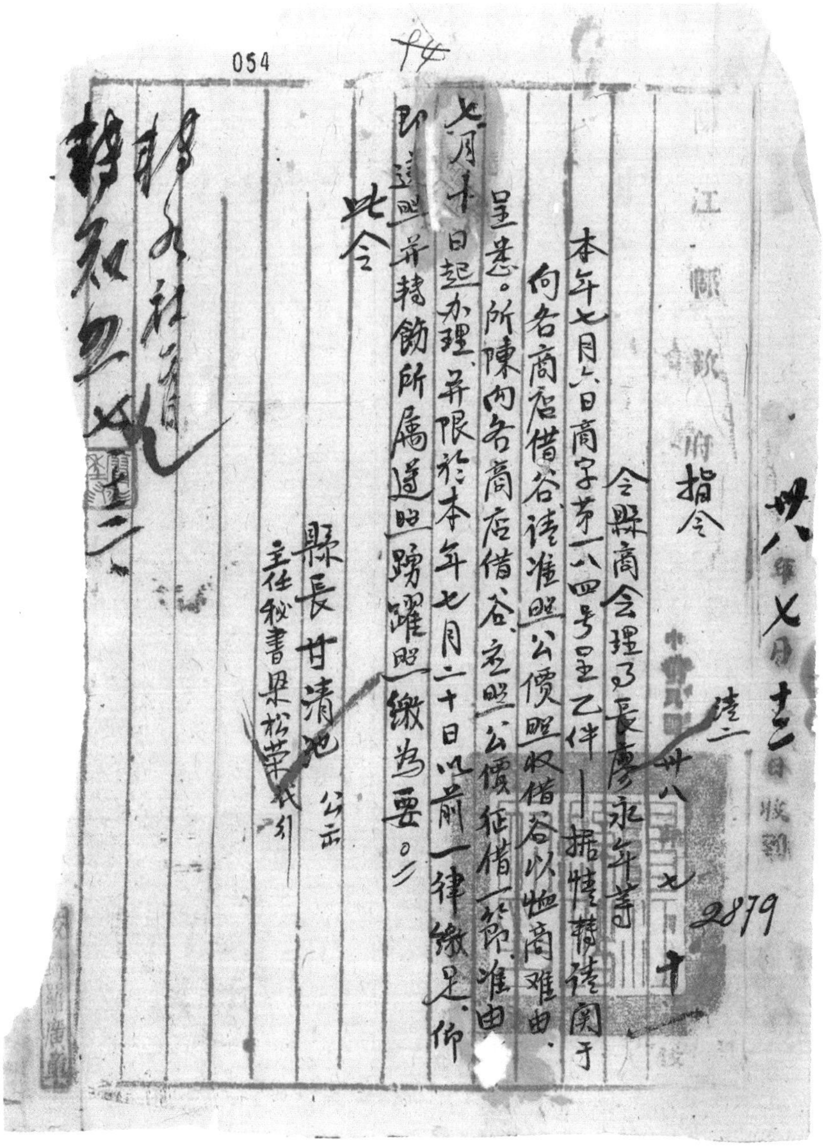

陽江縣政府指令

令縣商會理事長廖永年等

本年七月六日商字第一八四号呈乙件一据情轉請關于向各商店借谷請准照公價照收借谷以恤商難由。

呈悉。所陳向各商店借谷，应照公價征借一節，准由七月十日起办理，并限於本年七月二十日以前一律繳足，仰即遵照并轉飭所屬遵照踴躍照繳為要。

此令

縣長甘清池　公出

主任秘書梁松芋代行

102. 阳江县商会关于调整各商店月费数目的通告（1949 年 8 月 15 日）

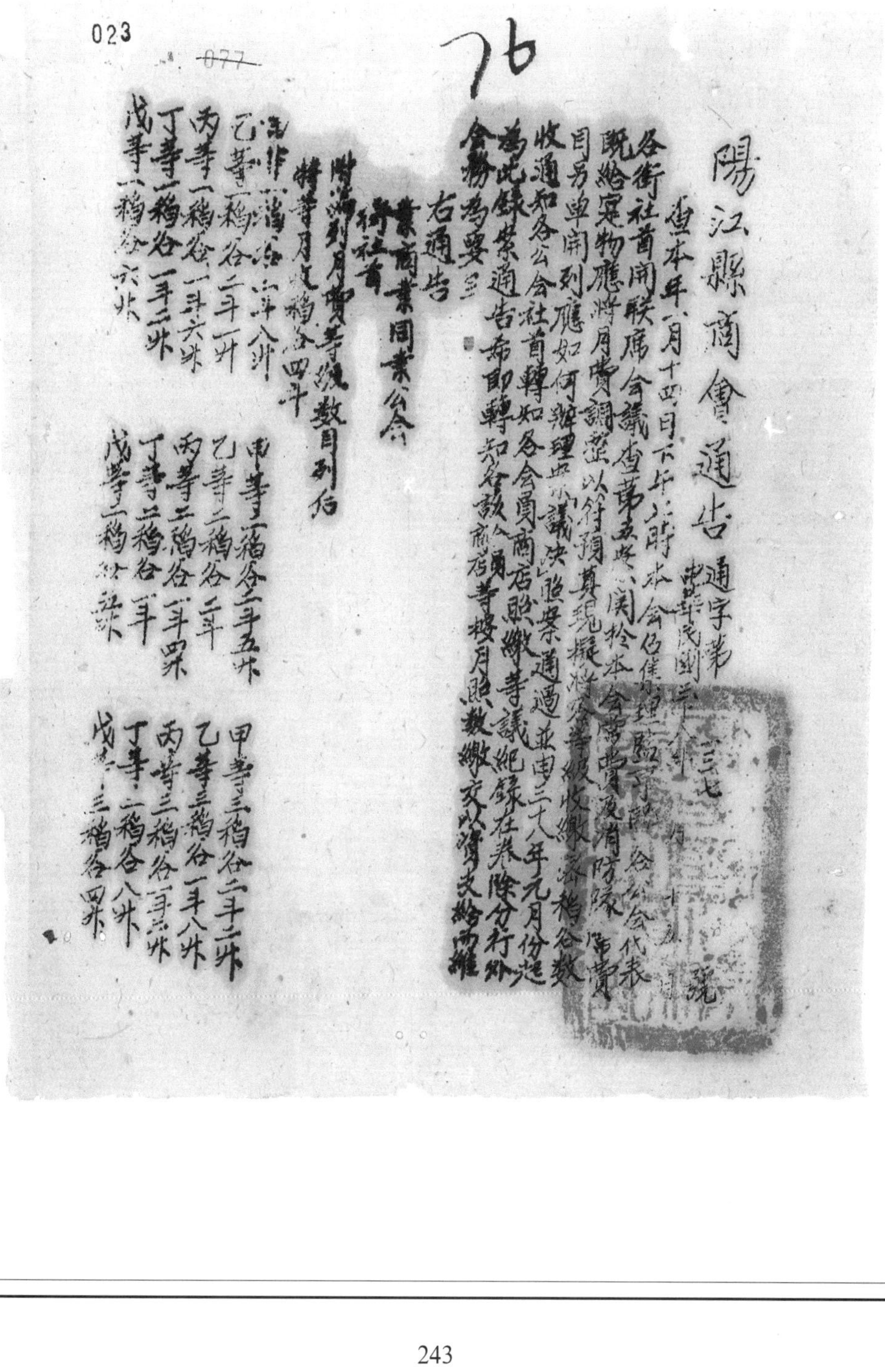

阳江县商会通告　通字第三七号
中华民国三十八年八月十五日

查本年八月十四日下午六时本会召集理监事暨各公会代表、各街社首开联席会议，查第五项：关于本会常费及消防队常费既给定物，应将月费调整，以符预算，现拟将会员等级收缴济谷数目另单开列，应如何办理，并请公决。议决：照案通过，并由三十八年九月份起收。通知各公会社首转知各会员商店照缴等议纪录在卷。除分行外，为此录案通告，希即转知各该会员商店等按月照数缴交，以资支给而维会务为要。至
右通告
各业商业同业公会
各街社首
附抄列月费等级数目列后

特等月交稻谷四斗
甲等一稻谷三斗八升
乙等一稻谷二斗一升
丙等一稻谷一斗六升
丁等一稻谷一斗二升
戊等一稻谷六升

甲等二稻谷二斗五升
乙等二稻谷二斗
丙等二稻谷一斗四升
丁等二稻谷一斗
戊等二稻谷六升

甲等三稻谷二斗二升
乙等三稻谷一斗八升
丙等三稻谷一斗三升
丁等三稻谷八升
戊等三稻谷四升

三、发展工商实业

（一）扶助实业

103. 阳江县商会向县政府呈报本市无公司行号开设无法报核（1942 年 5 月 17 日）

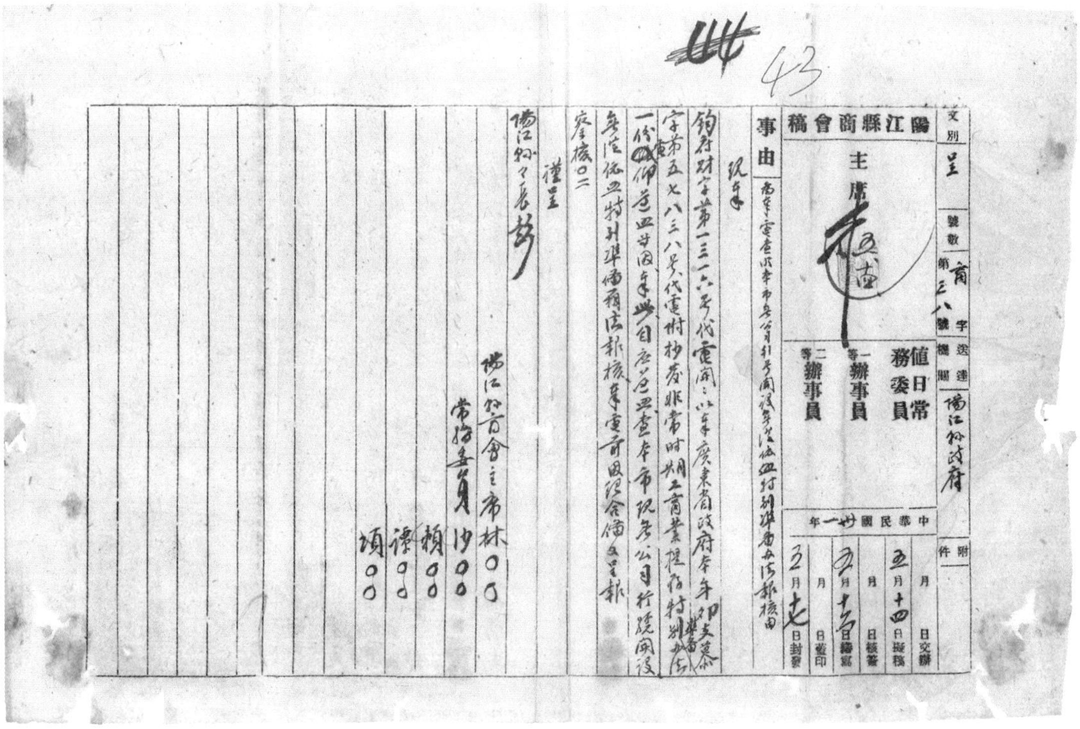

阳江县商会稿

文别：呈

号数：第商字三八号

送达机关：阳江县政府

主席：林

值日常务委员

一等办事员

二等办事员

中华民国卅一年 五月十四日拟稿 五月十六日缮写 五月十七日封发

附件

事由：为奉令查明本市无公司行号开设无法依照特别准备办法报核由

现奉

钧府财字第一三一六号代电开：以奉广东省政府本年卯支建参字第五七八三八号代电附抄发非常时期工商业提存特别准备办法一份，仰遵照办理等因，奉此，自应照办。查本市现无公司行号开设，无从依照特别准备办法报核，奉电前因，理合备文呈报，察核。

谨呈

阳江县县长彭

阳江县商会主席林〇〇

常务委员沙〇〇　赖〇〇　谭〇〇　项〇〇

104. 阳江福阳电气公司向县商会主席林洁予呈报公司已登记请转呈县政府察核（1942 年 7 月 26 日）

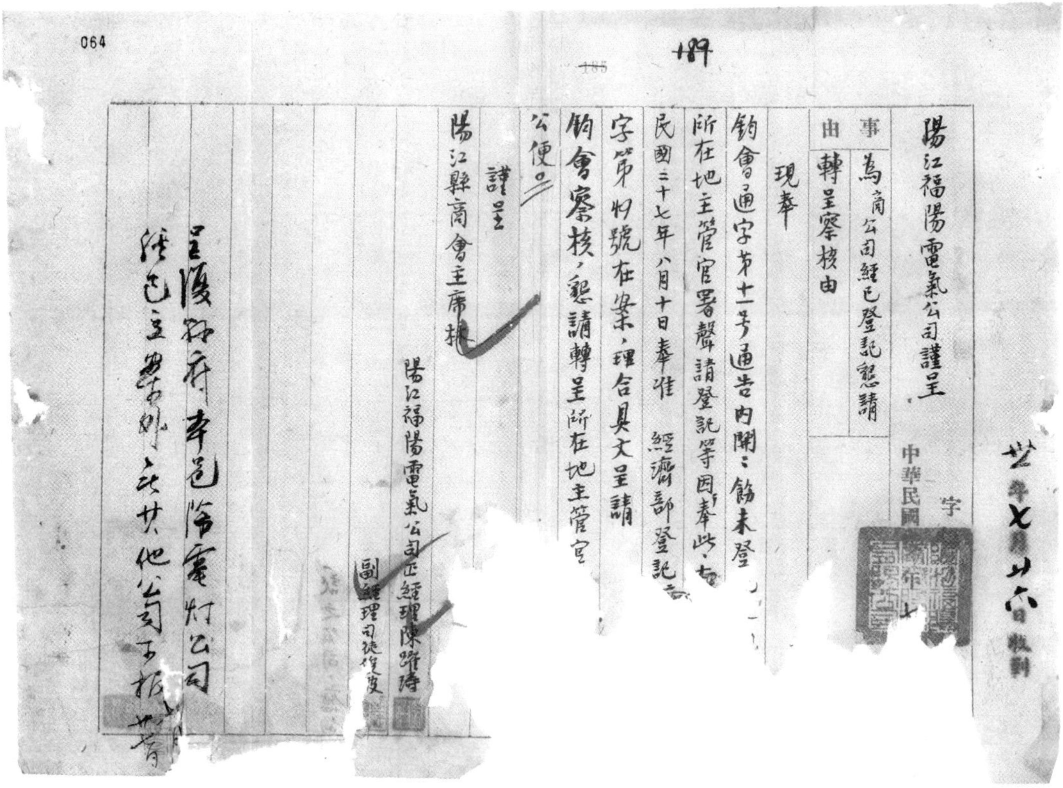

064

189

陽江福陽電氣公司謹呈

事由：為商公司經已登記懇請轉呈察核由

現奉

鈞會通字第十一号通告内開：飭未登……所在地主管官署聲請登記等因，奉此，查……民國二十七年八月十日奉准經濟部登記……字第 號在案，理合具文呈請

鈞會察核，懇請轉呈所在地主管官……

公便。

謹呈

陽江縣商會主席林

陽江福陽電氣公司正經理陳曜琦

副經理司徒俊度

中華民國 字

卅一年七月廿六日收到

呈復縣府本邑除電灯公司經已立案外，其他公司未據報。廿八

105. 广东省商会联合会关于广东省政府电复商店被炸无力修复请政府予以救济一案的代电（1942 年 11 月 27 日）

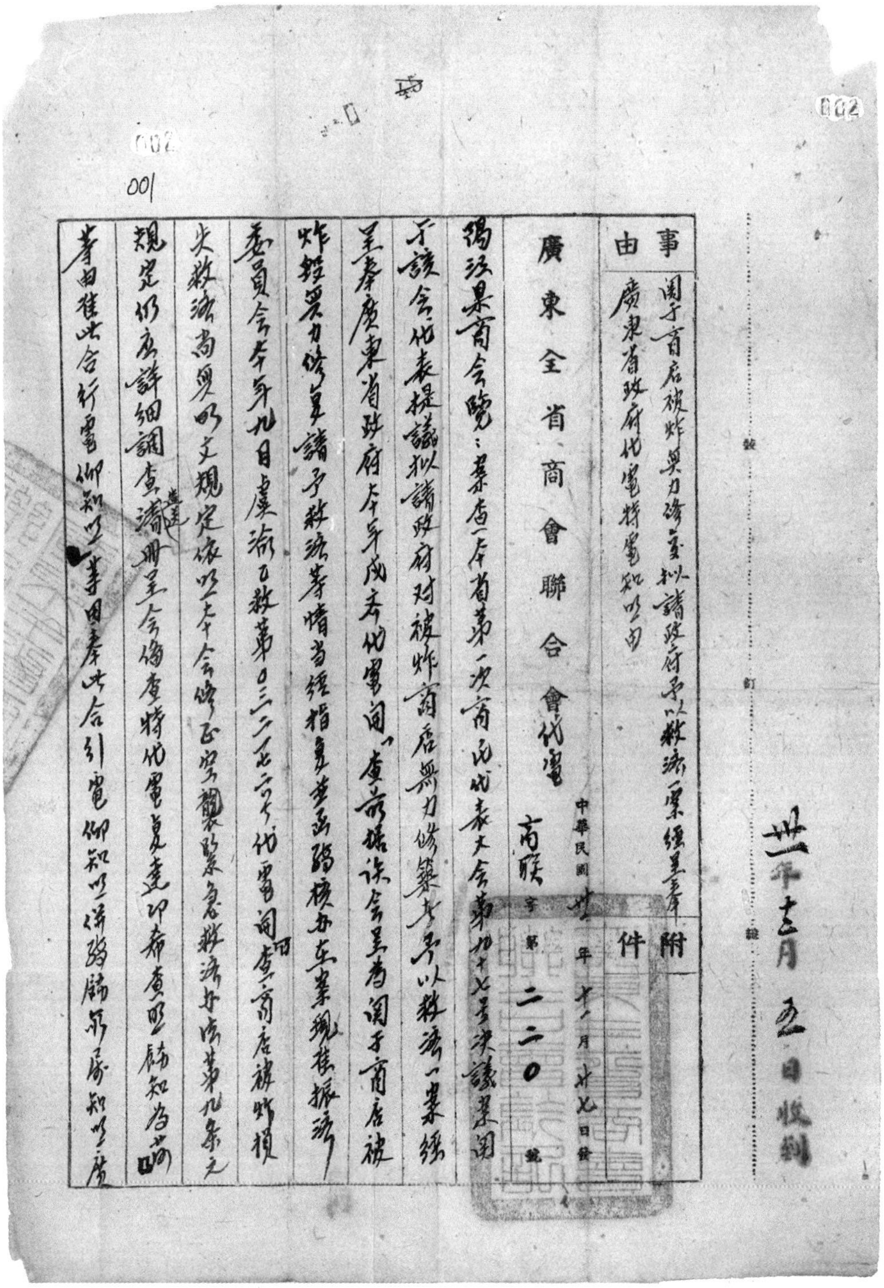

001

事由：关于商店被炸无力修复拟请政府予以救济一案经呈奉广东省政府代电特电知照由

附件

广东全省商会联合会代电

商联字第二二〇号

中华民国卅一年十一月廿七日发

阳江县商会览：案查本省第一次商民代表大会第加十七号决议案，关于该会代表提议拟请政府对被炸商店无力修葺者予以救济一案，经呈奉广东省政府本年戌寒代电开：“查前据该会呈为关于商店被炸损毁无力修复请予救济等情，当经指复并函请赈济委员会本年九月虞济□救第〇三一七二号代电开：查商店被炸损失救济尚无明文规定，依照本会修正空袭紧急救济办法第九条之规定，仍应详细调查，造册呈会备查，特代电复达，即希查照饬知为荷等由，准此，合行电仰知照”等因，奉此，合行电仰知照，并转饬所属知照。

卅一年十二月五日收到

002

東全省商会联合会代主席張啟家常务委員孫煥駿賴文元謝
佐李樹蘭孔壽明成篠韶印

存查 十二

106. 阳江县商会奉广东省商会联合会训令通告非常时期各商店依法限期登记（1943年9月19日）

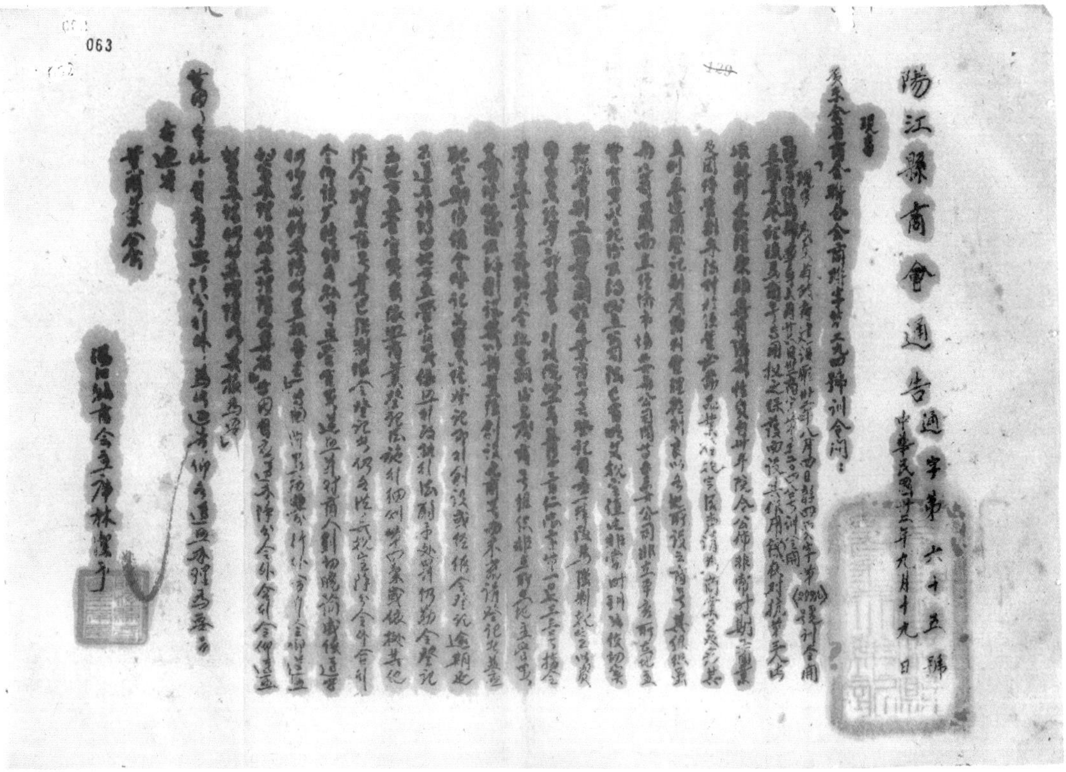

陽江縣商會通告

通字第六十五號

中華民國卅二年九月十九日

107. 广东省商会联合会关于广东省政府答复请政府贷款恢复民营工厂提案的代电（1947 年 2 月 10 日）

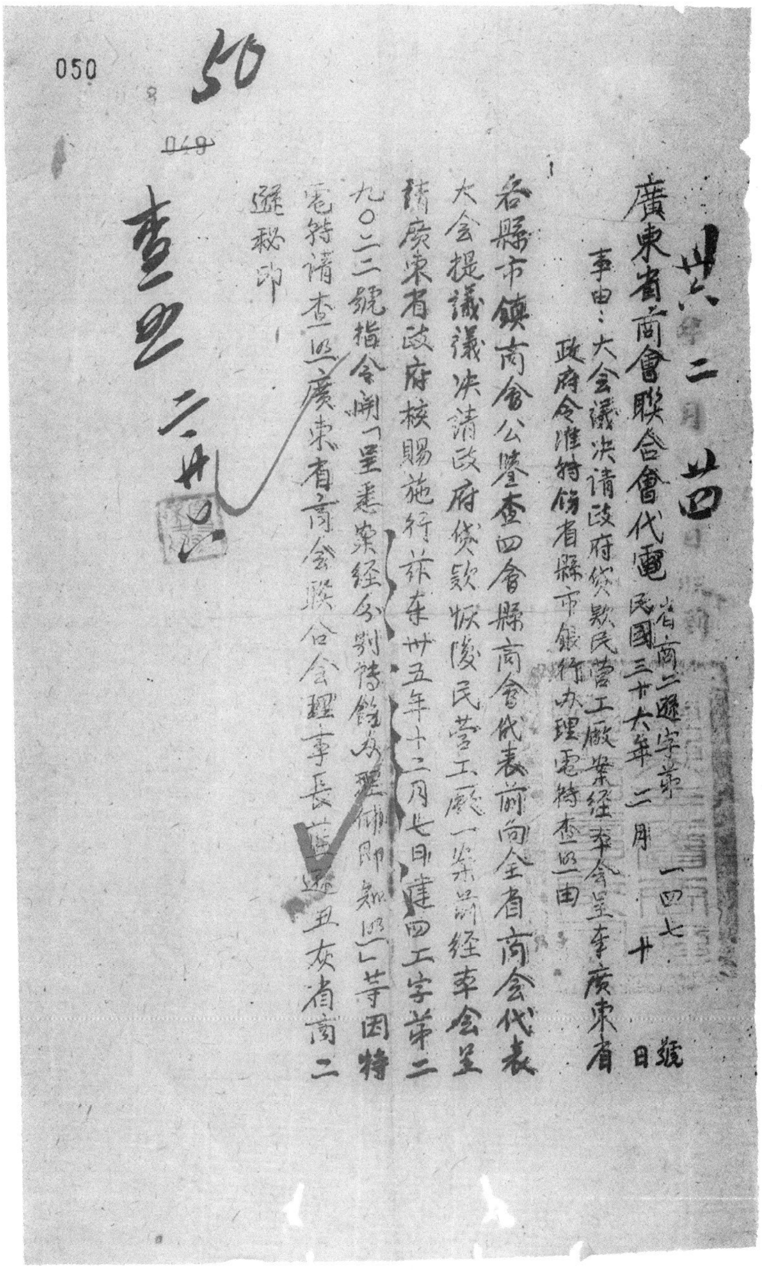
050 50 049

卅六 二 十四

廣東省商會聯合會代電 省商二巡字第一四七號 民國三十六年二月十日

事由：大会議決請政府貸款民營工廠案经本會呈奉廣東省政府令准轉飭省縣市銀行办理電轉查照由

各縣市鎮商會公鑒查四會縣商會代表前向全省商会代表大会提議議決請政府貸款恢復民營工廠一案經本会呈請廣東省政府核賜施行旋奉卅五年十二月七日建四工字第二九〇二三號指令開「呈悉案经分別轉飭辦理仰即知照」等因特電特请查照廣東省商会聯合会理事長叩丑灰省商二巡秘印

查照 二卅

108. 广东省商会联合会关于农林部电复全国商联会扶助渔民改进渔业以裕民生案的代电（1947 年 4 月 11 日）

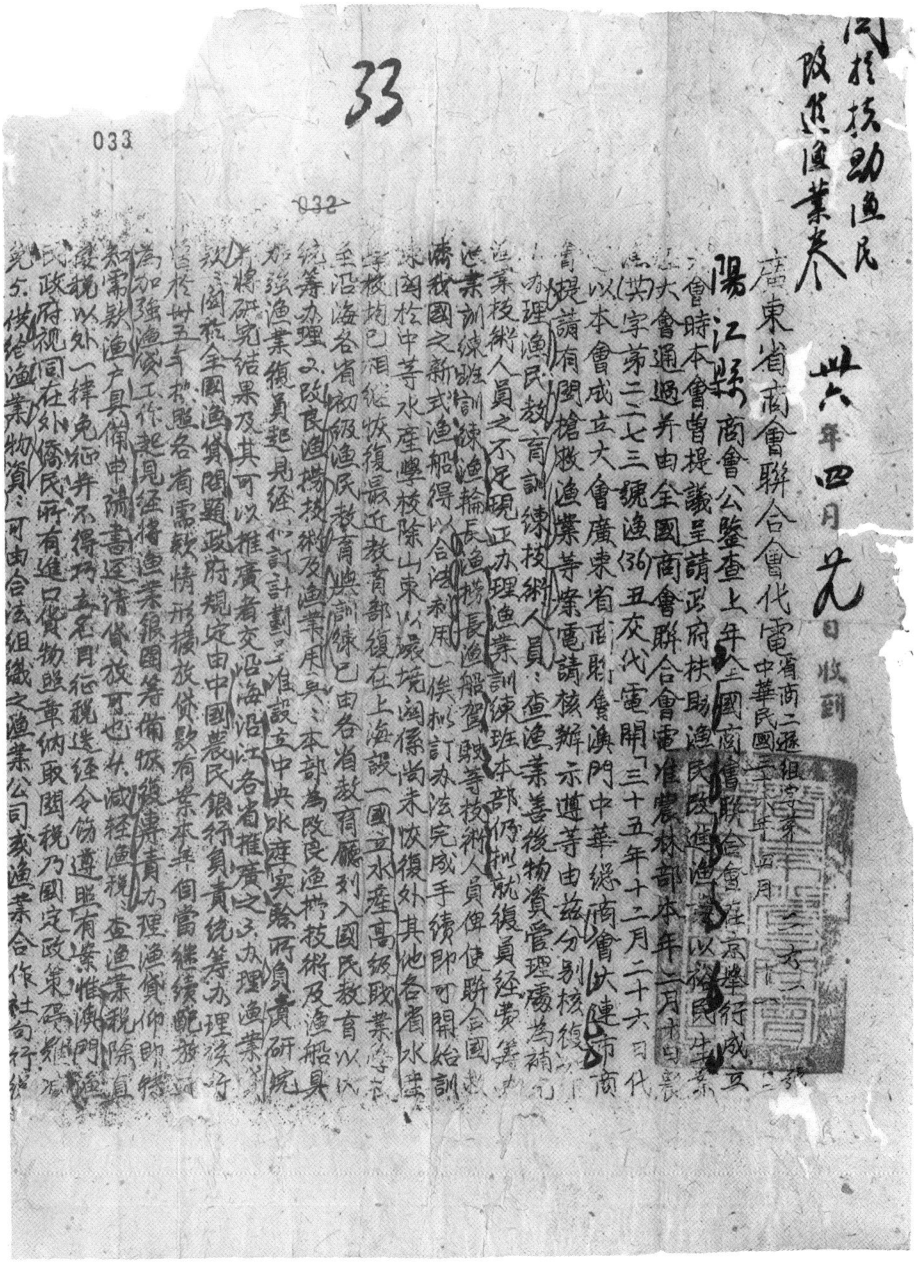

33

033

~~032~~

関於扶助渔民改進漁業卷

卅六年四月九日收到

廣東省商會聯合會代電　省商二遜組字第　號　中華民國三十六年四月

陽江縣商會公鑒：查上年全國商會聯合會在京舉行成立大會時，本會曾提議呈請政府扶助漁民改進漁業以裕民生案，大會通過并由全國商會聯合會電准農林部本年一月十四日農漁丑字第二二七三號漁丑灰代電開：「三十五年十二月二十六日代電以本會成立大會廣東省商聯會、澳門中華總商會、[illegible]市商會提請有關搶救漁業等案，電請核辦示遵等由，茲分別核復如下：一、辦理漁民教育訓練技術人員：查漁業善後物資管理處為補充漁業技術人員之不足，現正辦理漁業訓練班，本部仍擬就復員經費籌辦漁業訓練班，訓練漁輪長、漁撈長、漁船駕駛等技術人員，俾使聯合國救濟我國之新式漁船得以合法利用，俟擬訂辦法完成手續即可開始訓練。關於中等水產學校，除山東以環境關係尚未恢復外，其他各省水產學校均已相繼恢復，最近教育部復在上海設一國立水產高級職業學校，至沿海各省初級漁民教育與訓練，已由各省教育廳列入國民教育以內統籌辦理。二、改良漁撈技術及漁業用具：本部為改良漁撈技術及漁船具加強漁業復員起見，經訂計劃，準設立中央水產實驗所，負責研究，並將研究結果及其可以推廣者交沿海沿江各省推廣之。三、辦理漁業貸款：關於全國漁貸問題，政府規定由中國農民銀行負責統籌辦理，該行曾於卅五年核照各省需款情形撥放貸款有案，本年自當繼續酌撥。[illegible]為加強漁貸工作起見，經擬漁業銀團籌備恢復，專責辦理漁貸，[illegible]知需款漁戶具備申請書逕請貸放可也。四、減輕漁稅：查漁業稅除直接稅以外，一律免征，并不得巧立名目征稅，迭經令飭遵照有案，惟澳門[illegible]民政府視同在外僑民，所有進口貨物照章納取關稅，乃國定政策，礙難[illegible]免。五、供給漁業物資：可由合法組織之漁業公司或漁業合作社向行總[illegible]

00033-1
價購使用，6.商設漁業公會，因於漁民食治國待政府規定有漁會
或同業公會及漁販業工會，著其組織由社会部主管，本部為補導其業
務起見，經電飭各海洋漁業督導處切實督導辦理該公會組織暨設漁
公會[illegible]未便卑予辦理，如僅有中央要可適請社會部核示
漁民治安，關於保護漁業一節，中央原有漁業警察組織之公布
因經費與人力兩感不足，未能普遍設立，本部為加強護漁起見，經令
海洋漁業督導處會同各省參照各地實際情形，擬具計劃，切實辦理，中
如浙江省全省護漁事宜，統歸該省外海各警局管轄，由各縣分別設護
漁隊，即係依照上項計劃[illegible]，特電復，除分電外，特電轉請查照
來省商會聯合會理事長[illegible]，真省商一遞組印

109. 广东省商会联合会关于全国商联会电复请政府切实扶植工商业以促成经济建国案的代电（1947 年 4 月 22 日）

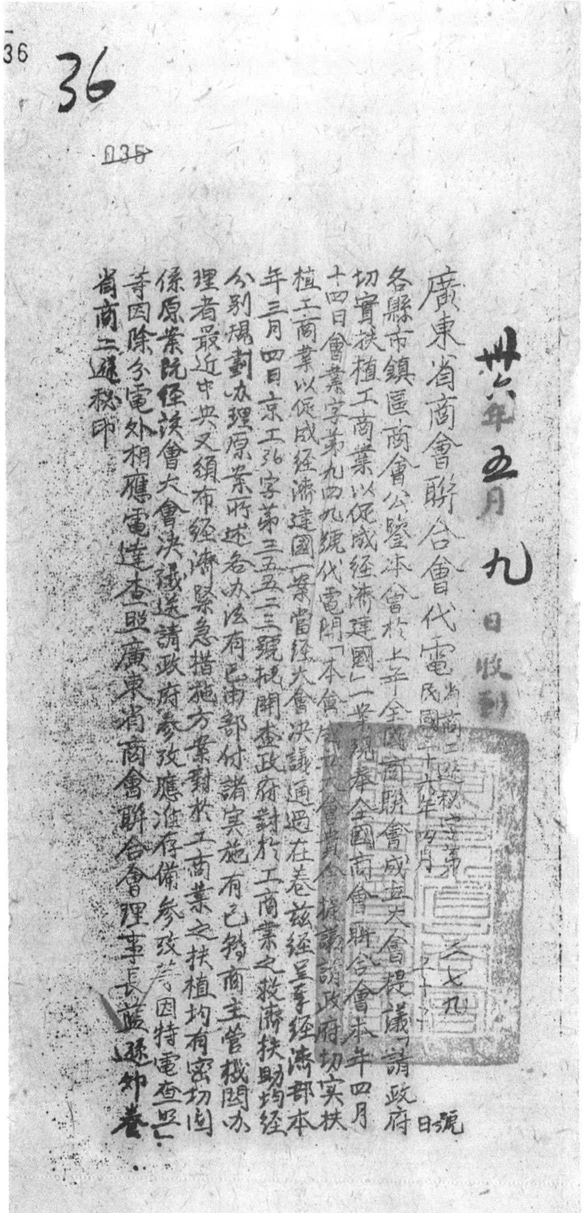

036

36

~~035~~

卅六年五月九日收到

廣東省商會聯合會代電　省商二遜秘字第一七九號　民國三十六年四月　日

各縣市鎮區商會公鑒：本會於上年全國商聯會成立大會提議「請政府切實扶植工商業以促成經濟建國」一案，現奉全國商會聯合會本年四月十四日會業字第九四九號代電開「本會成立大會前據貴會提議請政府切實扶植工商業以促成經濟建國一案，當經大會決議通過在卷。茲經呈奉經濟部本年三月四日京工36字第三五五二三號批開：查政府對於工商業之救濟扶助，均經分別規劃辦理。原案所述各辦法，有已由部付諸實施，有已轉商主管機關辦理者。最近中央又頒布經濟緊急措施方案，對於工商業之扶植，均有密切關係。原案既經該會大會決議送請政府參考，應准存備參考等因，特電查照」等因。除分電外，相應電達查照。廣東省商會聯合會理事長藍遜叩養。省商二遜秘印

110. 广东省商会联合会关于国防部联合勤务总司令部电复全国商联会成立大会保障民航以发展航业提案的代电（1947 年 4 月 22 日）

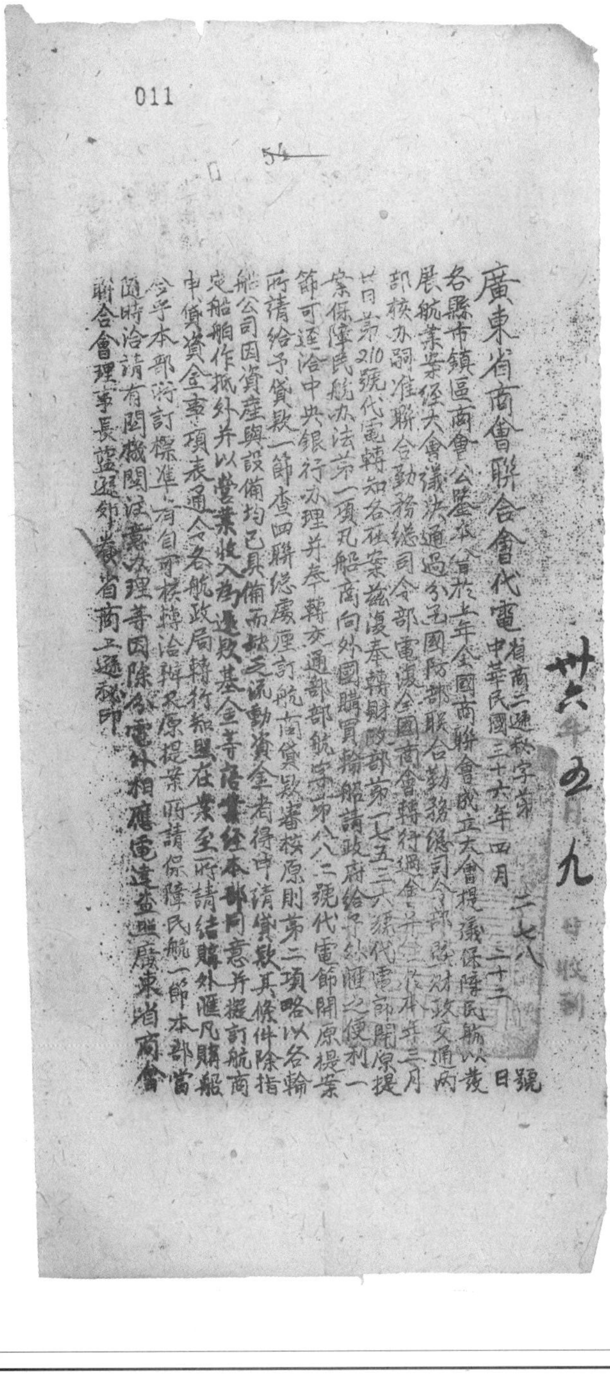

廣東省商會聯合會代電 省商二遜秘字第二七八號 中華民國三十六年四月二十二日

各縣市鎮區商會公鑒：本省於上年全國商聯會成立大會提議保障民航以發展航業案經大會議決通過分呈國防部聯合勤務總司令部財政交通兩部核辦嗣准聯合勤務總司令部電復全國商會轉行飭全國各商會并三月廿日第210號代電轉知各在案茲復奉轉財政部第一七五三六號代電節開原提案保障民航辦法第一項凡船商向外國購買輪船請政府給予外匯之便利一節可逕洽中央銀行辦理并奉轉交通部部航字第八八二號代電節開原提案所請給予貸款一節查四聯總處厘訂航商貸款審核原則第二項略以各輪船公司因資產與設備均已具備而缺乏流動資金者得申請貸款其條件除指定船舶作抵外并以營業收入為還款基金等語業經本部同意并擬訂航商申貸資金事項表通令各航政局轉行知照在案至所請結購外匯凡購船公司本部將訂標準有自可核轉洽辦又原提案所請保障民航一節本部當隨時洽請有關機關注意辦理等因除分電外相應電達查照。廣東省商會聯合會理事長藍遜卯[illegible]省商二遜秘印

111. 阳江县商会关于本城各街商店筹集工商股本情形致县银行的公函（1947 年 9 月 15 日）

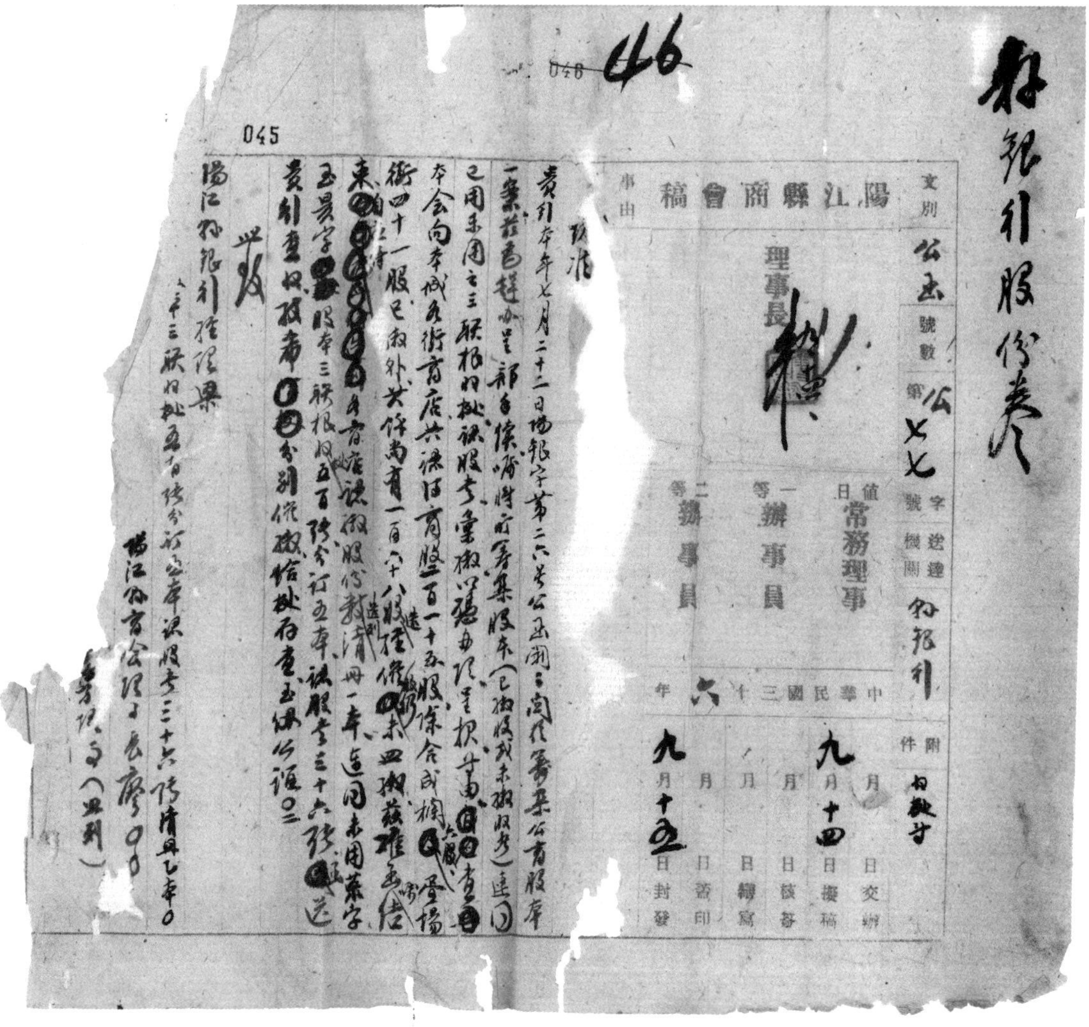

045

046

陽江縣商會稿

文別	公函
號數	第
字號	
送達機關	縣銀行
附件	

事由

理事長

值日 常務理事

一等 辦事員

二等 辦事員

中華民國三十六年

九月十四日擬稿

九月十五日封發

月 日交辦	九月十四日擬稿	月 日核簽	月 日繕寫	月 日簽印	九月十五日封發

112. 广东省商会联合会要求各县商会所属公会分别依法组织合作社事宜致各县市区镇商会的代电（1948 年 1 月 12 日）

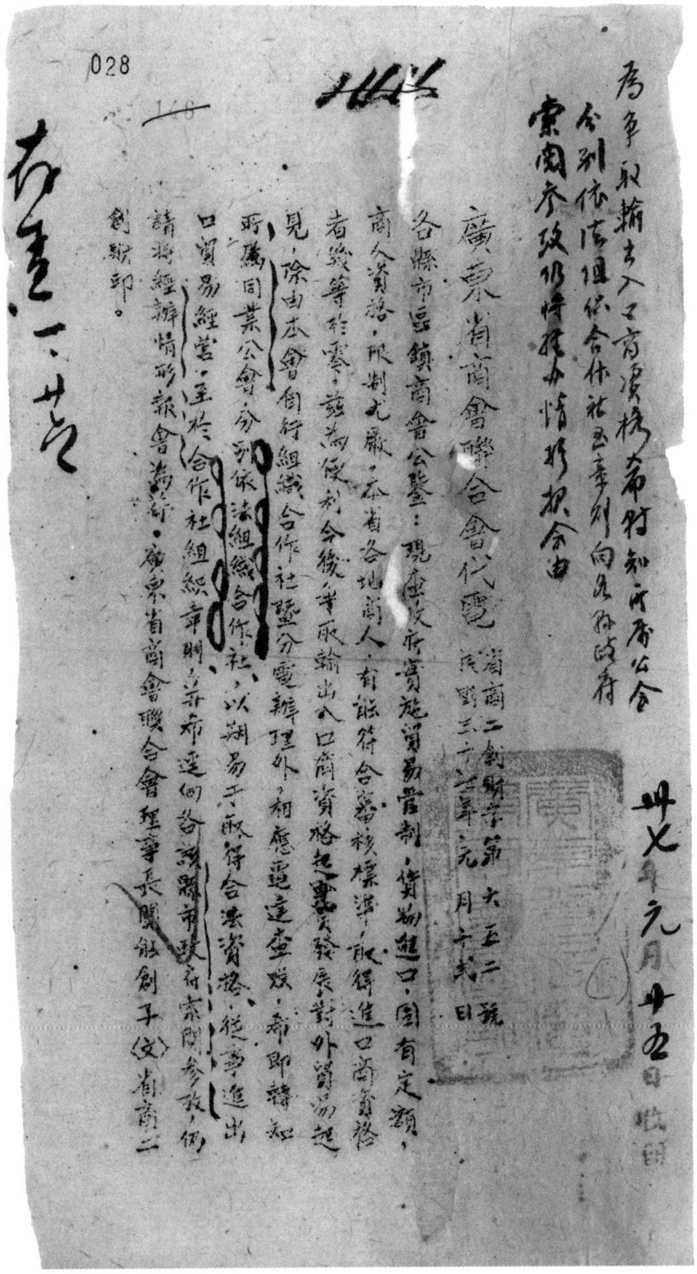

廣東省商會聯合會代電 省商二創字第六五二號 民國三十七年元月十二日

各縣市區鎮商會公鑒：現查政府實施貿易管制，貨物進口，固有定額，商人資格，限制尤嚴，本省各地商人，有能符合審核標準，取得進口商資格者，殊等於零，茲為便利今後爭取輸出入口商資格起見暨發展對外貿易起見，除由本會飭行組織合作社暨分電辦理外，相應電達查照，希即轉知所屬同業公會，分別依法組織合作社，以期易于取得合法資格，從事進出口貿易經營，至於合作社組織章則，並希逕向各該縣市政府索閱參考，仍請將經辦情形報會為荷。廣東省商會聯合會理事長聞啟創子（文）省商二創號印。

113. 阳江县商会理事长廖永年给新兴织造厂的证明书（1948 年 9 月 30 日）+ 附：新兴织造厂因棉纱出口呈请阳江县商会发给证明书（1948 年 9 月 29 日）

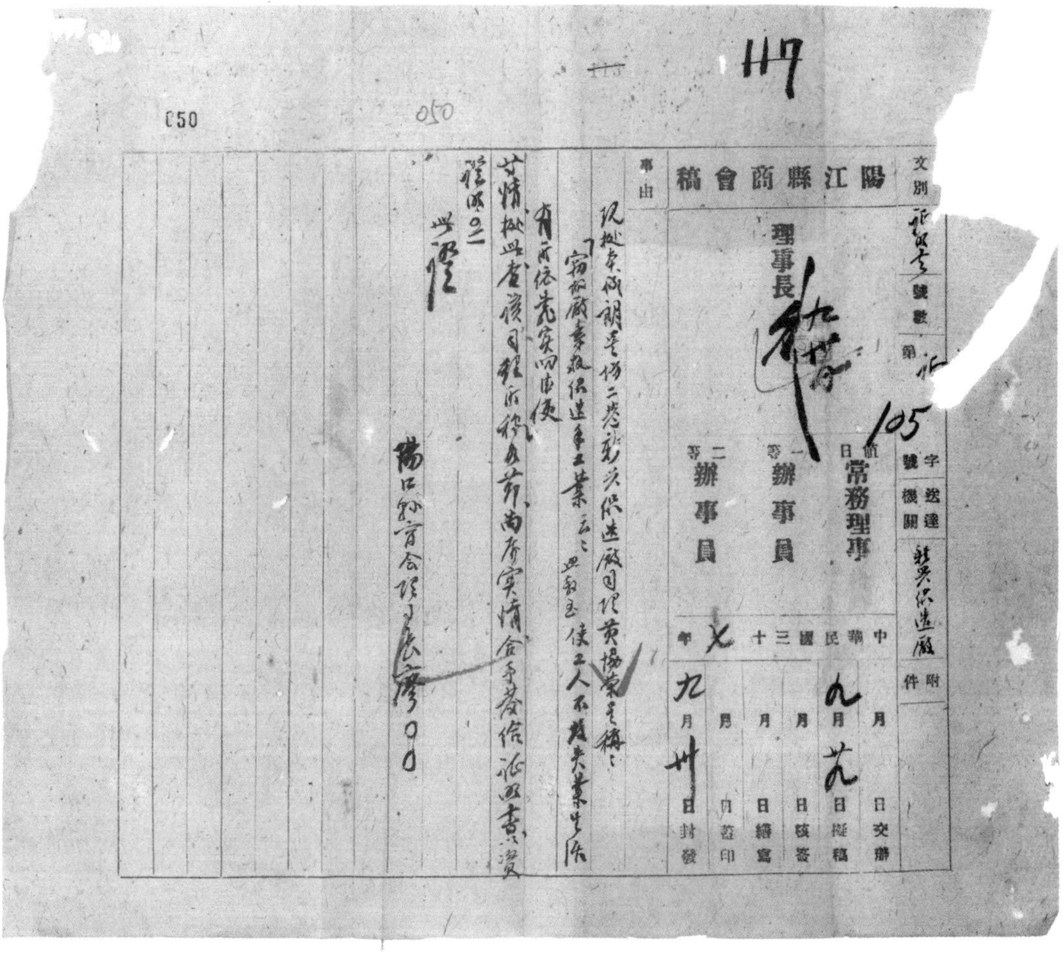
117

050

陽江縣商會稿

文別：證明書

號數：第　號

事由：

理事長：廖

常務理事（值日）

辦事員（一等）

辦事員（二等）

送達機關：新興織造廠

附件：

中華民國三十七年九月廿九日擬稿，九月卅日封發

月　日交辦　月　日核簽　月　日繕寫　月　日蓋印

現據本縣新興織造廠司理黃揚榮呈稱：「竊敝廠專做織造手工業云云……無知至使工人不致失業，生活有所依靠，實所叩禱」等情。據此，查該司理所稱各節，尚屬實情，合予發給證明書，以資證明。此證。

陽江縣商會理事長廖〇〇

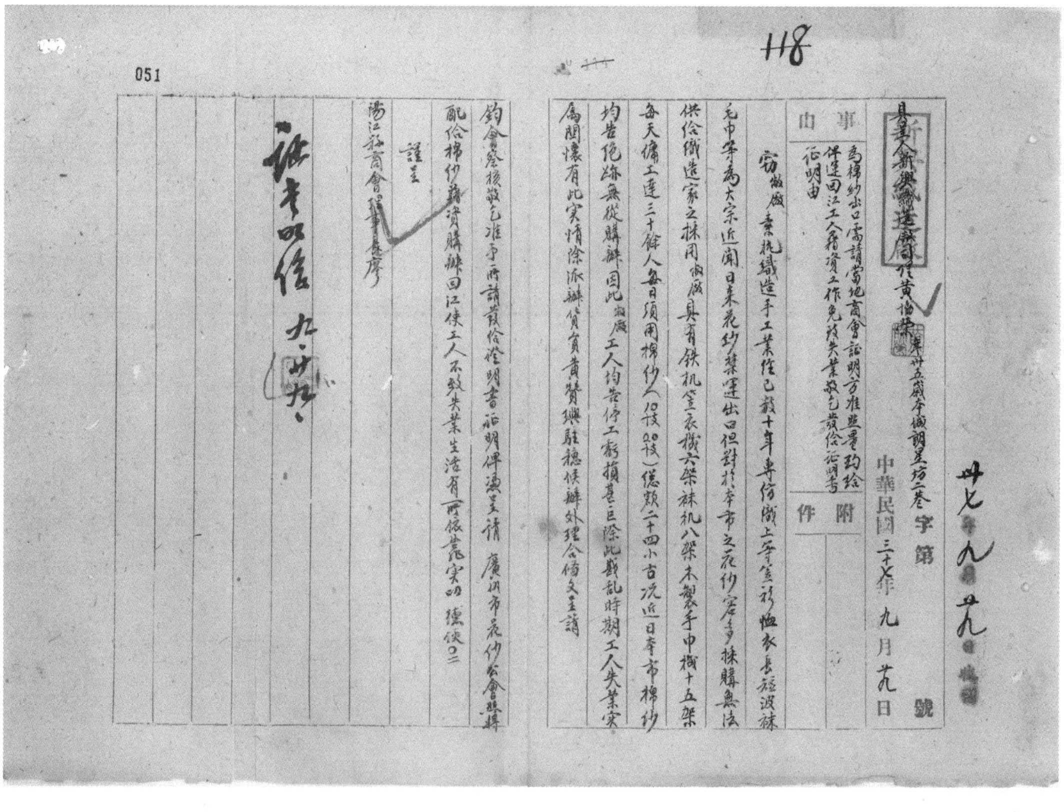
118

051

具呈人新兴织造厂司理黄协□ 年卅五岁本城朗星坊二巷

字第　　号

中华民国三十七年九月廿九日

事由：为棉纱出口需请当地商会证明方准出口，俾运回江工人藉资工作免致失业敬乞发给证明书由

附件

窃敝厂素执织造手工业经已数十年，专仿欧上等线衫恤衣、长短袜、毛巾等为大宗。近闻日来花纱禁运出口，但对于本市之花纱客多抹购，无法供给织造家之抹用。敝厂具有铁机笠衣机六架、袜机八架、木制手巾机十五架，每天佣工达三十余人，每日须用棉纱（10包20包），总数二十四小时。况近日本市棉纱均告绝迹，无从购办，因此敝厂工人均告停工，影响甚巨。除此戡乱时期工人失业实属关怀，有此实情，除派办货负责赞兴驻穗候办外，理合备文呈请

钧会察核，敬乞准予所请发给证明书证明，俾凭呈请广州市花纱公会酌拜配给棉纱，藉资购办回江，俾工人不致失业，生活有所依靠，实为德便。

谨呈

阳江县商会理事长廖

准予照发 九·廿九

114. 阳江县就记呈县商会理事长廖永年为体恤商艰细察实情函请警察局准在铺内兼管屠业（1949 年 8 月 27 日）

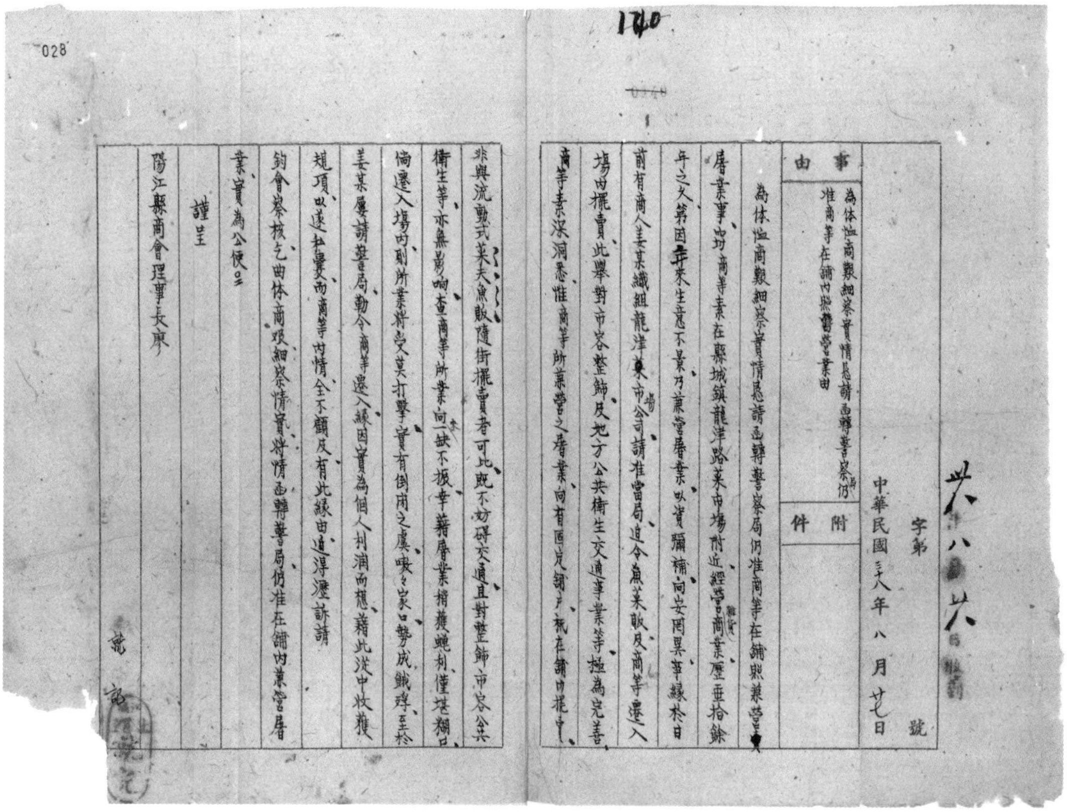

事由：為体恤商艱細察實情懇請函轉警察局仍准商等在鋪內照舊營業由

附件

字第　號

中華民國三十八年八月廿七日

為体恤商艱細察實情懇請函轉警察局仍准商等在鋪照兼營屠業事。窃商等素在縣城鎮龍津路菜市場附近經營商業歷垂拾餘年之久，第因本年來生意不景，乃兼營屠業以資彌補，向安罔異。事緣於日前有商人姜某織組龍津東市場公司，請准當局迫令魚菜販及商等遷入場內擺賣，此舉對市容整飾及地方公共衛生交通事業等極為完善，商等素深洞悉，惟商等所兼營之屠業，向有固定鋪戶，只在鋪內操作，非與流動式菜夫魚販隨街擺賣者可比，既不妨碍交通，且對整飾市容公共衛生等亦無影响。查商等所業向一缺不振，幸藉屠業稍獲蠅利，僅堪糊口，倘遷入場內則所業將受莫大打擊，實有倒閉之虞，嗷嗷家口勢成餓殍。至於姜某屢請警局勒令商等遷入緣因，實為個人利潤而想藉此從中牧獲規項，以遂私囊，而商等內情全不顧及。有此緣由，迫得瀝訴，請鈞會察核，乞由体商艱細察情實，將情函轉警局仍准在鋪內兼營屠業，實為公便。

謹呈

陽江縣商會理事長廖

就記

（二）代办商务

115. 阳江县运德堂呈请县商会将张九如堂租金代为提存（1944 年 10 月 28 日）

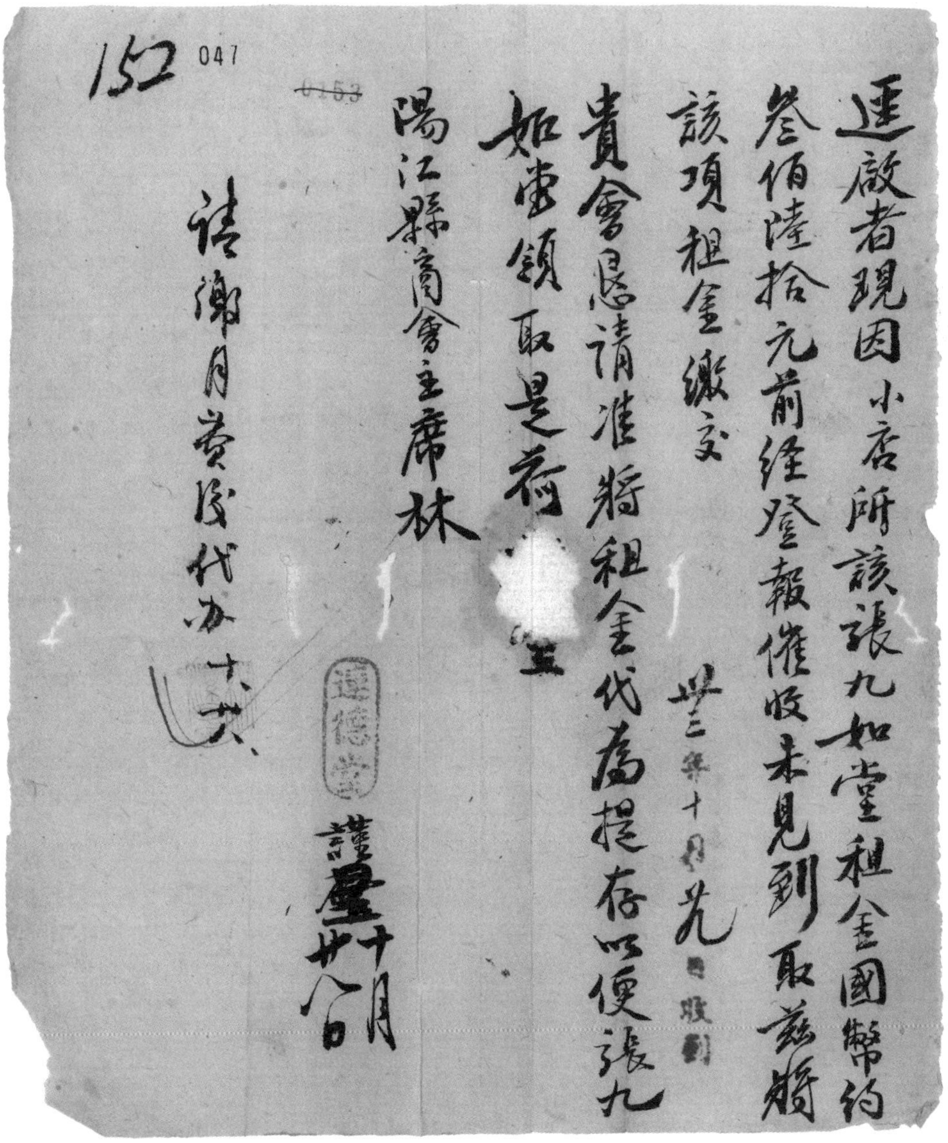

152 047 0153

運啟者現因小店所該張九如堂租金國幣約叁佰陸拾元前經登報催收未見到取茲將該項租金繳交

貴會懇請准將租金代為提存以便張九如堂領取是荷

陽江縣商會主席林

運德堂 謹呈 十月廿八日

卅三年十月廿九日收到

請鄉月黄陵代办 十、卅

116. 阳江县商会卸任理事长林洁予等向新任理事长廖永年函交各商店贮交各业主铺租金数册和存折各一本（1945 年 12 月 21 日）

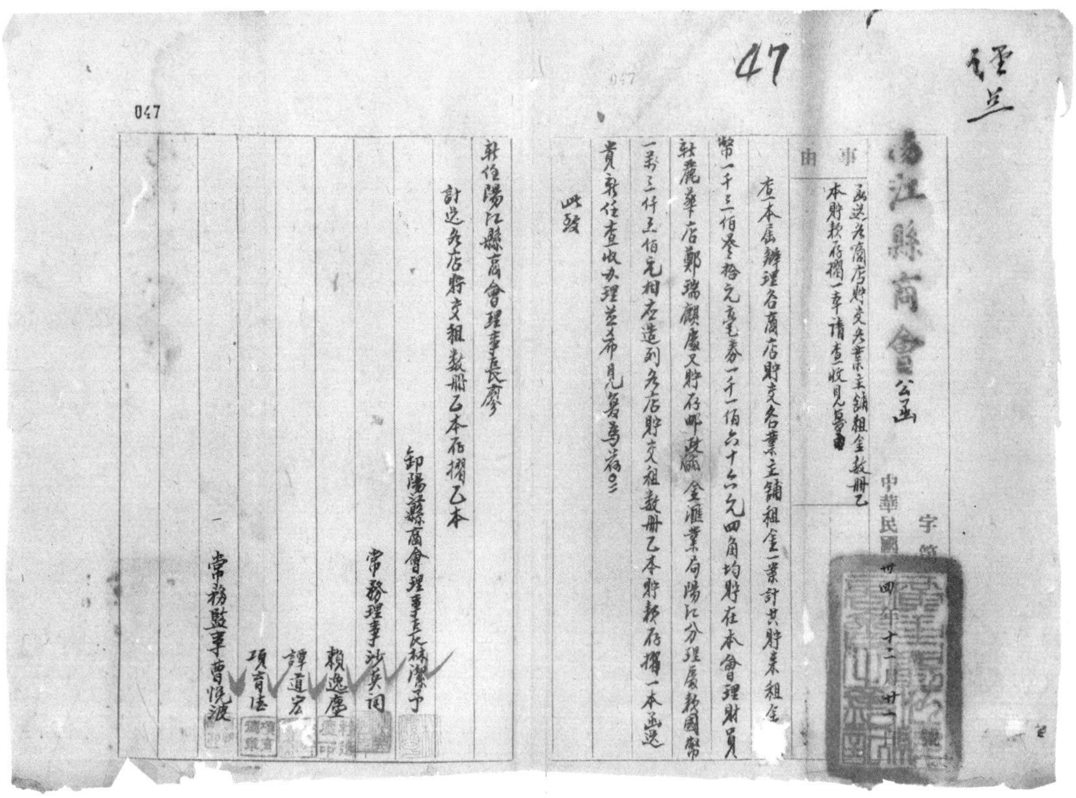

陽江縣商會公函

事由：函送各商店貯交各業主鋪租金數冊乙本貯款存摺一本請查收見覆由

字第　號

中華民國卅四年十二月廿一

查本會辦理各商店貯交各業主鋪租金一案計共貯來租金幣一千三佰叁拾元毫券一千一佰六十六元四角均貯在本會理財員社麗華店鄭瑞麟處又貯存郵政儲金匯業局陽江分理處新國幣一万三仟五佰元相應造列各店貯交租數冊乙本貯款存摺一本函送

貴新任查收辦理並希見覆為荷

此致

新任陽江縣商會理事長廖

計送各店貯交租數冊乙本存摺乙本

卸陽江縣商會理事長林潔予

常務理事沙英詞

賴逸塵

譚道宏

項育德

常務監事曹悅波

117. 阳江县永隆厂呈县商会请代贮存地租现金并发报通知业主领取（1945 年 12 月 30 日）

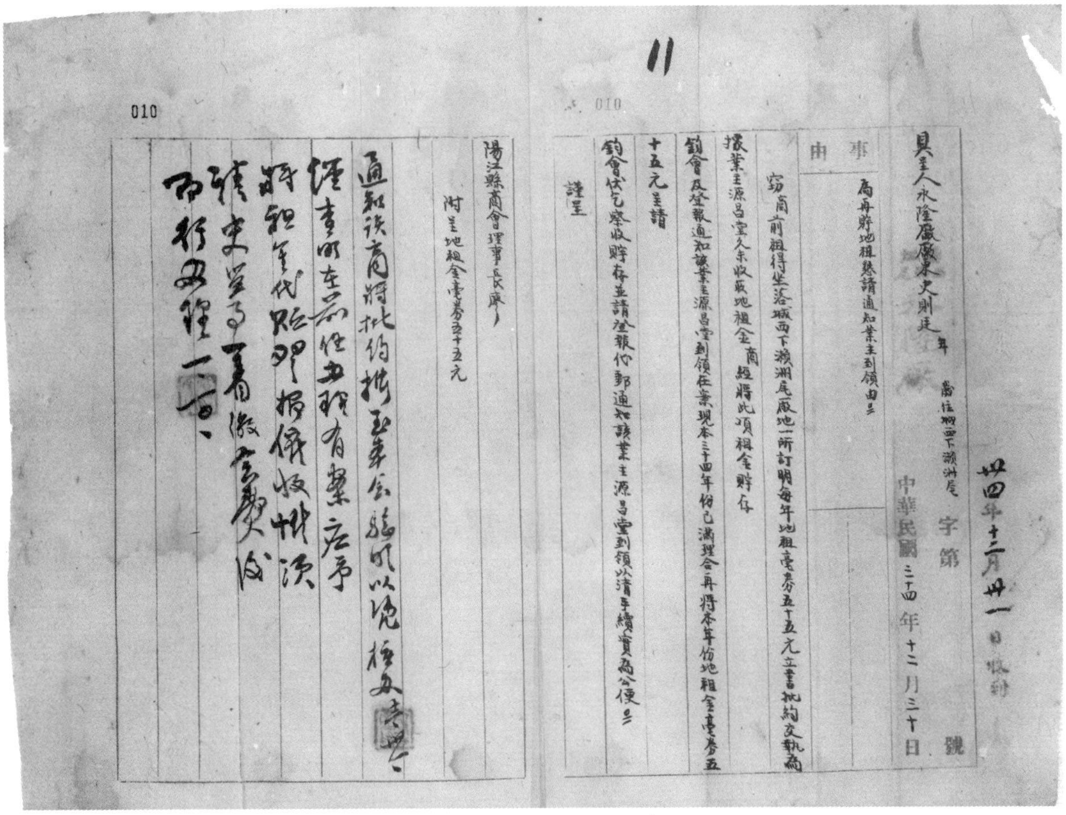

具呈人永隆廠廠東史則廷 年 歲 住址城西下瀨洲尾

事由：為再貯地租懇請通知業主到領由

竊商前租得坐落城西下瀨洲尾廠地一所，訂明每年地租毫券五十五元，立書批約交執。為據業主源昌堂久未收取地租金，商經將此項租金貯存鈞會，及登報通知該業主源昌堂到領在案。現本三十四年份已滿，理合再將本年份地租金毫券五十五元呈請鈞會代為察收貯存，並請登報代為通知該業主源昌堂到領，以清手續，實為公便。

謹呈

陽江縣商會理事長庾

附呈地租金毫券五十五元

中華民國三十四年十二月三十日

卅四年十二月卅一日收到

118. 阳江县兴仁路万记店东蔡应泉呈县商会请代贮缴铺租金并登报通知业主领取（1946 年 1 月 24 日）

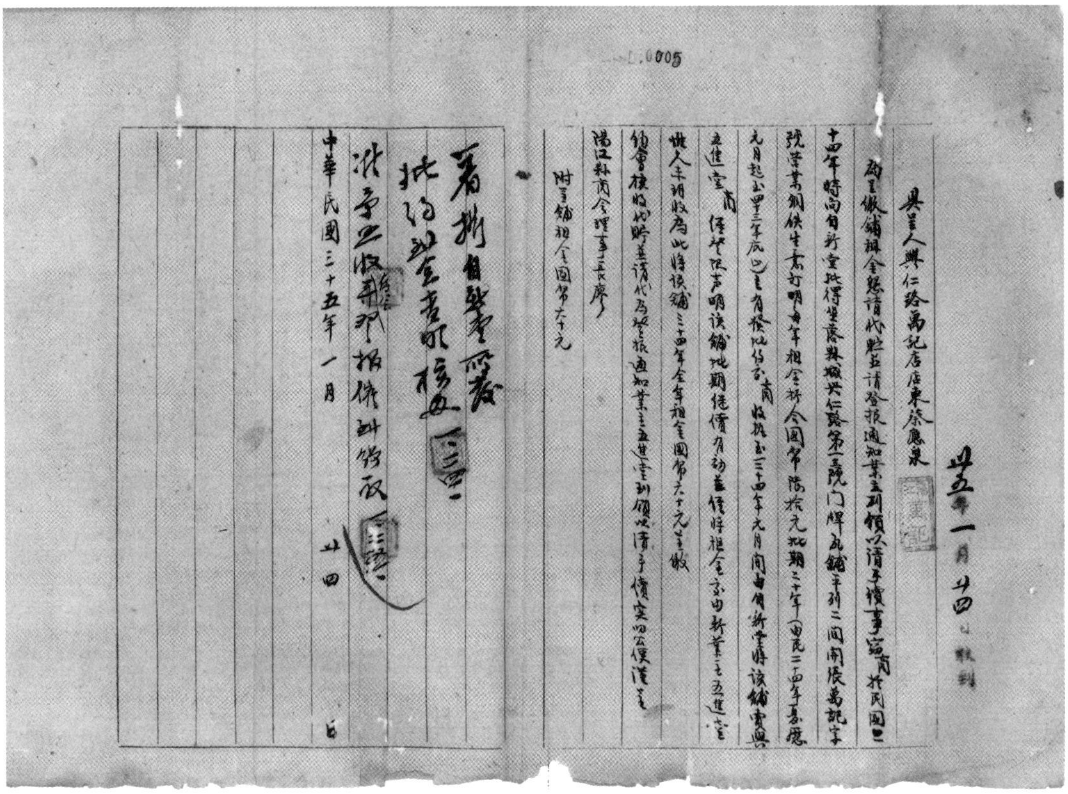

119. 阳江县访利栈店呈县商会请代贮缴铺租金并登报通知业主领取（1947 年 1 月 1 日）

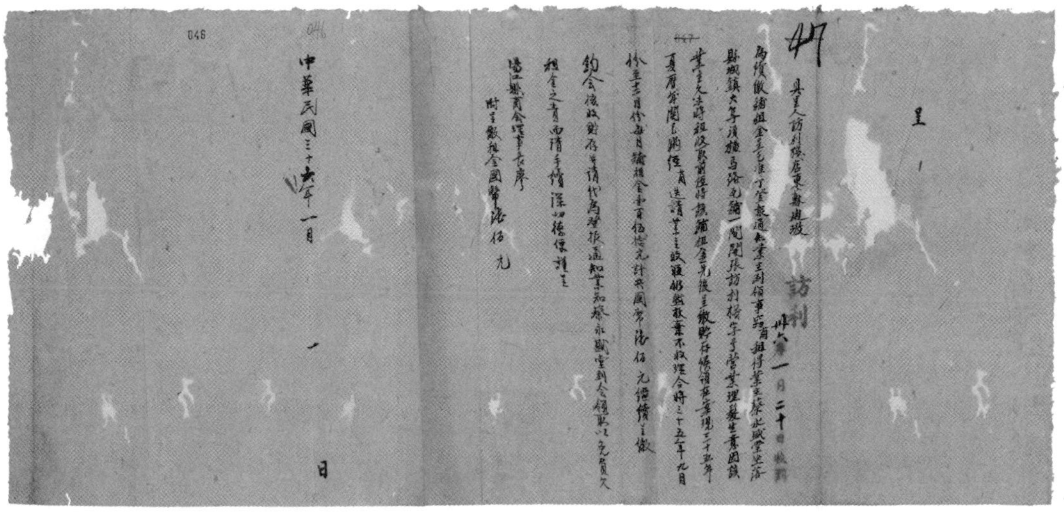
具呈人訪利棧居東壽坡

為請代繳舖租金並登報通知業主到會事竊商租得業主蔡永盛堂坐落縣城鎮大等頂橫馬路舖一間開張訪利棧字號營業理髮生意因該業主不法時租收取前經將該舖租金先後呈繳貴會存儲領在案現三十五年夏曆歲閏已滿經商迭請業主收取仍然拒款不收理合將三十五年九月份至十二月份每月舖租金肆百伍拾元計共國幣弍仟元繼續呈繳

鈞會核收懇祈准予請代為登報通知業主知蔡永盛堂到會領取以免負欠租金之責而清手續深切德便謹呈

陽江縣商會理事長廖

附呈繳租金國幣弍仟元

中華民國三十六年一月 日

訪利

卅六年一月二十日收到

120. 阳江县永均栈呈县商会请代贮铺租并通知业主提取（1947 年 4 月 19 日）

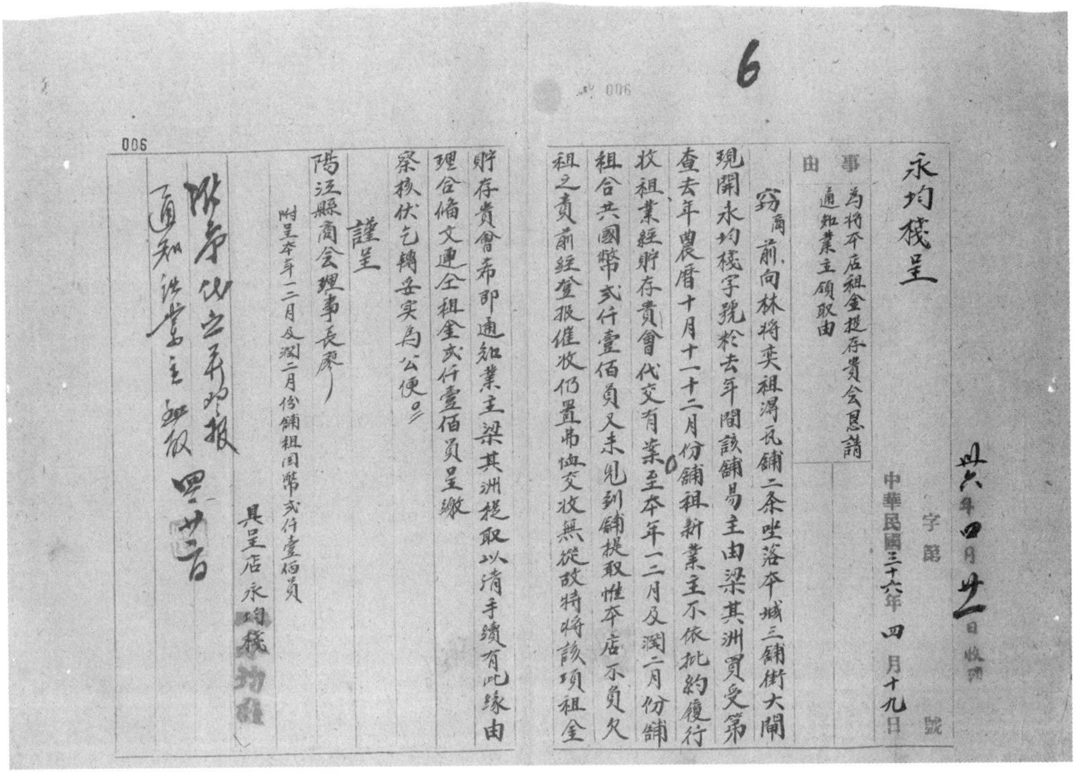

6

永均栈呈

事由：为将本店租金提存贵会恳请通知业主领取由

字第　号

中华民国三十六年四月十九日

卅六年四月廿一日收

窃商前向林将奕租得瓦铺二条，坐落本城三铺街大闸，现开永均栈字号。于去年间该铺易主，由梁其洲买受。第查去年农历十月十一十二月份铺租，新业主不依批约履行收租，业经贮存贵会代交有案。至本年一二月及闰二月份铺租合共国币弍仟壹佰员，又未见到铺提取。惟本店不负久租之责，前经登报催收，仍置弗恤，交收无从。故特将该项租金贮存贵会，希即通知业主梁其洲提取，以清手续。有此缘由，理合备文连仝租金弍仟壹佰员呈缴，察核，伏乞转妥实为公便。

谨呈

阳江县商会理事长廖

附呈本年一二月及闰二月份铺租国币弍仟壹佰员

具呈店永均栈

照章代为存报，通知该业主领取。

黑　廿一

121. 阳江县太傅路广亨店东黄齐如呈县商会请代贮铺租并通知业主领取（1947 年 4 月 19 日）

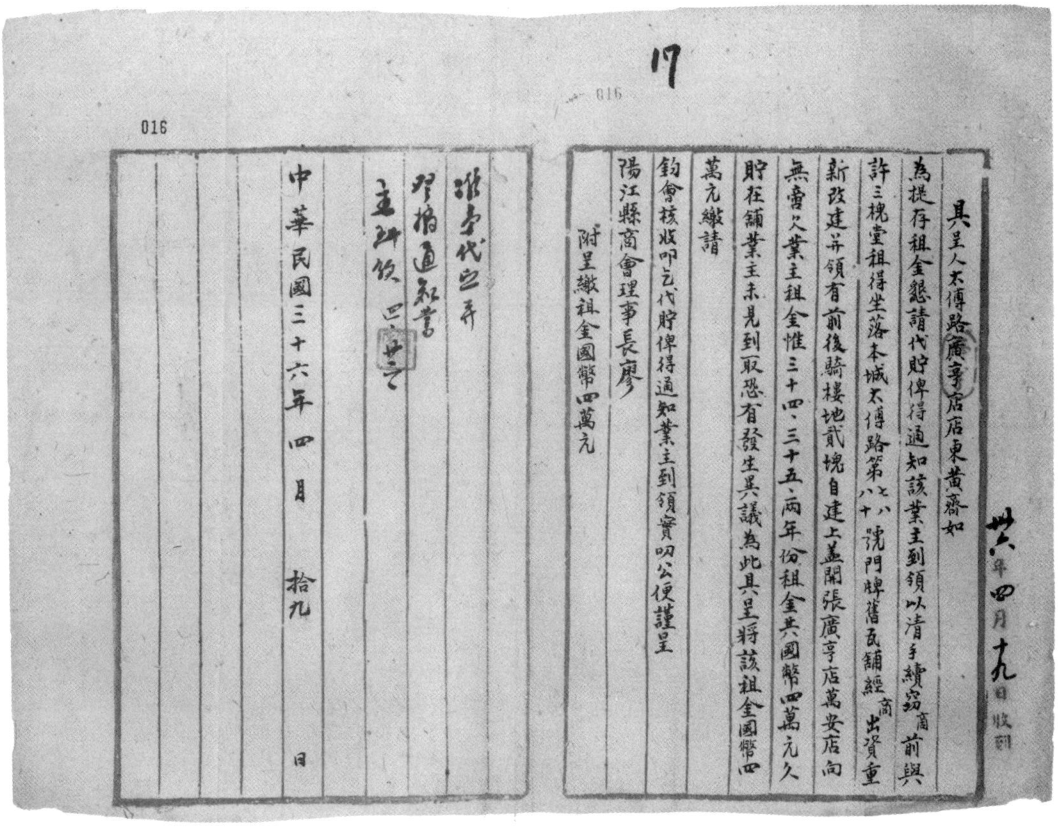

17

016

卅六年四月十九日收到

具呈人太傅路廣亨店店東黃齋如

為提存租金懇請代貯俾得通知該業主到領以清手續竊商前與

許三槐堂租得坐落本城太傅路第八十七八號門牌舊瓦舖經商出資重

新改建并領有前後騎樓地貳塊自建上蓋開張廣亨店萬安店向

無當欠業主租金惟三十四、三十五、兩年份租金共國幣四萬元久

貯在舖業主未見到取恐有發生異議為此具呈將該租金國幣四

萬元繳請

鈞會核收叩乞代貯俾得通知業主到領實叨公便謹呈

陽江縣商會理事長廖

附呈繳租金國幣四萬元

016

准予代收并即轉通知業主到領 四、廿二

中華民國三十六年四月拾九日

122. 阳江县棉艺兴店呈县商会请代贮租金并转达铺主福如堂收取（1947 年 6 月 11 日）

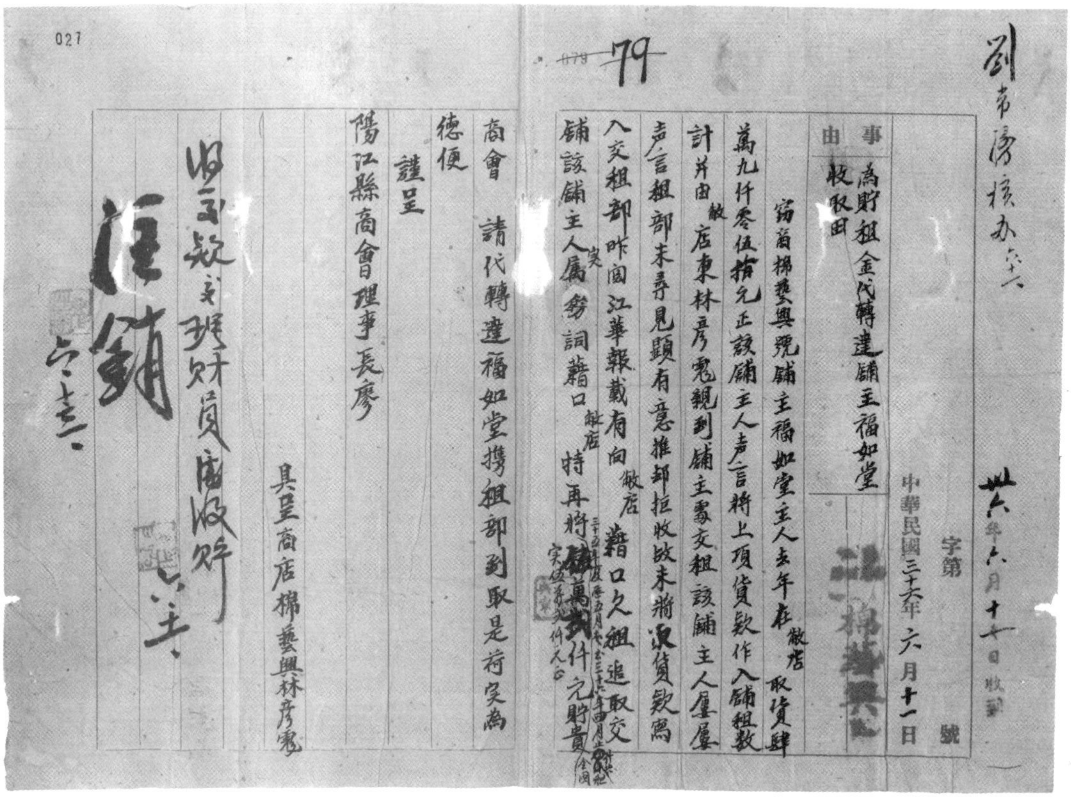

劉常務核办　六.十六

卅六年六月十七日收到

字第　號

中華民國三十六年六月十一日

事由：為貯租金代轉達鋪主福如堂收取由

竊商棉藝興號鋪主福如堂主人去年在敝店取貨肆萬九仟零伍拾元正，該鋪主人声言將上項貨款作入鋪租數計，并由敝店東林彥亮親到鋪主處交租，該鋪主人屢屢声言租部未寄，見顯有意推卸拒收，致未將該貨款寫入交租部。昨閱江華報載有向敝店藉口久租追取交鋪，該鋪主人實屬矜詞藉口。敝店特再將鋪租肆萬貳仟元貯貴商會，請代轉達福如堂携租部到取，是荷。實為德便。

謹呈

陽江縣商會理事長廖

具呈商店棉藝興林彥亮

123. 阳江县永均栈呈县商会请继续贮存缴铺租金并登报通知业主领取（1947 年 7 月 17 日）

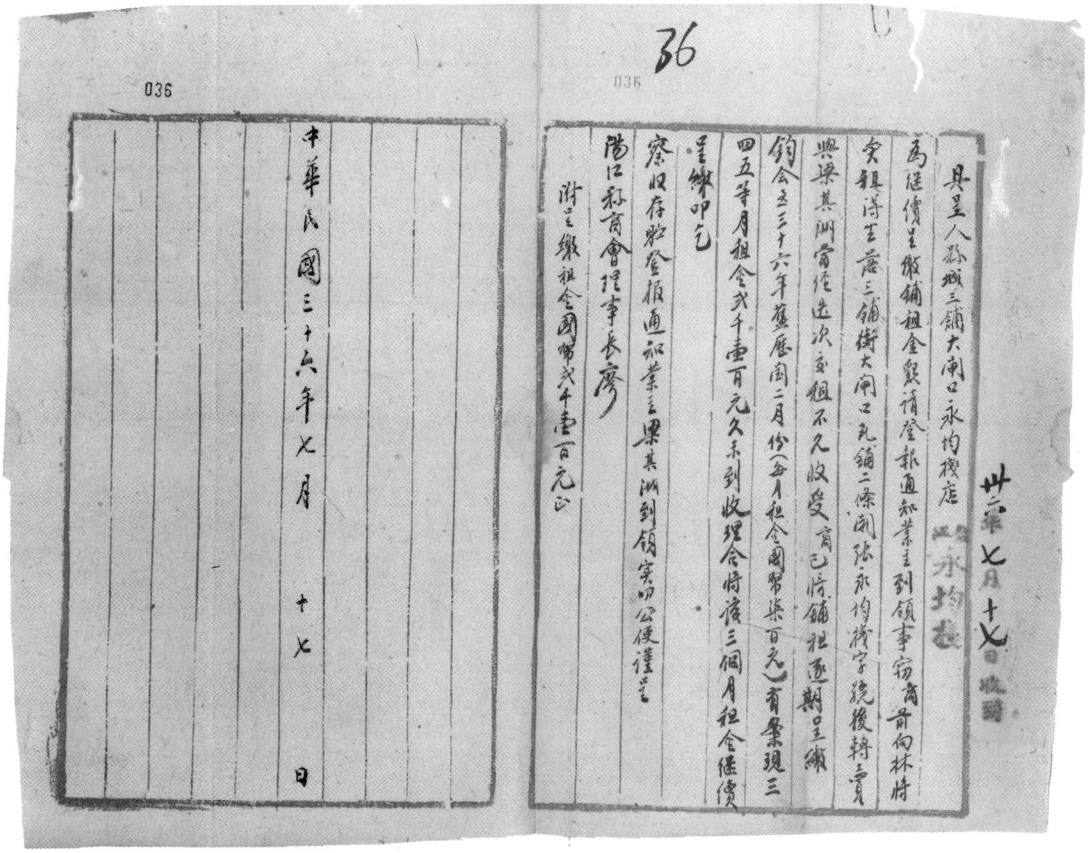

36

036

具呈人縣城三鋪大南口永均棧店

為繼續呈繳鋪租金懇請登報通知業主到領事。竊商前向林時
發租得王蔗三鋪街大南口九鋪二條開張永均棧字號，後轉賣
與梁其洲，當經迭次交租不久收受，商已將鋪租逐期呈繳
鈞會至三十六年舊曆閏二月份（每月租金國幣柒百元）有案。現三
四五等月租金貳千壹百元久未到收，理合將該三個月租金繼續
呈繳，叩乞
察收存貯，登報通知業主梁其洲到領，實叨公便。謹呈
陽江縣商會理事長廖

附呈繳租金國幣貳千壹百元正

卅六年七月十七日收到

永均棧

036

中華民國三十六年七月十七日

124. 阳江县速安堂铺主为收回瓦铺自住呈请县商会发给证明以维业权（1947 年 7 月 19 日）

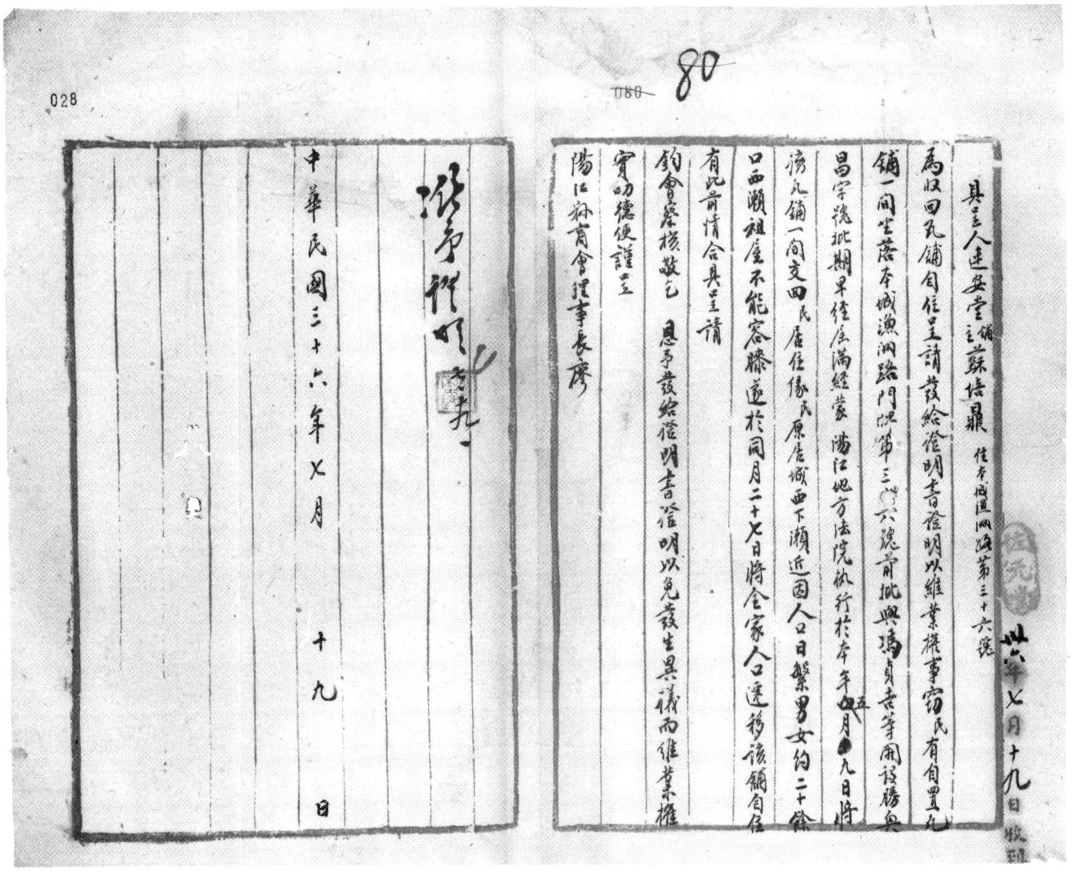

028

080

80

具呈人速安堂铺主蘇培鼎　住本城漁洲路第三十六號

為收回瓦铺自住呈請發給證明書證明以維業權事竊民有自置瓦铺一間坐落本城漁洲路門牌第三十六號前批與馮貞壽等開設勝興昌字號批期早經屆滿經蒙陽江地方法院執行於本年五月九日將該瓦铺一間交回民居住緣民原居城西下瀨近因人口日繁男女約二十餘口西瀨祖屋不能容膝遂於同月二十七日將全家人口遷移該舖自住有此前情合具呈請

鈞會察核敬乞　恩予發給證明書證明以免發生異議而維業權實切德便謹呈

陽江縣商會理事長廖

中華民國三十六年七月十九日

准予證明

卅六年七月十九日收到

125. 阳江县泽记鞋店东林泽记呈请县商会请代贮铺租并登报通知业主领取（1947 年 7 月 19 日）

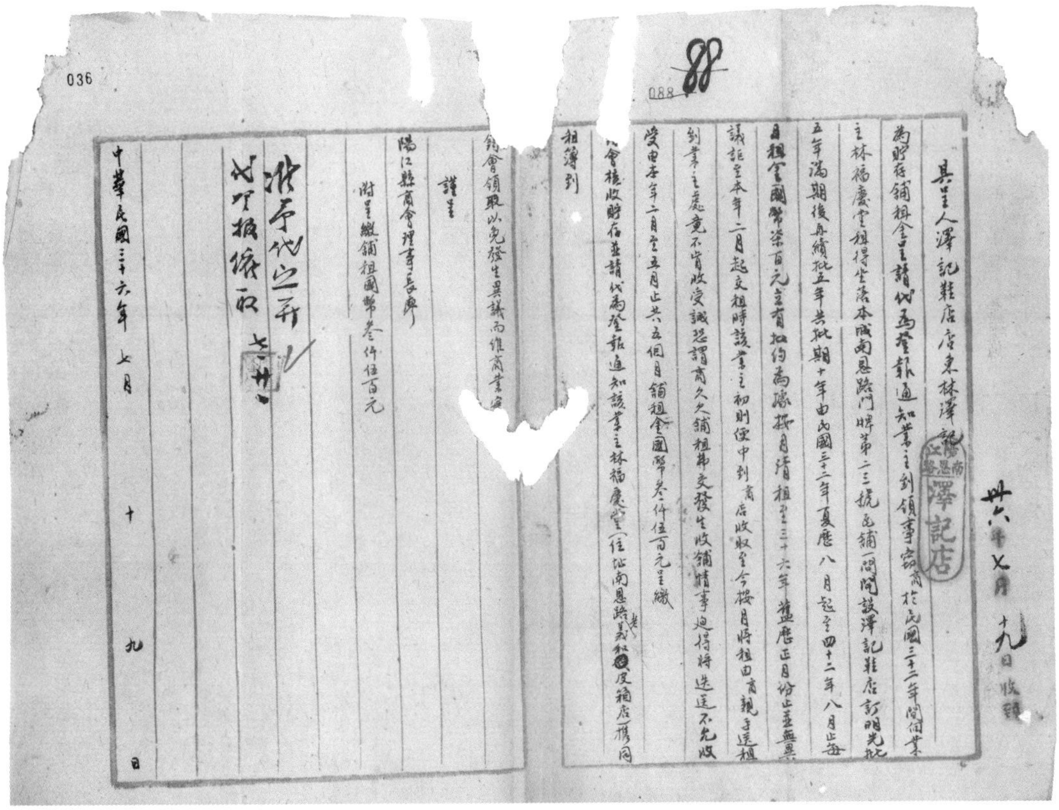
036

088

88

具呈人澤記鞋店店東林澤記

為貯存鋪租金呈請代為登報通知業主到領事：竊商於民國三十二年間向業主林福慶堂租得坐落本城南恩路門牌第二三號老鋪一間，開設澤記鞋店，訂明先批五年，滿期後再續批五年，共批期十年，由民國三十二年夏歷八月起至四十二年八月止，每月租金國幣柒百元，立有批約為據。按月清租至三十六年舊歷正月份止，並無異議。詎至本年二月起交租時，該業主初則使中到商店收取，至今按月將租由商親手送租到業主處，竟不肯收受，誠恐謂商久欠鋪租而發生收鋪情事，迫得將迭送不允收受由本年二月至五月止共五個月鋪租金國幣叁仟伍百元呈繳

鈞會核收貯存，並請代為登報通知該業主林福慶堂（住址南恩路美和皮箱店）攜同租簿到

鈞會領取，以免發生異議而維商業安[illegible]

謹呈

陽江縣商會理事長鄭

附呈繳鋪租國幣叁仟伍百元

准予代存，并代刊報催取 七、廿

中華民國三十六年七月十九日

陽江縣南恩路澤記店

卅六年七月十九日收到

126. 阳江县端记店呈县商会请代贮缴铺租金并登报业主领取（1947 年 9 月 13 日）

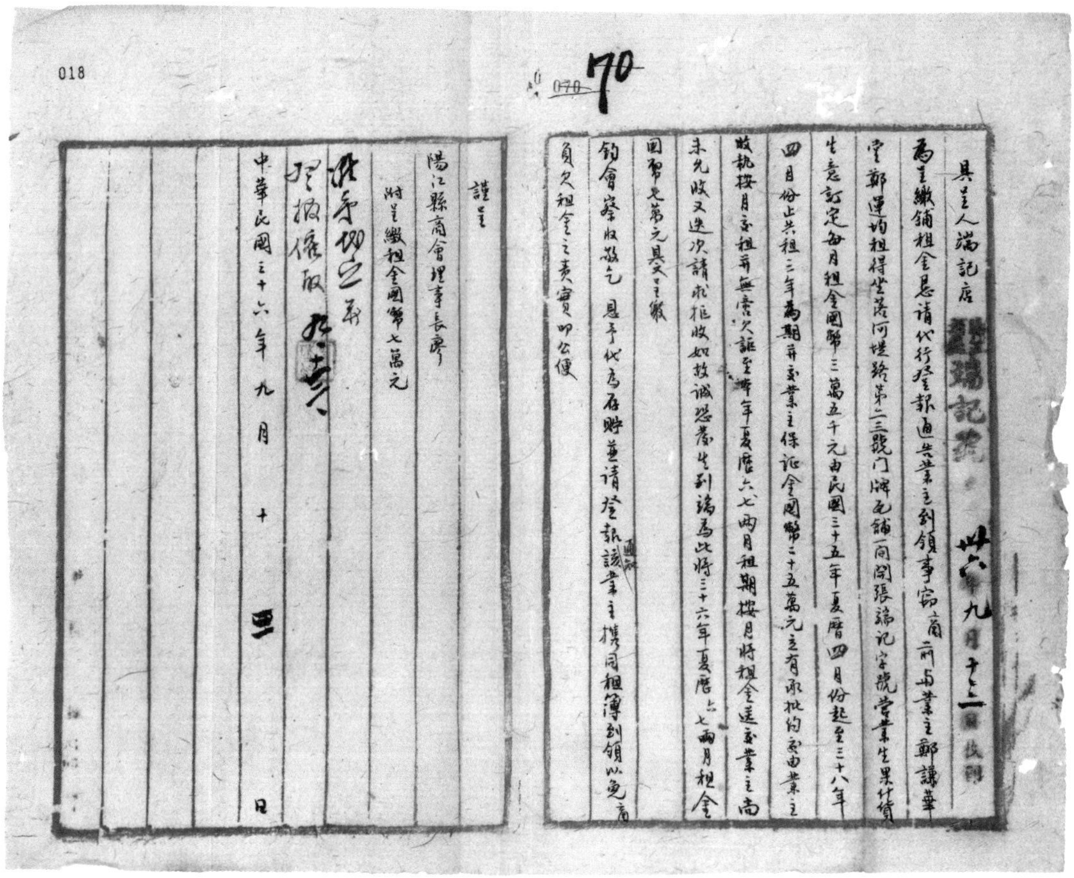

018

070　70

具呈人端記店

（端記號 卅六年九月十三日[illegible]）

為呈繳铺租金懇請代行登報通告業主到領事。竊商前與業主鄭謙華堂鄭運墒租得坐落河堤路第二三號门牌之铺一間，開張端記字號營業生果什貨生意，訂定每月租金國幣三萬五千元，由民國三十五年夏曆四月份起至三十八年四月份止，共租三年為期，并交業主保証金國幣二十五萬元，立有承批約交由業主收執，按月交租，并無拖欠。詎至本年夏曆六七兩月租期，按月將租金送交業主，尚未允收，又迭次請求，拒收如故。誠恐發生糾葛，為此將三十六年夏曆六七兩月租金國幣七萬元具文呈繳鈞會察收發給，懇予代為存貯，並請登報該業主攜同租簿到領，以免商負欠租金之責，實叨公便。

謹呈

陽江縣商會理事長廖

附呈繳租金國幣七萬元

經手[illegible]

[illegible]

中華民國三十六年九月十三日

127. 阳江县永均栈店东谭朝就呈县商会按期呈缴业主梁其洲瓦铺一间租金请代贮并登报通知业主领取（1947 年 10 月 24 日）

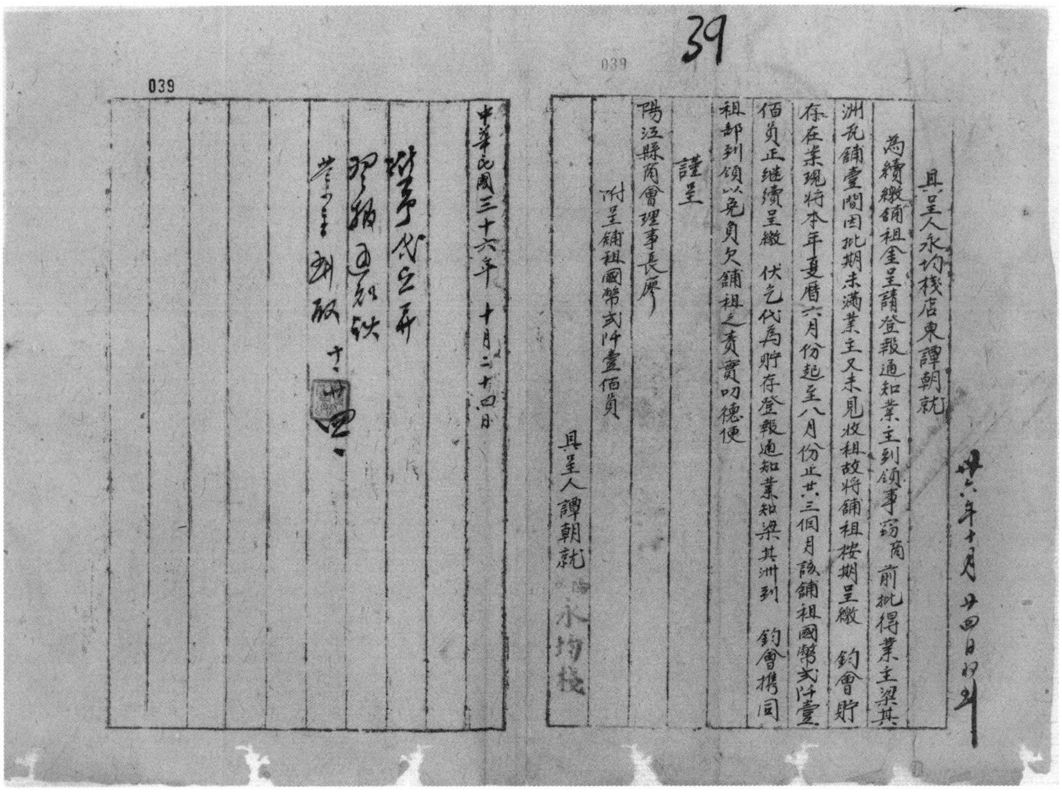

39

039

具呈人永均棧店東譚朝就
為續繳鋪租金呈請登報通知業主到領事竊商　前批得業主梁其
洲瓦鋪壹間因批期未滿業主又未見收租故將鋪租按期呈繳　鈞會貯
存在案現將本年夏曆六月份起至八月份止共三個月該鋪租國幣式仟壹
佰員正繼續呈繳　伏乞代爲貯存登報通知業知梁其洲到　鈞會携同
租部到領以免負欠鋪租之責實叨德便
謹呈
陽江縣商會理事長廖
附呈鋪租國幣式仟壹佰員
具呈人譚朝就
永均棧

卅六年十月廿四日收到

039

中華民國三十六年十月二十四日

准予代存并
登報通知
業主到領　十廿四

128. 阳江县南恩路新福源店东曾雨生呈县商会请代贮铺租并登报通知业主收领（1947 年 12 月 14 日）

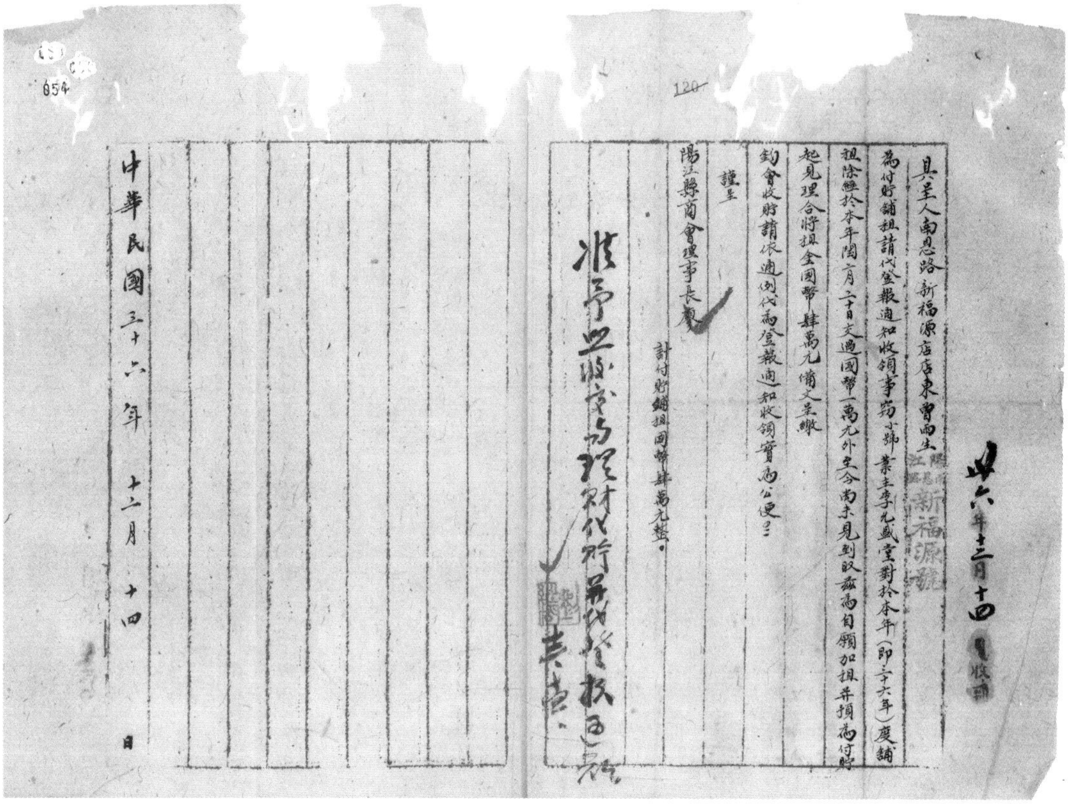

具呈人南恩路新福源店店東曾雨生
為付貯鋪租請代登報通知收領事。竊小號業主李允盛堂對於本年（即三十六年）度鋪租除經於本年閏二月二十日交過國幣一萬元外，至今尚未見到收，茲為自願加租并預為付貯起見，理合將租金國幣肆萬元備文呈繳
鈞會收貯，請依通例代為登報通知收領，實為公便。
謹呈
陽江縣商會理事長陳
計付貯鋪租國幣肆萬元整。
中華民國三十六年十二月十四日

129. 阳江县源盛店东梁振源呈县商会请代为核收贮存铺租给付以杜藉口而维商场（1948 年 1 月 22 日）

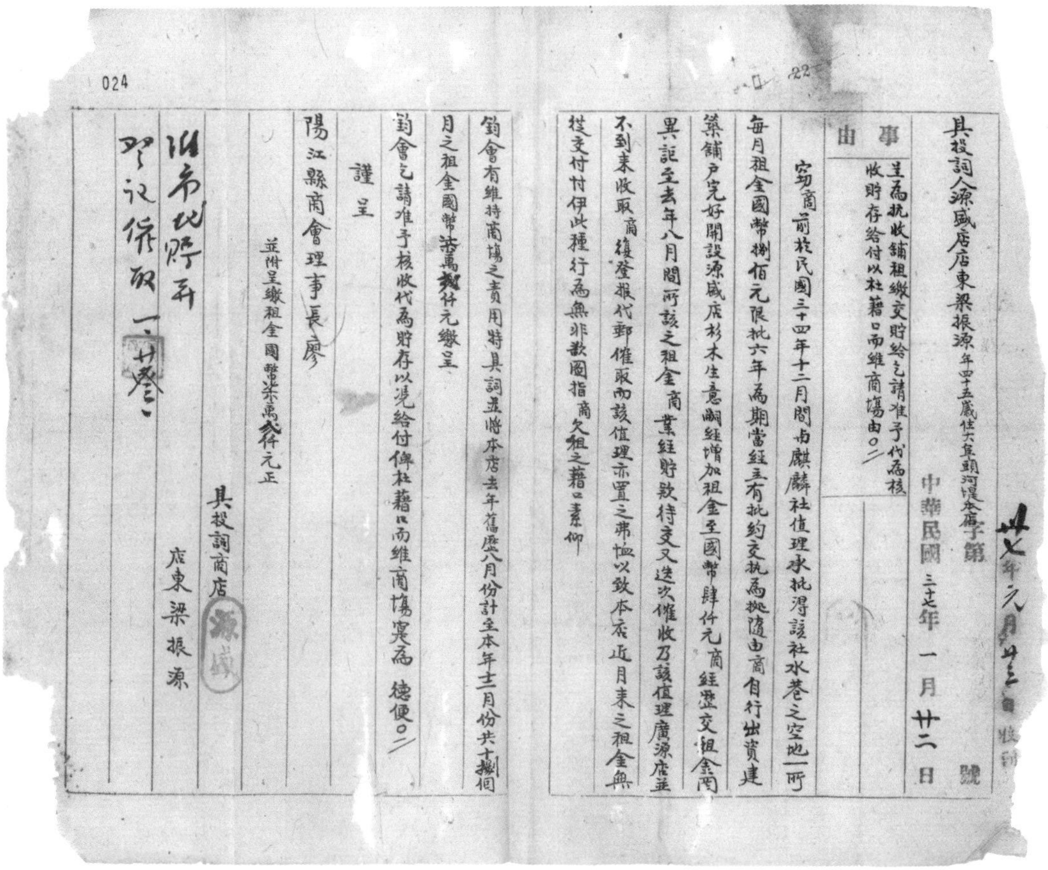
具投詞人源盛店店東梁振源 年四十五歲住六年頭河堤本店 字第 號

事由：呈為抗收鋪租繳交貯給乞請准予代為核收貯存給付以杜藉口而維商場由○

竊商前於民國三十四年十二月間由麒麟社值理承批得該社水巷之空地一所每月租金國幣捌佰元限批六年為期當經立有批約交執為據隨由商自行出資建築鋪戶完好開設源盛店杉木生意嗣經增加租金至國幣肆仟元商經照交租金閱異詎至去年八月間所該之租金商業經貯款待交又迭次催收乃該值理廣源店並不到來收取商復登報代郵催取而該值理亦置之弗恤以致本店近月來之租金無從交付付伊此種行為無非藉圖指商欠租之藉口素仰鈞會有維持商場之責用特具詞並將本店去年舊曆八月份計至本年十二月份共十捌個月之租金國幣柒萬貳仟元繳呈鈞會乞請准予核收代為貯存以憑給付俾杜藉口而維商場實為德便○

謹呈

陽江縣商會理事長廖

並附呈繳租金國幣柒萬貳仟元正

具投詞商店 店東梁振源

中華民國三十七年一月廿二日

130. 阳江县永均栈店东谭朝就呈县商会请代为贮存铺租并登报通知业主到领（1948年1月26日）

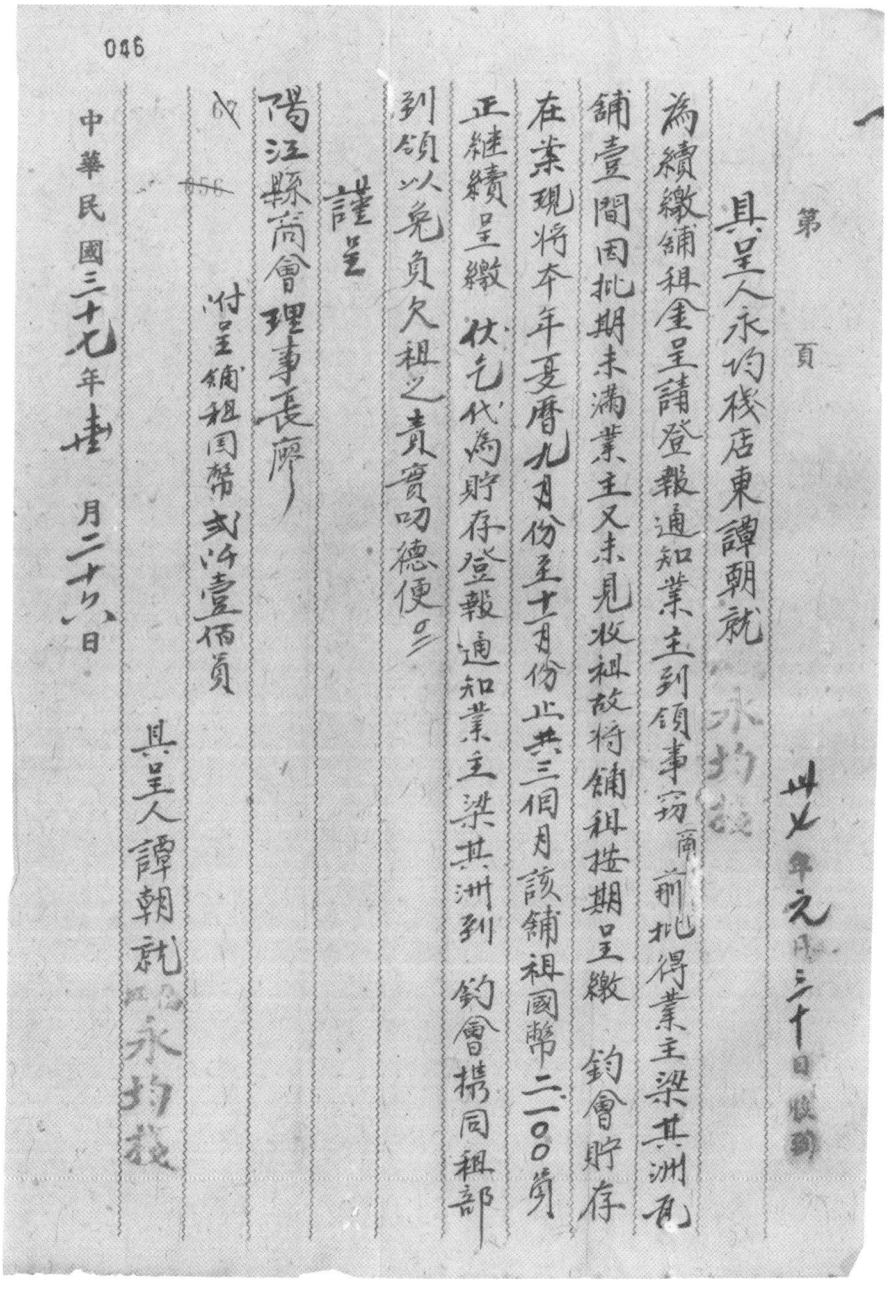

046

第　頁

具呈人永均棧店東譚朝就

為續繳鋪租金呈請登報通知業主到領事竊商前批得業主梁其洲有鋪壹間因批期未滿業主又未見收租故將鋪租按期呈繳　鈞會貯存在案現將本年夏曆九月份至十一月份止共三個月該鋪租國幣二一〇〇萬正繼續呈繳　伏乞代為貯存登報通知業主梁其洲到　鈞會携同租部到領以免負欠租之責實叨德便之

謹呈

陽江縣商會理事長廖

附呈鋪租國幣貳仟壹佰萬

~~056~~

中華民國三十七年壹月二十六日

具呈人譚朝就（永均棧）

卅七年元月三十日收到

131. 阳江县均源店司理刘成添呈县商会请代收缴铺租金并登报通知业主收取（1948年5月8日）

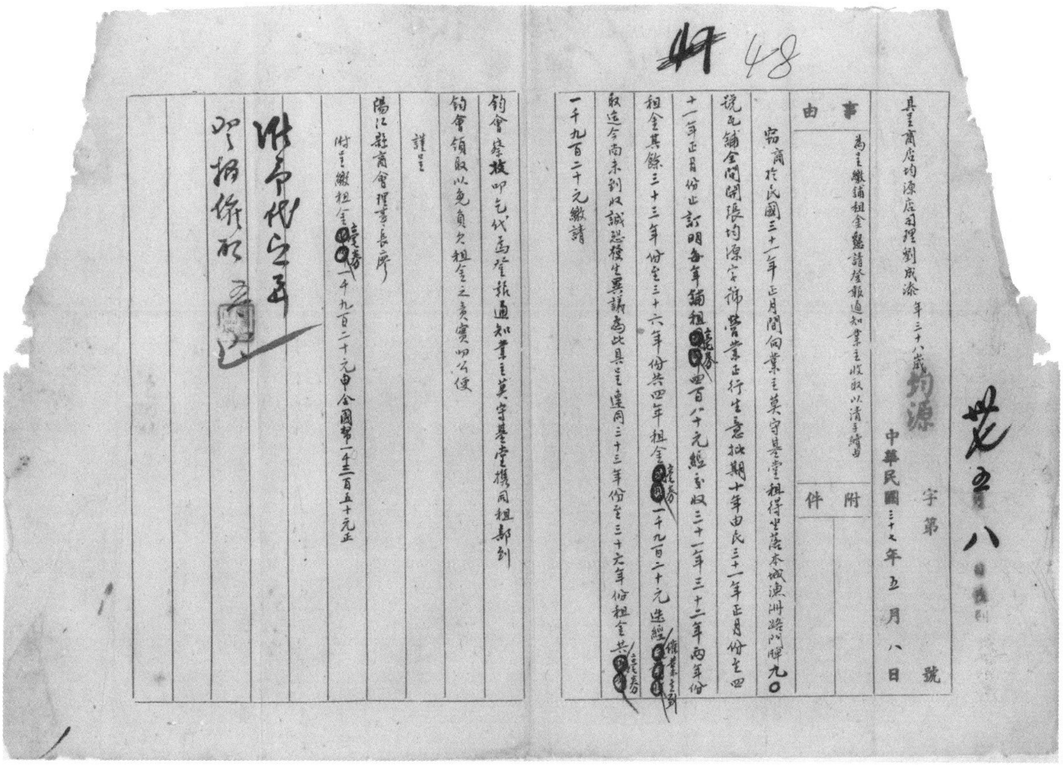
具呈商店均源店司理劉成添 年三十八歲 均源
事由：為呈繳鋪租金懇請登報通知業主收取以清手續由
附件
中華民國三十七年五月八日
字第 號
竊商於民國三十一年正月間向業主莫守基堂租得坐落本城漁洲路門牌九〇號瓦鋪全間，開張均源字號營業，正行生意，批期十年，由民三十一年正月份至四十一年正月份止，訂明每年鋪租國幣四百八十元，經交收三十一年、三十二年兩年份租金，其餘三十三年份至三十六年份共四年租金國幣一千九百二十元，迭經叙送，今尚未到收，誠恐發生異議，為此具呈，連同三十三年份至三十六年份租金共國幣一千九百二十元繳請
鈞會察核，叩乞代為登報通知業主莫守基堂攜同租部到
鈞會領取，以免負欠租金之責，實叨公便。
謹呈
陽江縣商會理事長 席
附呈繳租金國幣一千九百二十元申合國幣一千三百五十元正
花 五 八
准予代收 即招領取

132. 阳江县龙津路正记店东姜正棠呈县商会请代贮续铺租金并登报通知业主领取（1948 年 5 月 8 日）

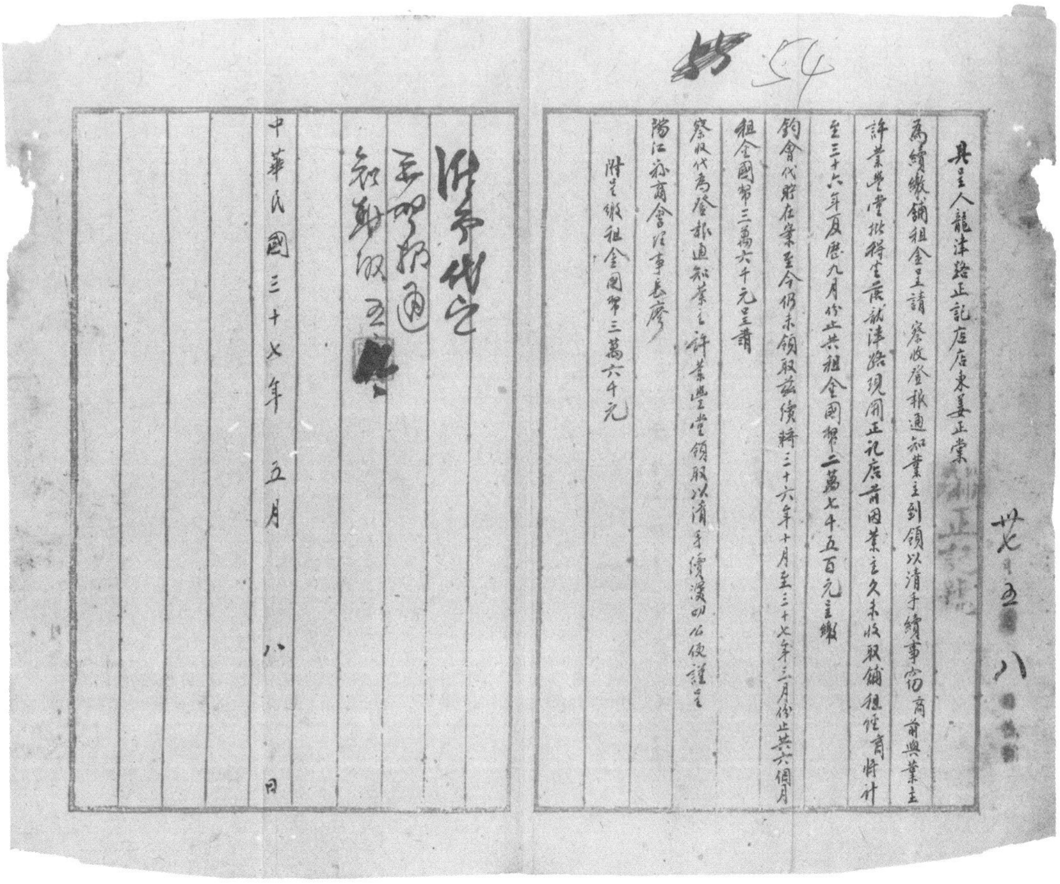

具呈人龍津路正記店店東姜正棠
為續繳舖租金呈請察收登報通知業主到領以清手續事竊商前與業主
許業興堂批得坐落龍津路現開正記店前因業主久未收取舖租經商將計
至三十六年夏歷九月份止共租金國幣二萬七千五百元呈繳
鈞會代貯在案至今仍未領取茲續將三十六年十月至三十七年三月份止共六個月
租金國幣三萬六千元呈請
察收代為登報通知業主許業興堂領取以清手續實為公便謹呈
陽江縣商會理事長廖
附呈繳租金國幣三萬六千元
中華民國三十七年五月八日

133. 阳江县商会关于召集龙津、兴仁两市场铺客派代表洽商提升铺租致广益公司的笺函（1948 年 9 月 24 日）

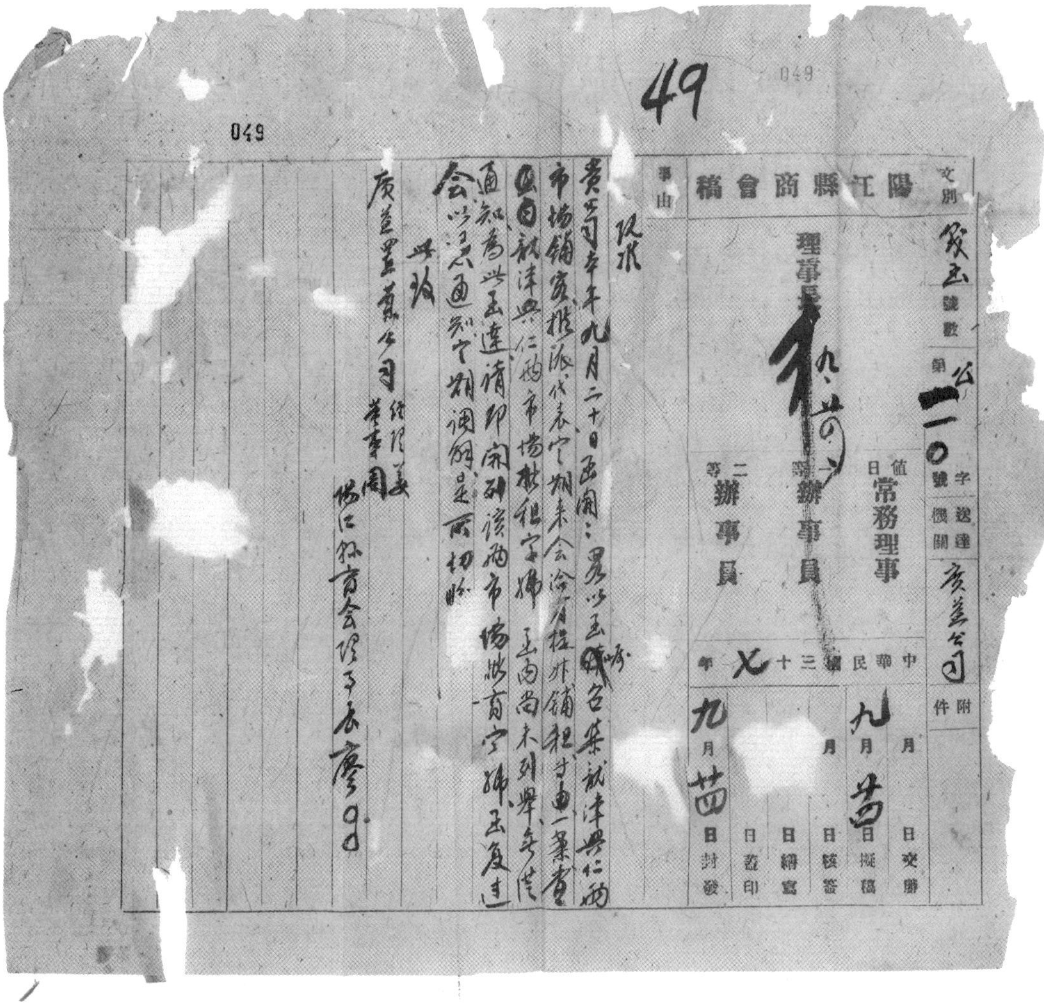

134. 阳江县宝文轩呈县商会请代为查收缴存的租金并迅予通知刘影雄领取（1948 年 11 月 8 日）

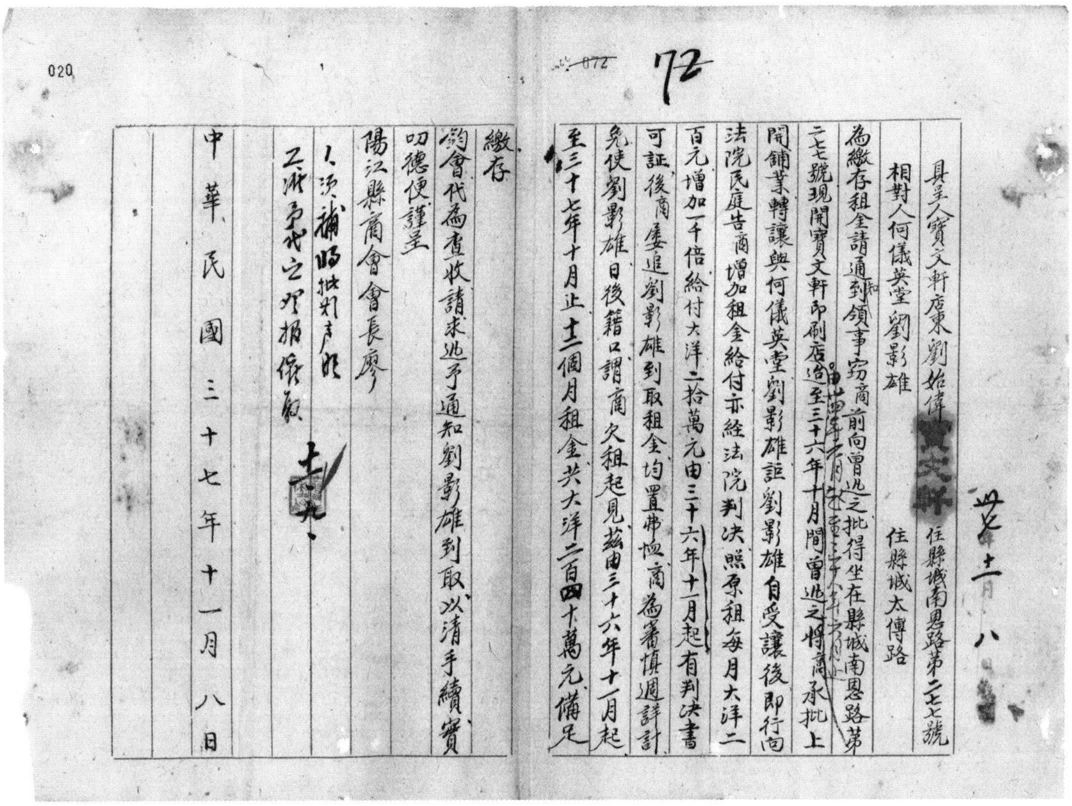

具呈人寶文軒店東劉始偉　住縣城南恩路第二七七號

相對人何儀英堂劉影雄　住縣城太傅路

為繳存租金請通知到領事。竊商前向曾迅之批得坐在縣城南恩路第二七號現開寶文軒印刷店，迨至三十六年十月間曾迅之將商承批上開鋪業轉讓與何儀英堂劉影雄，詎劉影雄自受讓後即行向法院民庭告商增加租金，給付亦經法院判決照原租每月大洋二百元增加一千倍給付大洋二拾萬元，由三十六年十一月起有判決書可証。後商屢追劉影雄到取租金，均置弗恤。商為審慎週詳計，免使劉影雄日後藉口謂商欠租起見，茲由三十六年十一月起至三十七年十月止十二個月租金共大洋二百四十萬元，備足繳存鈞會代為查收，請求迅予通知劉影雄到取，以清手續，實叨德便。謹呈

陽江縣商會會長廖

中華民國三十七年十一月八日

135. 阳江县蔡富源堂主人蔡毓修呈县商会请传铺客责令清租交铺（1949 年 8 月）

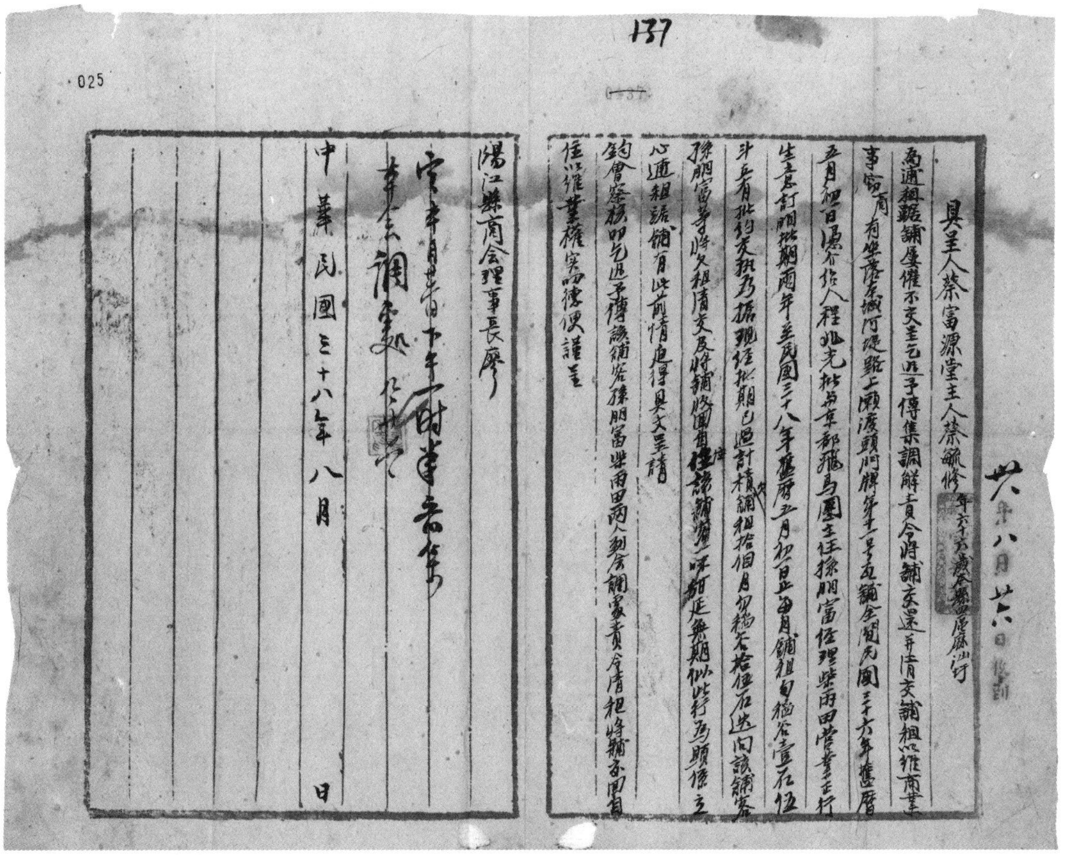

137

025

具呈人蔡富源堂主人蔡毓修 年六十六歲 [illegible]

為追租踞鋪屢催不交，呈乞迅予傳集調解，責令將鋪交還，并清交鋪租，以維商業事。竊商有坐落城河堤路上頭渡頭門牌第十一號瓦鋪一間，民國三十六年舊曆五月初一日憑介紹人程兆光批與東郊[illegible]圍主任孫朋富經理紫雨田營業，訂明批期兩年，至民國三十八年舊曆五月初一日止，每月鋪租白稻谷壹石伍斗，并有批約交執為據。現該批期已過，計積鋪租拾個月，[illegible]稻谷拾伍石，迭向該鋪客孫朋富等催令清交及將鋪收回自住，詎該鋪客一味推延無期，似此行為，顯係立心追租踞鋪，有此前情，迫得具文呈請

鈞會察核，即乞迅予傳該鋪客孫朋富、紫雨田兩人到會，[illegible]責令清租，將鋪交回自住，以維業權，實為德便。謹呈

陽江縣商會理事長廖

定本月廿六日下午一時[illegible]

[illegible]調處 [illegible]

中華民國三十八年八月 日

卅八年八月廿六日 [illegible]

136. 阳江县商会通知协德砖瓦店代贮铺租业主已到会领取（1949 年 10 月 14 日）

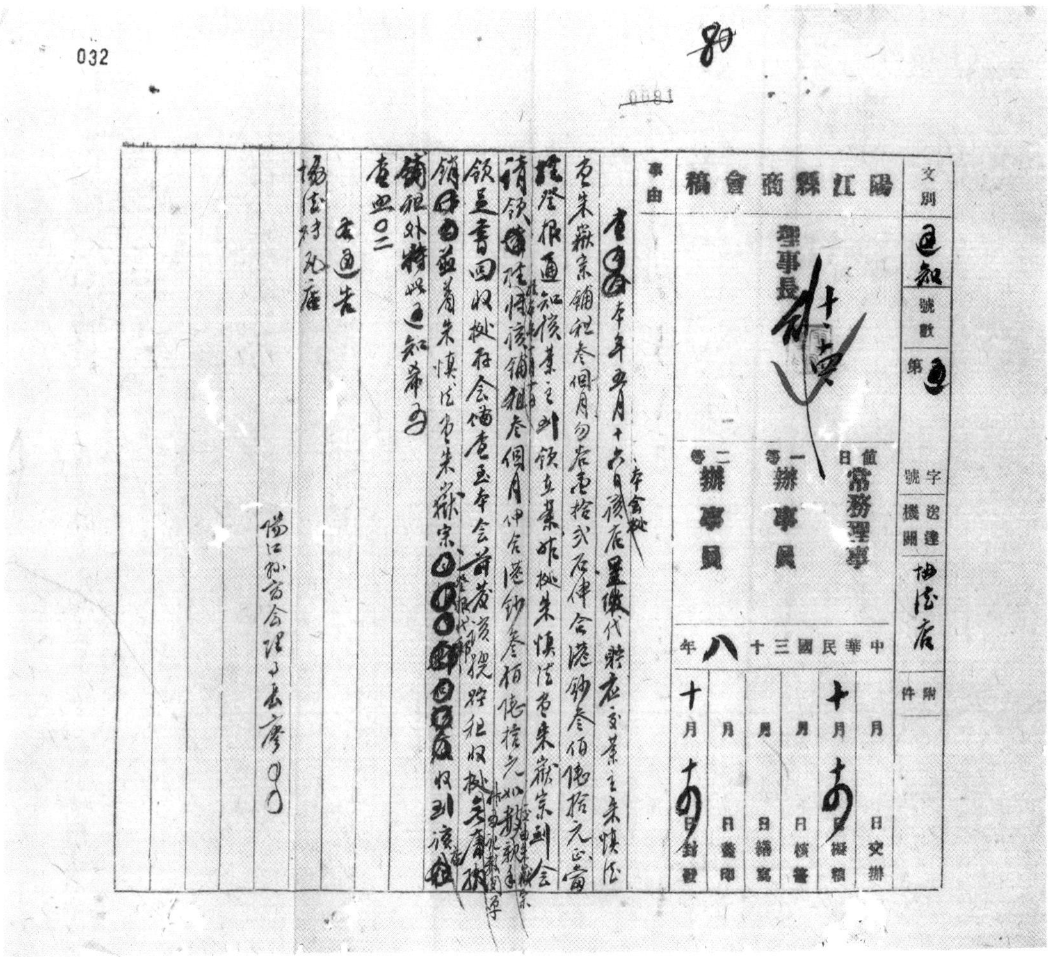

陽江縣商會稿

文別：通知

號數：第　號

理事長

值日常務理事

一等辦事員

二等辦事員

送達機關字號：協德店

附件

中華民國三十八年　十月　日交辦　十月十四日擬稿　月　日核稿　月　日繕寫　月　日蓋印　十月十四日封發

事由

協德砖瓦店

右通告

（三）协助购办民生用品

137. 阳江县政府指令县商会主席林洁予准予发给胜昌店往遂溪大阜运土油回阳江销售证明书（1941 年 12 月 31 日）+ 附：胜昌店呈复林洁予（1942 年 3 月 13 日）

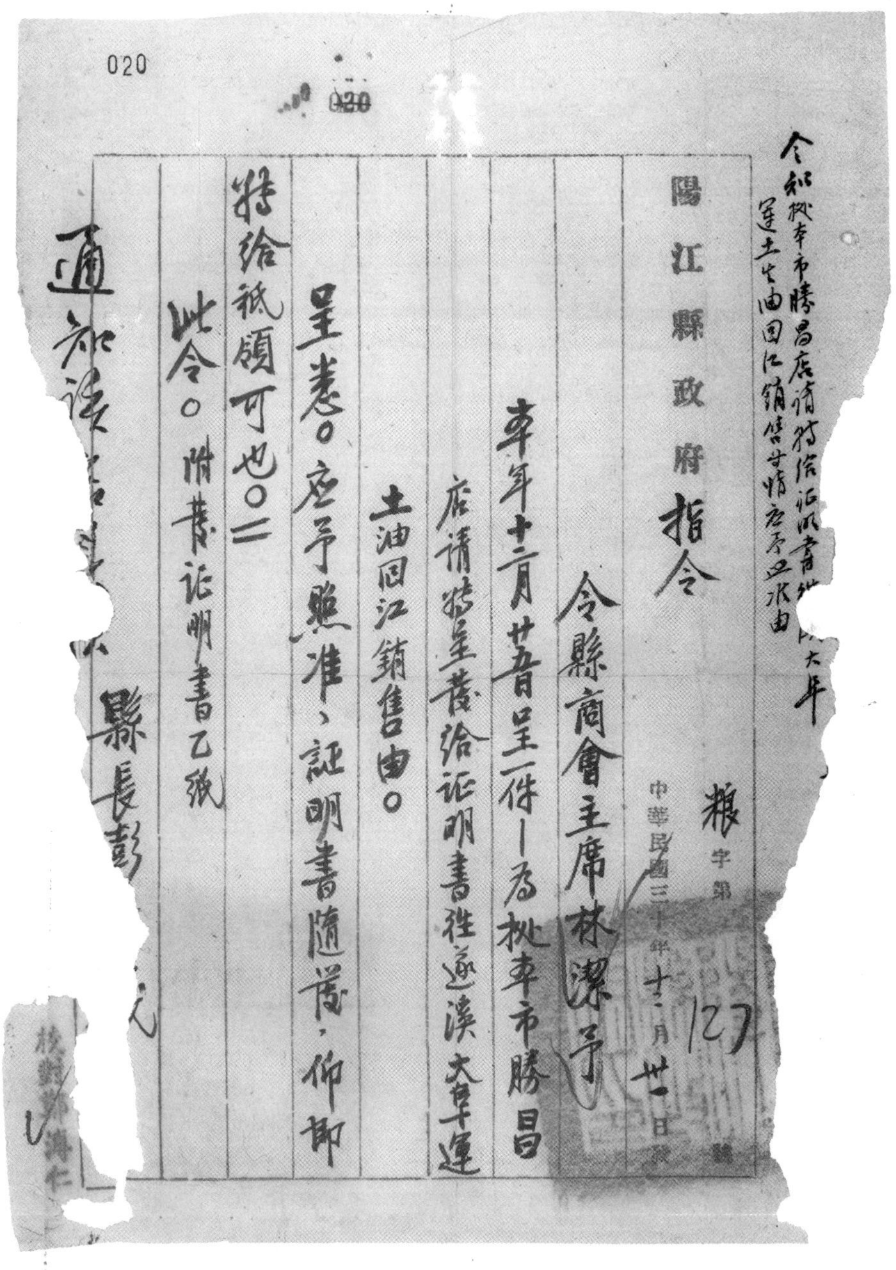
020

令知 據本市勝昌店請發給証明書往遂溪大阜運土油回江銷售等情應予照准由

陽江縣政府指令 糧字第 號

中華民國三十年十二月卅一日發

令縣商會主席林潔予

本年十二月廿七日呈一件，為據本市勝昌店請發給証明書往遂溪大阜運土油回江銷售由。

呈悉。應予照准，證明書隨發，仰即轉給祇領可也。此令。附發証明書乙紙

縣長彭

校對 郭海仁

021

漁洲路　陽江勝昌號用箋　河堤路

陽江電報掛號簽五弍四號

為去年十二月蒙給証明書往遂溪運生油回江請發給貨到証以便往銷號由

第　頁

敬呈者去歲十二月小號曾在遂溪大阜廣泰行買入生油八百七十礶重壹萬六仟六百六十公觔已蒙鈞會出具証明呈請陽江縣政府核准於三十年十二月三十一日發給証明書前往輸運現已將油全數運到經陽江海關驗訖理合呈請鈞會出具貨到証明書給商持往雷州關銷號寔深感盼謹呈

陽江縣商會主席林

具呈商勝昌店

勝昌號

中華民國三十一年三月十三日

以發　十三

卅一年三月十三日收到

138. 阳江县渔洲路协和店伴黄集光为往阳春等埠办货呈县商会请转呈县政府发给证明俾资护运（1942 年 1 月 2 日）

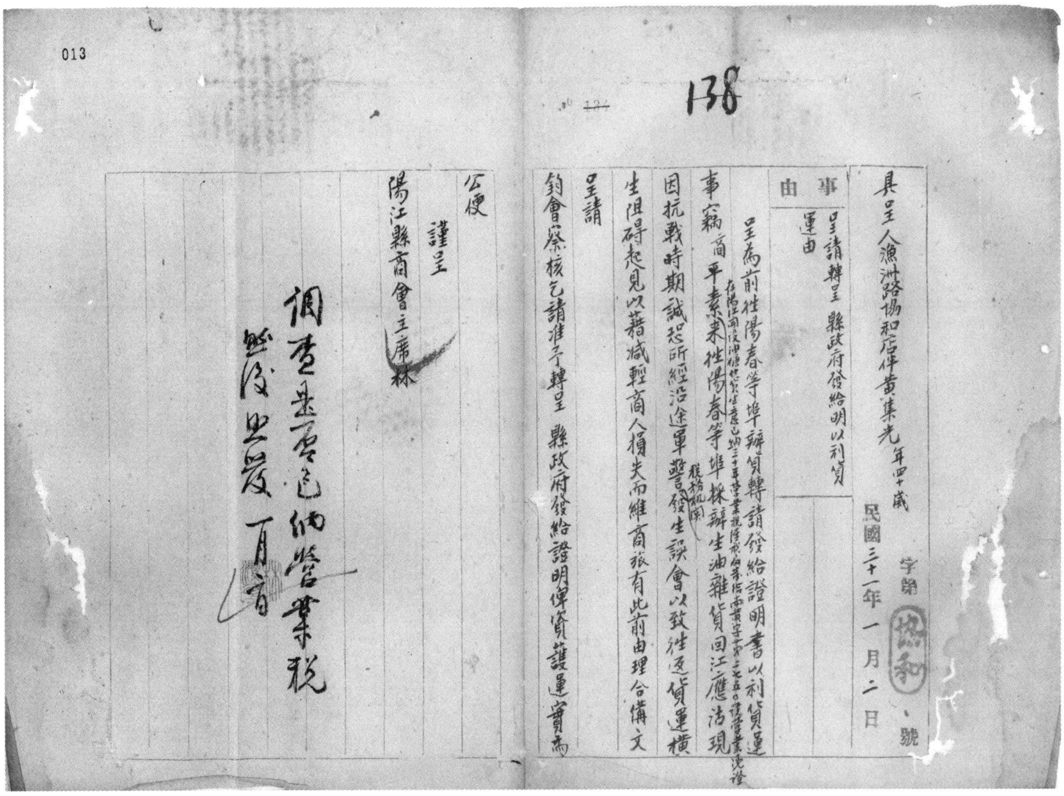

013

138

具呈人漁洲路協和店伴黃集光 年四十歲
字第　　號
民國三十一年一月二日

事由：呈請轉呈縣政府發給明以利貨運由

呈為前往陽春等埠辦貨轉請發給證明書以利貨運事。竊商平素來往陽春等埠採辦生油雜貨回江應沽，現因抗戰時期，誠恐所經沿途軍警發生誤會，以致往返貨運橫生阻碍。起見以藉減輕商人損失而維商旅，有此前由，理合備文呈請

鈞會察核，乞請准予轉呈縣政府發給證明俾資護運，實為公便。

謹呈

陽江縣商會主席林

調查是否已納營業稅，然後出發。

139. 阳江县商会为华隆店商人张荫往阳春购办土生油呈请县政府发运照（1942 年 3 月 4 日）+ 附：张荫致阳江县商会主席林洁予的呈（1942 年 3 月）

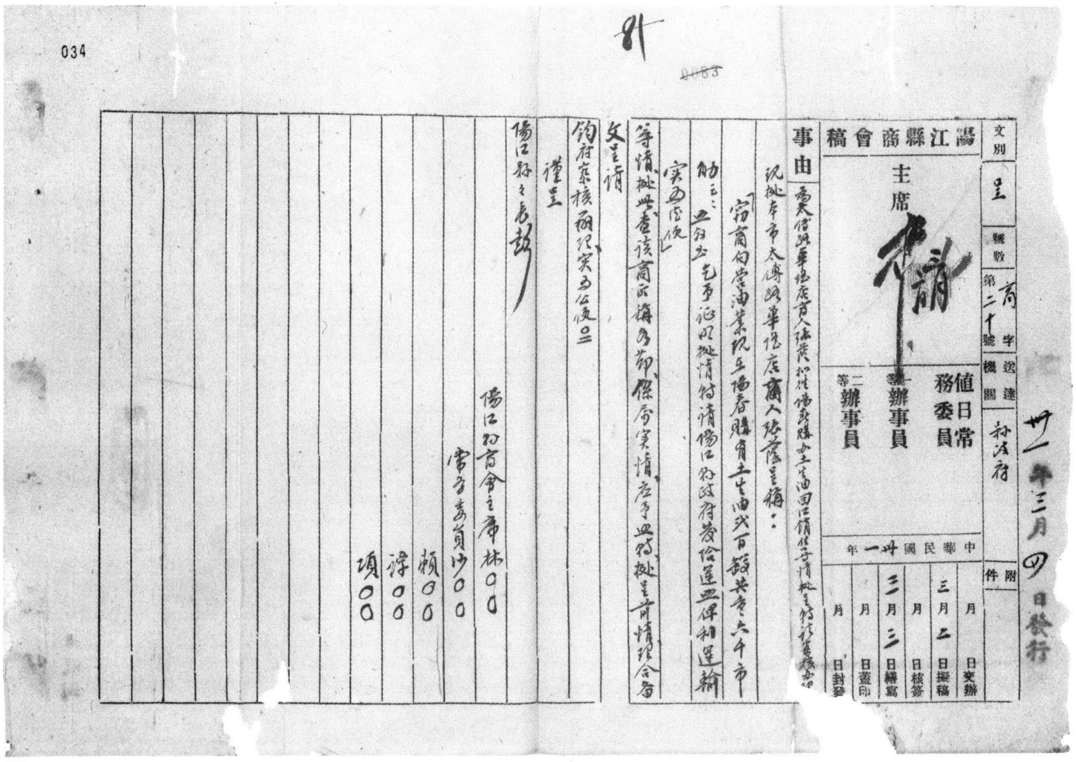
034

81

阳江县商会稿

文别：呈

号数：第二十号 商字

送达机关：县政府

主席 林（签）

值日常务委员

一等办事员

二等办事员

中华民国卅一年

三月二日拟稿　三月三日缮写

附件

卅一年三月四日发行

事由：为据华隆店商人张荫往阳春县办土生油回江销售，请核发运照由

现据本市太傅路华隆店商人张荫呈称：“窃商向营油业，现在阳春县购有土生油弍百余箩，共重六千市斤，恳乞钧会迅予证明，据情转请阳江县政府发给运照，俾利运输，实为德便”等情。据此，查该商所称各节，系属实情，应予照转。据呈前情，理合备文呈请钧府察核，准予实为公便。

谨呈

阳江县县长赵

阳江县商会主席林〇〇

常务委员沙〇〇

赖〇〇

谭〇〇

项〇〇

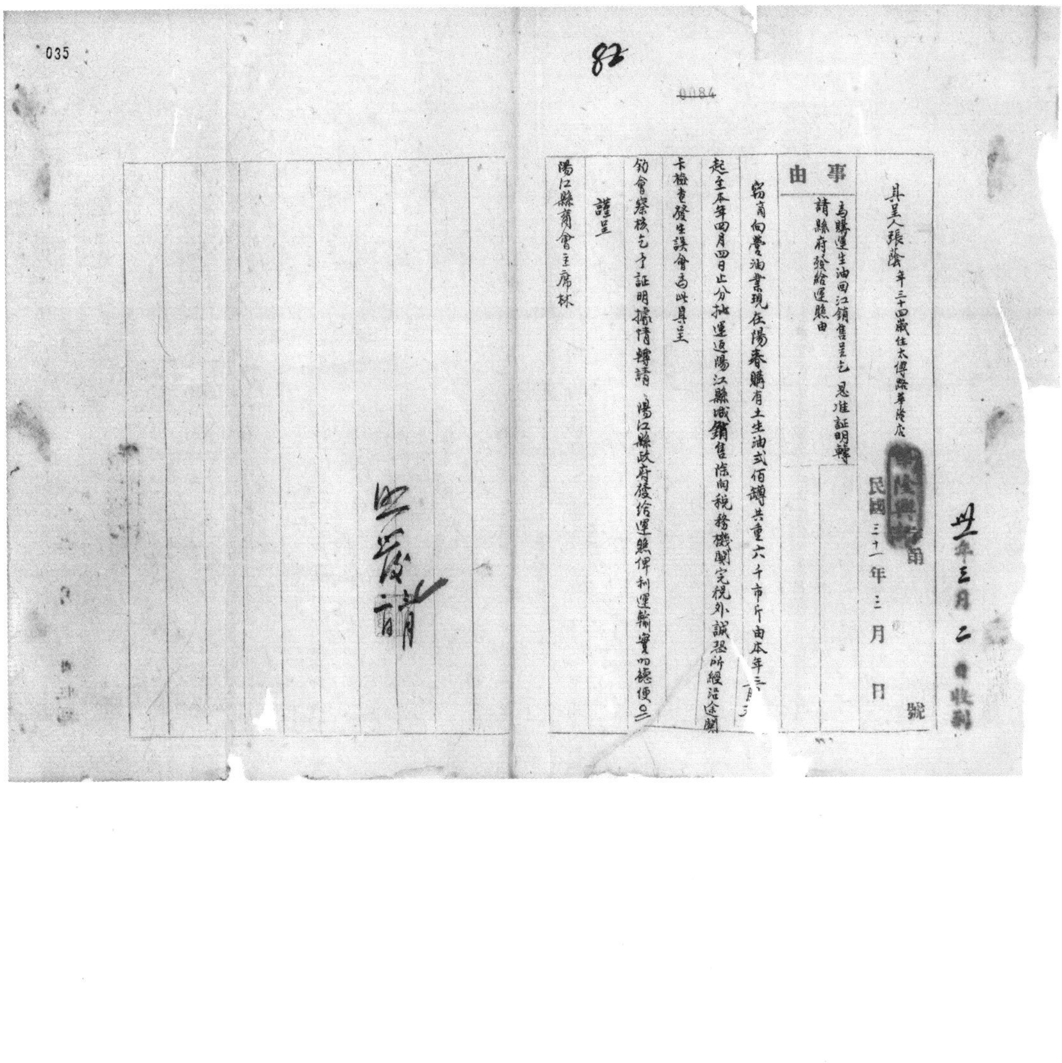

035

82

0084

具呈人張蔭 年三十四歲 住太傅街華隆店

事由：為購運生油回江銷售呈乞 恩准證明轉請縣府發給運照由

民國三十一年三月 日 號

竊商向營油業，現在陽春購有土生油弍佰罈，共重六千市斤，由本年三[illegible]起至本年四月四日止分批運返陽江縣城銷售，除向稅務機關完稅外，誠恐所經沿途關卡檢查發生誤會，為此具呈

鈞會察核，乞予證明，據情轉請 陽江縣政府發給運照，俾利運輸，實叨德便。

謹呈

陽江縣商會主席林

卅一年三月二日收到

照發 請

140. 阳江县商会发给南恩路美利店往梧州、都城、肇庆等地购办木油、茶叶、松香等物回阳江零售证明书（1942 年 3 月 12 日）

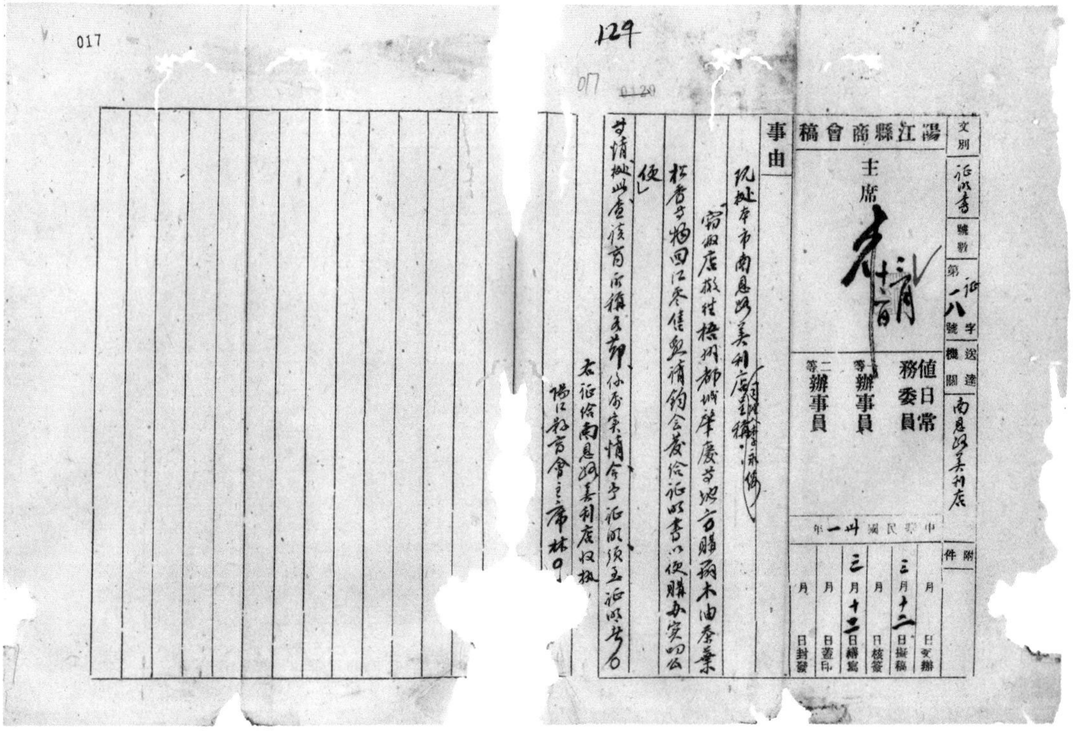

陽江縣商會稿

文別：證明書

號數：第一八號（證字）

送達機關：南恩路美利店

主席

值日常務委員

一等辦事員

二等辦事員

中華民國卅一年

附件

三月十二日擬稿

三月十二日繕寫

月日交辦　月日核簽　月日蓋印　月日封發

事由

現據本市南恩路美利店稱：竊商店擬往梧州、都城、肇慶等地方購辦木油、茶葉、松香等物回江零售，懇請鈞會發給證明書，以便購辦，實為公便。等情，據此，查該商所稱各節，係屬實情，合予證明，須至證明者。

右證給南恩路美利店收執

陽江縣商會主席林〇

141. 阳江县商会为太傅路瑞华店东陈元泳转运粮食呈请县政府发给证明书（1942 年 3 月 13 日）

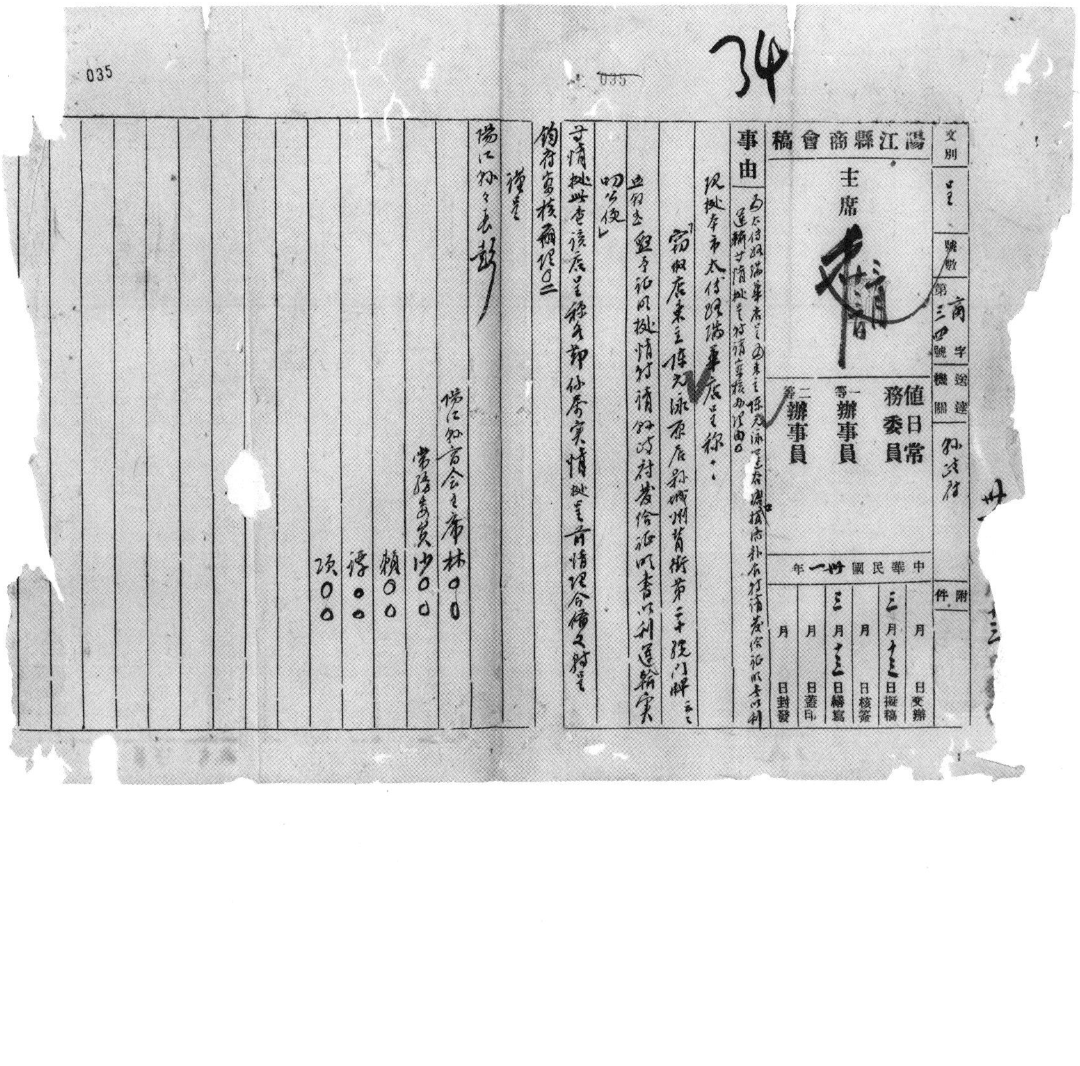

142. 阳江县商会发给胜昌店在遂溪大埠广泰行买入生油 870 罐证明书（1942 年 3 月 14 日）

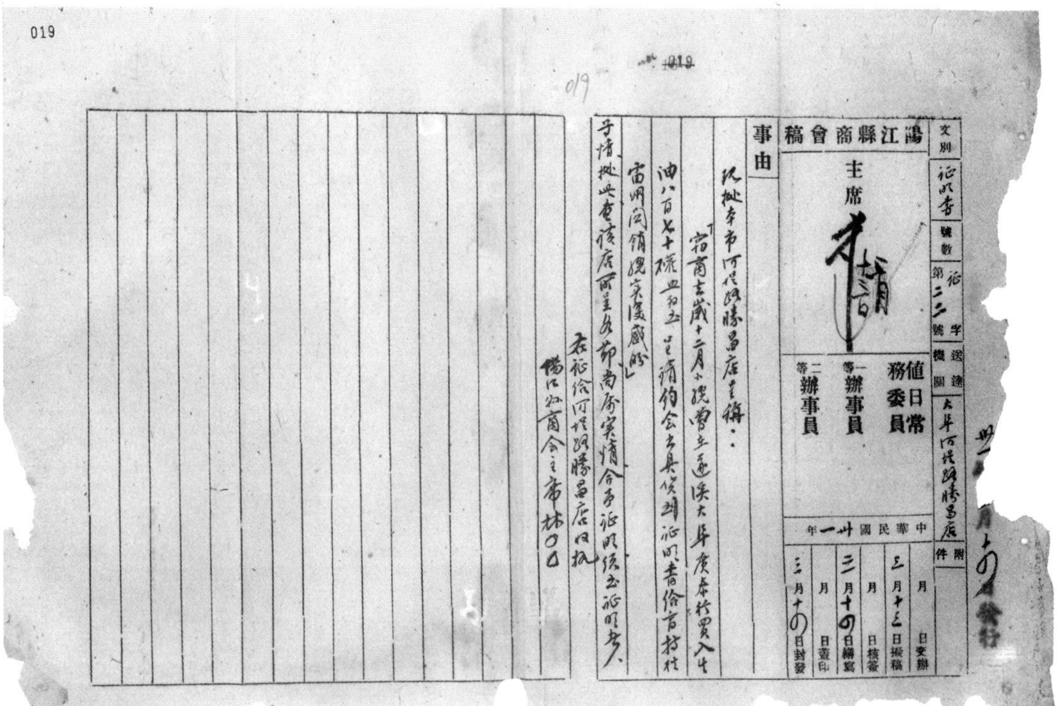

143. 谭启章为运谷回城呈请阳江县商会发给证明书以资护运（1942 年 3 月 30 日）

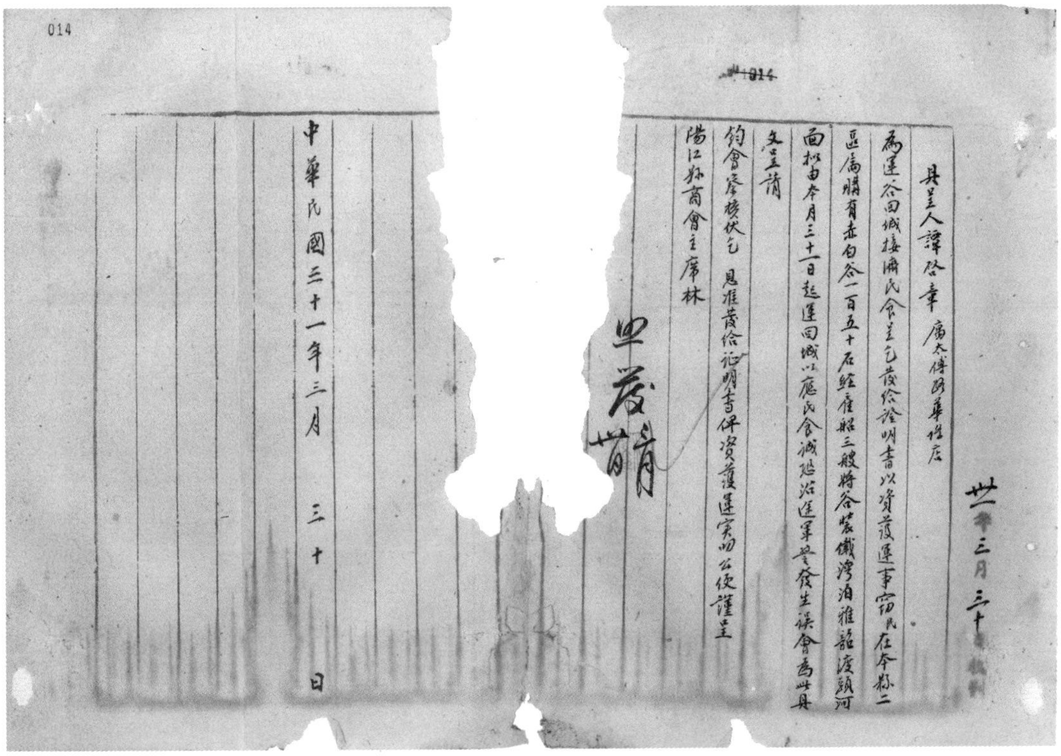
014

具呈人譚啓章 廣太傳路華塔店

爲運谷回城接濟民食呈乞發給證明書以資護運事 竊民在本縣二區僑購有赤白谷一百五十石經雇船三艘將谷裝載灣泊雅韶渡頭河面擬由本月三十一日起運回城以應民食誠恐沿途軍警發生誤會爲此具文呈請

鈞會察核伏乞 恩准發給證明書俾資護運實爲公便謹呈

陽江縣商會主席林

照發

中華民國三十一年三月 三十 日

卅一年三月三十

144. 阳江县商会发给谭启章在县第 2 区属购有赤白谷 150 石证明书（1942 年 3 月 30 日）

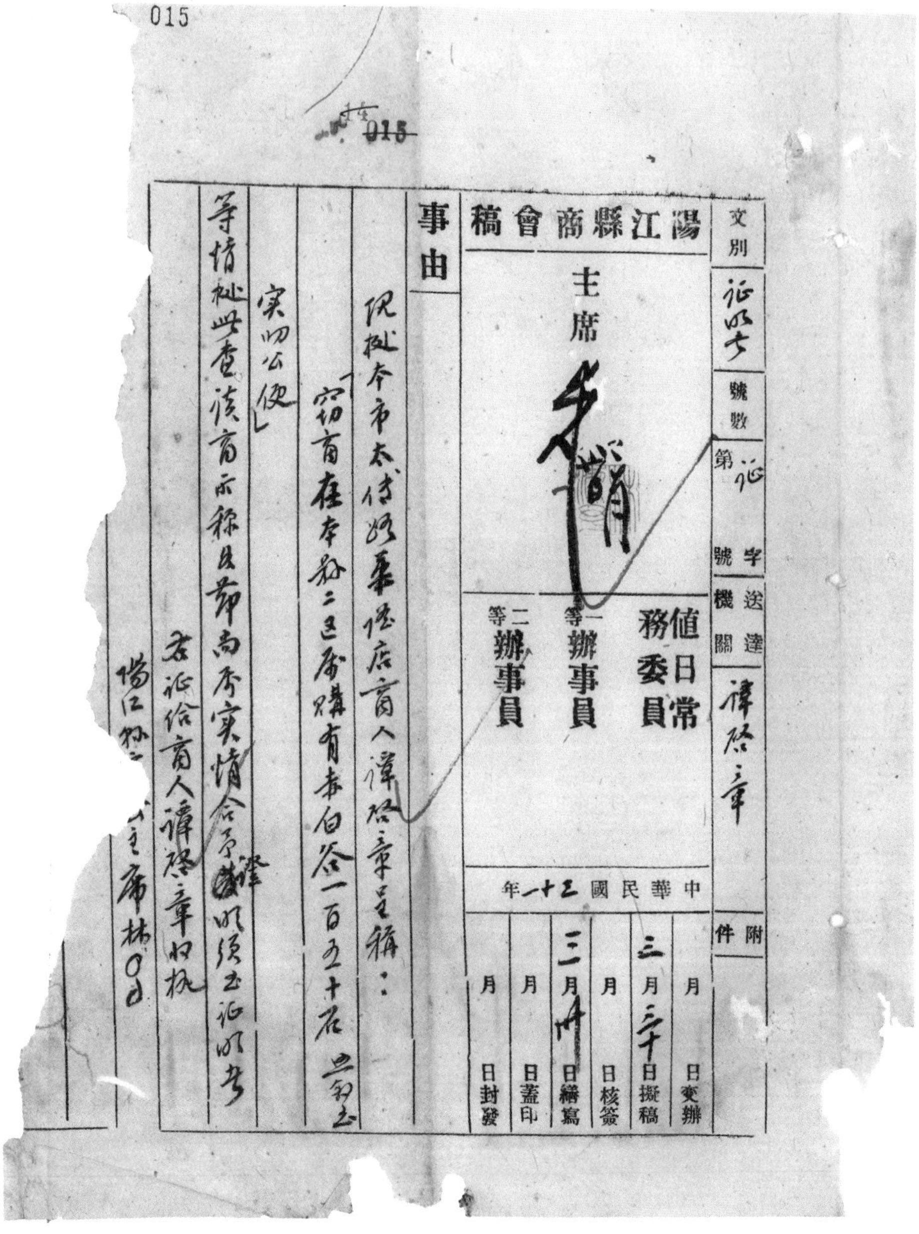

015

陽江縣商會稿

文別：証明書

號數：第 証 字 號

送達機關：譚啓章

主席 （簽名）

值日常務委員

一等辦事員

二等辦事員

事由

現據本市太傅路華隆店商人譚啓章呈稱：：

「窃商在本縣二区屬購有赤白谷一百五十石 ……

實叨公便」

等情據此查該商所稱是節尚屬實情合予證明須至証明者

右証給商人譚啓章收執

陽江縣商會主席林〇〇

中華民國三十一年

三月二十日擬稿　三月卅日繕寫　月日變辦　月日核簽　月日蓋印　月日封發

附件

145. 阳江县政府指令县商会通知隆昌店领取购运土生油证明书（1942 年 4 月）

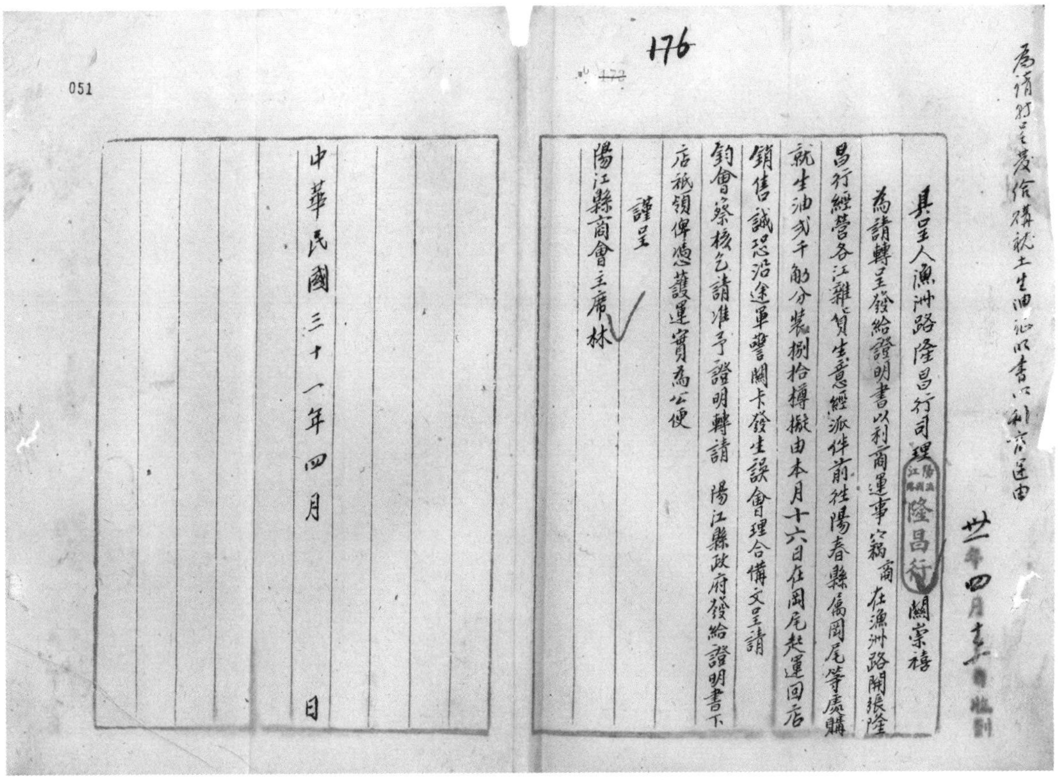

051

176

為請轉呈發給購就土生油證明書以利商運由

具呈人漁洲路隆昌行司理關崇禧

為請轉呈發給證明書以利商運事竊商在漁洲路開張隆昌行經營各江雜貨生意經派伴前往陽春縣屬岡尾等處購就生油弍千觔分裝捌拾樽擬由本月十六日在岡尾起運回店銷售誠恐沿途軍警關卡發生誤會理合備文呈請

鈞會察核乞請准予證明轉請 陽江縣政府發給證明書下店祇領俾憑護運實為公便

謹呈

陽江縣商會主席林

卅一年四月十五日

中華民國三十一年四月 日

146. 阳江县商会呈请县政府为隆昌行核发购运土生油证明书（1942 年 4 月 13 日）

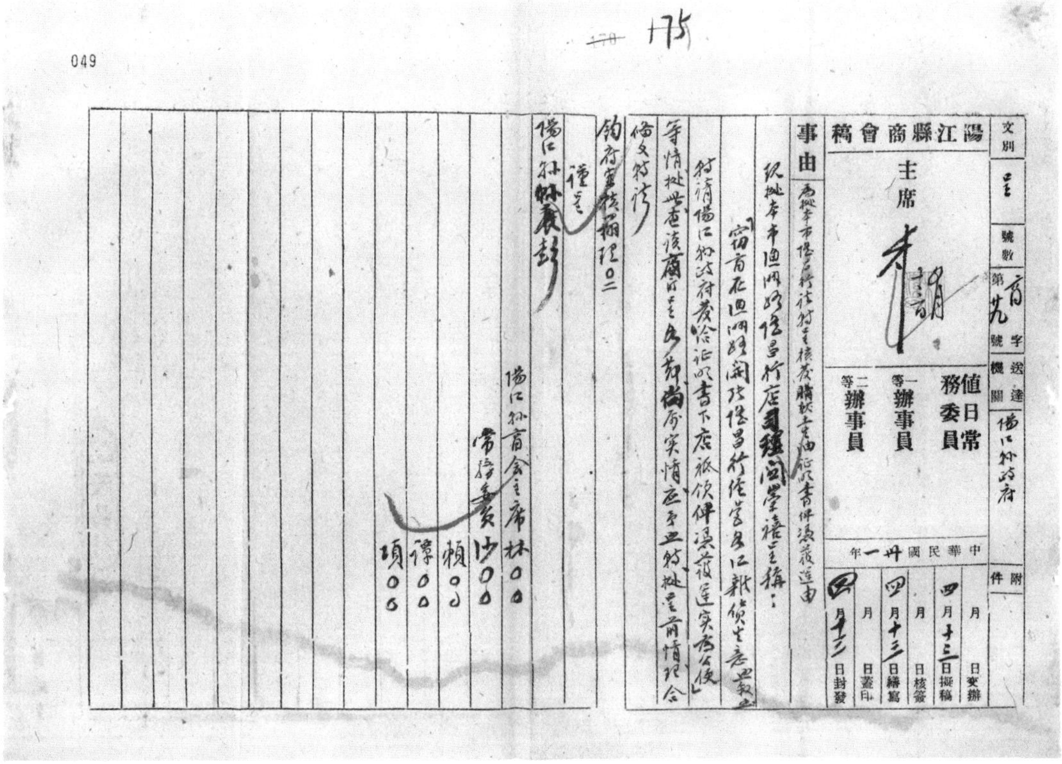

049

~~170~~ 175

陽江縣商會稿

文別：呈

號數：第育字九號

送達機關：陽江縣政府

主席：林

值日常務委員

一等辦事員

二等辦事員

中華民國卅一年 四月十三日擬稿 月 日核簽 四月十三日繕寫 月 日蓋印 四月十三日封發 月 日交辦

附件

事由：為據本市隆昌行請呈核發購運土生油證明書俾憑簽運由

現據本市迴瀾路隆昌行店司理□□呈稱：「竊商在迴瀾路開設隆昌行經營各江雜貨生意，……特請陽江縣政府發給證明書下店，祇領俾憑簽運，實為公便」等情。據此，查該商所呈各節尚屬實情，應予照轉。據呈前情，理合備文轉請鈞府察核辦理。

謹呈

陽江縣縣長彭

陽江縣商會主席 林○○

常務委員 沙○○

賴○○

譚○○

項○○

147. 阳江县隆昌行呈请县商会转呈县政府核发购运土生油证明书（1942 年 4 月 14 日）

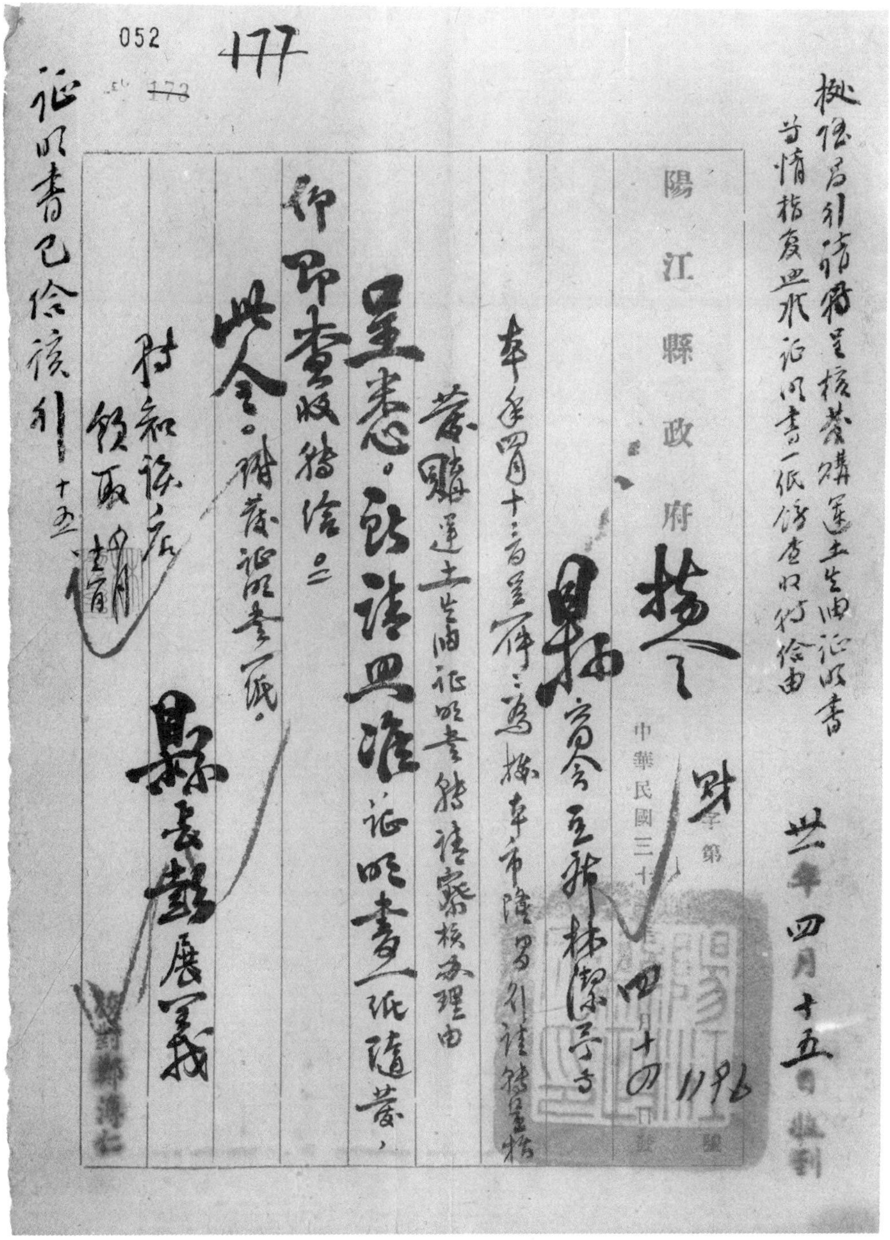
052 177

陽江縣政府指令 財字第 1196 號

中華民國三十一年四月十四日發

令縣商會主席林潔亭

本年四月十三日呈一件：為據本市隆昌行請轉呈核發購運土生油證明書，轉請察核辦理由。

呈悉。所請照准，證明書一紙隨發，仰即查收轉給為要。此令。附發證明書一紙。

縣長 張展義

校對 鄭濟仁

卅一年四月十五日收到

148. 阳江县政府为广成等店呈请核发苎麻内地转运证指令县商会主席林洁予查明全县月需苎麻数额若干列报以凭统筹（1942 年 4 月 14 日）

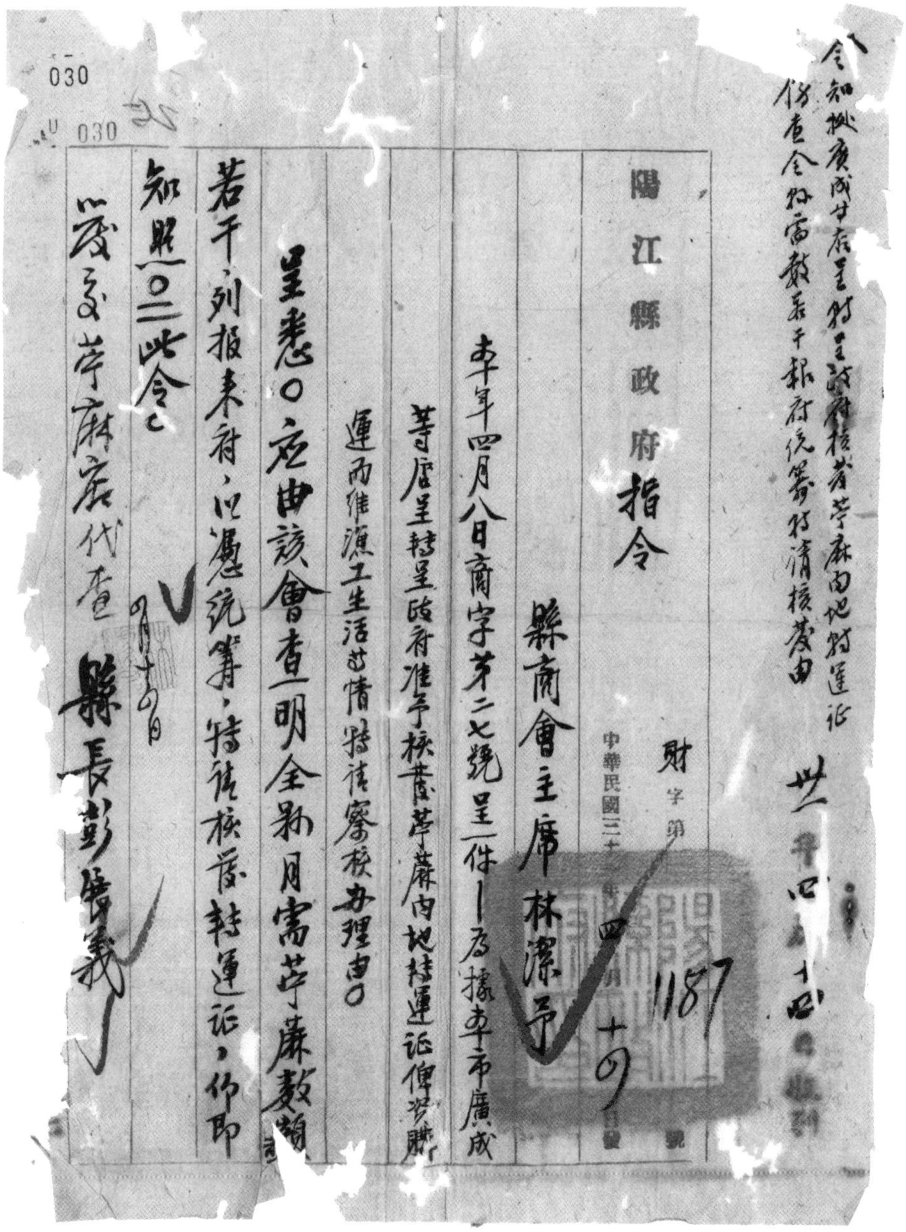

陽江縣政府指令　財字第　　號

中華民國三十一年四月十四日發

令縣商會主席林潔予

本年四月八日商字第二七號呈一件，為據本市廣成等店呈請轉呈政府准予核發苧麻內地轉運證俾資購運而維源工生活，請察核辦理由。

呈悉。應由該會查明全縣月需苧麻數額若干，列報來府，以憑統籌，轉請核發轉運證。仰即知照。此令。

縣長彭

149. 阳江县商会呈请县政府为源昌米机核发粮食运照（1942 年 5 月 3 日）+ 附：源昌米机司理黄骏清致县商会主席林洁予的呈（1942 年 5 月 1 日）

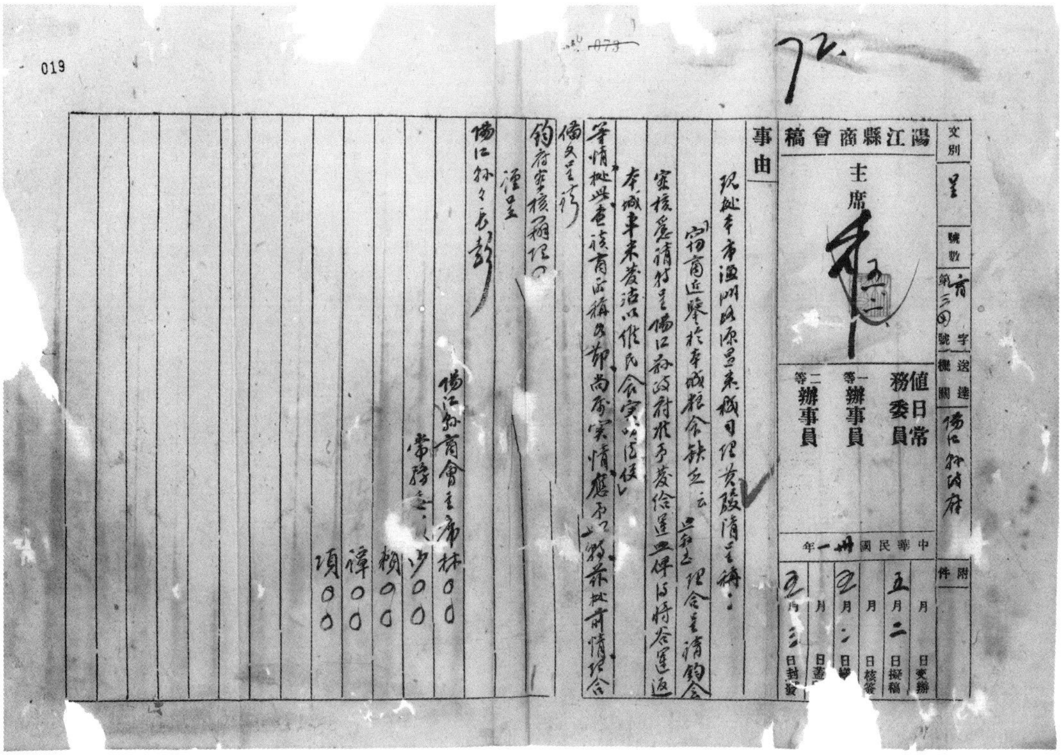

020

073

具呈人濱洲路源昌米機司理黄騰清年四十歲

竊商近鑒於本城粮食缺乏購買維艱特派伴前往四區双捷墟購谷擬運回城車未出賣現經定購得赤谷弍佰餘石但該區警所要有縣府運照方准轉運有此前情理合呈請

鈞會察核懇請轉呈陽江縣政府准予發給運照俾得將谷運返本城車末發沽以維民食實叨德便謹呈

陽江縣商會主席林

中華民國三十一年五月　一　日

卅一年五月二日收到

源昌米機

150. 阳江县政府指令县商会通知源昌米机司理黄骏清到县政府粮政科领取粮食运照（1942年5月26日）

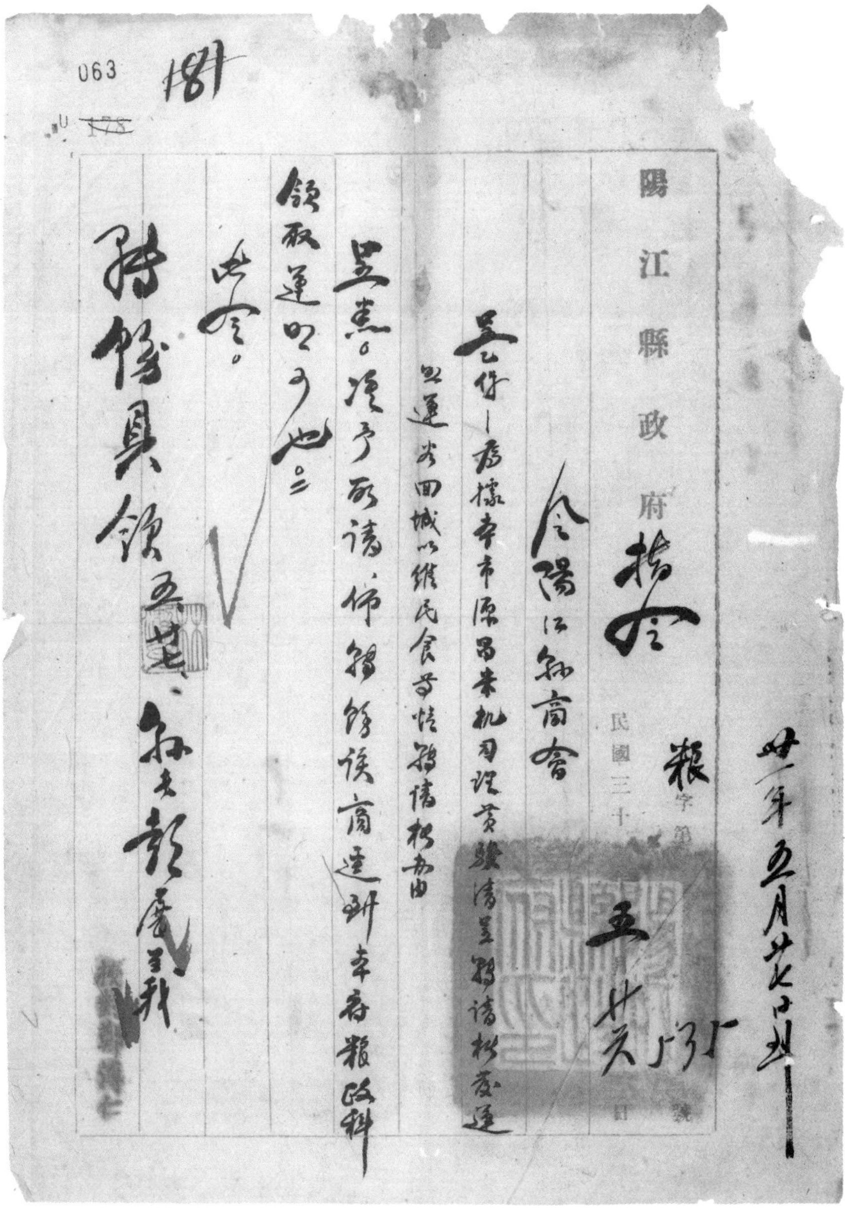
陽江縣政府指令

粮字第 號

民國三十 年 月 日

令陽江縣商會

呈件一為據本市源昌米機司理黃駿清呈請核准運

出運米田城以維民食等情請核由

呈悉。准予所請，仰飭該商逕到本府粮政科

領取運照可也。此令。

縣長

151. 阳江县商会为时兴福记店拟往肇庆都城采办茶油回本城销售呈请县政府发给证明书（1942 年 7 月 7 日）+ 附：时兴福记店致县商会主席林洁予的呈（1942 年 7 月 5 日）

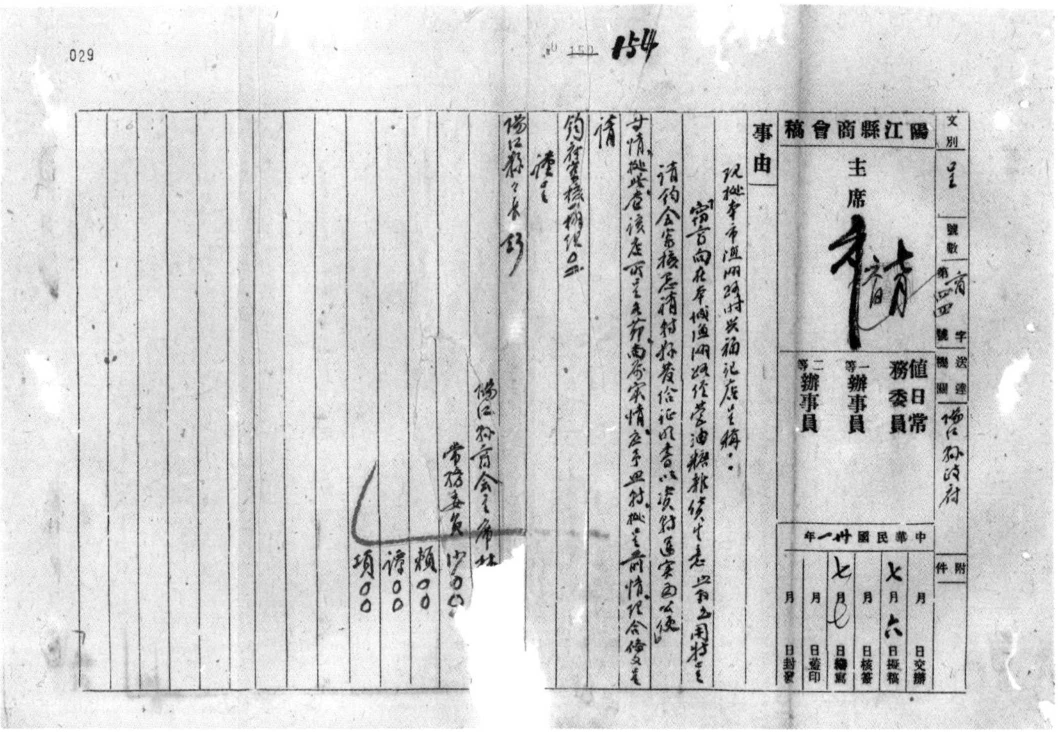

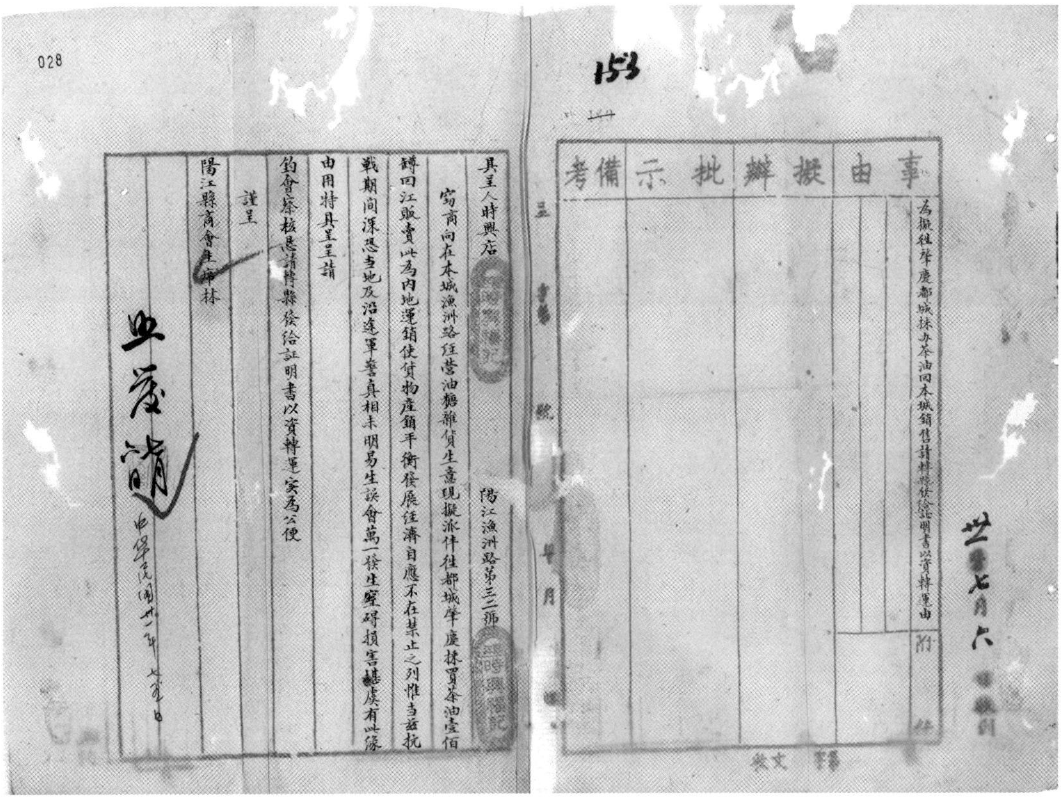

153

事由 拟办 批示 备考

为拟往肇庆都城採办茶油回本城销售请转发给证明书以资转运由

附件

廿七月六

具呈人时兴店 阳江渔洲路第三二号

窃商向在本城渔洲路经营油糖杂货生意，现拟派伴往都城肇庆採买茶油壹佰罅回江贩卖，此为内地运销，使货物产销平衡，发展经济，自应不在禁止之列。惟当兹抗战期间，深恐当地及沿途军警真相未明，易生误会，万一发生窒碍，损害堪虞。有此缘由，用特具呈呈请

钧会察核，恳请转县发给证明书，以资转运，实为公便。

谨呈

阳江县商会主席林

中华民国卅一年七月　日

152. 阳江县商会呈请县政府为捷昌米店核发运照前往春邑采办米食以资接济而救民食（1942年7月8日）+ 附：捷昌米店店东黄先饶致县商会主席林洁予的呈（1942年7月6日）

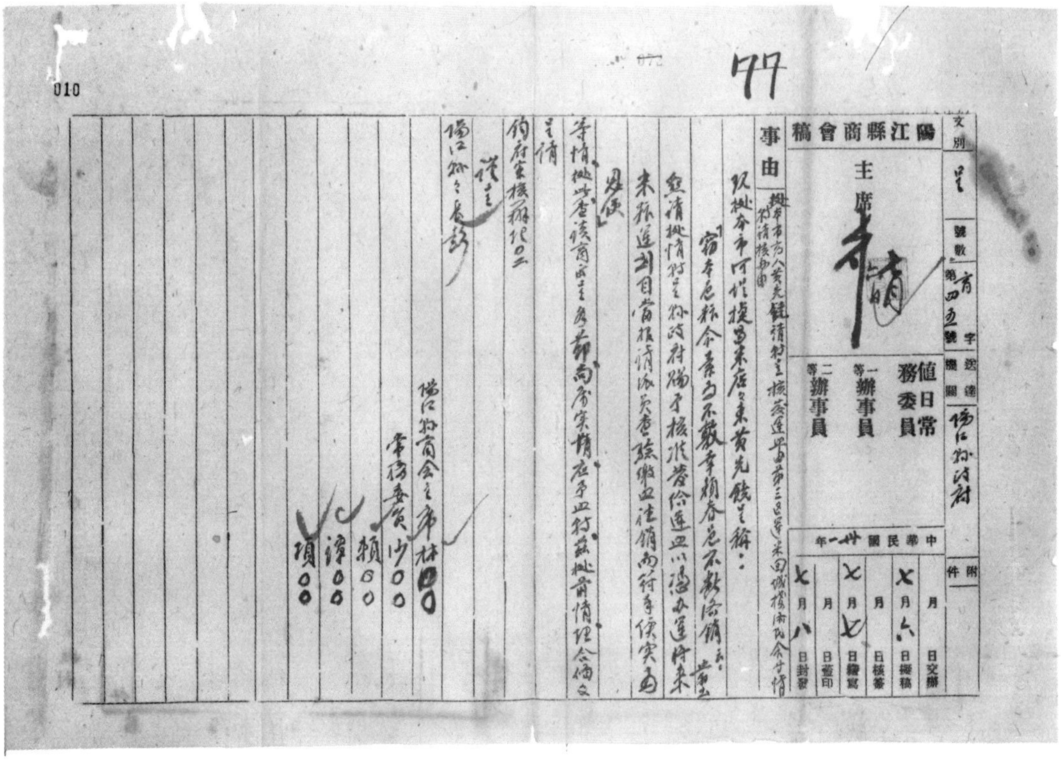
陽江縣商會稿

文別：呈
號數：第四五號
送達機關：陽江縣政府
主席
值日常務委員
一等辦事員
二等辦事員
中華民國卅一年
七月六日擬稿　七月七日繕寫　七月八日封發
事由
附件

陽江縣商會主席林

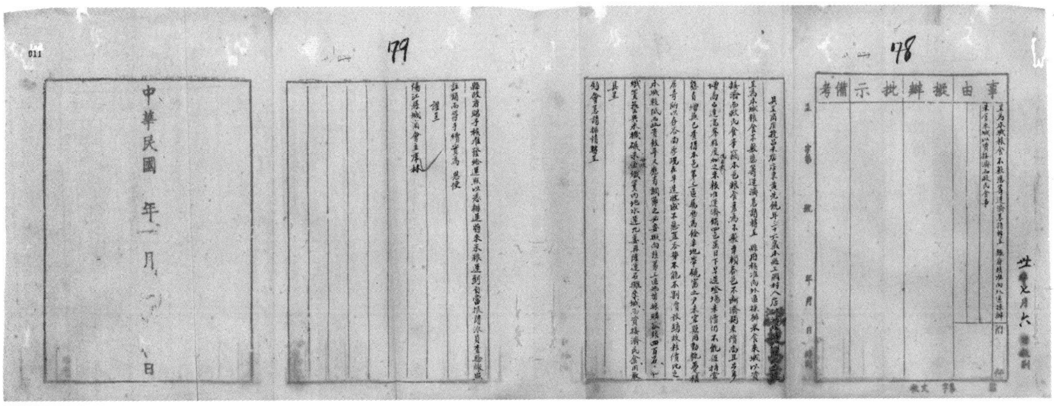
中華民國　年　月　日

事由 擬辦 批示 備考

153. 阳江县政府指令县商会主席林洁予通知商人黄先饶准发运照前往第三区采购谷粮回城销售接济民食（1942 年 7 月 11 日）

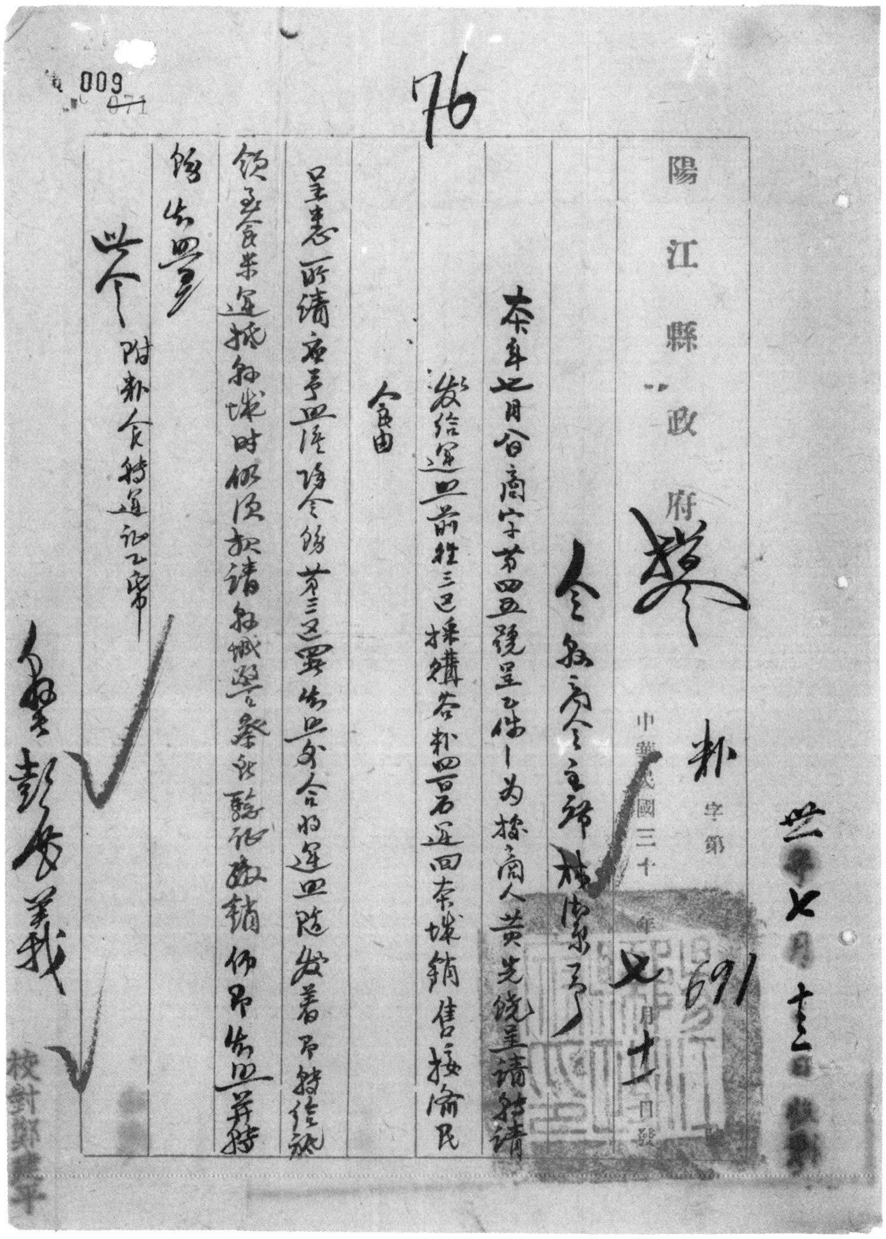

陽江縣政府指令　朴字第691號

中華民國三十一年七月十一日發

令縣商會主席林潔予

本年七月合商字第四五號呈一件，為據商人黃先饒呈請轉請發給運照前往三區採購谷米四百石運回本城銷售接濟民食由

呈悉。所請應予照准，除令飭第三區署知照外，合將運照隨發，著即轉給該領照人，並飭於谷米運抵本城時，報請本府派員登記監視發銷，仰即知照并轉飭知照。

此令

附發食糧運照一紙

縣長　彭[illegible]

154. 阳江县商会呈请县政府为新宝泰号购办生油核发证明书（1942 年 7 月 31 日）+ 附：新宝泰号致县商会主席林洁予的呈（1942 年 7 月）

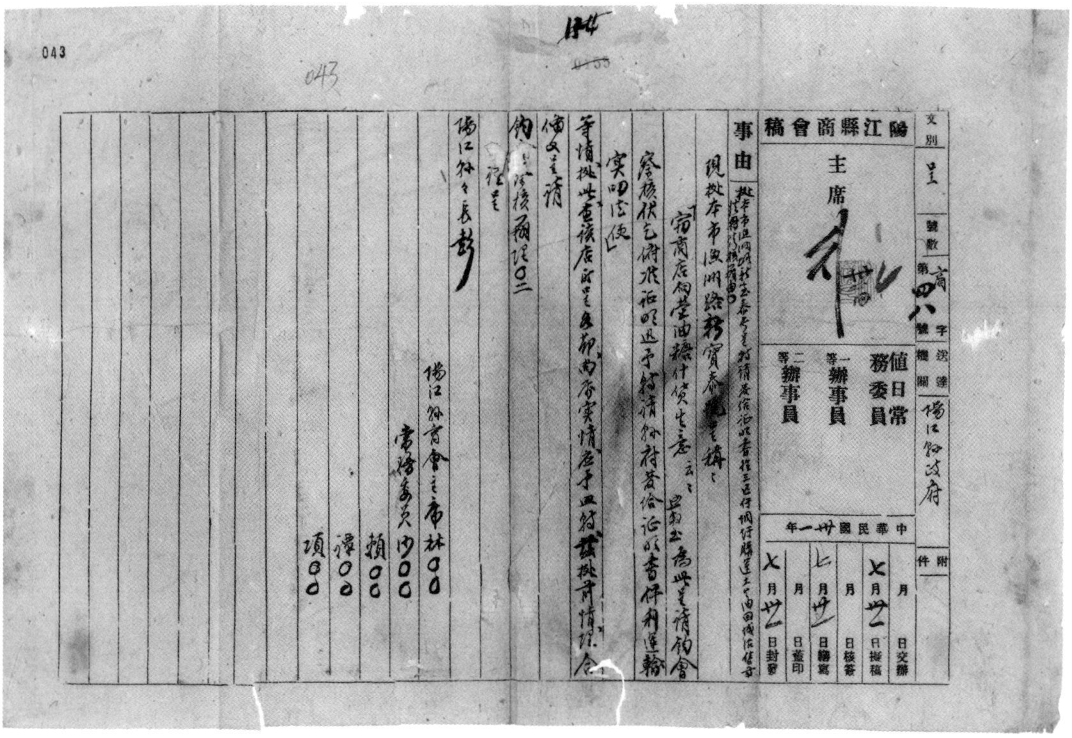

陽江縣商會稿

文別：呈

主席

號數：第商四八號字

値日常務委員

一等辦事員

二等辦事員

送達機關：陽江縣政府

附件

中華民國卅一年

七月廿一日擬稿　七月廿日登記　七月廿二日封發

事由

陽江縣商會主席林○○

常務委員○○○

具呈商店新實泰德洲路第六十八號

字第　號

民國三十一年七月　日

事由：為購辦生油懇請轉呈縣府發給證明書以利運輸由

竊商店向營油糖什貨生意，昨派伴關鴻芬在縣屬三區儒垌墟萬成隆店購有土生油壹佰弍拾罐，共重市秤三千六百觔，擬分兩次由儒垌艇載貨運回縣城本店沽售，每次六十罐，每須時間六天，兩次共需時間半月方克抵埗。誠恐沿途關卡檢查發生誤會，為此呈請鈞會察核，伏乞俯准證明，迅予轉請縣府發給證明書，俾利運輸，實叨德便。

謹呈

陽江縣商會主席林

155. 阳江县商会为华隆店商人张德前往水东购办生油呈请县政府核发证明书（1942年8月4日）+ 附：华隆店商人张德致阳江县商会主席林洁予的呈（1942年8月1日）

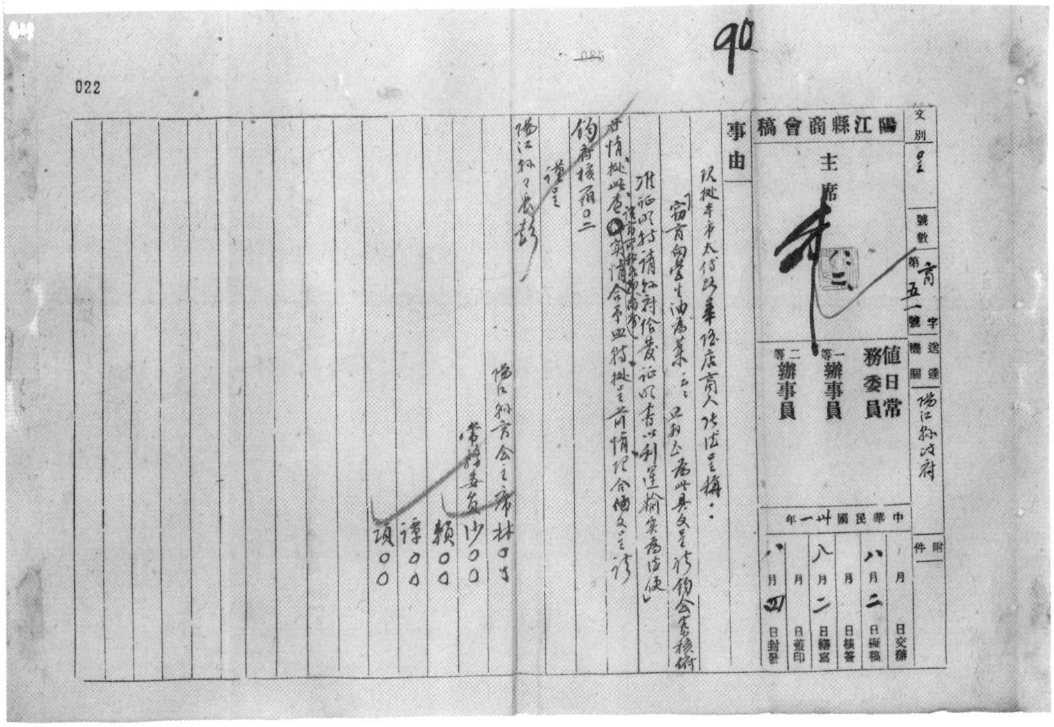

91

023

具呈商人張德　年四十　歲，縣城大傳路蘇杭店內住

為呈請證明轉請縣府發給證明書以憑前往水東購辦生油以利運輸事。竊商向營生油為業，擬往電白屬水東等處購辦上生油二百五十罐，共重司碼秤七千五百斤，由水東經電白、儒垌、織篢、九菴地方回城沽售。需時間五十天內方可運完，誠恐沿途關卡軍警檢查發生誤會。為此具文呈請

鈞會察核，俯准證明轉請縣府給發證明書，以利運輸，實為德便。謹呈

陽江縣商會主席林

中華民國三十一年八月一日

准證明

陳炳

卅　八月二　日收到

156. 阳江县政府指令县商会主席林洁予转给新宝泰号购运土生油证明书（1942 年 8 月 5 日）

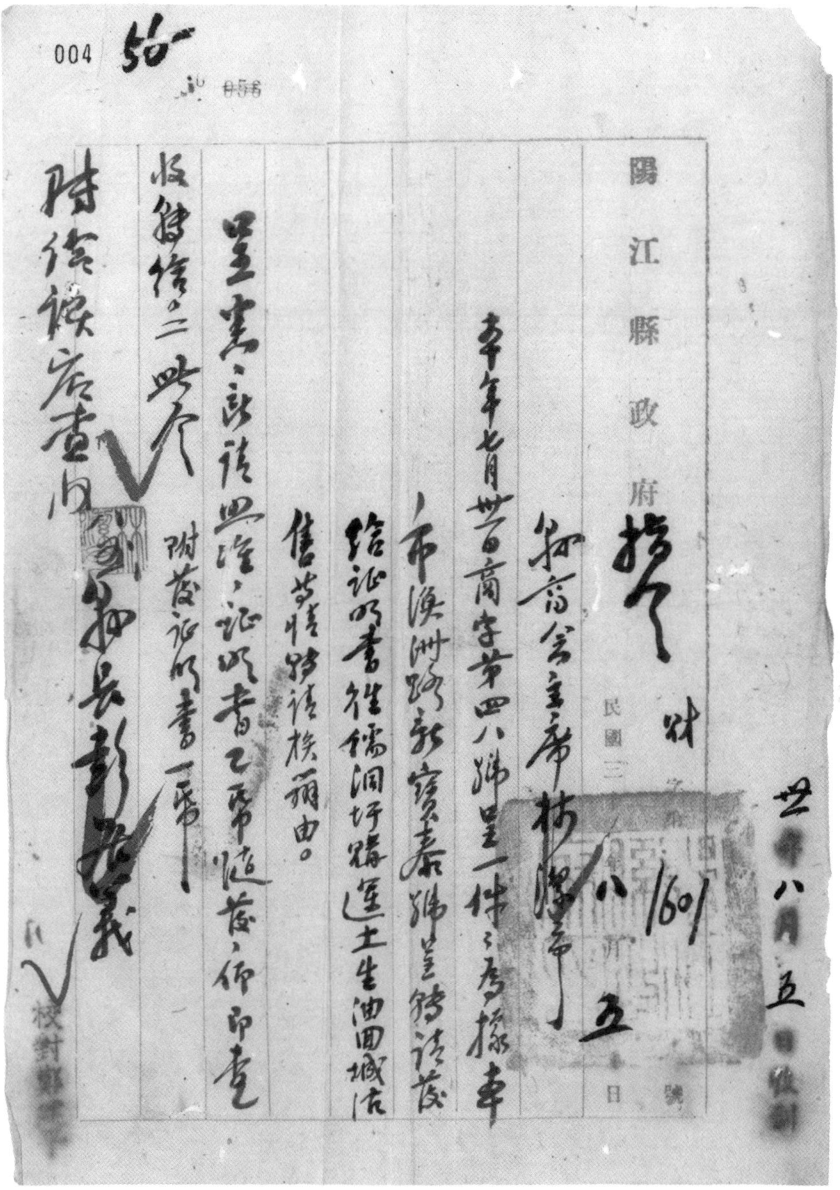
004 56

陽江縣政府指令 財字第 1601 號

民國三〇年八月五日

令商會主席林潔予

本年七月卅日商字第四八號呈一件：為據本市漠洲路新寶泰號呈請發給證明書往儒洞圩購運土生油回城發售等情，轉請核辦由。

呈悉。該請照准，證明書乙紙隨發，仰即查收轉給。此令。

附發證明書一紙

縣長 彭[illegible]義

附給該店查收

卅一年八月五日

157. 阳江县政府指令阳江县商会主席林洁予查收转给华隆店前往水东购办生油证明书
（1942 年 8 月 13 日）

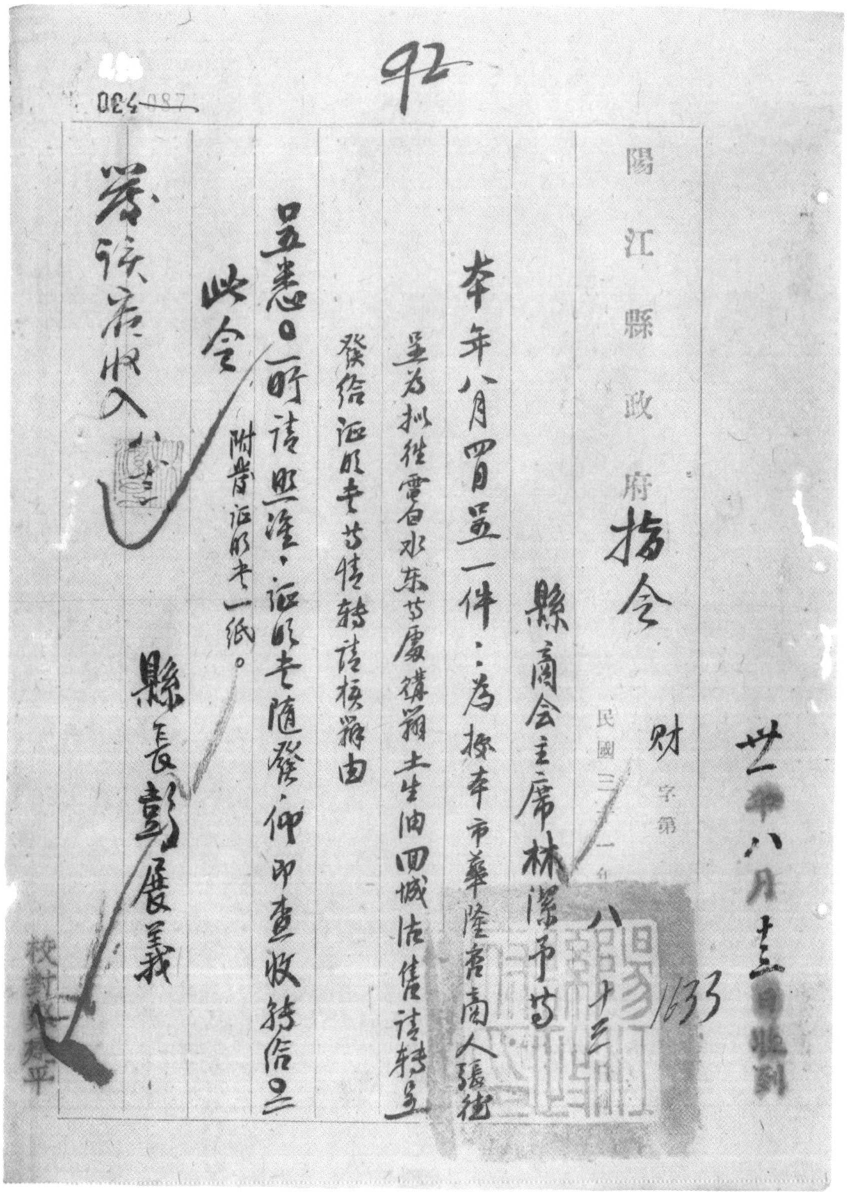
陽江縣政府指令

財字第　號

民國三十一年八月　日

縣商会主席林潔予

本年八月四日呈一件：為據本市華隆店商人張德呈為擬往電白水东等處購辦土生油回城沽售請轉呈發給証明書等情轉請核辦由

呈悉。所請照准，証明書随發，仰即查收轉給具呈

附發証明書一紙。

此令

縣長 彭展義

158. 阳江县商会执行委员司徒俊波购有赤谷二十石拟雇船函请县商会主席林洁予发给证明书（1942 年 9 月 26 日）

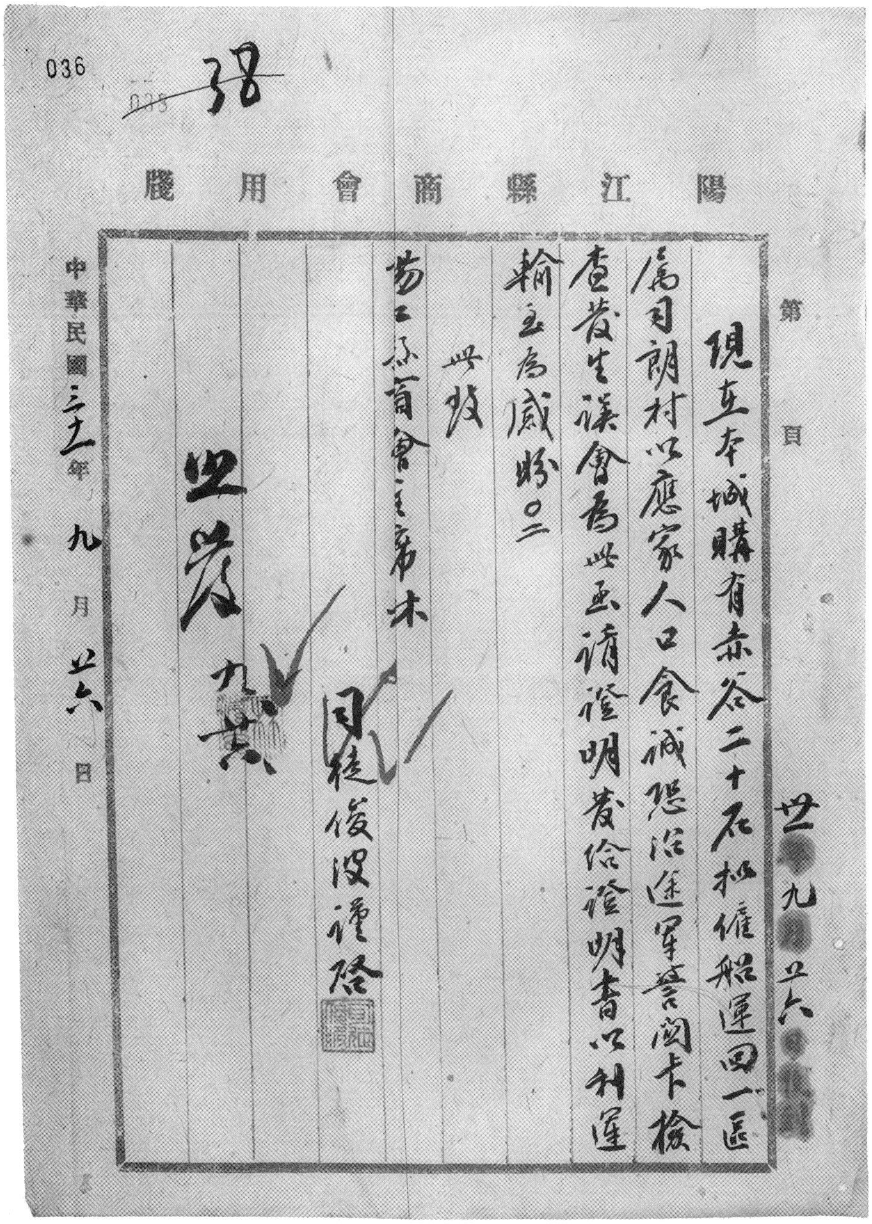

036

38

陽江縣商會用牋

第　頁

現在本城購有赤谷二十石擬僱船運回一區屬司朗村以應家人口食誠恐沿途軍警關卡檢查發生誤會爲此函請證明發給證明書以利運輸至爲感盼之

此致

陽江縣商會主席林

司徒俊波謹啓

中華民國三十一年九月廿六日

照發 九、廿六

卅一年九月廿六日收到

159. 阳江县商会发给执行委员司徒俊波购有赤谷二十石证明书（1942 年 9 月 26 日）

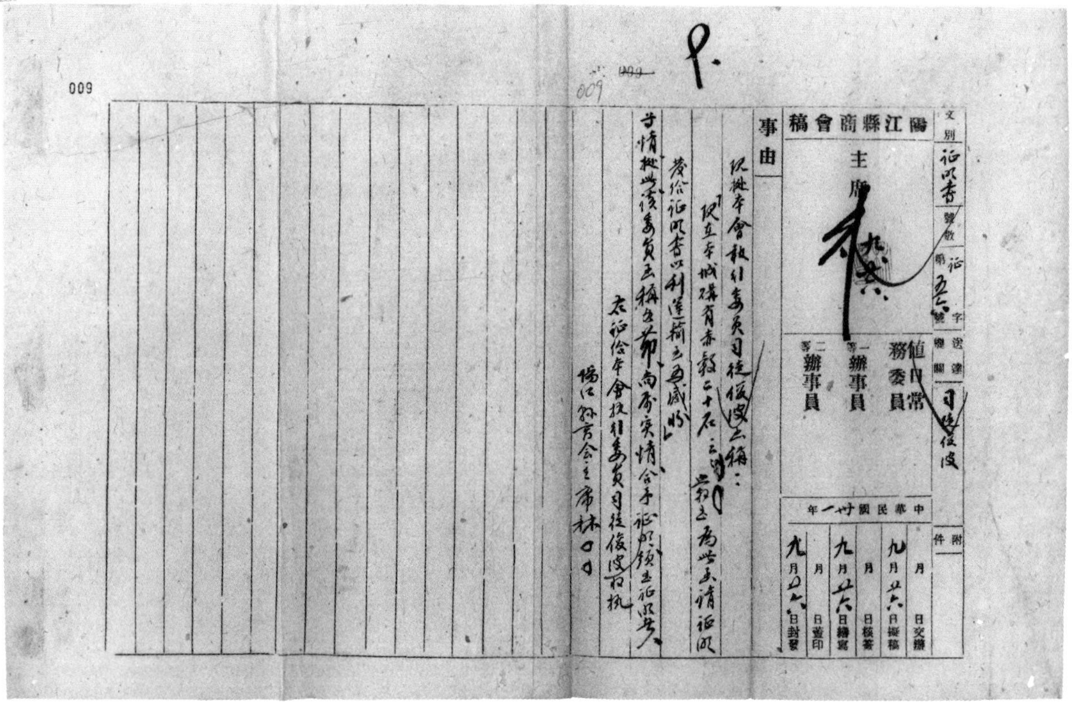
阳江县商会稿

文别：证明书

号数：第证五六字号

送达机关：司徒俊波

主席：林（签）

值日常务委员

一等办事员

二等办事员

事由：

兹据本会执行委员司徒俊波函称：现在本城购有赤谷二十石，云云，为此具请证明，发给证明书以利运输，并函盛明等情。据此，查该委员函称各节尚属实情，合予证明。须至证明书者。

右证给本会执行委员司徒俊波收执

阳江县商会主席林○○

中华民国卅一年

九月廿六日拟稿

九月廿六日缮写

九月廿六日封发

附件

160. 阳江县商会为梁生记购销运证遗失发给证明书（1942 年 11 月 18 日）+ 附：阳江县梁生记致县商会主席林洁予的呈（1942 年 11 月 16 日）

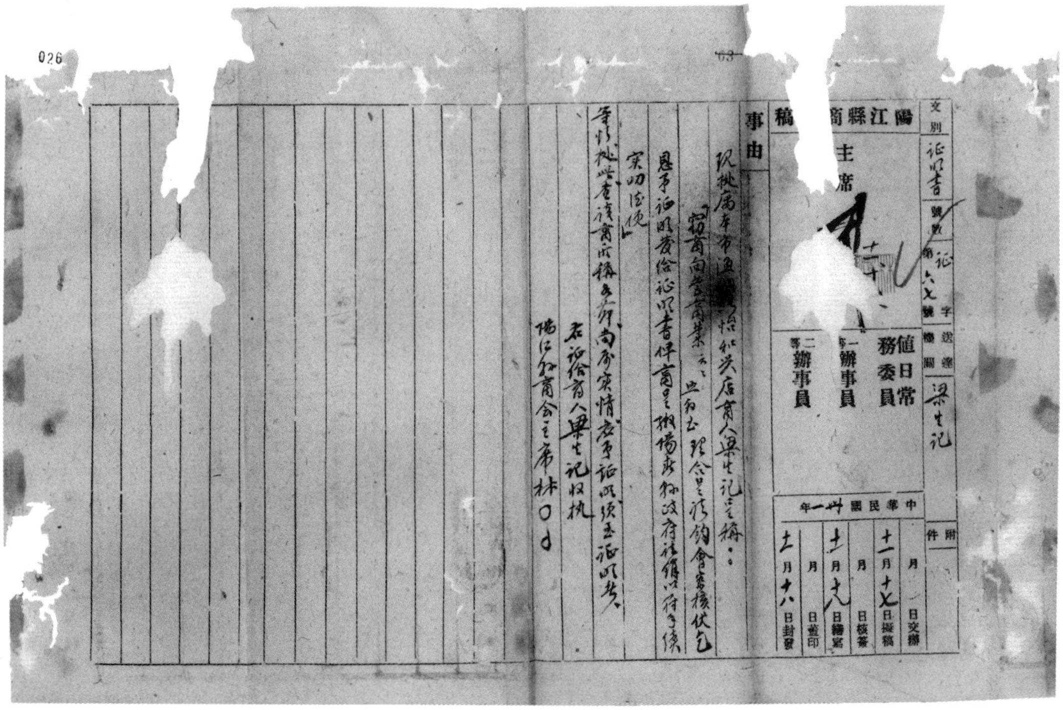

阳江县商会稿

文别：证明书

号数：第证字六七号

送达机关：梁生记

主席

值日常务委员

一等办事员

二等办事员

中华民国卅一年

十一月十七日拟稿　十一月十九日缮写　十一月十八日封发

附件

事由

现据属本市渔[illegible]怡和兴店商人梁生记呈称：
“窃商向营商业[illegible]……理合呈请钧会察核，伏乞
恩予证明发给证明书，俾商呈缴[illegible]政府补领，以符手续，
实为德便”
等情。据此，查该商所称各节，尚属实情，应予证明，须至证明书者。
右证给商人梁生记收执
阳江县商会主席林○○

027

具呈人梁生記，年二十四歲，[illegible]

爲運證遺失請予[illegible]明書以憑繳銷事。竊商本年十一月[illegible]縣屬潭水[illegible]白穀壹拾石運來陽江縣城接濟民食，經赴陽春縣政府請領購銷運證一張，於十九日僱船適穀運到陽江縣城時，該穀分賣與河堤路江安祥、漁洲路安和店兩號。查購銷運證手續，須買受該穀店號蓋章，由當地商會證明，方可繳銷。現因該證遺失，理合呈請鈞會察核，伏乞恩予證明，發給證明書，俾商呈繳陽春縣政府註銷，以符手續，實叨德便。謹呈

陽江縣商會主席林

中華民國三十一年十一月十六日

卅一年十一月十七日收到

161. 阳江县桂记为疏散生油下乡呈请县商会准发证明（1943 年 2 月 19 日）

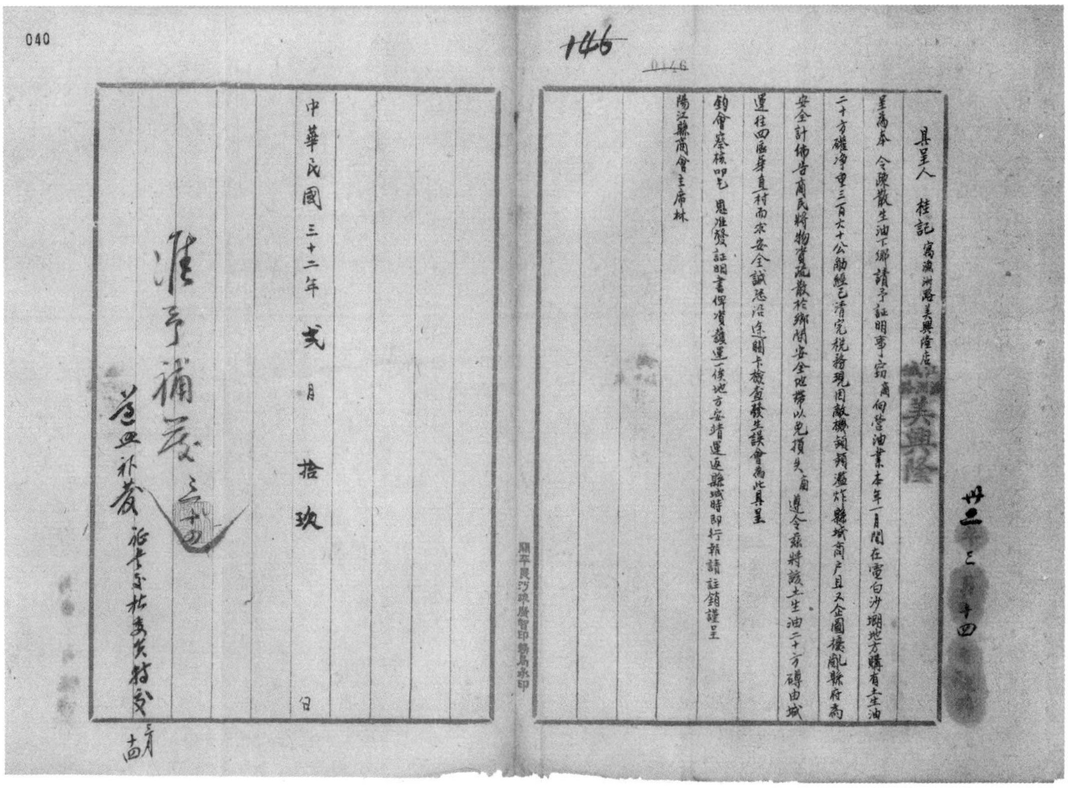
具呈人 桂記 寓漁洲路美興隆店
呈為奉 令疏散生油下鄉請予証明事竊商向營油業本年一月間在電白沙塘地方購有土生油
二十方礶淨重三百六十公觔經已清完稅務現因敵機頻頻轟炸縣城商户且又企圖擾亂縣府為
安全計佈告商民將物資疏散於鄉間安全地帶以免損失商 遵令茲將該土生油二十方礶由城
運往四區身直村而求安全誠恐沿途關卡檢查發生誤會為此具呈
鈞會察核叩乞 恩准發証明書俾資護運一俟地方安靖運返縣城時即行報請註銷謹呈
陽江縣商會主席林
中華民國三十二年貳月拾玖日
准予補發

162. 阳江县商会为东平商会转呈县政府请发给澳华源昌店运照（1945 年 3 月 22 日）

+ 附：阳江县东平商会致县商会主席林洁予的呈（1945 年 3 月 14 日）

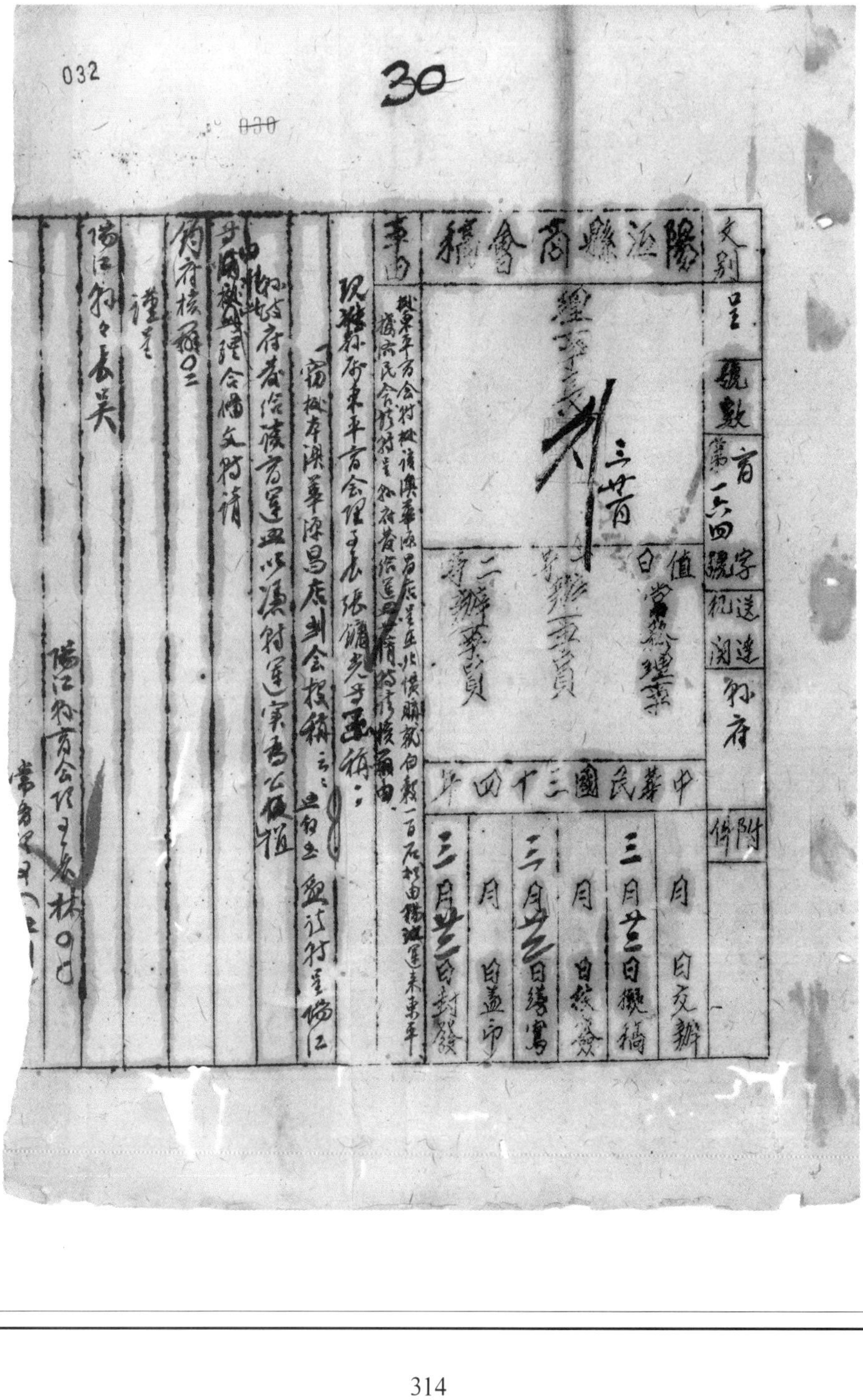

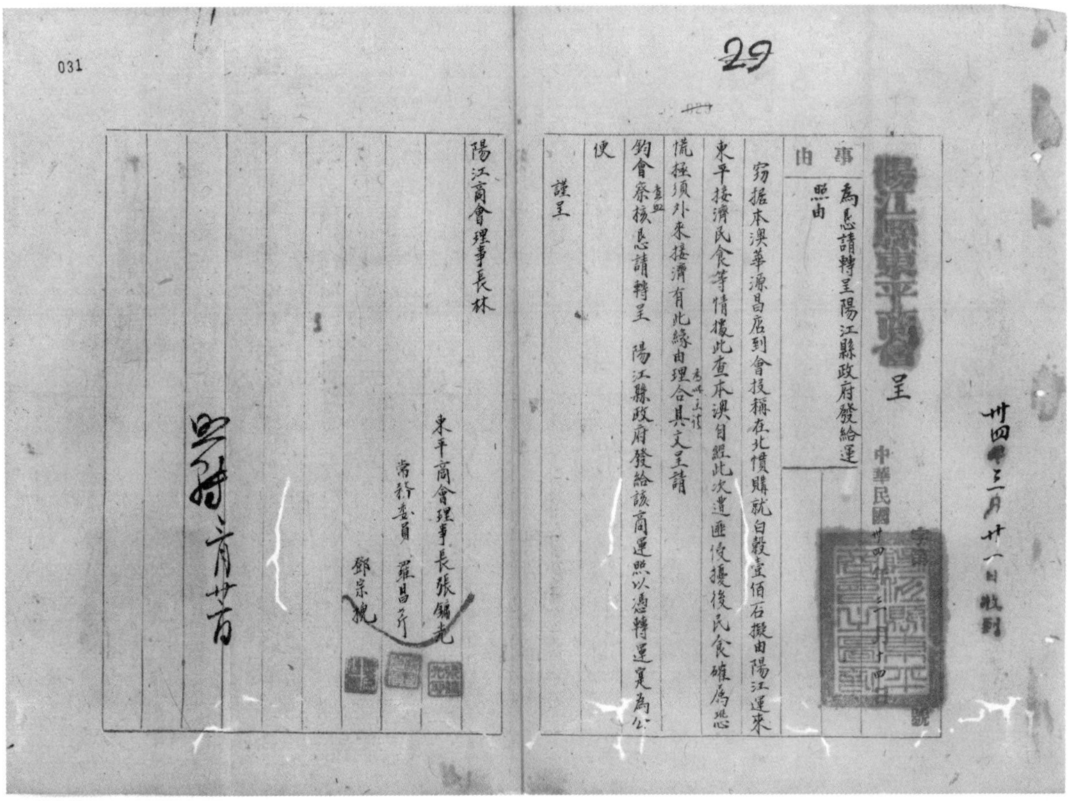

031

29

陽江縣東平商會 呈

事由：為懇請轉呈陽江縣政府發給運照由

中華民國卅四年三月廿四日 字第 號

竊據本澳華源昌店到會投稱在北慣購就白穀壹佰石擬由陽江運來東平接濟民食等情據此查本澳自經此次遭匪侵擾後民食確為恐慌極須外來接濟有此緣由理合具文呈請

鈞會察核懇請轉呈　陽江縣政府發給該商運照以憑轉運實為公便

謹呈

陽江商會理事長林

東平商會理事長張錫光

常務委員　羅昌齊

鄧泉槐

卅四年三月廿一日收到

163. 阳江县商会向县政府呈缴 1945 年 3 月份商民采办民生日用品运往封锁区购销证申请书总表（1945 年 4 月 30 日）

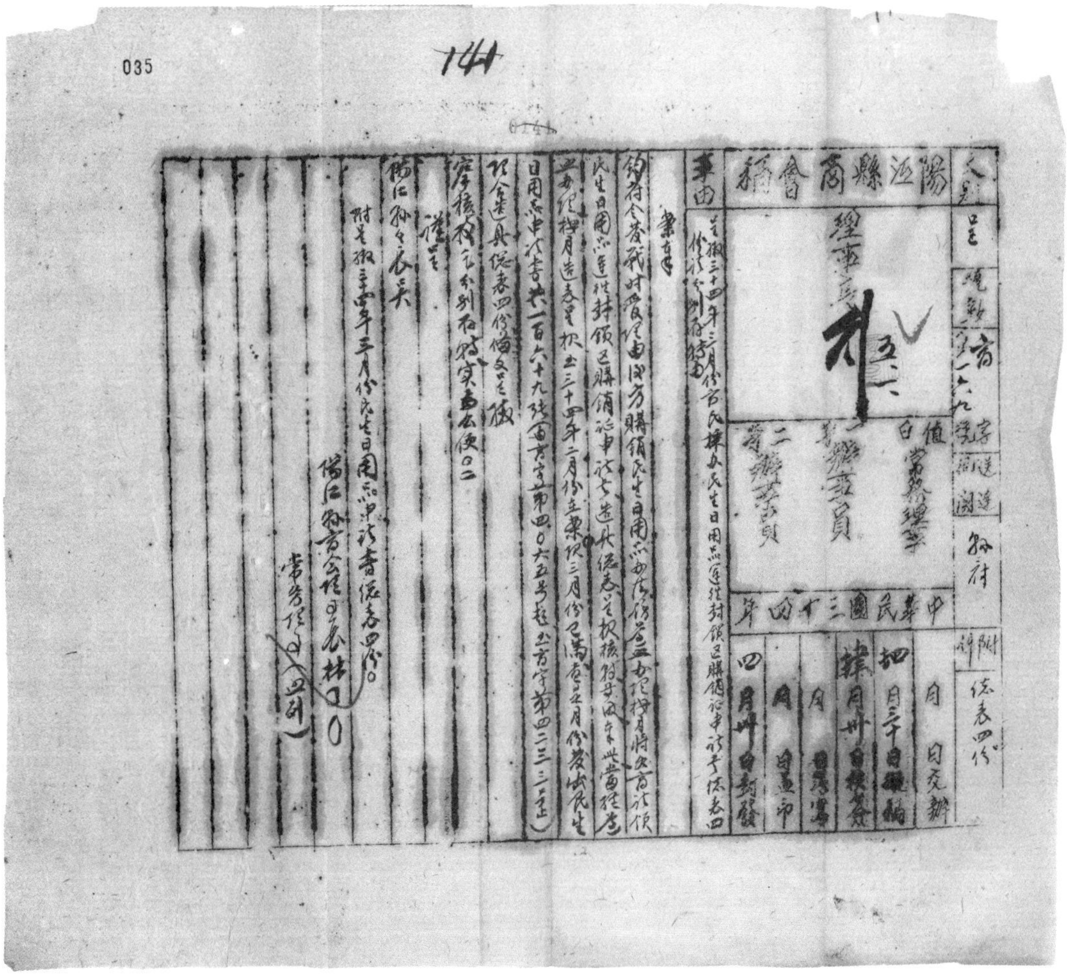
陽江縣商會稿

事由

中華民國三十四年

164. 阳江县商会向县政府呈缴 1945 年 5 月份商民采办民生日用品运往封锁区购销证申请书总表（1945 年 7 月 1 日）

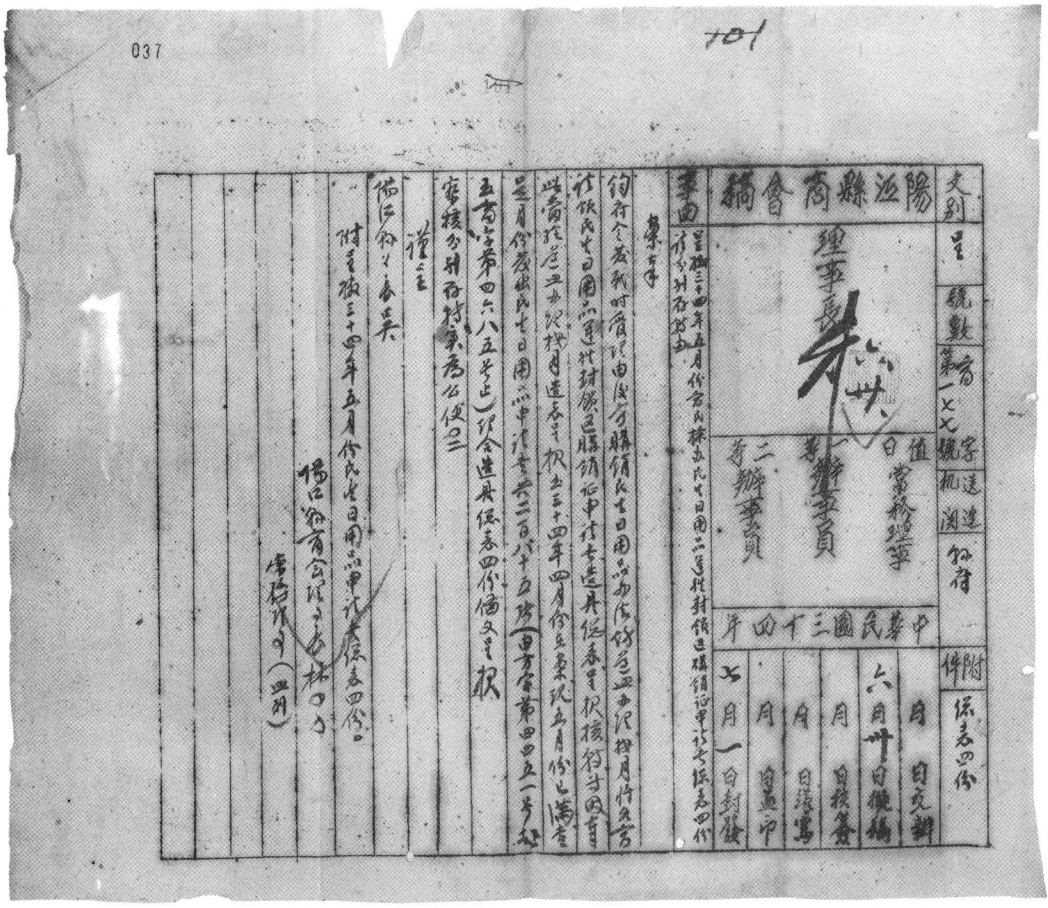

037

阳江县商会稿

文别：呈

号数：第商一七七号字

送达机关：钧府

附件：保表四份

理事长 林

值日常务理事

第一办事员

第二办事员

中华民国三十四年

六月廿日拟稿　月　日交办　月　日核签　月　日缮写　月　日盖印　七月一日封发

事由：呈缴三十四年五月份商民采办民生日用品运往封锁区购销证申请书总表四份请分别存转由

案奉

钧府令发战时[illegible]由后方县销民生日用品物资运往封锁区购销证申请书及保表[illegible]核对[illegible]

此前[illegible]至三十四年四月份止[illegible]在案现五月份已满

呈五月份发出民生日用品申请书共二百八十五张（由商字第四四五一号起至商字第四六八五号止）理合造具保表四份备文呈报

察核分别存转实为公便。

谨呈

阳江县县长吴

附呈缴三十四年五月份民生日用品申请书保表四份。

阳江县商会理事长 林[illegible]

常务理事（四月）

165. 阳江县商会呈请县政府为合成昌店潘炳记在织篢圩购米请给运照（1946 年 3 月 21 日）+ 附：潘炳记致阳江县商会的呈（1946 年 3 月 20 日）

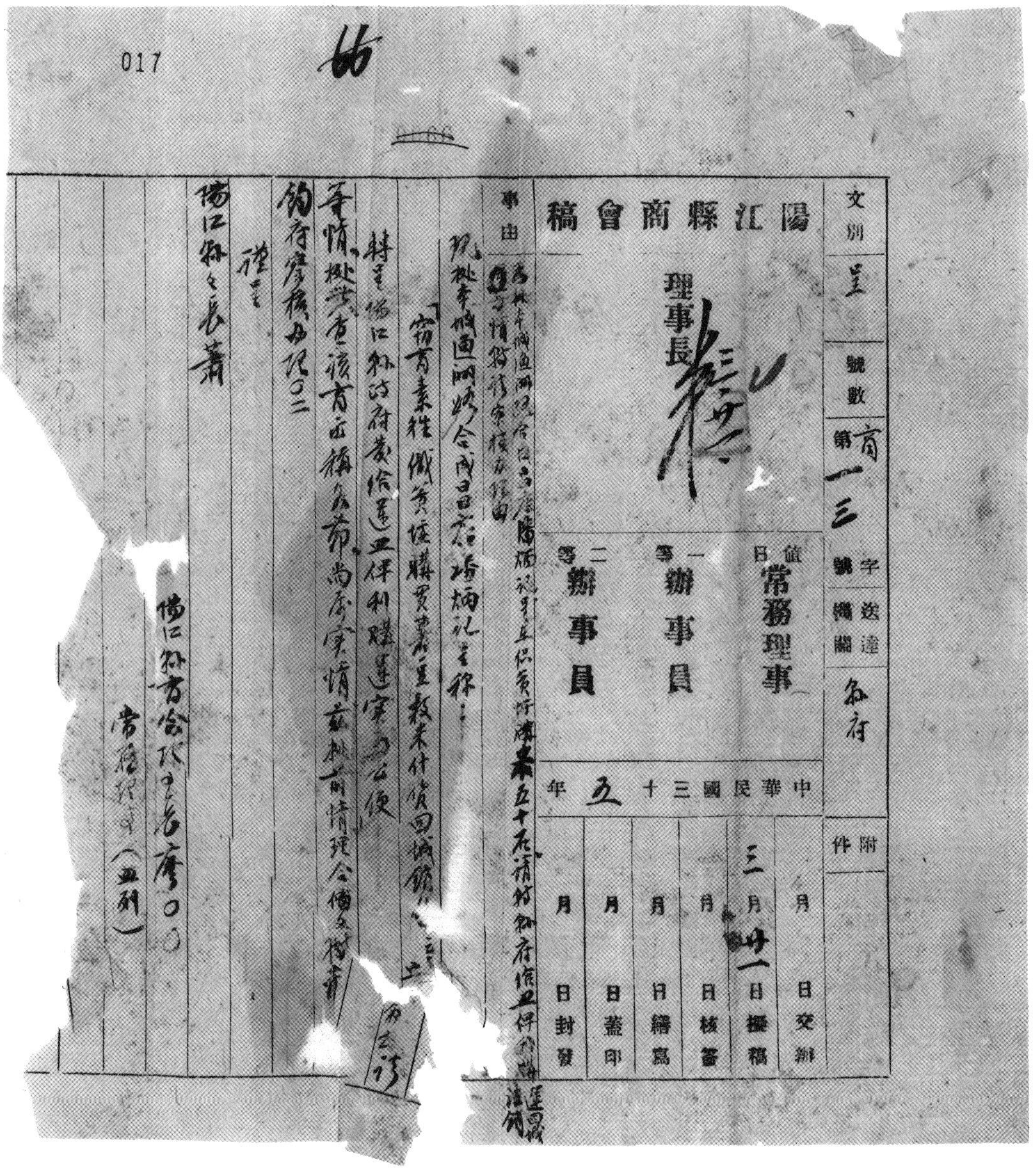

018

卅五年三月廿一日收到

具呈人潘炳記 三十一歲 現住漁洲路合成昌店

竊商素在織貲墟購買薯豆穀米什貨回城銷售現因本城限制粮食出口必須領證方可提運現擬由織貲圩購米伍拾石運回縣城銷沽懇請轉呈陽江縣政府發給運照俾利購運寔為公便

謹呈

陽江縣商會

照轉

具呈人 合成昌威記

中華民國三十五年三月二十日

166. 阳江县商会呈请县政府为宏源米店往织篢圩购米回城销卖发给运照（1946 年 3 月 21 日）+ 附：宏源米店东陈振沃致县商会理事长廖永年的呈（1946 年 3 月 21 日）

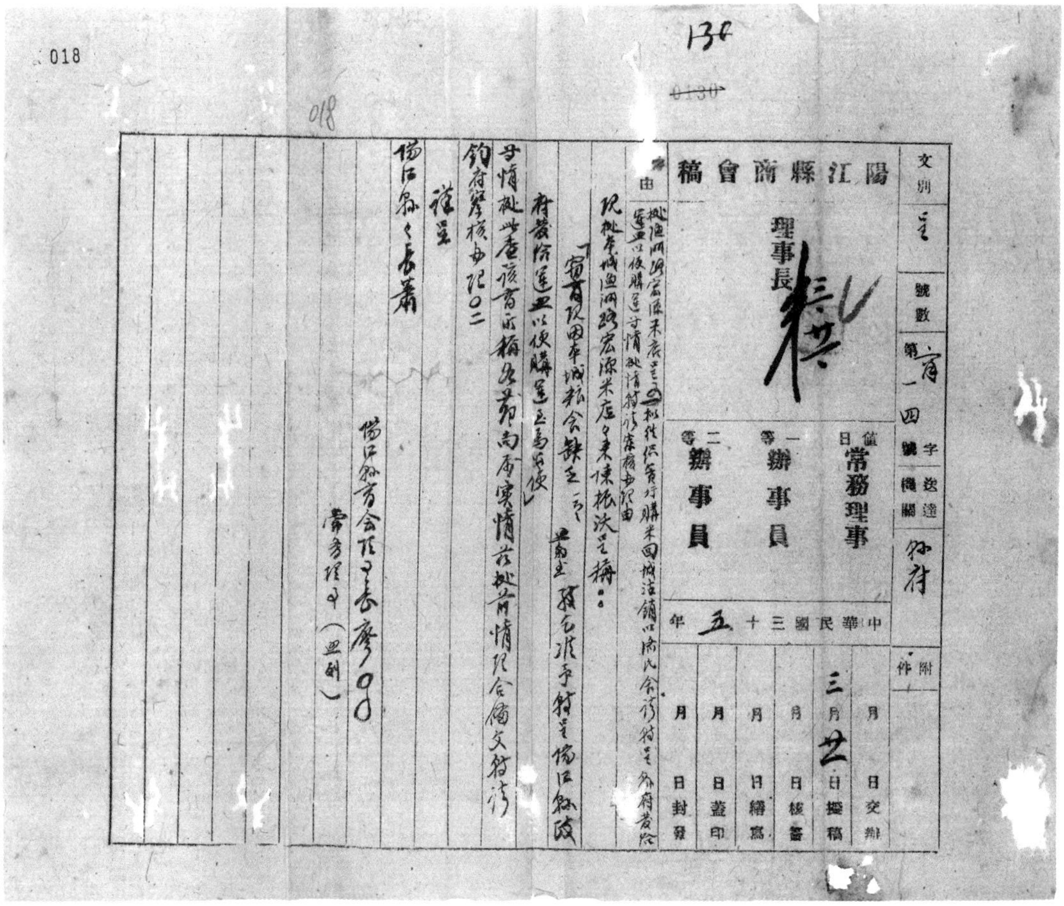

020

69

卅五年三月廿一日收到

具呈人宏源米店東陳振沃現住漁洲路本店 宏源號 字第 號

中華民國三十五年三月二十一日

事由：為擬往織篢圩購米回城銷賣以濟民食而救饑荒請轉呈縣府發給運照以便購運而免沿途軍警留難由

竊商現因本城粮食缺乏，穀米價格狂漲，為調節粮食，救濟饑荒事，擬往餘粮地區之原六區織篢圩一帶，價購米貳拾伍石回城銷賣，以濟民食，誠恐沿途軍警團隊或有悞會，從中阻難，用敢備文呈請

鑒核，敬乞准予轉呈陽江縣政府發給運照，以便購運，至為公便！

謹呈

陽江縣商會理事長廖

照轉

167. 阳江县商会为安和店购办粮食运载回城发给证明书（1946 年 3 月 21 日）+ 附：阳江县安和店林善放致县商会理事长廖永年的呈（1946 年 3 月 12 日）

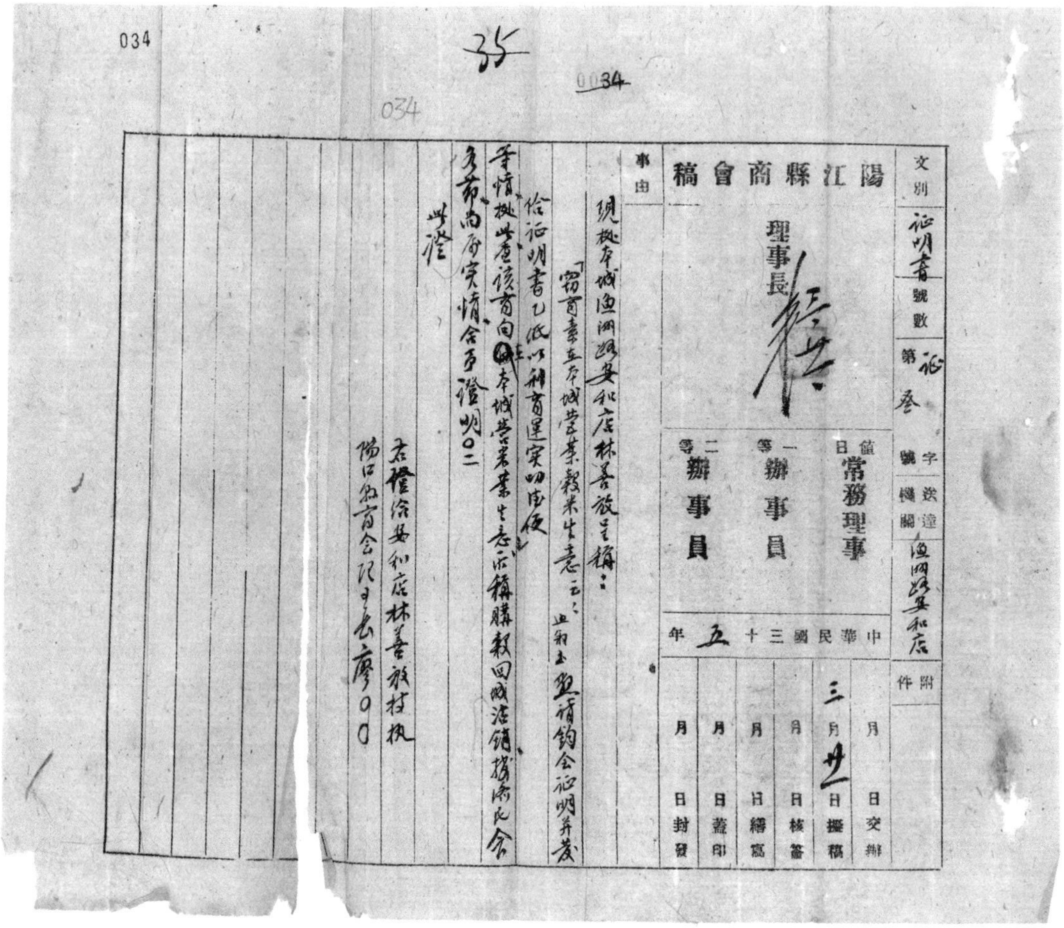

034

35

0034

034

阳江县商会稿

理事长 廖

常务理事（值日）　办事员（一等）　办事员（二等）

文别：证明书

号数：第证叁号

字号 送达机关：渔洲路安和店

附件

中华民国三十五年

三月廿一日拟稿　月　日交办　月　日核签　月　日缮写　月　日盖印　月　日封发

事由

现据本城渔洲路安和店林善放呈称：

「窃商素在本城营业谷米生意……，照请钧会证明并发

给证明书乙纸，以利商运，实叨恩便

等情。据此，查该商向在本城营业米生意，所称购谷回城活销，挤济民食

系节尚属实情，合予证明。〇二

此证

右证给安和店林善放收执

阳江县商会理事长廖〇〇

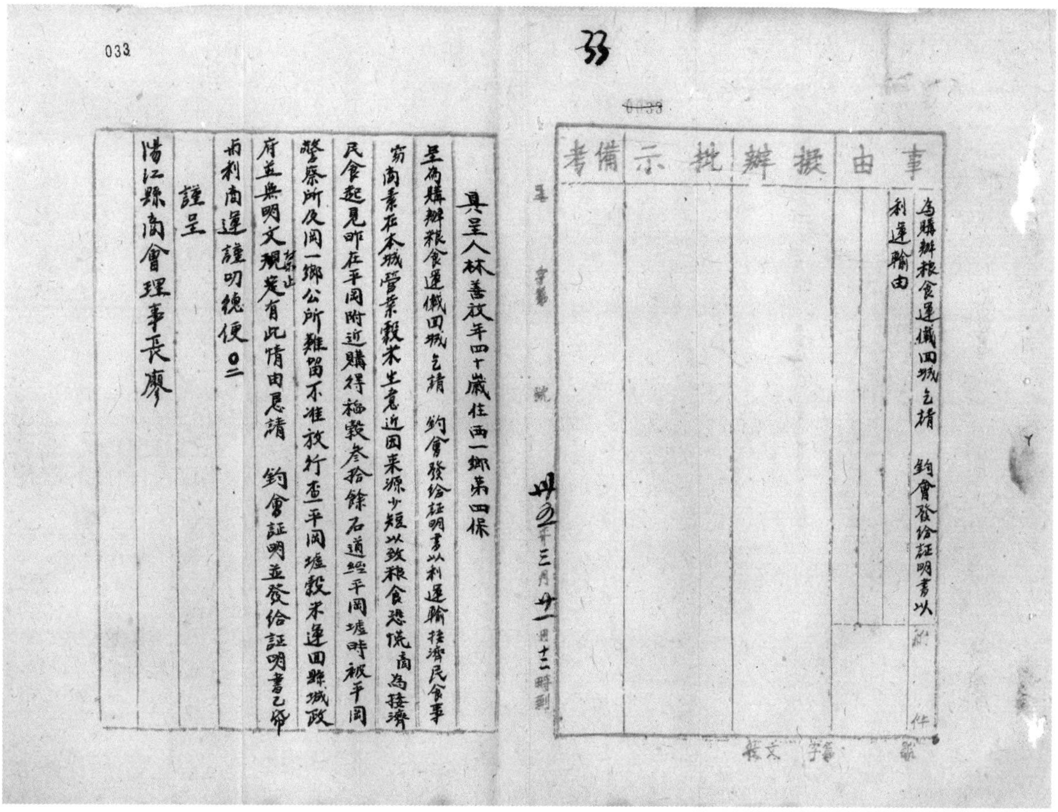

033

33

事由：為購辦粮食運儲回城乞請 鈞會發給證明書以利運輸由

附件

擬辦

批示

備考

年 字第 號

卅五年三月廿一日十二時到

收文 字第 號

具呈人林善放 年四十歲 住西一鄉第四保

呈為購辦粮食運儲回城乞請 鈞會發給證明書以利運輸接濟民食事

竊商素在本城營業穀米生意，近因來源少短，以致粮食恐慌。商為接濟民食起見，即在平岡附近購得稻穀叁拾餘石，道經平岡墟時被平岡警察所及岡一鄉公所難留不准放行。查平岡墟穀米運回縣城，政府並無明文規定禁止，有此情由，懇請 鈞會證明並發給證明書，乙節而利商運，謹叨德便。

謹呈

陽江縣商會理事長廖

168. 阳江县商会呈请县政府为富隆栈在织篢、上洋等处购米回城发给运照＋附：阳江县富隆栈店东梁琯年致县商会理事长廖永年的呈（1946 年 3 月 23 日）

048

陽江縣商會稿

文別：呈

號數：第一六號

送達機關：縣府

理事長

值日常務理事

一等辦事員

二等辦事員

中華民國三十五年

三月廿三日擬稿

三月廿五日封發

月日交辦　月日核簽　月日繕寫　月日蓋印

附件

事由

049

048 049

0048

具呈人富隆棧店東梁耀年　住址 縣城富隆棧店 漁洲路

字第　　號

中華民國三十五年三月廿三日

事由：爲抄往縣屬三區織篢上洋等處購辦米五十石回城沽銷接濟民食懇請鈞府發給運照以利運輸由

竊商現因本城粮食缺乏，穀米日見高漲，兹爲接濟民食起見，擬派伴前往縣屬三區織篢上洋等處購辦米五十石運回縣城沽銷，誠恐沿途軍警檢查發生誤會，爲此具文呈請

鈞會察核，准予轉呈陽江縣政府發給運照，以利購運，實叨德便。

謹呈

陽江縣商會理事長廖

卅五年三月廿三日收到

已轉 三·廿六

169. 阳江县商会呈请县政府为中文店拟往织篢圩购米回城发给运照（1946 年 3 月 25 日）+ 附：阳江县中文店东麦进佳致县商会理事长廖永年的呈（1946 年 3 月 23 日）

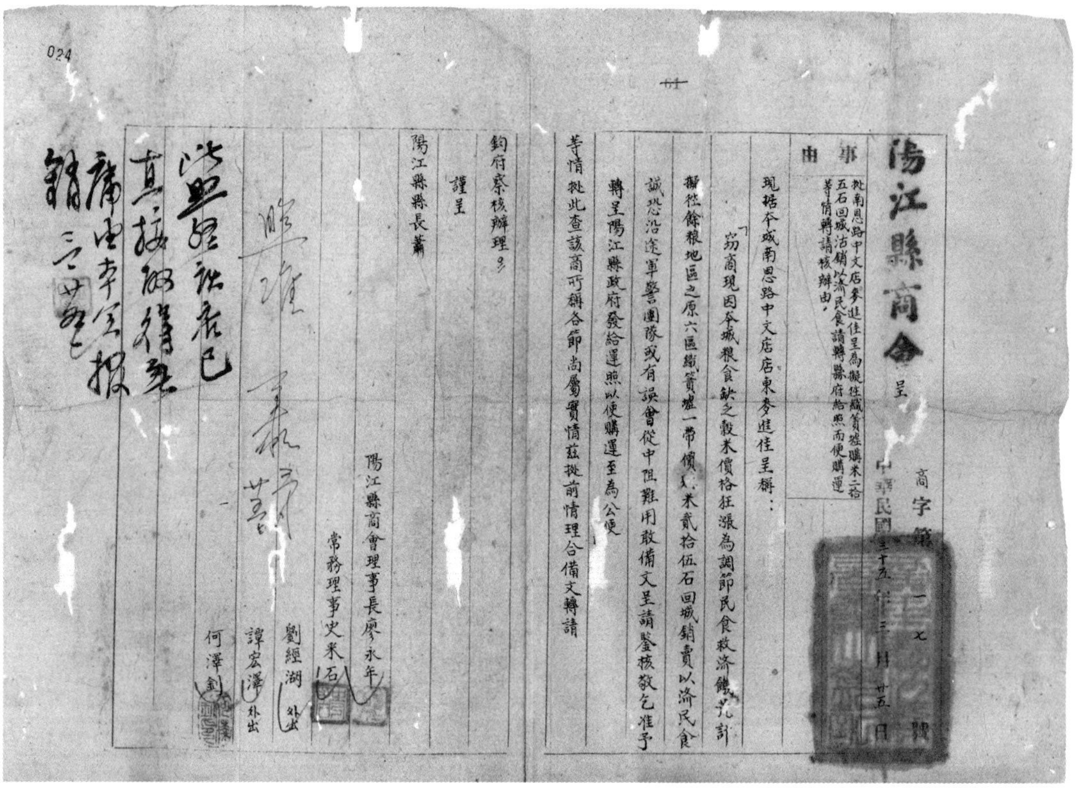

陽江縣商會 呈 商字第一七號

事由
據南恩路中文店麥進佳呈為擬往織篢墟購米二十五石回城沽銷以濟民食請轉縣府給照而便購運等情轉請核辦由。

現據本城南恩路中文店店東麥進佳呈稱：
「竊商現因本城粮食缺乏穀米價格狂漲為調節民食救濟饑荒計
擬往餘粮地區之原六區織篢墟一帶價米貳拾伍石回城銷賣以濟民食
誠恐沿途軍警團隊或有誤會從中阻難用敢備文呈請鑒核敬乞准予
轉呈陽江縣政府發給運照以便購運至為公便
等情據此查該商所稱各節尚屬實情茲據前情理合備文轉請
鈞府察核辦理。
謹呈
陽江縣縣長蕭
陽江縣商會理事長廖永年
常務理事史采石
劉經湖 外出
譚宏澤 外出
何澤釗

中華民國三十五年三月廿五日

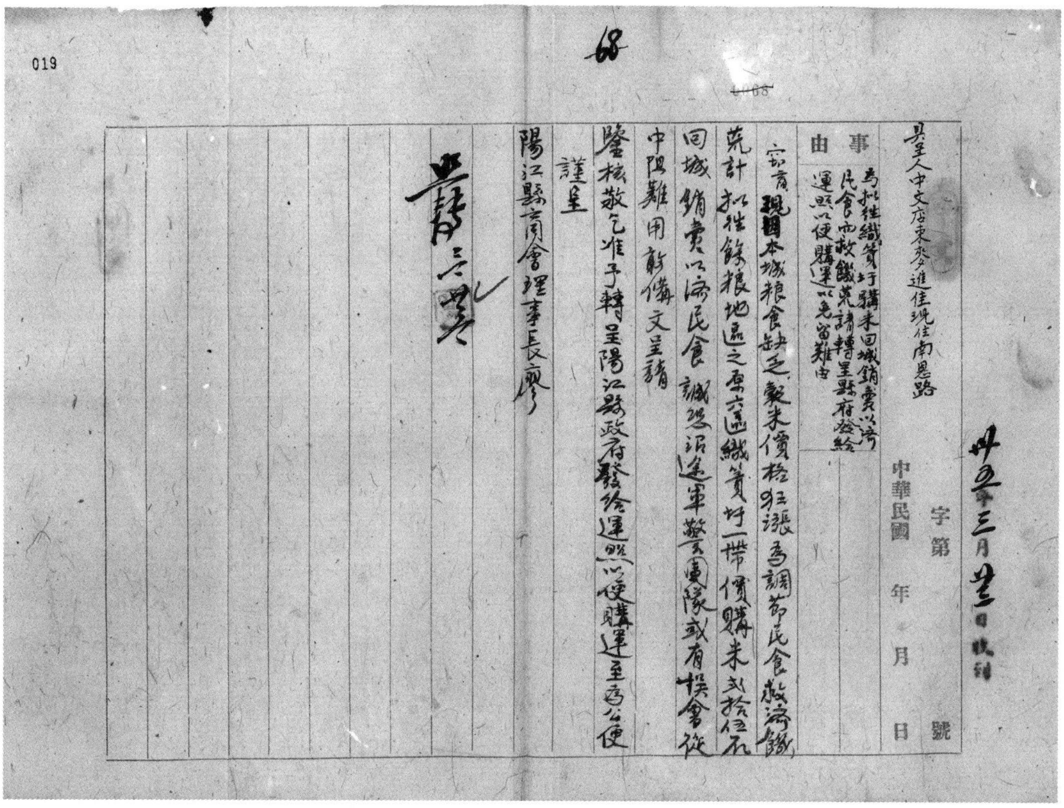

019

68

具呈人中文庄東參進佳現住南恩路

事由：為擬往織篢圩購米回城銷賣以濟民食而救饑荒請轉呈縣府發給運照以便購運以免留難由

中華民國　年　月　日　字第　號

卅五年三月廿三日收到

竊查現因本城糧食缺乏，致米價格狂漲，為調節民食救濟饑荒計，擬往餘糧地區之恩平織篢圩一帶價購米貳拾伍石，回城銷賣，以濟民食。誠恐沿途軍警團隊或有誤會，從中阻難，用敢備文呈請

鑒核，敬乞准予轉呈陽江縣政府發給運照，以便購運，至為公便。

謹呈

陽江縣商會理事長廖

黄静三具

170. 阳江县商会呈请县政府为松江公司拟往织簣圩购米回城发给运照（1946 年 3 月 28 日）+ 附：阳江县松江公司店东邓开荣致县商会理事长廖永年的呈（1946 年 3 月 28 日）

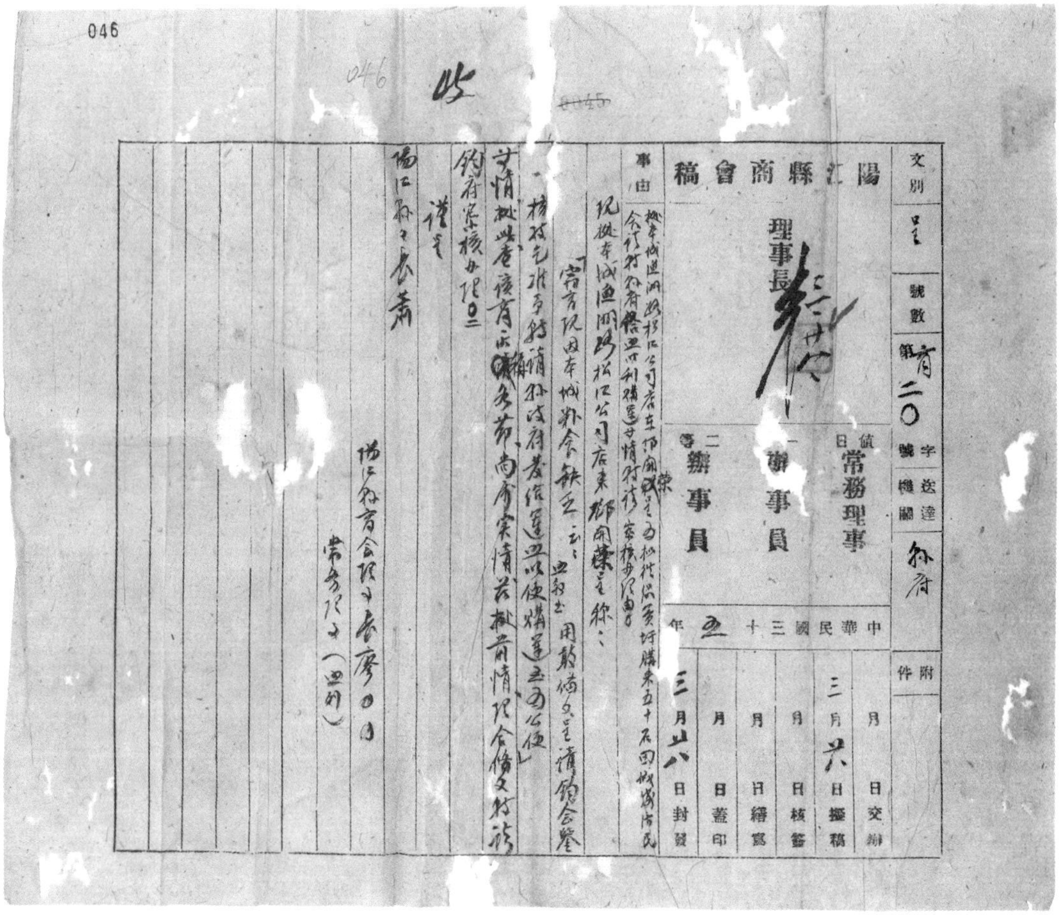

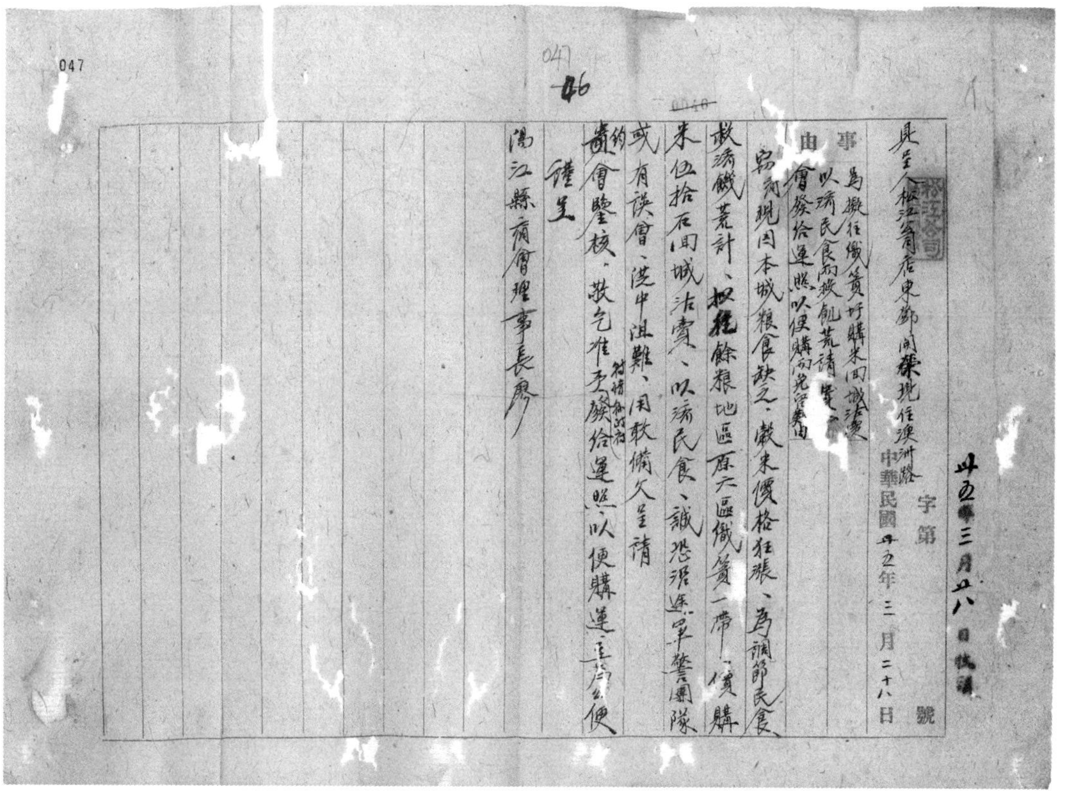

047

46

具呈人松江公司店東鄧國榮現住澳洲路　　字第　　號

中華民國卅五年三月二十八日

事由　為擬往織篢購米回城出賣以濟民食而救飢荒請鈞會發給運照以便購運而免留難由

竊商現因本城糧食缺乏、致米價格狂漲、為調節民食救濟饑荒計、擬往餘糧地區原六區織篢一帶、價購米伍拾石回城沽賣、以濟民食、誠恐沿途軍警團隊或有誤會、從中阻難、用敢備文呈請

鈞會鑒核、准予發給運照、以便購運、至為公便

謹呈

陽江縣商會理事長廖

卅五年三月廿八日收

171. 阳江县和发店为拟前往琼州等处采购白谷回本市销售以济民食呈请县商会发给购运证（1948 年 2 月 29 日）

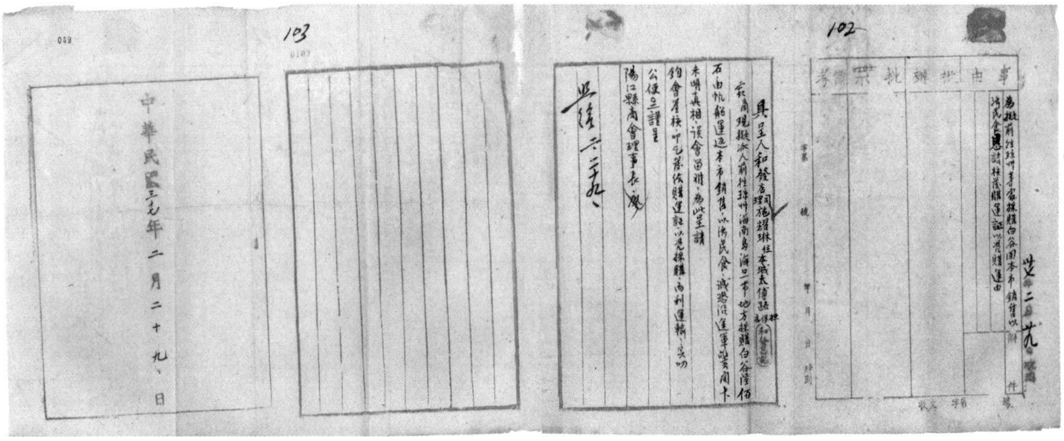
事由：為擬前往琼州等處採購白谷回本市銷售以濟民食懇請核發購運證以憑購運由

具呈人和發店司理施耀琳 住本城太傅路

竊商現擬派人前往琼州海南島海口市地方採購白谷陸佰石由帆船運返本市銷售，以濟民食，誠恐沿途軍警因不未明真相，誤會留難，為此呈請

鈞會查核，准予發給購運證，以免採購而利運輸，實叨

公便。謹呈

陽江縣商會理事長 陳

照發 二、二十九

中華民國三十七年二月二十九日

172. 阳江县商会发给乾和店东关崇禧运谷回城以应食用证明书（1948 年 7 月 9 日）
+ 附：阳江县乾和店东关崇禧致县商会理事长廖永年的呈（1948 年 7 月 9 日）

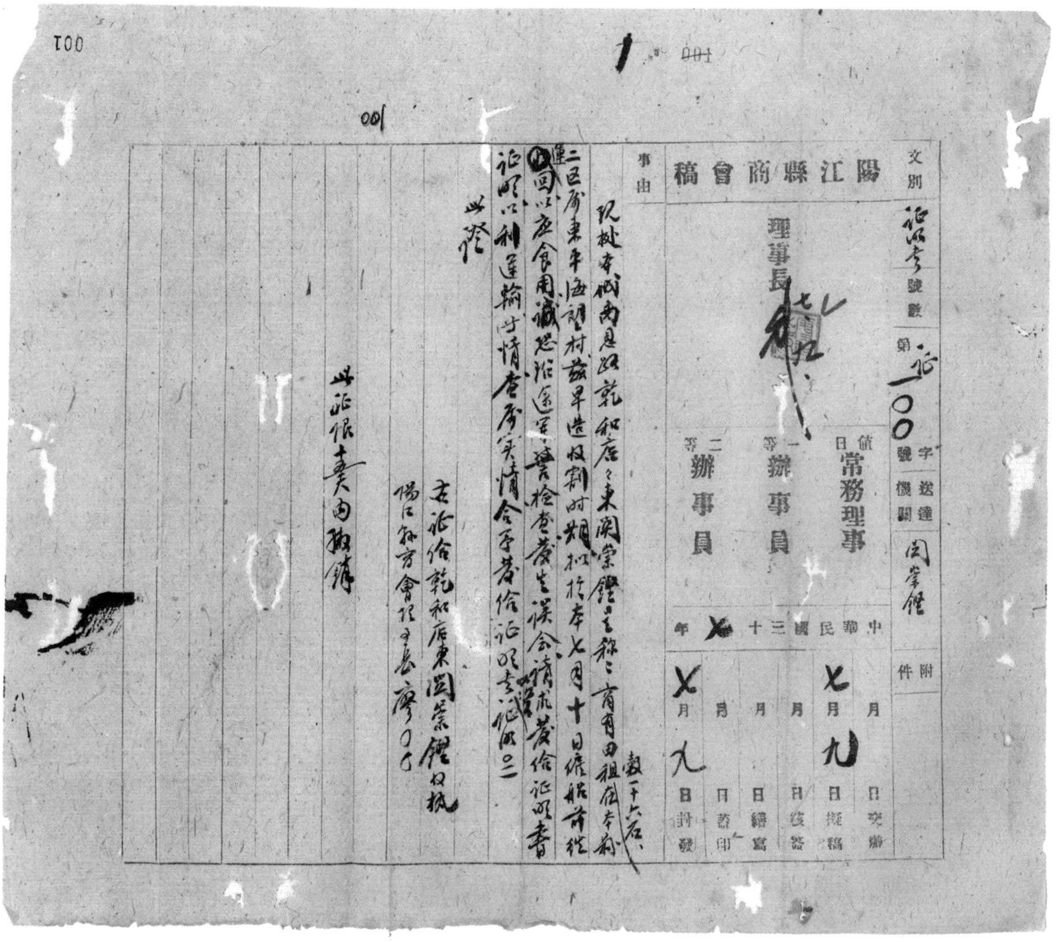

002

2

002

具呈人商號路乾和店東關榮陞 江城乾和

為呈請發給運穀回城食用證明書事竊商 有田租穀一十六石在

本縣二區烏海望村茲早造收割竣妥擬於本年七月十日僱船前往運回

以應食用誠恐沿途軍警檢查發生誤會請求

鈞會發給證明書乙紙俾商藉資運輸實叨 德便謹呈

陽江縣商會理事長廖

中華民國三十七年七月　九　日

卅七年七月九日收到

（四）协助购办铁料

173. 阳江县商会呈请县政府为全利店购运旧铁改铸农具发给证明书（1942 年 1 月 14 日）+ 附：阳江县全利店司理谭昌致县商会主席林洁予的呈（1942 年 1 月 13 日）

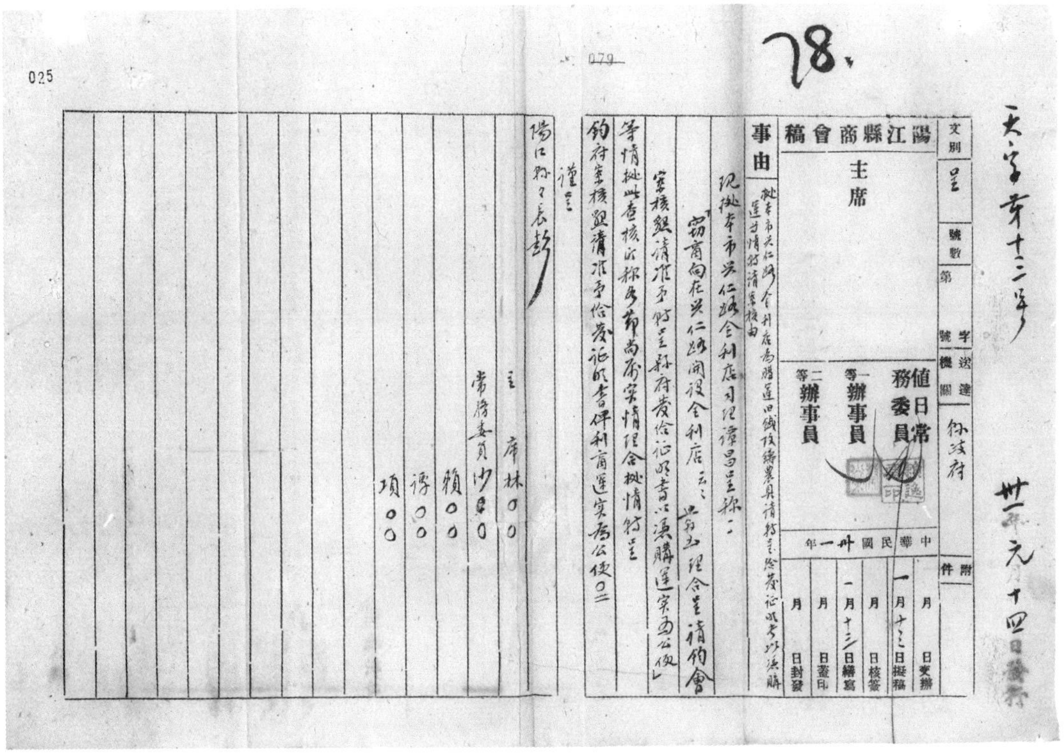

陽江縣商會稿

文別：呈

送達機關：縣政府

事由：據本市興仁路全利店爲購運舊鐵改鑄農具請轉呈給發證明書以憑購運由

現據本市興仁路全利店司理譚昌呈稱：「竊商向在興仁路開設全利店……云云……理合呈請鈞會察核，據情准予轉呈縣府發給證明書以憑購運，實爲公便」等情。據此，查核所稱各節尚屬實情，理合據情轉呈鈞府察核，恳請准予發給證明書，俾利商運，實爲公便。謹呈

陽江縣縣長彭

主席林〇〇

常務委員沙〇〇

〇〇〇

〇〇〇

〇〇〇

中華民國卅一年一月十三日擬稿

天字第十二號

卅一年元月十四日發

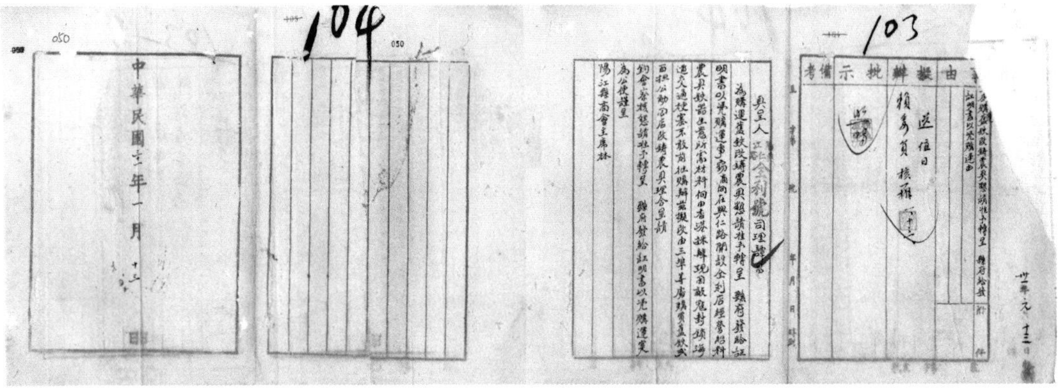
中華民國卅一年一月十二日

具呈人江城全利號司理譚

為購運舊鐵改鑄農具懇請准予轉呈　縣府發給証明書以憑購運事。竊商向在興仁路開設全利店經營船料農具鐵器生意，所需材料向由香港採辦，現因敵寇封鎖海運，交通梗塞，不敢前往採辦，茲擬改由三埠等處購買舊鐵或[illegible]，回店改鑄農具，理合呈請
鈞會察核，懇請准予轉呈　縣府發給証明書以憑購運，實為公便。謹呈
陽江縣商會主席林

事由	擬辦	批示	備考
為購舊鐵改鑄農具懇請准予轉呈　縣府發給証明書以憑購運由	送值日稽查員核辦		

卅一年元月十三日

174. 阳江县商会呈请县政府为珍利店购办旧铁发给执照（1942 年 1 月 16 日）+ 附：阳江县珍利店东李权致县商会主席林洁予的呈（1942 年 1 月 14 日）

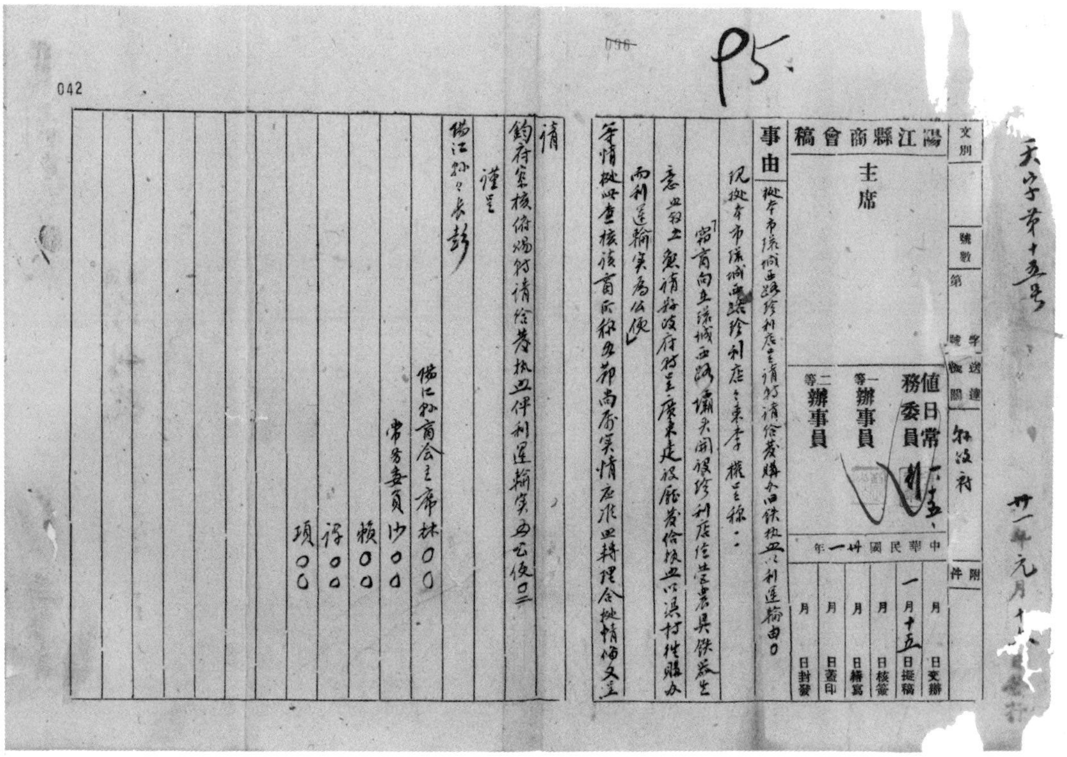

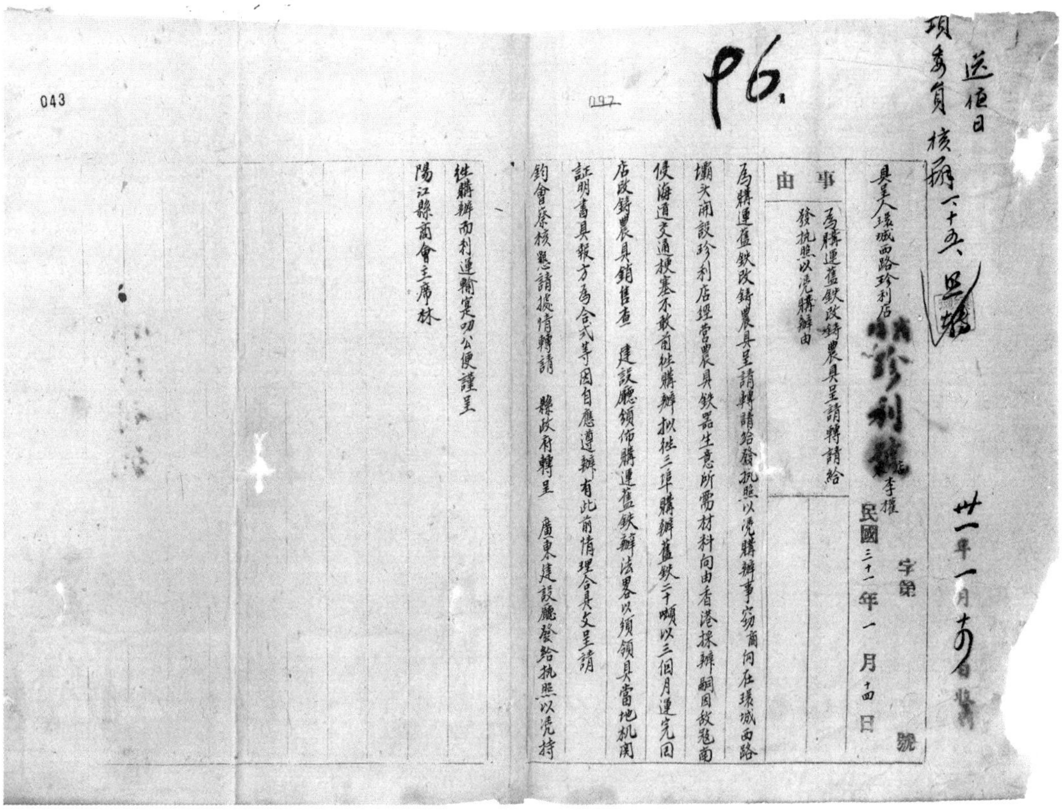

043

097

P6.

送值日

项委员核办　六十五、一　呈核

具呈人環城西路珍利店

珍利號　李權

字第　號

民國三十一年一月十四日

事由　為購運舊鉄改鑄農具呈請轉請給發執照以便購辦由

為購運舊鉄改鑄農具呈請轉請給發執照以便購辦事竊商向在環城西路壩頭開設珍利店經營農具鉄器生意所需材料向由香港採辦嗣因敵寇南侵海道交通梗塞不敢前往購辦擬往三埠購辦舊鉄二千噸以三個月運完回店改鑄農具銷售查建設廳頒佈購運舊鉄辦法畧以須領具當地机関證明書具報方為合式等因自應遵辦有此前情理合具文呈請鈞會察核懇請據情轉請縣政府轉呈廣東建設廳發給執照以憑持往購辦而利運輸実叨公便謹呈

陽江縣商會主席林

卅一年一月十六日收

175. 阳江县商会发给蔡鉴记证明书以凭呈报购运（1942 年 1 月 16 日）+ 附：阳江县蔡鉴记店东蔡应鉴致县商会主席林洁予的呈（1942 年 1 月）

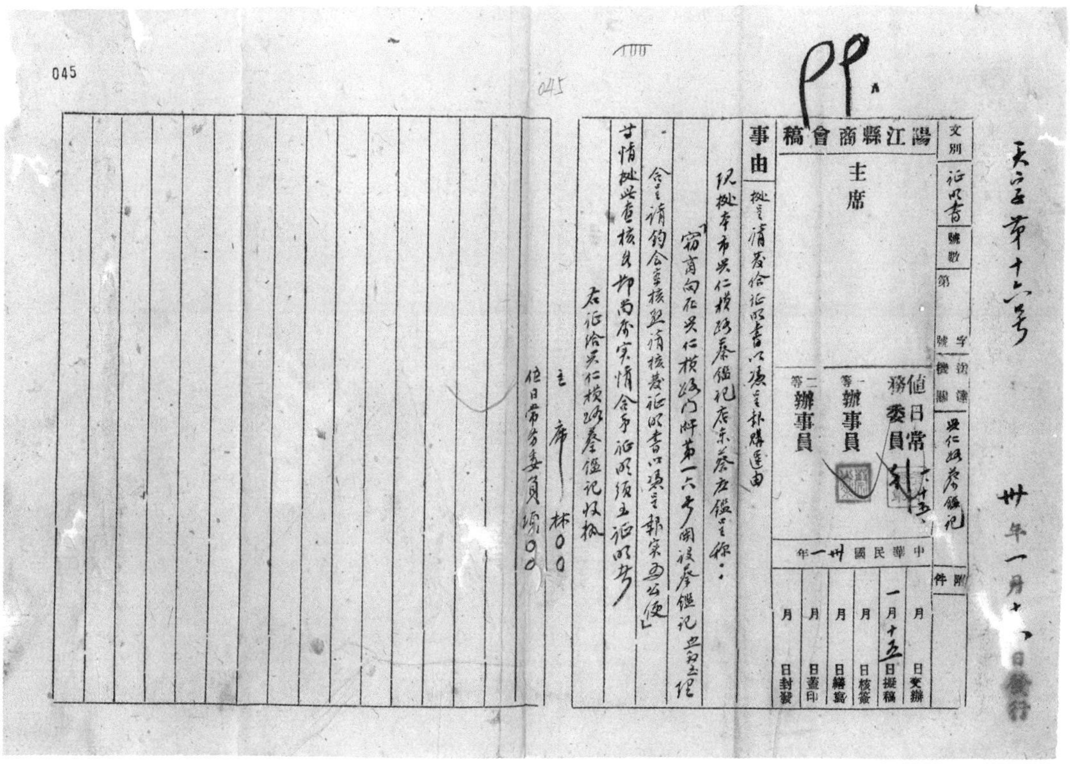

陽江縣商會稿

文別：證明書

號數：第 天字第十六號

送達機關：吳仁橫路蔡鑑記

附件

主席

值日常務委員　一等辦事員　二等辦事員

中華民國卅一年 一月十五日擬稿

事由：擬呈請發給證明書以憑呈報購運由

印據本市吳仁橫路蔡鑑記店東蔡應鑑呈稱：「竊商向在吳仁橫路門牌第一六號開設蔡鑑記……請鈞會查核照請核發證明書以憑呈報采買為公便」等情。據此，查核尚屬實情，合予證明須至證明者。

右證給吳仁橫路蔡鑑記收執

主席 林○○

值日常務委員 ○○

卅年一月十六日發行

P8
送項秀貞核辦　伯日　一、十五
照轉

呈

卅一年一月十四

033

具呈人興仁横路蔡鑑記店東蔡應鏜

為購運蘆鐵改鑄農具呈請核發證明書以憑呈報事竊商向在興仁横路門牌第一六號開設蔡鑑記專營農具船料鐵器生意所需鐵料向由香港採辦嗣因日寇南侵海道交通梗塞不能前往購辦茲擬往三埠處購辦蘆鐵四十噸回店改鑄農具銷售採運之蘆鐵請限五個月內方可運完查　廣東建設廳頒佈購運蘆鐵辦法畧以須領具當地機關證明書具報方為合式等因自應遵辦有此前情理合呈請

鈞會察核懇請核發証明書以憑呈報實為公便

謹呈

陽江縣商會主席林

陽江興仁路 蔡鑑記鐵店

中華民國三十一年一月　日

046

176. 阳江县商会发给宝昌店铸铁器用具证明书（1942 年 1 月 16 日）

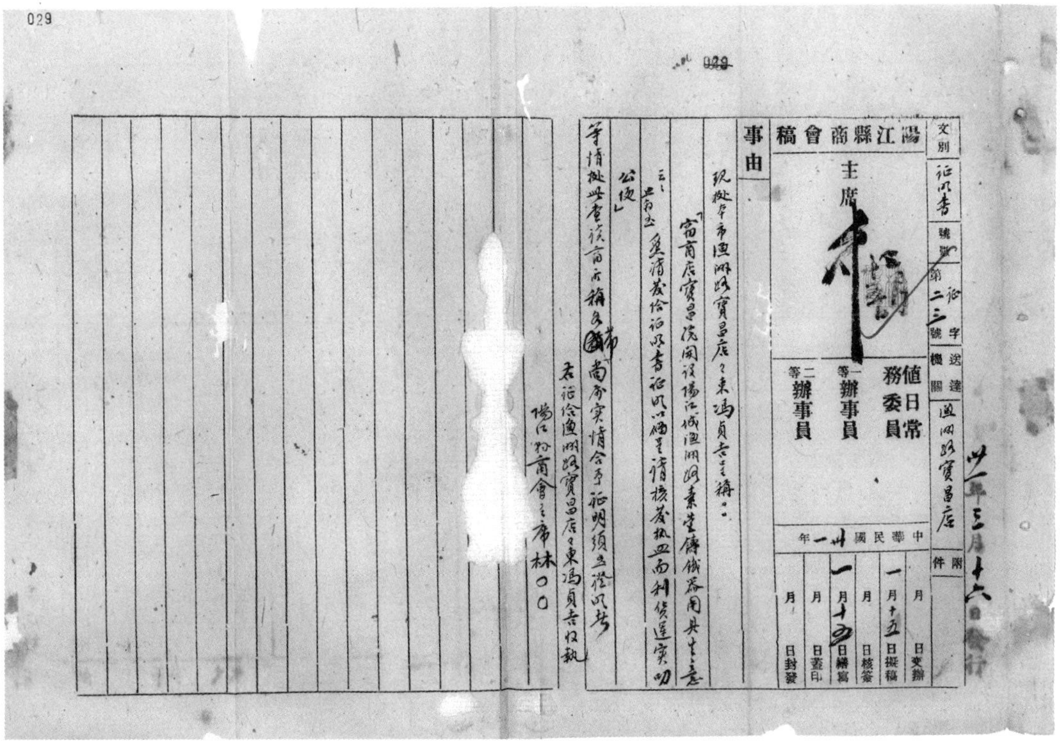

177. 阳江县商会发给悦利店证明书以凭呈报请领运输旧铁执照（1942 年 1 月 18 日）
+ 附：阳江县悦利店东胡华甫致县商会主席林洁予的呈（1942 年 1 月 17 日）

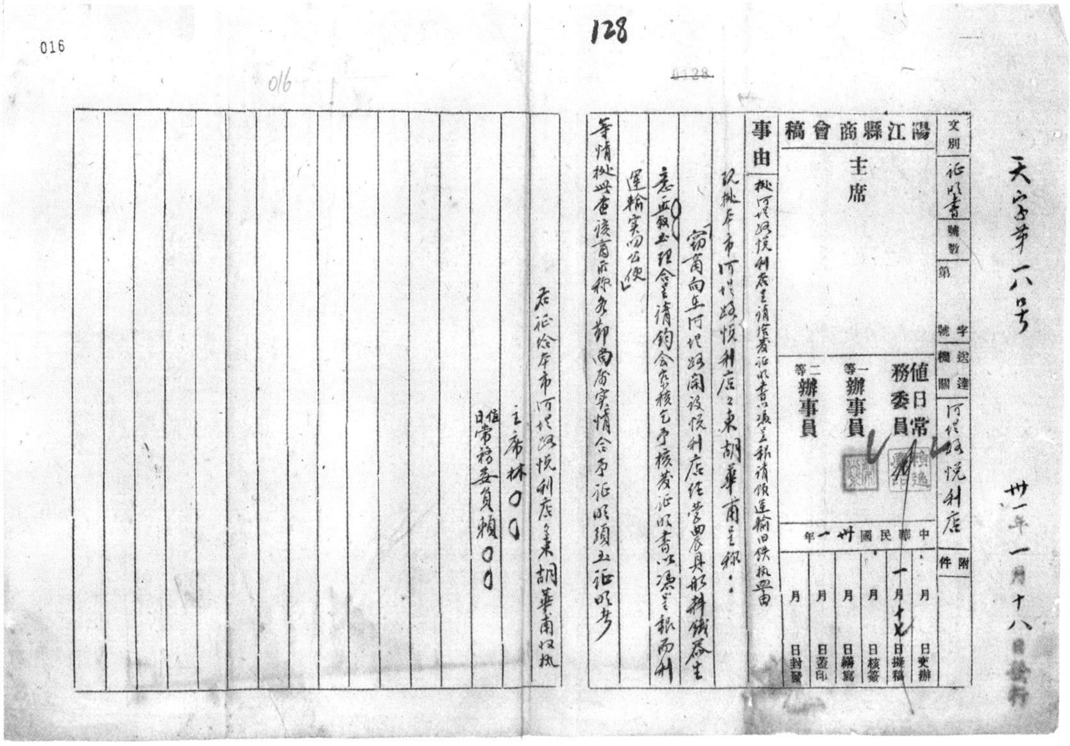
陽江縣商會稿

文別：証明書

主席

事由：批河堤路悅利店呈請發証明書以憑呈報請領運輸旧鐵执照由

現據本市河堤路悅利店店東胡華甫呈稱：「竊商向在河堤路開設悅利店，經營四鄉農具船料鐵器生意，[illegible]理合呈請鈞會察核，乞予核發証明書，以憑呈報而利運輸，實為公便」等情。據此，查該商確係經營鐵器部商，實情，合予証明，須至証明者。

右証給本市河堤路悅利店店東胡華甫收执

主席林〇〇
值日常務委員賴〇〇

值日常務委員　一等辦事員　二等辦事員

送達機關：河堤路悅利店

中華民國卅一年一月十七日擬稿

天字第一八[illegible]号
卅一年一月十八日發行

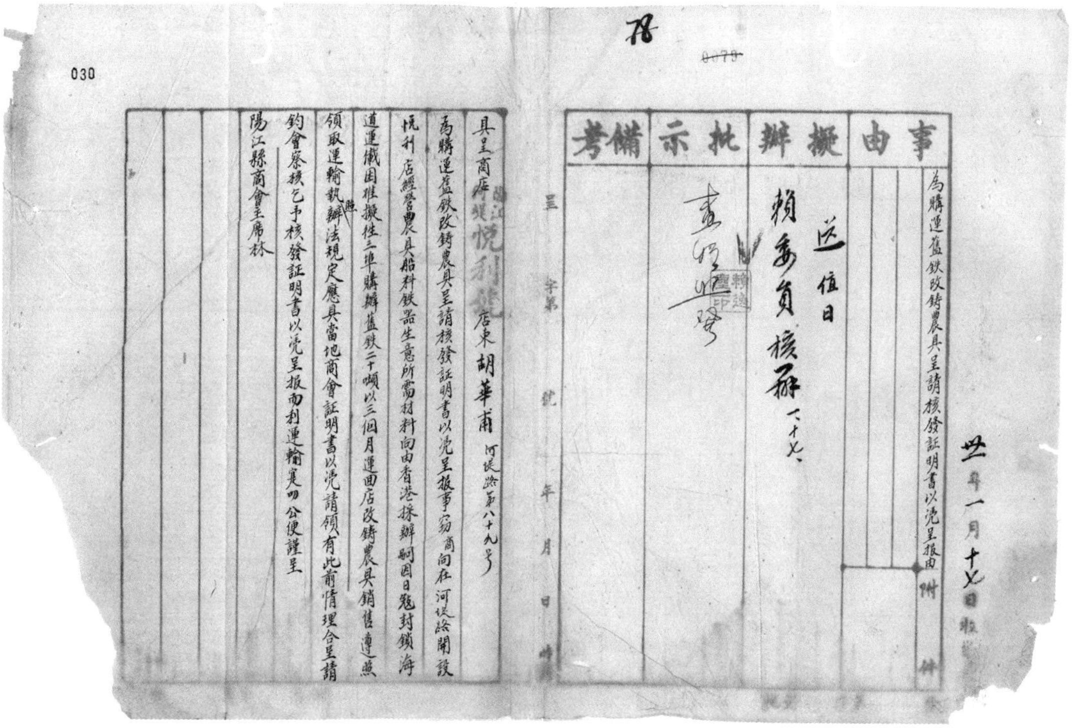

事由：為購運舊鉄改鑄農具呈請核發証明書以憑呈報由

附件

擬辦：送值日賴委員核辦　一、十七、

批示：[illegible]

備考

卅年一月十七日收

具呈商店陽江悅利號店東胡華甫　河堤路第八十九号

為購運舊鉄改鑄農具呈請核發証明書以憑呈報事竊商向在河堤路開設悅利店經營農具船料鉄器生意所需材料向由香港採辦嗣因日寇封鎖海道運儎困难擬往三埠購辦舊鉄二十噸以三個月運回店改鑄農具銷售遵照領取運輸執照辦法規定應具當地商會証明書以憑請領有此前情理合呈請鈞會察核乞予核發証明書以憑呈報而利運輸實叨公便謹呈

陽江縣商會主席林

178. 阳江县商会发给成益店证明书以凭呈报请领运输旧铁执照（1942 年 1 月 19 日）
+ 附：阳江县成益店东梁在峰致县商会主席林洁予的呈（1942 年 1 月 17 日）

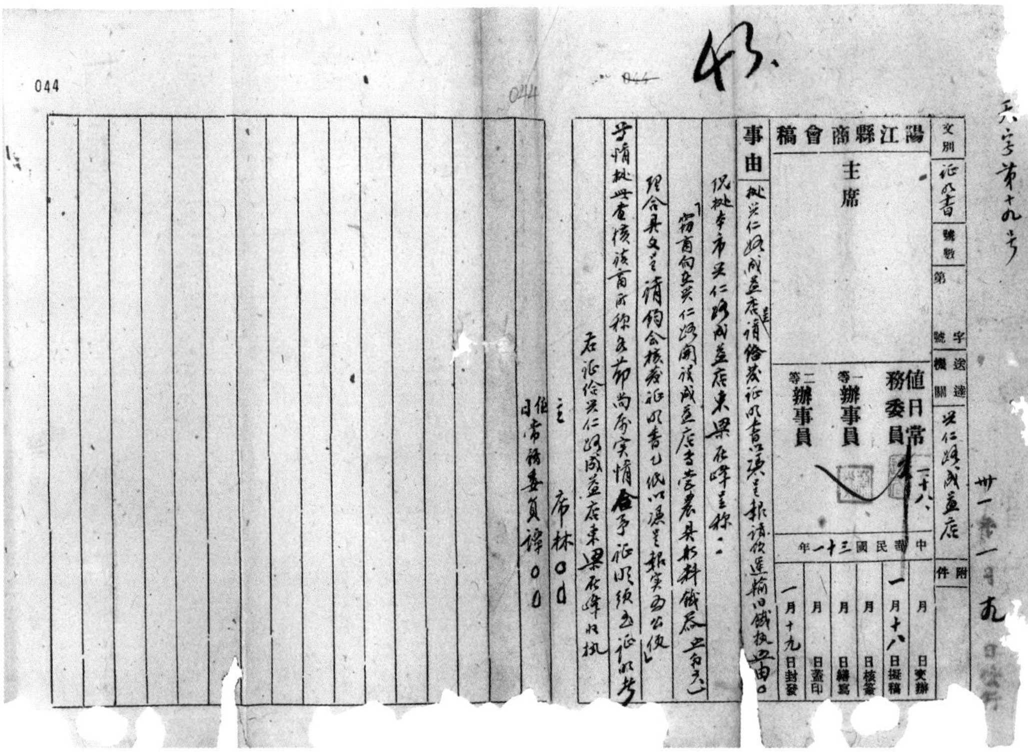

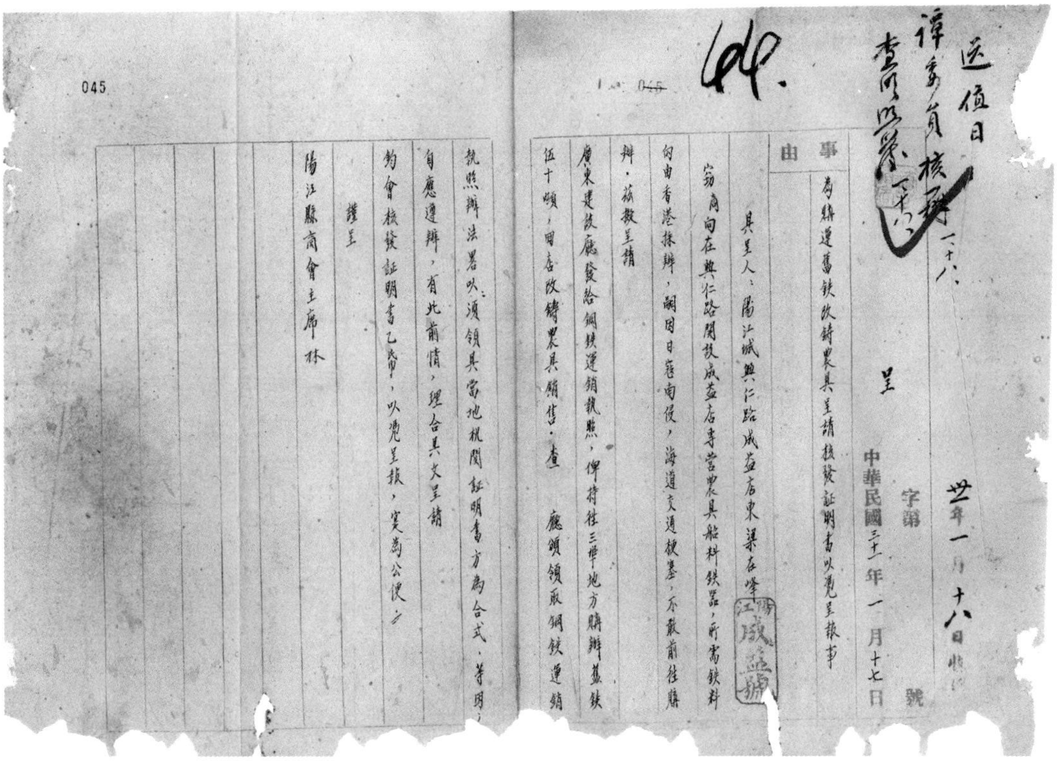

045

648.

送值日
譚秀貞核辦
一.十八.

事由：為請運舊鉄改鑄農具呈請核發証明書以憑呈報事

呈　　字第　　號

中華民國三十一年一月十七日

卅一年一月十八日收

具呈人：陽江城興仁路成益店東梁在峰，竊商向在興仁路開設成益店，專營農具船料鉄器，所需鉄料均由香港採辦，嗣因日寇南侵，海道交通梗塞，不敢前往購辦・旋擬呈請

廣東建設廳發給銅鉄運銷執照，俾得往三埠地方購辦舊鉄伍十噸，回店改鑄農具銷售・查

廳頒領取銅鉄運銷執照辦法略以須領具當地機關証明書方為合式，等因，自應遵辦，有此前情，理合具文呈請

鈞會核發証明書乙帋，以憑呈報，實為公便。

謹呈

陽江縣商會主席林

陽江成益號

179. 阳江县商会为万记店为购运旧铁改铸农具发给证明书以凭呈报（1942 年 1 月 29 日）+ 附：阳江县万记店东蔡泉致县商会主席林洁予的呈（1942 年 1 月）

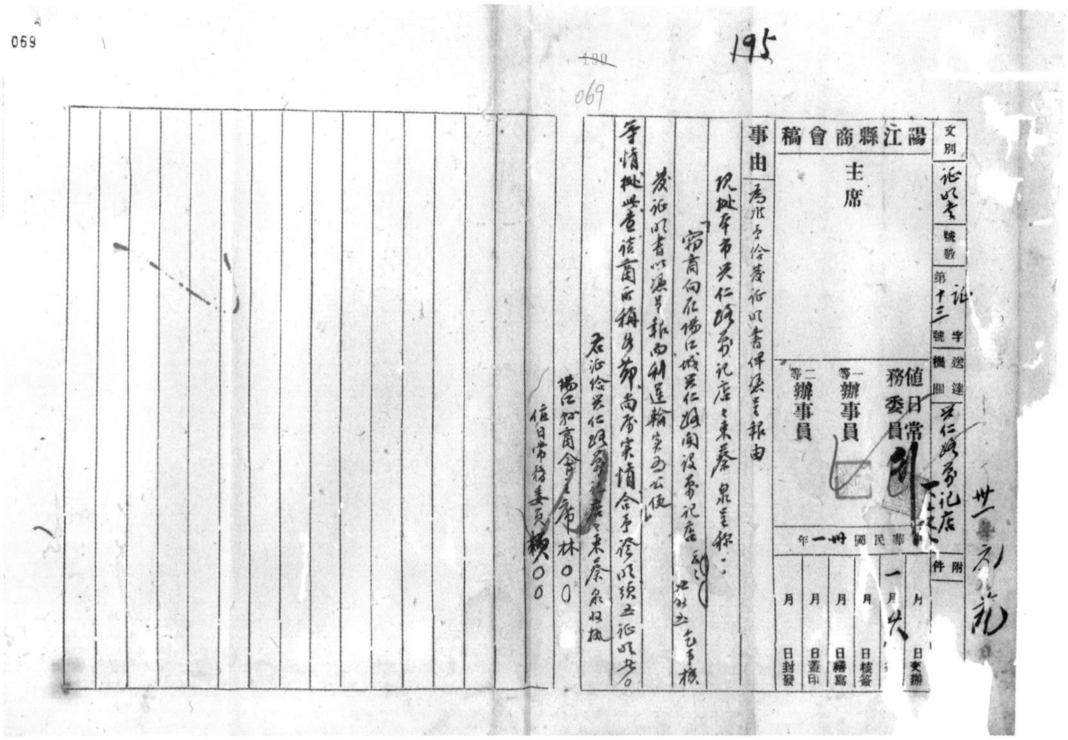
069

195

陽江縣商會稿

文別：证明书

號數：第十三 证 字 號

送達機關：吴仁路万记店

主席

值日常務委員

一等辦事員

二等辦事員

中華民國卅一年 一月 廿六 日交辦

事由：為准予给发证明书俾凭呈报由

现据本市吴仁路万记店々东蔡泉呈称：“窃商向在阳江城吴仁路开设万记店……照录至乞予核发证明书以凭呈报而利运输，实为公便”等情。据此，查该商所称各节尚属实情，合予发给证明书。

右证给吴仁路万记店々东蔡泉收执

阳江县商会主席　林〇〇

值日常务委员　杨〇〇

068 194

193

~~189~~

送值日

沙委負核辦

呈

摘由

為請運盞鉄改鑄農具呈請核發証明書以憑呈報由。

卅一年元月廿八

具呈人萬記店東蔡　泉

陽江萬記

為購運盞鐵改鑄農具呈請核發証明書以憑呈報事：竊商向在陽江城與仁路開設萬記店經營農具，所用原料鐵器生意所需材料向由香港採運。嗣因日寇封鎖海道，運繳困難，擬往三埠肇慶購辦盞鐵一百噸，以六個月方可運完回店改鑄農具銷售。遵照領取運輸執照辦法規定，應具當地商會證明書以憑請領。有此，前情理合呈請

鈞會察核，乞予核發證明書以憑呈報，而利運輸，實為公便。

謹呈

陽江縣商會主席林

中華民國三十一年一月　日

180. 阳江县商会发给蔡鉴铁记购买铁料证明书以便转请核发执照（1942 年 2 月 5 日）
+ 附：阳江县蔡鉴记铁店东蔡鉴记致县商会主席林洁予的呈（1942 年 2 月）

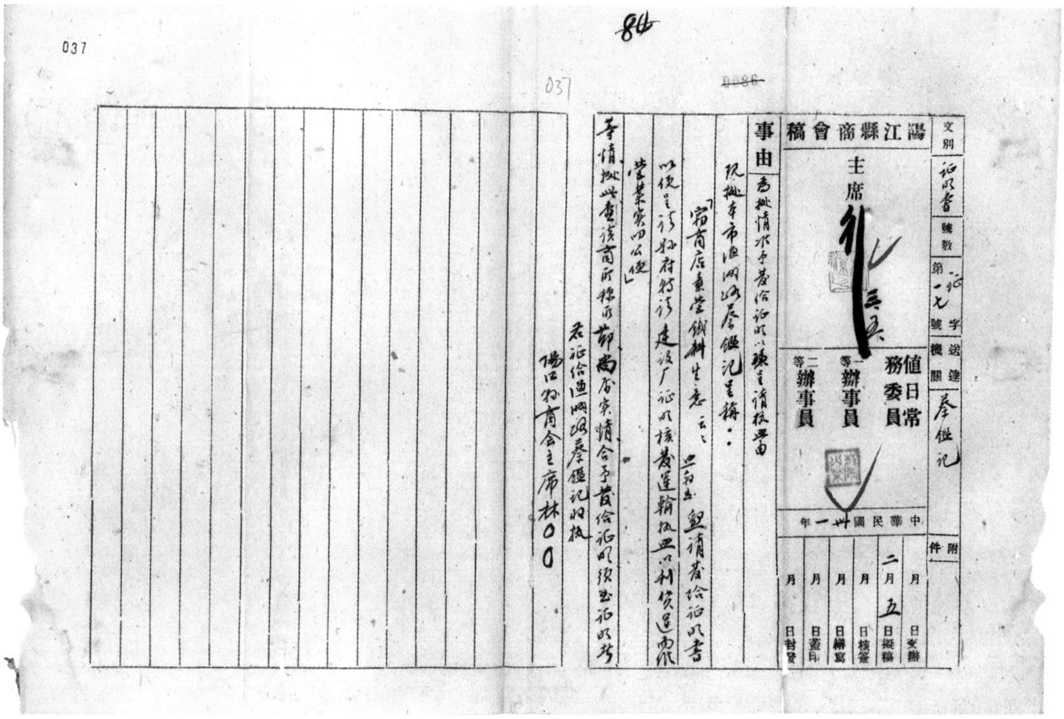

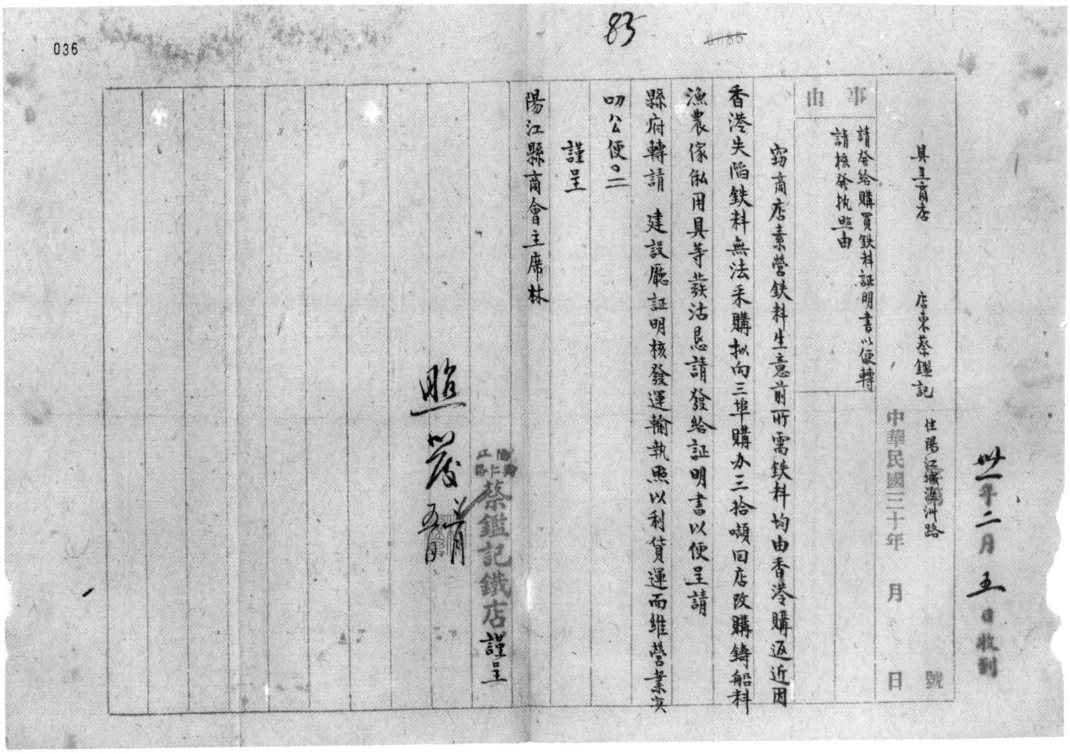

036

83

具呈商店　　店東蔡鑑記　　住陽江城濠洲路

事由　請發給購買鉄料証明書以便轉請核發執照由

中華民國三十年　月　日　號

卅一年二月五日收到

竊商店素營鉄料生意前所需鉄料均由香港購返近因香港失陷鉄料無法采購拟向三埠購办三拾噸回店改購鑄船料漁農傢私用具等类沽恳請發給証明書以便呈請縣府轉請　建設廳証明核發運輸執照以利貨運而維營業实叨公便○二

謹呈

陽江縣商會主席林

陽江仁路　蔡鑑記鐵店　謹呈

照發

181. 阳江县商会为霸头珍利店购运旧铁改铸农具发给证明书以凭请领执照（1942 年 3 月 13 日）+ 附：阳江县霸头珍利店司理赖耀权致县商会主席林洁予的呈（1942 年 3 月 12 日）

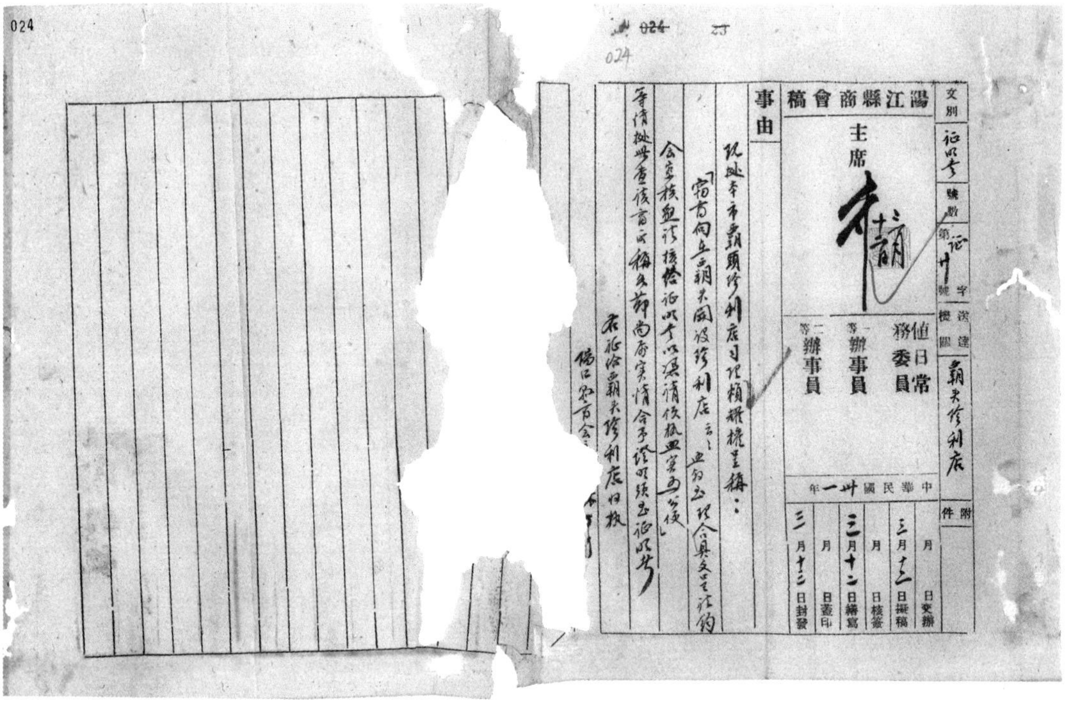
阳江县商会稿

文别：证明书
号数：第证廿号
送达机关：霸头珍利店
主席 林
值日常务委员
一等办事员
二等办事员
中华民国卅一年
三月十二日拟稿
三月十二日缮写
三月十三日封发
事由
现据本市霸头珍利店司理赖耀权呈称：「窃商向在霸头开设珍利店……」……等情，据此，查该商所称各节尚属实情，合予证明，须至证明者。
右证给霸头珍利店收执
阳江县商会

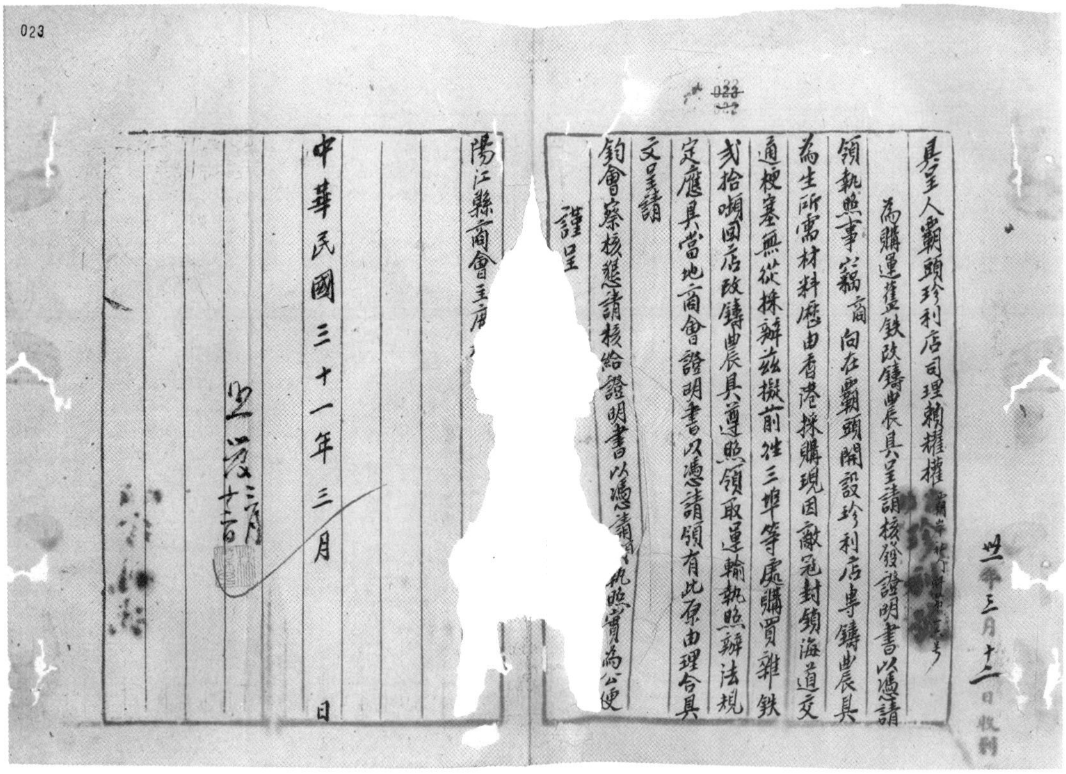

023

具呈人覇頭珍利店司理賴權權
為購運舊鉄改鑄農具呈請核發證明書以憑請
領執照事竊商向在覇頭開設珍利店專鑄農具
為生所需材料歷由香港採購現因敵寇封鎖海道交
通梗塞無從採辦茲擬前往三埠等處購買雜鉄
弍拾噸回店改鑄農具遵照領取運輸執照辦法規
定應具當地商會證明書以憑請領有此原由理合具
文呈請
鈞會察核懇請核給證明書以憑請領執照實為公便
謹呈
陽江縣商會主席
中華民國三十一年三月　日

卅一年三月十二日收到

182. 阳江县商会为华昌号购运铁料改铸农具发给证明书以凭领取执照（1942 年 3 月 13 日）+ 附：阳江县华昌号瓦器司理冯厚芸给县商会主席林洁予的呈（1942 年 3 月）

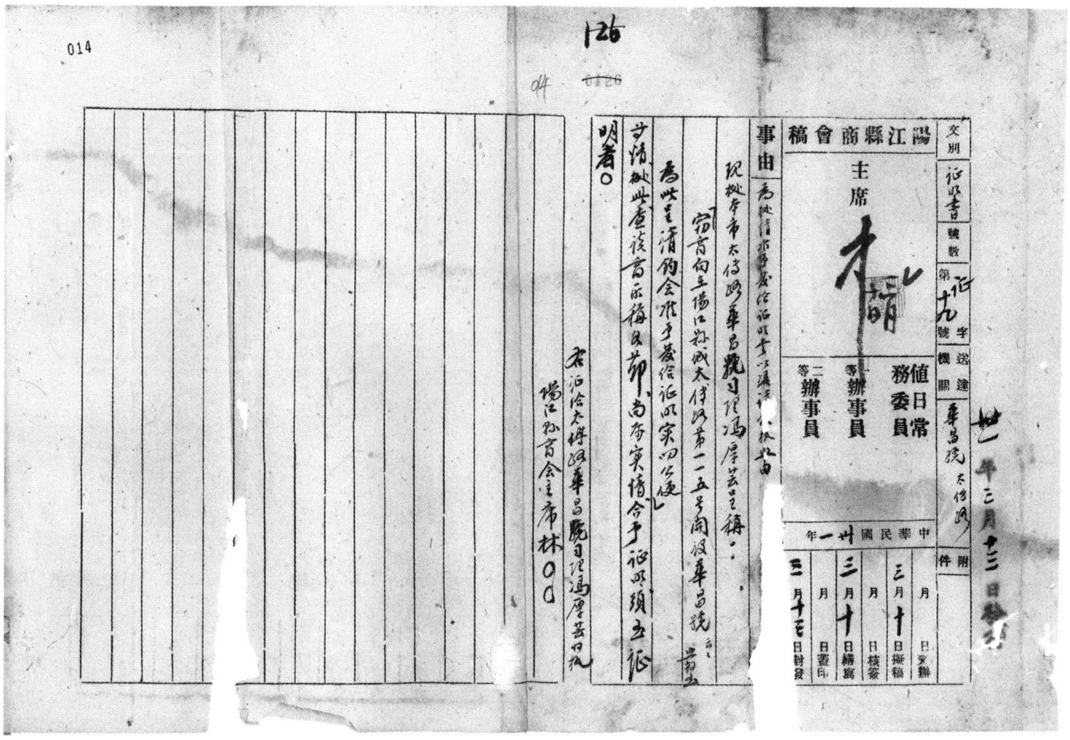

陽江縣商會稿

文別：証明書

號數：第証十九號

送達機關：華昌號 太傅路

主席 林

值日常務委員

二等辦事員

事由：

現據本市太傅路華昌號司理馮厚芸呈稱：「竊商向在陽江縣城太傅路第一一五號開設華昌號……為此呈請鈞會准予發給証明，實為公便」等情。據此，查該商所稱各節，尚屬實情，合予証明，須至証明者。

右給太傅路華昌號司理馮厚芸收執

陽江縣商會主席林〇〇

中華民國卅一年　三月十日擬稿　三月十日繕寫　三月十三日封發

卅一年三月十三日發

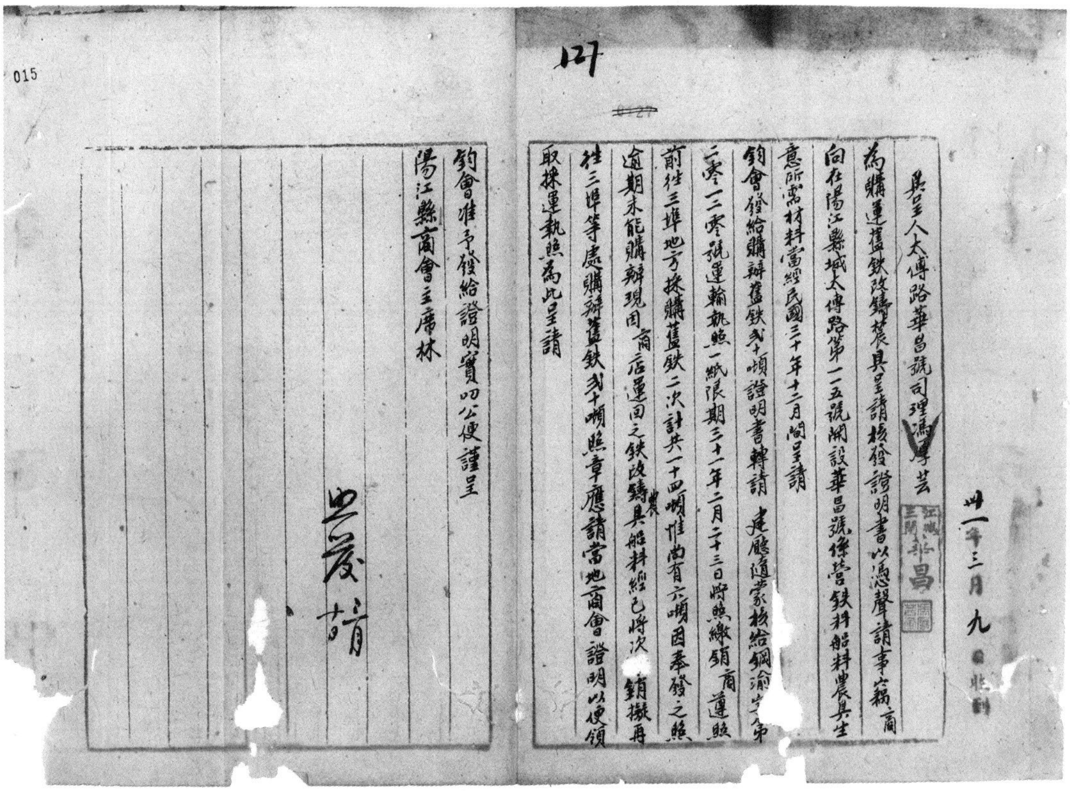

015

127

具呈人太傅路華昌號司理馮學芸

為購運舊鉄改鑄農具呈請核發證明書以憑聲請事。竊商向在陽江縣城太傅路第一一五號開設華昌號，係營鉄料船料農具生意，所需材料，當經民國三十年十二月間呈請鈞會發給購辦舊鉄弍十頓證明書，轉請建廳遵蒙核給鋼渝字第二零一二零號運輸執照一紙，限期三十一年二月二十三日將照繳銷。商前往三埠地方採購舊鉄二次，計共一十四噸，惟尚有六噸，因奉發之照逾期未能購辦，現因商店運回之鉄改鑄農具船料經已將次[illegible]銷，擬再往三埠等處購辦舊鉄弍十噸，照章應請當地商會證明，以便領取採運執照。為此呈請

鈞會准予發給證明，實叨公便。謹呈

陽江縣商會主席林

卅一年三月九日

183. 阳江县商会呈请县政府为信昌号核发钢铁材料运输执照（1942 年 3 月 13 日）
+ 附：阳江县信昌号经理许琦华致县商会主席林洁予的呈（1942 年 3 月）

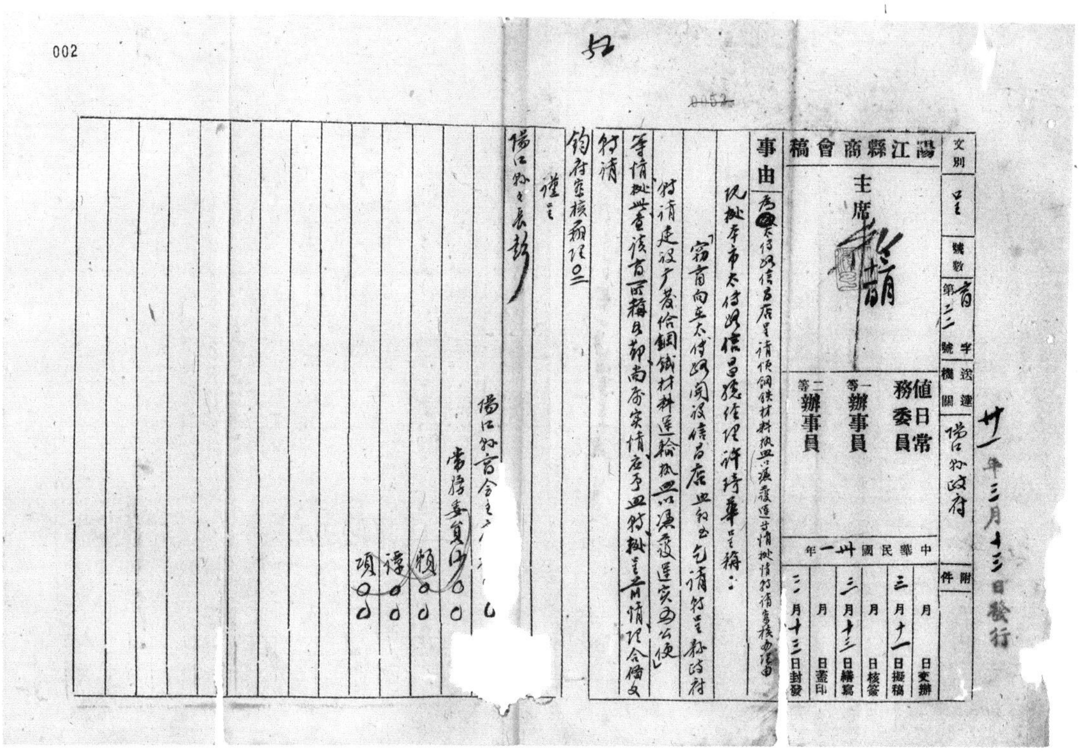
陽江縣商會稿

文別：呈
號數：第　字　號
送達機關：陽江縣政府
主席：林潔
值日常務委員
一等辦事員
二等辦事員
中華民國卅一年
三月十一日擬稿
三月十三日繕寫
三月十三日封發
附件

事由：為據本市太傅路信昌號呈請俯准鋼鐵材料運輸執照……

現據本市太傅路信昌號經理許琦華呈稱：「竊商向在太傅路開設信昌號店……請……鋼鐵材料運輸……」等情，據此，查該商……理合備文……
鈞府鑒核……
謹呈
陽江縣縣長
陽江縣商會主席

卅一年三月十三日發行

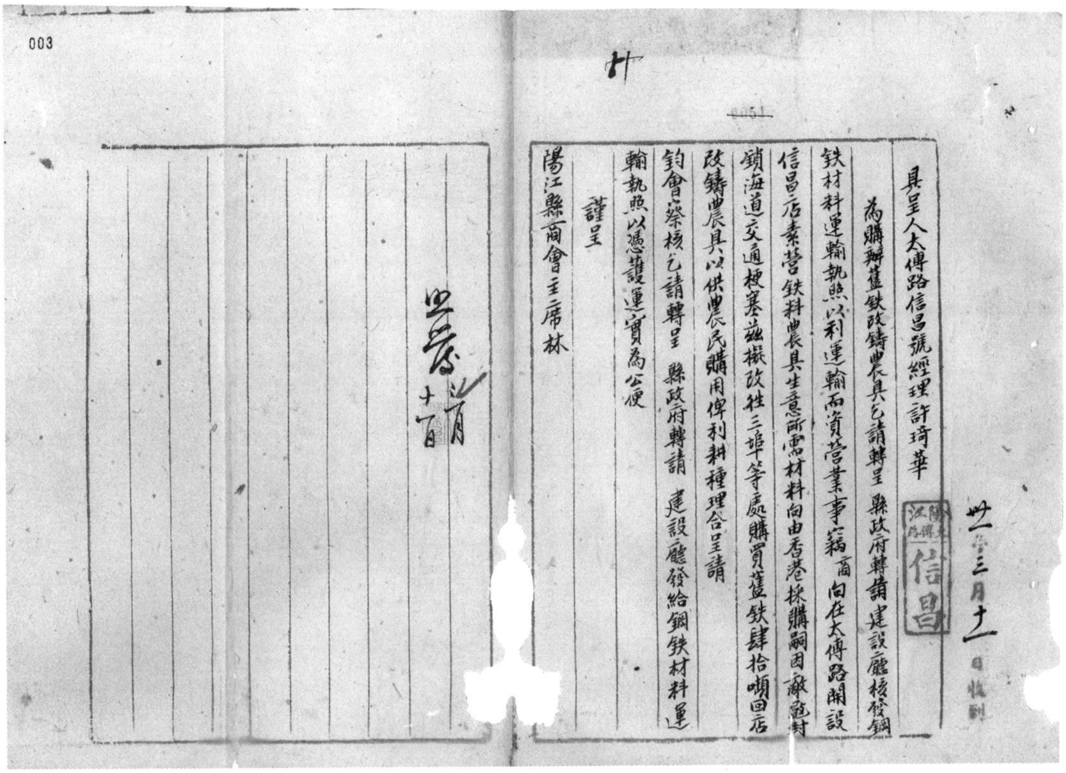

具呈人太傅路信昌號經理許琦華

為購辦舊鉄改鑄農具乞請轉呈 縣政府轉請 建設廳核發鋼鉄材料運輸執照以利運輸而資營業事竊商 向在太傅路開設信昌店素營鉄料農具生意所需材料向由香港採購嗣因敵寇封鎖海道交通梗塞茲擬改往三埠等處購買舊鉄肆拾噸回店改鑄農具以供農民購用俾利耕種理合呈請

鈞會察核乞請轉呈 縣政府轉請 建設廳發給鋼鉄材料運輸執照以憑護運實為公便

謹呈

陽江縣商會主席林

卅一年三月十一日收到

184. 阳江县商会发给福隆栈证明书以凭领取运铁执照（1942 年 3 月 13 日）+ 附：阳江县福隆栈司理梁添坤致县商会的呈（1942 年 3 月 13 日）

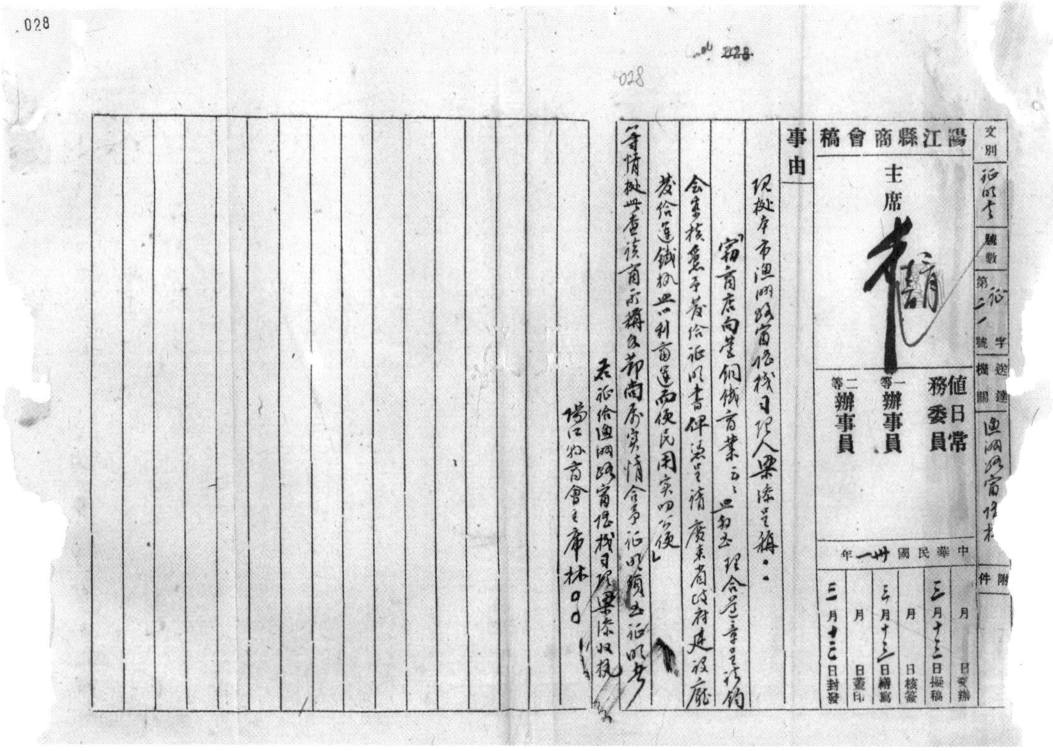
陽江縣商會稿

文別：證明書

號數：第二一一號　字

送達機關：漁洲路福隆棧

主席　林

值日常務委員

一等辦事員

二等辦事員

中華民國卅一年

三月十三日擬稿　月　日核簽　三月十三日繕寫　月　日蓋印　三月十三日封發

附件

事由

現據本市漁洲路福隆棧司理人梁添呈稱：「竊商店向營銅鐵商業，[illegible]理合具章呈請鈞會察核，懇予發給證明書，俾得呈請廣東省政府建設廳發給運鐵執照，以利商運而便民用，實為公便」等情。據此，查該商所稱各節尚屬實情，合予證明，須至證明書者。

右證給漁洲路福隆棧司理梁添收執

陽江縣商會主席林〇〇

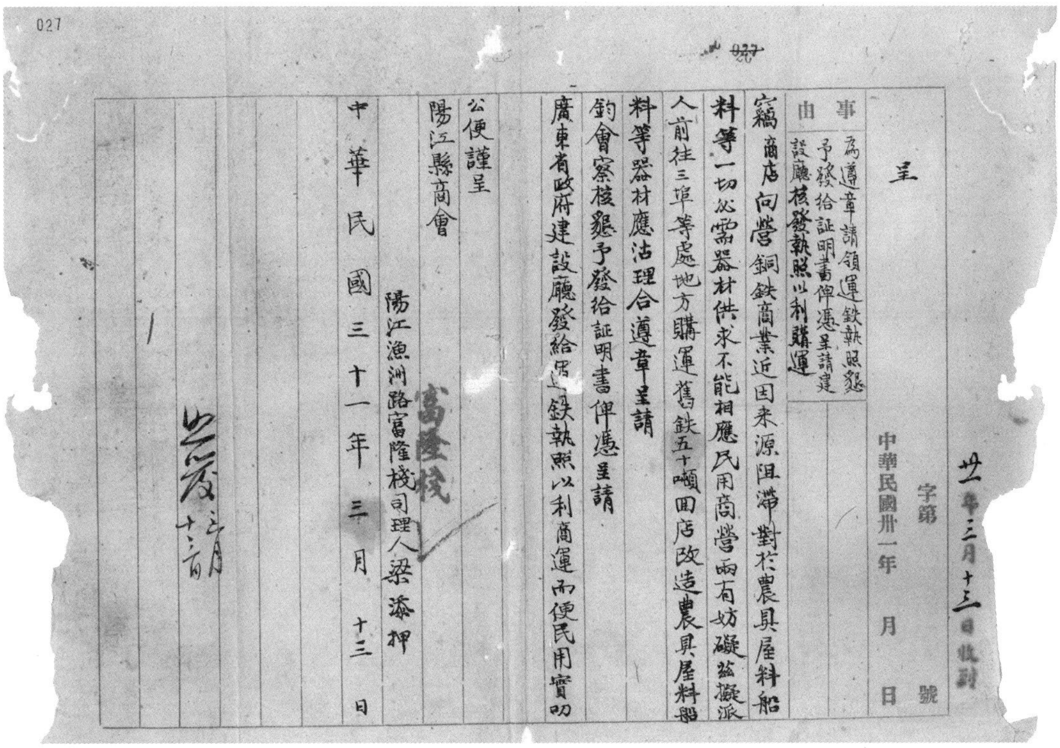
呈
字第　　號
中華民國卅一年　　月　　日
卅一年三月十三日收到

事由：為遵章請領運鉄執照懇予發給証明書俾憑呈請建設廳核發執照以利購運

竊商店向營銅鉄商業近因來源阻滞對於農具屋料船料等一切必需器材供求不能相應民用商營兩有妨礙茲擬派人前往三埠等處地方購運舊鉄五十噸回店改造農具屋料船料等器材應沽理合遵章呈請
鈞會察核懇予發給証明書俾憑呈請
廣東省政府建設廳發給運鉄執照以利商運而便民用實叨
公便謹呈
陽江縣商會
陽江漁洲路富隆棧司理人梁添押
中華民國三十一年三月十三日

185. 阳江县宝昌号呈请县商会林洁予核发购铁证明书以备呈请核发执照（1942 年 3 月 15 日）

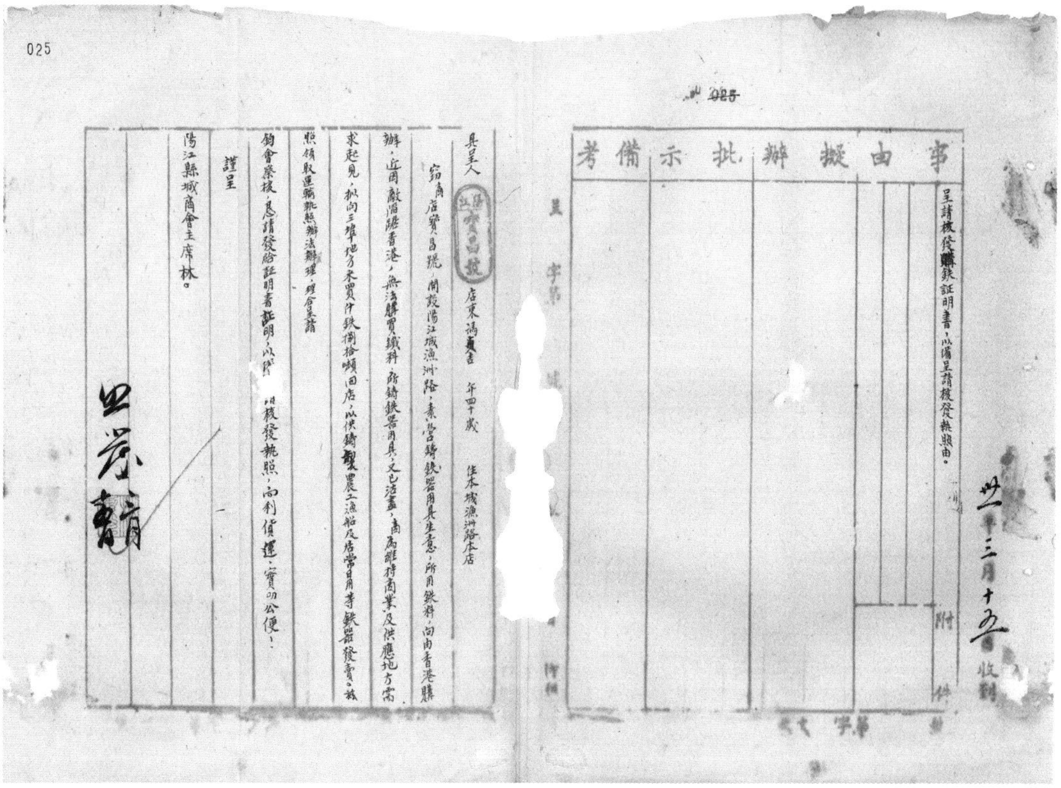

025

事由　擬辦　批示　備考

呈請核發購鐵証明書，以備呈請核發執照由。

卅一年三月十五日收到

具呈人　寶昌號　店東馮□吉　年四十歲　住本城漁洲路本店

竊商店寶昌號，開設陽江城漁洲路，素營鑄鐵器用具生意，所用鐵料，向由香港購辦。近因敵陷香港，無法購買鐵料，所鑄鐵器用具，又已沽盡。商為維持商業及供應地方需求起見，擬向三埠地方采買廿鐵擔拾噸回店，以供鑄製農工漁船及居常日用等鐵器發賣。故照領取運輸執照辦法辦理，理合呈請鈞會察核，恳請發給証明書証明，以[illegible]核發執照，而利貨運，實叨公便。

謹呈

陽江縣城商會主席林。

186. 阳江县商会发给朱永利往台属购办旧铁证明书以凭申请执照（1942 年 3 月 21 日）+ 附：阳江县大阜路朱永利司理朱江龙致县商会主席林洁予的呈（1942 年 3 月 17 日）

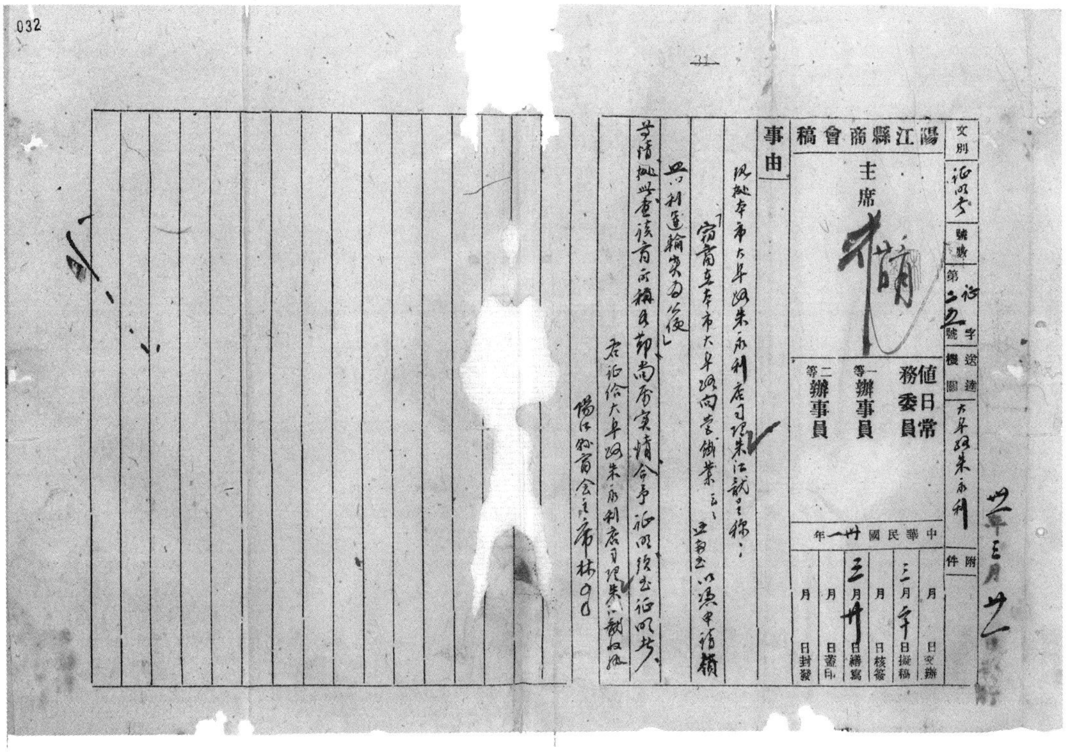

陽江縣商會稿

文別

號數

第 字號

送達機關 大阜路朱永利

附件

主席

值日常務委員

一等辦事員

二等辦事員

事由

中華民國卅一年

月 日交辦

三月廿日擬稿

月 日核簽

三月廿 日繕寫

月 日蓋印

月 日封發

卅一年三月廿一

為呈請發給往台府購办旧鉄証明書以憑申請核奪　卅一年三月二十

具呈人　江城朱永利　司理朱江龍

字第　號

中華民國卅一年三月十七日

事由

竊商在本市大埠路向營鉄業專僱鉄工改鑄農村犁鈀鋤鐮等鉄具適因本市鉄料短少且價值又昂若就近購料改鑄各物成本太高難以維持生活茲聞台山屬屋宇前被敵机炸毁拆下廢鉄甚多尚稱得買現拟往該處購办舊什鉄三拾噸分期運回小店以應改鑄農具之用懇請

鈞會察核予以証明以憑申請領照而利輸運實為公便

謹呈

陽江縣商會主席林

照發

187. 阳江县大亨公司司理冯达为购运旧铁改铸农具呈请县商会主席林洁予核发证明书以凭请领运输执照（1942 年 3 月 21 日）

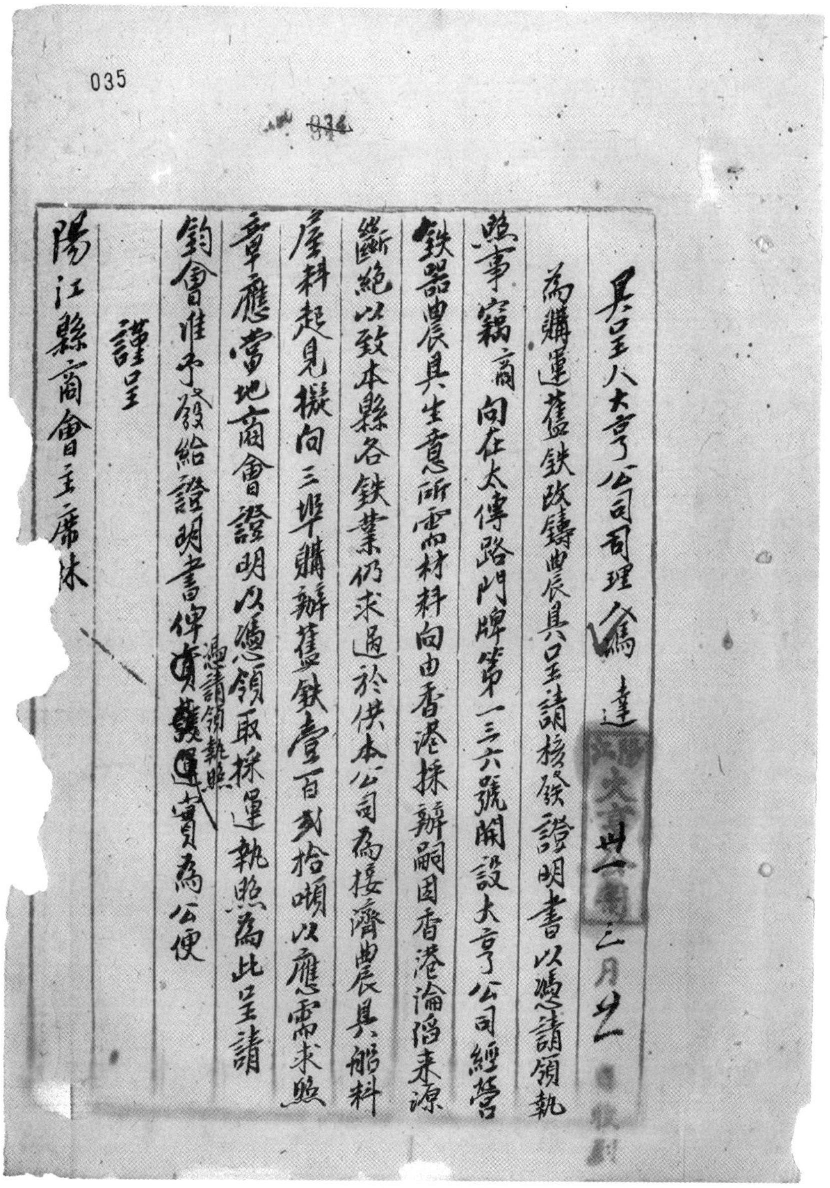
035

具呈人大亨公司司理馮達

為購運舊鉄改鑄農具呈請核發證明書以憑請領執照事竊商向在太傅路門牌第一三六號開設大亨公司經營鉄器農具生意所需材料向由香港採辦嗣因香港淪陷来源斷絶以致本縣各鉄業仍求過於供本公司為接濟農具船料產料起見擬向三埠購辦舊鉄壹百貳拾噸以應需求照章應當地商會證明以憑領取採運執照為此呈請

鈞會准予發給證明書俾憑請領執照實為公便

謹呈

陽江縣商會主席林

陽江大亨公司 三月廿一日

188. 阳江县福利行司理李展雄为购运旧铁改铸农具呈请县商会主席林洁予核发证明书以凭请领运输执照（1942 年 3 月 23 日）

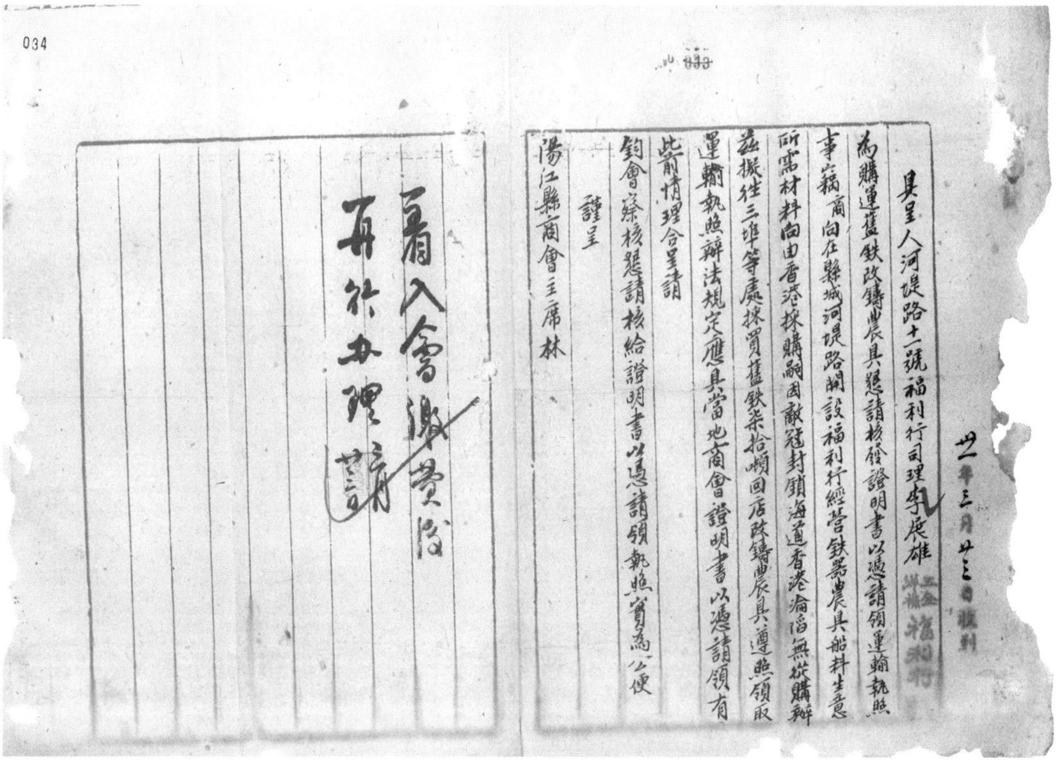
具呈人河堤路十二號福利行司理李展雄
為購運舊鉄改鑄農具懇請核發證明書以憑請領運輸執照
事竊商向在縣城河堤路開設福利行經營鉄器農具船料生意
所需材料向由香港採購嗣因敵寇封鎖海道香港淪陷無從購辦
茲擬往三埠等處採買舊鉄柒拾噸回店改鑄農具遵照領取
運輸執照辦法規定應具當地商會證明書以憑請領有
此前情理合呈請
鈞會察核懇請核給證明書以憑請領執照實為公便
謹呈
陽江縣商會主席林
卅一年三月廿三日
福利行

着入會繳費後
再行辦理

189. 阳江县商会呈请县政府为华兴店核发证明书以凭申请钢铁材料运输执照（1942年3月29日）+ 附：阳江县华兴店司理史秀衡致县商会主席林洁予的呈（1942年3月27日）

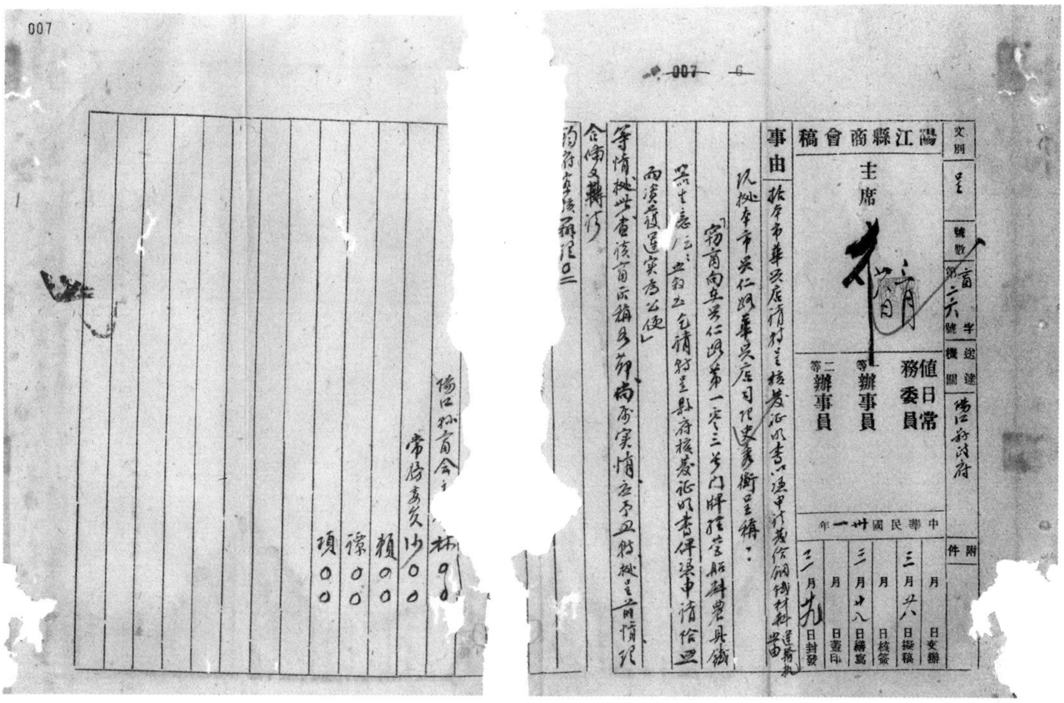

007

陽江縣商會稿

文别：呈

號數：第二六號

送達機關：陽江縣政府

主席 林

值日常務委員

等辦事員

二等辦事員

中華民國卅一年 三月廿六日擬稿 三月廿八日繕寫 三月廿九日封發

事由：據本市華興店請轉呈核發證明書以憑申請[illegible]鋼鐵材料運輸執照由

現據本市吳仁路華興店司理史秀衡呈稱：「竊商向在吳仁路第一零三號門牌經營船料農具鐵[illegible][illegible]，請轉呈縣府核發證明書俾憑申請給照[illegible]實為公便」等情。據此，查該商所稱各節尚屬實情，[illegible]。據呈前情，理合備文轉請鈞府察核辦理。

陽江縣商會 常務委員 林[illegible]

006

具呈人華興店司理史秀衡

為購辦鐵料改鑄農具呈請證明轉呈縣府核發證明書以憑聲請事竊商向在興仁路第一零三號門牌經營船料農具鐵器生意所需材料前由香港採購嗣因敵寇封鎖海道交通梗塞不敢前往購辦擬改由三埠等處購辦農具鐵料肆拾噸回店改鑄農具運照領取運輸執照辦法規定應具當地機關證明以憑請領為此具呈

鈞會察核乞請轉呈縣府核發證明書俾憑申請給照而資護運實為公便

中華民國三十一年三月二十七日

卅一年三月

190. 第七战区司令长官司令部为广阳绢钨区部诸多留难商民所办铁料令饬该区督导员约束所部遵照法令办理毋得越权滋扰致阳江县商会主席林洁予的代电（1942 年 4 月 10 日）

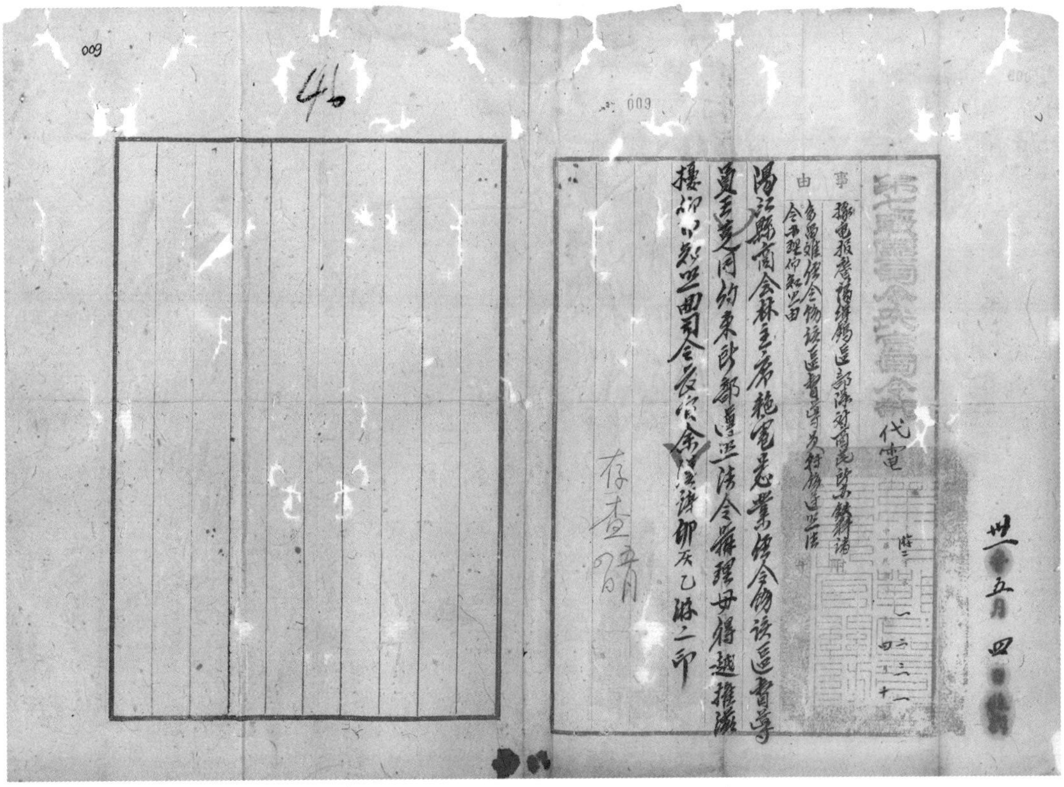
第七戰區司令長官司令部代電

事由：據電報告陽絹鎢區部對商民所辦鐵料諸多留難經令飭該區督導員約束所部遵照法令辦理仰知照由

陽江縣商會林主席艷電悉業經令飭該區督導員嚴予約束所部遵照法令辦理毋得越權滋擾仰即知照 第七戰區司令長官余漢謀 卯灰乙游二印

191. 阳江县成益号为购运旧铁改铸农具呈请县商会主席林洁予发给证明书以凭呈报（1942 年 4 月 23 日）

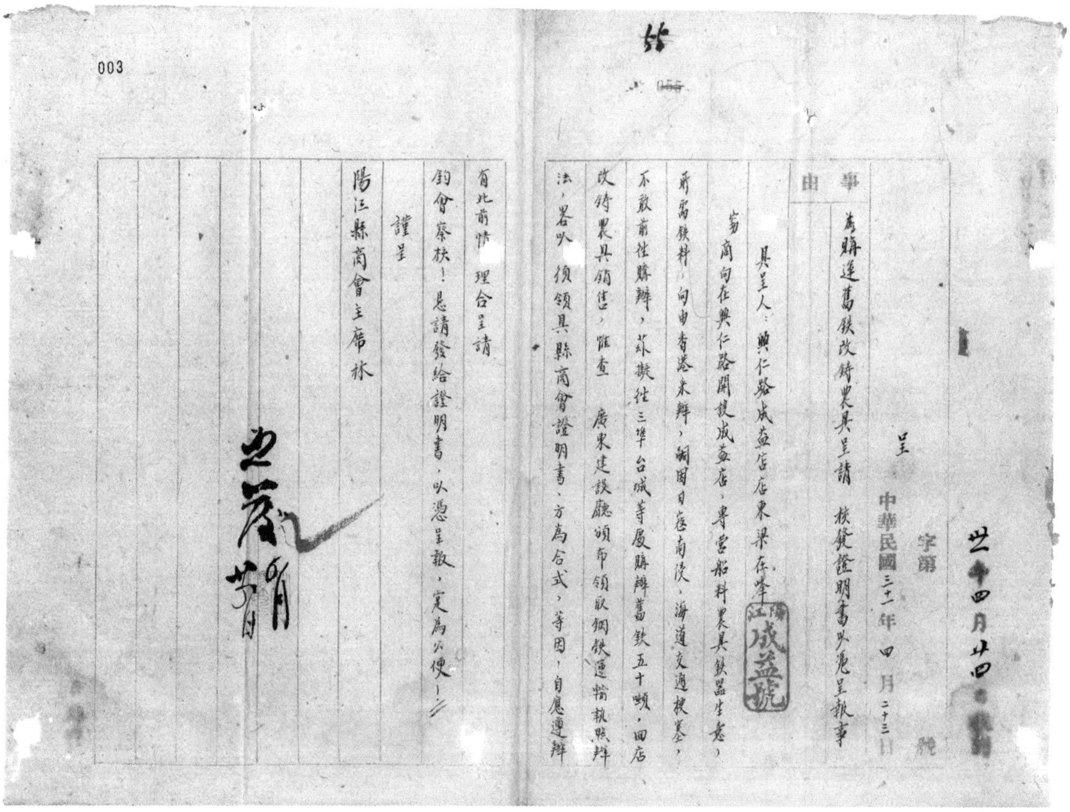

003

卅一年四月廿四日

字第　　號

中華民國三十一年四月二十三日

呈

事由：為購運舊鐵改鑄農具呈請　核發證明書以憑呈報事

具呈人：興仁路成益店店東梁在峰

陽江成益號

竊商向在興仁路開設成益店，專營船料農具鐵器生意，所需鐵料，向由香港來辦，嗣因日寇南侵，海道交通被塞，不敢前往購辦，茲擬往三埠台城等處購辦舊鐵五十噸，回店改鑄農具銷售，惟查　廣東建設廳頒布領取鋼鐵運輸執照辦法，略以須領具縣商會證明書，方為合式，等因，自應遵辦。有此前情，理合呈請

鈞會察核！懇請發給證明書，以憑呈報，實為公便！

謹呈

陽江縣商會主席林

192. 阳江县商会为大来公司在三埠一带购运废铁发给证明书以凭请领转运证（1942年4月25日）

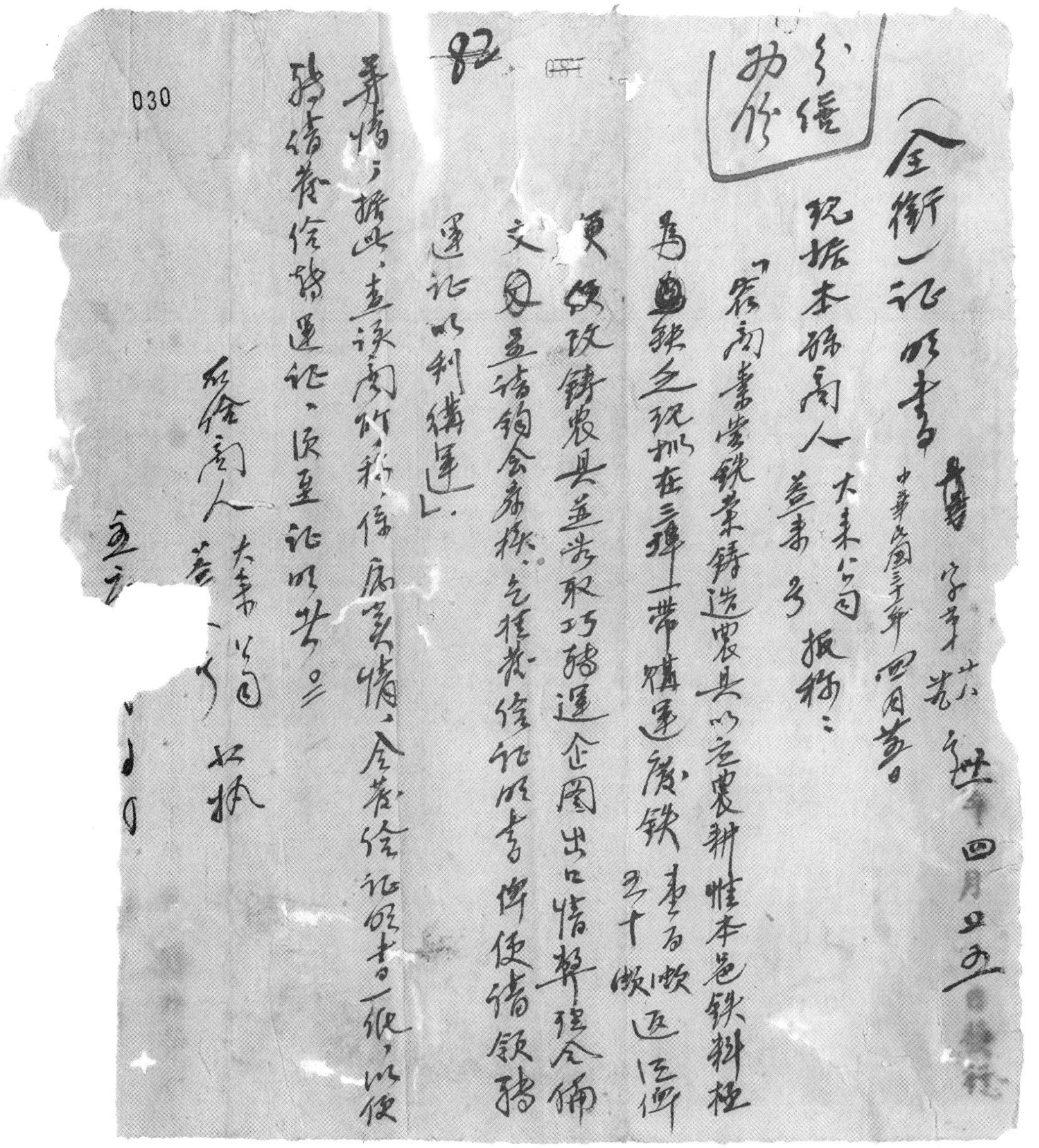

030

82

（全衔）证明书　字第　号

中华民国三十一年四月廿五日

现据本籍商人大来公司董事　名报称：

“农商业当铁业铸造农具以应农耕，惟本邑铁料极为缺乏，现拟在三埠一带购运废铁壹百担五十担返江俾便改铸农具，并无取巧转运企图出口情弊，理合备文呈请钧会察核，准予发给证明书，俾便请领转运证，以利备运。”

等情，据此，查该商所称，确属实情，合发给证明书一纸，以便转请发给转运证。须至证明书者。

右给商人大来公司董事　收执

卅一年四月廿五日

193. 阳江县商会呈请第七区行政专员、雷州关税务司发还华兴店从外国购办被扣留铁料（1942 年 4 月 30 日）

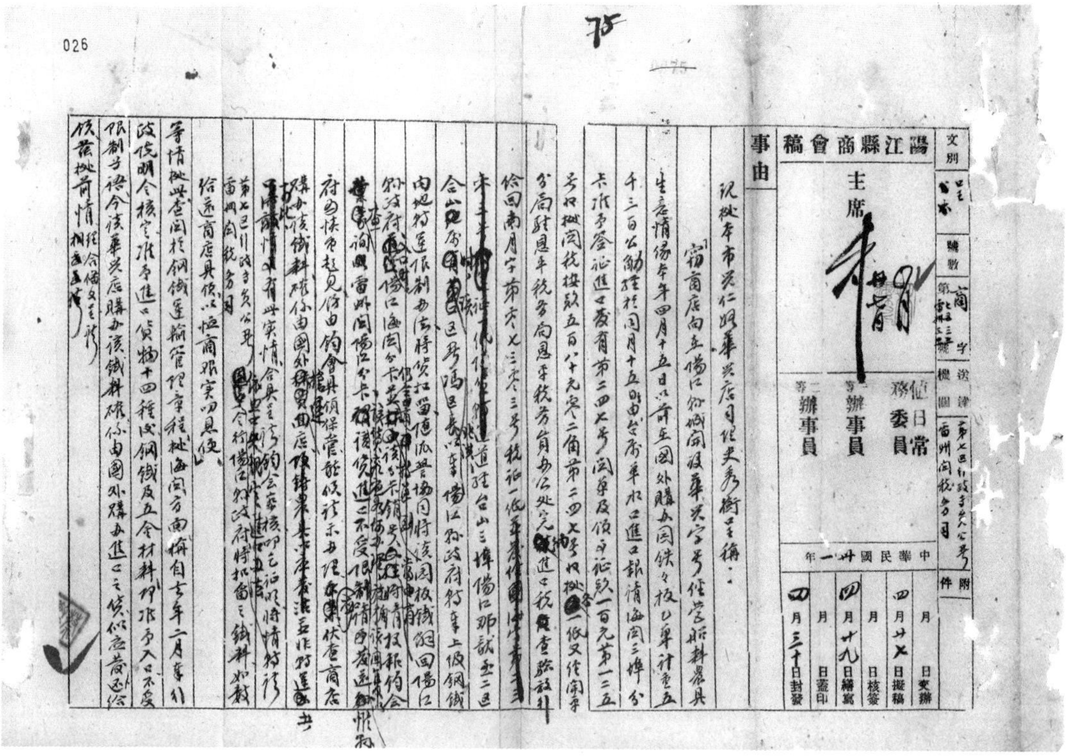
陽江縣商會稿

027

75(22)

0076

钧局察核备照〇二

谨呈

第七区行政专员林

雷州关税务司和

阳江县商会主席林〇〇

常务委员许〇〇

赖〇〇

谭〇〇

项〇〇

194. 阳江县商会转铁业同业公会呈请设法对商人转运钢铁予以救济致雷州关阳江段总办事处主任的公函（1942年5月13日）+附：阳江县铁业同业公会致县商会主席林洁予的呈（1942年5月11日）

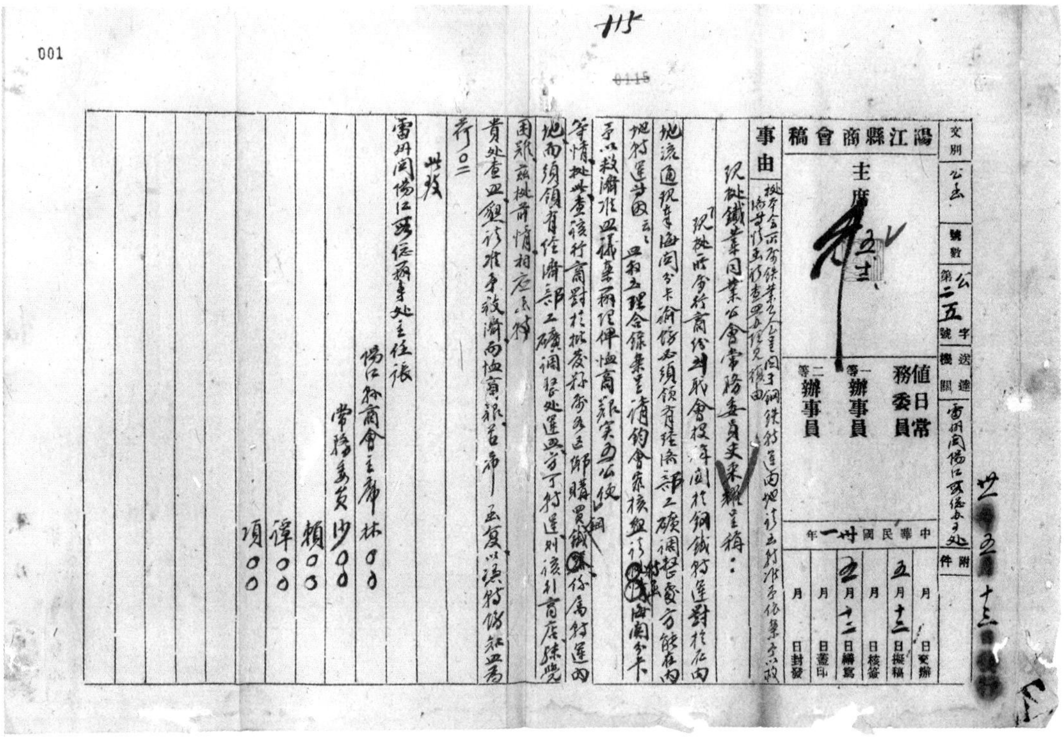
陽江縣商會稿
文別
號數　第　號　字
送達機關
附件
主席
值日常務委員
一等辦事員
二等辦事員
中華民國卅一年
月　日交辦
月　日擬稿
月　日核簽
月　日繕寫
月　日蓋印
月　日封發
事由

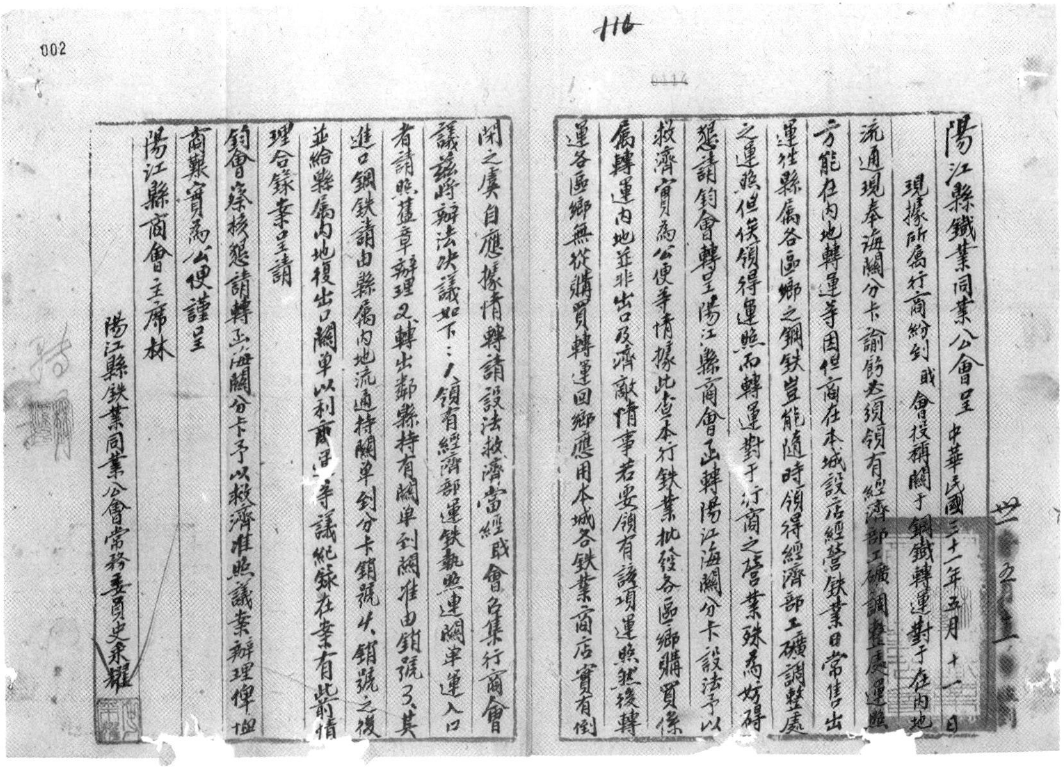

陽江縣鐵業同業公會呈 中華民國三十一年五月十一日

現據所屬行商紛紛到會投稱關于鋼鐵轉運對于在內地流通現奉海關分卡諭飭必須領有經濟部工礦調整處運照方能在內地轉運等因但商在本城設店經營鉄業日常售出運往縣屬各區鄉之鋼鉄豈能隨時領得經濟部工礦調整處之運照但俟領得運照而轉運對于行商之營業殊為妨碍懇請鈞會轉呈陽江縣商會函轉陽江海關分卡設法予以救濟實為公便等情據此查本行鉄業批發各區鄉購買係屬轉運內地並非出口及濟敵情事若要領有該項運照然後轉運各區鄉無從購買轉運回鄉應用本城各鉄業商店實有倒閉之虞自應據情轉請設法救濟當經敝會召集行商會議茲將辦法決議如下：1.領有經濟部運鉄執照連關單運入口者請照舊章辦理2.轉出鄰縣持有關單到關准由銷號3.其進口鋼鉄請由縣屬內地流通持關單到分卡銷號4.銷號之後並給縣屬內地復出口關單以利商民等議紀錄在案有此前情理合錄案呈請

鈞會察核懇請轉函海關分卡予以救濟准照議案辦理俾恤商艱實為公便謹呈

陽江縣商會主席林

陽江縣鉄業同業公會常務委員史汞耀

195. 阳江县商会为华新店购运旧铁改铸农具发给证明书（1942 年 7 月 18 日）+ 附：阳江县华新店司理谭志致县商会主席林洁予的呈（1942 年 7 月）

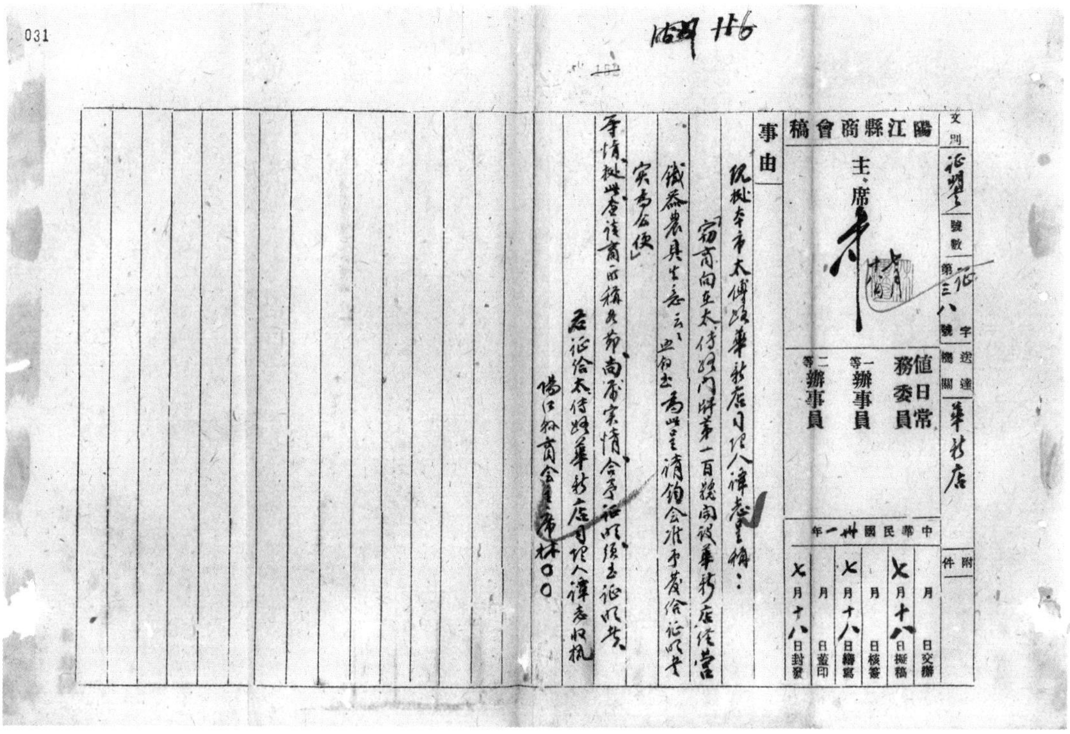

陽江縣商會稿

文別：證明書

字號：證第三八號

送達機關：華新店

主席

值日常務委員

一等辦事員

二等辦事員

中華民國卅一年七月十八日交辦　七月十八日擬稿　七月十八日繕寫

附件

事由

030

155

~~151~~

具呈人華新店司理人譚志

為購運藍鐵改鑄農具呈請核發證明書以憑請領執照事。竊商向在太傅

路門牌第一百號開設華新店，經營鐵器農具生意，所需材料向由香港採

辦。嗣因香港淪陷，來源斷絕，以致本縣各鐵業仍求過於供[illegible]。為接濟農具

船料廛料起見，擬遵章向三埠等處購辦藍鐵貳噸以應需求。照章應當地商會

證明以憑領取採運執照，為此呈請

鈞會准予發給證明，實為公便。

謹呈

陽江縣商會主席林

中華民國三十一年七月　日

卅一年七月十八日收到

照發 七月十七日

196. 阳江县商会为华昌店购运旧铁改铸农具发给证明书以凭请领运输执照（1942 年 7 月 30 日）+ 附：阳江县华昌店致县商会主席林洁予的呈（1942 年 7 月 27 日）

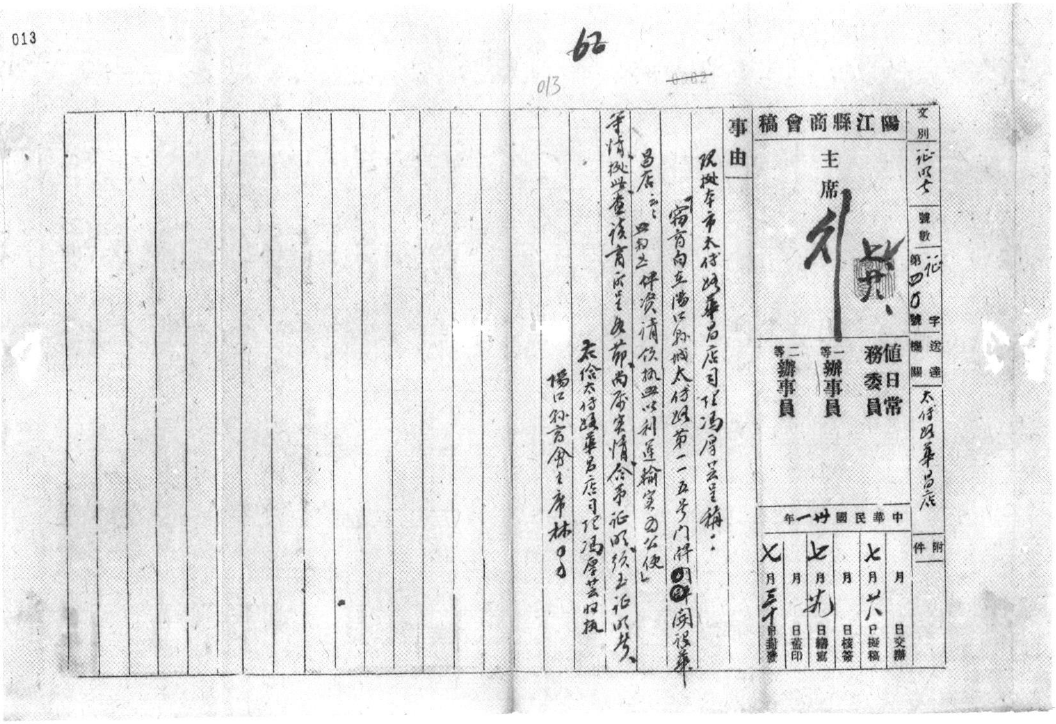
013
62
013
陽江縣商會稿
文別 证明书
號數 第证四0号
主席 林
值日常務委員
一等辦事員
二等辦事員
送達機關 太傅路華昌店
附件
中華民國卅一年
七月廿八日擬稿
七月　日核簽
七月　日繕寫
月　日蓋印
七月三十日封發
月　日交辦
事由
現據本市太傅路華昌店司理馮厚呈稱："竊商向在陽江縣城太傅路第一一五號門牌開設華昌店……以利運輸，實為公便"等情。據此，查該商所呈各節尚屬實情，合予證明，須至證明書者。
右給太傅路華昌店司理馮厚收執
陽江縣商會主席林

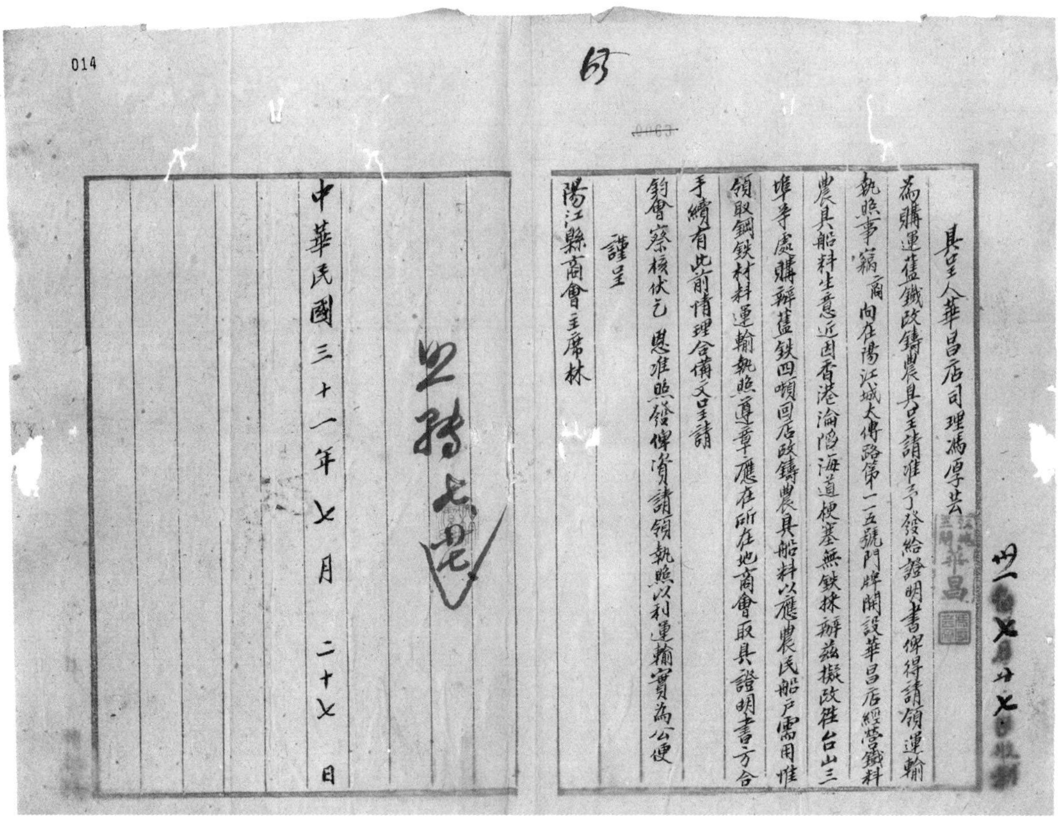

014

具呈人華昌店司理馮厚芸

為購運舊鐵改鑄農具呈請准予發給證明書俾得請領運輸
執照事竊商向在陽江城大傳路第一五號門牌開設華昌店經營鐵料
農具船料生意近因香港淪陷海道梗塞無鉄採辦茲擬改往台山三
埠等處購辦舊鉄四噸回店改鑄農具船料以應農民船戶需用惟
領取鋼鉄材料運輸執照遵章應在所在地商會取具證明書方合
手續有此前情理合備文呈請
鈞會察核伏乞恩准照發俾資請領執照以利運輸實為公便

謹呈

陽江縣商會主席林

中華民國三十一年七月二十七日

197. 阳江县商会为华兴店购运旧铁改铸农具发给证明书以凭请领执照（1942 年 8 月 26 日）+ 附：阳江县华兴店致县商会主席林洁予的呈（1942 年 8 月）

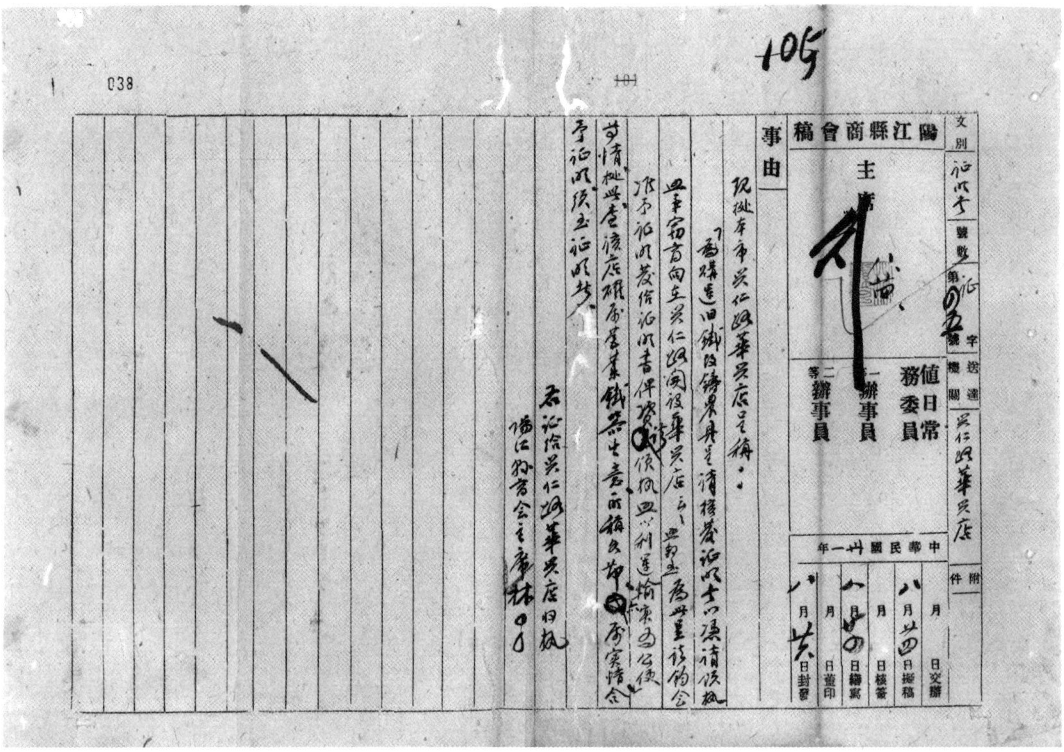

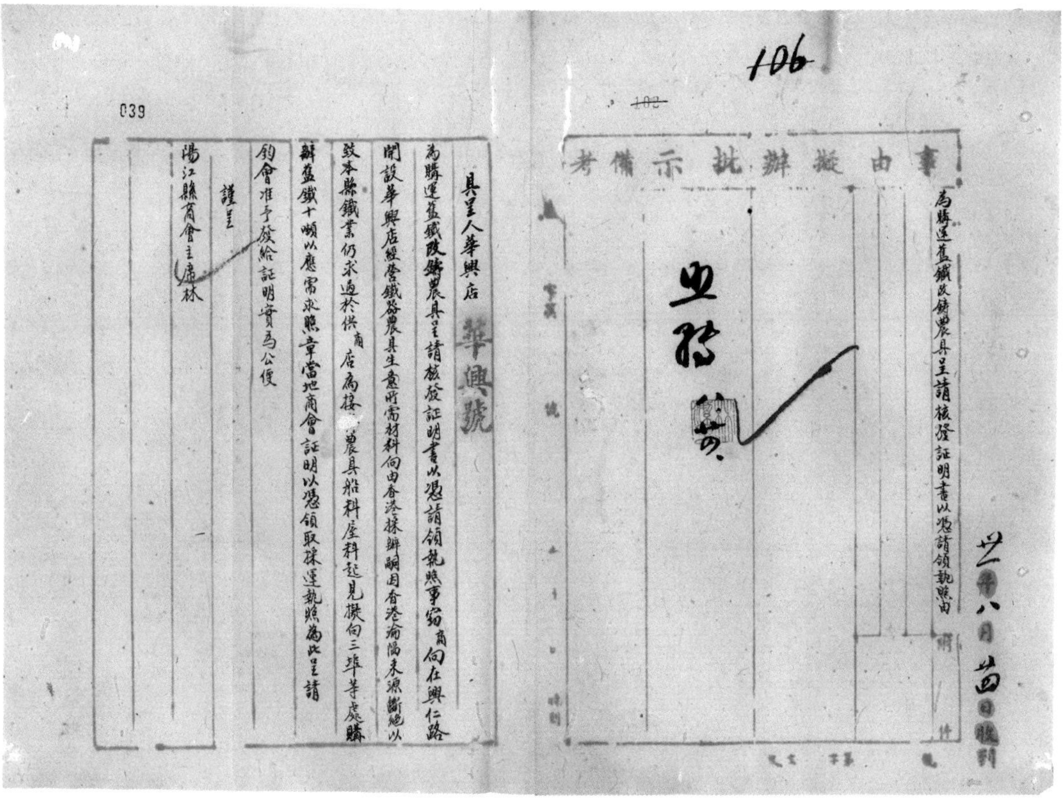
106

事由　拟办　批示　备考

為購運舊鐵改鑄農具呈請核發証明書以憑請領執照由

出證

卅年八月廿四日收到

039

具呈人華興店　華興號

為購運舊鐵改鑄農具呈請核發証明書以憑請領執照事竊商向在興仁路開設華興店經營鐵器農具生意所需材料向由香港採辦嗣因香港淪陷來源斷絕以致本縣鐵業仍求過於供　商店為接濟農具船料屋料起見擬向三埠等處購辦舊鐵十噸以應需求照章當地商會証明以憑領取採運執照為此呈請

鈞會准予發給証明實為公便

謹呈

陽江縣商會主席林

198. 阳江县商会为顺利店购运旧铁发给证明书以凭请领执照（1942 年 8 月 26 日）+ 附：阳江县顺利店致县商会主席林洁予的呈（1942 年 8 月）

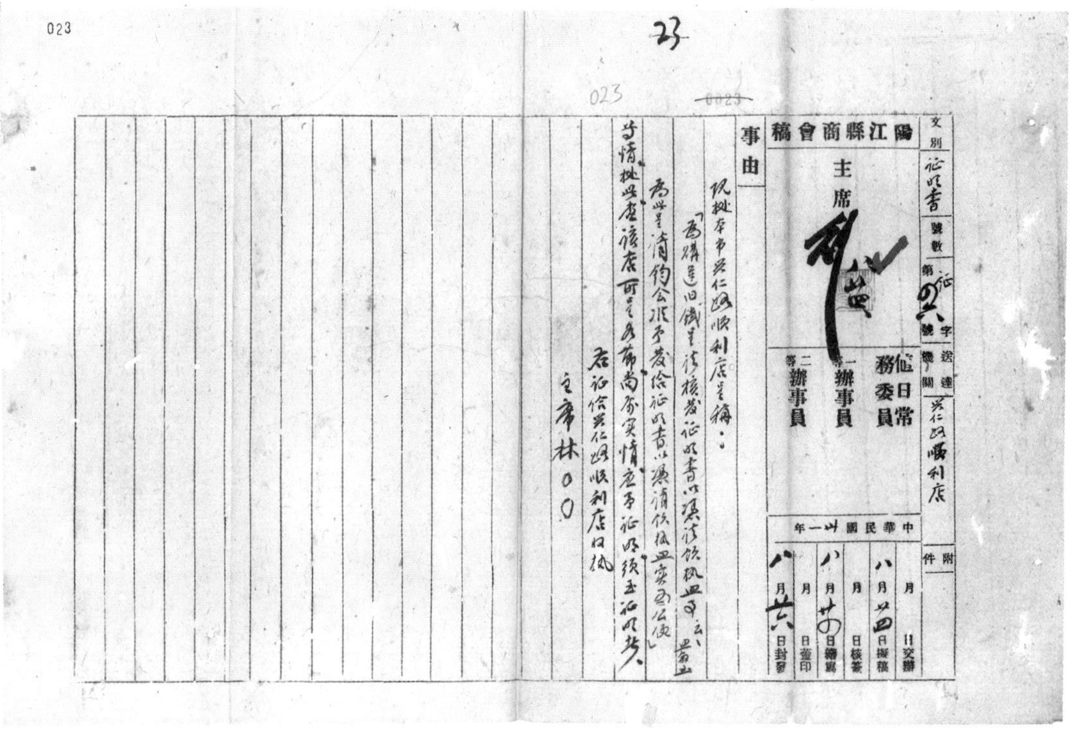

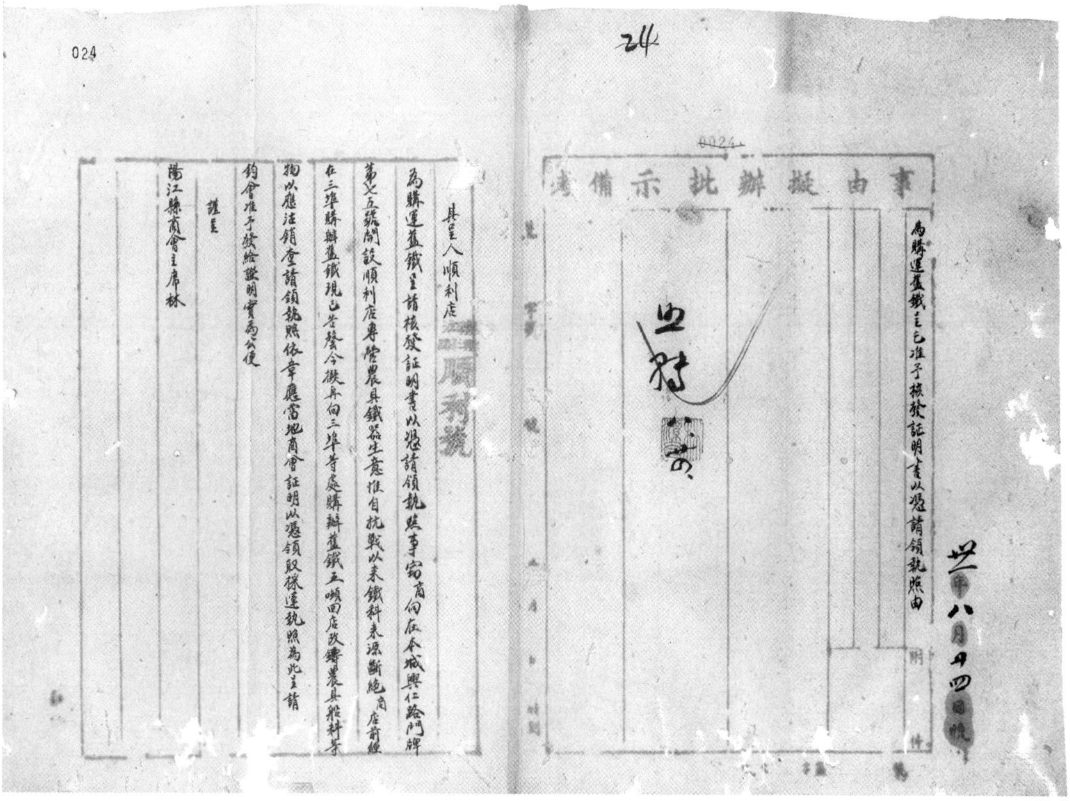

事由：為購運舊鐵呈已准予核發證明書以憑請領執照由
擬辦
批示
備考

卅年八月廿四日收

具呈人順利店

為購運舊鐵呈請核發證明書以憑請領執照事竊商向在本城興仁路門牌第七五號開設順利店專營農具鐵器生意惟自抗戰以來鐵料來源斷絕商店前經在三埠購辦舊鐵現已告罄今擬再向三埠等處購辦舊鐵五噸回店改鑄農具船料等物以應注銷查請領執照依章應當地商會證明以憑領取採運執照為此呈請

鈞會准予發給證明實為公便

謹呈

陽江縣商會主席林

順利號

199. 阳江县悦利店店东胡华甫呈请县商会主席林洁予发给证明以购旧铁改铸农具（1942年9月11日）

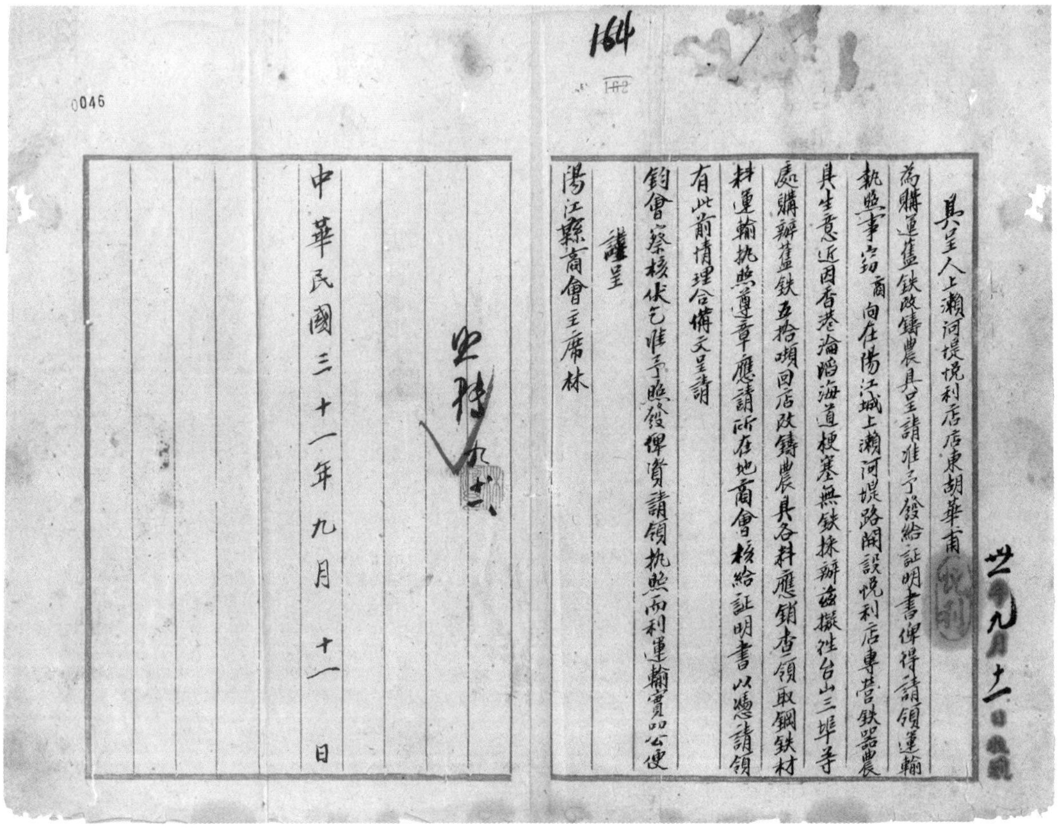

具呈人上瀨河堤悅利店店東胡華甫
為購運舊鉄改鑄農具呈請准予發給証明書俾得請領運輸
執照事窃商向在陽江城上瀨河堤路開設悅利店專營鉄器農
具生意近因香港淪陷海道梗塞無鉄採辦茲擬往台山三埠等
處購辦舊鉄五拾噸回店改鑄農具各料應銷查領取鋼鉄材
料運輸執照遵章應請所在地商會核給証明書以憑請領
有此前情理合備文呈請
鈞會察核俯乞准予照發俾資請領執照而利運輸實叨公便
謹呈
陽江縣商會主席林
中華民國三十一年九月十一日

200. 阳江县商会呈请县政府将华兴店前被扣留之铁料予以证明并呈请广东省建设厅补给运输执照（1942 年 9 月 23 日）+ 附：阳江县华兴店司理史秀衡致县商会主席林洁予的呈（1942 年 9 月）

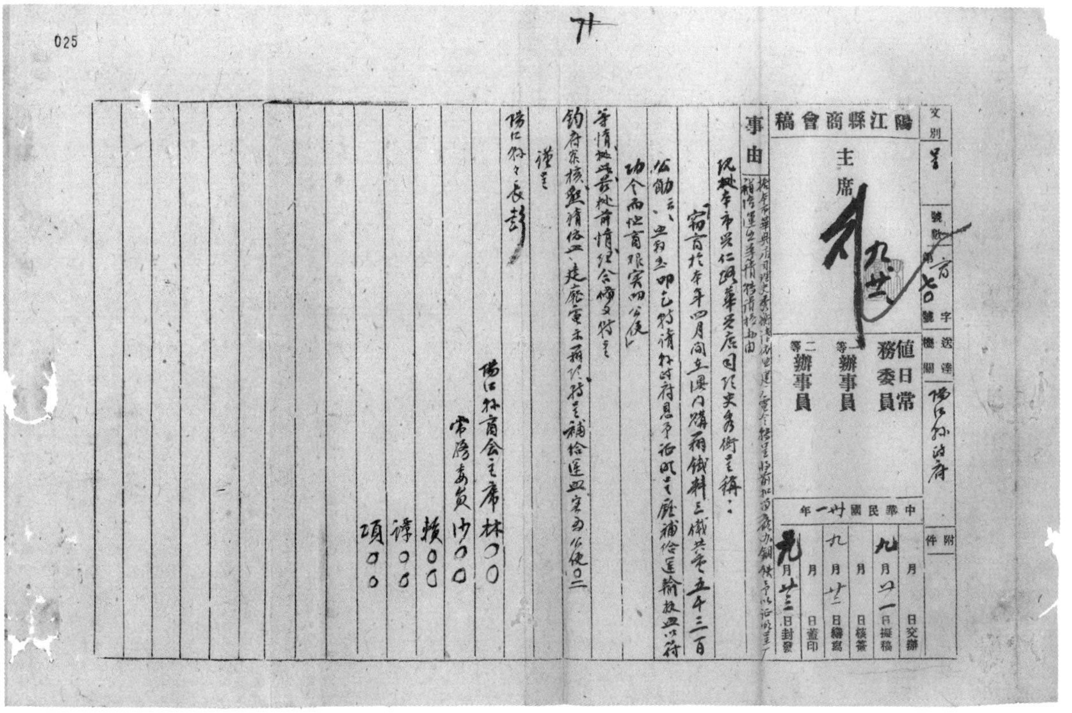
025

陽江縣商會稿

文別：呈

號數：商字第 號

送達機關：陽江縣政府

主席

值日常務委員

二等辦事員

中華民國卅一年 九月廿一日擬稿 九月廿二日繕寫 九月廿三日封發

事由

現據本市興仁路華興店司理史秀衡呈稱：

……

謹呈

陽江縣縣長彭

陽江縣商會主席林〇〇

常務委員沙〇〇

賴〇〇

譚〇〇

項〇〇

具呈人興仁路華興店司理史秀衡　華興號　廿九年九月廿六日收到

為完稅鉄料前被第二區署扣留解由縣府請依廳令轉請發還具領以卹商艱事竊商店於本年四月間在澳門購辦鉄料三條共重五千三百公斤經清完關稅持有三埠第二七四一三號關單由三埠運回本店沽銷途經縣屬二區合山地方被第二區署警隊檢查誤為無照鋼鉄隨將扣留解回陽江縣政府核辦當經將情呈請鈞會轉請發還叩蒙飭回交商聽候辦理並電呈廣東省政府建設廳請示辦理現奉飭知「奉廣東省建設廳郜建四實字第一四三一號代電開：陽江縣商會蔣見查前據辰文電以關於檢獲由三埠運陽江鋼鉄三條請核示等情當經以郜建四實字第一一七七號巳東慕代電經濟部工礦調整處核復並電復知照各在案現准本年八月一日工礦（31）業字第四零五八號代電略開鋼鉄材料後方至感需要在由國外運至國境進口時海關既准納稅入口自可准其於進口後補請領照放行但如由國境內轉運有出全國自屬法所不許至所謂國境及其邊區所指範圍與「戰時管理進口出口物品條例」第五條所列限界相同等由合亟電仰遵照」等因奉此合行轉飭知照」等因下店奉此查奉建廳電開關于鋼鉄材料後方至感需要在由國外運至國境進口時海關既准納稅入口自可准其於進口後補請領照放行等示商此次購辦之鉄係由外埠搶運而回本店改鑄農具船料應沾並非轉運出口茲謹遵建廳電令辦理有此前情理合呈請

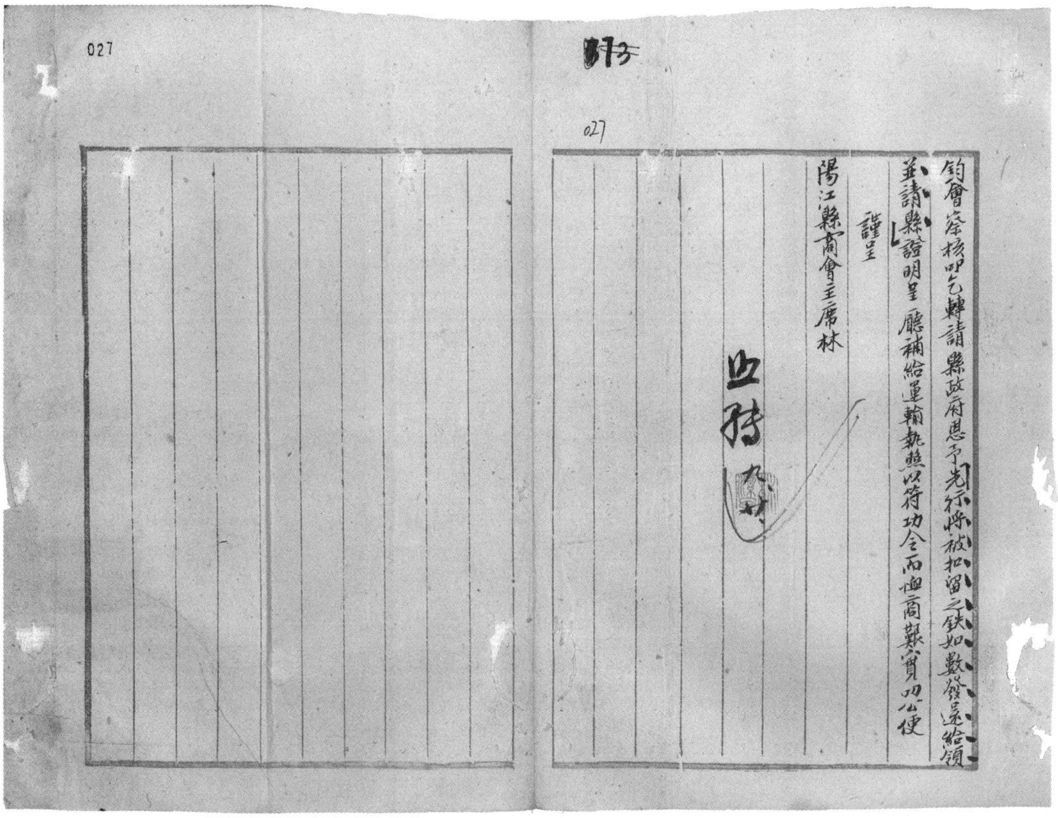

027

鈞會察核，叩乞轉請縣政府惠予迅予令行將被扣留之鈇如數發還，給領，並請縣證明呈廳補給運輸執照，以符功令而恤商艱，實叩公便。

謹呈

陽江縣商會主席林

201. 阳江县商会发给吉成号证明书以凭请领钢铁材料运输执照（1942 年 10 月 29 日）+ 附：阳江县吉成号郭才通致县商会主席林洁予的呈（1942 年 10 月）

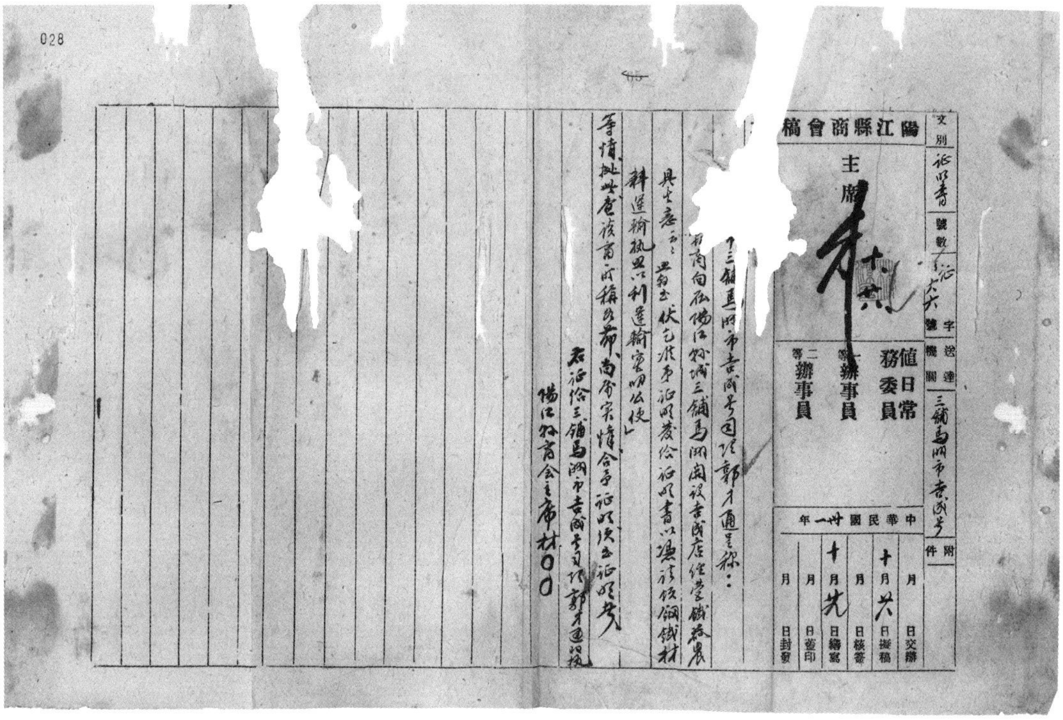
028

陽江縣商會稿

文別：證明書

字號：證字第六六號

送達機關：三舖馬岡市吉成號

附件

主席：林

值日常務委員

一等辦事員

二等辦事員

中華民國卅一年 十月廿六日擬稿 十月廿九日繕寫

據三舖馬岡市吉成號司理郭才通呈稱：……商向在陽江縣城三舖馬岡開設吉成店經營鐵器農具生意……伏乞准予證明發給證明書以憑請領鋼鐵材料運輸執照以利運輸實為公便……等情。據此，查該商所稱各節，尚屬實情，合予證明。此證明書。

右證給三舖馬岡市吉成號司理郭才通收執

陽江縣商會主席林〇〇

029

66

具呈人三鋪馬洲市吉成店司理郭才通

為購運鐵料改鑄農具呈請核發證明書以憑請領執

照事竊商向在陽江縣城三鋪馬洲開設吉成店經營鉄器農具

生意所需材[illegible]由香港購辦嗣因香港淪陷海道梗塞無鉄採

辦茲擬改往[illegible]等處購辦鉄料二拾噸回店改鑄農具船

料以應農民船戶需用查請領執照應由當地商會證明為

此呈請

鈞會察核狀乞准予證明發給證明書以憑請領鋼鉄材料運

輸執照以利運輸實叨公便謹呈

陽江縣商會主席林

中華民國三十一年十月　　日

出持 [illegible]

卅一年十月[illegible]日收到

202. 阳江县商会为成益店投得海关充公铁料以为改铸铁类销售呈请县政府发给证明书（1942 年 11 月 24 日）

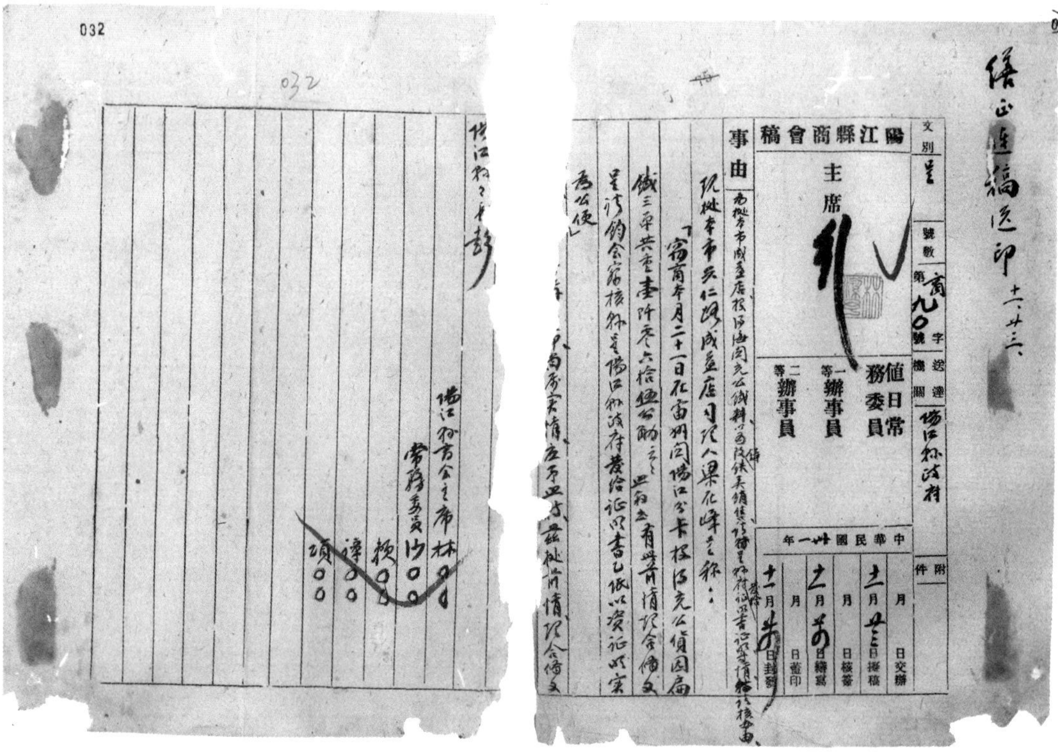

203. 阳江县商会为成益店投得海关充公铁料取具海关证明书通告铁业同业公会（1942 年 12 月 7 日）+ 附：阳江县政府致县商会主席林洁予的指令（1942 年 12 月 4 日）

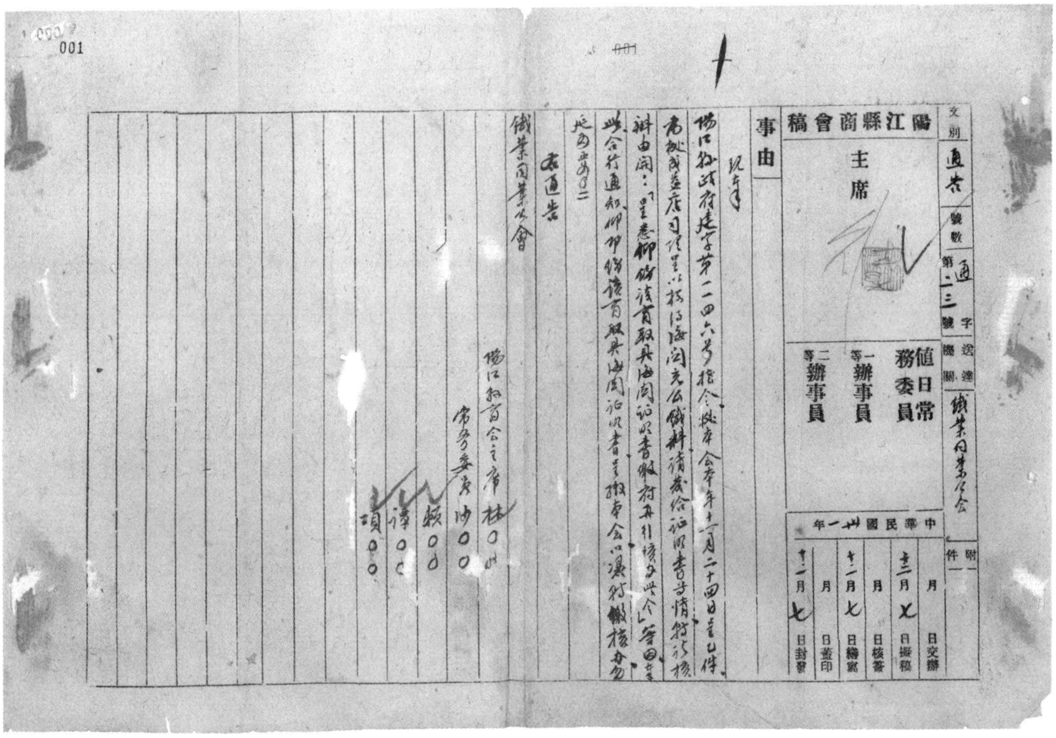

陽江縣商會稿

文別：通告

號數：第二三號 通字

送達機關：鐵業同業公會

附件：

主席

值日常務委員

一等辦事員

二等辦事員

中華民國卅一年

十二月 日交辦 十二月七日擬稿 月 日核簽 十二月七日繕寫 月 日蓋印 十二月七日封發

事由

現奉陽江縣政府建字第一二四六號指令，據本會本年十一月二十四日呈乙件，為據成益店司理呈以投得海關充公鐵料請發給證明書等情，轉請核辦由。內開：「呈悉。仰候轉飭該商取具海關證明書繳府，再行核辦。此令」等因。奉此，合行通知，仰即轉飭該商取具海關證明書呈繳本會，以憑轉繳核辦為要。

此通告

鐵業同業公會

陽江縣商會主席林〇〇

常務委員沙〇〇

顏〇〇

譚〇〇

項〇〇

002

2

陽江縣政府指令

建字第一一四五號

中華民國三十二年十二月四日發

令商会主席林潔予

本年十一月不列（廿四）日呈乙件，為据成益店司理呈以投得海関充公鉄料請准給證明書等情請

請核办由

呈悉，仰飭該商取具海関証明書繳府再行核办。

此令。

縣長　彭展義

交鉄業公會办理　十二月四日

卅二年十二月　日收到

校對鄒慶平

204. 阳江县商会为灿记栈、华兴店向分卡投得旧铁呈请县政府核发证明书（1942 年 12 月 17 日）+ 附：阳江县灿记栈、华兴店致县商会主席林洁予的呈（1942 年 12 月）

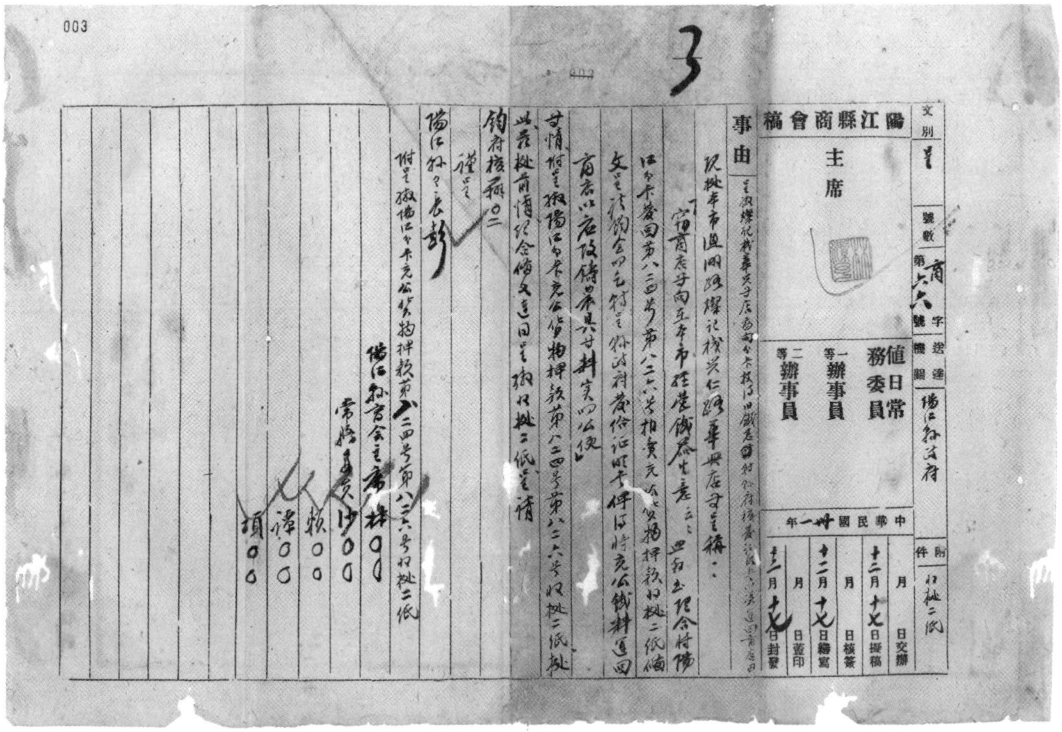
陽江縣商會稿

文別：呈
號數：第六六號 商字
送達機關：陽江縣政府
附件：收據二紙

主席
值日常務委員
一等辦事員
二等辦事員

中華民國卅一年 十二月十七日擬稿 十二月十七日繕寫 十二月十七日封發

事由：呈報燦記棧華興店向分卡投得舊鐵請予核發證明書由

現據本市道明路燦記棧、興仁路華興店呈稱：「竊商店等向在本市經營鐵器生意……經向陽江分卡投得第八二四號第八二六號拍賣充公貨物押款收據二紙，備文呈請鈞會函請縣政府發給證明書，俾得將充公鐵料運回商店以應銷售」等情，據此，除據陽江分卡充公貨物押款第八二四號第八二六號收據二紙批……以發批前情，理合備文連同收據二紙呈請

鈞府核辦。

謹呈

陽江縣縣長彭

附呈繳陽江分卡充公貨物押款第八二四號第八二六號收據二紙

陽江縣商會主席林〇〇
常務委員沙〇〇
[illegible]〇〇
[illegible]〇〇
[illegible]〇〇

004

具呈人　燦記棧　華興店　住址　漁洲路　興仁路

燦記棧字第　號

民國三十一年十二月　日

卅一年十二月十七日收到

事由：為向陽江分卡投得充公蓋鉄懇請據情轉請縣政府核發證明書俾得運回商店改鑄農具等料由

竊商店等向在本市經營鐵器生意，近因鉄料來源困難，經於本年十二月十六日在雷州關陽江分卡，商店燦記棧投得拍賣充公蓋鉄五千八百四十公觔，商華興店投得蓋鉄一千零五十公觔，經已交定，發回收據二紙。查投得海關拍賣充公該兩批鐵料，係由縣政府執獲解送陽江分卡，請准雷州關稅務司就地拍賣充公，應請縣政府發給證明書，方合手續。有此，胥情理合將陽江分卡發回第八二四號、第八二六號拍賣充公貨物（押款）收據二帋，備文呈請

鈞會叩乞轉呈　縣政府發給證明書，俾得將充公鐵料運回商店，以憑改鑄農具等料，實叨公便。謹呈

陽江縣商會主席林

附呈繳陽江分卡充公貨物押款第八二四號第八二六號收據二紙

准轉請領證　十二、十八

205. 阳江县商会关于顺利店运输钢铁到三埠海关不肯收税等情呈请雷州关税务司核办的呈（1942 年 12 月 31 日）

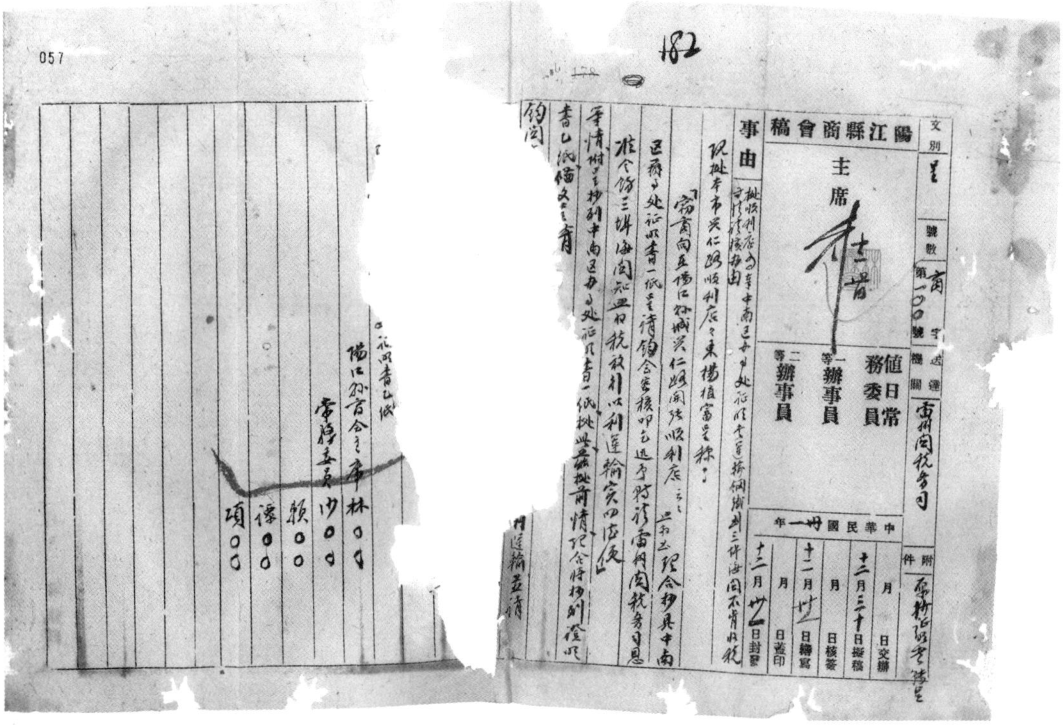

206. 阳江县政府关于华兴店无照进口旧铁处理意见致县商会主席林洁予的训令
（1943 年 4 月 7 日）

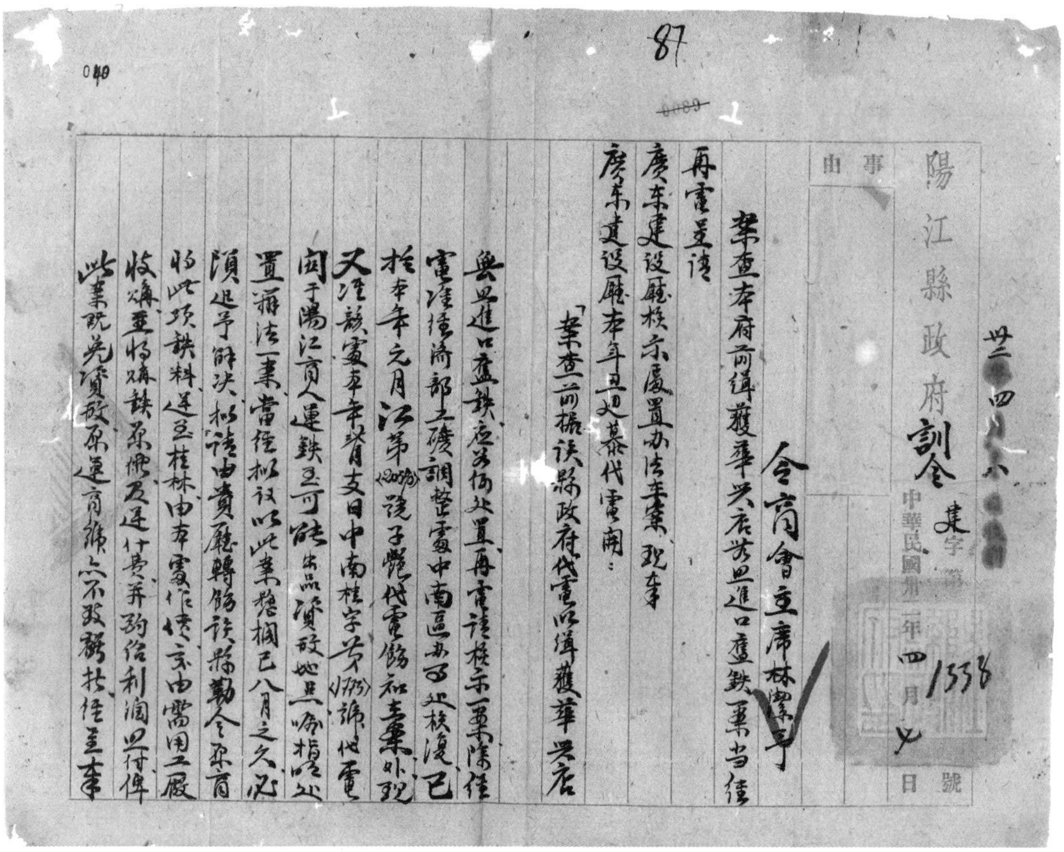
陽江縣政府訓令　建字第1338號
中華民國卅二年四月七日
事由

令商會主席林潔予
案查本府前據獲華興店無照進口廢鐵一案，當經
廣東建設廳核示處置辦法去案，現奉
再電呈請
廣東建設廳本年三月卅日慕代電開：
「案查前據陽江縣政府代電以據獲華興店

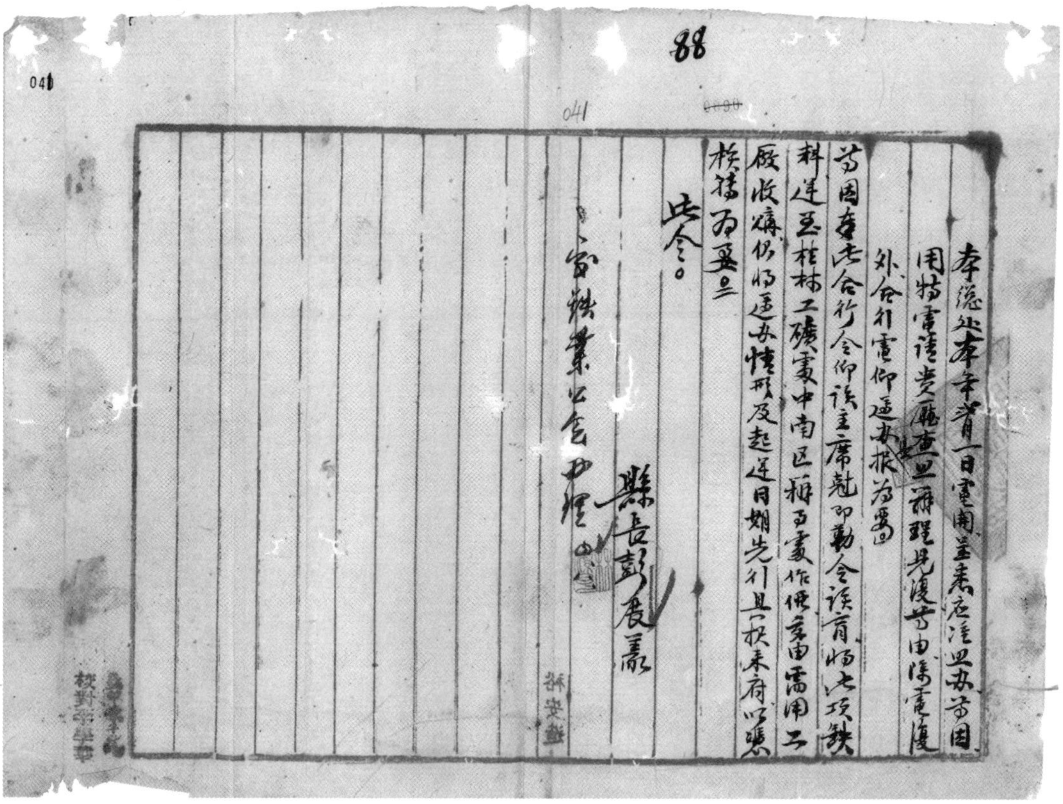
88
奉总处本年八月一日电开:呈悉,应准照办,等因
因;特电请贵厂查照办理见复等由。准电复
外,合行电仰遵办报为要。
等因;奉此,合行令仰该主席即勒令该商将此项铁
料运至桂林工矿处中南区办事处作价,或由需用工
厂收购,仍将遵办情形及起运日期先行具报来府,以凭
核转为要。
此令。

207. 阳江县商会通告铁业同业公会将办理华兴店无照进口旧铁情形及起运日期先行具报（1943 年 4 月 9 日）

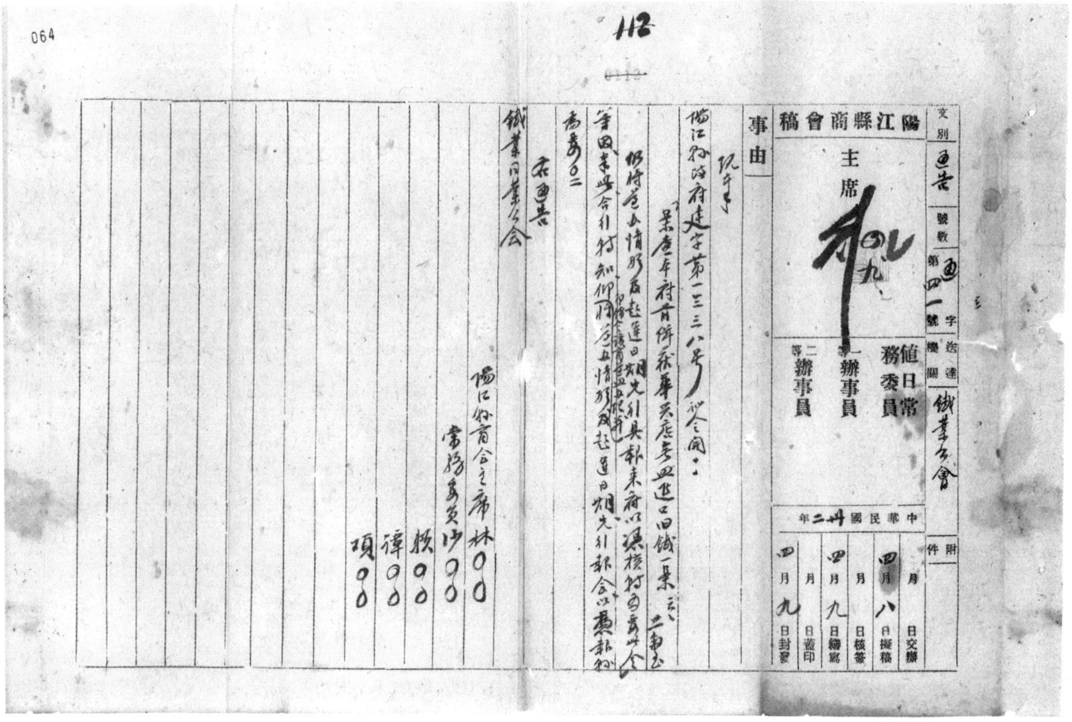

064

112

陽江縣商會稿

文別：通告

號數：第通四一號

送達機關：鐵業公會

主席：林

值日常務委員

一等辦事員

二等辦事員

中華民國卅二年

四月八日擬稿

四月九日繕寫

四月九日封發

事由

現准：

陽江縣政府建字第一三三八號代電開：

案據本府前解獲華興店無照進口舊鐵一案……

等因，準此，合行轉知，仰即將辦理情形及起運日期先行報會，以憑核轉為要。

右通告

鐵業同業公會

陽江縣商會主席林○○

常務委員少○○

張○○

譚○○

項○○

208. 阳江县商会为华兴店购运旧铁呈请县政府补发运照（1943 年 6 月 3 日）+ 附：阳江县华兴店司理史秀衡致县商会主席林洁予的呈（1943 年 6 月 1 日）

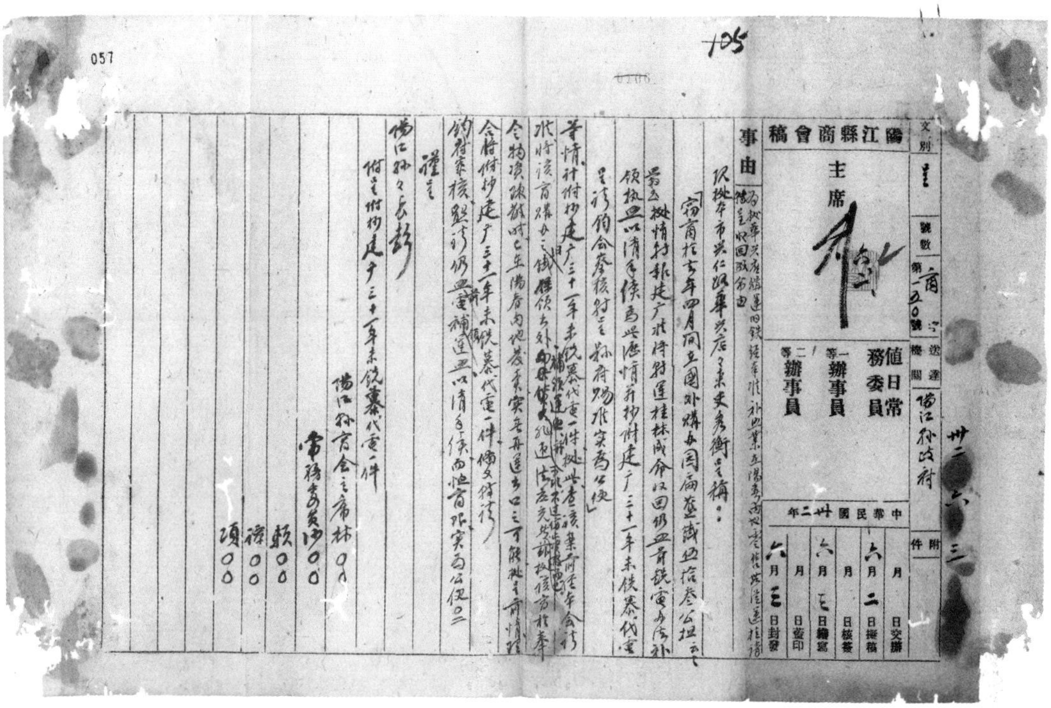
陽江縣商會稿

文別 呈

號數 第一五〇號

送達機關 陽江縣政府

主席

值日常務委員

一等辦事員

二等辦事員

中華民國卅二年

六月二日擬稿

六月三日

事由

據本市興仁路華興店司理史秀衡呈稱：

謹呈

陽江縣縣長彭

陽江縣商會主席林○○

058

106

~~0107~~

具呈人舆仁路華興店店東史秀衔

事由：為疏散物資鐵絲零售呈請轉呈縣府轉郵建廳准將轉運桂林成命收回以恤商艱由

中華民國三十二年六月一日

字第　華興號　號

卅二 六 一

竊商於去年四月間在國外購辦圓扁蔑鐵伍拾叁公担運在台山三埠海關完稅進口回至陽江仍被 縣府扣留後蒙
鈞會請准由商具領保管聽候辦理一案經由
鈞會轉電 建廳核示嗣奉 建廳三十一年未銑募代電復略以該鐵既經海關准納稅入口自可准其於進口後補請領照放行等示當即呈請
鈞會轉呈縣府請依照 建廳電示辦法轉呈補給運照各在案商以此鐵既奉 准補領照放行自不虞再有其他問題茲生迨本年二月十九日 縣府忽發出緊急佈告以奉 省府電飭限令全市商民剋日疏散物資於海岸綫七十華里以外並派警挨戶檢查督促切實疏散商 即遵命於敵機連續大轟炸四天當中將該鐵僱民船疏散赴陽春八甲墟地方以免資敵此時全城商民咸震懾敵寇再行登陸俱遷避一空 縣府暨附城各機關亦遷往大八山地商以小本營業受時局影響自疏散陽春八甲後即感費用無着乃將該鐵就地零售製造農具經陸續零售清楚不意昨奉
鈞會 通告以奉 縣府訓令轉奉 建廳本年五迴募代電飭將該鐵運赴桂林交由需用工廠作價收購以免資敵並將購鐵原價及運什費並酌給利潤照付以免原運商號虧折等因查該鐵既經海關准納稅入口復經准許呈請補給運照放行祇因地方多故在未奉到補發運照以前 政府強迫疏散物資乃在陽春八甲地方售製農具清楚應請俯恤

059

107

059

商眼拟情轉報 建廳准將持運桂林成命收回仍照前銑電辦法補領護照以
清手續為此瀝情並抄附建廳三十一年未銑慕代電呈請
鈞會察核轉呈 省府賜准實為公便
謹呈
陽江縣商會主席林
計附抄建廳三十一年未銑慕代電一件

查此案經本會轉領出外
而此貨數批違法應究者
解往桂林數量不過消止貨數
而已今已在南地發賣實此
不再運出口之可能應請仍照
前電補領運出以清手續

209. 阳江县商会发给成益店往香港购办货物证明书（1947 年 8 月 1 日）+ 附：阳江县成益店东梁在峰致县商会理事长廖永年的呈（1947 年 7 月 31 日）

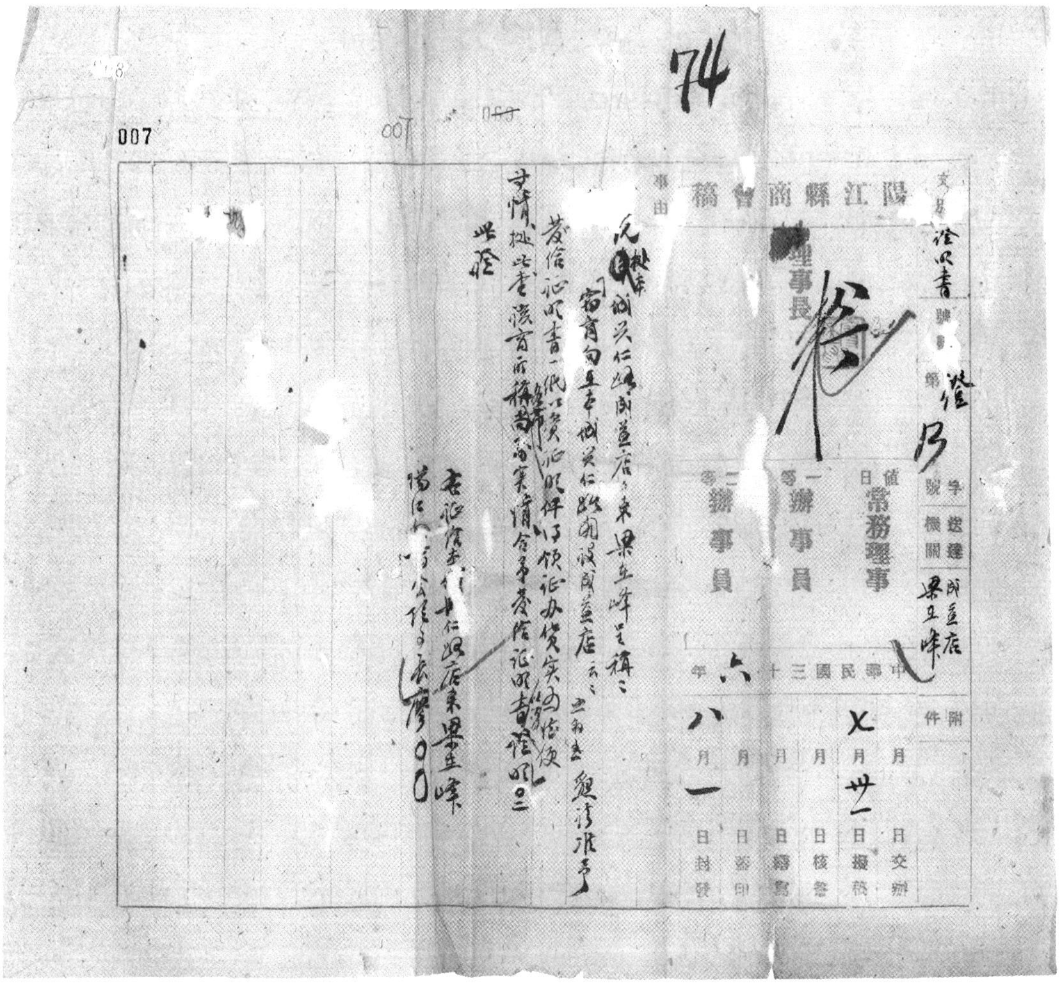

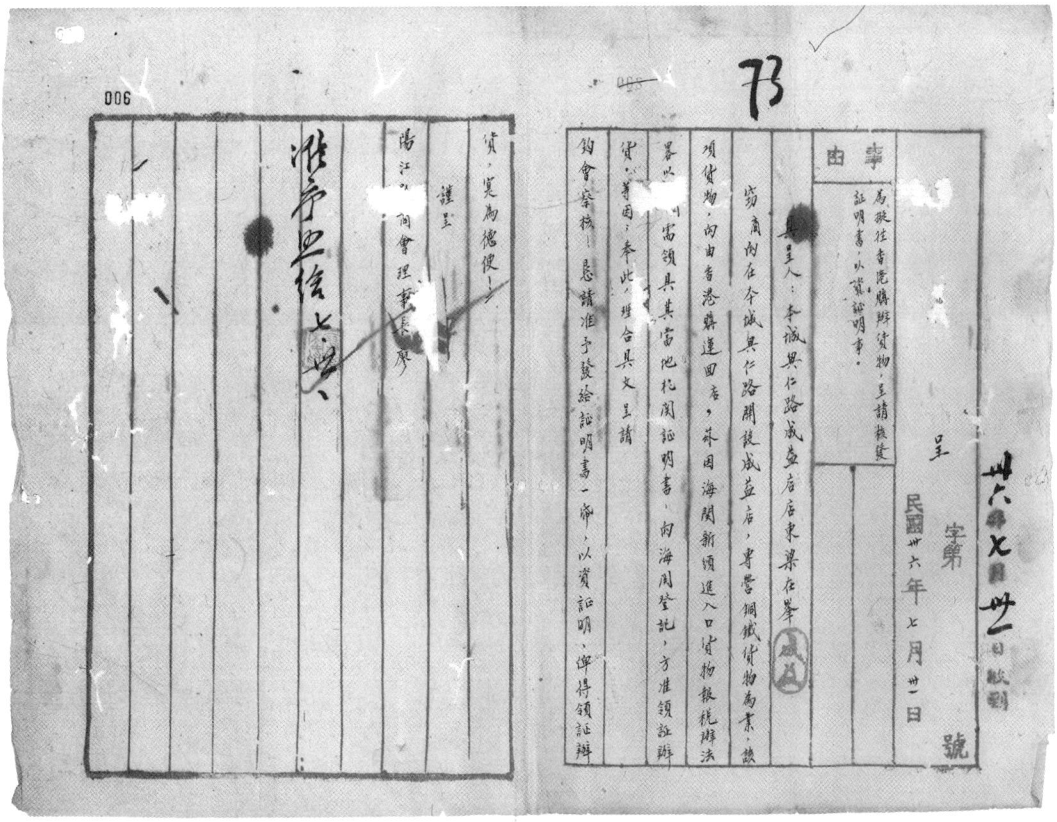

006

73

事由：為擬往香港購辦貨物，呈請核發證明書，以資證明事。

具呈人：本城與仁路成益店店東梁在峯（成益）

竊商向在本城與仁路開設成益店，專營銅鐵貨物為業。該項貨物，向由香港購運回店，茲因海關新頒進入口貨物報税辦法，略以[illegible]當領具其當地机關證明書，向海關登記，方准領證辦貨，以等因；奉此，理合具文呈請鈞會察核！懇請准予發給證明書一份，以資證明，俾得領證辦貨，實為德便！

謹呈

陽江[illegible]商會理事長廖

准予照給 七、廿一

呈 字第 號

民國卅六年七月廿一日

卅六年七月廿一日收到

210. 阳江县商会发给福阳电力公司载运生铁到江门证明书（1948 年 3 月 31 日）+ 附：阳江县福阳电力公司致县商会理事长廖永年的呈（1948 年 3 月 31 日）

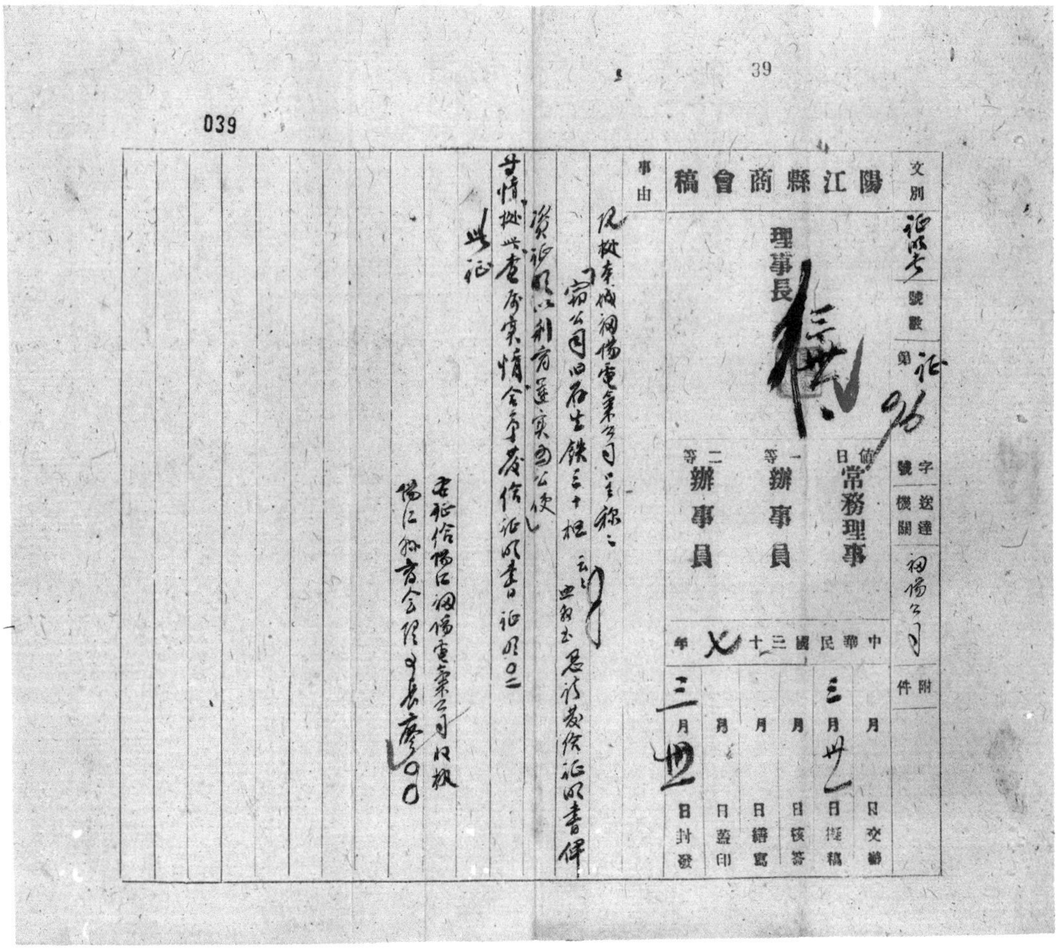

039

39

陽江縣商會稿

文別：證明書

號數：第證26號

送達機關：福陽公司

附件

理事長

常務理事

一等辦事員

二等辦事員

中華民國三十七年

三月卅日擬稿　月日核簽　月日繕寫　月日蓋印　三月卅一日封發

事由

現據來函福陽電氣公司呈稱：「竊公司由石生鐵三十担，云云……懇祈發給證明書俾資證明，以利商運，實為公便。」等情。據此，查所稱實情，合予發給證明書證明之。

此證

右證給陽江福陽電氣公司收執

陽江縣商會理事長廖○○

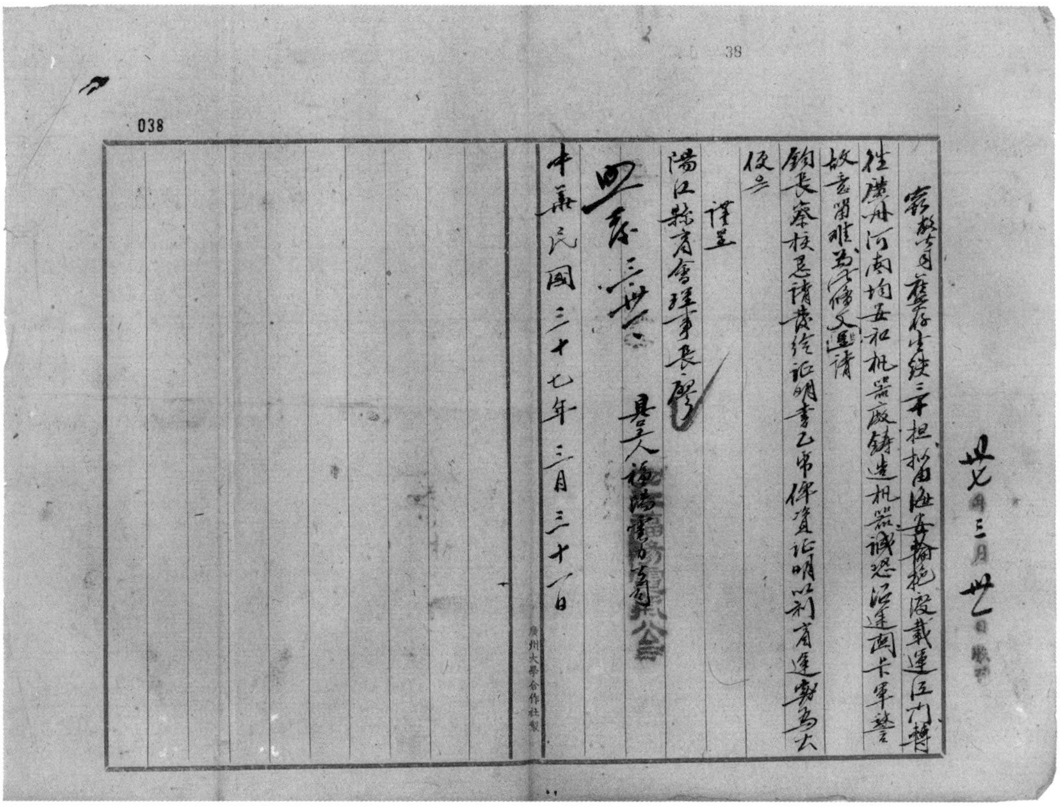
038

卅七年三月卅一日收

竊敝公司僱艇存生鐵三千担，擬由海安輪拖艇載運江門轉往廣州河南均安和機器廠鑄造機器，誠恐沿途關卡軍警故意留難，為此備文呈請鈞長察核，恳請發給證明書乙紙，俾資證明，以利商運，實為公便。

謹呈

陽江縣商會理事長陳

具呈人 [illegible]

四發 三、卅一

中華民國三十七年三月三十一日

廣州大學合作社製

211. 阳江县商会发给永丰锅厂往广州转运生铁沽售证明书（1948年7月20日）+ 附：阳江县永丰锅厂致县商会理事长廖永年的呈（1948年7月20日）

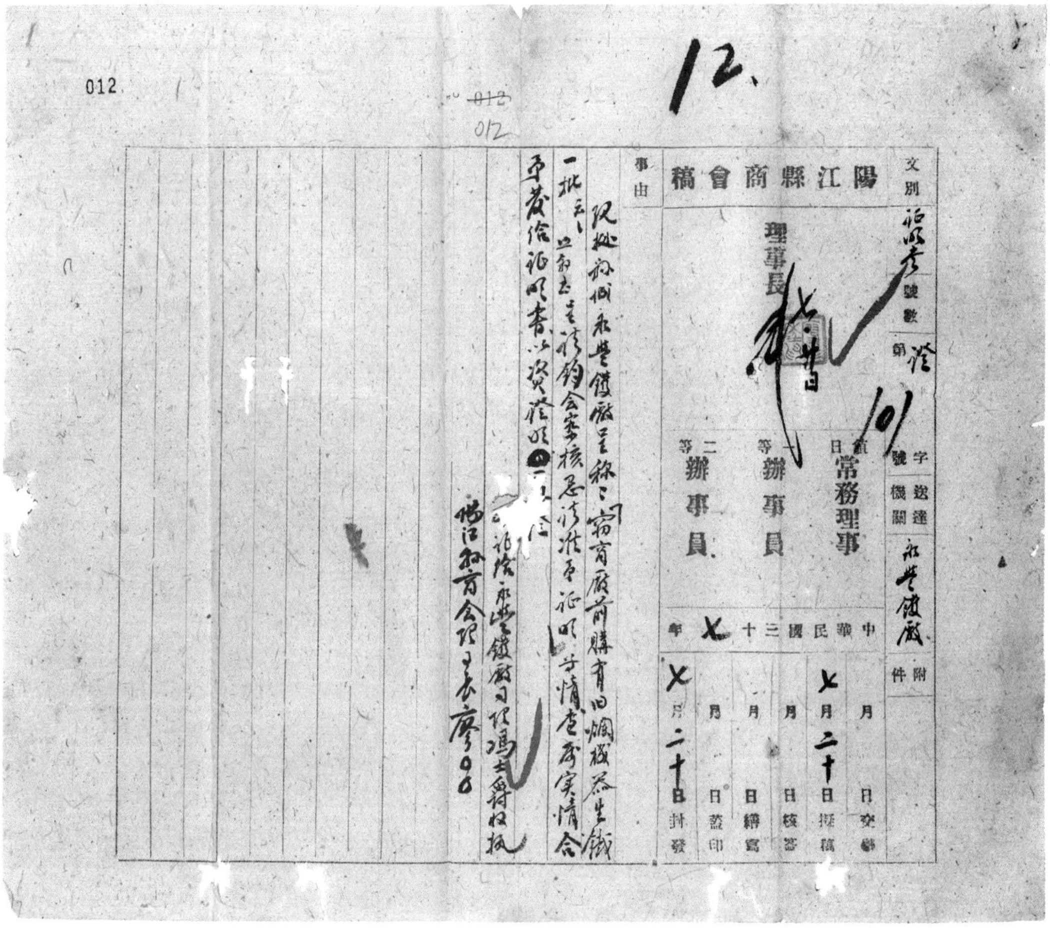
012

12.

陽江縣商會稿

文別：證明書

第　號

送達機關：永豐鑊廠

理事長

常務理事

一等辦事員

二等辦事員

中華民國三十七年

七月二十日擬稿

七月二十日封發

事由

現據稱，據永豐鑊廠呈稱：竊商廠前購有旧烟機器生鐵一批，云云。业由本会查核，尽该厂所称……證明，并情查属實，情合予發給證明書，以資……此證

右給永豐鑊廠司理馮玉舜收執

陽江縣商會理事長廖〇〇

013 ~~013~~

13、

廿七年七月二十日收

具呈人永豐鍍廠

竊商廠前將購買有舊爐机器生鐵一批約重五千餘担，但不能熔製成鉄鑊，茲因需款周轉，茲特派商廠司理馮士爵將該批生鉄運往廣州沽售，誠恐沿途關卡盤查發生誤會，特呈請

鈞會察核，懇請准給予証明。

謹呈

陽江縣商會理事長廖

商人馮士爵

担保人

照給 七、廿一

中華民國三十七年七月二十日

（五）便利商运

212. 阳江县广泰成号因战事将货运往双捷寄贮呈请县商会察核备案（1941 年 3 月 13 日）

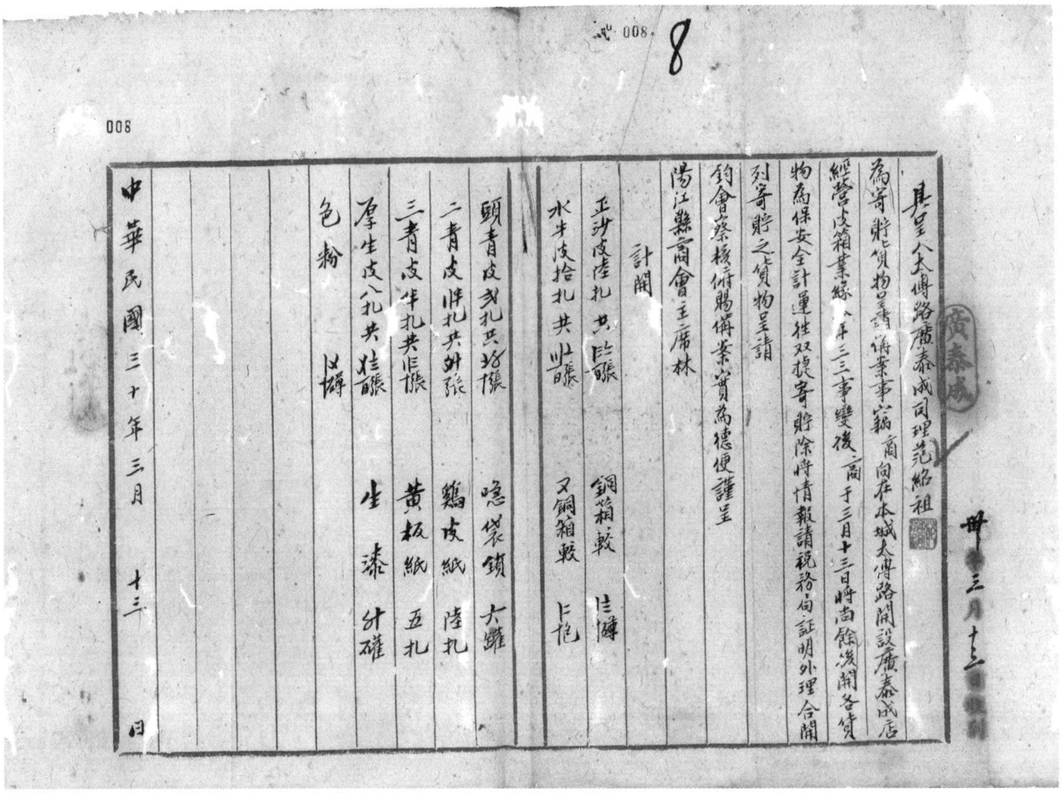

008

具呈人太傅路廣泰成司理范紹祖

為寄貯貨物呈請備案事。竊商向在本城太傅路開設廣泰成店經營皮箱業，緣八年三三事變後，商于三月十三日將尚餘淺開各貨物為保安全計運往双捷寄貯，除將情報請稅務局証明外，理合開列寄貯之貨物呈請

鈞會察核，俯賜備案，實為德便。謹呈

陽江縣商會主席林

計開

正沙皮[illegible]扎　共[illegible]張　銅箱較　[illegible]

水牛皮拾扎　共[illegible]張　又銅箱較　[illegible]

頭青皮[illegible]扎　共[illegible]張　喼袋鎖　[illegible]大罐

二青皮[illegible]扎　共[illegible]張　鷄皮紙　陸扎

三青皮[illegible]扎　共[illegible]張　黃板紙　五扎

厚生皮八扎　共[illegible]張　生漆　[illegible]罐

色粉　[illegible]

中華民國三十年三月十三日

卅年三月十三

213. 阳江县商会呈请县政府发给美兴隆店至梧州采办货物证明书（1942 年 1 月 3 日）+ 附：阳江县美兴隆店致县商会主席林洁予的呈、阳江县政府致县商会主席林洁予的指令（1942 年 1 月）

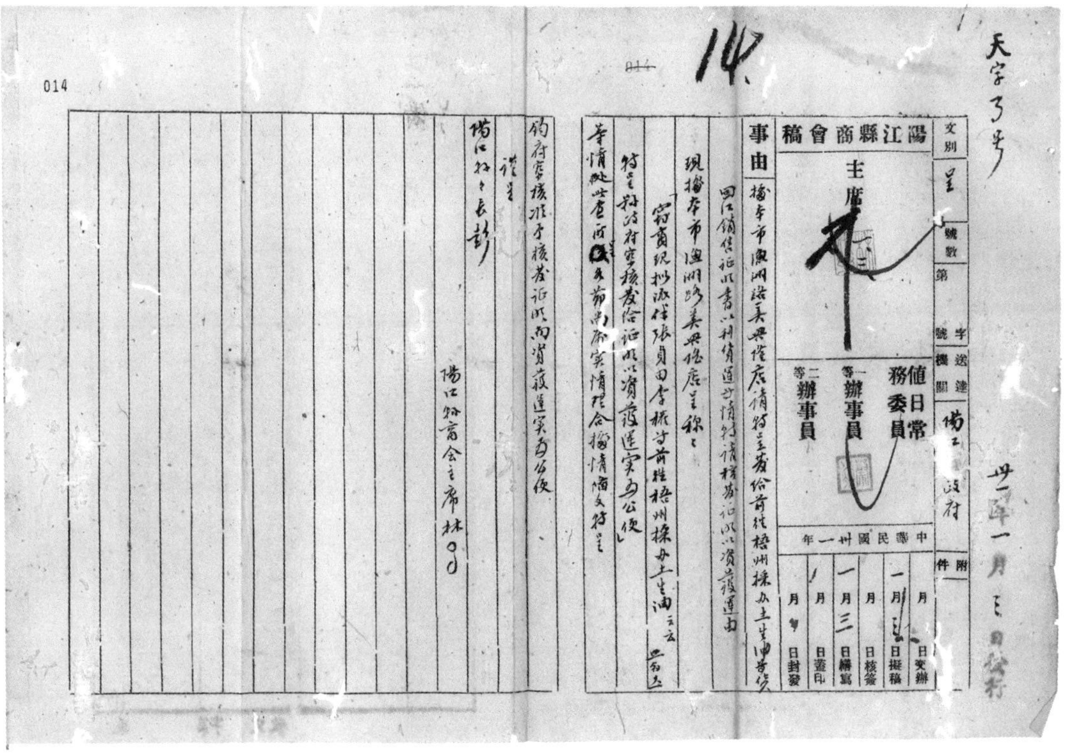

014

天字3号

陽江縣商會稿

文別：呈

號數：第　字　號

送達機關：陽江縣政府

附件

主席

值日常務委員

一等辦事員

二等辦事員

中華民國卅一年

月日交辦　一月　日擬稿　月日核簽　一月三日繕寫　月日蓋印　月日封發

事由：據本市漁洲路美興隆店請轉呈發給前往梧州採辦土生油等貨證明書以資護運由

陽江縣商會呈

現據本市漁洲路美興隆店呈稱：「竊商現抄派伴張貞田李振等前往梧州採辦土生油□□□□，特呈請轉呈鈞府察核發給證明以資護運，實為公便」等情。據此，查所□系實情，理合據情備文轉呈鈞府察核，准予核發證明以資護運，實為公便。

謹呈

陽江縣縣長彭

陽江縣商會主席林○○

卅一年一月三日發行

15

015

事由	擬辦	批示	備考
為派伴前往梧州採办貨物發給証明事	准予轉請証明 奎云		
附件			

呈 字第 號 年 月 日 時刻

收文 字第 號

015

具呈人漁洲始美興隆店

竊商現擬派伴張貞田李權等前往梧州採辦土生油土白糖土米稀貨物回江消售商經完納三十年度營業稅經陽江稅務局發給南黄字第二六一四號營業牌照為覺誠恐沿途軍警関卡發生誤會理合備文呈請

鈞會轉呈

縣政府察核發給証明以資護運實為公便

謹呈

陽江縣商會主席林

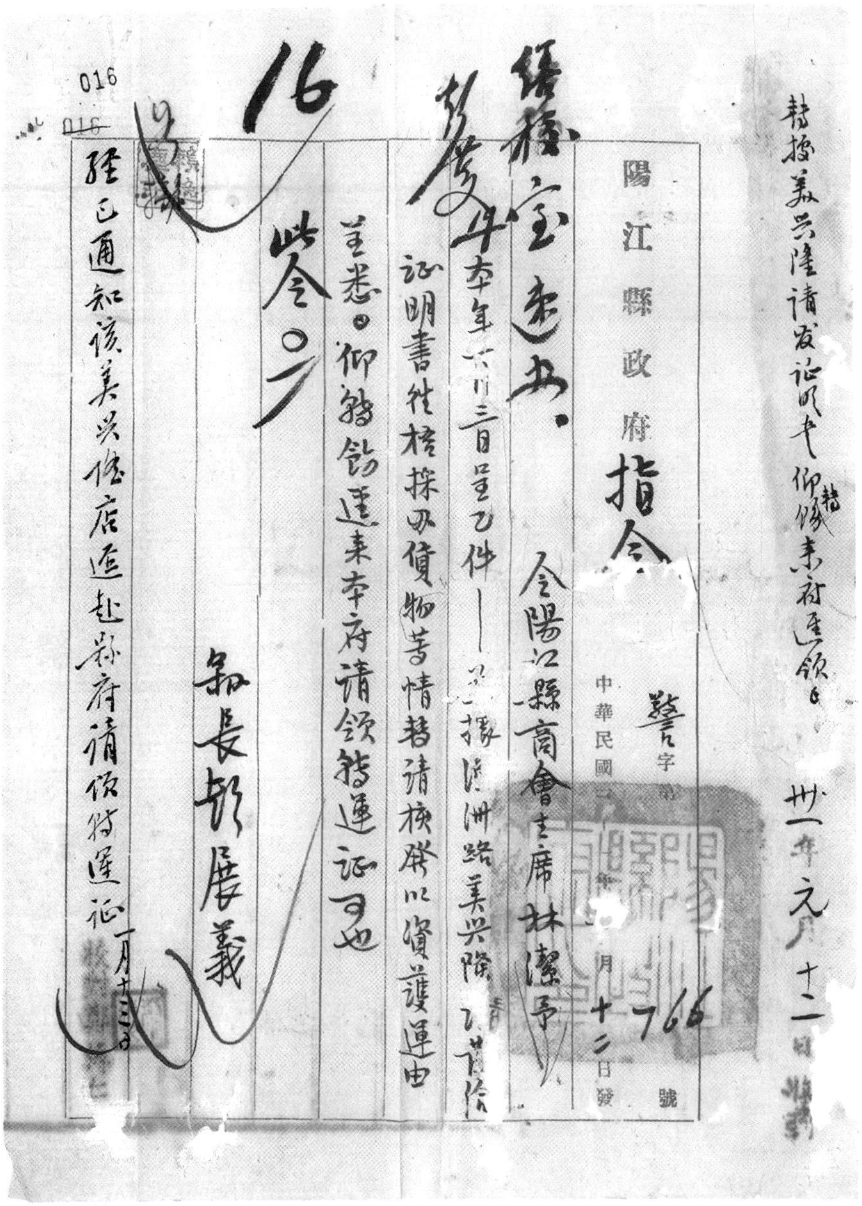

016

16

繕稿室速办。

發出

陽江縣政府指令 警字第766號

令陽江縣商會主席林潔予

本年一月三日呈乙件——為據源洲路美興隆號請給證明書往梧採辦貨物等情轉請核發以資護運由

呈悉。仰轉飭逕來本府請領轉運證可也。

此令。

縣長鄔展義

中華民國二十一年一月十二日發

轉據義興隆請發證明書，仰轉飭逕來府面領。

廿一年元月十二日

經已通知該美興隆店逕赴縣府請領轉運證 一月十三日

214. 阳江县商会发给景德镇记店往肇庆购货证明书（1942 年 1 月 7 日）+ 附：阳江县景德镇记店致县商会主席林洁予的呈（1942 年 1 月）

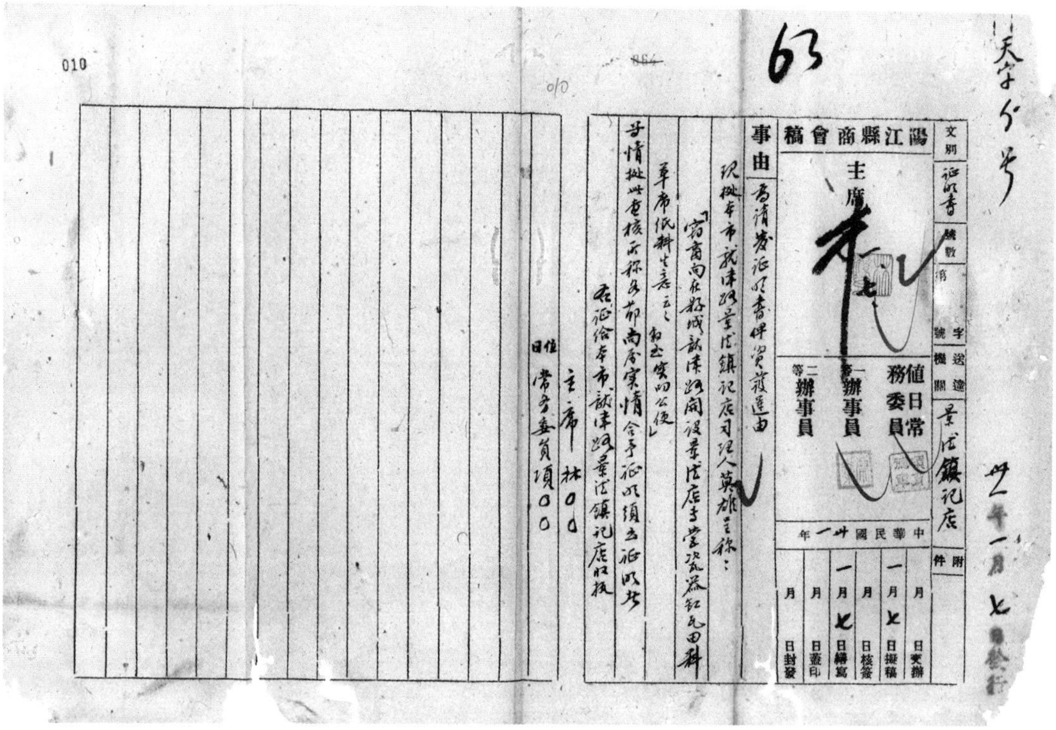
010

63

阳江县商会稿

文别：证明书

主席：林

事由：为请发证明书俾资办货由

送达机关：景德镇记店

值日常务委员

一等办事员

二等办事员

中华民国卅一年

一月七日拟稿　一月七日缮写

现据本市新津路景德镇记店司理人莫雄呈称：“窃商向在城新津路开设景德店专营瓷器缸瓦田料……草席纸料……以便”等情。据此，查核所称各节尚属实情，合予证明，须至证明书者。

右证给本市新津路景德镇记店收执

主席　林〇〇

常务委员　项〇〇

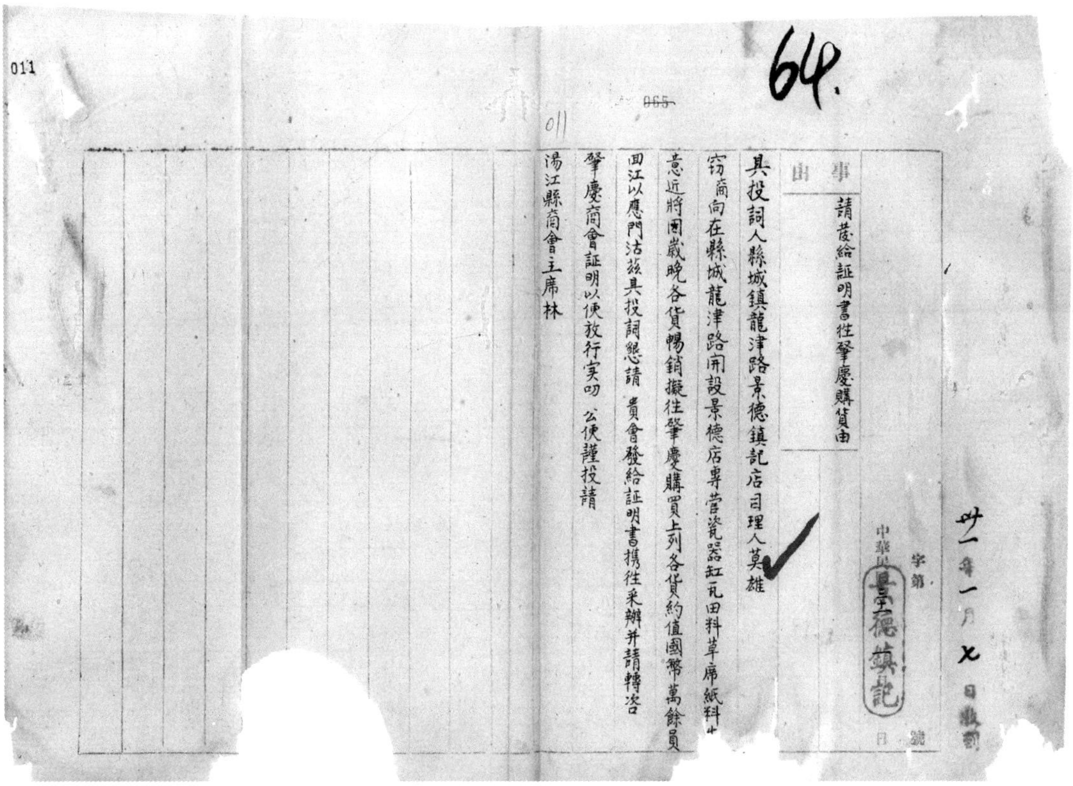

011

064.

~~065~~

011

事由：請發給証明書往肇慶購貨由

具投詞人縣城鎮龍津路景德鎮記店司理人莫雄

竊商向在縣城龍津路開設景德店專營瓷器缸瓦田料草席紙料等

意近將届歲晚各貨暢銷擬往肇慶購買上列各貨約值國幣萬餘員

回江以應門沽茲具投詞懇請 貴會發給証明書携往采辦并請轉咨

肇慶商會証明以便放行实叩 公便謹投請

湯江縣商會主席林

中華民國卅一年一月七日 具

景德鎮記

字第 號

215. 阳江县商会发给景德镇记店往梧州购货证明书（1942 年 1 月 7 日）+ 附：景德镇记店致县商会主席林洁予的呈（1942 年 1 月）

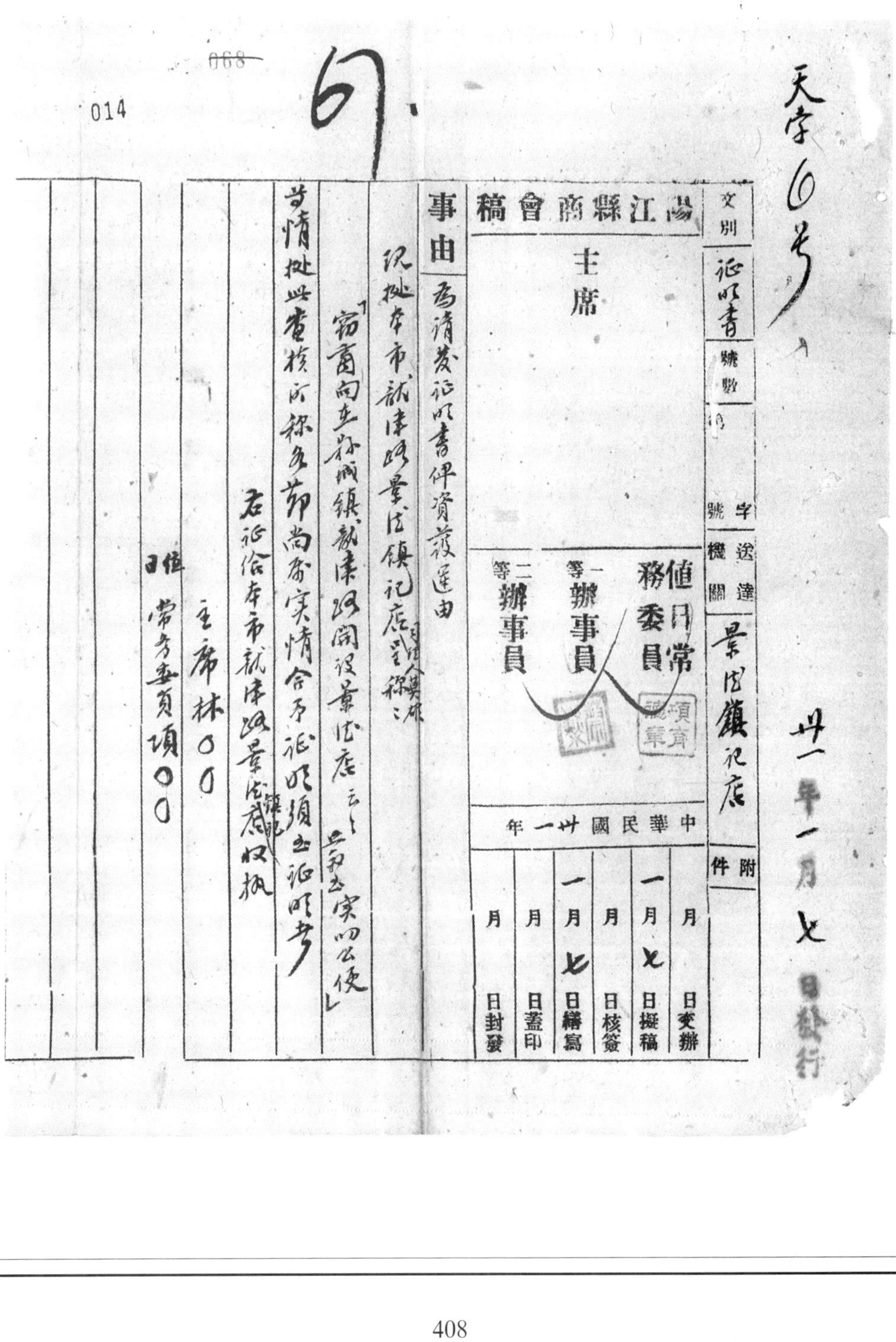

阳江县商会稿

文别：证明书

号数

字号

送达机关：景德镇记店

附件

主席

值日常务委员

一等办事员

二等办事员

中华民国卅一年　一月七日拟稿　一月七日缮写

事由：为请发证明书俾资办运由

现据本市新津路景德镇记店（经理人莫球）呈称："窃商向在本城镇新津路开设景德店，云云……实为公便"等情。据此，查核所称各节尚属实情，合予证明须至证明书者。

右证给本市新津路景德镇记店收执

主席林〇〇

值日常务委员项〇〇

天字 6 号

卅一年一月七日发行

68.

015

事由　請發給証明書往梧州購貨由

民國三十六年　字第　號　一月七日

景德鎮記

具投詞人縣城鎮龍津路景德鎮記司理人莫雄

竊商向在縣城鎮龍津路開設景德店專營田料豆類菜油紙料瓷器等近

將歲晚各貨暢銷擬往梧洲購買牛骨烏豆紙料菜油田江應沽茲特具詞

投請貴會發給証明書携往采買并請轉咨梧州商會就地証明以便放

行實叨公便謹投請

陽江縣商會主席林

卅一年一月七日收

216. 阳江县商会为源昌米机缺乏燃料呈请县政府发给证明书以利采办（1942 年 1 月 10 日）+ 附：阳江县源昌米机司理黄骏清致县商会主席林洁予的呈（1942 年 1 月）

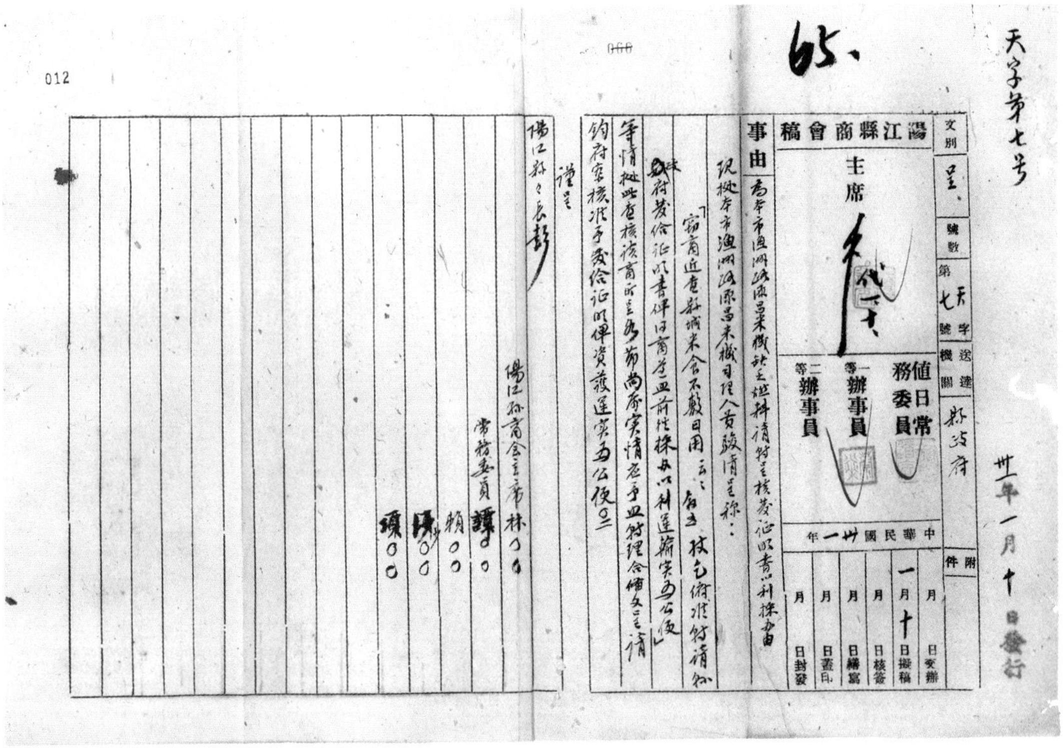
天字第七号

陽江縣商會稿

文別：呈

號數：第天字七號

送達機關：縣政府

附件

主席 林

值日常務委員

一等辦事員

二等辦事員

事由：為本市漁湖路源昌米機缺乏燃料請轉呈核發證明書以利採辦由

中華民國卅一年一月十日擬稿

現據本市漁湖路源昌米機司理人黃駿清呈稱：「竊商近查縣城米食不敷日用，云云……枚乏儲備燃料請轉

鈞府發給證明書俾得商營並前往採辦以利運銷實爲公便」

等情。據此，查核該商所呈各節尚屬實情，應予照轉，理合備文呈請

鈞府察核，准予發給證明，俾資採運，實爲公便。

謹呈

陽江縣縣長彭

陽江縣商會主席林○○

常務委員譚○○

賴○○

陳○○

嚴○○

卅一年一月十日發行

（擬辦）准予轉請証明書 一、十六

具呈商店源昌米機司理人黃駿清

為購運燃料呈請轉請 縣府核發証明書以資護運事竊商近年縣城米食不敷日用經在漁洲路門牌第一三九號開設源昌米機以期卑米日增民食惟機燃料之柴油本縣因抗戰以後來源缺乏日前香港未淪陷時由港購辦今港淪陷無從採買茲擬改往都城購辦茶油土柴油松香油等共壹百罐回江應用（此一百罐祇用六十天）查後方辦理生産事業 政府有奬勵明令商為維持民食起見誠恐沿途軍警發生誤會理合具呈

鈞會察核敬乞 俯准轉請 縣府發給証明書俾得商遵照前往採辦以利運輸實為公便謹呈

陽江縣商會主席林

中華民國三十一年一月 日

陽江漁洲路源昌米機

卅一年一月十日收

217. 阳江县广业泰商店呈县商会主席林洁予转请县政府发给证明书以利货运（1942年1月17日）

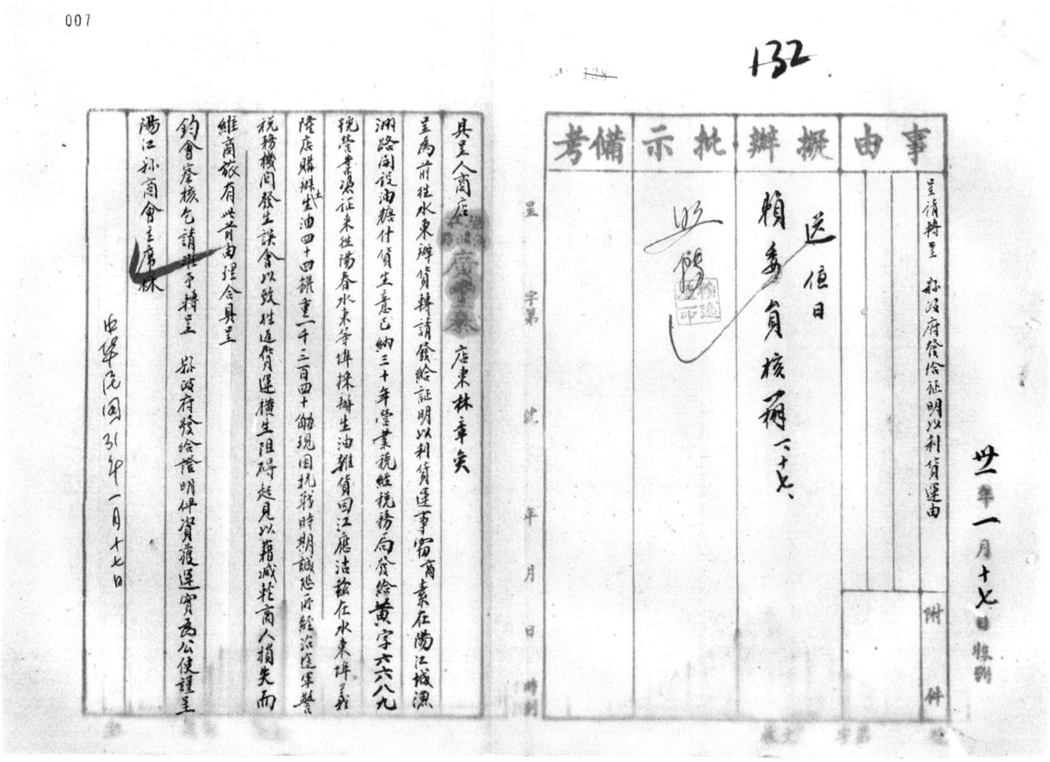

具呈人商店 廣業泰 店東林幸实

呈為前往水東辦貨轉請發給証明以利貨運事竊商素在陽江城濱洲路開設油糖什貨生意已納三十年營業稅經稅務局發給黃字六六八九號營業憑証來往陽春水東等埠採辦生油雜貨回江應銷茲在水東埠義隆店購辦生油四十四罐重一千三百四十觔現因抗戰時期誠恐所經沿途軍警稅務機關發生誤會以致往返貨運橫生阻碍延見以藉減輕商人損失而維商旅有此前由理合具呈

鈞會察核乞請准予轉呈　縣政府發給證明俾資護運實為公便謹呈

陽江縣商會主席林

中華民國31年一月十七日

事由：呈請轉呈　縣政府發給証明以利貨運由

擬辦：送值日賴秘書核辦　一・十七

批示：照轉

卅一年一月十七日收到

218. 阳江县商会为拟具土制漆器转运证明书通告皮箱业同业公会（1942 年 4 月 14 日）+ 附：阳江县皮箱业同业公会致县商会主席林洁予的呈（1942 年 4 月）

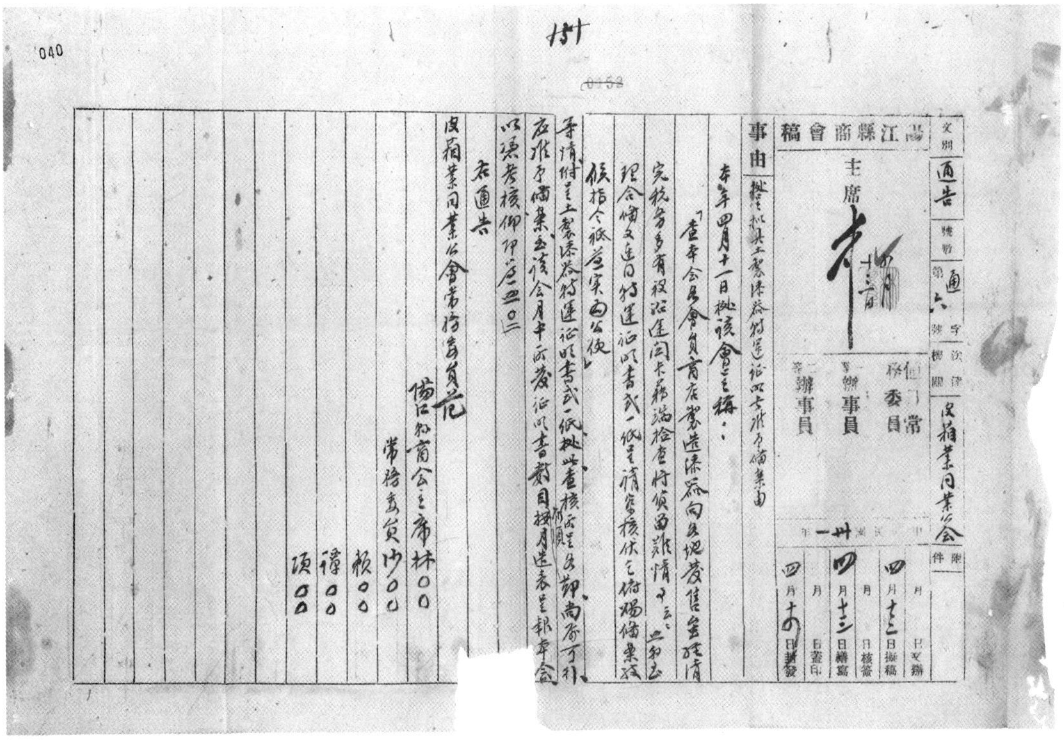
陽江縣商會稿

文別：通告

號數：第通六號

受文機關：皮箱業同業公會

附件

主席 林

常務委員

辦事員

辦事員

中華民國卅一年 四月十二日擬稿 四月十三日繕寫 四月十四日封發

事由：據呈擬具土製漆器轉運證明書式乞准予備案由

本年四月十一日據該會呈稱：

"查本會各會員商店製造漆器向各地發售，[illegible]完稅分局有稅站沿途閘卡藉端檢查將貨留難情事，[illegible]理合備文連同轉運證明書式一紙呈請察核，伏乞俯賜備案，候指令祇遵，實爲公便"

等情，附呈土製漆器轉運證明書式一紙。據此，查核所呈各節尚屬可行，應准予備案，並該會月中所發證明書數目按月造表呈報本會，以憑考核。仰即遵照。

右通告

皮箱業同業公會常務委員[illegible]

陽江縣商會主席林○○

常務委員少○○

賴○○

譚○○

頌○○

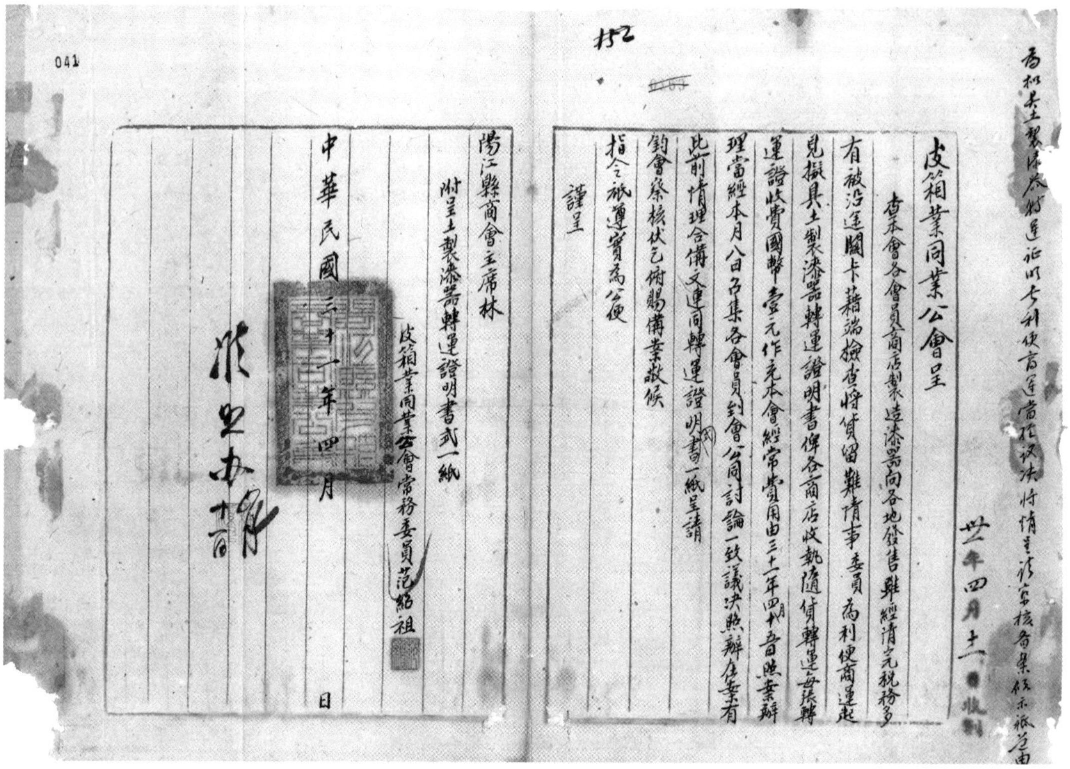

皮箱業同業公會呈

查本會各會員商店製造漆器向各地發售，雖經清完稅務，多有被沿途關卡藉端撿查，将貨留難情事。委員為利便商運起見，擬具土製漆器轉運證明書，俾各商店收執，隨貨轉運，每張轉運證收費國幣壹元，作充本會經常費用，由三十一年四月起照案辦理。當經本月八日召集各會員到會公同討論，一致議決照辦在案。有此前情，理合備文連同轉運證明書一紙，呈請鈞會察核，伏乞俯賜備案，敬候指令祗遵，實為公便。

謹呈

陽江縣商會主席林

附呈土製漆器轉運證明書式一紙

皮箱業同業公會常務委員范紹祖

中華民國三十一年四月 日

卅一年四月十一日收到

219. 阳江县商会为兴泰店派伴往都梧办货函请粤中直接税局发给购销证（1942 年 4 月 19 日）+ 附：阳江县兴泰店致县商会主席林洁予的呈（1942 年 4 月 17 日）

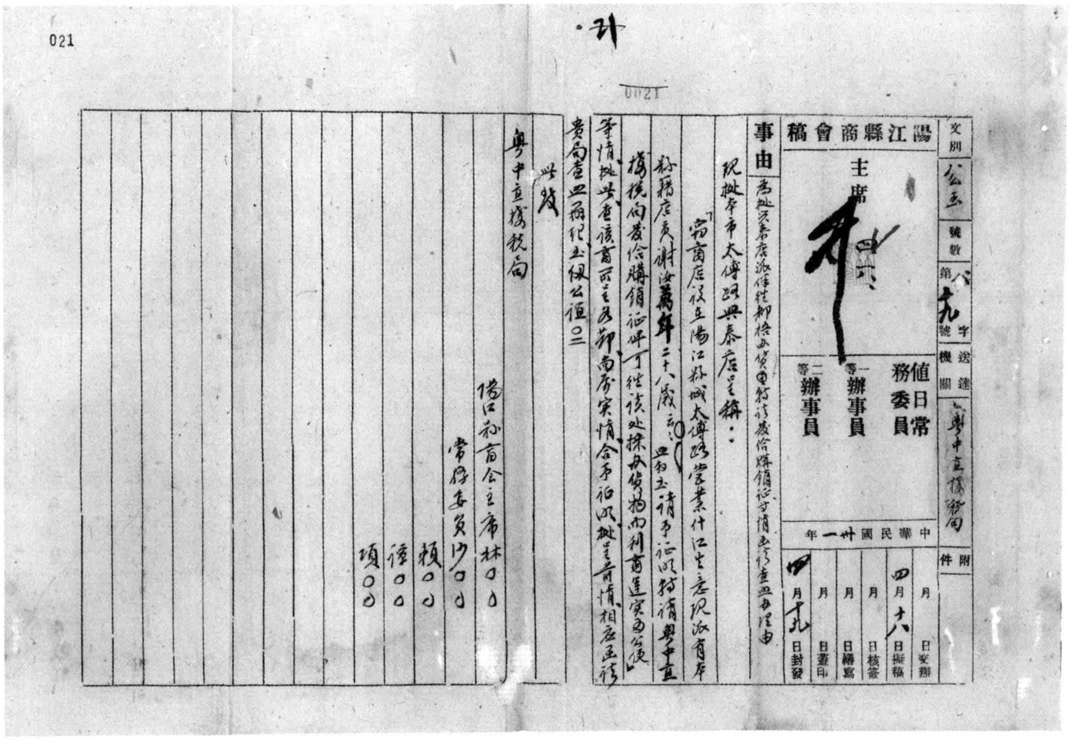

022

~~0022~~

字第　　號

事由：為派伴往都梧採辦貨物請轉粵中直接稅局發給購銷證事

具呈人興泰店大傅路門牌七拾叁號

為派伴往都梧採辦貨物請轉粵中直接稅局發給購銷證事。現派有本縣籍店員謝汝蔦，現年廿八歲，前往肇慶、都城、梧州等處採辦貨物回陽江發售。現因粵西直接稅局安住三埠，領得「粵中直接稅局」住商購銷證方許在該處辦貨，誠恐無購銷證不能採辦，請予證明，轉請粵中直接稅局發給購銷證，俾可往該處採辦貨物而利商運，以便交通，實為公便。

謹呈

陽江縣商會主席林

中華民國卅一年四月十七日

卅一年四月十八日

220. 阳江县商会发给龙津路次记店购牛皮证明书（1942 年 7 月 3 日）+ 附：阳江县次记店致县商会主席林洁予的呈（1942 年 7 月 2 日）

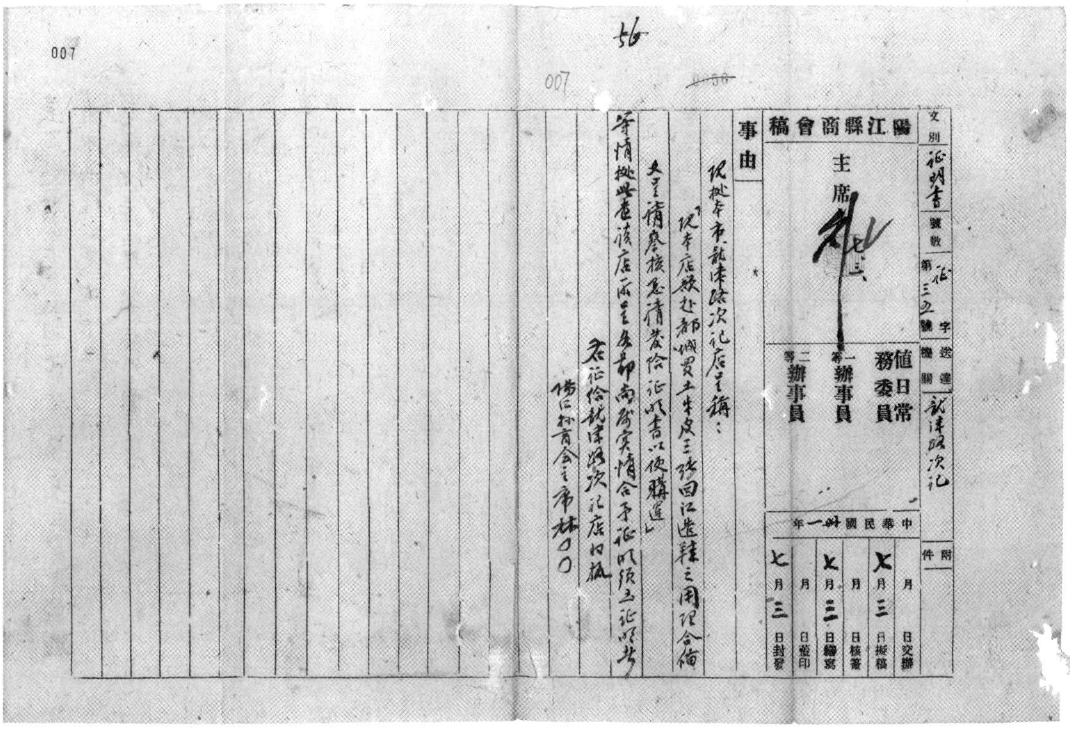

007

56

陽江縣商會稿

文別：證明書

號數：第證三五號字

送達機關：龍津路次記

主席：林

值日常務委員

一等辦事員

二等辦事員

中華民國卅一年

七月三日交辦　七月三日擬稿　月　日核簽　七月三日繕寫　月　日監印　七月三日封發

附件

事由

現據本市龍津路次記店呈稱：「現本店擬赴都城購買土牛皮三張回江造鞋之用，理合備文呈請察核，懇請發給證明書，以便購運」等情。據此，查該店所呈係屬實情，合予證明。須至證明者。

右證給龍津路次記店收執

陽江縣商會主席林○○

009

58

呈為請發買皮証明書事現本店欲赴都城買土牛皮三張回江造鞋之用理合備文呈請

察核懇請發給証明書以便購運

謹呈

陽江商會主席林

謹呈 龍津成芳号

中華民國三十一年七月二日

221. 阳江县商会发给龙津路恩元堂购牛皮造鞋证明书（1942 年 7 月 3 日）+ 附：阳江县恩元堂致县商会主席林洁予的呈（1942 年 7 月 2 日）

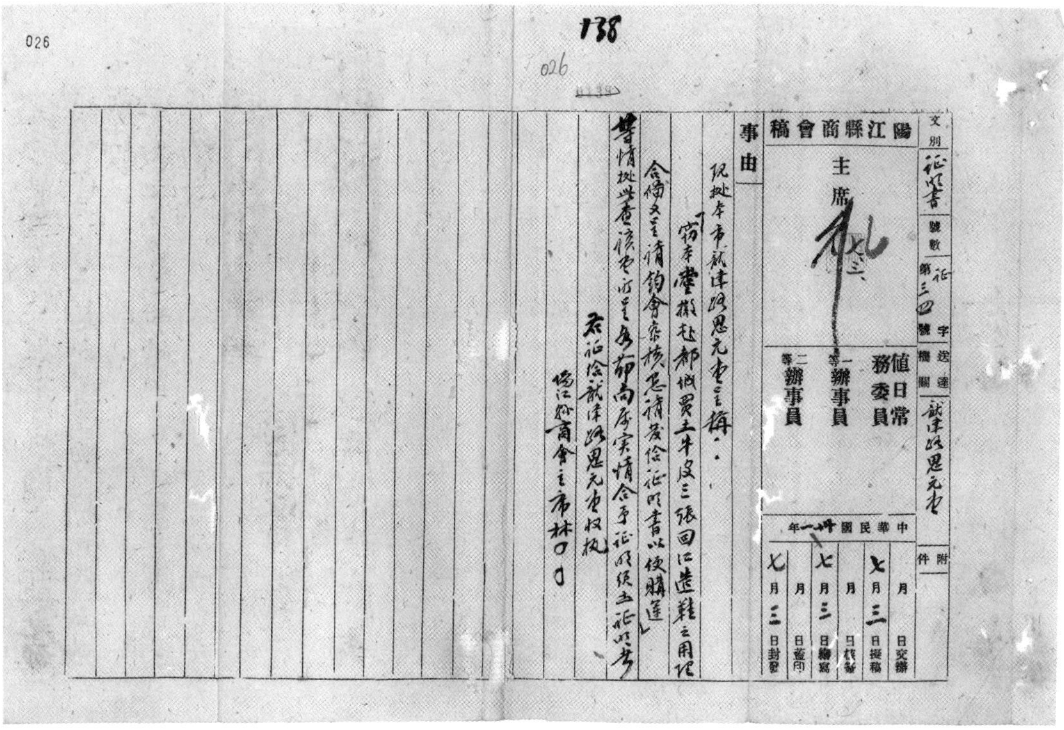

陽江縣商會稿

文別：證明書

號數：第三四號證字

送達機關：龍津路恩元堂

主席：林 七、三

值日常務委員

一等辦事員

二等辦事員

中華民國卅一年 七月三日交辦 月 日擬稿 七月三日核簽 月 日繕寫 七月三日蓋印 月 日封發 七月三日

附件

事由

現據本市龍津路恩元堂呈稱：「竊本堂擬赴都城買土牛皮三張回江造鞋之用，理合備文呈請鈞會察核，恩請發給證明書，以便購運」等情。據此，查該堂所呈各節尚屬實情，合予證明。須至證明書者。

右證給龍津路恩元堂收執

陽江縣商會主席林○○

027

139

027

呈為請發買皮証明書事現本號欲赴都城買土牛皮三張回江造鞋之用理合備文

呈請

察核恳請發給証明書以便購運

謹呈

陽江商會主席林

惠元堂謹呈　龍津路　号

中華民國三十一年七月二日

廿一[illegible]七月三

222. 阳江县商会为胜利店购办短槲子 640 克运往沙扒呈请县政府发给运照（1942 年 8 月 16 日）+ 附：阳江县胜利店致县商会主席林洁予的呈（1942 年 8 月 14 日）

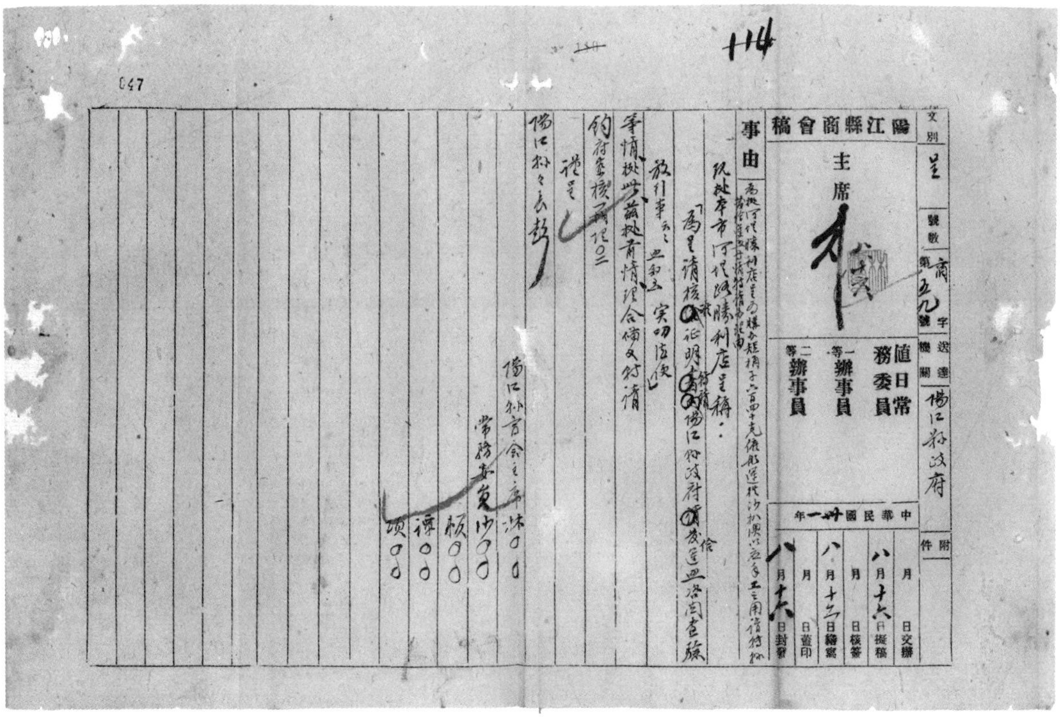

陽江縣商會稿

文別 呈

號數 商字第五九號

送達機關 陽江縣政府

附件

主席

值日常務委員

一等辦事員

二等辦事員

事由

中華民國卅一年

八月十六日擬稿

八月十六日繕寫

八月十六日封發

115

呈

字第　　號

事由：呈為呈請核給證明書向縣府請發運照咨關查驗放行由

中華民國卅一年八月十四日

卅一年八月十四日收到

具呈商陽江勝利號店　陽江城河堤路

呈為呈請核准給證明書俾向陽江縣政府請發給運照咨關查驗放行事。竊商有短桶子六百四十克由華南利船運往邑屬沙扒澳以應手工業之用，理合呈請

鈞會核准出具證明書，俾向陽江縣政府請領運照，并請咨召覺海關分卡查驗放行，以利工商，實切德便。

陽江縣商會主席林

048

223. 阳江县政府关于广成、万安等店购运内销一案致县商会的训令（1942 年 8 月 25 日）

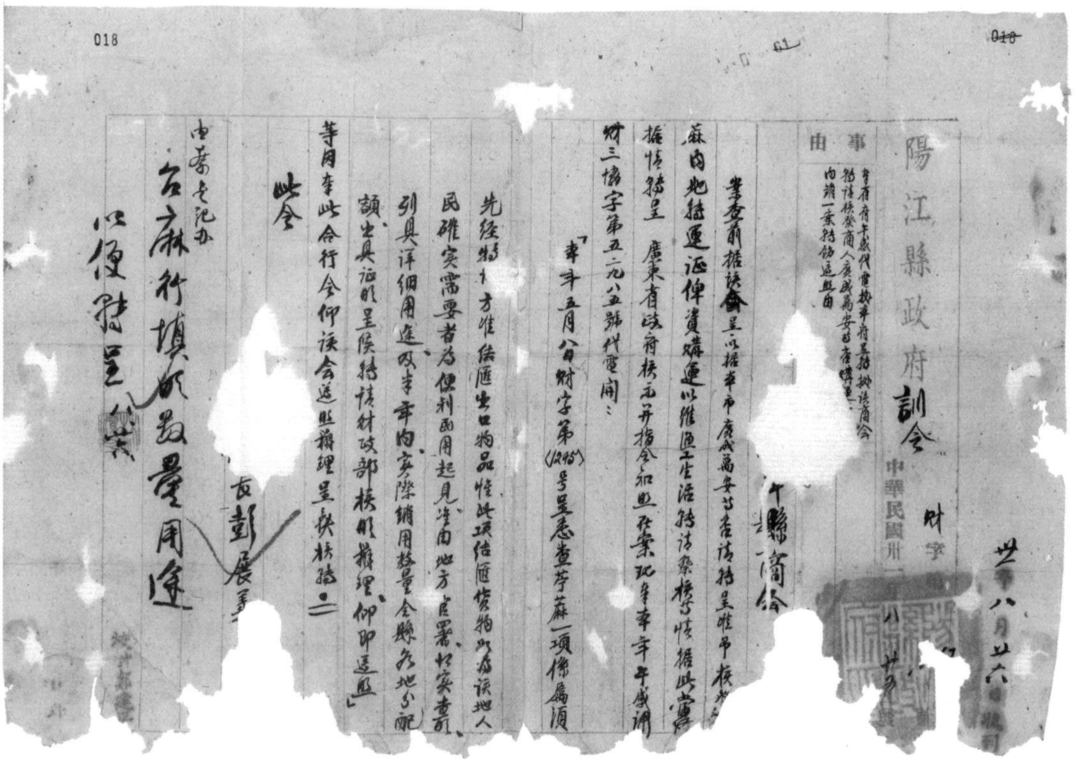

018

陽江縣政府訓令 財字 第 号

事由：一奉省府卡感代電核准府呈請撫該商会轉請核發商人廣成萬安等店購運內銷一案轉飭遵照由

令縣商会

案查前據該会呈以據本市廣成萬安等店請轉呈准予核[illegible]
麻內地轉運俾資購運以維通工生活轉請察核等情據此當經
據情轉呈　廣東省政府核示并指令知照在案現奉本年午感調
財三論字第五二九八五號代電開：
「奉本年五月八日財字第(1245)号呈悉查苧麻一項係屬須
先經特[illegible]方准結匯出口物品惟此項結匯貨物如為該地人
民確實需要者為便利兩用起見准由地方官署切實查明、
引具詳細用途及本年內實際銷用數量全縣各地分配
額出具證明呈候轉請財政部核明辦理、仰即遵照」
等因奉此合行令仰該会遵照辦理呈候核轉。
此令

縣長 彭展[illegible]

中華民國卅一年八月廿五日

由商会記办
各麻行填明數量用途
以便轉呈

224. 阳江县商会为悦安杉店拟办杉木、棺木取道内地路线运往平冈等处销售呈请县政府发给证明书（1942 年 8 月 28 日）+ 附：阳江县悦安杉店经理陈祥开致县商会主席林洁予的呈（1942 年 8 月 28 日）

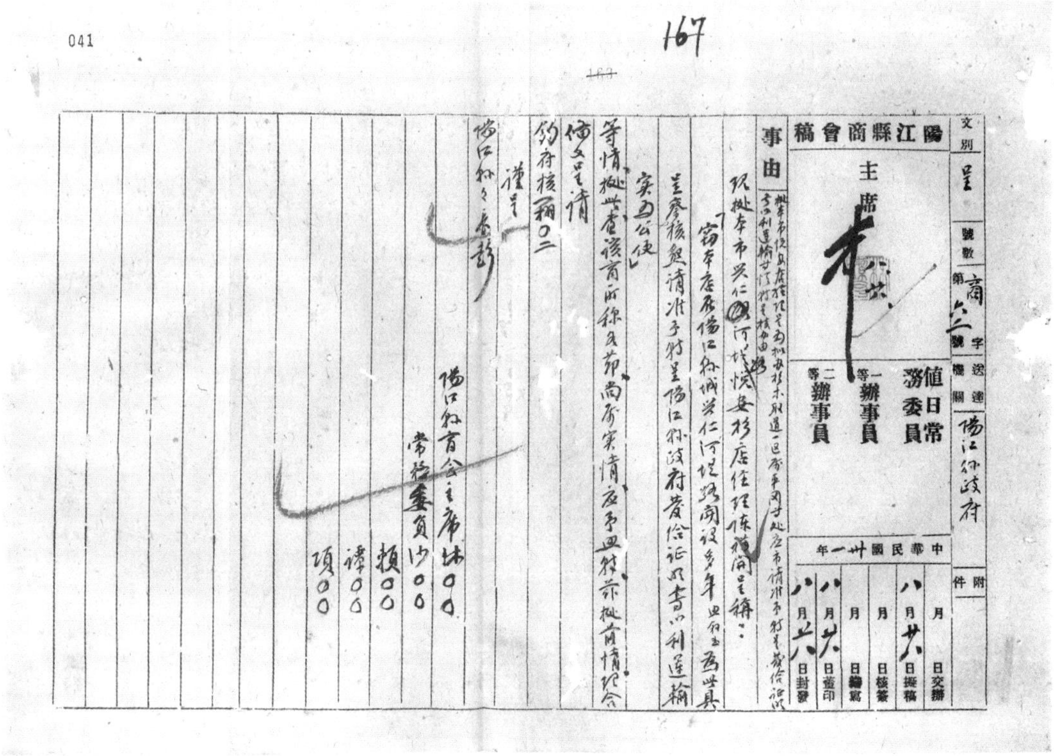

041

167

陽江縣商會稿

文別：呈

號數：第商六二號字

送達機關：陽江縣政府

主席　林

值日常務委員

一等辦事員

二等辦事員

事由：據本市悅安杉店經理陳祥開呈請……

中華民國卅一年 八月廿八日擬稿 八月廿八日蓋印 八月廿八日封發

附件

現據本市興仁河堤悅安杉店經理陳祥開呈稱：「竊本店原在陽江縣城興仁河堤路開設多年……具呈參核，懇請准予轉呈陽江縣政府發給證明書，以利運輸」等情。據此，查該商所稱各節尚屬實情，應予照轉，并擬前情理合備文呈請鈞府核辦，實為公便。

謹呈

陽江縣縣長彭

陽江縣商會主席林○○

常務委員沙○○

顏○○

譚○○

項○○

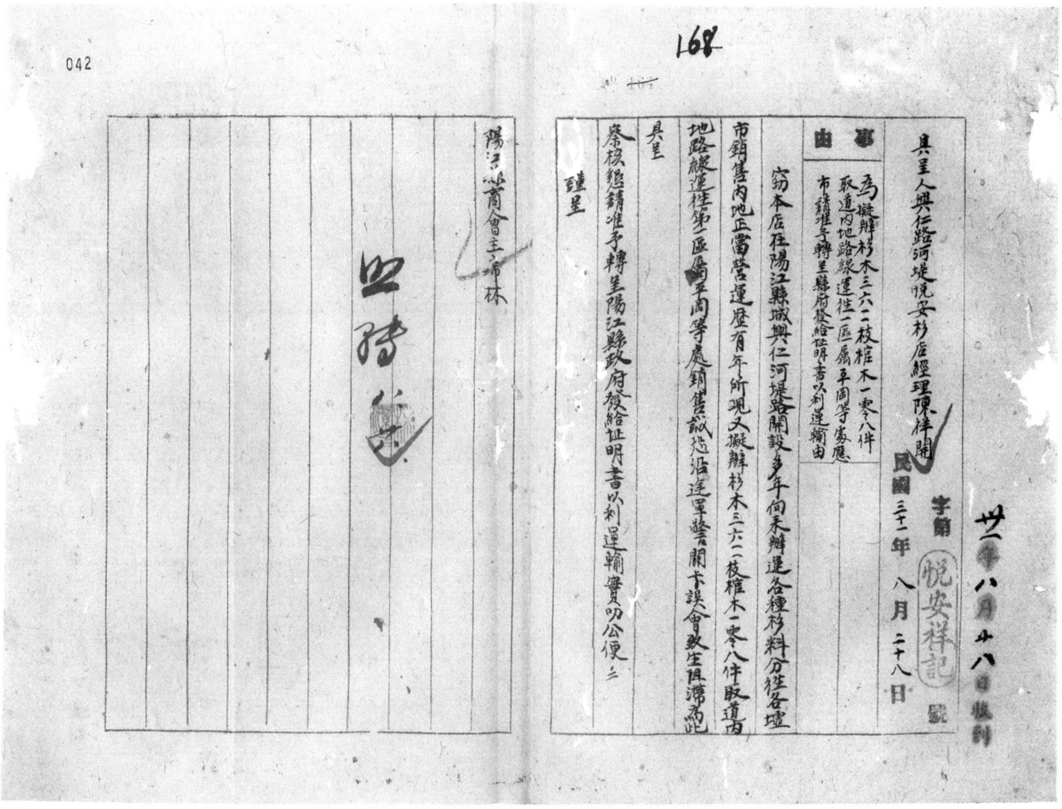

168

具呈人興仁路河堤悅安杉店經理陳祥開

字第　號

民國三十一年八月二十八日

卅一年八月廿八日收到

事由：為擬辦杉木三六一一枝、椲木一零八件，取道内地路線運往一區屬平岡等處應市銷售，呈請轉呈縣府發給証明書以利運輸由

竊本店在陽江縣城興仁河堤路開設多年，向來辦運各種杉料分往各墟市銷售内地，正當營運歷有年所。現又擬辦杉木三六一一枝、椲木一零八件，取道内地路線運往第一區屬平岡等處銷售，誠恐沿途軍警關卡誤會，致生阻滯。為此具呈

察核，懇請准予轉呈陽江縣政府發給証明書，以利運輸，實叨公便。

謹呈

陽江縣商會主席林

225. 阳江县商会为闸坡永新船厂购备桐油呈请县政府核发证明书（1942 年 9 月 1 日）
+ 附：阳江县闸坡永新船厂司理李芝等致县商会主席林洁予的呈（1942 年 9 月 1 日）

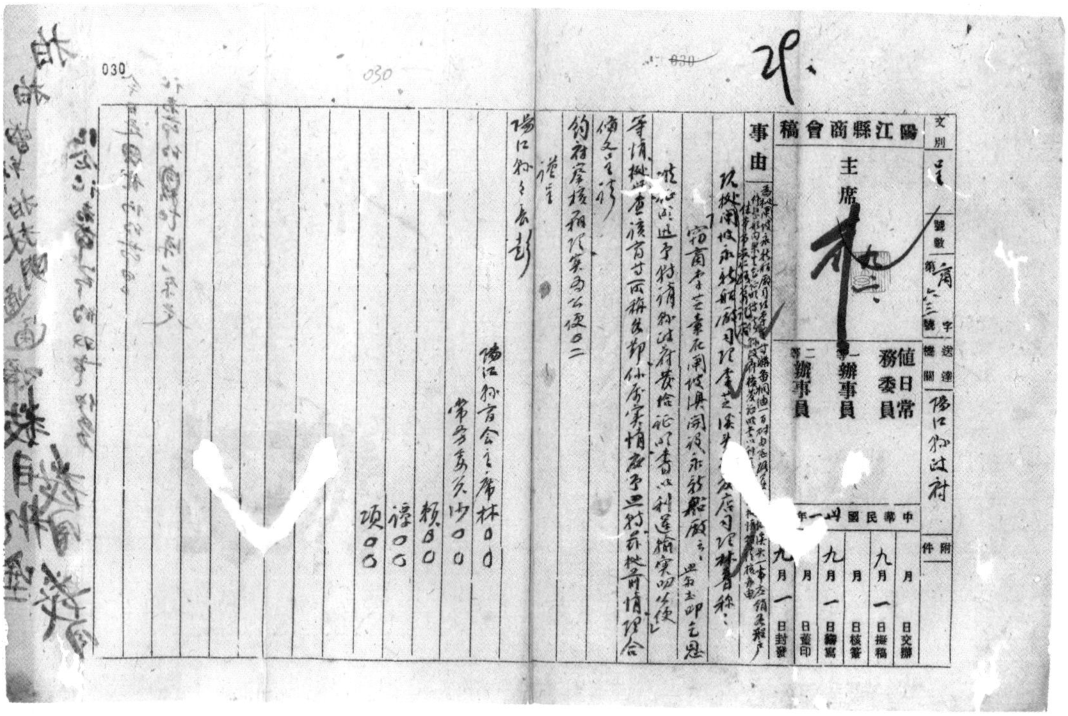

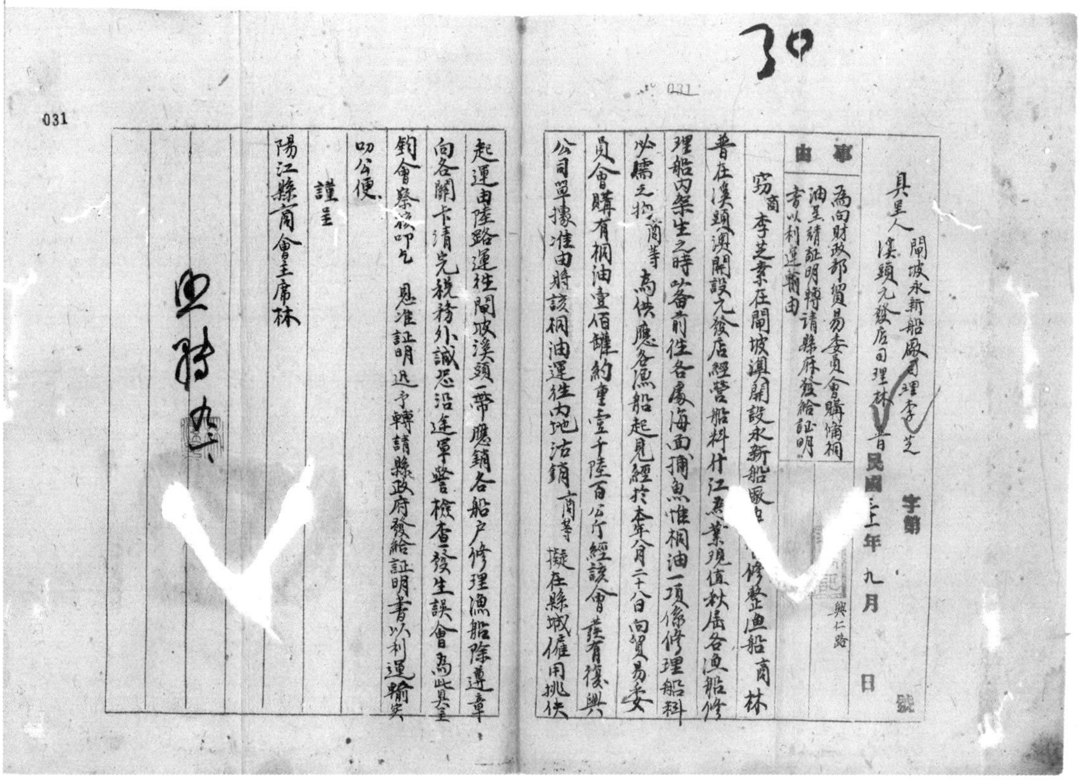

30

031

具呈人　閘坡永新船廠司理李芝棠
　　　　溪頭元發店司理林晋
字第　　號
民國三十年　九月　　日

事由：為向財政部貿易委員會購備桐油呈請証明轉請縣府發給証明書以利運輸由

竊商李芝棠在閘坡鎮開設永新船廠修整漁船，商林晋在溪頭鎮開設元發店經營船料什江貨業，現值秋届各漁船修理船内桀生之時，必需前往各處海面捕魚，惟桐油一項係修理船料必需之物，商等為供應各漁船起見，經於本年八月二十八日向貿易委員會購有桐油壹佰罐，約重壹千陸百公斤，經該會蕫有復興公司單據，准由將該桐油運往內地沽銷，商等擬在縣城僱用挑伕起運，由陸路運往閘坡、溪頭一帶，應銷各船户修理漁船，除遵章向各關卡清完稅務外，誠恐沿途軍警檢查發生誤會，為此具呈鈞會察核，叩乞恩准証明，迅予轉請縣政府發給証明書，以利運輸，實叨公便。

謹呈

陽江縣商會主席林

031

226. 阳江县商会发给艳记栈雇船运载疏散贮存松香回城沽销证明书（1942 年 9 月 16 日）+ 附：阳江县艳记栈店东邓开荣致县商会主席林洁予的呈、阳江县商会证明书（1942 年 9 月）

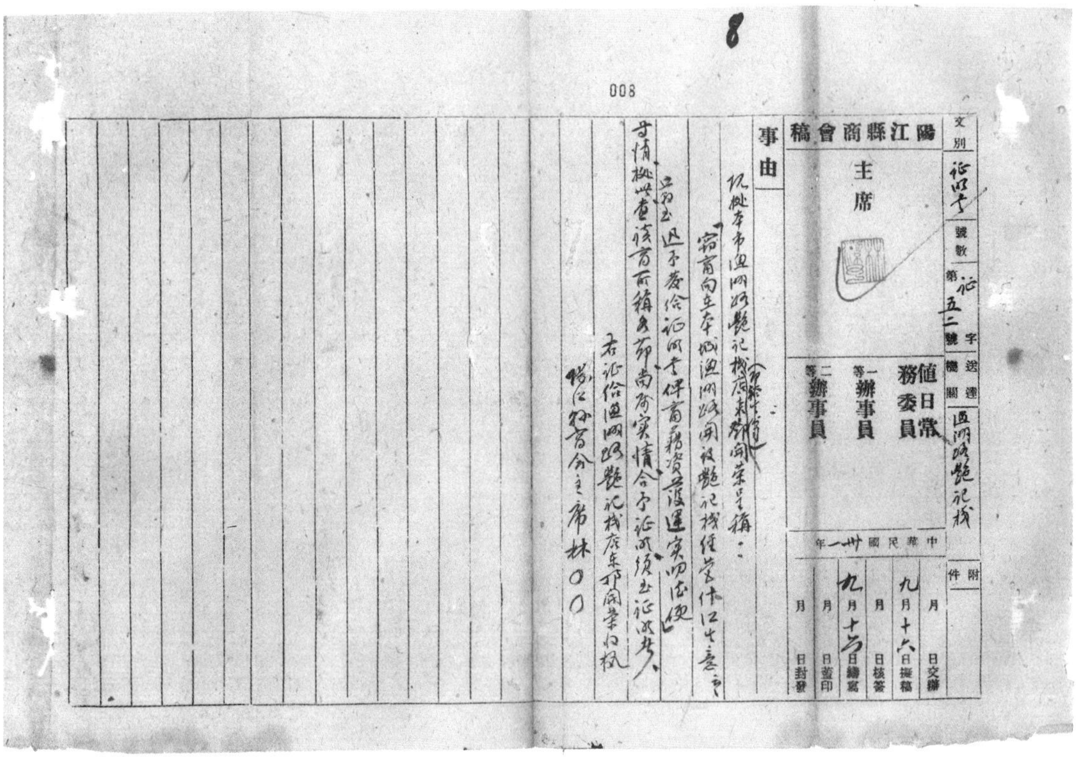

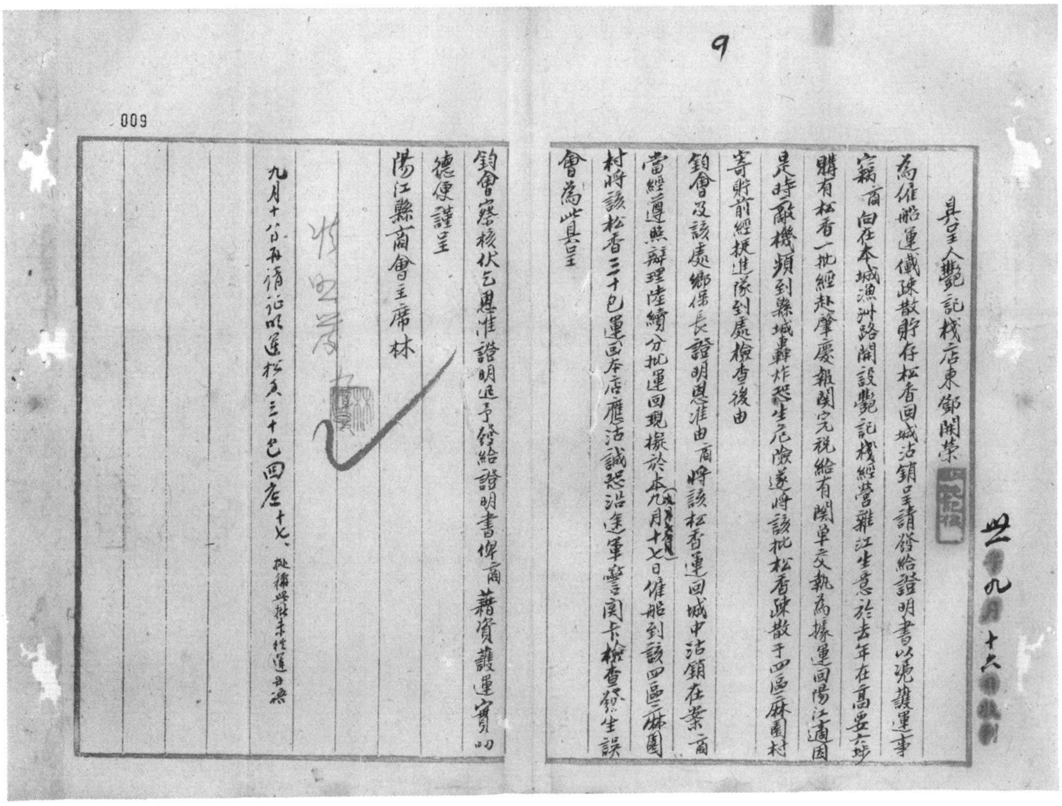

9

具呈人艷記棧店東鄧閑榮

為僱船運儎疎散貯存松香回城沽銷呈請發給證明書以憑護運事

竊商向在本城漁洲路開設艷記棧經營雜江生意於去年在高要六步購有松香一批經赴肇慶報関完稅給有関單文執為據運回陽江適因是時敵機頻到縣城轟炸恐生危險遂將該批松香疎散于四區麻園村寄貯前經挭進隊到處檢查後由

鈞會及該處鄉保長證明恩准由商將該松香運回城中沽銷在案商當經遵照辦理陸續分批運回現擬於本九月十七日僱船到該四區麻園村將該松香三十包運回本店應沽誠恐沿途軍警関卡檢查發生誤會為此具呈

鈞會察核伏乞恩准證明迅予發給證明書俾商藉資護運實叨

德便謹呈

陽江縣商會主席林

九月十八日再請証明運松香三十包回店十七、

卅　九　十六

009

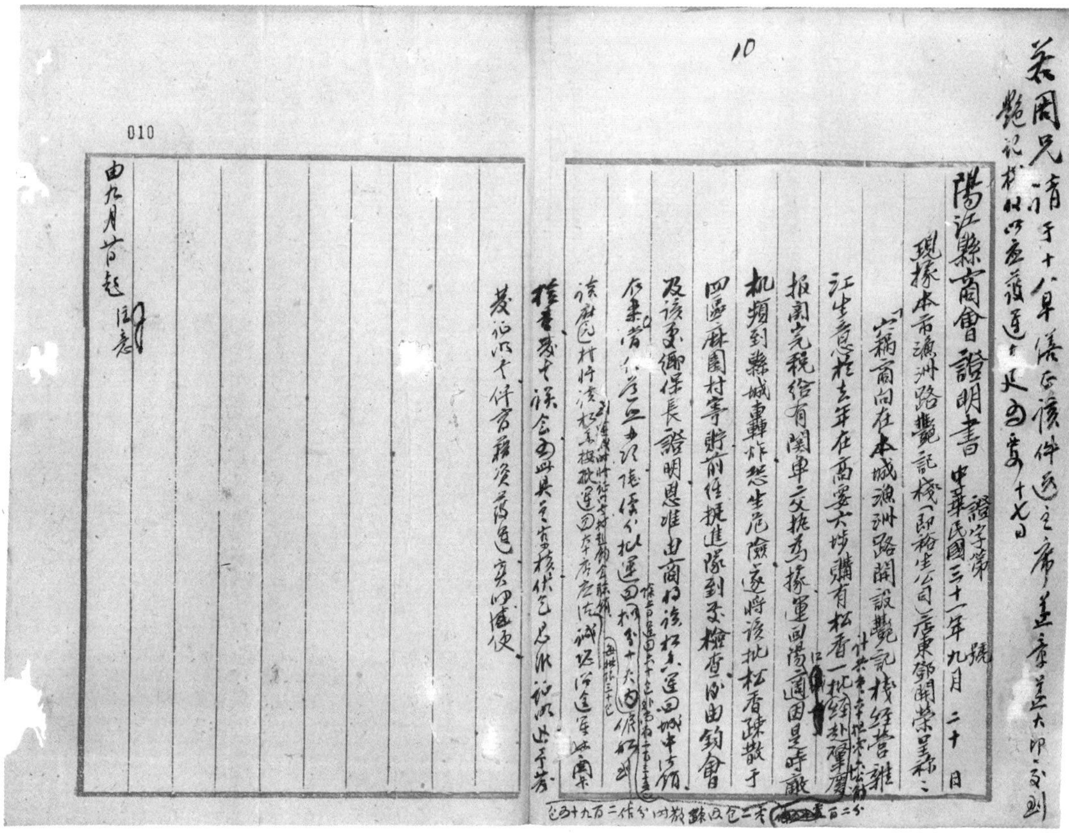

阳江县商会证明书　证字第　号

中华民国三十一年九月二十日

现据本市渔洲路艳记栈（即裕生公司）店东邓开荣呈称：窃商向在本城渔洲路开设艳记栈经营杂江生意，于去年在高要六步购有松香一批，经赴肇庆报关完税，给有关单二交，挑为掾运回阳，适因是时敌机频到县城轰炸，恐生危险，遂将该批松香疏散于四区麻园村寄贮，前经挑进队到来检查，亦由钧会及该处乡保长证明……[illegible]

227. 阳江县商会为泰章栈店运输青臼麻运回县城沽售函请雷州关阳江段总办事处发给证明书（1942 年 10 月 29 日）

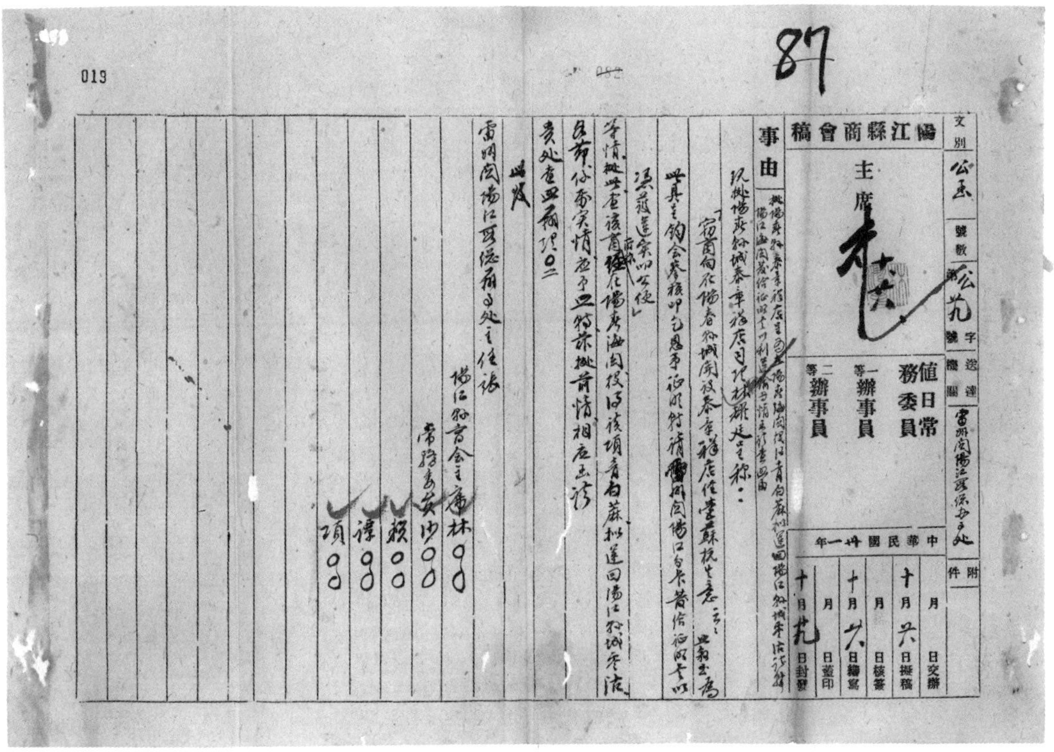
陽江縣商會稿

事由

主席

值日常務委員

一等辦事員

二等辦事員

文別 公函

中華民國卅一年

228. 阳江县商会发给新义利店证明书以凭申请运输执照（1942 年 12 月 17 日）

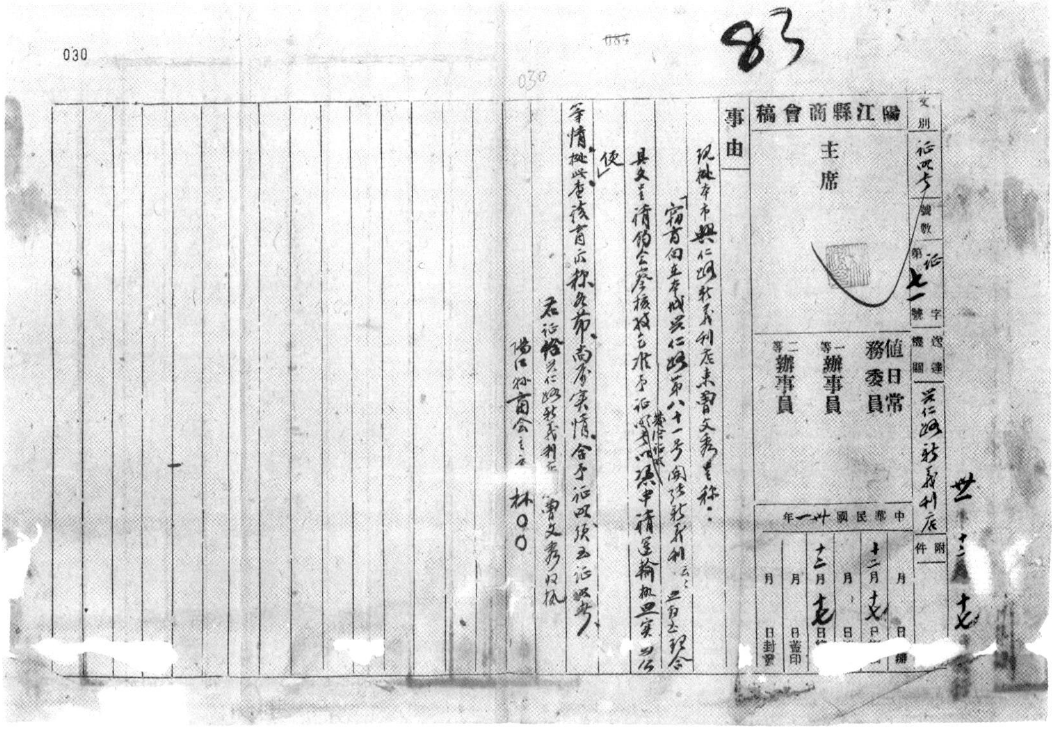
030

83

陽江縣商會稿

文別：證明書

號數：第證七一號字

送達機關：吳仁興新義利店

附件

主席

值日常務委員

一等辦事員

二等辦事員

中華民國卅一年十二月十七日

事由

現據本市吳仁興新義利店東曾文秀呈稱：「竊商向在本市城吳仁興第八十一號開張新義利……云云」等情。據此，查該商所稱……實情，合予證明……

右證給吳仁興新義利店曾文秀收執

陽江縣商會主席　林〇〇

229. 阳江县腾昌号呈县商会转请县政府发给证明书以便起运以免沿途军警税卡留难（1942 年 12 月 21 日）

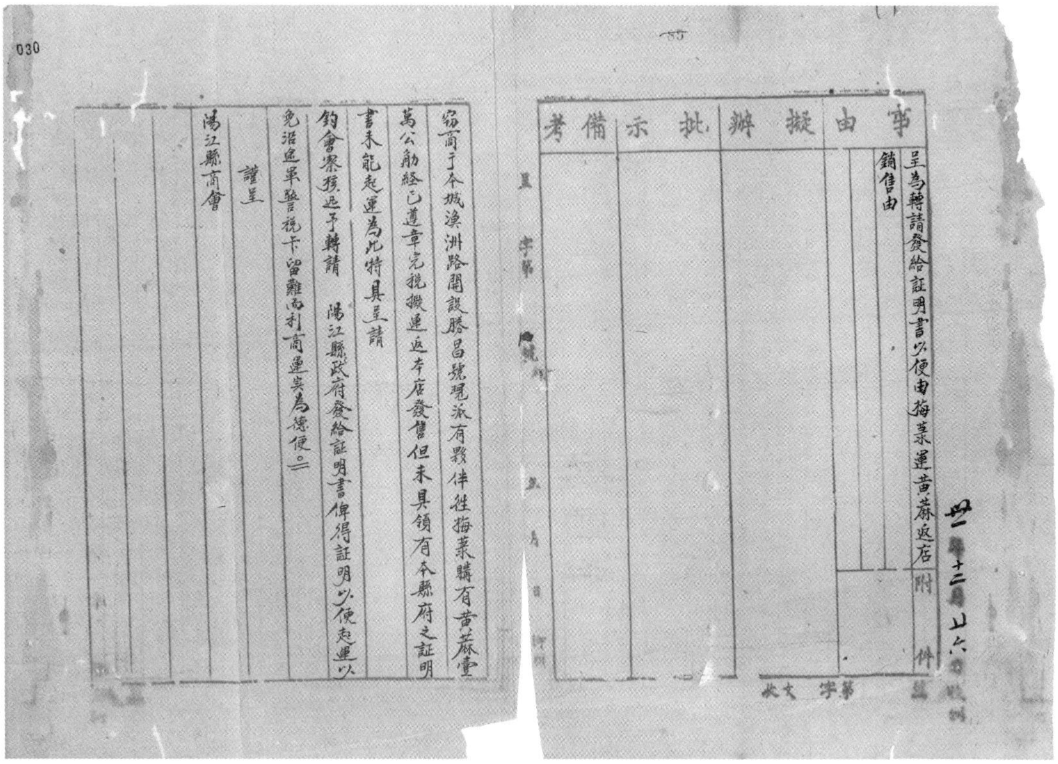

事由	擬辦	批示	備考
呈為轉請發給証明書以便由梅菉運黃蔴返店銷售由			
附件			

卅一年十二月廿六日

收文 字第 號

竊商于本城漁洲路開設滕昌號現派有夥伴往梅菉購有黃蔴壹萬公斤經已遵章完税擬運返本店發售但未具領有本縣府之証明書未能起運為此特具呈請

鈞會察核迅予轉請 陽江縣政府發給証明書俾得証明以便起運以免沿途軍警税卡留難而利商運實為德便

謹呈

陽江縣商會

031　~~86~~

如腊十二号

具呈人司徒紹貽

商店勝昌號

230. 阳江县政府关于 1942 年 11 月份各商请领购运物品内销证申请书分别存档致县商会主席林洁予的指令（1943 年 2 月 2 日）

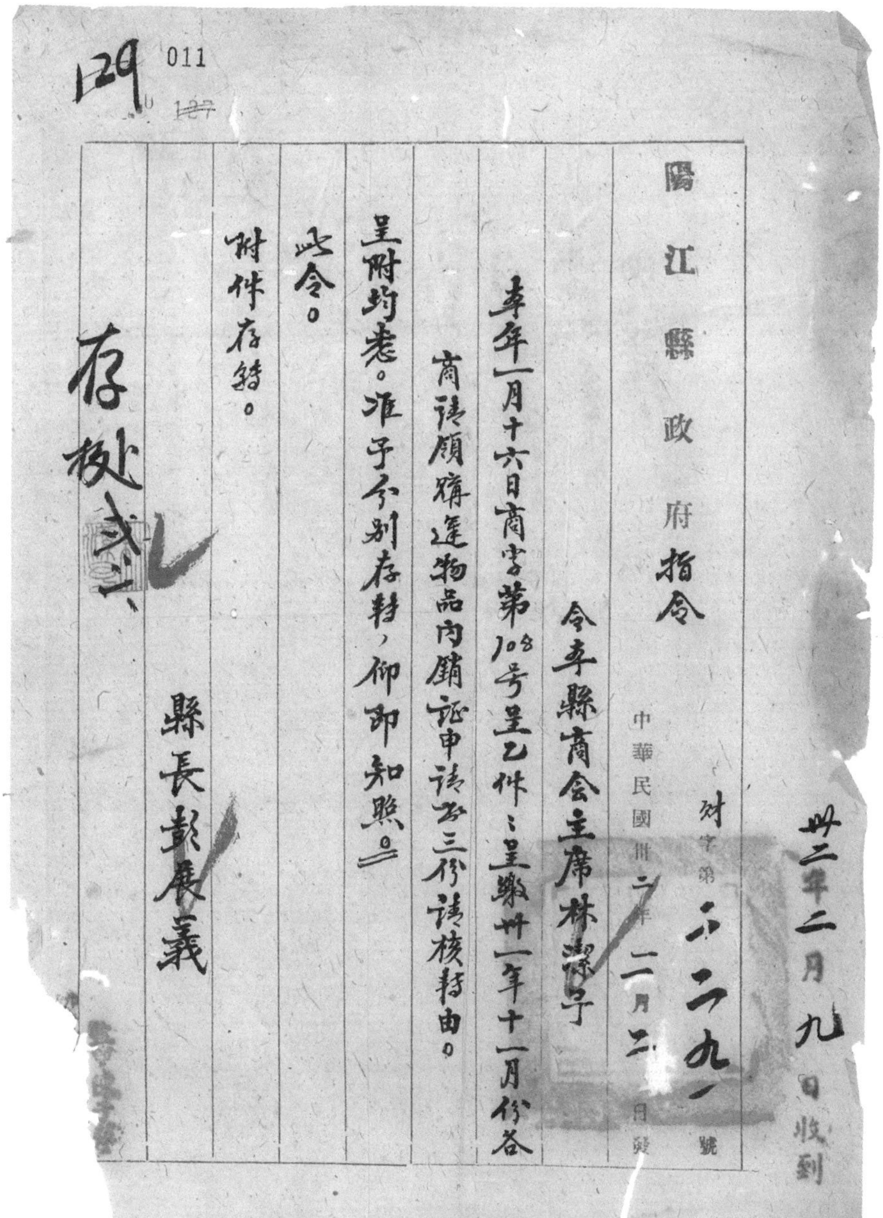

陽江縣政府指令

財字第一二九號

中華民國卅二年二月二日發

令本縣商會主席林潔予

本年一月十六日商字第108号呈乙件：呈繳卅一年十一月份各商請領購運物品內銷証申請書三份請核轉由。

呈附均悉。准予分別存轉，仰即知照。

此令。

附件存轉。

縣長彭展義

卅二年二月九日收到

231. 阳江县商会关于内销购运证明书补发困难情形函请雷州关阳江段总办事处主任查照（1943 年 2 月 15 日）

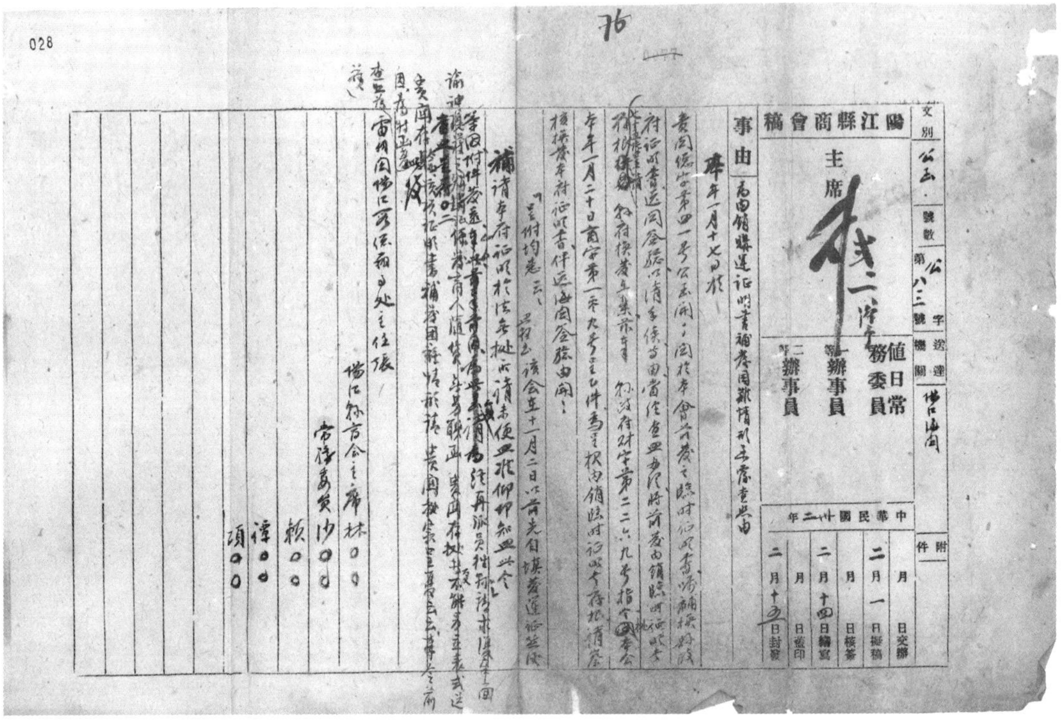

232. 两阳利济电船公司呈阳江县商会转呈县政府请发给运油运照（1944 年 10 月 24 日）

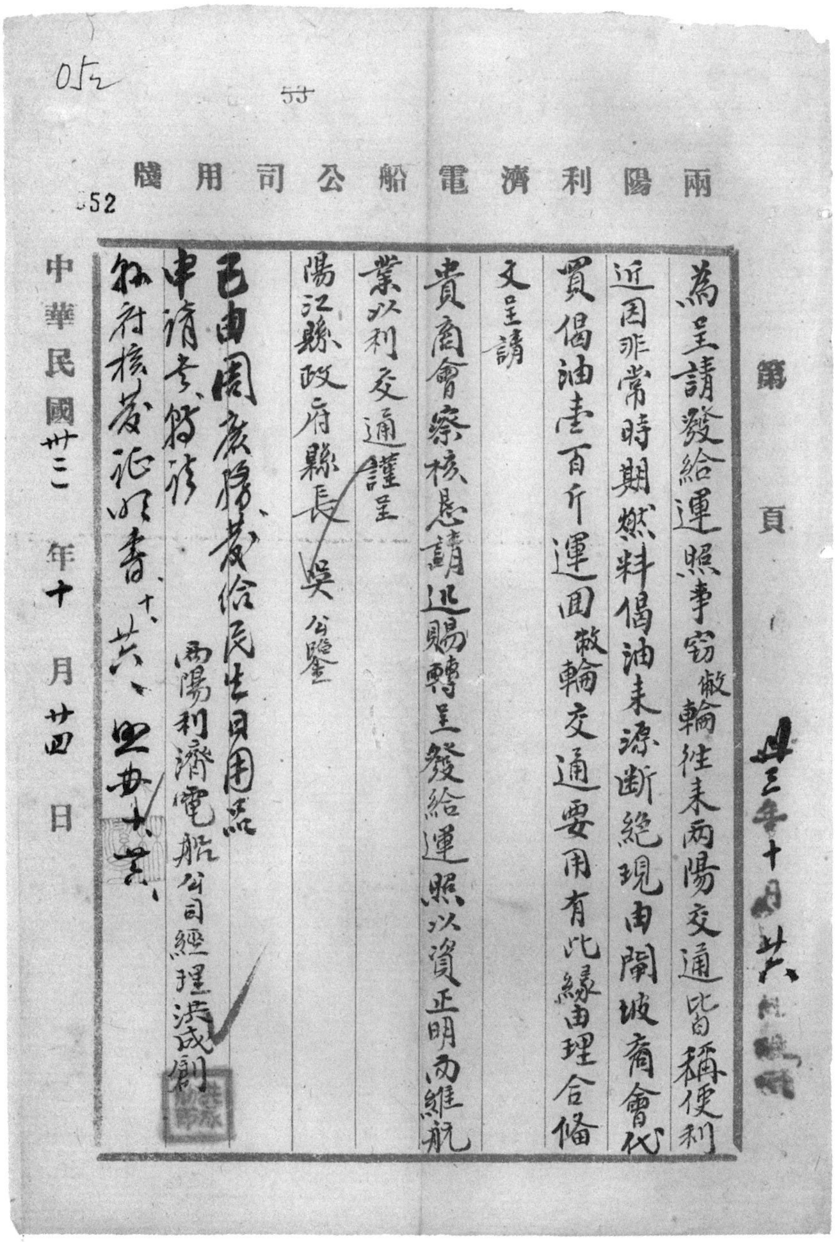

052

53

兩陽利濟電船公司用牋

第 頁

為呈請發給運照事竊敝輪往來兩陽交通皆稱便利近因非常時期燃料偈油來源斷絕現由閘坡商會代買偈油壹百斤運回敝輪交通要用有此緣由理合備文呈請

貴商會察核恳請迅賜轉呈發給運照以資正明而維航業以利交通謹呈

陽江縣政府縣長吳 公鑒

兩陽利濟電船公司經理洪成創

中華民國卅三年十月廿四日

已由周廣勝發給民生日用品申請書暫存祈府核發此呈 十、廿六

卅三年十月廿六日

233. 阳江县馥珍店呈请县商会为何德立由阳江返新会发给证明书（1944 年 10 月 29 日）

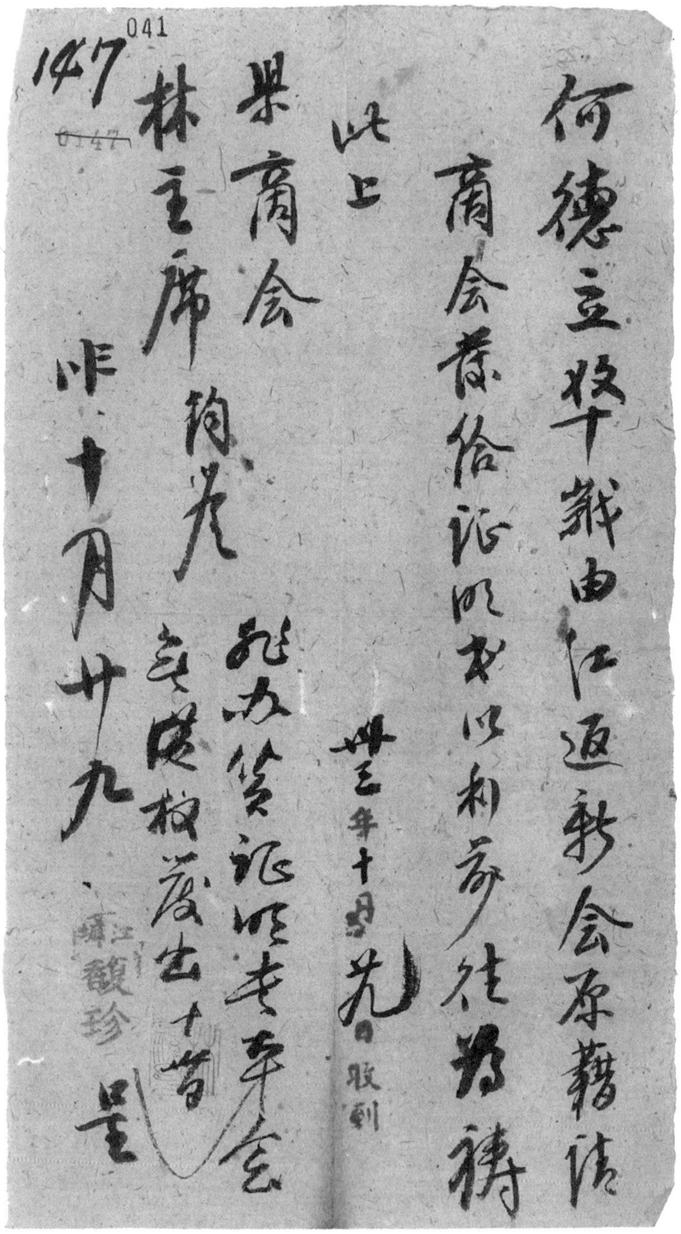

何德立将华藉由江返新会原籍请
商会发给证明书以利旅行为祷
此上
县商会
林主席钧鉴
阳江馥珍 呈
卅、十月廿九

234. 阳江县焕隆厂厂东赖毓荣呈县商会转请县政府发给证明书购买杉柴俾燃料有着（1944 年 11 月 16 日）

074

具呈人煥隆廠廠東賴毓榮年三十七歲一區城北鄉石灣村

為杉柴短少呈請據情轉請　縣府發給証明書俾得燃燒缸瓦有料以資

護運事竊商向在本縣一區城北鄉石灣村開設煥隆廠繞營業缸瓦窯意

歷經有年所需燃料係以杉柴每月需杉柴二萬公斤年約共需二十

四萬公斤又查縣屬城北鄉独州村設有永昌缸瓦廠所需燃料亦年約需二十四

萬公斤兩廠合共四十八萬公斤亟應設法採購近因本縣杉柴來源短少商廠之

缸瓦無此杉柴燃燒以致生產缸瓦幾將斷絕商擬向陽春縣屬碑面圩購買破

碎杉柴每條長度一尺二寸并不能作其他器材等用理合呈請

鈞會察核敬乞俯予據情轉請　縣政府發給證明書由商每廠每月購買該杉柴

二萬公斤俾燃料有着以資護運實叨恩便謹呈

陽江縣商會理事長林

查該兩廠每月燒缸瓦……須杉柴壹百公担所請核今之數尚無不合

應予照轉　十一、十六

卅三 十一月十六

235. 阳江县参议会关于财政部供电木材解除禁运一案函请县商会查照（1946 年 1 月 2 日）

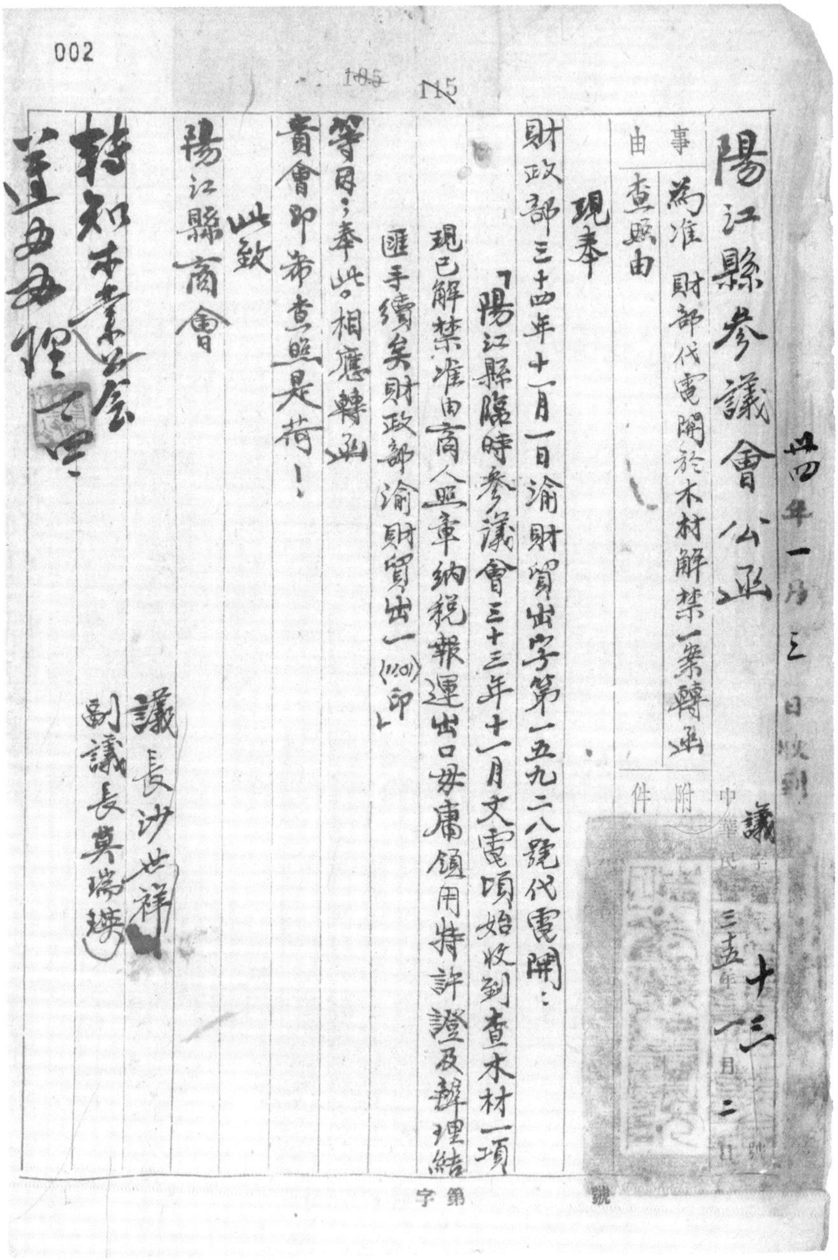
002

陽江縣參議會公函

卅四年一月三日收到

中華民國三十五年一月二日　議字第十二號

事由：為准財部代電開於木材解禁一案轉函查照由

附件

現奉

財政部三十四年十一月一日渝財貿出字第一五九二八號代電開：「陽江縣臨時參議會三十三年十一月文電頃始收到查木材一項現已解禁准由商人照章納稅報運出口毋庸領用特許證及辦理結匯手續矣財政部渝財貿出一（1101）印」等因；奉此相應轉函

貴會即希查照是荷！

此致

陽江縣商會

議長沙世祥

副議長莫瑞璜

轉知本業公會遵照辦理

236. 阳江县福阳电气公司为购买偈油江门海关不准放行函请县商会设法救济出具证明（1947 年 7 月 12 日）

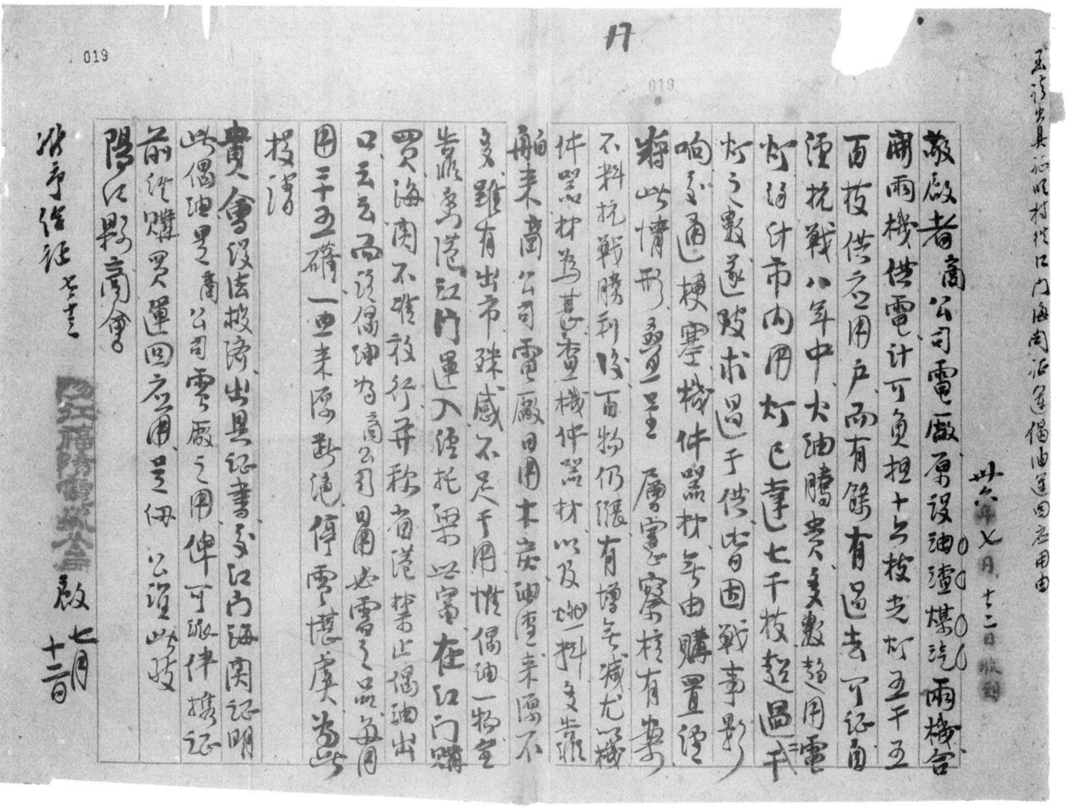

函請出具証明於江門海関准運偈油運回應用由

卅六年七月十二日收到

敬啓者：商公司電廠原設油渣煤汽兩機，合
開兩機供電，計可負担十六枝光燈五千五
百枝，供應用戶而有餘，有邑志可証。自
經抗戰八年中，火油騰貴，更數趋用電
燈，計市內用燈已達七千枝，超過式
燈之數，遂致求過于供。皆因戰事影
响，交通梗塞，機件器材無由購置，遂
將此情形分呈 廣東宴察核有案。
不料抗戰勝利後，百物仍漲，有增無減，尤以機
件器材為甚。查機件器材以及燃料更告飛
漲。本商公司電廠日用木炭油渣來源不
多，雖有出市，殊感不足于用。惟偈油一物，重
告飛漲。江門運入經托罢以當在江門購
買，海関不准放行，并稱香港禁止偈油出
口云云。而該偈油為商公司日用必需之品，每月
用三千五磅，一無來源，勢必停電，堪虞。為此
懇請
貴會設法救濟，出具証書，向江門海関証明
此偈油是商公司電廠之用，俾可照准，携証
前往購買運回應用，是所公便。此致
陽江縣商會
陽江福陽電氣公司 啓 七月十二日
特予保証 為荷

237. 阳江县商会为福阳电力公司购买偈油江门海关不准放行发给证明书（1947 年 7 月 19 日）

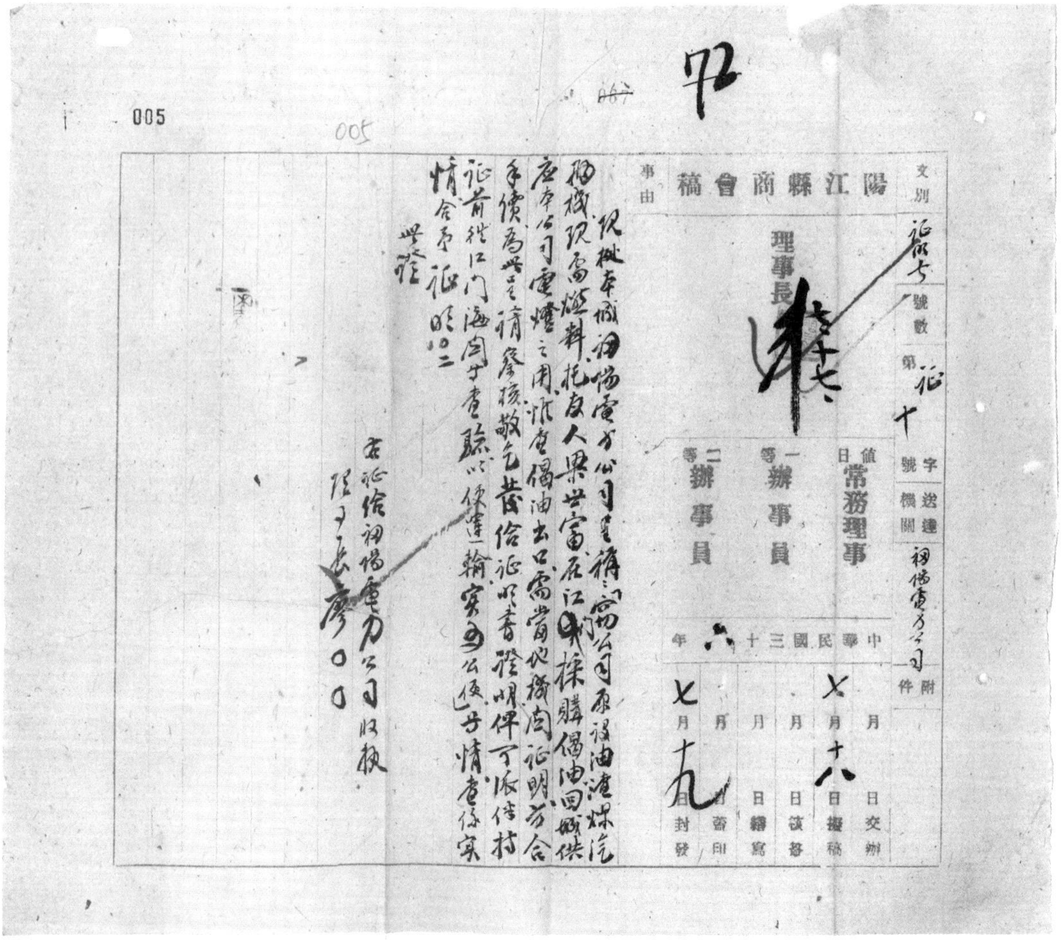
陽江縣商會稿
文別：證明書
號數：第證十號
事由：
理事長
常務理事
一等辦事員
二等辦事員
送達機關：福陽電力公司
中華民國三十六年七月十八日擬稿，七月十九日封發

現據本城福陽電力公司電稱：「竊公司原設油渣燃汽動機，現需燃料，托友人梁世富在江門採購偈油回城供應本公司電燈之用，惟查偈油出口需當地機關證明方合手續，為此呈請察核，敬乞發給證明書，俾可依法持證前往江門海關申查驗，以便運輸，實為公便」等情，查係實情，合予證明。此證

右證給福陽電力公司收執

理事長　廖〇〇

238. 阳江县商会因宏发源店伴韦炳前往广州办货未领有本人身份证发给证明书（1948 年 3 月 6 日）

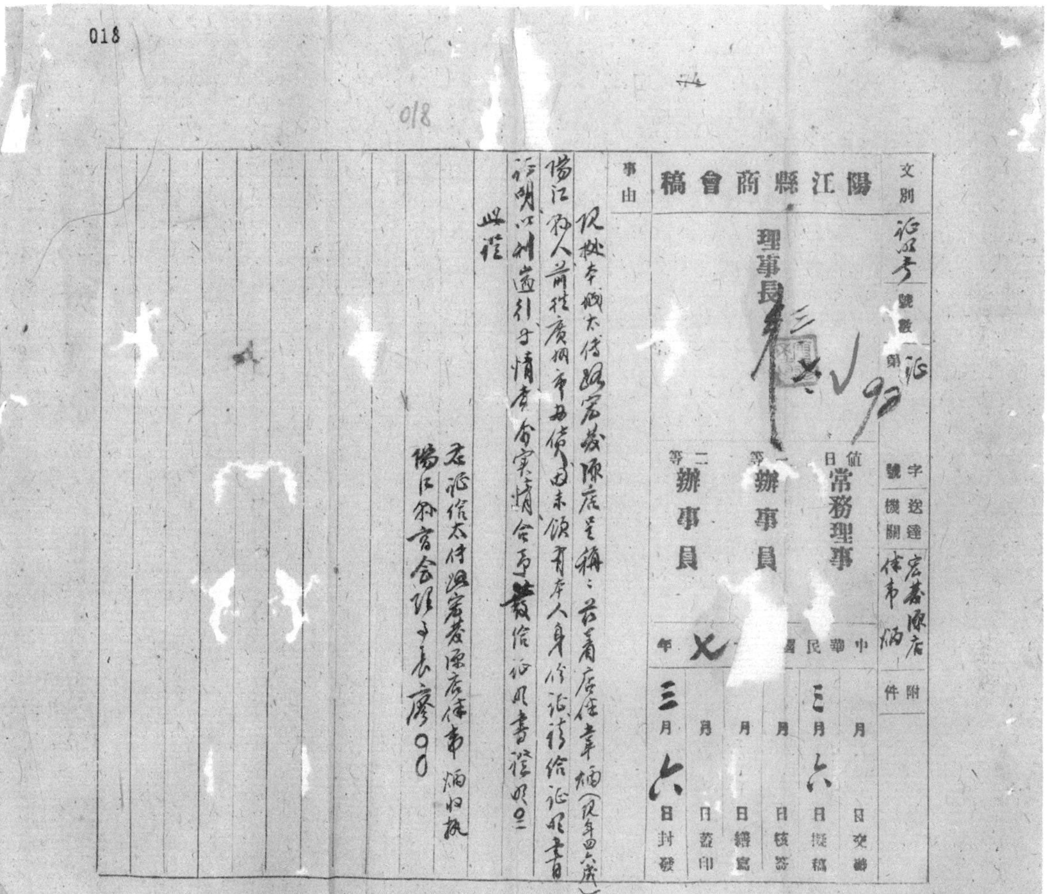
018

陽江縣商會稿

文別：證明書

字號：第　號

送達機關：宏發源店伴韋炳

附件

理事長

常務理事

一等辦事員

二等辦事員

中華民國三十七年

三月六日擬稿

三月六日封發

事由

現據本城太傅路宏發源店呈稱：茲有店伴韋炳（現年四十六歲）陽江縣人，前往廣州市辦貨，因未領有本人身份證，請發給證明書，證明以利通行等情，查尚實情，合予發給證明書證明之。

此證

右證給太傅路宏發源店伴韋炳收執

陽江縣商會理事長廖○○

239. 阳江县商会关于大水各货内地运销仍否受检查案经交由出席代表呈报致广东省商会联合会的公函（1948 年 11 月 12 日）

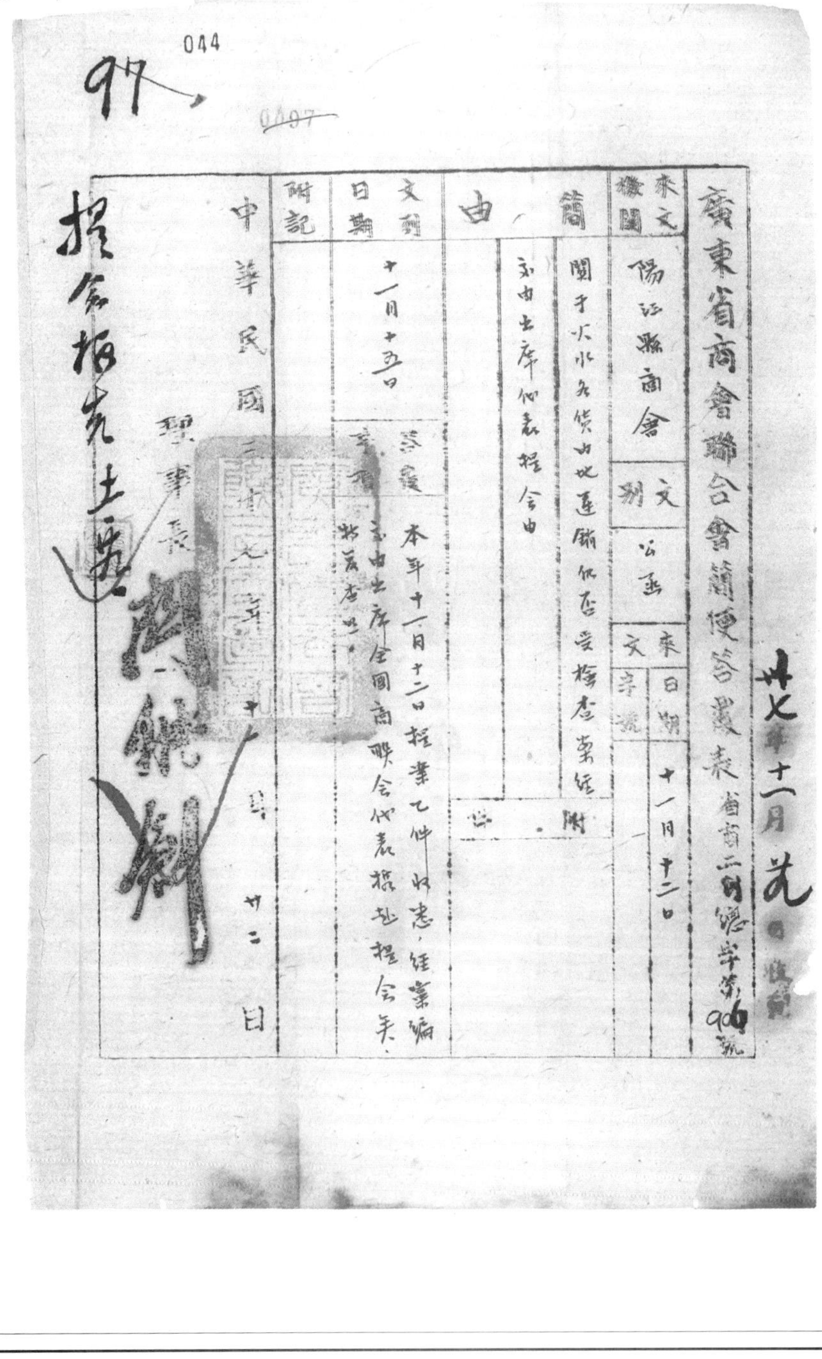
廣東省商會聯合會簡便答覆表 省商二字第906號

來文機關	陽江縣商會
文別	公函
來文日期	十一月十二日
簡由	關于大水各貨內地運銷仍否受檢查案經交由出席代表提會由
文到日期	十一月十五日
答覆	本年十一月十二日提案乙件收悉，經案編交由出席全國商聯會代表根據提會矣，特復查照。
附記	

中華民國三十七年十一月廿二日

理事長

240. 阳江县和发拖渡业主张和钧呈请县商会开具证明由江门载运返江货物以凭转报注销（1949 年 6 月 23 日）

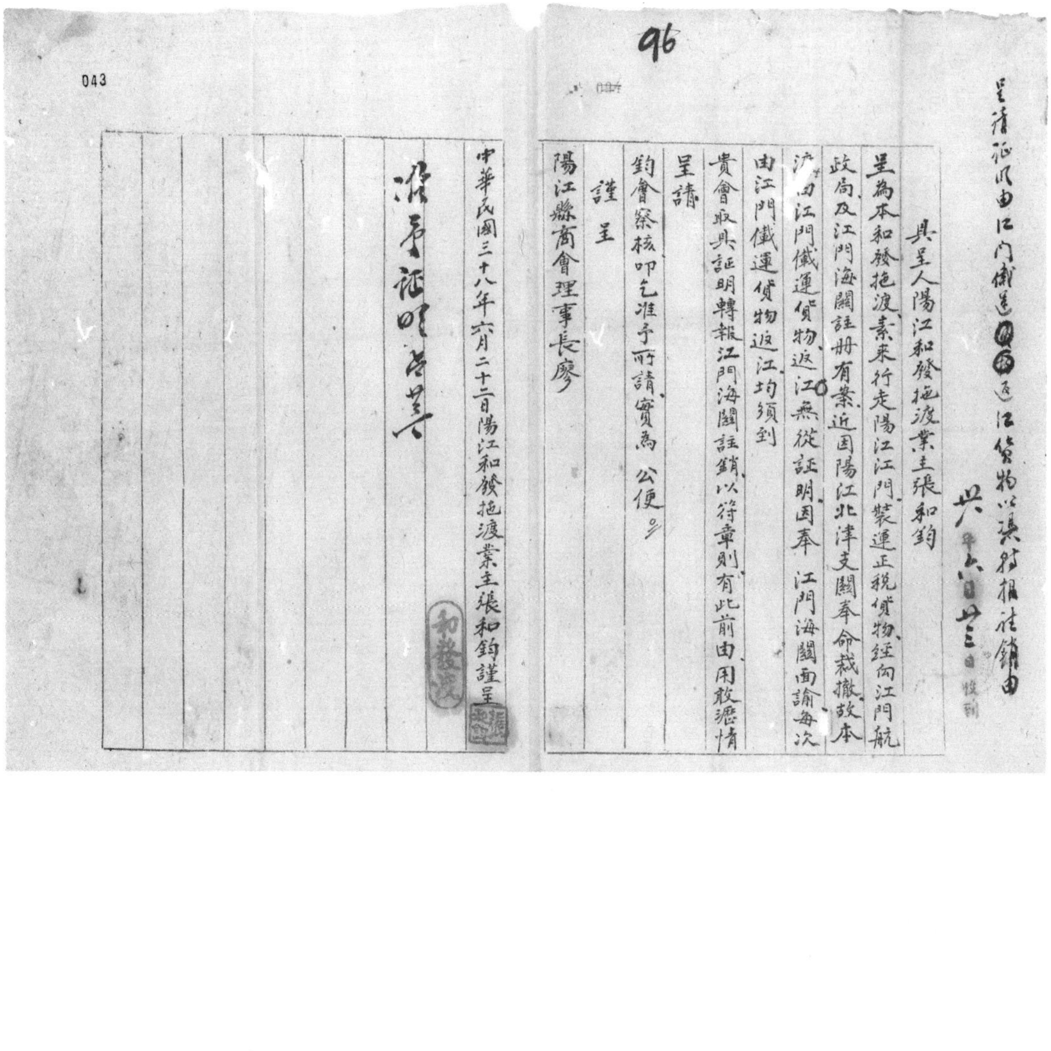

呈請證明由江門儎運返江貨物以憑轉報注銷由

六月廿三日收到

具呈人陽江和發拖渡業主張和鈞

呈為本和發拖渡素來行走陽江江門裝運正税貨物，經向江門航政局及江門海關註册有案。近因陽江北津支關奉命裁撤，故本渡由江門儎運貨物返江，無從証明。因奉江門海關面諭，每次由江門儎運貨物返江，均須到貴會取具証明，轉報江門海關註銷，以符章則。有此，前由用敢瀝情呈請鈞會察核，叩乞准予所請，實為公便。

謹呈

陽江縣商會理事長廖

中華民國三十八年六月二十二日陽江和發拖渡業主張和鈞謹呈

准予証明

241. 阳江县商会发给海丰机轮证明书（1949 年 10 月 6 日）

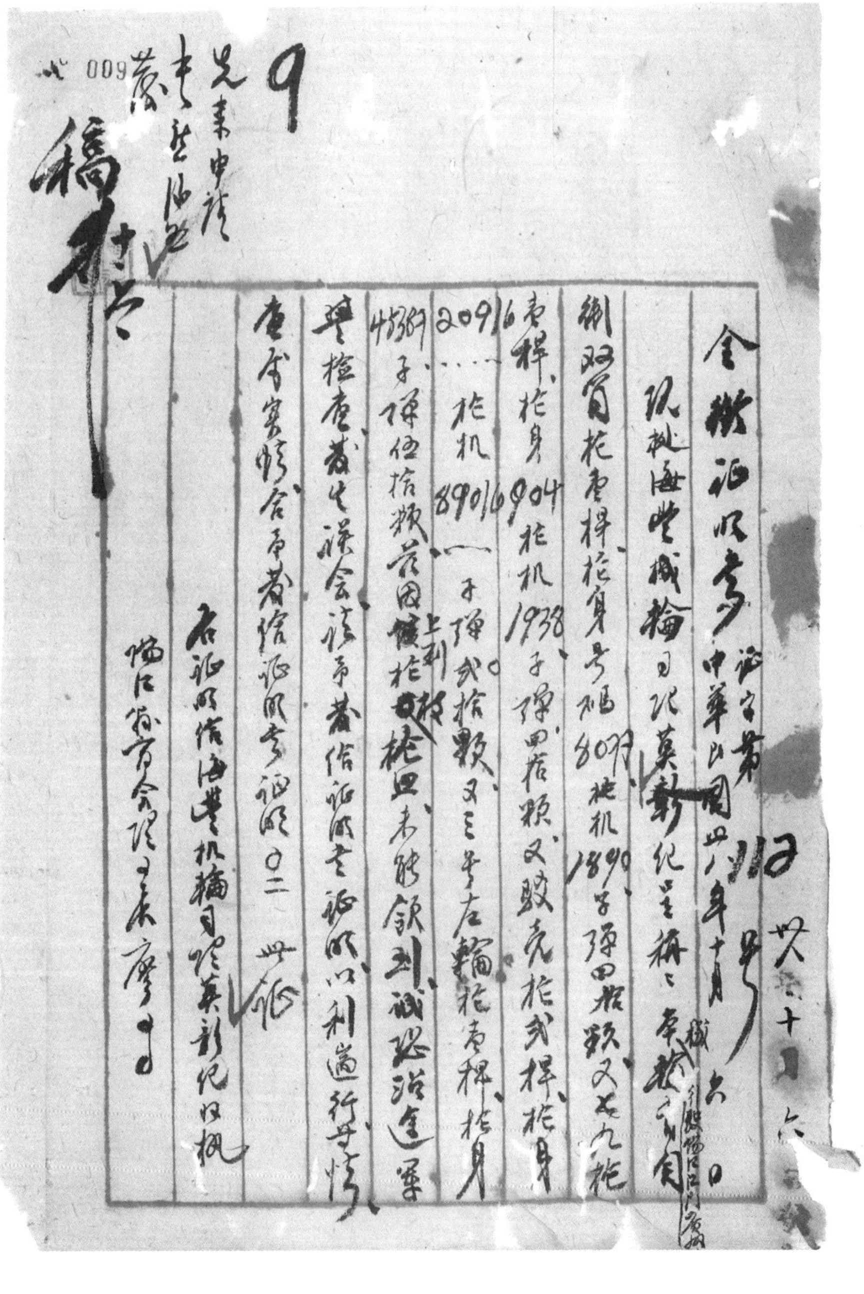

（六）维护商人利益

242. 阳江县商会呈请广东区税务局新兴分局阳江县办公处发还公安店被扣完税之面粉（1942 年 1 月 21 日）+ 附：阳江县公安店店东余文致县商会主席林洁予的呈（1942 年 1 月 19 日）

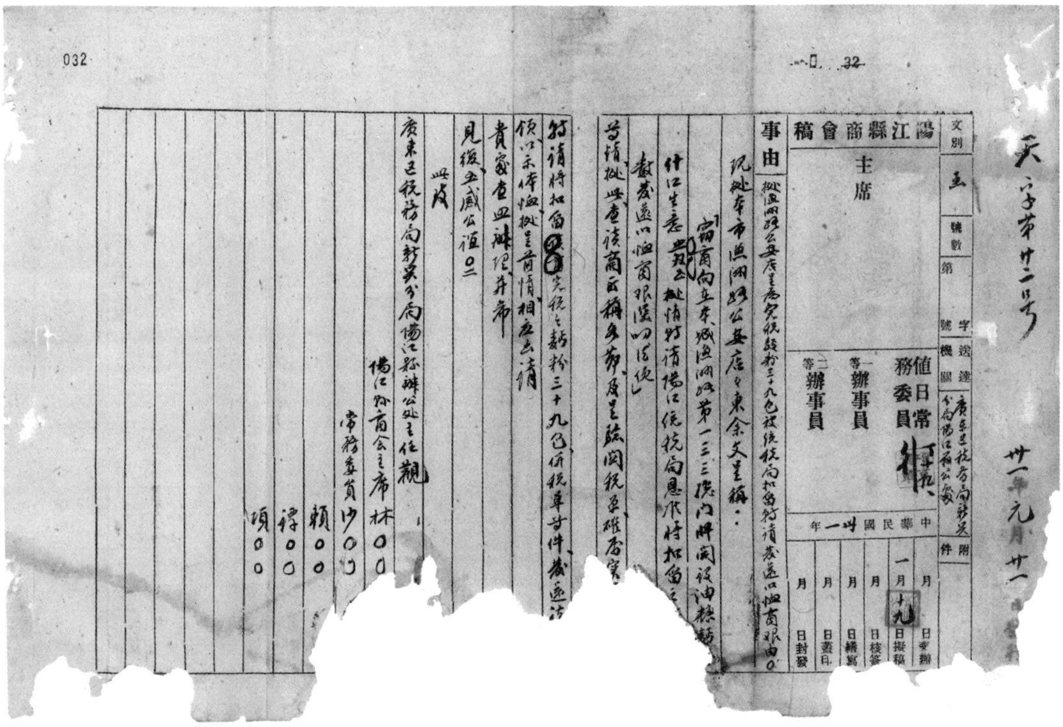

送值日
項委員核辦 一月廿日
查照函轉

卅一年一月廿九日

具報詞商店公安號　店東余文

中華民國三十一年元月廿九日　字第　號

事由：為貨稅清完無辜被扣麥面粉懇乎救濟，懇情轉請統稅局將貨發還，以恤商艱由。

為貨稅清完無辜被扣麥面粉懇乎救濟，懇情轉請統稅局將貨發還，以恤商艱事。竊商向在本城漁洲路第一三三號門牌開設油糖麵粉什貨生意，本年一月十日在三埠購辦麵粉四十包，隨經向該埠報完統稅，並有雷州關三埠分關進口貨稅分運單一三二一號及一三二二號關單二紙，隨貨轉運，手續[illegible]平時經該處統稅局查驗放行。於一月十六日該麵粉已抵[illegible]驗放行。該海關局小店買去一包，尚實有麵粉三十九包，即將稅單呈報，請統稅局查驗。詎該局閱明稅單後，認為手續不合，[illegible]將小店之麵粉三十九包連同關單存扣留。當經再三將完稅情形，請明發還，該局尚未允許。伏思小店購辦之麵粉經向各關稅[illegible]稅務，又經沿途關稅機關查驗放行，呈驗稅單，驗明[illegible]手續完備。近查商業之貨來往殊覺困難，小店血本[illegible]粉倘被扣留日久，誠恐殘廢損失難堪。有此苦情，迫得[illegible]
鈞會察核，伏乞俯念商艱，迅予救濟，懇情轉請陽江統稅局恩准將扣留之麵粉如數發還，以恤商艱，實為德便。謹呈
陽江縣商會主席林

（擬辦）
010

據該公安店呈稱該完稅麵粉被統稅局扣留，應予照[illegible]發還以恤商艱。一月廿日

照擬

243. 广东区税务局新兴分局阳江县办公处函复阳江县商会如何处理公安店被扣面粉应候上级批示（1942 年 1 月 22 日）

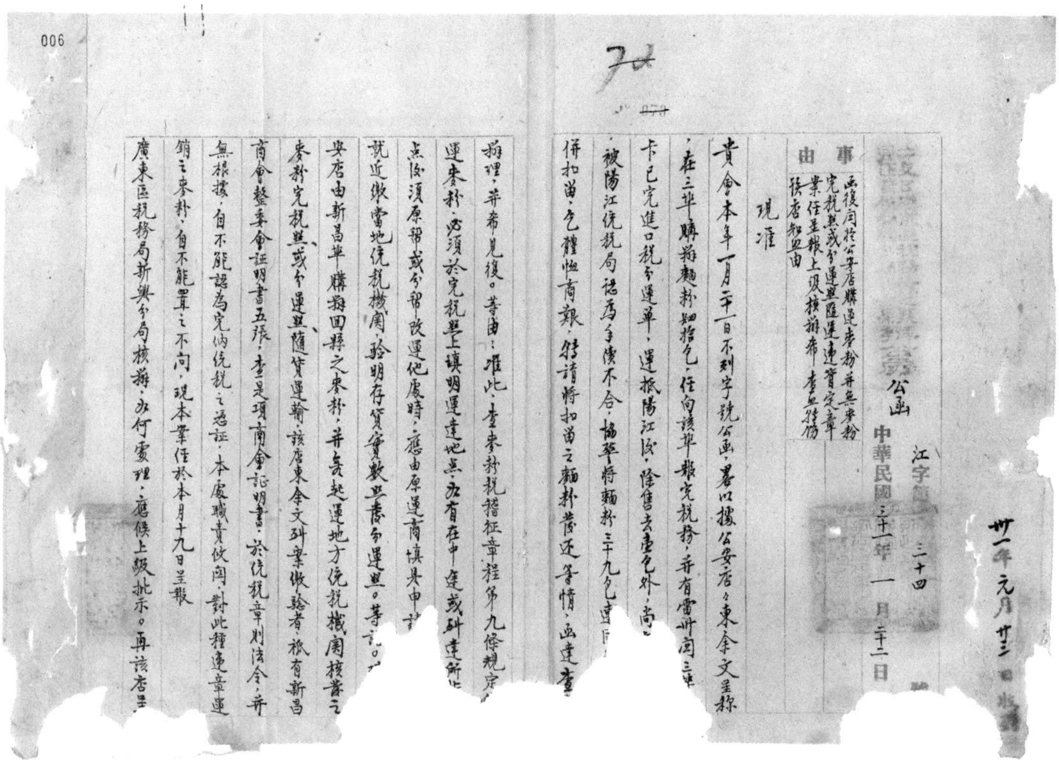

公函

江字第 [illegible] 三十四 號

中華民國三十一年一月二十二日

事由：函復關於公安店購運麥粉并無麥粉完稅照或分運照隨貨運濟違章業經呈報上級核辦希轉飭該店知照由

現准

貴會本年一月二十一日不列字號公函，略以據公安店々東余文呈稱，在三埠購辦麵粉四拾包，經向該埠報完稅務，并有雷州關三埠卡已完進口稅分運單，運抵陽江後，除售去壹包外，尚[illegible]被陽江統稅局認為手續不合，將麵粉三十九包連同[illegible]併扣留，乞體恤商艱，轉請將扣留之麵粉發還等情，函達查[illegible]辦理，并希見復。等由；准此。查麥粉稅稽征章程第九條規定[illegible]運麥粉，必須於完稅照上填明運達地點，如有在中途或到達所[illegible]點後須原帮或分帮改運他處時，應由原運商填具申請[illegible]就近繳當地統稅機關，驗明存貨實數，照發分運照。等語。[illegible]安店由新昌埠購辦回縣之麥粉，并無起運地方統稅機關核發之麥粉完稅照或分運照隨貨運輸，該店東余文所稟徵驗者，祇有新昌商會暨委會証明書五張，查是項商會証明書，於統稅章則法令，并無根據，自不能認為完納統稅之憑証，本處職責攸關，對此種違章運銷之麥粉，自不能置之不問，現本案任於本月十九日呈報廣東區稅務局新興分局核辦，如何處理，應候上級批示。再該店呈[illegible]

卅一年元月廿二日

稱，麥紗三十九包連商單一併扣留一節，查該店東當時並無海關單繳驗，本處所留置者僅新昌商會整委會證明書五張，經已附呈上級審理。准函前由，相應函復查照，並希轉飭該店知照。為荷

此致

陽江縣商會

主任稅務員觀發棠

244. 阳江县永泰店呈县商会转请县政府发还永泰店被执见连丸二砖以免损失（1942年1月24日）

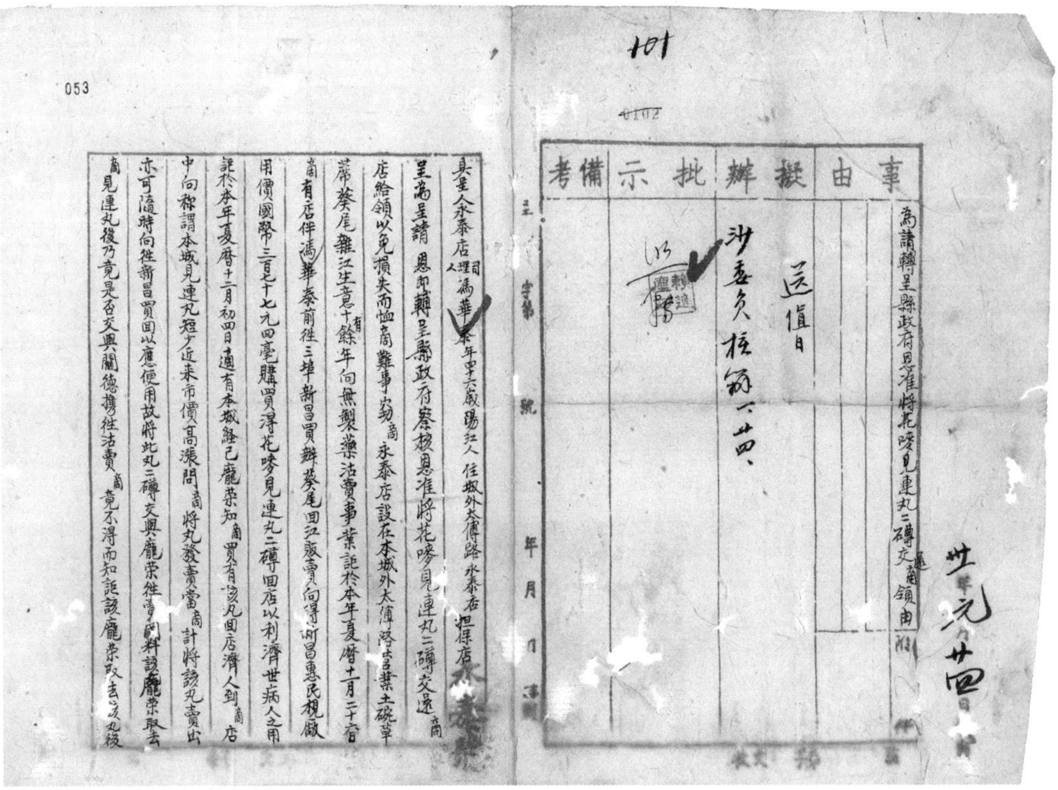
053

101

事由：為請轉呈縣政府恩准將花嘜見連丸二磚交還商領由

擬辦：送 值日

批示：沙委員核辦 一、廿四、

具呈人永泰店司理人馮華泰 年四十六歲 陽江人 住城外太傅路永泰店 担保店

呈為呈請 恩即轉呈縣政府察核恩准將花嘜見連丸二磚交還商店給領以免損失而恤商難事。竊商永泰店設在本城外太傅路營業土硫草蓆葵尾雜江生意十有餘年，向無製藥沽賣事業。詎於本年夏曆十一月二十日商有店伴馮華泰前往三埠新昌買辦葵尾回江販賣，向得衙昌惠民視斂用價國幣三百七十九四毫購買得花嘜見連丸二磚回店以利濟世病人之用。詎於本年夏曆十二月初四日適有本城縣已龐崇知商買有該丸回店濟人，到商店中向稱謂本城見連丸短少，近來市價高漲，問商將丸發賣。當商計將該丸賣出亦可隨時向往新昌買回以應便用，故將此丸二磚交與龐崇往賣。詎料該龐崇取去商見連丸後乃竟是否交與闗德携往沽賣，商竟不得而知。詎該龐崇取去該丸後

102

0103

乃竟分文未與，其關德因與林海記發生口角爭鬧之間，一時誤性，竟將商之丸
妄指假偽，呌本城崗警將丸拾去解送縣府，以為報復關德之仇。但商與該舊
惠民視廠購來之丸，確與真藥，亦經新昌惠民視廠開列有發貨藥單一張交商，
有証可查。今該龐棠取去商丸交該關德與該林海記口角相爭，妄將商丸
呌警拾去，累商損失，情豈能甘？敌商今經將單影片具呈縣府請領在
案，有此前情，迫得將情投請
鈞會乞請察核，維持商艱，恩即將呈
轉呈縣府，恩准將該花嘜見連丸二磚交還商領，而免損失，寔叨
公便。謹呈　　　並附黏影片一張
陽江縣商會主席委員鈞鑒

054

具呈人永泰店司理人何華泰　永泰號

中華民國三十一年一月　日

245. 阳江县商会呈请广东区税务局新兴分局阳江办公处发还公安店被扣留完税之面粉以恤商艰（1942 年 1 月 23 日）

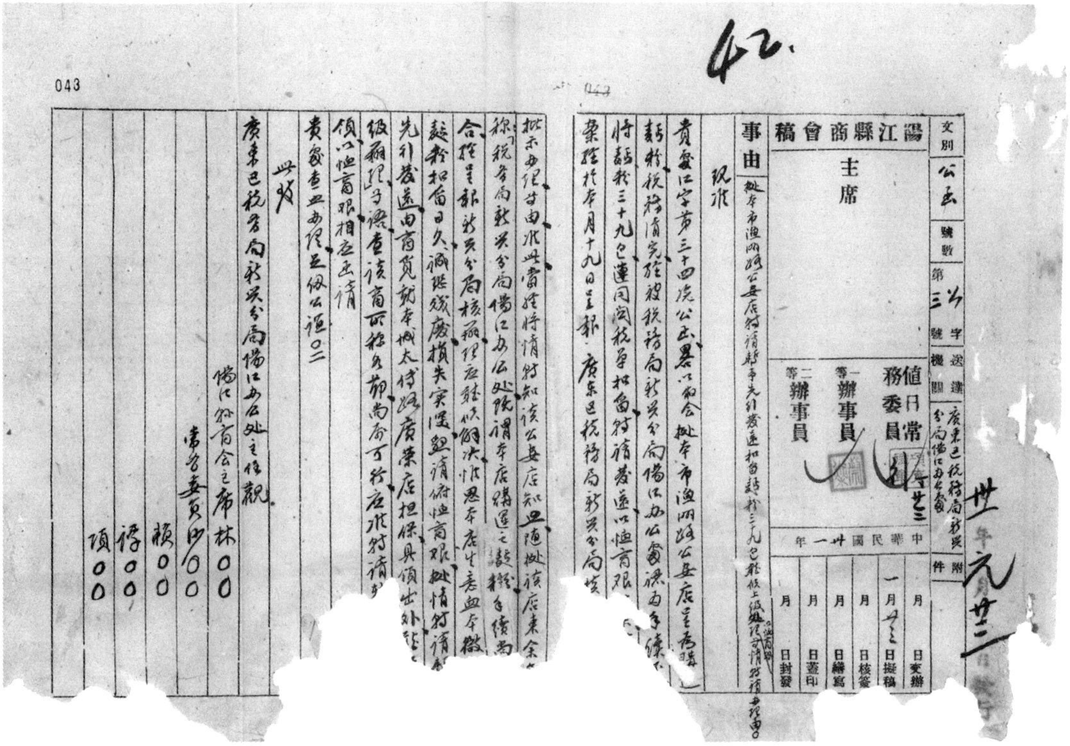

246. 阳江县商会呈请广东区税务局新兴分局发还公安店被扣留完税之面粉以恤商艰（1942 年 1 月 27 日）+ 附：阳江县公安店店东余文致县商会主席林洁予的呈（1942 年 1 月 24 日）

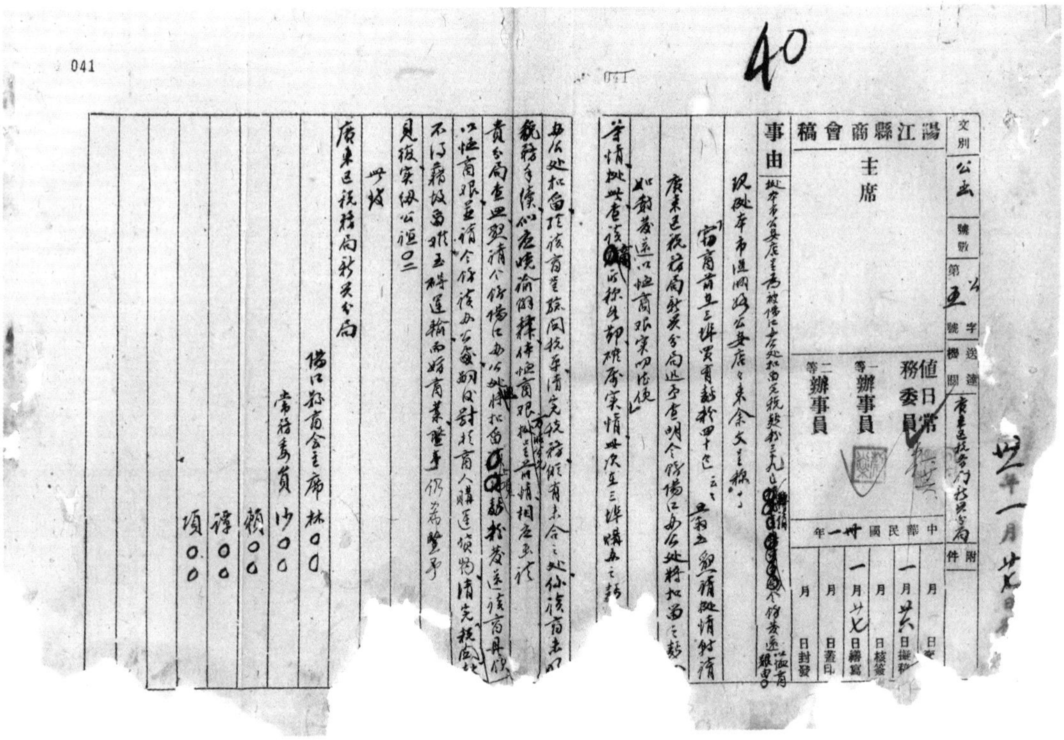

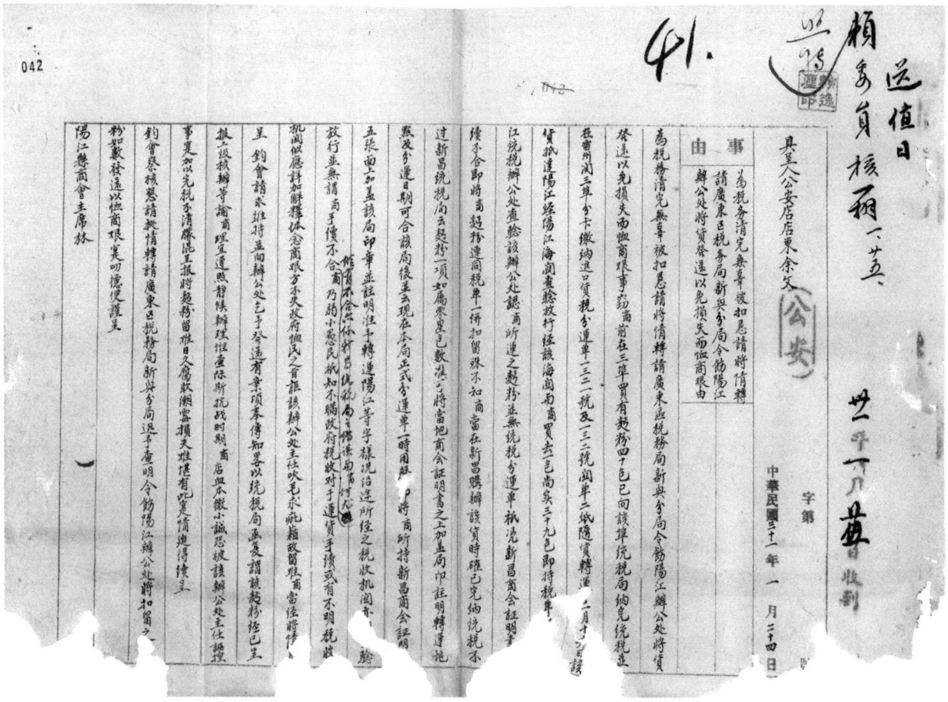

送值日
稍务員核稿 一、廿五、

042

41.

具呈人公安店店東余文（公安）

字第 号

中華民國三十一年一月二十四日

卅一年一月廿四日收到

事由：為税务清完無辜被扣恳請將情轉請廣東区税务局新興分局令飭陽江辦公处將貨發還以免損失而恤商艱由

為税務清完無辜被扣恳請將情轉請廣東区税務局新興分局令飭陽江辦公处將貨發還以免損失而恤商艱事竊商前在三埠買有麪粉四十包已向該埠統税局納完統税並在雷州関三埠分卡繳納進口貨税分運单一三三一號及一三三二號関单二紙隨貨轉運[illegible]二月十[illegible]日該貨抵達陽江経陽江海関查驗放行経該海関而商買去一包尚实三十九包即持税单[illegible]江統税辦公处查驗該辦公处認商所運之麪粉並無統税分運单祇憑新昌商会証明書[illegible]續不合即將商麪粉連同税单一併扣留殊不知商當在新昌購辦該貨時確已完納統税不过新昌統税局云麪粉一項如屬零星已數湛之將當地商会証明書之上加盖局印註明轉運地點及分運日期可合該局後至云現在本局正式分運单一時用[illegible]即將商所持新昌商会証明五張面上加盖該局印章並註明准予轉運陽江等字様況沿途所経之税收机関亦[illegible]驗放行並無謂商手續不合（能有不合亦係新昌統税局之錯误而商何尤）商乃弱小愚民祇知不瞞政府税收对于運貨手續或有不明税收机関似應詳加解釋体念商艱方不失政府恤民之旨詎該辦公处主任吹毛求疵藉故留難商當経將情呈鈞會請求維持並向辦公处乞予發還有案頃奉傳知着以統税局函复謂該麪粉経已呈报上級核辦等諭商理宜遵照静候辦理惟查际斯抗战时期商店血本微小誠恐被該辦公处主任擯[illegible]事変加以先税手清勝既呈振將麪粉留堆日久腐蚀潮湿損失难堪有此冤情迫得續呈鈞會察核恳請据情轉請廣東区税務局新興分局迅予查明令飭陽江辦公处將扣留之粉如數發還以恤商艱寔叨德便謹呈

陽江縣商會主席林

247. 阳江县政府关于永泰店被执见连丸二砖一案处理意见致县商会主席林洁予的指令

（1942 年 2 月 5 日）

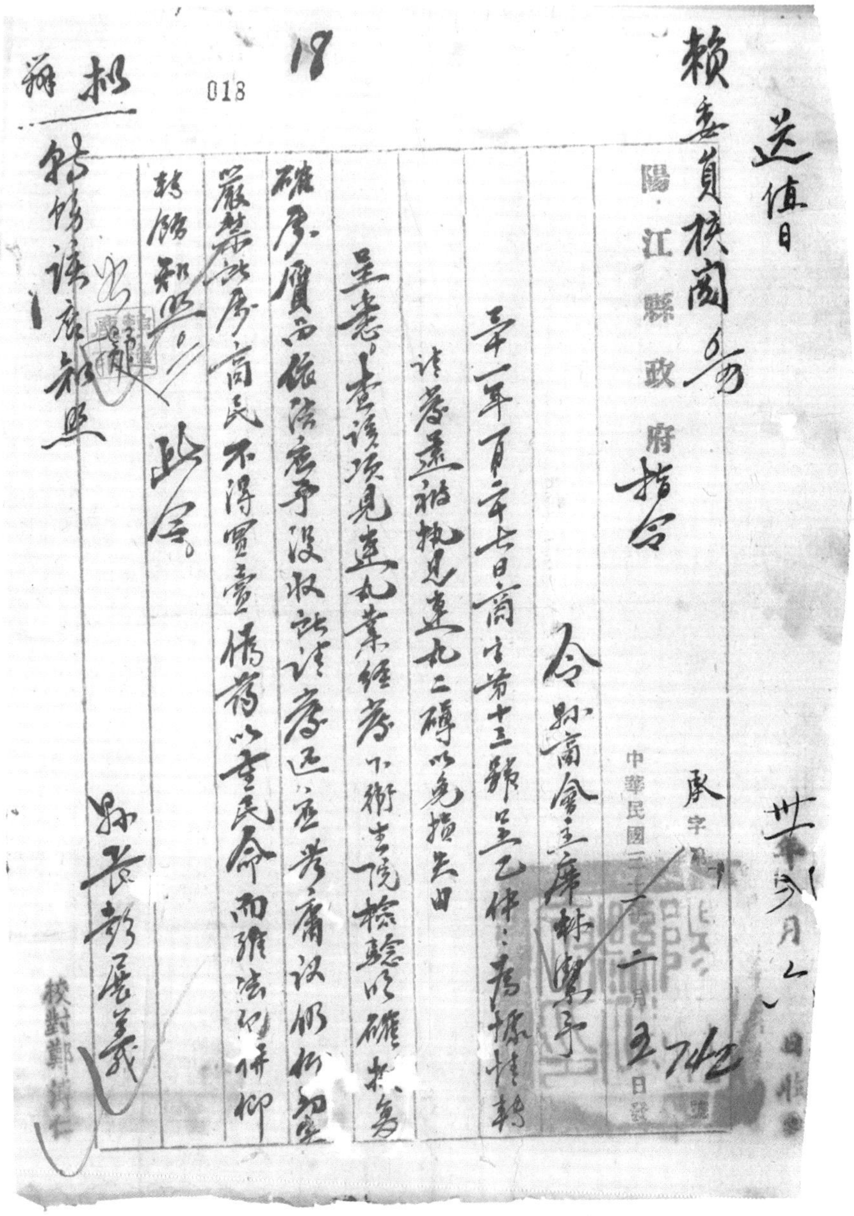

送值日

赖委员核阅

阳江县政府指令　承字第　号

中华民国三十一年二月五日发

令县商会主席林洁予

卅一年一月廿七日商字第十三号呈乙件：为据情转

请发还被执见连丸二砖以免损失由

呈悉。查该项见连丸业经本府卫生院检验明为

硝质品，依法应予没收。该店请发还之处，着毋庸议。仍仰知照，并

严禁该店商民不得买卖伪药，以重民命而维法纪。仰

转饬知照。

此令。

县长　彭[illegible]义

校对　郑新仁

拟办：转饬该店知照

018

18

248. 广东省税务局新兴分局公安店无照转运麦粉一案经审委会议决免于处分函复阳江县商会主席林洁予并转饬公安店补税领回麦粉（1942 年 2 月 7 日）

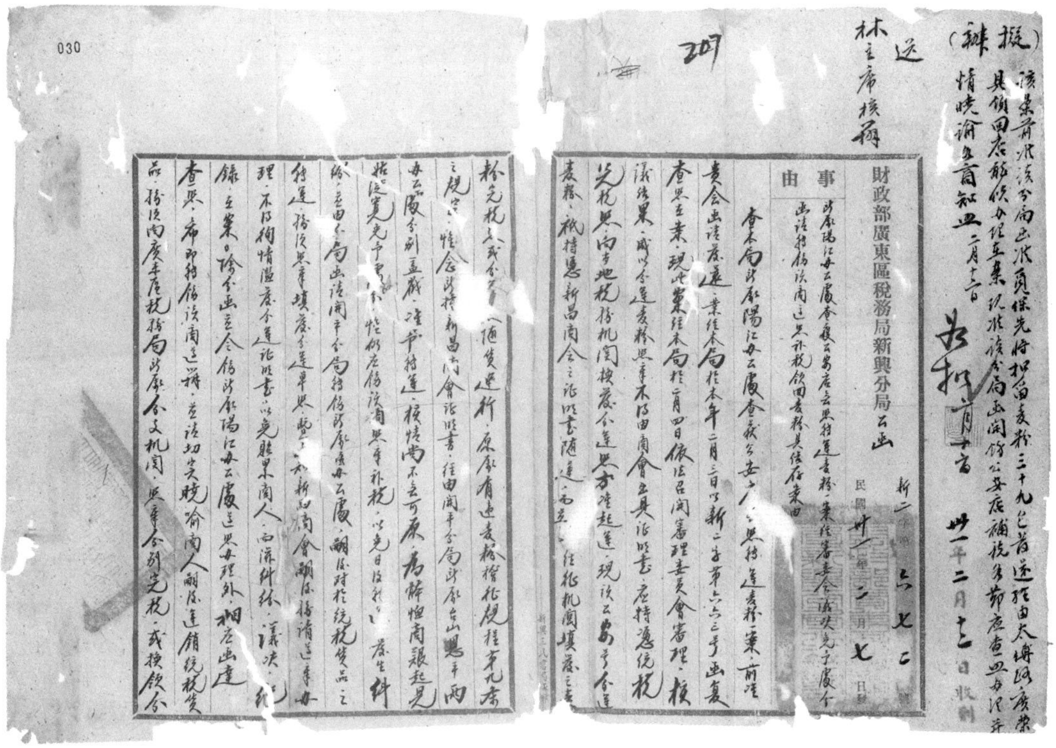
030

207

財政部廣東區稅務局新興分局公函

事由

249. 阳江县商会为商人吴富记购办旧铁回阳江误被扣留函请水口警察所查明办理（1942 年 3 月 26 日）+ 附：阳江县商人吴富记致县商会主席林洁予的呈（1942 年 3 月 24 日）

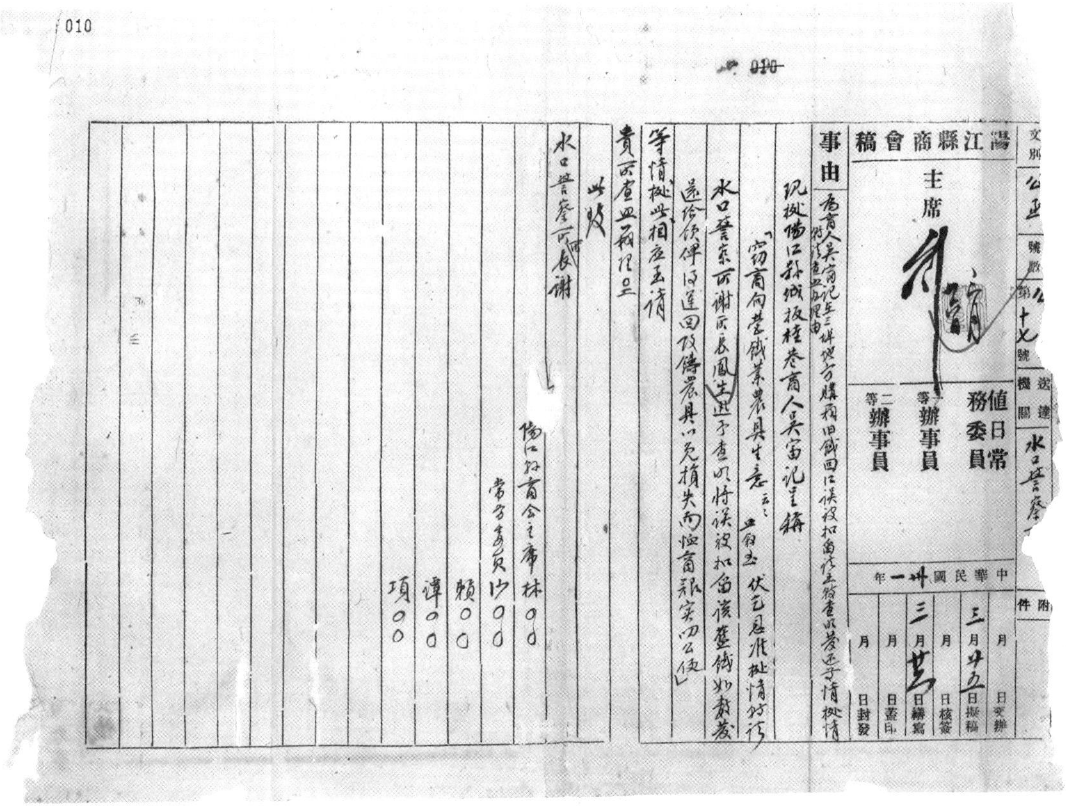

010

陽江縣商會稿

文別：公函

號數：第公十七號

送達機關：水口警察所

主席

值日常務委員

一等辦事員

二等辦事員

中華民國卅一年

三月廿五日擬稿

三月廿六日繕寫

事由：為商人吳富記在三埠地方購舊鐵回江誤被扣留請查明發還由

現據陽江縣城板桂巷商人吳富記呈稱：「窃商向營鐵業農具生意，云云。伏乞恩准批情轉行水口警察所謝所長鳳生迅予查明，將誤被扣留之舊鐵如數發還給領，俾得運回改鑄農具，以免損失而恤商艱，實為公便」等情。據此，相應函請貴所查照辦理為荷。此致

水口警察所長謝

陽江縣商會主席林○○

常務委員○○

賴○○

譚○○

項○○

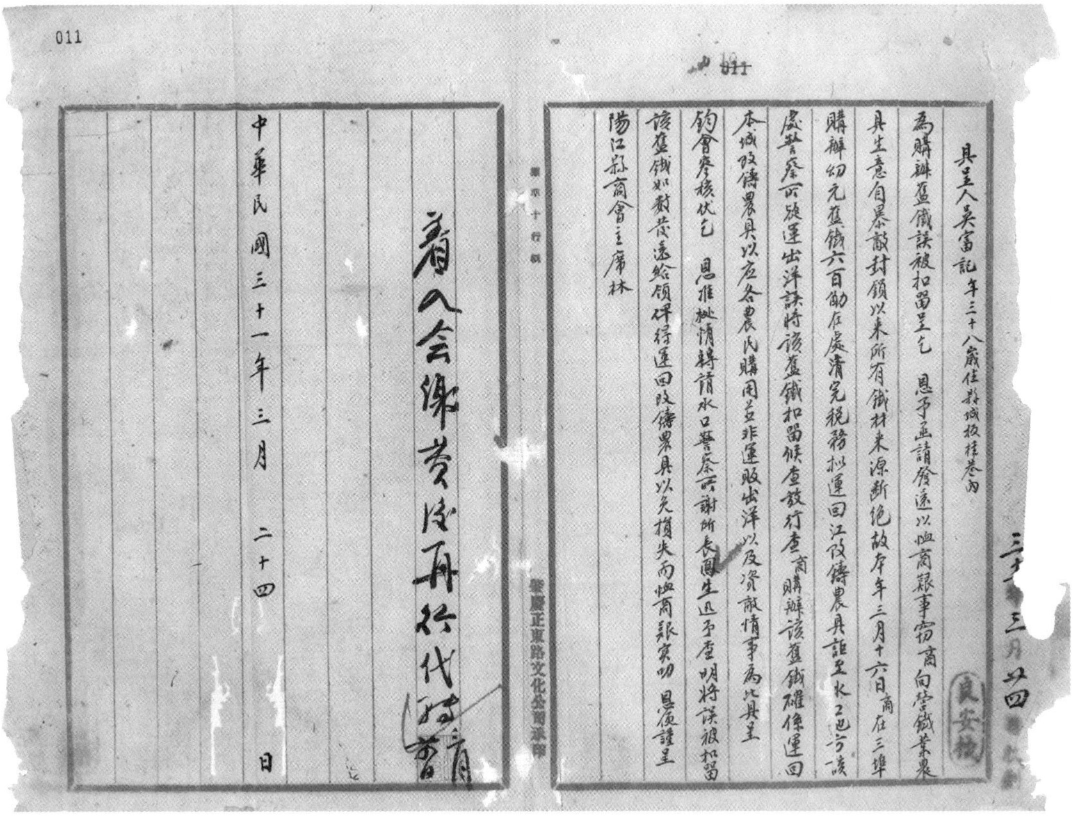

011

具呈人吴富記，年三十八歲，住新城枚桂巷內

為購辦廢鐵誤被扣留，呈乞恩予函請發還，以恤商艱事。竊商向營鐵業，萃具生意。自暴敵封鎖以來，所有鐵材來源斷絕，故本年三月十六日商在三埠購辦幼元廢鐵六百觔，在處清完稅務，抄運回江改鑄農具，詎至水口地方，該處警察所旋運出洋誤將該廢鐵扣留候查。竊查商購辦該廢鐵確係運回本城改鑄農具，以應各農民購用，並非運販出洋以及資敵情事。為此具呈鈞會察核，伏乞恩准據情轉請水口警察所謝所長國生迅予查明，將誤被扣留該廢鐵如數發還給領，俾得運回改鑄農具，以免損失而恤商艱，實叨恩便。謹呈

陽江縣商會主席林

中華民國三十一年三月二十四日

着入会缴费后再行代辦 曾

良安棧

三十一年三月廿四日

250. 广东省政府关于阳江县织篢查缉所员兵非法检查殴人越货事件转电财政部广东缉私分处彻查致县商会主席林洁予等的批示（1942 年 5 月 21 日）

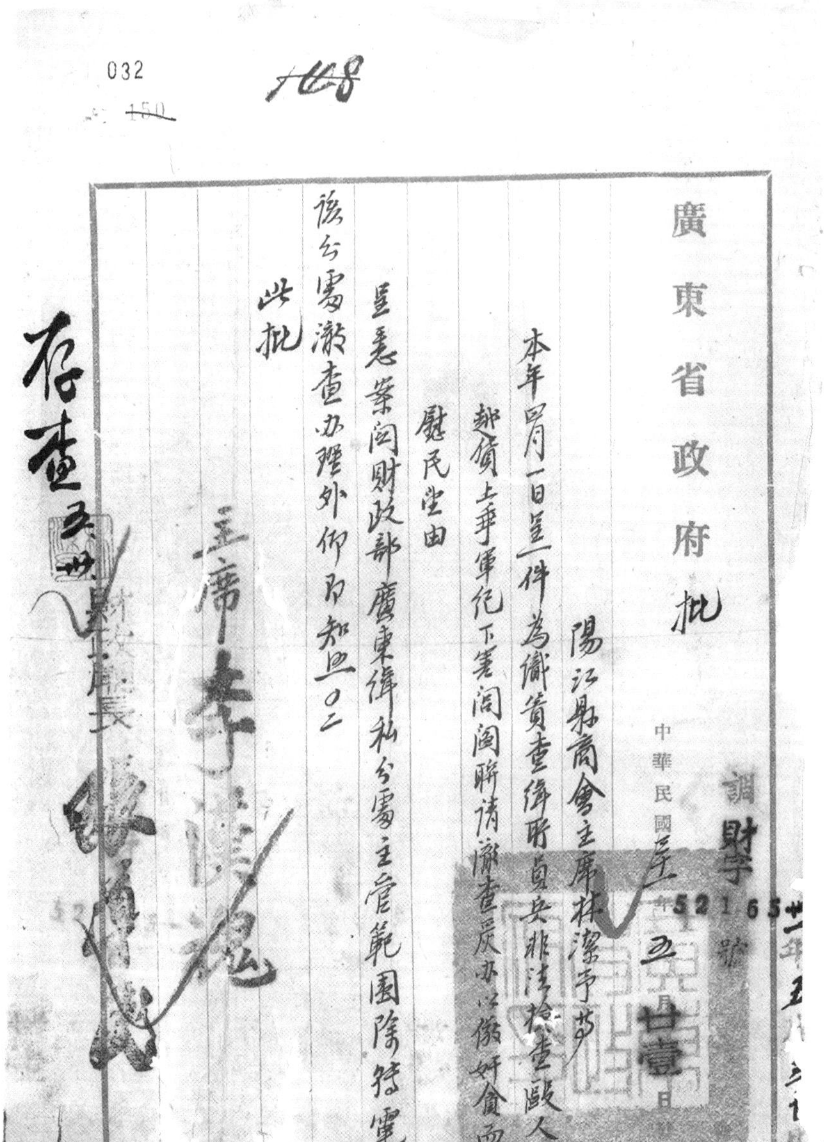

032

150

168

廣東省政府批　調財字 521655 號

中華民國三十一年五月廿壹日

陽江縣商會主席林潔予等：

本年四月一日呈一件為織篢查緝所員兵非法檢查毆人越貨上乖軍紀下害閭閻聯請澈查嚴辦以儆奸貪而慰民望由

呈悉。案關財政部廣東緝私分處主管範圍，除特電該分處澈查辦理外，仰即知照。

此批

主席　李漢魂

存查　五卅

財政廳長

251. 阳江县商会发给商人程志挥证明书俾得前往将货船领回以恤商艰（1942 年 9 月 25 日）+ 附：阳江县商人程志挥致县商会主席林洁予的呈（1942 年 9 月 16 日）

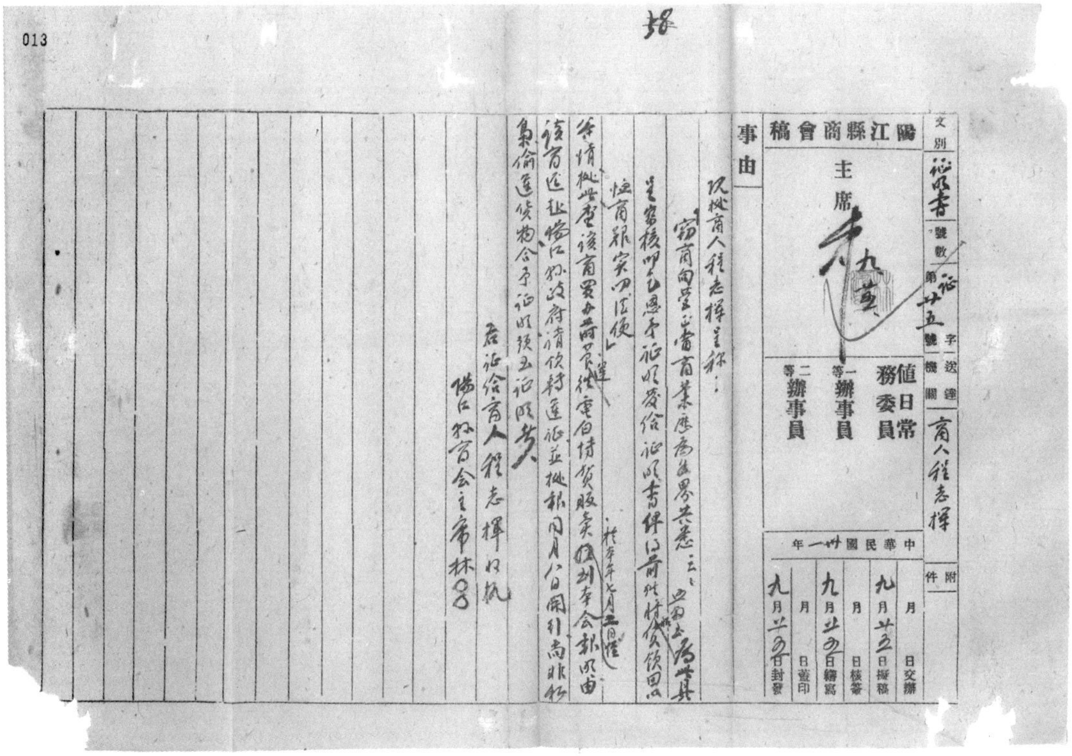

陽江縣商會稿

文別 證明書

字第廿五號

送達機關 商人程志揮

主席

值日常務委員

一等辦事員

二等辦事員

中華民國卅一年

九月廿五日擬稿 九月廿五日繕寫 九月廿五日封發

事由

現據商人程志揮呈稱：……

右證給商人程志揮收執

陽江縣商會主席林

014

59

具呈商人程志揮　年五十歲住縣城南恩西路安城居業商
為運儎蒔莨往廣州灣途中被吳川查緝分所將船貨
扣押解往雷州關核辦請予核給証明書以資證明事竊商向營
正當商業歷為各界共悉情緣本年七月二日在陽江買有蒔莨
公斤一十六担由閘尾帆船名發利裝儎運擬往電白博賀發沽經蒙
鈞會蓋章証明向縣政府領取轉運證于同月八日開行至十二日船至
博賀港口忽遇匪船追擊沿駛至暗鏡下海面再遇一船追擊當時
又疑為匪船在于槍林彈雨之中祇圖脫險罔顧方向亂駛至廣州灣
屬地大王宮港口海邊迫得棄船逃避茲查悉該船與蒔莨為吳川
查緝分所執獲轉解雷州關扣押商經將實情呈請發還在案誠恐
無據証明為此具呈
察核叩乞恩賜予証明發給証明書俾得前往將船貨領回以恤商艱實
叨德便謹呈
陽江縣商會主席林

照發　九.廿五

中華民國三十一年九月二十五日

252. 阳江县商会函请财政部广东缉私分处织篢查缉分所将各商被扣留之土生油予以放行而恤商艰（1942 年 10 月 26 日）

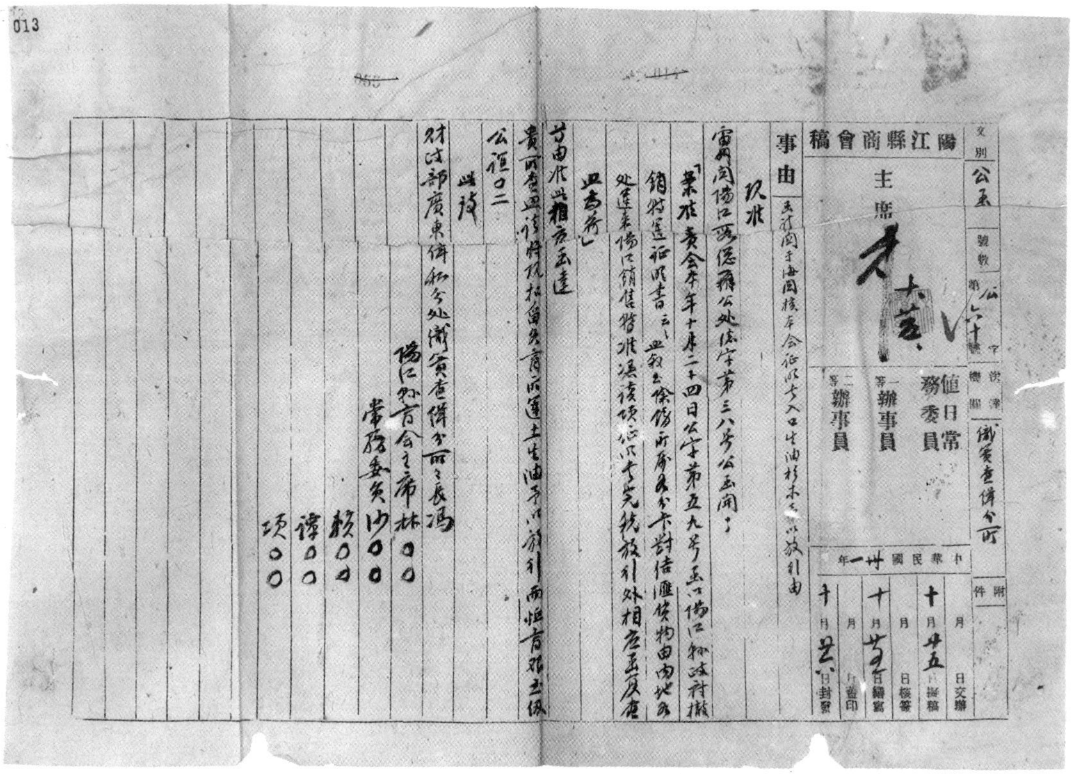

陽江縣商會稿

文別：公函

號數：第公六十字號

送達機關：緝私查緝分所

主席

值日常務委員

一等辦事員

二等辦事員

中華民國卅一年

十月廿五日擬稿　十月廿六日繕寫　十月廿六日封發

附件

事由：[illegible]土生油[illegible]放行由

逕啟者：

[illegible]陽江[illegible]公處[illegible]第三八號公函開：

「案准貴会本年十月二十四日公字第五九號函[illegible]陽江縣政府撤銷特產征收處書云云。[illegible]

[illegible]

貴所查照[illegible]土生油予以放行，而恤商艱[illegible]

財政部廣東緝私分處[illegible]查緝分所所長馮

陽江縣商會主席林〇〇

常務委員〇〇〇

253. 阳江县商会函请财政部粤桂区食糖专卖局苍梧业务所将联泰店所具保结税单等件发还（1942 年 11 月 4 日）+ 附：阳江县联泰店司理梁澄海致县商会主席林洁予的呈（1942 年 11 月 3 日）

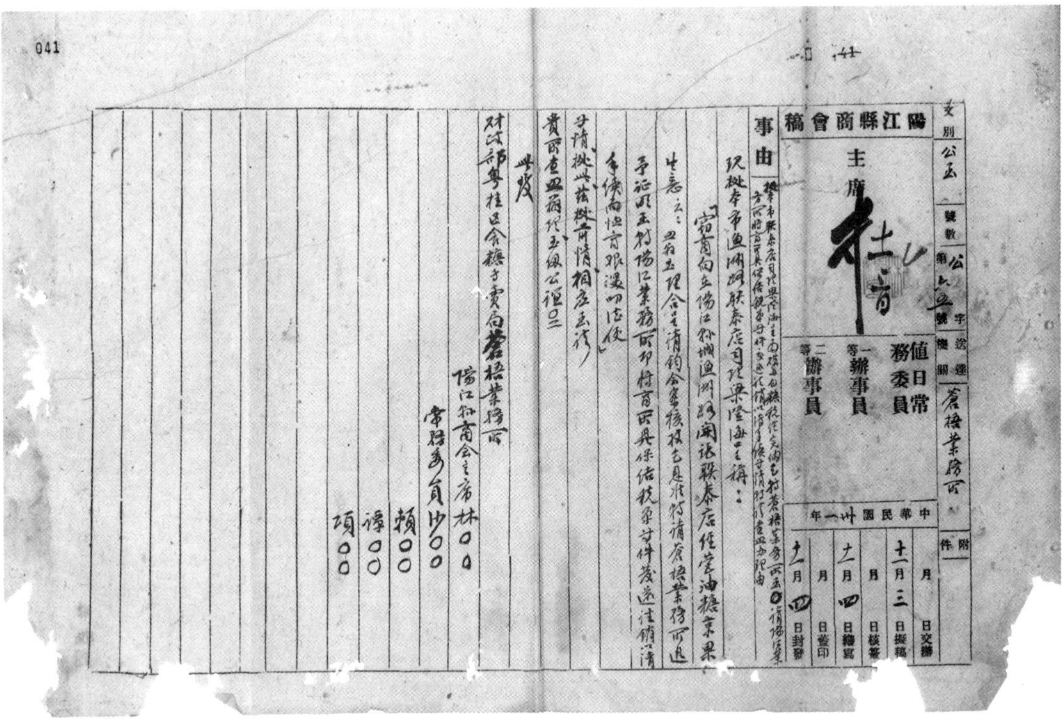

陽江縣商會稿

文別：公函　號數：第公六五號　送達機關：蒼梧業務所

主席：杜

值日常務委員　一等辦事員　二等辦事員

中華民國卅一年　十一月三日擬稿　十一月四日繕寫　十一月四日封發

事由：據本市聯泰店司理梁隆海呈為……請轉函蒼梧業務所……

現據本市漁洲路聯泰店司理梁隆海呈稱：

「竊商向在陽江縣漁洲路開張聯泰店經營油糖菓果生意，云云。……合呈請鈞會察核，懇予轉請蒼梧業務所退予證明，至於陽江業務所印，將前所具保結稅單等件發還，俾銷以清手續，而恤商艱，深切德便」

等情，據此，茲據前情，相應函請

貴所查照，希予發還為荷！

此致

財政部粵桂區食糖專賣局蒼梧業務所

陽江縣商會主席林〇〇

常務委員少〇〇

賴〇〇

譚〇〇

項〇〇

040

卅一年十一月三日收到

聯泰號

具呈人聯泰店司理梁澄海 年五十八歲陽江縣人

為購辦白糖獲經完納呈乞 恩予轉請蒼梧業務所函知陽江業務所將商出具保結連同稅單等交還註銷以清手續事竊商向在陽江縣城漠州路開張聯泰店經營油糖京果生意情緣本年農曆八月間派伴往梧州裕穗榮店購得白糖七十件共重三千四百八十四觔當時經到蒼梧糖稅業務所完稅因運糖證發罄改該業務所變通辦理給有臨時改運證明單二紙(一)天民運字第〇〇五一號白糖二千五百觔五十件(二)天民運字第〇〇五二號白糖九百八十四觔二十件由商隨貨運回沿途所經關卡驗明放行惟抵陽江縣城時即將稅單轉報陽江業務所查驗惟該所以蒼梧業務所發給臨時改運證明單不合手續將該稅單扣留並飭令商以店章出具保結將糖領還聽候請示總所辦理 商無奈迫得遵示具結在案查商所辦該糖清完稅務領有證單隨貨運返沿途關卡查驗放行手續可為完備該陽江業務所要商具結保領方肯將糖發還對於恤商殊欠體念有此前情理合呈請

鈞會察核敬乞 恩准轉請蒼梧業務所迅予證明函轉陽江業務所即將商所具保結稅單等件發還註銷以清手續而恤商艱深叨 德便謹呈

陽江縣商會主席林

中華民國三十一年十一月三日

254. 阳江县商会关于运回铁料被恩平税务员勒纳战费情形台山查验站函复意见致铁业同业公会的通告（1942 年 12 月 1 日）+ 附：财政部广东省税务局高要查验所台山查验站致阳江县商会的函（1942 年 11 月 25 日）

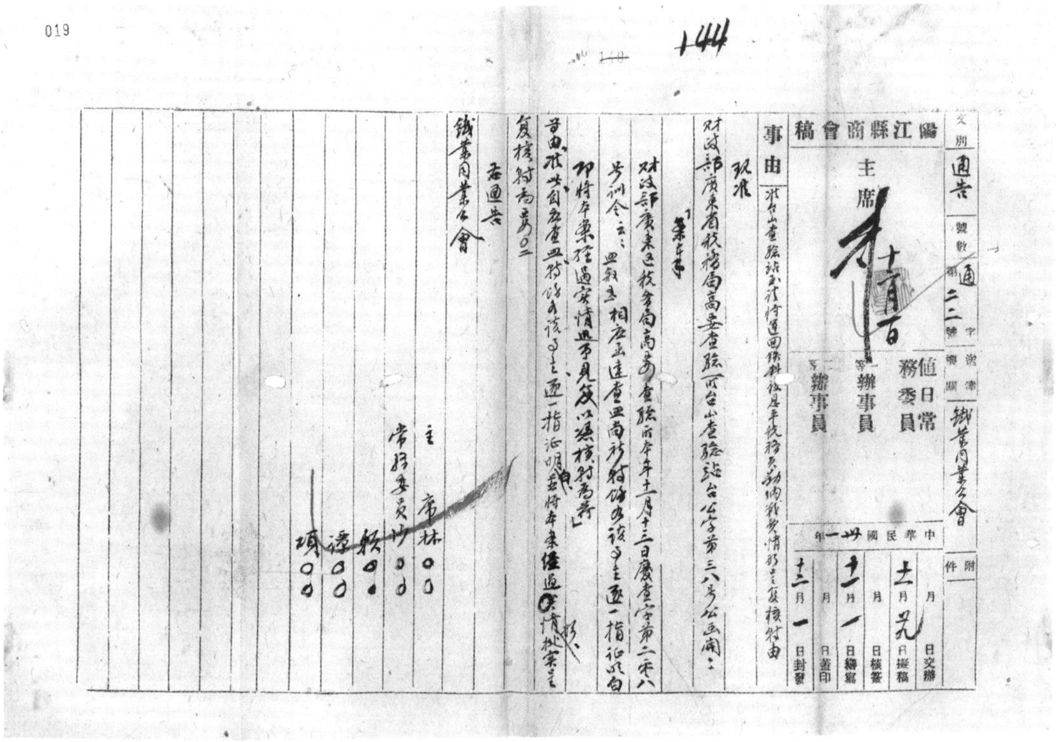
陽江縣商會稿

文別：通告
號數：通字第二二號
決議機關：鐵業同業公會
附件：

主席：林（簽）
值日常務委員
一等辦事員
二等辦事員

中華民國卅一年 十一月廿九日擬稿 十二月一日繕寫 十二月一日封發

事由：准台山查驗站函以運回鐵料被恩平稅務員勒納戰費情形飭查復核辦由

現准
財政部廣東省稅務局高要查驗所台山查驗站台公字第三八号公函開：
「案奉
財政部廣東區稅務局高要查驗所本年十一月十三日廣查字第二零八号訓令云：……要叙至……相應函達查照，尚祈轉飭該商迅予逐一指証明白，即將本案經過實情迅予見復，以憑核辦為荷」
等由，准此，自應查照轉飭該商迅予逐一指証明白，並將本案經過情形據實呈復核辦為要。
此通告
鐵業同業公會

主席 林○○
常務委員 沙○○
賴○○
譚○○
填○○

020

145

財政部廣東省稅務局高要查驗所台山查驗站公函

台公字第38號

中華民國三十一年十一月廿五日

事由：為奉令澈查恩平稅務員勒收戰時消費稅案請為轉飭各事主據實指證迅予見復由

案奉

財政部廣東區稅務局高要查驗所本年十一月十三日度查字第二〇八號訓令，持奉

財政部廣東區稅務局卅一年十一月三日粵二字第一七四〇號訓令，略以據

貴會銑電稱：「本城鐵業商店由三埠起運經完進口稅鐵料回城，被恩平稅務員勒納戰時消費稅，又無印發收據，乞迅電飭制止」等情，到局，亟應由該所澈查究辦，以儆不法，仰即遵照辦理，毋稍徇延為要，此令」等因，奉此，合行令仰該站即便遵照，迅將本案詳情切實查明具復，以憑核辦，毋稍隱徇，切切，此令」等因；奉此，查本案既由

貴會主控恩平稅務員所為，但本案發生時日及其辦公處詳細地址為何？是否係在該處內勒收而認識經手收款人是誰？當有事主見證，使其無可狡卸，方能裁決本案責任。為此相應

函達

查照，尚祈轉飭各該事主逐一指證明白，即將本案經過實情，迅予見復，以憑核轉，為荷。

此致

陽江商會

主任馮光武

台山鐵業公会查复 十二·廿六

卅一年十二月廿六日收到

255. 阳江县商会关于源记店商人关崇清等为霸铺不迁妨碍业权函请县城警察所将货物点存（1942 年 12 月 12 日）

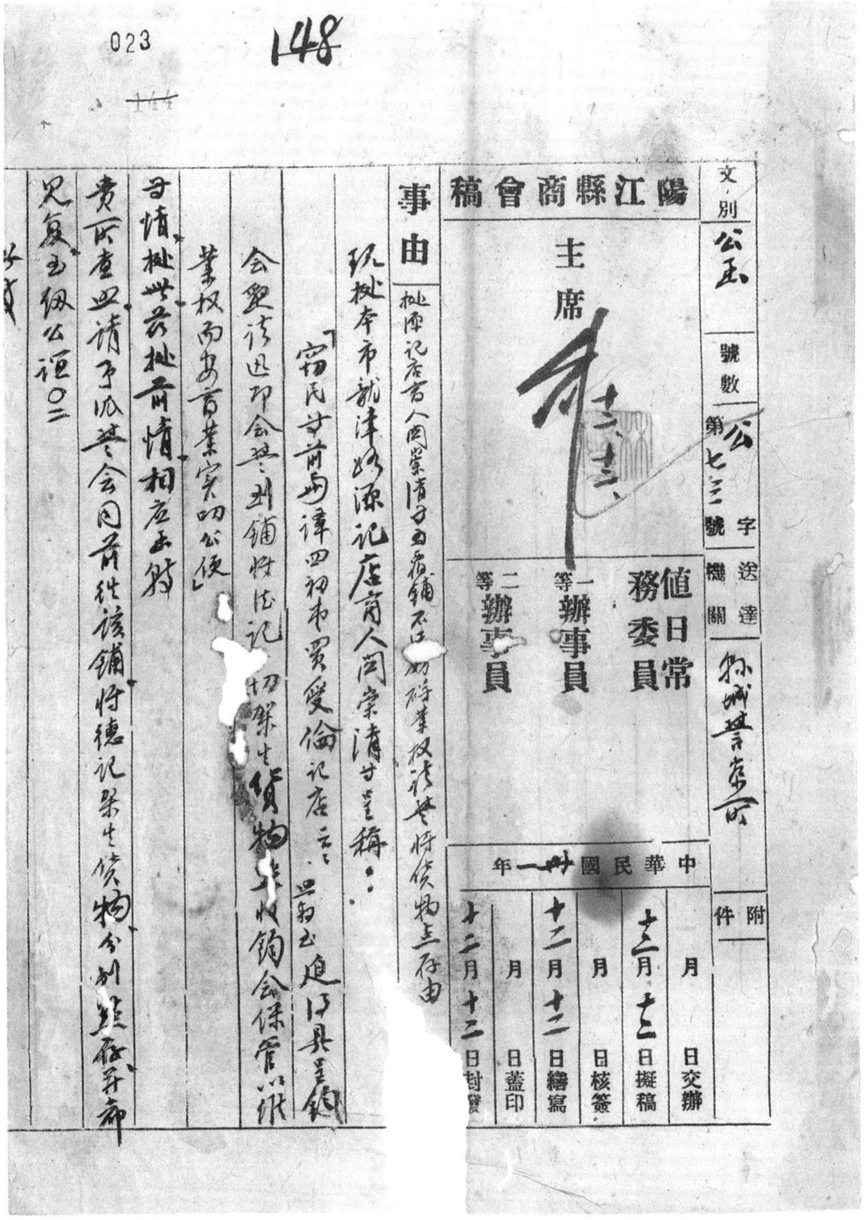
023　148

陽江縣商會稿

文別：公函

號數：第公字七三號

送達機關：縣城警察所

主席

值日常務委員

一等辦事員

二等辦事員

中華民國卅一年

月　日交辦

十二月十二日擬稿

月　日核簽

十二月十二日繕寫

月　日蓋印

十二月十二日封發

附件

事由：批源記店商人關崇清等為霸鋪不遷妨礙業權請將貨物點存由

現據本市新津路源記店商人關崇清等呈稱：「竊民等前與譚四初承買受倫記店[illegible]追[illegible]具呈[illegible]會[illegible]該[illegible]將鋪[illegible]切架上貨物[illegible]會保管，以[illegible]業權而安商業，實叨公便」等情。據此，[illegible]情相應[illegible]

貴所查照，請予派警會同前往該鋪將德記架上貨物分別點存[illegible]

見復為紉公誼。

256. 阳江县商会通告各业同业公会转知各商人如有奸徒兜售购烟切勿受其愚弄（1942 年 12 月 15 日）+ 附：财政部广东区税务局新兴分局阳江办公处致阳江县商会的函（1942 年 12 月 1 日）

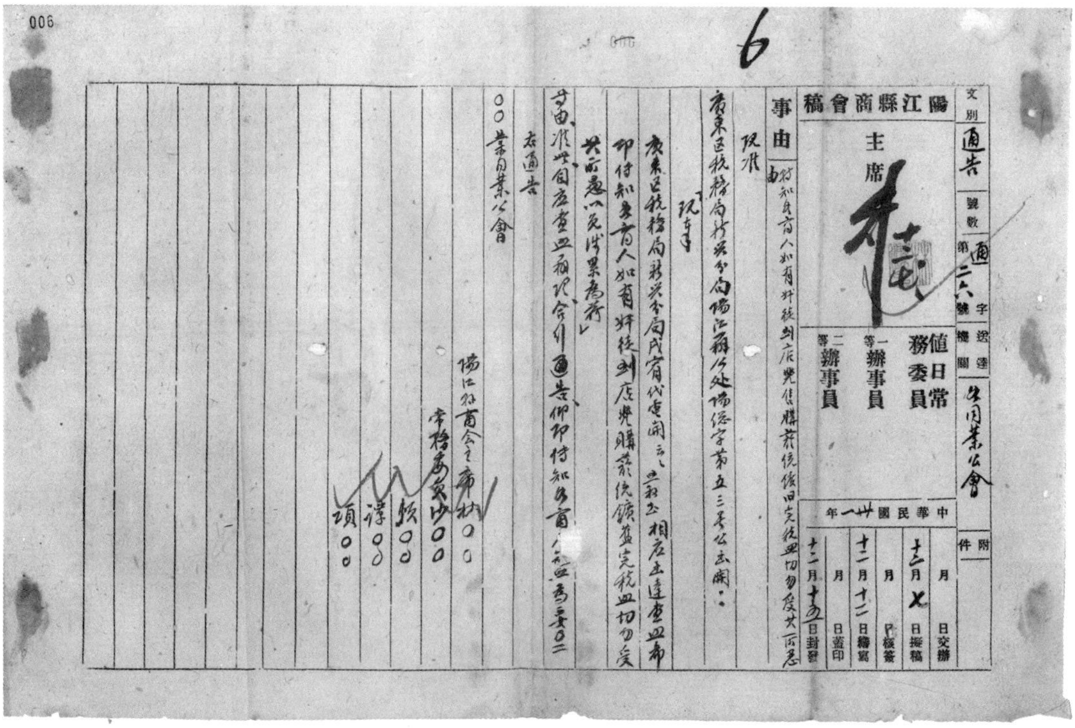

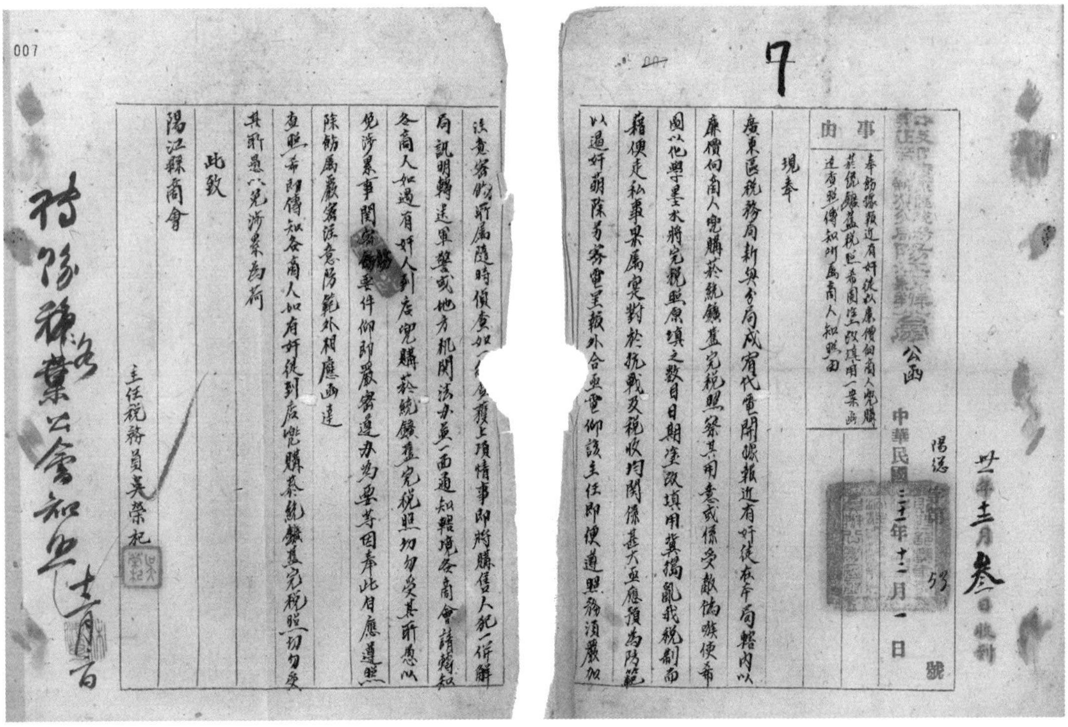

007

7

事由：奉飭據報近有奸徒以廉價向商人兜購菸統鎖蓋完稅照希圖塗改填用一案函達查照傳知所屬商人知照由

公函　陽稅字第　號

中華民國三十一年十二月一日

卅一年十二月叁日收到

現奉

廣東區稅務局新興分局戌宥代電開：據報近有奸徒在本局轄內以廉價向商人兜購菸統鎖蓋完稅照，察其用意，或係受敵偽嗾使，希圖以化學墨水將完稅照原填之數目日期塗改填用，冀搗亂我稅制，而藉便走私。事果屬實，對於抗戰及稅收均關係甚大，亟應預為防範，以遏奸萌。除另分電呈報外，合亟電仰該主任即便遵照，務須嚴加注意，密飭所屬隨時偵查，如有[illegible]獲上項情事，即將購售人犯一併解局訊明，轉送軍警或地方機關法辦，並一面通知轄境各商會，請轉知各商人如遇有奸人到店兜購菸統鎖蓋完稅照，切勿受其欺愚，以免涉累。事關密[illegible]要件，仰即嚴密遵辦為要。等因，奉此，自應遵照。除飭屬嚴密注意防範外，相應函達查照，希即傳知各商人如有奸徒到店兜購菸統鎖蓋完稅照，切勿受其欺愚，以免涉累為荷。

此致

陽江縣商會

主任稅務員吳榮杞

付陽縣各業公會知照　十二月[illegible]日

257. 阳江县商会函请广东省货运处发还真泰店被扣完税青麻以恤商艰（1944 年 10 月 25 日）+ 附：阳江县真泰店司理叶英致县商会主席林洁予的呈（1944 年 10 月 24 日）

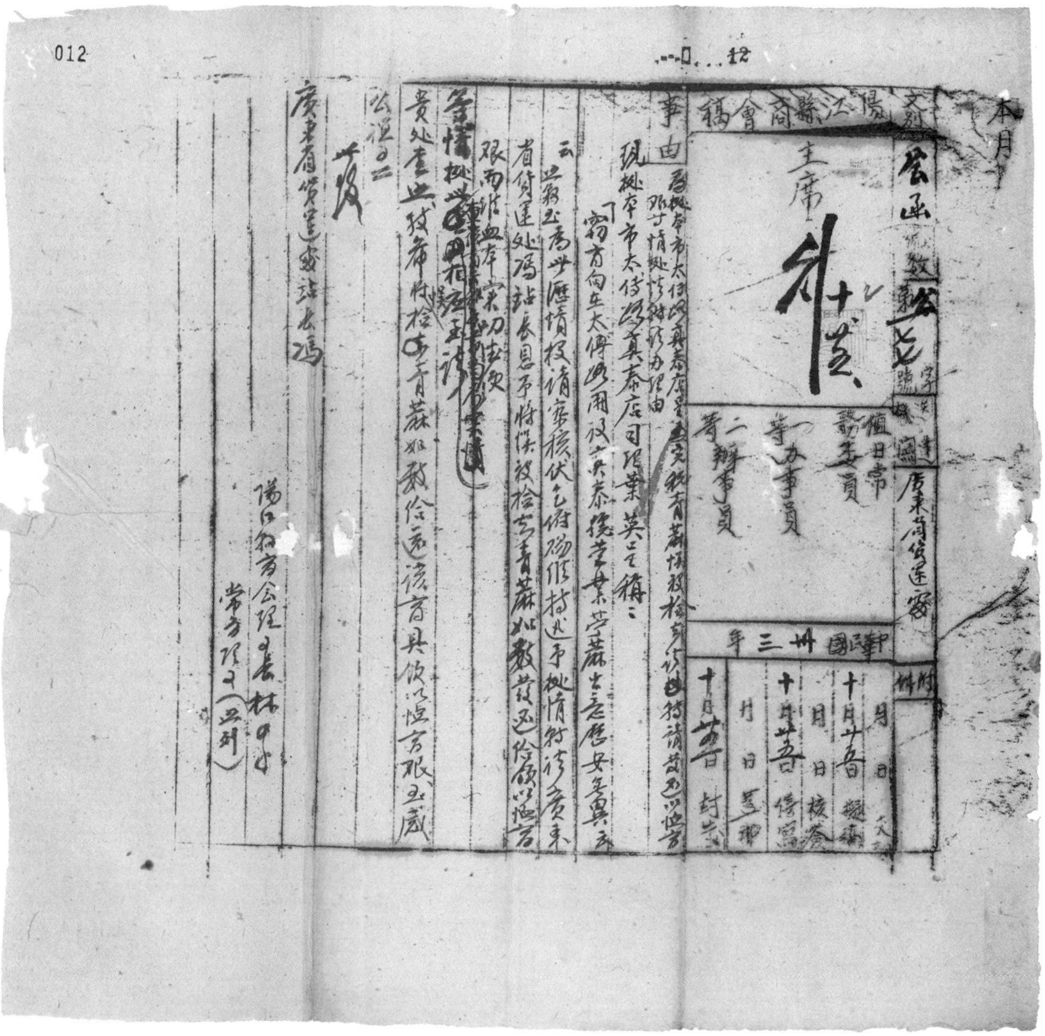
陽江縣商會稿

文別 公函

事由

主席

值日常務委員

辦事員

中華民國卅三年

廣東省貨運處

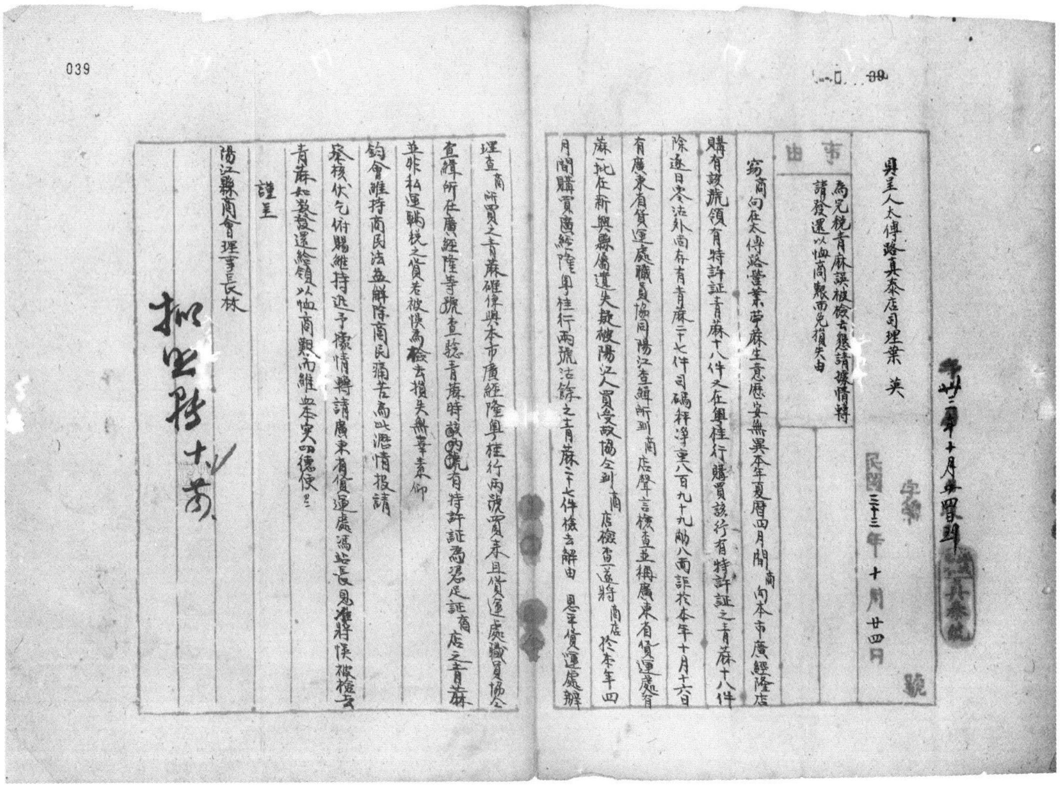
039

具呈人太傅路真泰店司理葉　英

事由
為免稅青麻誤被檢去懇請據情轉
請發還以恤商艱而免損失由

民國三十三年十月廿四日　字第　號

卅三年十月廿四日到

竊商向在太傅路營業苧麻生意歷安無異本年夏曆四月間商向本市廣經隆店
購有該號領有特許証青麻十八件又在粵桂行購買該行有特許証之青麻十八件
除逐日零沽外尚存有青麻二十七件司碼秤淨重八百九十九觔八兩詎於本年十月十六日
有廣東省貨運處職員協同陽江查緝所到商店聲言檢查並稱廣東省貨運處有
麻一批在新興縣屬遺失疑被陽江人買受故協同到商店檢查遂將商店於本年四
月間購買廣經隆粵桂行兩號沽餘之青麻二十七件檢去解由恩平貨運處辦
理查商所買之青麻確係與本市廣經隆粵桂行兩號買來且貨運處職員協同查
緝所在廣經隆等號查驗青麻時該兩號有特許証為憑足証商店之青麻
並非私運漏稅之貨若被誤為檢去損失無辜素仰
鈞會維持商民法益解除商民痛苦為此瀝情報請
察核伏乞俯賜維持迅予據情轉請廣東省貨運處馮站長恩准將誤被檢去
青麻如數發還給領以恤商艱而維血本實叨德便
謹呈
陽江縣商會理事長林

擬照轉　十八

258. 阳江县商会证明商人洪英驹被阳江查缉所执去之桐油 656 罐确存屋内（1945 年 4 月）

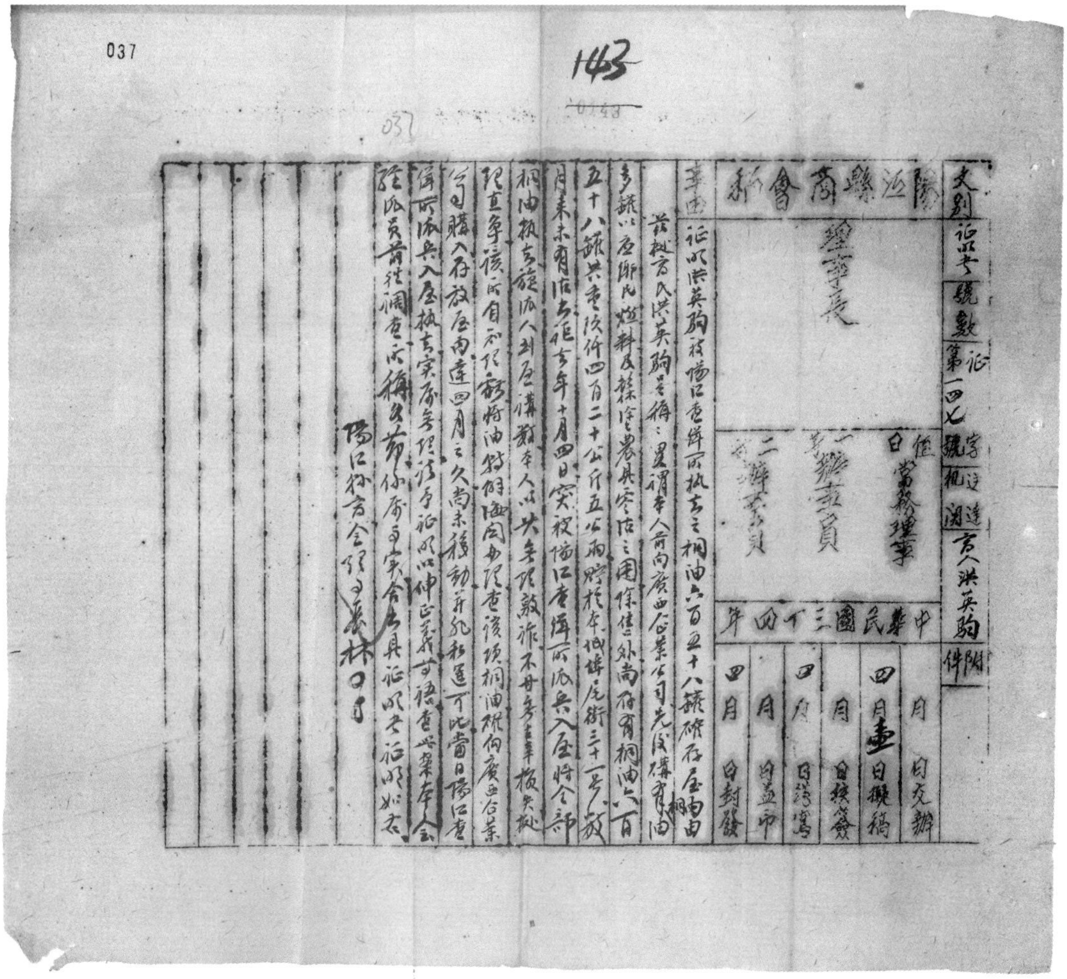

阳江县商会稿

文别：证明书

号数：第一四七号 证字

机关：送达 商人洪英驹

附件

理事长

常务理事

一组干事

二组干事

中华民国三十四年

四月 日交办

四月壹日拟稿

月 日核签

四月 日缮写

月 日盖印

四月 日封发

事由：证明洪英驹被阳江查缉所执去之桐油六百五十八罐确存屋内由

兹据商民洪英驹呈称：窃商人前向广西合业公司先后购有桐油[illegible]多罐，以应乡民燃料及[illegible]农具零店之用，除售出外尚存有桐油六百五十八罐，共重[illegible]四百二十公斤五公两，贮于本城锦屏街三十一号，[illegible]月未有[illegible]。去年十月四日突被阳江查缉所派兵入屋将全部桐油执去，旋派人到屋[illegible]，本人[illegible]。现[illegible]桐油[illegible]。查该项桐油系向广西合业公司购入存放屋内，达四月之久，尚未移动并无私运，可比当日阳江查缉所派兵入屋执去[illegible]，请予证明以伸正义，等语。查此案本会经派员前往调查，所称各节系属事实，合出具证明书证明如右

阳江县商会理事长 林[illegible]

259. 阳江县政府为永隆杉店请给领北额乡公所查获被劫帆船训令县商会理事长林洁予转饬北额乡觅具殷实铺保来府以凭核办（1945 年 4 月 11 日）

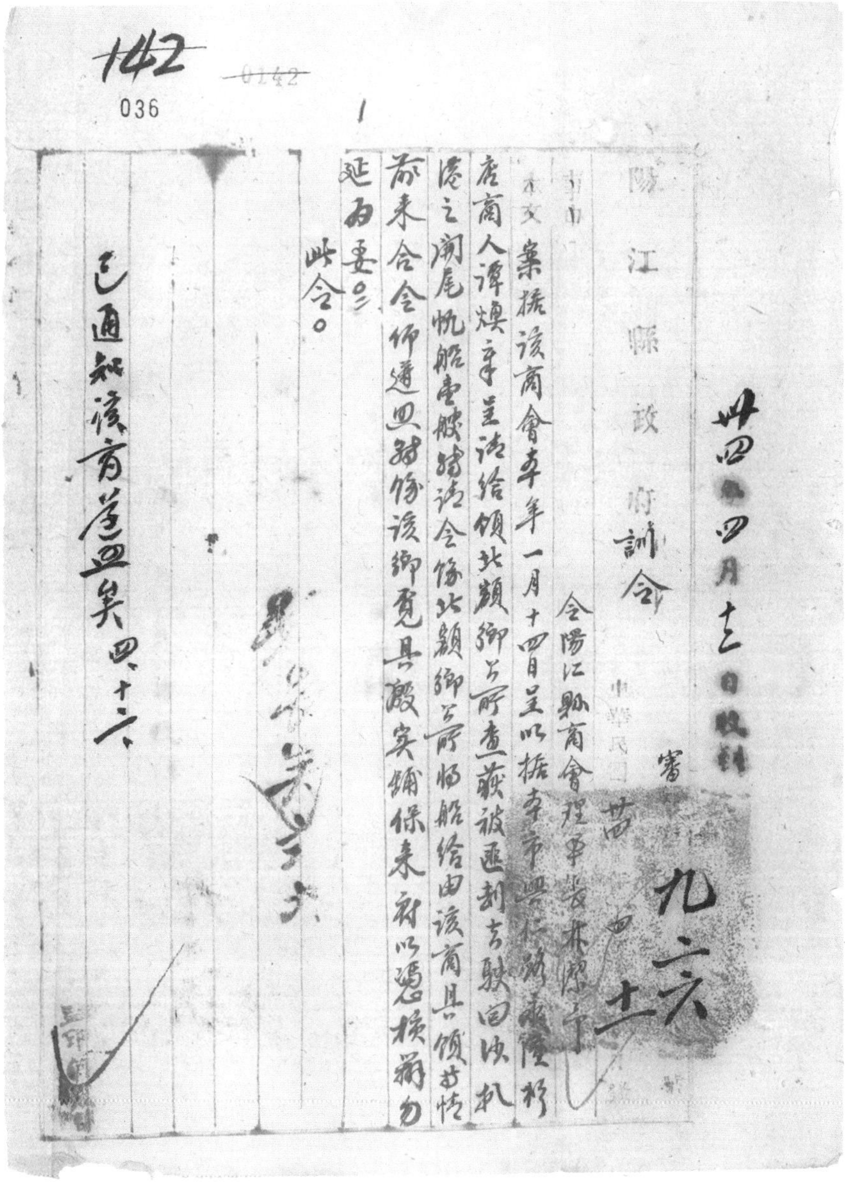
142
036
卅四年四月十三日收到
陽江縣政府訓令
令陽江縣商會理事長林潔予
本文 案據該商會本年一月十四日呈以據本市永隆杉店商人譚煥章呈請給領北額鄉公所查獲被匪劫去駛回沙扒港之潤尾帆船壹艘請令飭北額鄉公所將船給由該商具領等情前來合令仰遵照轉飭該鄉覓具殷實鋪保來府以憑核辦勿延為要
此令。
已通知該商遵照矣 四、十六

260. 阳江县商会发给福兴店、艳记栈证明书前往保释领回被扣留之人、船及货款（1945 年 11 月 10 日）+ 附：阳江县福兴店店东吴玉如、艳记栈店东邓开荣致县商会理事长林洁予的呈（1945 年 11 月 9 日）

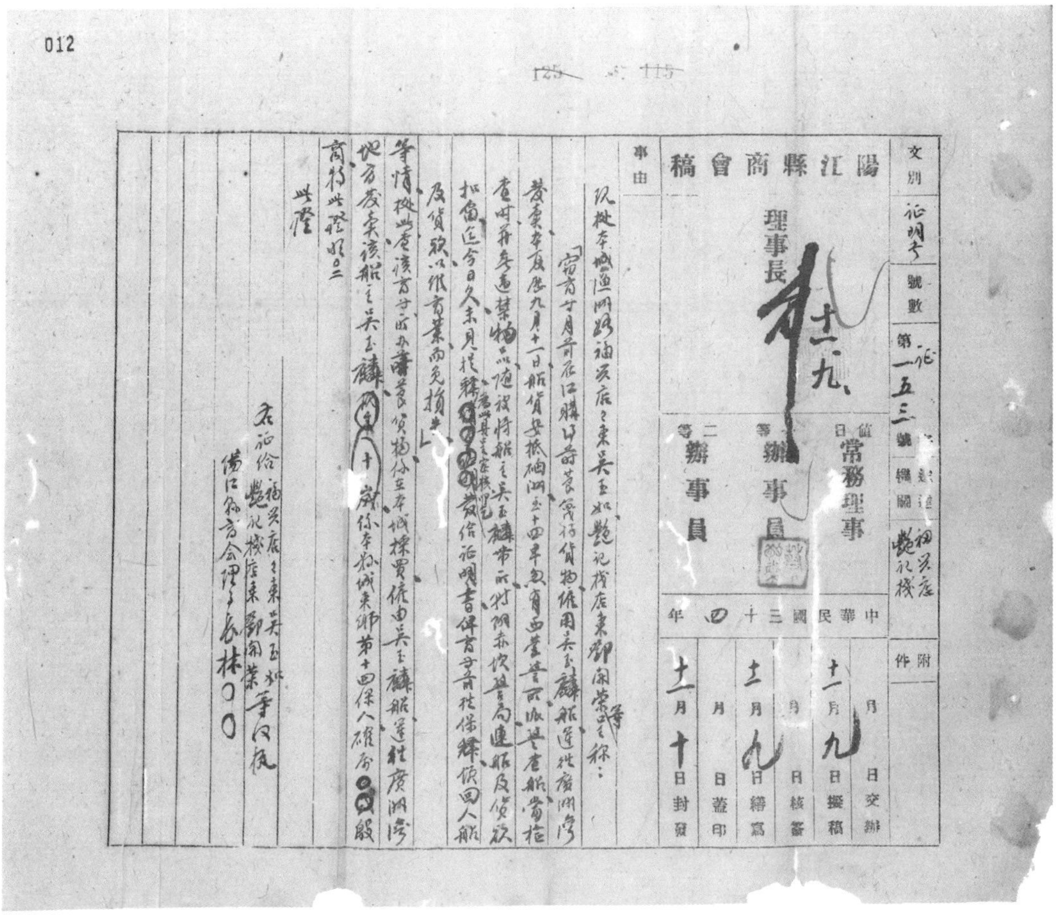
012

陽江縣商會稿

文別：證明書

號數：第一五三號

受文機關：福兴店 艷記棧

理事長 [illegible]

常務理事

辦事員

中華民國三十四年

十一月九日擬稿

十一月十日封發

事由

附件

现据本城渔洲路福兴店之东吴玉如、艳记栈店东邓开荣等称：[illegible]

……等情。据此，查该商等所称……属实……

此證

013

具呈人：福興店 艷記棧　店東：吳玉如 鄧雨蒂

事由：為正式殷商懇請予以証明而維商業由

字第　號

竊商等月前在江購得蒜頭筊仔貨物僱用吳玉麟船運往廣洲灣發賣現接該船夥伴來函稱：「本夏歷九月十日船貨安抵硇洲至十四早忽有西營警所派警查船當檢查時並無違禁物品不知何故即將船主吳玉麟帶所轉解赤坎警局連船扣留惟迄今日久未見提釋特函報知請呈請本邑縣商會証明」等語伏思商等所辦蒜頭貨物等係在陽江城採買僱由吳玉麟船運往廣州灣地方發賣該船主吳玉麟現年　十　歲係陽江縣城東鄉第十四保人確屬正式殷商并無不法行為有此前情理合

呈請

鈞會察核敬乞　恩予發給証明書俾商等前往保釋（須同人紙及貨單）以維商業深叨　德便。二

謹呈

陽江縣商會理事長林

中華民國三十四年十一月九日

卅四年十一月九日收到

照發　十一、九

261. 侨港两阳工商联合会归侨团为团址被土恶捣毁电请阳江县商会秉公处断（1945年12月25日）

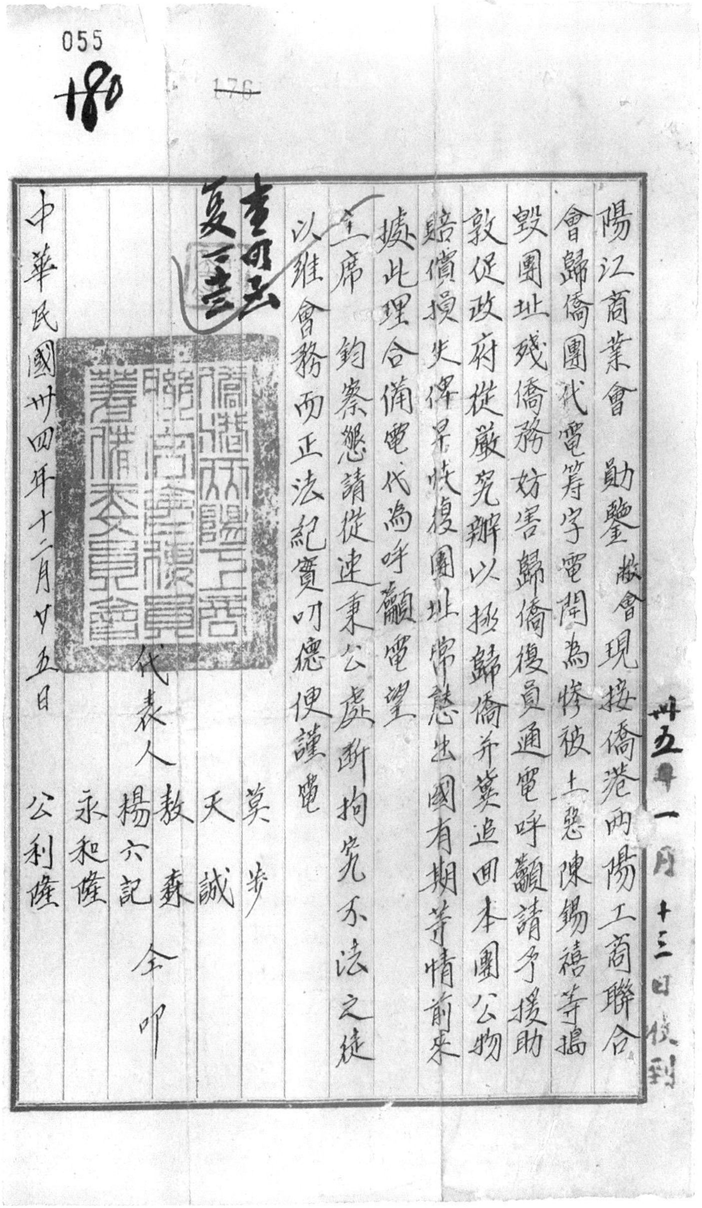

055

180

176

卅五年一月十三日收到

復 廿五

陽江商業會 勛鑒 敝會現接僑港兩陽工商聯合會歸僑團代電筹字電開為悴被土惡陳錫禧等搗毀團址殘僑務妨害歸僑復員通電呼籲請予援助敦促政府從嚴究辦以拯歸僑并冀追回本團公物賠償損失俾早恢復團址仰慰出國有期等情前來據此理合備電代為呼籲電望

主席 鈞察懇請從速秉公處斷拘究不法之徒以維會務而正法紀實叨德便謹電

僑港兩陽工商聯合會歸僑復員籌備委員會

代表人 莫步 天誠 敎森 楊六記 永和隆 公利隆 仝叩

中華民國卅四年十二月廿五日

262. 阳江县商会发给福兴店、艳记栈证明书前往保释领回被扣留之人、船及货款（1946 年 1 月 10 日）+ 附：阳江县福兴店店东吴玉如、艳记栈店东邓开荣致县商会理事长廖永年的呈（1946 年 1 月 10 日）

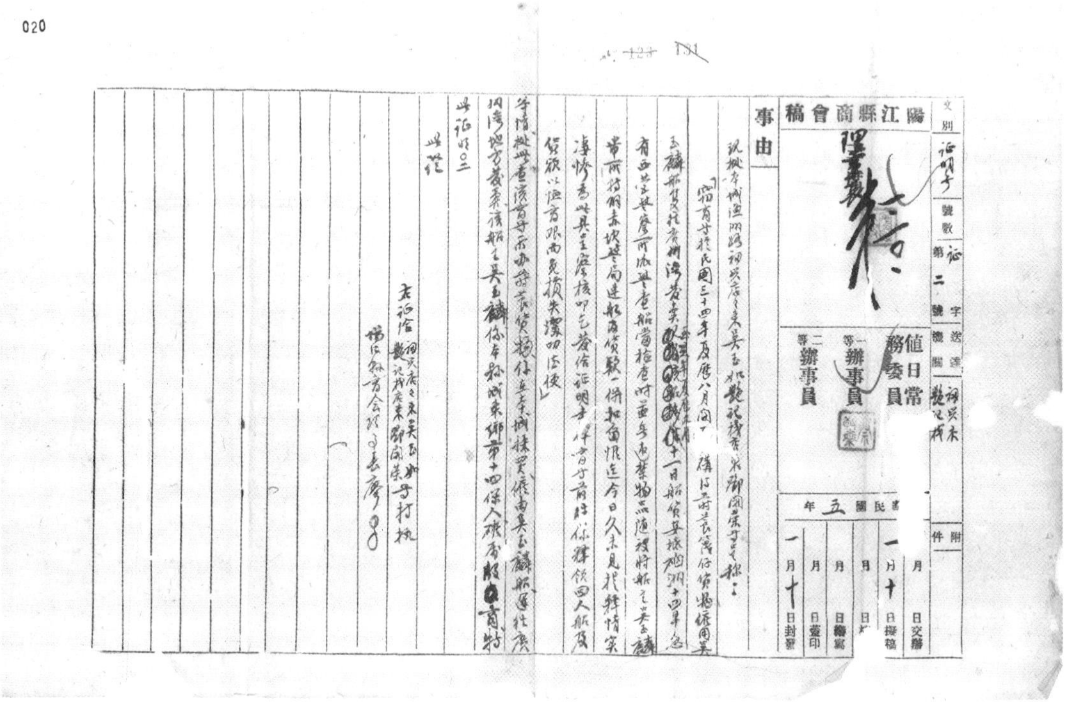

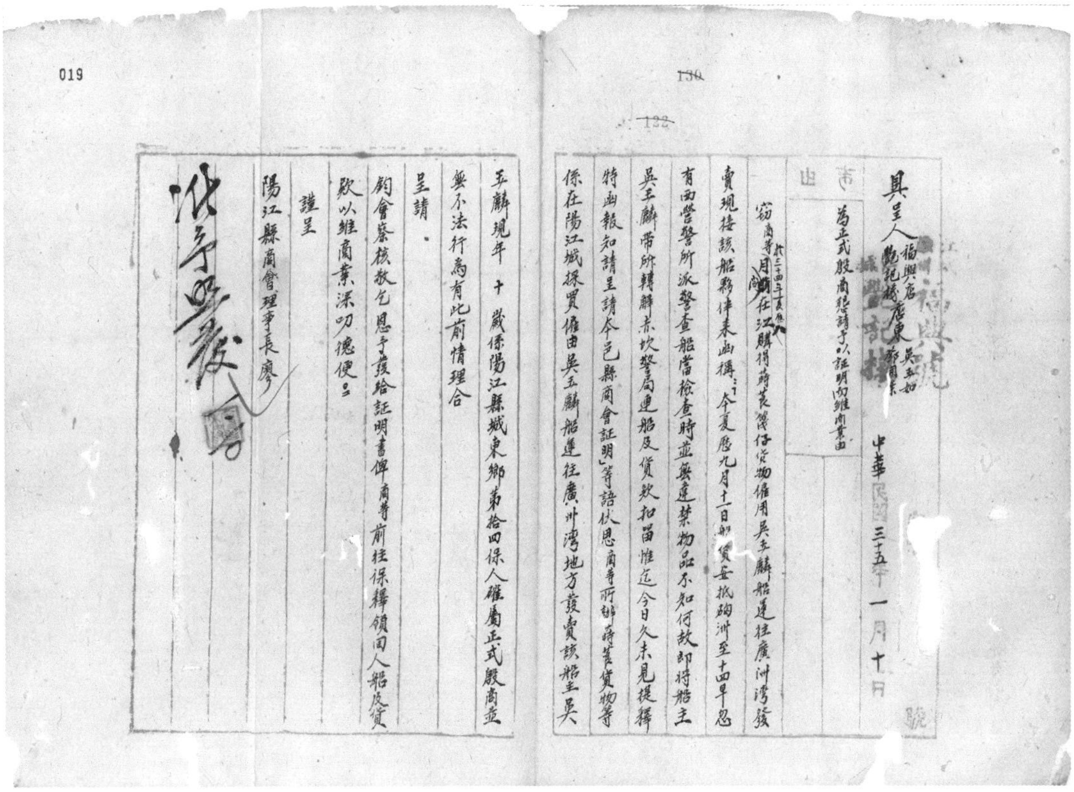

019

具呈人 福興店 艷記棧 店東 吳五如 鄧國榮

事由：為正式殷商懇請予以証明以維商業由

竊商等於三十四年十一月間在江購得蔣茂儀仔貨物僱用吳壬麟船運往廣州灣發賣現接該船夥伴來函稱：「今夏歷九月十一日船貨安抵硇洲至十四早忽有兩營警所派警查船當檢查時並無違禁物品不知何故即將船主吳壬麟帶所轉解赤坎警局連船及貨款扣留惟迄今日久未見提釋特函報知請呈請本邑縣商會証明」等語伏思商等所辦蔣茂儀仔貨物等係在陽江城採買僱由吳壬麟船運往廣州灣地方發賣該船主吳壬麟現年 十 歲係陽江縣城東鄉第拾四保人確屬正式殷商並無不法行為有此前情理合

呈請

鈞會察核敕乞恩予發給証明書俾商等前往保釋領回人船及貨款以維商業深叨德便之

謹呈

陽江縣商會理事長廖

准予照發

中華民國三十五年一月十日

號

263. 阳江县永益源冯远南呈请县商会理事长廖永年饬传林斗驹等将滥收交还并清算经管数目（1946 年 4 月 26 日）

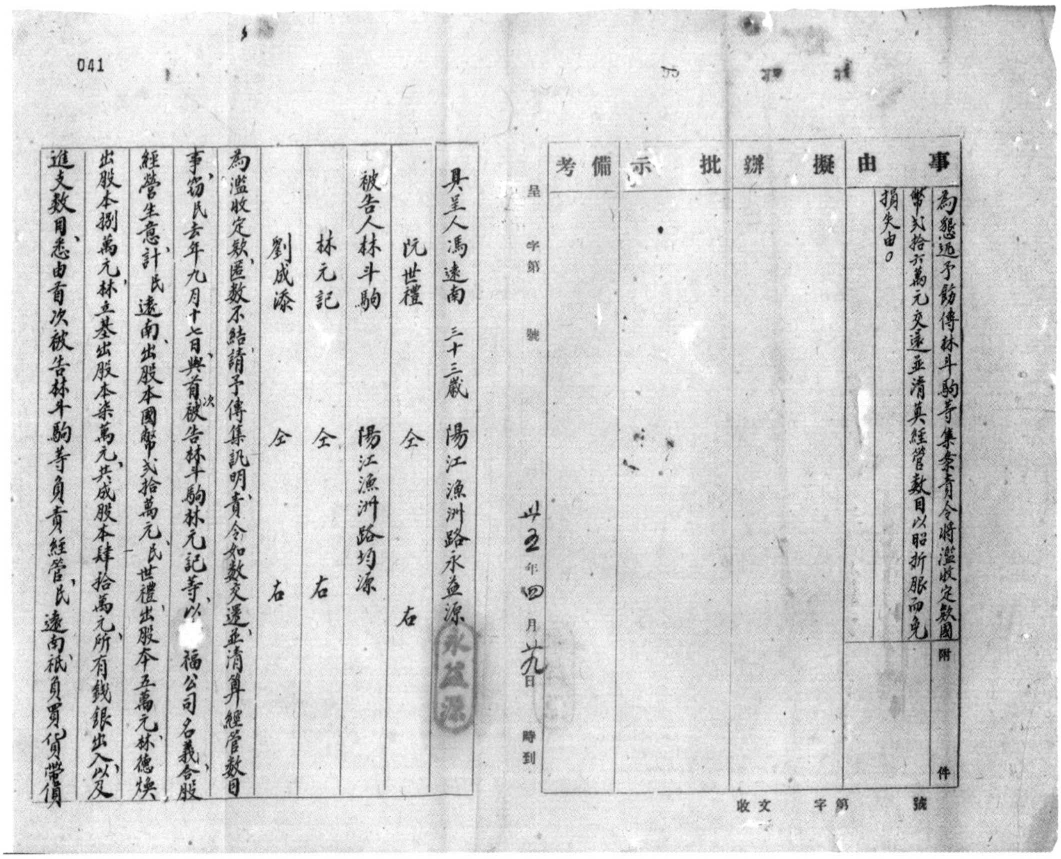

041

事由：為懇迅予飭傳林斗駒等集案責令將濫收定款國幣弍拾六萬元交還並清算經營數目以昭折服而免損失由。

附件

擬辦

批示

備考

呈　字第　號

卅五年四月廿九日　時到

收文　字第　號

具呈人馮遠南　三十三歲　陽江漁洲路永益源

阮世禮　仝　右

被告人林斗駒　陽江漁洲路均源

林元記　仝　右

劉成添　仝　右

為濫收定款、匿數不結，請予傳集訊明，責令如數交還，並清算經營數目

事竊民去年九月十七日與首次被告林斗駒、林元記等以[illegible]福公司名義合股經營生意，計民遠南出股本國幣弍拾萬元、民世禮出股本五萬元、林德煥出股本捌萬元、林立基出股本柒萬元，共成股本肆拾萬元。所有錢銀出入以及進支數目，悉由首次被告林斗駒等負責經管，民遠南祇負買貨帶償

永益源

042

76

責任、溯由合股之月起、至九月初拾日止、計共經營生意二十天、生意盈虧、民不得過問、即所有外出帶買貨物所支出之各種使用、僅其人數、並催彼等交數清算、被告概置不理、且在合股期間、又濫收民綸交第三被告劉成添交某鹽公司定款國幣貳拾六元萬、（查林斗騧係劉成添之內弟、該款係民去年十月初六日與成添自另組某鹽公司交過定款四十四萬元、乃成添復因組織不成、除由成添手交民收取外、尚餘二十六萬元、在成添處、悉爲被告收取）、似此濫收定款、匿數不結、實爲蓄意侵占、經將被告經管數簿檢獲、復經託友勸令將款交還、並清算數目、亦復置若罔聞、素仰

鈞長爲我邑商場領袖、凡百以息事寧人爲旨爲、特呈請

鑒核、對林斗騧等之不法行爲、伏乞迅予飭傳集訊明確、責令如數交還、並清算本案經營數目、否則應請責由第三被告負責、以昭折服、而維損失、实爲

公便、謹呈〇〇

陽江縣商會理事長 廖

043

97

中華民國三十五年四月二十六日

264. 阳江县商会奉江门关税务司布告将由海道运货出口保证金改为取具商店联保致阳江海关的公函（1947年6月24日）+附：江门关税务司公署布告（1947年2月3日）

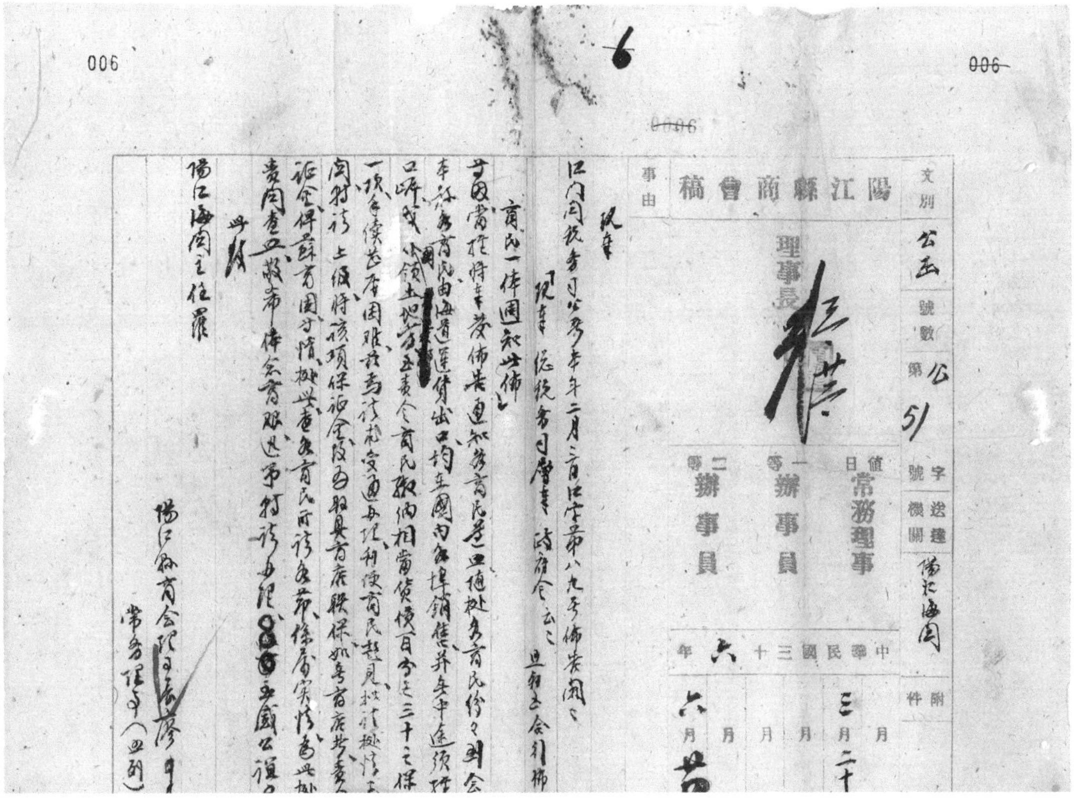

007

江門關税務司公署佈告

江字第八九號

廿六年二月十八日收到

現奉

總税務司令奉　政府令以結匯出口貨物經由海道或越出陸地國境轉口内銷中途須經過外國口岸或外國領土或運往鄰近外國口岸或外國領土地方除經由按照普通行輪章程往來貿易之船隻載者外其由其他車輛民船或輪船運輸時應責令商民繳納相當貨價百分之三十之保證金放行此項保証金應由原報運地海關驗憑經由指運地海關簽証退回之報單予以發還如運銷地並未設關則驗憑當地縣政府商會或同業公會之証明文件予以發還倘報運人不能呈驗上項報單或証明文件得由海關將此項保証金掃數解歸國庫等因奉此合行佈告仰各商民一体週知。

此佈。

中華民國二十六年二月三日

税務司　陳禮康

007

7

0007

265. 阳江县商会关于陈赖监冒充公务员非法勒收货物税呈请广东省财政厅查明办理（1948 年 2 月 22 日）+ 附：阳江县儒洞镇商会理事长陈伯贤致县城镇商会的公函（1948 年 2 月）

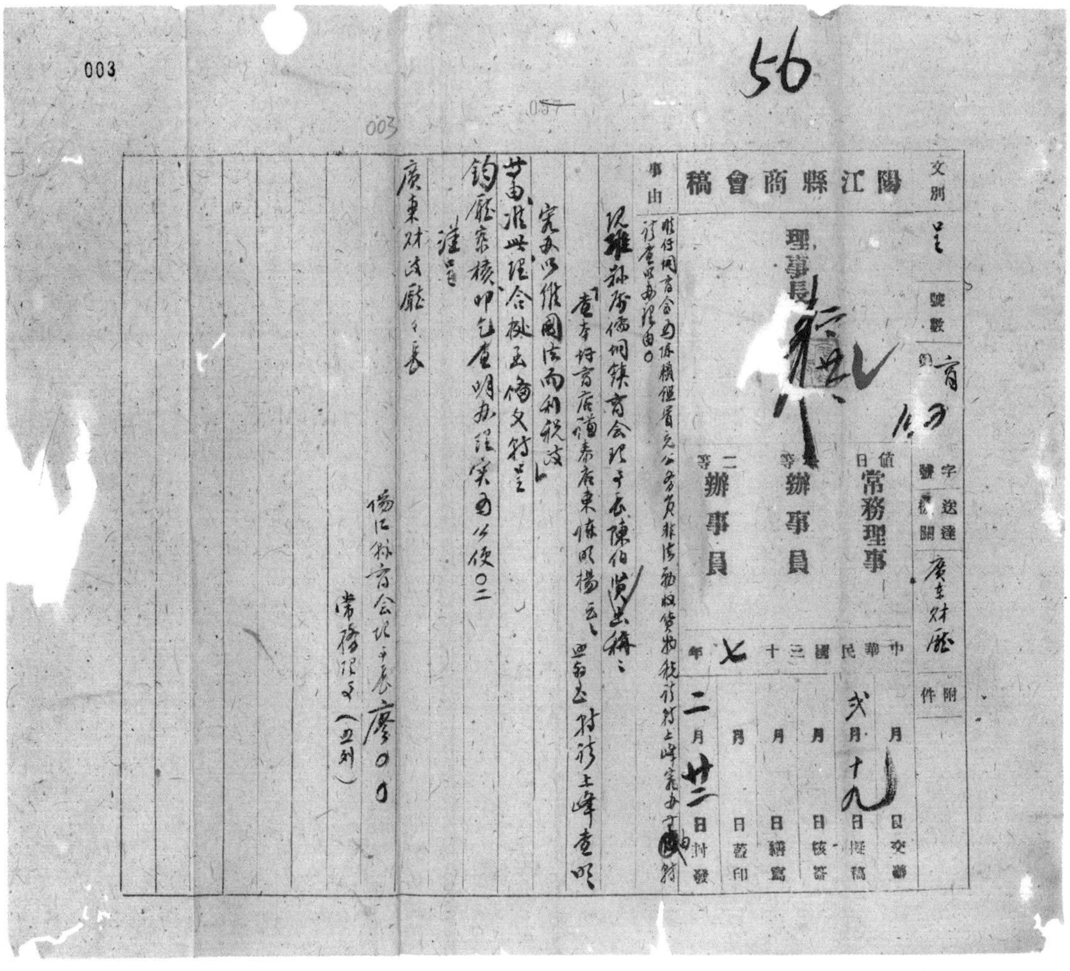

004

5/

058

陽江縣儒洞鎮商會公函　　聰字第二十一號

中華民國三十七年二月七日

卅七年貳月十八日

事由：爲陳賴鑑冒充公務員、非法勒收貨税、擾商害民、破壞税政、懇請予以正義援助、
以甦商困并將情轉諸上峯將該陳賴鑑查明究辦由。

本文：查本埠[illegible]商店謙[illegible]號店東陳明揚，素爲安份守己，自在本埠經商數十載，絶無爲
非作歹、虚僞詐騙情事，本埠商民，咸爲欽佩，乃緣該店于本年一月五日即農
曆十二月二十七日在讀垌村購得黄糖叁件，約共八百四十斤，僱牛車運回本埠兌
税零沽，詎料該糖運回至儒洞里許之右舖尾地方，即爲冒充閘平税務分局
陽江辦事處職員之陳賴鑑，帶同儒洞分駐所警兵到處將糖截押運回，強
指該糖是走漏騙税貨物，諸多恐嚇，要勒罰巨款，及將糖沒收充公，該店
以糖并未運到納税地点，何謂走私騙税，乃遵章繳納[illegible]貨物税而利
推銷，不竟該陳賴鑑立心中飽自肥，又無正式税票，以爲該店誠實可欺，
厲予拒絶，該店見此情形，實有意勒迫商民，誠不堪損失，即將報告本會
請予設法解决，本職以身爲商會理事，商民有正當請求，自當予以協助
及輔導，竊思該店之糖，并未運到及超越卡税地点，就算將糖運抵店後，
在未轉售之前，根據依章納税，手續亦未過失，安得妄指爲騙税，強將
貨沒收，以[illegible]意勒索，再查該陳賴鑑并非陽江辦事處之職員，抑是
否該處委托代辦或承辦者，事前并不公告週知，及行函各機關查照，究是
何等様人，竟敢冒然執行職務，妄押貨物，阻碍流通，未免有違國法，該
則該陳賴鑑既[illegible]票，又何敢再先予補納正税，迫得殊求儒洞分駐所將
糖扣留充公，但分駐所以該糖是由外處購回者，并不是走私騙税，復查一

58.

005

廣東區貨物稅局開平分局陽江辦事處送來之公函，并未指明所派職員之姓名及該函年月日塗改者，同時又無陽江辦事處[illegible]或儒洞分處征收員之正式公函，請予代押，恐于手續未合，不便擅處，本職以分駐所既不負責將糖扣留，而該陳賴鑑又不敢給回將糖沒收之收據，以冀吞騙中飽，是故該謙泰店以此大部黃糖置于路邊，無人負責，當以此本爲艱，恐遭散失，當即報告分駐所及本會，經兄暫行將糖運回保存，聽候報告陽江辦事處派員前來辦理，以維國稅。至查該陳賴鑑自冒充陽江辦事處職員後，即任意勒索糖寮登記稅，及約計該寮每日可製糖若干勒納黑市糖稅，并在儒洞墟墟期迫令沿街賣糖小販，領取查驗證（該證用二寸長方形竹紙印有儒洞分處查驗證等字樣之橢圓形戳記）每證索賞二十五萬元（現本會已搜獲有據）不願者作騙稅論處，將糖予以沒收，每墟如是，商民實不堪其擾，無不恨聲載道，該陳賴鑑如此收納糖稅，重敲勒索不發稅票，任意提高稅額，實屬擾商害民，妨碍糖業生產，搗亂稅收，際茲戡亂建國，開始行憲之時，豈可容此輩擾亂商場，破壞稅收，影响民心，本會茲爲順應商情，檢舉貪污，又以止該陳賴鑑再有變本加厲，擾害商民，而恤商艱起見，除函請廣東區貨物稅局開平分局陽江辦事處派員前來究稅暨分呈財政部廣東區貨物稅局及廣東省政府財政廳陽江縣政府核辦外，相應函達

貴會查照，本諸于正義協助與輔導，而甦商困，并請將該陳賴鑑冒充公務員，破壞稅收之非法行爲，轉請上峯查明究辦，以維國法，而利稅政，至

此致

陽江縣城鎮商會

陽江縣儒洞鎮商會理事長陳伯賢

266. 阳江县商会证明宏发源店伴陈德年、信发店伴李成、公兴店司理梁骥等三人确为诚实商人并无法外行为（1948 年 5 月 26 日）

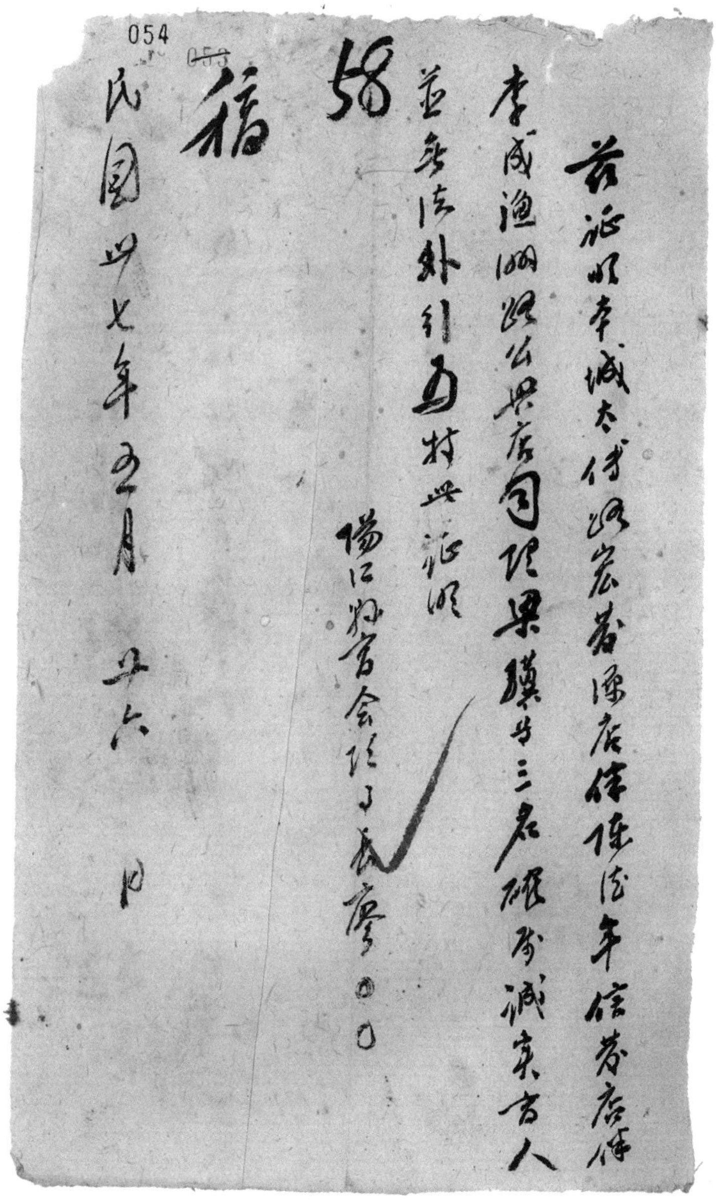
054

053

58

稿

兹证明本城大街馆宏发源店伴陈德年信发店伴

李成渔烟馆公兴店司理梁骥等三名确系诚实商人

并无法外行为特此证明

阳江县商会理事长廖○○

民国卅七年五月廿六日

267. 阳江县全利栈、荣泰号、华盛栈等商号关于抢米风潮中义利店东曾文秀误被警察带局候讯联呈县商会理事长廖永年请转交保省释以免无辜（1948年7月24日）

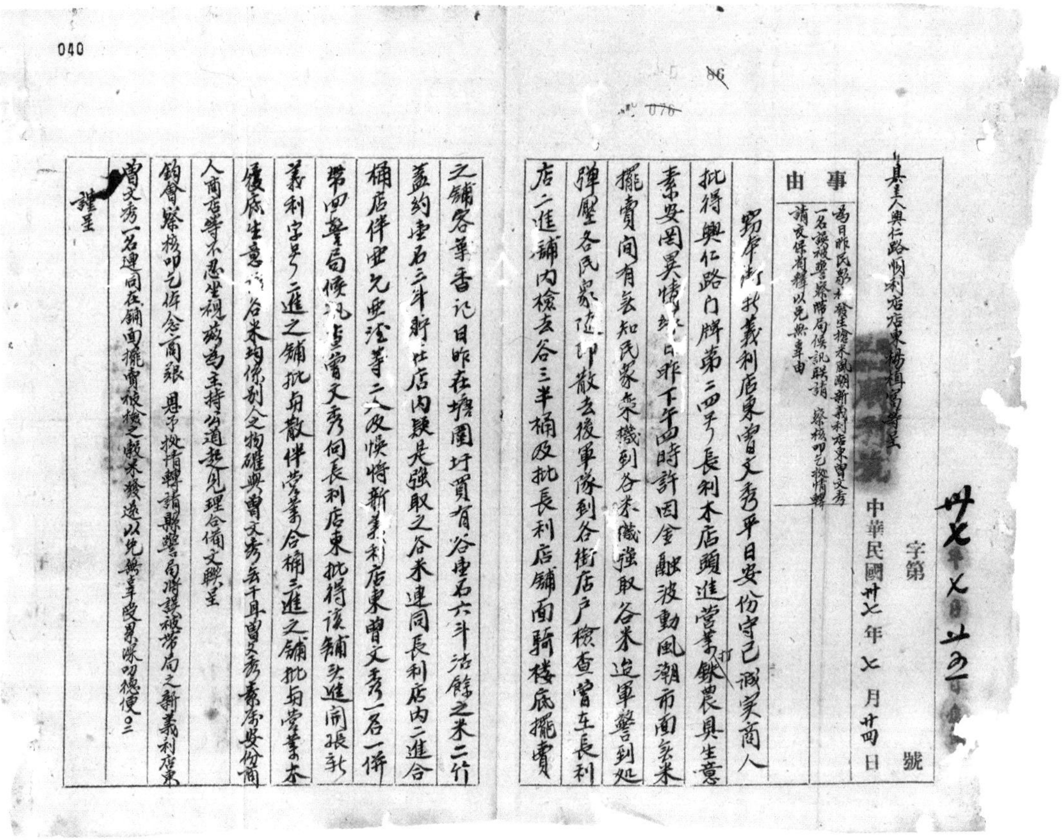

县呈人兴仁路恂利店店東楊植富等呈

字第　号

中華民國卅七年七月廿四日

事由：為日昨民眾發生搶米風潮新義利店東曾文秀一名誤被警察帶局候訊聯請 察核即乞據情轉請交保省釋以免無辜由

竊本街新義利店東曾文秀平日安份守己誠実商人批得興仁路門牌第二四号長利木店頭進營業打鉄農具生意素安因異情於日昨下午四時許因金融波動風潮市面突米擺賣間有無知民眾乘機到谷米攤強取谷米迨軍警到処彈壓各民眾隨即散去後軍隊到各街店戶檢查曾在長利店二進鋪內檢去谷三半桶及批長利店鋪面騎樓底擺賣之鋪客華香記日昨在塘圍圩買有谷壹石六斗沽餘之米二竹蓋約壹石三斗新此店內疑是強取之谷米連同長利店內二進合桶店伴曾允安譚等二人及恢將新義利店東曾文秀一名一併帶回警局候訊查曾文秀向長利店東批得該鋪头進開張新義利字号二進之鋪批与散伴營業合桶三進之鋪批与營業本人鋪底生意谷米均係别人之物確與曾文秀無干且曾文秀素安份商人商店等不忍坐視致為主持公道起見理合備文聯呈

鈞會察核即乞俯念商艱 恩予據情轉請縣警局將誤被帶局之新義利店東曾文秀一名連同在鋪面擺賣被檢之穀米發还以免無辜受累深叨德便○三

謹呈

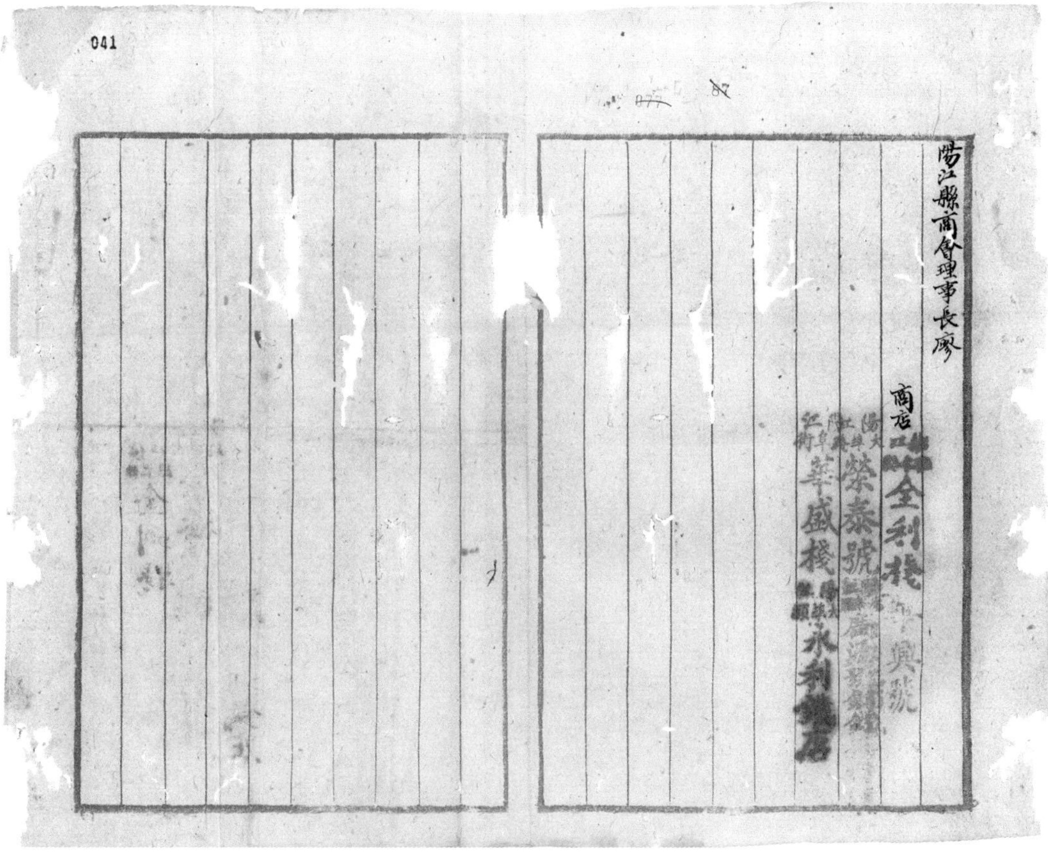
041

陽江縣商會理事長廖

商店

全利棧

榮泰號

華盛棧

永利

268. 阳江县商会发给明发店证明书使沙头垅村保公所将暂行看管之船放行（1948 年 8 月 5 日）+ 附：阳江县明发店店东王开池致县商会理事长廖永年的呈（1948 年 8 月）

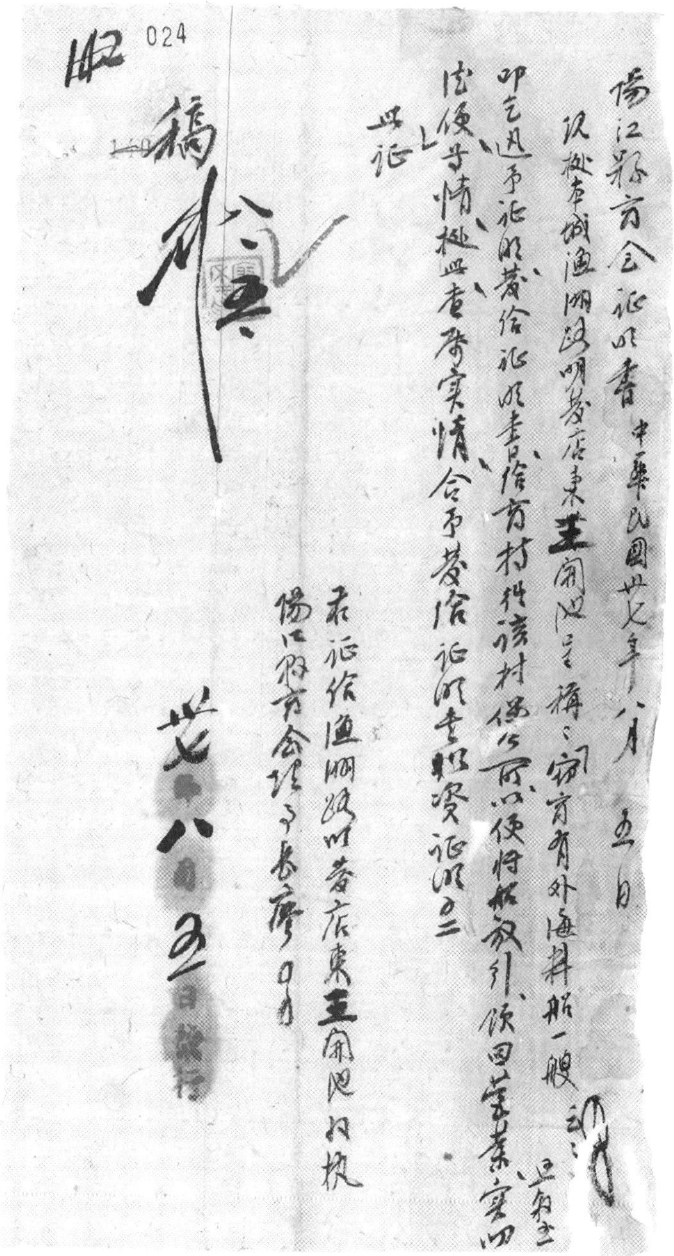

稿

陽江縣商會證明書　中華民國卅七年八月五日

茲據本城漁洲路明發店東王開池呈稱：竊商有外海料船一艘……叩乞迅予證明，發給證明書給商，持往該村保公所，以便將船放行，俾回營業，實叩德便等情。據此，查屬實情，合予發給證明書，以資證明。

此證

右證給漁洲路明發店東王開池收執

陽江縣商會理事長廖

卅七年八月五日

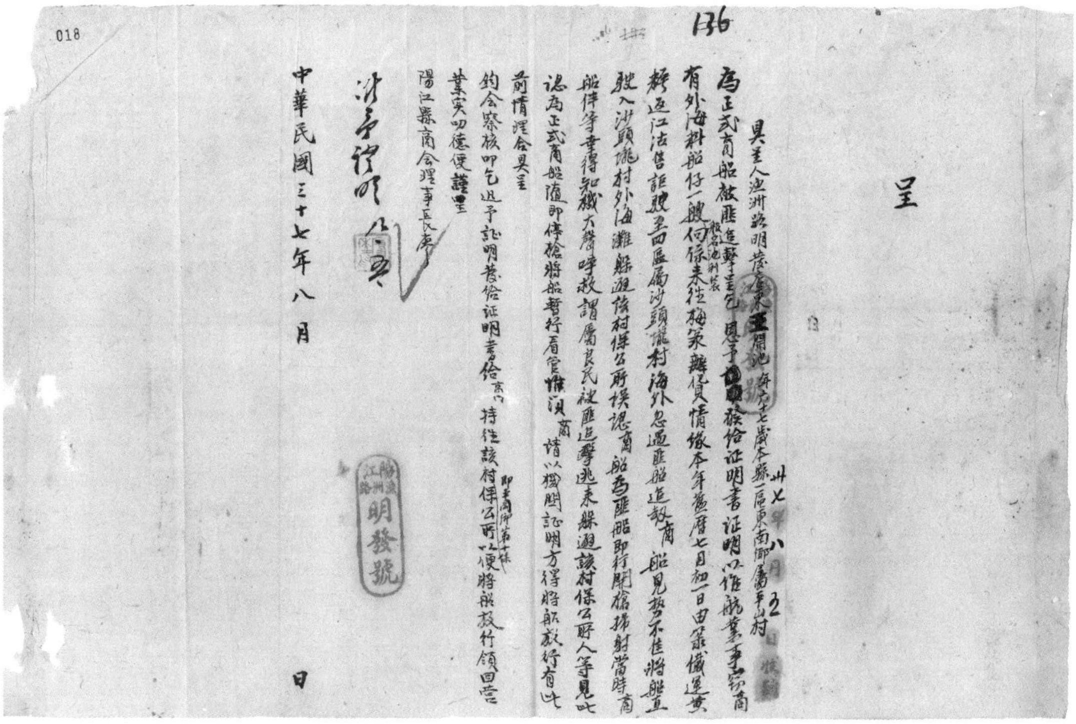
018
136
呈
卅七 八 2
具呈人漁洲路明發東號周池 年六十七歲 本縣一區東南鄉屬平山村
為正式商船被匪追擊 懇予發給証明書 証明以維航業事 竊商
有外海料船仔一艘（船名海利裝）向係來往梅家辦貨 情緣本年舊曆七月初一日由崇儀運黃
精返江 沿海詐駛至四區屬沙頭壠村海外 忽遇匪船追敲 商 船見勢不佳 將船直
駛入沙頭壠村外海灘躲避 該村保公所誤認商船為匪船 即行開槍掃射 當時商
船伴等幸得知機 大聲呼救 謂屬良民被匪追擊逃來躲避 該村保公所人等見此
認為正式商船 隨即停槍 將船暫行看管 惟須商 請以權限証明 方得將船放行 有此
前情 理合具呈
鈞會察核 叩乞迅予証明 發給証明書給商 持往該村保公所（即平岡鄉第十保）以便將船放行領回營
業 實叨德便 謹呈
陽江縣商會理事長唐
周池
中華民國三十七年八月 日
陽江 漁洲路 明發號

269. 阳江县复荣号呈请县商会发给证明书认领被骑劫之料船以免损失（1949 年 2 月 6 日）

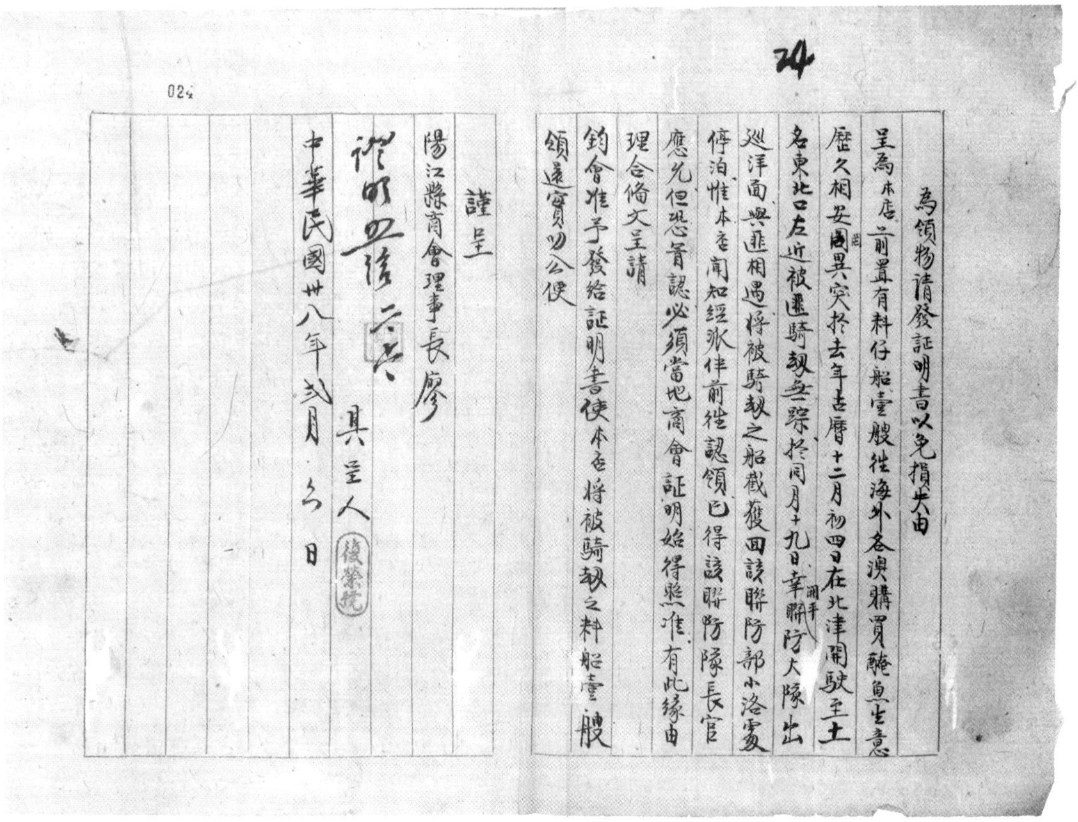
24

024

為領物請發証明書以免損失由

呈為本店前置有料仔船壹艘往海外各澳購買醃魚生意歷久相安，同異突於去年古曆十二月初四日在北津開駛至土名東北口左近被匪騎劫無踪，於同月十九日幸聯防大隊出巡洋面與匪相遇，將被騎劫之船截獲回該聯防部小洛處停泊。惟本店聞知經派伴前往認領，已得該聯防隊長官應允，但恐有認必須當地商會証明始得照准。有此緣由理合備文呈請

鈞會准予發給証明書，使本店將被騎劫之料船壹艘領返，實為公便

謹呈

陽江縣商會理事長廖

證明照發

具呈人　復榮號

中華民國卅八年弍月六日

270. 阳江县商会关于查明悦安杉店被批客梁就芬担保织簧仓管员株累连同有关证件呈请县政府察核办理（1949 年 3 月 12 日）

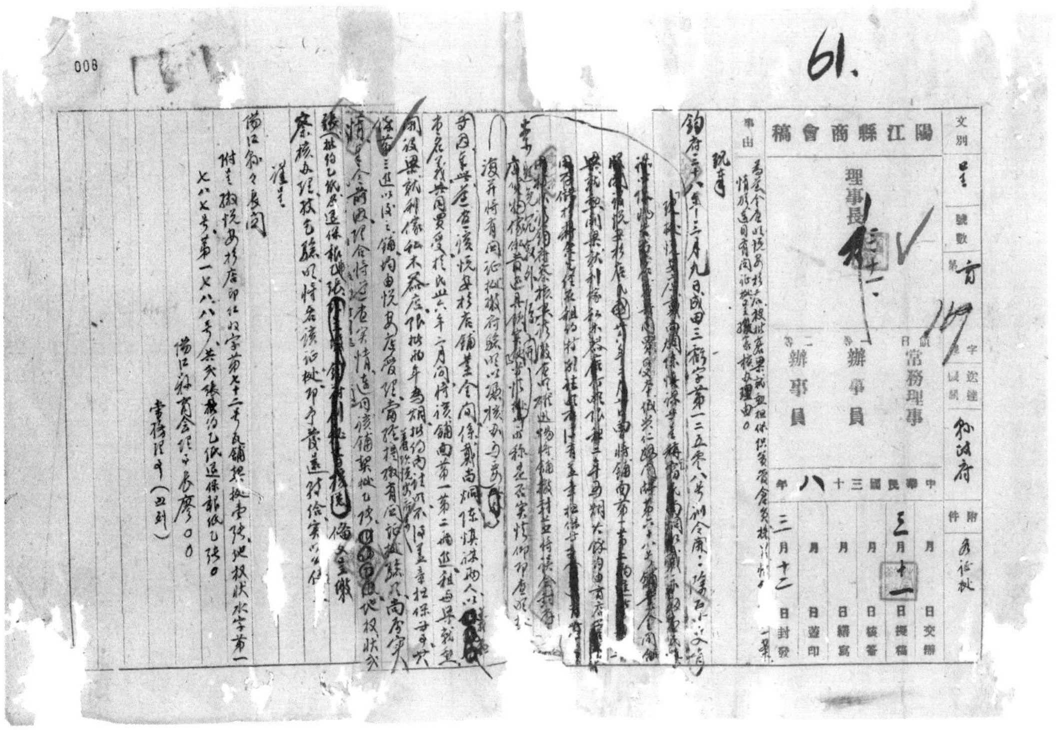

271. 阳江县钟宏光堂为铺客搬迁歇业逋租私逃呈请县商会理事长廖永年派员点存铺内架生而维业权（1949 年 5 月 15 日）

047　045　45

具呈人鍾宏光堂 業主鍾左氏 二十 司理左麦氏 三十九 歲 住本城永福街光盧

相對人批客錦江店東 黄鏡波 雷维绪 舖所在：本城南恩路门牌二三七號

為舖客搬遷歇業 逋租私逃 並將舖门鎖闭 呈請派員经見會同點存舖內架生傢俬 以憑收回借物及舖底 而维業權事 竊氏鍾左氏母子有先人遺產坐在本城南恩路第二三七號门牌舖房一間 于民國三十七年農曆八月初七日批與相對人開設錦江绪記字號 批约訂明 如有久租或歇業 得將舖收回 並訂明舖客不得將舖轉批别人 或改易原商 變更字號 改圖加記 或另設通訊處 如有此項情弊 業主得隨時將舖收回 又訂明此舖連舖底架生頂手 完全係業主物業 並無第三人何項頂手 以及舖底轇轕情事 將来不得别人私頂私批索取頂手等字樣 並向本堂借用 大鏡架高櫃五個 小鏡架櫃一個 横長鏡櫃一個 曲尺形横長鏡櫃一個 漆櫃枱兩個 電燈頭八個（六個頭連制的） 電錶一隻 膠花綠全倫 办公枱四張 办公架仔一張 長椅櫈一張 牀板二張 長櫈四張 椅櫈四張 大小櫃枱三個 記事牌一張 洞牌一張 高鏡架櫃玻璃[illegible]尺活[illegible]尺高共十五張（內一張爛）[illegible]尺活[illegible]尺高共十二張（內二張爛可用）曲尺形長鏡櫃企玻璃等活一張[illegible]尺活[illegible]尺高共三張（內二張爛）[illegible]尺活[illegible]尺高共五張 而厚鏡[illegible]共七張（內一張爛）小鏡架櫃玻璃等活[illegible]尺高共四張 横長鏡櫃玻璃等活[illegible]尺高二張（內一張爛）[illegible]尺活[illegible]尺高一張 大小鏡共五十張 又錢櫃枱一個 又三角鏡架一個（無鏡） 均載明批约 今該批客竟于日昨夜候 私將舖內貨物搬遷 將舖门鎖闭 逃遁而去 似此情形 顯與上開批约違背 且該批客尚欠舖租數月 亟應將舖收回 兹為求慎重起見 除登報声明外 為特呈請

鈞會迅賜派員會同到達 先將舖內所有架生傢俬點存 返遞借

卅八年五月十六日

048

46

物然後通知鋪客到場理妥　以清手續　而維業權　如何之處　仍乞指示祇遵

實沽德便謹呈

陽江縣商會理事長廖公鑒

查歸江館[illegible]久借[illegible]

事實[illegible]會[illegible]報[illegible]欠據[illegible]

存之合同所請未便照准

五
十六

中華民國三十八年五月十五　　日

272. 阳江县商会关于县政府指令将办理重复派借保安营粮饷情形具报致丽源店的通告（1949 年 5 月 25 日）+ 附：阳江县政府致县商会理事长廖永年的指令（1949 年 5 月 22 日）

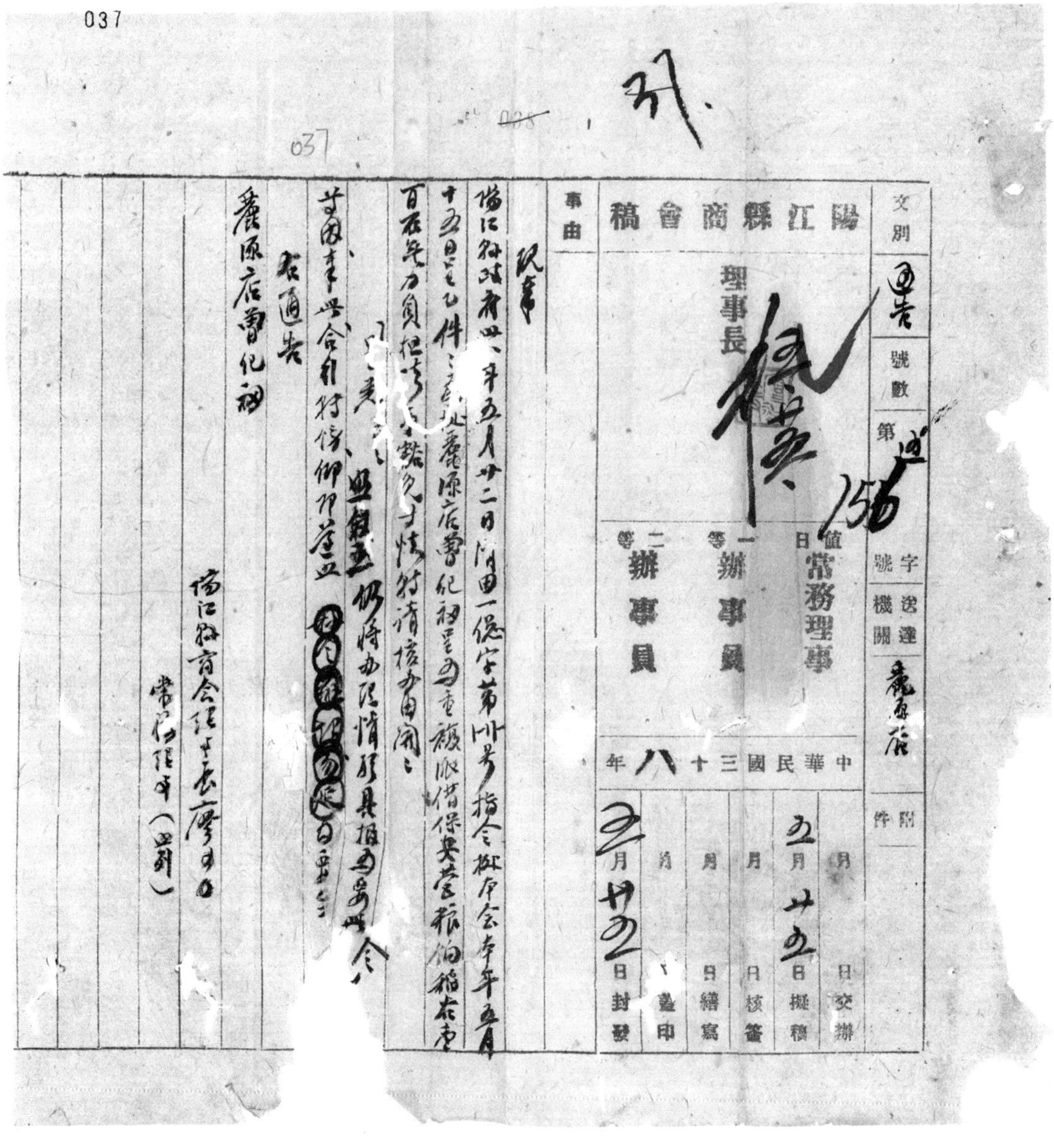
陽江縣商會稿

文別：通告

號數：第156號

理事長

值日常務理事

一等辦事員

二等辦事員

字號

送達機關：麗源店

附件

中華民國三十八年

五月廿五日擬稿

五月廿五日封發

事由

現奉

陽江縣政府卅八年五月廿二日府田一保字第卅号指令，據本會本年五月十五日呈乙件，為據麗源店曾化初呈為重複派借保安營糧餉，稱本店百在[illegible]力負担[illegible]情，請核辦由。

[illegible]呈悉，[illegible]并飭[illegible]將辦理情形具報為要。此令。

等因，奉此，合行轉飭，仰即遵照。

右通告

麗源店曾化初

陽江縣商會理事長廖永年（四月）

038

37（三）

卅八年五月廿四日呈

阳江县政府指令

清田一纸

中华民国卅八年五月廿日发

令本县商会理事长廖永年

本年五月十五日呈一件——为据丰源店曾纪福呈为查获派借谷壹百石无力负担请予豁免等情转请核示由

呈悉。该殷户曾纪福既亚富户，照借稻谷壹百石，以商店派借难予豁免，仰即转饬遵照迅速如数输借，以维军食。并照其借拨免收其商店派借谷，仍将办理情形具报为要。

此令。

四射

县长 曹清池

273. 阳江县商会关于昌发隆店被无辜株累扣押呈请县政府详查（1949 年 7 月 21 日）

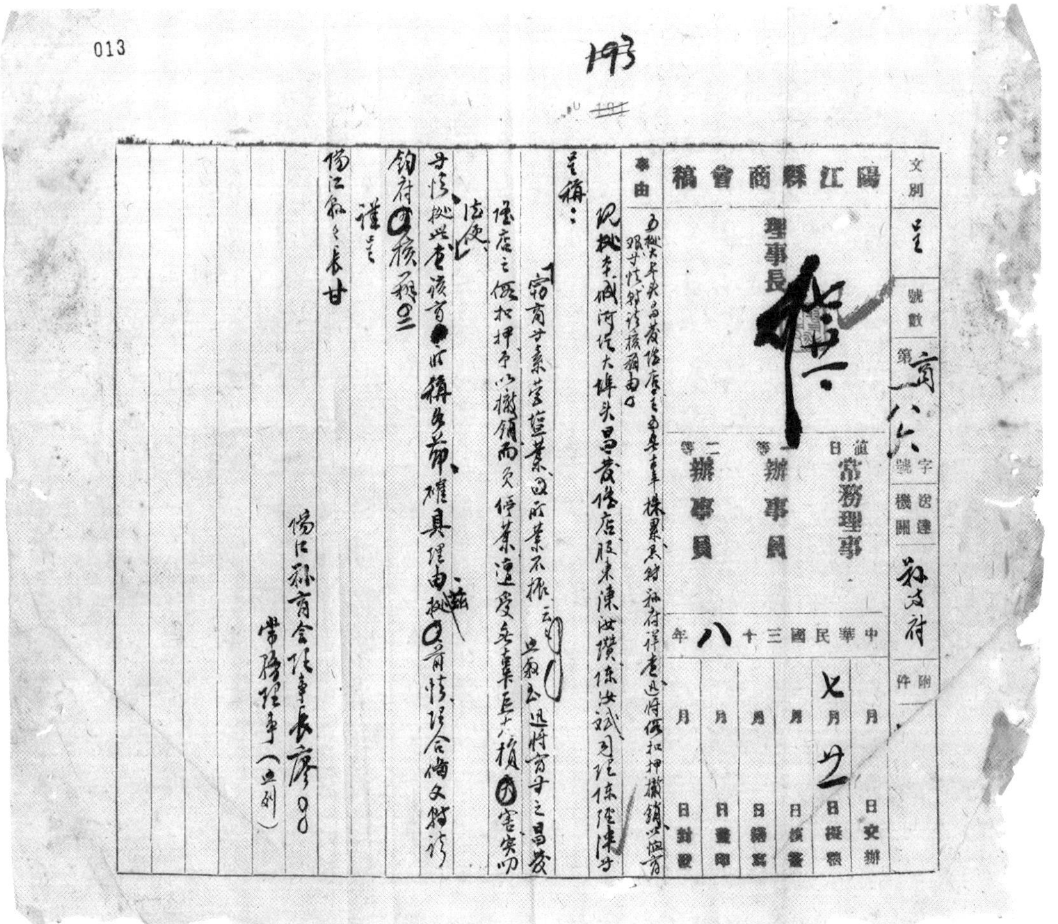

013

193

陽江縣商會稿

文別：呈

號數：第商八六號

送達機關：縣政府

理事長　常務理事　一等辦事員　二等辦事員

中華民國三十八年七月廿一日擬稿

事由：為據大平與昌發隆店無辜株累扣押請縣府詳查迅將該扣押撤銷以恤商艱並請轉請核辦由

呈稱：

現據本城河堤大牌頭昌發隆店股東陳汝攢、陳汝斌同現住陳某……竊商等素營鹽業，因所業不振……云。此叙公迅將商等之昌發隆店之低押予以撤銷，而免停業，遭受無辜巨大損害，實叨法便。等情。據此，查該商所稱各節，確具理由，據情合備文轉請鈞府察核。

謹呈

陽江縣縣長甘

陽江縣商會理事長廖〇〇

常務理事（立列）

274. 阳江县商会关于昌发隆店假扣押错误久未撤销呈请县政府察核办理（1949 年 10 月 3 日）+ 附：阳江县昌发隆店致县商会理事长廖永年的呈（1949 年 9 月 26 日）

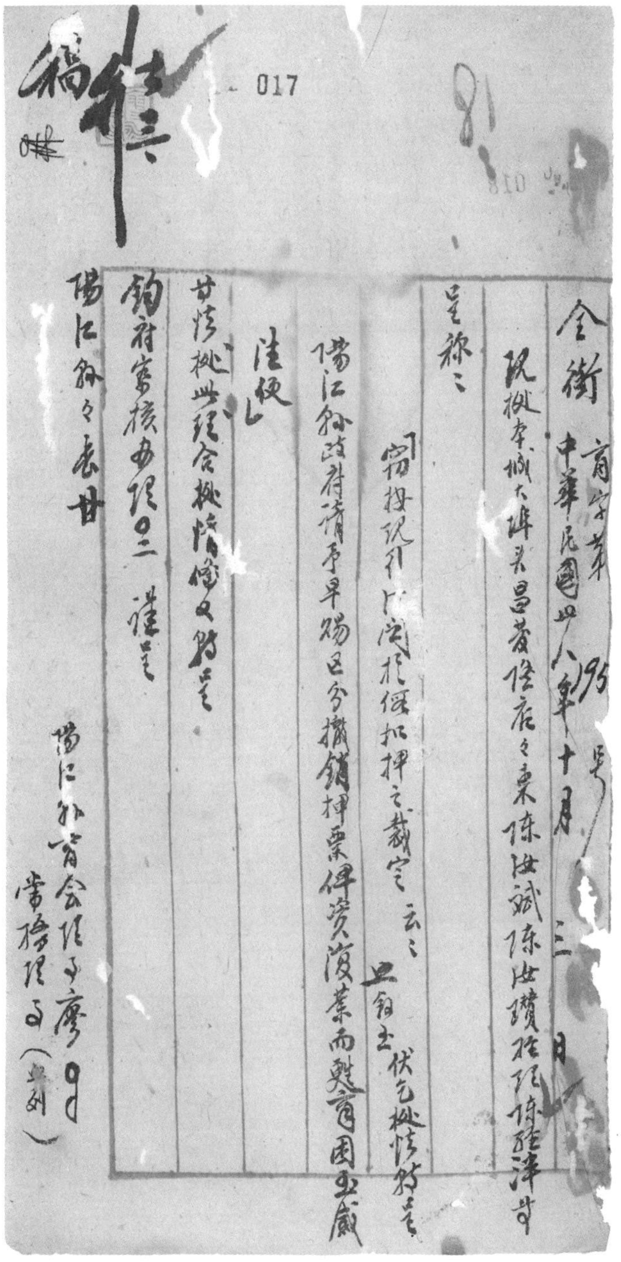
全銜　商字第　號
中華民國卅八年十月三日
現據本城大[illegible]昌發隆店店東陳世斌陳世瓚[illegible]
呈稱：
竊按現行[illegible]於假扣押之裁定……云云[illegible]伏乞據情轉呈
陽江縣政府請予早賜函令撤銷押票，俾資復業而甦商困，實感
德便
等情，據此，理合據情備文轉呈
鈞府察核辦理。謹呈
陽江縣縣長甘
陽江縣商會理事長廖[illegible]
常務理事[illegible]

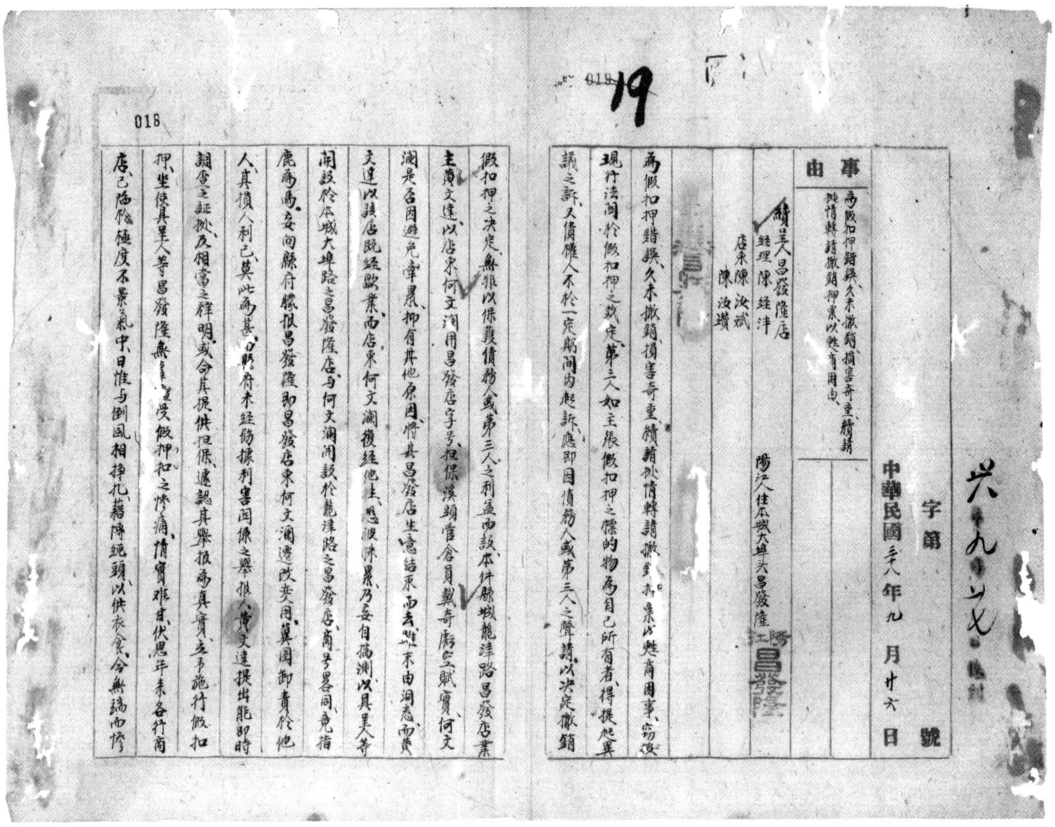

字第　號

中華民國三十八年九月廿六日

事由：為假扣押錯誤，久未撤銷，損害奇重，續請執情轉請撤銷押案，以甦商困由。

具呈人昌發隆店
經理陳經洋
店東陳汝斌
陳汝瓚

陽江人住本城大埠頭昌發隆

為假扣押錯誤，久未撤銷，損害奇重，續請執情轉請撤銷押案，以甦商困事。竊按現行法關於假扣押之裁定，第三人如主張假扣押之標的物為自己所有者，得提起異議之訴，又債權人不於一定期間內起訴，應即因債務人或第三人之聲請，以決定撤銷假扣押之決定，無非以保護債務人或第三人之利益而設。本件縣城龍津路昌發店業主黃文達，以店東何文澜用昌發店字号担保溪頭倉倉員戴奇虧空賦實，何文澜是否因避免牽累，抑有其他原因，將其昌發店生意結束而去，雖未由洞悉，而黃文達以該店既經歇業，而店東何文澜復經他往，恐被牽累，乃妄自揣測，以具呈人等開設於本城大埠路之昌發隆店，與何文澜開設於龍津路之昌發店，商号略同，竟指鹿為馬，妄向縣府朦报昌發隆即昌發店，東何文澜遷改其用，冀圖卸責於他人，其損人利己，莫此為甚。而縣府未經飭據利害關係之舉报人黃文達提出能即時調查之証據，及相當之釋明，或令其提供担保，遽認其舉报為真實，立予施行假扣押，坐使具呈人等昌發隆無辜受假押扣之慘痛，情實难甘。伏思年来各行商店已陷於極度不景氣中，日惟與倒風相掙扎，藉博蝇頭以供衣食，今無端而慘

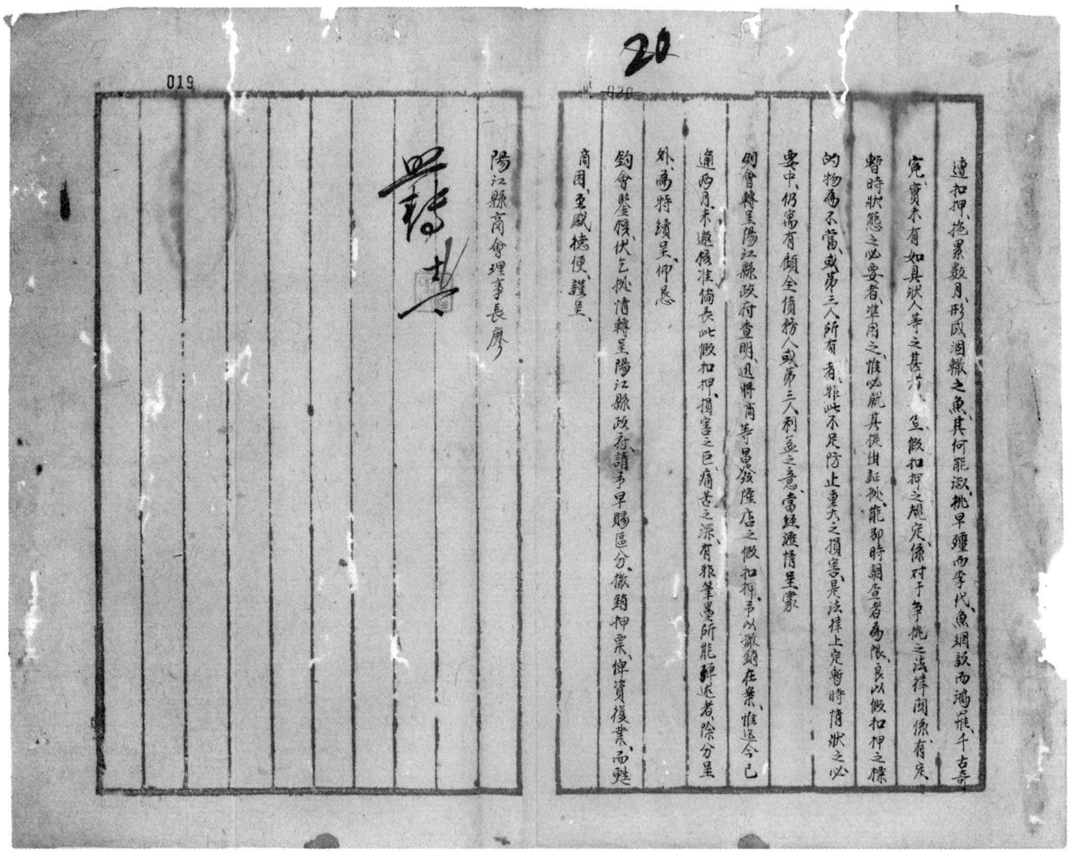

遭扣押、拖累數月、形成涸轍之魚、其何能淑、桃早殭而李代、魚網設而鴻罹、千古奇
冤、實未有如具狀人等之甚者、且假扣押之規定係对于爭執之法律關係有定
暫時狀態之必要者、准用之、惟必就其提出疏明、能即時調查者爲限、良以假扣押之標
的物爲不當、或第三人所有者、非此不足防止重大之損害、是法律上定暫時情狀之必
要中、仍寓有顧全債務人或第三人利益之意、當經瀝情呈蒙
鈞會轉呈陽江縣政府查明、迅將商等昌發隆店之假扣押予以撤銷在案、惟迄今已
逾兩月、未邀俯准、倘長此假扣押、損害之巨、痛苦之深、有非筆墨所能殫述者、除分呈
外、爲特續呈、仰懇
鈞會鑒核、伏乞批准轉呈陽江縣政府、請予早賜區分、撤銷押票、俾資復業、而甦
商困、至感德便、謹呈
陽江縣商會理事長廖

275. 阳江县商会函请广东第四纵队司令部两阳指挥所早日归还各商店借款（1949 年 10 月 19 日）

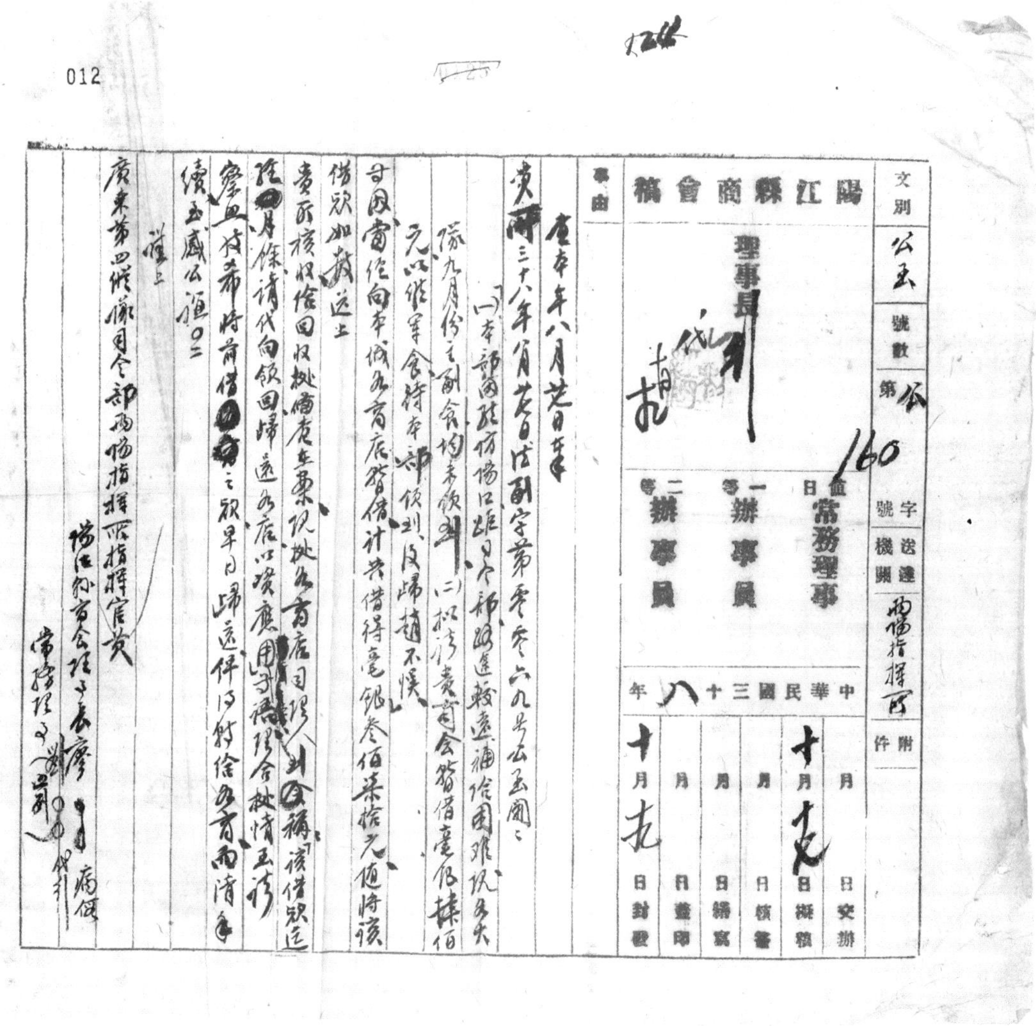
012

陽江縣商會稿

文別：公函　號數：第公160號

送達機關字號：兩陽指揮所

理事長　常務理事（值日）　一等辦事員　二等辦事員

中華民國三十八年十月十八日交辦　十月十九日封發

事由：

查本年八月廿日奉
貴所三十八年八月廿日法副字第零叁六九号公函開：（一）本部因駐防陽江日久，部隊遠較遠，補給困難，現各欠缺九月份之副食均未領到。（二）擬請貴商會籌借毫銀肆佰元，以維軍食，待本部領到後歸趙不誤等因。當經向本城各商店籌借，計共借得毫銀叁佰柒拾元，經將該借款如數送上
貴所核收，給回收據備查在案。現據各商店聲稱：「該借款迄今已逾一月，請代向領回歸還各店，以資應用」等情，理合據情函請
察照，希將前借之款早日歸還，俾得轉給各商，而清手續，至紉公誼。
謹上
廣東第四縱隊司令部兩陽指揮所指揮官黄
陽江縣商會理事長廖[illegible]
常務理事[illegible]

民国阳江商会档案汇编

下

阳江市档案馆◎编

東方出版社

四、参与经济事务

（一）经济管理

276. 阳江县商会关于派林洁予为出席评价委员致县房屋评价委员会的公函（1942 年 3 月 9 日）

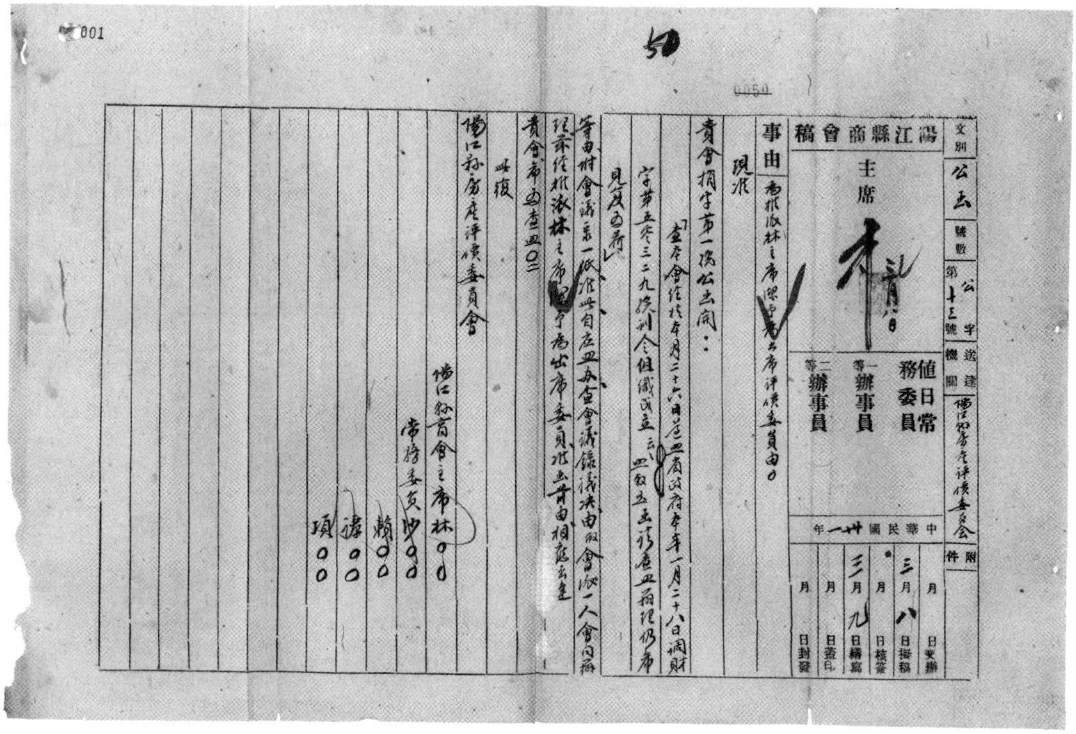

陽江縣商會稿

文別 公函

號數 第十三號 公字

送達機關 陽江縣房屋評價委員会

主席 林洁

值日常務委員

一等辦事員

二等辦事員

事由 為派派林主席潔予為出席評價委員由。

貴會捐字第一號公函：

現准

「查本會經於本月二十六日遵照省政府本年一月二十八日調財字第五零三二九號訓令組織成立」云云，見復為荷。

等由，附會議錄一紙，准此。自應照辦。查會議錄議決由敝會派一人會同辦理，茲推派林主席潔予為出席委員，准由相應函達

貴會希為查照為荷。

此致

陽江縣房屋評價委員會

陽江縣商會主席 林〇〇

常務委員 沙〇〇

賴〇〇

諸〇〇

項〇〇

中華民國卅一年 三月八日擬稿 三月九日繕寫

附件

277. 阳江县商会为附发广东省药商注册规则及成药注册规则通告本城西药房（1942年4月15日）+ 附：阳江县政府致县商会的训令、广东省药商注册规则、广东省成药注册规则等

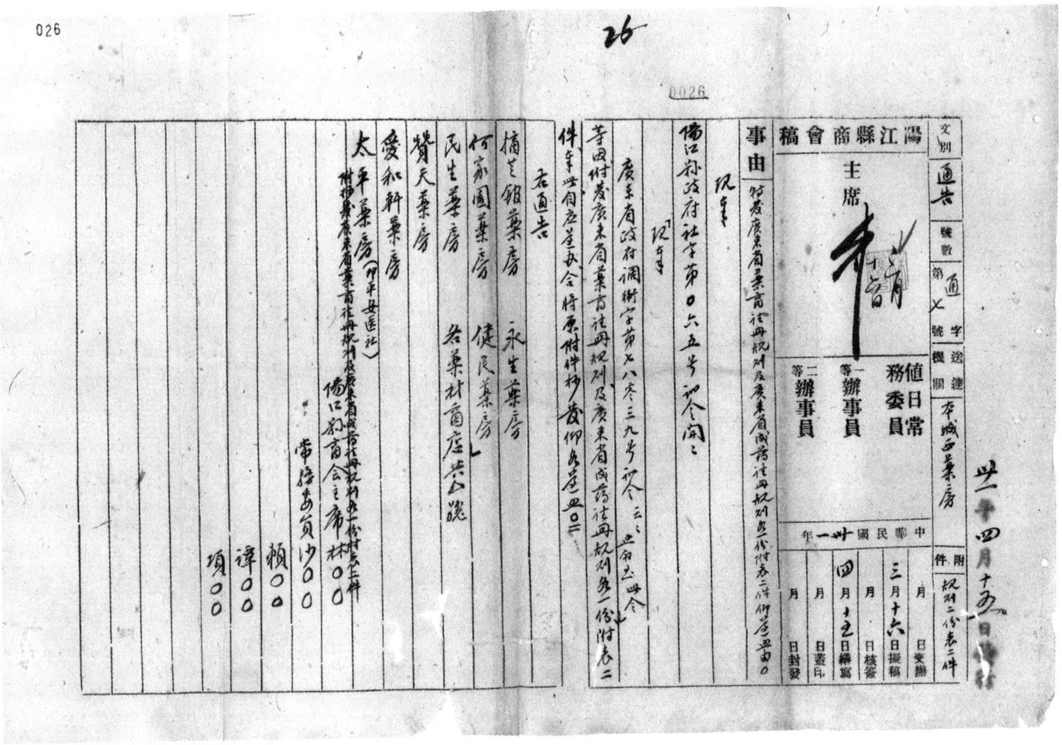

027

27

0027

令發廣東省藥商註冊規則及成藥註冊規則各一份
飭抄發各藥商遵照由

陽江縣政府訓令

社字第 065 號

卅一年三月十五日收

令陽江縣商會

現奉

廣東省政府調衛字第七八零三九號訓令附發廣東省藥商註冊規則及廣東省成藥註冊規則各一份飭轉飭所屬知照等因，奉此。合將原附件隨令抄發仰即知照並轉飭各藥商遵照。

此令。

附抄發廣東省藥商註冊規則及廣東省成藥註冊規則各一份（附表二件）

中華民國卅一年三月 十五 日

縣長 彭□□

抄西藥房遵照

廣东省药商註册規則

第一條　本規則依據管理药商規則第三条之規定訂定之

第二條　在廣东省境内以药品之批發零售及製药或調劑為營業之药商除法令別有規定外均應依照本規則呈由地方主管官署核轉省衛生處註册經核准發給開業執照後方准營業

第三條　請求註册領照者應填具註册聲請書其格式另定之

第四條　药商請求註册給照須繳納執照費二元印花費二元其設立分號時應照章繳納執照費印花費請求發給分號執照

第五條　在本規則施行前開業或領有營業執照或經呈准登記者均應於本規則施行後三個月内補請註册領有營業執照者應將舊照繳驗另換新照除執照費減半征收外仍應照納印花税費

(1)

第六條　药商如遇有遷移地址或停止營業時應於二十日以前呈由地方主管官署核轉省衛生處備案並呈繳原領執照查驗遷移者蓋戳發還停止營業者註銷

第七條　药商所領執照應裝置鏡框内懸掛營業場所明顯之處以便稽查

第八條　執照如有損壞遺失時須照章繳費呈請補發新照損壞者須將繳損壞之執照遺失者須將登報聲明作廢

第九條　药商之號經理人及其製药調劑人員有更動時須呈報地方主管官署查核備案

第十條　药商更名時須呈由地方主管官署核轉省衛生處

029 24

~~0029~~

將原照証銷照並繳費換領新照

第十一條 違反本規則第二條之規定者處以三百元以下之罰鍰

第十二條 違反本規則第六條之規定者處以五十元以下之罰鍰

第十三條 違反本規則第七條至第十條各條之規定者處以二十元以下之罰鍰

第十四條 本規則如有未盡事宜得隨時修正之

第十五條 本規則自公佈之日施行

(2)

030

30

0030

廣东省成药註册规则

第一條　本規則依據修正管理成药規則第四條之規定訂定之

第二條　在廣东省境内以調製或輸入成药為營業者除法令别有規定外均應依照本規則辦理註册方准出售

第三條　成药請求註册須填具註册聲請書連同衛生署發給之成药許可証或其副本呈报省衛生處審核前項呈繳証件無誤即予註册并將批示送達准予營業不收費用

第四條　在本規則施行前曾領有許可証而經調製或輸入者均應於本規則施行後三個月内补請註册

第五條　調製或輸入成药之药商應將領得之成药註册批示妥為保存以備隨時稽查

第六條　成药非經註册得有批示而發行本省各地銷售者須於容器標簽或包裝仿單上書明批示年月日字號方得銷售(3)

第七條　註册批示如有損壞遺失時須照章呈請补發損壞者須將缴原批示遺失者須將登报聲明作廢

第八條　違反本規則第三條第四條之規定者處以三十元以下之罰鍰並得禁止出售

第九條　違反本規則第五條至第七條之規定者處以二十元以下之罰鍰

第十條　本規則如有未盡事宜得隨時修正之

第十一條　本規則自公布之日施行

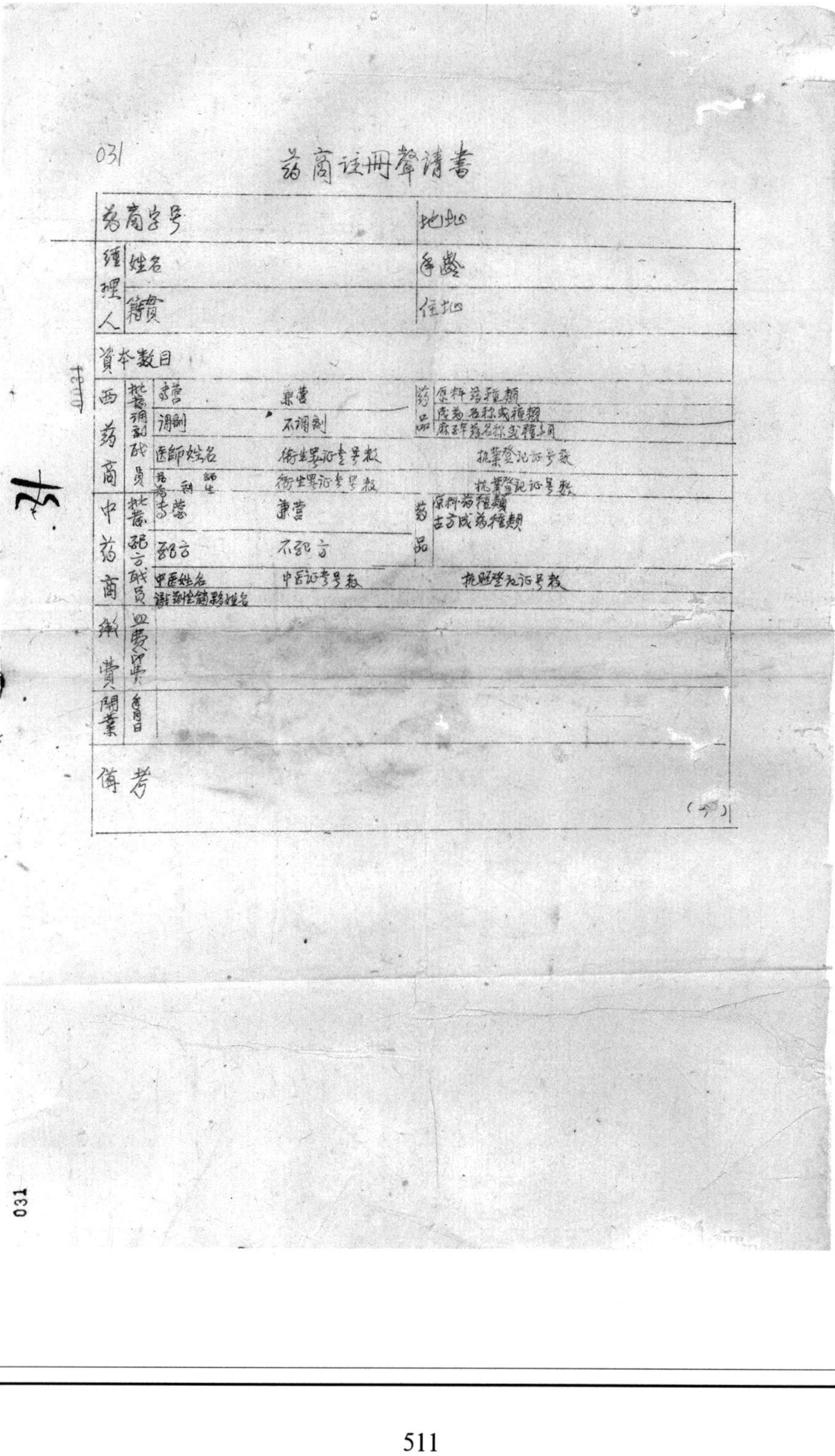

031

藥商註冊聲請書

藥商字號		地址	
經理人	姓名	年齡	
	籍貫	住址	
資本數目			
西藥商	批發 專營	兼營	藥品 原料藥種類
	調劑	不調劑	成藥名稱或種類
			麻醉藥名稱或種類
	從業人員 醫師姓名	衛生署證書號數	執業登記證號數
	藥劑師	衛生署證書號數	執業登記證號數
中藥商	批發 專營	兼營	藥品 原料藥種類 古方成藥種類
	配方	不配方	
	從業人員 中醫姓名	中醫證書號數	執照登記證號數
	[illegible]姓名		
繳費	照費收據		
開業	年月日		
備考			

031

成药注册声请书

请求人		通讯处	
营业字号		药商执照号数	
地址			
代理人		通讯处	
成药品名		许可证号数	
调制	调制负责者姓名	输入	何处出品
	主要效能		主要效能
	用法及用量		用法及用量
请求日期	中华民国　　年　　月　　日		
附记			

(5)

32

032

278. 阳江县政府关于公开标投缉获桐油致县商会的训令（1942 年 5 月 1 日）+ 附：阳江县政府标投缉获桐油简章

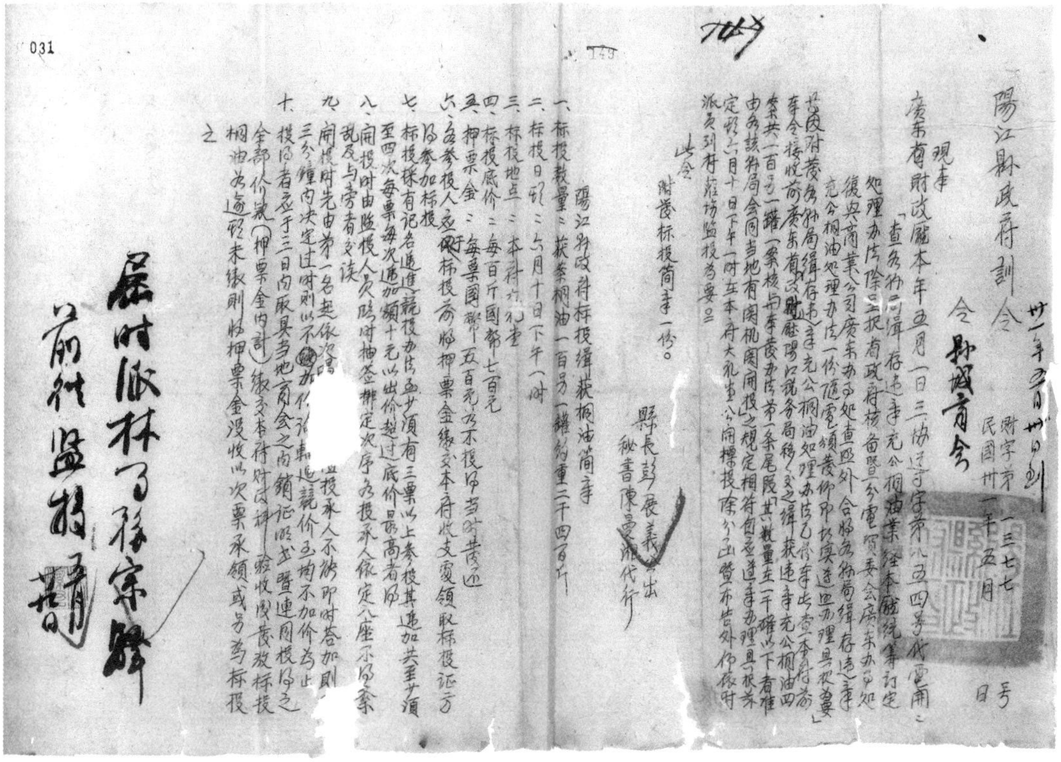

陽江縣政府訓令 財字第一三七七号

民國卅一年五月 日

令 縣城商会

現奉

廣東省財政廳本年五月一日[illegible]字第八五四号代電開：「查各縣局緝存走私[illegible]桐油業經本廳統籌訂定處理辦法，除呈報省政府核备暨分電貿委会廣東辦事處、復興商業公司廣東辦事處查照外，合將各縣局緝存走私充公桐油處理辦法一份隨電頒發，仰即按照[illegible]辦理具報為要」[illegible]

此令

附發標投簡章一份。

縣長彭展義 出

秘書陳[illegible]代行

陽江縣政府標投緝獲桐油簡章

一、標投數量：獲案桐油一百另一罐，約重二千四百斤

二、標投日期：六月十日下午一時

三、標投地點：本府[illegible]

四、標投底價：每百斤國幣七百元

五、押票金：每票國幣一五百元，不投得者當時發還

六、各參投人應[illegible]標投前將押票金繳交本府收支處領取標投証方得參加標投

七、標投採有記名遞進競投辦法，至少須有三票以上參投，其遞加共至少須至四次，每票每次遞加額十元以上，出價超過底價最高者得

八、開投時由監投人員臨時抽簽排定次序，各投承人依定之座，不得紊亂及與旁者交談

九、開投時先由第一名起依次唱[illegible]投承人不欲即時答加則三分鐘內決定，過時則以不加價論；遞競價至均不加價為止

十、投得者應于三日內取具當地商会之商鋪証明書暨連同投得之全部價款（押票金內計）繳交本府財政科，驗收後發放標投之桐油；如逾限未繳則將押票金沒收，以次票承領或另為標投之

279. 阳江县商会关于各商店不得违法收买零星电料通告铁业同业公会（1942 年 5 月 21 日）

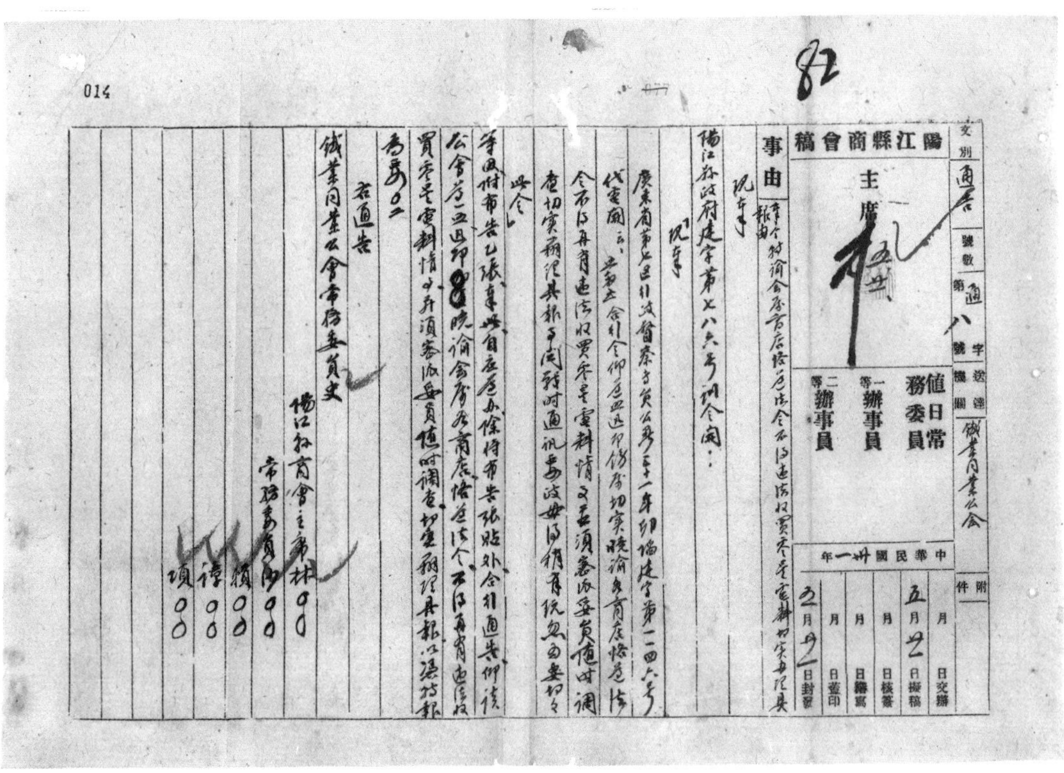

014

82

陽江縣商會稿

文别：通告

號數：第通八號

送達機關：鐵業同業公會

事由：奉令轉諭會屬商店除[illegible]令不得違法收買零星電料切實辦理具報由

主席：林

值日常務委員　一等辦事員　二等辦事員

中華民國卅一年　五月廿日擬稿　五月廿一日封發

陽江縣政府建字第七八六號訓令開：

"現奉

廣東省第四區行政督察專員公署卅一年卯佳建字第一二四六號代電開："云云"第五[illegible]令仰查照迅即轉飭切實曉諭各商店恪遵法令不得再有違法收買零星電料情事並須密派委員隨時調查切實辦理具報[illegible]時通飭查究毋得稍有疏忽為要切切"

此令。

等因附布告乙張，奉此，自應遵辦，除將布告張貼外，合行通告，仰該公會[illegible]迅即[illegible]曉諭會屬各商店恪遵法令，不得再有違法收買零星電料情事，並須密派委員隨時調查，切實辦理具報，以憑核報，為要。此令。

右通告

鐵業同業公會常務委員吏

陽江縣商會主席林〇〇

常務委員阮〇〇

賴〇〇

譚〇〇

項〇〇

280. 阳江县苏杭商业同业公会指控阳江直接税分局局长陈瑞鹏贪污呈县商会转请广东区直接税局朱督察核办（1942年5月25日）

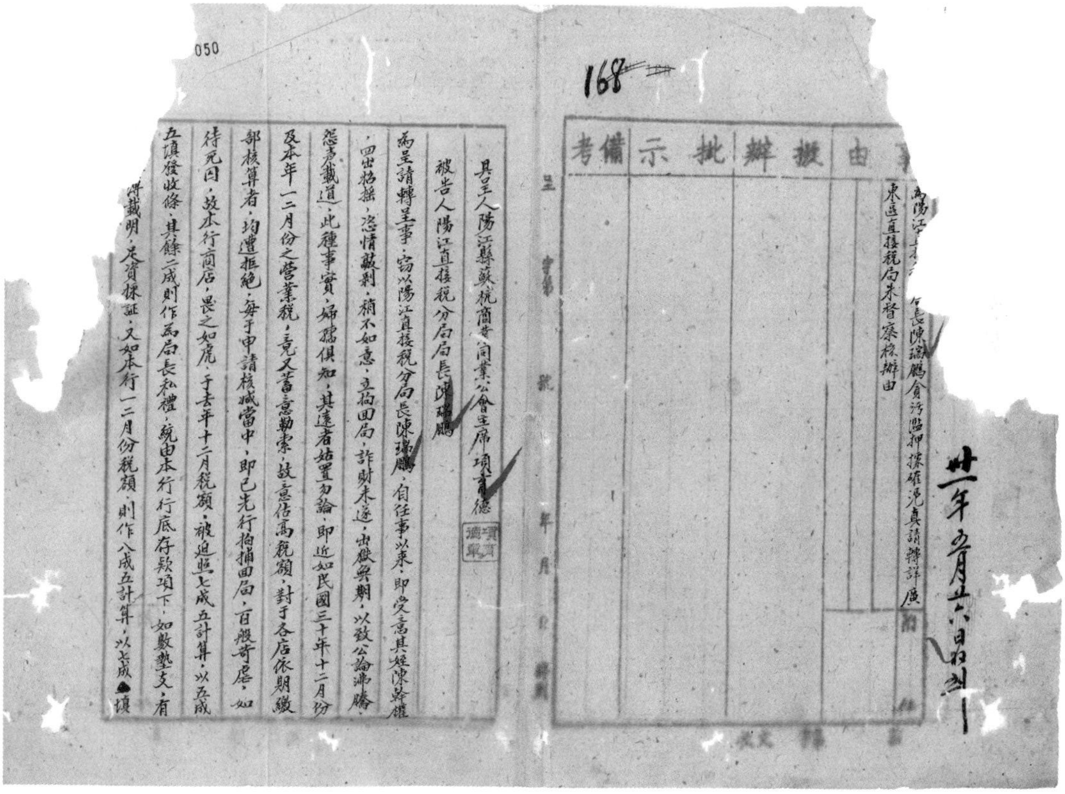
168

事由：為陽江[illegible]局長陳瑞鵬貪污濫押㨿確況真請轉詳廣東區直接稅局朱督察核辦由

擬辦

批示

備考

卅一年五月廿六日[illegible]

具呈人陽江縣蘇杭商業同業公會主席項育德

被告人陽江直接稅分局局長陳瑞鵬

為呈請轉呈事。竊以陽江直接稅分局長陳瑞鵬，自任事以來，即委其姪陳[illegible]權，四出招搖，恣情蔽剝，稍不如意，立拘回局，詐財未遂，出獄無期，以致公論沸騰，怨聲載道。此種事實，婦孺俱知，其遠者姑置勿論，即近如民國三十年十二月份及本年一二月份之營業稅，竟又蓄意勒索，故意估高稅額，對于各店依期繳部核算者，均遭拒絕，每于申請核減當中，即已先行拘捕回局，百般苛虐，如待死囚，致本行商店，畏之如虎，于去年十二月稅額，被迫照七成五計算，以五成五填發收條，其餘二成則作為局長私禮，統由本行行底存款項下，如數墊支，有[illegible]據載明，足資採証。又如本行一二月份稅額，則作八成五計算，以七成[illegible]填

051

169

……其餘一成五，[illegible]為局長私禮，此時因行底存款已無，遂由各店自行支給，查本行商店被其勒索千數百元者，計有華章店、新發隆店、源亨店等十餘間之多，一經查驗各店數薄，及發給稅單，其收受賄賂若干，自可立行明晰。他如本城漁洲路廣生店，始則估高稅額數萬元，迫繳稅款一千二百元，于申請酌減之際，竟被將司理人鄭水拘案，調禁勒罰國幣一千八百元，始以稅額八千元，繳稅一百六十元了事。又南恩路九十二號合勝棧原某店主婦吳容氏，因被架題兼營豬肉生意，勒繳稅款三百三十元，經該氏呈請調查屠場及稅捐處有無經營屠業，竟置不理，反行派兵拘押回局，迫勒罰款數百元，婦因清貧無力，迄今一月，仍不釋放，其貪污濫押，無法無天。又漁洲路海興店，因去年法院執行封鋪，故中途停業，竟被將其辦維店員葉永，當街逮捕，羈押數日，勒繳全年稅款之後，仍被苛索國幣三百元，始免橫遭冤獄，貪橫藐法，已可概見。至他如因受其勒索不堪，被迫停業者，尤屬不勝枚舉。上列事實，均有確據可查，茲以全城商衆，受害已深，謹特披瀝苦衷，訴請

鈞會察核。敬乞迅予將情轉詳廣東區直接稅局朱督察核辦，以儆奸貪，而伸法紀，實沾公德兩便！謹

陽江縣商會主席林　公鑒

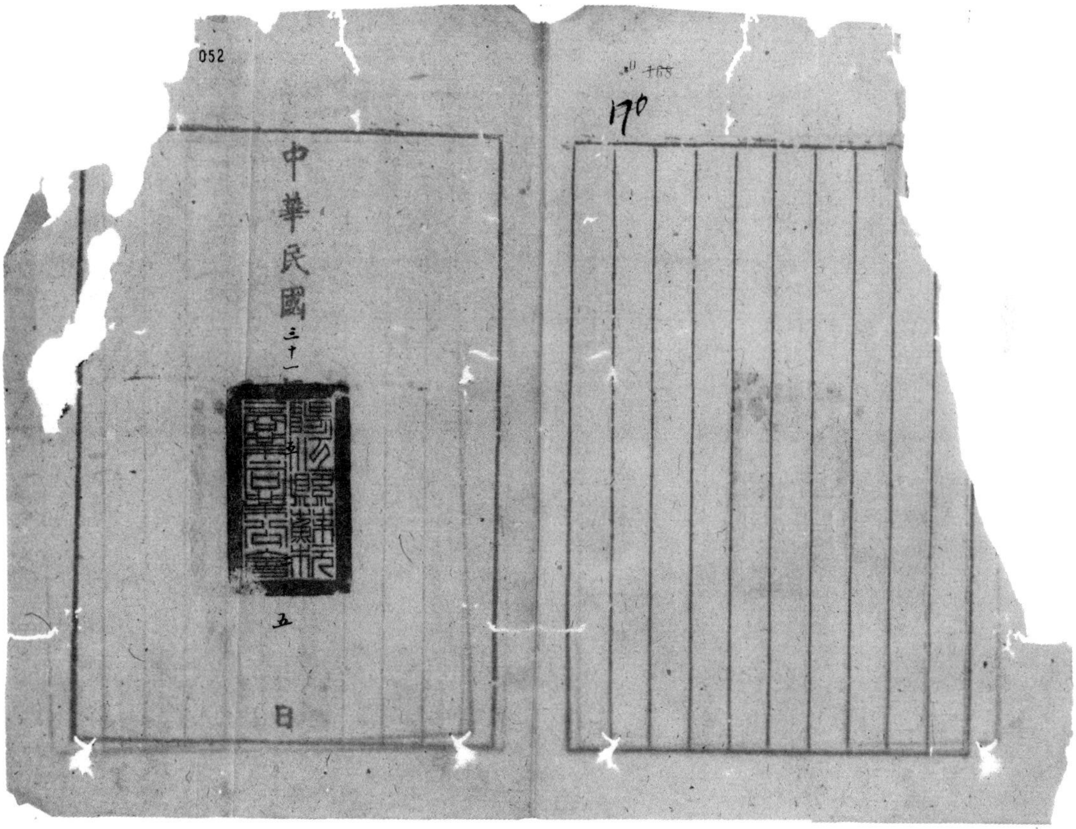
052

170

中華民國 三十一 五 日

281. 阳江县商会据县苏杭商业同业公会呈报阳江直接税务分局局长陈瑞鹏贪污函请广东区直接税局朱督察秉公办理（1942 年 5 月 26 日）

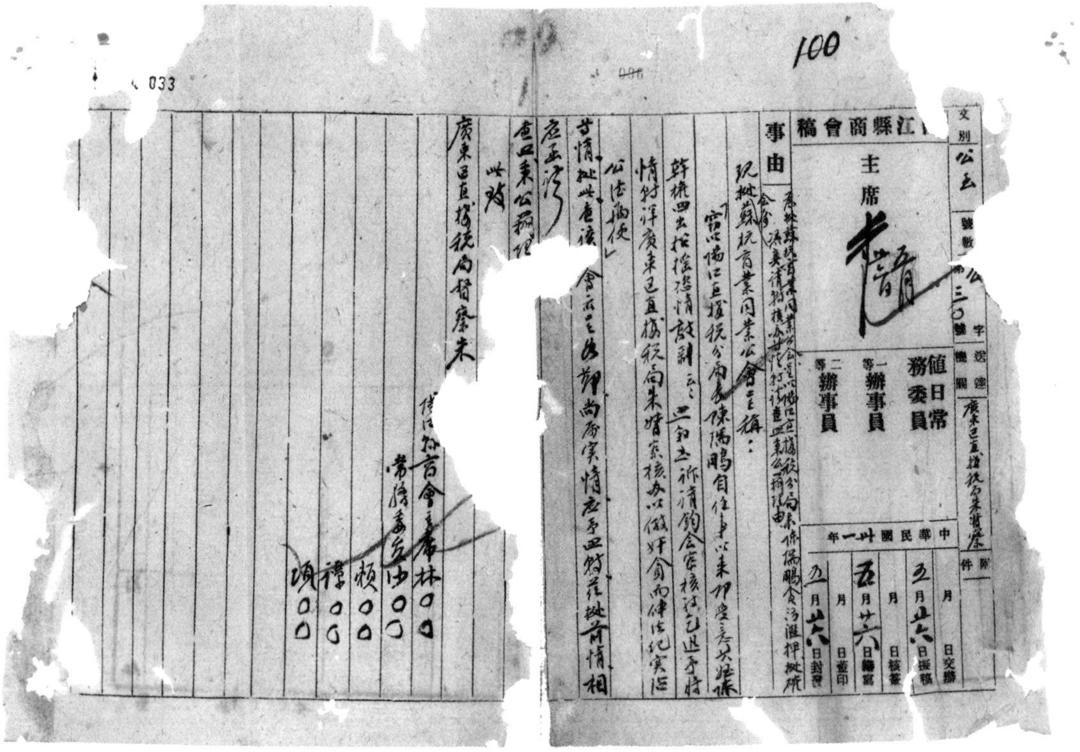

282. 阳江县商会关于未登记之公司限期登记办理情形呈报县政府（1942 年 7 月 28 日）

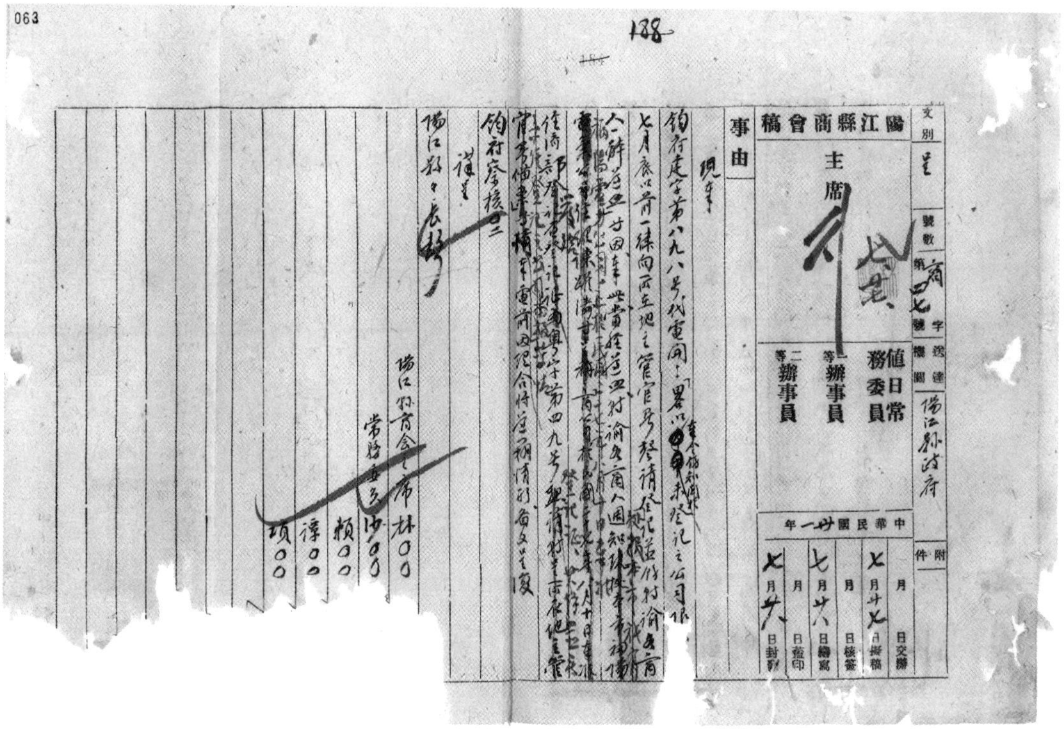
063

188

陽江縣商會稿

文別：呈

號數：第 商 四七 號 字

發達機關：陽江縣政府

主席

值日常務委員

一等辦事員

二等辦事員

中華民國卅一年 七月廿七日擬稿 七月廿八日繕寫 七月廿八日封發

附件

事由

現奉

鈞府建字第八八九八号代電開：……

鈞府察核

謹呈

陽江縣縣長

陽江縣商會主席林〇〇

常務委員 陳〇〇 賴〇〇 譚〇〇 項〇〇

283. 阳江县商会关于派员前往出席高要县糖类评价委员会致食糖专卖局阳江业务所主任的公函（1942 年 9 月 15 日）

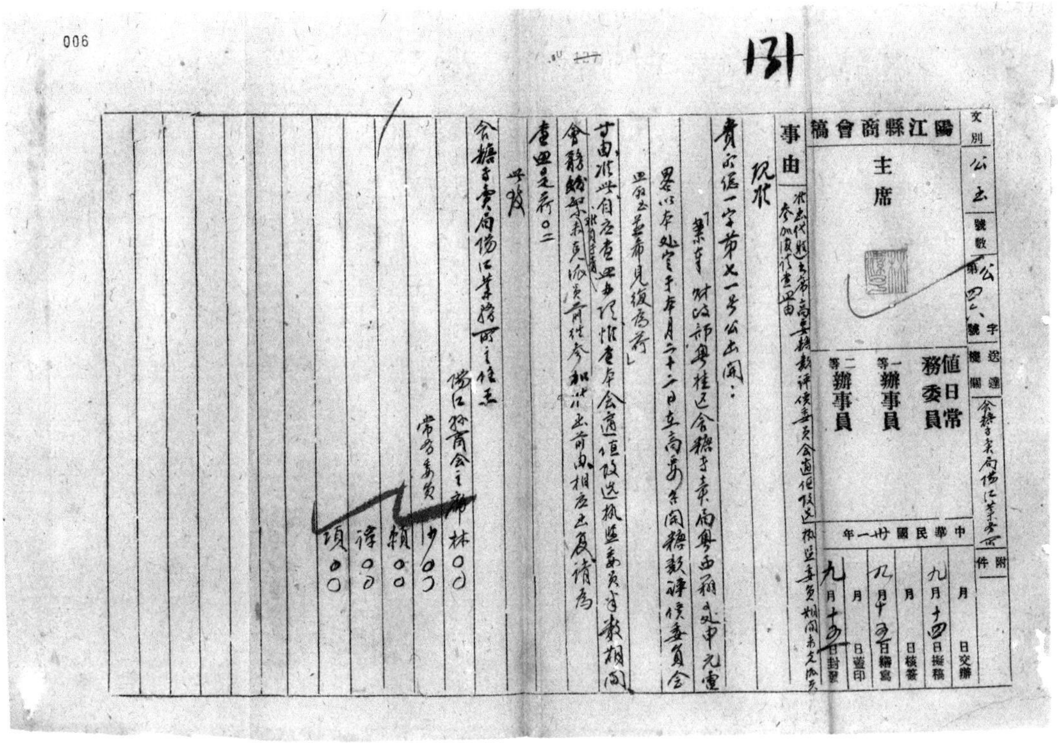

284. 阳江县商会向县政府呈报全县苎麻内地销用数量分配表（1942 年 9 月 16 日）

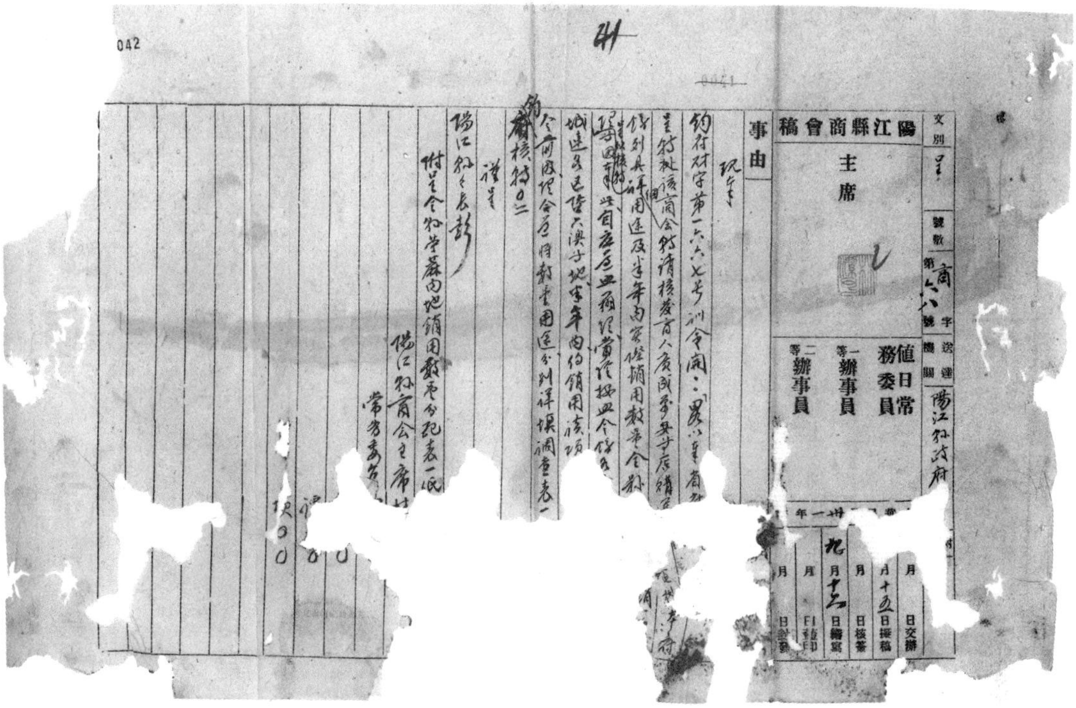

陽江縣商會稿

文別：呈

號數：第六八號 商字

送達機關：陽江縣政府

主席

值日常務委員

一等辦事員

二等辦事員

事由

卅一年

九月十五日擬稿　九月十六日繕寫

月　日交辦　月　日核簽　月　日校印　月　日封發

鈞府財字第一六六七號訓令開：……

謹呈

陽江縣縣長彭

附呈全縣苧麻內地銷用數量分配表一紙

陽江縣商會主席

常務委員

285. 阳江县商会函复高要县商会所属各商出入口货物查验手续相同（1942 年 9 月 24 日）

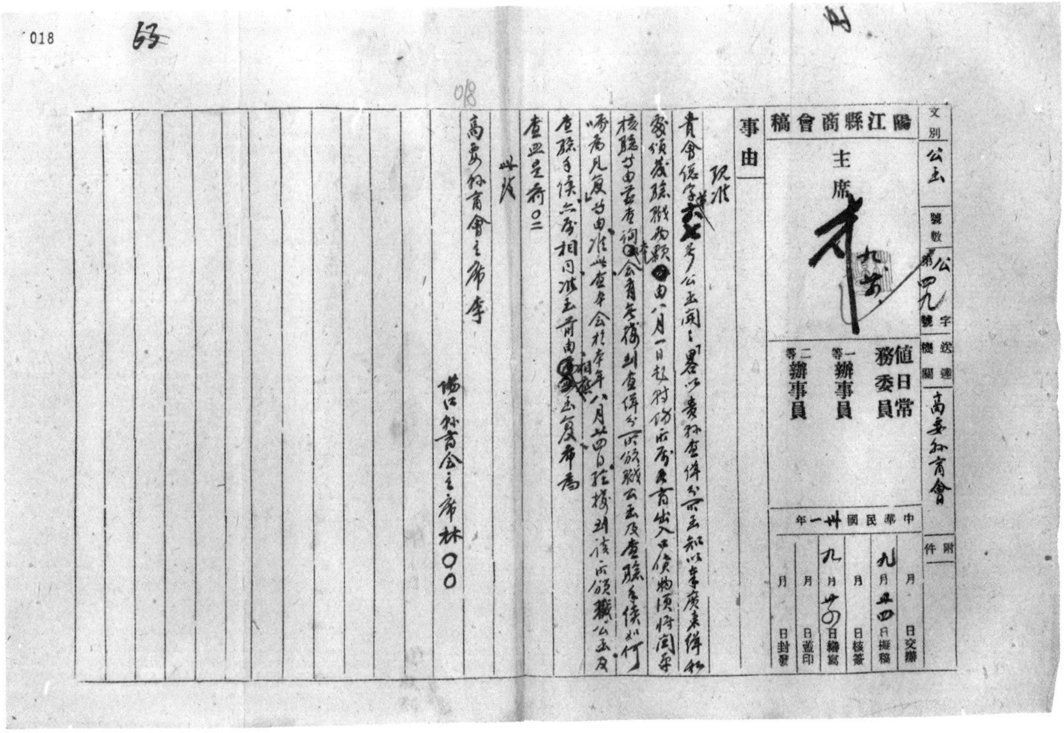

286. 阳江县政府关于桐油业商户及用油工厂依照新颁调节管理暂行办法及细则重行登记电告县商会（1942 年 11 月 8 日）

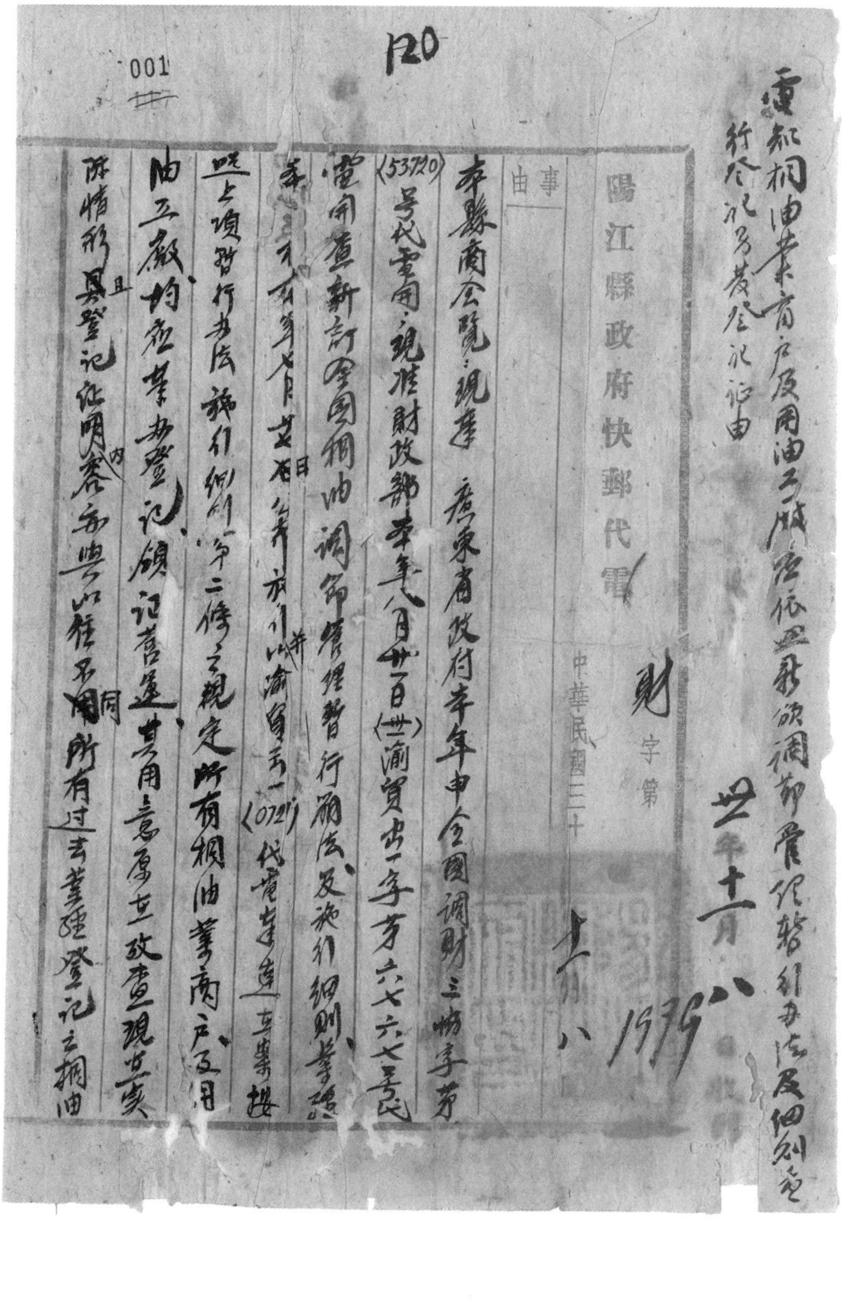

120

001

電知桐油業商户及用油工廠應依照新頒調節管理暫行辦法及細則重
行登記另發登記證由

陽江縣政府快郵代電 財字第 號

中華民國三十一年十一月八日

事由

本縣商會覽：現奉
廣東省政府本年申全國調財三物字第
〈53720〉号代電開：現准財政部本年八月廿一日〈卅〉渝貿出一字第六七六七号代
電開：查新訂全國桐油調節管理暫行辦法及施行細則業經
本部於本年七月廿七日分別公布施行，並以渝貿出一〈0721〉代電分行在案。茲
以上項暫行辦法施行細則第二條之規定，所有桐油業商户及用
油工廠均應重新辦理登記，領記營運。其用意原在考查現在實
際情形，且登記證內容亦與以往不同，所有過去業經登記之桐油

002

右通告

華興號　成益號　榮記號　美利號

華昌店　華新號　南盛號

新源棧　信昌號　燦記棧

富源棧

陽江縣商會

十月廿日

287. 阳江县商会奉雷州关布告向铁业同业公会通告全国桐油调节办法（1942 年 12 月 25 日）

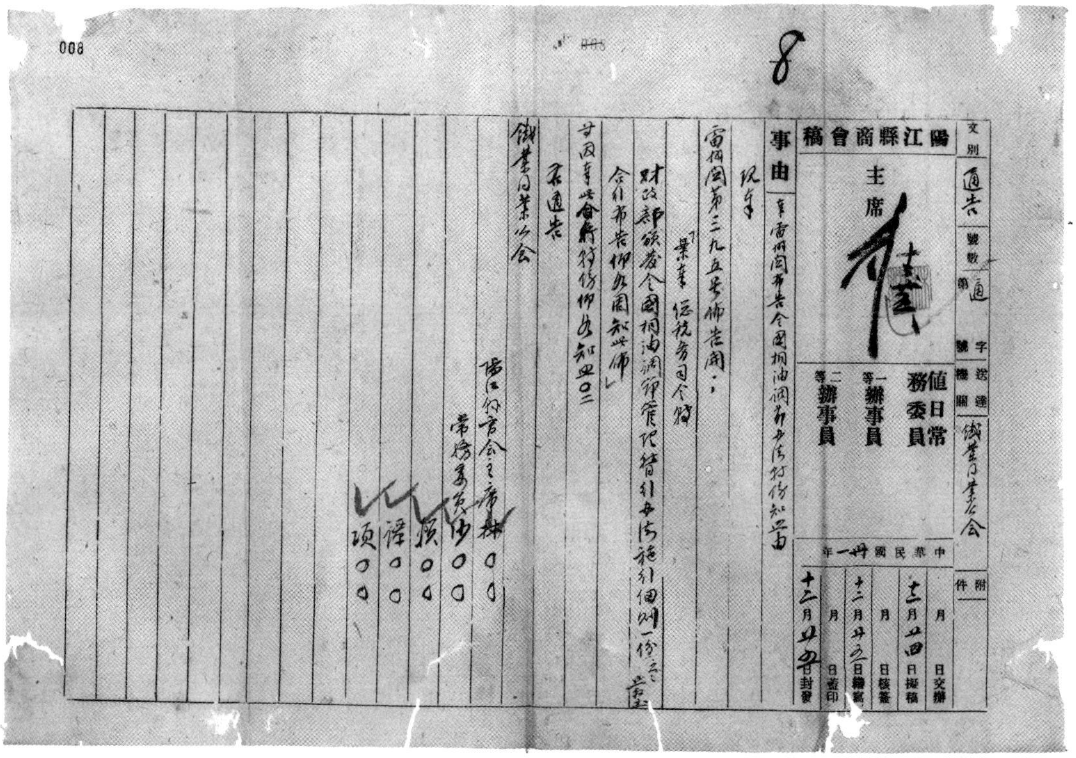
008

8

陽江縣商會稿

文別：通告

號數：第 通 號

送達機關：鐵業同業公會

主席（签名）

值日常務委員

一等辦事員

二等辦事員

中華民國卅一年

十二月廿四日擬稿

十二月廿五日繕寫

十二月廿五日封發

事由：奉雷州關布告全國桐油調節辦法仰知照由

現奉

雷州關第二九五號佈告開：「案奉總稅務司令行

財政部頒發全國桐油調節管理暫行辦法施行細則一份……

合行布告仰各周知。此佈」

等因，奉此，合行仰各知照。此

致

鐵業同業公會

陽江縣商會主席 林〇〇

常務委員 陳〇〇

　　　　 黃〇〇

　　　　 譚〇〇

　　　　 項〇〇

288. 阳江县政府电县商会转饬县桐油商户请领桐油转运特许证手续（1943 年 5 月 24 日）

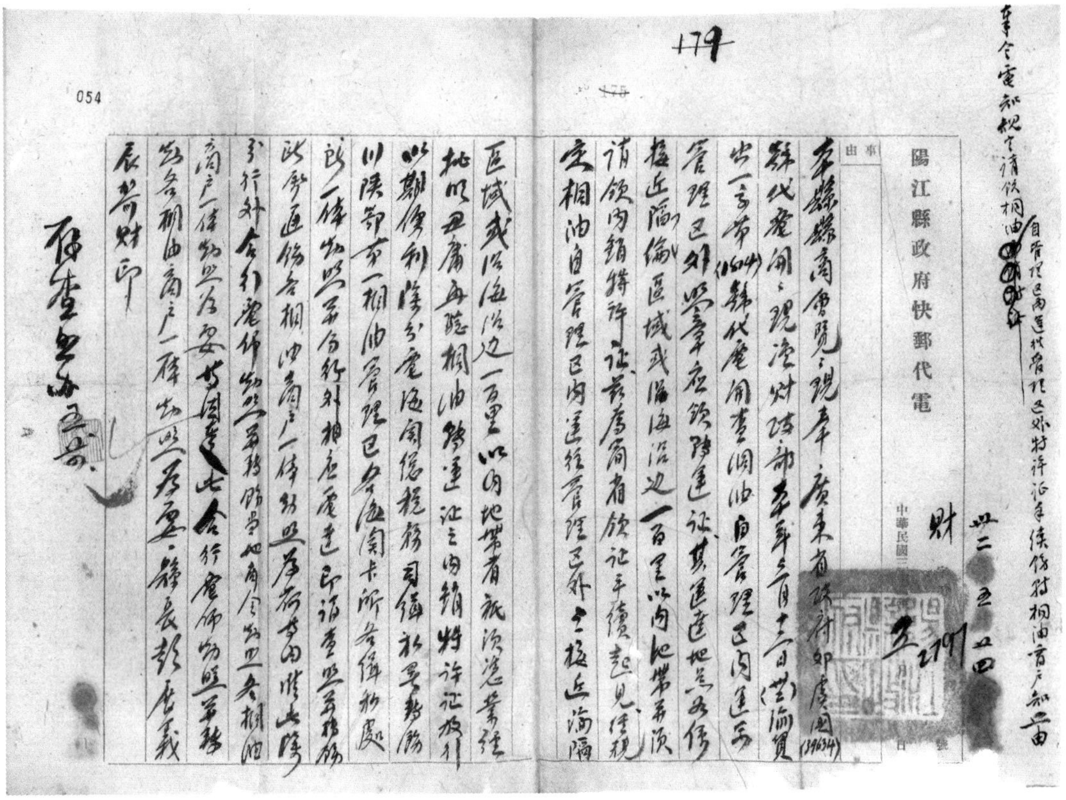

陽江縣政府快郵代電

奉令電知規定請領桐油自管理區內運往管理區外特許證手續，仰飭桐油商戶知照由

本縣縣商會覽：現奉廣東省政府卯虞（39634）代電開：現准財政部本年三月十二日（卅）渝貿出一字第（15644）號代電開：查桐油自管理區內運至管理區外，照章應領購運證，其運達地點如係接近淪陷區域或淪陷沿邊一百里以內地帶，并須請領內銷特許證。兹為商省領證手續起見，特規定桐油自管理區內運往管理區外之接近淪陷區域或沿海沿邊一百里以內地帶者，祇須憑業經地點無庸再請桐油轉運證之內銷特許證放行，以期便利。除分電海關總稅務司、緝私署、貿易川陝鄂第一桐油管理處分飭海關卡所查緝機關照一律辦理並分行外，相應電達，即請查照並轉飭所屬通飭各桐油商戶一律知照等由。准此，除分行外，合行電仰知照，並轉飭所屬知照各桐油商戶一律知照為要。等因。奉此，合行電仰知照，並轉飭所屬桐油商戶一律知照為要。縣長彭展義。辰梗財印

存查

289. 国民政府财政部粤桂区食糖专卖局粤西分局关于阳江业务所主任张树德业经奉令免职函复县商会（1944 年 5 月 26 日）

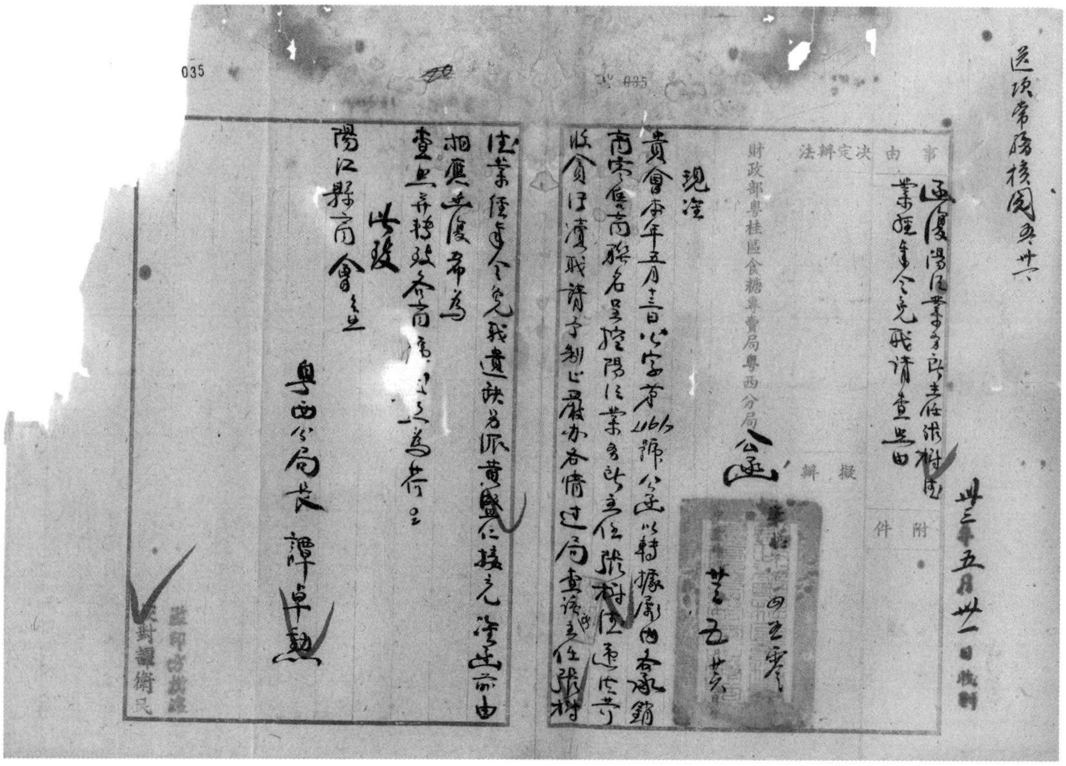

事由：函復陽江業務所主任張樹德業經奉令免職請查照由

財政部粵桂區食糖專賣局粵西分局 公函

擬辦

附件

卅三年五月廿一日收到

現准

貴會本年五月十三日公字第1167號公函，以轉據商會食商聯名呈控陽江業務所主任張樹德違法貪污瀆職，請予制止嚴辦各情過局。查該所主任張樹德業經奉令免職，遺缺另派黃盛仁接充。准函前由，相應函復，即希查照，並轉飭各商號知照為荷。此致

陽江縣商會

粵西分局局長 譚卓勳

290. 阳江县政府关于本年 1 至 4 月份各商请领民生日用品及竹杉申请书总表不敷存档批复县商会主席林洁予（1944 年 6 月 13 日）

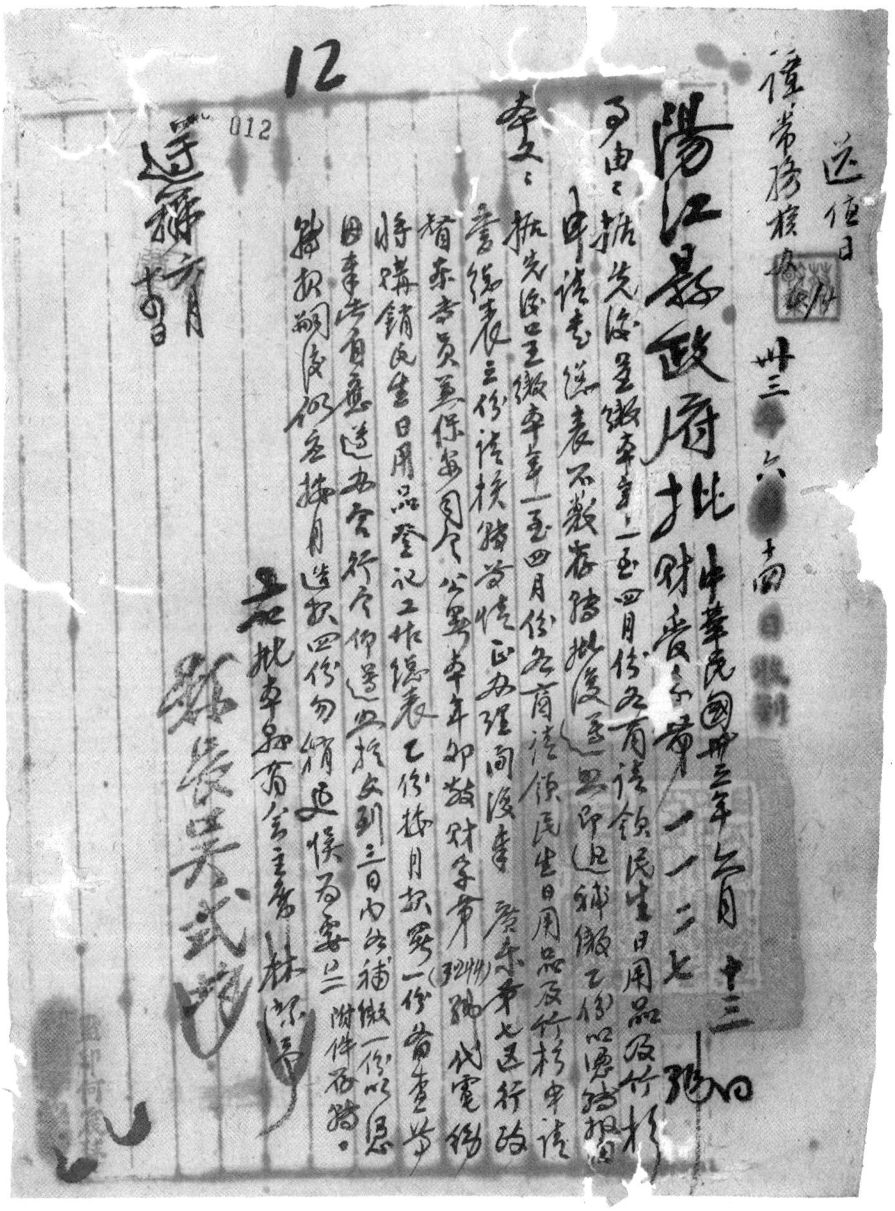
送值日
侯常务核发
卅三年六月十四日收到

阳江县政府批　财贵字第一一二七号　中华民国卅三年六月十三日

呈一件：据先后呈缴本年一至四月份各商请领民生日用品及竹杉申请书总表不敷存档，拟复（遂）照印（足）补缴一份以凭核报由

呈及表均悉。据先后呈缴本年一至四月份各商请领民生日用品及竹杉申请书总表三份，请核转等情，正办理间，复奉广东省第七区行政督察专员兼保安司令公署本年卯敬财字第（3244）号代电饬将购销民生日用品登记工作总表一份按月报署一份，前业[illegible]，因本府须应送专员公署，仰遵照于文到三日内补缴一份以凭按月造报。四份勿延，候为要。此批，附件存档。

右批本县商会主席林洁予

县长吴武

送办
六月十三日

291. 阳江县商会全体会员选举第四届理监事代表大会呈广东省政府转请财政部将战时统制木业铁业撤销（1945 年 11 月 1 日）

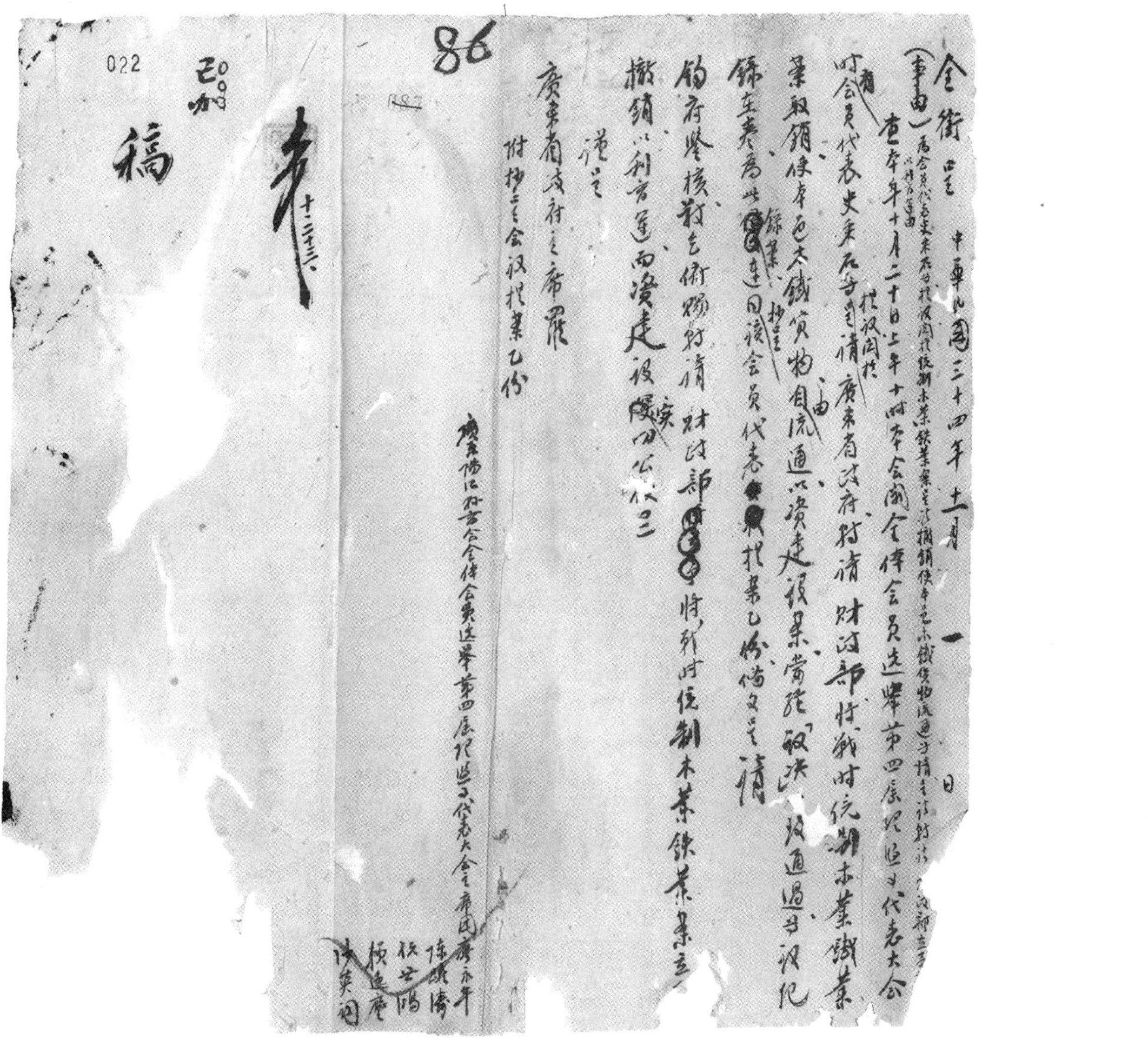

292. 阳江县商会关于检举阳江海关主任黄振英贪污渎职通告各街社首（1945 年 12 月 22 日）

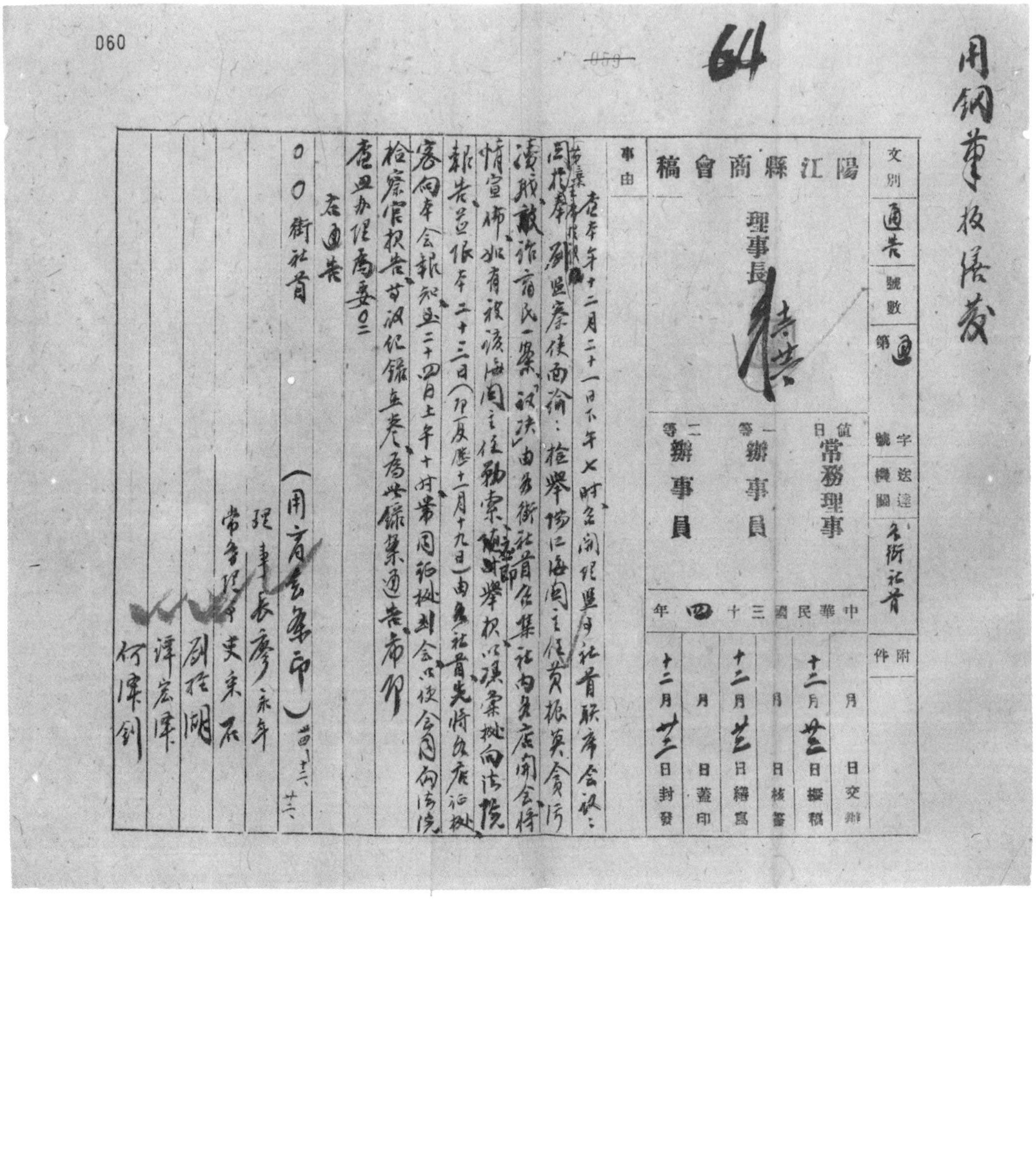

060

~~059~~ 64

用钢笔板缮发

文别：通告

号数：第　号

阳江县商会稿

理事长

常务理事

一等办事员

二等办事员

送达机关：各街社首

附件

中华民国三十四年

十二月　日交办

十二月廿二日拟稿

月　日核签

十二月廿二日缮写

月　日盖印

十二月廿二日封发

事由

查本年十二月二十一日下午七时召开理监事各社首联席会议：因花寨刘显宗使函称：检举阳江海关主任黄振英贪污渎职敲诈商民一案，议决由各街社首召集社内各店开会将情宣布，如有被该海关主任勒索敲诈者，举报以便汇案拟向法院报告。并限本月二十三日（即夏历十一月十九日）由各社首先将各店所拟寄向本会报知，并二十四日上午十时常务会拟刘会以便会同向法院检察官报告，并将经过交卷为要。除案通告布知外，合亟办理为要。此通告

○○街社首

（用商会条印）

理事长廖永年

常务理事吏采石

刘桂湖

谭宏谋

何谋钊

卅四、十二、廿二

293. 阳江县商会关于不得贩卖美国红十字会赠药绿色糖皮奎宁丸致县卫生院及各区药房、商店的公函、通告（1945 年 12 月 26 日）+ 附：阳江县卫生院致县商会理事长廖永年的公函（1945 年 11 月 25 日）

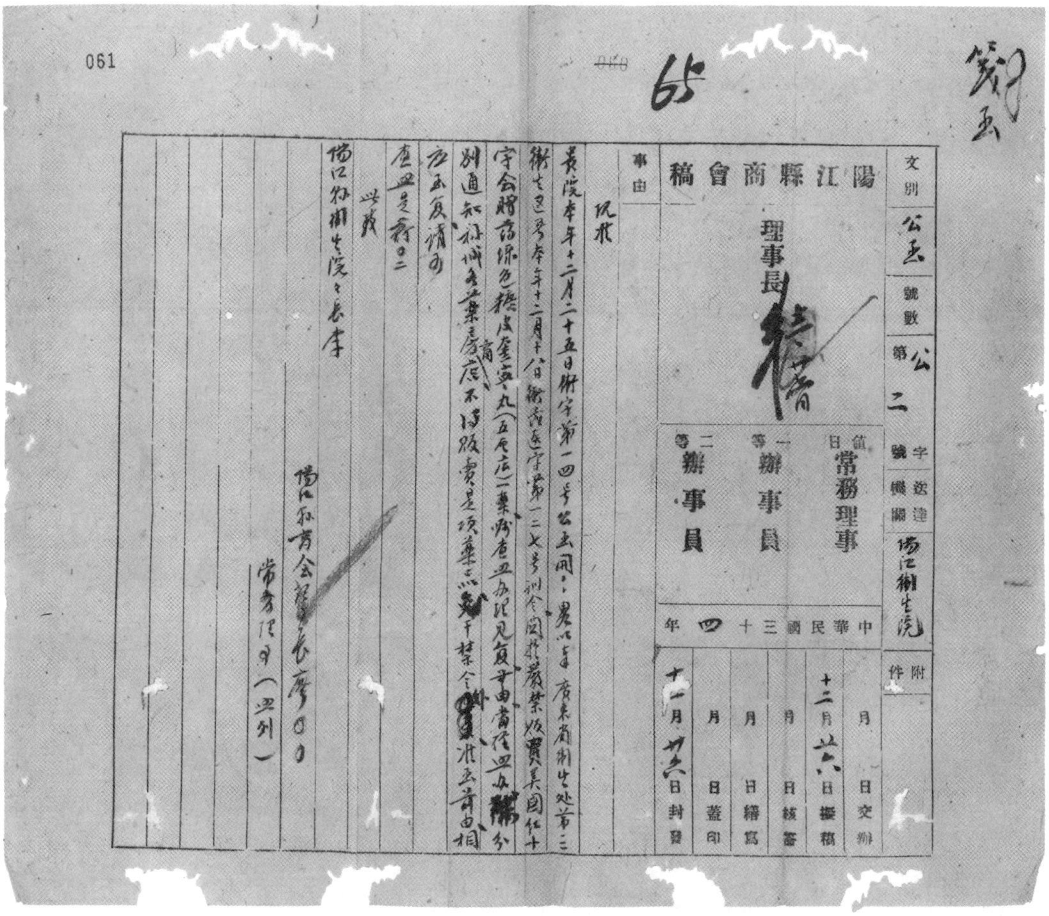
061

65

陽江縣商會稿

文別：公函

號數：第公二號

送達機關：陽江衛生院

理事長 [illegible]

常務理事

一等辦事員

二等辦事員

中華民國三十四年 十二月廿六日擬稿 十一月廿六日封發

逕啟者：

貴院本年十二月二十五日衛字第一四号公函開：「案奉廣東省衛生處第三衛生区[illegible]本年十二月十八日衛區医字第一二七号訓令，以關於嚴禁販賣美國紅十字會贈藥綠色糖皮奎寧丸（五元一粒）一案，[illegible]查照[illegible]由貴會[illegible]分別通知縣城各藥房商店不得販賣是項藥品[illegible]禁令[illegible]」准函前由，相應函復，請查照為荷。

此致

陽江縣衛生院院長李

陽江縣商會理事長廖〇〇

常務理事（兼列）

062

66

阳江县商会稿

文别：通告

号数：第通三一号

理事长（印）

值日常务理事

一等办事员

二等办事员

送达机关字号：各西药房店

附件：

中华民国三十四年

十二月　日交办　十二月廿六日拟稿　月　日核签　月　日缮写　月　日盖印　十二月廿八日封发

事由：

现准

阳江县卫生院本年十二月二十五日卫字第一四号公函：

"现奉

广东省卫生处第三卫生区本年十二月十八日卫药送字第一二七号训令开：'[illegible]相应函达，希查照办理见复为荷'"等由，准此，自应[illegible]，除分行外，[illegible]仰即遵照[illegible]。

右通告

使康药房、同仁药房、侯民药房、瑞民药房、

济世镇药房、民生药房、何家园药房、赞天药房、

[illegible]和店、爱和轩药房、松盛店、永和祥店

阳江县商会理事长（　）

常务理事（兼列）

063 ~~062~~ ~~061~~

67

卅四、十二、廿五

阳江县卫生院公函　卫字第14号

中华民国三十四年十二月二十五日

迳启者：现奉

广东省卫生处第三卫生区署本年十二月十八日卫茂医字第一二七号训令开：

"通查阳江各药房常发现贩卖美国红十字会赠药绿色糖皮奎宁丸（五厘庄）。查此项药品经奉明令严禁买卖，免失盟邦相赠本意，亦着该院长魁即切实侦查究办，仰于文到两天内具复为要。"

等因，奉此，自应遵办。惟此事关国体，似未便布告，兹请

贵会转谕各药房商店不得贩卖是项药品，免干禁令。自后如敢故违贩卖，一经本院卫生稽查发觉，定将该药没收呈报究办。奉令前因，相应函达，希烦查照办理见复为荷。此致

阳江县商会理事长廖

阳江县卫生院院长李焕棠

分别转饬遵照　卅四、十二、廿五日

294. 阳江县贻盛、益栈、大兴等新市商店代表为街边摆卖妨碍商店呈请县商会设法驱逐责令迁入新市营业（1946 年 2 月）

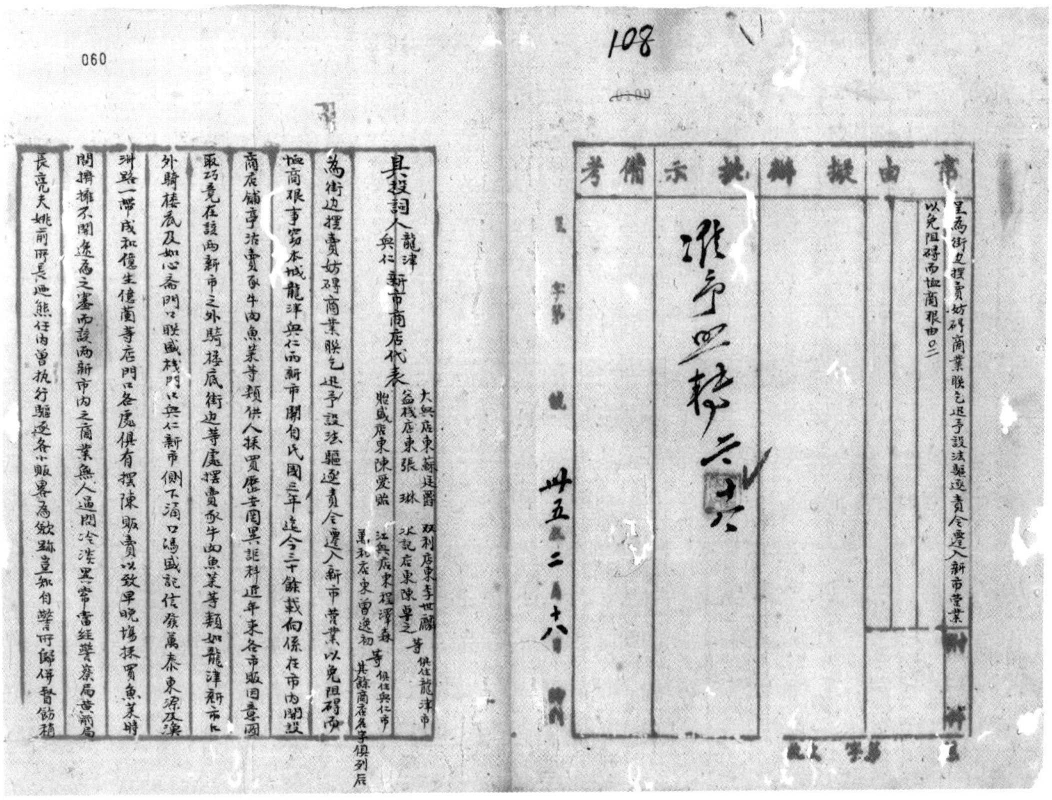
108

事由
呈為街边摆賣妨碍商業暌乞迅予設法驅逐責令遷入新市营業以免阻碍而恤商艰由

批示
准予照轉
六

卅五年二月十八日

060

具投詞人龍津與仁新市商店代表大興店東蘇廷爵 益栈店東張琳 貽盛店東陳愛貽 双利店東李世麟 水記店東陳卓之等 俱住龍津市 江興店東程澤森 萬和店東曾逸初等 俱住與仁市 其餘商店名字俱列后

為街边摆賣妨碍商業暌乞迅予設法驅逐責令遷入新市营業以免阻碍而恤商艰事窃本城龍津與仁兩新市開自民國三年迄今三十餘載向係在市內開設商店舖戶沽賣豕牛肉魚菜等類供人採買歷無異詎料近年來各市販因意圖取巧竟在該兩新市之外騎楼底街边等處摆賣豕牛肉魚菜等類如龍津新市之外騎楼底及如心斋門口暨盛栈門口與仁新市側下涌口鴻盛記信發萬泰東源及漢洲路一帶成和億生億蘭等店門口各處俱有摆陳販賣以致早晚墟採買魚菜時間擠擁不開遂為之塞而該兩新市內之商業無人過問冷淡異常當經警察局黄前局長竟夫姚前所長起熊任内曾执行驅逐各小販畧為斂跡豈知自警所歸併督飭稍

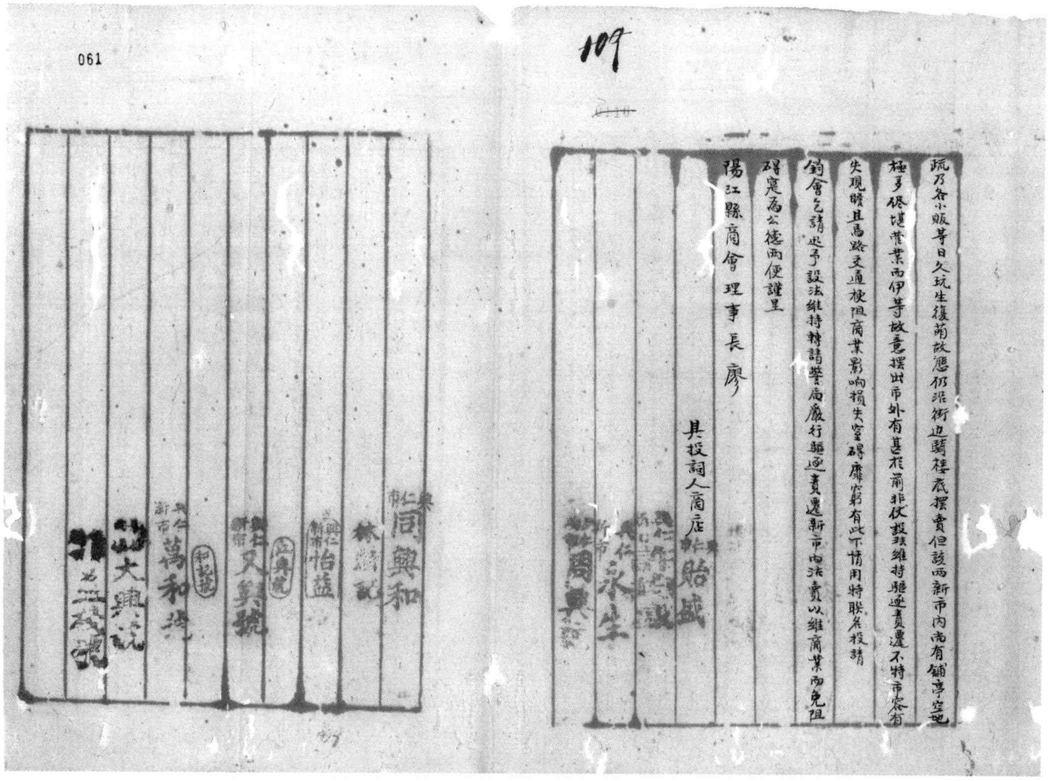
061

109

疏乃各小販等日久玩生復萌故態仍照街邊騎樓底擺賣但該兩新市內尚有舖亭空地
極多俟遷業而伊等故意擺出市外有甚於前非從嚴維持驅逐責還不特市容有
失觀瞻且為路交通梗阻商業影響損失實碍靡窮有此下情用特聯名投請
鈞會乞請迅予設法維持轉請警局嚴行驅逐責還新市內沽賣以維商業而免阻
碍寔為公德兩便謹呈
陽江縣商會理事長廖
具投詞人商店 貽盛 永生 周興
同興和 怡益 又興號 萬和祥 大興號

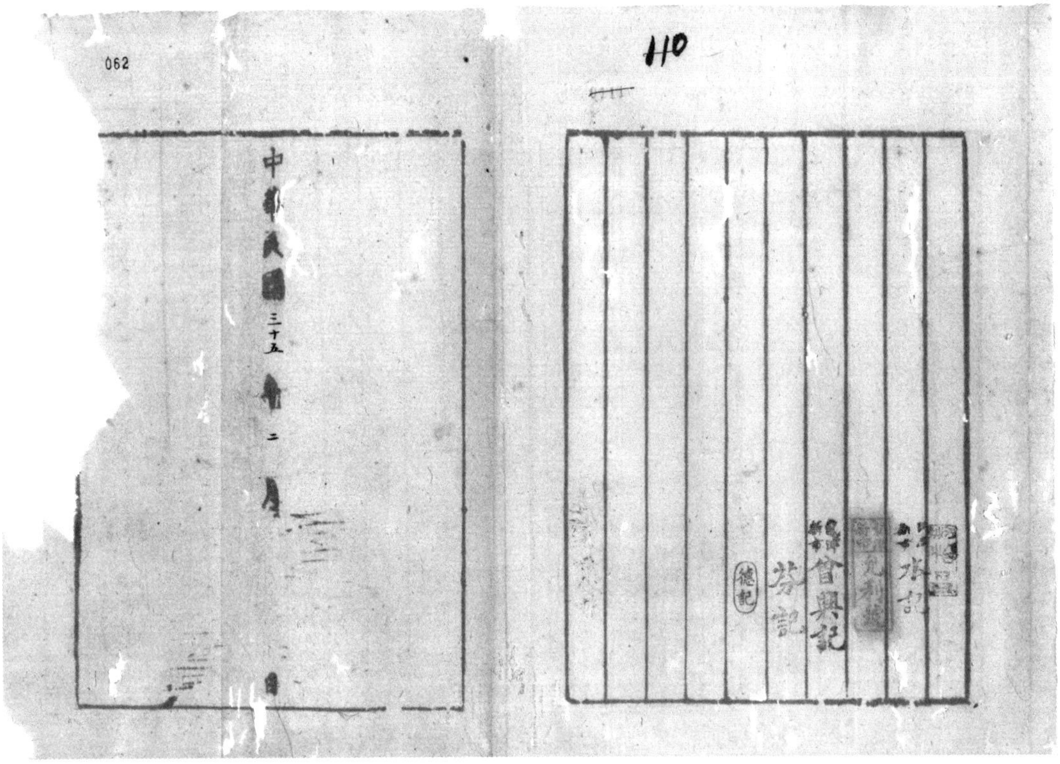

062

110

永記

會興記

芳記

德記

中華民國三十五年二月　日

295. 阳江县商会呈请县警察局驱逐街边摊卖责令迁入新市营业以维商业（1946 年 2 月 19 日）

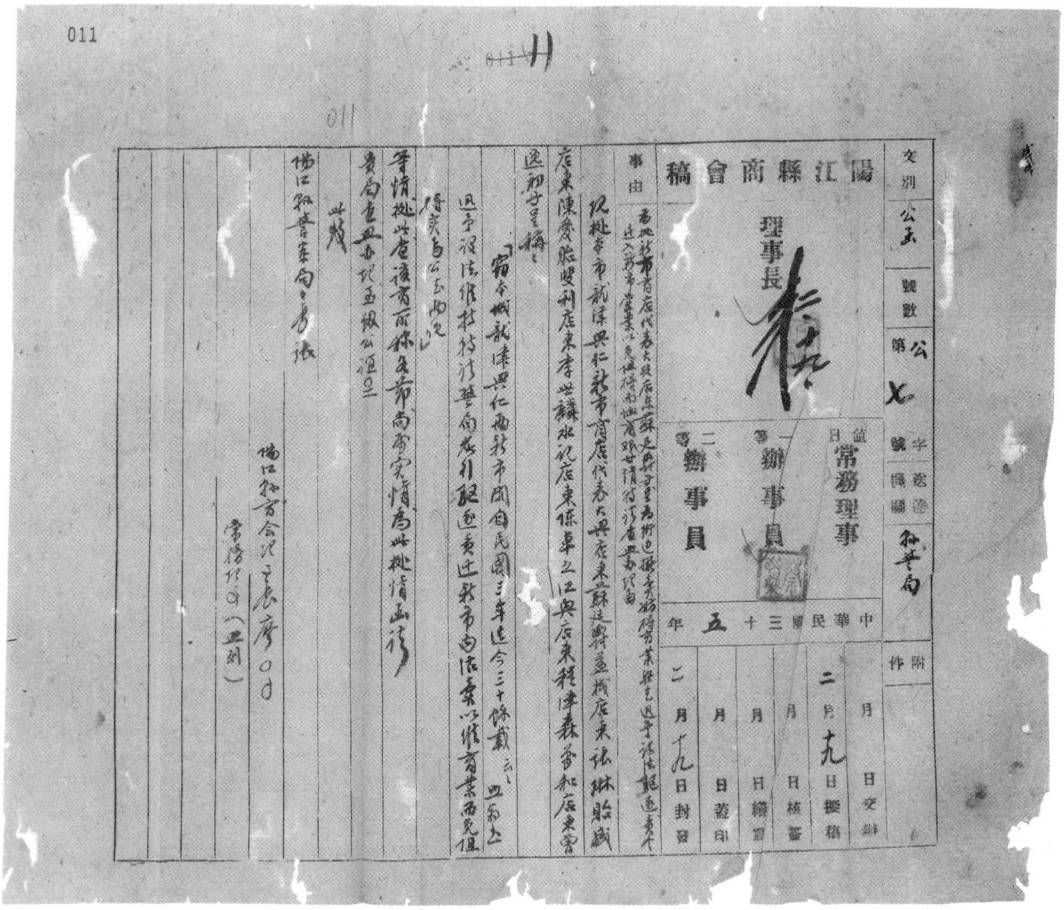

陽江縣商會稿

文別：公函
號數：第公七號
送達機關：縣警局
理事長
值日常務理事
一等辦事員
二等辦事員
中華民國三十五年
二月十九日擬稿　月　日核簽　月　日繕寫　月　日蓋印　二月十九日封發　月　日交辦
附件

事由：為據新市商店代表大興店東蘇廷輝等呈為街邊攤販妨礙營業懇予迅予設法驅逐責令遷入新市營業以維商業等情請查照辦理由

現據本市新樂興仁新市商店代表大興店東蘇廷輝、益機店東張琳、貽盛店東陳愛船、嘍利店東李世麟、水記店東張卓之、江興店東程泮森、簽和店東曾逸初等呈稱：「竊本城新樂興仁西新市開自民國三十年迄今三十餘載，云云……迅予設法佈拉驅逐，責遷新市，以維商業而免恒……」等情。據此，查該商所稱各節尚屬實情，為此據情函請
貴局查照辦理，至紉公誼。
此致
陽江縣警察局局長張
陽江縣商會理事長廖○○
常務理事○○（四刻）

296. 阳江县政府为举办商业登记召开座谈会议训令县商会理事长廖永年遵照前令办理（1946年5月9日）

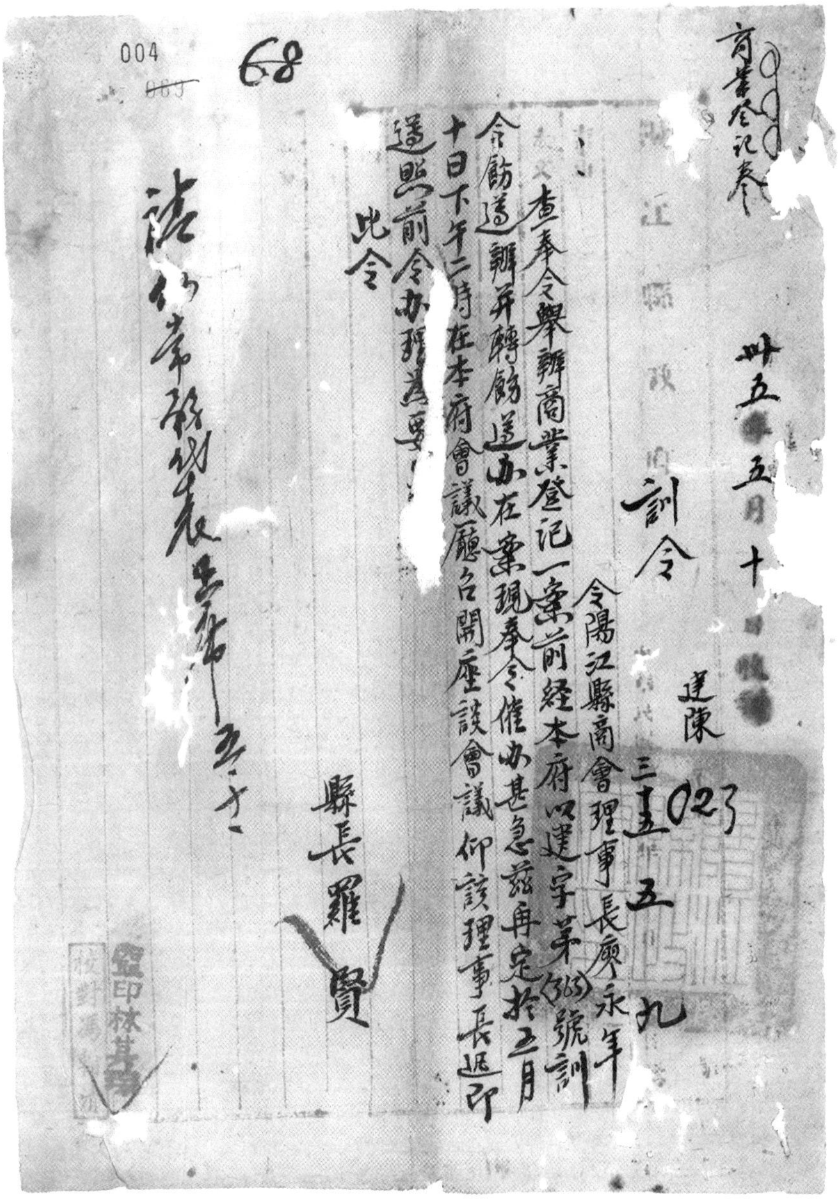

商業登記卷

陽江縣政府訓令

卅五年五月十日

建陳三五0273

令陽江縣商會理事長廖永年

查奉令舉辦商業登記一案，前經本府以建字第(363)號訓令飭遵辦并轉飭遵辦在案。現奉令催辦甚急，茲再定於五月十日下午二時在本府會議廳召開座談會議，仰該理事長遵照前令辦理為要。

此令

縣長羅賢

請何常務代表出席　五、十

297. 阳江县商会奉县政府代电抄发禁止盗卖通信器材暂行办法通告五金电料业同业公会（1946 年 7 月 2 日）

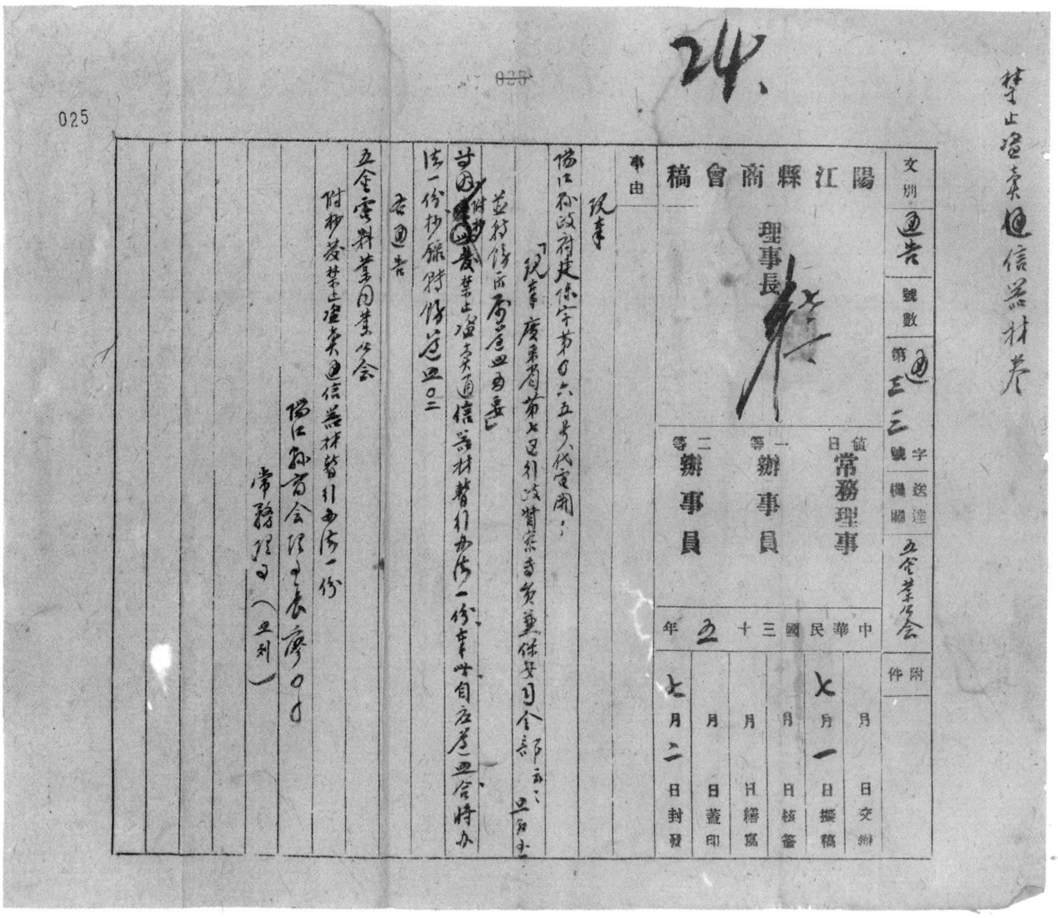
025

24.

陽江縣商會稿

理事長

文別：通告
號數：第通三三號字
送達機關：五金業公會
附件

值日常務理事
一等辦事員
二等辦事員

中華民國三十五年

七月一日交辦
月日擬稿
月日核簽
月日繕寫
月日蓋印
七月二日封發

事由

現奉
陽江縣政府建保字第〇六五号代電開：
「現奉廣東省第七區行政督察專員兼保安司令部……
等因附抄發禁止盜賣通信器材暫行辦法一份，奉此，自應遵照，合將原辦
並行飭所屬遵照為要」
法一份抄錄轉飭遵照。五〇二
合行通告
五金電料業同業公會
附抄發禁止盜賣通信器材暫行辦法一份
陽江縣商會理事長 廖〇〇
常務理事（五列）

禁止盜賣通信器材卷

298. 阳江县商会呈请县政府饬令县警察局取缔商贩在河堤一带搭盖蓬舍（1946 年 7 月 20 日）

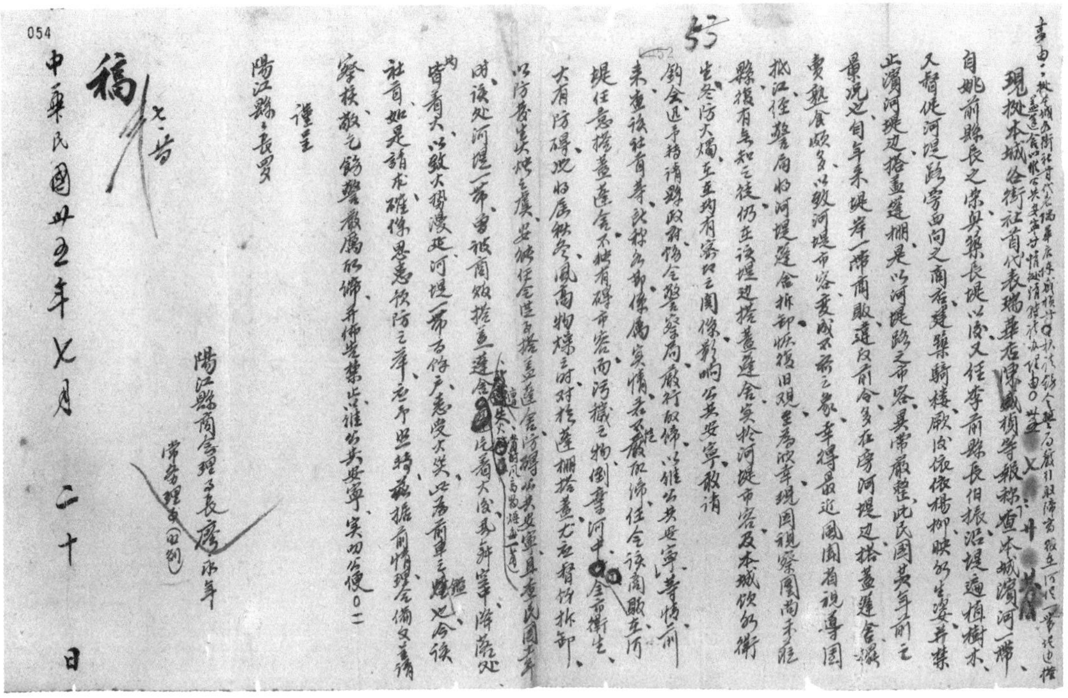

现据本城各街社首代表瑞华、存德、成桢等报称：查本城滨河一带，自姚前县长之宗与梁县长琨，以及又任李前县长伯振沿堤遍植树木，又督饬河堤路旁西向之商店建筑骑楼，厥后依依杨柳，映射生姿，并禁止滨河堤边搭盖篷棚，是以河堤路之市容异常严整，此民国廿年前之景况也。自年来堤岸一带商贩违反前令，多在傍河堤边搭盖篷舍，摆卖熟食杂货，以致河堤市容变成不雅之象。幸得最近风闻有视导团抵江，经警局将河堤篷舍拆卸，恢复旧观。惟本年视察团尚未莅县，复有无知之徒仍在该堤边搭盖篷舍，实于河堤市容及本城饮水卫生、冬防火烛，在在均有密切之关系，影响公共安宁。敢请钧会迅予转请县政府饬令警察局严行取缔，以维公共安宁等情。前来。查该社首等所称各节，系属实情。若不严加取缔，任令该商贩在河堤任意搭盖篷舍，不独有碍市容，而污秽之物倾弃河中，全市卫生大有防碍。况届秋冬风高物燥之时，对于篷棚搭盖，尤应督饬拆卸，以防发生火烛之虞。若被任令随意搭盖篷舍，防碍公共安宁。且查民国廿五年间，该处河堤一带曾被商贩搭盖篷舍，[illegible]以致火势漫延，河堤一带商店住户悉受火灾，此为前车之鉴。兹据前情，理合备文呈请钧长察核，敬乞饬警严属取缔，并饬严禁，以维公共安宁，实切公便。

谨呈

阳江县县长罗

阳江县商会理事长廖[illegible]

常务理事[illegible]

中华民国卅五年七月二十日

299. 阳江县商会关于附发广东省取缔茶楼旅业擅收小账及各行商非法佣金实施办法通告各业同业公会、各街社首（1947 年 1 月 16 日）

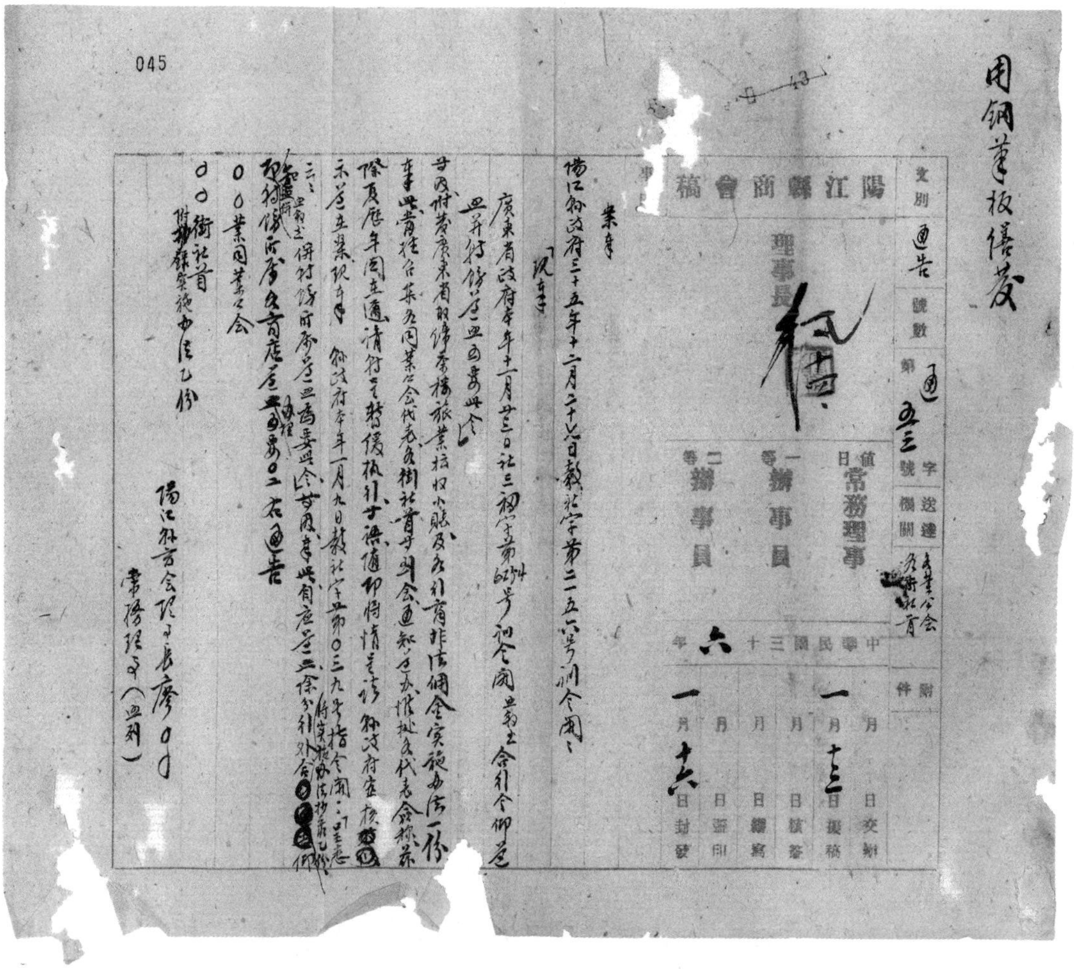
045

陽江縣商會稿

類別：通告

字號：第通五三號

送達機關：各業公會　各街社首

理事長

中華民國三十六年 一月十三日擬稿 一月十六日封發

案奉

陽江縣政府三十五年十二月二十六日教社字第二一五六號訓令開：

「現奉

廣東省政府本年十一月廿三日社三[illegible]字第6434號訓令開：[illegible]合行令仰遵

照并轉飭所屬遵照為要此令」

等因，附發廣東省取締茶樓旅業擅收小賬及各行商非法佣金實施辦法一份

[illegible]

除[illegible]，請轉飭[illegible]

[illegible]縣政府本年一月九日教社字第〇二九號指令開：[illegible]

[illegible]

〇〇業同業公會

〇〇街社首

附抄發實施辦法乙份

陽江縣商會理事長廖〇〇

常務理事（[illegible]）

300. 广东省商会联合会关于请政府免费派监护船清剿海盗的代电（1947 年 2 月 10 日）

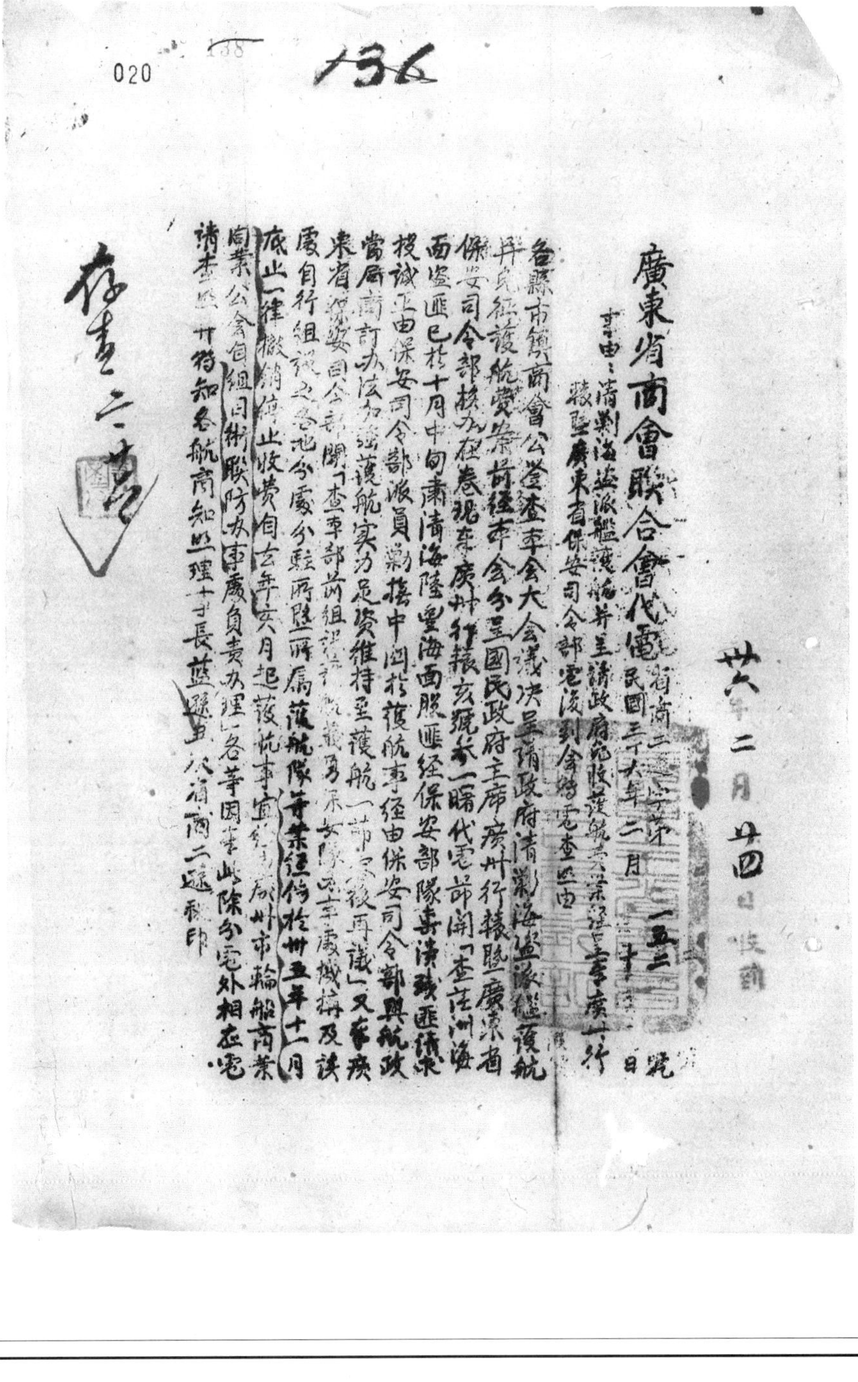

020　136

廣東省商會聯合會代電　省商二字第一五三號　民國三十六年二月十日

事由：請剿海盗派艦護航并呈請政府免收護航費案經已電廣州行轅暨廣東省保安司令部電復到会特電查照由

各縣市鎮商會公鑒：查本会大会議决呈請政府清剿海盗派艦護航并免征護航費案，前經本会分呈國民政府主席廣州行轅暨廣東省保安司令部核办，在卷。現奉廣州行轅亥[illegible]一晤代電節開「查廣州海面盗匪已於十月中旬肅清，海陸豐海面股匪經保安部隊專清殘匪，請求援誠，仍由保安司令部派員剿捕，中國於護航事經由保安司令部與航政當局商討办法加強護航，实力足资維持，至護航一節，可緩再議」，又奉廣東省保安司令部[illegible]開「查本部前組設[illegible]及該處自行組設之各地分處分駐兩[illegible]所屬護航隊等業經飭於卅五年十一月底止一律撤銷停止收費，自去年六月起，護航事宜[illegible]廣州市輪船商業同業公會自組同衛聯防办事處負責办理」各等因，奉此，除分電外，相應電請查照，并轉知各航商知照為荷。理事長藍[illegible]叩，省商二[illegible]印

卅六年二月廿四日收到

存查　二十二

301. 阳江县商会关于奉广东省商会联合会代电通告福阳电气公司加强处理窃电办法（1947 年 2 月 28 日）

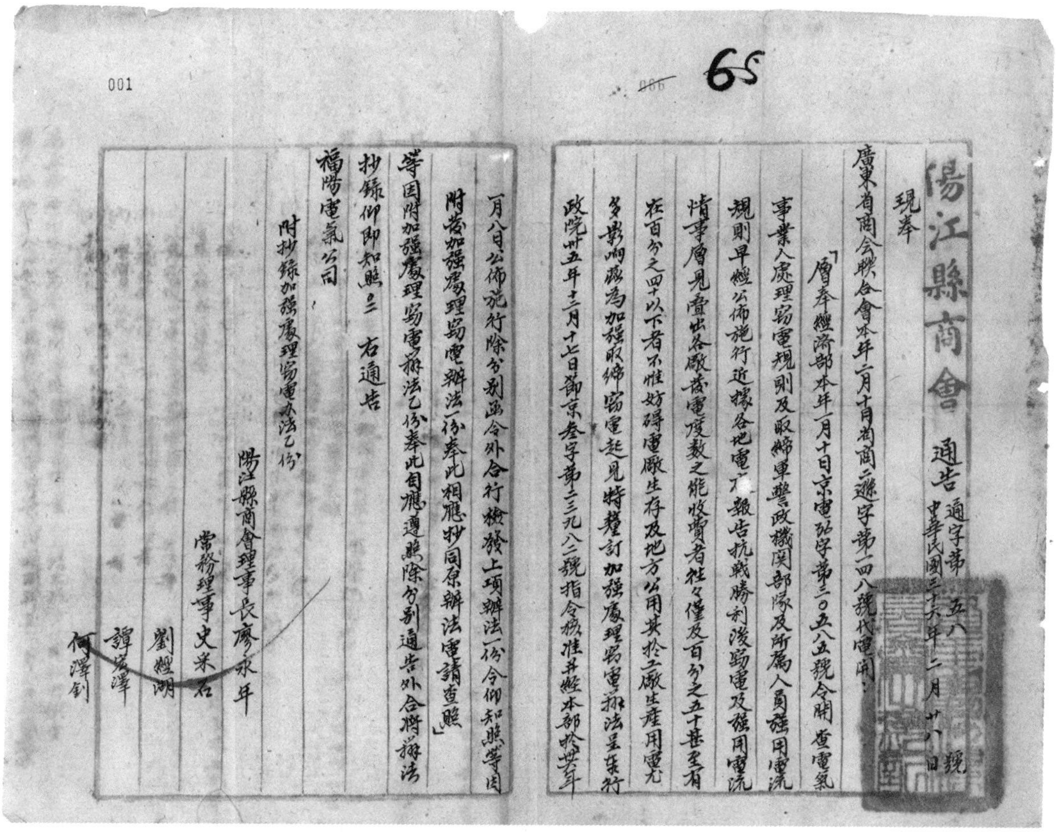

陽江縣商會通告　通字第五八號
中華民國三十六年二月廿八日

現奉
廣東省商会聯合會本年二月十日省商二巡字第一四八號代電開：
「層奉經濟部本年一月十日京電劦字第三〇五八五號令開：查電氣
事業人處理竊電規則及取締軍警政機關部隊及所屬人員強用電流
規則早經公佈施行，近據各地電廠報告，抗戰勝利後竊電及強用電流
情事層見疊出，各廠發電度數之能收費者往往僅及百分之五十，甚至有
在百分之四十以下者，不惟妨碍電廠生存及地方公用，其於工廠生產用電尤
多影响。爰為加強取締竊電起見，特釐訂加強處理竊電辦法，呈奉行
政院卅五年十二月十七日節京叁字第一三九八二號指令核准，并經本部於卅六年
一月八日公佈施行，除分別函令外，合行檢發上項辦法一份，令仰知照等因，
附發加強處理竊電辦法一份，奉此相應抄同原辦法，電請查照」
等因，附加強處理竊電辦法乙份，奉此自應遵照，除分別通告外，合將辦法
抄錄，仰即知照。此　右通告
福陽電氣公司
附抄錄加強處理竊電办法乙份

陽江縣商會理事長廖永年
常務理事史采石
劉經湖
譚宏澤
何澤釗

302. 广东省商会联合会关于财政部拟加强水陆查缉防止华南走私的代电（1947 年 3 月 25 日）

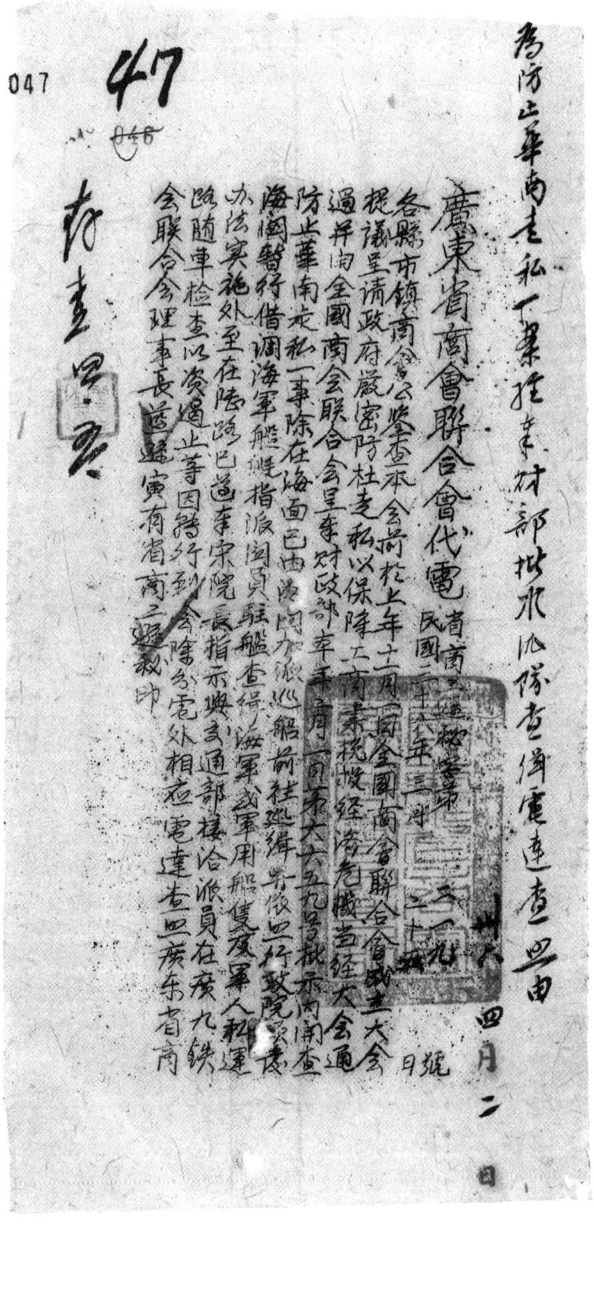
047
47
存查

為防止華南走私一案准財部擬水陸併查緝電達查照由　卅六　四月二日

廣東省商會聯合會代電　省商三秘字第　號　民國三十六年三月二十五日

各縣市鎮商會公鑒：查本会前於上年十二月向全國商會聯合會第三大会提議呈請政府嚴密防杜走私以保障工商業挽救經濟危機，当經大会通過并由全國商会聯合会呈奉財政部本年三月一日第六六五九号批示內開：查防止華南走私一事，除在海面已由海關加派巡船前往巡緝并依照行政院核定海關暫行借調海軍艦艇指派關員駐艦查緝海軍或軍用船隻及軍人私運辦法實施外，至在陸路已遵奉宋院長指示與交通部接洽派員在廣九鐵路隨車檢查，以資遏止等因，除分電外，相應電達查照。廣東省商會聯合會理事長　寅有省商三秘印

303. 阳江县政府关于举行会议商讨组设经济巡察队事宜函请县商会理事长廖永年依时出席（1947 年 4 月 22 日）

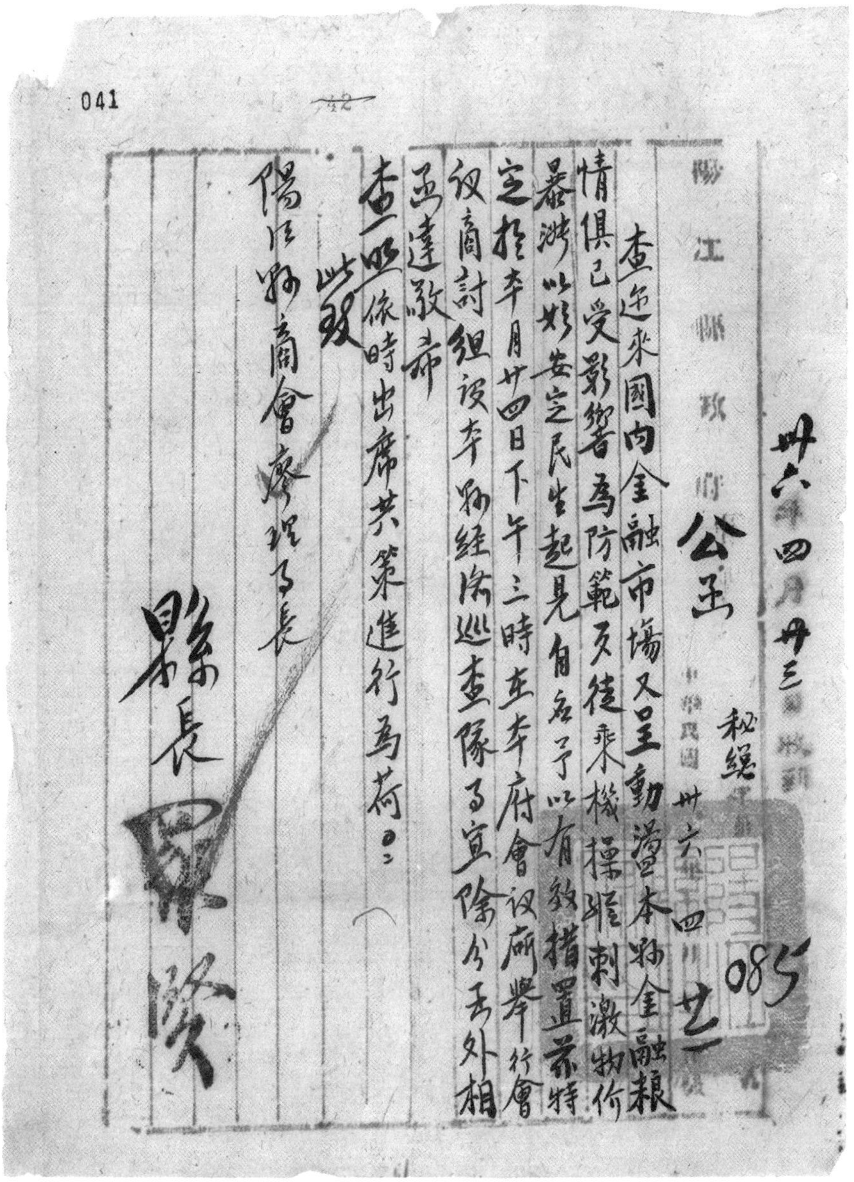
041

陽江縣政府公函

中華民國卅六年四月廿二日 秘經字第 號

卅六年四月廿三日收到 085

查近來國內金融市場又呈動盪，本縣金融粮情俱已受影響，為防範歹徒乘機操縱，刺激物价暴漲，以彰安定民生起見，自應予以有效措置。茲特定於本月廿四日下午三時在本府會議廳舉行會議，商討組設本縣經濟巡查隊事宜，除分函外，相應函達，敬希查照依時出席，共策進行為荷。

此致

陽江縣商會廖理事長

縣長 [illegible]

304. 广东省商会联合会关于请政府严厉取缔非正式商人经营商业及平抑物价稳定金融的代电（1947 年 5 月 16 日）

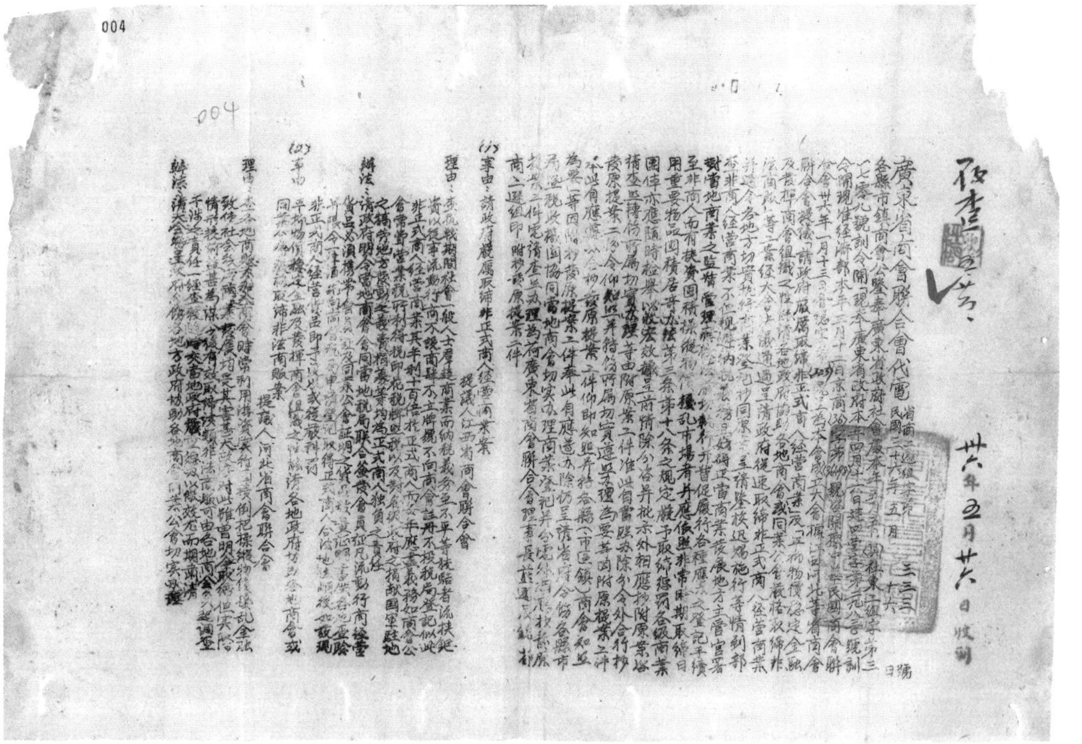

305. 阳江县政府关于召开会议商讨调节肉猪销售事宜函请县商会派员出席（1947 年 5 月 20 日）

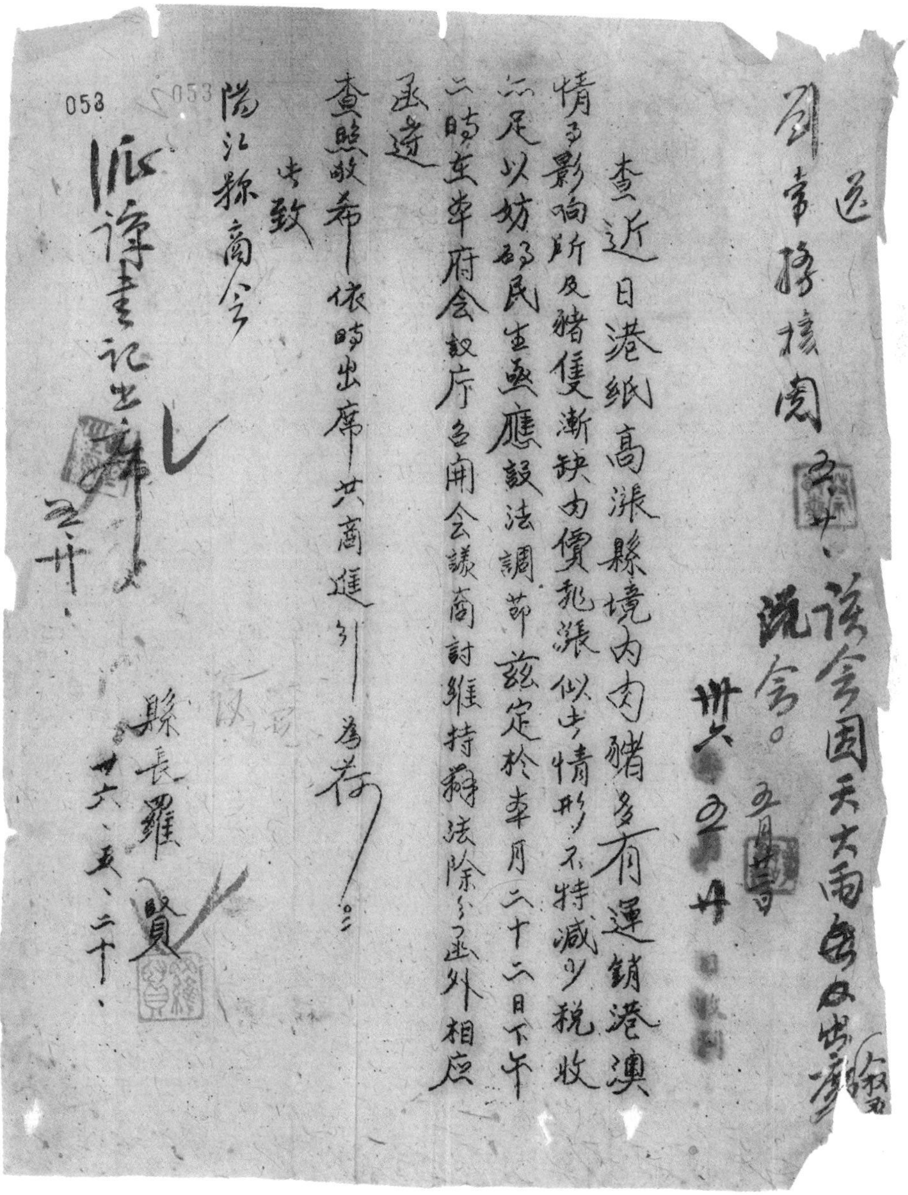

送

副本存核阅 五廿、

該會因天大雨無人出席流會。 五月廿

卅六 五 廿

查近日港紙高漲縣境內肉豬多有運銷港澳情事影响所及豬隻漸缺肉價飛漲似此情形不特減少稅收亦足以妨碍民生亟應設法調節茲定於本月二十二日下午二時在本府會議廳召開會議商討維持辦法除分函外相應函達查照竝希依時出席共商進行為荷

此致

陽江縣商會

縣長羅賢

卅六、五、二十、

派許書記出席

五廿

306. 阳江县合成澜等商号联呈县商会理事长廖永年转请县政府拆除河堤公地内所搭盖之篷棚以利交通（1947 年 12 月 1 日）

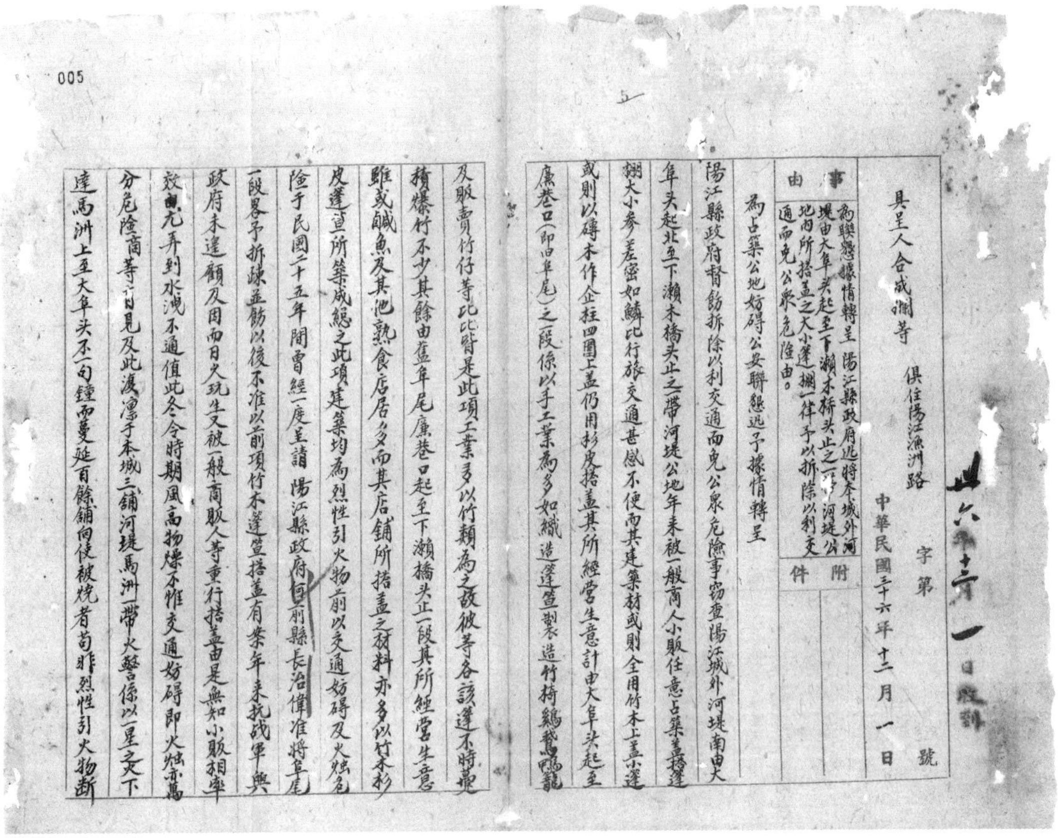
005

5

具呈人合成澜等　俱住陽江漁洲路

字第　號

中華民國三十六年十二月一日

卅六年十二月一日收到

事由：為聯懇據情轉呈 陽江縣政府迅將本城外河堤由大埠头起至下瀨木橋头止之一帶河堤公地內所搭盖之大小篷棚一律予以拆除以利交通而免公衆危險由。

附件

為占築公地妨碍公安聯懇迅予據情轉呈

陽江縣政府督飭拆除以利交通而免公衆危險事竊查陽江城外河堤南由大埠头起北至下瀨木橋头止之一帶河堤公地年来被一般商人小販任意占築盖搭篷棚大小參差密如鱗比行旅交通甚感不便而其建築材或則全用竹木上盖小篷或則以磚木作企柱四圍上盖仍用杉皮搭盖其所經營生意計由大埠头起至廉巷口（即旧埠尾）之一段係以手工業為多如織造篷笪製造竹椅雞籠及販賣竹仔等比比皆是此項工業多以竹類為之故彼等各該篷不時堆積爆竹不少其餘由舊埠尾廉巷口起至下瀨橋头止一段其所經營生意雖或鹹魚及其他熟食店居多而其店鋪所搭盖之材料亦多以竹木杉皮篷笪所築成總之此項建築均為烈性引火物前以交通妨碍及火燭危险于民國二十五年間曾經一度呈請 陽江縣政府（前縣長治偉）准將舊尾一段暴予拆除並飭以後不准以前項竹木篷笪搭盖有案年来抗战軍興政府未遑顧及因而日久玩生又被一般商販人等重行搭盖由是無知小販相率效尤弄到水洩不通值此冬令時期風高物燥不惟交通妨碍即火燭亦屬分危險商等目見及此復凜于本城三鋪河堤馬洲一帶火警係以一星之火下逹馬洲上至大埠头不一旬鐘而蔓延百餘鋪向使被燒者苟非烈性引火物斷

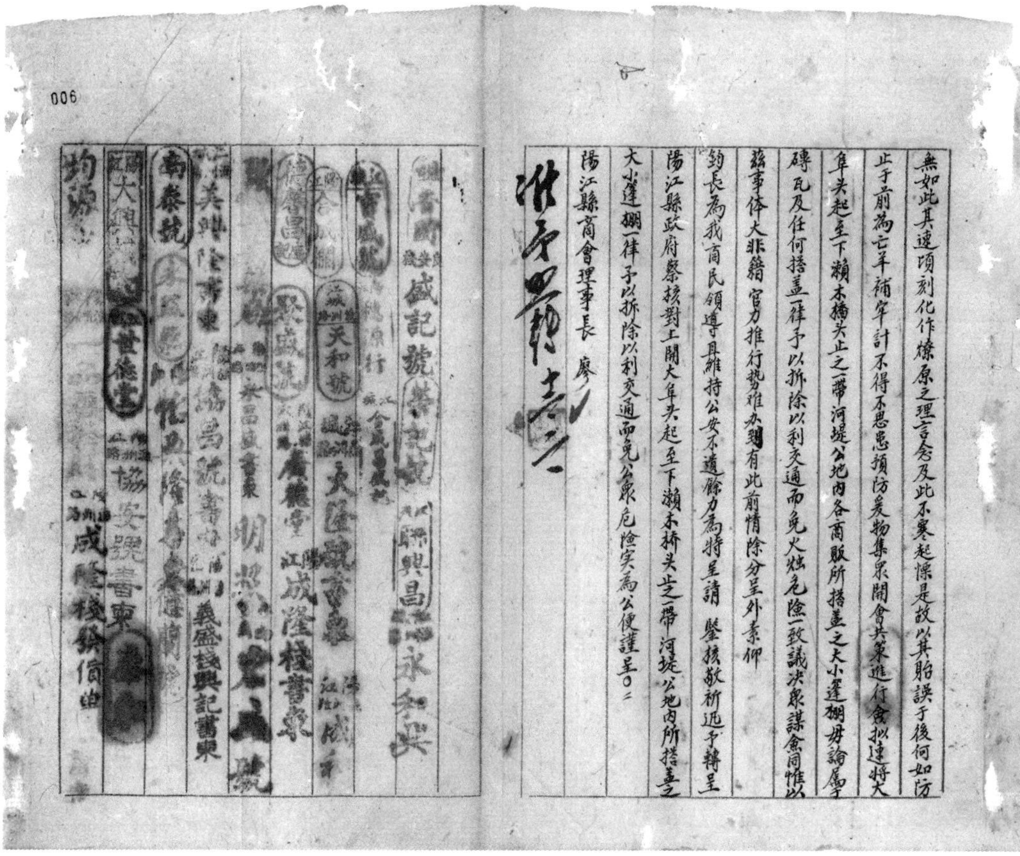

006

無如此其速頃刻化作燎原之理言念及此不寒起慄是故以其貽誤于後何如防止于前爲亡羊補牢計不得不思患預防爰物集衆開會共策進行僉擬速將大㘭头起至下瀨木橋头止之一帶河堤公地內各商販所搭蓋之大小篷棚毋論屬磚瓦及任何搭蓋一律予以拆除以利交通而免火燭危險一致議決衆謀僉同惟以茲事体大非籍官力推行勢难办到有此前情除分呈外素仰鈞長爲我商民領導且維持公安不遺餘力爲特呈請　鑒核敬祈迅予轉呈陽江縣政府察核對上關大㘭头起至下瀨木橋头止之一帶河堤公地內所搭蓋之大小篷棚一律予以拆除以利交通而免公衆危險實爲公便謹呈〇二

陽江縣商會理事長　廖

准予照轉

盛記號　聯興昌　永和興　天和號　成隆棧書東　南泰號　義盛棧興記書東　甘德堂　成隆棧

007

007

江陽國香收發章

陽江海豐行

有恒

307. 阳江县商会通告各街社首向各商店转发第一期承投公地铺屋票尽量推销（1948年4月10日）

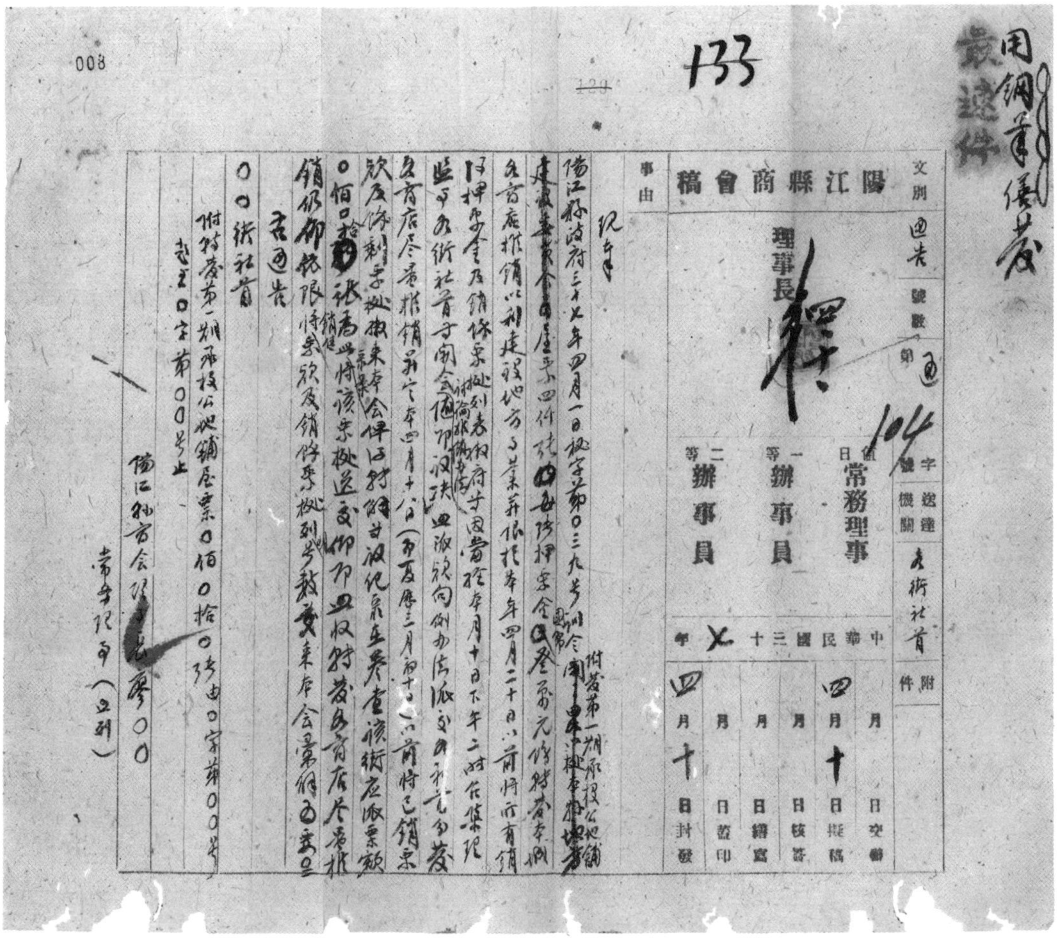

308. 广东省商会联合会关于全国花纱布管理委员会裁撤有关法规的代电（1948 年 10 月 15 日）

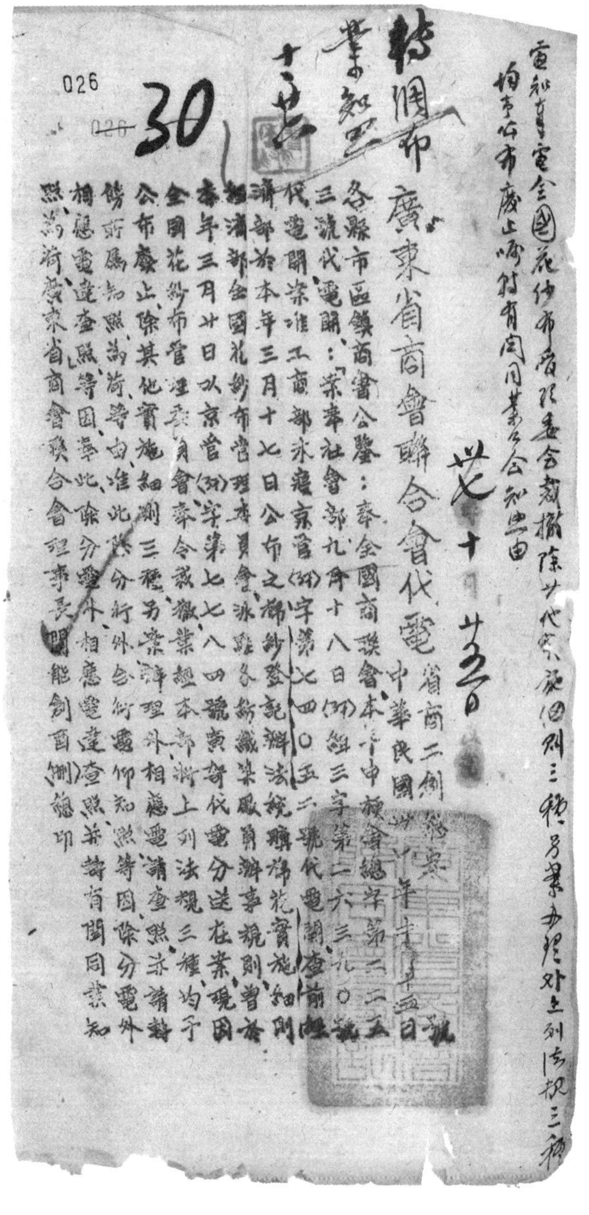

廣東省商會聯合會代電　省商二創總字第[illegible]號　中華民國卅七年十月十五日

各縣市區鎮商會公鑒：奉全國商聯會本[illegible]總字第二二五三號代電開：「案奉社會部九月十八日(37)組三字第二六三九○號代電開：案准工商部永寧京管(37)字第七四○五二號代電開：查前經濟部於本年三月十七日公布之棉紗登記辦法、統購棉花實施細則、經濟部全國花紗布管理委員會、冰雜各紡織染廠聯辦事規則，曾於本年三月廿日以京管(37)字第七七八四號奇代電分送在案。現因全國花紗布管理委員會奉令裁撤，業經本部將上列法規三種均予公布廢止，除其他實施細則三種另案辦理外，相應電請查照，並請轉飭所屬知照為荷等由，准此，除分行外，合行電仰知照，等因，除分電外，相應電達，查照等因，準此，除分電外，相應電達查照，並轉飭有關同業知照為荷。廣東省商會聯合會理事長[illegible]能劍酉（刪）總印

309. 阳江县东平商会关于渔业商店遭扣押敲诈函请县商会予以正义援助（1949 年 3 月 3 日）

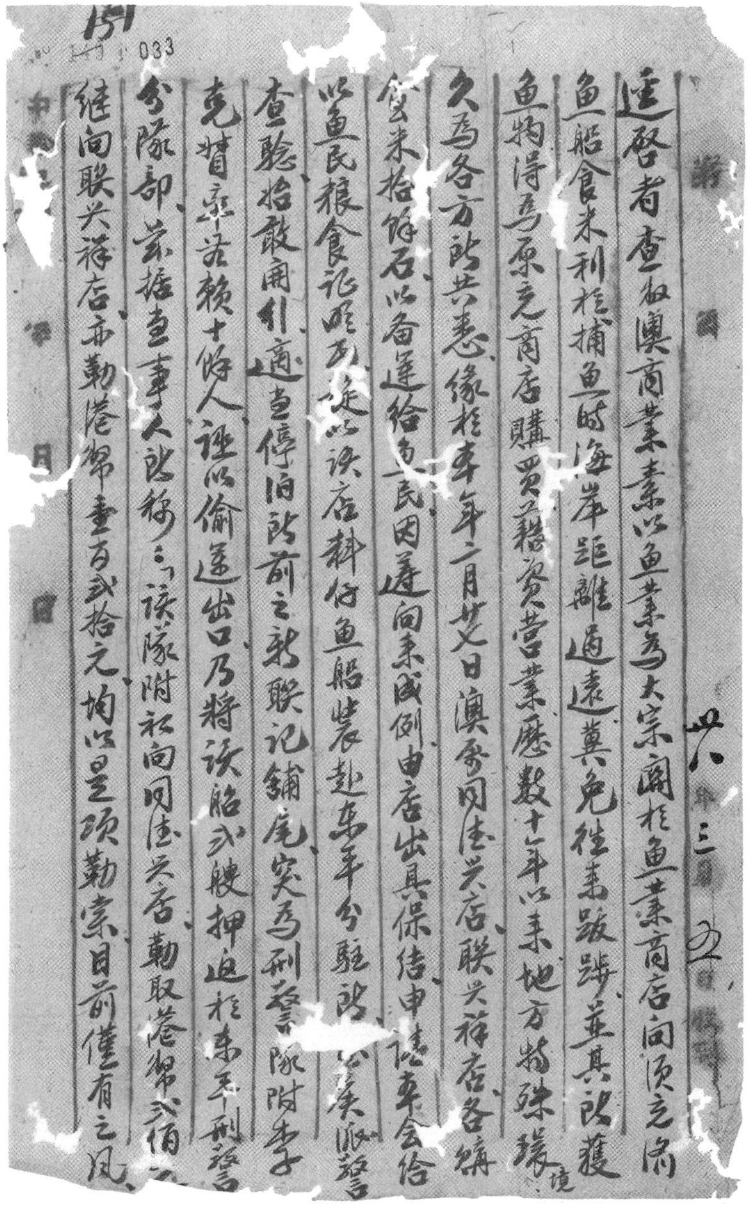

逕啓者：查敝澳商業素以漁業為大宗，關於漁業商店向須之備漁船食米，利於捕魚時海岸距離遙遠，冀免往來跋涉，並其所獲魚物得為原之商店購買，藉資營業，歷數十年以來地方特殊環境，久為各方所共悉。緣於本年二月廿六日澳屬同德興店、聯興祥店各備食米拾餘石，以備運給漁民，因遵向來成例由店出具保結申請本會給以漁民粮食証明，乃足以該店雇付漁船裝赴東平分駐所候派警查驗，始敢雇引運出停泊，詎前之新聯記鋪尾突為刑警隊附李克猷率兵頼十餘人，誣以偷運出口，乃將該船弍艘押返於東平刑警分隊部，茲據查事人所稱：該隊附於向同德興店勒取港幣弍佰，繼向聯興祥店亦勒港幣壹百弍拾元，均以是項勒索目前僅有之風

15.　034

查即嚴詞拒絕，致為該隊附蠻横交加，即將該兩船食米盡行搬運

刑警分隊部，並推同志兴科仔船內暗擲煙燈，誣為搜獲煙具，扣押船伴

二人，董國敲詐鉅款，藉為發財途徑，復又搖稱該船被押數天，假查時果

有煙具在內，豈不人贜并獲，反而事隔數天，則裡檢獲煙具，據此情形，若非

該隊附以截留食米未遂，並加罪乃承船伴，早晚追店就餐，實行掉贜

架害」云云。等查此次只商店逢漁民食米查扣抗戰期間，嚴禁粮食

出口，尚須按時接濟，此地方之素有實際環境，查若偷運情弊，今該

隊附攸將粮食留難，更復誣以偷運，將來地方漁業實有不堪設想也。

等據前情，用特函請

貴會效念地方環境，予以正義之援助，俾和澳漁業前

中華民國　年　月　日

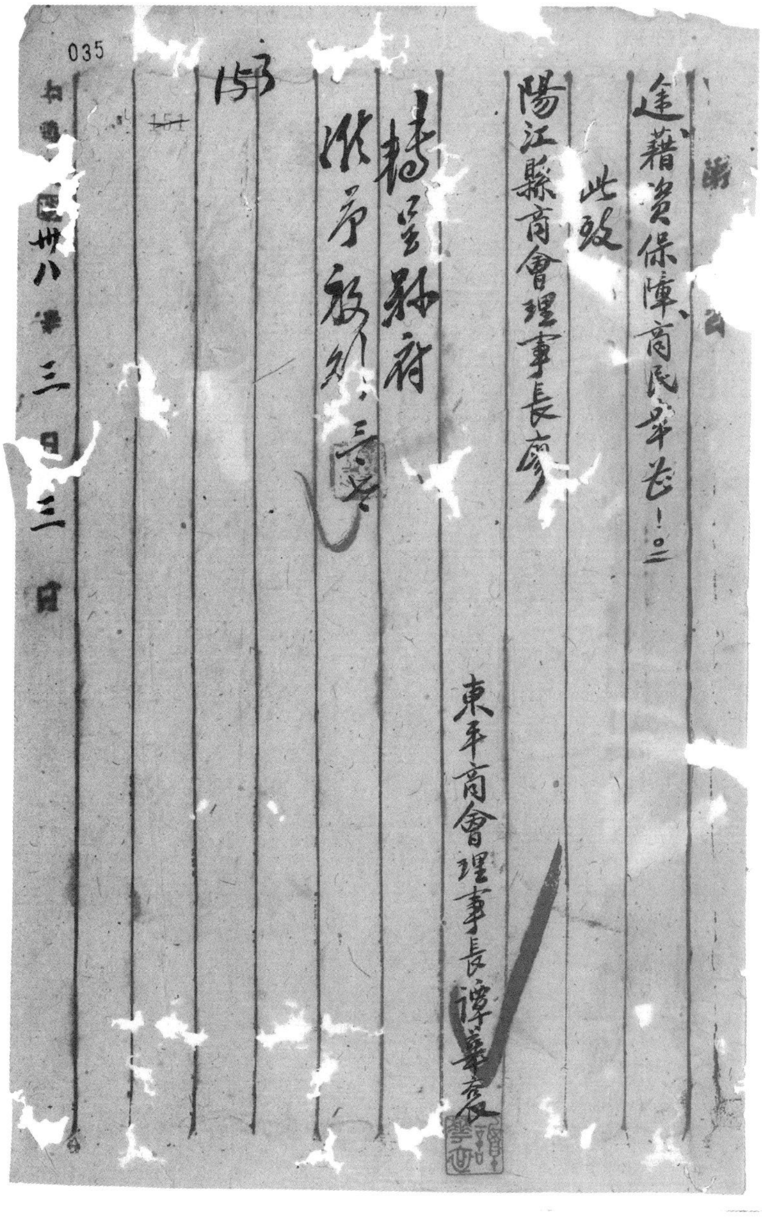

逢藉資保障，商民幸甚！三

此致

陽江縣商會理事長廖

東平商會理事長譚華彥

抄呈縣府

准予發行　三、三

035

153

中華民國卅八年三月三日

310. 阳江县商会关于奉令办理规复卷烟管理一案呈请县政府派员会同商会代表查照（1949年6月11日）

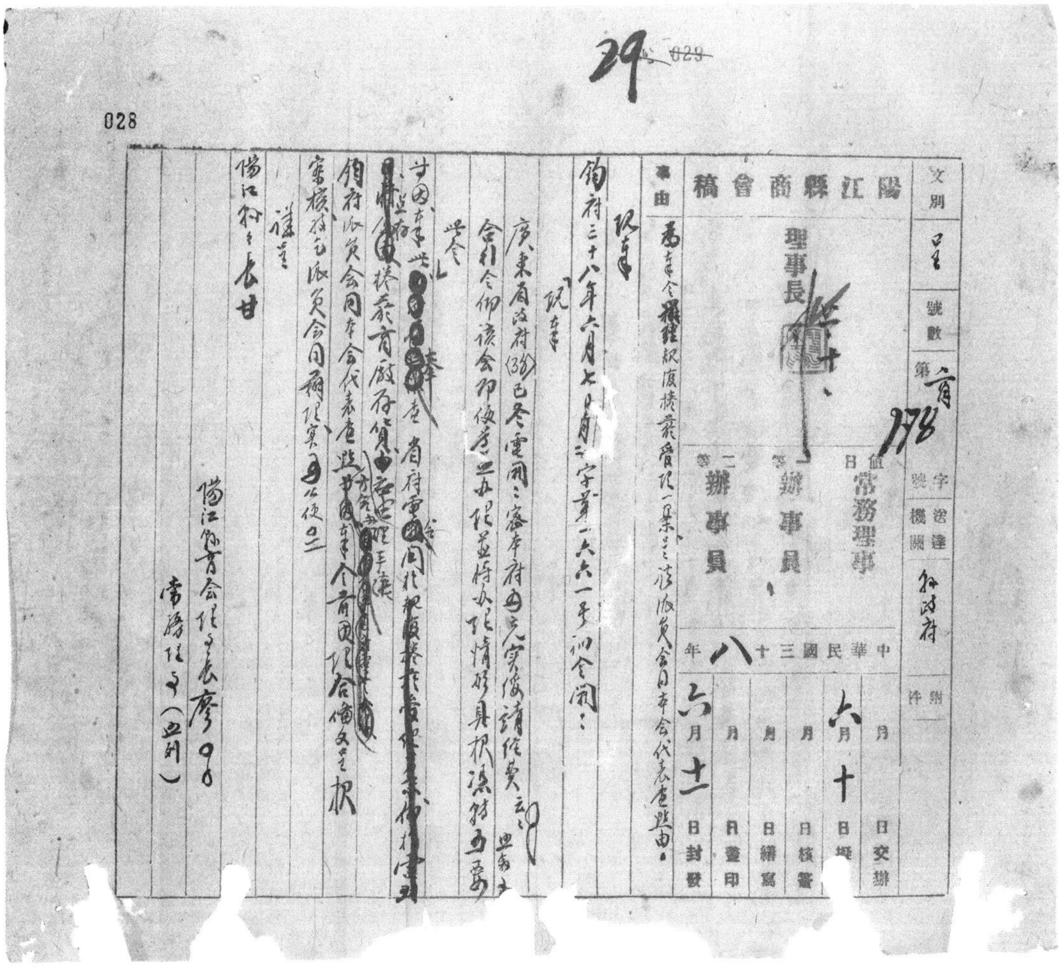

陽江縣商會稿

文別：呈
號數：第育178號
送達機關：縣政府
附件：

理事長
常務理事
辦事員

中華民國三十八年　六月十日　六月十一日

事由：為奉令辦理規復捲菸管理一案呈請派員會同本會代表查照由。

鈞府三十八年六月七日府二字第一六六一號訓令開：「現奉廣東省政府(38)巳冬電開：[illegible]」等因。奉此，[illegible]

謹呈

陽江縣縣長甘

陽江縣商會理事長廖[illegible]
常務理事[illegible]（出外）

311. 阳江县政府关于开会讨论查编河堤一带所有公地店户列册报核训令县商会理事长廖永年依时出席（1949 年 7 月 28 日）

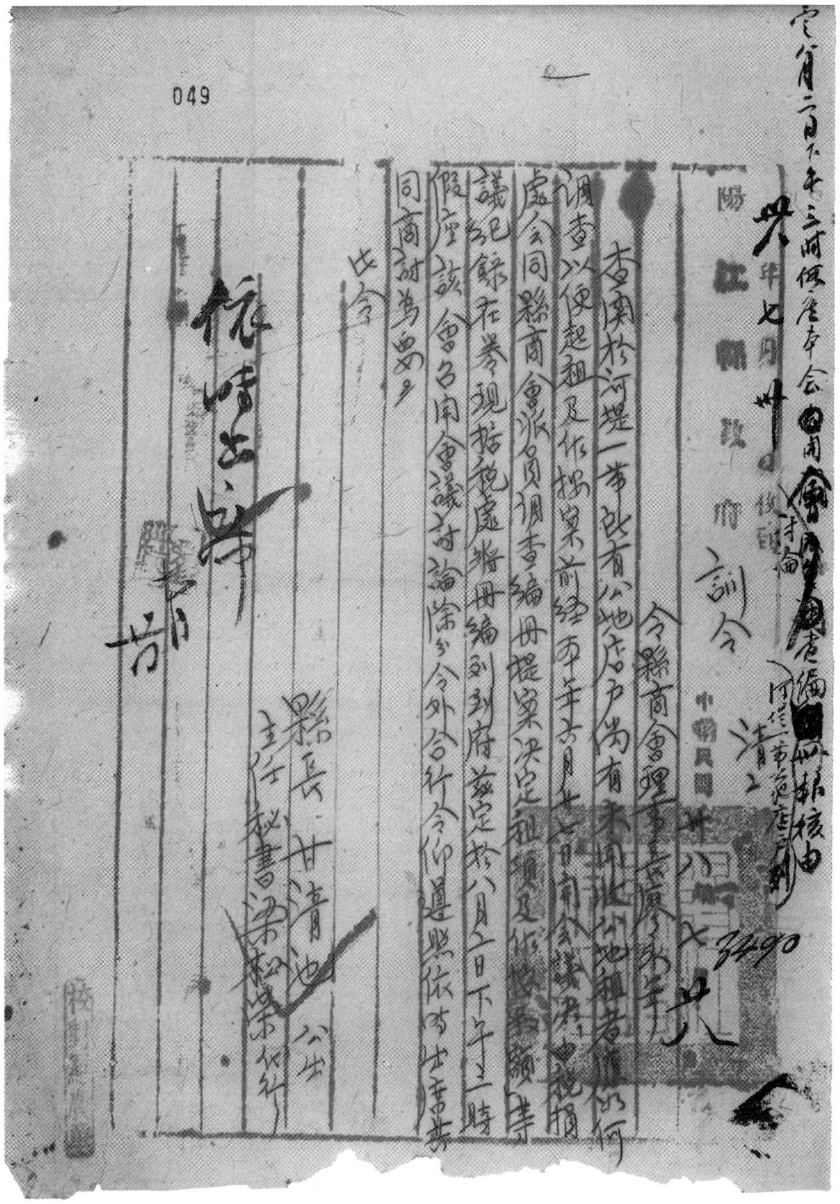
陽江縣政府訓令
令縣商會理事長廖永年
查關於河堤一帶所有公地店户尚有未經批佃地租者應如何
調查以便起租及作據案前經本年七月廿六日開會議決由
處會同縣商會派員調查編册提案決定租額及作據各項手續
議紀錄在卷現據該處將册編列到府並定於八月三日下午三時
假座該會召開會議討論除分令外合行令仰遵照依時出席共
同商討為要
此令
縣長 甘清池
主任秘書 梁松榮 代行

（二）财政金融

312. 电白县沙乡区商会主席黄卓芝等致广东省第七区行政督察专员公署的呈（1942年11月7日）

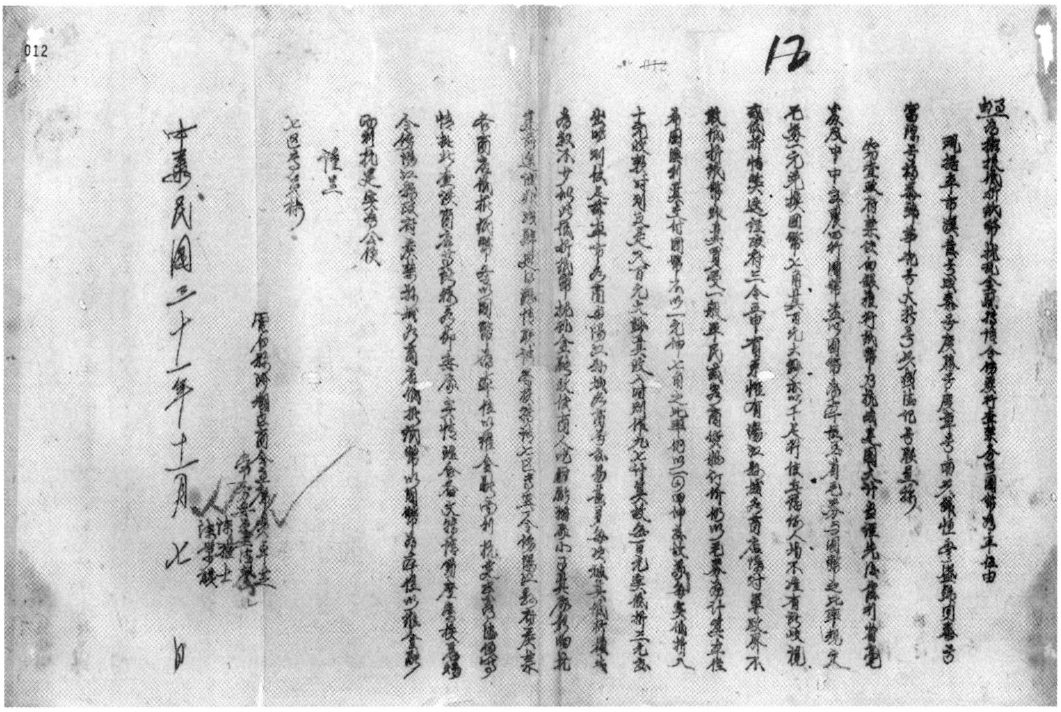

313. 阳江县政府电饬县城警察所梁所长、县商会主席林洁予切实查禁低折纸币以维金融（1942 年 12 月 20 日）

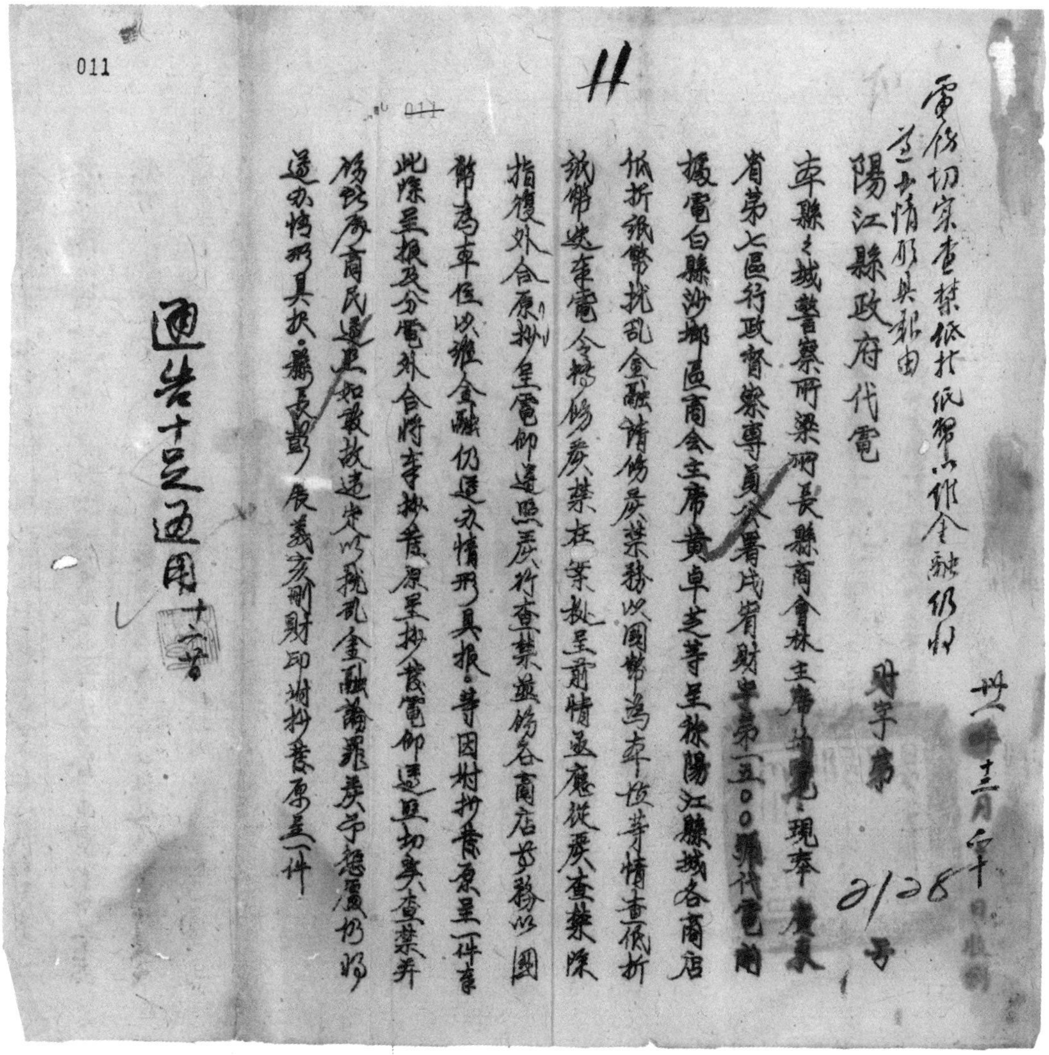

電飭切實查禁低折紙幣以維金融仍將
查出情形具報由
陽江縣政府代電　財字第 2128 號　卅一年十二月廿日
本縣縣城警察所梁所長、縣商會林主席均鑒：現奉廣東
省第七區行政督察專員公署戌[illegible]財字第一五〇〇號代電開：
據電白縣沙瑯區商會主席黃卓芝等呈稱陽江縣城各商店
低折紙幣擾亂金融，請飭屬禁務以國幣為本位等情，查低折
紙幣迭奉電令轉飭屬禁在案，據呈前情，亟應從嚴查禁，除
指復外，合原抄呈電仰遵照嚴行查禁，並飭各商店務以國
幣為本位，以維金融，仍遵將情形具報。等因；附抄發原呈一件。奉
此，除呈復及分電外，合將奉抄發原呈抄發，電仰遵照切實查禁，并
飭該處商民遵照，如敢故違，定以擾亂金融論罪，嚴予懲處，仍將
遵辦情形具報。縣長[illegible]辰義亥刪財印　附抄發原呈一件
通告十足通用　十二字
011

314. 阳江县商会奉县政府代电通告各商店不得低折纸币以维金融（1942 年 12 月 22 日）

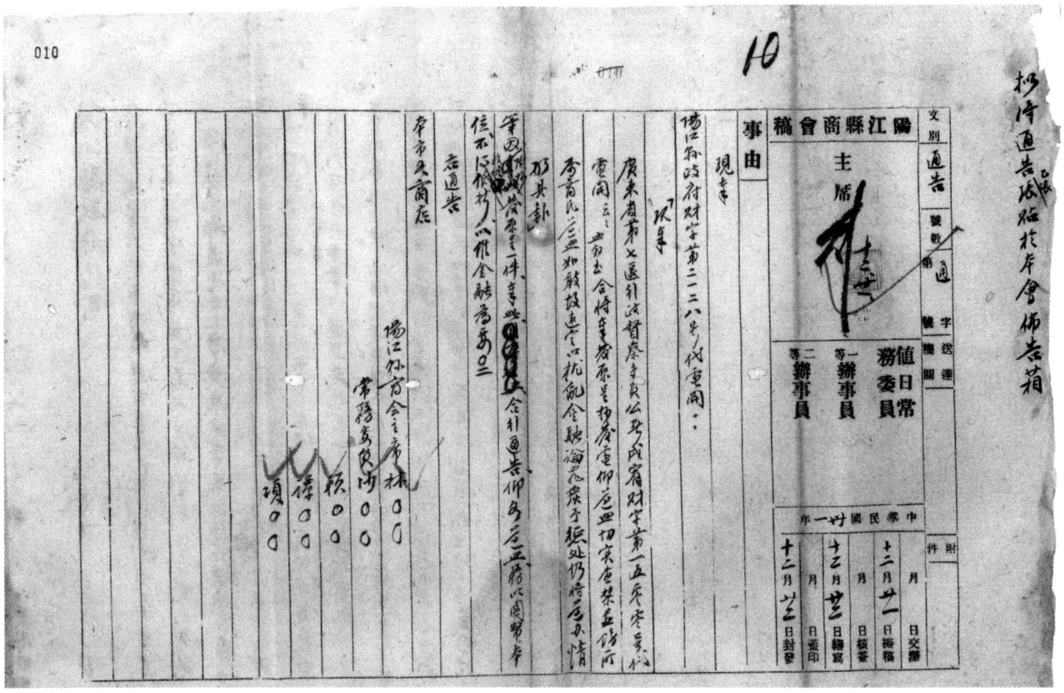

阳江县商会稿

文别：通告

主席：林

事由：

现奉

阳江县政府财字第二一二八号代电开：

"案奉

广东省第七区行政督察专员公署戌宥财字第一五零号代电开：……合将奉发原电抄发仰即通饬商店禁止低折……本省民众如敢故违，以扰乱金融论罪，处予惩处，仍将办理情形具报。"

等因。奉此，合行通告仰各商店务以国币本位，不得低折，以维金融为要。此布

本市各商店

阳江县商会主席　林○○

常务委员　何○○

杨○○

陈○○

项○○

值日常务委员

一等办事员

二等办事员

中华民国卅一年

十二月廿一日拟稿

十二月廿二日缮写

十二月廿二日封发

附件

抄件通告张贴于本会佈告箱

315. 阳江县商会关于广东省银行一元毫券行使国币七角毋得歧视的通告（1944 年 11 月 4 日）

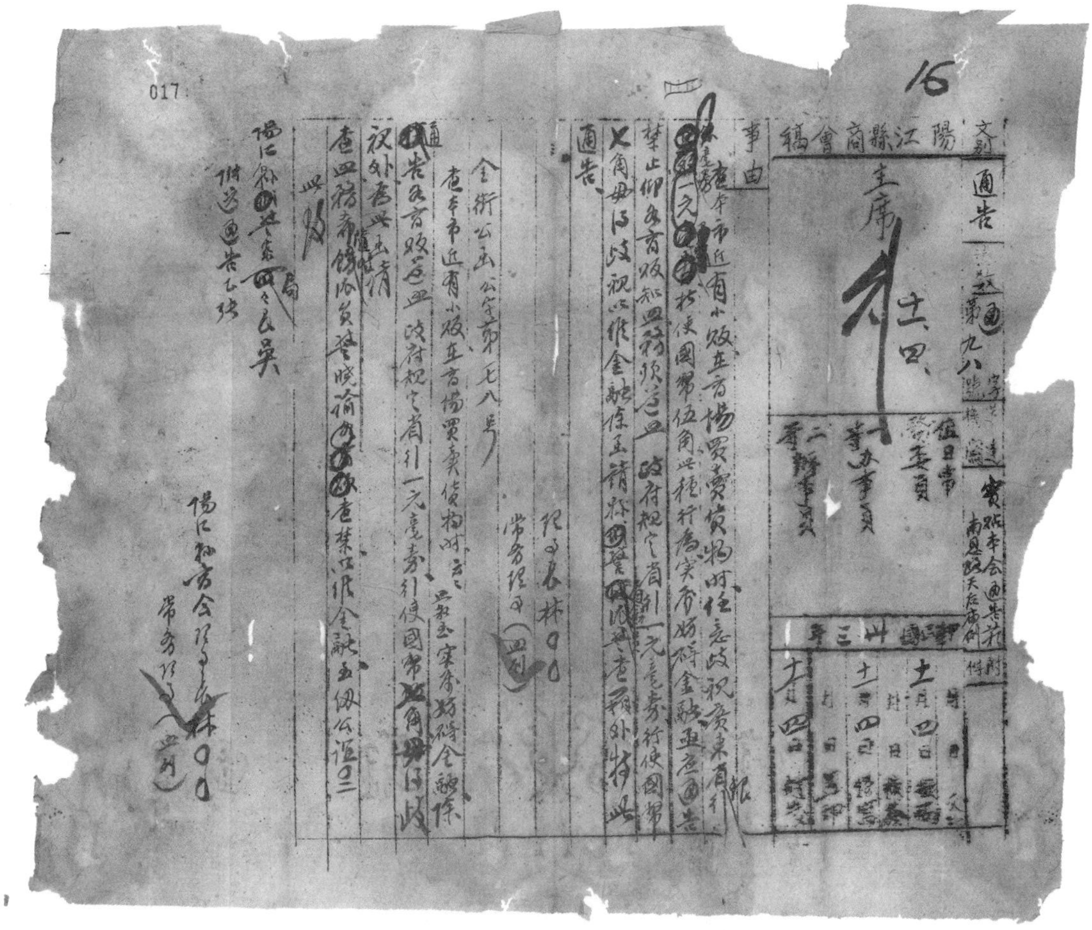

017

16

陽江縣商會稿

文别：通告

字第九八號

主席 林 十一、四

值日常務委員

常務委員

事務員

事由：通告

查本市近有小販在市場買賣貨物時，任意歧視廣東省行一元毫券，行使國幣伍角，此種行為實屬妨礙金融，亟應通告禁止。仰各商販知照，須遵照政府規定省行一元毫券行使國幣七角，毋得歧視，以維金融，除呈請縣政府查照外，特此通告。

理事長 林〇〇

常務理事（四人）

全銜公函 公字第七八號

查本市近有小販在市場買賣貨物時，任意……實屬妨礙金融，除通告各商販遵照政府規定省行一元毫券行使國幣七角，毋得歧視外，相應函請查照，請予出示曉諭，嚴查禁止，以維金融，至紉公誼。此致

陽江縣政府縣長吳

附送通告一張

陽江縣商會理事長 林〇〇

常務理事（四人）

中華民國卅三年十一月四日

316. 阳江县商会呈请县政府补发办理四百张 1944 年公债通知单（1946 年 5 月 31 日）

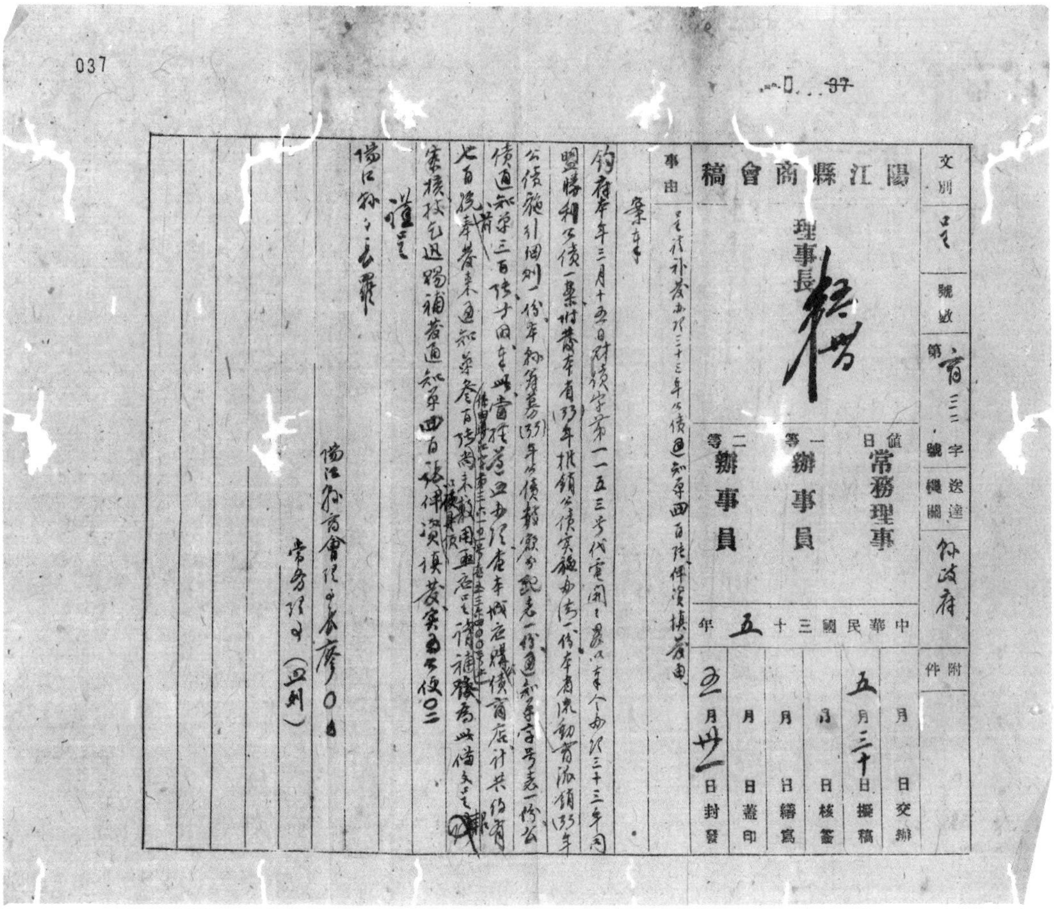

317. 阳江县商会通告各商店依照规定代换时间按日分别携小钞四千元连同店章到会兑换（1946 年 6 月 13 日）+ 附：阳江县商会致广东省银行阳江办事处的公函和广东省银行阳江办事处的复函（1946 年 6 月）

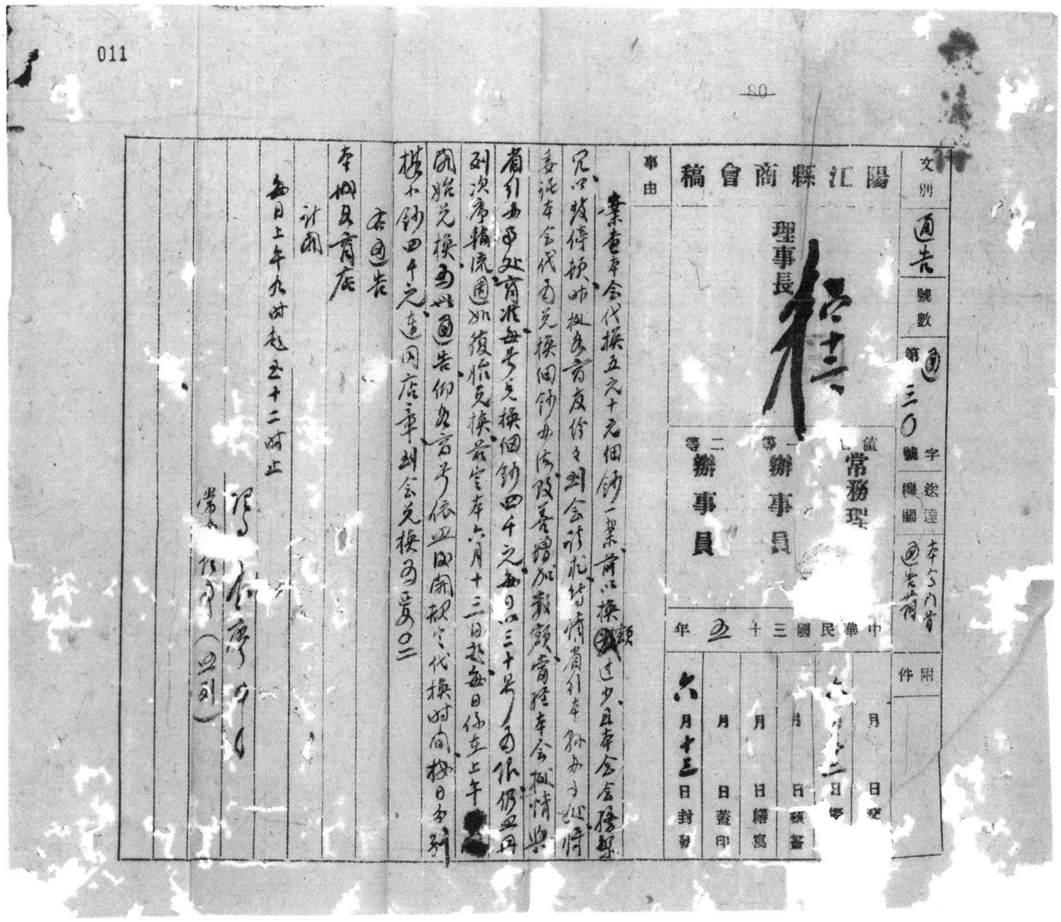
011

陽江縣商會稿

文别：通告
號數：第三〇號
送達機關：本城各商
理事長
常務理事
一等辦事員
二等辦事員
中華民國三十五年 六月十三日

事由：案查本会代换五元十元旧钞一案，前以换数过少，且本会会务繁冗，不时停顿，[illegible]各商友纷纷到会[illegible]，[illegible]委托本会代为兑换旧钞，办法改善，增加数额，当经本会据情与省行办事处商洽，每号兑换旧钞四千元，每日以三十号为限，仍照四月列次序轮流通知，复依兑换，兹定本六月十三日起每日依在上午[illegible]开始兑换，为此通告仰各商号依照通告规定代换时间按日分别携小钞四千元连同店章到会兑换为要。[illegible]

右通告

本城各商店

计开

每日上午九时起至十二时止

012

陽江縣商會稿

文别	號數	送達機關	附件
公函	第公一五號	廣東省银行陽江办事处	

事由：

理事長

常務理事

一等辦事員

二等辦事員

中華民國三十五年

交辦	擬稿	核簽	繕寫	蓋印	封發
月　日	六月七日	月　日	月　日	月　日	六月八日

现准

贵处本年六月一日江字第一二四号函開：“略以関於代换细钞设处办法一案，兹为因应市情及承领本行工作困难起见，拟仍照前办法办理，惟兑换额可增至每号兑换二千元，每日以兑换六十号为限，俾本行出纳人员补充，以资应付，[illegible]情再行增加，仍希見覆。”等由。當經提交本常務会议议决：兹为利便本会並顾及银行及商店各商号兑换起见，拟改为每号兑换细钞四仟元，每日以三十号为限，将情再函商行办事处查照函复，以便办理。等议紀录在卷。為此錄案函請

查照办理，並希

見復为荷！

此致

廣東省银行陽江办事处主任周

陽江縣商会理事長

常務理事（四則）

013

陽江

廣東省銀行

電報掛號 陽江二六三九

現准

貴會五月廿八日不到號函略以各商友紛紛到會投稱轉請貴行本縣辦事處將日前委託商會代為兌換細鈔辦法改善仍請每日收兌商號壹佰號每號增至五千元按照商號次序週而復始以期便利等語為此據情函請查照辦理并希見復為盼」等由准此查本行現因交收人員不敷若照貴會所擬辦法則收存小鈔數量過鉅無法按日清理茲為因應市情及兼顧本行工作困難起見擬仍照前办法辦理惟兌換額可增為每號兌換式仟元每日以兌換陸拾商號為限俟本行交收人員補充後當可酌情再行增加准函前由相應函復

卅五年六月三日收到

地址：陽江城

中華民國 年 月 日 字第 號 第一頁

014

陽江

廣東省銀行

電報掛號：陽江二六三九

查照仍希見復為荷

此致

陽江縣商會

陽江廣東省銀行啓

中華民國卅五年六月十三日

江字第一二四號

第二頁

地址：陽江城

318. 阳江县商会关于通告各同业公会、各街社首转饬各商店对于 50 元及 100 元面额国币毋得歧视致县政府的呈（1947 年 3 月 31 日）

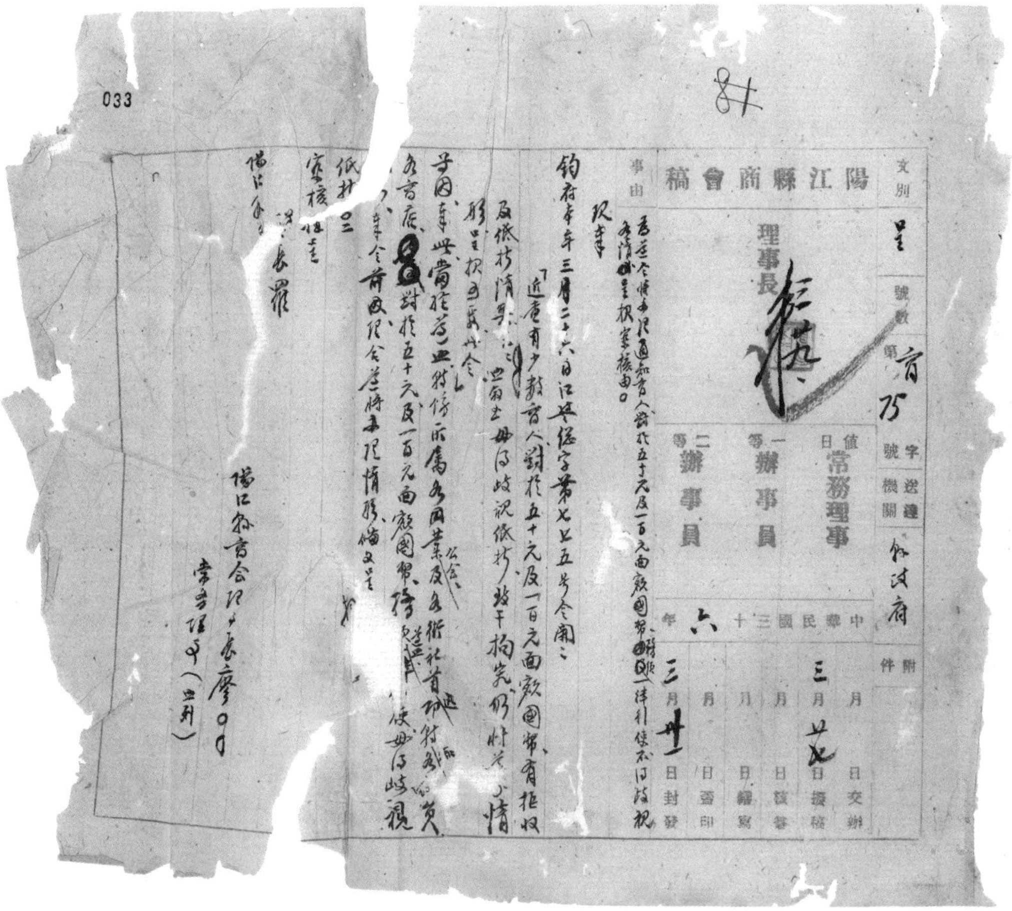

319. 阳江县政府关于查禁市面歧视及低折 50 元、100 元、200 元国币的训令（1947 年 4 月 2 日）

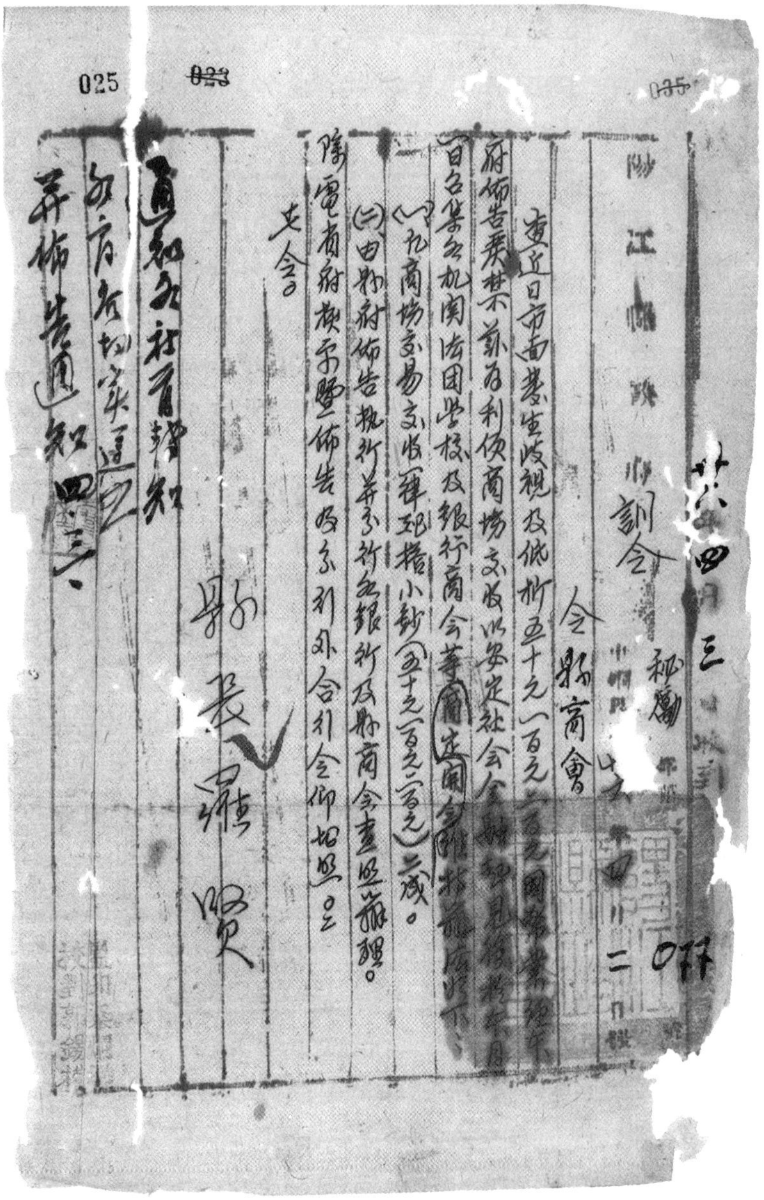

025　023　035

陽江縣政府訓令

卅六　四　三

秘　字第二〇　號

令縣商會

查近日市面發生歧視及低折五十元、一百元、二百元國幣，業經本府佈告嚴禁，並爲利便商場交收，以安定社會金融起見，經將[illegible]日召集各機關法團學校及銀行商會等商定[illegible]辦法如下：

（一）凡商場交易交收準現搭小鈔（五十元、一百元、二百元）二成。

（二）由縣府佈告執行，並分行各銀行及縣商會遵照辦理。

除電省府核示暨佈告及分行外，合行令仰切照。此令。

縣長　羅[illegible]

通知各行商轉知

分行各[illegible]

并佈告通知　四三

320. 广东省商会联合会电各县市区镇商会为稳定金融鼓励储蓄转饬所属踊跃认购1947年短期国库券（1947年7月5日）

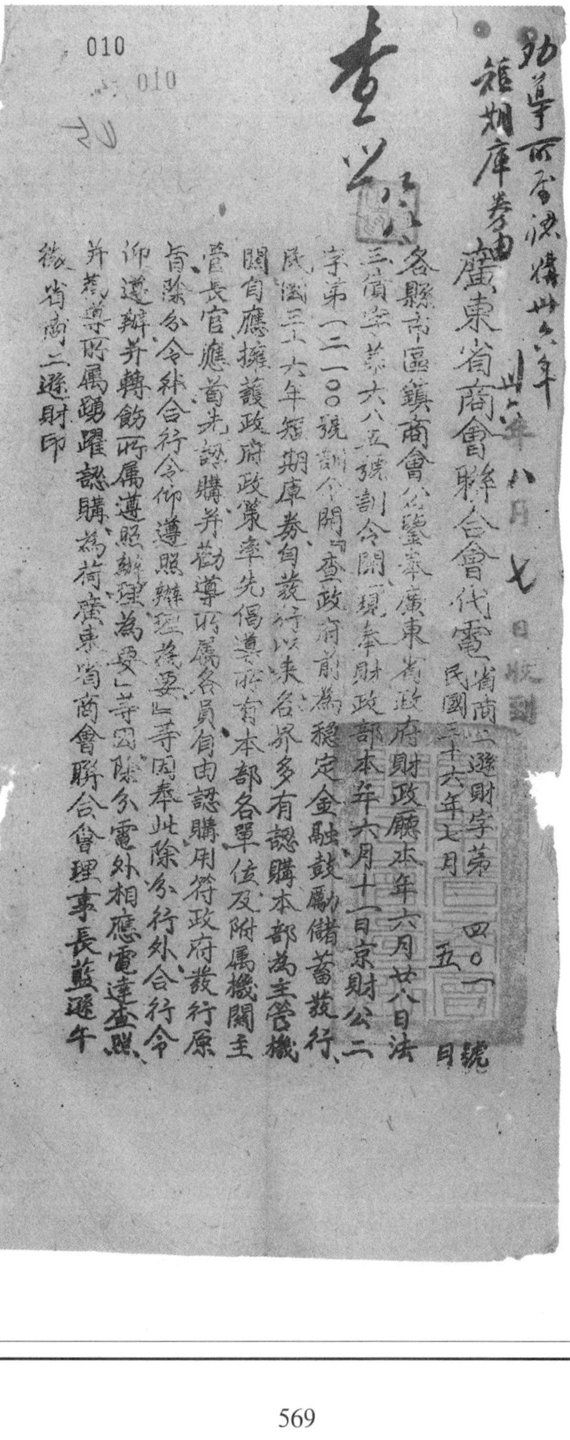

劝導所屬決備卅六年短期庫券由

卅六年八月七日收到

查照

廣東省商會聯合會代電（省商二遂財字第四〇一五號）

民國三十六年七月五日

各縣市區鎮商會公鑒：案奉廣東省政府財政廳本年六月廿六日法三債字第六八五號訓令開：「現奉財政部本年六月十一日京財公二字第（二一〇〇）號訓令開：『查政府前為穩定金融鼓勵儲蓄，發行民國三十六年短期庫券，自發行以來，各界多有認購，本部為主管機關，自應擁護政府政策，率先倡導，所有本部各單位及附屬機關主管長官，應首先認購，并勸導所屬各員自由認購，用符政府發行原旨，除分令外，合行令仰遵照辦理為要』等因，奉此，除分行外，合行令仰遵辦，并轉飭所屬遵照辦理為要」等因，除分電外，相應電達查照，并希轉導所屬踴躍認購為荷。廣東省商會聯合會理事長藍遜午。微省商二遂財印

321. 阳江县商会关于请径向盐业公会为亨记公司办理证明致广东省银行阳江办事处的公函（1947 年 10 月 6 日）

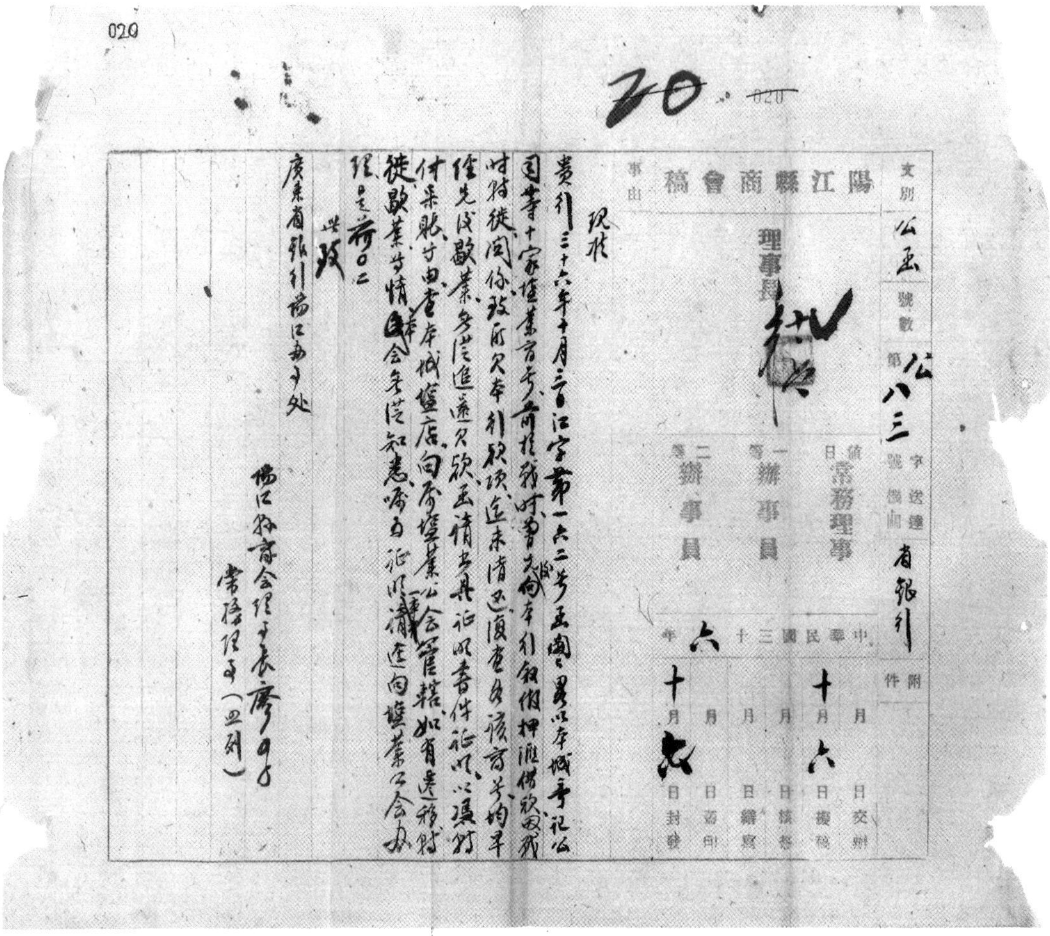

020

20　020

陽江縣商會稿

文別：公函

號數：第公八三號

送達機關：省銀行

附件

理事長

值日常務理事

一等辦事員

二等辦事員

中華民國三十六年　十月六日交辦　月　日擬稿　十月六日核稿　月　日繕寫　月　日蓋印　月　日封發

事由

現准

贵行三十六年十月三日江字第一六二号函，略以本城亨记公司等十家盐业商号，前於战时曾向本行叙借押汇借款，因战时转徙，[illegible]政府令本行收回款项，迄未清还，须查各该商号均早经先后歇业，多已迁徙，兹欲函请查具证明书件证明，以凭对付呆账等由。查本城盐店向属盐业公会管辖，如有迁移歇业等情，该会当知悉，嘱为证明，请迳向盐业公会办理，是荷。此致

广东省银行阳江办事处

阳江县商会理事长
常务理事（四名）

322. 澳门中华总商会函请阳江县商会布告倘存澳门发行各种旧版币票应在期限内来澳门套换（1947 年 11 月 11 日）

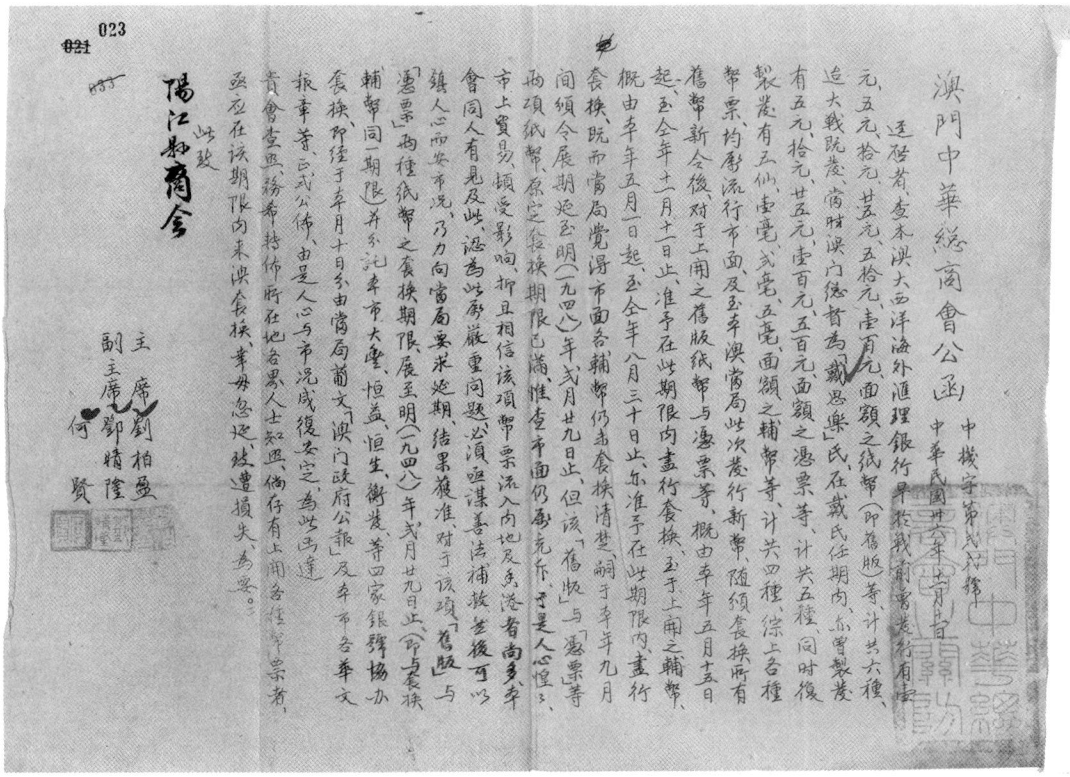

023

澳門中華總商會公函

中機字第弍四〇號
中華民國卅六年十一月十一日

逕啓者，查本澳大西洋海外滙理銀行早於戰前曾發行有壹元、五元、拾元、廿五元、五拾元、壹百元面額之紙幣（即舊版）等，計共六種，迨大戰既發，前任澳门總督為「戴思樂」氏，在戴氏任期內，亦曾製發有五元、拾元、廿五元、壹百元、五百元面額之憑票等，計共五種，同时復製發有五仙、壹毫、弍毫、五毫面額之輔幣等，計共四種，綜上各種幣票，均廣流行市面，及至本澳當局此次發行新幣，隨須套換所有舊幣，新令後，对于上開之舊版紙幣与憑票等，概由本年五月十五日起，至全年十一月十一日止，准予在此期限內盡行套換，至于上開之輔幣，概由本年五月一日起，至全年八月三十日止，亦准予在此期限內，盡行套換，既而當局覺得市面各輔幣仍未套換清楚，嗣于本年九月间須令展期延至明（一九四八）年弍月廿九日止，但該「舊版」与「憑票」等兩項紙幣，原定套換期限已滿，惟查市面仍廣充斥，于是人心惶惶，市上貿易，頓受影响，抑且相信該項幣票流入內地及香港者尚多，本會同人有見及此，認為此事嚴重問題，必須亟謀善法補救，然後可以鎮人心而安市况，乃力向當局要求延期，结果獲准，对于該項「舊版」与「憑票」兩種紙幣之套換期限，展至明（一九四八）年弍月廿九日止（即与套換輔幣同一期限），并分託本市大豐、恒益、恒生、衡昌等四家銀號協办套換，即經于本月十日分由當局前文「澳门政府公報」及本市各華文報章等正式公佈，由是人心与市况咸復安定，為此函達貴會查照，務希轉佈所在地各界人士知照，倘存有上開各種幣票者，亟應在該期限內来澳套換，幸毋忽延，致遭損失，為要。

此致

陽江縣商會

主席 劉柏盈
副主席 鄧晴隆
何賢

323. 广东省商会联合会关于尽量收兑细钞以维金融致阳江县商会的代电（1948 年 3 月 13 日）

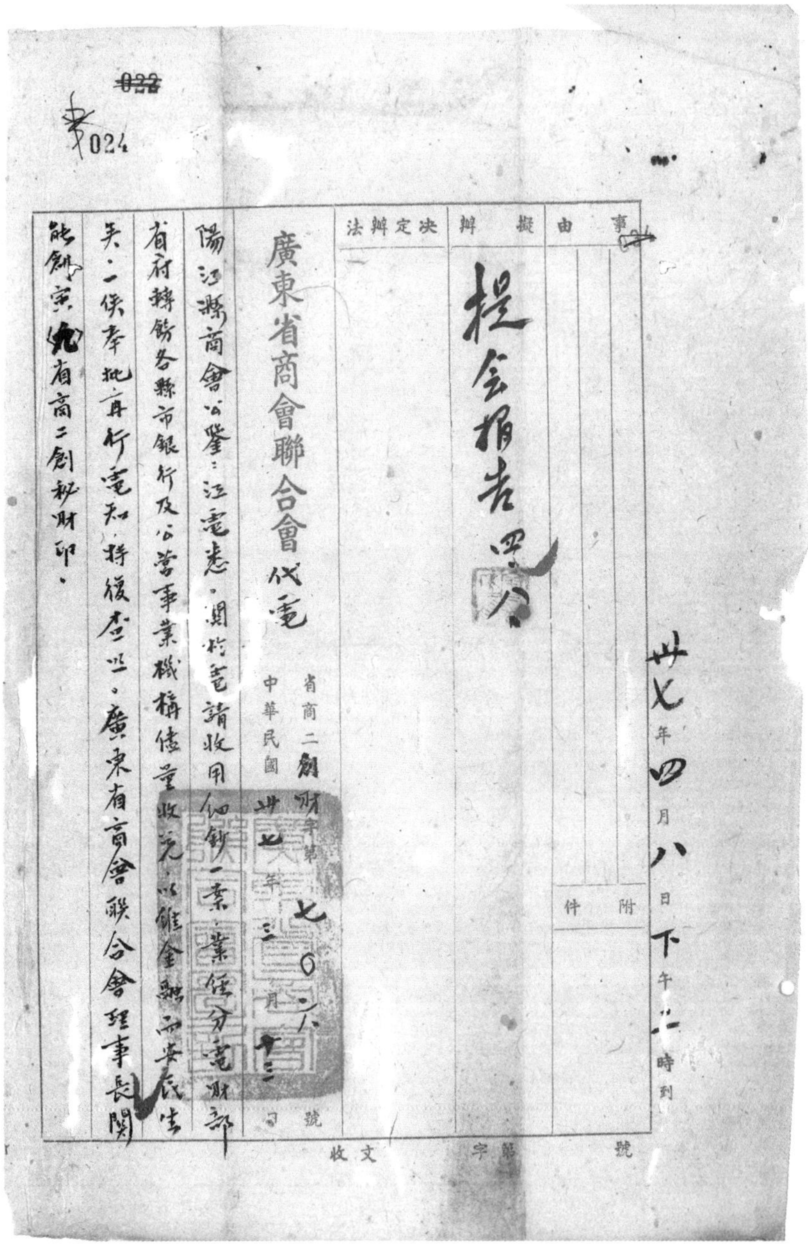

~~022~~

024

事由：提会相告

擬辦

決定辦法

附件

卅七年四月八日下午二時到

收文　字第　號

廣東省商會聯合會代電

省商二創財字第七〇二八號

中華民國卅七年三月十三日

陽江縣商會公鑒：江電悉。關於電請收用細鈔一案，業經分電財部、省府轉飭各縣市銀行及公營事業機構儘量收兌，以維金融而安民生矣。一俟奉批再行電知，特復查照。廣東省商會聯合會理事長閔能創寅元省商二創秘財印。

324. 广东省商会联合会关于收兑细钞以利金融一案财政部处理意见致阳江县商会的代电（1948 年 4 月 30 日）

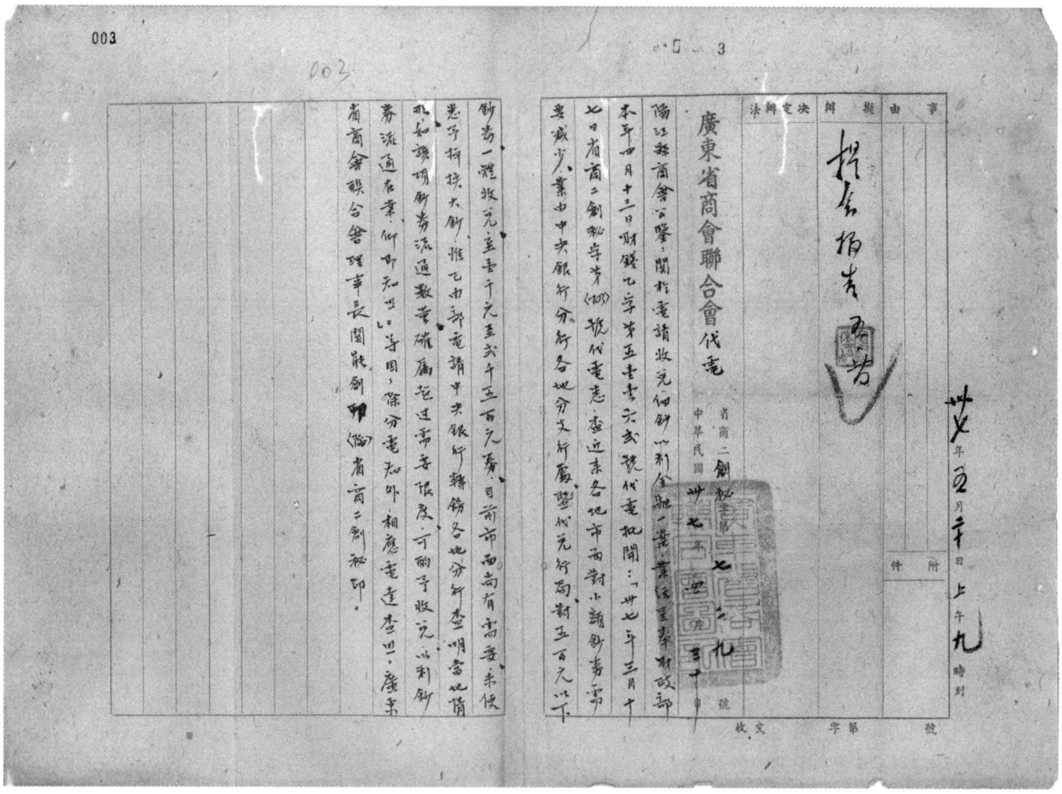

广東省商會聯合會代電

省商二創秘字第七二九號
中華民國卅七年四月三十日

陽江縣商會公鑒：關於電請收兑細鈔以利金融一案，業經呈奉財政部本年四月十三日財錢乙字第五壹壹六貳號代電批開：「卅七年三月十七日省商二創秘字第（103）號代電悉。查近來各地市面對小額鈔券需要減少，業由中央銀行分行各地分支行嚴飭代兑行局對五百元以下鈔券一體收兑，至壹千元至貳千五百元券，目前市面尚有需要，未便悉予掉换大鈔。惟已由部電請中央銀行轉飭各地分行查明當地情形，如該項鈔券流通數量確屬超過需要限度，可酌予收兑，以利鈔券流通在案。仰即知照。」等因，除分電知外，相應電達查照。

廣東省商會聯合會理事長關能創叩（陷）省商二創秘印。

325. 阳江县政府关于据呈维持金融议案指令县商会理事长廖永年遵照（1948 年 5 月 26 日）

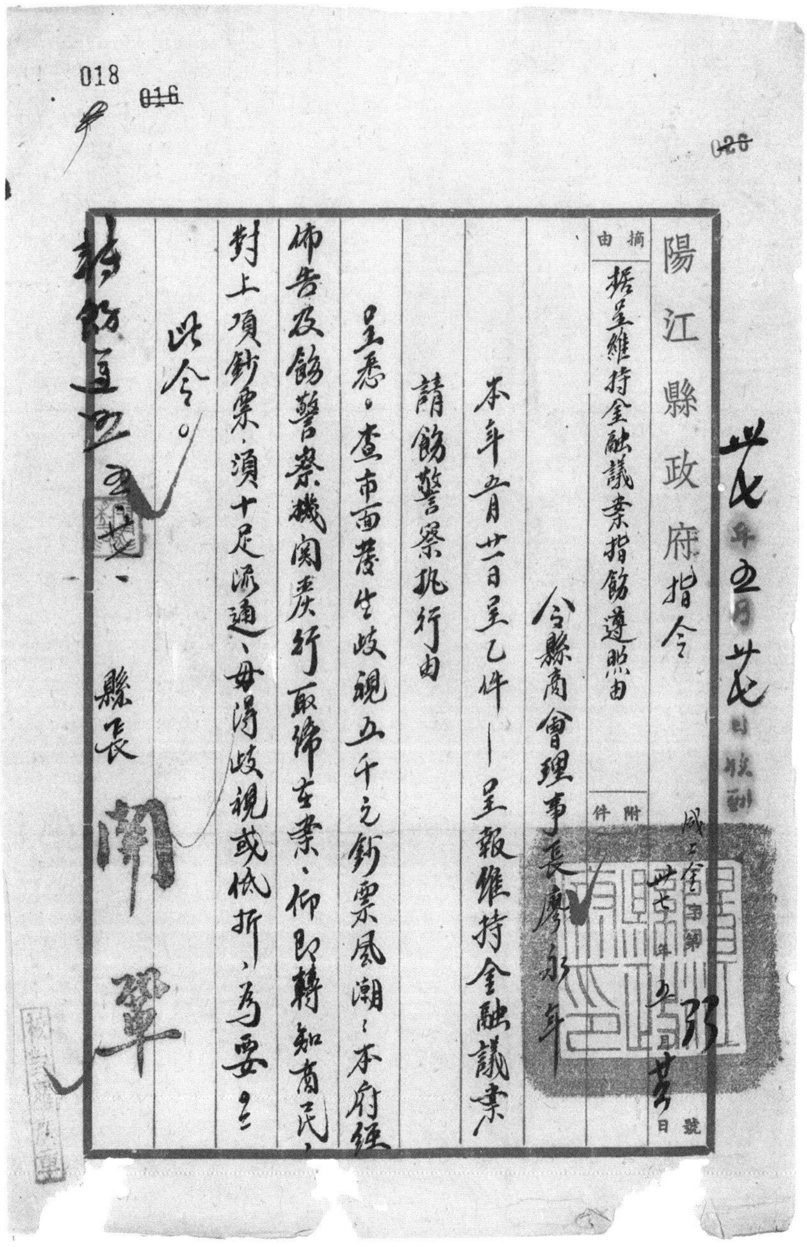
018
016
020

陽江縣政府指令

摘由：据呈維持金融議案指飭遵照由

附件

民國卅七年五月廿六日

令縣商會理事長廖永年

本年五月廿一日呈乙件，呈報維持金融議案，

請飭警察執行由。

呈悉。查市面發生歧視五千元鈔票風潮，本府經

佈告及飭警察機關嚴行取締在案，仰即轉知商民，

對上項鈔票須十足流通，毋得歧視或低折，為要。

此令。

縣長 鄧[illegible]

卅七年五月廿七日收到

轉飭直到

326. 阳江县商会向县政府呈报办理维持金融决定紧急处置办法一案情形（1948 年 5 月 31 日）

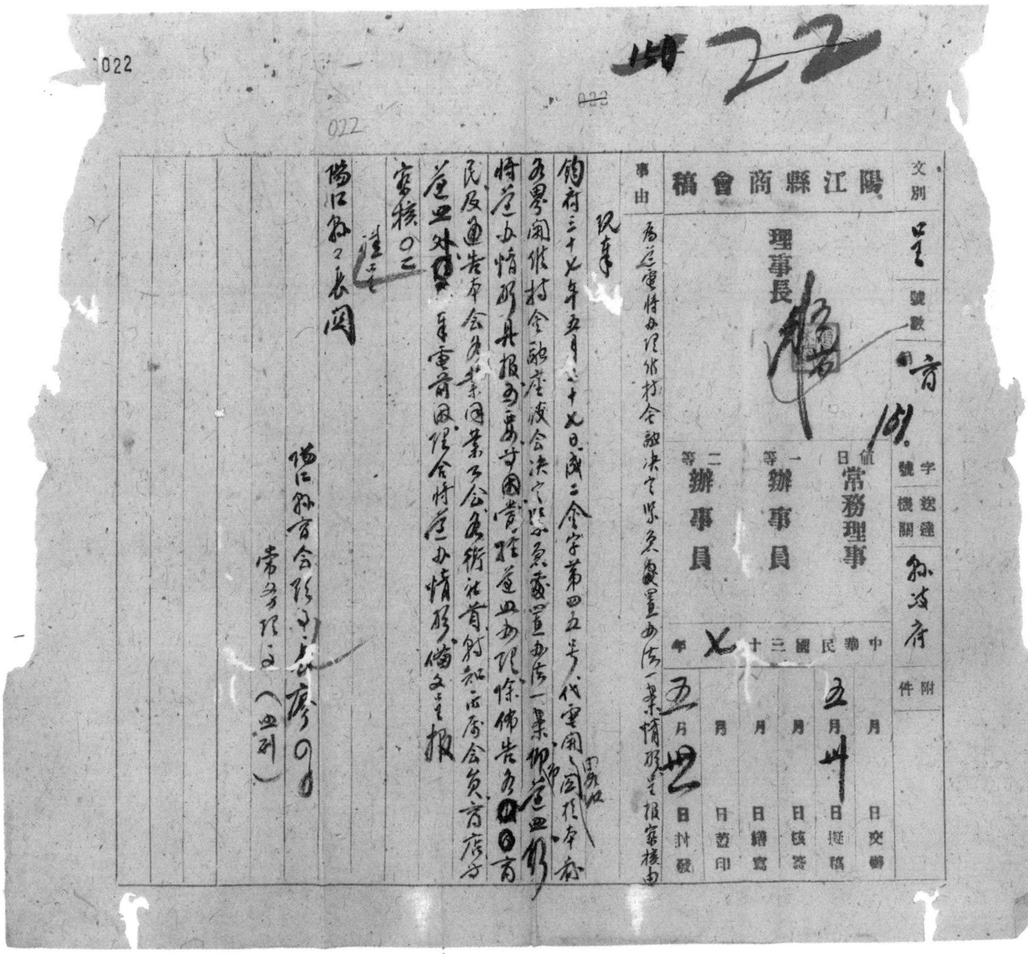
陽江縣商會稿

文別：呈

號數：101

送達機關字號：縣政府

附件

事由：為呈報辦理維持金融決定緊急處置辦法一案情形呈報察核由

理事長

值日常務理事

一等辦事員

二等辦事員

中華民國三十七年 五月卅日擬稿 月 日核簽 月 日繕寫 月 日蓋印 五月卅一日封發

327. 阳江县政府关于设立检查站检查运输大量细钞以维持金融的代电（1948 年 7 月 24 日）

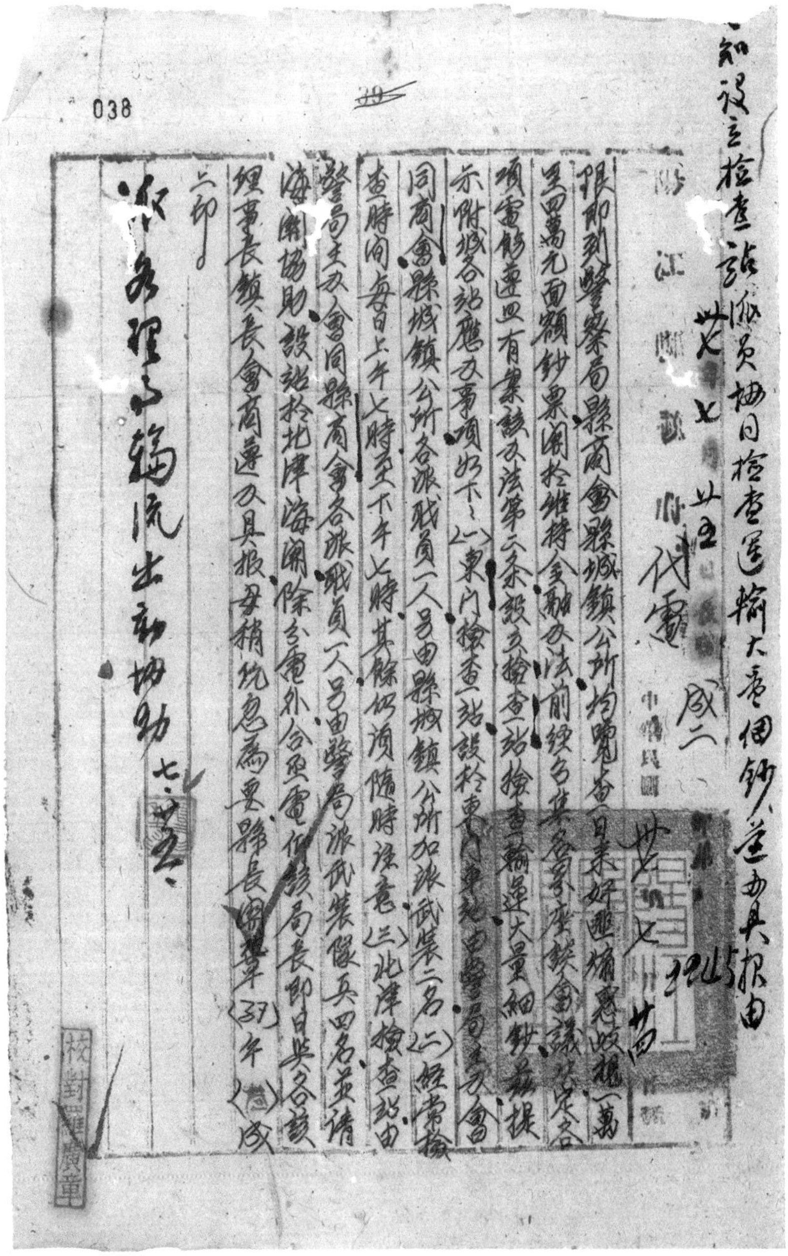

知設立檢查站派員協同檢查運輸大量細鈔，並函具報由

陽江縣政府代電　戍二

限即到。警察局、縣商會、縣城鎮公所均覽：查日來奸匪猖獗，收攬一萬至四萬元面額鈔票，陰謀擾亂金融，前經分令各機關嚴密查緝在案。茲為項電飭遵照有案，茲該辦法第二條設立檢查站檢查輸運大量細鈔，並提示附城各站應辦事項如下：（一）東門檢查站設於東門車站，由警局主辦，會同商會、縣城鎮公所各派職員一人，另由縣城鎮公所加派武裝二名。（二）經常檢查時間每日上午七時至下午七時，其餘仍須隨時注意。（三）北岸檢查站由警局主辦，會同縣商會各派職員一人，另由警局派武裝隊兵四名，並請海關協助，設站於北岸海關。除分電外，合亟電仰該局長即日與各該理事長、鎮長會商遵辦具報，毋稍忽為要。縣長謝□章（37）午（□）戍

□印

派員理事□鶴流出席協助　七、廿五

038

328. 阳江县商会通告各街社首召集理监事、社首等维持市面治安金融粮食紧急会议（1948 年 7 月 24 日）

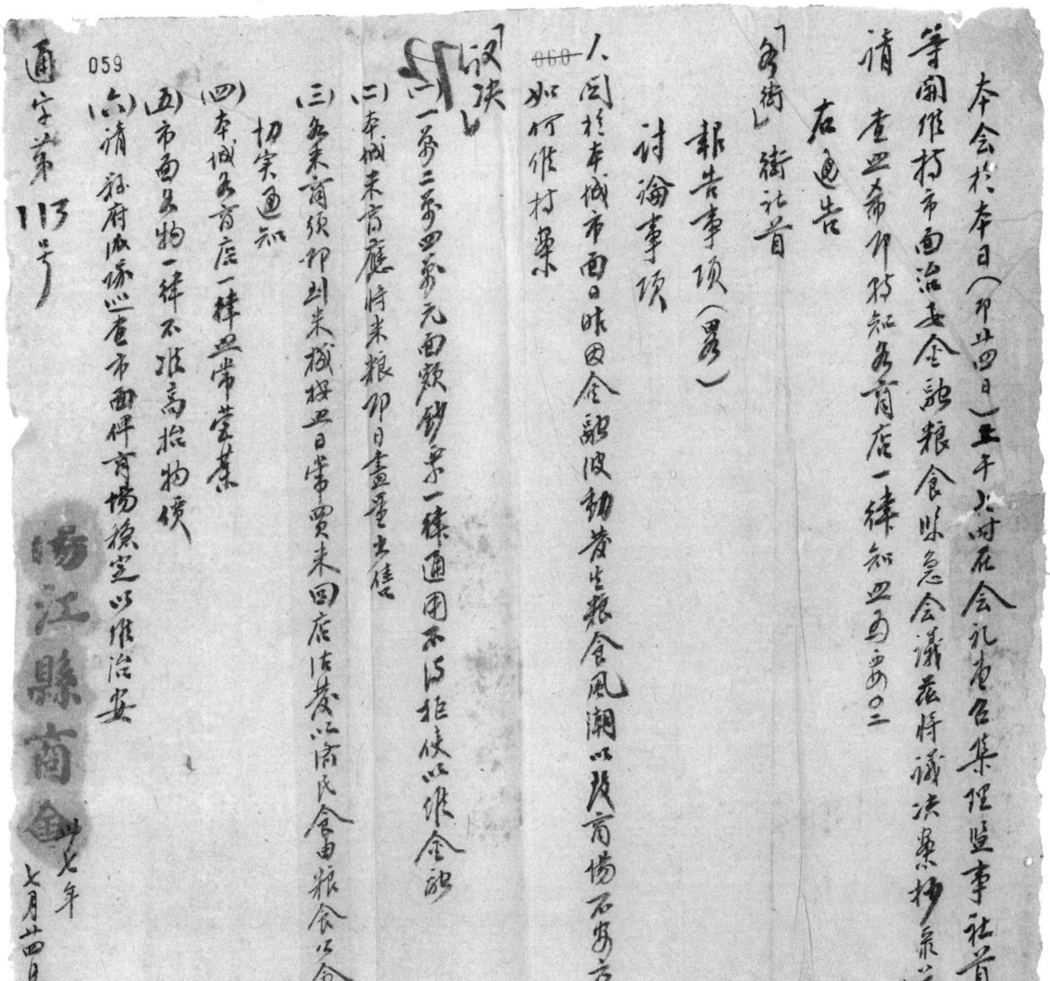

本会於本日（即廿四日）上午八时在会礼堂召集理监事社首等开维持市面治安金融粮食紧急会议，在将议决案抄录送

请

查照，希即转知各商店一律知照为要。此致

右通告

「各街」街社首

报告事项（略）

讨论事项

一、关于本城市面日昨因金融波动发生粮食风潮以及商场不安应如何维持案

「议决」

（一）一万二万四万元面额钞票一律通用，不得拒使，以维金融

（二）本城米商应将米粮即日尽量出售

（三）各米商须即到米机按照日常买米回店沽卖，以济民食，由粮食公会切实通知

（四）本城各商店一律照常营业

（五）市面各物一律不准高抬物价

（六）请县府派队巡查市面，俾商场稳定，以维治安

通字第113号

阳江县商会

卅七年七月廿四日

059

329. 阳江县商会关于民众围抢大昌、永丰两米机因无大钞行使所致呈请迅运大钞来县调剂（1948 年 7 月 26 日）

042

~~053~~

分送广州

中国农民银行、广东省银行均鉴、本城铣日一五四万钞、风潮陡起、苍生民众围抢大昌、永丰两米机、都因无大钞行使所致、请迅运五万以上大钞来县调剂、俾定金融。阳江县商会午寝叩。

峰字

七月廿六日

330. 阳江县商会函请中国农民银行阳江办事处、广东省银行阳江办事处速运大钞来县调剂（1948 年 7 月 26 日）

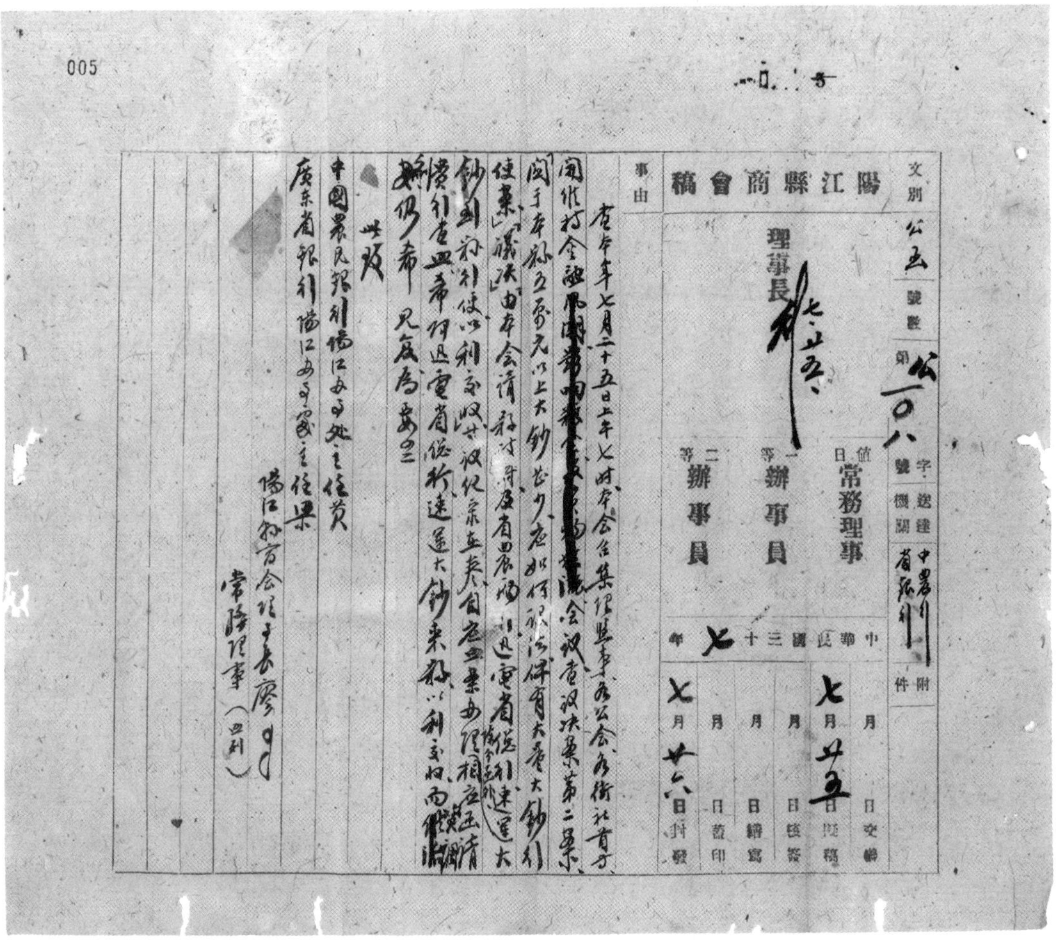

005

陽江縣商會稿

文別 公函

號數 第公一〇八號

送達機關 中農行 省銀行

理事長 [illegible]

值日常務理事

一等辦事員

二等辦事員

中華民國三十七年

七月廿五日擬稿

七月廿六日封發

事由

查本年七月二十五日上午七时本会召集[illegible]会议，查议决案第二案[illegible]

[illegible]

此致

中国农民银行阳江办事处主任黄

广东省银行阳江办事处主任梁

阳江县商会理事长廖[illegible]

常务理事（四列）

331. 广东省商会联合会关于币制改革各属商会应缴月费以金圆券为本位的代电（1948 年 10 月 6 日）

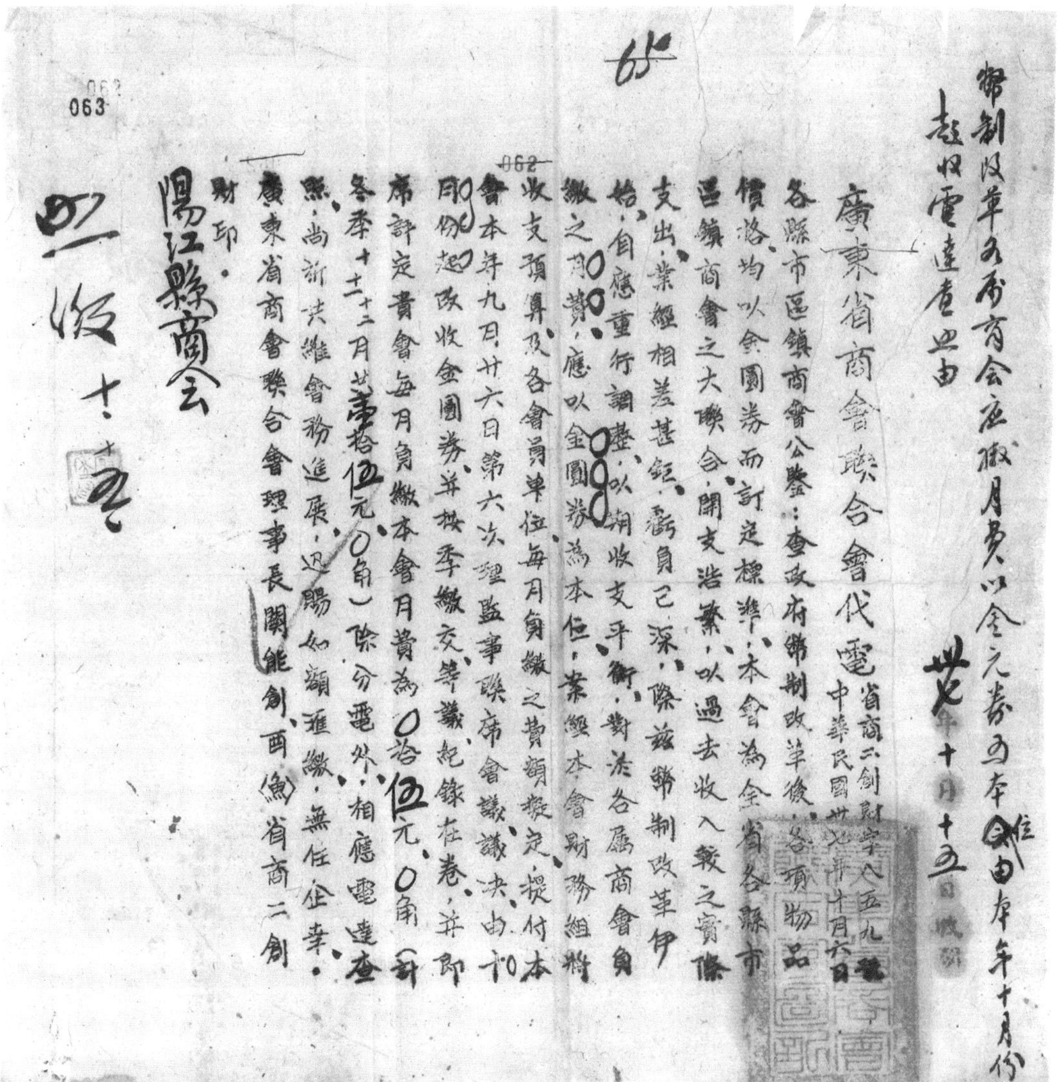

币制改革各属商会应缴月费以金元券为本位由本年十月份起收电达查照由

卅七年十月十五日收到

65

廣東省商會聯合會代電 省商二創財字八五九號 中華民國卅七年十月六日

各縣市區鎮商會公鑒：查政府幣制改革後，各項物品價格，均以金圓券而訂定標準，本會為全省各縣市區鎮商會之大聯合，開支浩繁，以過去收入較之實際支出，業經相差甚鉅，虧負已深，際茲幣制改革伊始，自應重行調整，以期收支平衡，對於各屬商會負繳之○○費，應以金圓券為本位，業經本會財務組將收支預算及各會員單位每月負繳之費額擬定，提付本會本年九月廿六日第六次理監事聯席會議議決，由十月份起改收金圓券，并按季繳交等議紀錄在卷，并即席評定貴會每月負繳本會月費為○拾伍元○角（計冬季十、十一、十二月共叁拾伍元○角）除分電外，相應電達查照，尚祈共維會務進展，迅賜如額匯繳，無任企幸。廣東省商會聯合會理事長關能創、酉（魚）省商二創財印。

陽江縣商会

照收 十一

332. 阳江县商会通告各街社首转知各商号缴交月费以金圆券为标准（1948 年 10 月 15 日）

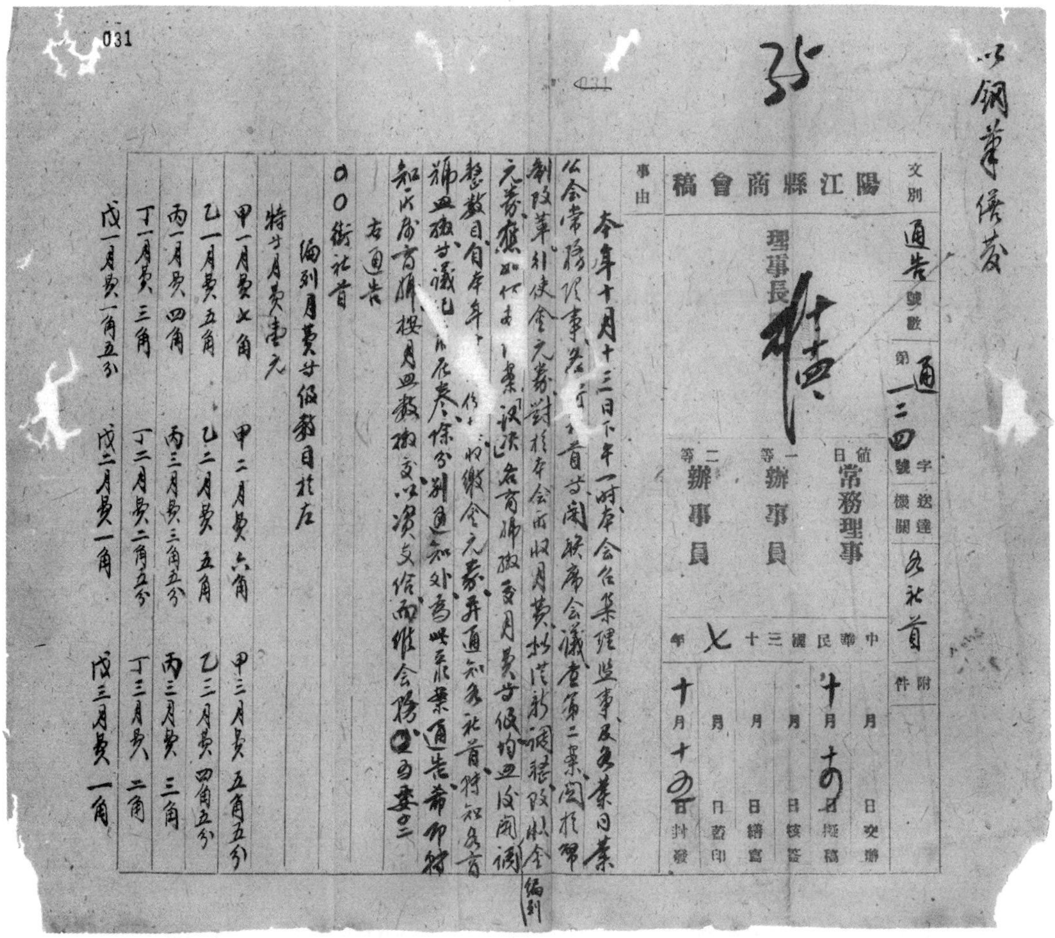

陽江縣商會稿

文別：通告
號數：第一二四號
送達機關：各社首
附件：

理事長
值日常務理事
一等辦事員
二等辦事員

中華民國三十七年 十月 月 月 月 月 十月十五日
日交辦 日擬稿 日核簽 日繕寫 日蓋印 日封發

事由：

本年十月十三日下午一时本会召集理监事及各业同业公会常务理事、各街社首召开联席会议，查第二案关于币制改革，行使金元券，对于本会所收月费，拟从新调整改以金元券征收，如何，请公决案。议决：各商号缴交月费分级均照原规数目，自本年十月份起，收缴金元券，并通知各社首转知各商号照拟分级办理在案。除分别通知外，为此示仰各社首知照，转知各商号按月照数缴交，以资支给而维会务，切切为要。此布

右通告

〇〇街社首

编列月费分级数目于左

特等月费壹元

甲一月费七角　甲二月费六角　甲三月费五角五分

乙一月费五角　乙二月费五角　乙三月费四角五分

丙一月费四角　丙二月费三角五分　丙三月费三角

丁一月费三角　丁二月费二角五分　丁三月费二角

戊一月费一角五分　戊二月费一角　戊三月费一角

333. 阳江县商会代换金圆券法币收据及存根（1948 年 11 月）

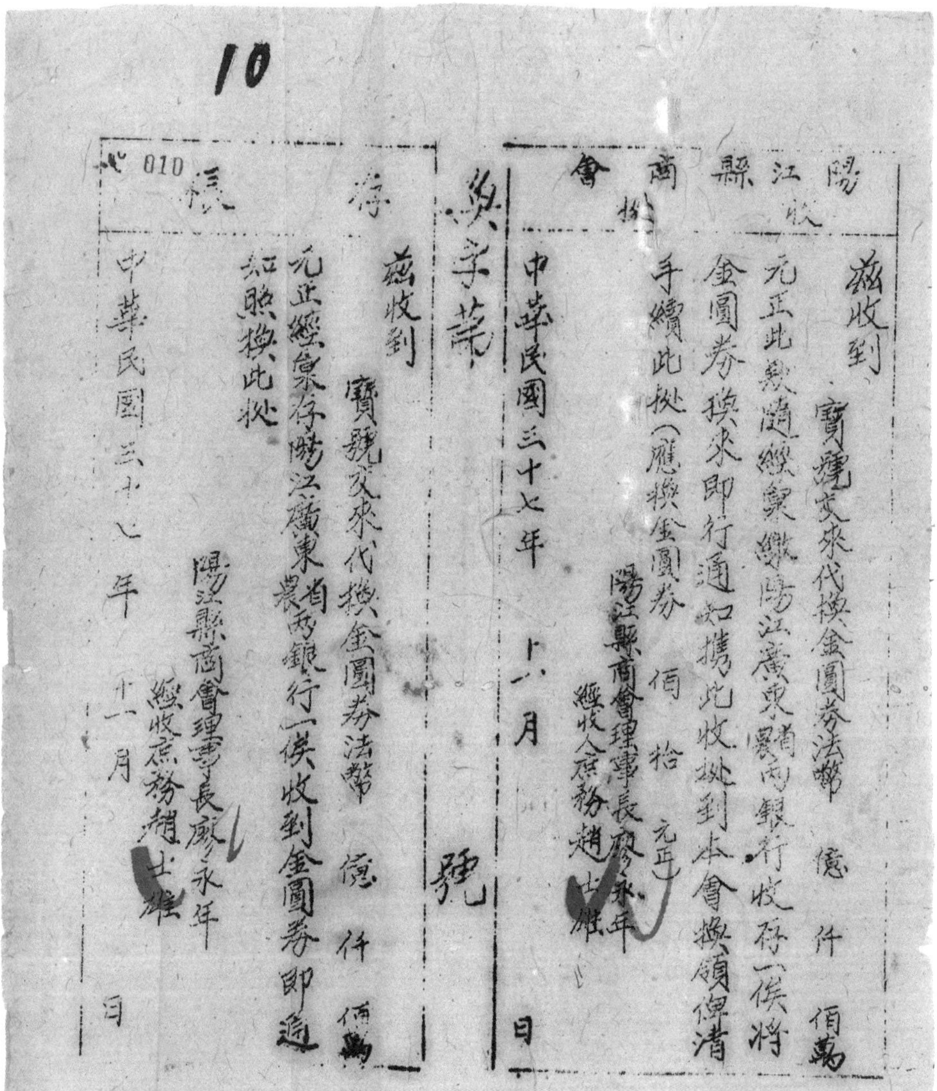

10

陽江縣商會 收據

茲收到

寶號交來代換金圓券法幣　億　仟　佰萬

元正此款隨繳案繳陽江廣東省農民銀行收存一俟將

金圓券換來即行通知攜此收據到本會換領俾清

手續此據（應換金圓券　佰　拾　元正）

陽江縣商會理事長廖永年

經收人庶務趙士雄

中華民國三十七年十一月　日

換字第　號

010 存根

茲收到

寶號交來代換金圓券法幣　億　仟　佰萬

元正經繳存陽江廣東省農民銀行一俟收到金圓券即通

知照換此據

陽江縣商會理事長廖永年

經收庶務趙士雄

中華民國三十七年十一月　日

334. 阳江县政府函致县商会阳江各机关第三次商讨收兑国币座谈会记录（1948 年 11 月 18 日）

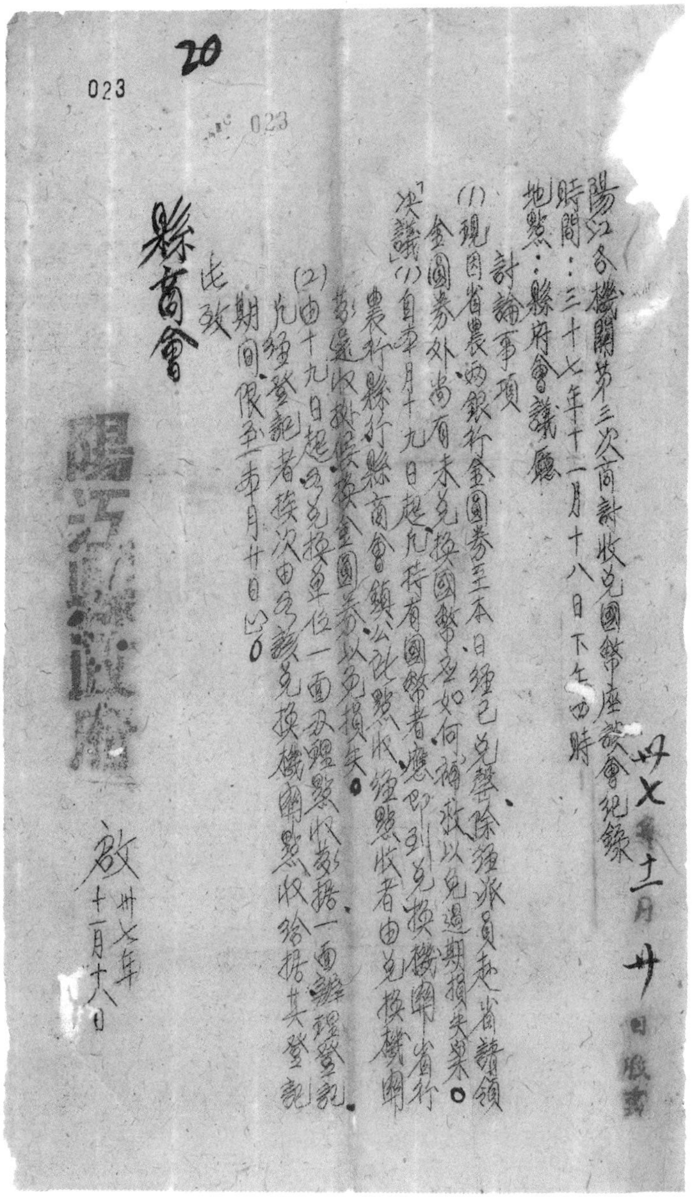

20

023

陽江各機關第三次商討收兑國幣座談會紀錄

時間：三十七年十一月十八日下午四時

地點：縣府會議廳

討論事項

(1)現因省農商銀行金圓券至本日經已兑罄，除經派員赴省請領金圓券外，尚有未兑換國幣者，如何補救以免過期損失案。

決議：(1)自本月十九日起凡持有國幣者，應即到兑換機關省行農行縣行縣商會領公記號收据，照收者由兑換機關發還收款後換金圓券以免損失。

(2)由十九日起各兑換單位一面登記照收款据，一面辦理登記，凡經登記者，挨次由各該兑換機關照收給据其登記期間限至本月廿日止。

此致

縣商會

陽江縣政府

啟 卅七年十一月十八日

卅七年十一月廿日收到

335. 阳江县儒洞商会函请县商会协助转请银行办理各商店换用金圆券（1948 年 11 月 19 日）

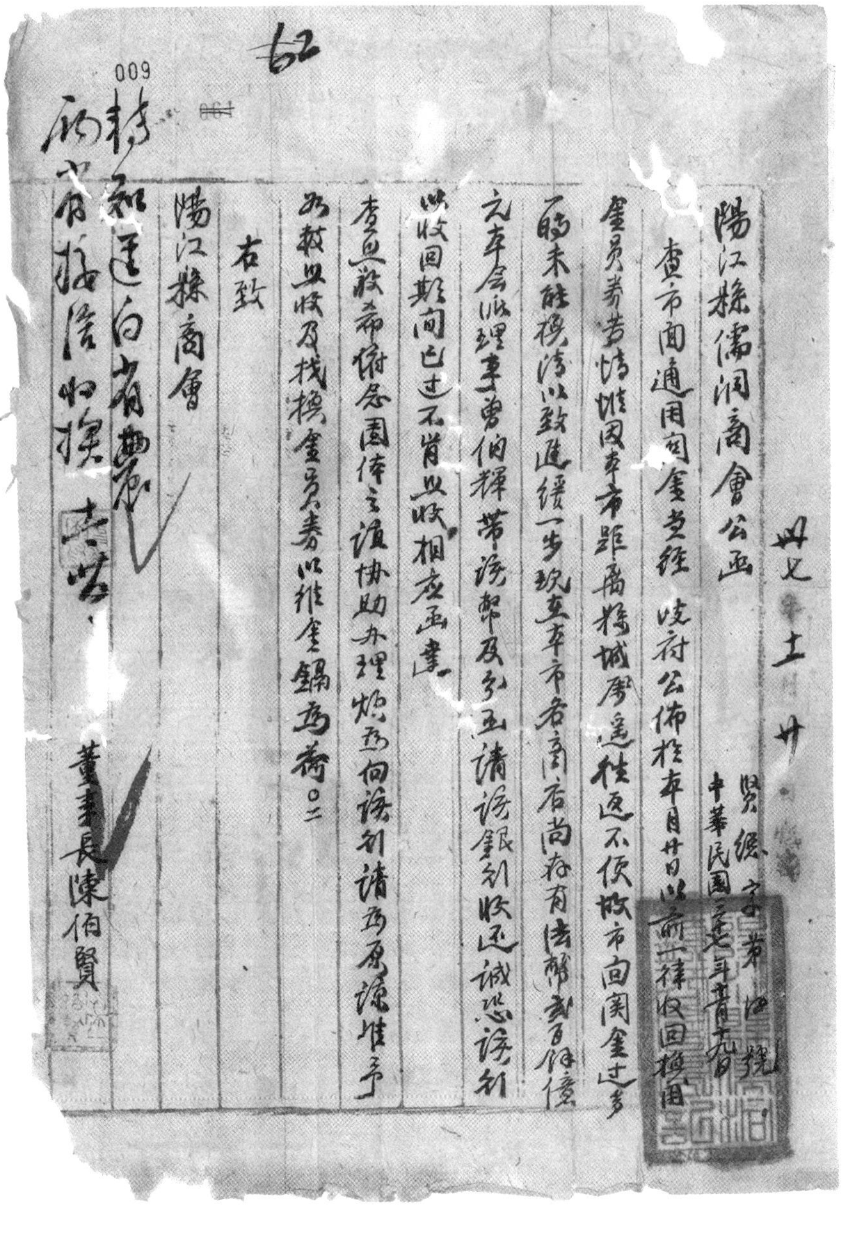

卅七　十一　廿

陽江縣儒洞商會公函　賢總字第四號　中華民國三十七年十一月十九日

查市面通用國金券經政府公佈於本月廿日以前一律收回換用金圓券，詎情因本市距离縣城遼遠，往返不便，故市面國金券過多尚未能換清，以致遲緩一步。現查本市各商店尚存有法幣貳百餘億元，本會派理事曹伯輝帶該幣及另函請該銀行收兌，誠恐該行以收回期間已過，不肯收兌，相應函達

貴會，敬希俯念困情之謂，協助辦理，煩為向該行請為原諒，准予如數收兌及找換金圓券，以維金融為荷。

右致

陽江縣商會

董事長 陳伯賢

336. 阳江县商会关于转发阳江各界紧急维持金融座谈会议录的通告（1949 年 3 月 8 日）+ 附：阳江各界紧急维持金融座谈会议录

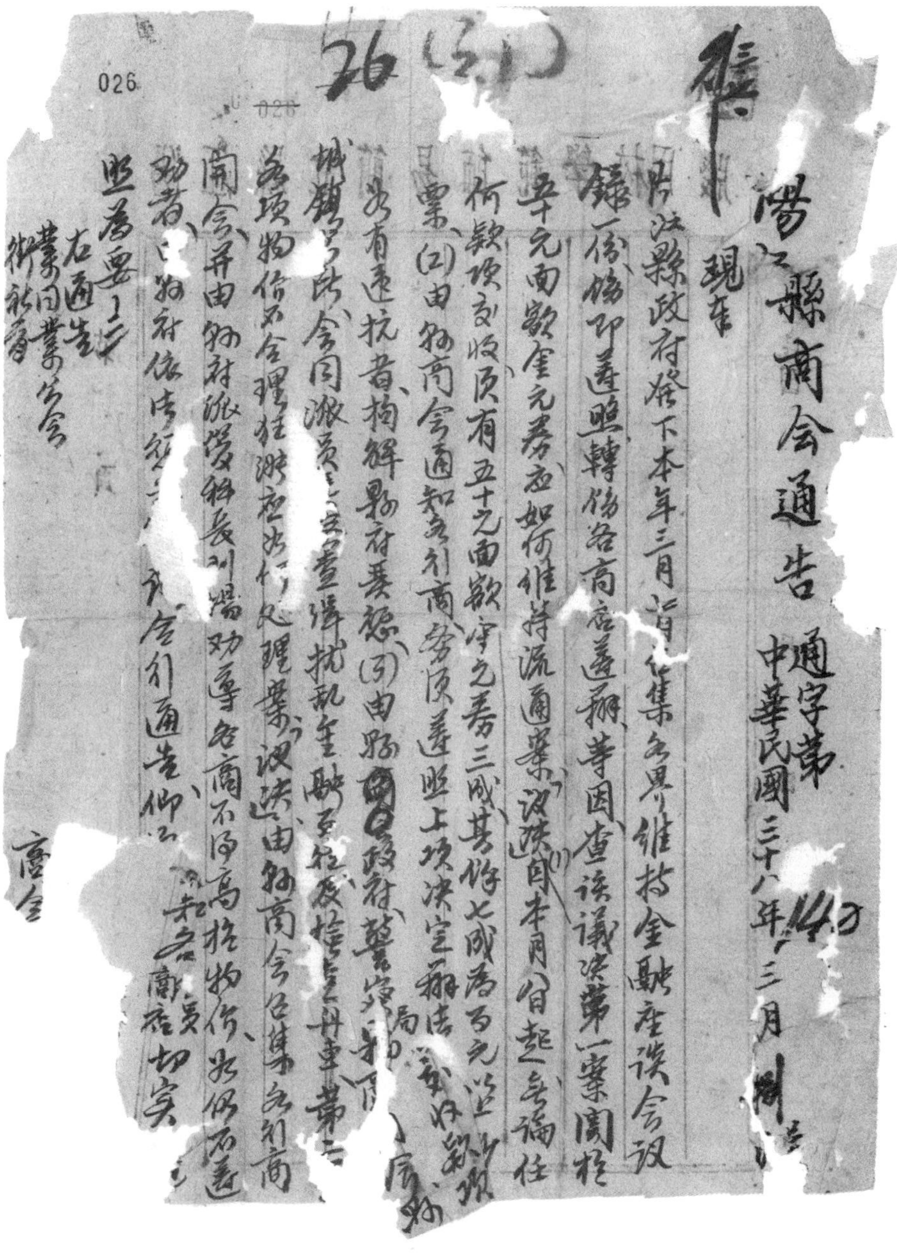

026

26

陽江縣商會通告　通字第140號　中華民國三十八年三月　日

現奉

陽江縣政府發下本年三月[illegible]召集各界維持金融座談會記錄一份，飭即遵照轉飭各商店遵辦等因。查該議決第一案關於半元面額金元券應如何維持流通案，議決(1)自本月[illegible]日起無論任何款項交收，原有五十元面額金元券三成，其餘七成為百元以上鈔票；(2)由縣商會通知各行商，分別遵照上項決定辦法[illegible]，如有違抗者，拘解縣府懲辦；(3)由縣政府、警察局[illegible]城鎮公所會同派員[illegible]查緝擾亂金融[illegible]第二案項物價不合理狂漲應如何處理案，議決由縣商會召集各行商商會，並由縣府派員參加，勸導各商不得高抬物價，如仍不遵勸者，由縣府依法[illegible]令行通告，仰[illegible]知各商店切實照為要！

右通告

各業同業公會

[illegible]

商會

027

陽江各界緊急經[illegible]會議紀錄

時間：卅八年三月七日下午三時

地點：物商會議所

出席者：黃廿佛　黃渭成　胡[illegible]　周文達　麥永昇　何[illegible]

陳宣志　梁同亨　稽核處　陳[illegible]傑　[illegible]　司[illegible]俊

錦銓　林嘉康

主席：關錫長（曾志剛代）

（1）報告事項（略）

（2）討論事項

1.關於五十元面額金圓[illegible]何維持[illegible]案。

議決：自本月八日起照[illegible]五十元面額金圓券[illegible]收交須[illegible]成[illegible]餘七成應[illegible]業。（由物商會負責[illegible]行商[illegible]）

照上項決定辦理收交，如有違抗者，拍照[illegible]，由警局、物商會、物域鎮公所會同派員嚴密查緝，擾亂金融[illegible]物[illegible]

[illegible]檢查肉車。

2.各物價不合[illegible]理案。

議決：由物商會召集各行[illegible]開會并由[illegible]科長到場[illegible]各商不得高抬物價，如仍不遵，即由物商依法[illegible]辦。

通告各界[illegible]

商會根[illegible]

陽江縣政府[illegible]科

三月八日收到

337. 阳江县政府关于各种版别之银币凡合规定成色及重量应一律等价流通的代电
（1949 年 6 月 30 日）

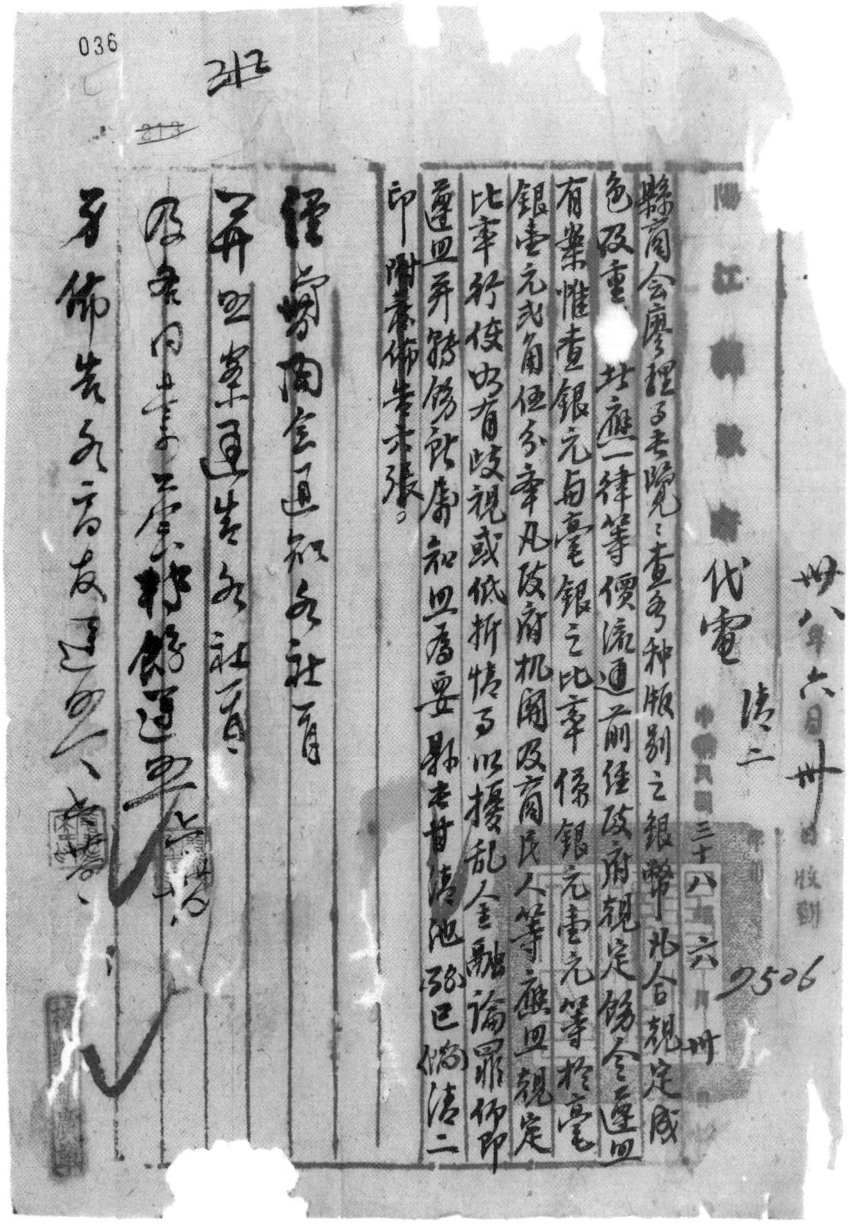

陽江縣政府代電 清二

縣商會覽：查各種版別之銀幣凡合規定成色及重量者應一律等價流通，前經政府規定飭令遵照有案。惟查銀元與毫銀之比率，係銀元壹元等於毫銀壹元弍角伍分。本率凡政府機關及商民人等應照規定比率行使，如有歧視或低折情事，以擾亂金融論罪，仰即遵照并轉飭所屬知照為要。縣長甘清池 巳儉 清二印 附布告弍張。

中華民國三十八年六月卅日

338. 阳江县商会函县政府呈缴阳江县银行股本国币 1000 元（1948 年 9 月 29 日）

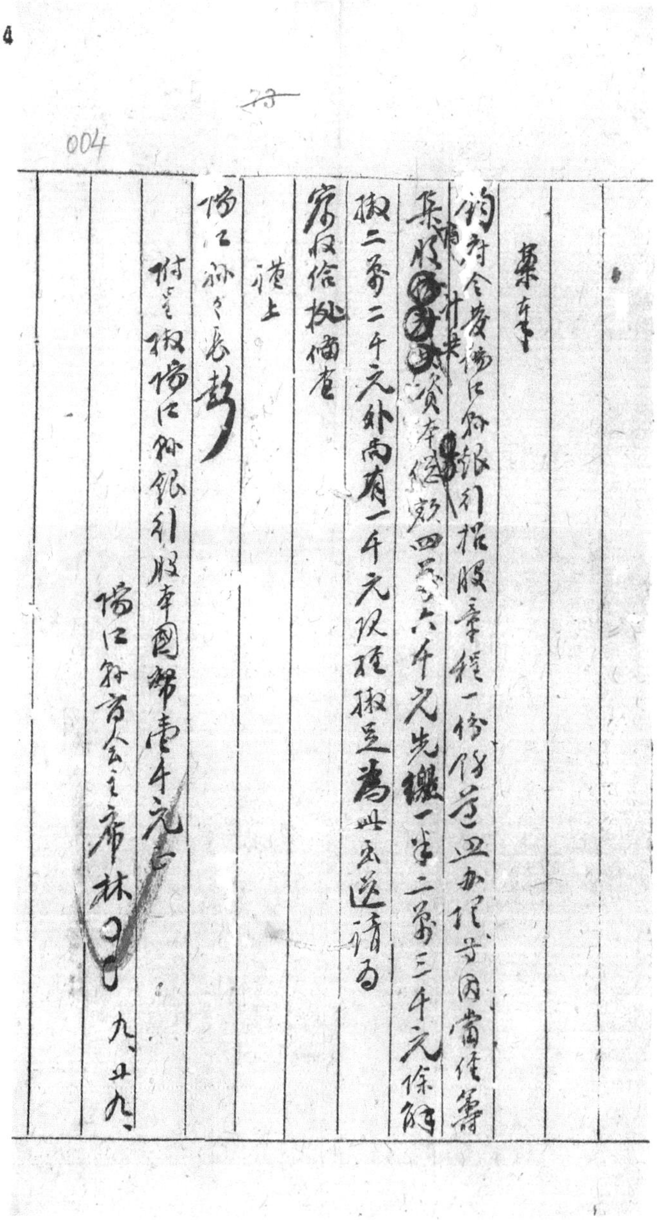

004

案奉

鈞府令發陽江縣銀行招股章程一份，飭茲即辦理等因，當經籌集股本，計共資本總額四萬六千元，先繳一半二萬三千元，除將繳二萬二千元外，尚有一千元現經繳足，為此函送，請

察收給據備查。

謹上

陽江縣長彭

附呈繳陽江縣銀行股本國幣壹千元

陽江縣商會主席林○○

九、廿九、

339. 推行新币及限价工作检讨会议录（1948 年）

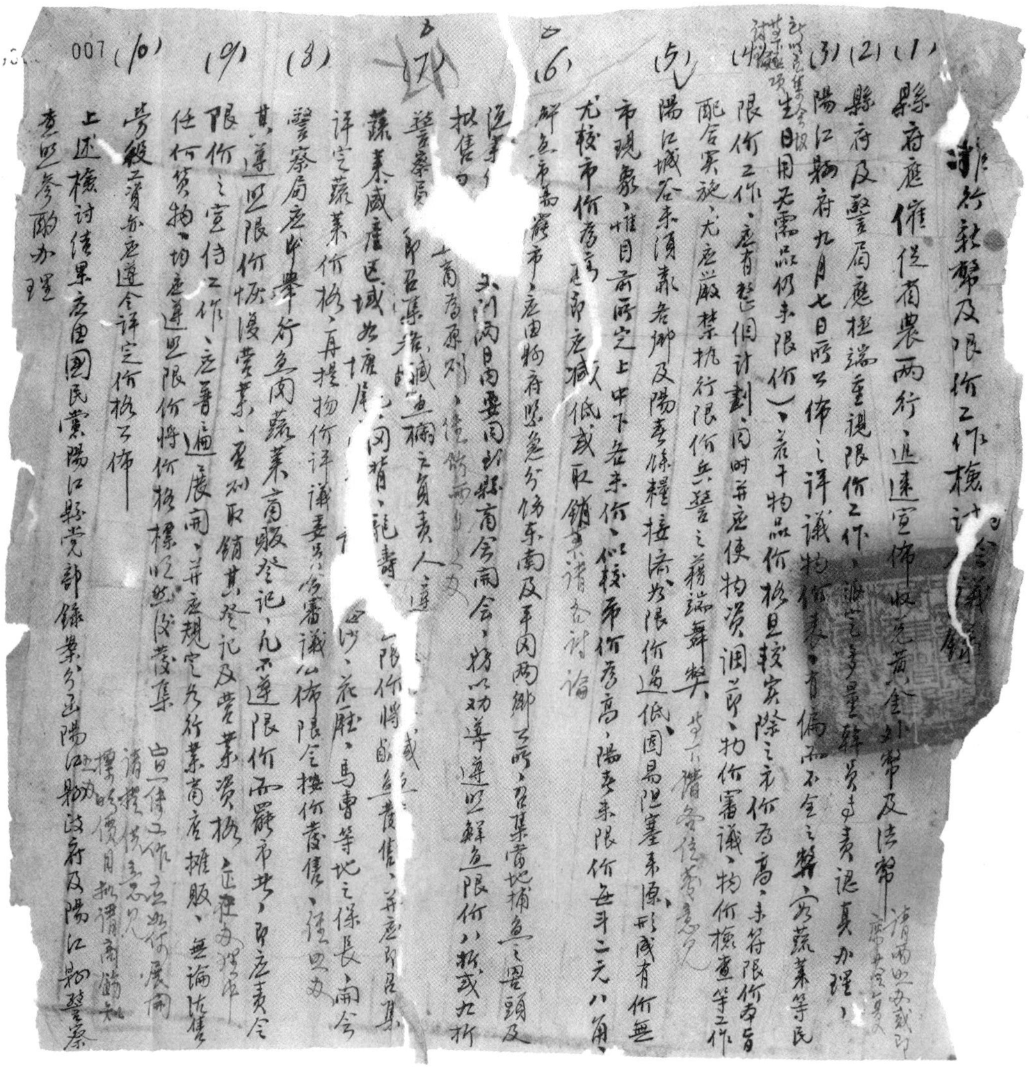

（三）度量衡

340. 阳江县政府令县商会理事长林洁予转饬度量衡器营业商依限声请登记（1945年1月6日）

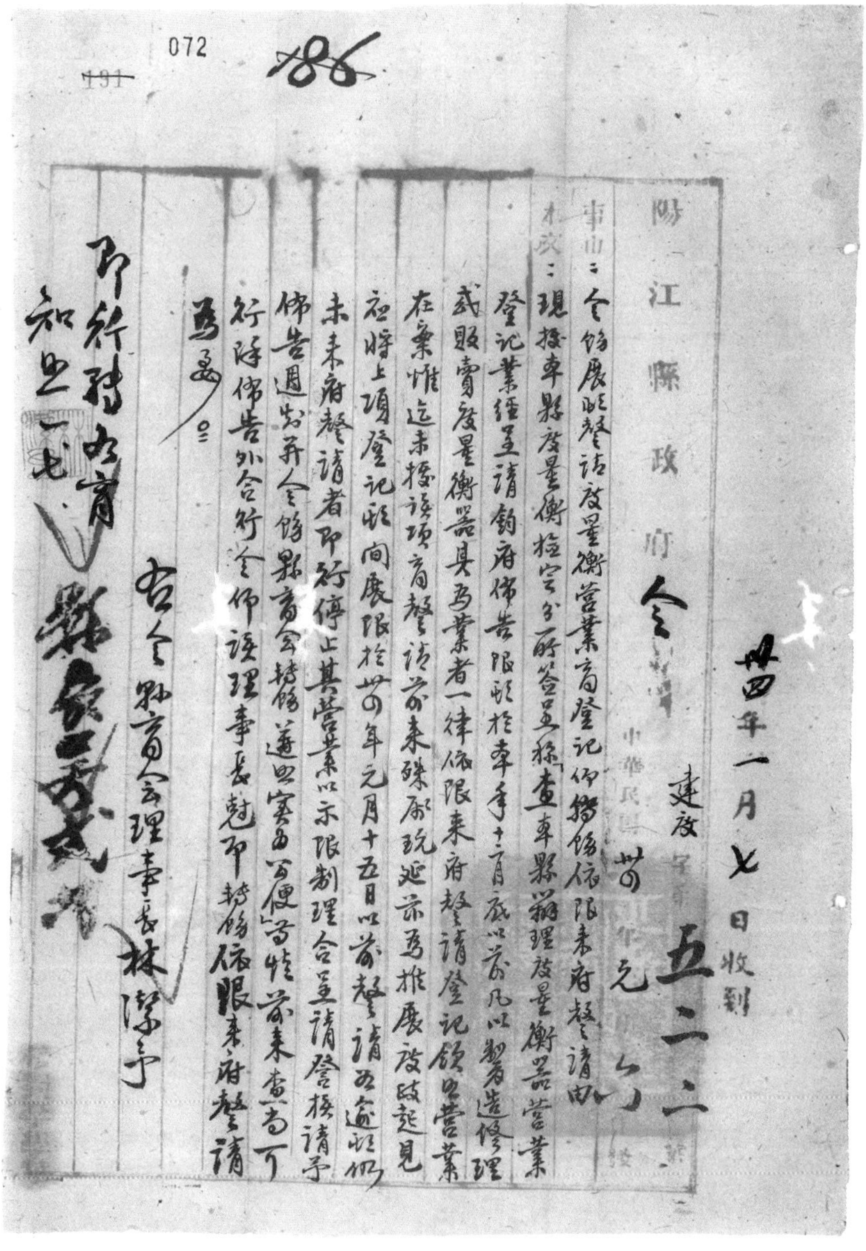

阳江县政府令　建改字第五二二号

卅四年一月七日收到

事由：令饬展限声请度量衡营业商登记仰转饬依限来府声请由

令：现据本县度量衡检定分所签呈称：查本县办理度量衡器营业登记，业经呈请钧府布告限期于本年十二月底以前，凡以制造修理或贩卖度量衡器具为业者，一律依限来府声请登记领照营业在案。惟近来据该项商声请前来，殊属玩延，亦为推展改期起见，拟将上项登记期间展限于卅四年元月十五日以前声请，如逾期仍未来府声请者，即行停止其营业，以示限制。理合呈请察核，请予布告遵照，并令饬县商会转饬遵照，实为公便等情。据此，除布告外，合行令仰该理事长遵即转饬依限来府声请为要。此令。

右令县商会理事长林洁予

341. 阳江县政府训令县商会理事长林洁予召集各行业商人出具切结推行新度量衡制度（1945 年 11 月 8 日）

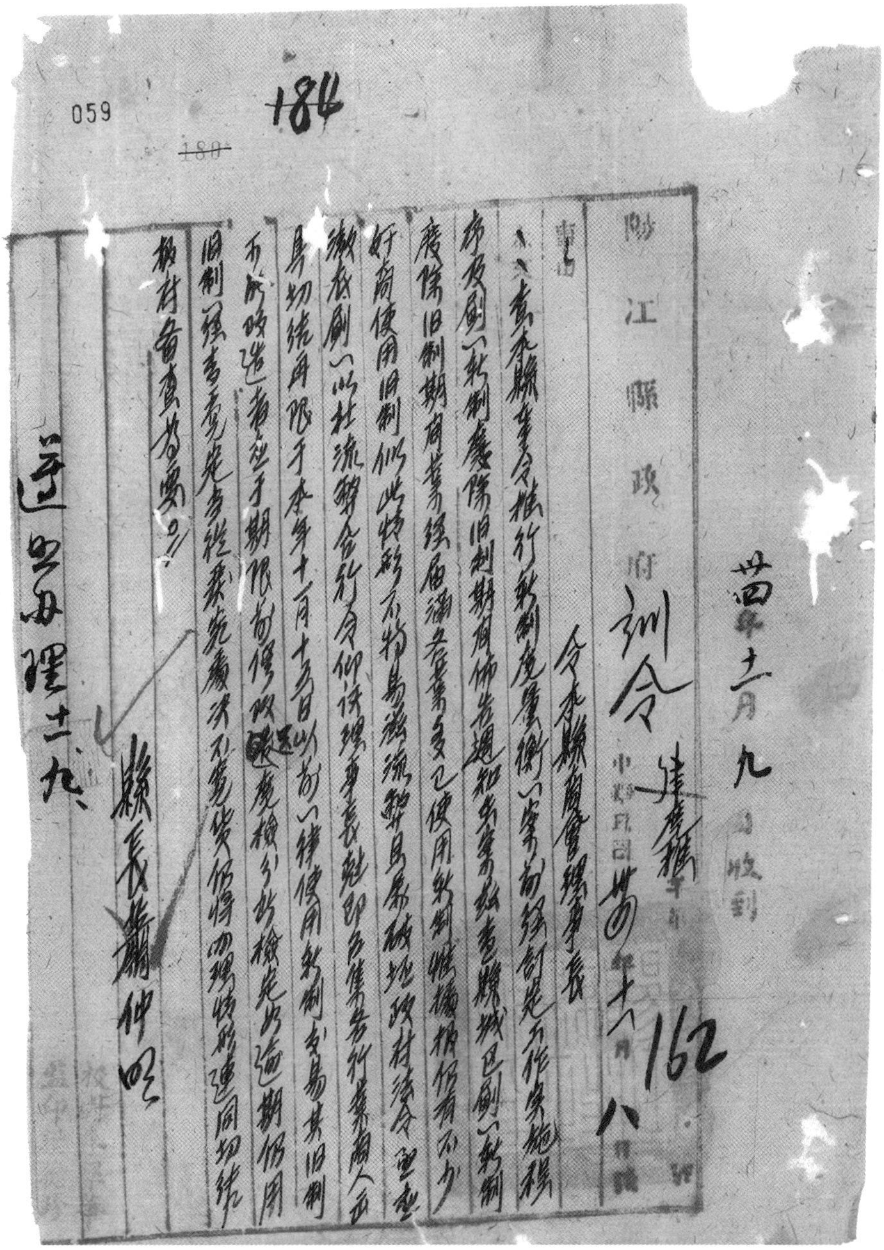
059
184
陽江縣政府
訓令
令本縣商會理事長
縣長
162

342. 阳江县商会通告各业同业公会限于 11 月 15 日以前一律使用度量衡新制（1945 年 11 月 10 日）

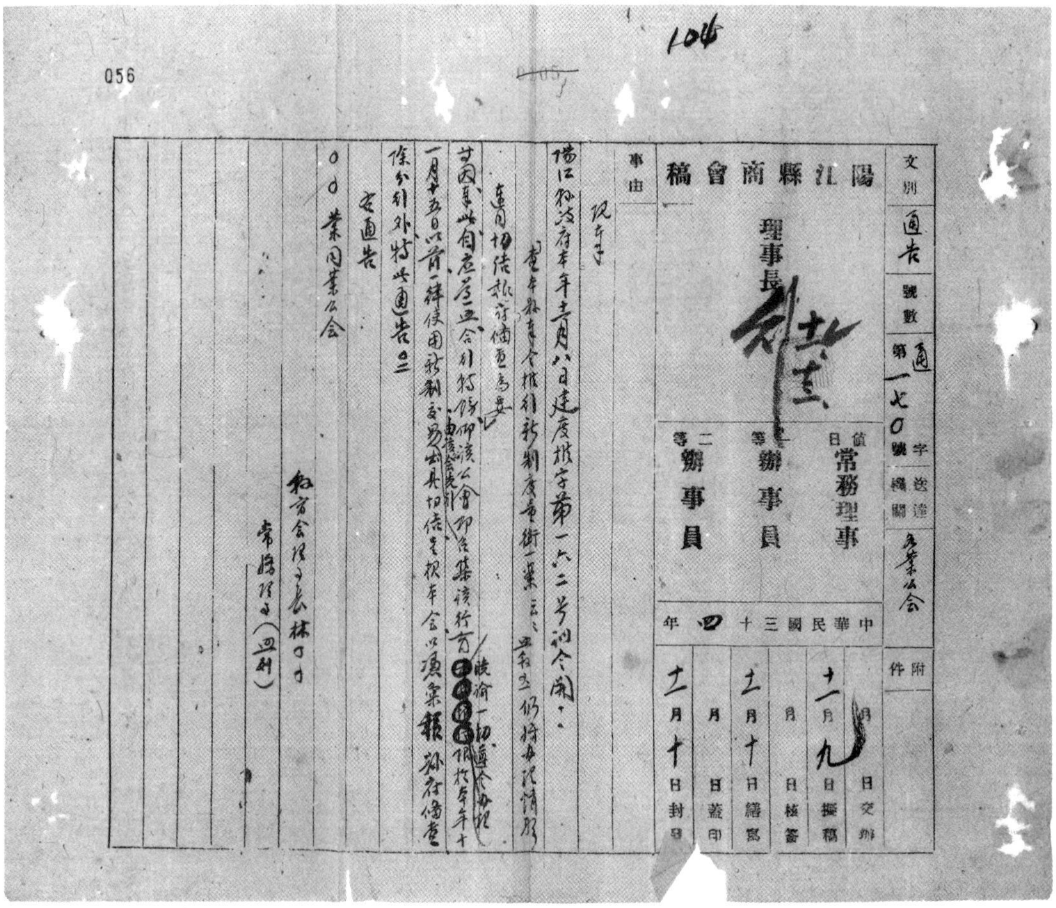

343. 阳江县商会关于办理度量衡新制情形及各行商人所请各节呈报县政府察核（1945 年 11 月 14 日）

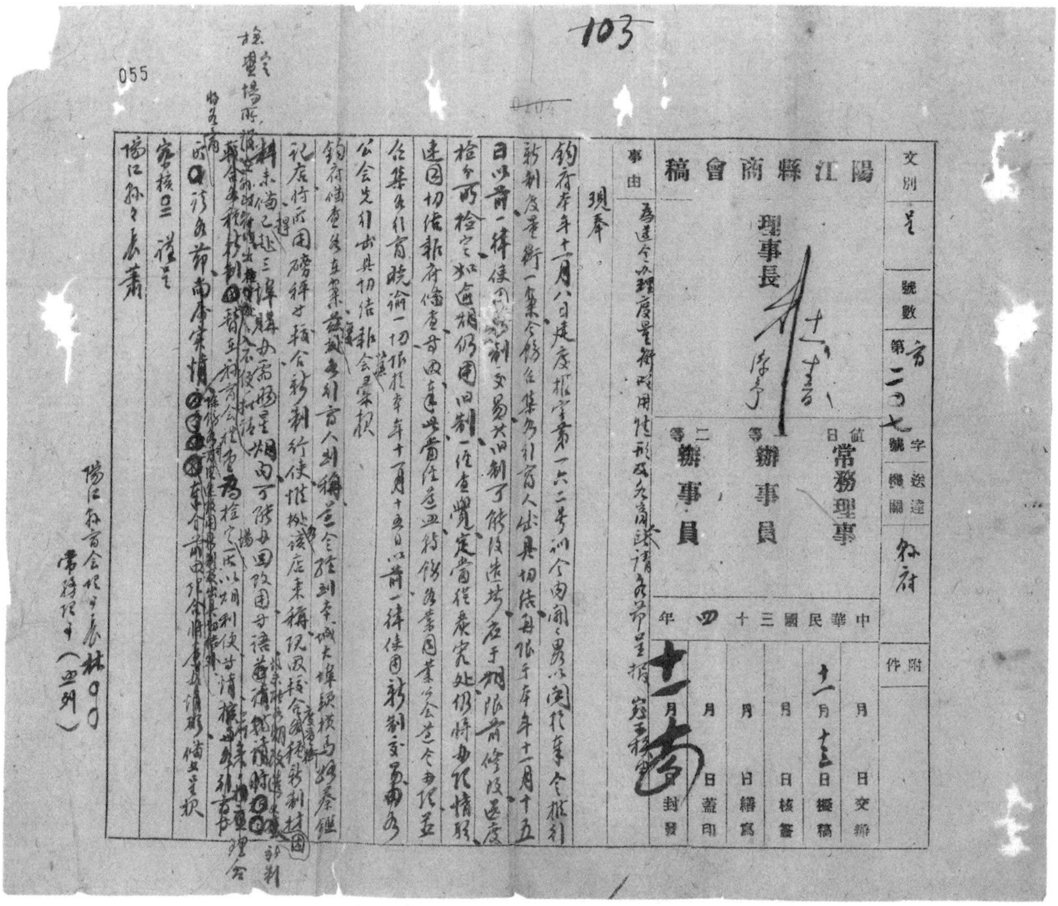
陽江縣商會稿

文別 呈

號數 第二〇七號

送達機關 縣府

事由

理事長

值日常務理事

等辦事員

二等辦事員

中華民國三十四年

月 日交辦

月 日擬稿

月 日核簽

月 日繕寫

月 日蓋印

月 日封發

附件

344. 阳江县政府指令县商会理事长林洁予先将各商切结缴存备查（1945 年 12 月 1 日）

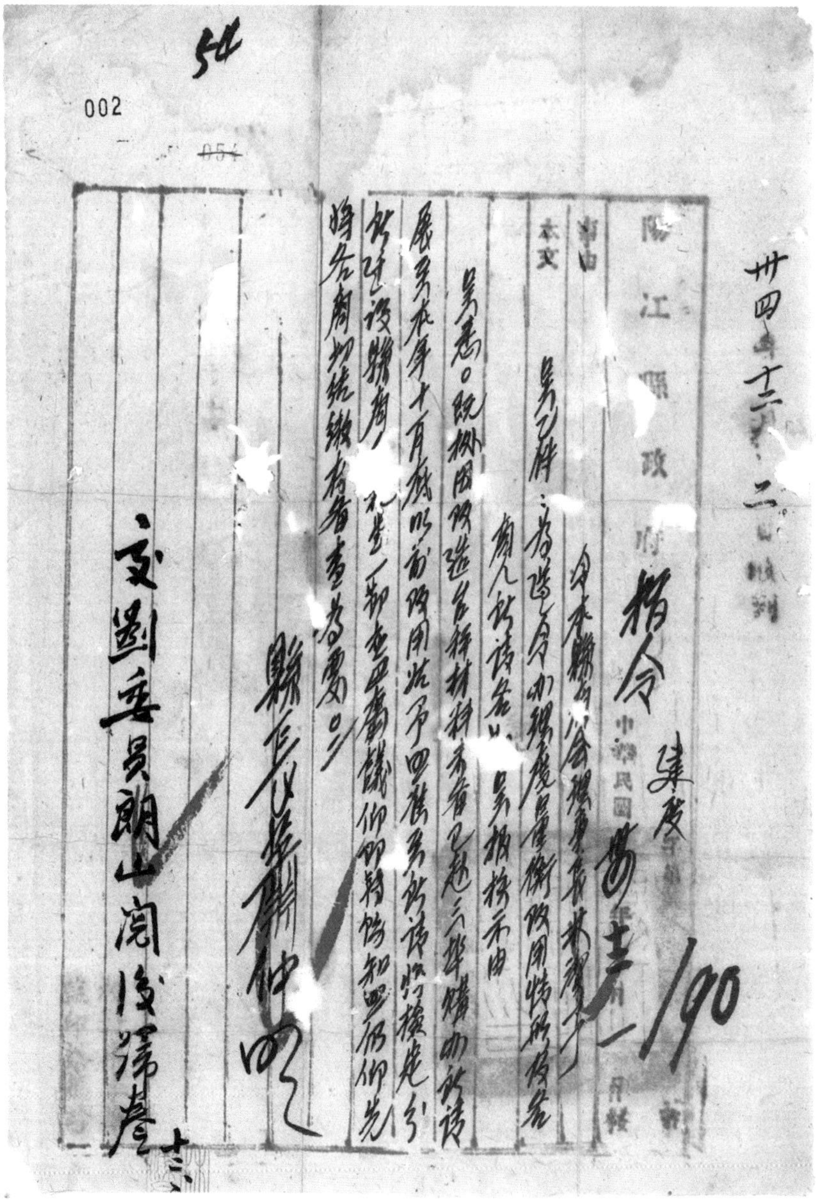

345. 阳江县政府关于遵照施行新旧度量衡物价折合实施办法的代电（1946 年 10 月 11 日）+ 附：阳江县新旧度量衡物价折合实施办法

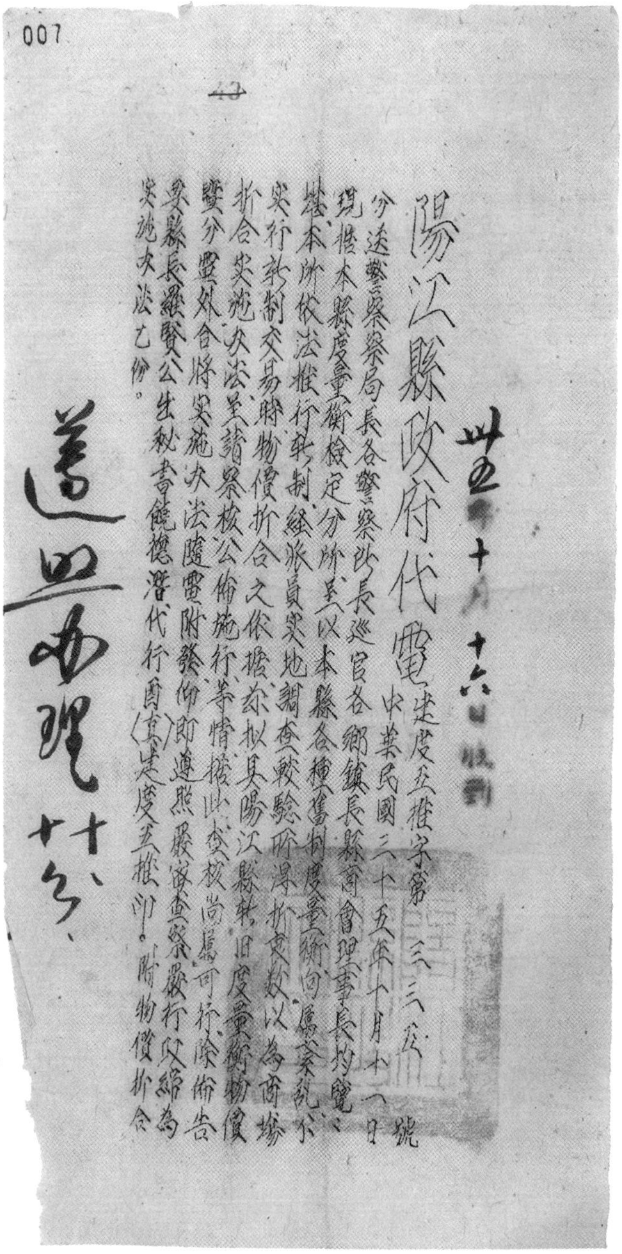

007

陽江縣政府代電 建度丞推字第三三〇號

卅五年十月十六日收到

中華民國三十五年十月十一日

分送警察局長各警察所長巡官各鄉鎮長縣商會理事長均覽：現據本縣度量衡檢定分所呈以本縣各種舊制度量衡向屬紊亂，不堪本所依法推行新制，經派員實地調查，較驗所得折實數以為商場實行新制交易時物價折合之依據，茲擬具陽江縣新旧度量衡物價折合實施辦法呈請察核公佈施行等情，據此查核尚屬可行，除佈告暨分電外，合將實施辦法隨電附發，仰即遵照嚴密查察，嚴行取締為要。縣長羅賢公生秘書饒德潛代行 酉（真）建度丞推印。附物價折合實施辦法乙份。

遵照辦理 十十六

008

陽江縣新舊度量衡物價折合實施辦法

（一）本辦法依據度量衡臨時調查規程第九條第十條及附則一陽江縣度量衡推行處第四條第六條之規定訂定之。

（二）陽江縣以下稱本縣新舊度量衡物價之折合依照本辦法之規定辦理之。

（三）本縣各種物價原以舊度量衡計算者改用新制時應依左列所定折合數分別計算之。

陽江縣度量衡新舊制折合簡表

類別	新制	折合舊制數	比較（度量）短（衡）數	物價估算成數	備攷
長度	（市尺）	〇·九裁縫尺	〇·一尺	九成	以十進為度，使聯十寸為一尺
	（市尺）	〇·九五周公尺	〇·〇五尺	九成五	
容量	（市升）	〇·九七縣城升	〇·〇三升	九成七	以十進為定，使聯十合為一升
	（市斗）	〇·九七縣城斗	〇·〇三斗	九成七	以十升進為定，使聯十升為一斗
重量	（市斤）	〇·八六斤（十五兩五秤）	〇·一四斤	八成六	以十六兩為一斤，一百斤為一担
	（市斤）	〇·八三斤（十六兩秤）	〇·一七斤	八成三	
	（市斤）	〇·七二斤（十八兩五秤）	〇·二八斤	七成二	
	（市斤）	〇·六七斤（二十兩秤）	〇·三三斤	六成七	
	（市斤）	〇·六二斤（二十一兩五秤）	〇·三八斤	六成二	
	（市斤）	〇·五五斤（二十四兩秤）	〇·四五斤	五成五	
	（市斤）	〇·四二斤（三十二兩秤）	〇·五八斤	四成二	
	（市斤）	〇·三二斤（四十二兩秤）	〇·六八斤	三成二	
	（市斤）	〇·二四斤（五十六兩秤）	〇·七六斤	二成四	

附記：（一）市斤等於一三·三〇七三六司碼兩即等於〇·八三一七一司碼斤等於二分一公斤。
（一）市尺等於三分一公尺。
（一）市升等於一公升。

（四）本縣各行業各商店依限實行以新制度量衡業依交易時及將所有各項貨物價值自依照前項折合數分別製成折合簡明表張貼顯明易見之處。

（五）物價折合至小數奇零時准用四捨五入法依現行幣制計算至最小單位止。

（六）本縣各界民衆於交易時間均應注意對方是否遵照本次法令辦理，違者准向陽江縣度量衡檢定分所或公安機關告發依法從嚴究處，必要時得往重要商店抽查。

（七）前項告發者不限於被損失者本人，凡發覺者均得為之。

（八）本辦法自奉核准之日施行。

中華民國三十五年十月十一日

縣長羅維賢

346. 阳江县政府关于县度检分所、县警察局、县商会派员会同检查各商新度量衡使用情况的代电（1946 年 10 月 11 日）

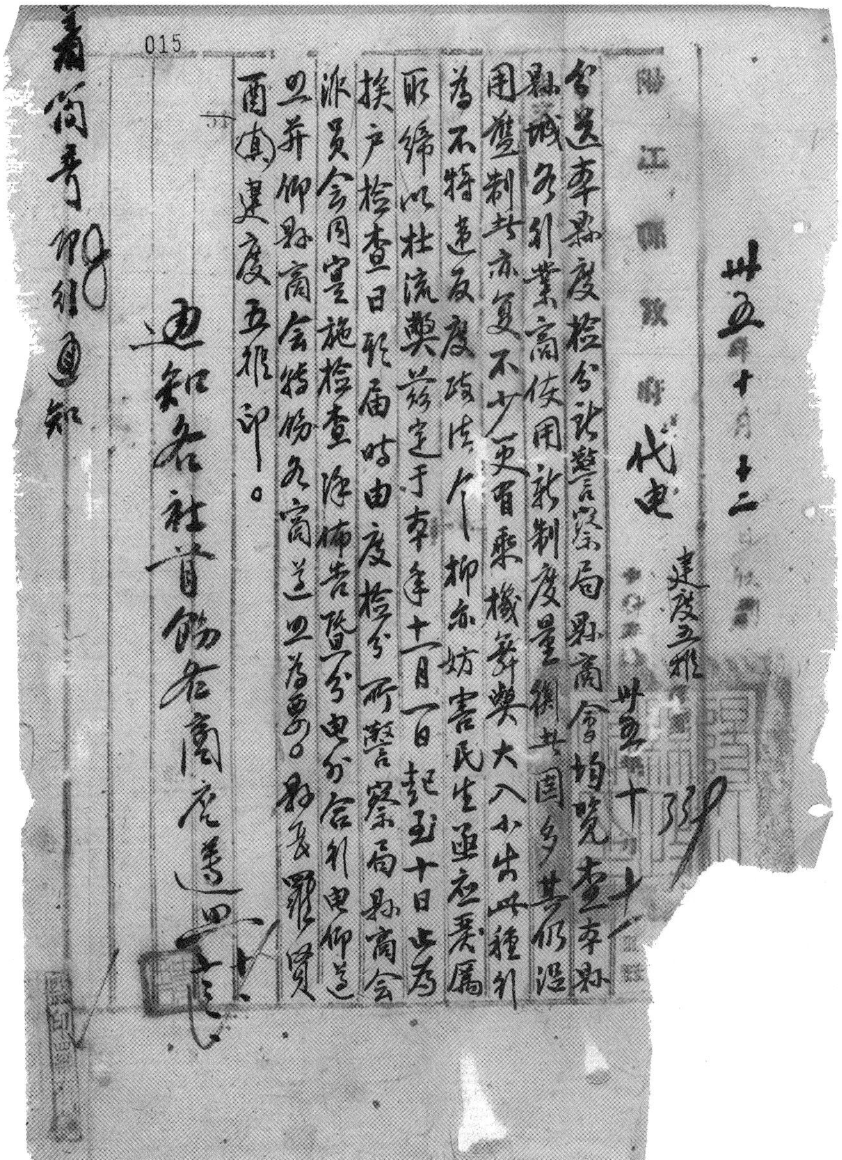
阳江县政府代电

卅五年十月十二

建度五稚

令送本县度检分所、警察局、县商会：均览。查本县县城各行业商号使用新制度量衡者固多，其仍沿用旧制者亦复不少，更有乘机舞弊，大入小出，此种行为不特违反度政法令，抑亦妨害民生，亟应严厉取缔，以杜流弊。兹定于本年十一月一日起至十日止，为挨户检查日期，届时由度检分所、警察局、县商会派员会同实施检查，除布告暨分电分令外，电仰遵照，并仰县商会转饬各商遵照为要。县长罗贤酉真建度五稚印。

通知各社、首饰店、各商店遵照

347. 阳江地方法院函请县商会理事长廖永年查明周公尺是否即缝尺（1947 年 4 月 21 日）

032 095

陽江地方法院公函　縂字第 165 號

中華民國三十六年四月廿一日

查本縣市上所用周公尺是否即縫尺（即每尺等於排錢尺九寸三分）本院有調查之必要，相應函請

查照，希煩見復為荷。

此致

陽江縣商會理事長廖

院長　胡棠宏

卅六年四月廿一日收到

付趙處長 查明以憑函復 四、廿一

348. 阳江县商会函复阳江地方法院市上所用周公尺即是缝尺（1947 年 5 月 7 日）

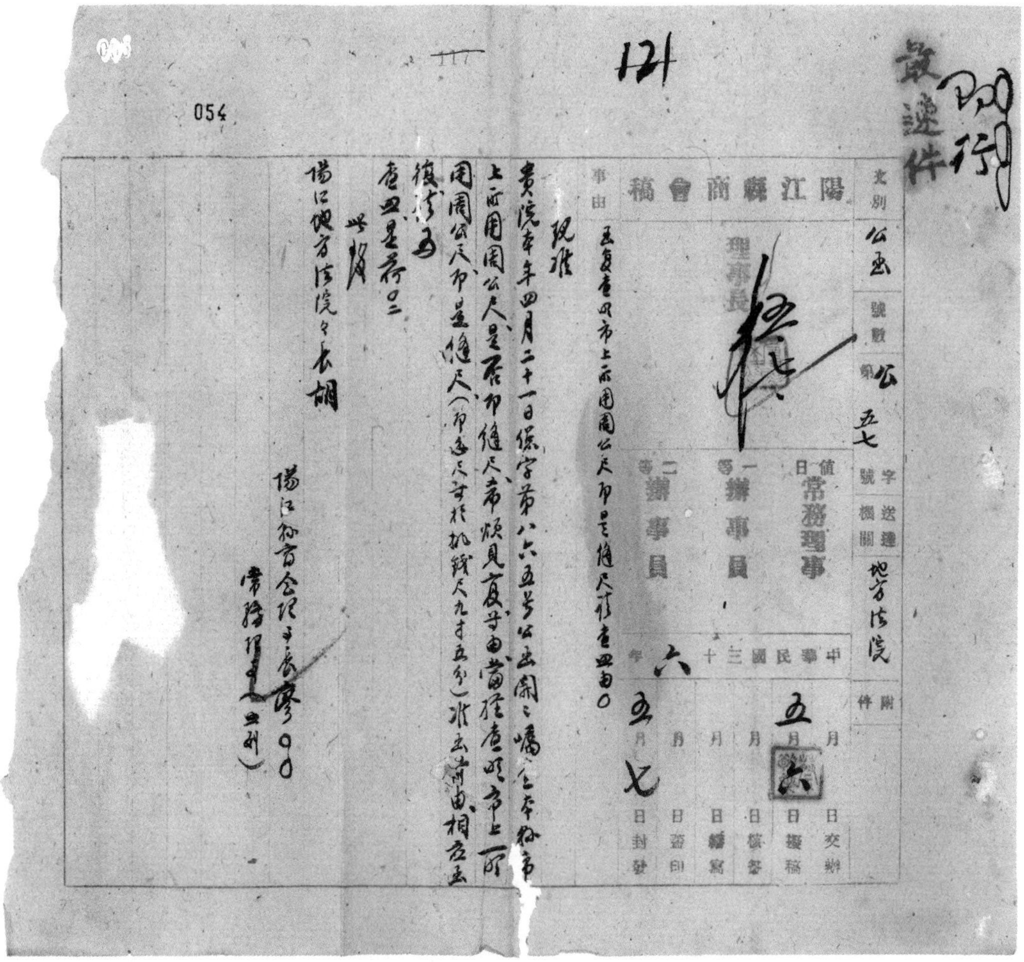

阳江县商会稿

文别：公函

号数：第公五七号

送达机关：地方法院

事由：函复查明市上所用周公尺即是缝尺请查照由

中华民国三十六年五月七日

现准

贵院本年四月二十一日保字第八六五号公函开：嘱令本会将市上所用周公尺是否即缝尺，希将见复等由。当经查明，市上所用周公尺即是缝尺（布匹尺寸称机织尺九寸五分）。准函前由，相应函复，请烦

查照为荷。

此致

阳江地方法院院长胡

阳江县商会理事长廖○○

常务理事（无列）

349. 阳江县度量衡检定分所函请县商会派员协同执行度量衡春季检查（1947 年 6 月 20 日）

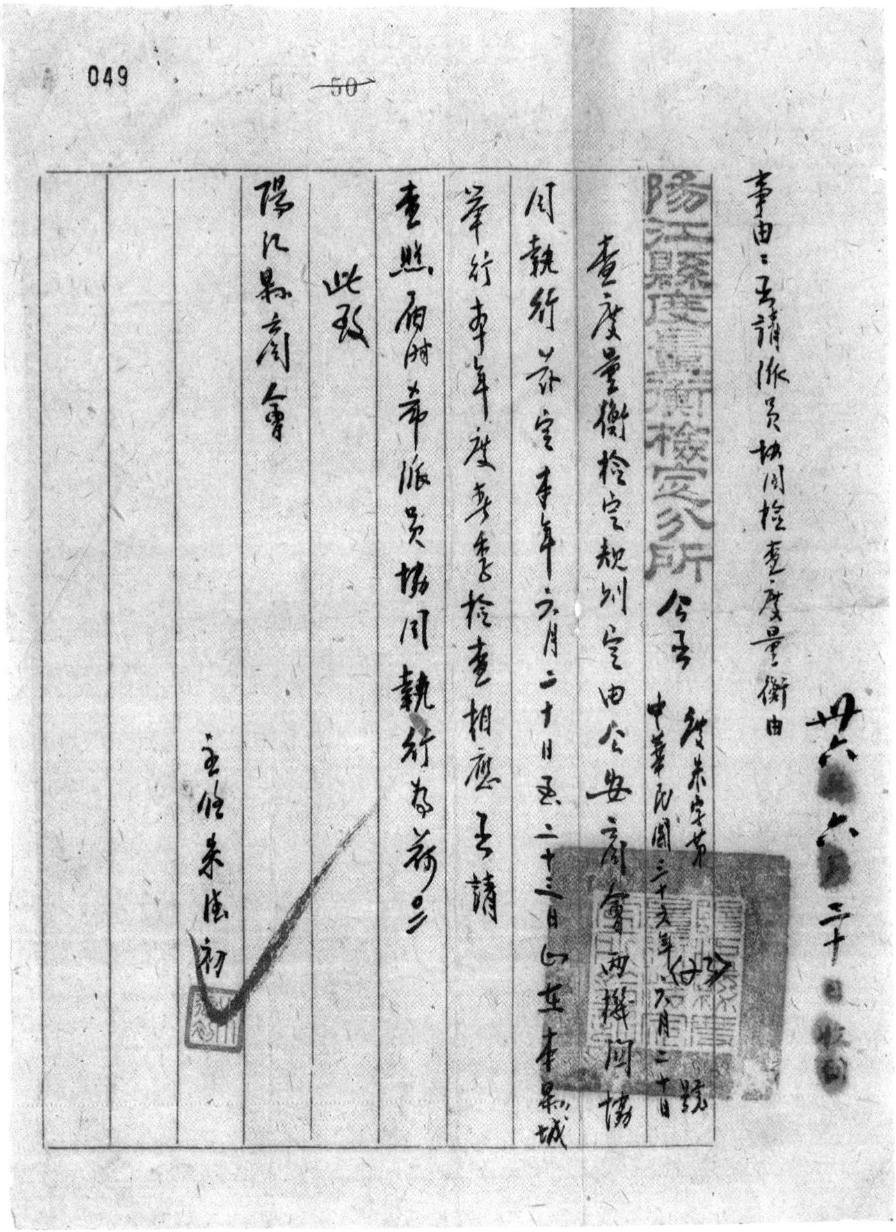

事由：函請派員協同檢查度量衡由

卅六年六月二十日收到

陽江縣度量衡檢定分所公函　衡未字第（廿）號

中華民國三十六年六月二十日

查度量衡檢定規則定由公安商會兩機關協同執行，茲定本年六月二十日至二十三日止在本縣城舉行本年度春季檢查，相應函請

查照，屆時希派員協同執行為荷。

此致

陽江縣商會

主任　朱[illegible]初

（四）粮政

350. 阳江县商会向县军警团队主食补助费筹给委员会函送各圩商会负担派缴主食费数目表（1941 年 6 月 29 日）

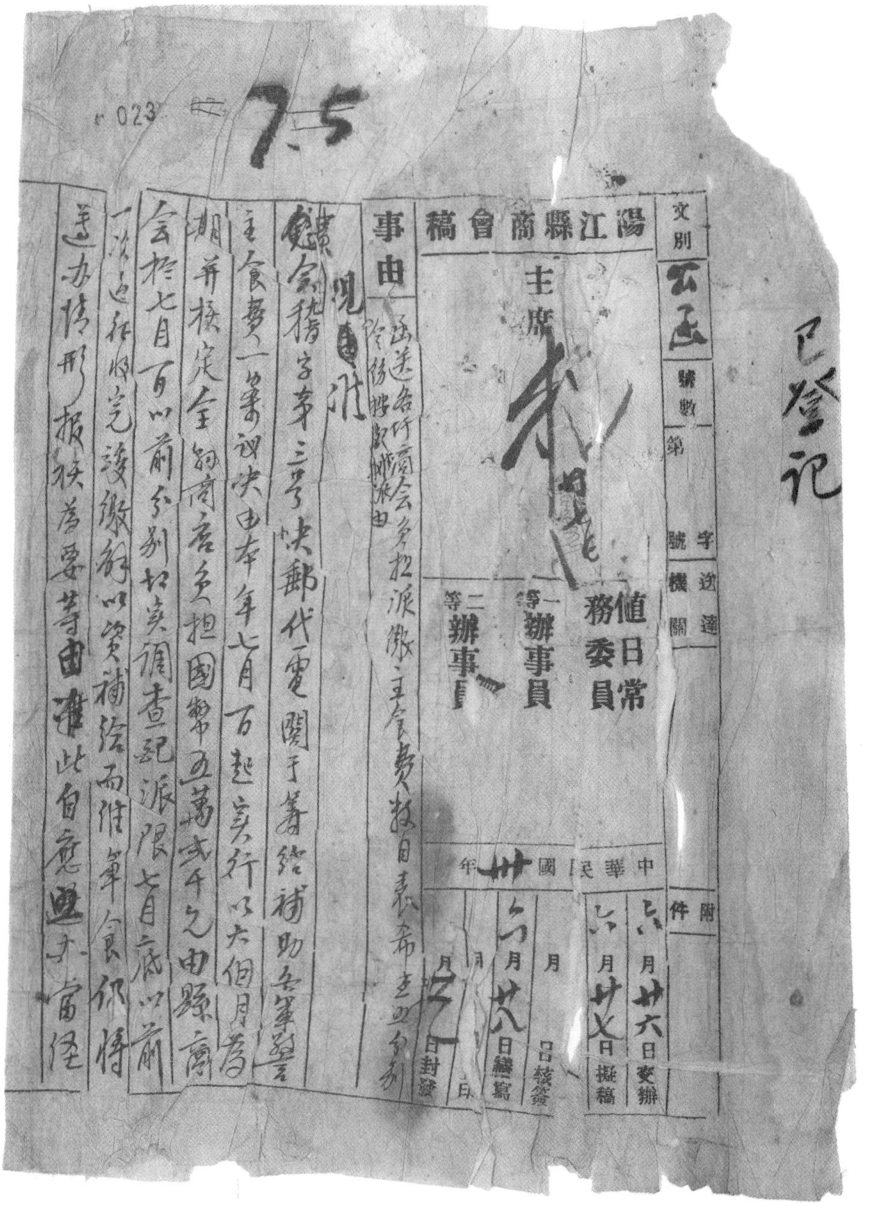

阳江县商会稿

文别：公函

号数：第 字 号

送达机关

主席

值日常务委员

一等办事员

二等办事员

事由：函送各圩商会负担派缴主食费数目表，希查照分别（转饬）依期缴纳由

贵会鉴：案准第三号快邮代电，关于筹给补助各军警团主食费一案，议决由本年七月一日起实行，以六个月为期，并核定全县商店负担国币五万弍千元，由县商会于七月一日以前分别切实调查，配派限七月二十日以前一次过征收完竣，缴解以资补给，而维军食，仰将遵办情形报核为要等由，准此，自应照办。当经

中华民国卅年 六月廿六日交办 六月廿七日拟稿 月 日核发 六月廿八日缮写 月 日封发

附件

已登记

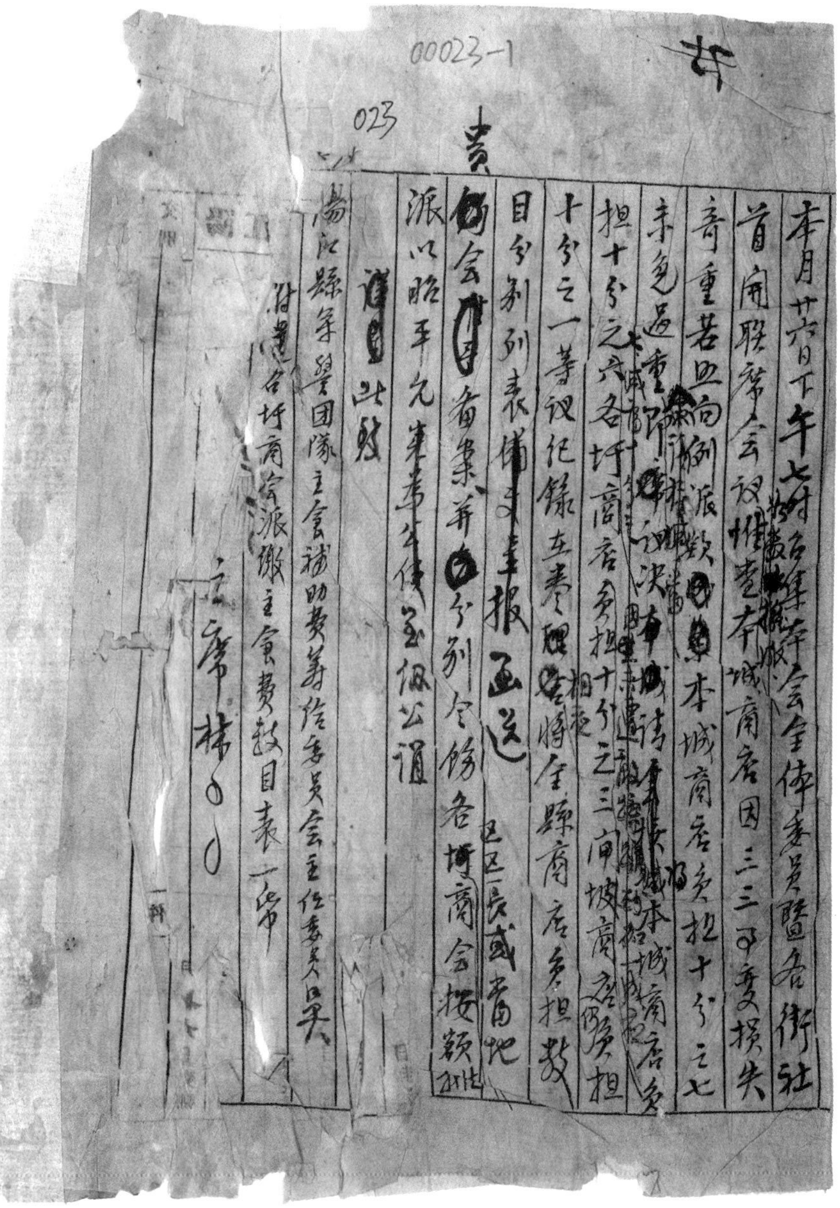

00023-1

023

本月廿六日下午七时召集本会全体委员暨各街社首開聯席會議，惟查本城商店因三三事變損失奇重，若照向例派款，由本城商店負擔十分之七，未免過重，即經議決由本城商店負擔十分之六，各圩商店負擔十分之三，南坡商店負擔十分之一，業已紀錄在卷，理合將全縣商店負擔數目分别列表，備文呈報，函送

貴會查照，并分别令飭各圩商會按額派，以昭平允，實紉公誼

此致

陽江縣第□團隊主食補助費籌借委員會主任委員吳

附呈各圩商會派繳主食費數目表一紙

主席　林○○

351. 阳江县商会关于派缴县地方团警主食补助费的通告（1942 年 3 月）

045

53

045

陽江縣商會通告

中華民國三十一年三月　日

現奉

陽江縣地方團警主食補助費籌給委員會，總字第二零七號訓令，爲三十一年度團警主食補助費，全年共籌國幣七十萬元，分向縣屬各殷戶配派，計縣城商店派收數額四萬六千一百八十元，飭爲代收，統於二月一日開始收繳，將欵源源解會，以應支付，等因，奉此，查派來本會代收總數國幣七萬六千八百元，除各區占三成，閘坡占一成外，縣城商店占六成，派收國幣四萬六千一百八十元，所派之數與照原額進率標準加派議案不符，經由本會主席向彭縣長面商，准照三十年下半年所派數額，加二伸算，計共國幣三萬七千四百四十元，旋於本月七日下午七時，召集本會全體委員，暨各街社首，開聯席會議，應如何攤派，隨經議決，按照三十年度征收主食費辦法斟酌派繳，等議，茲派定

貴寶號應負担國幣[illegible]百陸十四元八角[illegible]分　爲此通告，如本會派員到處收繳，希卽繳交，以便彙解，爲要。

右通告

联安　商號

何堤　街路

352. 阳江县联安店司理郭合向县商会申请将所摊派团警主食补助费减列等级（1942年3月12日）

049

申請人 聯安店 司理郭合 地址河堤路三十九號

為申請事項現奉

貴會本年三月五日通告攤派小號本年度團警主食補助費國幣陸拾四元八角芬因查小號於今春開張營業，因產錢料由糧什貨開辦伊始，資本不過四五千元，資金既微，生意自必且新張字號，生意尤覺冷淡，現奉派攤主食費六拾餘元，比之其他資本雄大生意暢旺之字號，何啻倍蓰，為此申請

貴會恩予將攤派小號主食費減列等級，俾輕負担而免畸輕畸重，并將奉派通告繳回，請為更正，以便繳納，實感公便。

右申請

陽江縣商會主席林

民國三十一年三月十二日

353. 阳江县太傅路万昌号为停业已久呈请县商会核减所派负担团警主食补助费（1942年3月18日）

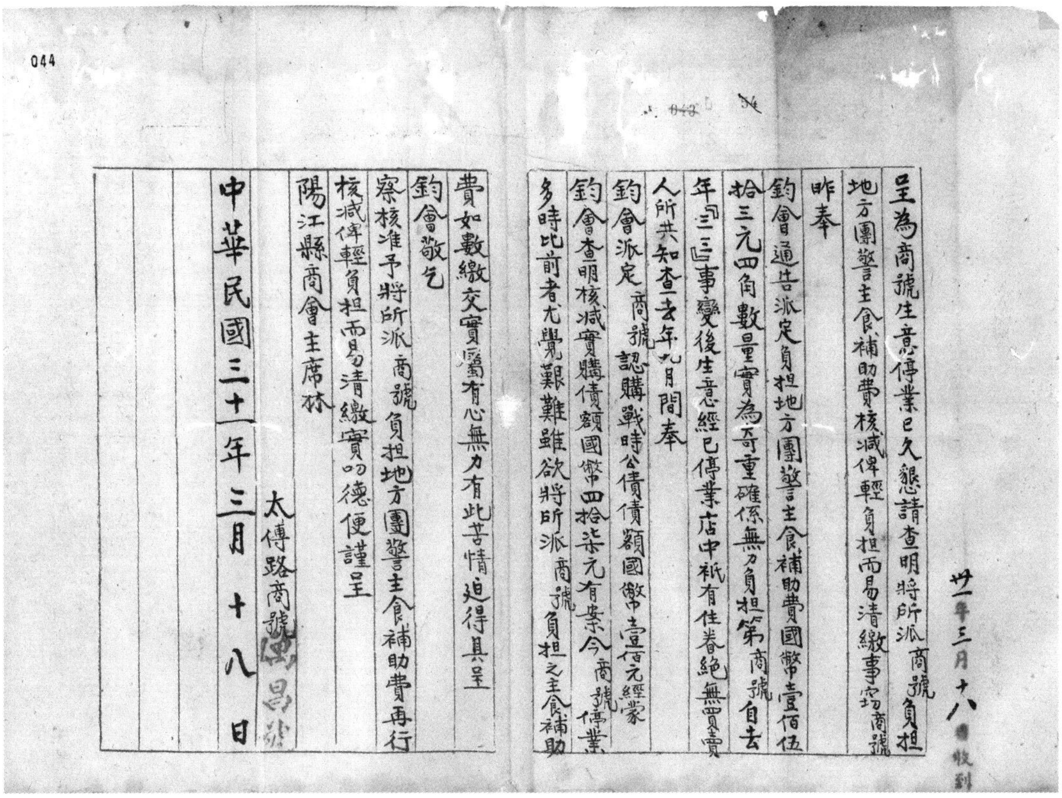

044

呈為商號生意停業已久懇請查明將所派商號負担地方團警主食補助費核減俾輕負担而易清繳事竊商號

昨奉

鈞會通告派定負担地方團警主食補助費國幣壹佰伍拾三元四角數量實為奇重確係無力負担第商號自去年「三三」事變後生意經已停業店中祇有住眷絕無買賣人所共知查去年九月間奉

鈞會派定商號認購戰時公債債額國幣壹佰元經蒙

鈞會查明核減實購債額國幣四拾柒元有案今商號停業多時比前者尤覺艱難雖欲將所派商號負担之主食補助費如數繳交實屬有心無力有此苦情迫得具呈

鈞會敬乞

察核准予將所派商號負担地方團警主食補助費再行核減俾輕負担而易清繳實叨德便謹呈

陽江縣商會主席林

太傅路商號萬昌號

中華民國三十一年三月十八日

卅一年三月十八 收到

354. 阳江县宝来栈和记呈请县商会再行折减所派团警主食费（1942 年 3 月 25 日）

事由	擬辦	批示	備考
為征派主食費過多，敝店生意虧缺，殊難如數負担，呈請再行折減，以恤商艰由			

廿一年三月廿五日收到

奉瑰

鈞會本年三月十二日通告，茲由鈞會按照三十一年度征收地方團警主食費辦法，派定代收敝店本年度主食費國幣陸拾叁員捌角，等因。竊敝店始於去年營業，計生意無多，出入尚還虧缺，若再加此鉅欵，殊難負担，有此前情，理合備文呈請

鈞會察核，將原數額再行折減，以恤商艰，實叨公便。

謹呈

陽江商會長林

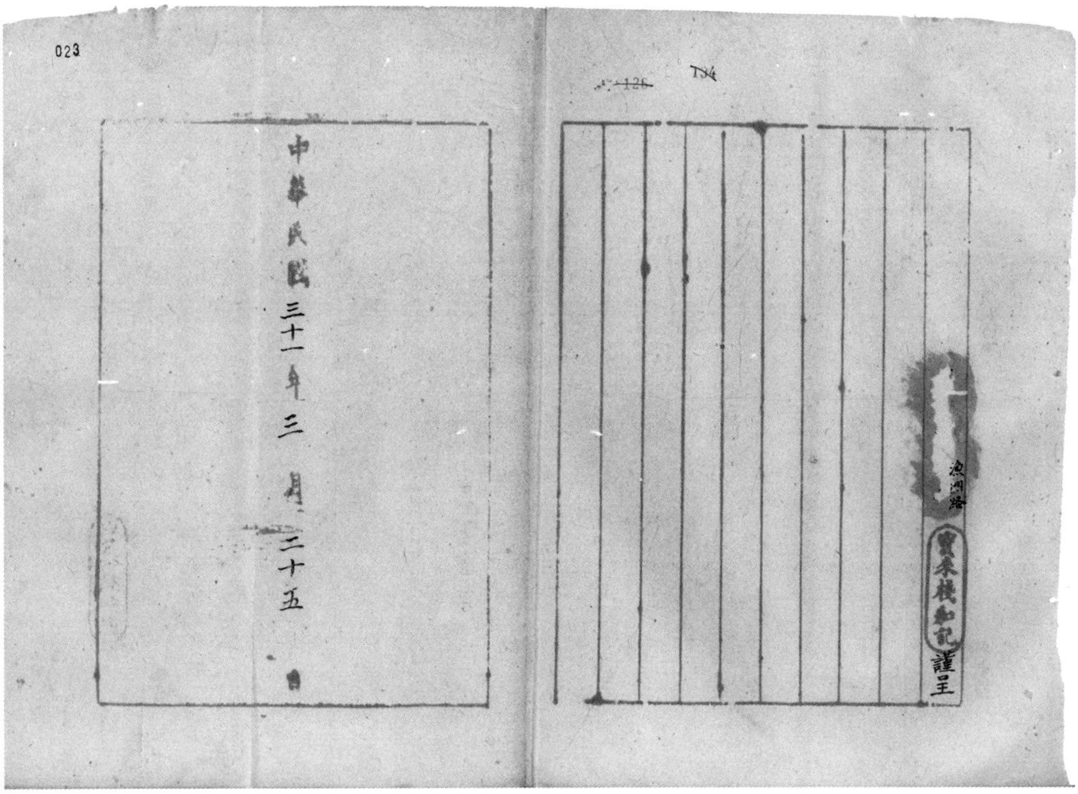

中華民國三十一年三月二十五日

漁洞路
謹呈

355. 阳江县大东旅店呈请酌减半数所派团警主食费（1942 年 4 月）

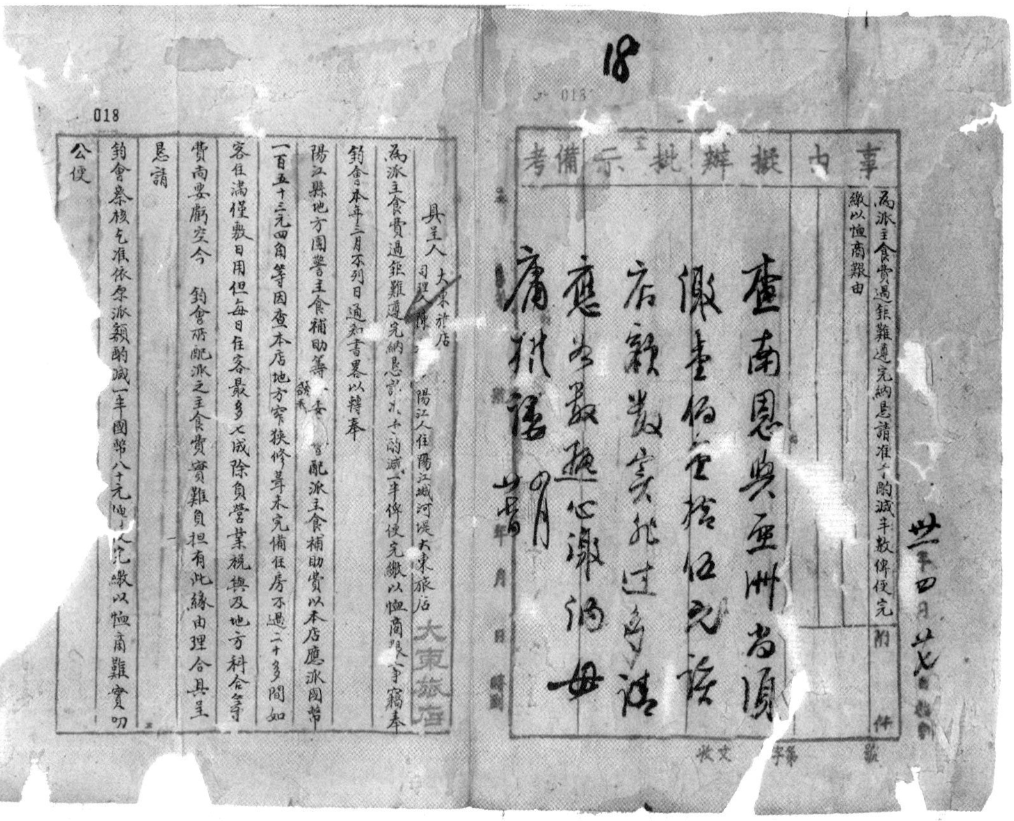

018

具呈人 大東旅店 司理人陳□□ 陽江人住陽江城河堤大東旅店

為派主食費過鉅難邇完納懇請准予酌減一半俾便完繳以恤商艱事竊奉

鈞會本年三月不列日通知書畧以轉奉

陽江縣地方團警主食補助籌募委員會函□配派主食補助費以本店應派國幣

一百五十三元四角等因查本店地方窄狹修葺未完備住房不過二十多間如

客住滿僅敷日用但每日住客最多七成除負營業稅與及地方科合等

費尚要虧空今　鈞會所配派之主食費實難負担有此緣由理合具呈

懇請

鈞會察核允准依原派額酌減一半國幣八十元□以完繳以恤商艱實叨

公便

18

013

事由	擬辦	批示	備考
為派主食費過鉅難邇完納懇請准予酌減半數俾便完繳以恤商艱由			

卅一年四月廿七日

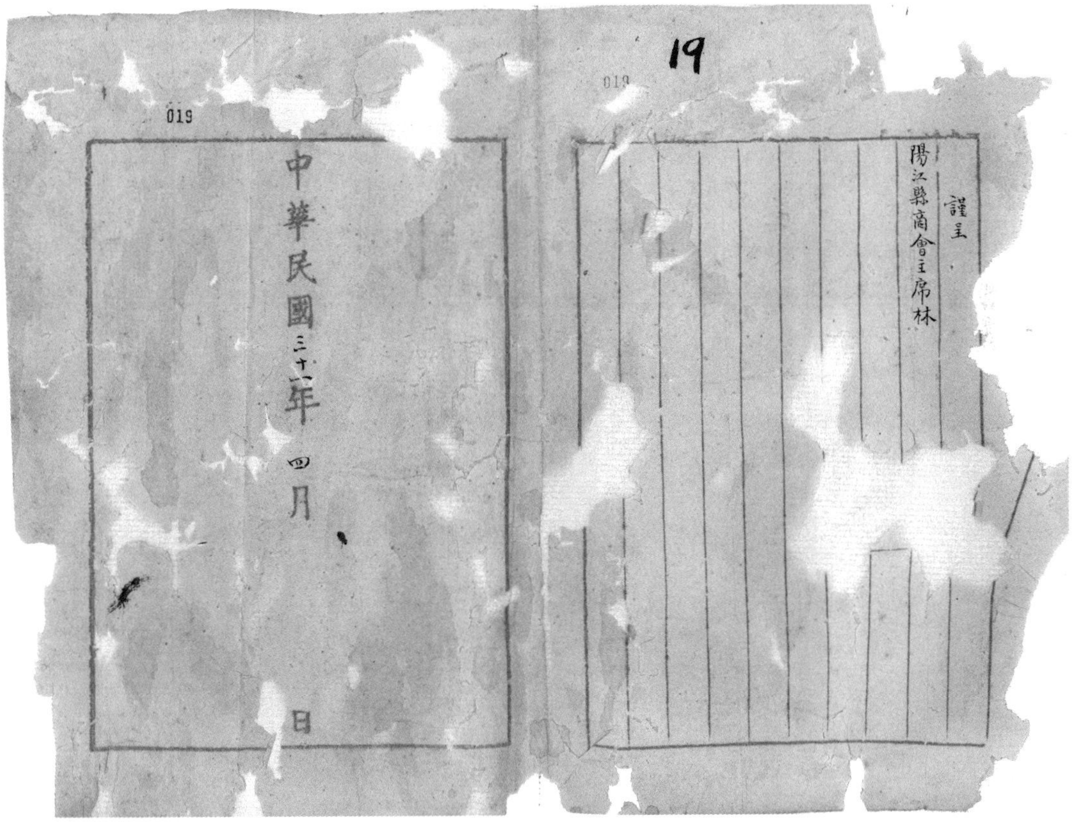

19

019

謹呈

陽江縣商會主席林

019

中華民國三十一年四月　日

356. 阳江县商会主席林洁予向县地方团警主食补助费筹给委员会呈报代收主食费解缴数和欠数情况（1942 年 9 月 21 日）+ 附：阳江县商会代收 1942 年度主食补助费逐次解缴细数清单

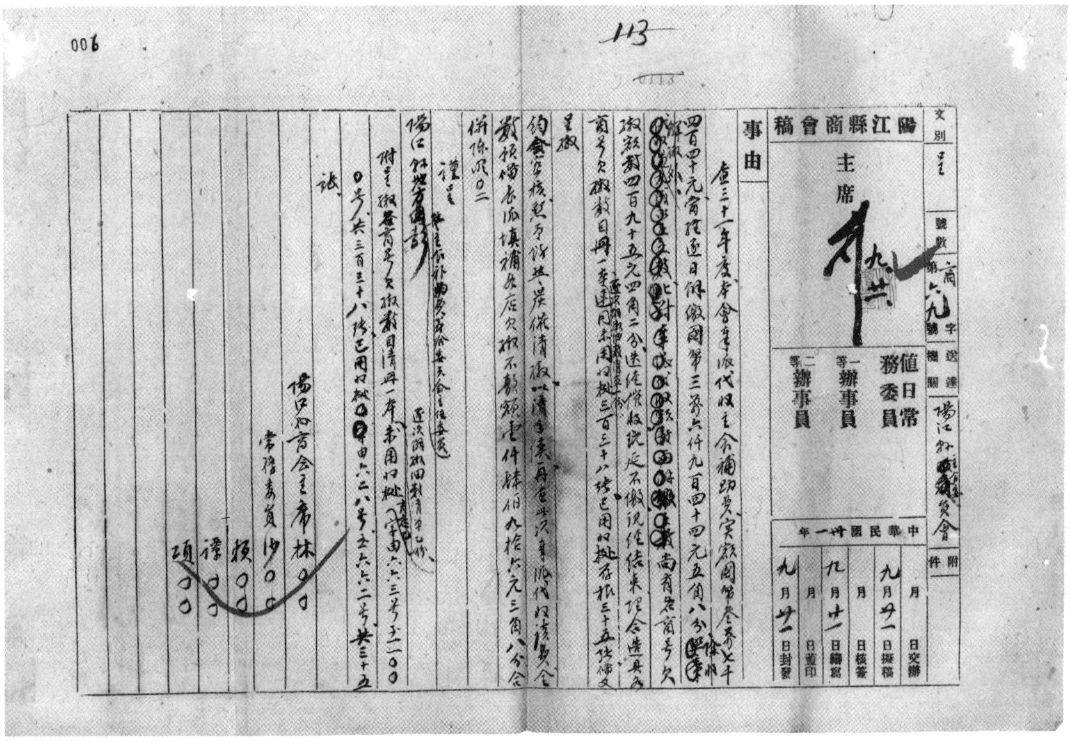
陽江縣商會稿

文別

號數　第　號

字

主席

值日常務委員

一等辦事員

二等辦事員

送達機關

附件

中華民國卅一年

月　日交辦

月　日擬稿

月　日核簽

月　日繕寫

月　日蓋印

月　日封發

事由

謹將本會代收三十一年度主食補助費逐次解繳細數開

列清單呈請

察核

計開

三月三十一日繳交國幣伍千叁百四拾弍元壹角

四月十日繳交國幣叁千九百弍拾五元六角

四月十五日繳交國幣四千八百五拾四元九角叁分

四月二十三日繳交國幣叁千叁百五拾八元八角

四月三十日繳交國幣叁千弍百壹拾元零六角

五月十一日繳交國幣壹千七百弍拾四元弍角

五月二十日繳交國幣叁千壹百四拾五元五角

六月十日繳交國幣叁千四百叁拾五元叁角

七月六日繳交國幣弍千九百叁拾叁元四角

八月一日繳交國幣弍千六百七拾八元叁角五分

合共繳交國幣叁萬四千[illegible]元[illegible]角叁分

九月廿[illegible]繳交國幣弍千叁百叁拾伍元捌角五

合共繳交國幣叁萬[illegible]千玖百[illegible]整

357. 阳江县地方团警主食补助费筹给委员会指令县商会催收各商号欠缴 1942 年度主食费（1942 年 9 月 28 日）

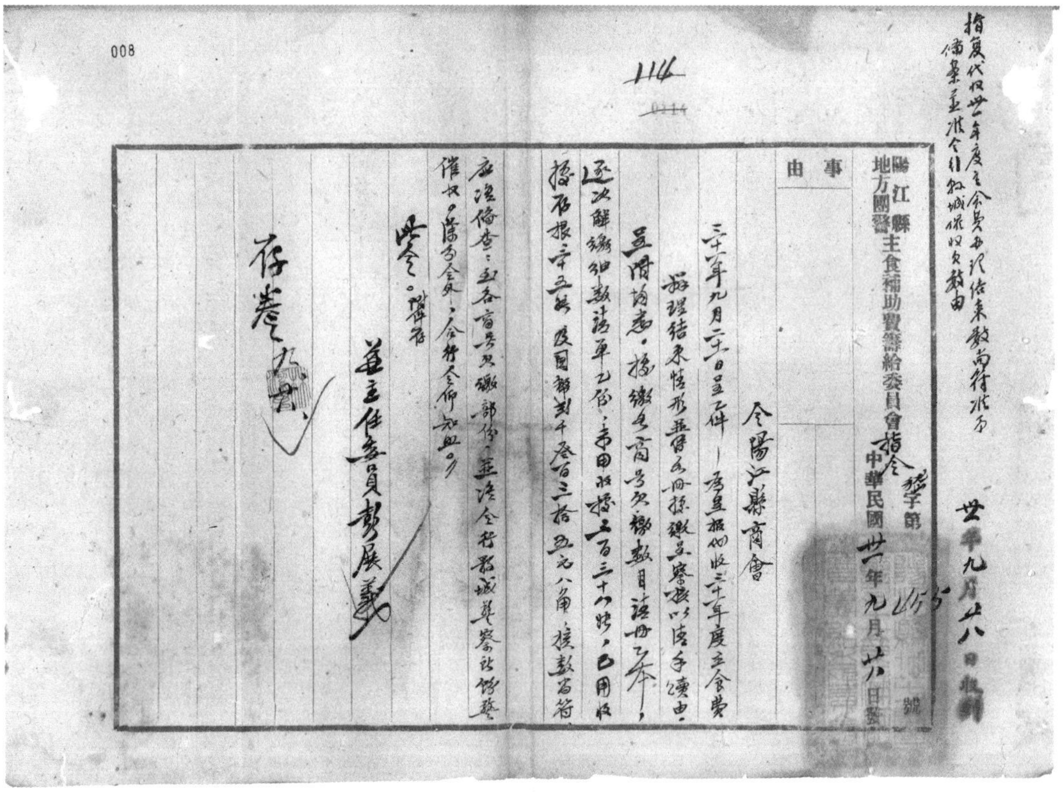

008

114

指复代收卅年度主食费已结束数尚待收存备案，并呈准令行县城催收欠数由

卅一年九月廿八日收到

阳江县地方团警主食补助费筹给委员会指令　字第　号

中华民国卅一年九月廿八日发

事由

令阳江县商会

三十一年九月二十日呈一件，为呈报征收三十年度主食费办理结束情形并请分别摊缴及察核以清手续由。

呈暨附表、据缴各商号欠缴数目清册一本，逐次解缴细数清单一份，来函收据二百三十八张，已用收据存根报告五张，及因补划千叁百三拾五元八角，核数尚符，应准备查。至各商号欠缴部份，并准令行县城警察所严催收，以清手续，仰知照。此令。

件存。

兼主任委员　彭展义

存卷　九　卅

358. 阳江县商会向县政府呈缴1944年7月至8月底粮商购办粮食申请书工本费（1944年8月31日）

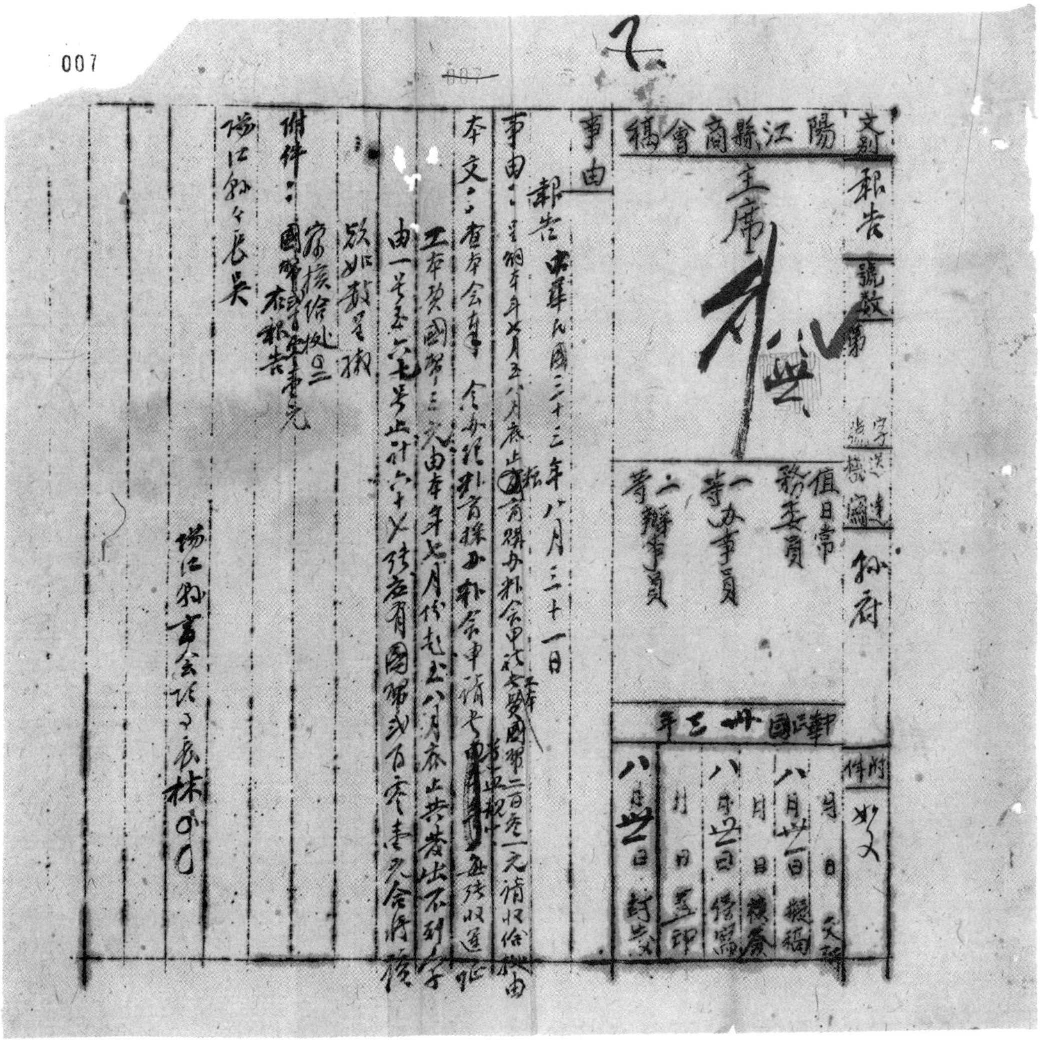

陽江縣商會稿

文別：報告

號數：第　字

送達機關：縣府

主席

值日常務委員

一等辦事員

二等辦事員

中華民國卅三年

事由

報告　中華民國三十三年八月三十一日

359. 阳江县商会向县政府呈缴 1945 年度 2 月份粮商购办粮食申请书工本费（1945 年 3 月 1 日）

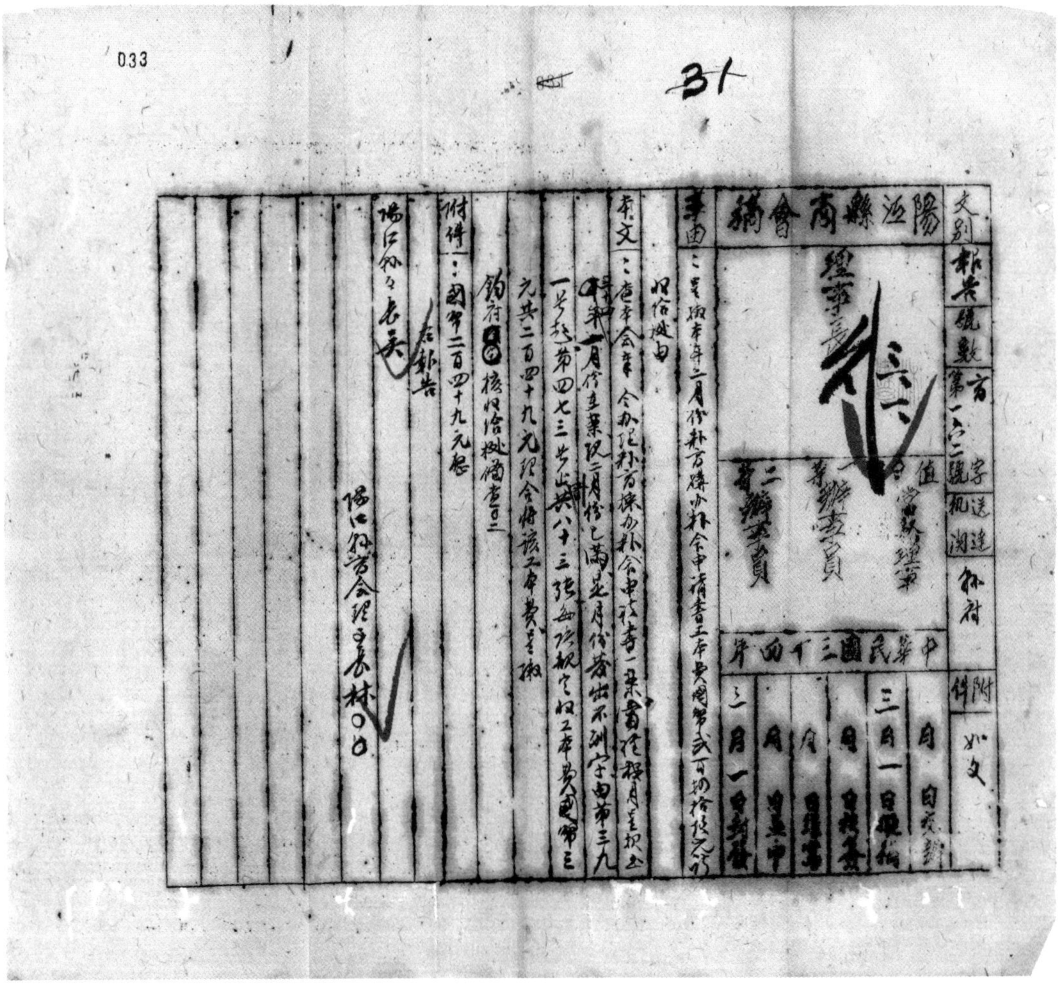

033

31

陽江縣商會稿

文別：都呈

號數：第一六二號

送達機關：縣府

附件：如文

經辦員

理事長 林 三、一

值日常務理事

第一辦事員

第二辦事員

中華民國三十四年

三月一日擬稿　月　日繕寫　月　日校對　月　日蓋印　月　日封發　三月一日封發

事由：呈繳本年二月份粮商採辦粮食申請書工本費國幣貳百肆拾玖元由

來文：

呈為呈繳事。案奉鈞府令辦理粮商採辦粮食申請書一案，當經轉飭遵辦在案。茲計本年二月份各粮商業已填發，計由第三九一號起至第四七三號止，共八十三張，每張規定收工本費國幣三元，共二百四十九元，理合將該工本費呈繳鈞府察核收回備查為公。

謹呈

陽江縣縣長吳

附件：國幣二百四十九元

陽江縣商會理事長林〇〇

360. 阳江县商会向县政府呈缴 1945 年 3 月份粮商购办粮食申请书费（1945 年 4 月 3 日）

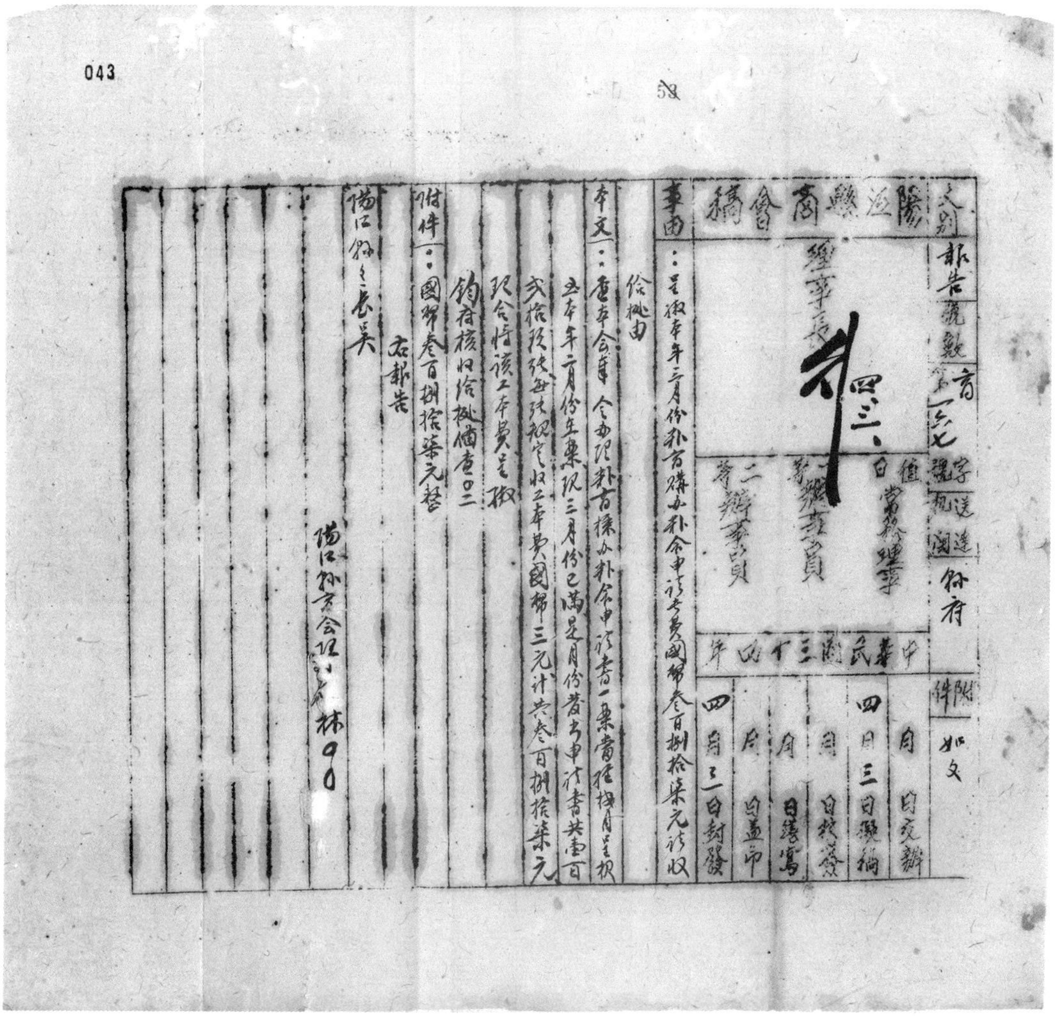
043

阳江县商会稿

文别：报告　号数：第一〇七号　送达机关：县府　附件：如文

理事长 林○○ 四三

中华民国三十四年　月　日

四月三日拟稿　四月三日缮写　四月三日封发

事由：呈缴本年三月份粮商购办粮食申请书费国币叁百捌拾柒元请收核由

本文：查本会奉令办理粮商采办粮食申请书一案，当经按月呈报在案。本年三月份售出申请书共壹百贰拾玖张，每张规定收工本费国币三元，计共叁百捌拾柒元，理合将该工本费呈缴，钧府核收给据备查。

右报告

阳江县县长吴

附件：国币叁百捌拾柒元整

阳江县商会理事长林○○

361. 阳江田赋粮食管理处关于举行筹购军粮会议函请县商会派员依时出席（1946 年 3 月 6 日）

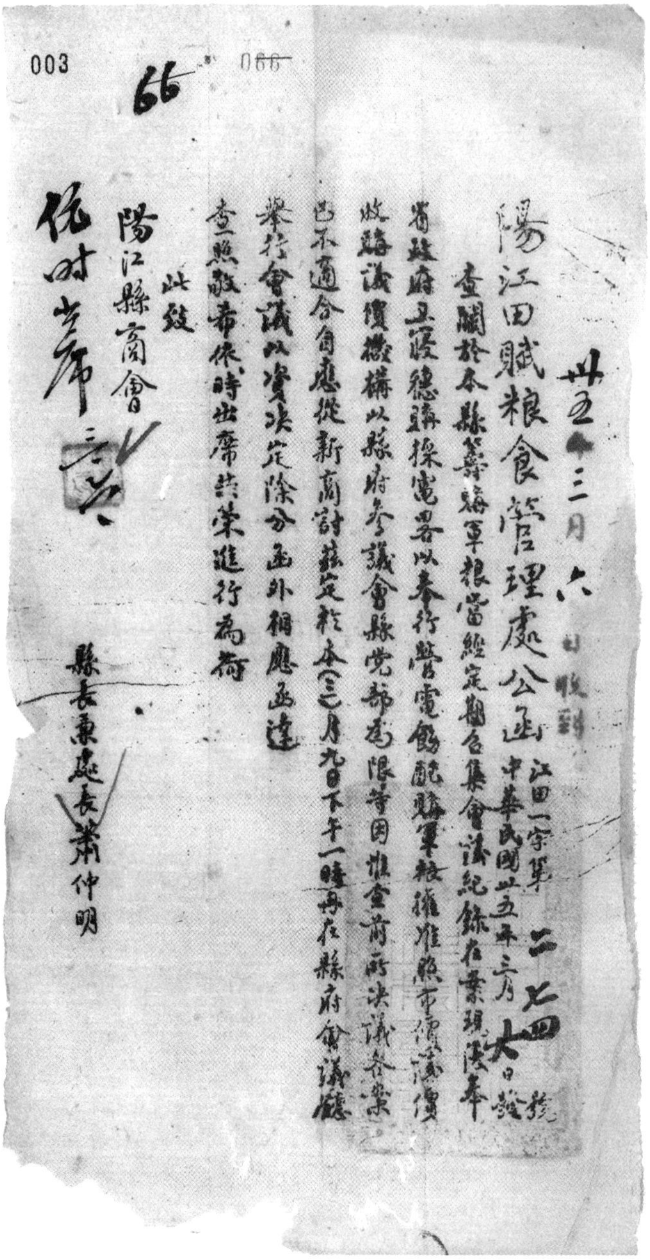

003　66　066

陽江田賦粮食管理處公函　江田一字第二七四號　中華民國卅五年三月六日發

卅五年三月六日收到

查關於本縣籌購軍粮當經定期召集會議紀錄在案現奉

省政府丑寝總購採電略以奉行營電飭配購軍粮準照市價議價收購議價機構以縣府參議會縣党部為限等因准查前所決議各案已不適合自應從新商討茲定於本（三）月九日下午一時再在縣府會議廳舉行會議以資決定除分函外相應函達

查照派員依時出席共策進行為荷

此致

陽江縣商會

縣長兼處長蕭仲明

依时出席　三、六

362. 阳江地方法院为看守所采购囚粮函请县商会查照并予以签证送还（1946 年 5 月 2 日）+ 附：阳江县商会米价证明单

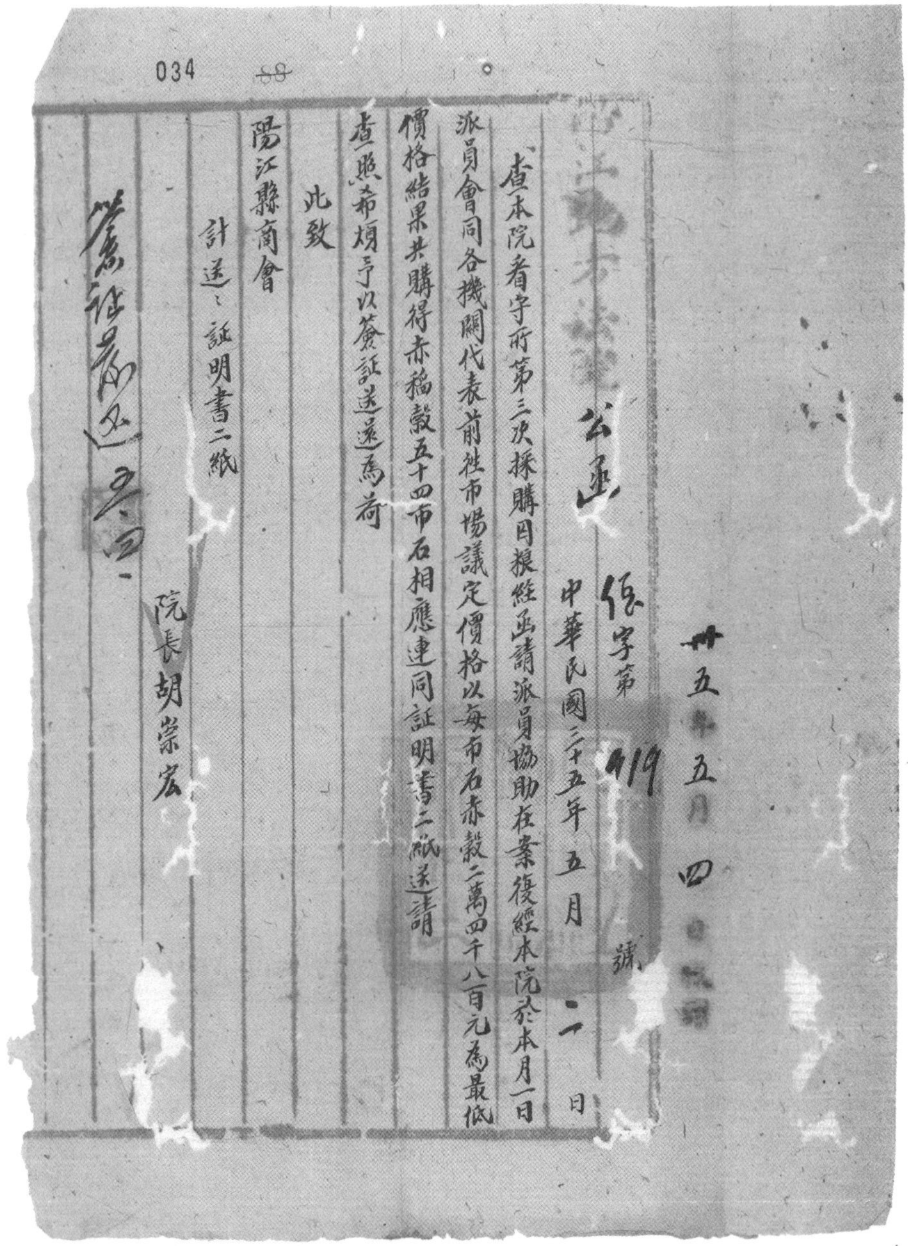

034

陽江地方法院公函 係字第419號

中華民國三十五年五月一日

卅五年五月四日收到

查本院看守所第三次採購囚糧經函請派員協助在案。復經本院於本月一日派員會同各機關代表前往市場議定價格以每市石赤穀二萬四千八百元為最低價格結果共購得赤稻穀五十四市石相應連同證明書二紙送請

查照希煩予以簽証送還為荷

此致

陽江縣商會

計送證明書二紙

院長 胡崇宏

簽証發還

035

~~89~~

陽江縣商會米價証明單

查本地三十八年伍月拾壹日中等食米每市石市價為

銀元　弍　拾　圓特此証明。

理事長廖永年

電報局長利春生

中華民國三十八年伍月　日

363. 阳江县地方法院为看守所采购囚粮函请县商会派员协同办理（1946 年 6 月 20 日）

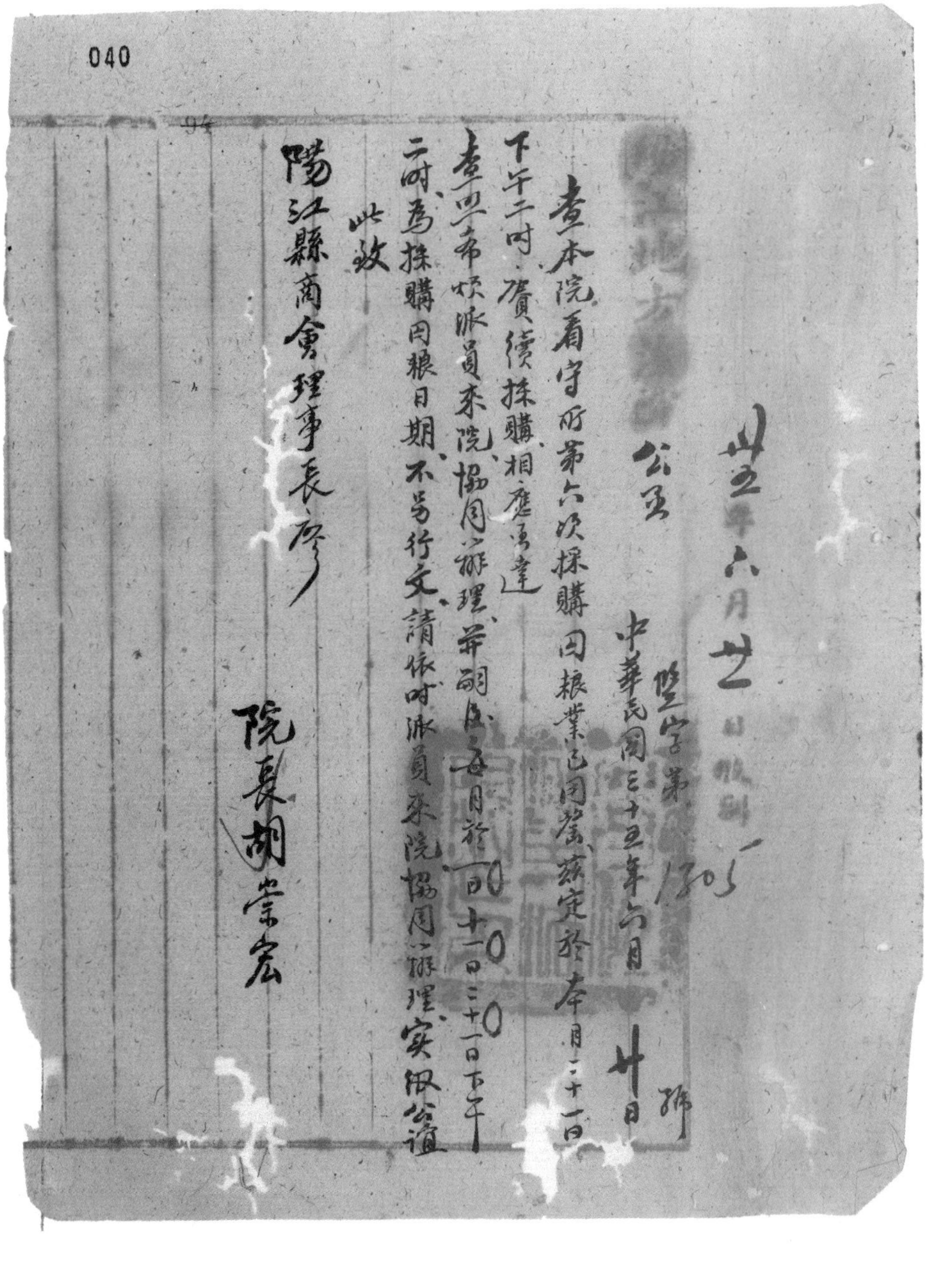

040

卅五年六月廿一日收到

公函　陽字第1305號

中華民國三十五年六月廿日

查本院看守所第六次採購囚糧業已因案核定於本月二十一日下午二時，賡續採購，相應函達

查照，希即派員來院協同辦理，并祈自後每月於一日、十一日、二十一日下午二時為採購囚糧日期，不另行文，請依時派員來院協同辦理，實紉公誼。

此致

陽江縣商會理事長廖

院長胡崇宏

364. 阳江县政府关于应乘时发动民商前往邻省运米来粤发售的代电（1946 年 10 月 10 日）

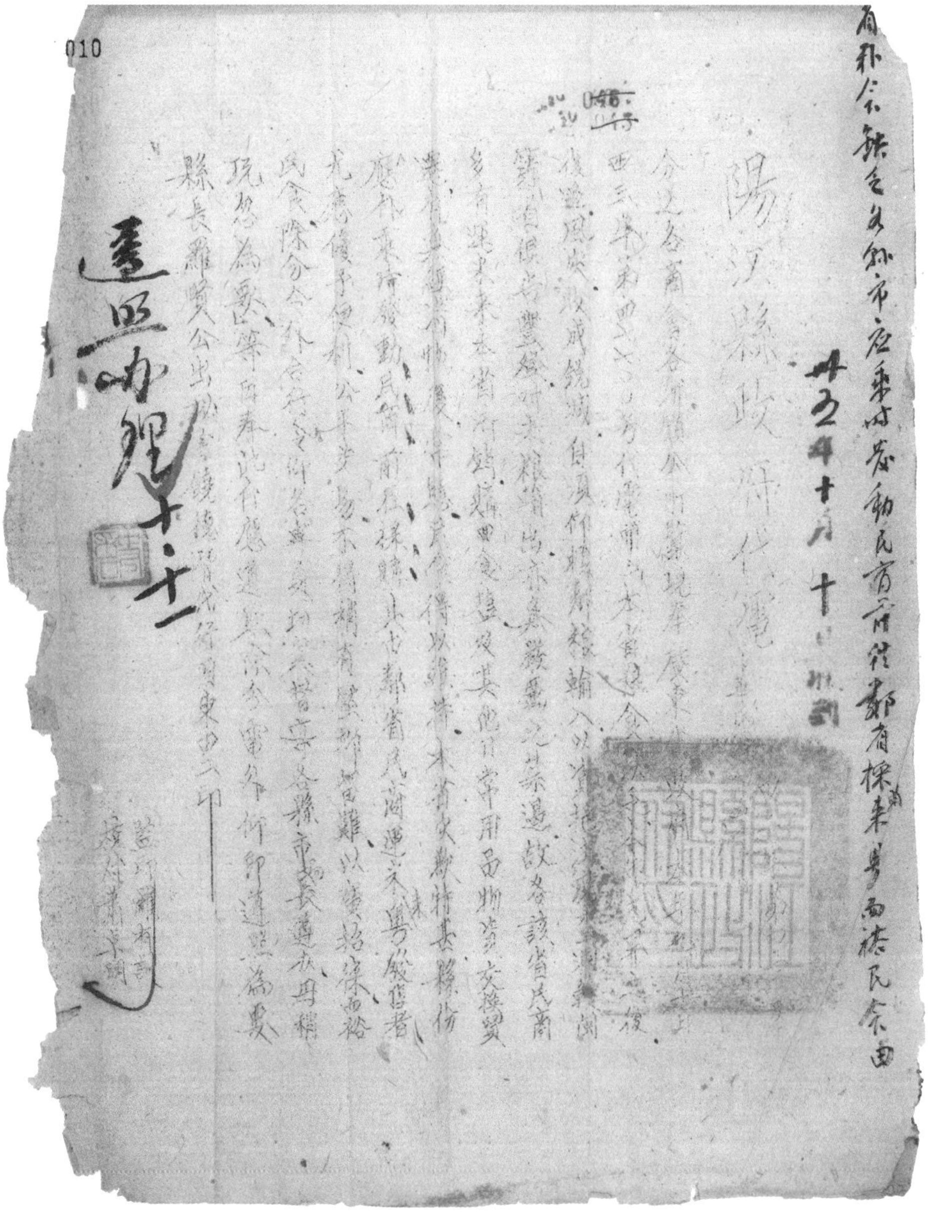

365. 阳江县商会关于查明本城并无专营面粉商店只有油糖业商店间有兼营是否同属粮商呈请县政府指示（1946 年 12 月 23 日）

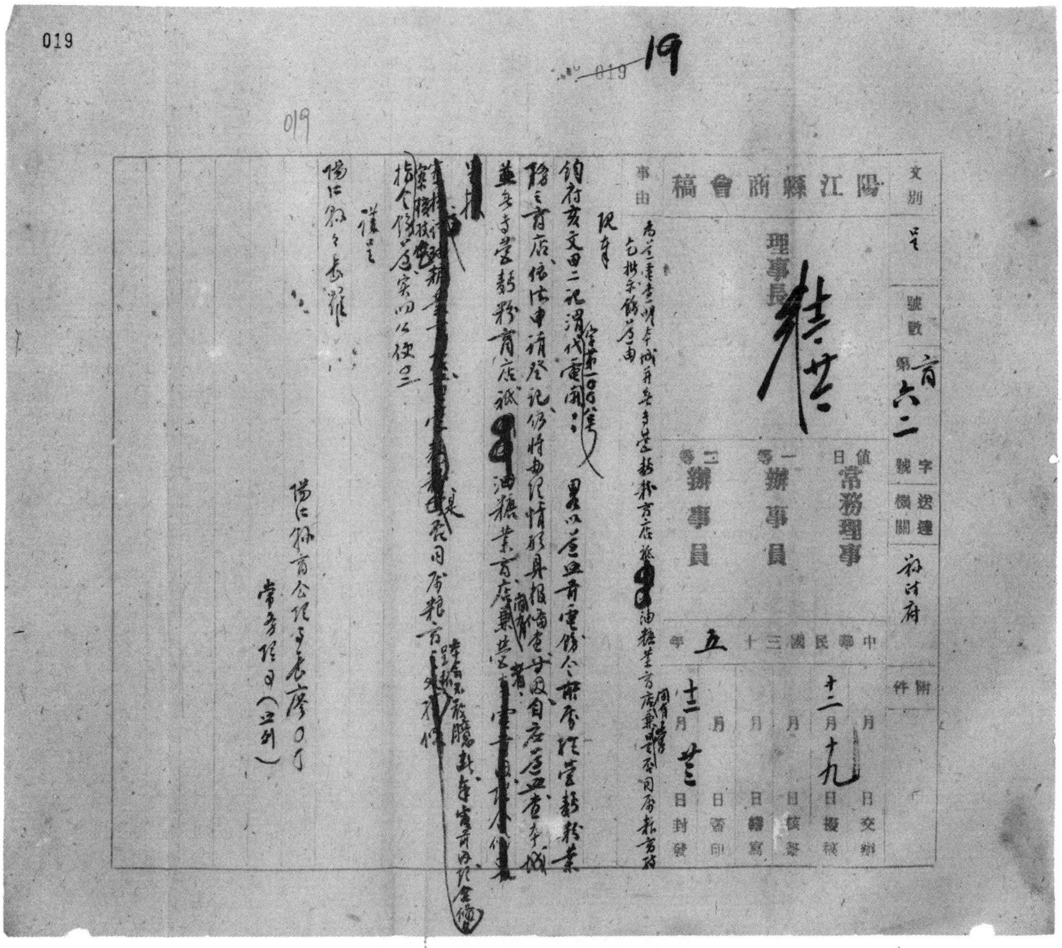
019

陽江縣商會稿

文別 呈

號數 第六二號

字 逹機關 縣政府

附件

事由

理事長

值日常務理事

一等辦事員

二等辦事員

中華民國三十五年

十二月十九日 交辦

十二月廿三日 封發

366. 广东省商会联合会关于省政府通饬停止筹配团警食米及配购军粮的代电（1947年3月6日）

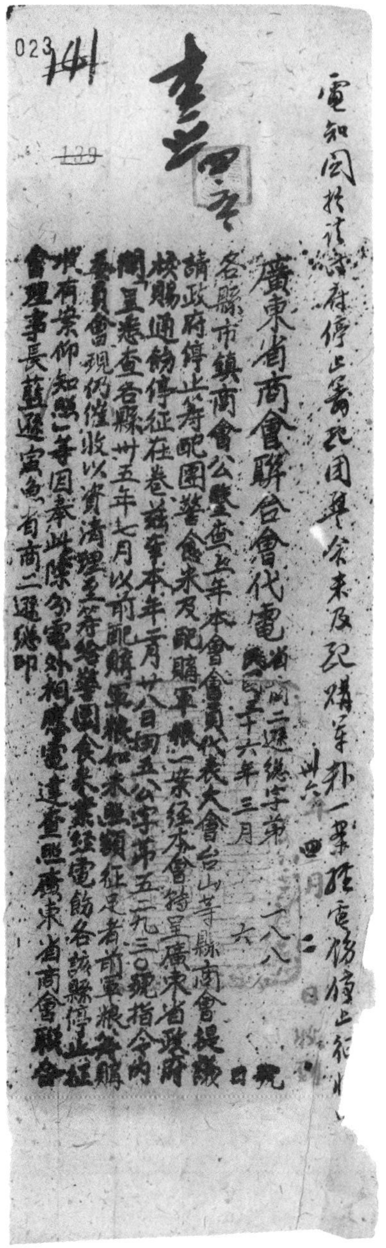
023 141

139

查照

電知同於請省府停止籌配團警食米及配購軍糧一案經電飭停止征收

卅六年四月二日

廣東省商會聯合會代電 省商聯二遲總字第一八八號 民國三十六年三月六日

各縣市鎮商會公鑒：查去年本會會員代表大會台山等縣商會提議請政府停止籌配團警食米及配購軍糧一案，經本會轉呈廣東省政府核賜通飭停征在卷。茲奉本年二月廿八日府五公字第五二九三〇號指令內開：“呈悉，查各縣卅五年七月以前配購軍糧如未繳額征足者，前軍糧籌購委員會現仍催收，以資清理；至籌給警團食米，業經電飭各該縣停止征收，仰知照”等因，奉此，除分電外，相應電達查照。廣東省商會聯合會理事長藍遜寅魚省商二遲總印

367. 广东省商会联合会关于继续免征运输、粮食两业营业税一年的代电（1947 年 3 月 18 日）

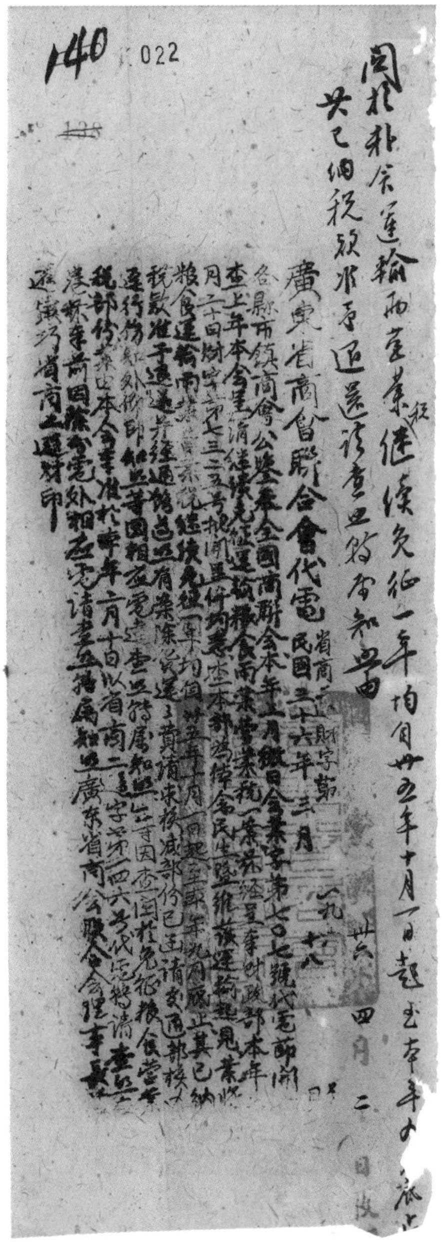

廣東省商會聯合會代電　省商二財字第　號　民國三十六年三月十八

368. 阳江县商会因金融波动发生粮食风潮召集会议呈请县政府察核会议议决案（1948 年 7 月 24 日）

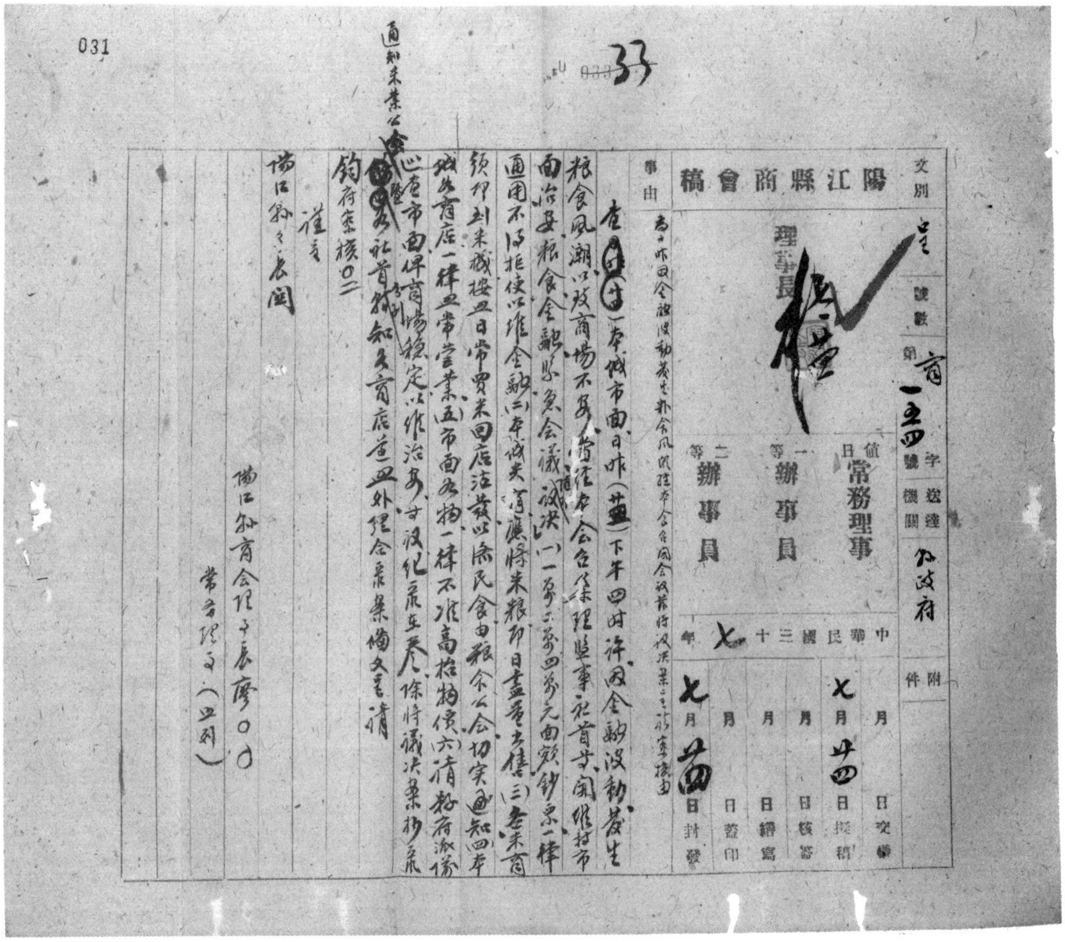

陽江縣商會稿

文别：呈　　號數：第商一五四號　　送達機關：县政府

事由：为本月昨因金融波动发生粮食风潮召集本会会员会议并将议决案呈请察核由

理事長　　值日常務理事　　一等辦事員　　二等辦事員

中華民國三十七年七月廿四日擬稿　七月廿四日封發

查本（廿三）城市面日昨（廿三）下午四时许因金融波动发生粮食风潮，以致商场不安，当经本会召集理监事、社首等开会讨论维持市面治安粮食金融紧急会议，议决：（一）一万元、五万元面额钞票一律通用，不得拒使，以维金融；（二）本城米商应将米粮即日尽量出售；（三）各米商须即到米栈接洽，日常贯米回店，以济民食，由粮食公会切实通知；（四）本城各商店一律照常营业；（五）市面各物一律不准高抬物价；（六）请县府派保警巡查市面，保商场稳定，以维治安。等议纪录在卷，除将议决案抄录通知各商店遵照外，理合录案备文呈请

钧府察核。

谨呈

阳江县长

阳江县商会理事长廖

常务理事

369. 阳江县商会关于集中仓收到枪弹、稻谷函请县第一防剿区委员会查照（1948 年 10 月 19 日）

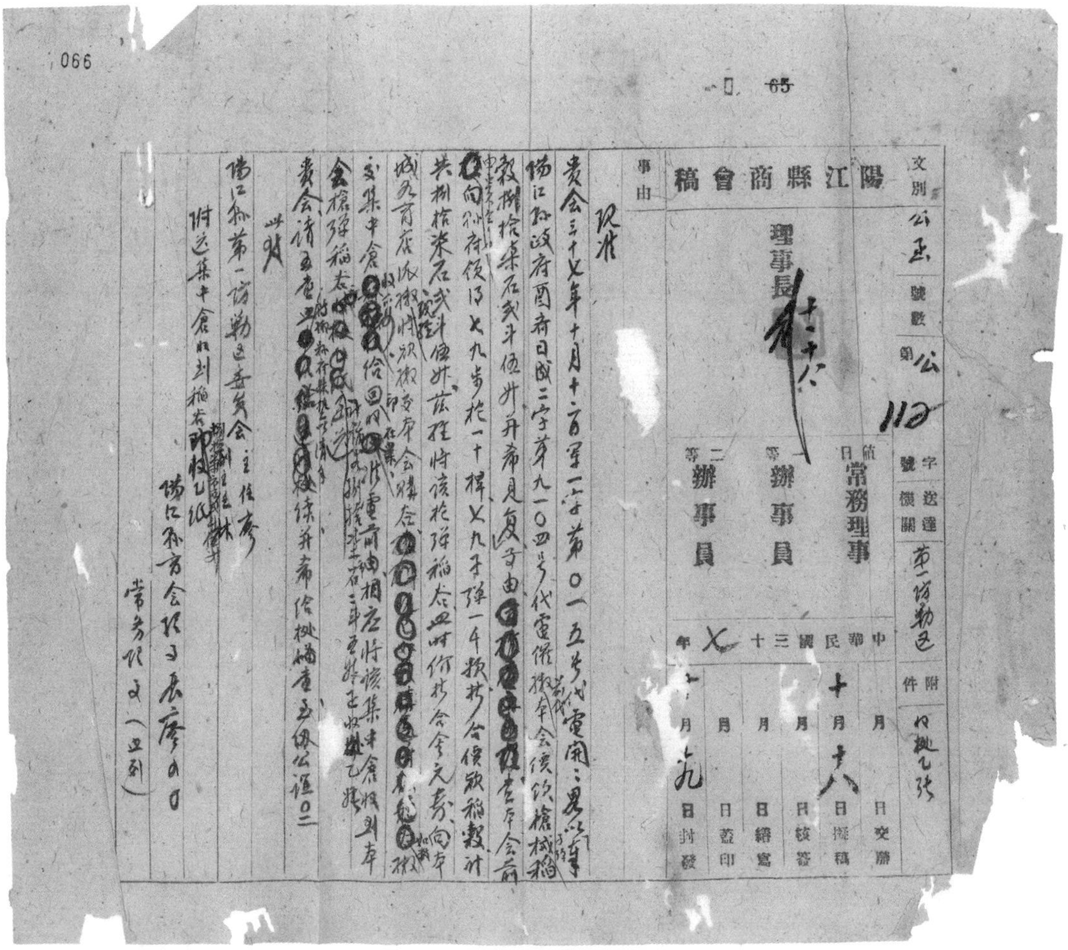
陽江縣商會稿

文別

號數 第

理事長

值日 常務理事

一等 辦事員

二等 辦事員

字號 送達機關

附件

中華民國三十　年

月　日交辦

月　日擬稿

月　日核簽

月　日繕寫

月　日蓋印

月　日封發

事由

370. 阳江县第一防剿区委员会关于县城各铺户每月应缴自卫经粮稻谷增加一倍的代电（1948 年 11 月 25 日）

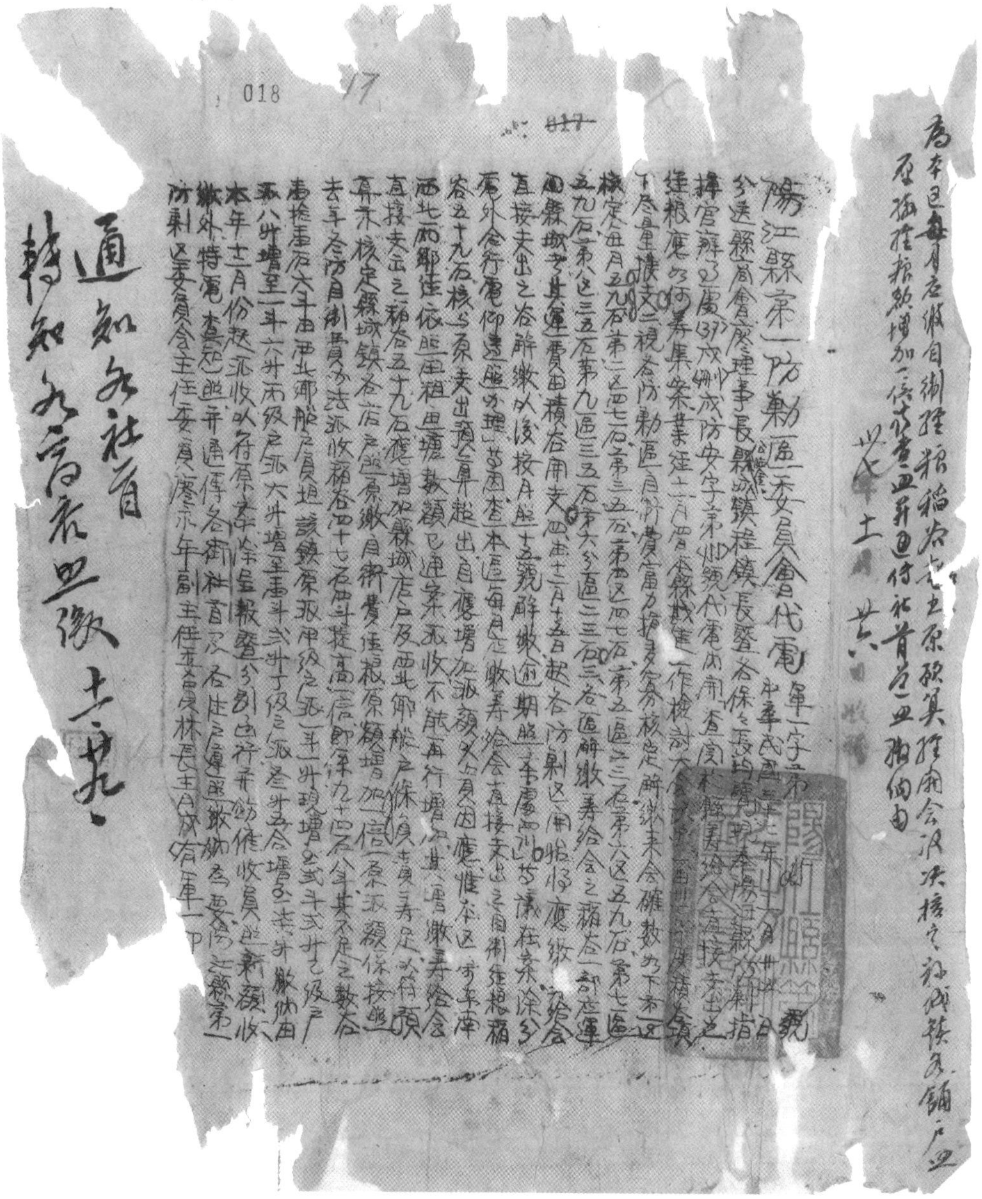
018　17

陽江縣第一防勦區委員會代電　單一字第[illegible]號

分送縣商會[illegible]理事長、縣城鎮[illegible]鎮長暨各保保長均鑒：奉陽江縣第一防勦指揮官辦公處(37)戍[illegible]防安字第[illegible]號代電內開：「查[illegible]本縣[illegible]自衛經糧應如何籌集案，業經十一月四日本縣戡建工作檢討大會[illegible]下各區遵照：[illegible]二、規定各防勦區負擔[illegible]核定解繳米谷確數如下：第一區核定每月五九石，第二區四七石，第三區五五石，第四區四七石，第五區二三石，第六區五九石，第七區五九石，第八區三五石，第九區三五石，第十區二三石。三、各區解繳壽給合之稻谷一部應運回縣城者，其運費由積谷開支。四、由十一月十五日起，各防勦區開始[illegible]直接支出之谷，解繳以後，按月照十五號解繳，逾期照[illegible]議在案，除分電外，合行電仰遵照辦理」等因，查本區每月應繳壽給合直接支出之自衛經糧稻谷五十九石，核與原支出預算超出，自應增加派額，以資因應。惟本區[illegible]西北兩鄉，除依照田租田塘數額已經案派收，不能再行增加，其增繳壽給合直接支出之稻谷五十九石，應增加縣城店户及西北兩鄉船户[illegible]負擔[illegible]。茲[illegible]亦核定縣城鎮各店户照原繳自衛費經糧原額增加一倍（原派額係按照去年各防自衛費分法派收稻谷四十七石四斗，提高一倍，即係九十四石八斗），其不足之數，各[illegible]六十由西北兩鄉船户負擔。該鎮原派甲級之派一斗二升，現增至式斗式升；乙級户派八升，增至一斗六升；丙級之派六升，增至壹斗式升；丁級之派叁升五合，增至柒升，繳納由本年十二月份起派收，以符原案。除呈報暨分別函行并飭催收員照新額收繳外，特電查照，并通傳各街社首，各店户遵照繳納為要。陽江縣第一防勦區委員會主任委員[illegible]副主任委員[illegible]林[illegible]亥有戍[illegible]印

[illegible]本區每月應繳自衛經糧稻谷[illegible]原預算[illegible]會議決[illegible]城鎮各鋪户照原派經糧數增加一倍，由十二月份起并通付社首召[illegible]照辦由

卅七年十一月廿[illegible]

通知各社首

轉知各商店照繳　十一、廿九

371. 阳江县商会向县政府呈报遵电办理摊借保安营主副食稻谷情形并送派借稻谷等级数目册请核办（1949 年 5 月 10 日）+ 附：阳江县商会致各街社首、各业同业公会的通告、阳江县政府的代电（1949 年 5 月）

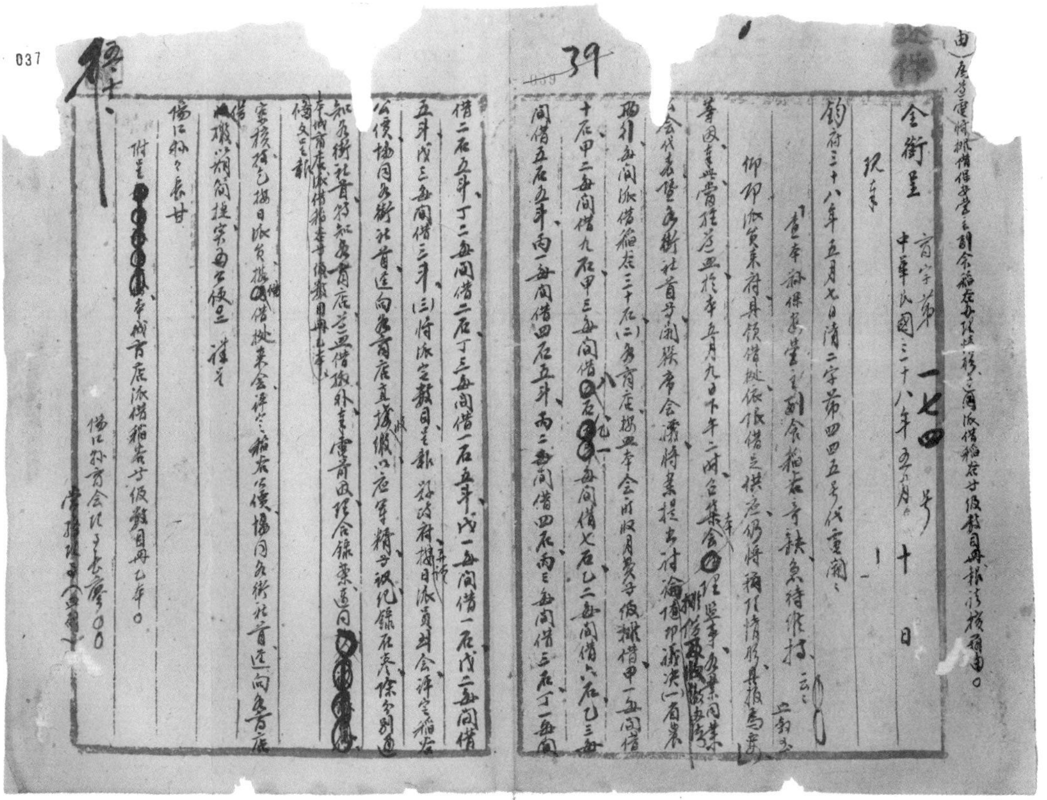

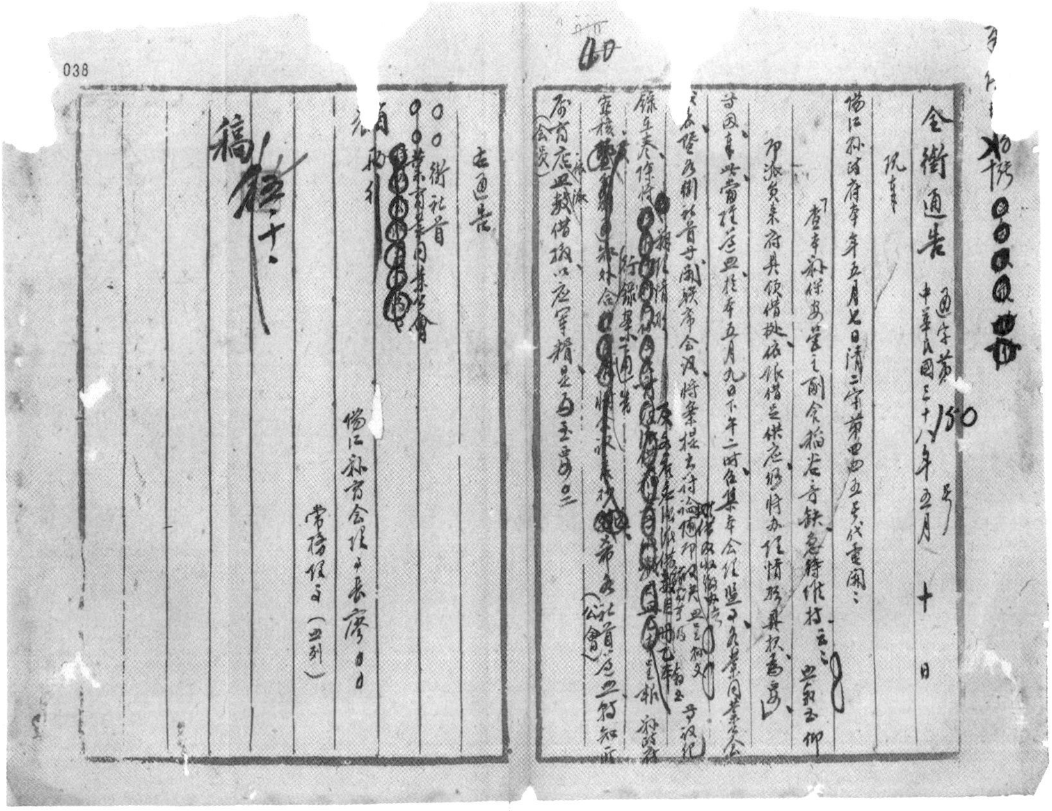
038
全衔通告
通字第150号
中华民国三十八年五月十日

039

041

41

商店攤借
……十五日以前借足撥用由

卅八　五　八

代電

清二

卅八　五　七

急送本縣商會廖理事長覽：查本縣保安警士副食稻谷奇缺，急待維持，在未征起自衛特捐以前，為因應急需，經召集各有關機關首長開會議，決由該商會向本城各商店攤借稻谷叁千市石，限本年五月十五日以前照數借足，報候撥用。該項借谷並由本府劃撥借款，限本年底以前在征起自衛特捐當縣公粮地方積谷項下分別齒還，并得憑據抵納三十八年度田賦及自衛特捐等。除在卷外，仰即派員來府具領借據，依限借足借應，仍將辦理情形具報為要。縣長甘清池辰虞清二印

定本月九日下午二時召集理監事及各公会負責人在本会会议以便解决攤借办法　五、八

并去請縣府財科王科……

372. 阳江县商会理事长廖永年关于召开理监事、各公会和各社首联席会议商讨县政府摊借稻谷办法致县政府张光传科长的函

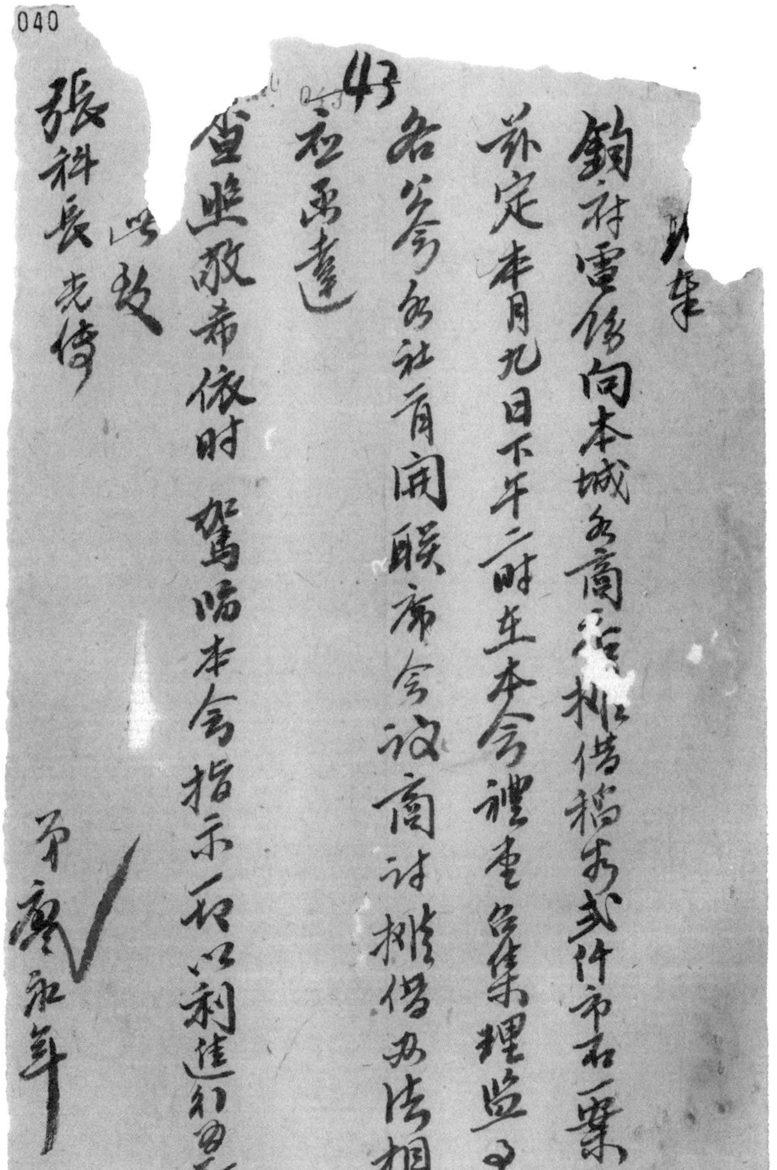

040

43

迳启者：

钧府电饬向本城各商店摊借稻谷弍仟市石一案，兹定本月九日下午二时在本会礼堂召集理监事、各公会、各社首开联席会议，商讨摊借办法。相应函达

台端，敬希依时驾临本会指示，俾得以利进行为荷。

此致

张科长光传

弟廖永年

373. 阳江县民食维持委员会关于常务委员按周轮值次序致廖永年的函（5月9日）

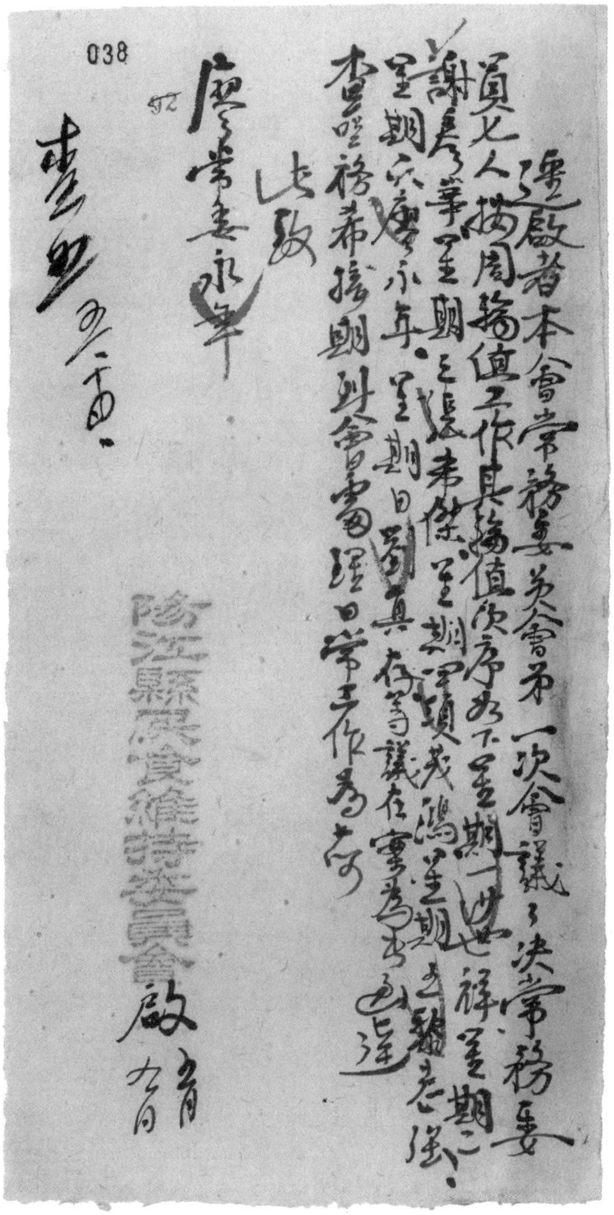

038

逕啟者：本會常務委員會第一次會議議決常務委員七人按周輪值工作，其輪值次序如下：星期一世祥，星期二謝長華，星期三張來傑，星期四茂鴻，星期五翁志強，星期六廖永年，星期日劉真存等議在案，為此函達查照，務希按期到會處理日常工作為荷。

此致

廖常委永年

陽江縣民食維持委員會啟

五月九日

五.十四

（五）物价

374. 阳江县政府关于召开评定牲畜价格会议函请县商会派负责代表依时出席（1942年3月16日）

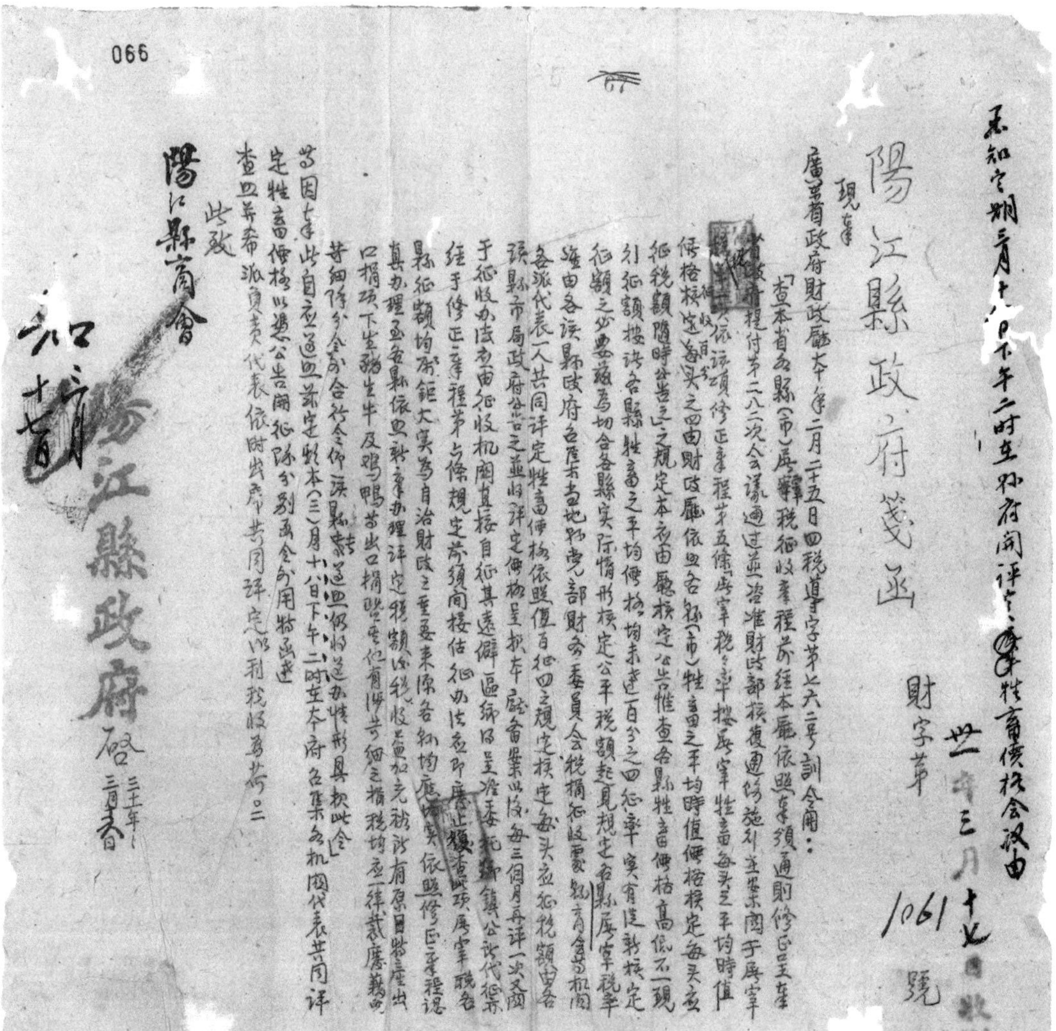

陽江縣政府箋函

財字第1061號

現奉

廣東省政府財政廳……訓令開：

……

此致

陽江縣商會

陽江縣政府啓

三十一年三月十六日

375. 阳江县政府关于举行审定市价出售尚存征存实物调剂民食会议函请县商会主席林洁予依时出席（1942 年 5 月 4 日）

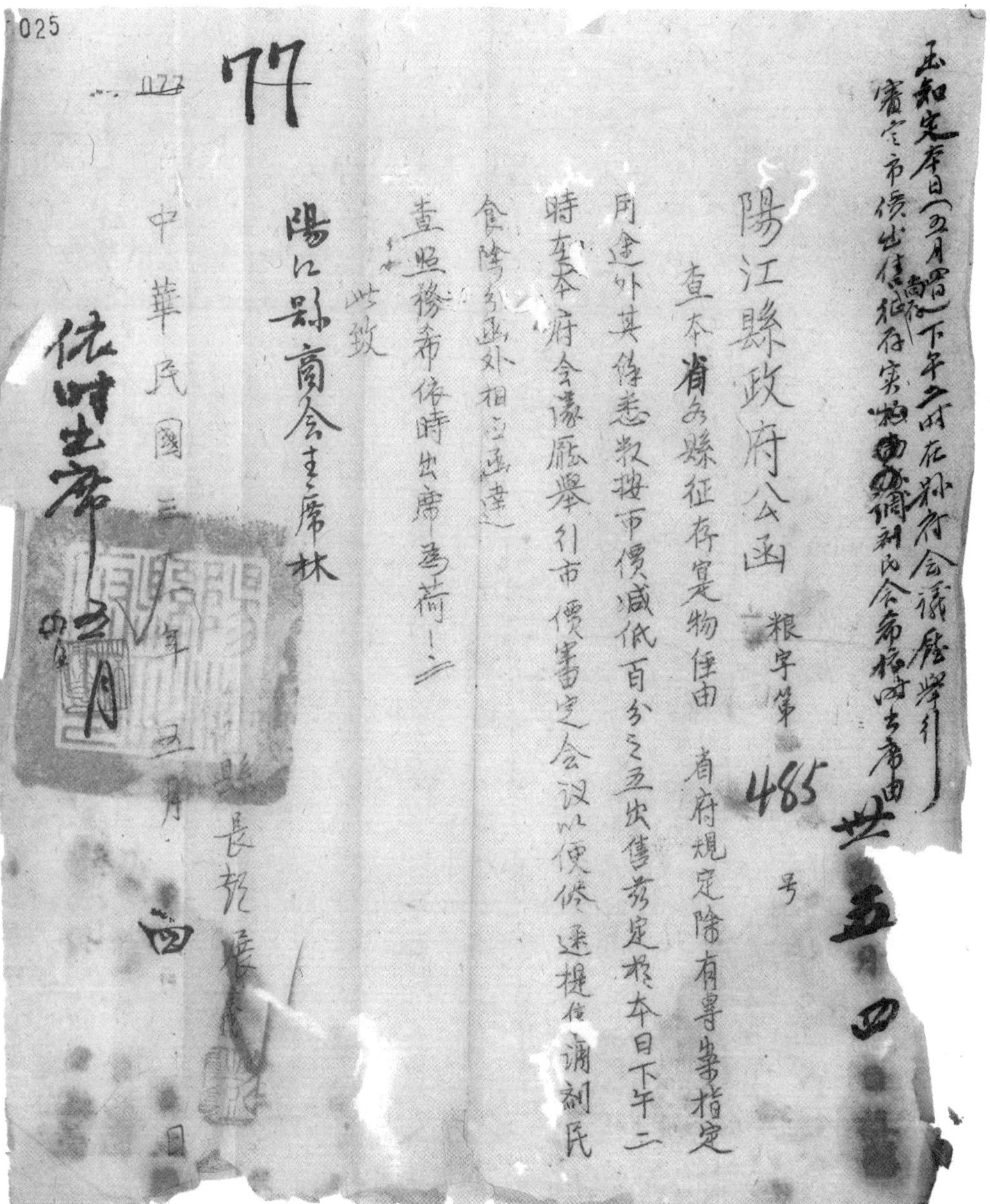

025

077　77

函知定本日（五月四日）下午二时在县府会议厅举行审定市价出售尚存征存实物调剂民食会希依时出席由

卅一 五 四

陽江縣政府公函　粮字第485号

查本省各縣征存實物係由　省府規定除有專案指定用途外其餘悉數按市價減低百分之五出售茲定於本日下午二時在本府會議廳舉行市價審定會議以便從速提售調劑民食除分函外相應函達

查照務希依時出席為荷！

此致

陽江縣商會主席林

縣長　彭

中華民國三十一年五月　四日

依时出席

376. 阳江县商会函复财政部粤桂区食糖专卖局粤西办事处未能派员参加商讨防止糖价增涨方法及议定销售价格会议（1942 年 9 月 18 日）

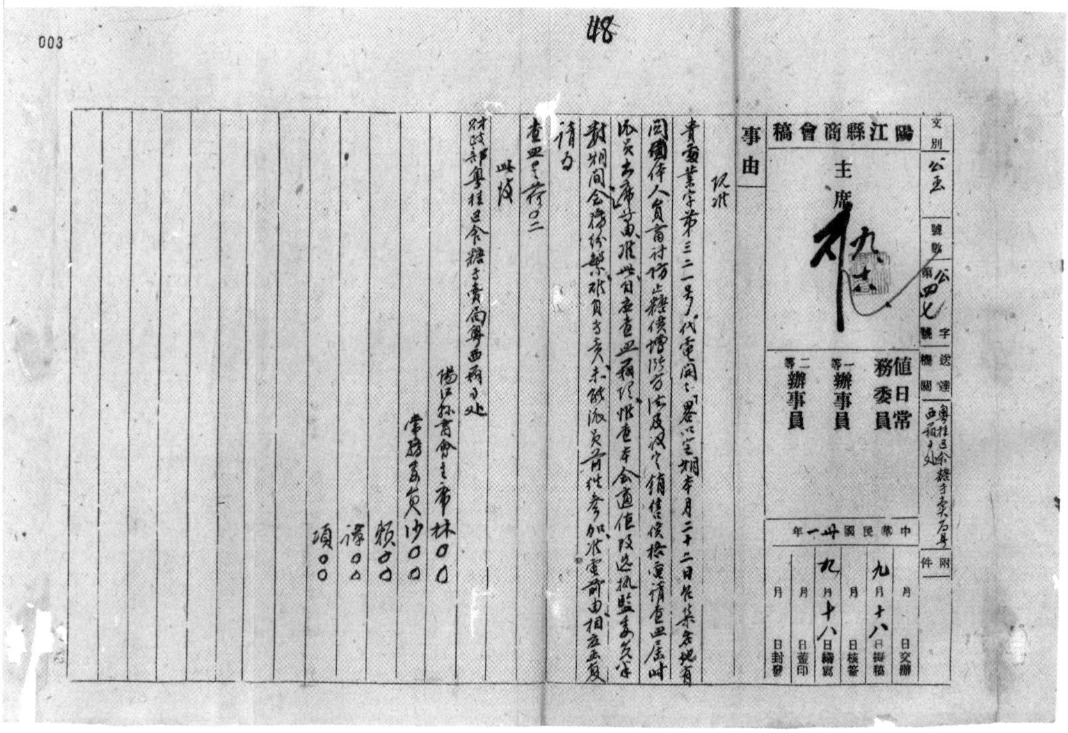

陽江縣商會稿

文別：公函

發文：第公四七號

送達機關：粵桂區食糖專賣局粵西辦事處

主席：（簽名）

值日常務委員

一等辦事員

二等辦事員

中華民國卅一年　九月十八日擬稿　九月十八日繕寫

事由

逕啟者：貴處業字第三二一號代電開："略以定于本月二十二日在某某地召開糖商負責人商討防止糖價增漲方法及議定銷售價格，即請查照屆時派員出席"等由。准此，惟查本會適值改選執監委員交替期間，會務紛繁，負責無人，未能派員前往參加。准電前由，相應函復，

請為

查照是荷。此致

財政部粵桂區食糖專賣局粵西辦事處

陽江縣商會主席林〇〇

常務委員沙〇〇

蔡〇〇

譚〇〇

項〇〇

377. 阳江县商会向阳江地方法院函送 1941 年 8 月起至 1942 年 8 月止每月中等熟米价格单（1942 年 11 月 11 日）

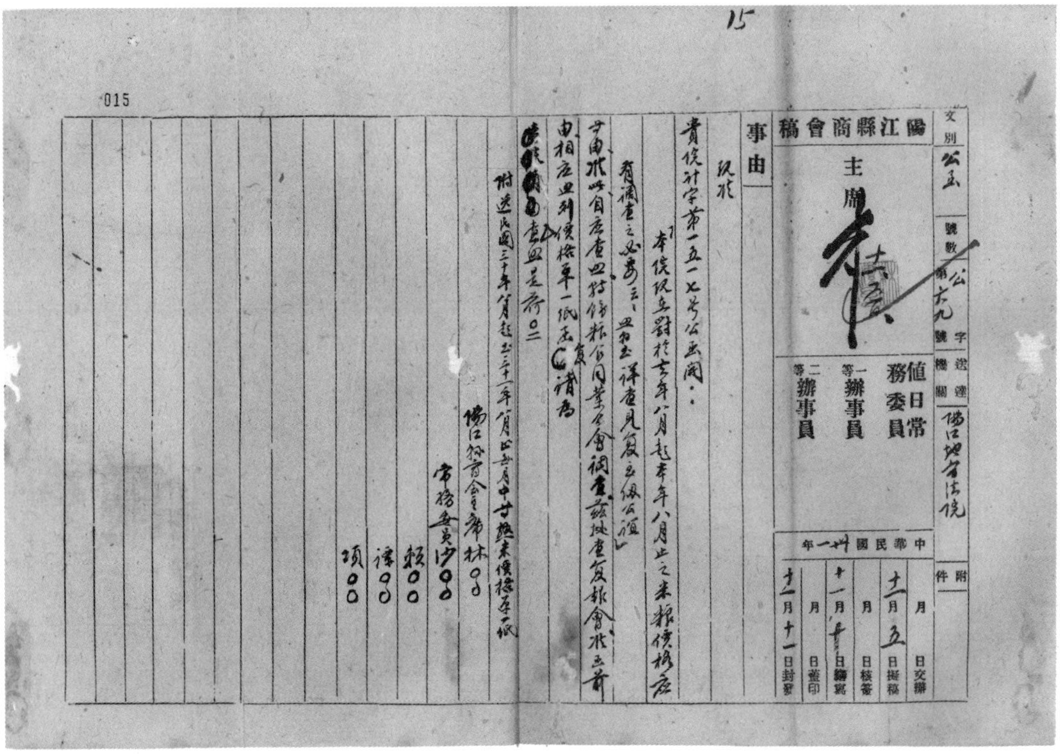
陽江縣商會稿
文別 公函
號數 第 公 字 號
送達機關 陽江地方法院
附件
主席
值日常務委員
一等辦事員
二等辦事員
中華民國卅一年
十一月 五 日擬稿
十一月 十一 日封發
事由 現准
貴院計字第一五一七號公函開：
附送民國三十年八月起三十一年八月止每月中等熟米價格單一紙

378. 阳江县商会奉县政府电抄发趸、零售物价及各业工资登记表暨填报须知通告各业同业公会（1943 年 9 月 18 日）+ 附：趸、零售物价及各业工资登记表暨填报须知

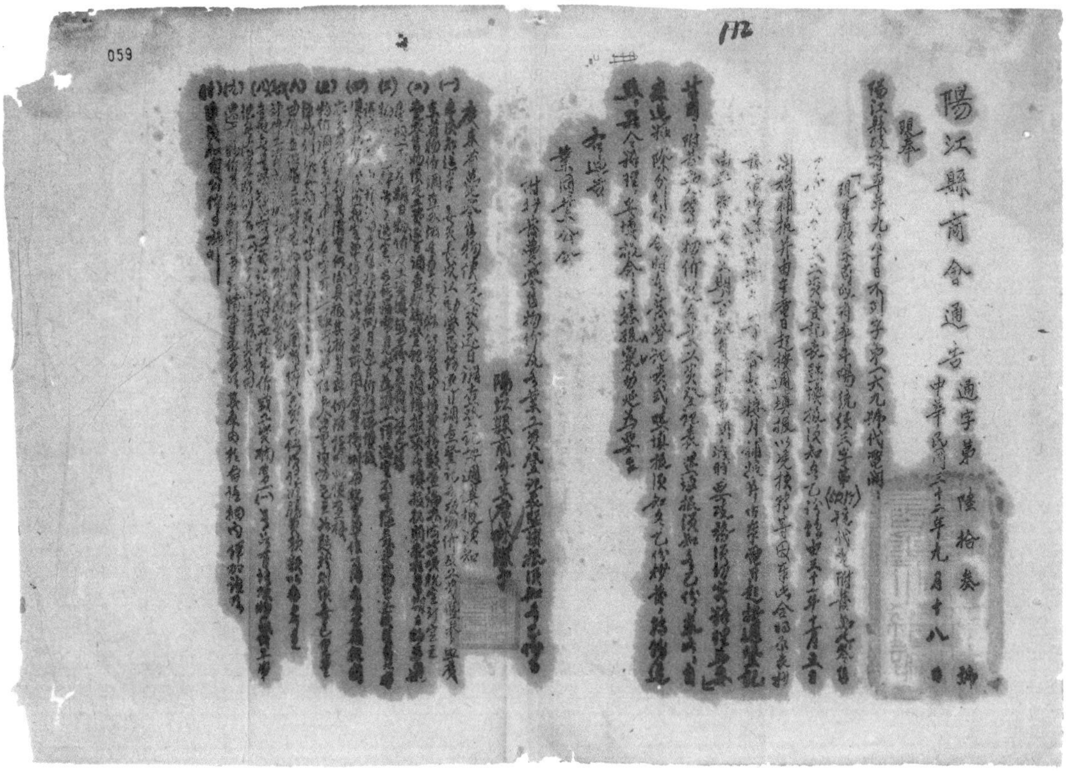

陽江縣商會通告

379. 阳江县商会关于调查限价物品产销状况的通告（1943 年 9 月 18 日）+ 附：电报限价物品产销状况应注意事项

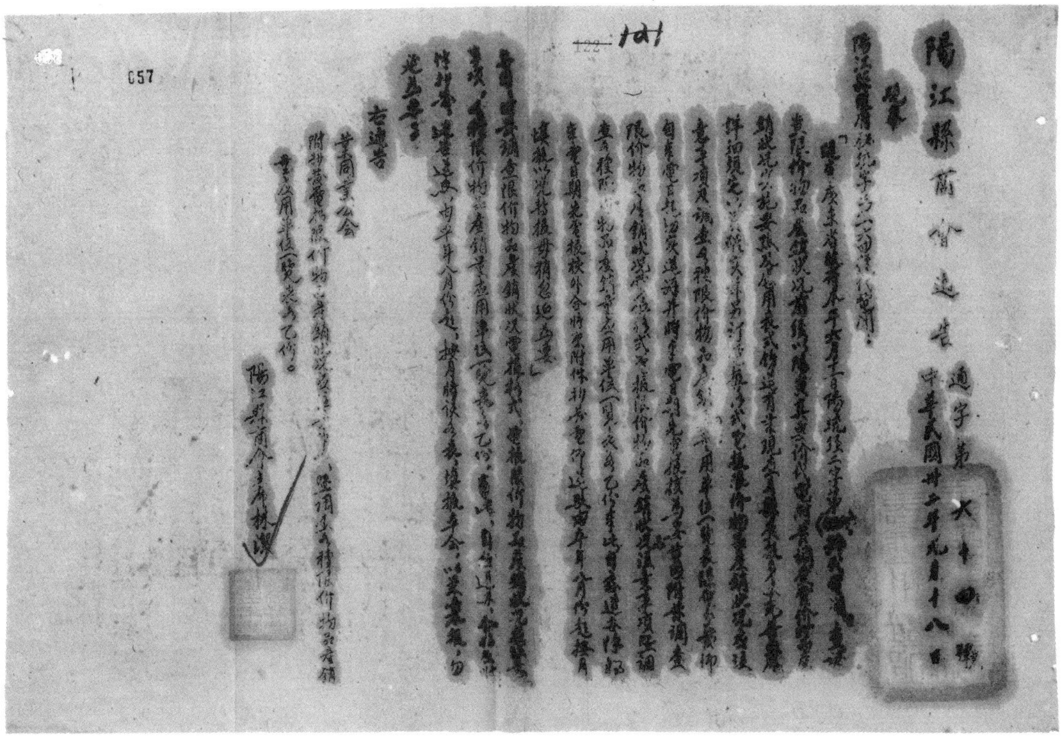

陽江縣商會通告 通字第六十四號

中華民國卅二年九月十八日

右通告

各同業公會

380. 阳江县商会向茶楼饭店业同业公会通告县政府关于物价高涨前定食品价格变更等情的答复（1944 年 3 月 15 日）+ 附：阳江县政府来文简便答复表（1944 年 3 月 15 日）

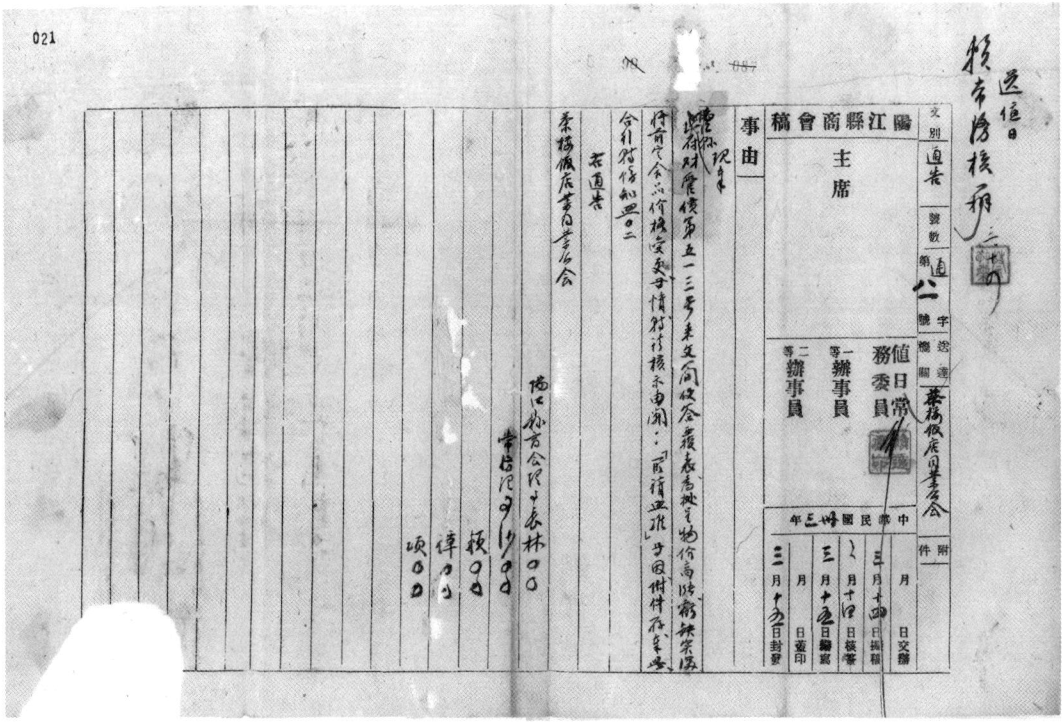

022　99　088

頻事务核閲 三、十六

送值日

陽江縣政府來文簡便答覆表

卅三年三月十四日收到

原發文機關	縣商會
文別	呈
原發文編號	商字第一八三號
原發文月日	二月十七日
簡由	為據呈報偽商振彩缺貨深收茶宗食品價格變更事情請核示由
到文日期	三月十四日
附記	附件存
答覆事項	所請照准

仰轉飭茶業公會知照

陽江縣縣長吳武垍

381. 阳江县商会关于召集米商座谈会应对米价突涨议决案通告糖食业同业公会（1946年1月6日）

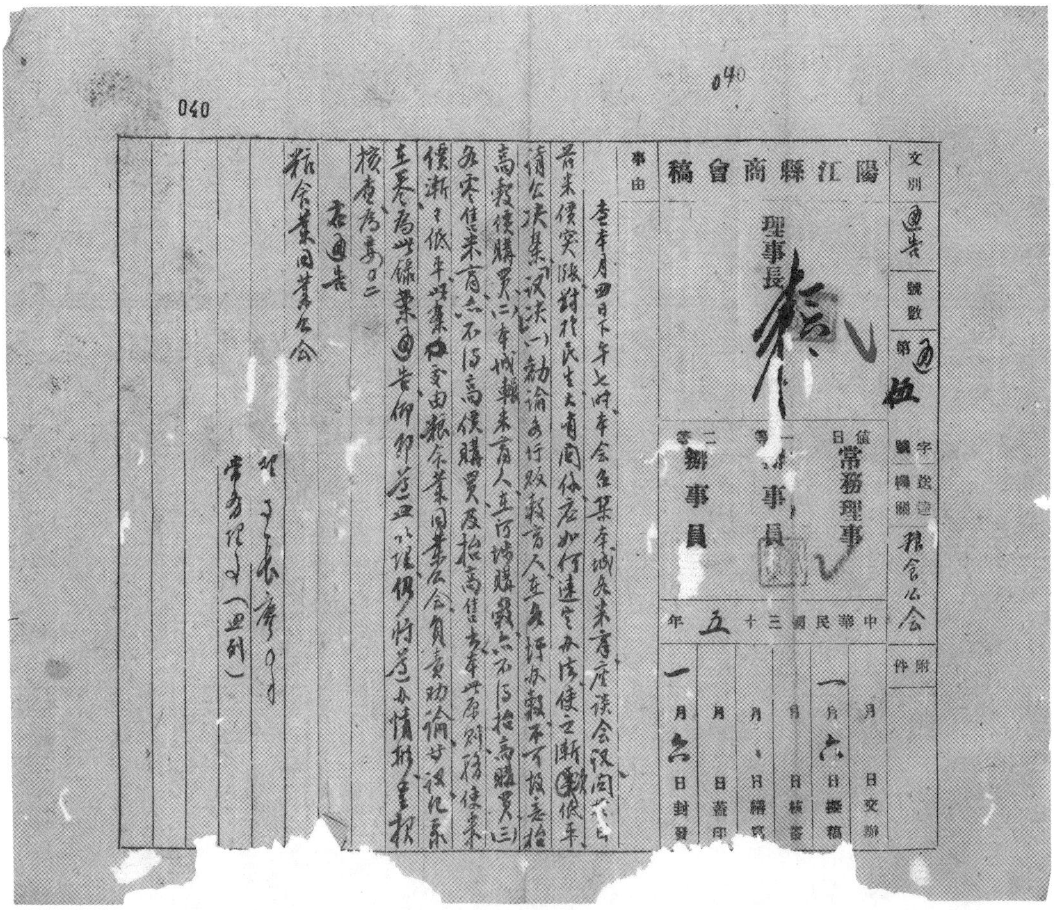
040

陽江縣商會稿

文別：通告

號數：第通五號

送達機關：粮食公会

附件

理事長 [illegible]

值日常務理事

一等辦事員

二等辦事員

中華民國三十五年 一月六日擬稿 一月六日封發

事由

查本月四日下午七时本会召集本城各米商座谈会讨论近日米价突涨对于民生大有关系应如何迅定办法使之断然低平请公决案，议决：（一）勅谕各行贩谷商人在各墟市谷不可故意抬高谷价购买；（二）本城粜米商人在河墟购谷亦不得抬高购买；（三）各零售米商亦不得高价购买及抬高售出，本此原则务使米价渐渐低平。此案交由粮食业同业公会负责劝谕，并议决案呈县备案。为此录案通告，仰即遵照，并将遵办情形呈报核查为要。此二

本通告

粮食业同业公会

理事长 廖〇〇

常务理事 〇〇〇（通刊）

382. 阳江县商会关于物价狂涨拟将月费按级酌增通告各街社首、各业同业公会（1946年3月30日）

328

057

055

陽江

第一九号　民國卅五年三月卅日

查本会三十五年三月廿五日理監事各同業公会各街聯席重要会議討論事項第二案：関於現在物價狂漲影响缺乏，當经召集常務会議議決擬将月费按级酌增，特等月費每月五百元，甲等一级三百七十五元，二级三百五十元，三级三百二十五元，乙等一级三百元，二级二百七十五元，三级二百五十元，丙等一级二百二十五元，二级二百元，三级一百七十五元，丁等一级一百五十元，二级一百二十五元，三级一百元，戊等一级七十五元，二级三级每级各收五十元。其餘漆業同業公会每月共納月费二千五百元，查存照收案。議決照案通过，由本年四月份起收，等議紀录在卷。為此録案通告，仰該○○迅即轉知該街各商店遵照繳納，以維本会經費為要。此告。

右通告

○○街社首

○○業同業公會

陽江縣商會

理事長　廖永年

常务理事　史采石

劉佳湖

譚宏澤

何澤釗

383. 广东省商会联合会向各县市镇区商会电发取缔违反限价议价条例（1947 年 4 月 17 日）+ 附：取缔违反限价议价条例

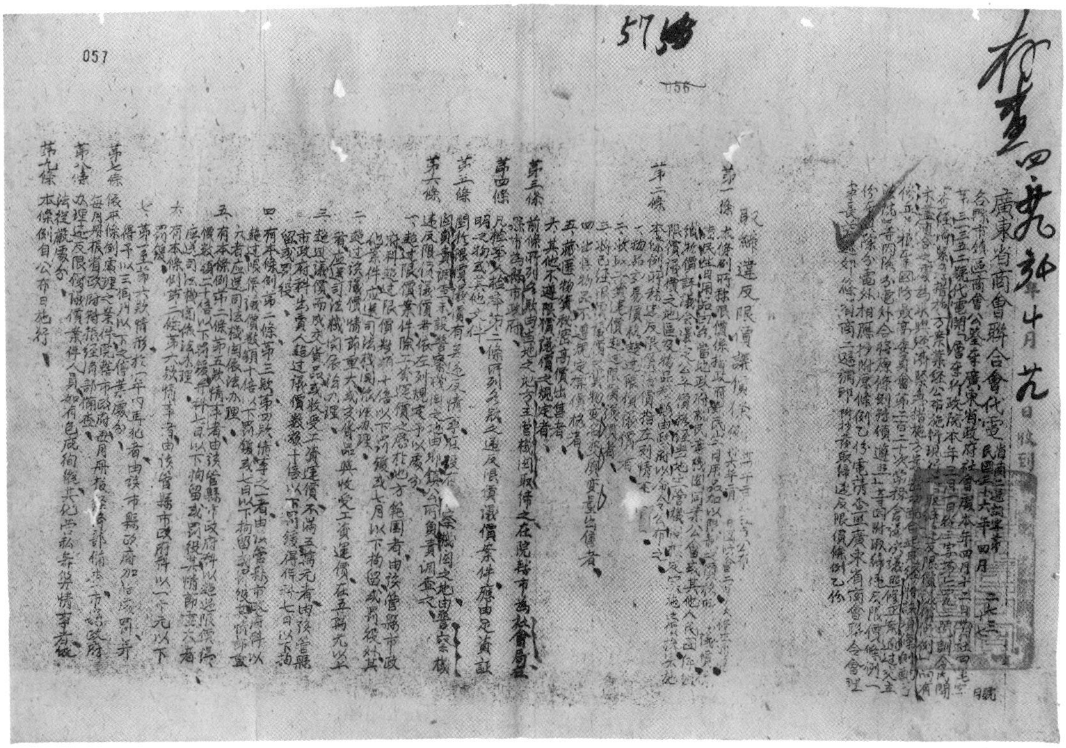

384. 阳江县商会向阳江地方法院函送 1943 年 9 月间油豆等项价格与现时物价对应清单（1947 年 4 月 22 日）

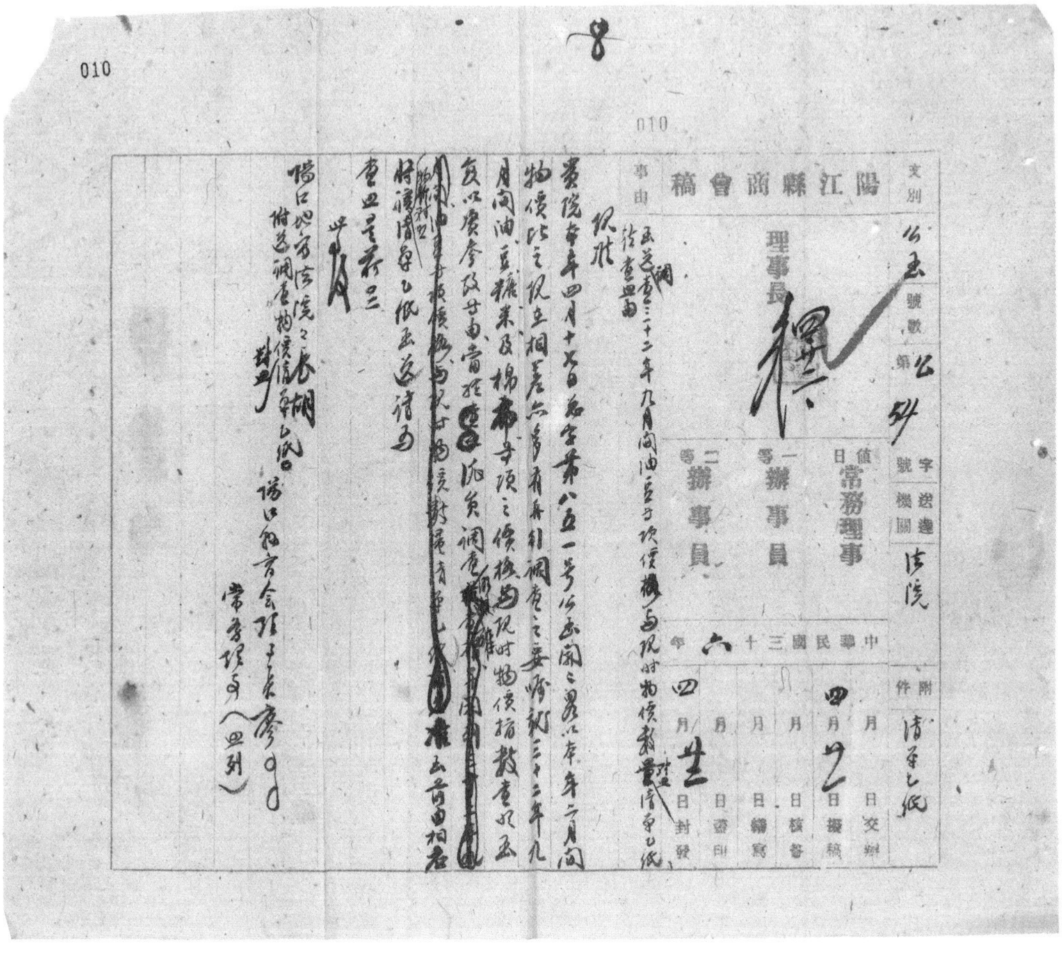
陽江縣商會稿

文別：公函

號數：第公54號

送達機關：法院

附件：清單乙紙

事由：函送調查三十二年九月間油豆等項價格與現時物價對照清單乙紙

理事長

值日常務理事

一等辦事員

二等辦事員

中華民國三十六年四月廿二日交辦　四月廿二日擬稿　月　日核稿　月　日繕寫　月　日蓋印　月　日封發

385. 阳江县商会向交通部第六区电信管理局函送 1947 年 3 月份米价证明单（1947 年 5 月 1 日）

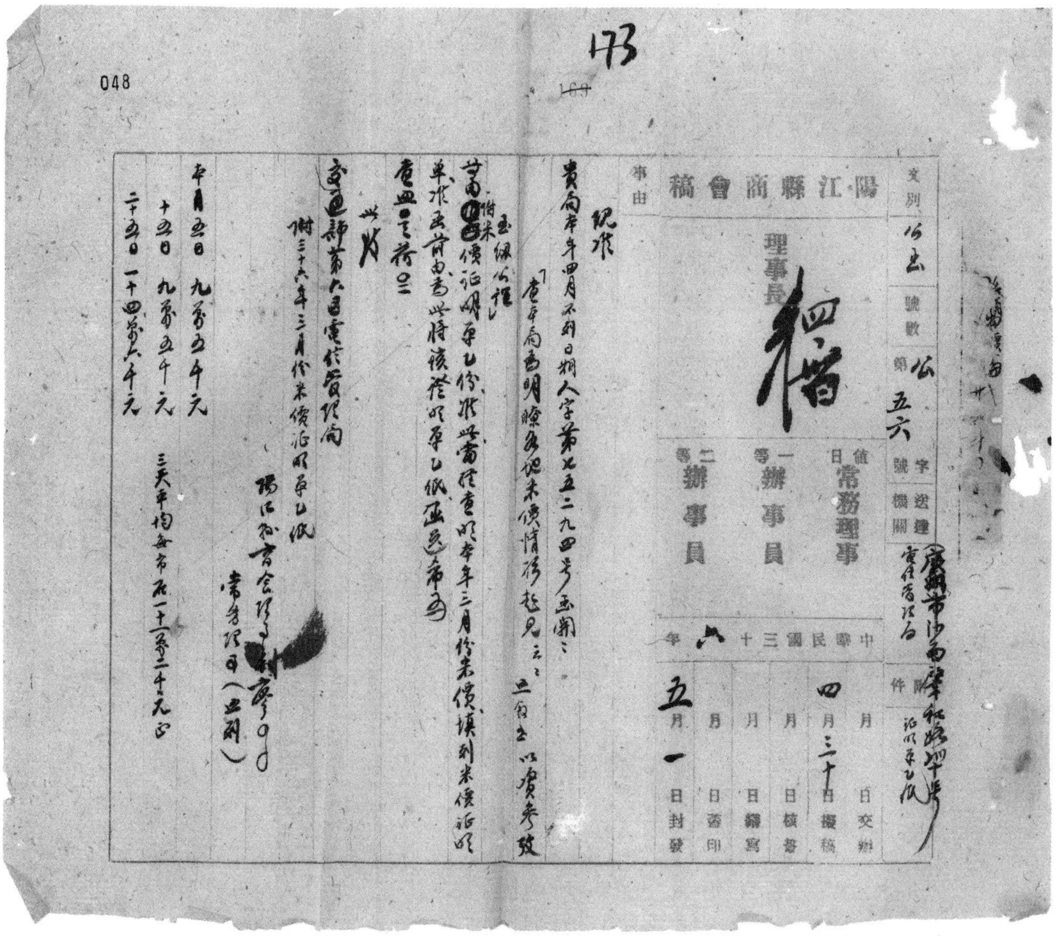

048

173

陽江縣商會稿

事由

文別 公函

號數 第 公 五六 號

送達機關 廣州市沙面交通部第六區電信管理局

附件 證明單乙紙

理事長 [signature]

值日常務理事

一等辦事員

二等辦事員

中華民國三十六年

四月三十日擬稿

五月一日封發

逕復者：

貴局本年四月不列日粵人字第七五二九四號函開：

「查本局為明瞭各地米價情形起見」云云。等由，以資參考。

准此，相應檢同米價證明單乙份，隨函附送，即希查照，並請將本年三月份米價填列米價證明單乙紙，函送本局為荷。

此致

交通部第六區電信管理局

附三十六年三月份米價證明單乙紙

陽江縣商會理事長 [signature]

常務理事（出聞）

本月五日 九萬五千元

十五日 九萬五千元

二十五日 一十四萬六千元

三天平均每市石一十一萬二千元正

386. 阳江县政府关于转发各地粮价剧涨危害民生再规定办法三项的代电（1947 年 6 月 12 日）

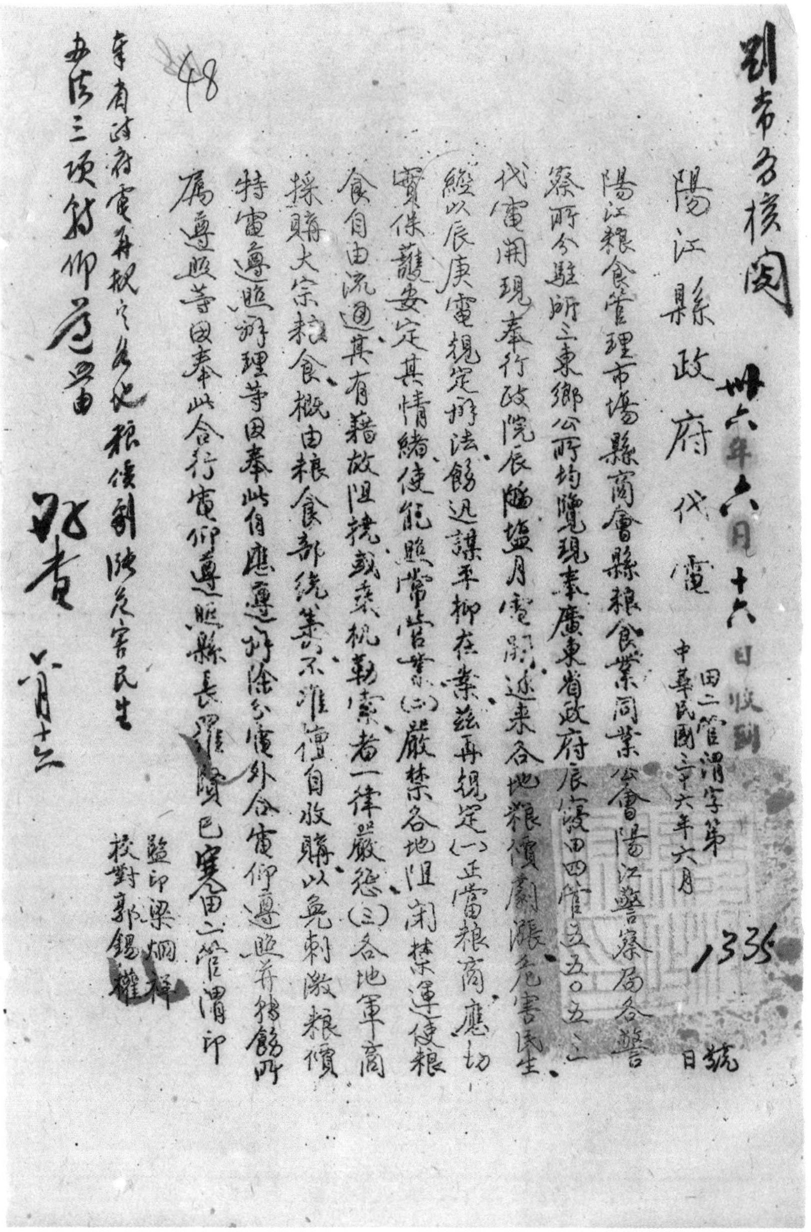

列布各核阅

阳江县政府代电

田二管渭字第 1335 号

中华民国卅六年六月　日

卅六年六月十六日收到

阳江粮食管理市场县商会县粮食业同业公会阳江警察局各警察所分驻所三东乡公所均览：现奉广东省政府辰俭田四管五五〇五三代电开：现奉行政院辰[illegible]盐月电开：近来各地粮价剧涨，危害民生，经以辰庚电规定办法，饬迅谋平抑在案。兹再规定：（一）正当粮商应切实保护安定，其情绪使能照常营业；（二）严禁各地阻闭禁运，使粮食自由流通，其有藉故阻挠或乘机勒索者，一律严惩；（三）各地军商采购大宗粮食，概由粮食部统筹，不准擅自收购，以免刺激粮价。特电遵照办理等因，奉此，自应遵办，除分电外，合电仰遵照，并转饬所属遵照。等因，奉此，合行电仰遵照。县长罗[illegible]已寒田二管渭印

监印　梁炯祥

校对　郭锡权

本府奉省府电再规定各地粮价剧涨危害民生办法三项转仰遵照

照查

六月十二

48

387. 催收员黄志等为市面米价狂涨向县商会理事长廖永年联请照市面米价支给 4 月份员役米薪的报告（1948 年 5 月 3 日）

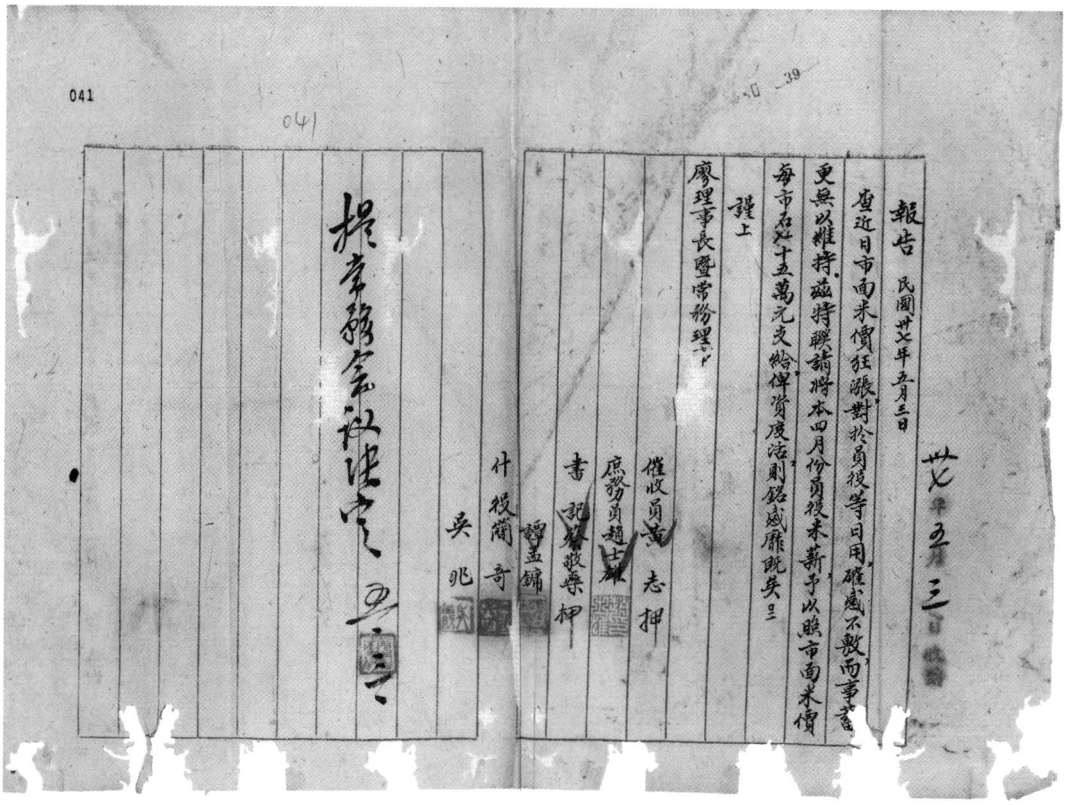

報告　民國卅七年五月三日

查近日市面米價狂漲，對於員役等日用，確感不敷，而事畜更無以維持。茲特聯請將本四月份員役米薪予以照市面米價每市石六十五萬元支給，俾資度活，則銘感靡既矣。

謹上

廖理事長暨常務理事

催收員黃志押

庶務員趙士權

書記蔡敬燊押

譚孟鏞

什役簡奇

吳兆

提常務會議決定

五、三

卅七年五月三日收到

388. 阳江县屠业职业工会为限价太低屠商亏本函请县警察局局长召集会议复评肉价（1948 年 8 月 20 日）

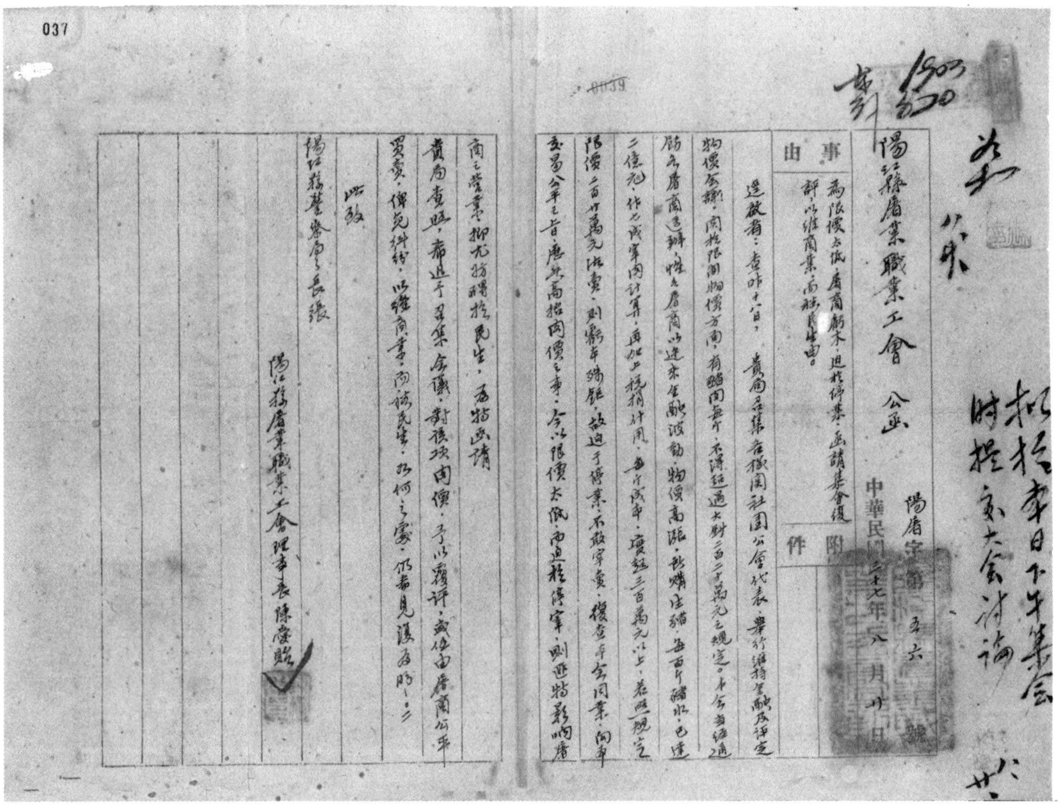

陽江縣屠業職業工會公函　陽屠字第五六號　中華民國三十七年八月廿日

事由：為限價太低，屠商虧本，迫於停業，函請集會復評，以維商業而裕民生由。

逕啟者：查昨十八日，貴局召集各機關社團公會代表，舉行維持金融及評定物價會議，關於限制物價方面，有豬肉每斤不得超過大對二百二十萬元之規定。本會當經通飭各屠商遵辦，惟各屠商以近來金融波動，物價高漲，就購生豬，每百斤豬水，已達二億元，作九成宰肉計算，再加上稅捐什用，每斤成本，實超三百萬元以上，若照規定限價二百廿萬元派賣，則虧本殊鉅，故迫于停業，不敢宰賣。復查本會同業，向本屠宰公平之旨，應無高抬肉價之事，今以限價太低，而迫于停宰，則匪特影響屠商之營業，抑尤妨碍於民生，為特函請貴局查照，希迅予召集會議，對該項肉價予以覆評，或任由屠商公平買賣，俾免紛紛，以維商業，而裕民生，如何之處，仍希見復為盼。

此致

陽江縣警察局局長張

陽江縣屠業職業工會理事長陳慶賢

擬於本日下午集會時提交大會討論

389. 阳江县政府关于附发县城评议各种物价数目表、执行物价管制的代电（1948 年 9 月 9 日）+ 附：阳江县城评议各种物价数目表

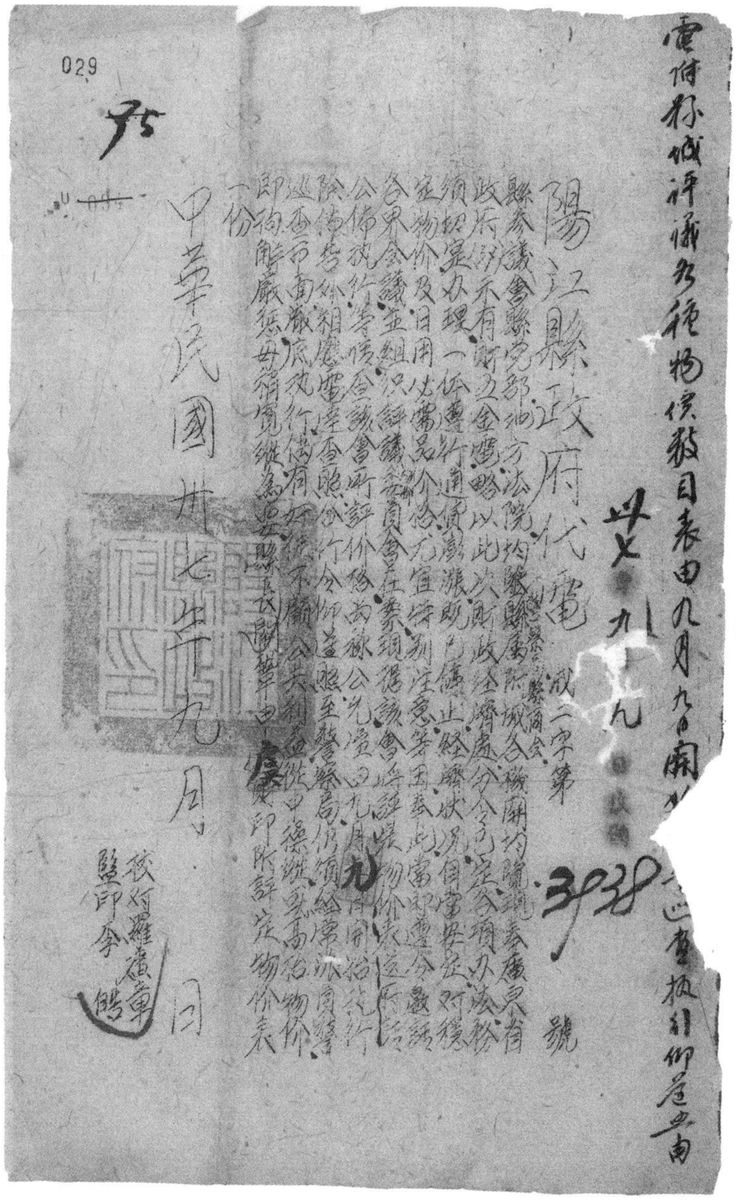
陽江縣政府代電

中華民國卅七年九月　日

030

96

005

陽江縣城郊議各種物價數目表

類別	名稱	評定參考價目（金元）	備考
谷米類	大米（即機揚香米）	二八〇	一、所各貨價格係以每斤計算。二、大米（即機揚香米）價目[illegible]。三、[illegible]。四、[illegible]。五、[illegible]。
	上米（特龍米）	二一五	
	中米	二〇〇	
	下米	一八五	
柴草類	上等柴	二〇〇	每百斤計算
	中等柴	一七〇	
	下等柴	一五〇	
油糖類	花生油	一〇五	每斤計算
	黃糖	三〇	
	上白糖	三七	
	靚砂糖	三五	
	深火水	四五	
	上火水	三五	
	游泳火柴	一八	每包（即十盒計算）
肉類	豬肉	一三〇	每斤計算（未包應）
	牛肉	九〇	
	雞卷	一二〇	
	生雞	九〇	
	鹹鯇魚	五〇	
	鹹鰽魚	四〇	
	鹹鰔魚	二五	
	海特價魚（包括大[illegible]）	三五	
	海上等魚	四五	
	海中等魚	二五	

390. 阳江县政府电饬县警察局、县商会派员晓谕各商遵照评定物价售货（1948 年 9 月 14 日）

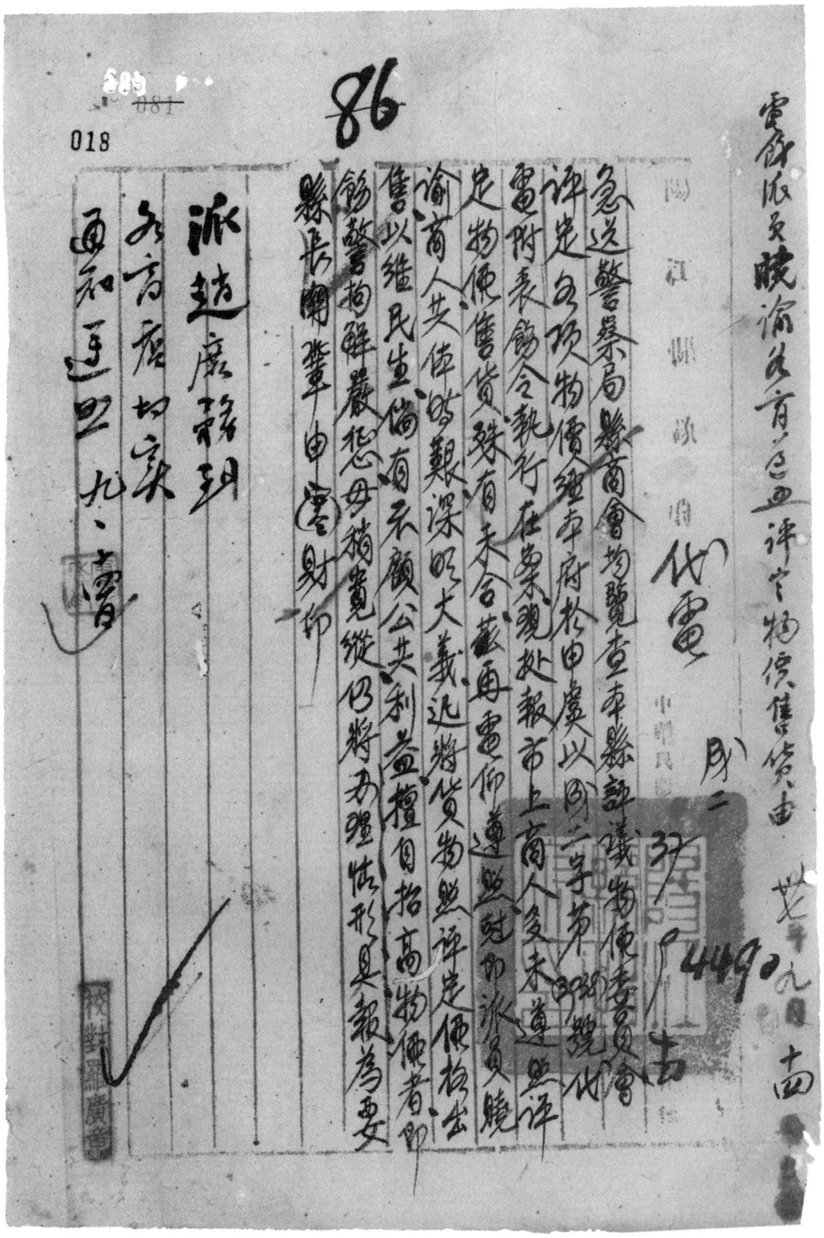

電飭派員曉諭各商遵照評定物價售貨由

陽江縣政府代電

急送警察局縣商會均覽查本縣評議物價委員會評定各項物價經本府於由虞以陽二字第　號代電附表飭令執行在案現據報市上商人多未遵照評定物價售貨殊有未合茲再電仰遵照即派員曉諭商人共體時艱深明大義迅將貨物照評定價格出售以維民生倘有不顧公共利益擅自抬高物價者即飭警拘解嚴懲毋稍寬縱仍將辦理情形具報為要

縣長謝鞏申　財印

391. 阳江县商会向县政府呈报晓谕县城各商店按评定各种物价出售情形（1948 年 9 月 17 日）

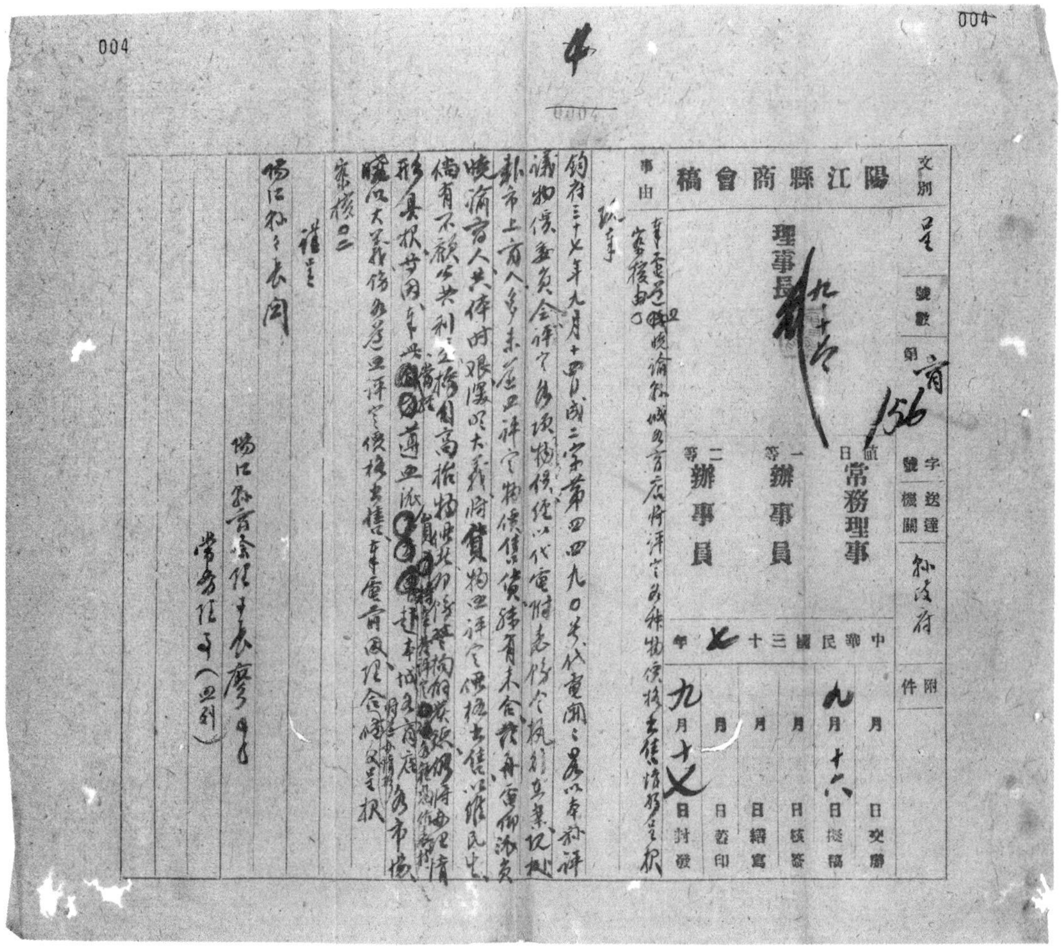

稿　阳江縣商會

文別：呈

字號：第 156 號

送達機關：縣政府

理事長

常務理事

一等辦事員

二等辦事員

事由：奉電呈報晓谕县城各商店将评定各种物价按照出售情形请察核由

钧府三十七年九月十四日成二字第四四九〇号代电开：案以本府评议物价委员会评定各项物价，经以代电附表令饬[illegible]新市上商人务求遵照评定物价售货，[illegible]有未合，亟再电仰该会晓谕商人共体时艰，深明大义，将货物照评定价格出售，以维民生。倘有不顾公共利益，擅自高抬物价[illegible]等因，奉此[illegible]通知本城各商店[illegible]遵照评定价格出售[illegible]奉电前因，理合备文呈报，察核。

谨呈

阳江县县长 周

阳江县商会理事长 [illegible]

常务理事 [illegible]

中華民國三十七年九月十六日擬稿　九月十七日封發

392. 阳江县屠业职业工会理事长苏廷爵为猪肉限价评定太低呈请县物价评议委员会召集会议复评略为提高（1948 年 9 月 24 日）

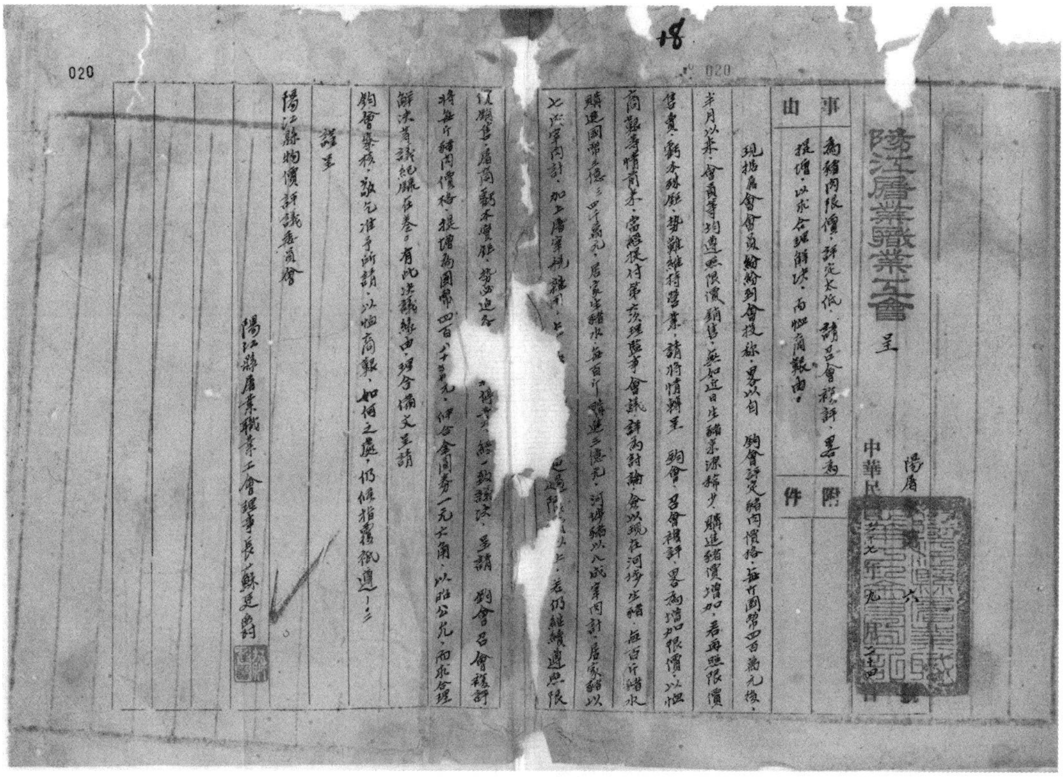

陽江屠業職業工會 呈

事由：為豬肉限價，評定太低，請召會複評，略為提增，以求合理解決，而恤商艱由。

附件

現據屠會會員紛紛到會投訴，略以自 鈞會評定豬肉價格，每斤國幣四百萬元後，半月以來，會員等均遵照限價銷售，無如近日生豬來源稀少，購進豬價增加，若再照限價售賣，虧本殊甚，勢難維持營業，請將情轉呈 鈞會，召會複評，略為增加限價，以恤商艱等情前來，當經提付第六次理監事會議，詳為討論，僉以現在河埗生豬，每百斤豬水購進國幣七億三四千萬元，屠家生豬水每百斤[illegible]購進七億元，河埗豬以八成宰肉計，屠家豬以七成宰肉計，加上屠宰稅豬捐、[illegible]已逾限[illegible]以上，若仍繼續遵照限價出售，屠商虧本實鉅，勢無迫令[illegible]，經一致議決，呈請 鈞會召會複評，將每斤豬肉價格提增為國幣四百八十萬元，折合金圓券一元六角，以昭公允，而求合理解決等議紀錄在卷，有此決議緣由，理合備文呈請

鈞會察核，懇乞准予所請，以恤商艱，如何之處，仍候指示祇遵！

謹呈

陽江縣物價評議委員會

陽江縣屠業職業工會理事長 蘇廷爵

中華民國三十七年九月二十四日

393. 莫铨记等菜商为菜价评定低难配成本联请县警察局局长查明准照每斤国币 40 万元发售的呈（1948 年 9 月 27 日）

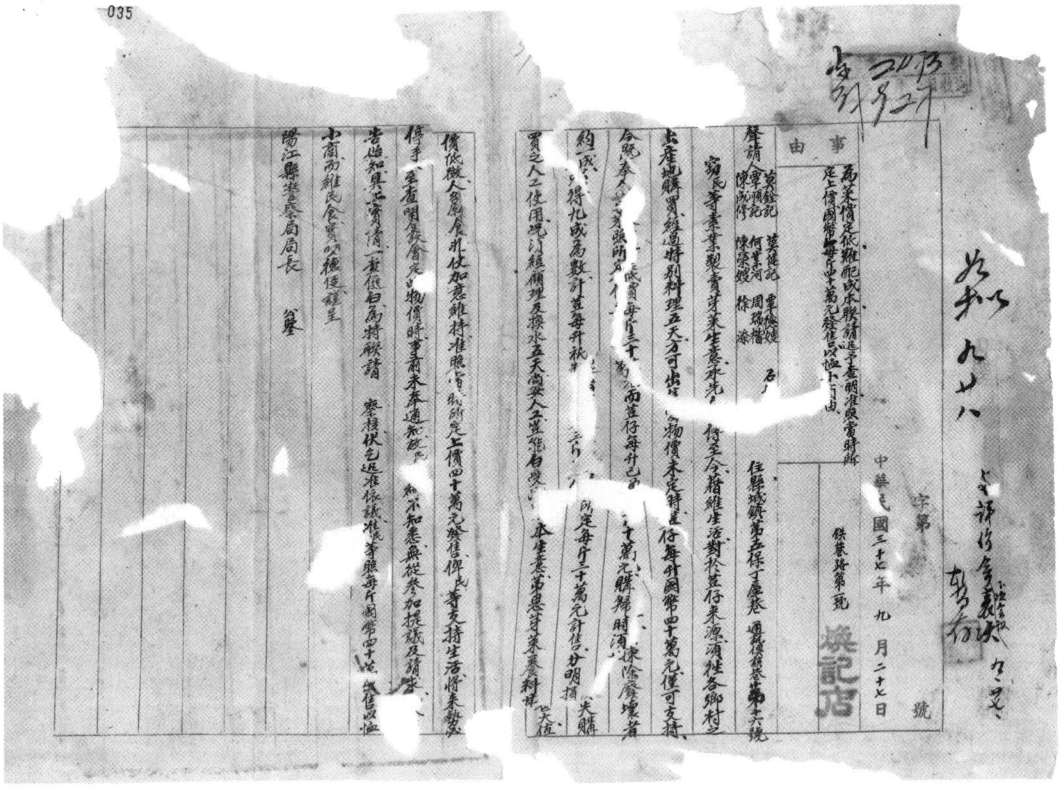

394. 阳江县商会米价证明单（1948 年 10 月 11 日）

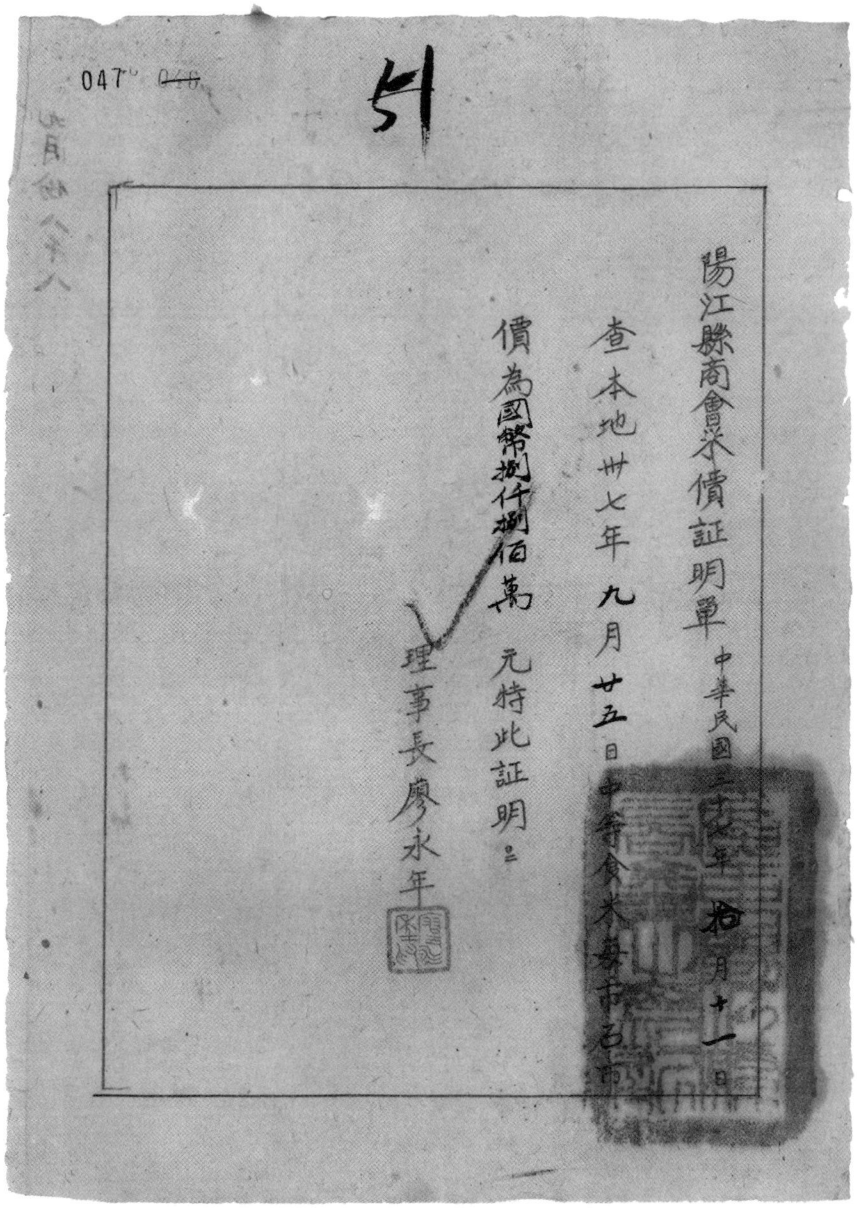

陽江縣商會米價証明單

查本地卅七年九月廿五日中等食米每市石市價為國幣捌仟捌佰萬元特此証明

理事長廖永年

中華民國三十七年拾月十一日

395. 阳江县商会函复阳江地方法院 1948 年 8 月间市面稻谷价格（1949 年 3 月 25 日）+ 附：阳江地方法院致县商会理事长廖永年的公函（1949 年 3 月 23 日）

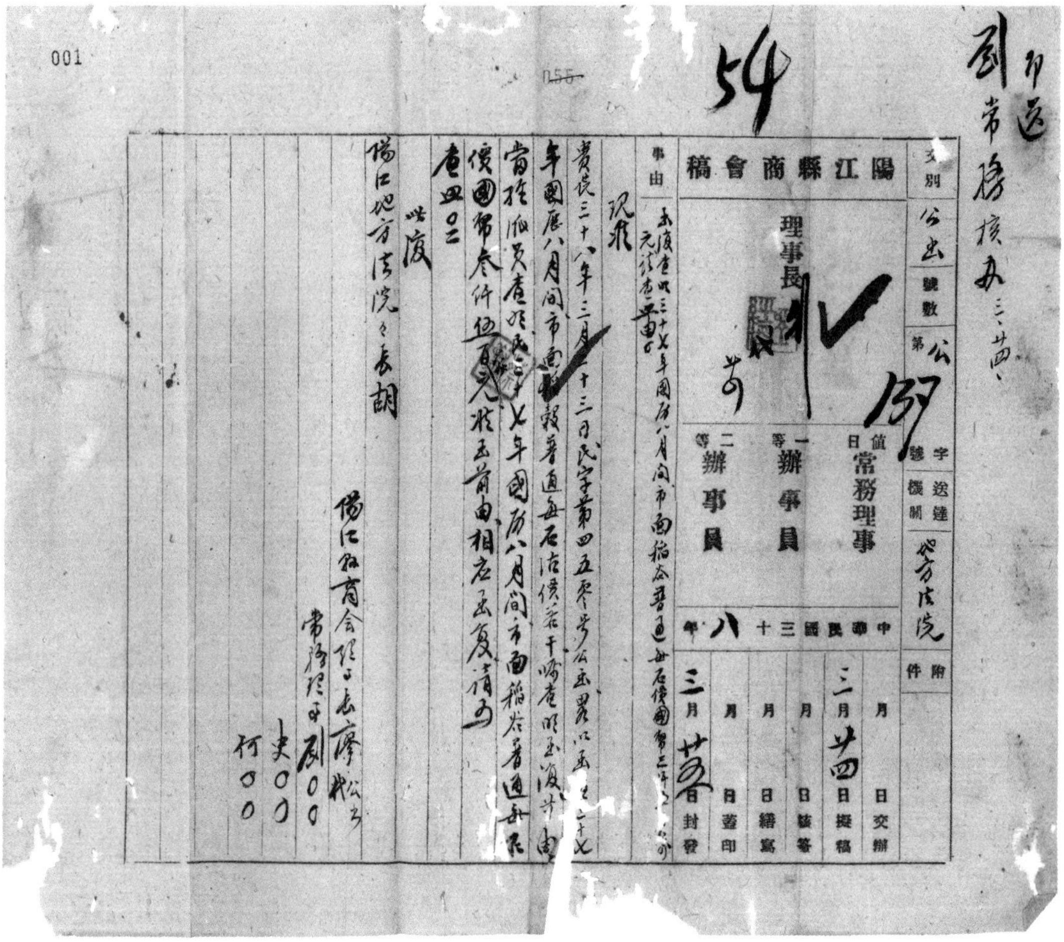

陽江縣商會稿

文別：公函　號數：第 字 號 公 137

送達機關：地方法院　附件

理事長 廖　值日常務理事　一等辦事員　二等辦事員

事由：函復查明三十七年國曆八月間市面稻谷普通每石價國幣三仟五百元

中華民國三十八年三月廿三日交辦　三月廿四日擬稿　月日核簽　月日繕寫　月日蓋印　月日封發

逕啟者：貴院三十八年三月十三日民字第四五零號公函略以三十七年國曆八月間市面稻谷普通每石價若干，囑查明函復等由，當經派員查明民三十七年國曆八月間市面稻谷普通每石價國幣叁仟伍百元，准函前由，相應函復，請煩查照為荷。

此致

陽江地方法院院長胡

陽江縣商會理事長廖
常務理事劉○○
吳○○
何○○

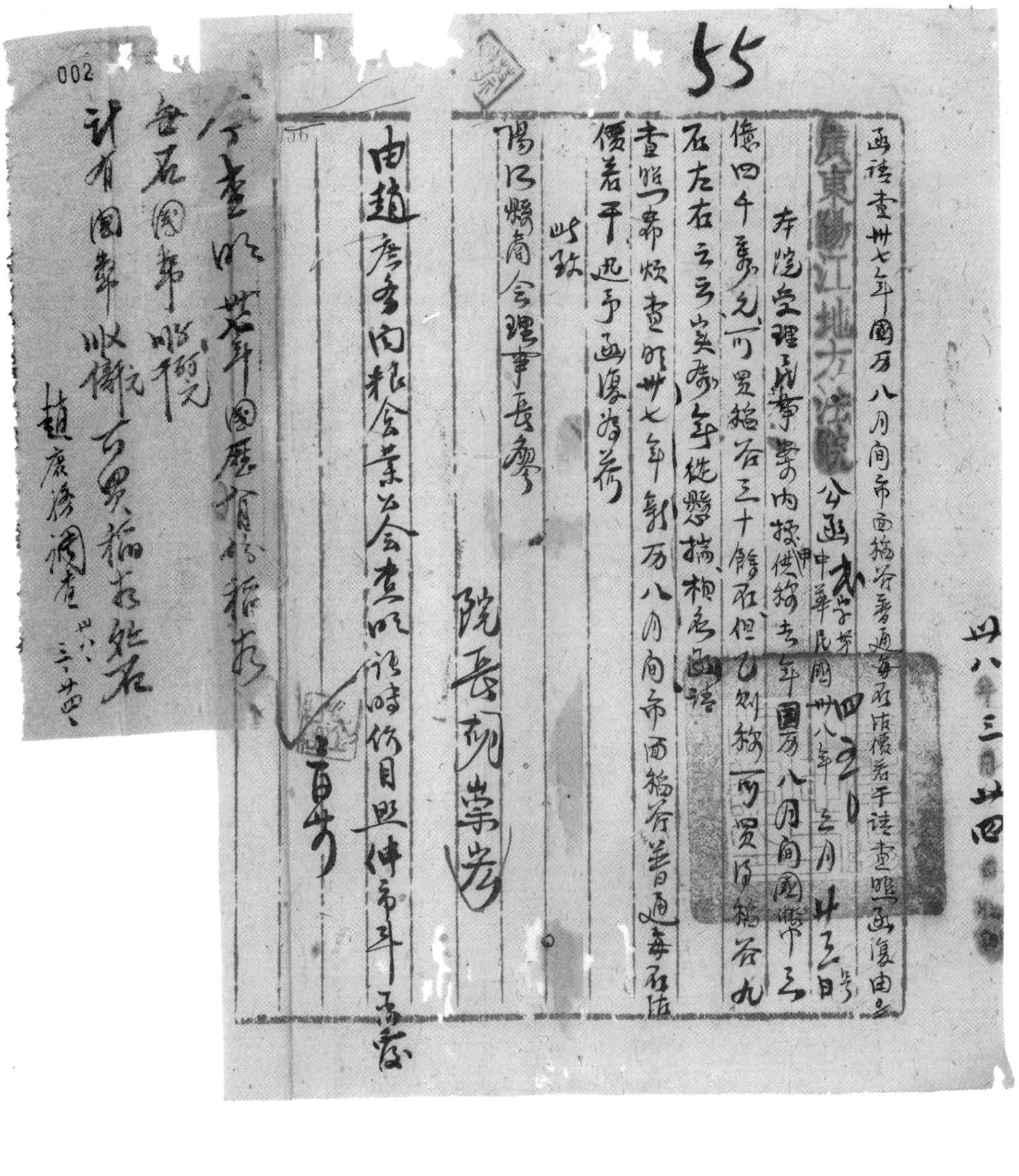

55

函請查卅七年國历八月间市面稻谷普通每石值價若干請查照函復由

廣東陽江地方法院公函 未字第四三號 中華民國卅八年三月廿三日

本院受理民事案内據供称去年國历八月间國幣三億四千万元可买稻谷三十餘石但乙则称可买稻谷九石左右云云與本案攸關相應函請查照希煩查明卅七年新历八月间市面稻谷普通每石值價若干迅予函復為荷

此致

陽江縣商會理事長梁

院長胡肇岩

由趙庚秀向粮食業公会查明该時價目照仲市斗

卅八年三月廿四

396. 阳江县商会函复阳江地方法院 1946 年旧历正月间市面中等稻谷价格（1949 年 6 月 7 日）

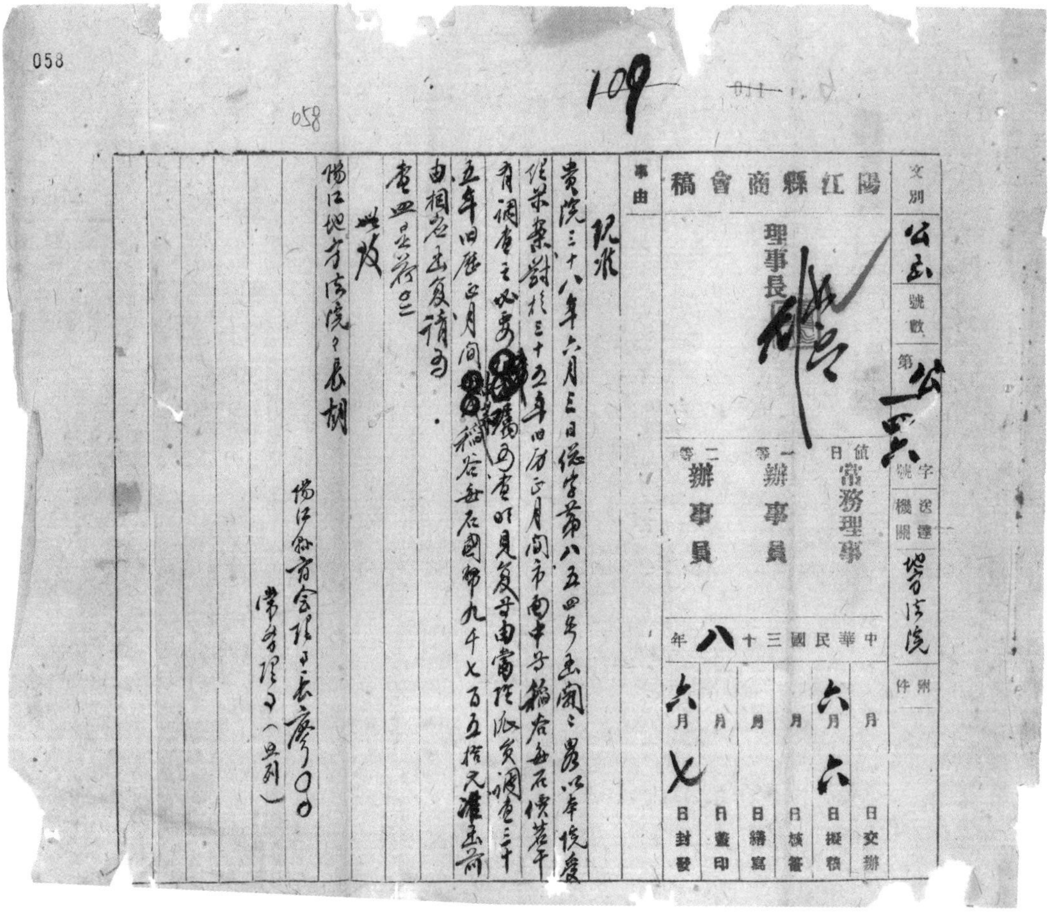

058

109

陽江縣商會稿

文別：公函

號數：第公一四六號

送達機關：地方法院

事由

理事長

值日常務理事

一等辦事員

二等辦事員

中華民國三十八年六月六日擬稿

六月七日封發

逕啓者：

貴院三十八年六月三日從字第八五四號函開：「案以本院受理民業案，對於三十五年舊曆正月間市面中等稻谷每石價若干有調查之必要，[illegible]囑為查明見復」等由。當經派員調查三十五年舊曆正月間[illegible]稻谷每石國幣九千七百五拾元。准函前由，相應函復，請為查照是荷！

此致

陽江地方法院院長胡

陽江縣商會理事長廖○○

常務理事（出列）

397. 阳江县城评抑物价委员会拟举行物价检讨会函请各有关机关团体评价委员依时出席（9月23日）

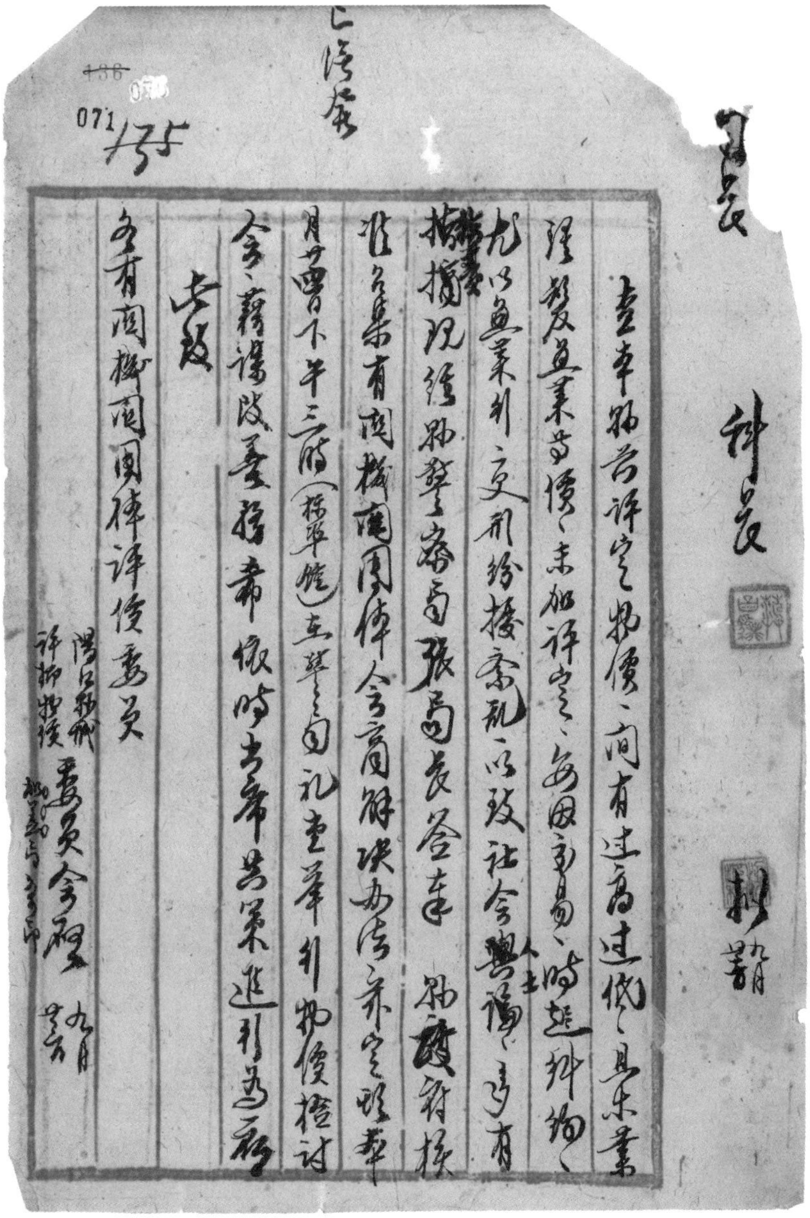

查本物价评定物价，间有过高过低，县属业
理发及鱼业等价，未加评定，每因市面时起抑物
价，以鱼业引交刑纷援索乱，以致社会人士不安，[illegible]有
指摘。现经物价委员会张局长签奉 物价[illegible]
准召集有关机关团体会商解决办法，并定于本
月廿四日下午三时（标准钟）在本会礼堂举行物价检讨
会，藉谋改善。务希依时出席共策进行为荷
此致
各有关机关团体评价委员
阳江县城评抑物价委员会启 九月廿三日

（六）经济调查

398. 阳江县商会向县政府呈报茶叶商号调查表（1942 年 1 月 16 日）+ 附：阳江县政府向县商会主席林洁予令发茶叶调查表（1942 年 1 月 8 日）

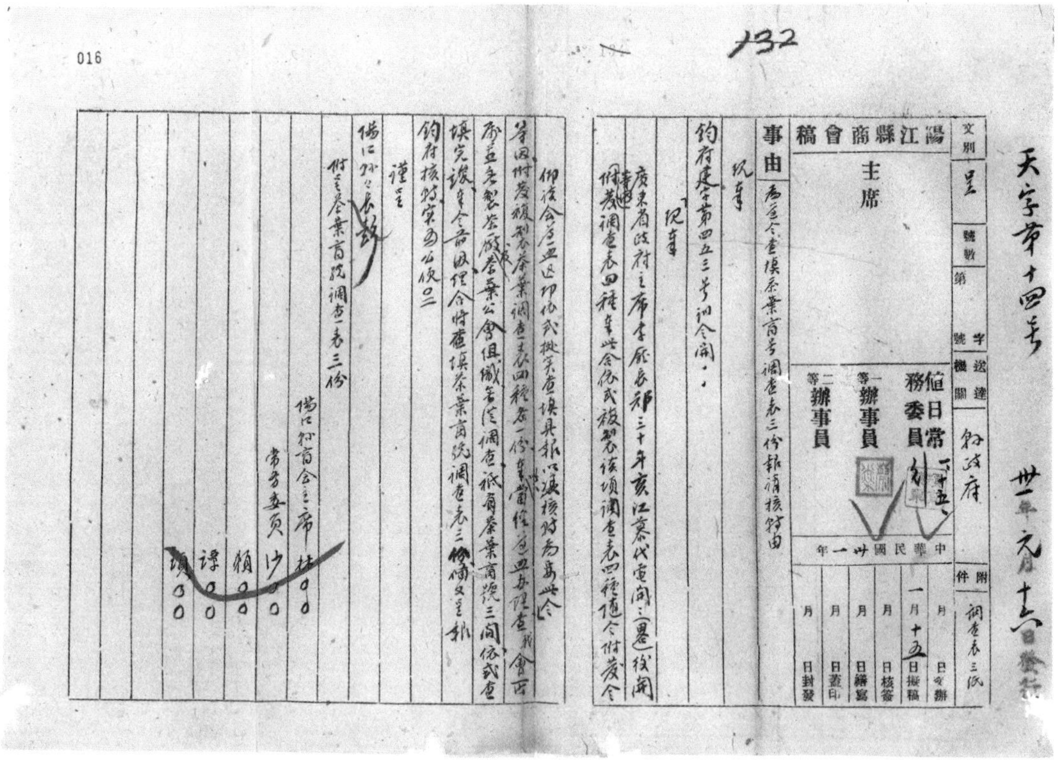

016

132

陽江縣商會稿

文別：呈

號數：第　字號

送達機關：縣政府

附件：調查表三紙

事由：為奉令查填茶葉商號調查表三份報請核轉由

主席

值日常務委員

一等辦事員

二等辦事員

中華民國卅一年

一月　日交辦　一月十五日擬稿　月　日核簽　月　日繕寫　月　日蓋印　月　日封發

天字第十四號

卅一年元月十六日發行

鈞府建字第四五三號訓令開：

「現奉

廣東省政府主席李（漢魂）三十年亥江蒸代電開：（略）……附發調查表四種，奉此，合行檢發該項調查表四種，隨令附發，令仰該會……迅即切實查填具報，以憑核轉為要。此令。」

等因，附發……調查表四種各一份。奉此，當經函知本會各業公會，俱職會經調查，祇有茶葉商號三間，依式查填完竣，奉令前因，理合將查填茶葉商號調查表三份備文呈報

鈞府核轉，實為公便。

謹呈

陽江縣縣長

附呈茶葉商號調查表三份

陽江縣商會主席 林〇〇

常務委員 〇〇〇　〇〇〇　〇〇〇　〇〇〇

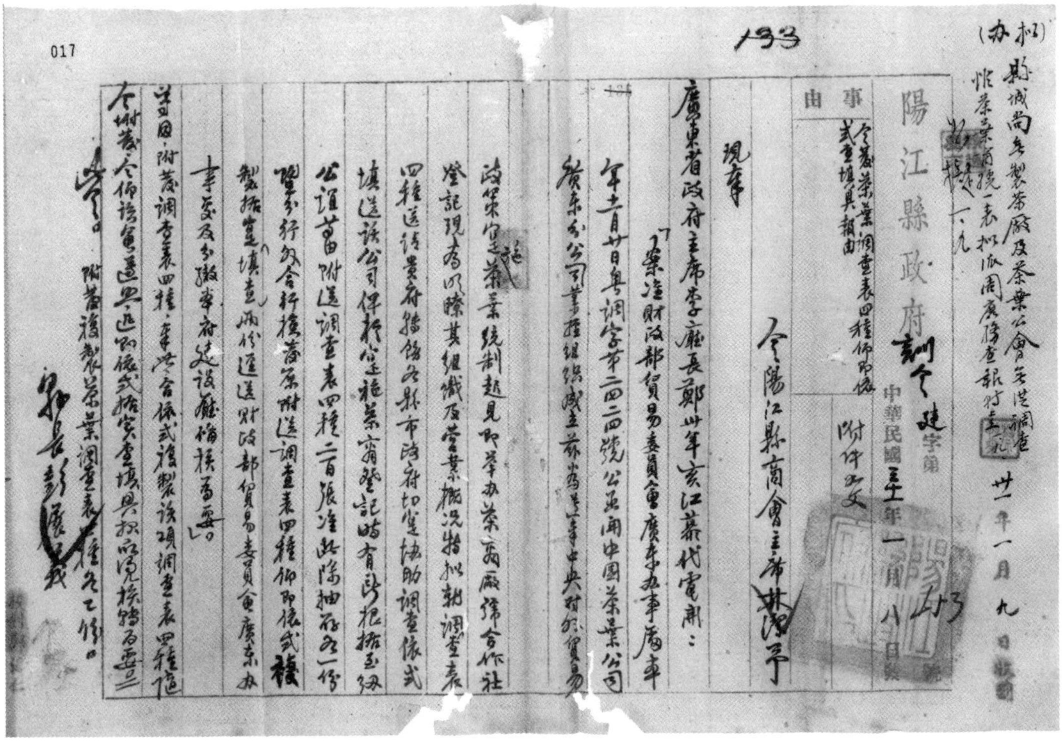
017

193

（办札）

聯城尚無製茶廠及茶業公會無從調查，惟茶業商號一表擬派周處陽查報付妥

一、九

卅一年一月九日收

陽江縣政府訓令　建字第　號

事由：令發茶葉調查表四種仰即依式查填具報由

附件如文

中華民國卅一年一月八日

令陽江縣商會主席林澤亭

現奉

廣東省政府主席李廳長鄭卅年亥江蒸代電開：「案准財政部貿易委員會廣東辦事處本年十二月廿日粵調字第二四二四號公函開：中國茶業公司廣東分公司業經組織成立，為遵行中央對外貿易政策，實施茶葉統制起見，即舉辦茶商廠號合作社登記，現為明瞭其組織及營業概況，特擬就調查表四種，送請貴府轉飭各縣市政府切實協助調查，依式填送該公司，俾於茶商登記時有所根據，茲檢同附送調查表四種二百張，准此，除抽存一份暨分行外，合行檢發原附送調查表四種，仰即依式複製，據實查填，以憑匯送財政部貿易委員會廣東辦事處，並將辦理情形具報為要」等因，附發調查表四種，奉此，合依式複製該項調查表四種隨令附發，令仰該會遵照，迅即依式據實查填具報，以憑核轉為要。

此令。

附發複製茶業調查表四種各乙份

縣長彭[illegible]

399. 阳江县商会向县政府呈报广东省战时物价调查表（1942 年 1 月 20 日）

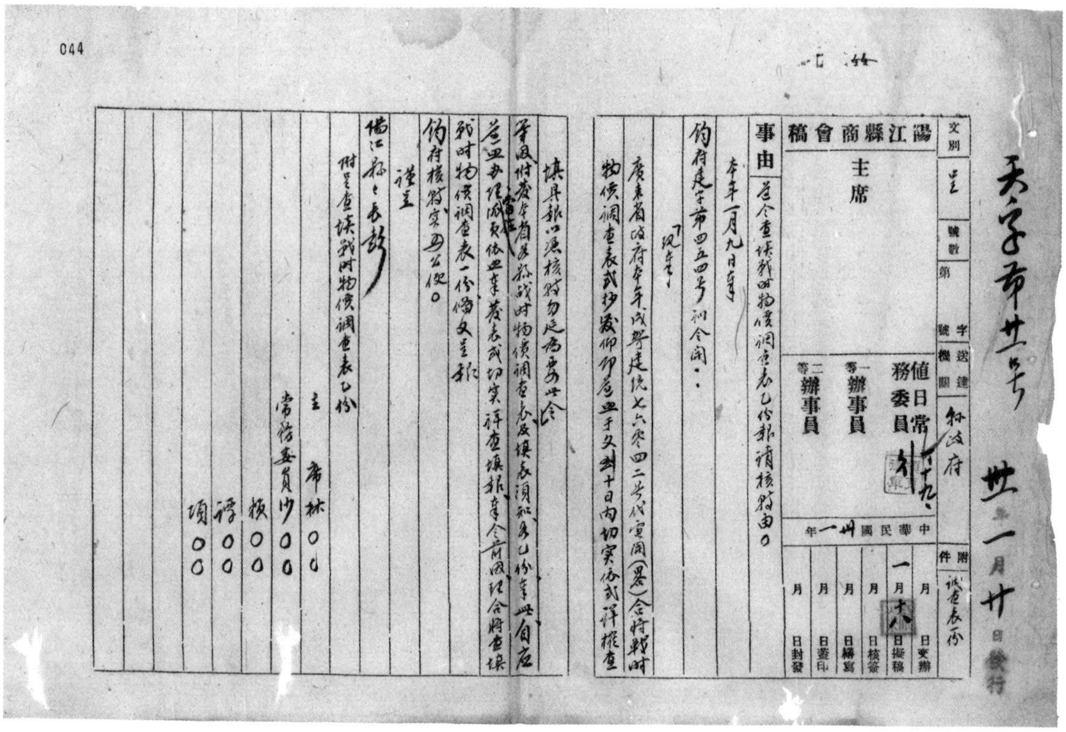
044

阳江县商会稿

文别：呈

送达机关：县政府

附件：调查表一份

天字第廿三号

中华民国卅一年一月十八日拟稿

卅一年一月廿日发行

主席

值日常务委员

一等办事员

二等办事员

事由：呈令查填战时物价调查表乙份祈请核转由。

钧府建字第四五四号训令开：

本年一月九日奉

「现奉

广东省政府本年戍号建统七六零四二号代电开（略）令将战时物价调查表式抄发仰即遵照于文到十日内切实依式详确查填具报以凭核转勿延为要此令。」

等因，附发本省各县战时物价调查表及填表须知各乙份。奉此，自应遵照办理。兹依照表式切实详查填报。奉令前因，理合将查填战时物价调查表一份备文呈请

钧府核转实为公便。

谨呈

阳江县县长彭

附呈查填战时物价调查表乙份

主席 林〇〇

常务委员 沙〇〇

杨〇〇

谭〇〇

项〇〇

400. 阳江县商会向县政府呈报各省公务员生活必需品价格查报表（1942 年 2 月 22 日）

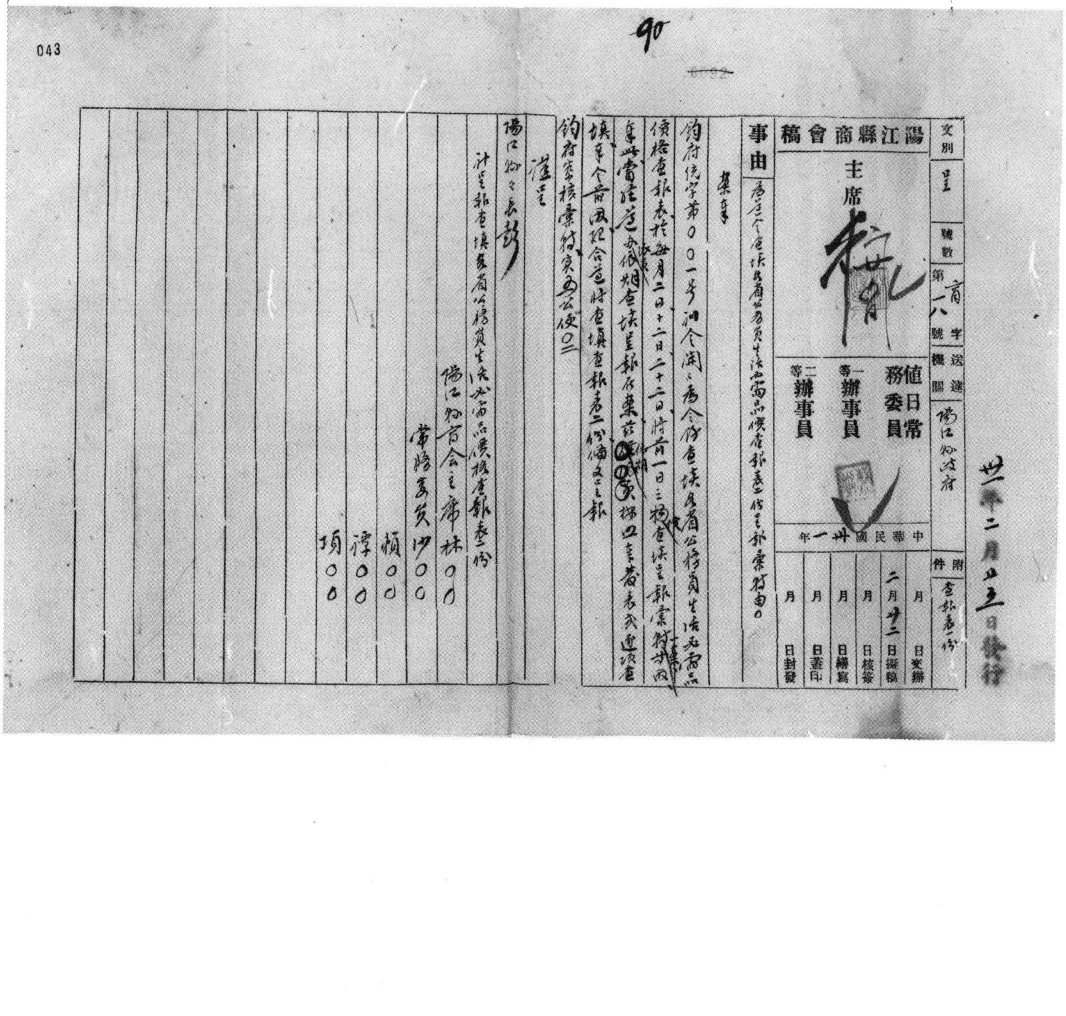

401. 阳江县商会向县政府呈报县城药房概况调查表（1942 年 3 月 26 日）

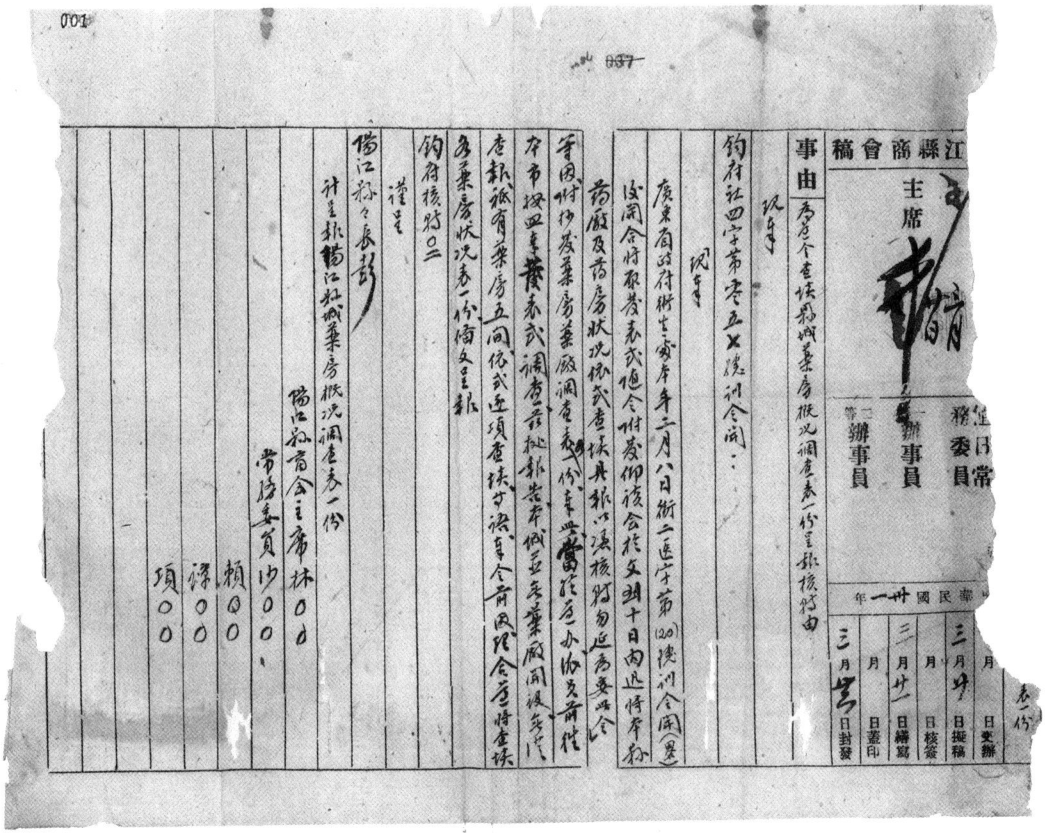

江縣商會稿

主席

常務委員

一等辦事員

二等辦事員

華民國卅一年

三月　日交辦　三月廿　日擬稿　月　日核簽　三月廿一日繕寫　月　日蓋印　三月廿六日封發

事由：為呈送查填縣城藥房概況調查表一份呈報核轉由

表一份

鈞府社四字第零五X號訓令開：

現奉

現奉

廣東省政府衛生處本年二月八日衛二醫字第(20)號訓令開（略）

後開合將原發表式隨令附發，仰該會於文到十日內迅將本縣

藥廠及藥房狀況依式查填具報，以憑核轉，勿延為要。此令。

等因，附抄發藥房藥廠調查表式一份。奉此，當經[illegible]

本市按照發表式調查，茲據報告，本城並無藥廠開設，只[illegible]

查報祗有藥房五間，依式逐項查填[illegible]理合將查填

各藥房狀況表一份備文呈報

鈞府核轉。

謹呈

陽江縣縣長彭

計呈報陽江縣城藥房概況調查表一份

陽江縣商會主席林〇〇

常務委員沙〇〇、

賴〇〇

譚〇〇

項〇〇

402. 阳江县商会造报行商店数调查表（1942 年 7 月 15 日）

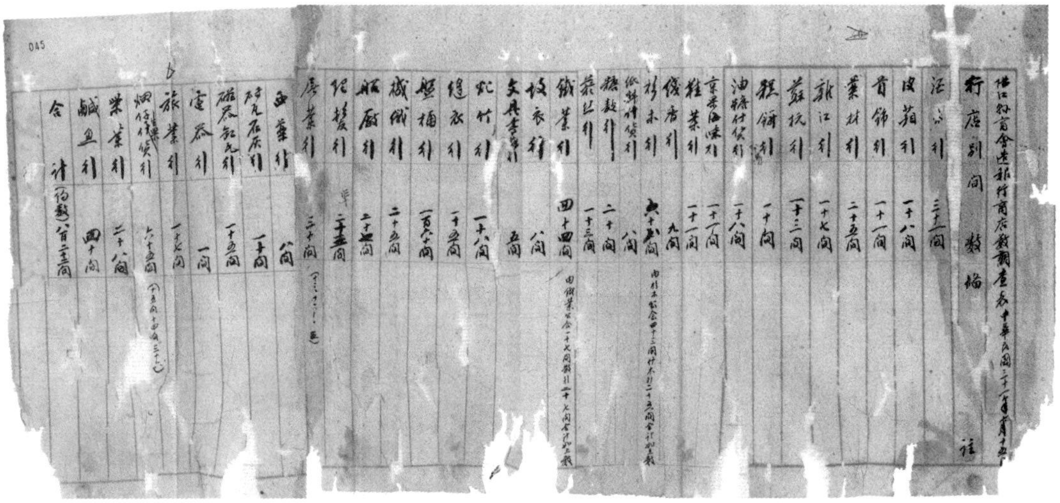

阳江县商会造报行商店数调查表 中华民国三十一年七月十五日

行别	店间数	备注
汪[illegible]行	三十一间	
皮箱行	一十八间	
首饰行	一十一间	
药材行	二十五间	
新江行	一十七间	
苏杭行	一十二间	
糕饼行	一十间	
油糖什货行	一十八间	
京果海味行	一十一间	
鞋业行	一十一间	
[illegible]布行	九间	
杉木行	六十六间	由杉木公会四十一间什木行二十五间合计如上数
纸料什货行	八间	
[illegible]行	二十间	
茶[illegible]行	一十三间	
铁业行	四十四间	由铁业公会二十七间铁行一十七间合计如上数
故衣行	八间	
文具书籍行	五间	
[illegible]竹行	一十八间	
缝衣行	一十五间	
盘桶行	一百八十间	
织织行	二十五间	
[illegible]厂行	二十四间	
理发行	二十五间	
屠业行	二十间	
西药行	八间	
[illegible]石灰行	一十间	
磁器缸瓦行	一十五间	
电器行	一间	
旅业行	一十七间	
烟丝什货行	六十五间	（十五间十四间三十六）
米业行	二十八间	
咸鱼行	四十间	
合计	（行数）八百二十三间	

403. 阳江县商会向县政府呈缴粮食公会调查表（1942 年 11 月 27 日）

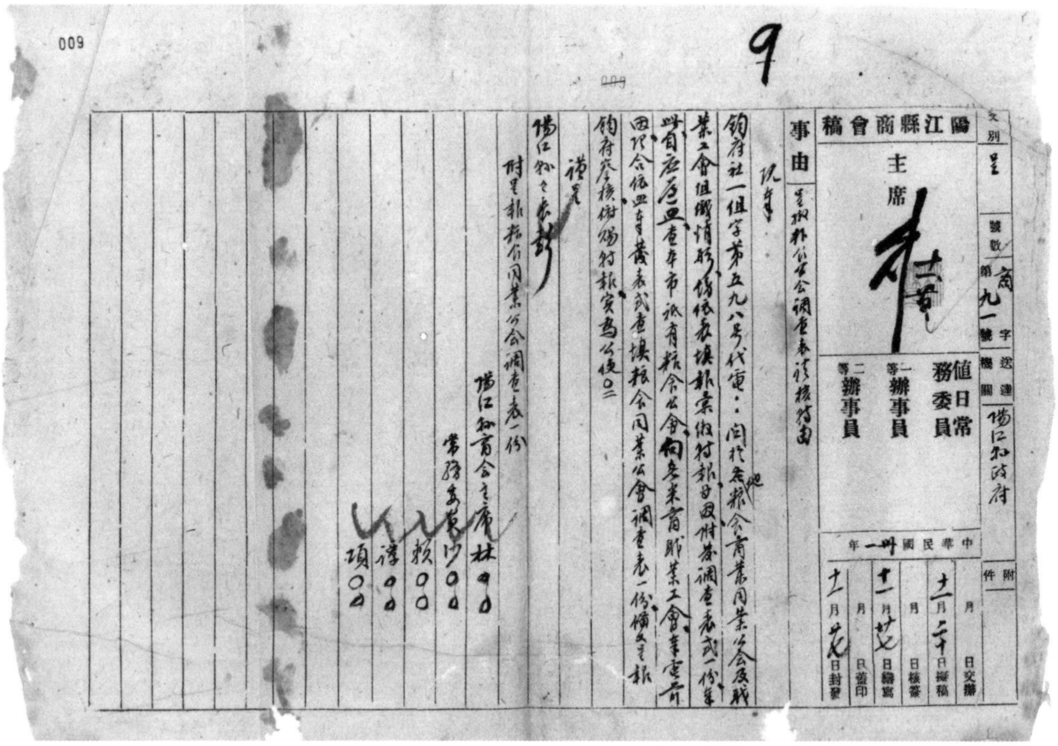

009

9

阳江县商会稿

文别：呈

字号：商字第九一号

送达机关：阳江县政府

附件

主席 林

值日常务委员

一等办事员

二等办事员

中华民国卅一年

十一月　日交办
十一月二十日拟稿
十一月　日核签
十一月廿七日缮写
十一月　日盖印
十一月廿七日封发

事由：呈缴粮食公会调查表请核转由

现奉

钧府社一组字第五九八号代电：以关于各县（地）商业同业公会及职业工会组织情形，仰依表填报等因，附发调查表式一份。奉此，自应遵照。查本市只有粮食公会，向无其他职业工会。当将同业公会依照奉发表式查填报会同业公会调查表一份，备文呈报

钧府察核，俯赐转报，实为公便。

谨呈

阳江县长

附呈报粮食公会同业公会调查表一份

阳江县商会主席 林

常务委员

404. 阳江县评定物价调查表（1942 年 11 月 30 日）

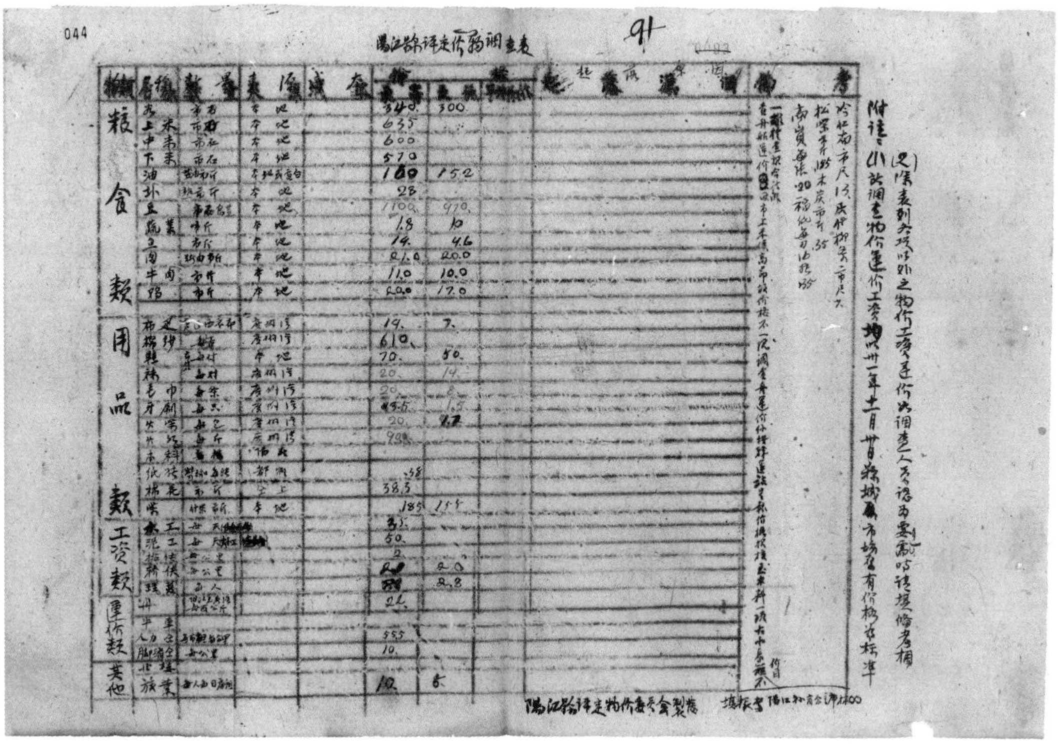

405. 阳江县商会向县政府呈报依式再造粮食业同业公会调查表（1942 年 12 月 22 日）+ 附：阳江县政府给县商会主席林洁予的指令（1942 年 12 月 9 日）

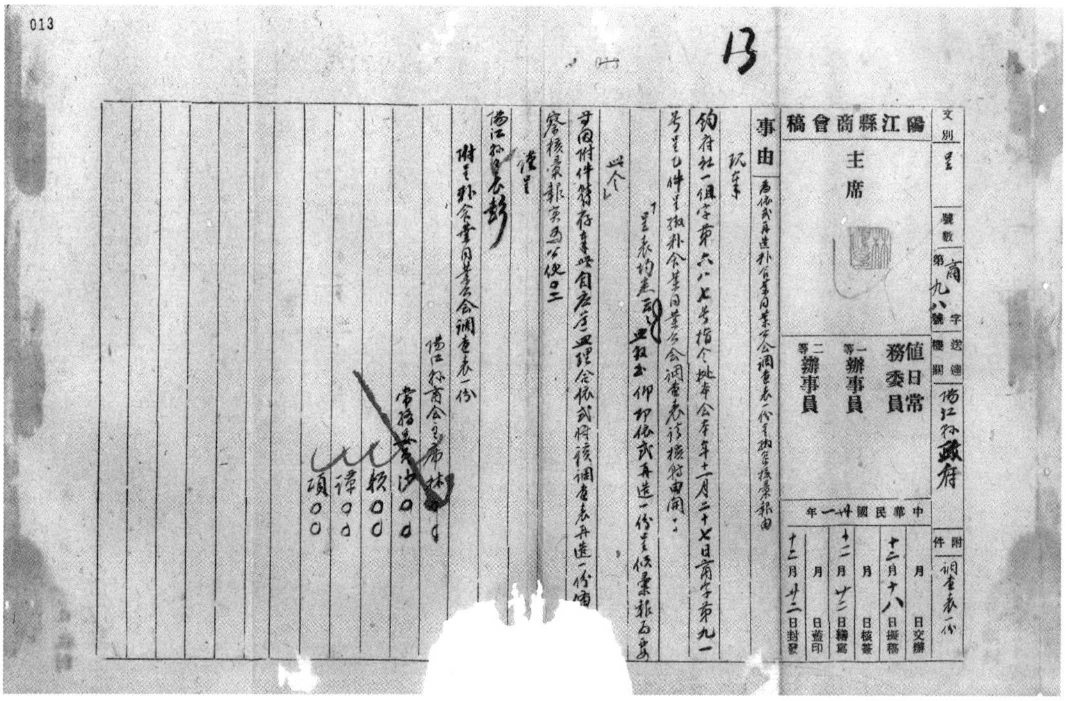

013

13

陽江縣商會稿

文別：呈

號數：第九八號 商字

送達機關：陽江縣政府

附件：調查表一份

主席

值日常務委員

一等辦事員

二等辦事員

中華民國卅一年

十二月　日交擬

十二月十八日擬稿

十二月　日核簽

十二月廿二日繕寫

十二月　日蓋印

十二月廿二日封發

事由：為依式再造糧食業同業公會調查表一份呈請核案彙報由

現奉

鈞府社一俱字第六八七号指令批本會本年十一月二十七日商字第九一号呈乙件呈報糧食業同業公會調查表請核由開：「呈表均悉。仰即依式再造一份呈候彙報為要。此令。」等因，附件存。奉此，自應遵理，合依式將該調查表再造一份備文賫請察核彙報，實為公便。謹呈

陽江縣縣長彭

附呈糧食業同業公會調查表一份

陽江縣商會主席林

常務委員沈

014

陽江縣政府指令　社通字第六八七號

中華民國三十七年十二月九日發

卅七年十二月十八日收到

令縣商會主席林濟予

本年十一月廿七日商字第（97）號呈乙件，呈繳糧食業同業公會調查表請核轉由

呈表均悉。查該表未敷存轉，仰即依式再造一份呈候彙報為要。此令。附件暫存。

縣長彭[illegible]

飭糧食業再填表

406. 阳江县商会向县评定物价委员会函送评定物价调查表（1943 年 1 月 15 日）+
附：阳江县评定物价委员会致县商会的函（1943 年 1 月）

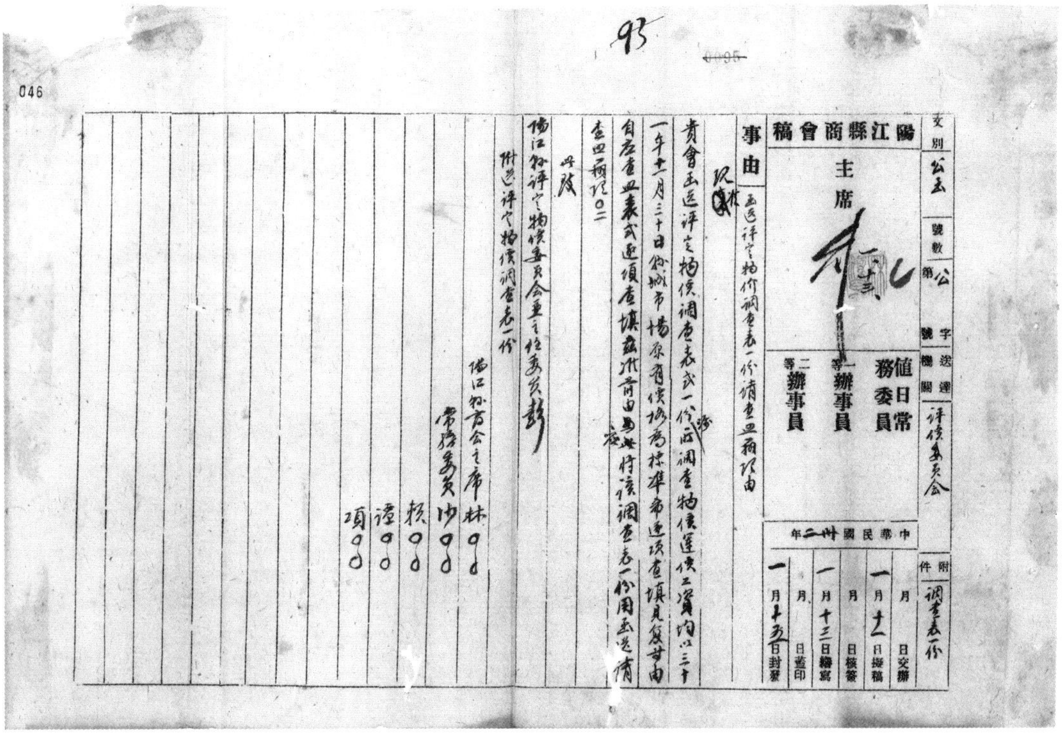

045

92

查填评定物價表見復卷

卅二年一月六日收到

查本會三十一年十二月二十九日開第四次評價會議
其討論結果名次(一)關於評定物價調查工作應如何办理
案,議决:甲、調查範圍(1)糧食類—米、麥、大、油、黄豆、蔬菜、
魚、肉、雞、鴨、鵝等(2)日用品—布、尺、棉紗、鞋、襪、毛
巾、牙刷、火柴、火水、柴、木炭、木料、紙張、棉花等(3)工資
類—木工、泥工、挑伕、轎伕、理髮工等(4)運價類—舟、子、車、人力車、
單車等(5)其他—酒樓、旅業等。乙、調查辦法(1)由縣政府製
定表式發交各有關機關團体查報(限一星期內送縣府)(2)縣
府收到各項調查表後再召開會議派員複查之(3)此調查
物價、運價、工資均以卅一年十一月卅日縣城市場原有價格為
標準等,記錄在卷[redacted]並經製定調查表式一種,除
分函外,相應檢案連同表式送請
查照,希就主办業務範圍內,迅予查填見復為荷。
此致
縣商會

陽江縣評定物價委員會主任委員

迷行填报

407. 阳江县商会关于附发限价货品进销存及限价物品产销存数量调查表通告各业同业公会（1943 年 9 月 18 日）

陽江縣商會通告

通字第　號

中華民國卅二年九月十八日

408. 阳江县政府关于填报经济方面五种调查表的代电（1944年2月11日）

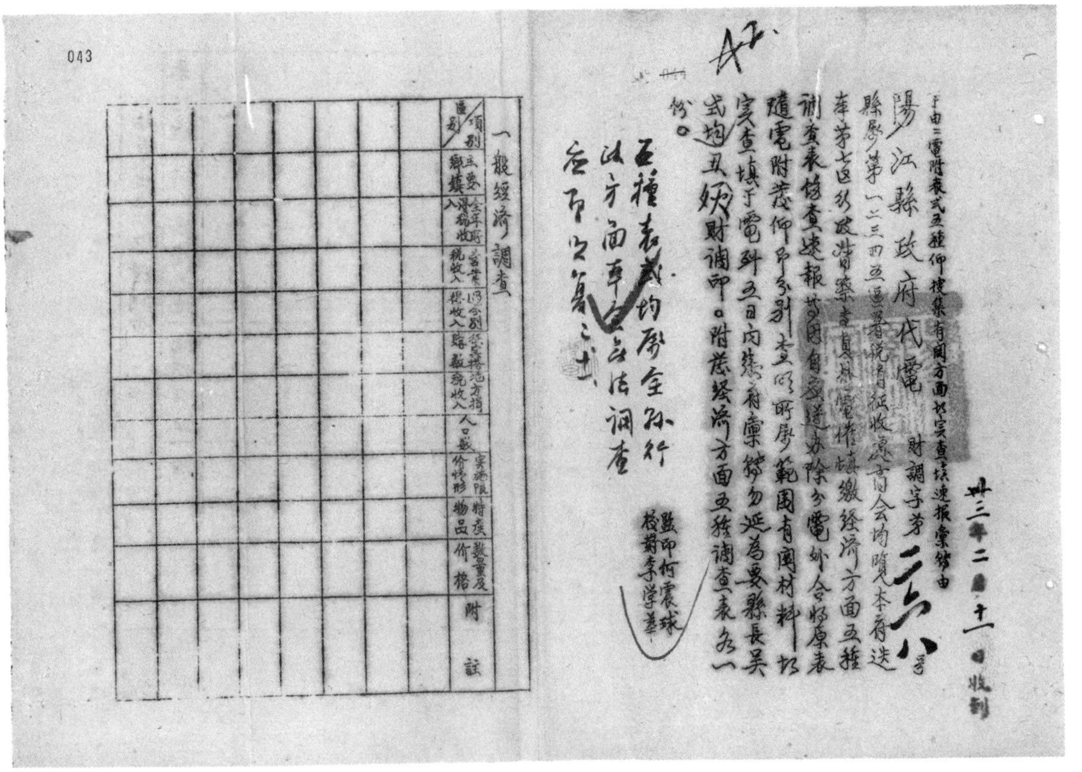

043

一般經濟調查

項別／區別	主要鄉鎮	全年所得稅收入	營業稅收入	[illegible]稅收入	[illegible]地方捐稅收入	人口數	實施限價情形	特產物品	數量及價格	附註

卅三年二月十一日收到

事由：電附表式五種，仰搜集有關方面切實查填，迅速報禀核由

陽江縣政府代電　財調字第二六八號

縣屬第一二三四五區署、稅捐征收處、商會均覽：本府送奉第七區行政督察專員公署電，飭填繳經濟方面五種調查表，飭查速報等因，自應遵辦。除分電外，合將原表隨電附發，仰即分別查照所屬範圍有關材料，切實查填，於電到五日內繕具禀繳，勿延為要。縣長吳式均，丑灰，財調印。附發經濟方面五種調查表各一份。

五種表式均屬全縣行政方面，本府無法調查。

監印何震球　校對李學華

409. 阳江县商会呈复县政府无法填报经济方面五种调查表（1944 年 2 月 13 日）

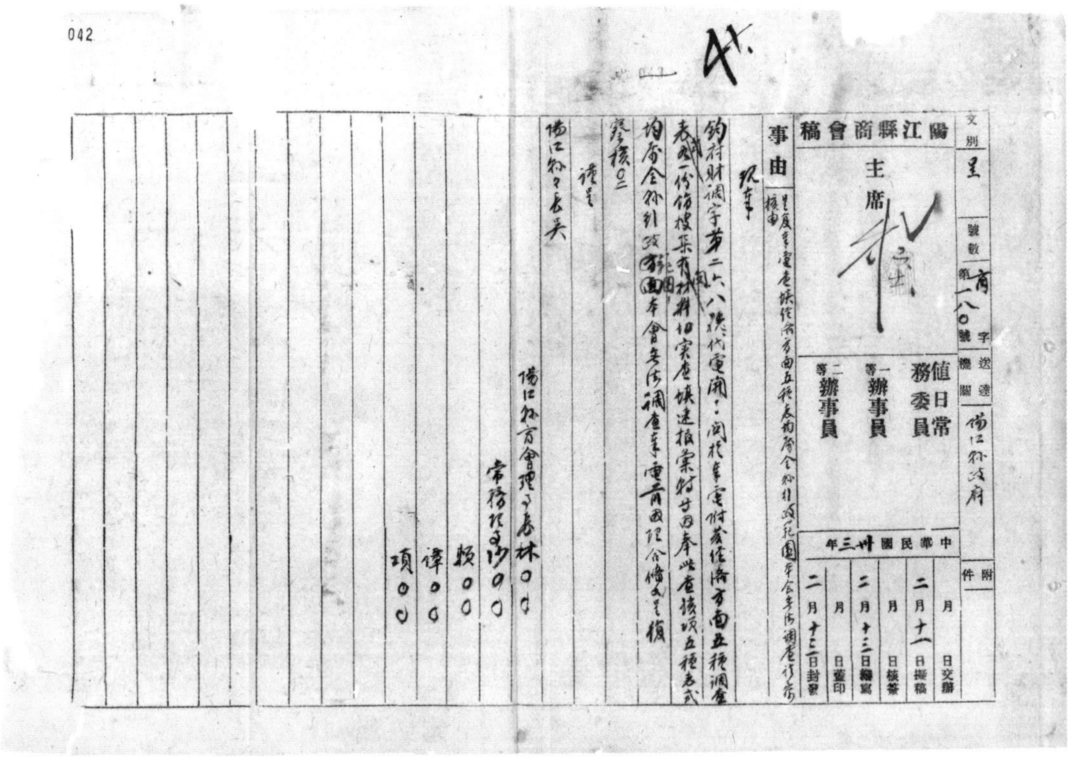

410. 阳江县政府关于县商会无法填报经济方面五种调查表的批示（1944 年 3 月 18 日）

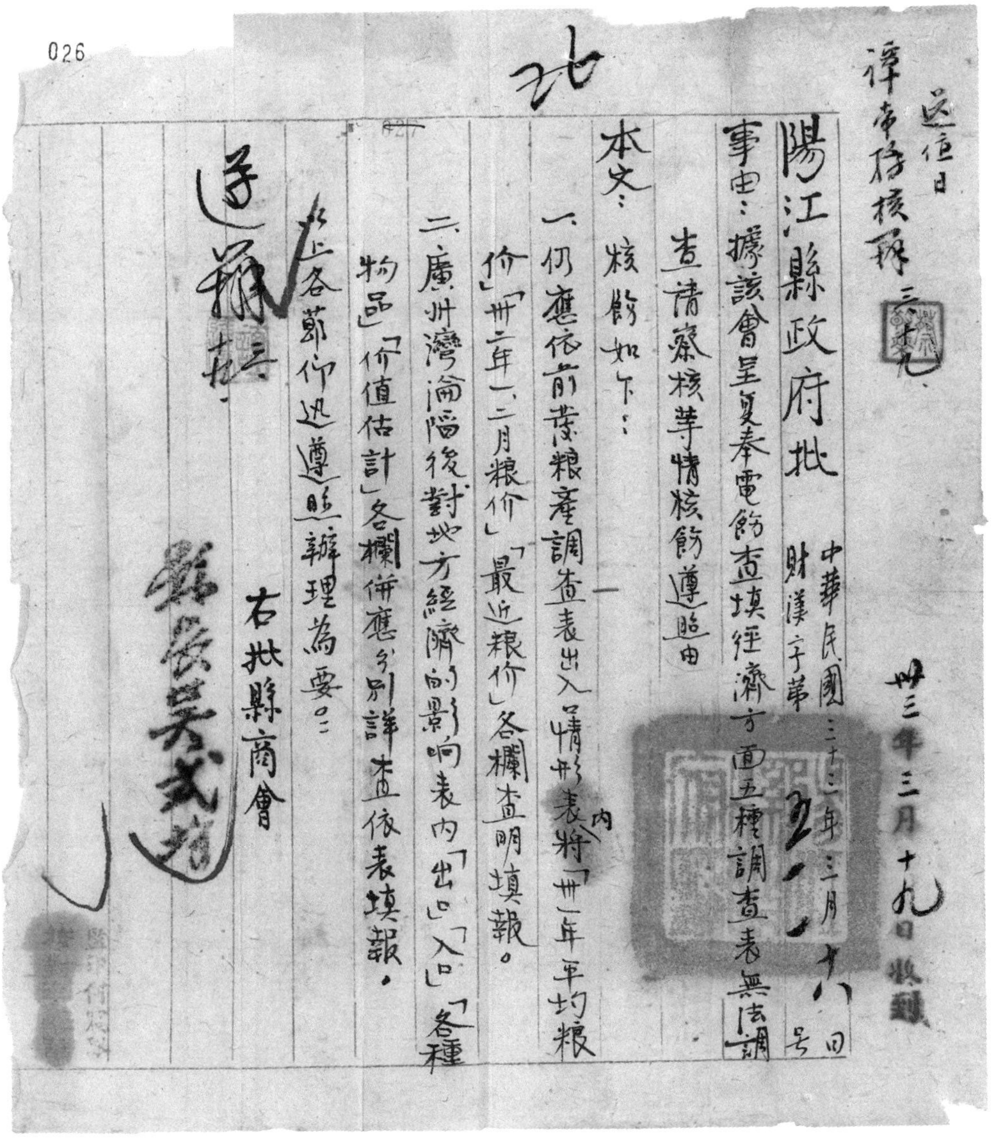

批

陽江縣政府批 財漢字第　號 中華民國三十三年三月十八日

事由：據該會呈復奉電飭查填經濟方面五種調查表無法調查請察核等情核飭遵照由

本文：核飭如下：

一、仍應依前發糧產調查表出入情形表內將「卅二年平均糧價」「卅二年一、二月糧價」「最近糧價」各欄查明填報。

二、廣州灣淪陷後對地方經濟的影響表內「出口」「入口」「各種物品」「價值估計」各欄併應分別詳查依表填報。

三、上各節仰迅遵照辦理為要。

右批縣商會

縣長吳式猶

送值日
擇要存核辦 三、十九

遵辦

卅三年三月十九日收到

411. 阳江县政府令县商会理事长廖永年填报工业概况调查表（1946 年 7 月 8 日）
+ 附：阳江县工业概况调查表

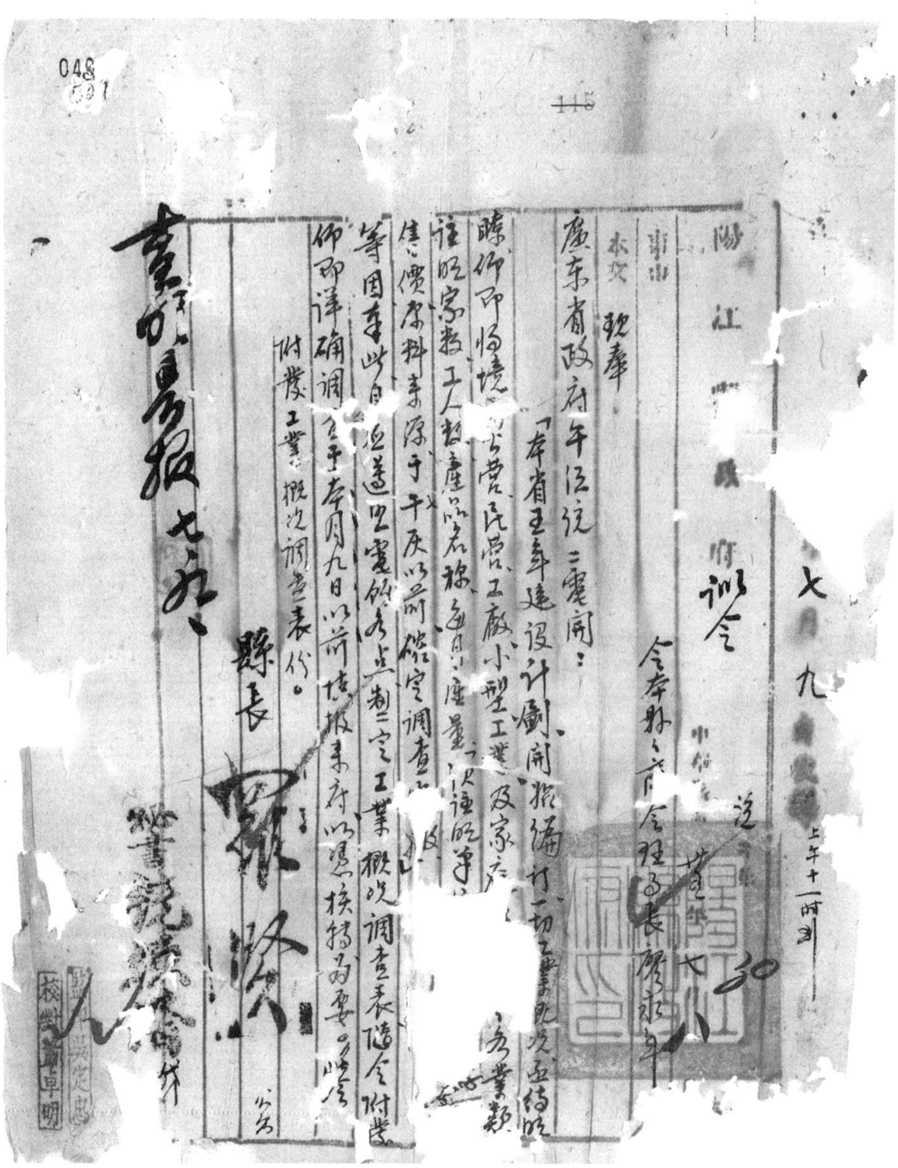
阳江县政府训令
令本县商会理事长廖永年
事由
本文
案奉
广东省政府午江府建三宪开：
「本省五年建设计划开始编订，一切工业概况亟待明了……业数……县仰即将境内公营、民营工厂、小型工业及家庭工业……注明家数、工人数、产品名称、每月产量……价、原料来源……于……以前……调查……等因，奉此，自应遵照……工业概况调查表随令附发，仰即详确调查，于本月九日以前填报来府，以凭核转为要。此令。
附发工业概况调查表　份。
县长　罗……

049

陽江縣工業概況調查表

三十五年七月十八日

114

工業別	工業商号	工人數	產品名称	每[illegible]單位產量	單位成本	單位售价	原料来源
民營工廠	陽江福陽電氣公司	二十二人	供電電燈	每月平均發電度四千五百度	每度成本五百五十元	現每度電收二百五十元	木柴來源由陽江十八田等處

說明：1.表內單位欄填明產量單位如斤石担等
2.工業別分公營工廠民營工廠小型工業家庭手工業等
3.工業種類分①機器工業 ②冶煉工業如鐵鍍鋪等 ③金屬品工業即金銀鋪等 ④水電煤氣工業如電氣公司等 ⑤交通[illegible]製造業如造船及製造其他[illegible] ⑥木材及其製造業如製造檯椅床櫈及其他木[illegible]等 ⑦土石品工業 ⑧飲食品工業（[illegible]填入）⑨紡織工業 ⑩服飾品工業（車衣店）⑪什項品工業

412. 阳江县商会向县政府呈缴工业概况调查表 + 附：阳江县工业概况调查表（1946年7月23日）

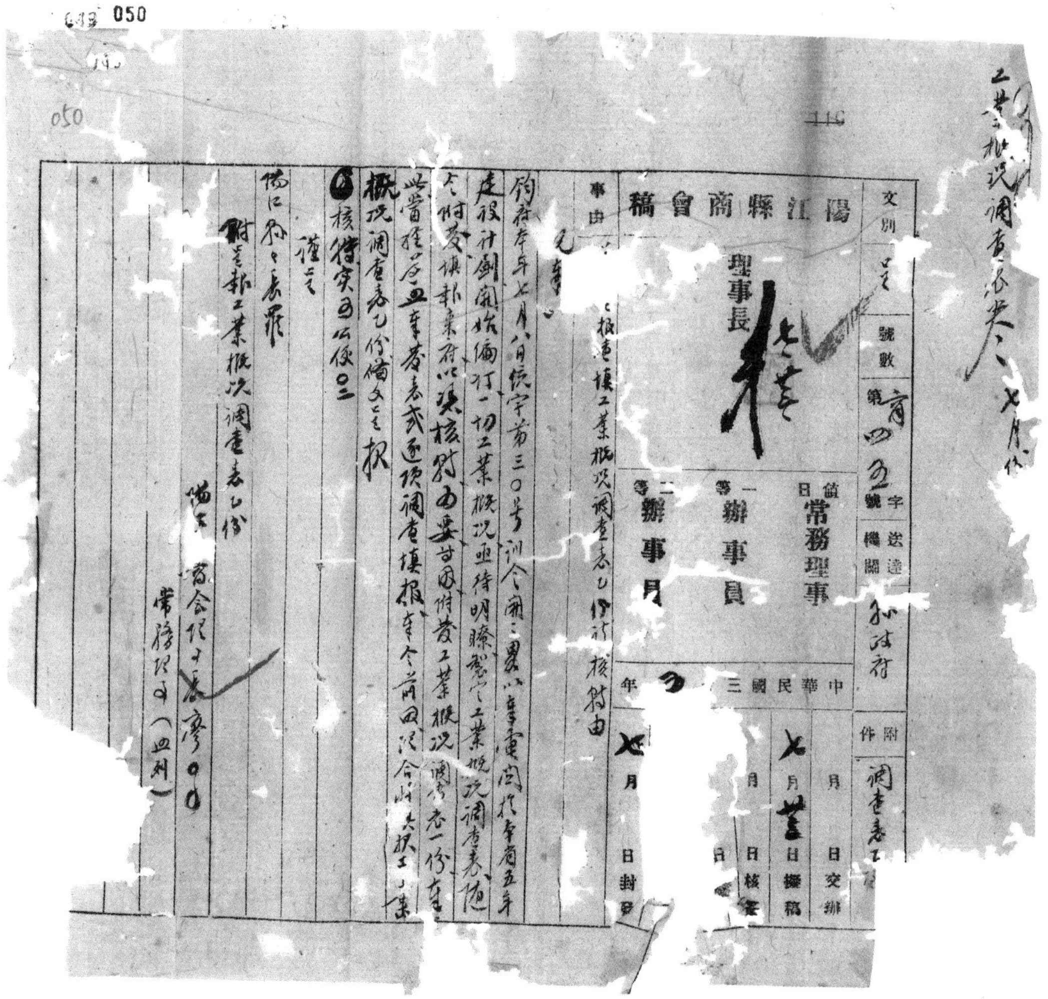

陽江縣工業概况調查表

工業別	工業商號	工人數	產品名稱	每月產量 單位	產量	單位成本	單位售價	原料來源
電氣	福陽公司	二十二人	供電電灯		每月平均抄見電度四千五百度	每度成本五百五元	現每度電收二百五十元	木炭來源為陽江大八田畔等处
鐵鑊	永興鑊廠	十五人	炭鐵鑊	每隻	每年六個月工作每月出產三百隻	二千元	二千五百元	三埠平山
金銀	大方	四人	足金	每[illegible]		二萬[illegible]元	二萬四千元	廣州三埠
	賢華	四人	[illegible] 仝	每両		[illegible]	[illegible]	廣州三埠
[illegible]	真華							
車衣	廣昌	[illegible]	衣服	每[illegible]		一萬二千元	一萬五千元	廣州三埠
	誠信 長源 麗源	四人 四人 四人	仝			仝	仝	仝
	麗崑 永興 金華	四人 三人 四人	花銀	每両		八百五十元	八百元	三埠 廣州
	[illegible]	四人 四人 四人 四人				仝	仝	仝
松椅床欖	真[illegible] 安[illegible]	四人 三人	床	每張	每月約製十餘張	四萬餘元	五萬元	陽春
	[illegible]	四人 三人 三人	椅	每張	每月約造三十餘張	四千餘元	[illegible]元	陽春
車衣	泗興利 廣昌 [illegible]	二人 十四人 三人	衣服	每[illegible]		[illegible]萬[illegible]元	一萬[illegible]元	廣州三埠
漆器	老義和 順興	五人 四人	皮箱	每隻		二萬餘元	三萬元	三埠
紡織	東華廠	五人	毛巾	每條	每人每月可製十打	[illegible]	六百元	廣州三埠
木材	成記 合益	三人 二人	漆板	每對	每人每月製一百五十對	二百元	二百五十元	本地
	泗利[illegible]	二人						

中華民國三十五年七月二十日　　陽江縣商會理事長廖永年填报

413. 阳江县政府令县商会理事长廖永年派员实地调查补报工业概况调查表（1946 年 7 月 30 日）

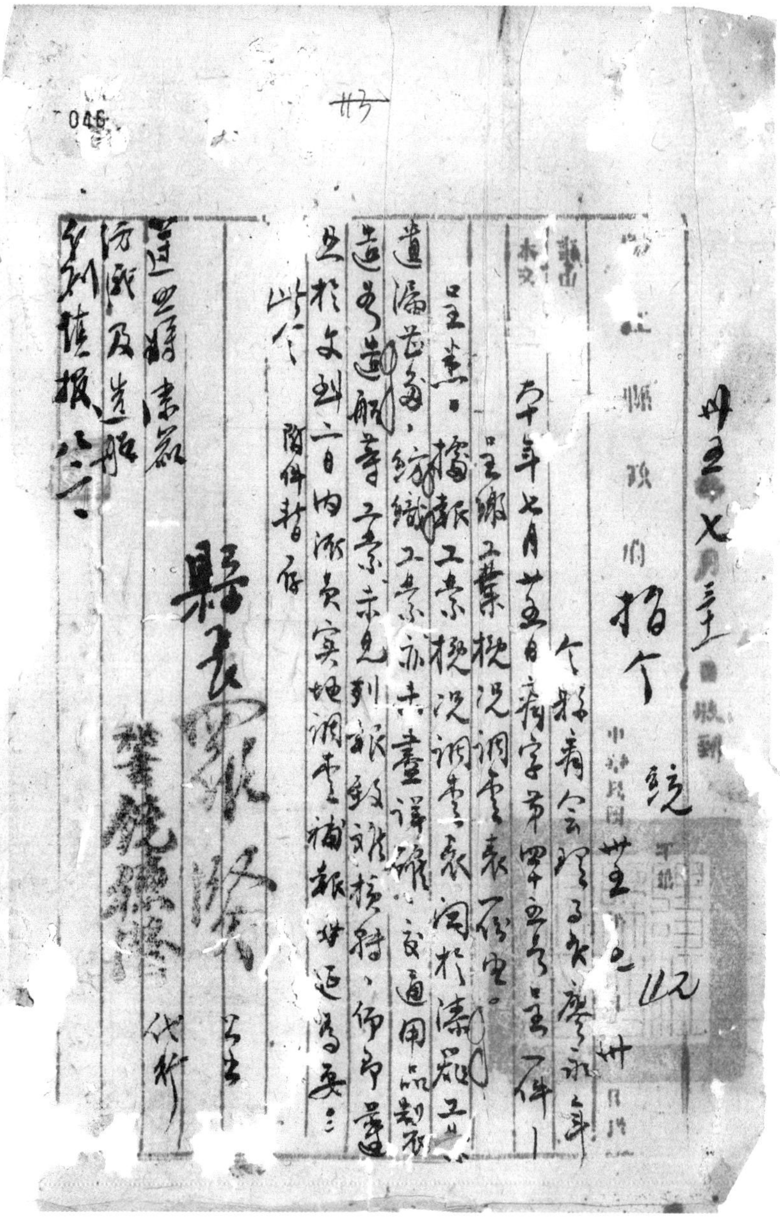

046

卅五 七月 三十 日发

阳江县政府指令

令县商会理事长廖永年

三十五年七月廿五日商字第四五号呈一件

呈缴工业概况调查表仰鉴核由。

呈表均悉。查该工业概况调查表内所列漂染工业遗漏甚多，纺织工业亦未尽详确，至于日用品制衣、造船等工业亦见列[illegible]，仰即[illegible]遗造送，限于文到六日内派员实地调查补报毋延为要。此令。

附件暂存

县长 罗[illegible]

[illegible] 代行

[illegible]

414. 阳江县商会向县政府呈缴补报工业概况调查表（1946 年 8 月 3 日）+ 附：阳江县工业概况调查表

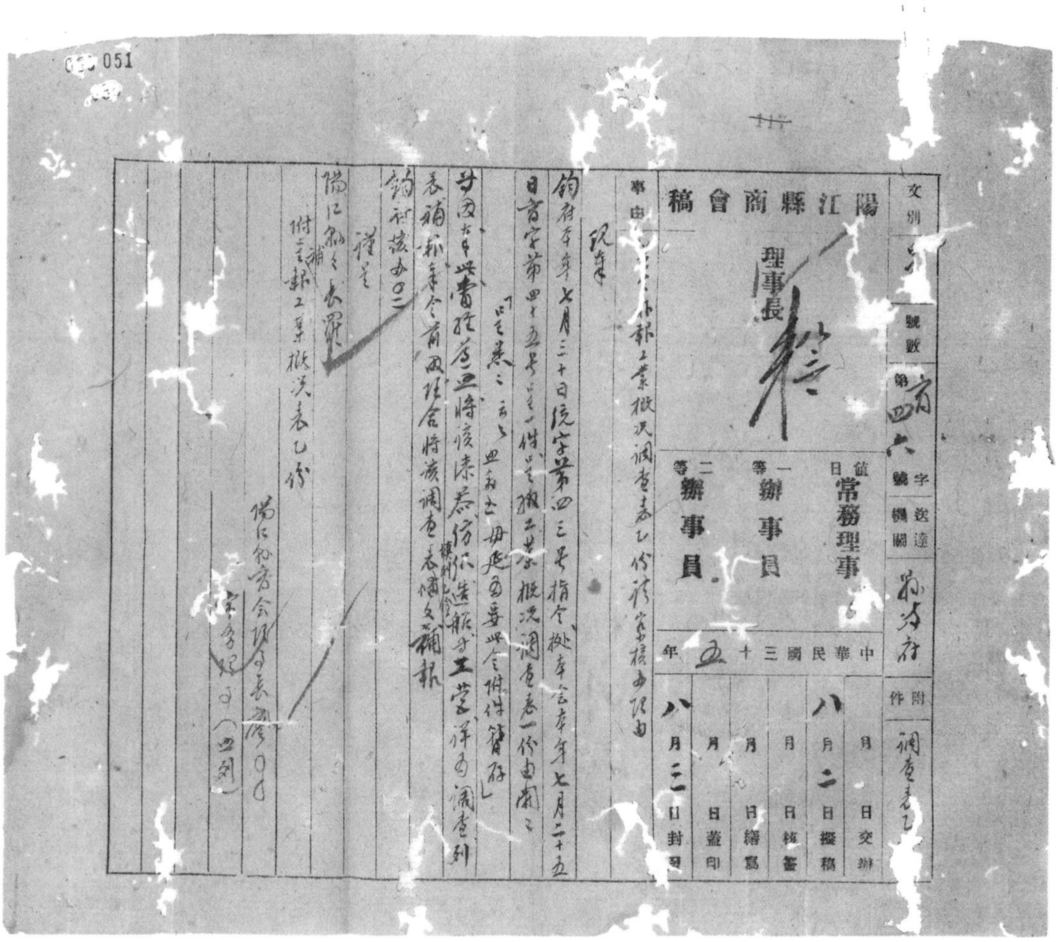

052 ~~118~~ 陽江縣工業概况調查表 35.8.3. 神振

工業別	工業商號	工人數	產品名稱	每月產量 單位	每月產量 產量	單位成本	單位售價	原料來源
漆器	廣泰成	一八人	漆皮箱	每隻	每人每月可造二只	[illegible]元	[illegible]元	由广州漆海防
〃〃	新生隆	四人	漆皮箱	〃〃	〃〃〃〃	[illegible]元	[illegible]元	〃〃
〃〃	義機	四人	漆皮枕	〃〃	每人每月可造二百只	[illegible]元	[illegible]元	〃〃
〃〃	義和機	四人	漆皮枕	〃〃	〃〃	[illegible]元	[illegible]元	〃〃
〃〃	廣隆	四人	漆皮枕	〃〃	〃〃	[illegible]元	[illegible]元	〃〃
〃〃	永吉昌	四人	漆皮箱	〃〃	每人每月可造二只	[illegible]元	[illegible]元	〃〃
〃〃	廣益成	四人	漆皮箱	〃〃	〃〃	[illegible]元	[illegible]元	〃〃
〃〃	順興棧	四人	漆皮箱	〃〃	〃〃	[illegible]元	[illegible]元	〃〃
紡織	利江民	三人	蚊衣	每件	每人每天可造三打	[illegible]	[illegible]	广州三埠
〃〃	美興廠	二人	〃〃	〃〃	〃〃	〃	〃	〃〃
〃〃	長興廠	二人	〃〃	〃〃	〃〃	〃	〃	〃〃
〃〃	藝興廠	二人	〃〃	〃〃	〃〃	〃	〃	〃〃
〃〃	振興廠	二人	〃〃	〃〃	〃〃	〃	〃	〃〃
〃〃	利興廠	二人	〃〃					
〃〃	泰昌廠	二人	〃〃	〃〃	〃〃	〃〃	〃	〃〃
〃〃	李記	二人	毛巾	〃〃	每人每天可織[illegible]	五百餘元	六百元	〃〃
造船	積利廠	十四人	蓄帆船	[illegible]		八十餘元		
〃〃	和均廠	十二人	蓄船板	十二		約十餘万元		
〃〃	國均廠		蓄外海船	十二		約四百万元		
〃〃	民泰廠	〃〃	〃〃	〃〃		〃〃〃		

415. 阳江县商会呈复县政府本县无烟草种植无从查填调查表（1947 年 12 月 16 日）

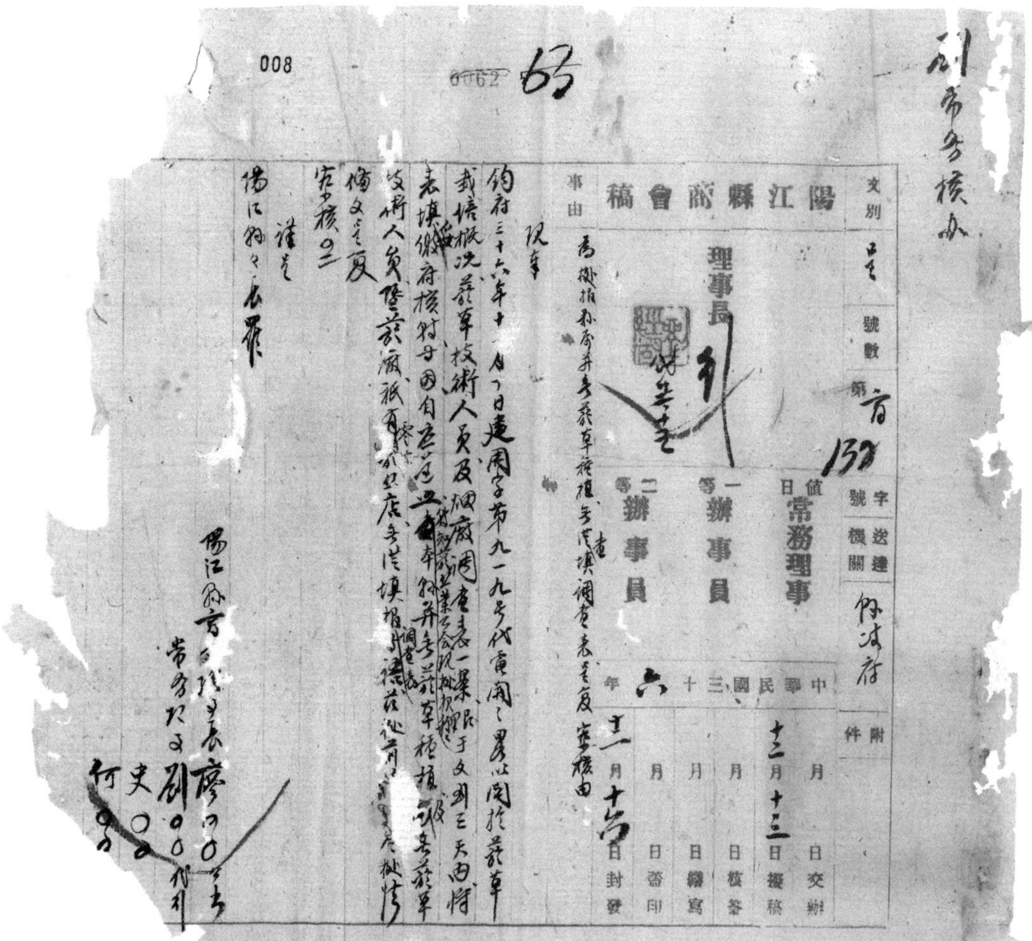

008　~~0062~~ 63

陽江縣商會稿

文別	呈
號數	第育132
事由	為擬填本會并無菸草種植、無從填調查表呈復察核由
理事長	[illegible]
值日常務理事	
一等辦事員	
二等辦事員	
送達機關字號	縣政府
附件	

中華民國三十六年 十二月十三日擬稿 月日核簽 月日繕寫 月日蓋印 十二月十六日封發

現奉

鈞府三十六年十一月十日建周字第九一九號代電開：關於菸草栽培……菸草技術人員及烟廠調查表一案……限于文到三天內將表填繳府核……并無菸草種植……技術人員暨菸廠，祇有……店，無從填報……

備文呈復

察核。謹呈

陽江縣長

陽江縣商會理事長 廖〇〇

常務理事 劉〇〇 史〇〇 何〇〇

416. 阳江县商会函复县宾兴基金管理委员会 1947 年 1 月至 7 月市面谷价调查表（1948 年 7 月 3 日）

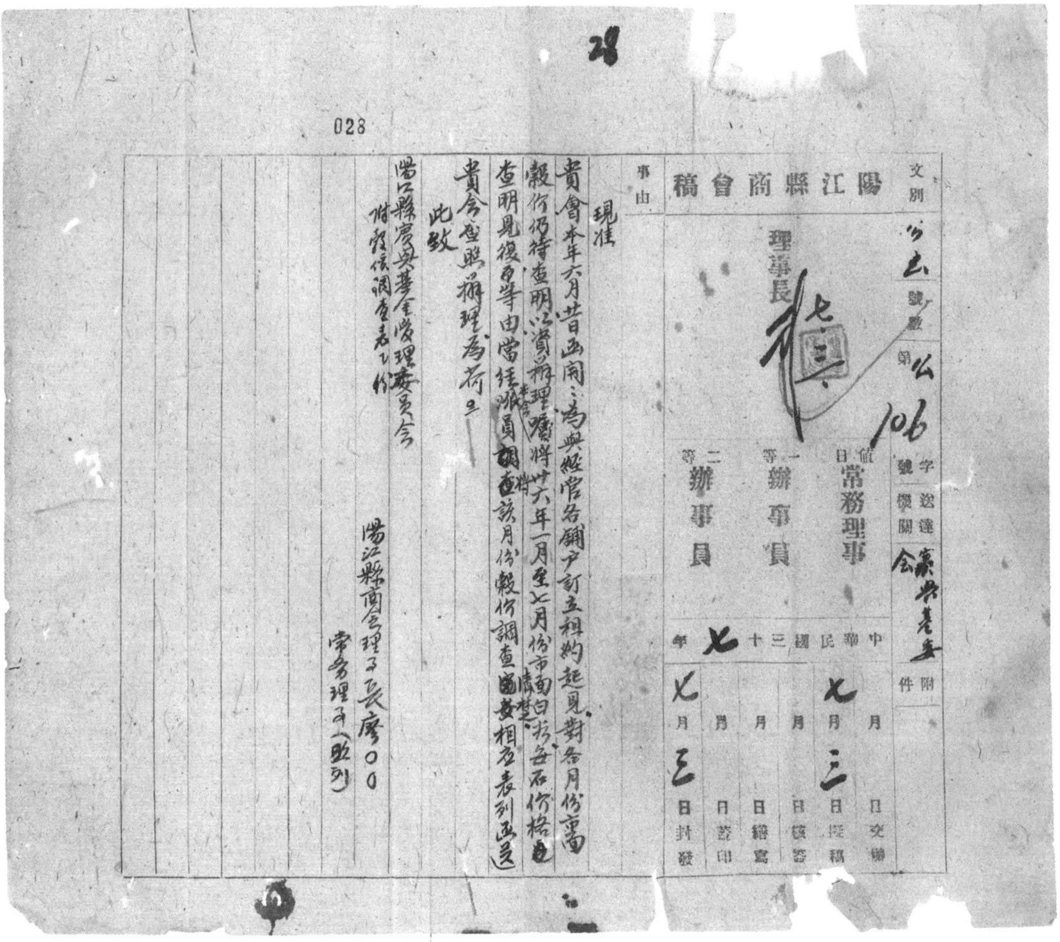
28
028

陽江縣商會稿

文別：公函
字號：第公106號
送達機關：賓興基金委會
附件：

理事長 松（印）
值日常務理事
一等辦事員
二等辦事員

中華民國三十七年
七月三日擬稿
七月三日封發

事由：

現准
貴會本年六月廿日函開：“為與經管各鋪户訂立租約起見，對各月份之穀價仍待查明，以資辦理。請將卅六年一月至七月份市面白米每石價格查明見復”等由。當經派員調查該月份穀價，調查相應表列函送
貴會查照辦理為荷。
此致
陽江縣賓興基金管理委員會
附發價調查表乙份
陽江縣商會理事長廖〇〇
常務理事（照列）

417. 阳江县平抑物价委员会函县商会调查各种物价列表上缴（1948 年 8 月 30 日）

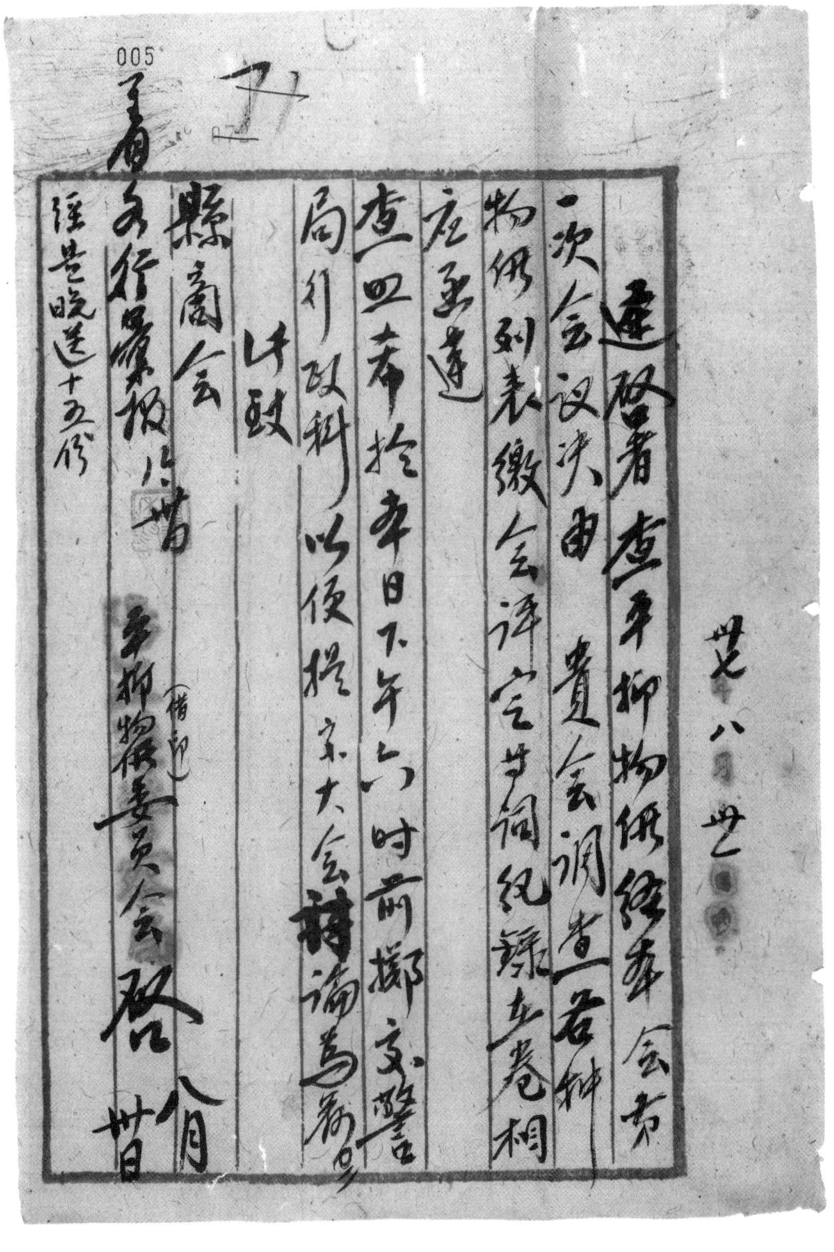

逕启者：查平抑物价经本会第一次会议决由贵会调查各种物价列表缴会评定并饬纪录在卷，相应函达，查照，希于本日下午六时前检交警局转致秤，以便提交大会讨论为荷。

此致

县商会

平抑物价委员会（借印）启

八月卅日

418. 阳江县政府电县商会按日查填民生日用价格具报（1948年9月27日）

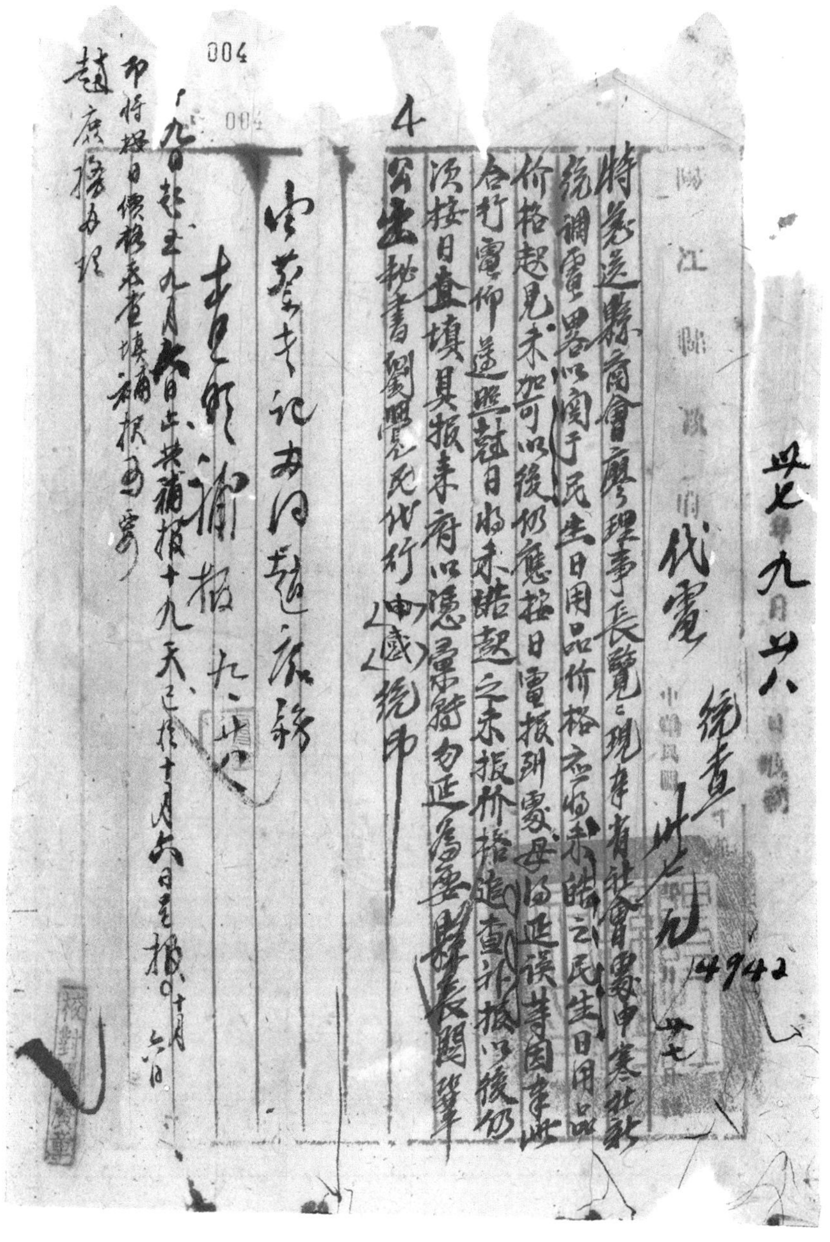
陽江縣政府代電

特急。送縣商會廖理事長覽：現本省社會處申寒社秘統調電，略以關于民生日用品價格，應由各縣將民生日用品價格起見，未加司以後，仍應按日電報，毋得延誤等因。奉此，合行電仰遵照，並按日將未報之價格追查補報，以後仍須按日查填具報來府，以憑彙辦，勿延為要。縣長關舉。公出秘書劉仰民代行。申感。統印

419. 阳江县商会通告油糖、茶楼饭店、旅业等同业公会填报物价工价报告表（1948 年 11 月 23 日）+ 附：阳江县政府通告（1948 年 11 月 15 日）

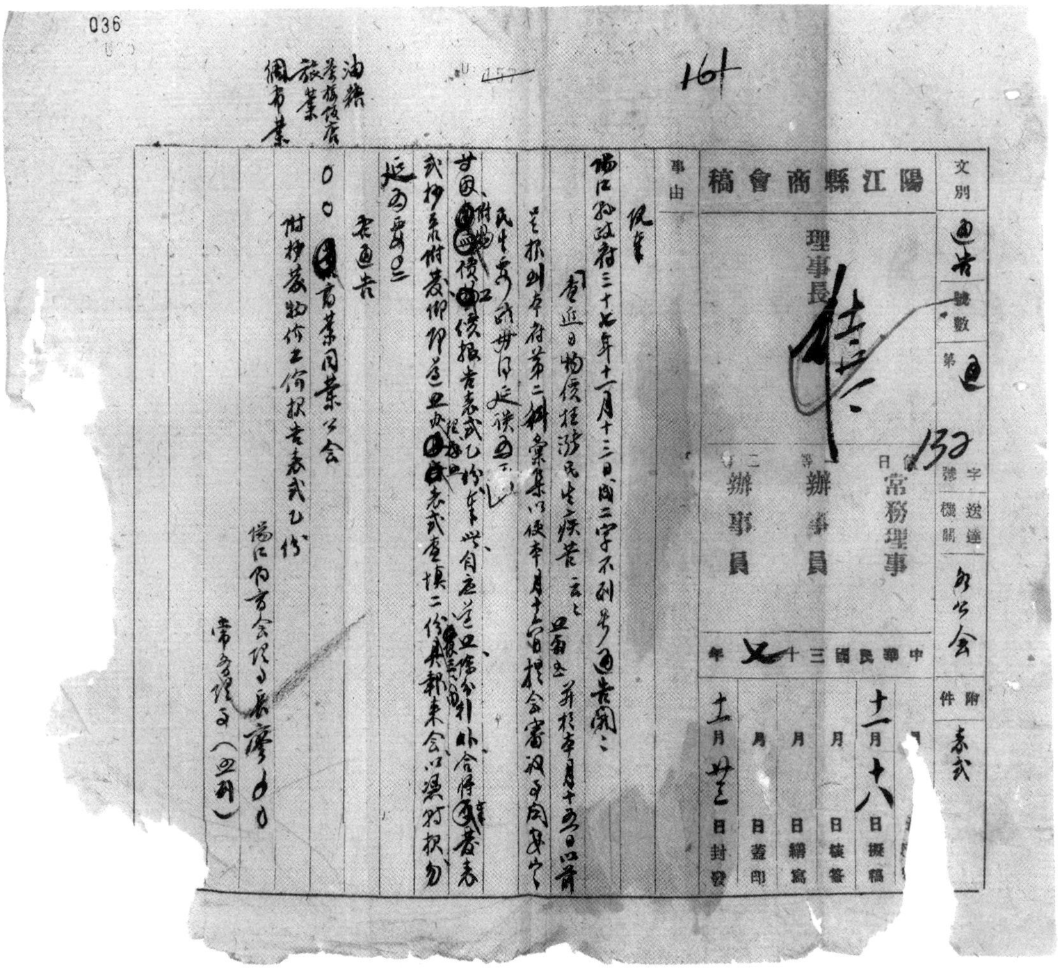

163

阳江县（业）[illegible]会工物价报告表（式）○ 中华民国三十七年　月　日填报

种类名	称或品	单位	价值	备考
油	生油 火水	每斤		
糖	黄糖 白糖	每斤		
鱼	鲜鱼 咸鱼	每斤		鲜鱼分为上中下三等 [illegible] 何项属上等下等 [illegible]
肉	猪肉 牛肉	每斤		
菜	普通新出之菜	每斤		青菜每斤价格亦须分别列明
布	普通月白布 [illegible]	每尺		
手巾	上等 中等 下等	每条		
柴	松柴 什柴	每百斤		
工价	木工 泥水工 [illegible]	每天		
理发	上中下等	每次		
茶点	茶点	每位		
旅业	△△ 双房 单房	每天		

附注：(1)右列各项物名工资为各某公会者须分别详列
(2)物价若有变动即列明变更变动缘由报告

037　162

阳江县政府通告　戌（二）字第　号

[illegible]

中华民国三十七年十一月十三日

县长 [illegible]

420. 阳江县商会通告首饰业同业公会于 12 月 5 日前填报县政府附发的银楼业状况调查表（1948 年 12 月）+ 附：阳江县政府致县商会理事长廖永年的代电（1948 年 12 月 1 日）

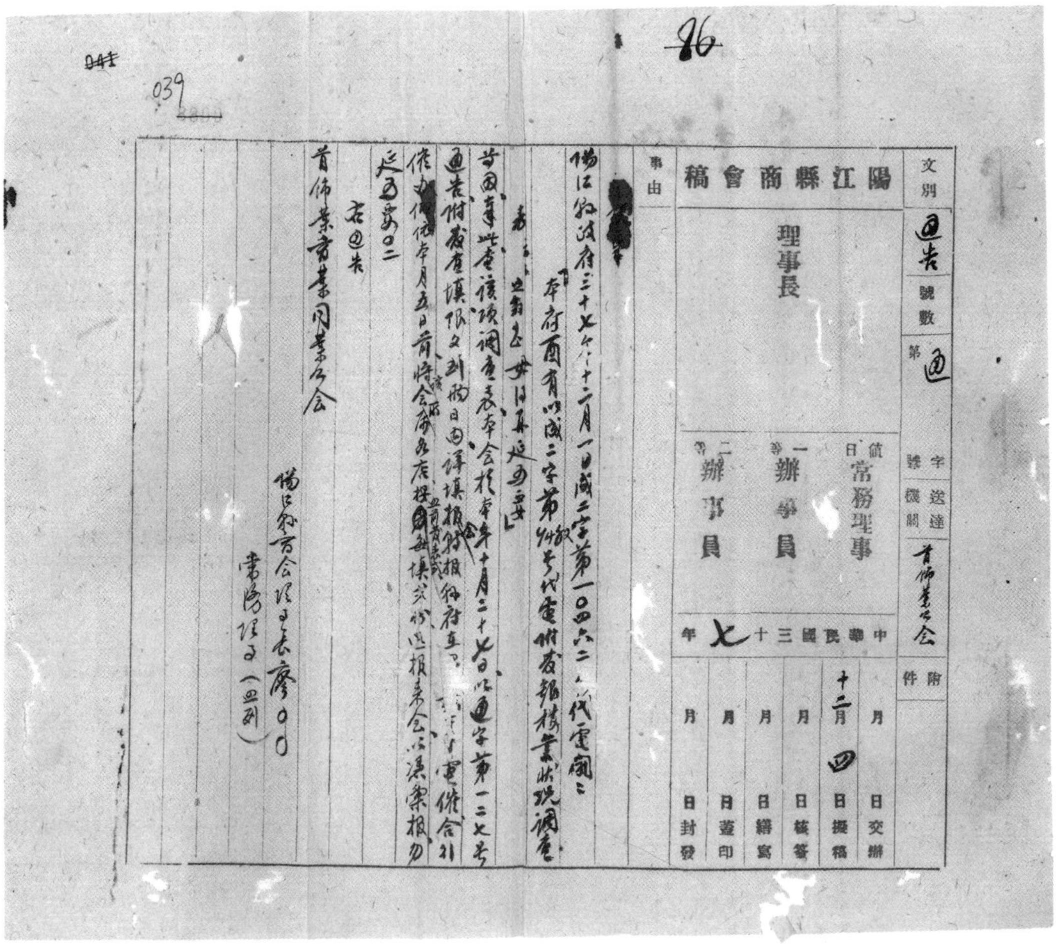

阳江县商会稿

文别：通告

号数：第 通 字

送达机关：首饰业公会

附件

理事长

常务理事

一等办事员

二等办事员

中华民国三十七年 十二月 四日拟稿

月 日交办　月 日核签　月 日缮写　月 日盖印　月 日封发

事由

阳江县政府三十七年十二月一日戍二字第一四六二号代电开：
本府前有以戍二字第44号代电附发银楼业状况调查表……
……延为要。
等因。奉此，查该项调查表本会於本年十月二十七日以通字第一二七号通告附发……
……本月五日前……
迅予……为要。

右通告

首饰业商业同业公会

阳江县商会理事长 廖〇〇
常务理事（四列）

038

阳江县政府代电

中华民国卅七年十二月一日

县商会廖理事长览：本府酉有以阳二字第7483号代电附发楼業状况调查表谅达，电到三日内查明报核在案。现经时已久，迄未据报，兹再电催，限在本月底前查明具报，以凭汇报，毋得再延为要。县长叶肇亥（东）阳二印。

催各商同業公會即據查轉

十二月三日

五、参与税收征管

（一）总论

421. 阳江县商会通告酒米同业公会、烟丝同业公会广东区税务局新兴分局阳江县办公处接收省税务局原办物产专税烟酒牌照税（1942 年 1 月 13 日）+ 附：广东区税务局新兴分局阳江县办公处致阳江县商会的公函（1942 年 1 月 12 日）

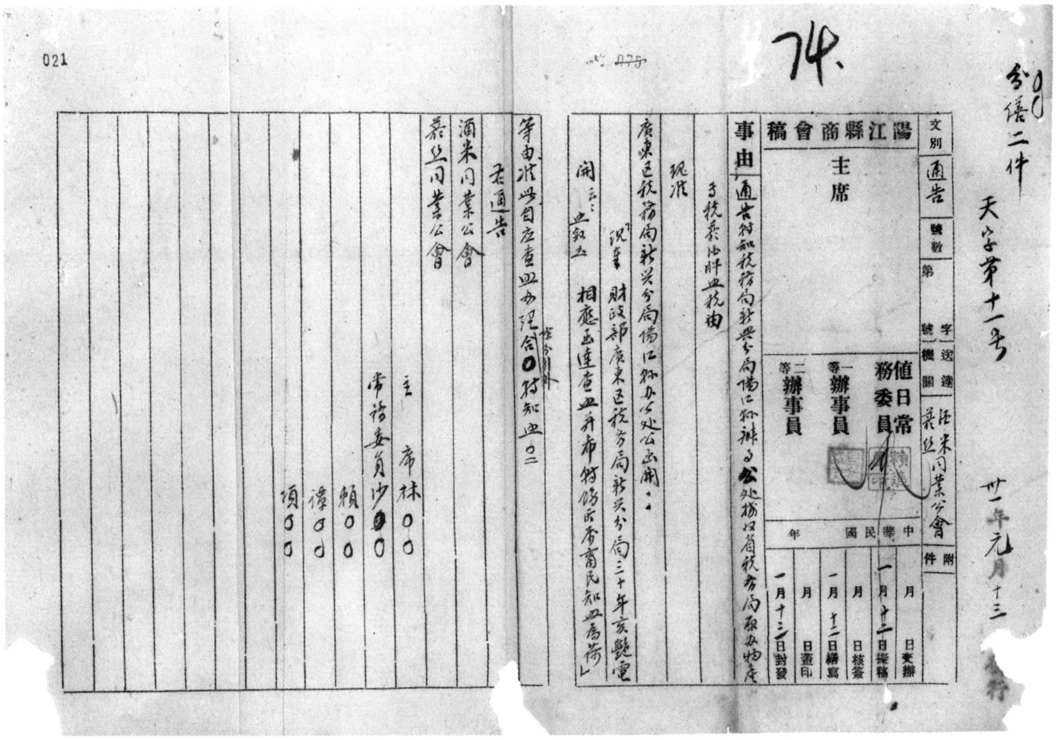
陽江縣商會稿

文別：通告

號數：第　字　號

送達機關：酒米同業公會、菸絲同業公會

事由：通告將知稅務局新興分局陽江辦事處接收省稅務局原辦物產專稅烟酒牌照稅由

主席

值日常務委員

一等辦事員

二等辦事員

中華民國　年　月　日交辦　一月十二日擬稿　月　日核簽　一月十二日繕寫　月　日蓋印　一月十三日封發

附件

天字第十一號

廿一年元月十三

函知接收省税务为原办物产专税、营业牌照税
抄达函转饬所属商人知照
卅一年元月十二

75.

076

财政部广东区税务局新兴分局阳江办事处公函　江字第　号

事由：函知接收省税务局原办物产专税、营业牌照税，请查照转饬该属商人知照由

中华民国卅一年一月十二日

现奉

财政部广东区税务局新兴分局三十年亥皓电开：「奉区局转奉部电：接办本省花酒牌照税、物产专税，除详细办法另发外，各县省税务局及稽征所原办上项税务及票照表册一律由各该分局或办公处分别接收，接收后凡花酒统税货物，宜告不再征省税，其余照旧征收，并于本月底交接清楚，明年元月接征具报」等因；奉此，自应遵办。查本处省税务局原办上项之税务、及票照表册业经本处于本月十日分别接收清楚，并定于本月十二日由本处及该办事处各征收处继续接征，除呈报及布告周知外，相应函达查照，并希转饬该属商民知照，为荷。

此致

阳江县商会

主任税务员　观癸崇

022

抄办

函转

花纱、油米两同业公会知照

一月十二日

422. 阳江县商会关于本市生果行慎兴等店转请公布征收生果类税率等情函请广东区税务局新兴分局阳江县办公处查照办理（1942 年 1 月 24 日）

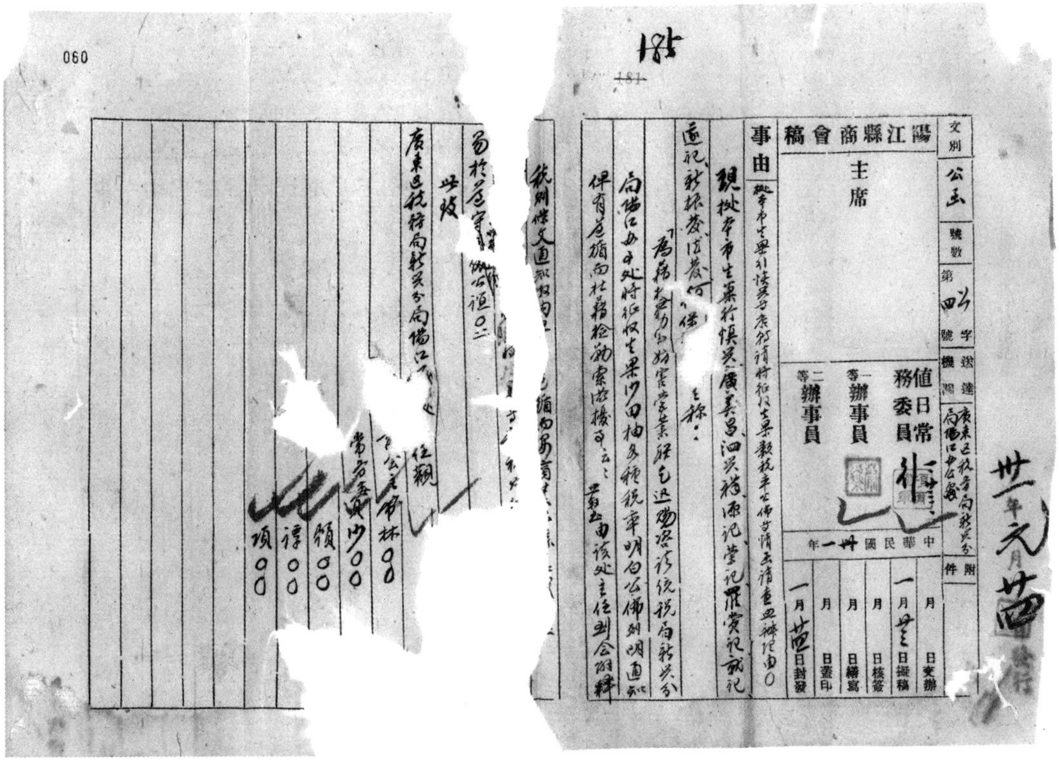

423. 广东区税务局糖类统税阳新督导区阳江驻厂员办事处函请阳江县商会转知糖业商人勿轻信糖业改办专卖的谣传（1942 年 3 月 22 日）

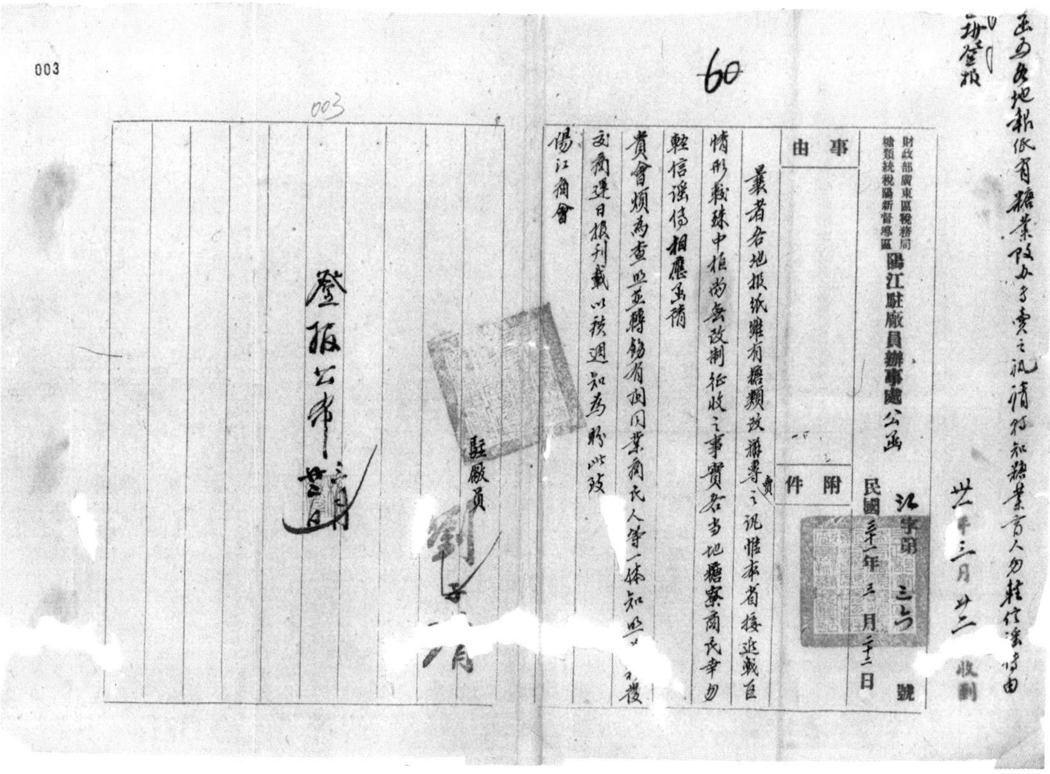
財政部廣東區稅務局糖類統稅陽新督導區陽江駐廠員辦事處公函

江字第三六號

民國三十一年三月二十二日

事由

附件

邇者各地報紙雖有糖類改辦專賣之說，惟本省接近戰區情形特殊，中樞尚無改制征收之事實，各當地糖業商民幸勿輕信謠傳，相應函請貴會煩為查照，並轉飭有關同業商民人等一體知照，並予復，及商選日報刊載以資遍知為盼。此致

陽江商會

駐廠員　劉

函為各地報紙有糖業改辦專賣之訊，請轉知糖業商人勿輕信謠傳由

卅一年三月廿二收到

登報公布

424. 广东区税务局新兴分局阳江县办公处关于由游击区运入纱布准予进口报由当地统税机关纳税等致阳江县商会的公函（1942 年 3 月 25 日）

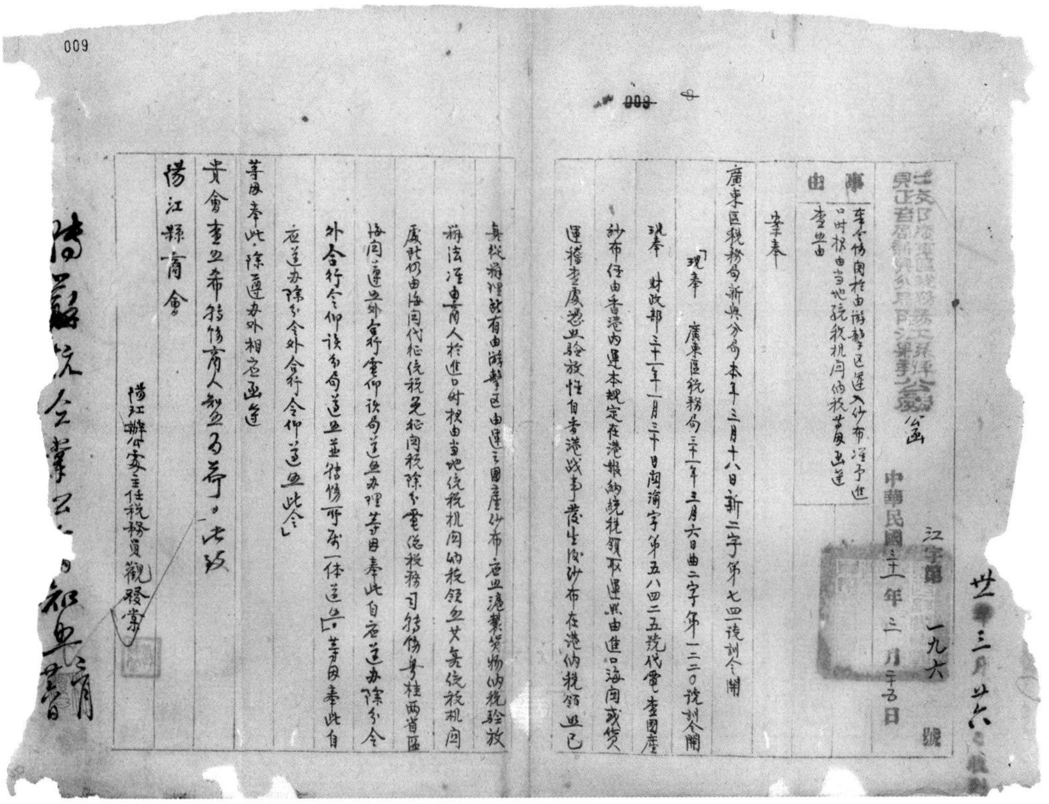
財政部廣東區稅務局新興分局陽江辦事處公函

江字第一九六號

中華民國三十一年三月廿五日

事由：奉令飭關於由游擊區運入紗布准予進口時報由當地統稅機關納稅等由函達查照由

案奉

廣東區稅務局新興分局本年三月十八日新二字第七四一號訓令開：「現奉 廣東區稅務局三十一年三月六日曲二字第一二二〇號訓令開：『現奉 財政部三十一年一月三十日關渝字第五八四二五號代電，查國產紗布係由香港內運，本規定在港報納統稅，領取運照，由進口海關或貨運稽查處憑照驗放。惟自香港戰事發生後，紗布在港納稅領照已無從辦理，設有由游擊區內運之國產紗布，應照滬製貨物納稅驗放辦法，准由商人於進口時報由當地統稅機關納稅領照，其無統稅機關處所，仍由海關代征統稅，免征關稅。除分電總稅務司轉飭粵桂兩省區海關遵照並分行外，合行電仰該局遵照辦理。』等因，奉此，自應遵辦，除分令外，合行令仰該分局遵照，並轉飭所屬一體遵照。」等因，奉此，自應遵辦，除分令外，合行令仰遵照。此令。」等因，奉此，除遵辦外，相應函達

貴會查照，並希轉飭商人知照為荷。此致

陽江縣商會

陽江辦公處主任稅務員

世三月廿六

425. 阳江县商会关于游击区运入纱布准予进口报由当地统税机关纳税等通告苏杭同业公会（1942 年 3 月 29 日）

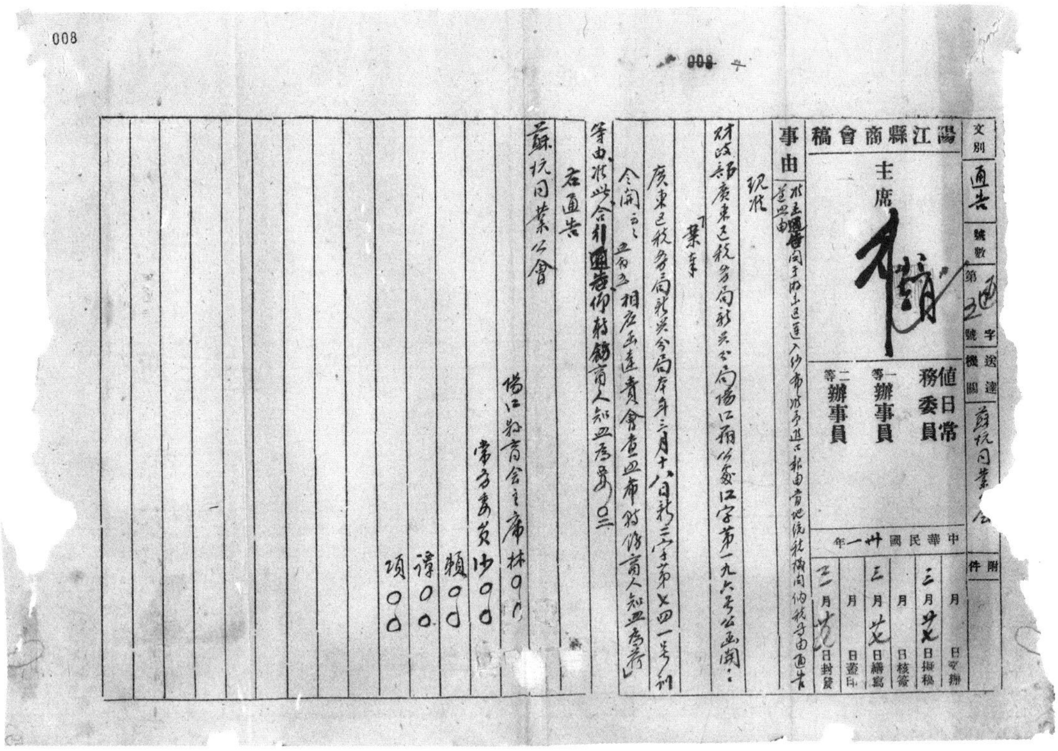

008

陽江縣商會稿

文別：通告

號數：第　號

送達機關：蘇杭同業公會

事由：准函遊擊區運入紗布准予進口報由當地統稅機關納稅等由通告

主席

值日常務委員

一等辦事員

二等辦事員

中華民國卅一年　三月　日擬稿　三月　日核簽　三月　日繕寫　日蓋印　三月　日封發

附件

現准

財政部廣東區稅务局新興分局陽江稽征所江字第一九六号公函開：

"案奉

廣東區稅务局新興分局本年三月十八日新三字第七四一号訓令開：……

……相应函達貴會查照，轉飭商人知照為荷。"

等由，准此，合行通告，仰轉飭商人知照為要。

此通告

蘇杭同業公會

陽江縣商會主席林〇〇

常务委员少〇〇　賴〇〇　譚〇〇　項〇〇

426. 阳江县商会函请县税捐征收处、广东区税务局新兴分局阳江县办公处、糖类统税阳江驻厂员办事处等税收机关详报税收情形（1942 年 4 月 23 日）+ 附：雷州关阳江段总办事处致阳江县商会的公函（1942 年 4 月 20 日）

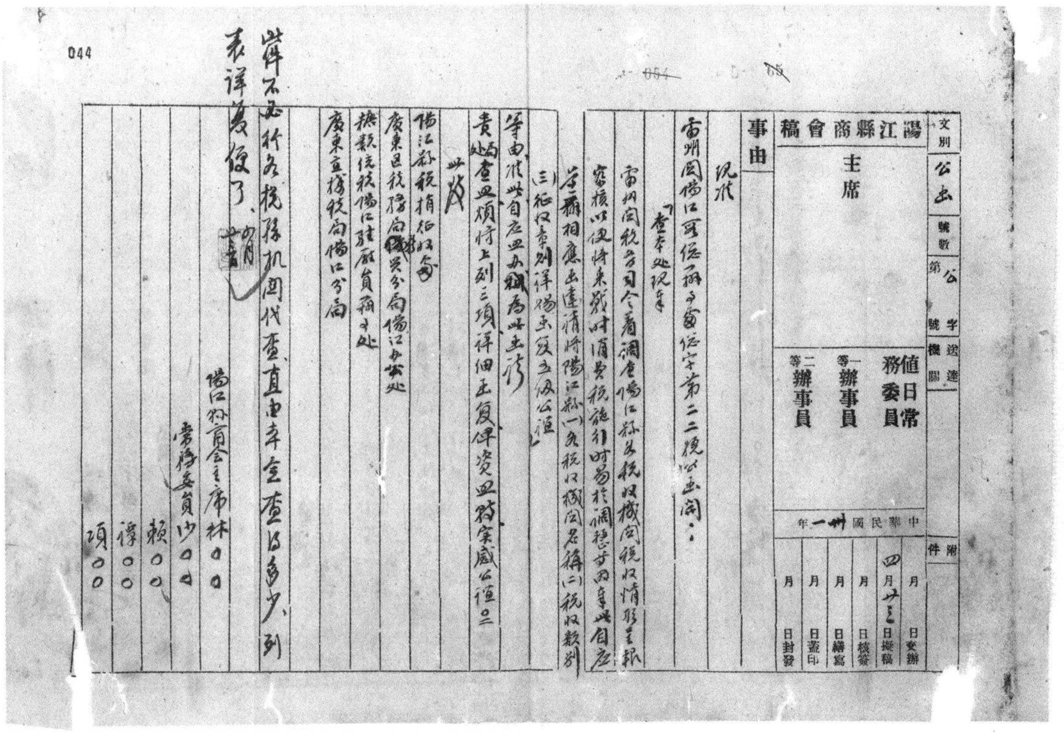
044

陽江縣商會稿

文別：公函

號數：第 公 字 號

送達機關

主席

值日常務委員

一等辦事員

二等辦事員

中華民國卅一年四月廿三日擬稿

附件

事由

逕啟者：
雷州關陽江段總辦事處公函開：
「查本處現奉雷州關稅務司令着調查陽江縣各稅收機關稅收情形呈報察核，以便將來裁併消費稅施行時易於調整。茲因事屬自應函達，請將陽江縣（一）各稅收機關名稱（二）稅收數別（三）征收章則詳備函復，以憑公證」
等由，准此，自應函知，為此函請
貴處查照，煩將上列三項詳細函復，俾資函轉，實感公誼。
此致
陽江縣稅捐征收處
廣東區稅務局新興分局陽江辦公處
糖類統稅陽江駐廠員辦事處
廣東直接稅局陽江分局
陽江縣商會主席林〇〇
常務委員少〇〇
賴〇〇
譚〇〇
項〇〇

群不必行各稅務機關代查，直由本會查明多少，列表詳為復可。

043

053

函請代查稅收機關由

卅　四月廿二

雷州關陽江段總辦事處公函

總字第弍拾弍號

中華民國三十一年四月二十日

事由

查本處現奉

雷州關稅務司令着調查陽江縣各稅收機關稅收情形呈報察核以便將來戰時消費稅施行時易於調整等因奉此自應遵辦查

貴會對於本地稅收情況較為明瞭為此相應函達請將陽江縣(一)各稅收機關名称(二)稅收類别及(三)征收章則詳賜

函復至級公誼

此致

陽江縣商會主席林

主任張水生

代查填函復

427. 广东直接税局阳江分局函复阳江县商会请转饬珍利店迅将欠税清缴（1942 年 5 月 8 日）

财政部廣東直接稅局陽江分局公函

事由：函復請轉飭珍利店迅將欠稅清繳由。

稅字第 50 號　中華民國卅一年五月八日發　附件

現准

貴會本年五月三日公字第二三號公函，以據珍利店請轉呈取銷營業牌照及免繳三十年度營業稅，請查照辦理等由；准此。業查該商三十年度營業稅款經查定呈報有案，萬難轉免，准函前由，相應函復

貴會查照，仍請轉飭該商迅將三十年度所欠稅款清繳，以憑辦理，為荷。此致

陽江縣商會主席林

局長陳瑞鵬

428. 阳江县商会向雷州关阳江段总办事处函送各税收机关税收章则调查表（1942 年 5 月 11 日）

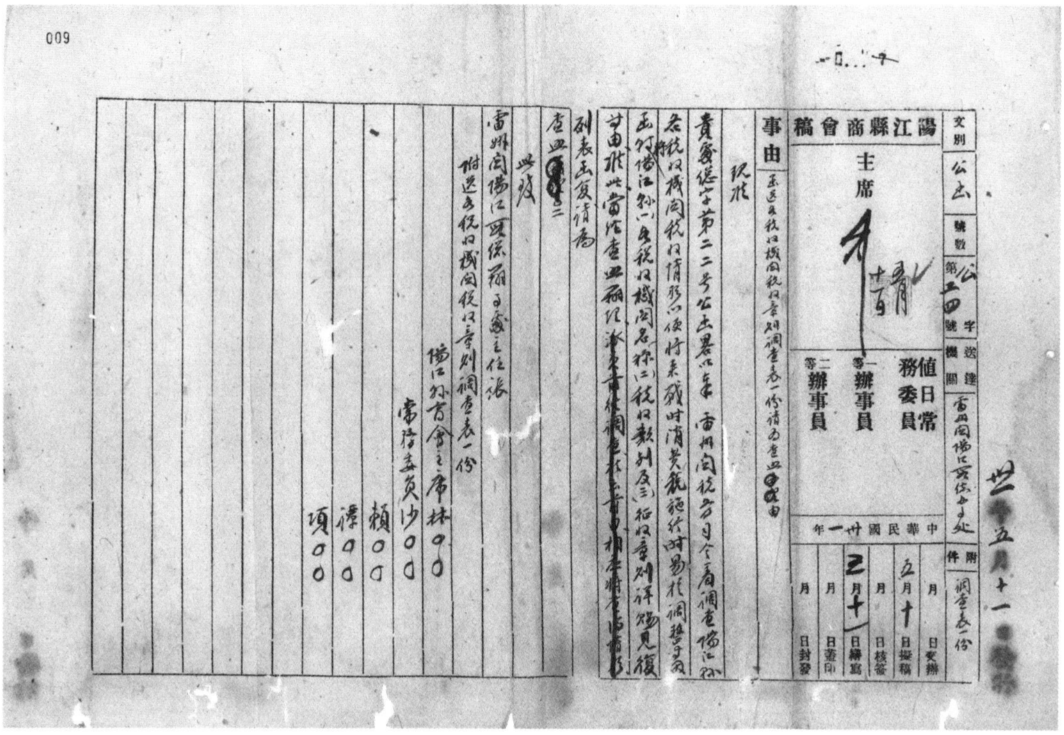

陽江縣商會稿

文別：公函

號數：第公二四號

送達機關：雷州關陽江段總辦事處

附件：調查表一份

主席　值日常務委員　一等辦事員　二等辦事員

事由：函送各稅收機關稅收章則調查表一份請查照由

中華民國卅一年　五月十日擬稿　五月十一日繕寫

逕啟者：

貴處送字第二二號公函略以：案奉雷州關稅务司令飭調查陽江縣各稅收機關稅收情形，以便將來戰時消費稅施行時易於調整[illegible]函陽江縣商會，(一)各稅收機關名稱，(二)稅收款別，及(三)征收章則，詳細見復[illegible]等由。准此，當經查照[illegible]列表函復，請為查照。

此致

雷州關陽江段總辦事處

附送各稅收機關稅收章則調查表一份

陽江縣商會主席林○○

常務委員沙○○

賴○○

譚○○

項○○

429. 广东直接税局阳江分局函请阳江县商会转饬南恩路合胜栈保领吴容氏并清缴欠税（1942 年 5 月 28 日）

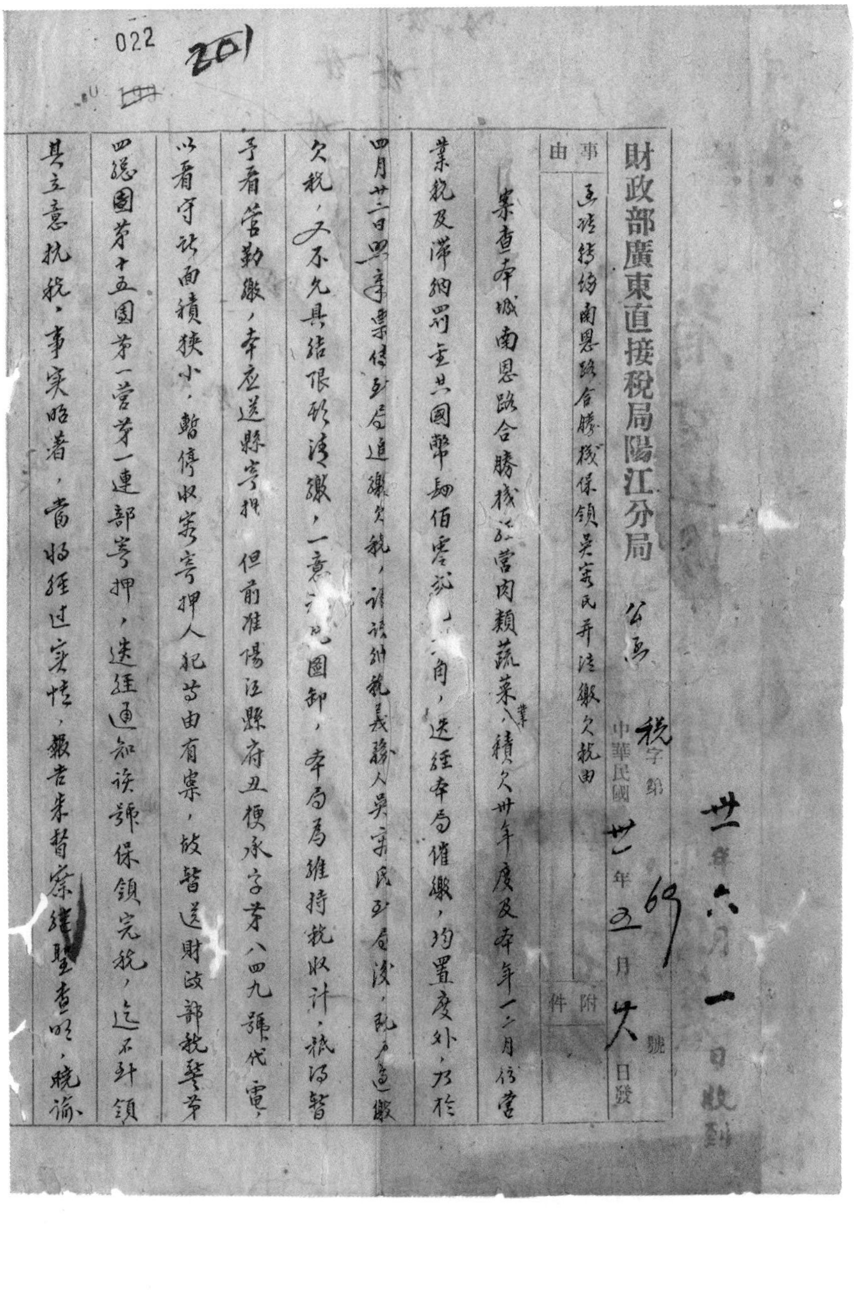

022 201

財政部廣東直接税局陽江分局公函 税字第 號

中華民國卅一年五月廿八日發

事由：函請轉飭南恩路合勝棧保領吳容氏并清繳欠税由

附件

案查本城南恩路合勝棧經營肉類蔬菜業，積欠卅年度及本年一二月份營業税及滯納罰金共國幣壹佰零貳元[illegible]角，迭經本局催繳，均置度外，乃於四月廿二日由本局傳到局追繳欠税，詎該納税義務人吳容氏到局後，[illegible][illegible]追繳欠税，又不允具結限期清繳，一意[illegible]圖卸，本局爲維持税收計，祗得暫予看管勒繳，本應送縣寄押，但前准陽江縣府丑梗承字第八四九號代電，以看守所面積狹小，暫停收容寄押人犯等由有案，故暫送財政部税警第四總團第十五團第一營第一連部寄押，迭經通知該號保領完税，迄不到領，其立意抗税，事實昭著，當將經過實情，報告米督察建章查明，曉諭

卅一年六月一日收到

022

00022-1

該商遵繳税款在案，相應函達

查照，即希轉飭該號先行覓保具領，仍飭迅將欠税清繳，以維税收，

爲荷！！

此致

陽江縣商會主席林

局長　陳瑞鵬

該店現正在控告中，應着其照繳清，即將情查復

430. 广东直接税局阳江分局函请阳江县商会转知各商号从速清缴欠税（1942 年 7 月 22 日）

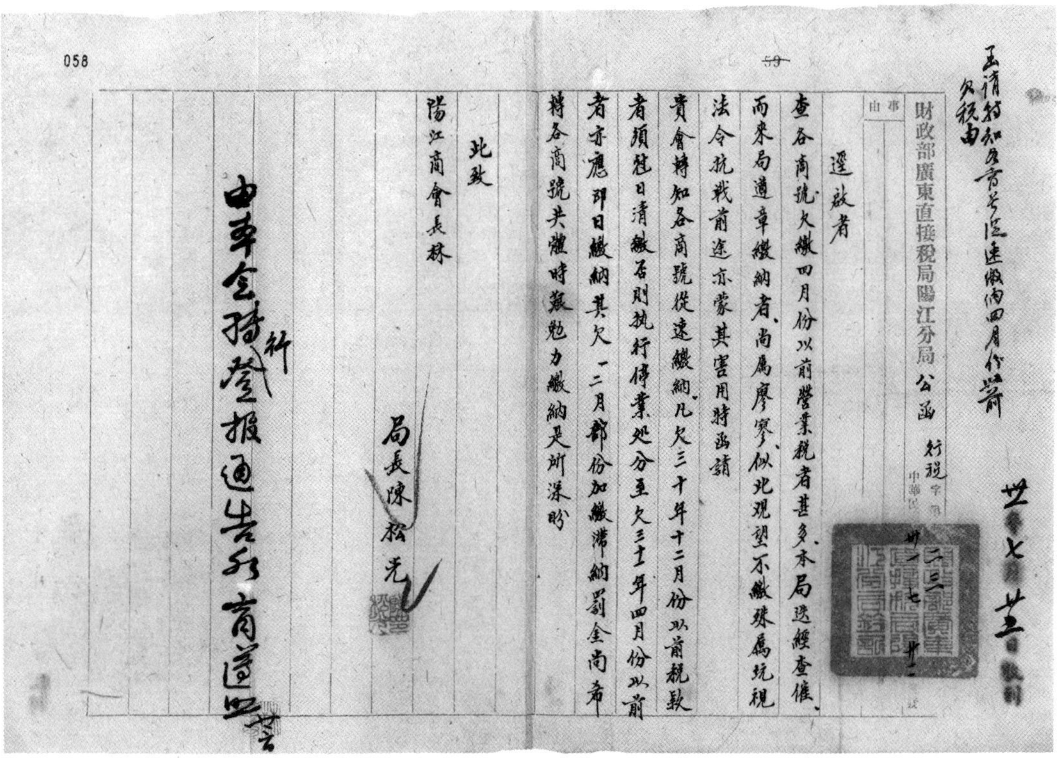

函請轉知各商号從速繳納四月份前欠稅由

財政部廣東直接稅局陽江分局公函 行稅字第 號

中華民國卅一年七月廿二日

逕啟者：

查各商號欠繳四月份以前營業稅者甚多，本局迭經查催，而來局遵章繳納者，尚屬寥寥，似此觀望不繳，殊屬玩視法令，抗戰前途，亦蒙其害。用特函請

貴會轉知各商號從速繳納。凡欠三十年十二月份以前稅款者，須剋日清繳，否則執行停業處分；至欠三十一年四月份以前者，亦應即日繳納；其欠一、二月部份加繳滯納罰金，尚希轉各商號共體時艱，勉力繳納，是所深盼。

此致

陽江商會長林

局長陳松光

由本会轉行登報通告各商号遵照

431. 广东直接税局阳江分局关于定 7 月 25 日开征所利得税及货运登记函请阳江县商会转告各商遵照（1942 年 7 月 27 日）

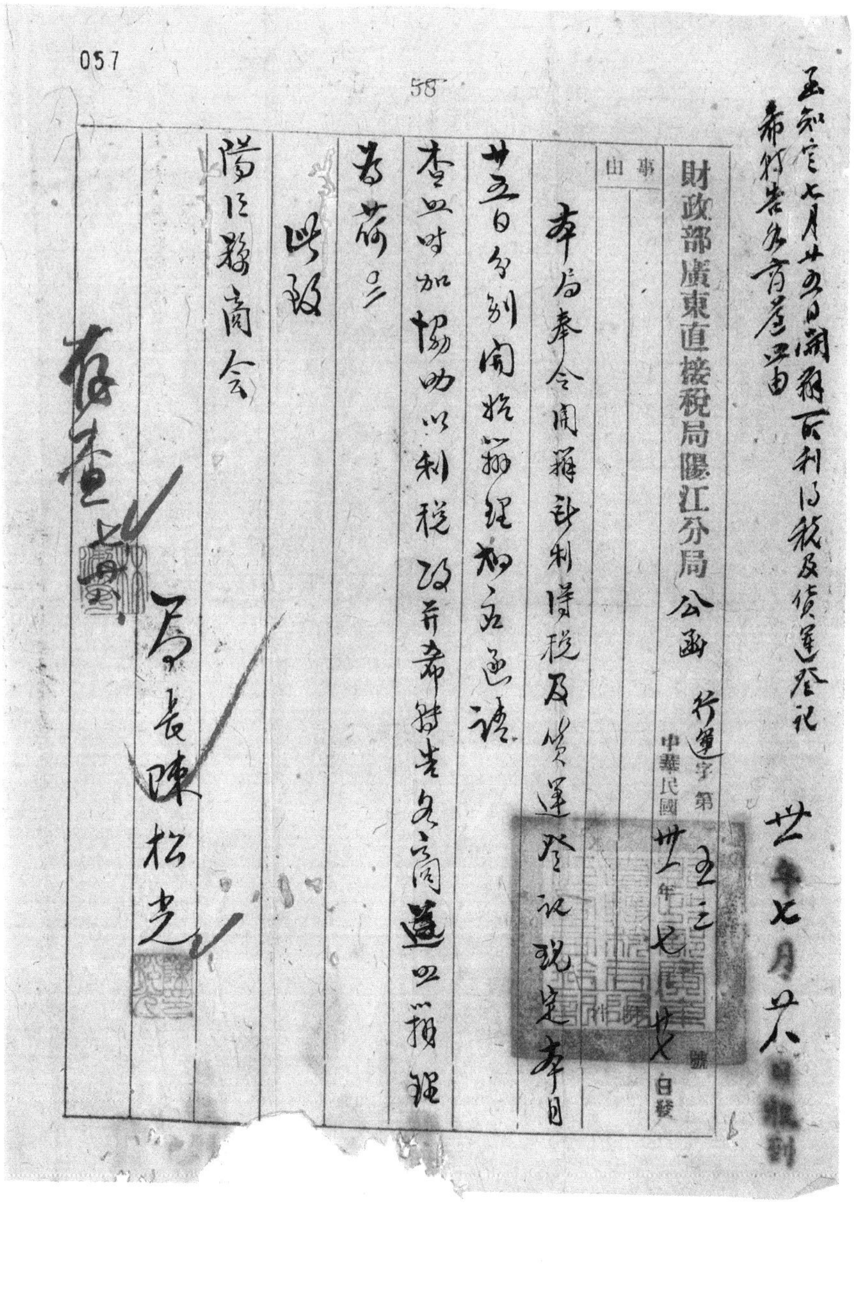
057

58

財政部廣東直接稅局陽江分局公函 行運字第五三號

中華民國卅一年七月廿七日發

事由

本局奉令開辦所利得稅及貨運登記，現定本月廿五日分別開始辦理，相應函請查照，並加協助，以利稅政，並希轉告各商遵照辦理為荷。

此致

陽江縣商會

局長 陳松光

函知定七月廿五日開辦所利得稅及貨運登記，希轉告各商查照由

卅一年七月廿八日收到

存查

432. 广东税务管理局阳江分局函复阳江县商会转知各商号五天内呈缴真实账簿复核以昭公允（1944 年 10 月 11 日）

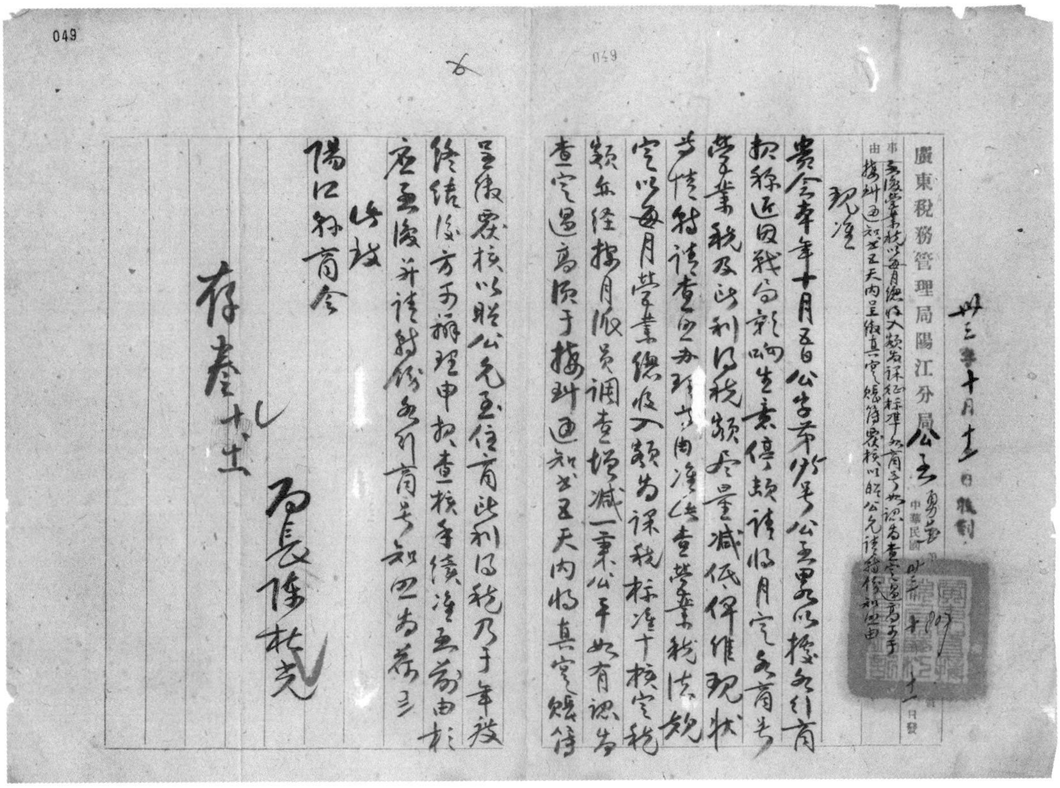

433.1945 年第 4 期各项课税货品税额表（1945 年）

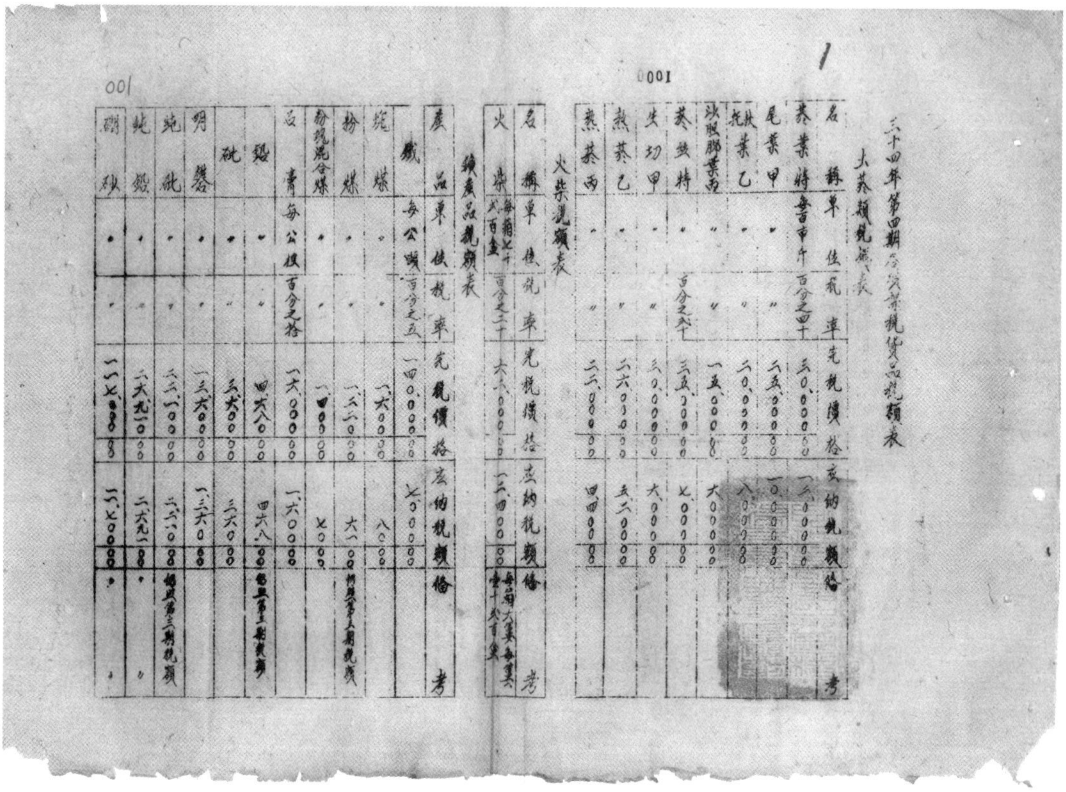

001　0001　1

三十四年第四期各项课税货品税额表

烟类税额表

名称	单位	税率	完税价格	应纳税额	备考
烟叶特	每市斤	百分之四十	三〇、〇〇〇 〇〇	一二、〇〇〇 〇〇	
尾叶甲	〃	〃	二五、〇〇〇 〇〇	一〇、〇〇〇 〇〇	
烘叶乙	〃	〃	二〇、〇〇〇 〇〇	八、〇〇〇 〇〇	
烟骨脚叶丙	〃	〃	一五、〇〇〇 〇〇	六、〇〇〇 〇〇	
烟丝特	〃	百分之廿	三五、〇〇〇 〇〇	七、〇〇〇 〇〇	
生切甲	〃	〃	三〇、〇〇〇 〇〇	六、〇〇〇 〇〇	
熟烟乙	〃	〃	二六、〇〇〇 〇〇	五、二〇〇 〇〇	
熟烟丙	〃	〃	二二、〇〇〇 〇〇	四、四〇〇 〇〇	

火柴税额表

名称	单位	税率	完税价格	应纳税额	备考
火柴	每箱七千式百盒	百分之二十	六二、〇〇〇 〇〇	一二、四〇〇 〇〇	每箱六大包每包壹千式百盒

矿产品税额表

产品	单位	税率	完税价格	应纳税额	备考
铁	每公吨	百分之五	一四〇、〇〇〇 〇〇	七、〇〇〇 〇〇	
烧煤	〃	〃	一、六〇〇 〇〇	八〇 〇〇	
粉煤	〃	〃	一、二二〇 〇〇	六一 〇〇	照第六期税额
粉烧混合煤	〃	〃	一、四〇〇 〇〇	七〇 〇〇	
石青	每公担	百分之拾	一、六〇〇 〇〇	一六〇 〇〇	
钨	〃	〃	四、六八〇 〇〇	四六八 〇〇	照第三期税额
砒	〃	〃	三、六〇〇 〇〇	三六〇 〇〇	
明矾	〃	〃	一、三六〇 〇〇	一三六 〇〇	
纯硫	〃	〃	二二、一〇〇 〇〇	二、二一〇 〇〇	照第三期税额
纯锑	〃	〃	二六、九一〇 〇〇	二、六九一 〇〇	〃
硼砂	〃	〃	一二、七〇〇 〇〇	一、二七〇 〇〇	〃

434. 粤赣区货物税局新兴分局关于广东省第四期各种课税货品税额电饬阳江县商会、同业公会遵照（1945 年 10 月 21 日）+ 附：1945 年第四期酒类税额表

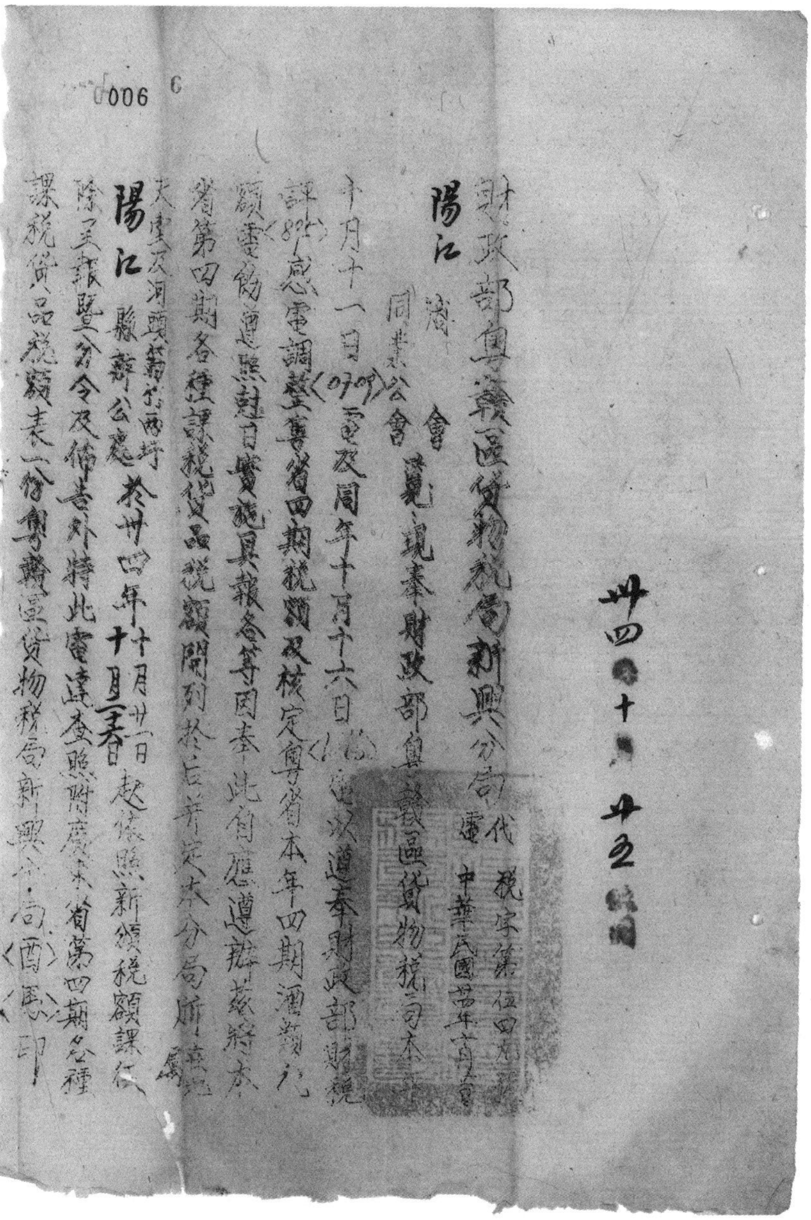
0006

財政部粵贛區貨物稅局新興分局代電 稅字第伍四號 中華民國卅四年十月廿一日

陽江 商 會
同業公會 覽 現奉財政部粵贛區貨物稅局本
十月十一日（0709）電及同年十月十六日以遵奉財政部財稅
詳（804）感電調整粵省四期稅額及核定粵省本年四期酒類稅
額電飭遵照并具報各等因奉此自應遵辦茲將本
省第四期各種課稅貨品稅額開列於后并定本分局所屬
大塱及河頭新圩兩圩
陽江 縣辦公處 於卅四年十月廿一日起依照新頒稅額課征
除呈報暨分令及佈告外特此電達查照附廣東省第四期各種
課稅貨品稅額表一份 粵贛區貨物稅局新興分局（酉馬）印

卅四 十 廿五

007

酒類稅額表　三十四年第四期

酒別	單位	完稅價格	應納稅額	備考
土火酒	每市斤	三一五〇〇	一八九〇〇	
老酒	〃	五七〇〇〇	三四二〇〇	
藥酒	〃	一〇〇〇〇〇	六〇〇〇〇	虎骨、人參、國公、五加皮、蛤蚧[illegible]未列名藥酒均屬之
糖泡酒	〃	四三〇〇〇	二五八〇〇	
色酒	〃	一〇八〇〇〇	六四八〇〇	各種有色露酒均屬之
高粱酒（即双蒸酒）	〃	三七〇〇〇	二二二〇〇	
米酒	〃	二二〇〇〇	一三二〇〇	

存查　十七

435. 阳江县商会向广东直接税局阳江分局函送绸布行商呈报 1945 年 9 至 12 月份税额单（1946 年 6 月 21 日）

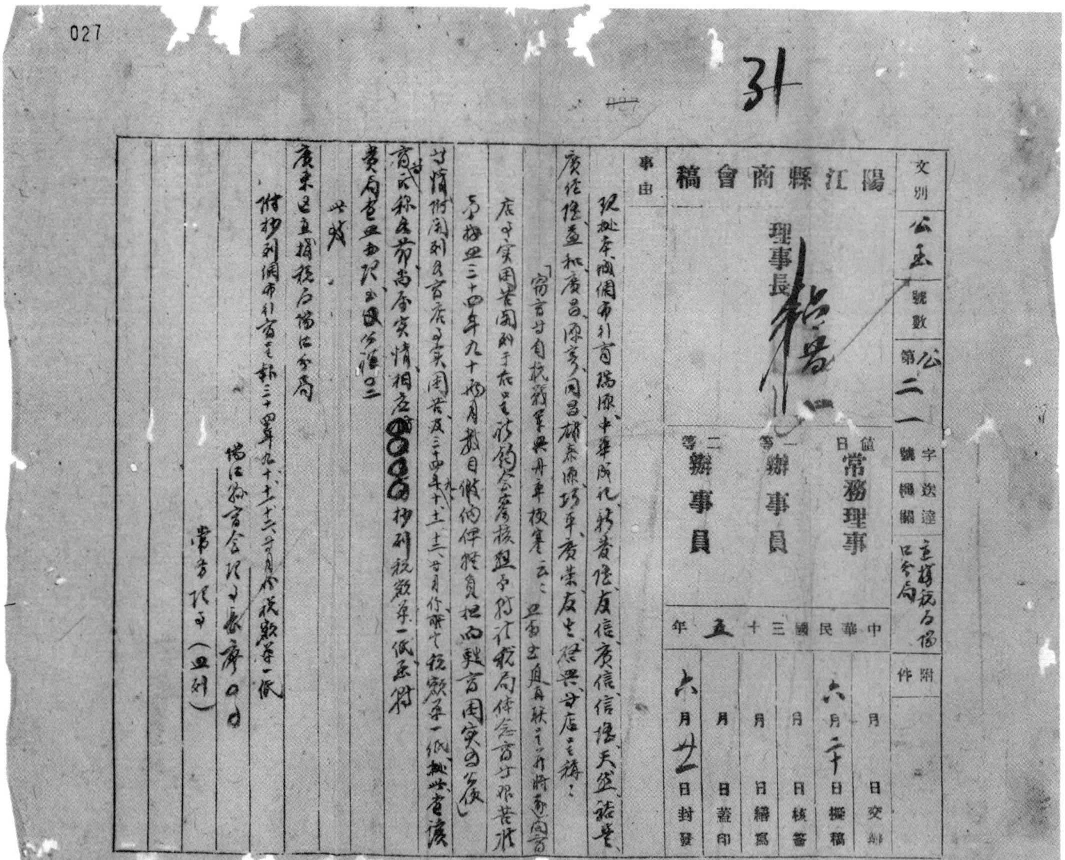
陽江縣商會稿

文別 公函

號數 第公二一號

理事長

常務理事

一等辦事員

二等辦事員

事由

中華民國三十五年

六月二十日擬稿

六月廿一日封發

436. 广东区货物税局高要分局阳江办公处向阳江县商会函送广东省 1946 年第 3 期各类课税物品税额表（1946 年 7 月 14 日）+ 附：广东省 1946 年第 3 期各类课税物品税额表

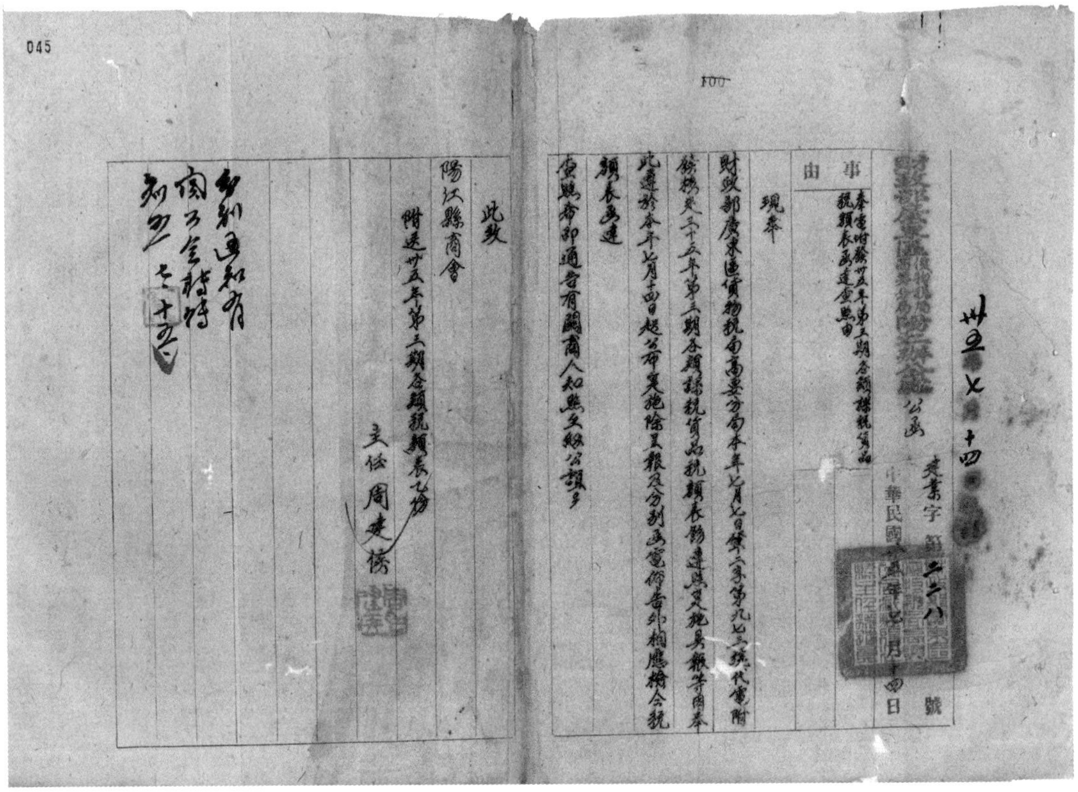

045

100

公函

建業字第二二八號

中華民國卅五年七月十四日

卅五、七、十四

事由：奉電附發卅五年第三期各類課稅貨品稅額表函達查照由

現奉

財政部廣東區貨物稅局高要分局本年七月七日第六字第九七三號代電附發卅五年第三期各類課稅貨品稅額表飭遵照並又飭另報等因奉此遵於本年七月十四日起公布實施除呈報及分別函電飭各外相應檢同稅額表函達

貴會希即通告有關商人知照爲紉公誼

此致

陽江縣商會

附送卅五年第三期各類稅額表乙份

主任 周爽儔

分別通知有關各會轉將知照 七、十五

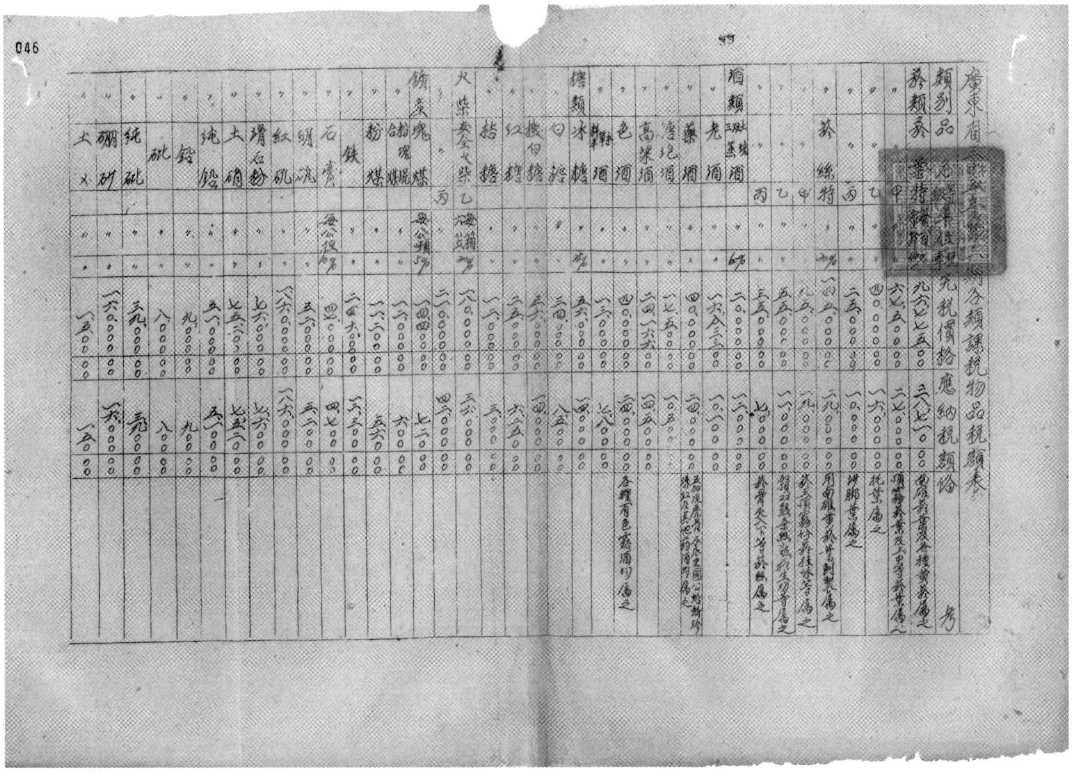

廣東省[illegible]份各類課稅物品稅額表

類別	品名	等級	單位	稅率	完稅價格	應納稅額	備考
菸類	菸葉	特		40%	九六、七七五.〇〇	三八、七一〇.〇〇	曬廠菸葉及各種黃菸屬之
〃	〃	甲	〃	〃	六七、五〇〇.〇〇	二七、〇〇〇.〇〇	頂曬菸葉及上中等菸葉屬之
〃	〃	乙	〃	〃	四〇、〇〇〇.〇〇	一六、〇〇〇.〇〇	梳葉屬之
〃	〃	丙	〃	〃	二五、〇〇〇.〇〇	一〇、〇〇〇.〇〇	沙腳葉屬之
〃	菸絲	特	〃	20%	一四五、〇〇〇.〇〇	二九、〇〇〇.〇〇	用南雄黃菸葉[illegible]製者屬之
〃	〃	甲	〃	〃	九五、〇〇〇.〇〇	一九、〇〇〇.〇〇	菸三[illegible]等菸絲等屬之
〃	〃	乙	〃	〃	五五、〇〇〇.〇〇	一一、〇〇〇.〇〇	[illegible]等屬之
〃	〃	丙	〃	〃	三五、〇〇〇.〇〇	七、〇〇〇.〇〇	菸骨夾入下等菸絲屬之
酒類	双蒸三蒸酒		〃	60%	二〇、〇〇〇.〇〇	一二、〇〇〇.〇〇	
〃	老酒		〃	〃	一六、八三三.〇〇	一〇、一〇〇.〇〇	
〃	藥酒		〃	〃	四〇、〇〇〇.〇〇	二四、〇〇〇.〇〇	五加皮、虎骨、參茸、史國公、蛇、珍珠紅及其他藥酒均屬之
〃	浸泡酒		〃	〃	一七、五〇〇.〇〇	一〇、五〇〇.〇〇	
〃	高粱酒		〃	〃	二四、一六六.〇〇	一四、五〇〇.〇〇	
〃	色酒		〃	〃	四〇、〇〇〇.〇〇	二四、〇〇〇.〇〇	各種有色露酒均屬之
〃	[illegible]酒		〃	〃	一三、〇〇〇.〇〇	七、八〇〇.〇〇	
糖類	冰糖		〃	25%	五六、〇〇〇.〇〇	一四、〇〇〇.〇〇	
〃	白糖		〃	〃	三四、〇〇〇.〇〇	八、五〇〇.〇〇	
〃	機白糖		〃	〃	五六、〇〇〇.〇〇	一四、〇〇〇.〇〇	
〃	紅糖		〃	〃	二五、〇〇〇.〇〇	六、二五〇.〇〇	
〃	桔糖		〃	〃	一二、〇〇〇.〇〇	三、〇〇〇.〇〇	
火柴	安全火柴	乙	每箱六〇〇支	20%	一八〇、〇〇〇.〇〇	三六、〇〇〇.〇〇	
〃	〃	丙	〃	〃	二〇〇、〇〇〇.〇〇	四〇、〇〇〇.〇〇	
鑛產	塊煤		每公噸	5%	一四、四〇〇.〇〇	七二〇.〇〇	
〃	粉塊煤		〃	〃	一二、〇〇〇.〇〇	六〇〇.〇〇	
〃	粉煤		〃	〃	一一、二〇〇.〇〇	五六〇.〇〇	
〃	鐵		〃	〃	二四、六〇〇.〇〇	[illegible]	
〃	石膏		每公担	10%	四七、〇〇〇.〇〇	四、七〇〇.〇〇	
〃	明礬		〃	〃	五二、〇〇〇.〇〇	五、二〇〇.〇〇	
〃	紅礬		〃	〃	一八六、〇〇〇.〇〇	一八、六〇〇.〇〇	
〃	滑石粉		〃	〃	七六、〇〇〇.〇〇	七、六〇〇.〇〇	
〃	土硝		〃	〃	七五、二〇〇.〇〇	七、五二〇.〇〇	
〃	純鉛		〃	〃	五八、〇〇〇.〇〇	五、八〇〇.〇〇	
〃	鉛		〃	〃	九、〇〇〇.〇〇	九〇〇.〇〇	
〃	砒		〃	〃	八、〇〇〇.〇〇	八〇〇.〇〇	
〃	純砒		〃	〃	三九、〇〇〇.〇〇	三、九〇〇.〇〇	
〃	硼砂		〃	〃	一六〇、〇〇〇.〇〇	一六、〇〇〇.〇〇	
〃	土火		〃	〃	一、五〇〇.〇〇	一五〇.〇〇	

437. 广东区直接税局阳江分局函请阳江县商会转饬忠信号、永安号迅予遵缴各税（1946 年 9 月 7 日）

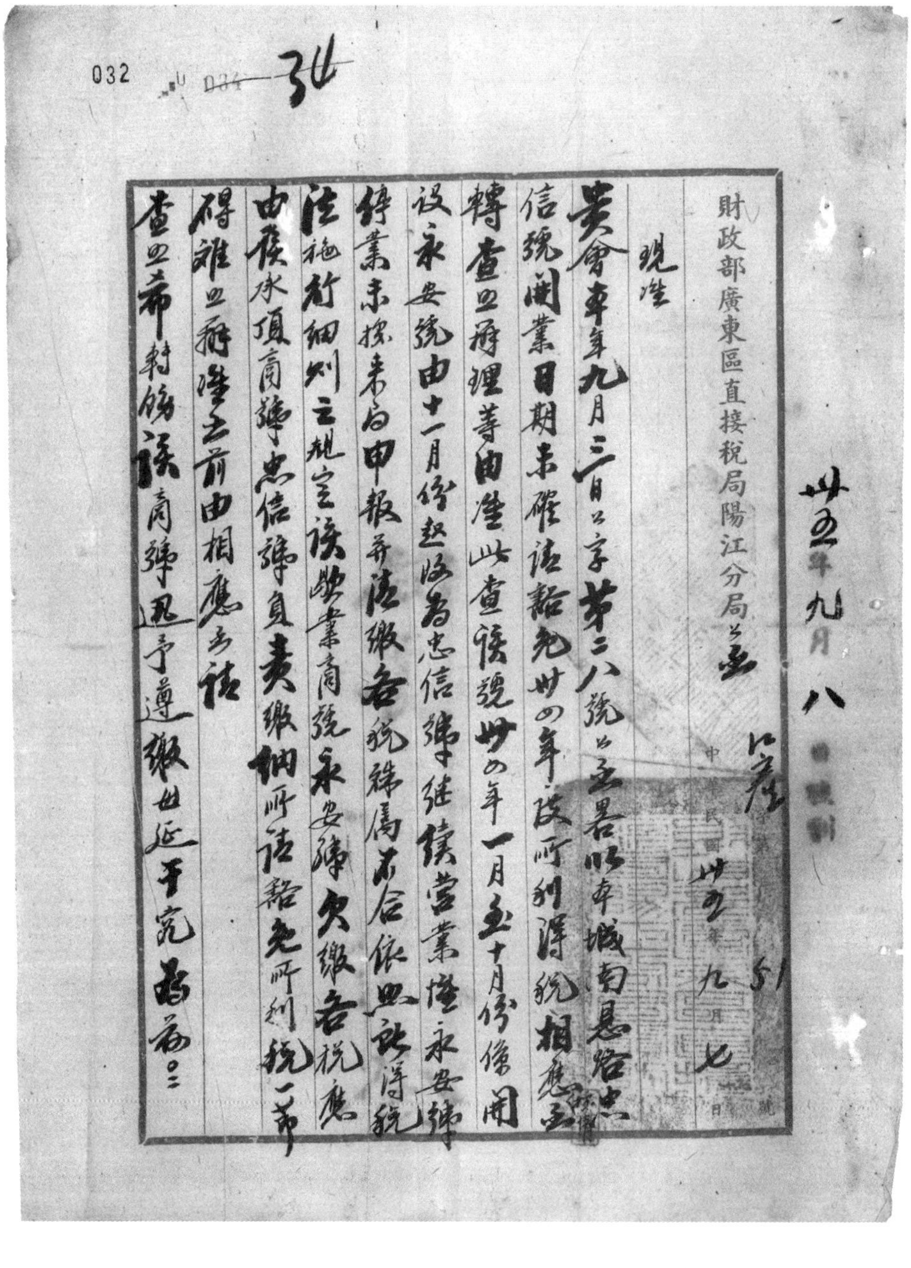
032　034　34

財政部廣東區直接稅局陽江分局公函

現准

貴會本年九月三日公字第三八號公函略以本城南恩路忠信號開業日期未確請豁免卅四年度所利得稅相應函轉查照辦理等由准此查該號卅四年一月至十月係借用設永安號由十一月份起始為忠信號繼續營業查永安號停業未據來局申報並清繳各稅殊屬不合依照所得稅法施行細則之規定該歇業商號永安號欠繳各稅應由承頂商號忠信號負責繳納所請豁免所利稅一節礙難照准准函前由相應函請

查照希轉飭該商號迅予遵繳毋延至紉為荷

中華民國卅五年九月七日

卅五年九月八日

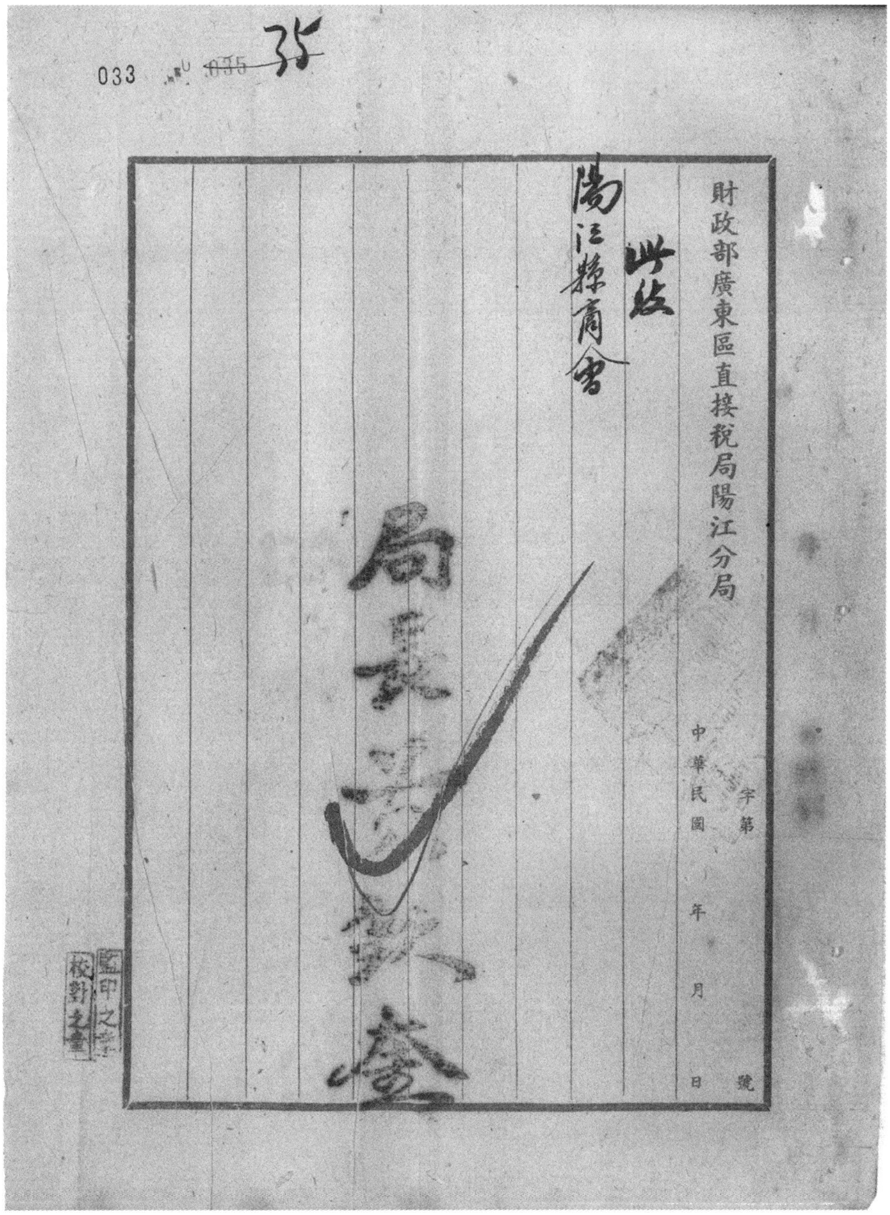

033 035 35

財政部廣東區直接稅局陽江分局

字第　　號

中華民國　　年　　月　　日

此致

陽江縣商會

局長 [illegible]

監印之章

校對之章

438. 阳江县商会奉县政府令通告各商号知照人民公私团体向官署呈递公文应贴足印花（1946年9月18日）+ 附：阳江县政府致县商会、各警察机构、各乡镇公所的令（1946年9月12日）

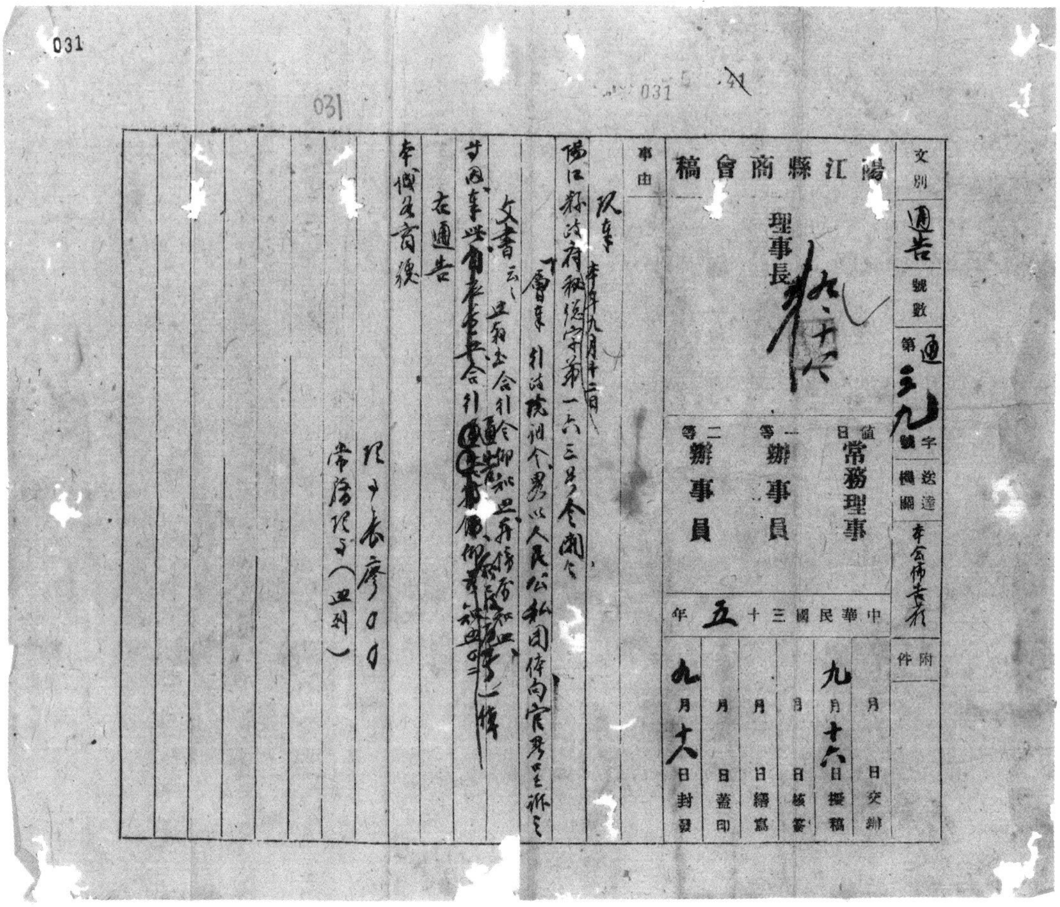
031

陽江縣商會稿

文別	通告
號數	第通三九號
送達機關	本會佈告處
附件	

理事長 [illegible]

值日常務理事

一等辦事員

二等辦事員

中華民國三十五年

九月十六日擬稿　月　日核簽　月　日繕寫　月　日蓋印　九月十八日封發　月　日交辦

事由

現奉

陽江縣政府秘總字第一六三號本年九月十二日令開：

[illegible] 人民公私團體向官署呈遞 [illegible]

文書 [illegible]

[illegible]

合行通告

本城各商號

理事長廖〇〇

常務理事（四列）

030

030

卅三年九月十六

陽江縣政府令

秘总字第六三號

中華民國三十年九月十二日

事由：為層奉行政院令知人民向官署呈遞文書應貼足印花仰知照并轉飭知照由。

本文：層奉行政院訓令畧以人民公私團体向官署呈請之文書應一律依照印花稅法之規定應按件貼足印花稅票十九並註銷印花各机關收文人員在收受文件時應負責檢查印花如有漏貼短貼印花或貼用未銷或揭用重貼等情事應拒絕收受命呈遞人補正以符規定等因奉此自應遵照除分令外合行令仰知照并飭屬知照。

此令

令各鄉鎮公所
各警察机關
縣商會

縣長 羅 賢 公出

秘書 饒德潛 代行

監印 羅有訓

校對 蕭桌明

遵告知照

439. 阳江县政府关于召开评定地价会议函请县商会指派代表依时出席（1946 年 9 月 21 日）

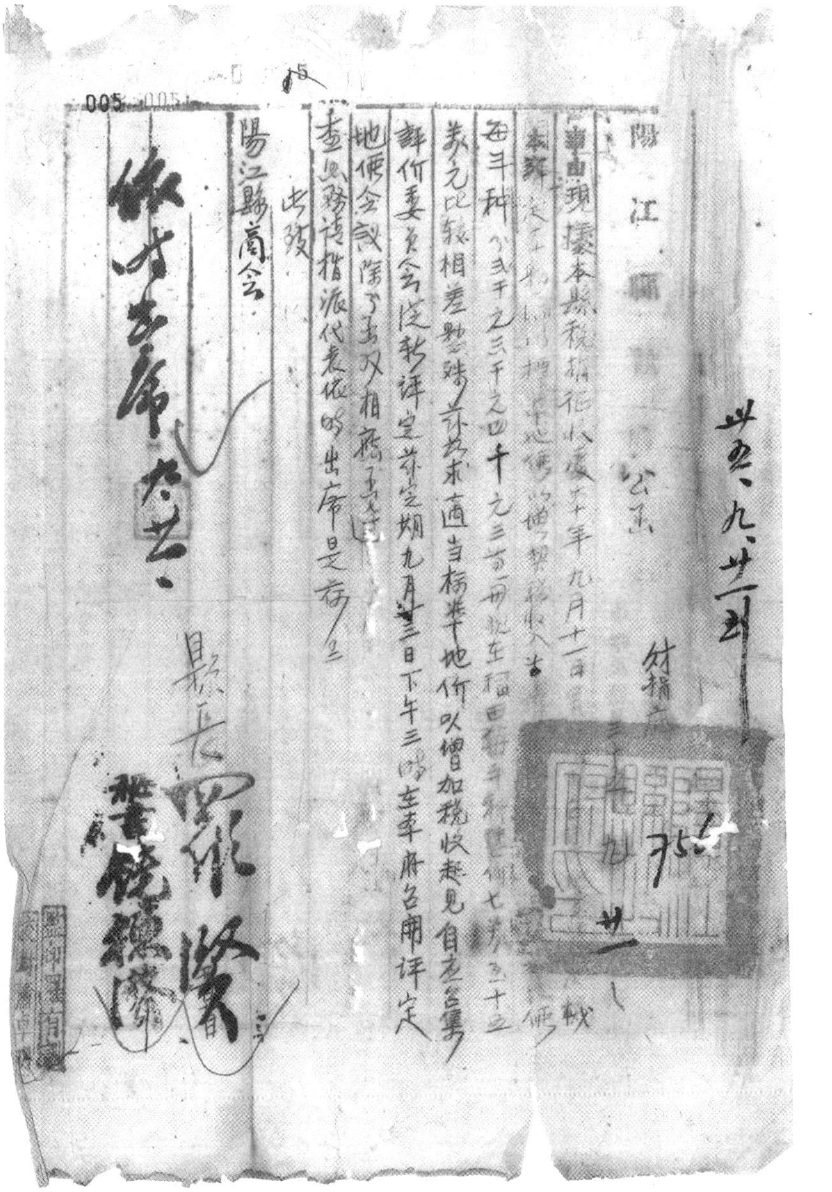

陽江縣政府公函

義元比較相差懸殊，亟求適當標準地價以增加稅收起見，自應召集

評價委員會從新評定，茲定期九月廿三日下午三時在本府召開評定

地價會議，除分函外，相應函達

查照，務請指派代表依時出席是荷

此致

陽江縣商會

縣長

440. 阳江县政府向县商会理事长廖永年函送县地价评议委员会第一次会议录（1946年10月5日）+ 附：阳江县地价评议委员会第一次会议录

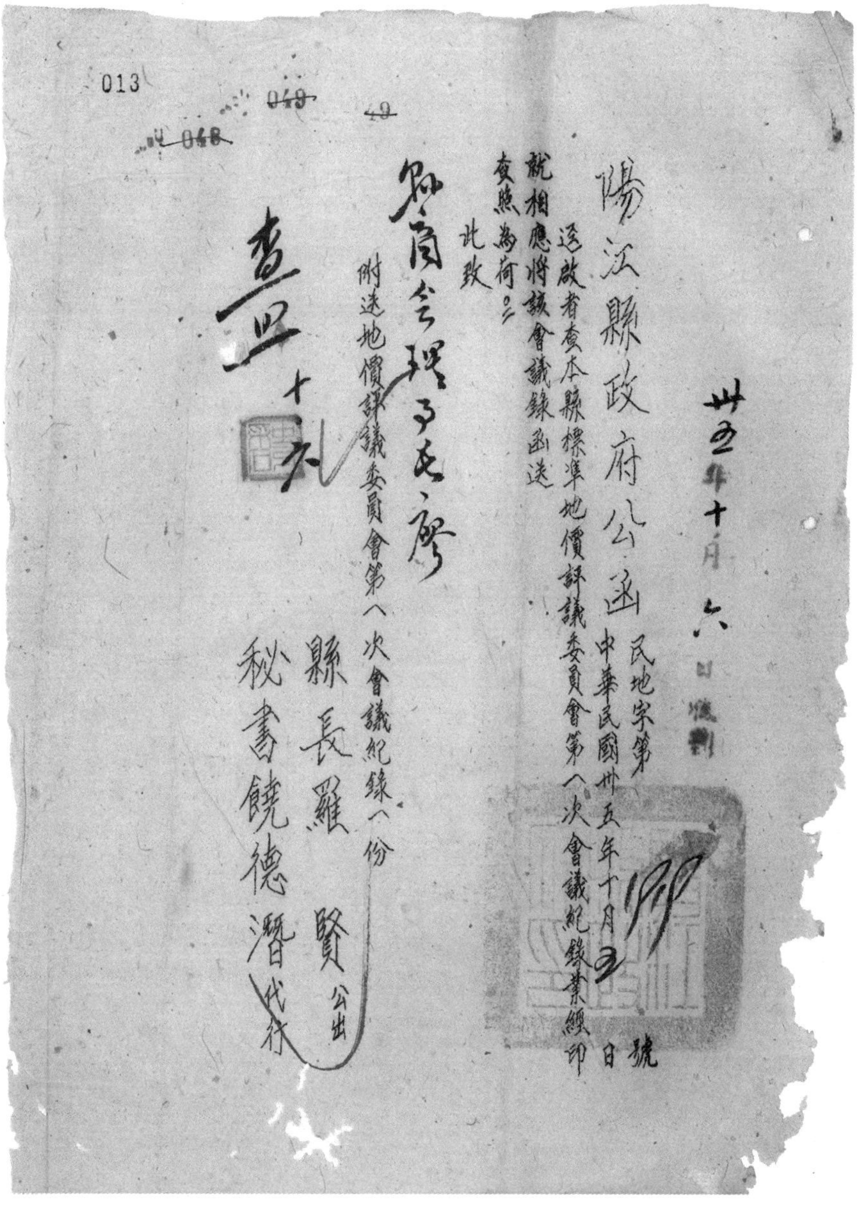
卅五年十月六日[illegible]

陽江縣政府公函 民地字第 號

中華民國卅五年十月五日

逕啟者查本縣標準地價評議委員會第一次會議紀錄業經印就相應將該會議錄函送

查照為荷！

此致

縣商会理事長廖

附送地價評議委員會第一次會議紀錄一份

縣長羅 賢 公出

秘書饒德潛代行

查照 十六

011

陽江縣地價評議委員會第一次會議錄

日期：卅五年九月廿日下午三時

地點：縣政府會議廳

出席者：縣商會理事長廖[illegible] 稅捐處主任張世□（蔡□煉代）

縣參議會議長沙世□（梁□遠代） 總工會理事長□樹春

民政科長張希傑 建設科長李家猷 地方法院院長

胡業宏（蔡□□代） 廣東省地政局派□黃明倫 地

政股長謝晉興

主席：羅縣長（張希傑代）

紀錄：鄭灣仁

（甲）報告事項：主席報告（一）實依地價之意義（二）縣府奉令自三十五年度起照實依地價征收地價稅稅率照價征收千分之十五（待討）

黃專員報告評定地價之標準

（乙）討論事項：（一）關于本縣城鎮宅地地價應如何實依案議決照卅二年原依地價增多二十四倍其等級以原有等級為標準計縣城鎮分十一級織篢鎮分六級閘坡鎮分五級大澳圩分四級平岡圩分四級仟洞圩分四級沙扒圩分三級東平圩分四級北慣圩分四級大八圩分四級一等小圩分二級二等小圩分二級三等小圩分二級四等小圩分二級一等鄉村分三級二等鄉村分三級三等鄉村分三級其地價每市井價額縣城鎮第一級五萬五千二百元第二級四萬八千元第三級叁萬八千四百元第四級三萬一千二百元第五級二萬四千元第六級一萬九千二百元第七級一萬四千四百元第八級一萬二千元第九級七千二百元第十級四千八百元第十一級二千四百元

織篢鎮：一級三萬二千六百元二級三萬八千六百元三級一萬二千元四級七千二百元五級四千八百元六級二千四百元

閘坡鎮：一級二萬六千四百元二級一萬四千四百元三級九千六百元四級四千八百元五級二千四百元

大澳圩：一級一萬九千二百元二級一萬二千元三級四千八百元四級二千四百元

平岡圩：一級二萬四千元二級一萬四千四百元三級四千八百元四級二千四百元

仟洞圩：一級一萬九千二百元二級一萬二千元三級四千八百元四級二千四百元

沙扒圩：一級二萬八千六百元二級二萬二千元三級四千八百元四級二千四百元

東平圩：一級二萬八千六百元二級一萬二千元三級四千八百元四級二千四百元

北慣圩：一級一萬六千八百元二級九千六百元三級四千八百元四級二千四百元

012

~~10~~

大八圩〻一級一萬六千八百元二級九千六百元三級四千八百元四級二千四百元
一等小圩一級一萬二千元二級六千四百元
二等小圩一級九千六百元二級一千九百二十元
三等小圩一級七千二百元二級一千四百四十元
四等小圩一級三千六百元二級九百六十元
一等鄉村一級二千四百元二級一千九百二十元三級九百六十元
二等鄉村一級一千九百二十元二級一千六百八十元三級七百二十元
三等鄉村一級一千九百六十元二級一千二百元三級四百八十元

(二)本縣城鎮宅地地價區應如何劃分案

「議決」照卅六年度所劃分之地價區標準辦理。

441. 阳江县商会关于抄发新增各项统税税额表的通告（1946 年 10 月 12 日）

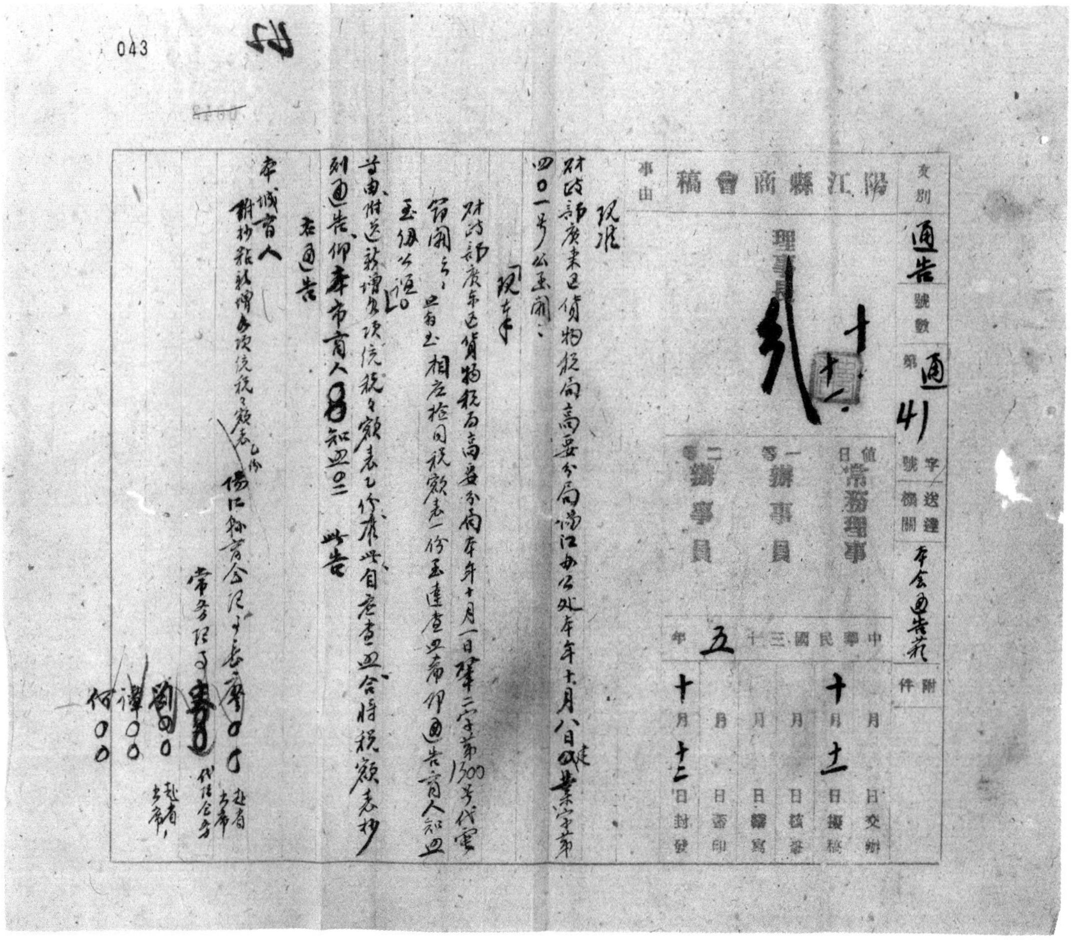
043

阳江县商会稿

支别：通告

号数：第通41号

送达机关：本会通告栏

附件

理事长

值日常务理事

一等办事员

二等办事员

中华民国三十五年

十月　日交办　十月十一日拟稿　月　日核签　月　日缮写　月　日盖印　十月十二日封发

事由

现准

财政部广东区货物税局高要分局阳江办公处本年十月八日建业字第四〇一号公函开：「现奉

财政部广东区货物税局高要分局本年十月一日肇二字第1300号代电开：（略）等因，奉此，相应检同税额表一份函达查照，并希印通告商人知照，

至纫公谊」

等由，附送新增各项统税税额表乙份，准此，自应查照，并合将税额表抄列通告，仰本市商人一体知照。此告。

右通告

本城商人

计抄新增各项统税税额表乙份

阳江县商会理事长〇〇

常务理事〇〇

刘〇〇

谭〇〇

何〇〇

442. 阳江县政府关于召开房产评价会议函请县商会依时派定代表出席（1946 年 11 月 9 日）

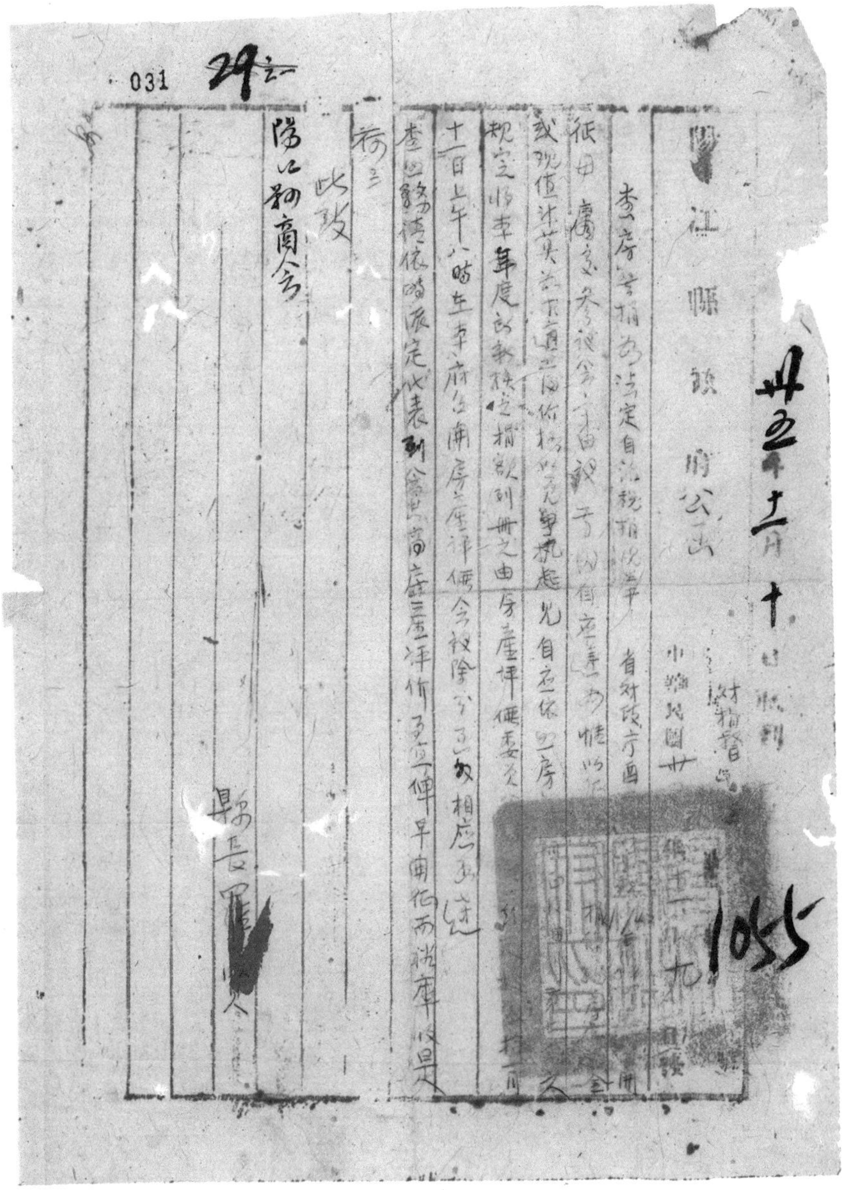

031 29

陽江縣政府公函

中華民國卅五年十一月九日 [illegible]

查房屋捐為法定自治稅捐，[illegible]省財政廳[illegible]

[illegible]

[illegible]

規定收本年度[illegible]捐款[illegible]由房屋評價委員會[illegible]

十一月十日上午八時在本府召開房屋評價會議，除分函外，相應函達

查照，務請依時派定代表到會出席[illegible]

此致

陽江縣商會

縣長[illegible]

1055

443. 阳江县商会为石觉头地方设捐卡函请县税捐征收处解释（1946 年 12 月 23 日）

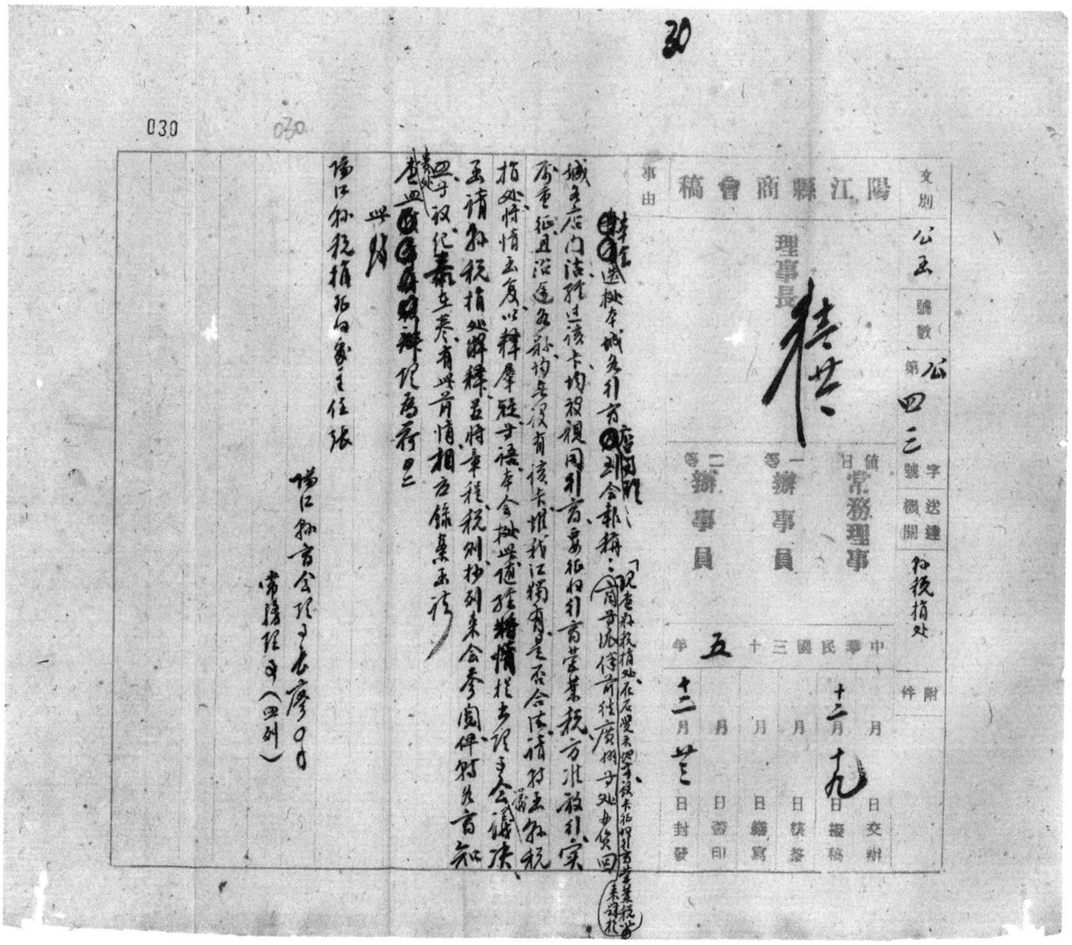

444. 广东区直接税局开平分局阳江查征所函请阳江县商会查照第一类营利事业稽征办法、申报期限并转饬各商号依限申报（1947 年 3 月 6 日）

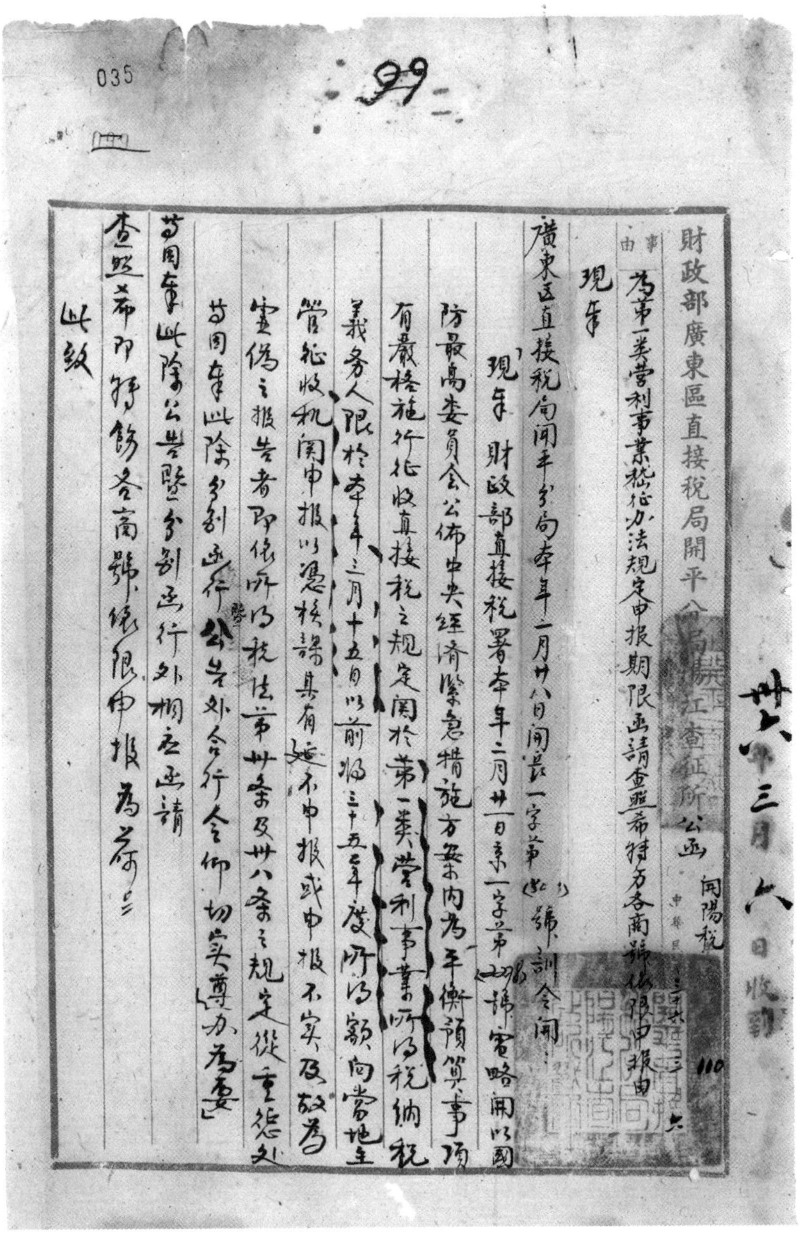

035

99

財政部廣東區直接稅局開平分局陽江查征所公函 陽稅

事由：為第一類營利事業稽征辦法規定申報期限函請查照希轉飭各商號依限申報由

中華民國三十六年三月六日

現準

廣東區直接稅局開平分局本年二月廿八日開直一字第　號訓令開：

「現準財政部直接稅署本年二月廿一日京一字第　號代電略開：以國

防最高委員會公佈中央經濟緊急措施方案內為平衡預算事項

有嚴格施行征收直接稅之規定，關於第一類營利事業所得稅納稅

義務人限於本年三月十五日以前將三十五年度所得額向當地主

管稅收機關申報，以憑核課。其有延不申報或申報不實及故為

虛偽之報告者，即依所得稅法第卅條及卅八條之規定從重懲處。

等因；奉此，除分別函行公告外，合行令仰切實遵辦為要。」

等因；奉此，除公告暨分別函行外，相應函請

查照，希即轉飭各商號依限申報為荷！

此致

卅六年三月六日收到

110

036

~~100~~

附三二

財政部廣東區直接稅局開平分處

事由

陽江縣商會

佈告用紙

并抄合通紙三十張

及轉飭各公所

轉飭各商店遵照

主任　余堯法

字第　號

中華民國　年　月　日

校對之章

445. 阳江县商会通告盐业商号知照广东省商会联合会关于运销食盐仍准记税的代电（1947 年 4 月 6 日）+ 附：广东省商会联合会的代电（1947 年 3 月 5 日）

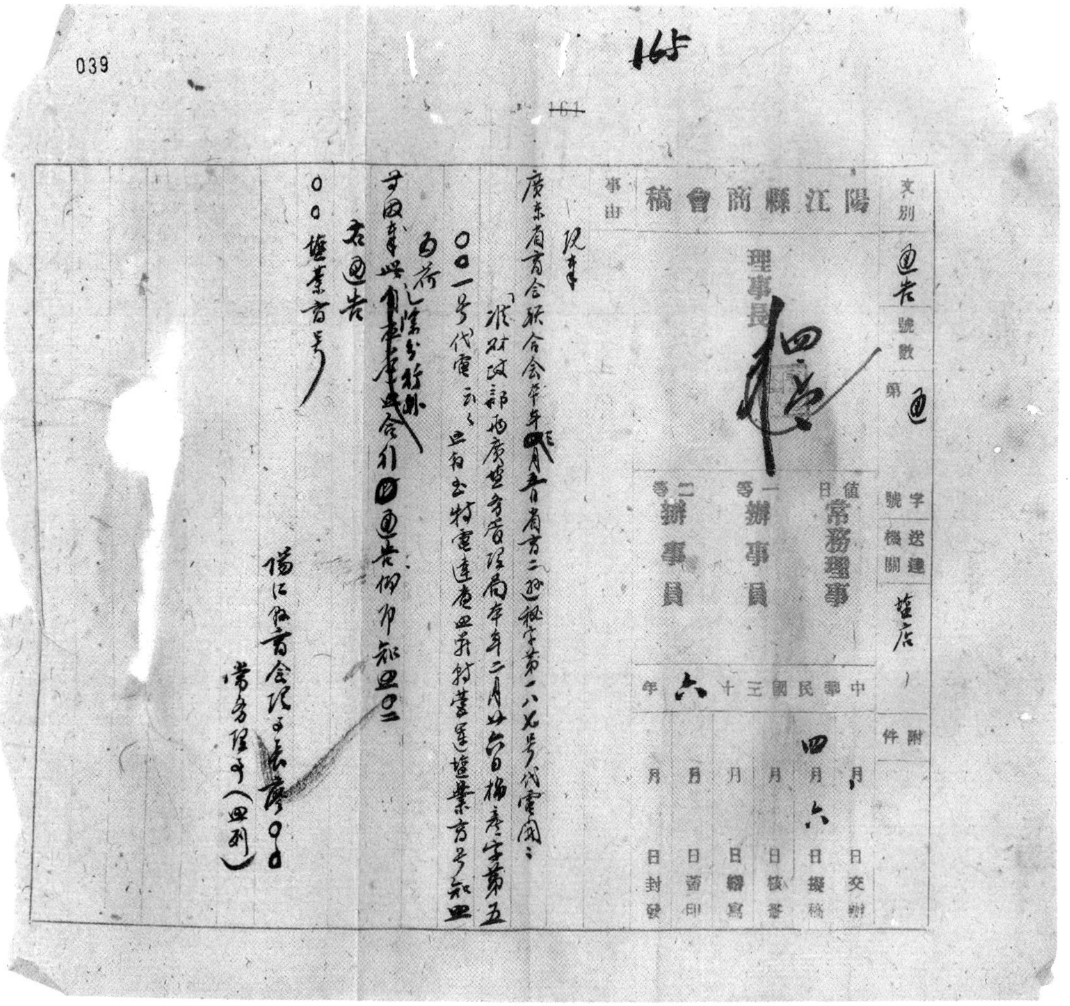
039

165

陽江縣商會稿

文別：通告

號數：第 通

理事長（簽）

值日常務理事

一等辦事員

二等辦事員

事由：

送達機關字號：鹽店

附件：

中華民國三十六年四月六日

月 日交辦　月 日擬稿　月 日核簽　月 日繕寫　月 日蓋印　月 日封發

現奉

廣東省商會聯合會本年三月五日省商二巡秘字第一八七號代電開：

「准財政部兩廣鹽務管理局本年二月廿六日稱產字第五〇〇一號代電云云……照錄原電達希查照轉飭鹽業商號知照」

等因。奉此，除分行外，合行通告，仰即知照[illegible]為荷。

此通告

〇〇鹽業商號

陽江縣商會理事長廖〇〇

常務理事（四刑）

166

040　~~162~~

為運銷食鹽仍准記稅一案（記鹽斤檢稅手續先繳鹽稅每担六千元）由

卅六年四月二日收到

廣東省商會聯合會代電　省商二選稅字第五號　民國三十六年三月　日

各縣市分支商會公鑒：准財政部兩廣鹽務管理局本年二月廿六日稀產字第五〇一號代電，以奉鹽政總局（卅六）三六九號訓令略開：據廣東省商會聯合會提請政府對運銷食鹽仍准記稅等情，查本銷鹽斤繳稅辦法業經核定須發商運商銷鹽斤處理要則，飭遵有案，所有記鹽斤繳稅手續可飭商在場先繳鹽稅每担六千元，餘額具保，行運達廣州銷售時繳清，以示一律。除由部電復外，仰即遵照辦理等因。查本區由場放運至稽核點銷售鹽斤，業遵照鹽政總局規定准商先繳部份稅款，其餘記稅具保於運岸銷售時繳清，除呈復外，相應電請查照為荷等由。准此，合行本省商人運銷食鹽已便利甚多，除分電外，特電達查照，并飭當運鹽業同業知照為荷。廣東省商會聯合會理事長藍遜寅微省商二選秘印

446. 广东区直接税局开平分局阳江办公处关于货品起运及运达时若不报验不予改运或分运并移法院办理的公函（1947 年 8 月 3 日）

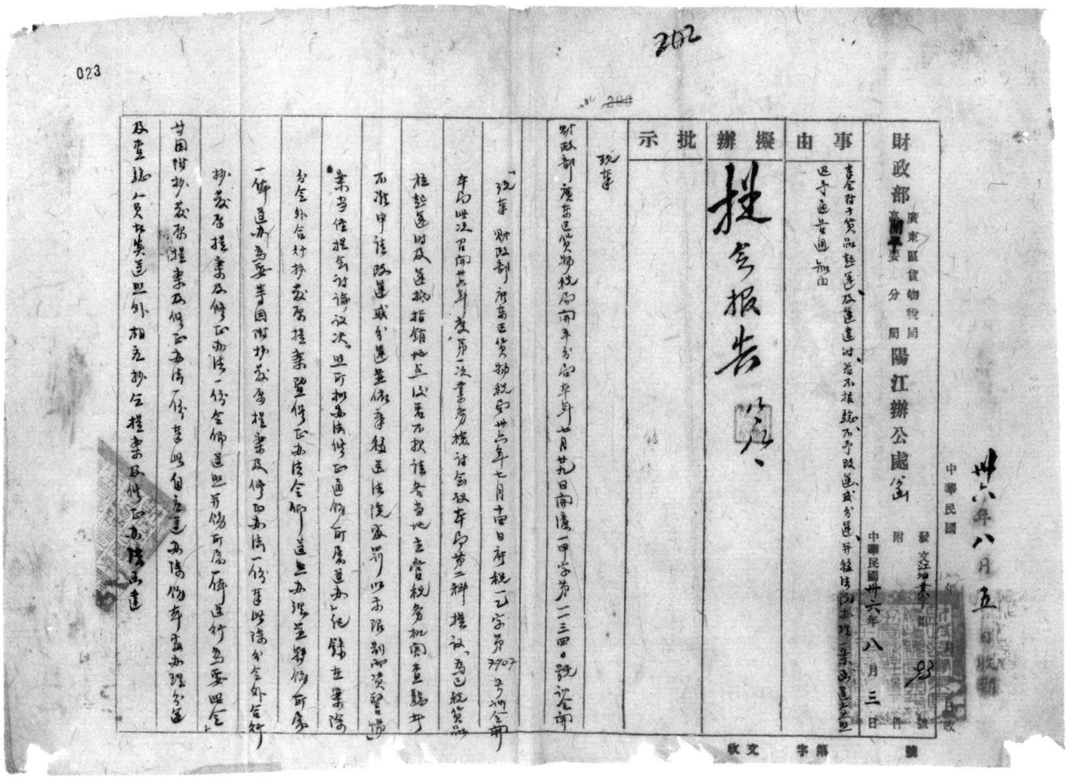

447. 广东区货物税局开平分局阳江办公处电阳江县商会抄发 1948 年第一期税额表（1948 年 1 月 9 日）

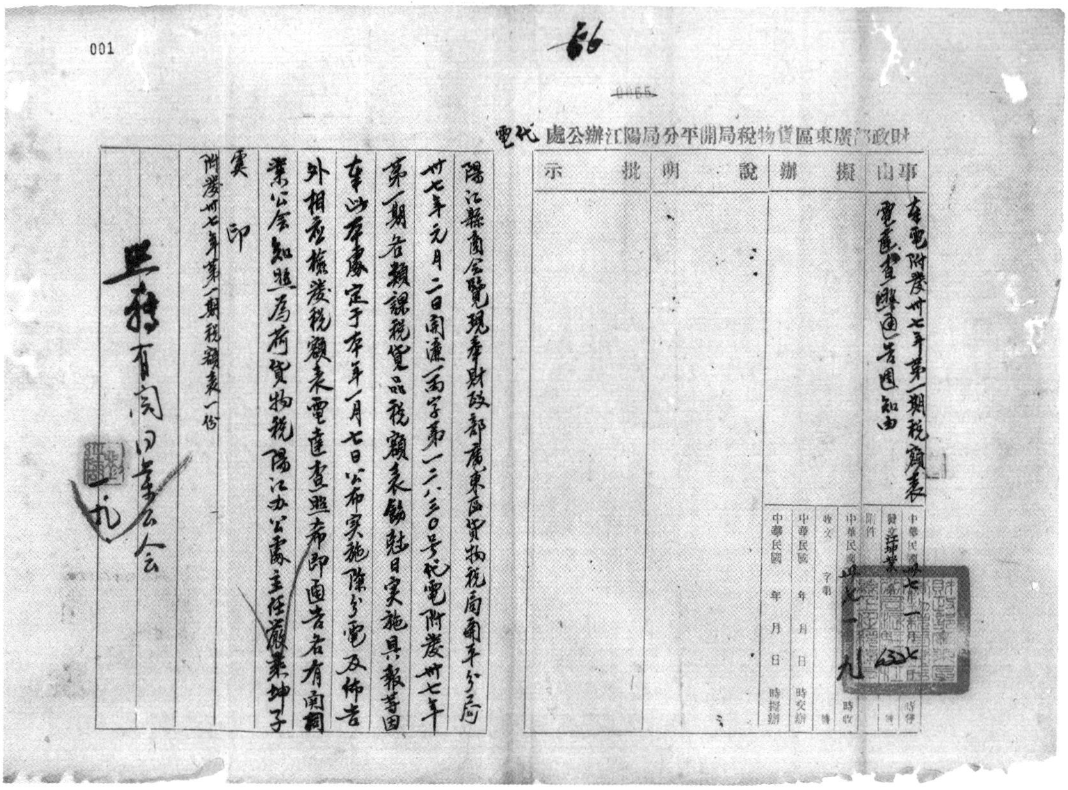
001

66

0065

財政部廣東區貨物稅局開平分局陽江辦公處代電

事由	擬辦	說明	批示
奉電附發卅七年第一期稅額表，電達查照函告周知由			

中華民國卅七年一月七日

陽江縣商会覽：現奉財政部廣東區貨物稅局開平分局卅七年元月二日開濂（一）丙字第一二八三〇號代電，附發卅七年第一期各類課稅貨品稅額表，飭尅日實施具報等因。奉此，本處定于本年一月七日公布實施，除分電及佈告外，相應檢發稅額表，電達查照，希即函告各有關業公会知照為荷。貨物稅陽江办公處主任嚴秉坤子實印

附發卅七年第一期稅額表一份

照轉有關同業公会

一九

448. 阳江县商会关于广东区直接税局阳江分局召开各行公会理事座谈会的通告（1948 年 1 月 19 日）+ 附：广东区直接税局阳江分局致阳江县商会的公函（1948 年 1 月 19 日）

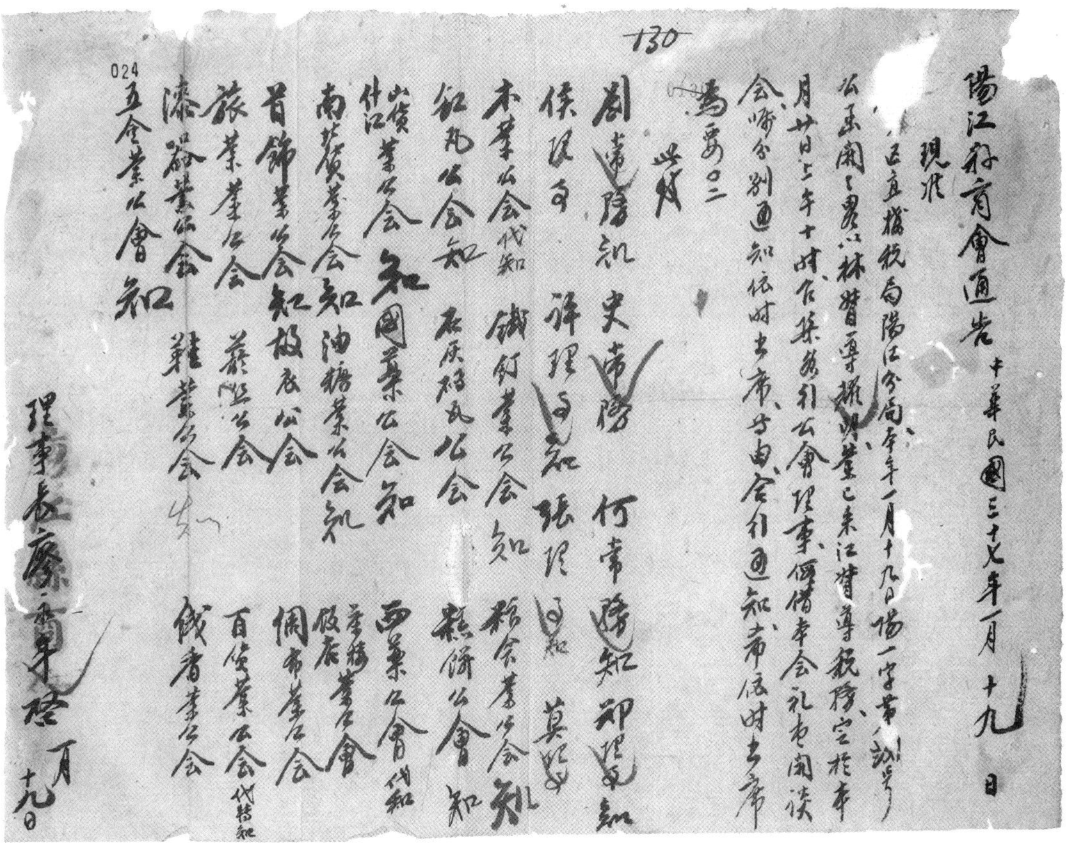

陽江縣商會通告　中華民國三十七年一月十九日

現准

廣東區直接稅局陽江分局本年一月十九日陽一字第　號公函開：「奉派林督導兼陽江督導稅務，定於本月廿日上午十時召集各行公會理事、假備本會禮堂開談會，希分別通知依時出席」等由，合行通知，希依時出席為要。

此致

劉常務 知　史常務　何常務 知　鄧理事 知

侯理事　許理事 知　張理事 知　莫理事

木業公會 代知　鐵釘業公會 知　糧食業公會 知

紅丸公會 知　石灰磚瓦公會　糕餅公會 知

山貨竹器業公會　國藥業公會 知　西藥公會 代知

南北貨業公會 知　油糖業公會 知　京果雜貨業公會

首飾業公會 知　故衣公會　綢布業公會

旅業公會　蘇杭公會　百貨業公會 代轉知

漆器業公會　雜業公會 知　錢香業公會

五金業公會 知

理事長 廉商年 啓

一月十九日

028

134

0134

財政部廣東區直接稅局陽江分局　公函

事由　函請於廿日上午十時召集各行公會理事商座談會由

現奉

財政部廣東區直接稅局粵直督字第三號訓令內開：

查本局為積極推進業務，督飭各分局所加緊稽征，以期達成預算起見，爰就本轄區劃為三督導區，每區派駐督導一人，切實督征，茲派本局督導林耀明為粵南區駐區督導，除分令並函各縣市政府協助外，合行檢發本局督導人員出差應注意事項及本局督導分區表各一份，令仰遵照並轉飭所屬一體知照為要！

等因，附發本局督導應行注意事項、本局督導分區表各一份。奉此，查林督導業於元月十六日抵達陽江督導稅務，承囑函請

貴會定於本月廿日上午十時召集各行公會理事假借

貴會禮堂開座談會，准此，相應函達，希煩照辦，請即分別通知依時出席為荷。

此致

陽江縣商會

局長　王鴻禎

轉知各公會理事及本會理事依時出席

卅七年一月十九日下午四時收到

449. 阳江县商会关于修正公布印花税简章通告各业同业公会（1948 年 6 月 15 日）+ 附：1948 年 4 月 3 日修正公布印花税率简表

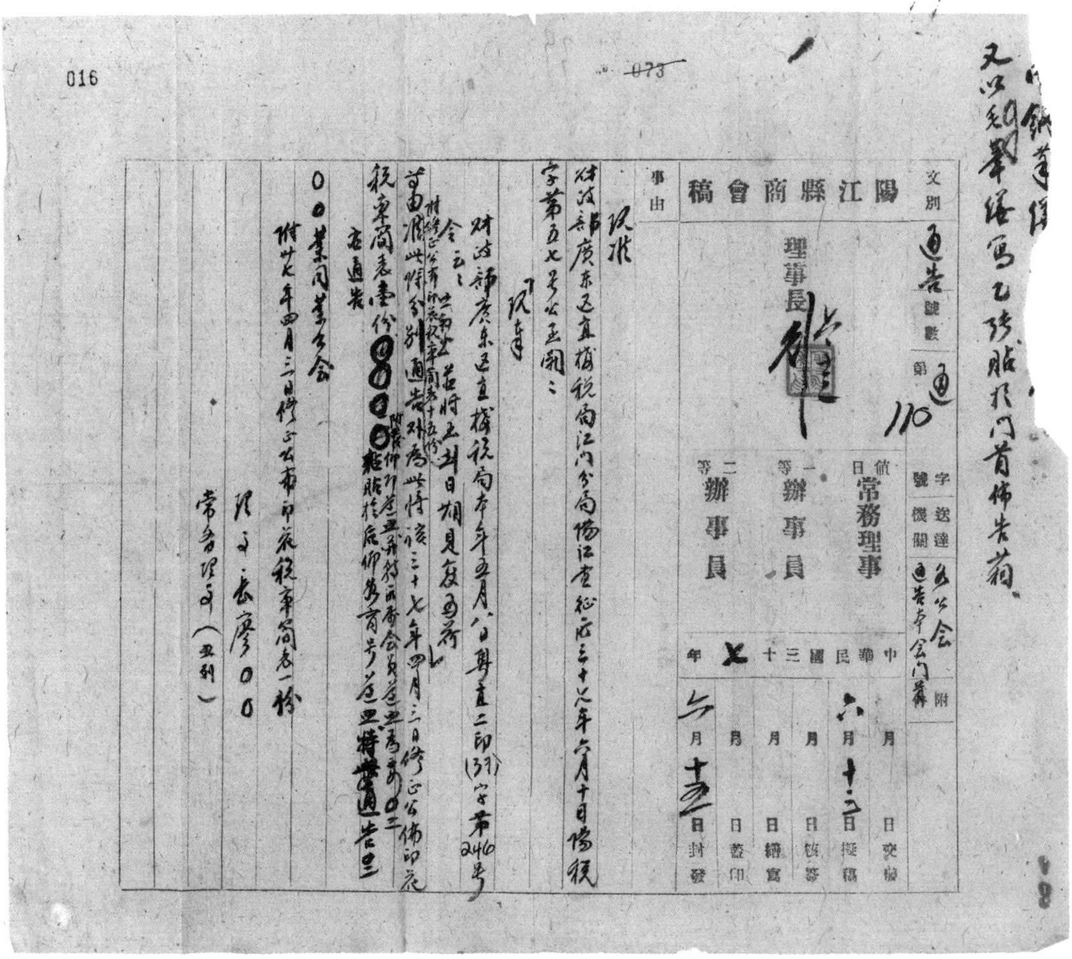

016

陽江縣商會稿

文別：通告

字號：第 通 110

理事長 [illegible]

常務理事

一等辦事員

二等辦事員

送達機關：各公会 通告本会门首

附

中華民國三十七年

六月十二日擬稿

六月十五日封發

事由

現准

財政部廣東區直接稅局江門分局陽江查征所三十七年六月十日陽稅字第五七号公函開：

「現奉

財政部廣東區直接稅局本年五月八日粵直二印(37)字第246号

令云：[illegible]

[illegible]

○○業同業公会

附卅七年四月三日修正公布印花稅率簡表一份

理事長 廖○○

常務理事（丑列）

017　077

(一)查印花税法税率表第十八目原规定支票由支据人贴用印花税票，是以发支据人负有纳税义务，虽由银行负责代为代贴，其贴用手续固有不同，而纳税义务仍须由发支据人负担。本部以前对于支票据税由银行负责代贴印花之规定，与现行税法对于纳税义务之规定不甚符合，按印花税法施行细则第十八条：本法施行前之章则及部颁单行章则与本法规定抵触者，自本法施行后，其抵触之部份失其效力之规定，本部前令规定仍属有效。

(二)传票为内部使用之凭证，商业簿籍内部使用之传票，若仅为代替收支而装订成册者，均应依照传票之例免贴印花税票，但装订成册后视同账簿使用者，仍应依法照贴。

(三)押种种票之出票人即系收受人，应须种票各目由出票人负责贴用印花税票。

(四)公司承兑种票，应另立承兑契约，已按第十八目贴用印花税票，得按第十八目规定各条依贴用印花税者，免予依第十八目按税额之规定，由受款者负责，即数代贴。

(五)印花税检查人员执行检查职务时，如有未能提供进货凭单或追问卖方姓名地址，依照营业税法及特种营业税法之规定检举罚办。

450. 阳江县政府向县商会函送税捐稽征座谈会议录（1948 年 8 月 25 日）+ 附：税捐稽征座谈会议录

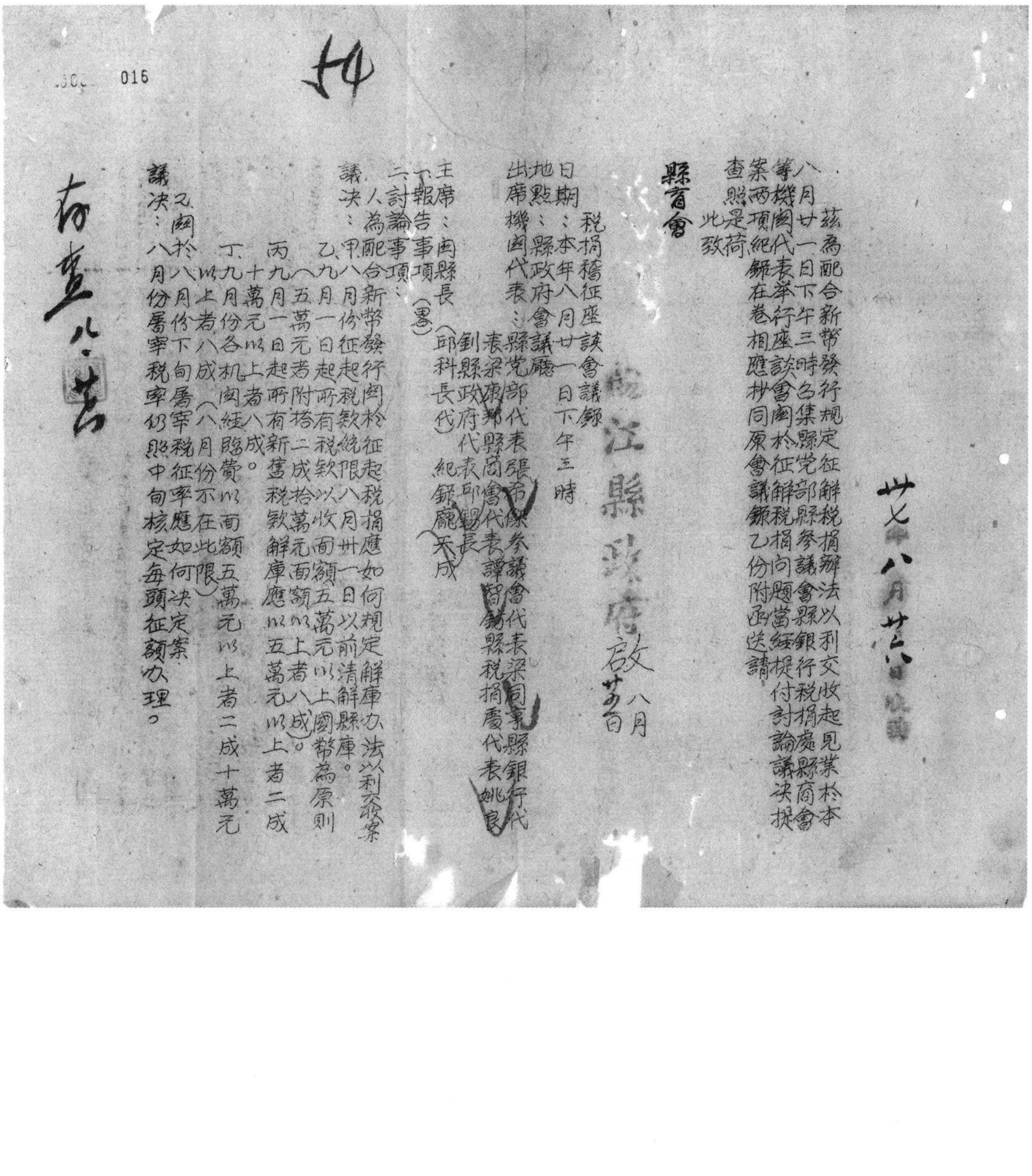

茲為配合新幣發行規定征解稅捐辦法以利交收起見業於本八月廿一日下午三時召集縣黨部縣參議會縣銀行稅捐處縣商會等機關代表舉行座談會關於征解稅捐問題當經提付討論議決提案兩項紀錄在卷相應抄同原會議錄乙份附函送請查照是荷此致

縣商會

陽江縣政府啟 八月廿五日

卅七年八月廿六日收到

稅捐稽征座談會議錄

日期：本年八月廿一日下午三時

地點：縣政府會議廳

出席機關代表：縣黨部代表張帝保 參議會代表梁同享 縣銀行代表梁康邦 縣商會代表譚智鈞 縣稅捐處代表姚良 縣政府代表邱錫長（邱科長代）

主席：劉縣長 紀錄龐天成

一、報告事項：（略）

二、討論事項：

（一）為配合新幣發行關於征起稅捐應如何規定解庫辦法以利交收案

議決：甲、八月份征起稅款統限八月卅一日以前清解縣庫。

乙、九月一日起所有稅款以收面額五萬元以上國幣為原則（五萬元者附捐二成拾萬元面額以上者八成）

丙、九月一日起所有新舊稅款解庫應以五萬元以上者二成十萬元以上者八成。

丁、九月份各机關經臨費以面額五萬元以上者二成十萬元以上者八成（八月份不在此限）

乙、關於八月份下旬屠宰稅征率應如何決定案

議決：八月份屠宰稅率仍照中旬核定每頭征額办理。

存查 八.廿六

451. 阳江县税捐稽征处函请县商会晓谕各商人踊跃缴纳市场租税（1948 年 9 月 21 日）

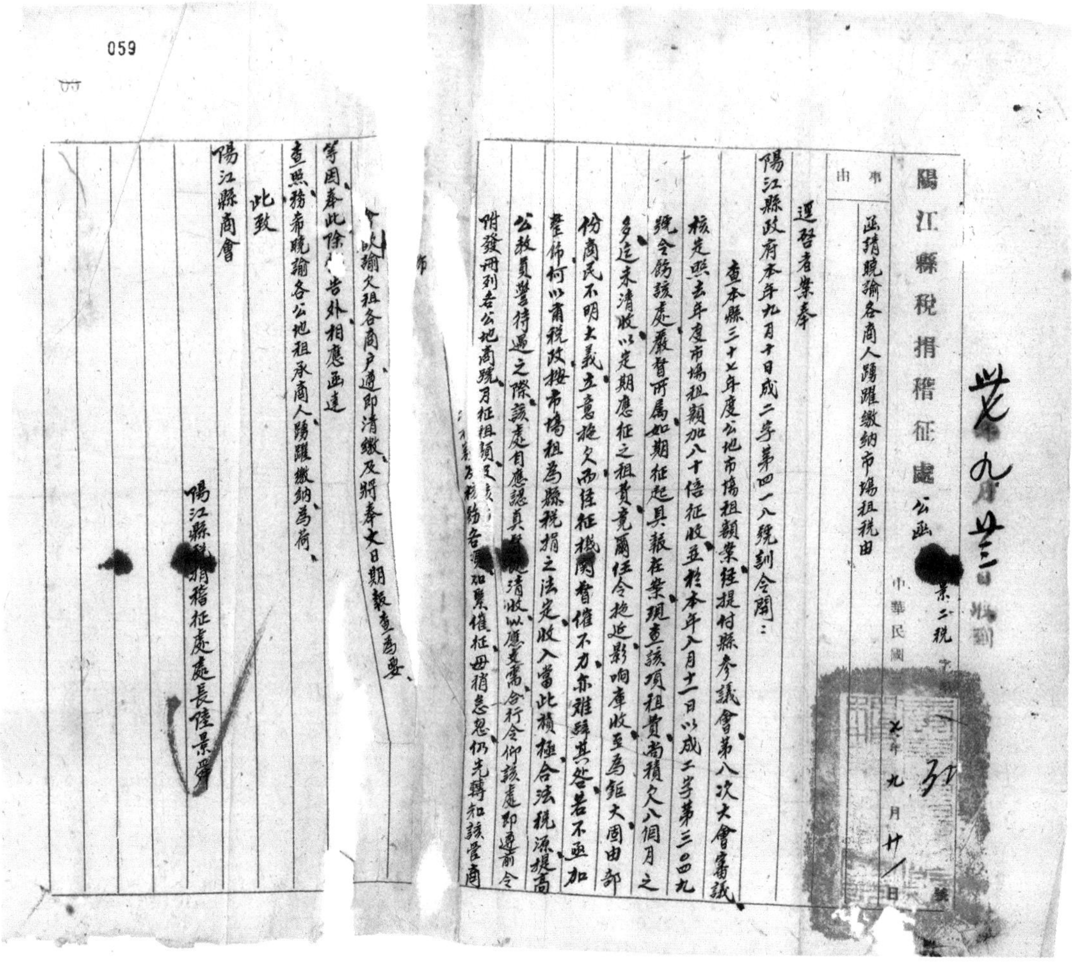

059

陽江縣稅捐稽征處公函　第二稅字第　號

事由：函請曉諭各商人踴躍繳納市場租稅由

中華民國三十七年九月廿一日

逕啓者案奉

陽江縣政府本年九月十日成二字第四一八號訓令開：

"查本縣三十七年度公地市場租額業經提付縣參議會第八次大會審議核定照去年度市場租額加八十倍征收，並於本年八月十二日以成二字第三四四九號令飭該處嚴督所屬如期征起具報在案。現查該項租費尚積欠八個月之多，迄未清收，以定期應征之租費竟爾任令拖延，影響庫收至為鉅大。固由部份商民不明大義，立意拖欠，而經征機關督催不力，亦難辭其咎。若不亟加整飭，何以肅稅政？按市場租為縣稅捐之法定收入，當此積極合法稅源、提高公教員警待遇之際，該處自應認真[illegible]清收，以應支需。合行令仰該處即遵前令附發冊列各公地商號月征租額[illegible]各[illegible]加緊催征，毋稍怠忽。仍先轉知該管商[illegible]佈[illegible]曉諭欠租各商戶遵即清繳及將奉文日期報查為要"等因，奉此，除[illegible]告外，相應函達查照，務希曉諭各公地租承商人踴躍繳納為荷。

此致

陽江縣商會

陽江縣稅捐稽征處處長陸景[illegible]

452. 阳江县税捐稽征处定 11 月 15 日起抽查营业牌照工作函请县商会理事长廖永年查照并转知各未领牌照商户从速请领（1948 年 11 月 10 日）

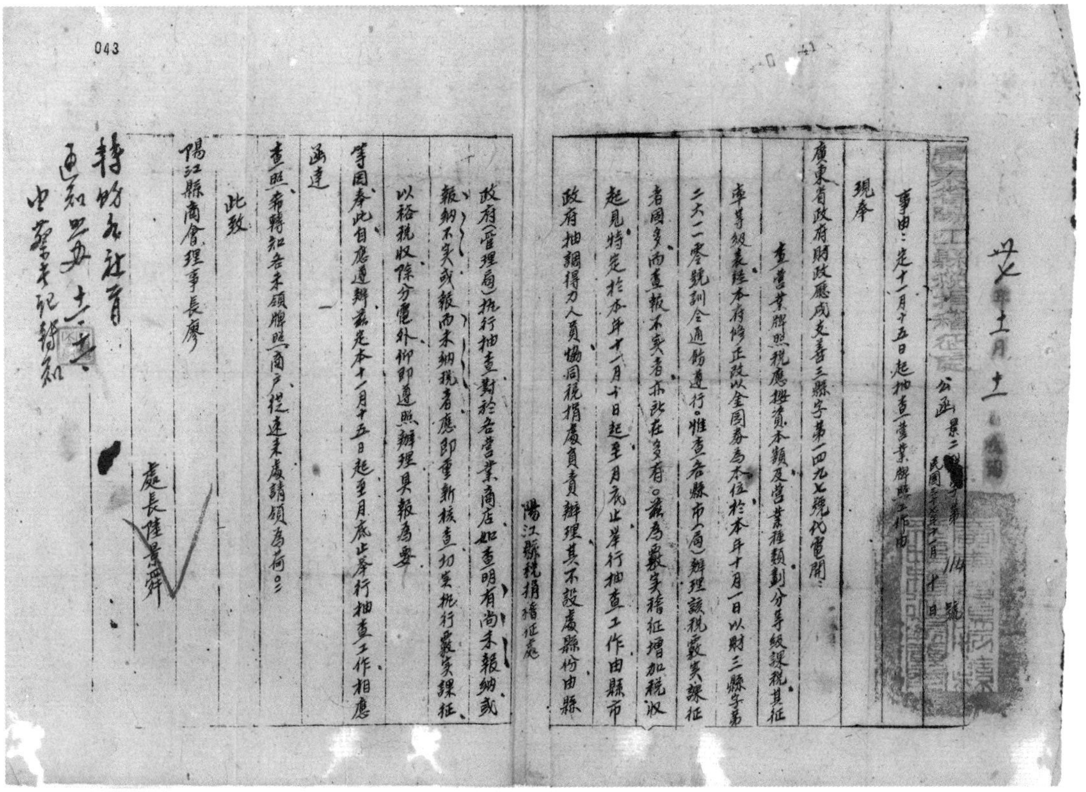
043

陽江縣稅捐稽征處公函 景二字第114號
民國三十七年十一月十日

事由：定十一月十五日起抽查營業牌照工作由

現奉
廣東省政府財政廳戌支善三縣字第一四九七號代電開：
"查營業牌照稅應按資本額及營業種類劃分等級課稅，其征率等級表經本府修正改以金圓券為本位，於本年十月一日以財三縣字第二六二一零號訓令通飭遵行。惟查各縣市（局）辦理該稅覈實課征者固多，而查報不實者亦所在多有。茲為嚴密稽征增加稅收起見，特定於本年十一月十日起至月底止舉行抽查工作，由縣市政府抽調得力人員協同稅捐處負責辦理，其不設處縣份由縣政府（管理局）執行抽查。對於各營業商店，如查明有尚未報納或報納不實，或報而未納稅者，應即重新核查，切實執行覈實課征，以裕稅收，除分電外，仰即遵照辦理具報為要"
等因。奉此，自應遵辦。茲定本十一月十五日起至月底止舉行抽查工作，相應
函達
查照，希轉知各未領牌照商戶從速來處請領為荷。
此致
陽江縣商會理事長廖

處長陸景舜

轉飭各社商通知照辦 十一、十二

453. 阳江县政府定 5 月 20 日召开调整县税捐征率会议函请县商会理事长廖永年依时出席（1949 年 5 月 18 日）

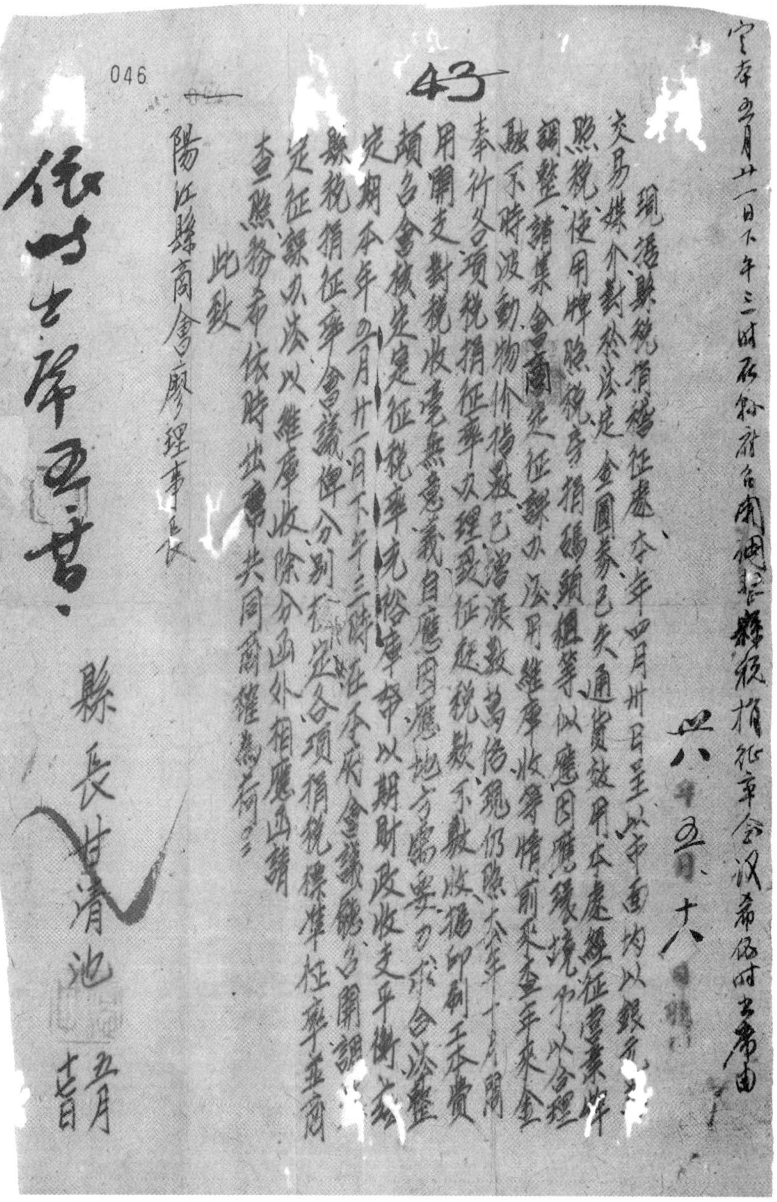
046

43

定本五月廿一日下午三時在縣府召開調整縣税捐征率會議希依時出席由

卅八年五月十八日

現據縣税捐稽征處本年四月卅日呈，以市面均以銀元為交易媒介，對於法定金圓券已失通貨效用，本處經征營業牌照税、使用牌照税、房捐、筵席娛樂等，似應因應環境，予以合理調整，請集會商定征課辦法，用維庫收等情。前來查年來金融不時波動，物價指數已增漲數萬倍，現仍照三十七年十月間奉行各項税捐征率以理征，征起税款不敷收據印刷工本費用開支，對税收毫無意義，自應因應地方需要，力求合法整頓，召集會議，核定征税率，充裕庫帑，以期財政收支平衡。茲定期本年五月廿一日下午三時在本府會議廳召開調整縣税捐征率會議，俾分別核定各項捐税標準、征率並商定征課辦法，以維庫收。除分函外，相應函請查照，務希依時出席，共同商榷為荷。

此致

陽江縣商會廖理事長

縣長 甘清池

五月十七日

依時出席

454. 开平国税稽征局阳江稽征所向阳江县商会电发 1949 年 5 月份第六期各类课税物品税额表（1949 年 6 月 5 日）+ 附：1949 年 5 月份第六期税额表

事由

擬辦

附件

財政部開平國稅稽征局陽江稽征所代電

中華民國三十八年六月五日

陽江縣商會鑒：頃奉財政部開平國稅稽征局……

025

025

卷菸核税征收税额表

厂名	厂址	出品牌名	完税价格	应纳税额	备考
[illegible]		[illegible]	16,800.00	10,080.00	上项完税价格及应纳税额系以每箱五万支计算
[illegible]		[illegible]	〃	〃	〃
[illegible]		[illegible]	〃	〃	〃
[illegible]	[illegible]	[illegible]	〃	〃	〃
[illegible]	[illegible]	[illegible]	〃	〃	〃
[illegible]	[illegible]	[illegible]	〃	〃	〃
[illegible]	〃	[illegible]	〃	〃	〃
[illegible]	〃	[illegible]	〃	〃	〃
[illegible]	〃	[illegible]	〃	〃	〃
[illegible]	〃	[illegible]	〃	〃	〃
[illegible]	〃	[illegible]	〃	〃	〃

附注：以上所列各卷菸厂及其出品牌名均经核准登记。

厂名	厂址	未核准前出品牌名	完税价格	应纳税额	备考
[illegible]	[illegible]	[illegible]	25,000.00	15,000.00	上项完税价格及应纳税额系以每箱五万支计算
[illegible]	[illegible]	[illegible]	〃	〃	〃
	[illegible]	[illegible]	〃	〃	〃
[illegible]	[illegible]	[illegible]	〃	〃	〃

附注：以上[illegible]

厂名	厂址	未核准前出品牌名	完税价格	应纳税额	备考
[illegible]	[illegible]	双喜	25,000.00	15,000.00	上项完税价格及应纳税额系以每箱五万支计算
[illegible]	[illegible]	[illegible]	〃	〃	〃
[illegible]	[illegible]	[illegible]	〃	〃	〃
[illegible]	[illegible]	[illegible]	〃	〃	〃

附注：以上各卷菸厂商及其出品牌名，未经核准登记[illegible]

敌人及伪政府统治下所禁止入口卷菸牌名列下：

老刀、金马、[illegible]

附注：以上各卷菸牌名系敌人及伪政府之卷菸厂出品，业经政府明令禁止销售，如查获有上项卷菸牌号偷运入境，一律依法办理。

火柴完税价格及应纳税额

火柴完税价格及应纳税额在未呈准核定以前暂时不分等级大小[illegible]每盒一律[illegible]

完税证明单

牌名	
厂名	
数量	
完税照字号	
查照字号	
年月日	

本分局盖用戳记　　各办公处盖用戳记

已完税讫

已完税讫

455. 阳江县政府关于征收第二期牲畜出口捐办法令县商会照办（1949 年 8 月 10 日）
+ 附：征收牲畜出口捐办法摘要

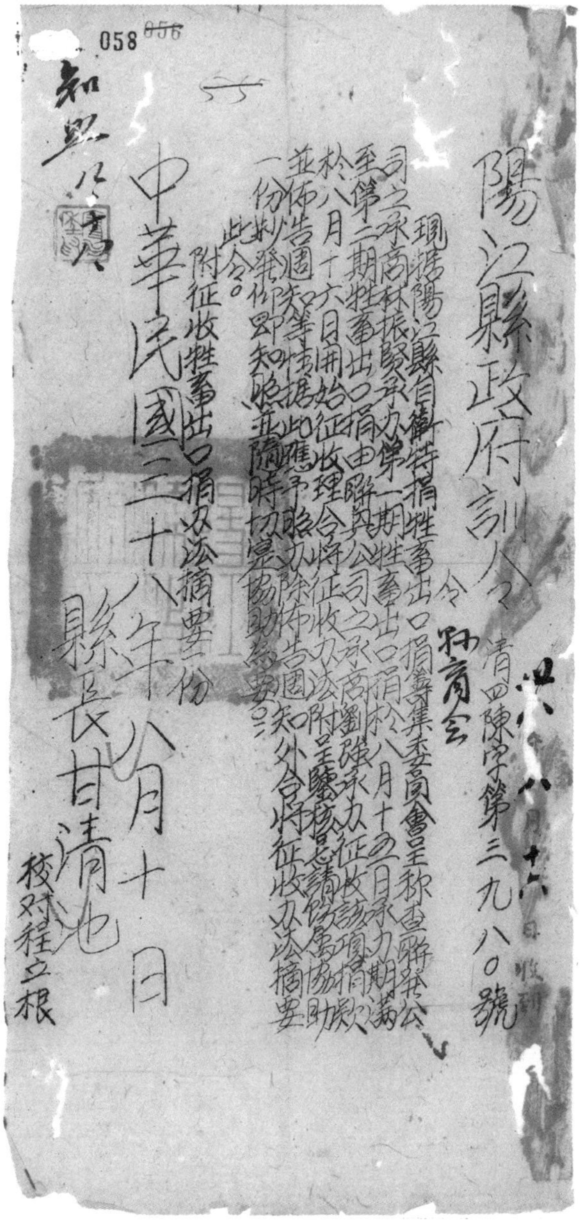
058

陽江縣政府訓令 清四陳字第三九八〇號

令 縣商會

現據陽江縣自衛特捐牲畜出口捐籌集委員會呈稱，查聯興公司之承商林振賢承办第一期牲畜出口捐，於八月十五日承办期滿，至第二期牲畜出口捐由聯興公司之承商劉強承办征收該項捐款，於八月十六日開始征收，理合將征收办法附呈鑒核，并请賜予布告週知，并请協助等情。據此，除布告週知外，合將征收办法摘要一份抄發，仰即知照，并隨時切實協助為要。

此令。

附征收牲畜出口捐办法摘要一份

中華民國三十八年八月十日

縣長 甘清池

校对 程立根

知照 八.十八

059

陽江縣臨時特捐牲畜出口捐籌集委員會征收牲畜出口捐辦法摘要

1. 本辦法所稱牲畜係指猪牛羊鷄鴨鵝六種
2. 征收牲畜出口捐以頭數或隻數計算，但牛分兩等，猪分三等，其餘不分等
3. 牲畜出口捐征收捐率均以銀圓計算，鷄鴨每只收五仙，鵝每隻收叁分，猪五十司斤以上者為大猪，每頭收八角，五十司斤以下者為中猪，每頭收六角，小猪（乳猪）每頭收一角，大牛每頭收壹元，小牛（未穿鼻者）每頭收二角，羊每頭收弍角
4. 前項收捐率係照現在物價情形而定，以後物價倘有变動，每月調整一次，由本會議決調整，但物價無变動時不予調整
5. 准在縣城設處征收，在北津、東平、那龍、織篢、閘坡、沙扒、新洲等區設辦事處檢查征收
6. 承商收到商人捐款，須即發給收據交捐款人收執，以免重征
7. 承商征收捐款，應照本會規定捐率收繳，不得加收或留难，違者撤懲
8. 各納捐人須在各區所在地辦事處繳稅，否則作瞞稅捐論處
9. 瞞抗稅捐人准承商將貨物扣留，報府按照情形照稅處以一倍至三倍之罰金
10. 本辦法如有未盡事宜，得由本会議決呈報縣政府核准施行

456. 阳江县政府关于 8 月 10 日召集有关机关团体会议讨论县税捐稽征各项决议案的代电（1949 年 8 月 20 日）

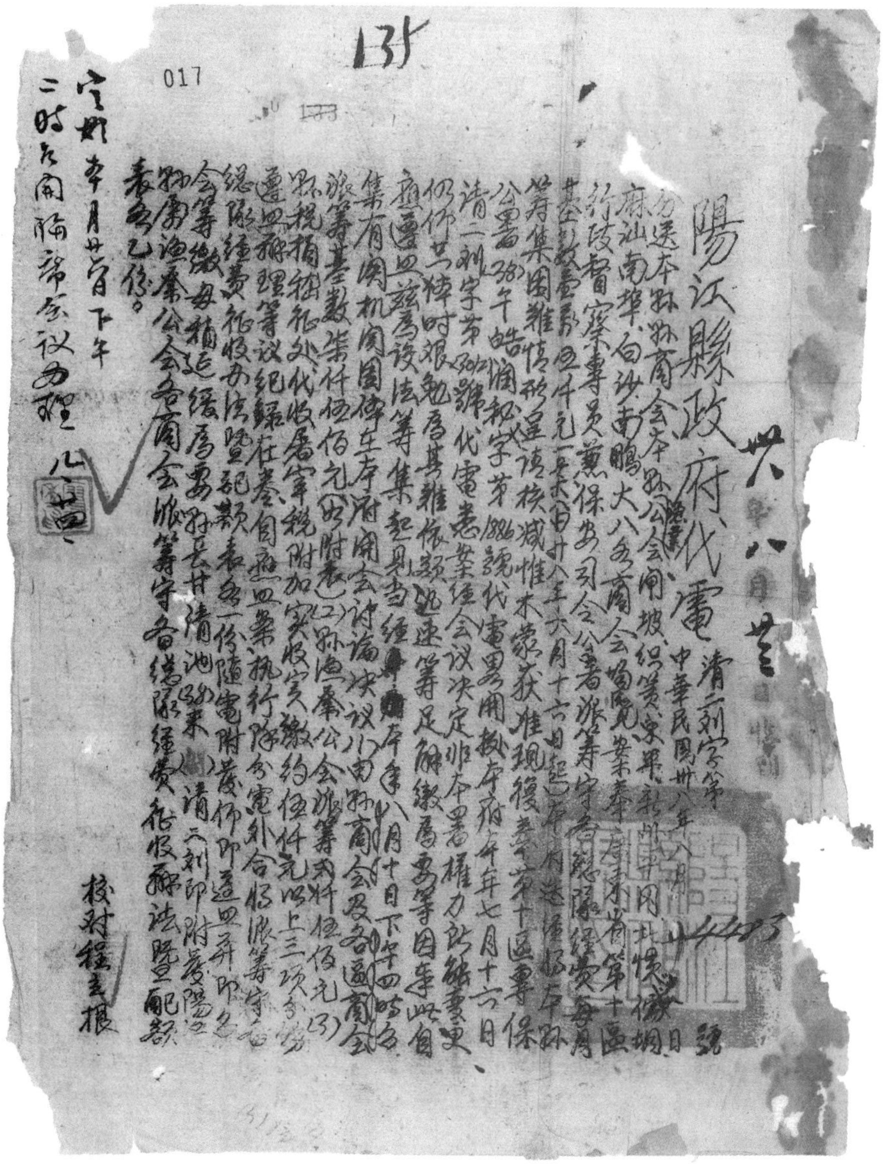
陽江縣政府代電

457. 阳江县商会理事长廖永年等为县税捐征收处对于房警捐搁置旧案再行核加以致无力负担提议函转税捐处照原案十倍课税以安商业

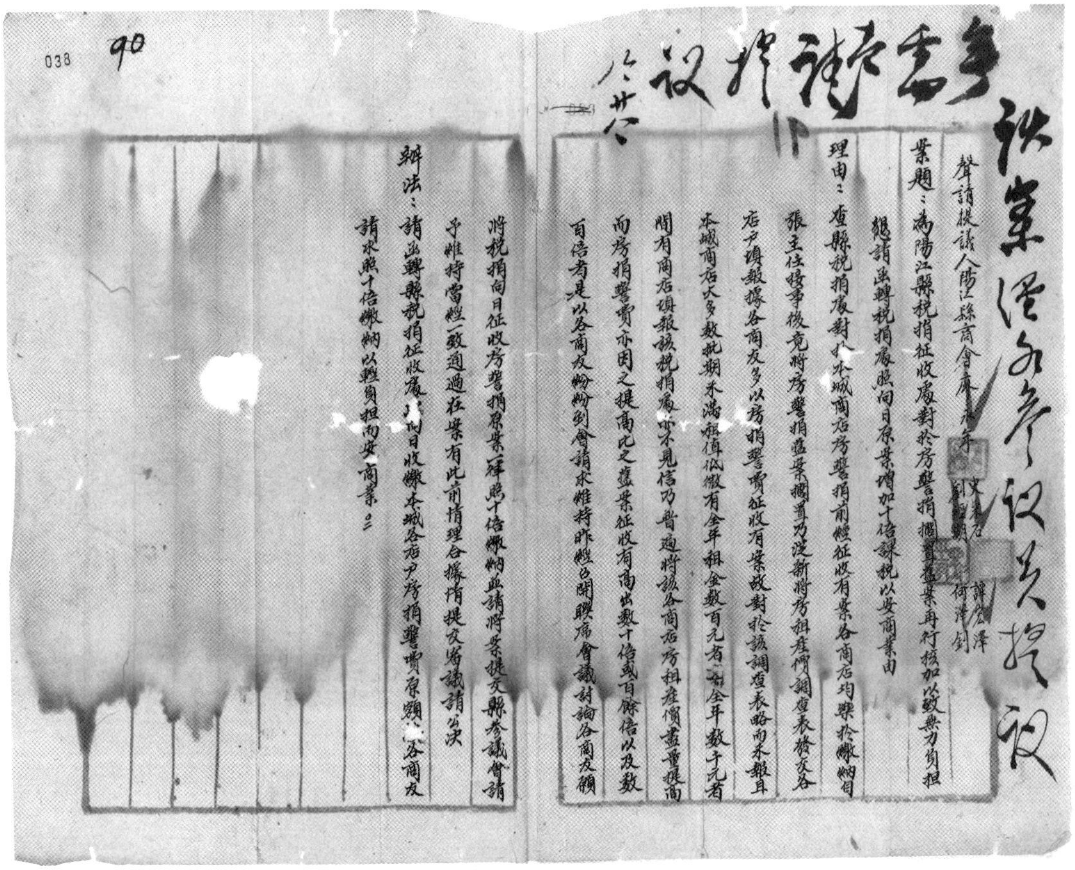
聲請提議人陽江縣商會廖永年 史策石 劉□□ 譚宏澤 何澤釗

案題：為陽江縣稅捐征收處對於房警捐擱置舊案再行核加以致無力負担懇請函轉稅捐處照向日原案增加十倍課稅以安商業由

理由：查縣稅捐處對於本城商店房警捐前經征收有案，各商店均樂於繳納，自張主任接事後，竟將房警捐舊案擱置，乃從新將房租產價調查表發交各店户填報，據各商友多以房捐警費征收有案，故對於該調查表略而不報。且本城商店大多數批期未滿，租值低微，有全年租金數百元者，有全年數十元者，間有商店填報該稅捐處，亦不見信，乃普遍將該各商店房租產價盡量提高，而房捐警費亦因之提高，比之舊案征收有高出數十倍或百餘倍以及數百倍者，是以各商友紛紛到會請求。雖特昨經召開聯席會議討論，各商友願將稅捐向日征收房警捐原案一律照十倍繳納，並請將案提交縣參議會請予維持，當經一致通過在案。有此前情，理合據情提交鈞議，請公決。

辦法：請函轉縣稅捐征收處，仍照向日收繳本城各店户房捐警費原額，由各商友請求照十倍繳納，以輕負担而安商業。

（二）营业税

458. 阳江县商会函复县税捐征收处转知各商号从速清缴 1946 年度营业牌照税（1946 年 8 月 30 日）

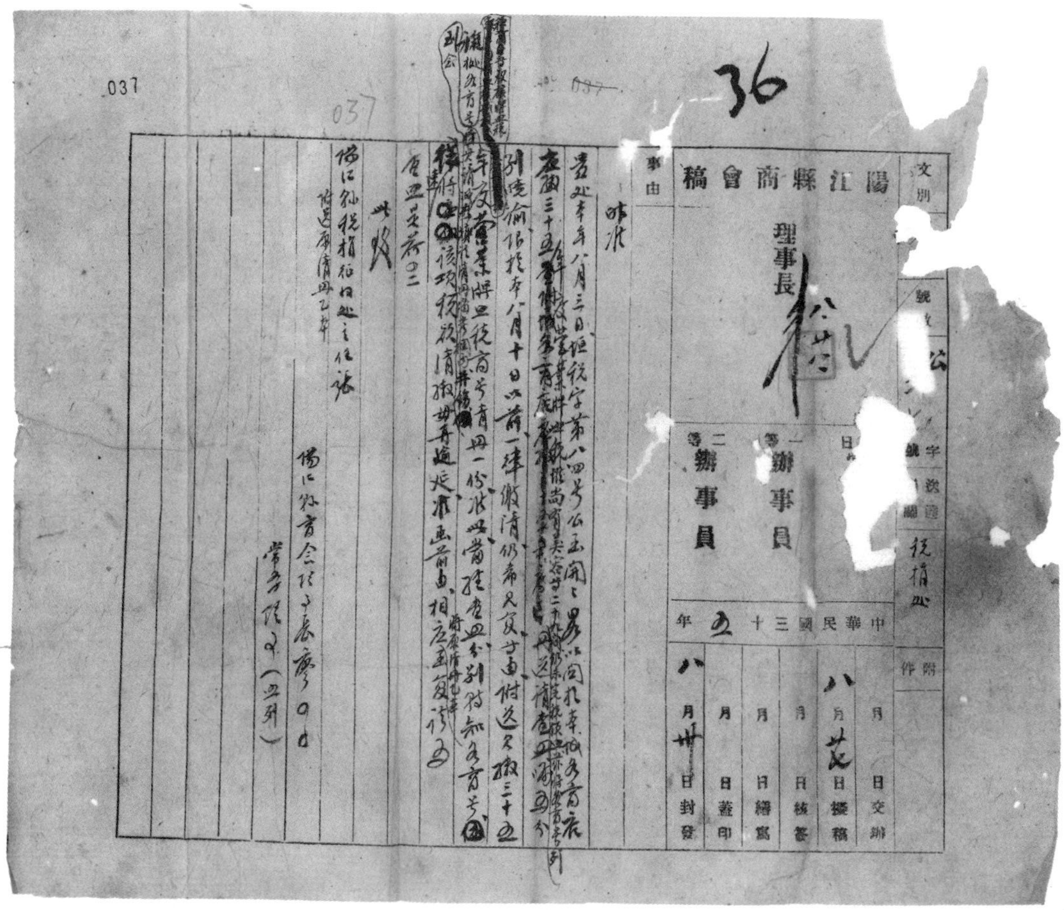
陽江縣商會稿

文別

理事長

事由

一等辦事員

二等辦事員

中華民國三十五年

月 日交辦

月 日擬稿

月 日核簽

月 日繕寫

月 日蓋印

月 日封發

附件

459. 阳江县税捐征收处关于以营业额课税之营业自7月份起仍按月查征函请县商会查照并转饬各商号知照（1946年12月25日）

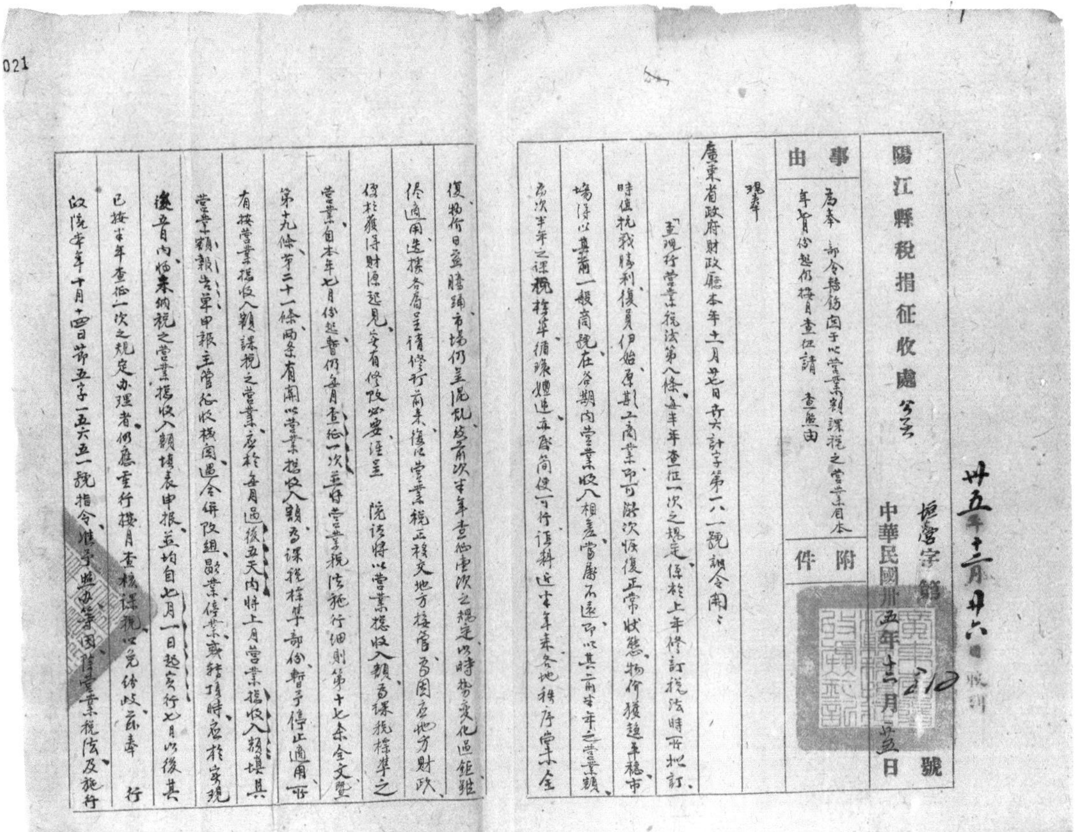

021

陽江縣稅捐征收處公函

垣營字第　號

中華民國卅五年十二月廿五日

事由：為奉　部令轉飭關於以營業額課稅之營業自本年七月份起仍按月查征請　查照由

附件

現奉

廣東省政府財政廳本年十二月廿日府六討字第一八一號訓令開：

「查現行營業稅法第八條每半年查征一次之規定，係於上年修訂稅法時所擬訂，時值抗戰勝利復員伊始，原慮工商業即可漸次恢復正常狀態，物價獲趨平穩，市場漸以真前一般商號在各期內營業收入相差當屬不遠，即以其上兩半年之營業額為次半年之課稅標準，循環嬗遞，兩皆簡便可行。詎料近半年來各地秩序尚未全復，物價日益騰踊，市場仍呈混亂，故前次半年查征一次之規定，以時勢變化過鉅，難以適用。迭據各省呈請修訂前來，復以營業稅正移交地方接管，為因應地方財政，俾於獲得財源起見，實有修改必要，經呈

院核准以營業總收入額為課稅標準之營業自本年七月份起暫仍每月查征一次，並將營業稅法施行細則第十七條全文暨第十九條、第二十一條兩條有關以營業總收入額為課稅標準部份暫予停止適用。所有按營業總收入額課稅之營業，應於每月過後五天內將上月營業總收入額填具營業額報告單申報主管征收機關。遇合併、改組、歇業、停業或轉讓時，應於實現後五日內將未納稅之營業總收入額填表申報，並均自七月一日起實行。七月以後其已按半年查征一次之規定辦理者，仍應重行按月查核課稅，以免紛歧。茲奉

行政院本年十月十四日節五字一五六五一號指令准予照辦等因，除營業稅法及施行

卅五年十二月廿六　收到

022

细則、省國條文、應俟另案修正、暨分令外、仰即遵照、

等因、奉此、自應遵辦、除分行外、相應函達

查照、希轉飭各商號知照、爲荷

此致

陽江縣商會

主任張少垣

提會報告 十六

監印劉連登

460. 阳江县税捐稽征处关于行住商营业税未经具保请领营业税调查证于法不合函请县商会理事长廖永年查照办理（1947 年 1 月 7 日）

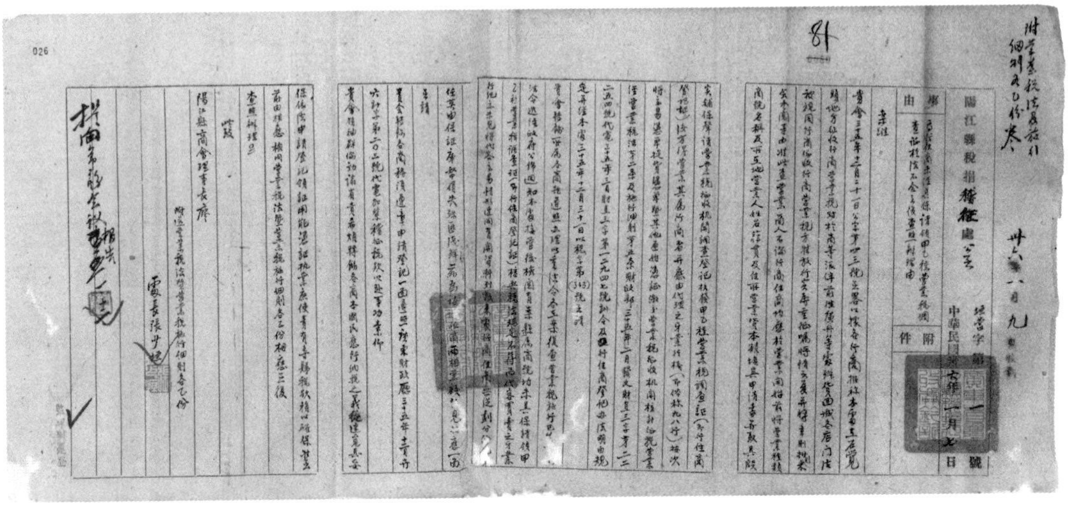

461. 阳江县商会通告各业同业公会转饬各商店限期申报 1946 年度营业税和所得税（1947 年 3 月 8 日）

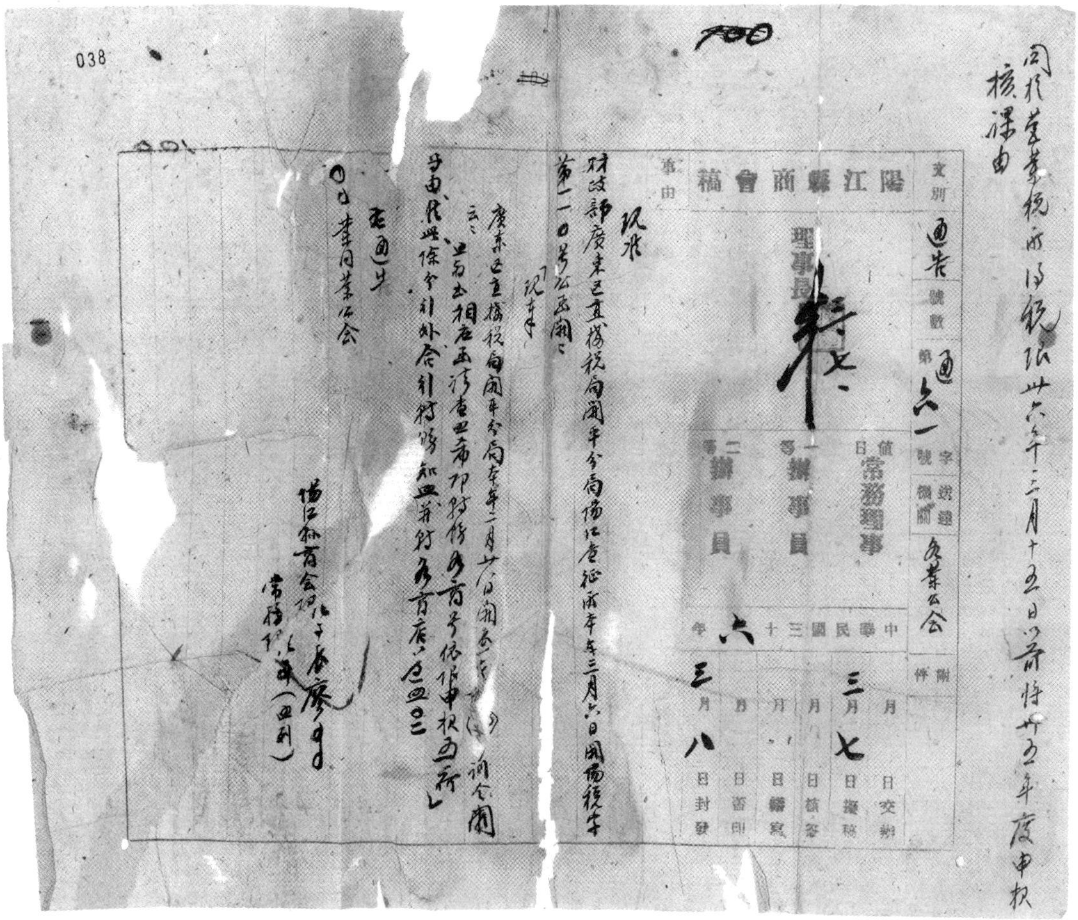
038

陽江縣商會稿

文別：通告

號數：第 通 六一 號

送達機關：各業公會

理事長 （簽）

常務理事

一等辦事員

二等辦事員

中華民國三十六年 三月七日 交辦 三月八日 封發

事由：飭各業營業稅所得稅限卅六年三月十五日以前將卅五年度申報核課由

現准

財政部廣東區直接稅局陽江分局陽江查征所本年三月六日陽稅字第一一〇號公函開：

「現奉

廣東區直接稅局陽江分局本年二月廿六日[illegible]訓令開

[illegible]」

等由，准此，除分別[illegible]外，合行[illegible]各商店[illegible]。

此通告

各業同業公會

陽江縣商會理事長 廖[illegible]

常務理事 [illegible]（四月）

462. 阳江县织簧商会许佩华向县商会理事长廖永年函询所属住商 1946 年度营业税增加程度和是否已缴纳（1947 年 4 月 26 日）

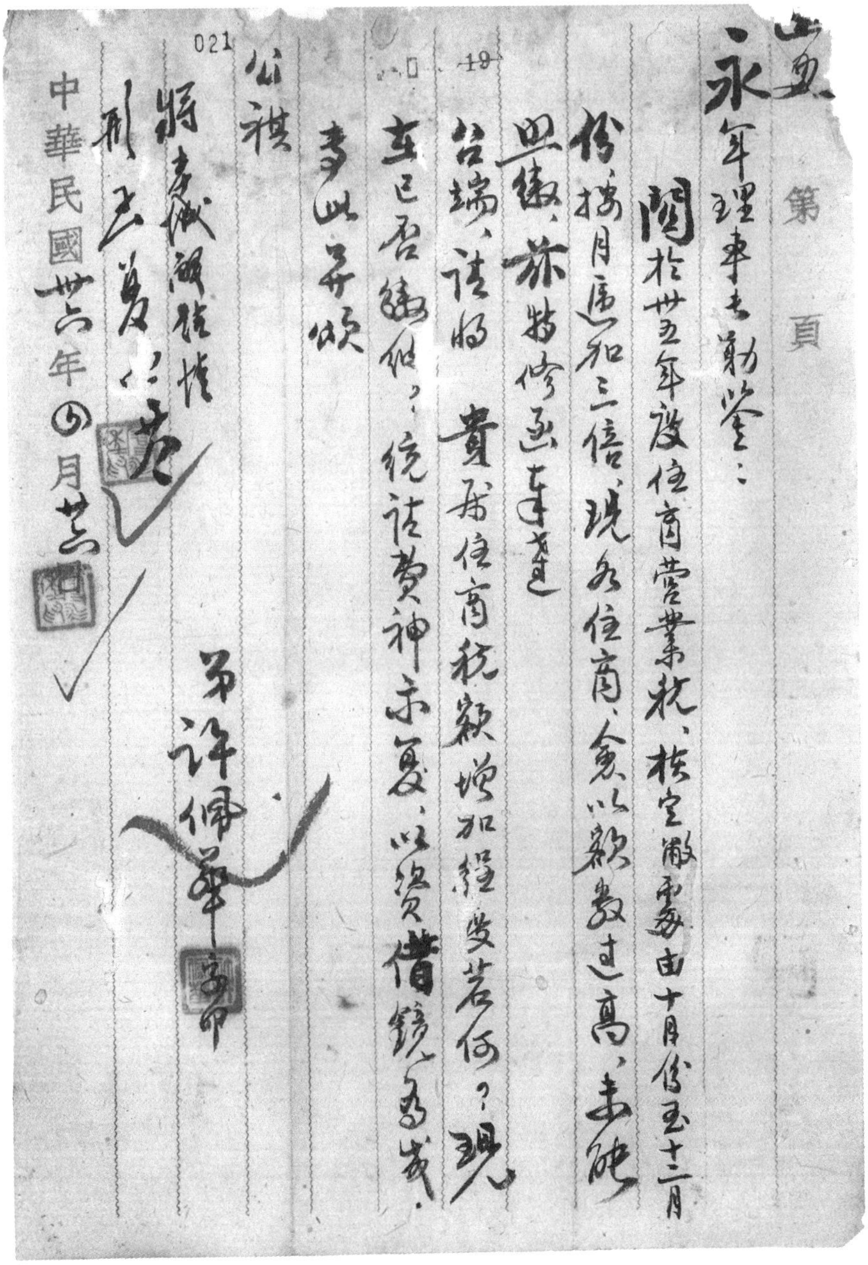

第　頁

永年理事長勛鑒：

關於卅五年度住商營業稅，按[illegible]徵由十月份至十二月份，按月追加三倍，現各住商，僉以數目過高，未能照繳，茲特修函奉達台端，請將貴屬住商稅額增加程度若何？現在已否繳納？統請費神示復，以資借鏡為感。專此奉懇，順頌

公祺

[illegible]

弟許佩華

中華民國卅六年四月廿六日

463. 广东区直接税局新会分局为 5 月份起接办开征特种营业税致阳江县商会的代电（1947 年 6 月 27 日）

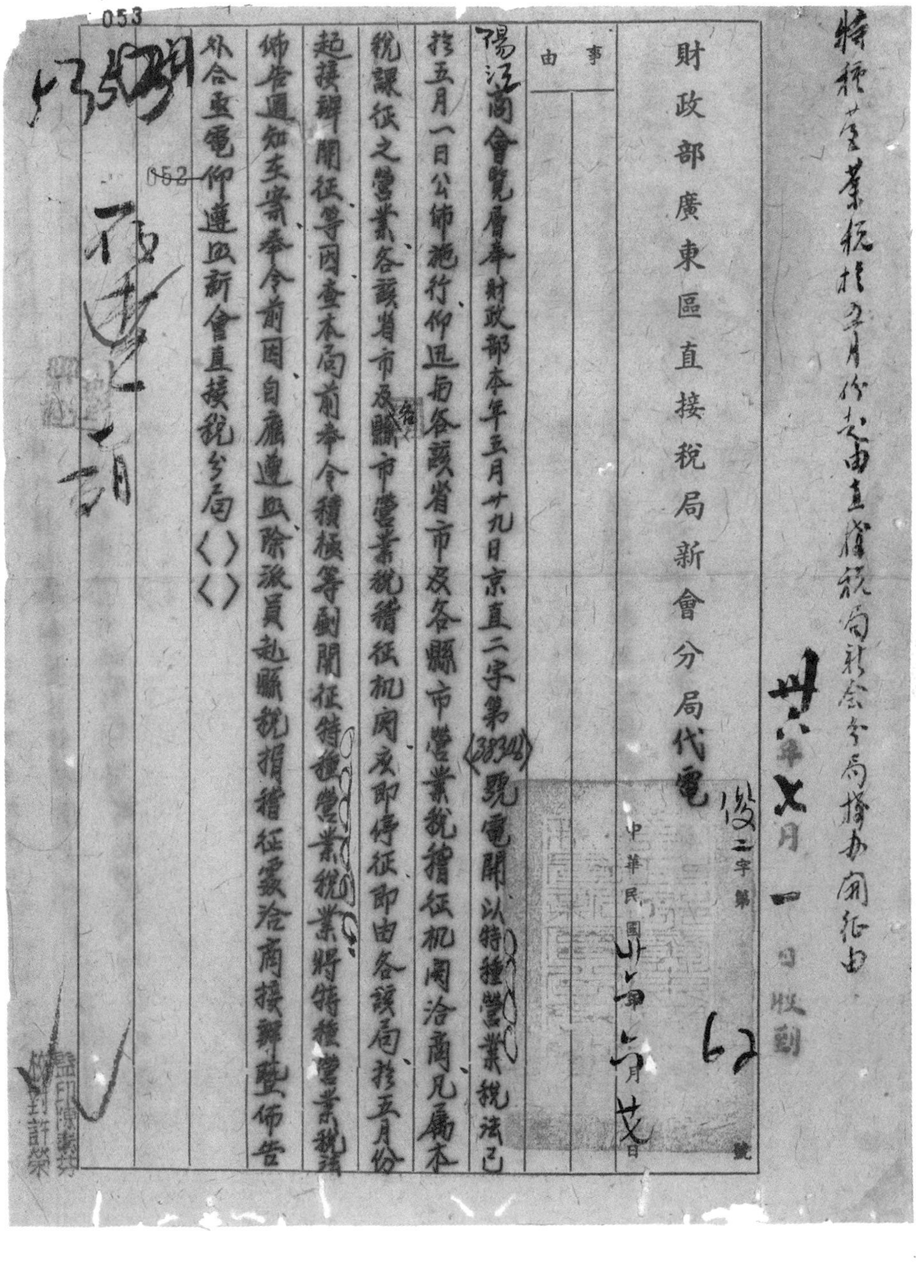

特種營業稅於五月份起由直接稅局新會分局接辦開征由

財政部廣東區直接稅局新會分局代電

事由

陽江商會覽：層奉財政部本年五月十九日京直二字第(3834)號電開：以特種營業稅法已於五月一日公佈施行，仰迅飭各該省市及各縣市營業稅稽征機關洽商凡屬本稅課征之營業，各該省市及縣市營業稅稽征機關應即停征，即由各該局於五月份起接辦開征等因，查本局前奉令積極籌劃開征特種營業稅業將特種營業稅佈告通知在案，奉令前因，自應遵照。除派員赴縣稅捐稽征處洽商接辦暨佈告外，合亟電仰遵照。新會直接稅分局〈〉〈〉

中華民國卅六年六月廿七日　發二字第　號

卅六年七月一日收到

464. 阳江县商会通告各业同业公会、各街社首催各商店将欠缴 1946 年 12 月份以前营业税款清缴（1947 年 7 月 15 日）+ 附：阳江县税捐稽征处致县商会的公函（1947 年 7 月 14 日）

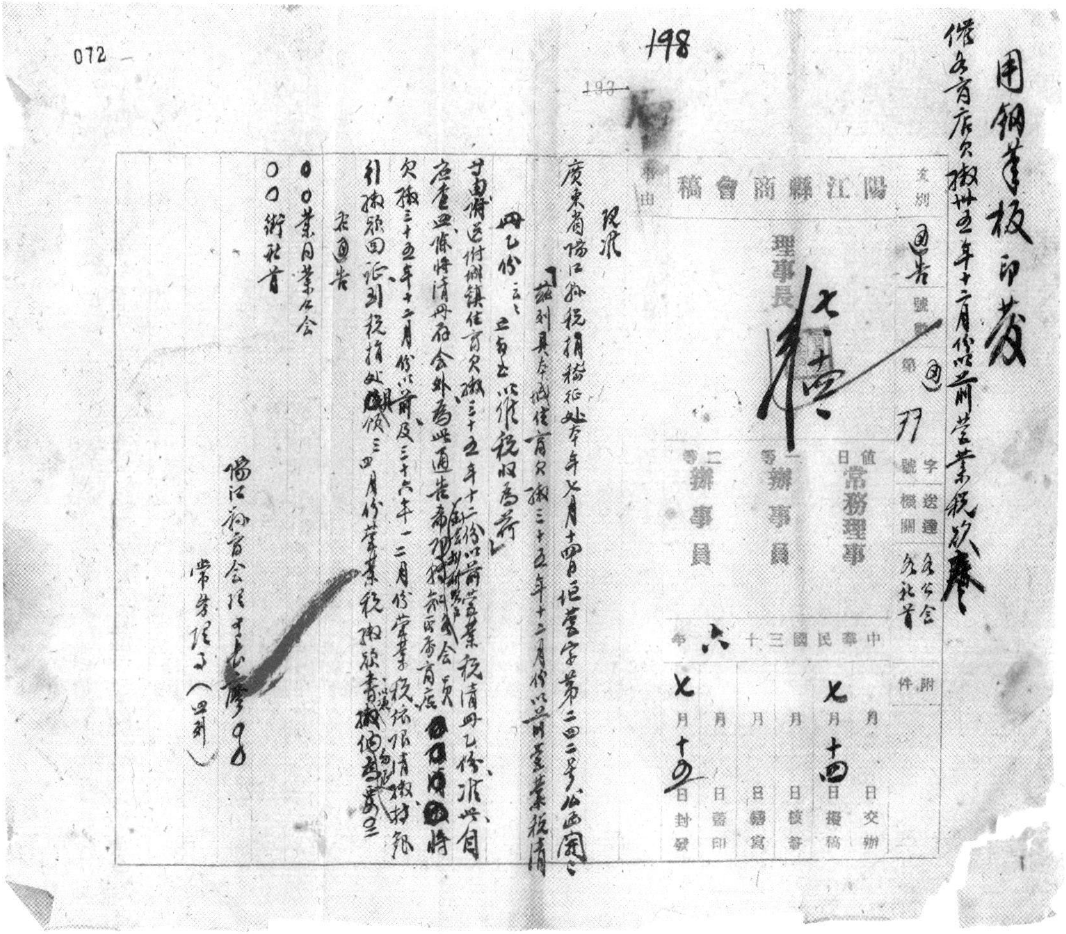

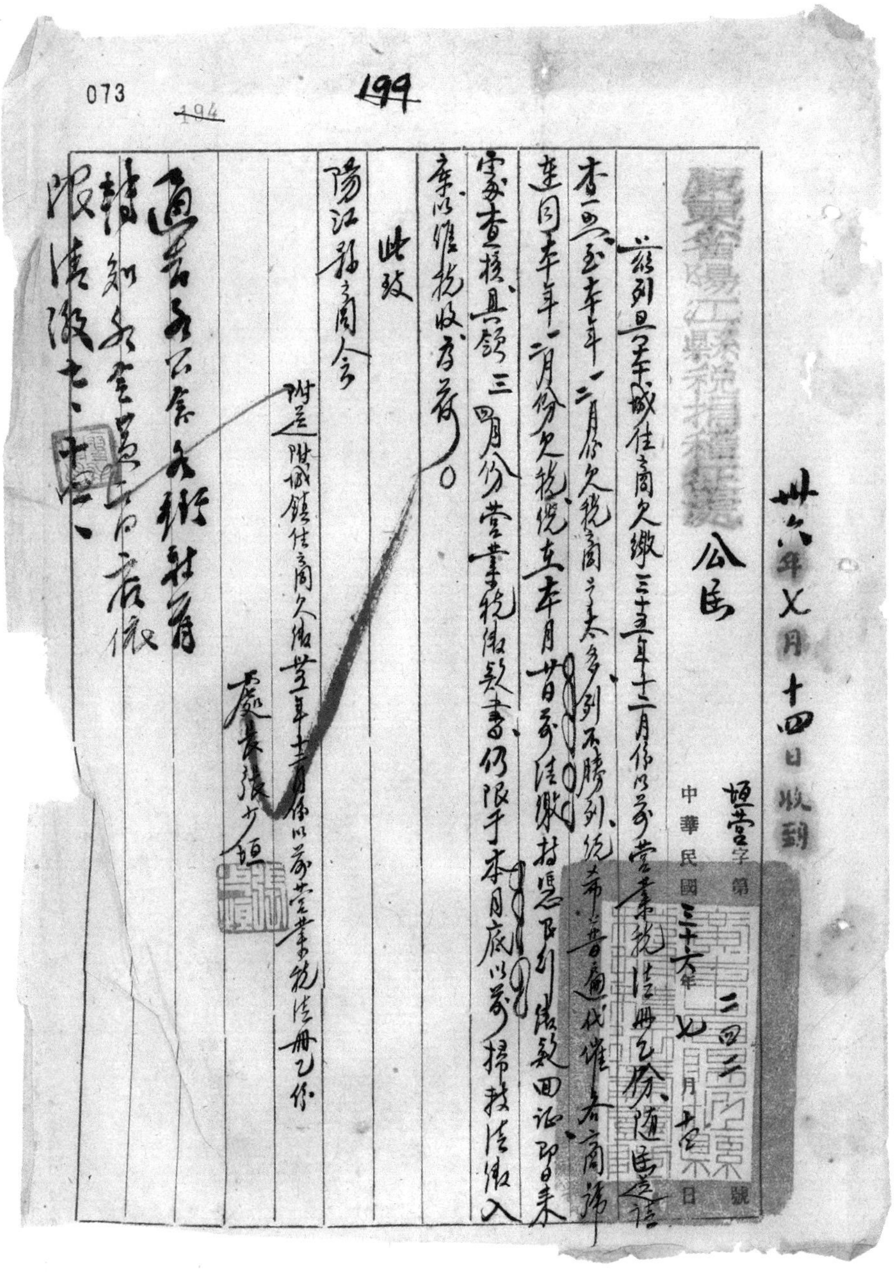
073　194　199

廣東省陽江縣稅捐稽征處　公函

卅六年七月十四日收到

垣營字第二四二號

中華民國三十六年七月十日

茲列呈本城住商欠繳三十五年十二月份以前營業稅清冊乙份，隨函送請

查照。查一至本年一二月份欠稅商号太多，列不勝列，統希普遍代催各商號

速同本年一二月份欠稅並本月昔前清繳，持憑即行繳款，回訖即日來

處查核具領三四月份營業稅繳款書，仍限于本月底以前掃數清繳，

庶以維稅收為荷。

此致

陽江縣商會

附呈：附城鎮住商欠繳營業年十二月份以前營業稅清冊乙份

處長　張少垣

通告各行業知照

轉知各業照表依

限清繳　七、十六

465. 阳江县税捐稽征处函请县商会于 8 日起派员三人会同调查县城各商号实际营业额（1947 年 7 月 16 日）

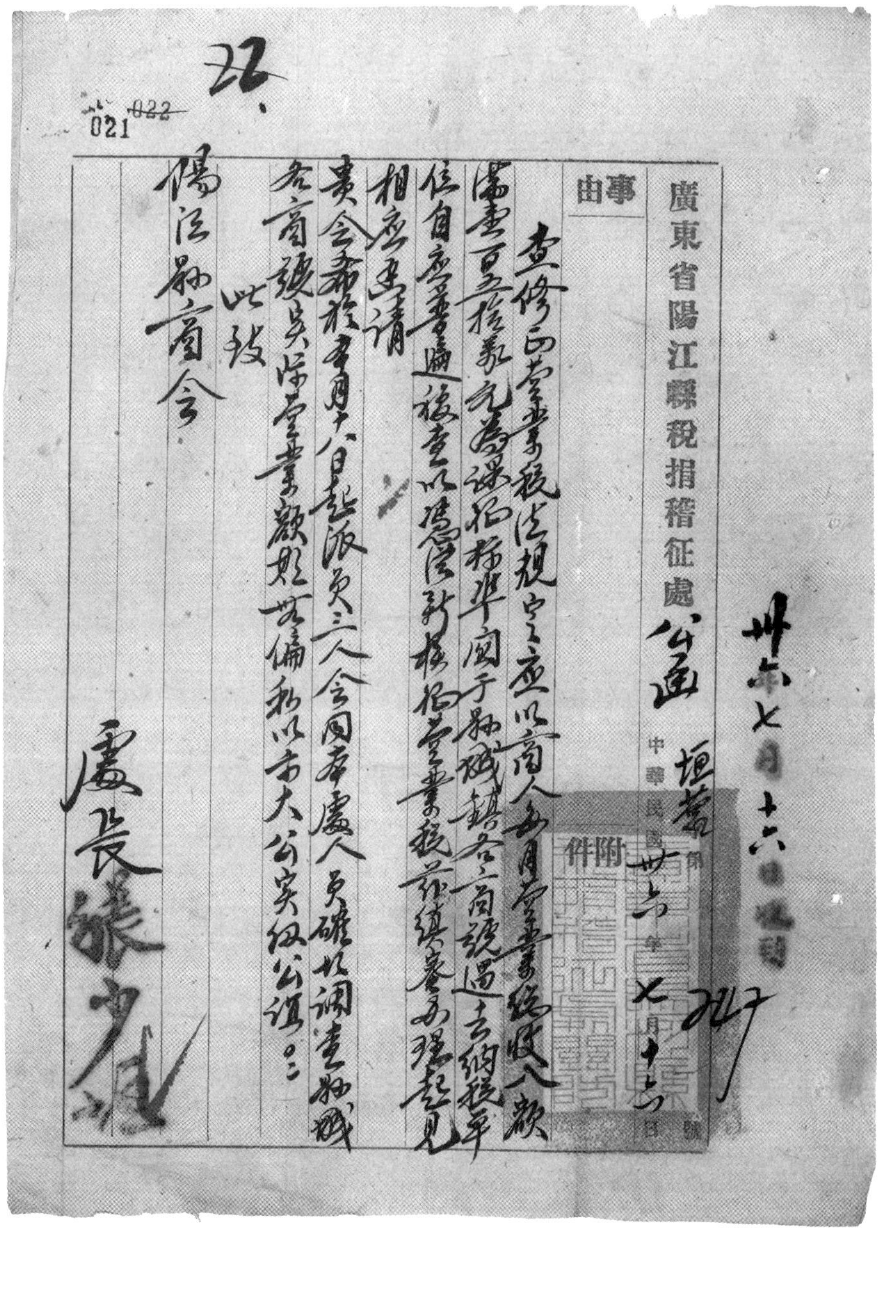

22

021

廣東省陽江縣稅捐稽征處公函　垣營字第　號

中華民國卅六年七月十六日

事由

查修正營業稅法規定應以商人每月營業總收入額滿壹百萬元為課征標準，因于縣城鎮各商號遇有納稅單位自應普遍稽查，以憑核征營業稅，茲為澈底起見，相應函請

貴會希於本月十八日起派員三人會同本處人員確切調查縣城各商號實際營業額，俾資備稽，以昭大公，實紉公誼。

此致

陽江縣商會

處長　張少□

附件

卅六年七月十六日收到

466. 广东省商会联合会关于特种营业税改为一次清缴致各县市区镇商会的代电（1947 年 10 月 2 日）

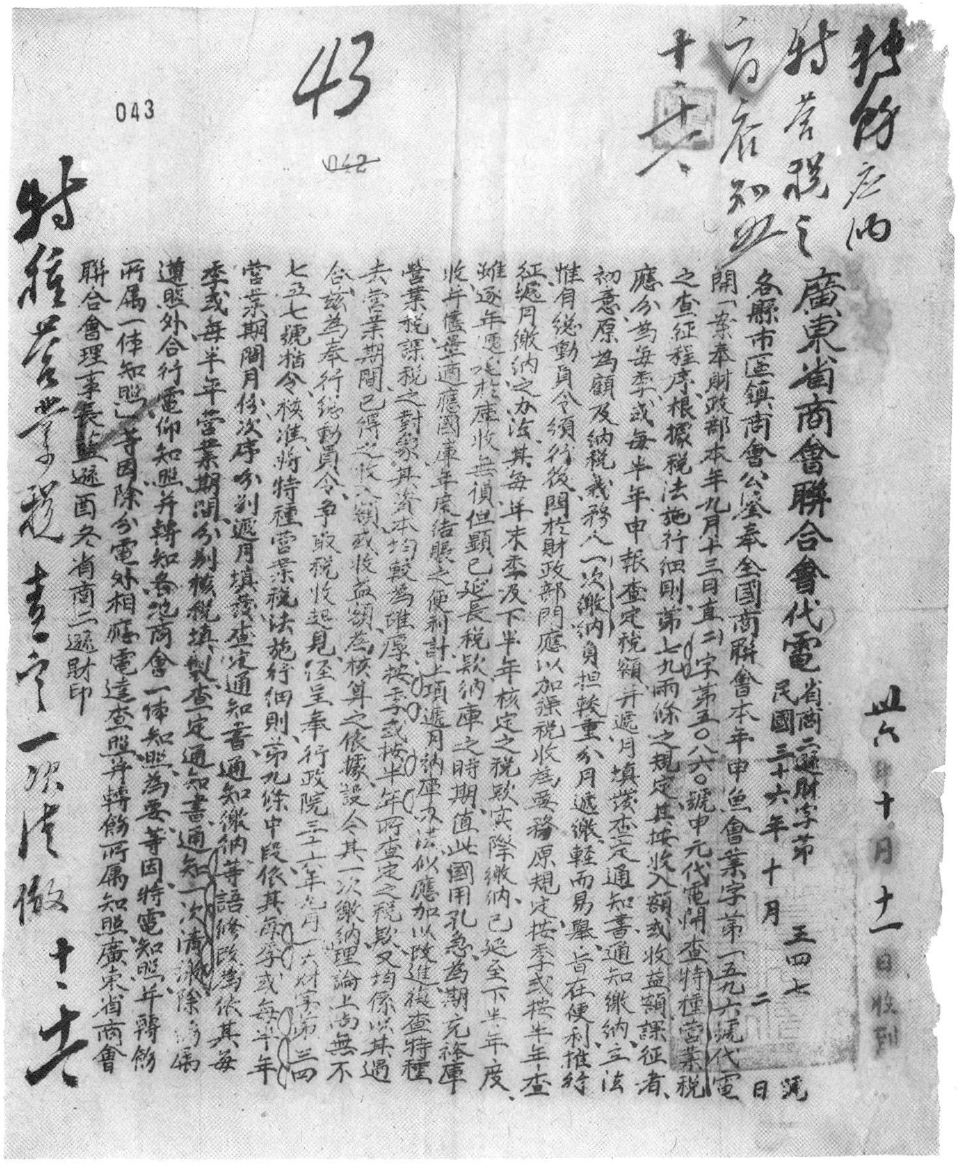
043

43

卅六年十月十一日收到

廣東省商會聯合會代電 省商二遜財字第三四七號
民國三十六年十月二日

各縣市區鎮商會公鑒：奉全國商聯會本年申魚會業字第一五九六號代電開：「案奉財政部本年九月十三日直二字第五〇八六〇號申元代電開：查特種營業稅之查征程序，根據稅法施行細則第七、九兩條之規定，其按收入額或收益額課征者，應分為每季或每半年申報查定稅額，并逐月填發查定通知書，通知繳納。立法初意原為顧及納稅義務人一次繳納負担較重，分月遞繳輕而易舉，旨在便利。惟自總動員令頒行後，關於財政部門應以加强稅收為要務，原規定按季或按半年查征，逐月繳納之办法，其每年末季及下半年核定之稅款，實際繳納已延至下半年度，雖逐年遞延於庫收無損，但顯已延長稅款納庫之時期，值此國用孔急，為期充裕庫收，并儘量適應國庫年度結賬之便利計，上項逐月納庫辦法似應加以改進。複查特種營業稅課稅之對象，其資本均較為雄厚，按季或按半年所查定之稅款，又均係以其過去營業期間已得之收入額或收益額為核算之依據，設令其一次繳納，理論上尚無不合。茲為奉行總動員令，爭取稅收起見，經呈奉行政院三十六年九月一六財字第三四七五七號指令核准，將特種營業稅法施行細則第九條中段依其每季或每半年營業期間月份次序分别逐月填發查定通知書通知繳納等語修改為依其每季或每半年營業期間，分别核稅，填製查定通知書，通知一次清繳，除分函外，合行電仰知照，并轉知各地商會一體知照為要。」等因。特電知照，并轉飭所屬一體知照。」等因。除分電外，相應電達查照，并轉飭所屬知照。廣東省商會聯合會理事長　遜酉冬省商二遜財印

特種營業稅一次清繳 十、十六

467. 阳江县商会通告各业同业公会、各街社首营业税法第五条修正条文暨屠宰税法第二、三条修正条文（1947 年 12 月 31 日）+ 附：阳江县税捐稽征处致县商会的公函（1947 年 12 月 25 日）

005

005-1

130

陽江縣商會稿

文別 通告

理事長

常務理事

一等辦事員

二等辦事員

广东省政府财政厅本年十月十日私七税字第一八六号

训令内开："……"（照）至"……"等由，附送营业税法第五条修正条文暨房屋税法第二条第三条修正条文各一份。准此，自应查照，除分行外，为此抄录营业税法第五条修正条文暨房屋税法第二条第三条修正条文通告知照，并转饬所属会员商店知照为要。

此通告

〇〇商同业公会

〇〇街社首

附抄营业税法第五条修正条文暨房屋税法第二条第三条修正条文各一份。

阳江县商会主席 廖〇〇

常务理事 [illegible]

003

~~124~~

128

中華民國三十六年十二月廿八日上午十時到

陽江縣稅捐稽征處公函

中華民國三十　年　月　日　漢營　字第　號

事由：函送營業稅法第五條修正條文暨屠宰稅法第二三條修正條文各一份請查照轉知由

決定辦法

擬辦

現奉

廣東省政府財政廳本年十二月十日秘巳稅字第一八六號訓令內開：

「現奉財政部本年十二月廿五日財參字第零一九零三六號訓令開：

查營業稅法第五條條文暨屠宰稅法第二條第三條條文業經國民政府分別明令修正公布，刊載本年十一月廿四日第二九九號國民政府公報，除分令外，合行抄發各該修正條文，令仰遵照，並轉飭遵照。此令。等因，附抄發營業稅法第五條修正條文暨屠宰稅第二三條修正條文各乙份。奉此，除關於修正提[illegible]屠宰稅

大十二 廿五 384

復文請敘明原文年月日字號

收文　字第　號

004

129

~~125~~

征準一項經先電飭遵辦暨分令外合將營業稅法第五條脩正條文暨屠宰稅第二、三條脩正條文隨令抄發仰即遵照并轉飭所屬遵照此令」等因奉此自應遵辦相應檢同該營業稅法第五條脩正條文暨屠宰稅第二條第三條脩正條文送請查照希煩轉知照為荷！

此致

陽江縣商會

附送營業稅法第五条修正條文暨屠宰稅法第二條第三條修正條文各一份

處長余漢賢

將該修正稅法兩種佈告曉示，一面佈告前處并將營業稅修正法通知各公社首轉知所屬會員照引繳納

468. 阳江县税捐稽征处函请县商会转饬各商户克日清缴 1、2 月份营业税（1948 年 3 月 16 日）

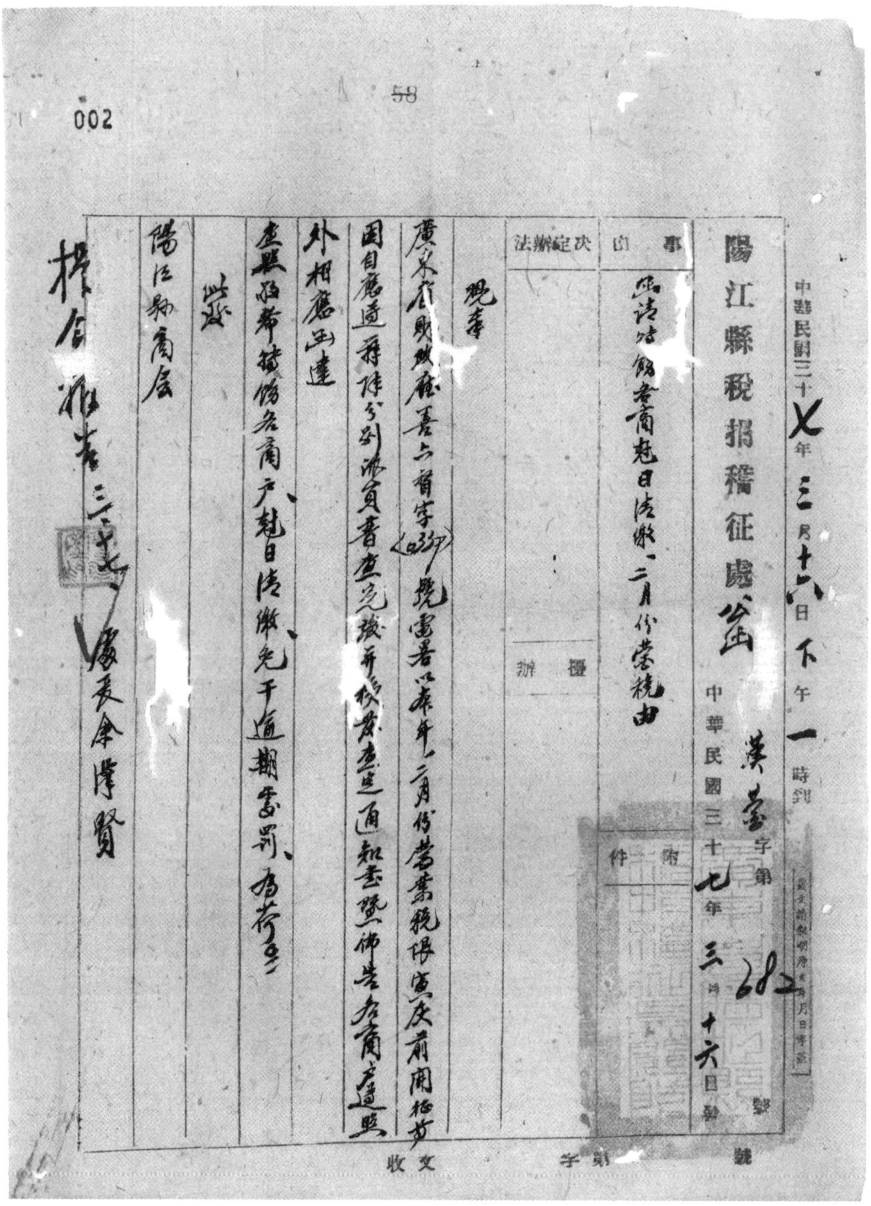

陽江縣稅捐稽征處箋

中華民國三十七年三月十六日下午一時到

事由：函請轉飭各商克日清繳一二月份營業稅由

決定辦法

擬辦

中華民國三十七年三月十六日發　漢營字第 682 號

附件

逕奉

廣東省財政廳署六營字（0837）號代電，著以本年一二月份營業稅限寅灰前開征等因，自應遵辦。除分別派員督查完繳並校查通知並繕佈告各商户遵照外，相應函達

查照，希轉飭各商户克日清繳，免干逾期受罰，為荷！

此致

陽江縣商會

處長余澤賢

收文　字第　號

469. 阳江县税捐稽征处函请县商会推派代表于 8 日参加营业税座谈会（1948 年 10 月 4 日）

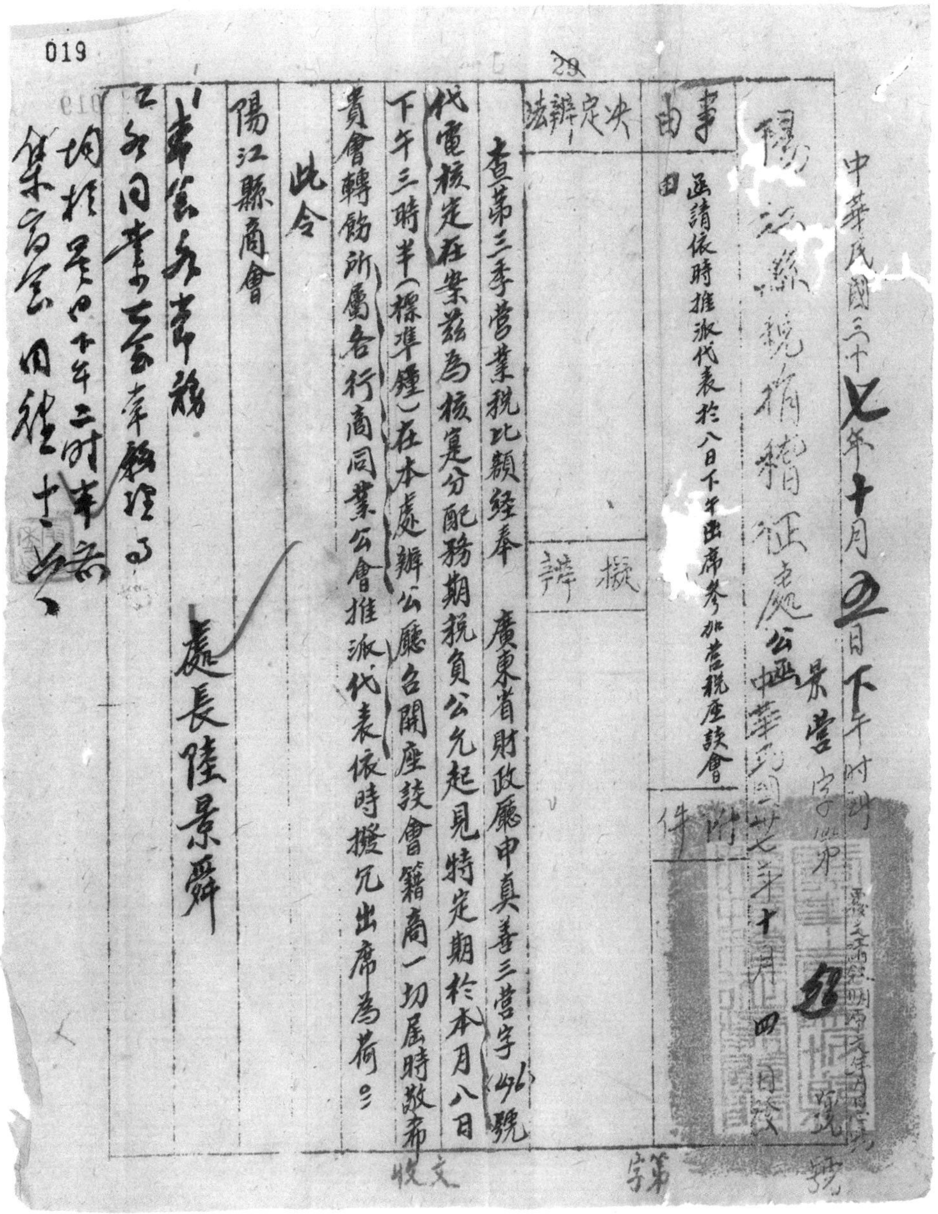

中華民國三十七年十月五日下午时到

陽江縣稅捐稽征處公函 景營字第　號

中華民國卅七年十月四日發

事由：函請依時推派代表於八日下午出席參加營稅座談會

附件

擬辦

決定辦法

查第三季營業稅比額經奉 廣東省財政廳申真善三營字496號代電核定在案茲為核定分配務期稅負公允起見特定期於本月八日下午三時半（標準鐘）在本處辦公廳召開座談會藉商一切屆時敬希 貴會轉飭所屬各行商同業公會推派代表依時撥冗出席為荷

此令

陽江縣商會

處長陸景舜

470. 阳江县税捐稽征处关于营业税座谈会改在 12 日召开函请县商会转饬各公会负责人出席（1948 年 10 月 9 日）

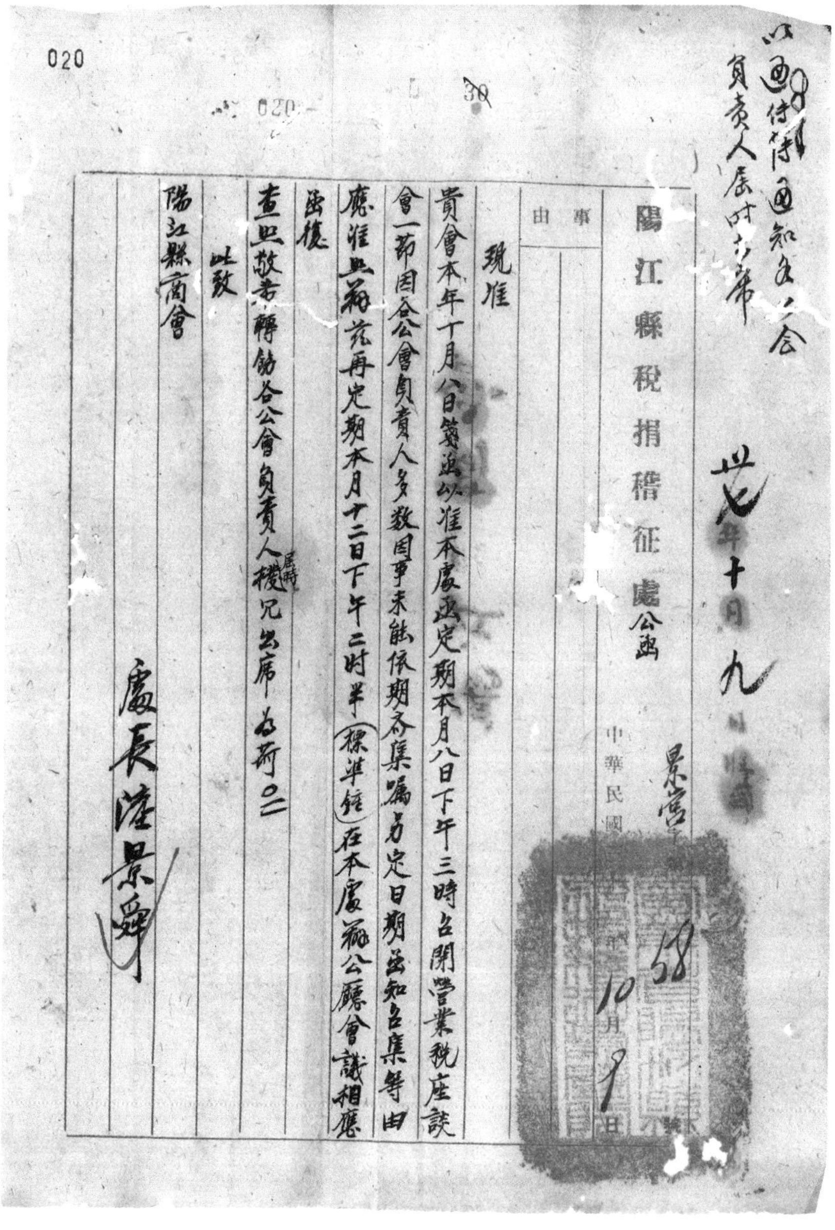

020

以函付(?)函知各公会负责人届时出席

陽江縣稅捐稽征處公函

事由

現准

貴會本年十月八日箋函以准本處函定期本月八日下午三時召開營業稅座談會一節因各公會負責人多數因事未能依期齊集囑另定日期函知召集等由應准照辦茲再定期本月十二日下午二時半（標準鐘）在本處辦公廳會議相應函復

查照敬希轉飭各公會負責人屆時攜冗出席為荷之

此致

陽江縣商會

處長 陳景舜

中華民國卅七年十月九日

58

471. 阳江县商会通告各商业同业公会推派代表出席第四季度营业税座谈会（1949 年 1 月 5 日）+ 附：阳江县税捐稽征处致县商会的公函（1949 年 1 月 3 日）

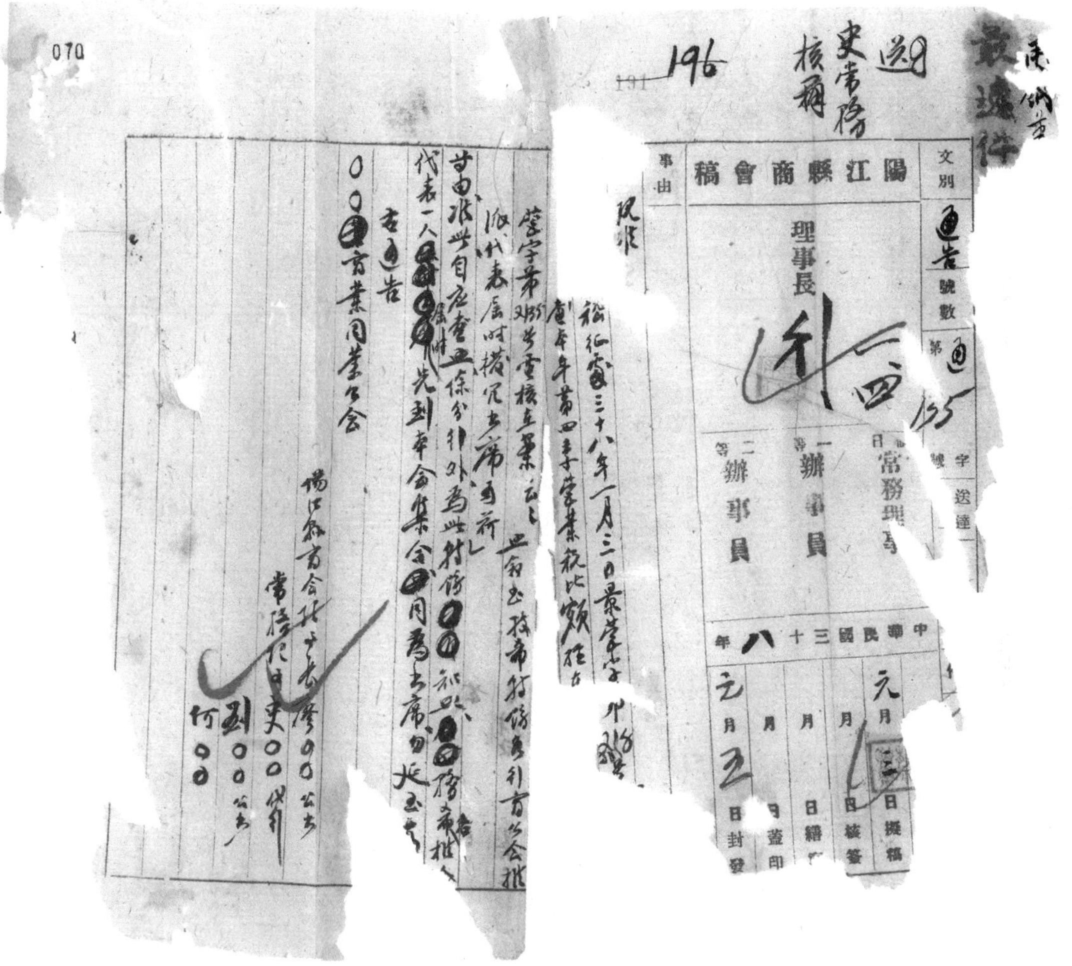

071

~~193~~ 197

廿八年一月三日收到

陽江縣稅捐稽征處公函

函請轉飭各行商公會代表依時出席會議由

景壹字第216號

中華民國三十八年一月二日

查本年第四季營業稅比額，經奉財廳亥養善三營字第(2135)號電核定在案。茲爲核實分配務期稅負公允起見，特定期於三十八年元月十日下午三時在本處辦公廳召開營業稅座談會，相應函達，查照，敬希轉飭各行商公會推派代表，屆時蒞臨出席爲荷！

此致

陽江縣商會

處長　陸景舜

照轉　一、三

472. 阳江县税捐稽征处关于再定期召开营业税座谈会函请县商会推派代表依时出席（1949 年 3 月 15 日）

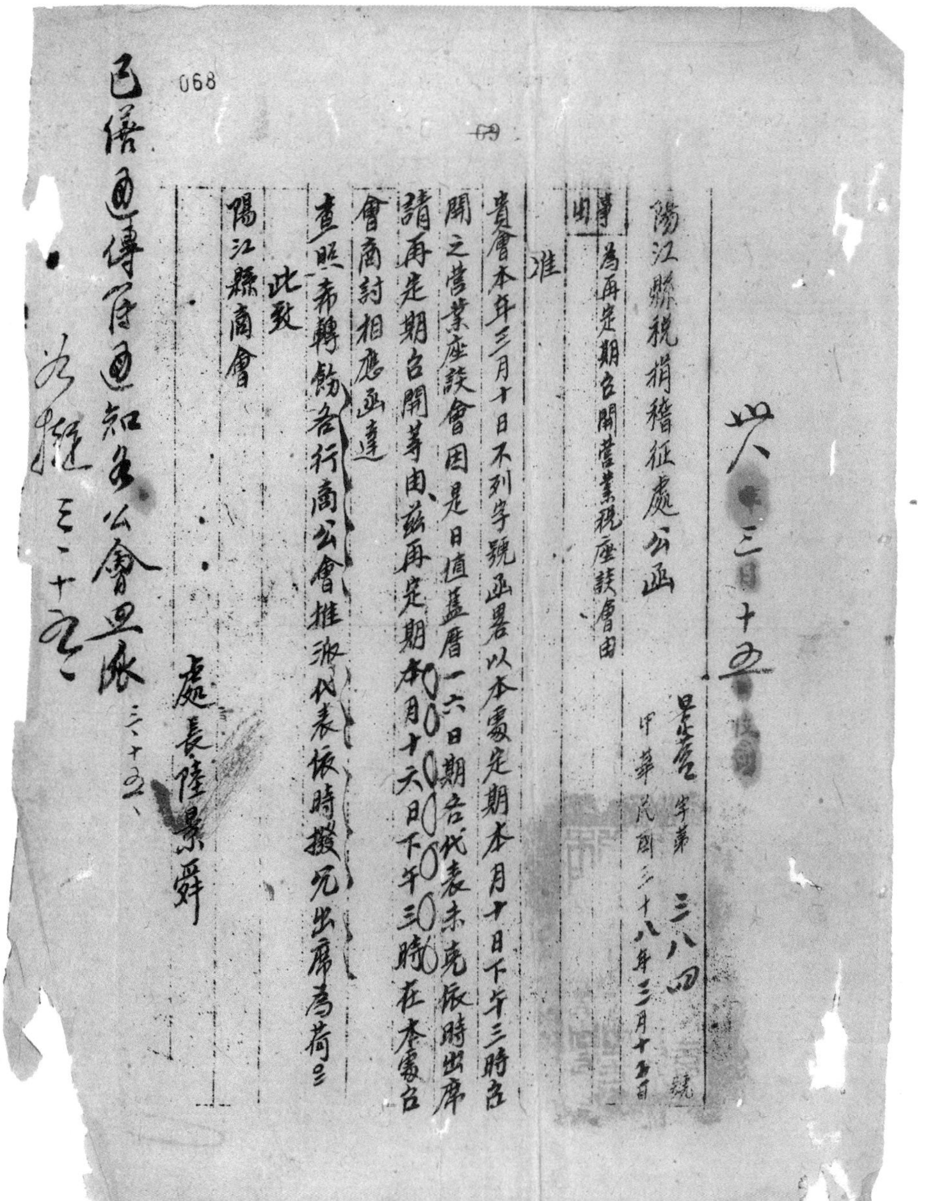

068

陽江縣稅捐稽征處公函

卅八年三月十五日收到

縣征營字第三八四號

中華民國三十八年三月十五日

事由：為再定期召開營業稅座談會由

准

貴會本年三月十日不列字號函略以本處定期本月十日下午三時召開之營業座談會因是日適墟曆一六日期召代表未克依時出席請再定期召開等由，茲再定期本月十六日下午三時在本處召會商討相應函達

查照希轉飭各行商公會推派代表依時撥冗出席為荷

此致

陽江縣商會

處長陸景舜

已經通傳召通知各公會照派　三、十五

存　三、二十

473. 阳江县城各商店 1949 年 1、2 月份营业税缴纳办法（草稿）（1949 年 3 月 18 日）

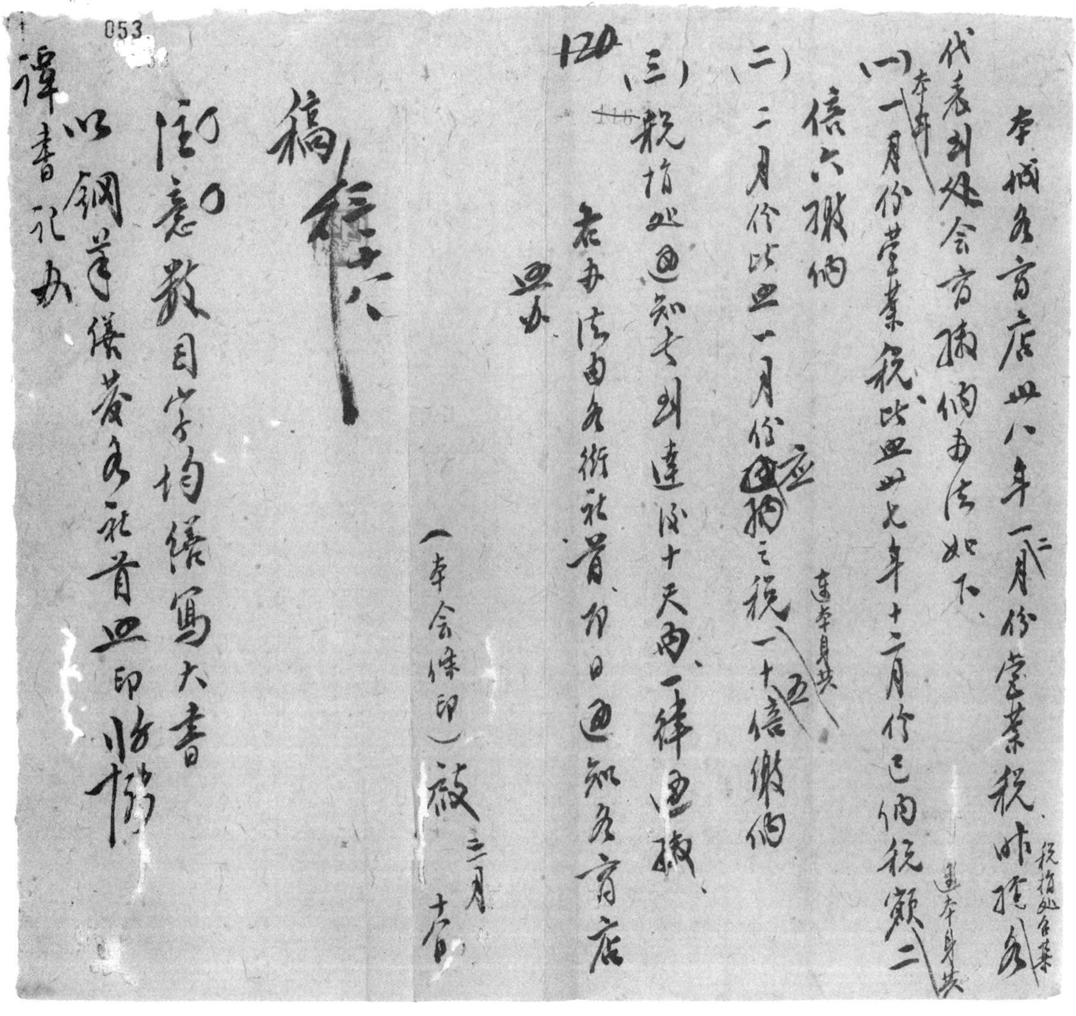
053

本城各商店卅八年一、二月份营业税〔税捐处召集〕昨經各

代表到处会商摊纳办法如下、

(一)〔本并〕一月份营业税比照卅七年十二月份已纳税额二〔连本月共〕

倍六摊纳

(二)二月份比照一月份应摊之税一十五倍缴纳〔连本月共〕

(三)税捐处通知书到达限十天内一律缴清、

若再延由各街社背期日通知各商店

照办

（本会條印）啟　三月十八日

120

稿存六

注意數目字均須寫大書

以鋼筆繕發各社首長印收

請書記办

474. 阳江县商会通告各商业同业公会推派代表出席 4、5、6 月份营业税座谈会（1949 年 7 月 11 日）

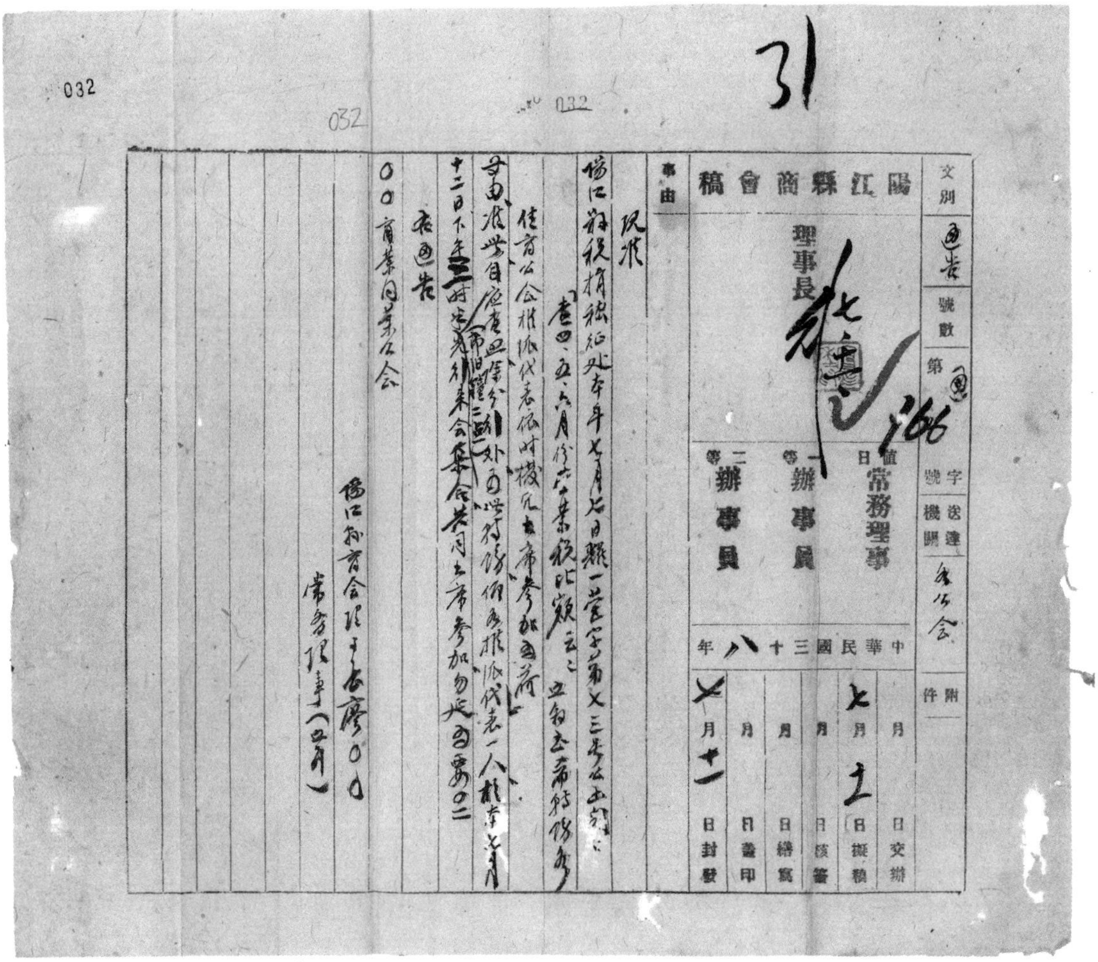

032

31

阳江县商会稿

文别：通告

号数：第通 166 号

理事长

值日常务理事

一等办事员

二等办事员

送达机关字号：各公会

附件

中华民国三十八年

七月　日交办

七月十一日拟稿

月　日核签

月　日缮写

月　日盖印

七月十一日封发

事由

现准

阳江税捐稽征处本年七月七日县一营字第七三号公函以：

"查四、五、六月份营业税比额[illegible]，兹订本[illegible]……"

等由，准此，除分行外，合行通告仰各公会推派代表依时携凡出席参加为荷（市旧体二路）

十二日下午三时前往本会参加，共同出席参加，勿延为要。此致

右通告

○○商业同业公会

阳江县商会理事长廖○○

常务理事（五月）

（三）所利得税

475. 新兴县商会向阳江县商会函询属内商店所利得税办理情形（1942 年 7 月 28 日）

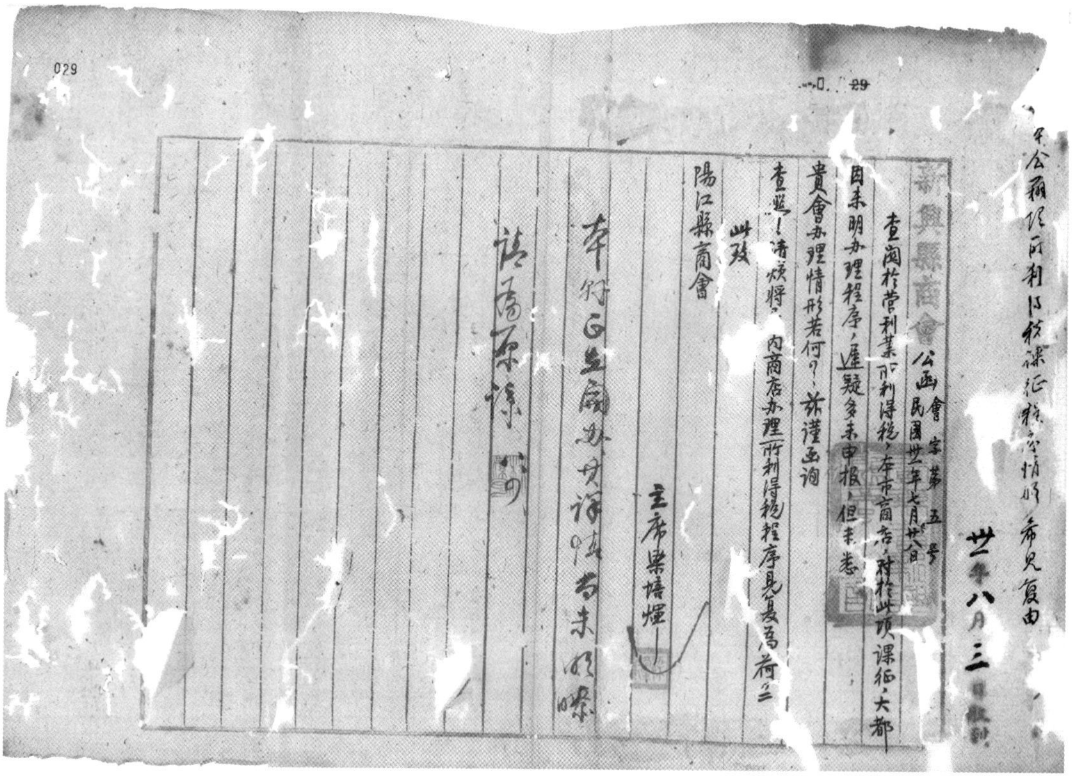

新興縣商會公函　會字第五號　民國卅一年七月廿八日

查關於營利業所利得稅，本市商店對於此項課征，大都因未明办理程序，遲疑多未申報，但未悉貴會办理情形若何？茲謹函詢，查照！請煩將貴屬內商店办理所利得稅程序見复爲荷。

此致

陽江縣商會

主席　梁培煜

本公函詢所利得稅課征[illegible]情形，希見復由

卅一年八月三日[illegible]

476. 阳江县商会函复新兴县商会属内商店所利得税办理情形（1942 年 8 月 8 日）

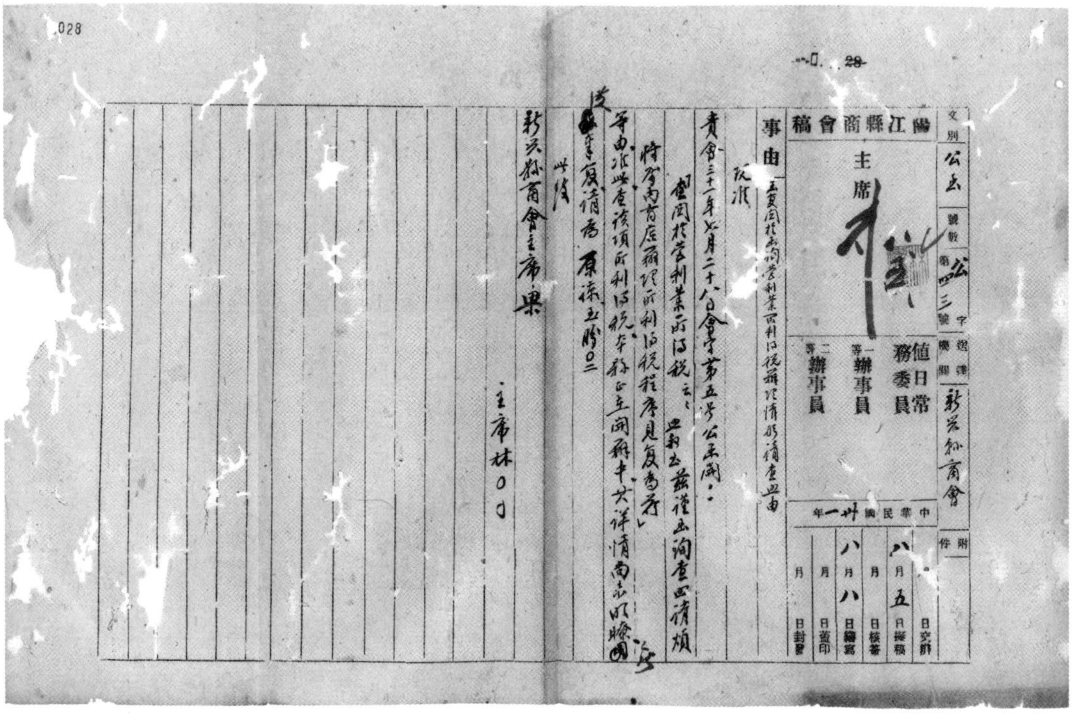
陽江縣商會稿

文別：公函

號數：第四三號 公字

送達機關：新興縣商會

附件

主席 林[簽名]

值日常務委員

一等辦事員

二等辦事員

事由：函復關於函詢營利事業所利得稅辦理情形請查照由

中華民國卅一年 八月五日擬稿 八月八日繕寫 月 日核簽 月 日蓋印 月 日封發 日交辦

逕復者

准貴會三十一年七月二十八日會字第五号公函開：

「查關於營利事業所得稅云云。茲謹函詢查照請煩

將貴商店辦理所利得稅程序見復為荷」

等由。准此。查該項所利得稅本縣正在開辦中，其詳情尚未明瞭，

准復請查照為荷。

此致

新興縣商會主席梁

主席林〇〇

477. 阳江县商会向茂名县商会、电白县商会、水东市商会等函询办理所利得税程序（1942年8月14日）

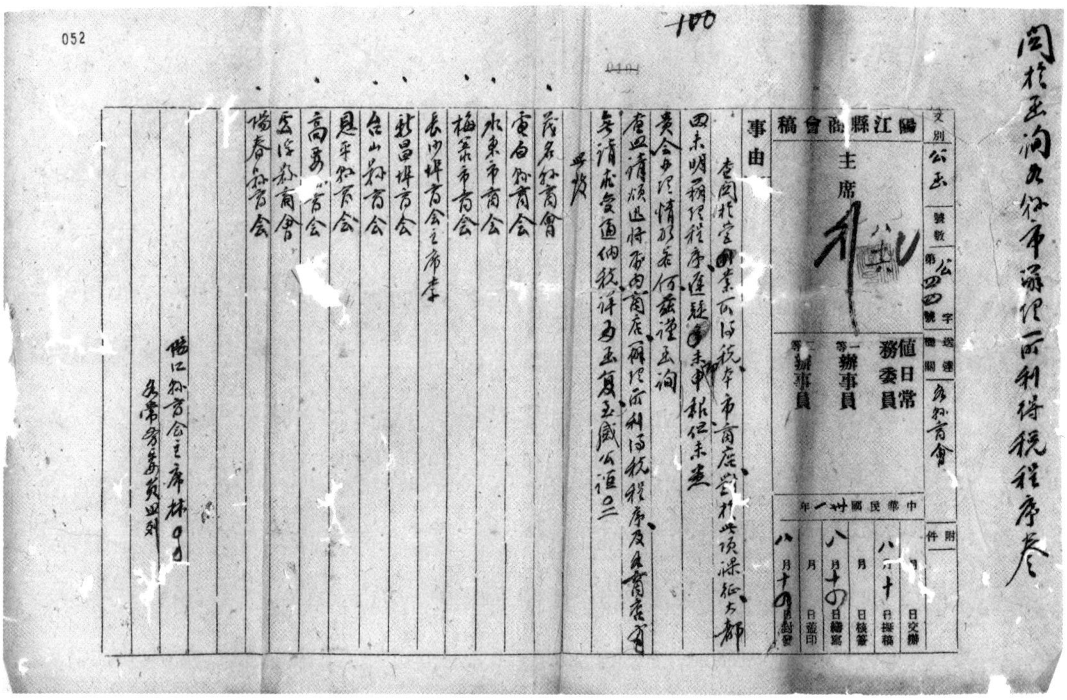

052

100

关於函询各县市办理所利得税程序卷

阳江县商会稿

文别：公函

号数：第公四四号

送达机关：各县商会

附件

主席 林（印）

值日常务委员

一等办事员

二等办事员

中华民国卅一年

八月十日交办

八月十日拟稿

八月　日核签

八月十四日缮写

八月　日盖印

八月十四日封发

事由

查关於营业所得税本市商店对於此项课征大都

四未明了办理程序，迄疑未办，私侣未查

贵会办理情形若何，兹谨函询

查照，请烦迅将贵属商店办理所利得税程序及贵属商店所

受请求受通纳税详为函复，至纫公谊。

此致

茂名县商會

电白县商会

水东市商会

梅菉市商会

长沙埠商会主席李

新昌埠商会

台山县商会

恩平县商会

高要县商会

云浮县商會

阳春县商会

阳江县商会主席林〇〇

各常务委员四列

478. 梅菉市商会函复阳江县商会主席林洁予各商号申报所利得税均依照规定章则办理（1942 年 8 月 19 日）

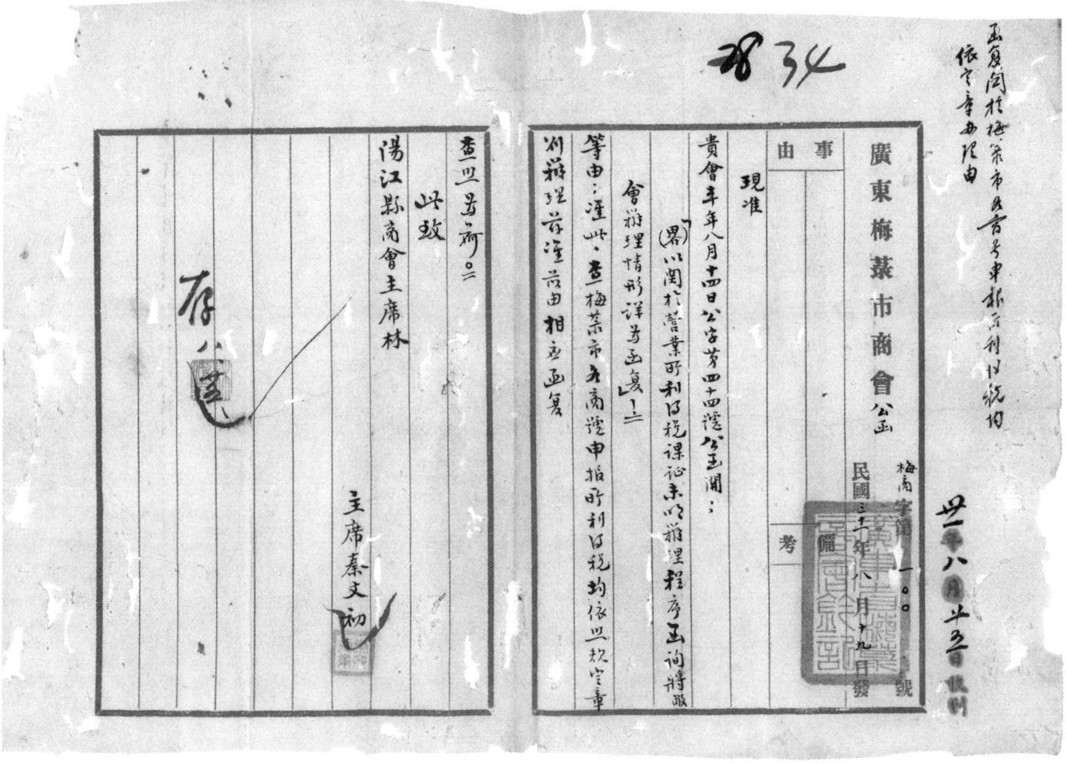
2834

函復關於梅菉市各商號申報所利得稅均依定章辦理由

廣東梅菉市商會公函

梅商字第一〇〇號

民國三十一年八月十九日發

事由

考

現准

貴會本年八月十四日公字第四十四號公函開：「（略）以關於營業所利得稅課征未明辦理程序，函詢將敝會辦理情形詳為函復」等由。准此，查本梅菉市各商號申報所利得稅均依照規定章則辦理，前准前由，相應函復，查照為荷。

此致

陽江縣商會主席林

主席秦文初

存

卅一年八月廿三日收到

479. 茂名县商会主席陈景山函复阳江县商会各商店办理所利得税情形（1942 年 8 月 19 日）

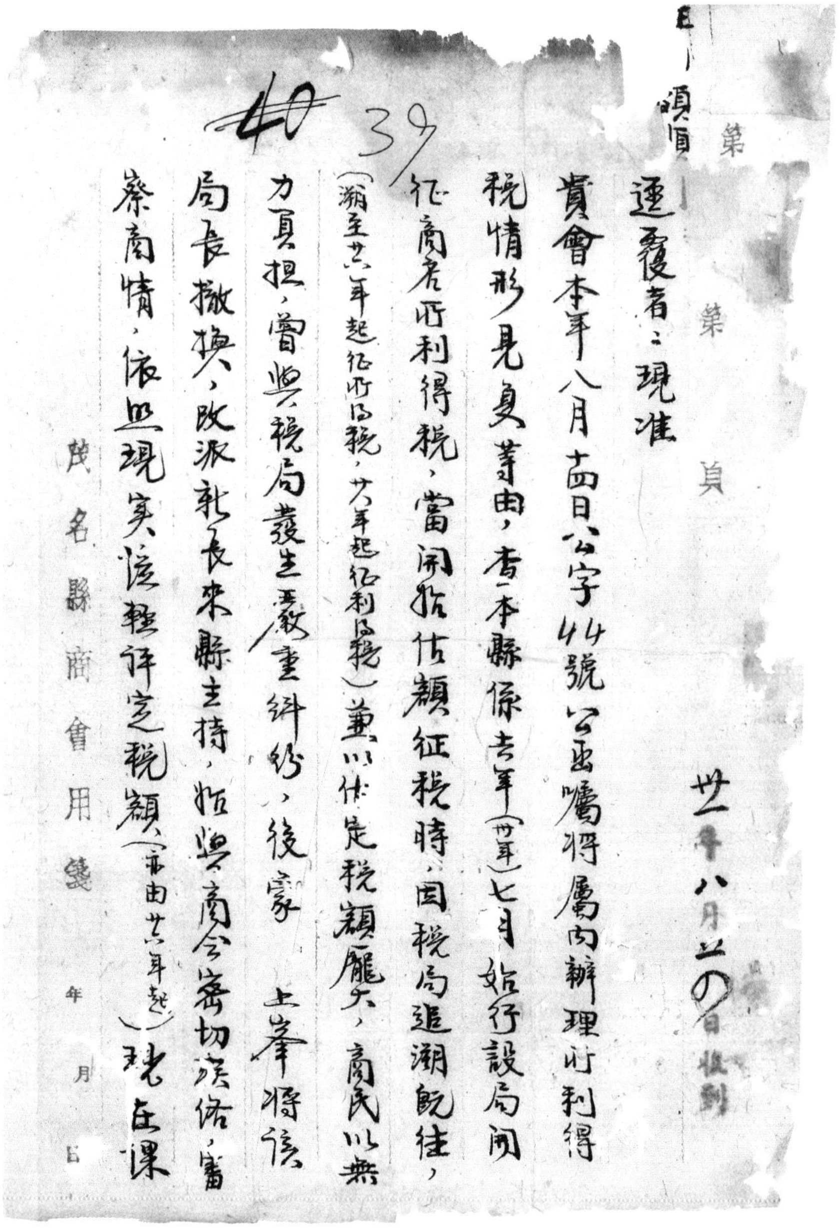

~~40~~ 39

第　號

第　頁

卅一年八月廿〇日收到

逕覆者：現准

貴會本年八月十四日公字44號公函，囑將屬內辦理所利得稅情形見復等由，查本縣係去年（卅年）七月始行設局開征商店所利得稅，當開始估額征稅時，因稅局追溯既往，（溯至廿六年起征所得稅，廿八年起征利得稅）並以估定稅額龐大，商民以無力負担，曾與稅局發生嚴重糾紛，後蒙　上峯將該局長撤換，改派新局長來縣主持，始與商會密切聯絡，審察商情，依照現實詳細評定稅額，（並由廿六年起）擔任課

茂名縣商會用箋　年　月　日

40

頁

……來推行，且亦普遍達各圩市矣，准函前由，

相應函復

貴會查照為荷，此致

陽江縣商會

茂名縣商會主席陳景山

存查

茂名縣商會用箋

480. 台山县新昌商会整理委员会函复阳江县商会各商店办理所利得税情形（1942 年 8 月 20 日）

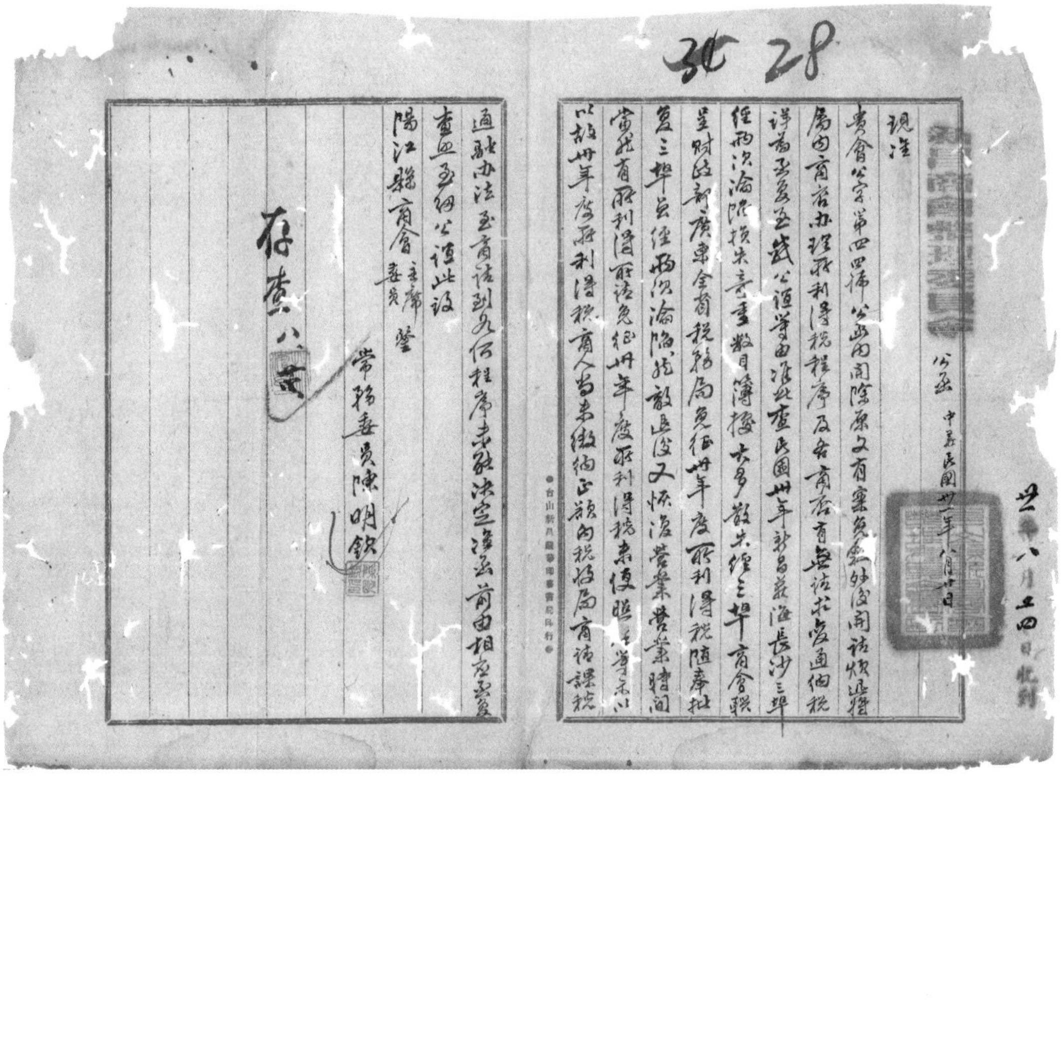

30 28

逕復者：

貴會公字第四四號公函內開除原文有案免敍外後開諸煩經

屬內商店辦理所利得稅程序及各商店有無請求豁免個稅

詳為函復至紉公誼等由。準此，查民國卅年新昌荻海長沙三埠

經兩次淪陷，損失奇重，數目繁接，大多數未經三埠商會聯

呈財政部廣東全省稅務局免征卅年度所利得稅，隨奉批

復三埠自經兩次淪陷後，散退後又恢復營業，營業購

當然有所利得，所請免征卅年度所利得稅未便照準。至卅一

以故卅年度所利得稅，商人皆未繳納，正誤向稅務局商請課稅

通融辦法，至商請到及何程序，未經決定。準函前由，相應函復

查照，至紉公誼。此致

陽江縣商會主席、委員　鑒

常務委員陳明欽

公函　中華民國卅一年八月廿日

卅一年八月廿四日收到

存查　八.廿

481. 台山县商会函复阳江县商会办理所利得税大致情形（1942 年 8 月 21 日）

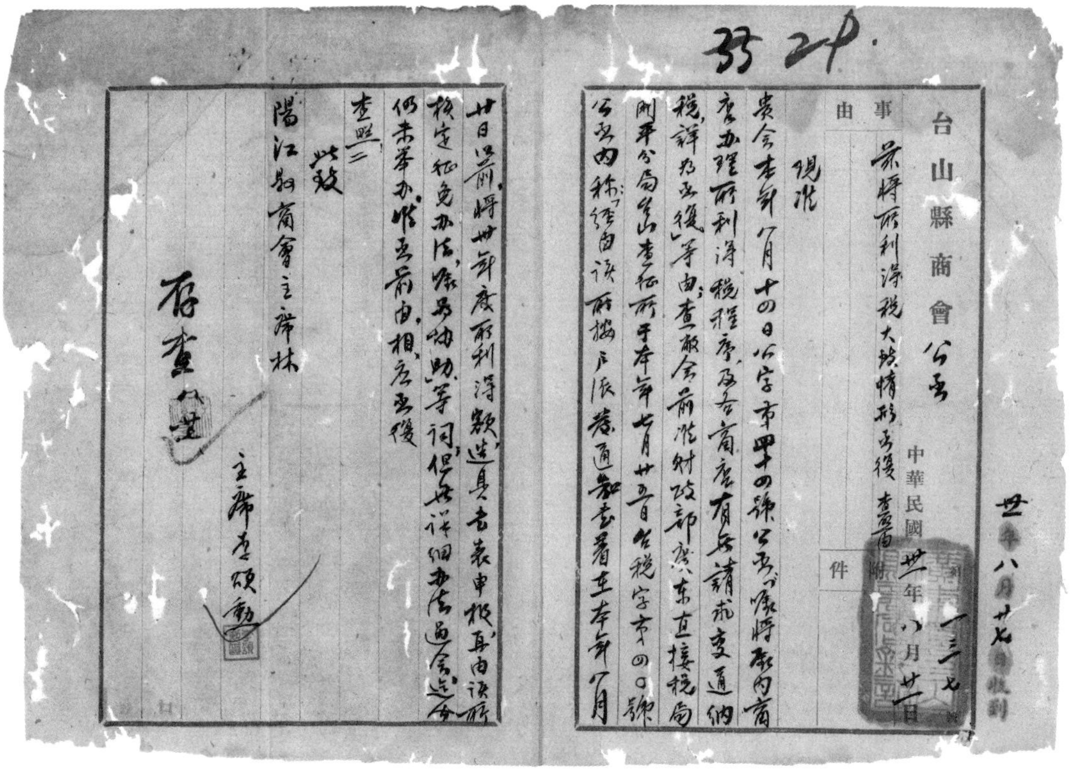

台山縣商會公函

事由：函將所利得稅大致情形函復查照由

中華民國卅一年八月廿一日

附件

一三七

逕啟者：

貴會本年八月十四日公字第四十四號公函，以准將本內商店辦理所利得稅程序及各商店有無請求變通納稅，詳為函復等由；查敝會前准財政部廣東直接稅局開平分局台山查征所本年七月廿五日台稅字第四〇號公函內稱，經由該所按户派送通知書着查本年八月廿日以前，將卅年度所利得稅款造具表冊報，再由該所核定征免辦法，依照暫行辦法等詞，但無詳細辦法過會，迄今仍未著辦，准函前由，相應函復，查照為荷。

此致

陽江縣商會主席林

主席李頌勳

存查

卅一年八月廿七日收到

482. 电白县水东区商会函复阳江县商会电白县尚未派员征收所利得税（1942 年 8 月 23 日）

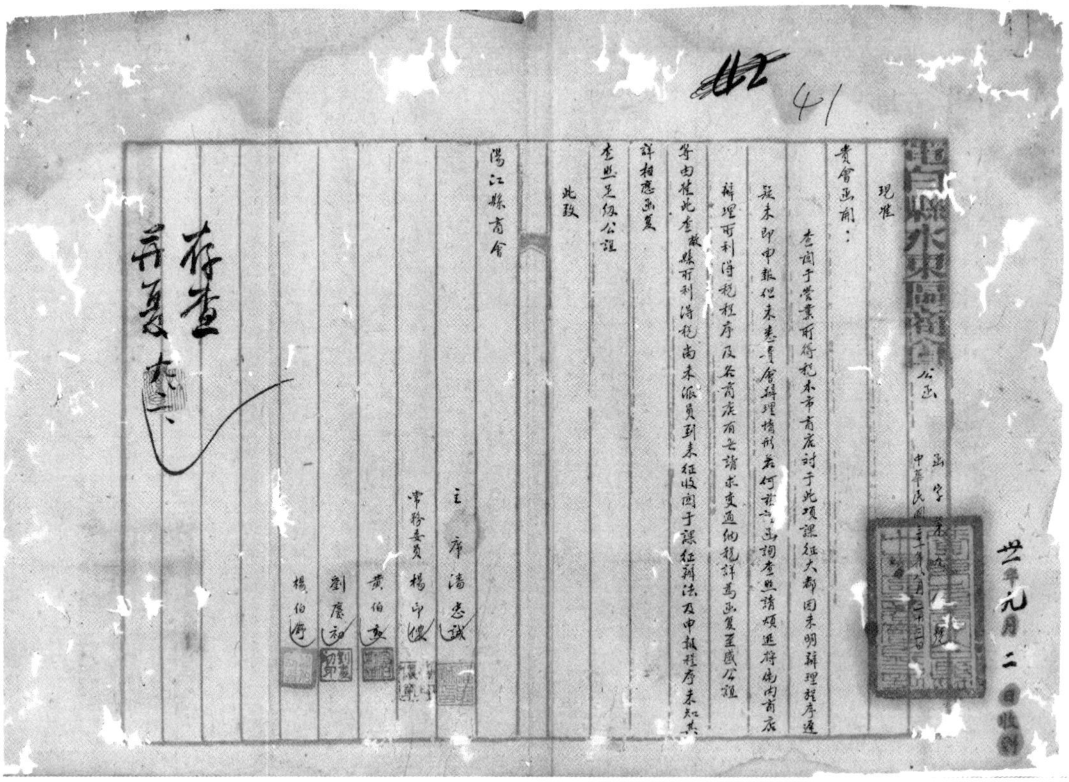
电白县水东区商会公函

函字第　号

中华民国三十一年八月二十三日

现准

贵会函开：

查关于营业所得税本市商店对于此项课征大都因未明办理程序迟疑未即申报，但未悉贵会办理情形若何，特函询查照，请烦迅将贵属内商店办理所利得税程序及各商店有无请求变通纳税详为函复，至感公谊

等由，准此。查敝县所利得税尚未派员到来征收，关于课征办法及申报程序未知其详，相应函复，查照是纫公谊

此致

阳江县商会

主席 潘忠诚

常务委员 杨仰侠

黄伯敦

刘庆和

杨伯衡

存查

并复去

卅一年九月二日收到

483. 广东区直接税局阳江分局函请阳江县商会转饬各商踊跃报缴 1945 年度所利得税（1946 年 9 月 5 日）

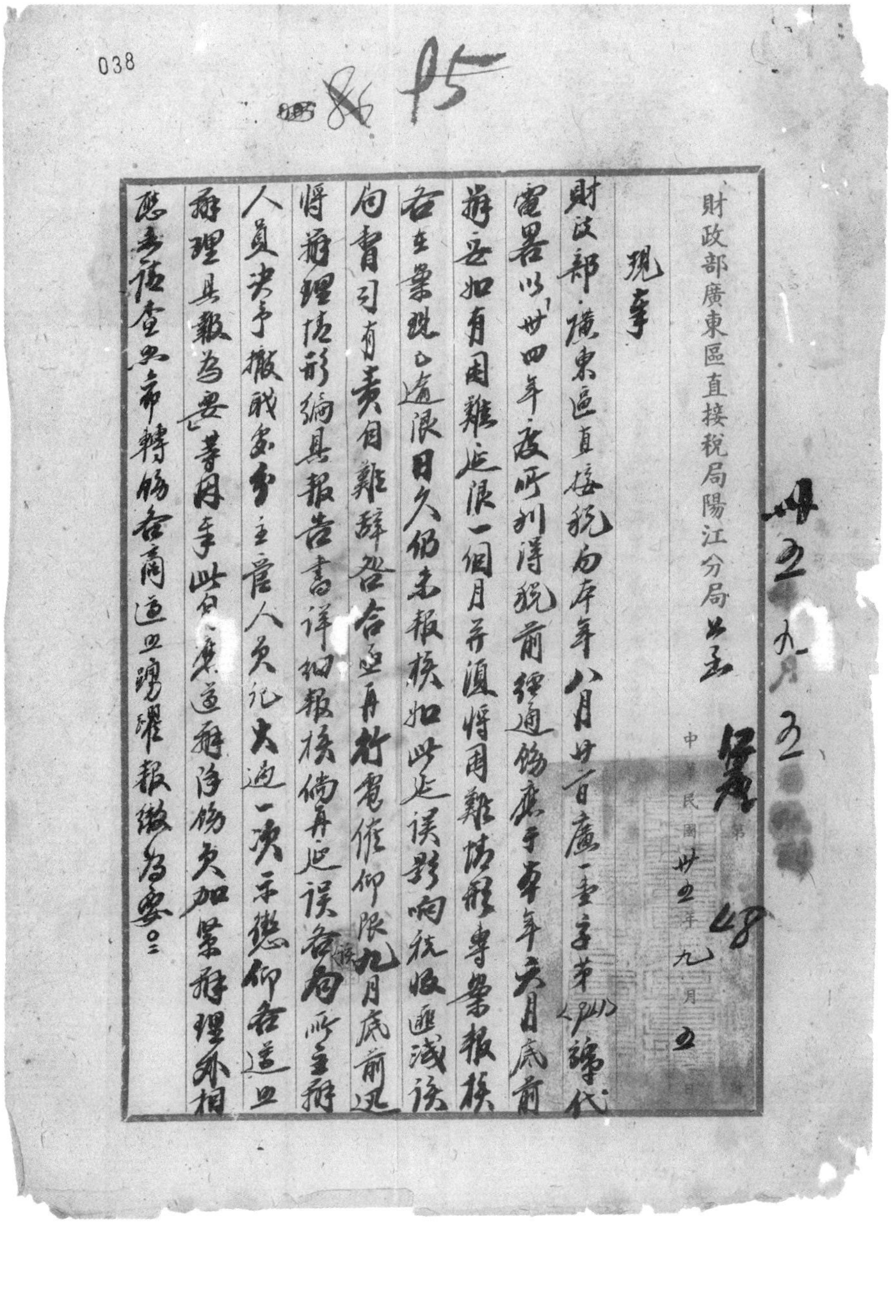
财政部广东区直接税局阳江分局卅五 第 号

中华民国卅五年九月五日

现事

财政部广东区直接税局本年八月廿日广一重字第 号代电略以"卅四年度所利得税前经通饬展至本年六月底前办妥，如有困难，延限一个月，并须将困难情形专案报核各在案。现已逾限日久，仍未报核，如此延误，影响税收匪浅，该局负有责任，难辞咎，合亟再行电仰限九月底前迅将办理情形编具报告书详细报核，倘再延误，唯该局所主办人员是问，并撤职或主管人员记大过一次示惩，仰即遵照办理具报为要"等因，准此，自应遵办，除饬员加紧办理外，相应函请查照，希转饬各商遵照踊跃报缴为要。

039

財政部廣東區直接稅局陽江分局

陽江縣商會

發

局長黃欽簽

中華民國　　年　　月　　日

字第　　號

驗印之章

核對之章

484. 广东区直接税局阳江分局函请阳江县商会转饬各会员商号迅速清缴所利得税（1946 年 9 月 25 日）

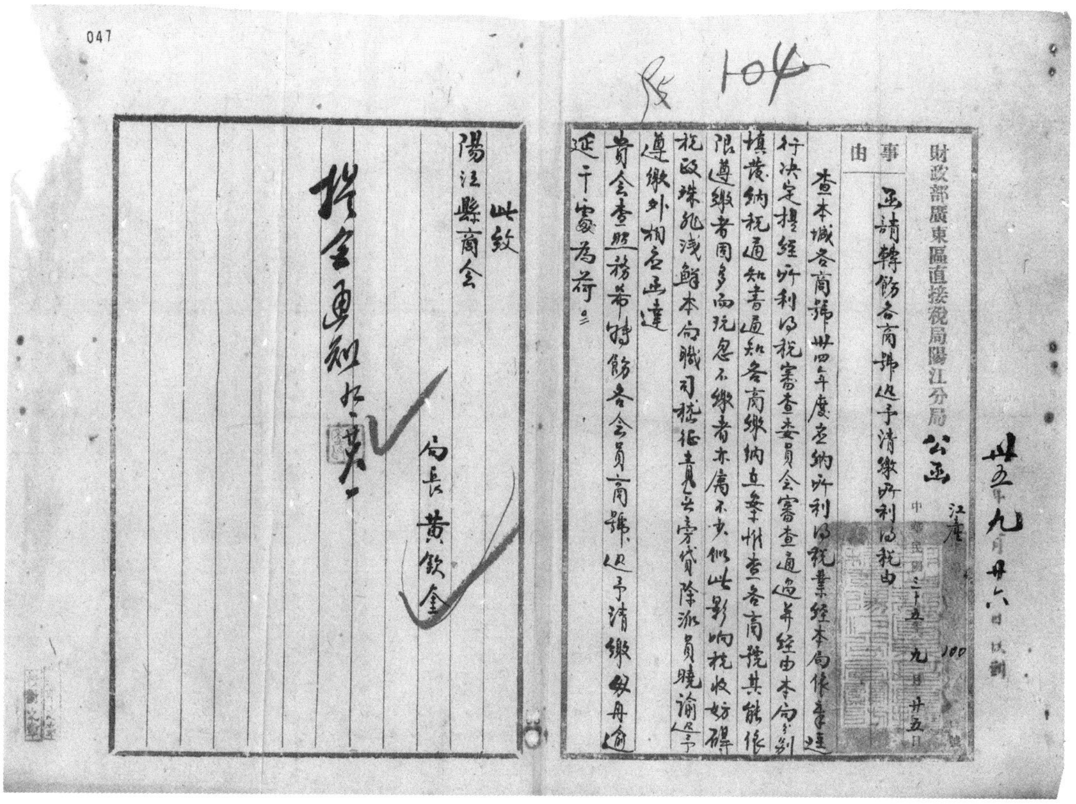

財政部廣東區直接稅局陽江分局公函

中華民國三十五年九月廿五日

事由：函請轉飭各商號迅予清繳所利得稅由

查本城各商號卅四年度應納所利得稅業經本局依章進行決定，據經所利得稅審查委員會審查通過，并經由本局分別填發納稅通知書通知各商繳納在案。惟查各商號其能依限遵繳者固多，而玩忽不繳者亦屬不少，似此影響稅收，妨礙稅政殊非淺鮮。本局職司稅征，責無旁貸，除派員曉諭人等遵繳外，相應函達貴會查照，務希轉飭各會員商號迅予清繳，毋再適延，至紉為荷。

此致

陽江縣商會

局長 黃欽全

485. 广东区直接税局开平分局阳江查征所向阳江县商会函送通知书原稿暨各欠税商号通告书 127 份并请加盖印章后送还以便通知各欠税商号遵缴（1947 年 4 月 24 日）

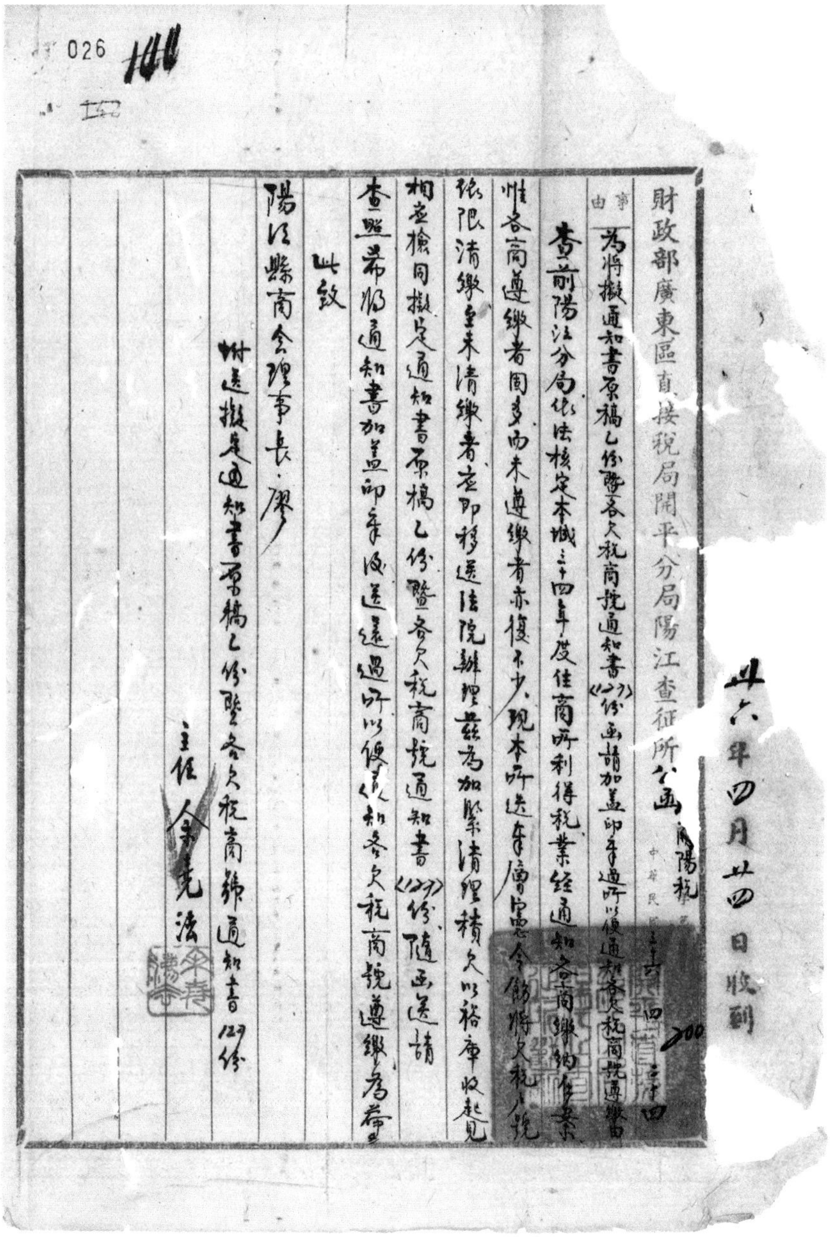
026　144

財政部廣東區直接稅局開平分局陽江查征所公函　陽稅字第　號

中華民國三十六年四月二十四日

卅六年四月廿四日收到

200

事由：為將擬通知書原稿乙份暨各欠稅商號通知書〈127〉份函請加蓋印章送還過所以便通知各欠稅商號遵繳由

查前陽江分局依法核定本城三十四年度住商所利得稅，業經通知各商繳納在案。惟各商遵繳者固多，而未遵繳者亦復不少。現本所迭奉層憲令飭將欠稅人號限期清繳，至未清繳者應即移送法院辦理。茲為加緊清理積欠以裕庫收起見，相應檢同擬定通知書原稿乙份暨各欠稅商號通知書〈127〉份，隨函送請

查照。希將通知書加蓋印章後送還過所，以便通知各欠稅商號遵繳為荷。

此致

陽江縣商會理事長廖

附送擬定通知書原稿乙份暨各欠稅商號通知書127份

主任　余光法

486. 广东区直接税局开平分局阳江查征所函复阳江县商会准予退税或抵纳 1946 年度所利得税一节毋庸议并转饬各商迅速遵缴（1947 年 3 月 10 日）

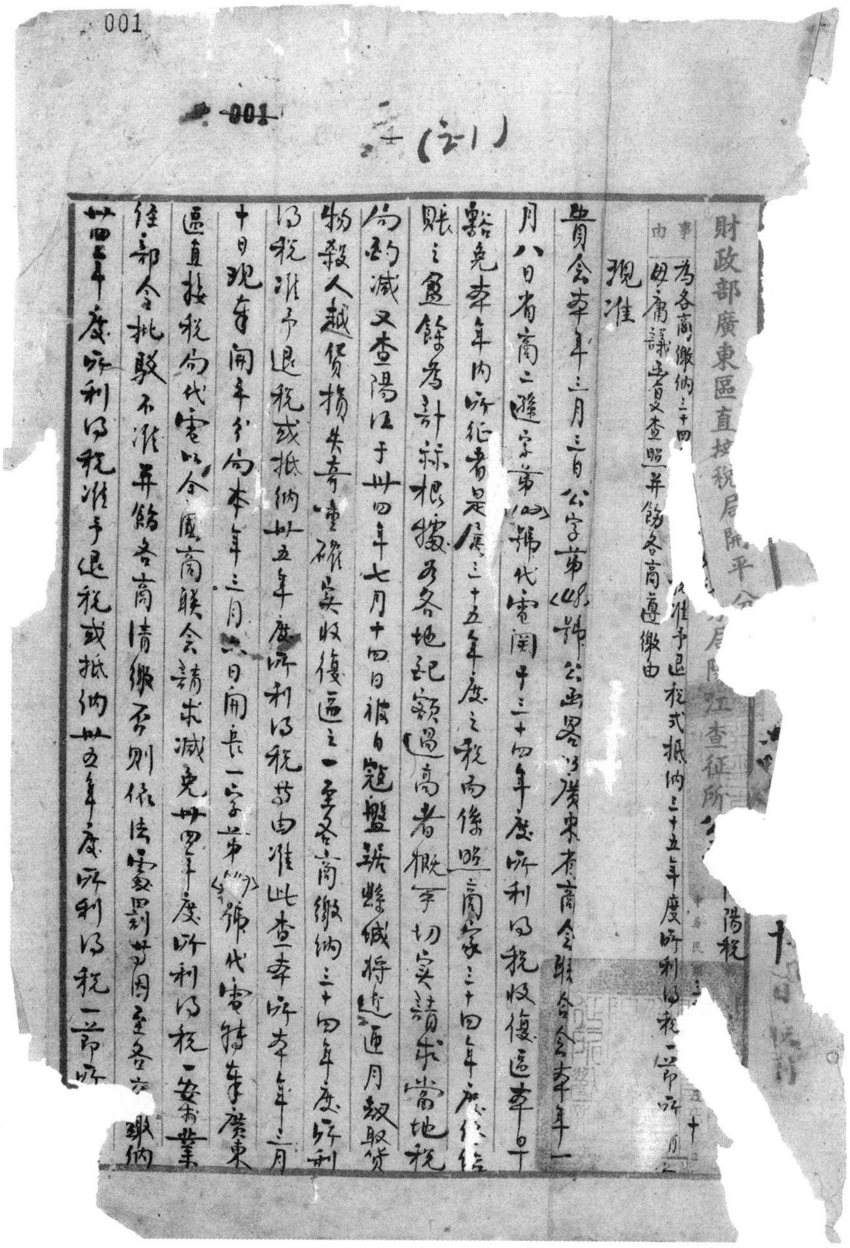

001

~~001~~　年（21）

财政部广东区直接税局开平分局阳江查征所

事由：为各商缴纳三十四〔年度〕及准予退税或抵纳三十五年度所利得税一节所〔请〕毋庸议，函复查照并饬各商遵缴由

现准

贵会本年三月三日公字第（48）号公函略以广东省商会联合会本年一月八日省商二迩字第（103）号代电闻于三十四年度所利得税收复区本年一〔律〕豁免，本年内所征者是属三十五年度之税，而係照商家三十四年度结账之盈余为计税根据，而各地记额过高者，概予切实请求当地税局酌减。又查阳江于卅四年七月十四日被日寇盘踞，几将近一月，叙取货物、杀人越货，损失奇重，确实收复区之一，至各商缴纳三十四年度所利得税，准予退税或抵纳卅五年度所利得税，希由准此。查本所本年三月十日现奉开平分局本年三月六日开长一字第（47）号代电转奉广东区直接税局代电以全国商联会请求减免卅四年度所利得税一案奉经部令批驳不准，并饬各商清缴，否则依法处罚，卅因至各商缴纳卅四年度所利得税准予退税或抵纳卅五年度所利得税一节所

002

002　八陆2D

事由

会席议准函前由相应函请

查照务希转饬各商迅速遵缴以裕库收为荷

此致

阳江县商会

主任余尧法

中华民国三十六年三月　日

抄信报告　三十

校对之章

487. 阳江县商会向广东省商会联合会呈送阳江查征所征收 1945 年度所利得税收据（1947 年 4 月 9 日）

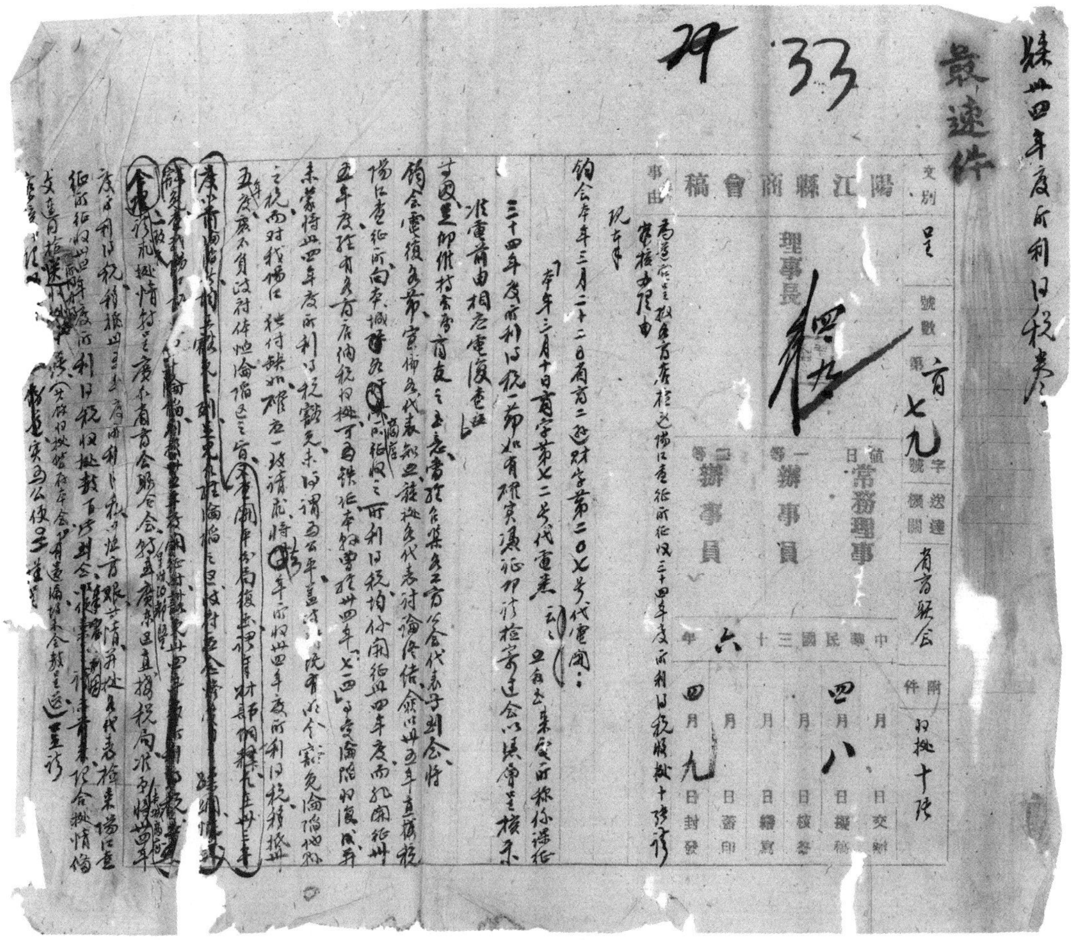

陽江縣商會稿

縣卅四年度所利得稅表

最速件

文別 呈

號數 第七九號

理事長

常務理事

一等辦事員

二等辦事員

中華民國三十六年 四月 八日

附件 收據十張

488. 广东区直接税局开平分局阳江查征所函请阳江县商会转饬各欠税商号依限清缴1945年度所利得税（1947年4月23日）

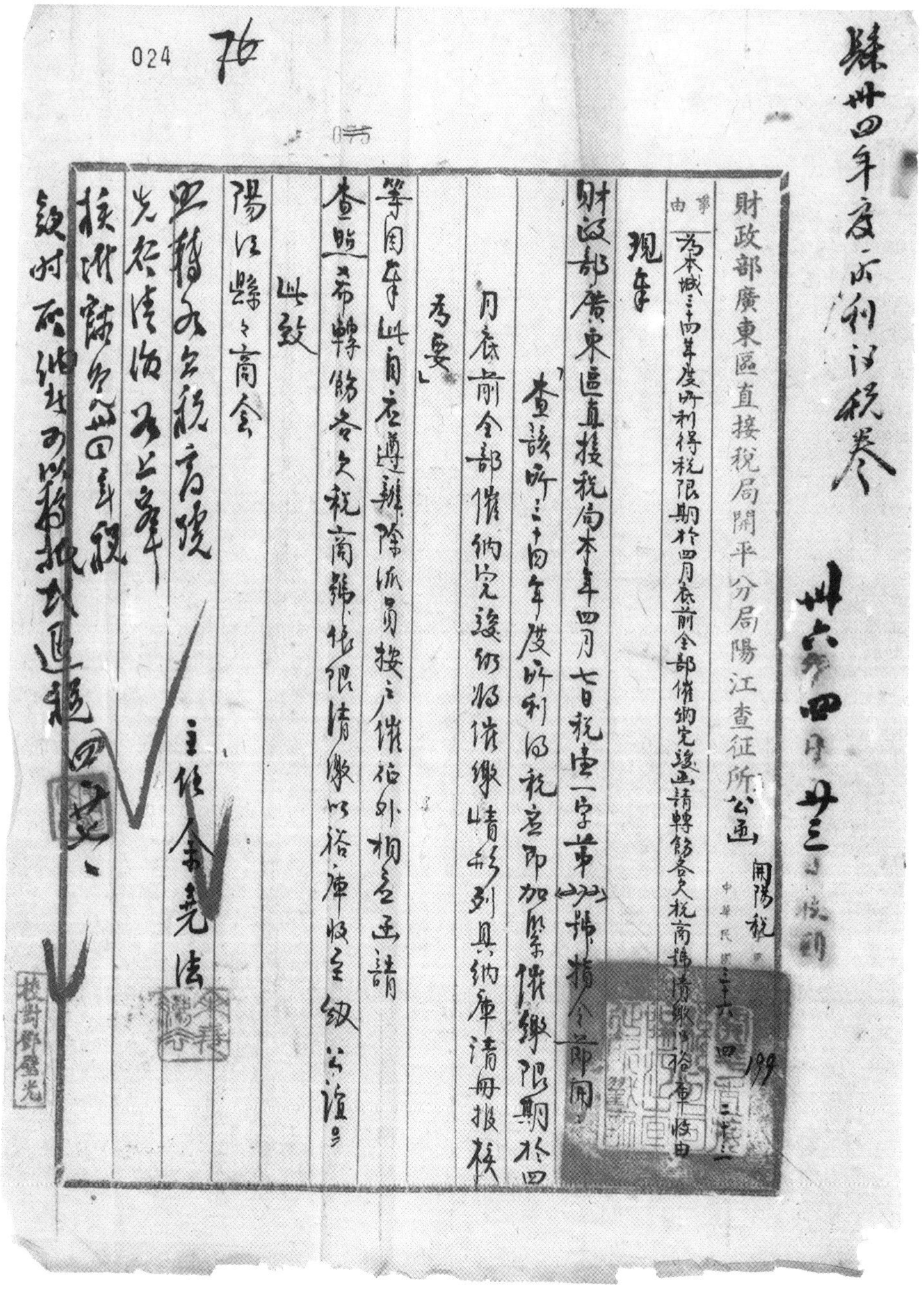

縣卅四年度所利得稅卷

卅六年四月廿三日收到

財政部廣東區直接稅局開平分局陽江查征所公函　開陽稅字第199號

事由：為本城三十四年度所利得稅限期於四月底前全部催納完竣函請轉飭各欠稅商號清繳以裕庫收由

現奉

財政部廣東區直接稅局本年四月七日稅壹字第[illegible]號指令節開：

「查該所三十四年度所利得稅應即加緊催繳，限期於四月底前全部催納完竣，仍將催繳情形列具納庫清冊報核為要」

等因奉此，自應遵辦。除派員按戶催征外，相應函請

查照，希轉飭各欠稅商號依限清繳，以裕庫收，至紉公誼。

此致

陽江縣商會

主任　余堯法

489. 广东区直接税局阳江分局函复阳江县商会 1945 年度住商所利得税请豁免一案实难照办（1947 年 8 月 4 日）

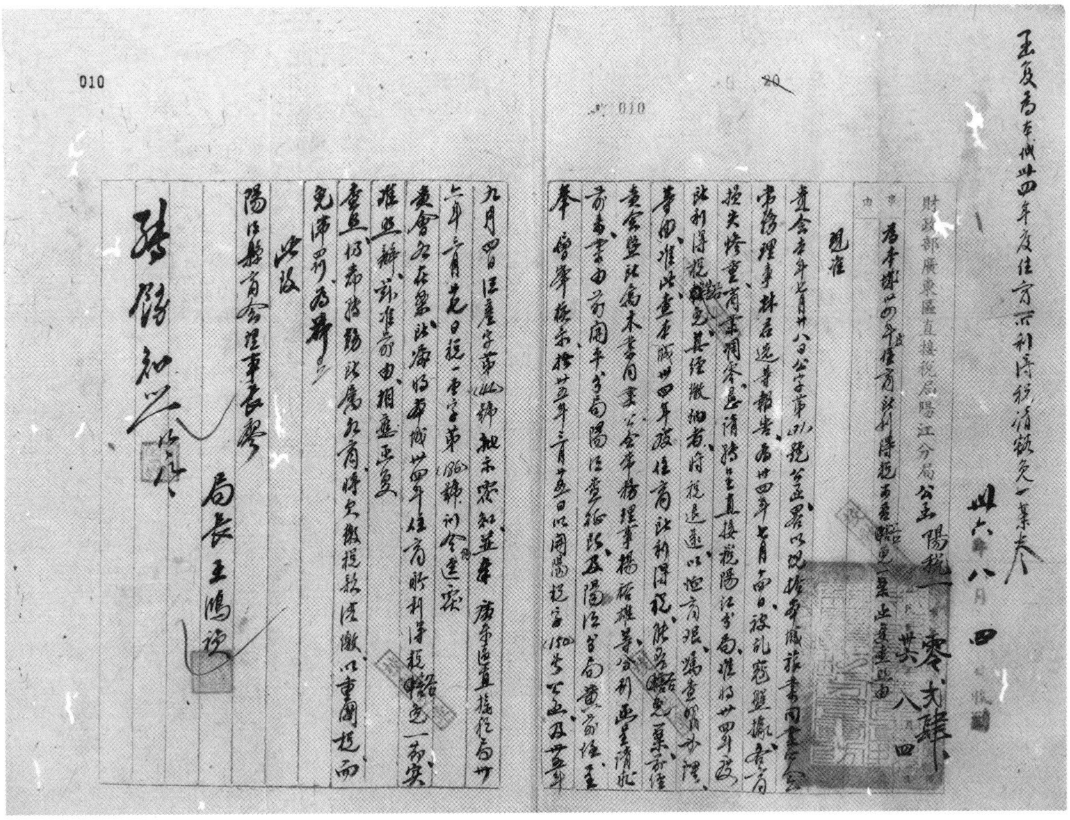

010

财政部广东区直接税局阳江分局公函 阳税一零[illegible]

事由 为本县卅四年度住商所利得税[illegible]豁免一案[illegible]

迳启者：

贵会本年七月廿八日公字第(131)号公函[illegible]

[illegible]

局长 王[illegible]

490. 广东区直接税局阳江分局函请阳江县商会协助催缴 1947 年度所利得税（1947 年 8 月 5 日）

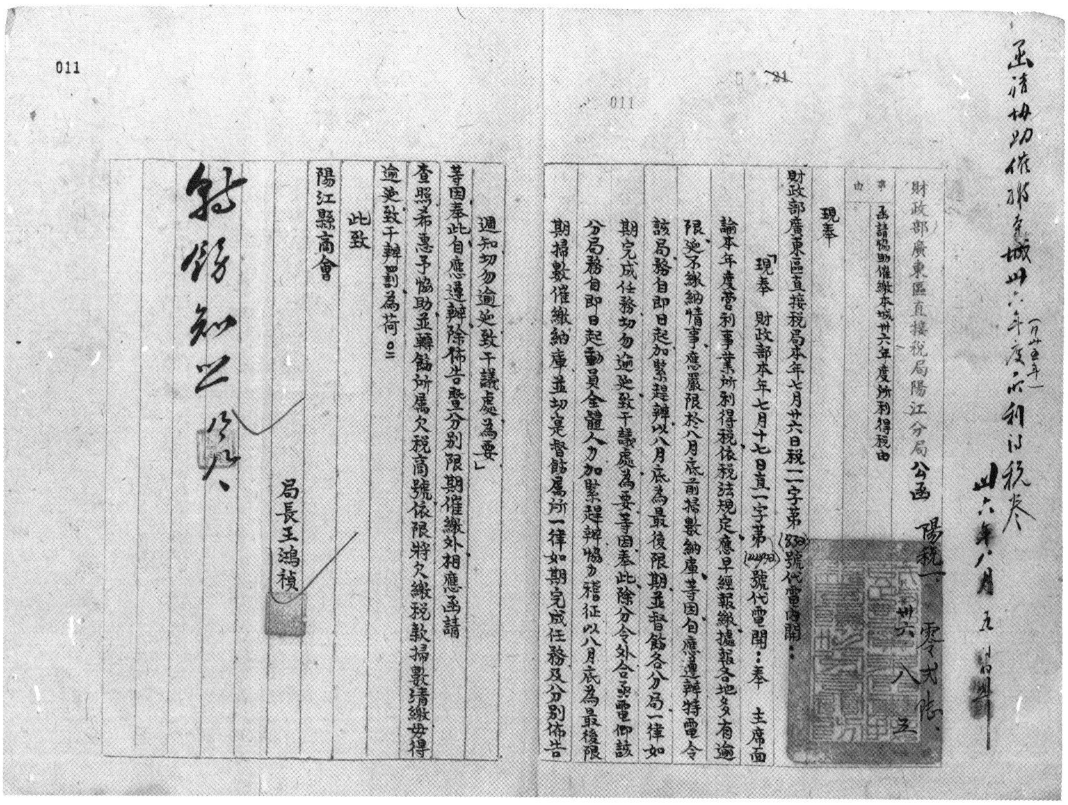

財政部廣東區直接稅局陽江分局公函　陽稅一字第零貳八五號

事由：函請協助催繳本城卅六年度所利得稅由

現奉

財政部廣東區直接稅局本年七月廿六日稅一二字第830號代電內開：「現奉　財政部本年七月十七日直一字第22493號代電開：奉　主席面諭本年度營利事業所利得稅依稅法規定應早經報繳，據報各地多有逾限延不繳納情事，應嚴限於八月底前掃數納庫。等因。自應遵辦，特電令該局務自即日起加緊趕辦，以八月底為最後限期，並督飭各分局一律如期完成任務，切勿逾延致干議處為要。等因。奉此，除分令外，合亟電仰該分局務自即日起動員全體人力加緊趕辦，協力稽征，以八月底為最後限期掃數催繳納庫，並切實督飭屬所一律如期完成任務，及分別佈告通知，切勿逾延致干議處為要」等因。奉此，自應遵辦，除佈告暨分別限期催繳外，相應函請查照，希惠予協助，並轉飭所屬欠稅商號依限將欠繳稅款掃數清繳，毋得逾延致干辦罰為荷。

此致

陽江縣商會

局長王鴻禎

491. 阳江县织篢商会许佩华函请县商会理事长廖永年赐复有关 1945 年度所利得税额问题俾资借镜与阳江直接税局交涉（1947 年 8 月 16 日）

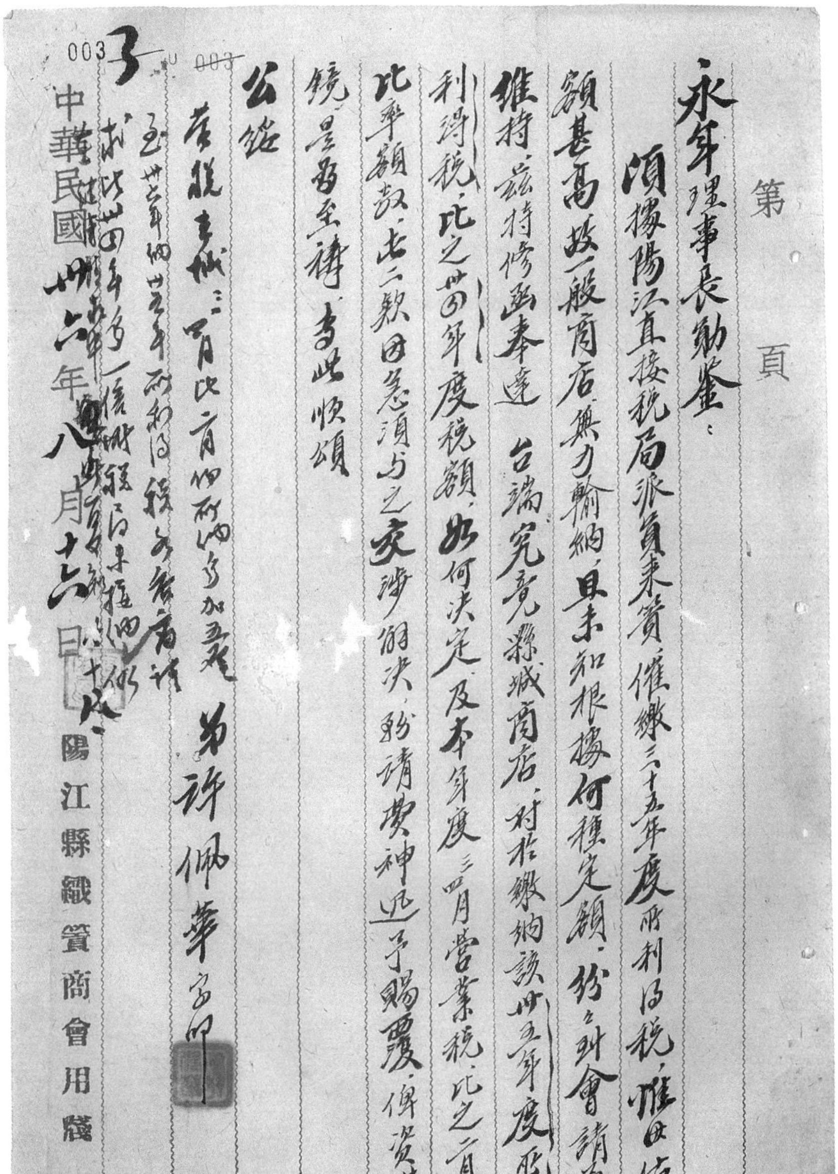

第　頁

永年理事長勛鑒：頃據陽江直接稅局派員來賓，催繳三十五年度所利得稅，惟估額甚高，故一般商店無力輸納，且未知根據何種定額，紛紛到會請予維持。茲特修函奉達台端，究竟縣城商店，對於繳納該卅五年度所利得稅，比之卅四年度稅額，如何決定，及本年度三四月營業稅，比之二月份比率額數，此二款因急須與之交涉解決，務請貴神迅予賜覆，俾資借鏡，是為至禱。專此，恢頌

公綏

弟許佩華 印

中華民國卅六年八月十六日

陽江縣織篢商會用箋

492. 开平国税稽征局阳江稽征所电请阳江县商会暨各同业公会依式填报会员清册、纳税清册等并附发 1949 年度营利事业所利得税稽征办法（1949 年 5 月 21 日）

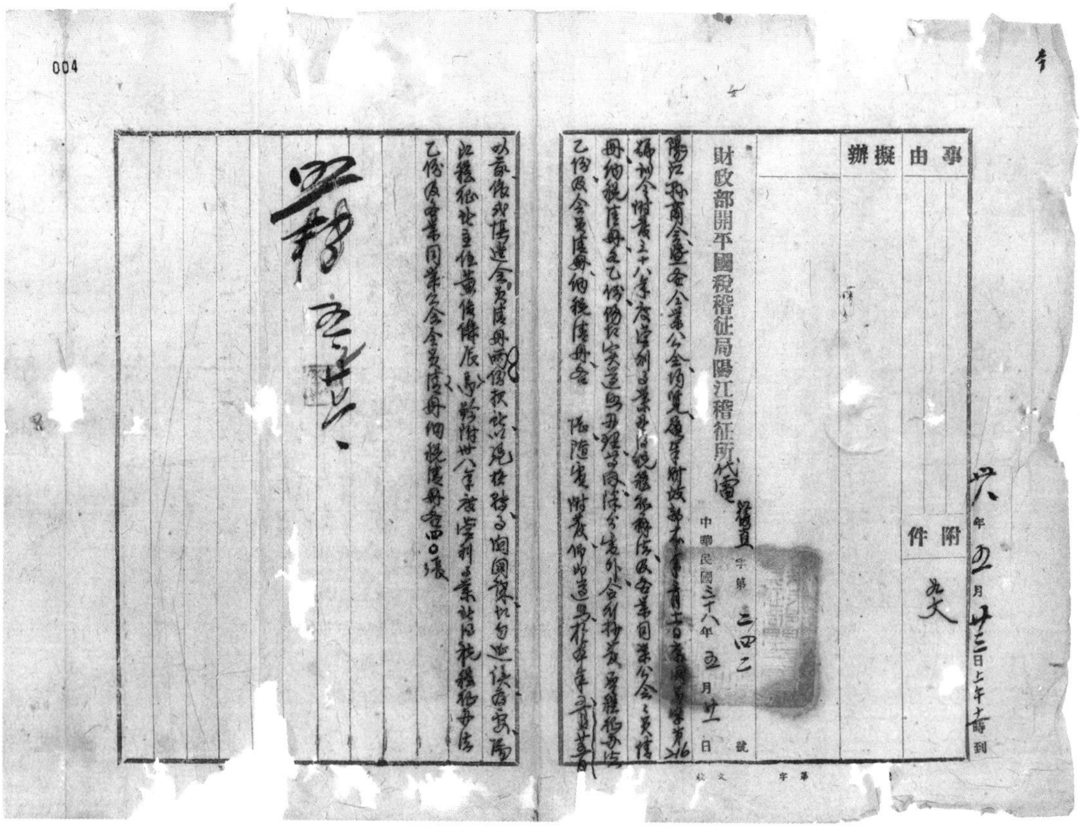
事由
擬辦
附件
財政部開平國稅稽征局陽江稽征所代電
字第 二四二 號
中華民國三十八年 五 月 廿一 日
卅八 年 五 月 廿三 日上午十時到

493. 中山国税局新会稽征所阳江稽征处向阳江县商会函送行商一时所得税扣缴须知（1949 年 9 月 23 日）+ 附：行商一时所得税扣缴须知

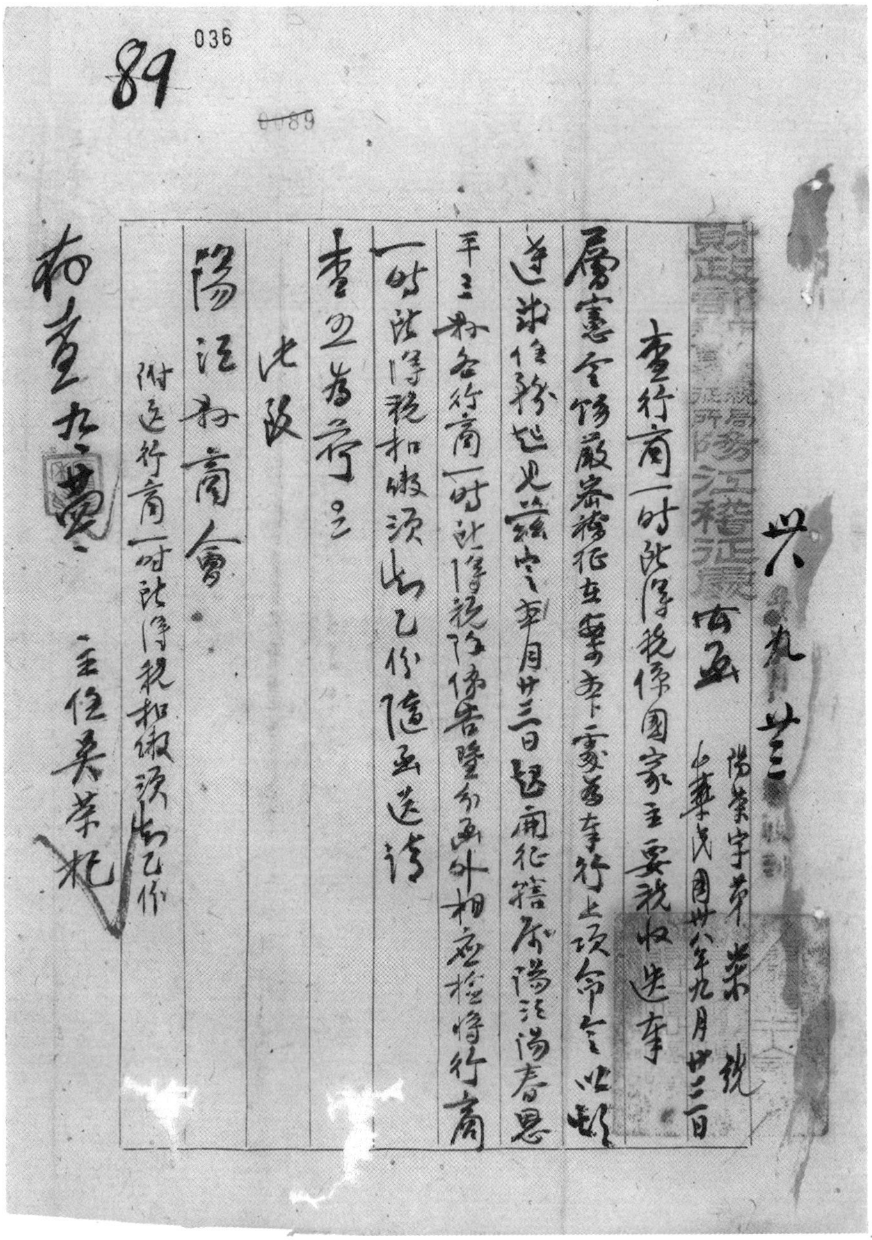

89　036

0089

财政部中山区税务局新会稽征所阳江稽征处公函

阳业字第　号

中华民国卅八年九月廿三日

九廿三

查行商一时所得税系国家主要税收之一，迭奉

层宪令饬严密稽征在案。兹奉前令，遵经奉行上项命令，以断

送出任务，兹定于本月廿三日起开征阳江阳春县

属各行商一时所得税，除布告暨分函外，相应检同行商

一时所得税扣缴须知乙份，随函送请

查照为荷。

此致

阳江县商会

附送行商一时所得税扣缴须知乙份

主任　吴荣

存查　九廿三

037

90

行商一時所得稅扣繳辦法

一、行商一時所得之計算，以其每次售貨收入減除百分之九十之成本開支後之餘額為所得額，依照稅率百分之五計算其應納稅額。

二、行商一時所得應由扣繳義務人於每次付款時，將稅款照率扣下，並於付款之次日將所扣稅款依規定格式申報主管征收機關。

前項扣繳義務人如係經手行銷貨賣，係指負責人，如自行銷售零售購貨之行商或其他購貨者，其所得額之申報並應載明扣繳義務人之姓名及詳細住所或商號名稱。

三、各牙行對於代客買賣貨物，應將貨主姓名、地址、貨物名稱、種類、數量或交貨價格、日期、價金及扣繳稅款日期、收據等詳細記錄，並將有關文件單據保存。

四、住商之進貨，如將客戶名稱及營業地址詳細登帳者，將進貨原簿保存或經稽查對不確者，主管征收機關得以行商進貨論，逕行決定其所得額及應納稅額，限期補稅。

五、各倉庫堆棧對於寄存貨物之客商名稱、地址、貨物名稱、種類、數量、估價總額及入棧出棧日期，並應於貨物入棧之次日依規定格式報告於主管征收機關，主管征收機關接到前項報告後，得隨時派員查對，遇有行商貨物應先取納稅保證（或擔保），俟貨物出售，扣繳義務人繳納稅款取具收據後，始准放行，否則保倉責任。

前項行商納稅保證應由倉庫堆棧負責辦理，或隨貨物入棧報告表送局核存。

六、扣繳義務人依照本法規定，於法定期限內扣繳稅款，並負扣繳責任者，主管征收機關應按其扣繳稅額給予百分之一之獎勵金。

前項獎勵金由扣繳義務人於每次繳納稅款時依照規定予以扣除。

七、扣繳義務人不依本項第二第三及第五項之規定辦理者，除限期責令補繳或補記外，得送請法院處以一千元以下罰鍰。

八、扣繳義務人有左列情形之一者，除送請法院從重處罰其所得額及應納稅額外，並依法加倍處以罰鍰或加重處罰至二分之一：

（一）不依期限內繳納所扣稅額者；

（二）於所扣稅額為虛偽不實之申報者；

（三）以逃匿或其他不正當方法逃避扣繳所得額者。

九、扣繳義務人拒絕接收稅款繳款書或不依期限繳納稅款者，除依法加倍處以罰鍰外，得停止其營業並限制執行追繳。

十、扣繳義務人扣存稅款者，以侵佔稅款論罪。

494. 阳江县商会向新平、均益、松盛等商店通告直接税局梁课长说及两件有关所利得税的事项

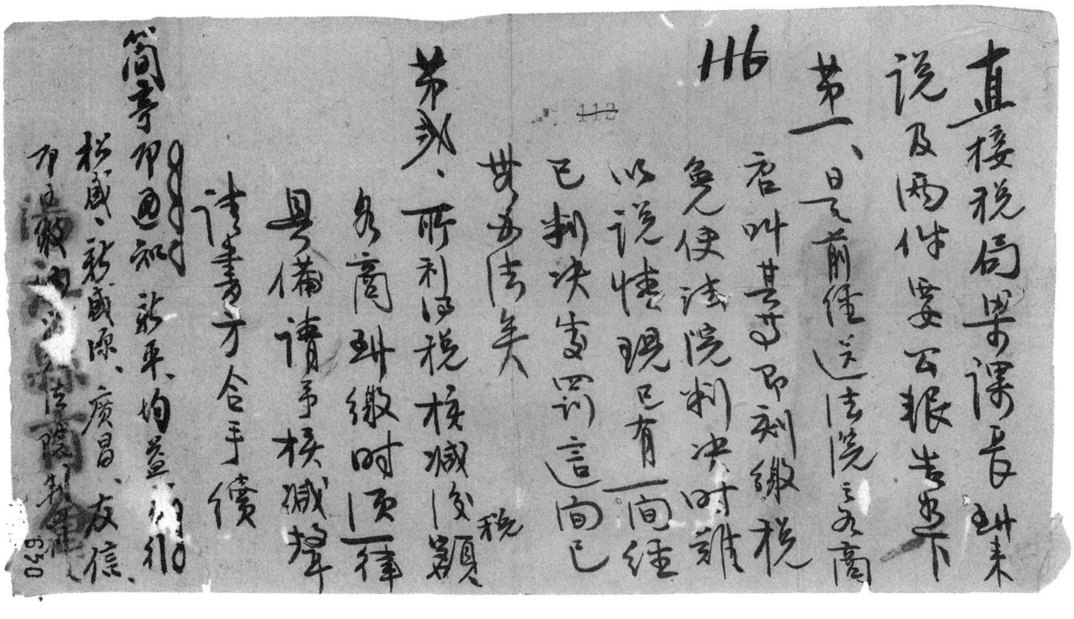

116

直接税局梁课长到来

说及两件要务报告如下

第一、日前经送法院之各商

店叫某号即刻缴税

免使法院判决时难

以说情现已有一间经

已判决受罚云云向已

告知矣

第贰、所利得税核减后额

各商到缴时须一律

具备请求核减呈

请书方合手续

简章印通知 新平、均益、利和、

松盛、新盛隆、广昌、友信、

（四）屠宰税

495. 阳江县政府为召开评定屠宰税牲畜价格会议函请县商会派代表依时出席（1943年3月14日）

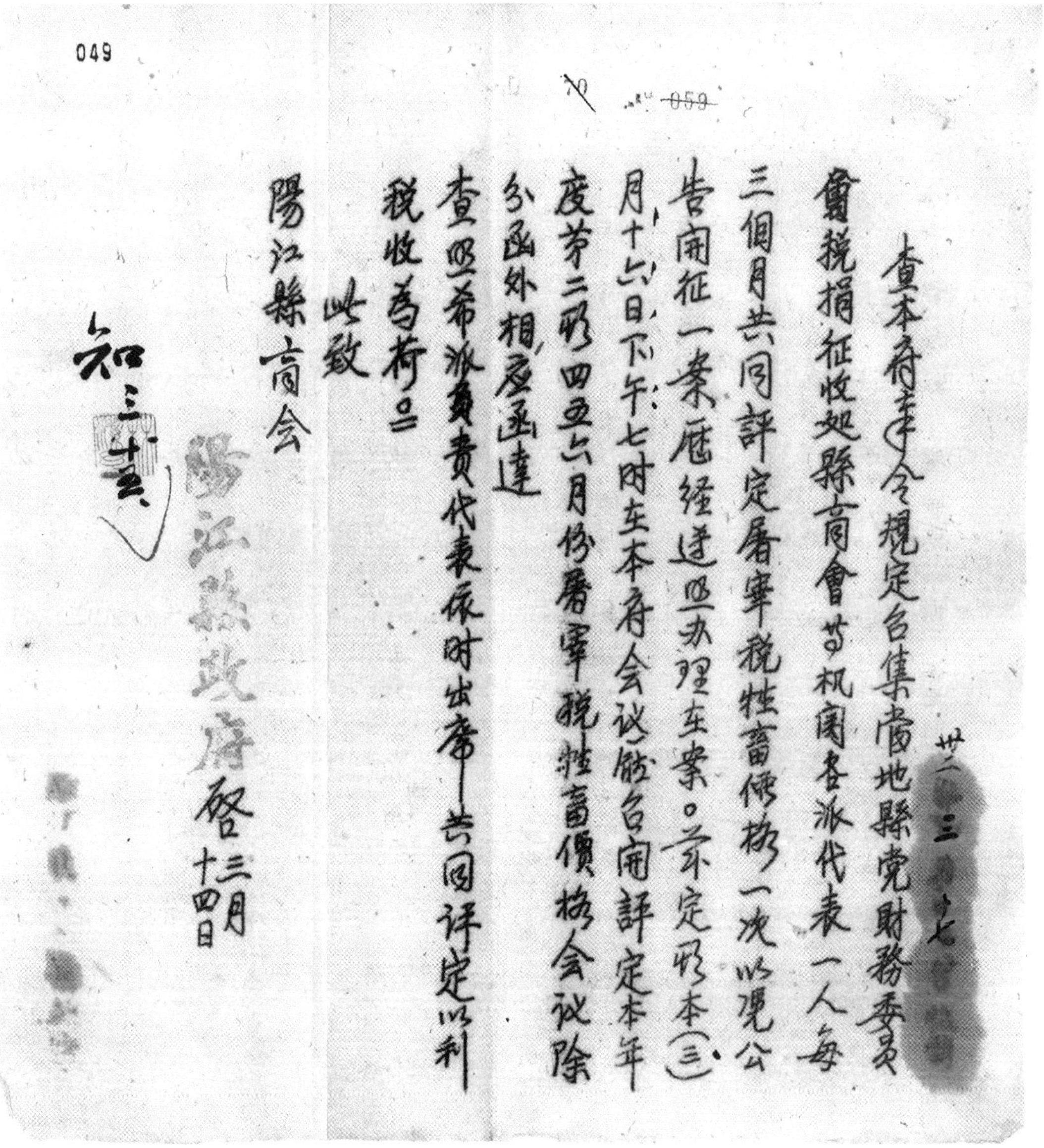
049

卅二、三、十七

查本府奉令規定召集當地縣党財務委員會、稅捐征收処、縣商會等机関各派代表一人，每三個月共同評定屠宰稅牲畜價格一次，以憑公告開征一案，歷經遵照办理在案。茲定於本（三）月十六日下午七時在本府会议廳召開評定本年度第二期四五六月份屠宰稅牲畜價格会议，除分函外，相應函達

查照，希派負責代表依时出席，共同評定，以利稅收為荷。

此致

陽江縣商会

陽江縣政府　啓

三月十四日

知　三、十五

496. 阳江县政府关于会议评定屠宰税征额电告县商会（1947 年 12 月 31 日）

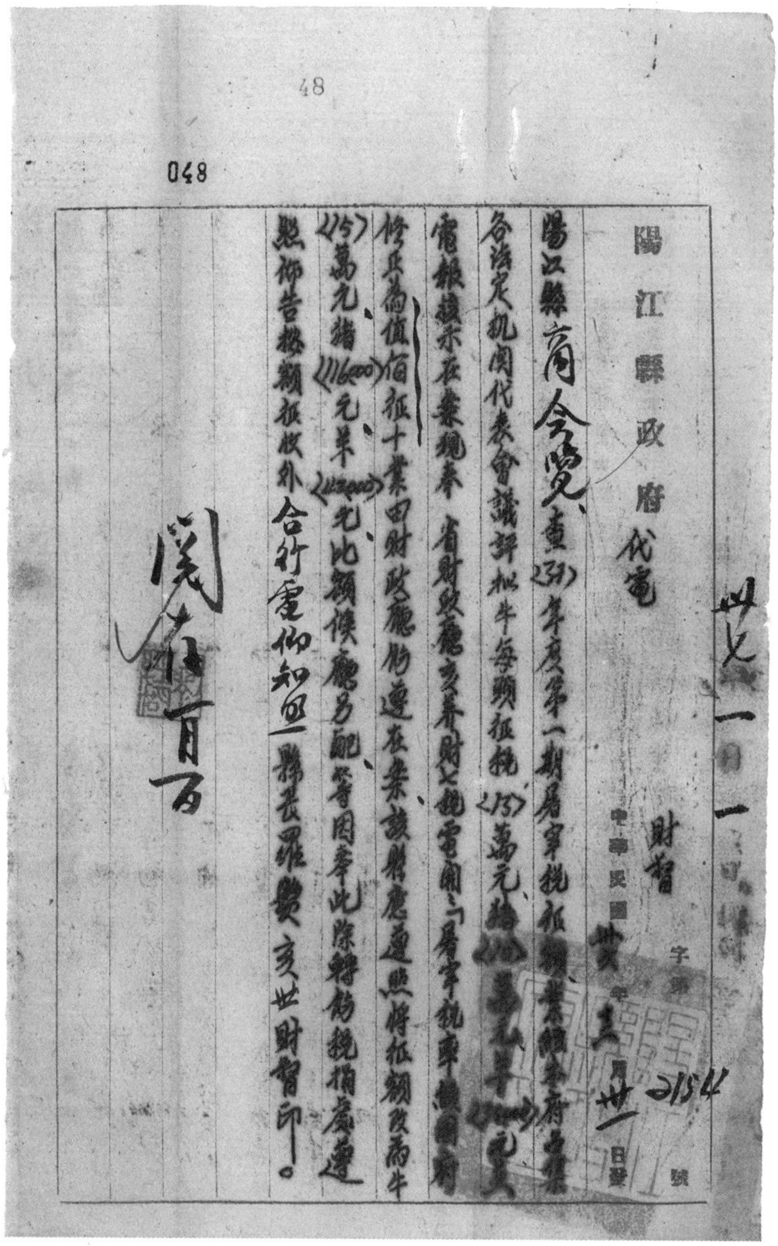

陽江縣政府代電　財智字第2154號　中華民國卅六年十二月卅一日發

陽江縣商會覽：查(37)年度第一期屠宰稅征額業經本府召集各法定機關代表會議評擬牛每頭征稅(15)萬元、豬(10)萬元、羊(7)萬元，並電報請示在案。現奉省財政廳亥養財乙魭電開：「屠宰稅率[illegible]修正為值佰征十，業由財政廳飭遵在案，該縣應遵照將征額改為牛(15)萬元、豬(116000)元、羊(12000)元，比額候廳另配發。」等因，奉此，除轉飭稅捐處遵照，仰即按額征收外，合行電仰知照。縣長羅[illegible]亥世財智印。

497. 阳江县源利行代表张开德呈县商会理事长廖永年转请广州行辕、广东省政府、财政厅电饬阳江县税捐处停止征收异地出口屠宰税（1948 年 3 月 5 日）

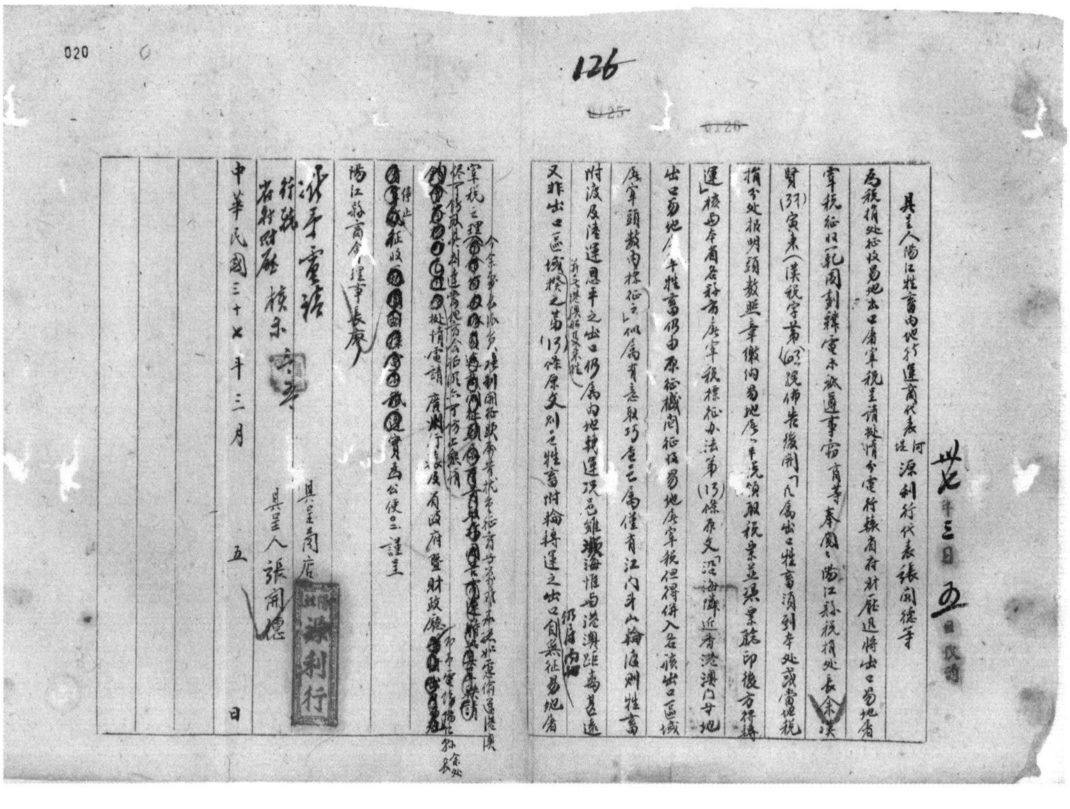

126

具呈人陽江牲畜內地行運商代表源利行代表張開德等

為稅捐處征收異地出口屠宰稅呈請救濟分電行轅省府財廳迅將出口異地屠宰稅征收一節，剴釋電示以遵事。竊商等奉閱陽江縣稅捐處長余洪賢(37)寅東(漢稅字第63)號佈告開「凡屬出口牲畜須到本處預繳當地稅捐，本處據明頭數照章徵收異地屠宰稅，須報稅案並取具業戶印後方得轉運」。核與本省各縣市屠宰稅標征辦法第(13)條原文「瀕海鄰近香港澳門等地出口異地屠宰牲畜仍由原征機關征收異地屠宰稅，但得併入各該出口區域屠宰頭數內標征」似屬有意取巧。查本屬僅有江門、北山輪渡則牲畜附渡及陸運恩平之出口，仍屬內地轉運，況本邑雖瀕海，惟與港澳距離甚遠，又非出口區域。按之第(13)條原文，則本邑牲畜附輪轉運之出口自無征異地屠宰稅之理[illegible]擬情電請廣州行轅、廣東省政府暨財政廳[illegible]停止征收[illegible]實為公便。謹呈

陽江縣商會理事長廖

[illegible]

具呈商店　源利行

具呈人　張開德

中華民國三十七年三月五日

498. 阳江县商会呈请广州行辕、广东省政府、财政厅电饬阳江县税捐处停止征收异地屠宰税（1948 年 3 月 5 日）

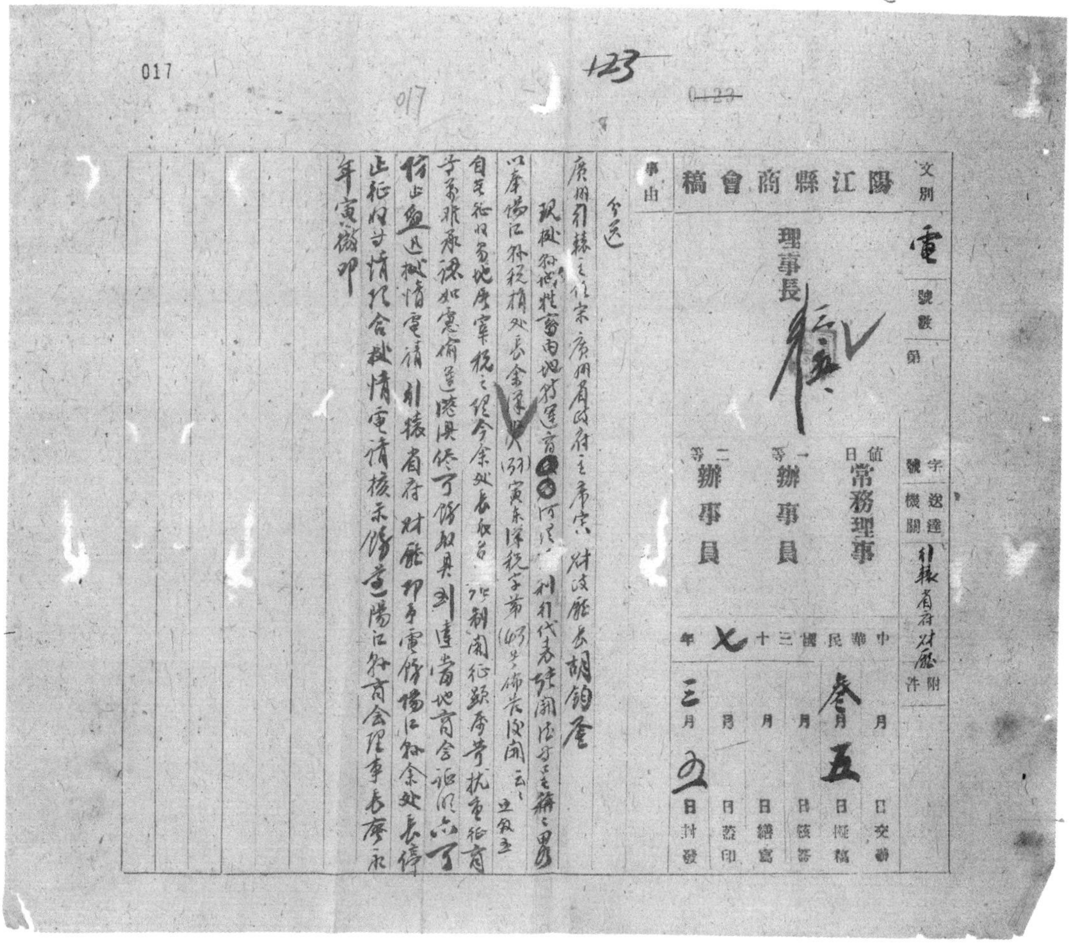

017

123

陽江縣商會稿

文別：電

號數：第　號

理事長

值日常務理事

一等辦事員

二等辦事員

送達機關：行轅、省府、財廳

附件

中華民國三十七年

三月五日交辦　三月五日擬稿　月　日核簽　月　日繕寫　月　日蓋印　三月五日封發

事由

分送

廣州行轅主任宋、廣州省政府主席宋、財政廳長胡鈞鑒

499. 阳江县商会理事长廖永年再函广州行辕主任兼省政府主席宋子文、财政厅长请迅令阳江县税捐处停止征收异地屠宰税（1948 年）

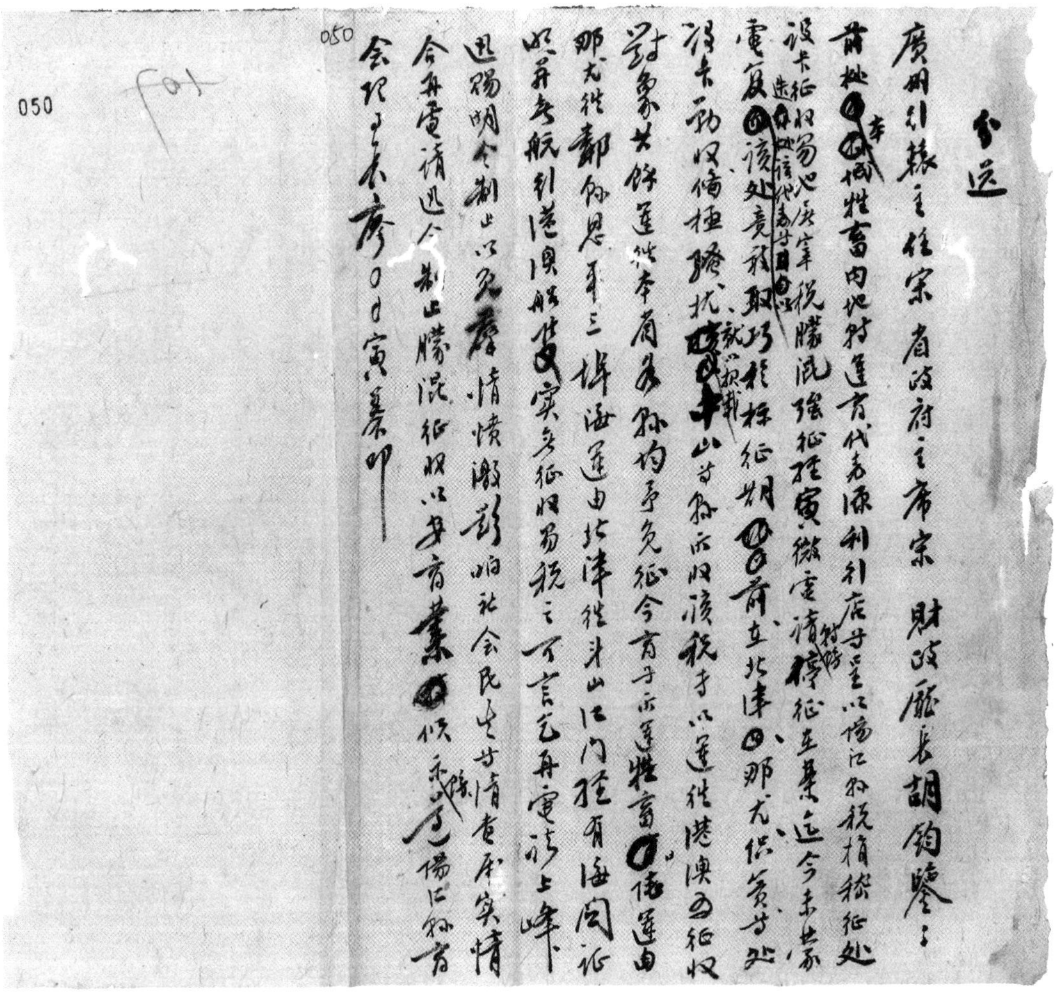

分送

廣州行轅主任宋、省政府主席宋、財政廳長胡鈞鑒：

前據[illegible]本縣牲畜內地對運商代表源利行莊等呈以陽江縣稅捐稽征處設卡征收異地屠宰稅，朦混強征，經寅微電請停征在案，迄今未奉電復，[illegible]該處竟敢取巧，朦於標征期間，[illegible]前在北津、那尤、織貨等處設卡勒收，備極騷擾，[illegible]中山等縣所收該稅者，以運往港澳為征收對象者，餘運往本省各縣均予免征，今本縣所運牲畜[illegible]係運由那尤經鄭角、思平三埠，海運由北津往中山、江門，經有海關征收，並無航行港澳船隻，實無征收異地稅之可言，乞再電請上峰迅賜明令制止，以免商情憤激，影响社會民生等情，查所陳實情，合再電請迅令制止朦混征收，以安商業，[illegible]候示復。陽江縣商會理事長廖〇〇寅虞叩

051

分送

廣州省府主席行轅主任宋財廳長胡鈞鑒
徵電諒達查核准征收易地屠宰稅辦法第一三兩
項規定征收易地屠宰稅係以運往港澳之牲畜為
限凡过境至鄰縣運銷絶对不准援案課稅本縣離
港澳甚遠又非出口區域所辦牲畜均陸運鄰縣恩平
三埠海運斗山江門（注有海關駐關）並無航行港澳之船隻根本實無
收稅之可言乃該稅捐處余處長竟敢取巧舞弊於標
征期限以前分在北津那龍織篔等处設卡勒收備極
苛擾抵達鄰縣後仍須納稅如此重抽叠剝試问政府所
以撤銷苛捐雜稅之謂何商人以受害难堪損失重大
羣情憤激罷運堪虞影响社會民生与經濟流通实非
淺鮮本會關懷貨運點察危機謹再電呼籲請迅嚴
令制止仍乞電示祇遵陽江縣商會理事長廖永年叩

500. 阳江县政府关于调整屠宰税征额电县商会知照（1948 年 12 月 18 日）

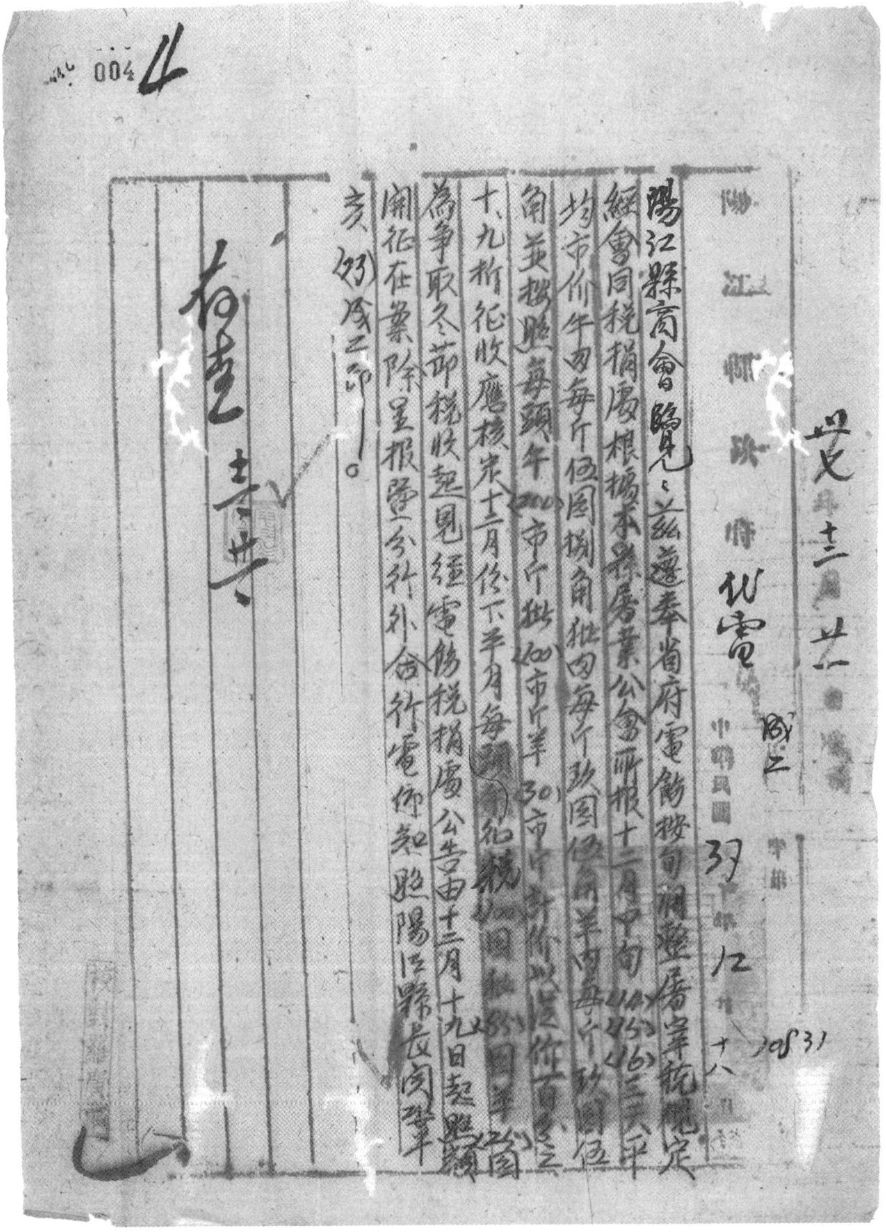

陽江縣商會覽：茲遵奉省府電飭按旬調整屠宰稅規定，經會同稅捐處根據本縣屠業公會所報十二月中旬[illegible]三天平均市價牛肉每斤[illegible]圓，[illegible]肉每斤[illegible]圓，羊肉每斤[illegible]圓[illegible]角，並按照每頭牛200市斤、[illegible]100市斤、羊30市斤計價，以[illegible]百分之十、九折征收，應核定十二月份下半月每頭[illegible]征稅[illegible]圓[illegible]圓，羊[illegible]圓。為爭取冬節稅收起見，經電飭稅捐處公告由十二月十九日起照額開征在案。除呈報暨分行外，合行電仰知照。陽江縣長[illegible]

501. 阳江县税捐稽征处为标投屠宰税函请县商会派员监投（1949年2月10日）

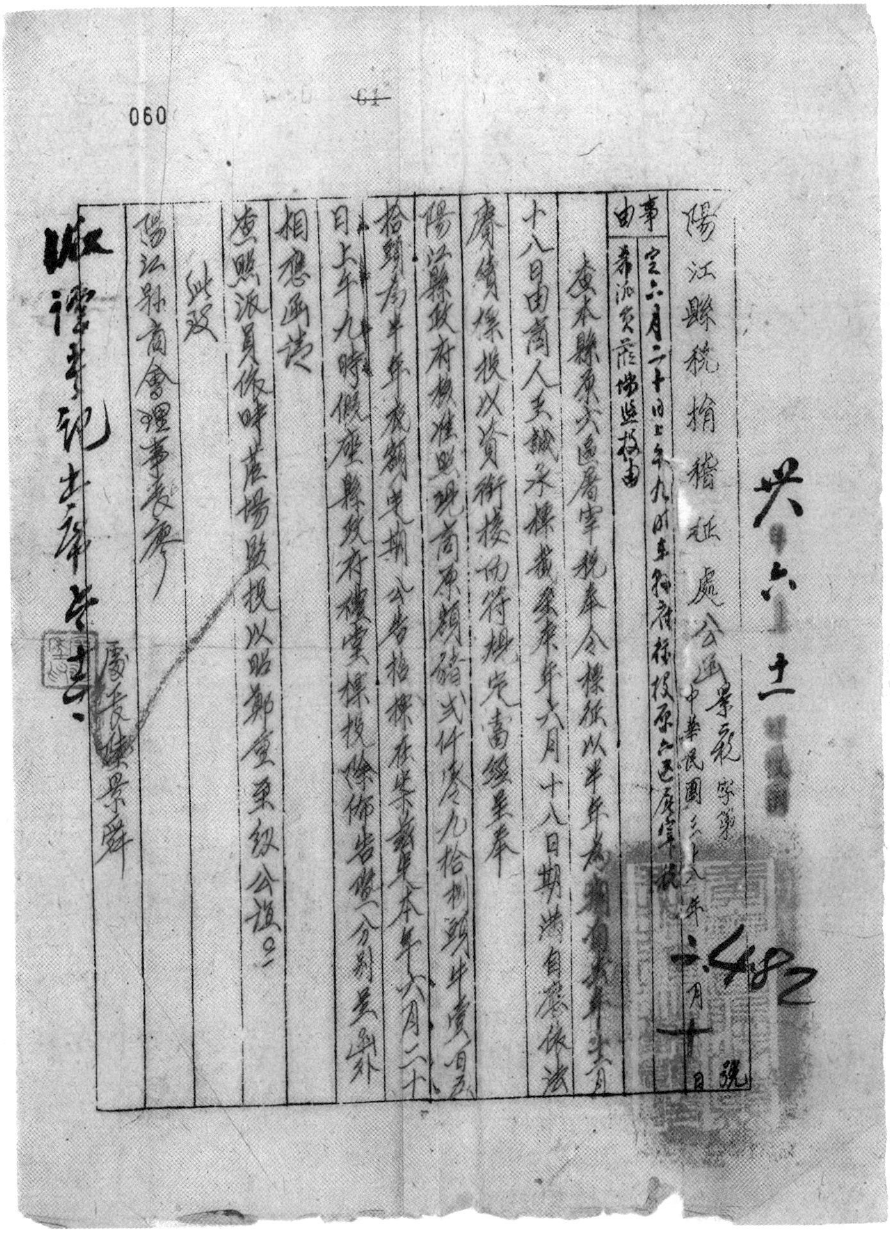
060

陽江縣稅捐稽征處公函 峯稅字第 號
中華民國三十八年二月十日

事由：定二月二十日上午九時在本處標投原六區屠宰稅希派員蒞場監投由

查本縣原六區屠宰稅奉令標征以半年為期，自去年八月十八日由商人吳鉞承標，截至本年二月十八日期滿，自應依法賡續標投，以資銜接，仍符規定，業經呈奉陽江縣政府核准照現商原額貳仟零玖拾捌萬元為半年底額，定期公告招標在案。茲定本年二月二十日上午九時假座縣政府禮堂標投，除佈告暨分別呈函外，相應函請查照，派員依時蒞場監投，以昭鄭重，並級公誼。

此致

陽江縣商會理事長

處長 陳景舜

（五）呈请减免营业税

502. 广东区直接税局阳江分局函复阳江县商会请转饬宝安隆店营业税碍难豁免（1942 年 4 月 3 日）

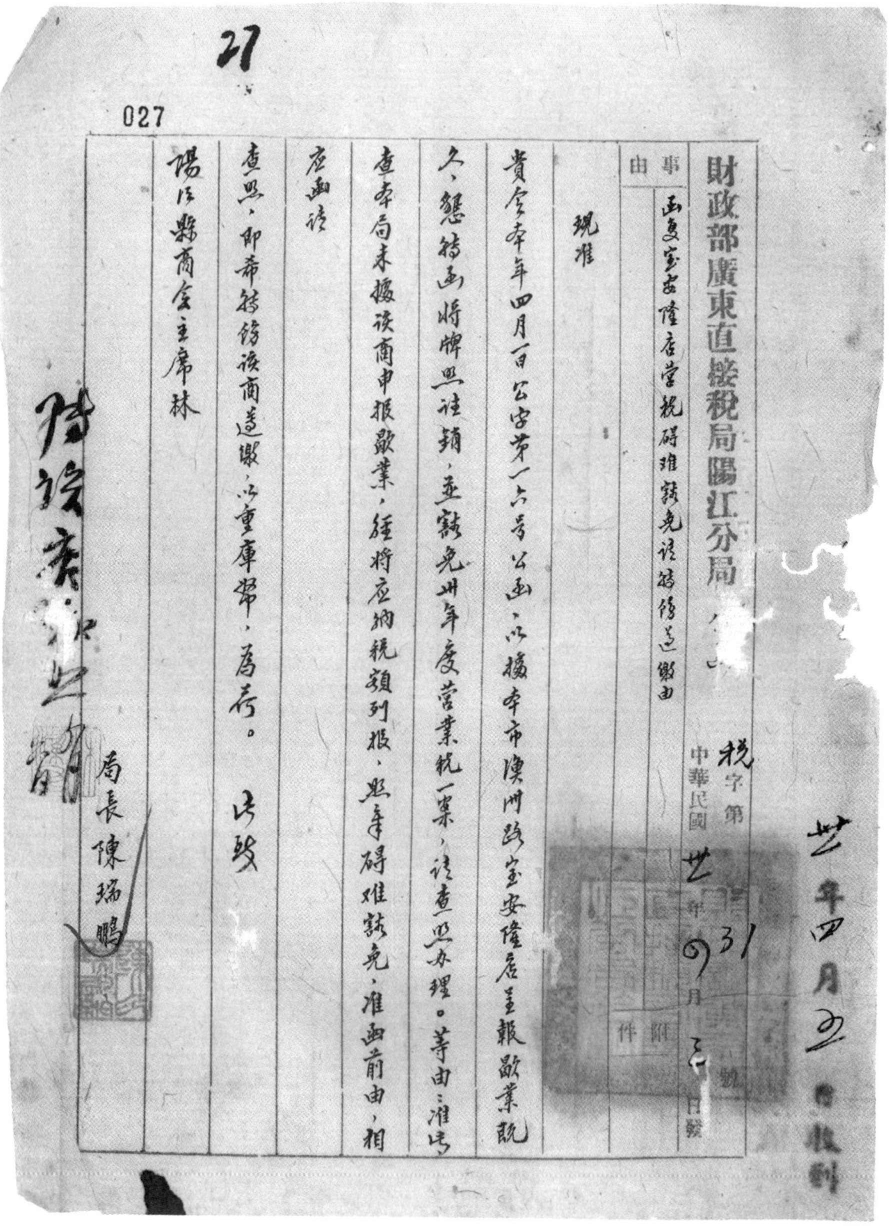

27

027

財政部廣東直接税局陽江分局 公函

事由：函復宝安隆店營業税碍難豁免請轉飭遵繳由

現准

貴會本年四月一日公字第一六号公函，以據本市漁洲路宝安隆店呈報歇業既久，懇請函將牌照註銷，並豁免卅年度營業税一案，請查照辦理。等由；准此，查本局未據該商申報歇業，經將應納税額列报，照章碍难豁免，准函前由，相應函请

查照，即希轉飭該商遵繳，以重庫帑，為荷。

此致

陽江縣商會主席林

局長 陳瑞鵬

税字第　號

中華民國卅一年四月三日發

附件

卅一年四月三日

503. 阳江县首饰行大方等店呈县商会主席林洁予转函直接税局将营业税核减（1942 年 4 月 13 日）+ 附：1941 年度暨 1942 年 1、2 月份全行奉派营业税额数目表

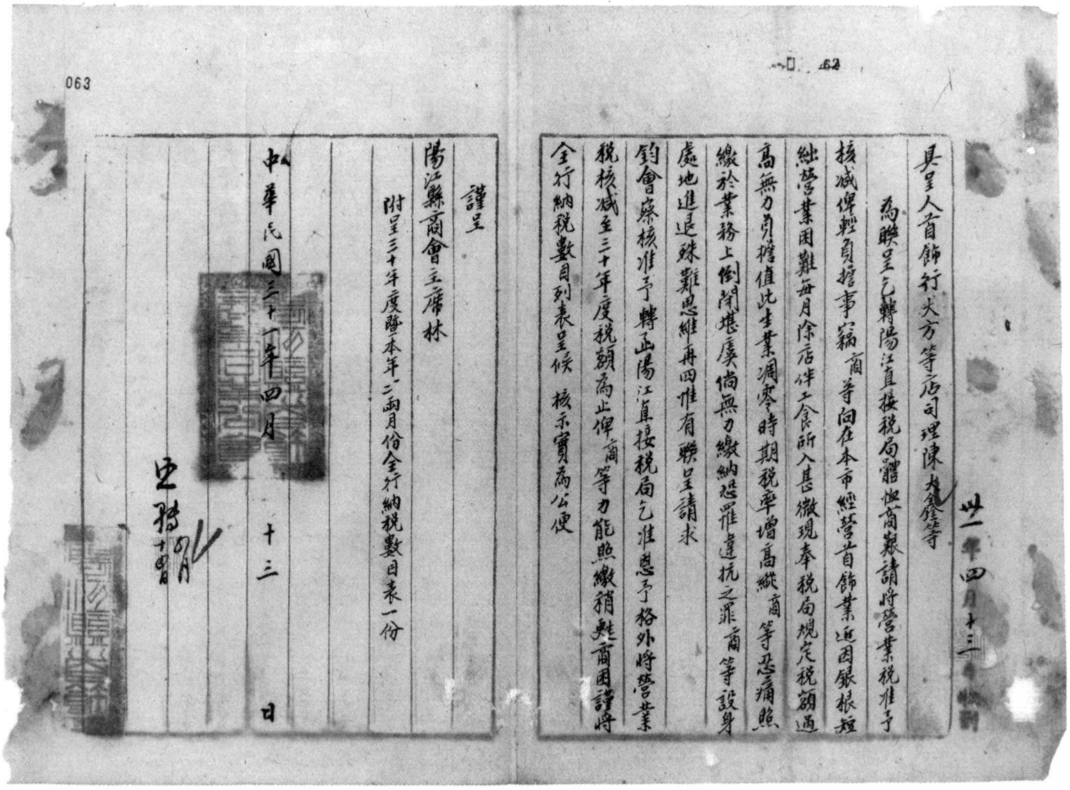

具呈人首飾行大方等店司理陳大鑫等

為聯呈乞轉陽江直接稅局體恤商艱請將營業稅准予核減俾輕負擔事竊商等向在本市經營首飾業迺因銀根短絀營業困難每月除店伴工食所入甚微現奉稅局規定稅額過高無力負擔值此生業凋零時期稅率增高縱商等忍痛照繳於業務上倒閉堪虞倘無力繳納恐罹違抗之罪商等設身處地進退殊難思維再四惟有聯呈請求

鈞會察核准予轉函陽江直接稅局乞准恩予格外將營業稅核減至三十年度稅額為止俾商等力能照繳稍甦商困謹將全行納稅數目列表呈候

核示實為公便

謹呈

陽江縣商會主席林

附呈三十年度暨本年一二兩月份全行納稅數目表一份

中華民國三十一年四月十三日

064

63

謹將三十年度暨本年一二兩月份全行奉派營業税額數目表呈請
察核

街别	店號	三十年度税額	三十一年一二月份税額	備考
太傅路	大方	二萬元	八萬元	查三十一年一二兩月份每月税額四萬元共税額如上數
	新麗華	五千五百元	五千元	三十一年份每月税額二千五百元
	寶華	一萬元	五萬元	三十一年份每月税額二萬五千元
	瑞華	一萬元	四萬四千元	三十一年份每月税額二萬二千元
	寶光	二千元	二萬元	三十一年份每月税額一萬元
	大興	一萬元	三萬元	三十一年份每月税額一萬五千元
漁洲路	新瑞珍	三千六百元	七千元	三十一年份每月税額三千五百元
漁洲路	新珍玉	一萬元	五千二百元	三十一年份每月税額二千六百元
	新寶泰	一千元	一千八百元	三十一年份每月税額[illegible]元

新瑞珍　寶光　新麗華　瑞華　寶華　新寶泰　大興　新珍玉

504. 阳江县商会向广东区直接税局阳江分局函转首饰行大方等店呈请将营业税核减以轻负担（1942 年 4 月 15 日）

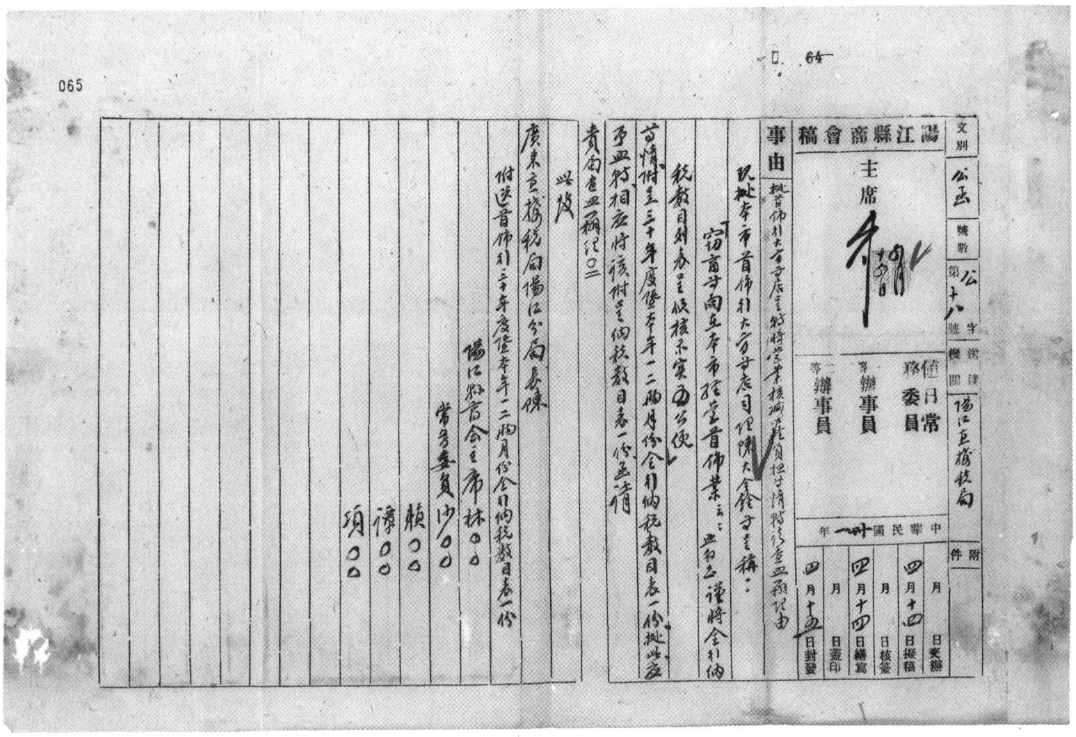
065

64

阳江县商会稿

文别：公函

号数：第公十八号字

送达机关：阳江直税局

主席 [签名]

常任委员　办事员　办事员

中华民国卅一年　四月　日交办　四月十四日拟稿　月　日核签　四月十四日缮写　月　日盖印　四月十五日封发

附件

事由：据首饰行大方等店呈请将营业税核减以轻负担请查照核办由

现据本市首饰行大方等店司理陈大铨等呈称：“窃商等向在本市经营首饰业”云云，“谨将全行纳税数目列表呈候核示，实为公便”等情，附呈三十年度暨本年一二两月份全行纳税数目表一份。据此，应予照转，相应将该附呈纳税数目表一份函请

贵局查照办理。

此致

广东直接税局阳江分局长陈

附送首饰行三十年度暨本年一二两月份全行纳税数目表一份

阳江县商会主席林〇〇

常务委员少〇〇

频〇〇

谭〇〇

项〇〇

505. 阳江县商会向广东区直接税局阳江分局函转珍利店申请取消营业牌照及免缴1941年度营业税（1942年5月3日）+ 附：阳江县珍利店店东林昌龄致县商会主席林洁予的呈（1942年5月1日）

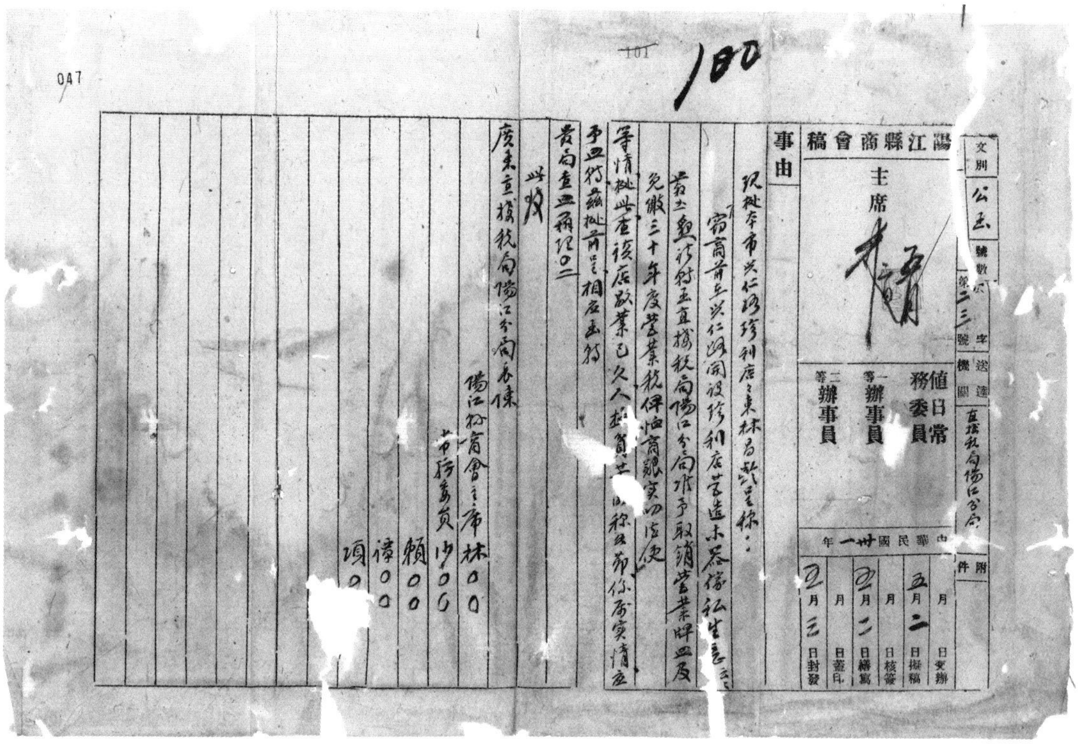

047

100

陽江縣商會稿

主席 林[illegible]

值日常務委員

一等辦事員

二等辦事員

中華民國卅一年 五月二日擬稿 五月二日繕寫 五月三日封發

文別：公函

第二三號

送達機關：直接税局陽江分局

附件

事由

現據本市興仁路珍利店店東林昌齡呈稱：
「竊商前在興仁路開設珍利店，營運不[illegible]……
貴[illegible]直接税局陽江分局准予取消營業牌照及
免繳三十年度營業税，俾恤商艱，實為德便」
等情。據此，查該店歇業已久，[illegible]所稱各節，係屬實情，應
予照轉。茲據前情，相應函轉
貴局查照辦理為荷。
此致
廣東直接税局陽江分局查核
陽江縣商會主席 林〇〇
常務委員 沙〇〇
賴〇〇
譚〇〇
項〇

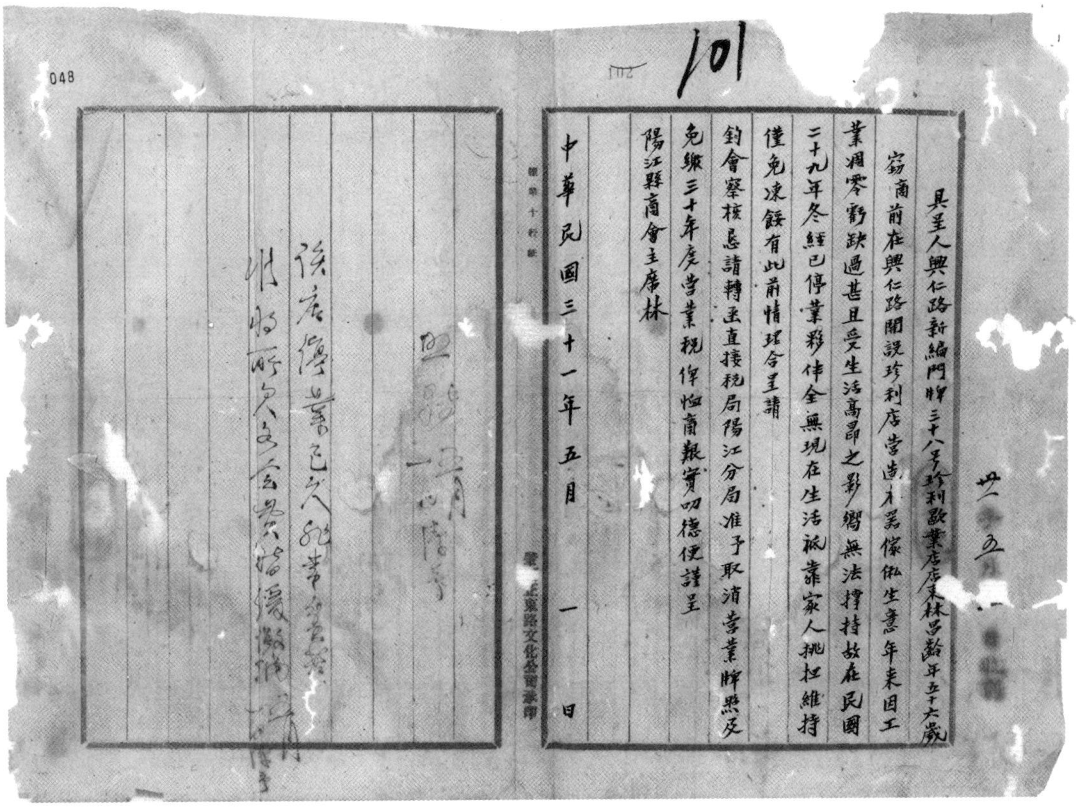

048

101

具呈人興仁路新編門牌三十八号珍利歇業店店東林呂齡年五十六歲

竊商前在興仁路開設珍利店營造木器傢俬生意年来因工業凋零虧蝕過甚且受生活高昂之影響無法撑持故在民國二十九年冬經已停業夥伴全無現在生活祇靠家人挑担維持僅免凍餒有此前情理合呈請

鈞會察核懇請轉函直接稅局陽江分局准予取消營業牌照及免繳三十年度營業稅俾恤商艱實切德便謹呈

陽江縣商會主席林

中華民國三十一年五月一日

卅一 [illegible]

[illegible]

506. 阳江县商会向广东区直接税局阳江分局函转何家园等药房呈请核减营业税（1942 年 5 月 25 日）+ 附：阳江县何家园等药房致县商会主席林洁予的呈（1942 年 5 月 24 日）

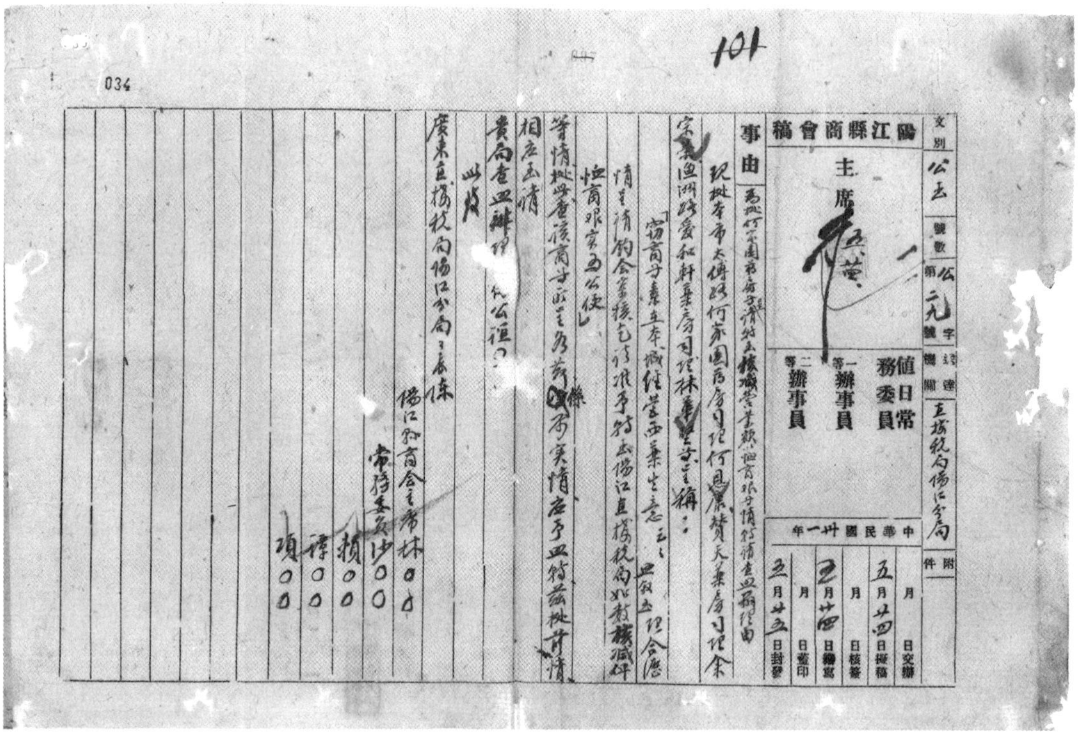

陽江縣商會稿

文別：公函

號數：第公二九號字

送達機關：直接稅局陽江分局

附件：

主席：林

值日常務委員

一等辦事員

二等辦事員

中華民國卅一年　月　日交辦　五月廿四日擬稿　月　日核簽　五月廿四日繕寫　月　日蓋印　五月廿五日封發

事由：為據何家園藥房等請轉函核減營業稅由

現據本市太傅路何家園藥房司理何恩廣、贊天藥房司理余寶、魚洲路愛和軒藥房司理林◯呈稱：「竊商等業在本城經營西藥生意，云云……照合應情呈請鈞會審核，乞行准予轉函陽江直接稅局照數核減，俾恤商艱，實為公便」等情，據此查該商等所呈各節係屬實情，應予照轉，茲據前情相應函請貴局查照辦理，以恤商艱為荷。此致

廣東直接稅局陽江分局局長

陽江縣商會主席林◯◯

常務委員沙◯◯　賴◯◯　譚◯◯　項◯◯

102

具呈人 何家園藥房司理何恩康
贊天藥房司理余宗榮
愛和軒藥房司理林華堅

贊天藥房 [illegible]

五月廿四日發 號

事由

為呈轉請准予核減營業稅以恤商艱事。竊商等素在本城經營西藥生意，惟香港未淪陷以前，西藥貨品在敵艦封鎖之中，購運雖屬困難，其來源尚未斷絕，所購存貨品尚有多少。現奉陽江直接稅局所定本年三月份商何家園額式千三百元，贊天藥房額三千五百元，愛和軒藥房額四千二百元，實為過高，無力籌納。查直接稅局前定本年一二兩月份稅額，商等見尚有蘊貨檄存，而來源亦有多少，在此抗戰時期對于納稅[illegible]，自[illegible]以後因香港淪陷，所有西藥貨品來源已告斷絕，所存貨品日漸[illegible]次銷清，關于西藥貨品不能繼續經營，而舊品既乏來源，生意不免因而縮小，月中所入除支持店員工食實有困難，或致因而停業。現對于稅局所定營業稅額，非商故為取巧請求減稅，確因業務變遷，比前所定稅額不及萬一。乞請體念商等目下感受生業困難情形，轉請直接稅局在本年三月起將原定稅額減至六成，得使營業勉強支持，稅款易于籌納。有此緣由，理合瀝情呈請
鈞會察核，乞請准予轉函陽江直接稅局如數核減，俾恤商艱，實為公便。

謹呈

陽江縣商會主席林

卅一年五月廿四日到

507. 阳江县商会向广东区直接税局阳江分局函转源昌米机呈为税额过高恳请核减（1942 年 9 月 30 日）+ 附：阳江县源昌米机司理黄骏清致县商会主席林洁予的呈（1942 年 9 月 28 日）

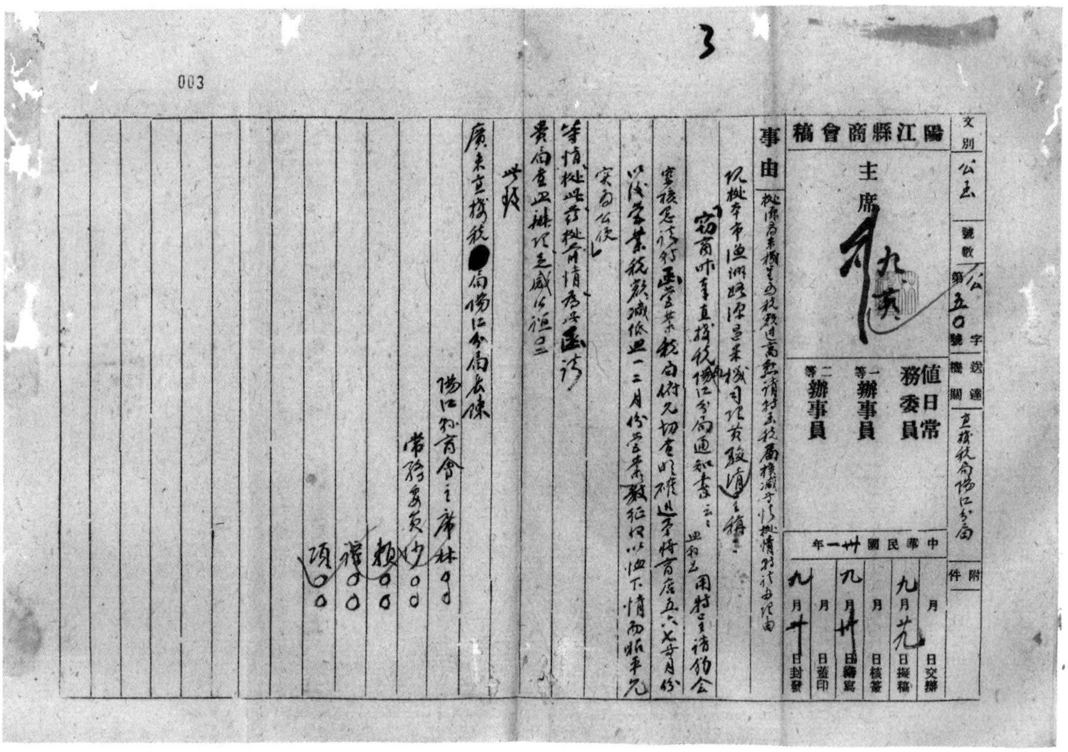

陽江縣商會稿

文別　公函

號數　第　字　號

主席

送達機關

附件

值日常務委員

一等辦事員

二等辦事員

中華民國卅一年

月　日交辦

月　日擬稿

月　日核簽

月　日繕寫

月　日蓋印

月　日封發

事由

4

004

具呈人源昌米機司理黄駿清

源昌米機 字第 號

中華民國三十一年九月廿八日

卅一年九月廿九日收（到）

事由：呈為稅額過高懇請轉呈准予核減俾輕負担由

為定額過高稅多難負懇請　察核轉呈直接稅陽江分局體恤下情准予減低營業稅額俾輕負担以資繳納而昭平允事。竊商昨奉直接稅陽江分局通知書核定商店五六七等月份營業稅額每月國幣一萬七千元，征稅三百四十元，獲悉之餘不勝驚駭。查商店係于本年一月份開始營業，此項生意係承接谷米客商，僱請代為碾米，所得工資僅可支持生活，倘無客商僱用，則工伴伙食費難以維持。此種狀態，業蒙直接稅陽江分局洞悉，乃將商店一月份及二月份營業稅額核定每月為國幣七千元，三四兩月份各為九千元，查三四兩月份所定稅額經已過高，本難照繳，惟念抗戰時期國庫亟宜充裕，商為愛國心之使命，故不得不勉力支持，以期最後獲利。不料昨接直接稅陽江分局通知書，反將商店五六七等月份營業稅額增加，每月定為國幣一萬七千元，征稅三百四十元，此種核定若比較三四月份以前之稅額，實超過一倍有奇，以商現在營業稅數而論，殊難負擔，此額況當此國難時期，百物騰貴，谷米銷路轉運維艱，此項工作獲利最微，幾不能維持現狀，且政府限令商店代為碾米供給軍糧，每日消費工作約四五時，安有何暇使營業增加？商店對此實無能力照繳，有此前情，用特呈請

5

005

鈞會察核懇請轉呈營業稅局俯允切查明確迅予將商店五六七等月份以後營業稅額減低照一二月份營業數征收以恤下情而昭平允實爲公便謹呈

陽江縣商會主席林

508. 阳江县商会函请广东区直接税局阳江分局减低本市各行商店营业税和所利得税以恤商艰（1944 年 10 月 5 日）

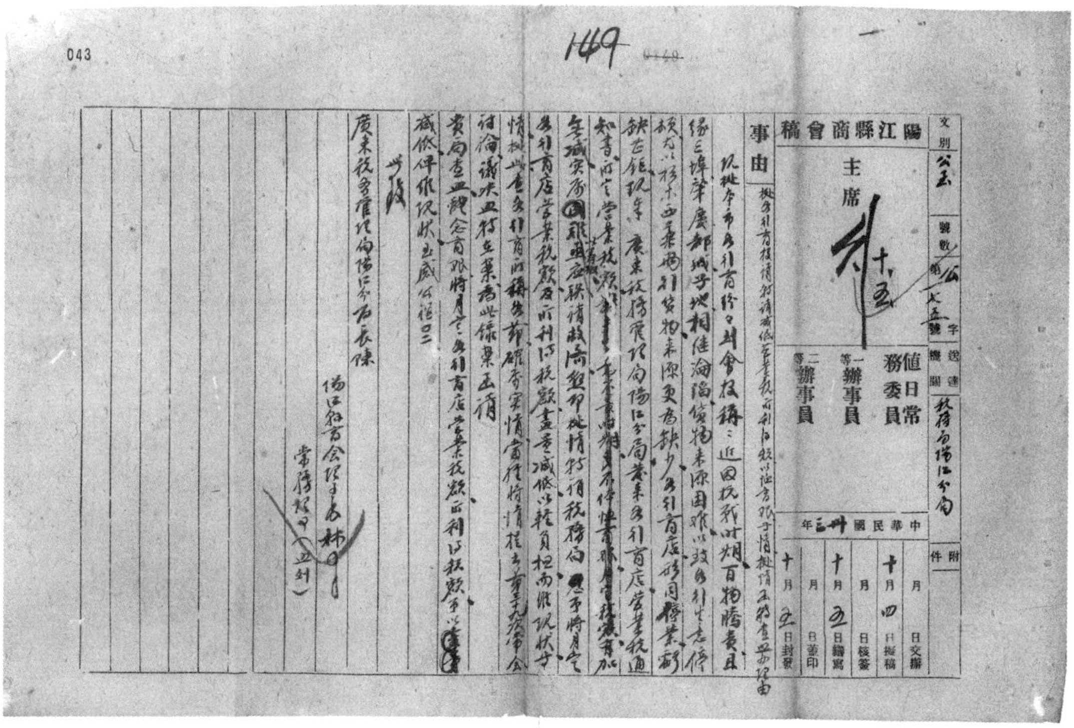

509. 阳江县源昌米机呈请县商会理事长廖永年转咨直接税局切实核减营业税以轻负担（1946 年 6 月 12 日）

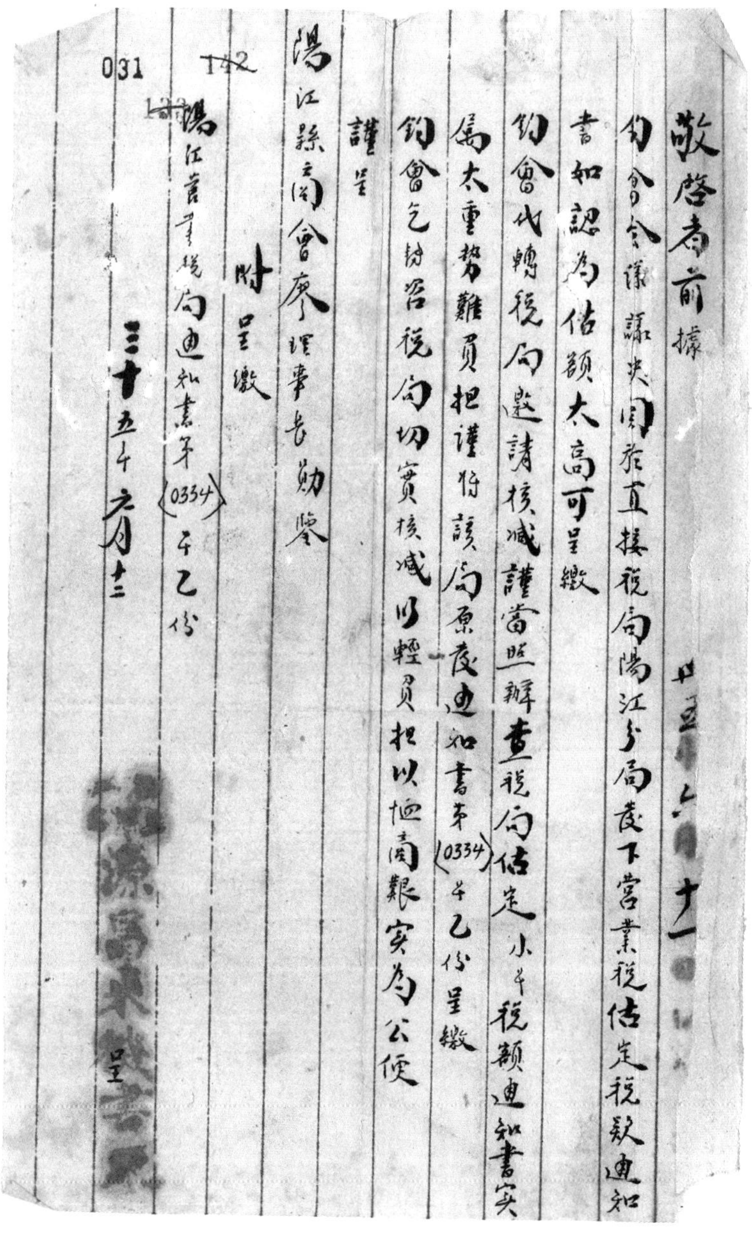

031　142

敬啓者：前據

鈞會会議議決：關於直接稅局陽江分局發下營業稅估定稅款通知書，如認為估額太高，可呈繳

鈞會代轉稅局，邀請核減，謹當照辦。查稅局估定小本稅額通知書實屬太重，勢難負担。謹將該局原發通知書第（0334）號乙份呈繳

鈞會乞轉咨稅局切實核減，以輕負担，以恤商艱，實為公便。

謹呈

陽江縣商會廖理事長勛鑒

附呈繳

陽江營業稅局通知書第（0334）號乙份

源昌米機　呈

三十五年六月十二

卅五年六月十一

510. 阳江县各同业公会为各行商店报告 1945 年 11、12 月营业税额太高联呈县商会理事长廖永年请转呈阳江直接税局准予核减（1946 年 6 月 17 日）

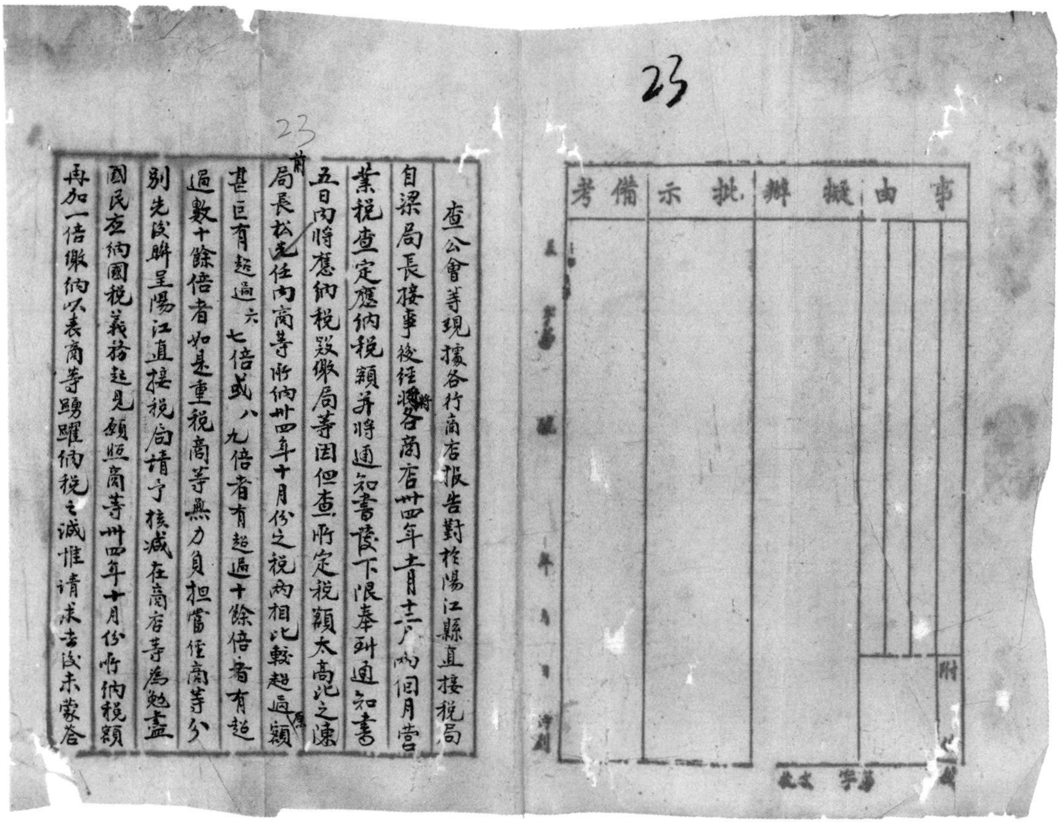
23

查公會等現據各行商店報告對於陽江縣直接稅局
自梁局長接事後經將各商店卅四年十一月十二月兩個月營
業稅查定應納稅額并將通知書發下限奉到通知書
五日內將應納稅款繳局等因但查所定稅額太高比之陳
前局長松光任內商等所納卅四年十月份之稅兩相比較超過額
甚巨有超過六七倍或八九倍者有超過十餘倍者有超
過數十餘倍者如是重稅商等無力負担當任商等分
別先後聯呈陽江直接稅局請予核減在商店等為勉盡
國民應納國稅義務起見願照商等卅四年十月份所納稅額
再加一倍繳納以表商等踴躍納稅之誠惟請求去後未蒙答

23

事由	擬辦	批示	備考

附件

24

允且決謂商等如有認為查定稅額太高者應由各
請本局核減不應聯名請求等語商等聞此言莫明其
解於果多數照舊[illegible]三五間核高者自可各自個別請減今查稅
局此次所定商等稅額太高雖有聯呈請減之必要況陳前局
長松光在本縣辦理稅務多年歷年查定稅額確屬公平在去年
十月份照前均無蒂欠惟十一十二兩月因未奉到總局通單是以未
將該兩月份通知書發出以致無從繳納今梁局長在本年接
事對於追查卅四年十一十二兩月份稅額確應依照陳前任十月
份所繳納稅額為標準略為增減方見公平若不照此為依據
而隨意增加甚高之稅額則揆之情理均有未洽應請轉報
縣商會轉請陽江直接稅局准予核減等情前來公會
今擬前情查明屬實理合將各公會各店請減稅額對照
表十九份聯呈鈞會敬乞准予迅賜轉呈陽江直接稅
局俯賜照各商店請求依擬卅四年十月份所納稅額加多一
倍課稅以恤商艱實切公便

謹呈

陽江縣商會理事長廖

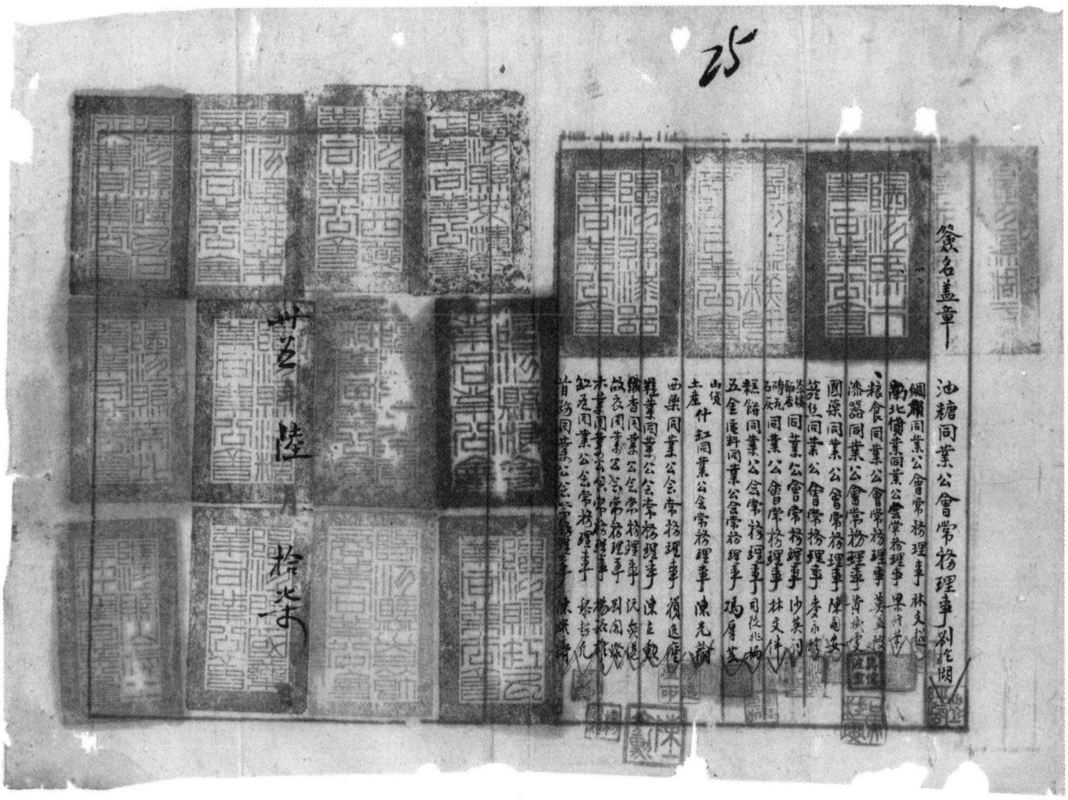

25

签名盖章

油糖同业公会常务理事 刘佐朋
绸布同业公会常务理事 林文超
湖北货业同业公会常务理事 果仲华
粮食同业公会常务理事 莫益修
漆器同业公会常务理事 黄启棠
国药同业公会常务理事 陈国安
茶丝同业公会常务理事 麦永铭
茶楼饭店同业公会常务理事 沙英润
砖瓦石灰同业公会常务理事 林文伴
糕饼同业公会常务理事 司徒兆炳
五金油料同业公会常务理事 冯厚棠
山货土产什缸同业公会常务理事 陈光辉
西药同业公会常务理事 顾逸应
鞋业同业公会常务理事 陈立勋
织香同业公会常务理事 沈奕逸
故衣同业公会常务理事 刘闲溶
木业同业公会常务理事 杨荣标
缸瓦同业公会常务理事 梁哲元
首饰同业公会常务理事 陈炳璋

卅五年陆月拾柒

511. 阳江县商会为木业同业公会常务理事杨裕雄等呈报 1945 年 11、12 月营业税额太高函请广东区直接税局阳江分局查照并附送各公会各店请减税额表、各街社首请减税额表等（1946 年 6 月 20 日）

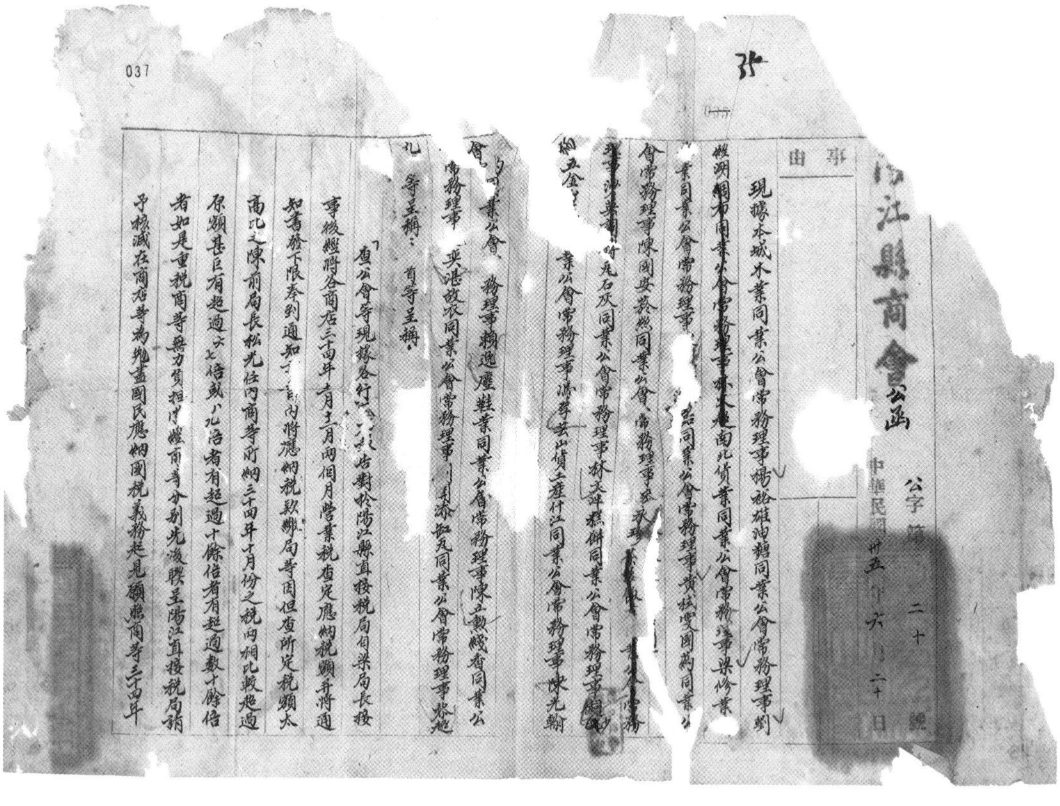

037

陽江縣商會公函

公字第二十號

中華民國卅五年六月二十日

事由

現據本城木業同業公會常務理事楊裕雄、油糖同業公會常務理事劉
縱湖、綢布同業公會常務理事[illegible]南北貨業同業公會常務理事梁修業
[illegible]業同業公會常務理事[illegible]同業公會常務理事黃枝雯、國藥同業公
會常務理事陳國安、蔡煙同業公會常務理事麥永[illegible]
[illegible]沙業[illegible]石灰同業公會常務理事林文、洋糕餅同業公會常務理事[illegible]
[illegible]五金[illegible]業公會常務理事冼孝芸、山貨土產什江同業公會常務理事陳光翰
會[illegible]業公會常務理事賴逸、履鞋業同業公會常務理事陳立勳、戲香同業公
會常務理事[illegible]英、港故衣同業公會常務理事[illegible]、[illegible]瓦同業公會常務理事[illegible]
九[illegible]等呈稱：
「查公會等現據各行[illegible]店對於陽江縣直接稅局自梁局長接
事後，經將各商店三十四年十一、十二月兩個月營業稅查定應納稅額，并將通
知書發下，限奉到通知[illegible]內將應納稅款繳局等因。但查所定稅額太
高，比之陳前局長松光任內商等所納三十四年十月份之稅，兩相比較，超過
原額甚巨，有超過六七倍或八九倍者，有超過十餘倍者，有超過數十餘倍
者。如是重稅，商等無力負擔，[illegible]經商等分別先後聯呈陽江直接稅局請
予核減。在商店等為擁護國民應納國稅義務起見，願照商等三十四年

36

十月份所納稅額再加一倍繳納以表商等踴躍納稅之誠惟請求去秋禾歉

答允耳該謂商等如有認為查定稅額太高者應由各個申請本局核減

尔應以一敗名請求等語商等作[illegible]此言莫明其解如果多數照查課稅

祇三五間核高者自可各自請減今查稅局此次所定商等稅額太高雖[illegible]

有聯呈請減之必要況陳前局長松光在本縣辦理稅務多年查定稅

額確屬公平在去年十月份以前均無蒂欠惟十一十二兩月因未奉到總局

稅單是以未將該兩月通知書[illegible]致無從繳納今梁局長在本年接事

對於追查廿四年十一十二兩月份稅額雅應依照陳前任十月份所繳納稅額

為標準以為增減方見[illegible]的該兩月與十月份貨價起跌如何以[illegible]增加甚高之稅數則

038

為增減實亦無公平者[illegible]不能[illegible]

揆之情理均有未洽應請轉報[illegible]江直接稅局准予核減

等情前來公會等今[illegible]俯情查明屬實理合將各公會各店請減稅

額對照表十[illegible]份呈鈞會敬乞准予迅賜轉呈陽江直接稅局俯賜

照各商店請求以據廿四年十月份所納稅額加多一倍課稅以恤商艱實

叨公便

等情附送各[illegible]各店請減稅額表十[illegible]份據此查所稱各節尚屬實情復查

政府湲貞後為體恤商艱對於營業稅額減為千份之一五足見政府愛護商

民之至意況本縣迭遭兩次淪陷元氣至今[illegible]復加以禾荒嚴重生意凋零

今各業商店樂意承認照廿四年十月份稅額增至壹倍(即照營業額增加四倍)

繳納可見各商店[illegible]納稅熱忱依情依理亦應接納茲據前情相應將各公

039　　039　37

會呈繳請減稅額表共十九份函請

貴局查照希為體念商艱予以接納仍希見復至紉公誼〻

此致

廣東區直接稅局陽江分局局長梁

附送各會各店請減稅額表十九份各街社首請減稅額表捌份

陽江縣商會理事長廖永年

常務理事史荣石

劉炫湖

譚宏澤

何澤釗

512. 阳江县商会向广东区直接税局阳江分局函转各公会请核减各商店营业税以恤商艰（1946 年 6 月 22 日）

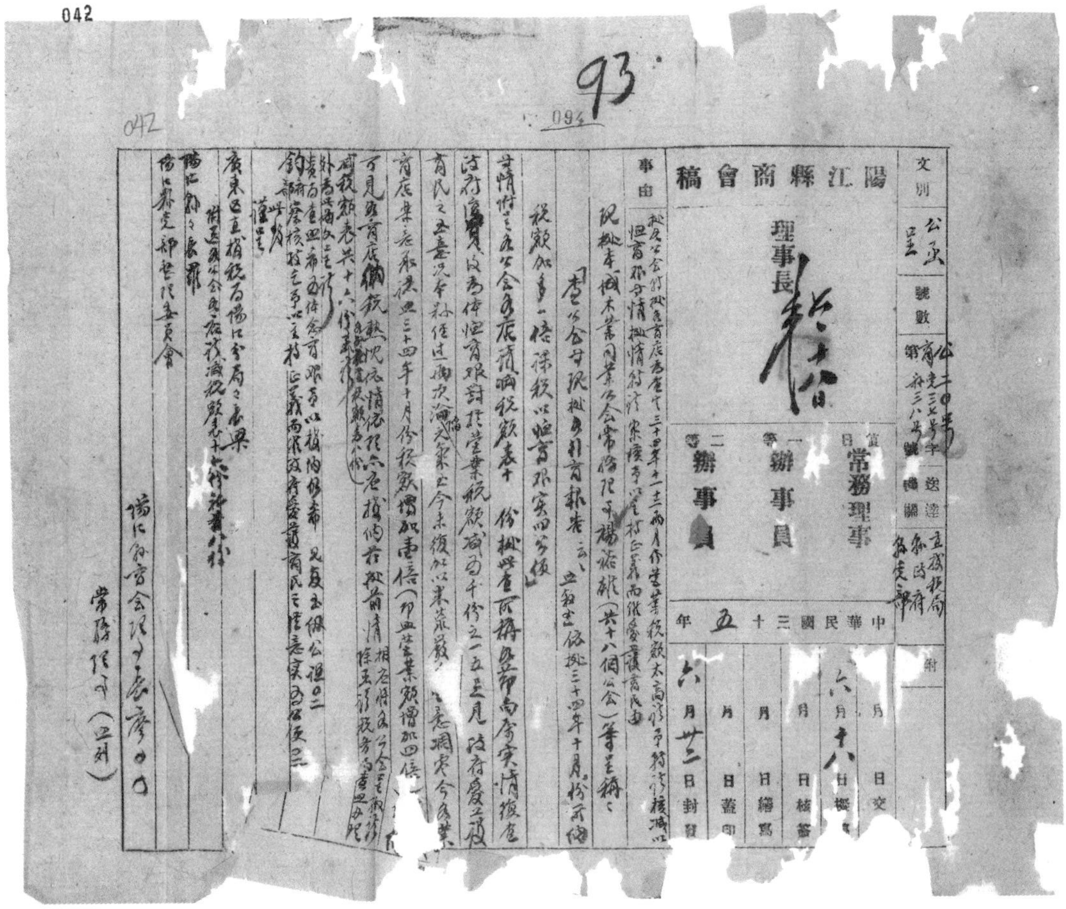

陽江縣商會稿

文別：公函、呈

號數：商字第 號

送達機關：直接税局、縣政府、縣黨部

理事長

常務理事

一等辦事員

二等辦事員

中華民國三十五年

六月十八日交擬

六月廿二日封發

事由：據各公會呈以商店營業税額太高，請予轉請核減以恤商艱由

[illegible]

513. 阳江县赖怡兆堂呈请县商会理事长廖永年函转广东区直接税局阳江分局请免予派缴1945年11、12月份营业税款（1946年6月27日）

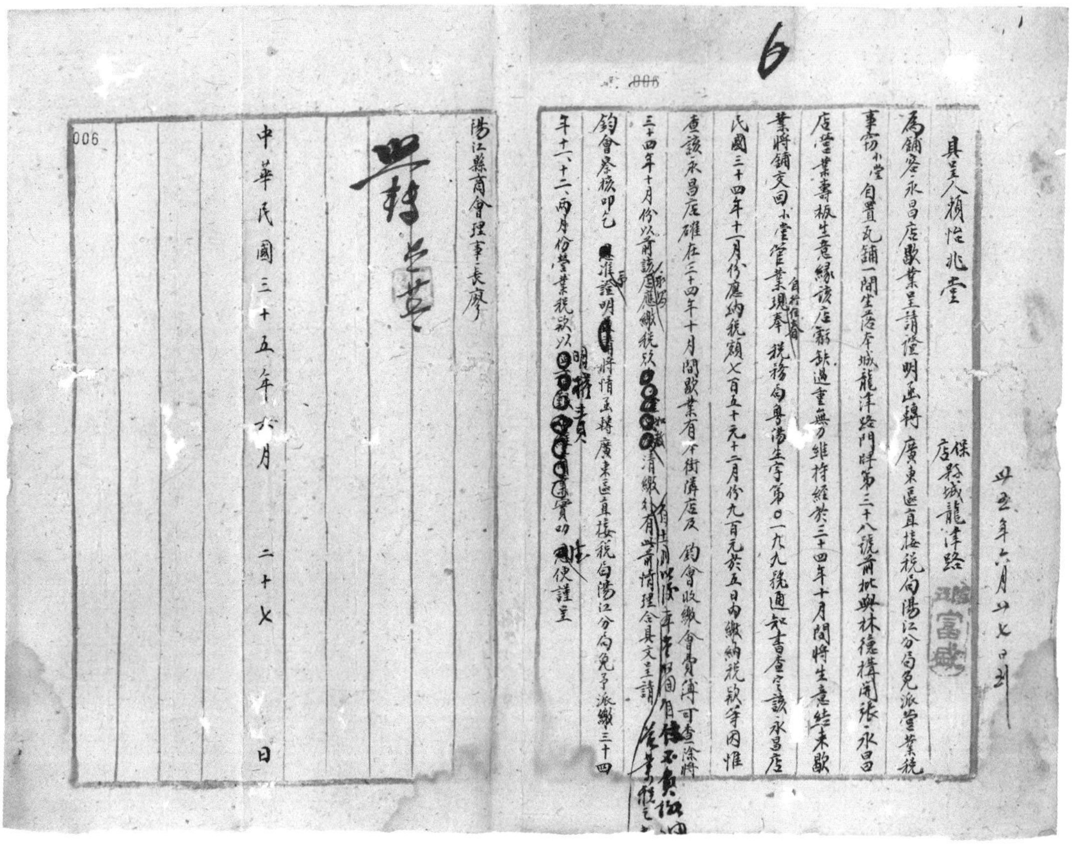
6

具呈人賴怡兆堂
住址城龍津路

為鋪客永昌店歇業呈請證明函轉廣東區直接稅局陽江分局免派營業稅事。竊小堂自置瓦鋪一間，坐落本城龍津路門牌第三十八號，前批與林德樺開張永昌店營業壽板生意，緣該店虧蝕過重，無力維持，經於三十四年十月間將生意結束歇業，將鋪交回小堂管業。現奉稅務局粵陽生字第〇一九九號通知書，查該永昌店民國三十四年十一月份應納稅額七百五十元，十二月份九百元，於五日內繳納稅款等因。惟查該永昌店確在三十四年十月間歇業，有本街溝店及鈞會收繳會費簿可查。除將三十四年十月份以前該店應繳稅款清繳外，有此前情，理合具文呈請鈞會察核，叩乞准證明，將情函轉廣東區直接稅局陽江分局免予派繳三十四年十一、十二兩月份營業稅款，以明責實，叨德便。謹呈

陽江縣商會理事長廖

中華民國三十五年六月二十七日

卅五年六月廿七日到

514. 阳江县商会向广东区直接税局阳江分局函转赖怡兆堂呈请免予派缴 1945 年 11、12 月份营业税款（1946 年 6 月 30 日）

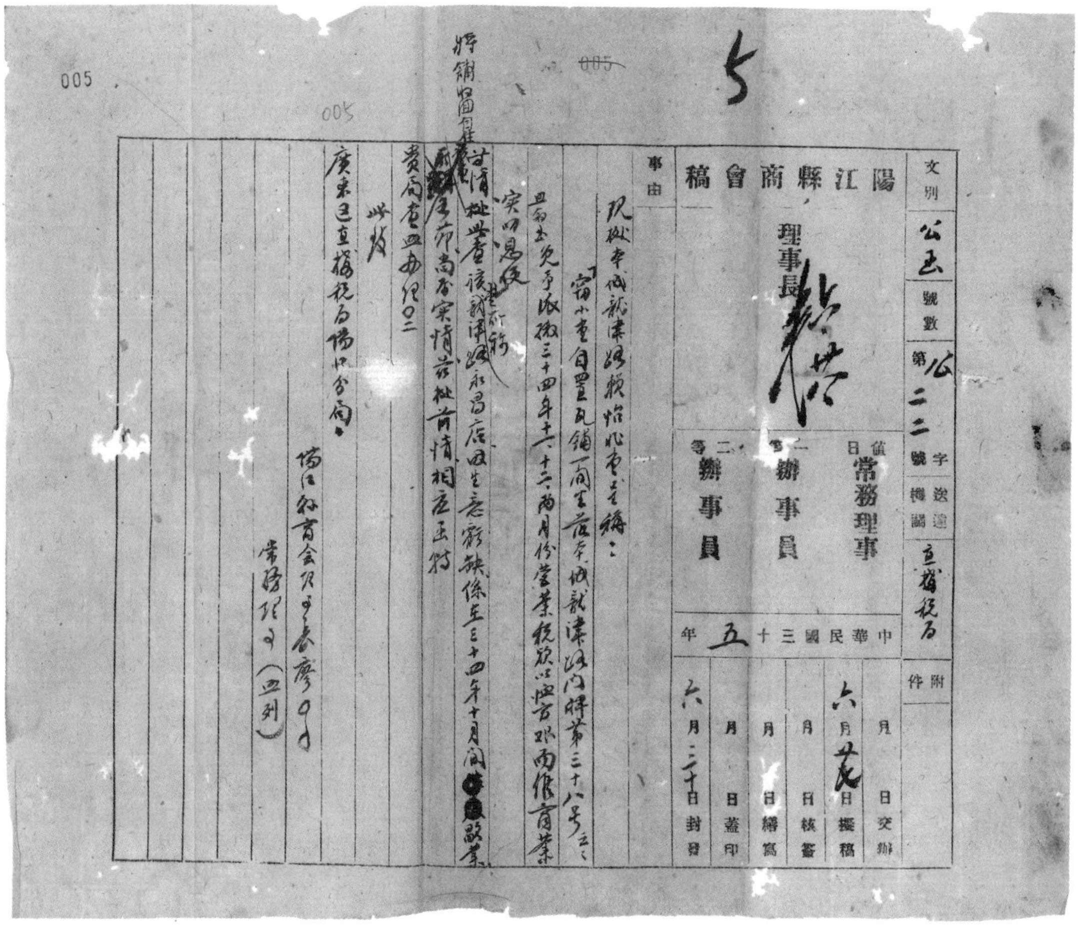
陽江縣商會稿

文別　公函

號數　第　　字　　號

送達機關　直接税局

件附

理事長

值日常務理事

一等辦事員

二等辦事員

事由

中華民國三十五年　　月

月　日交辦

月　日擬稿

月　日核簽

月　日繕寫

月　日蓋印

月　日封發

515. 阳江县木业、油糖、南北货等业同业公会联呈县商会理事长廖永年转请广东区直接税局体念商艰迅赐阳江分局依 10 月份税额酌增一倍课税以轻负担（1946 年 7 月 4 日）

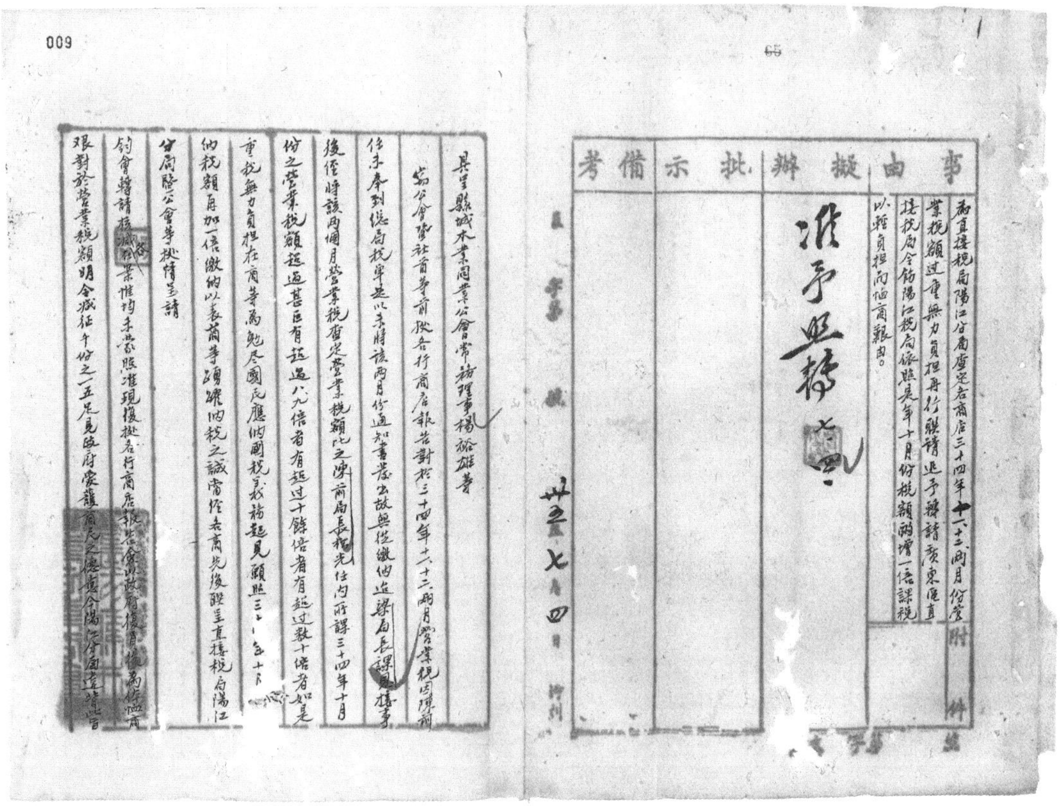
009

具呈縣城木業同業公會常務理事楊裕雄等
為本會暨社員等前據各行商店報告，對於三十四年十一、十二兩月營業稅因陳前
任未奉到總局稅單，是以未將該兩月份通知書發出，故無從繳納，迨梁局長課[illegible]
後，經將該兩個月營業稅查定，營業稅額比之陳前局長在任内所課三十四年十月
份之營業稅額超過甚巨，有超過八九倍者，有超過十餘倍者，有超過數十倍者，如是
重稅，無力負担。在商等為勉尽國民應納國稅義務起見，願照三十四年十月
納稅額再加一倍繳納，以表商等踴躍納稅之誠。當經去函先後聯呈直接稅局陽江
分局暨公會等據情呈請
鈞會轉請核減各業，惟均未蒙照准。現復據各行商店報告，[illegible]政府復員伊始，為體恤商
艱，對於營業稅額明令減征十分之一五，足見政府愛護商民之德意。今陽江分局違背[illegible]

65

事由	擬辦	批示	備考
為直接稅局陽江分局查定各商店三十四年十一、十二兩月份營業稅額過重，無力負担，再行聯請迅予轉請廣東區直接稅局令飭陽江稅局依照是年十月份稅額酌增一倍課稅，以輕負担而恤商艱由。	准予照轉		

附件

卅五 七月四日

010

~~66~~

[illegible]

及時追查三十四年十一、十二兩月份稅額特別增高，使商等再三請求核減，但該局此時查
定稅額已呈報廣東區直接稅局，不能減少，爲詞致令商等無從請減。伏思本縣各行生意
在抗戰期間，因運輸梗塞，所有營業賴鄰縣採購，生意頗可支持。自國土重光，交通漸轉便
利，鄰縣貨物直接在省港採辦，至本市採購日見寥寥，是以各行生意一落千丈。且本
年又受糧荒影響，購買力薄，生意日益凋零，致使頻成虧缺，忍痛支撐。如該陽江
局自劉任後，藉以公出，任由局內職員浮意辦理，以致追查去年十一、十二兩月稅額，並不依照
陳前局長十月份所定之稅額以爲課征之標準，又不依照該兩月份與十月份貨物價目
漲落以爲課稅之增減（查十月份與十一、十二兩月份貨價相當無大漲落），竟敢憑空將稅額普遍
提高，試問何所根據？寧其不審本邑商業實情，不恤商艱，已可概見。繼之該局長離局日
多，而該局職員辦理追查稅額，並不根據以上標準，任意厘定，以致高至八、九倍或致十
倍者，商等確屬無力負擔，應請轉請上級核減，以蘇商困等情前來。查各商所稱各節
確屬實情，爲此再行呈請
鈞會察核，仰乞批准，轉請廣東區直接稅局俯念商艱，准予迅飭陽江分局依照
各商請求，照三十四年十月份所收稅額加多一倍課稅，以恤商艱，實叨公便。

謹呈

陽江縣商會理事長廖

木業同業公會常務理事楊耘雄

油糖業同業公會常務理事劉偉湖

南北貨業同業公會常務理事吳修業　押

藥材業同業公會常務理事麥亦圻　押

011

67

故衣業同業公會常務理事劉開添
首飾業同業公會常務理事陳耀濤
山貨土産竹江業同業公會常務理事陳光翰
國藥業同業公會常務理事陳國安
西藥業同業公會常務理事賴逸塵
五金電料業同業公會常務理事馮厚芸
鞋業同業公會常務理事陳立勳
糕餅業同業公會常務理事司徒少楣
線香業同業公會常務理事阮奕湛
缸瓦業同業公會常務理事黎起凡
磚瓦石灰業同業公會常務理事林文沛
漆器業同業公會常務理事黃棫雯
糧食業同業公會常務理事莫億波
茶樓飯店業同業公會常務理事沙英詞
旅業同業公會常務理事林君選
綢布業同業公會常務理事林文超
各街社首代表陳盛槐

516. 阳江县商会为木业、油糖、南北货等业同业公会呈以 1945 年 11、12 月份营业税额过高呈请广东区直接税局局长察核并迅赐阳江分局依 10 月份税额酌增一倍课税以轻负担（1946 年 7 月 5 日）

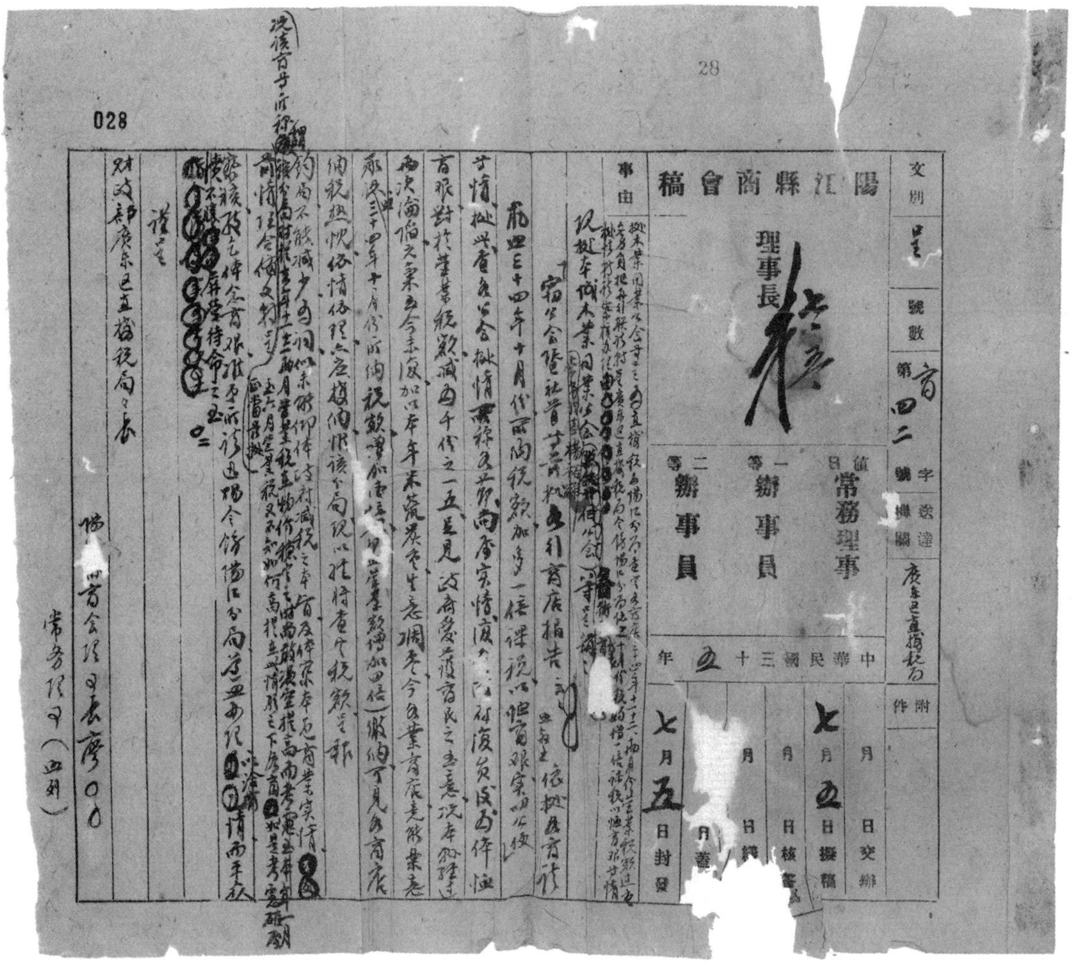

517. 广东区直接税局关于阳江县木业、油糖、南北货等业同业公会为 1945 年 11、12 月份营业税额过高请予核减致阳江县商会的批（1946 年 7 月 27 日）

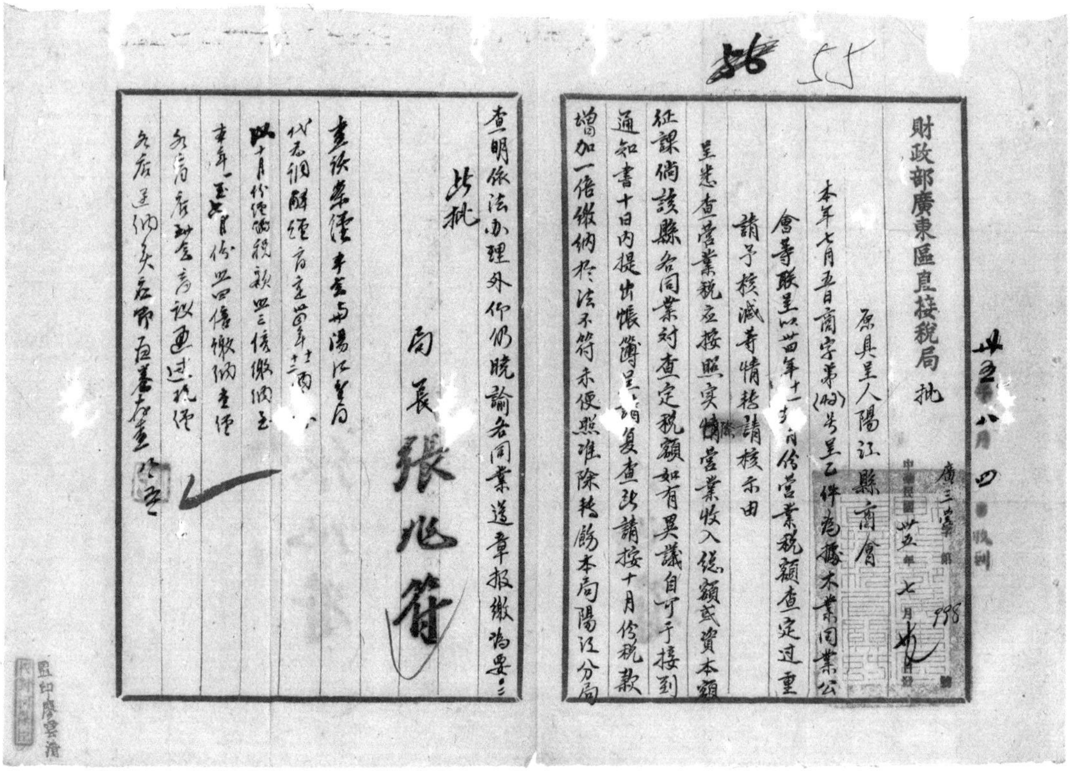

財政部廣東區直接稅局　批

廣三字第 998 號

中華民國卅五年七月　日發

原具呈人陽江縣商會

本年七月五日商字第(48)號呈乙件為據木業同業公會等聯呈以卅四年十一、十二月份營業稅額查定过重請予核減等情轉請核示由

呈悉。查營業稅應按照實際營業收入總額或資本額征課，倘該縣各同業對查定稅額如有異議，自可于接到通知書十日內提出帳簿呈請復查。茲請按十月份稅款增加一倍繳納，於法不符，未便照准。除轉飭本局陽江分局查明依法辦理外，仰仍曉諭各同業遵章報繳為要。

此批。

局長　張兆符

518. 广东省商会联合会电各县市镇商会饬知土布免征营业税标准（1946 年 12 月 24 日）+ 附：土布免征营业税标准

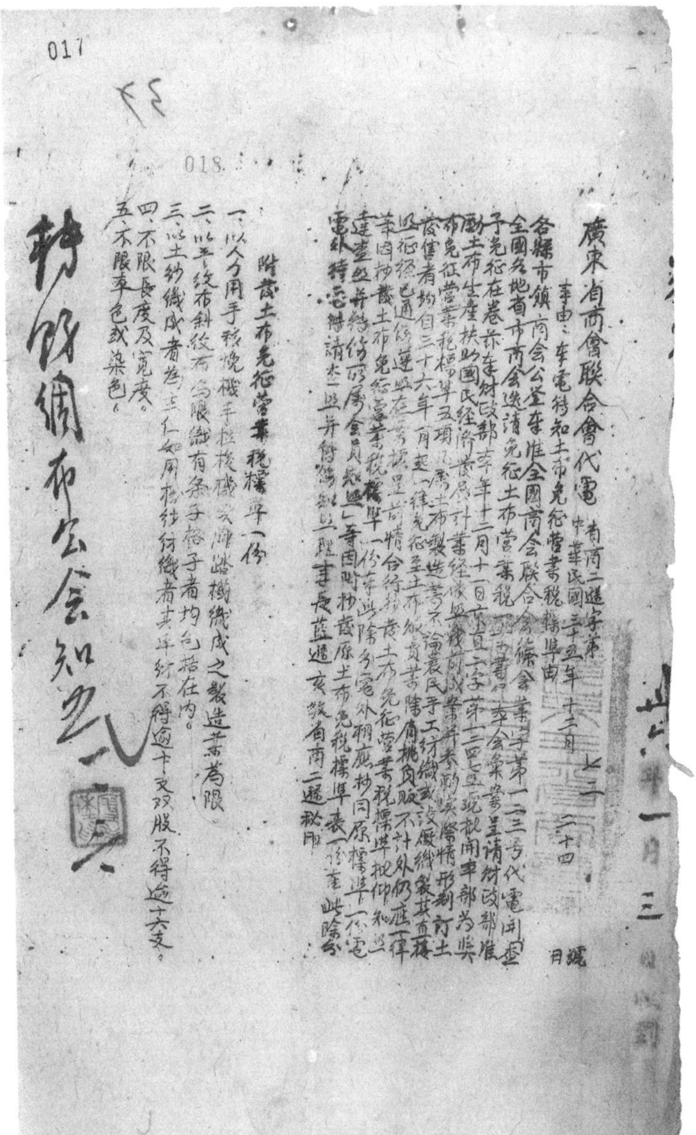

017

37

018

廣東省商會聯合會代電 省商二遞字第 號

中華民國三十五年十二月二十四日

事由：奉電轉知土布免征營業稅標準由

各縣市鎮商会公鑒：奉准全國商會聯合会[illegible]会業字第一二三号代電開：查全國各地省市商会迭請免征土布營業稅一案，前經本会呈請財政部准予免征在卷。茲奉財政部本年十二月十一日京直二字第一三四五○號批開：本部為獎勵土布生產扶助國民經濟，[illegible]并參酌實際情形，制訂土布免征營業稅標準五項，凡屬土布製造業不論農民手工紡織或設廠織製其直接銷售者，均自三十六年一月起一律免征，至土布販賣業除肩挑負販不計外，仍應一律照征，經已通飭遵照在案。據呈前情，合行抄發土布免征營業稅標準一份，仰知照。等因，附抄發原土布免稅標準表一份。奉此，除分電外，相應抄同原標準一份，電達查照，并轉飭所屬會員知照。等因，奉此，除分電外，特電轉請查照，并轉飭知照。理事長藍遂亥敬 省商二遞 秘印

附發土布免征營業稅標準一份

一、以人力用手拋梭機、手拉梭機或腳踏機織成之製造業為限。
二、以平紋布、斜紋布為限，織有條子格子者均包括在內。
三、以土紡織成者為主，如用機紗紡織者，其經紗不得過十支雙股，緯紗不得過十六支。
四、不限長度及寬度。
五、不限本色或染色。

轉[illegible]綢布公会知照

519. 阳江县商会函复广州市米业公会将财政部对于免征米类营业税及印花税一案的回复通告本城粮食业同业公会（1946 年 12 月 31 日）

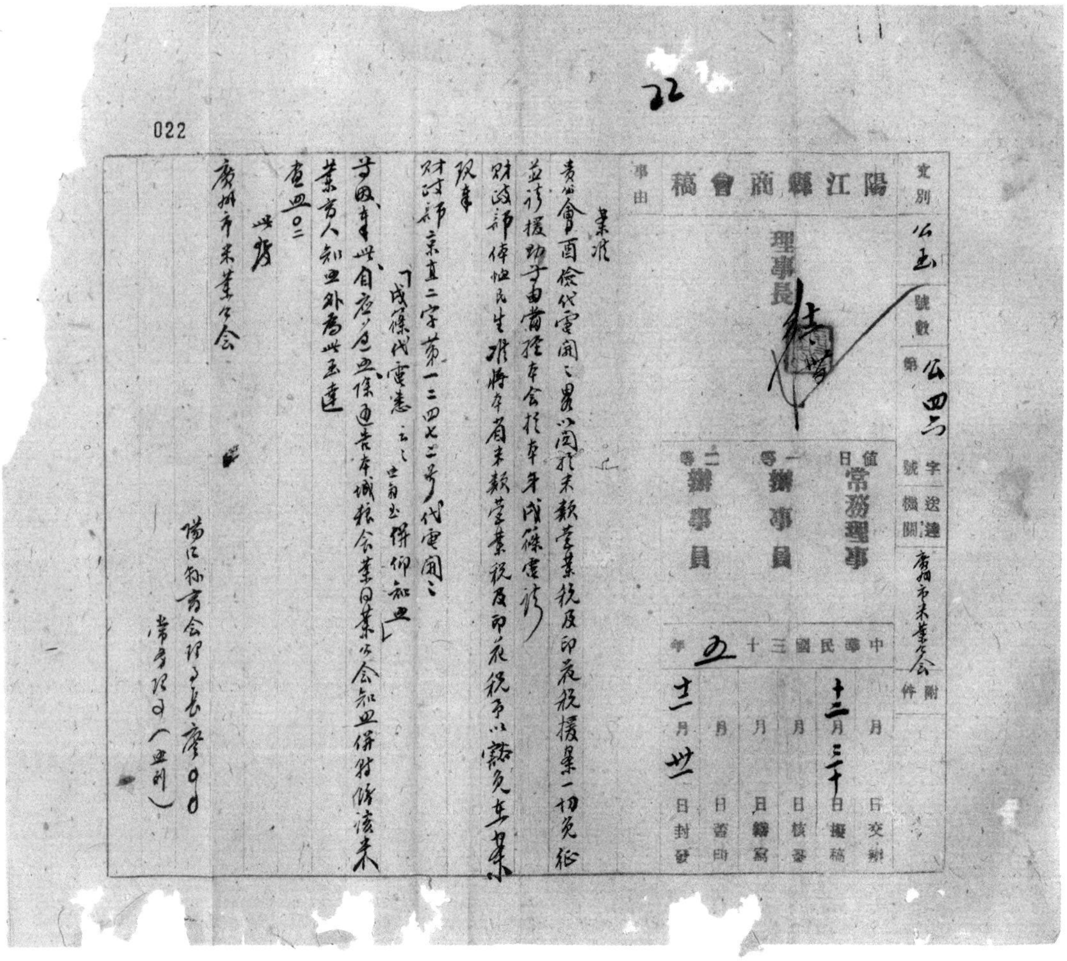

022

阳江县商会稿

文别：公函　号数：第公四六号　送达机关：广州市米业公会　附件

理事长　值日常务理事　一等办事员　二等办事员

中华民国三十五年　十二月三十日拟稿　十二月卅日封发

事由

案准

贵公会函请代电开：略以关于米粮营业税及印花税援案一切免征，并请援助等由，当经本会于本年戌篠电请

财政部体恤民生，准将本省米粮营业税及印花税予以豁免在案。

现奉

财政部京直二字第一二四七二号代电开：「戌篠代电悉……仰知照。」

等因，奉此，自应照办，除通告本城粮食业同业公会知照，并将财政部该米业有关人知照外，为此函达

查照。

此致

广州市米业公会

阳江县商会理事长廖○○

常务理事○○（并列）

520. 阳江县税捐征收处函请县商会理事长廖永年转饬当地米粮业同业公会知照粮食业营业税继续免征一年（1947 年 1 月）

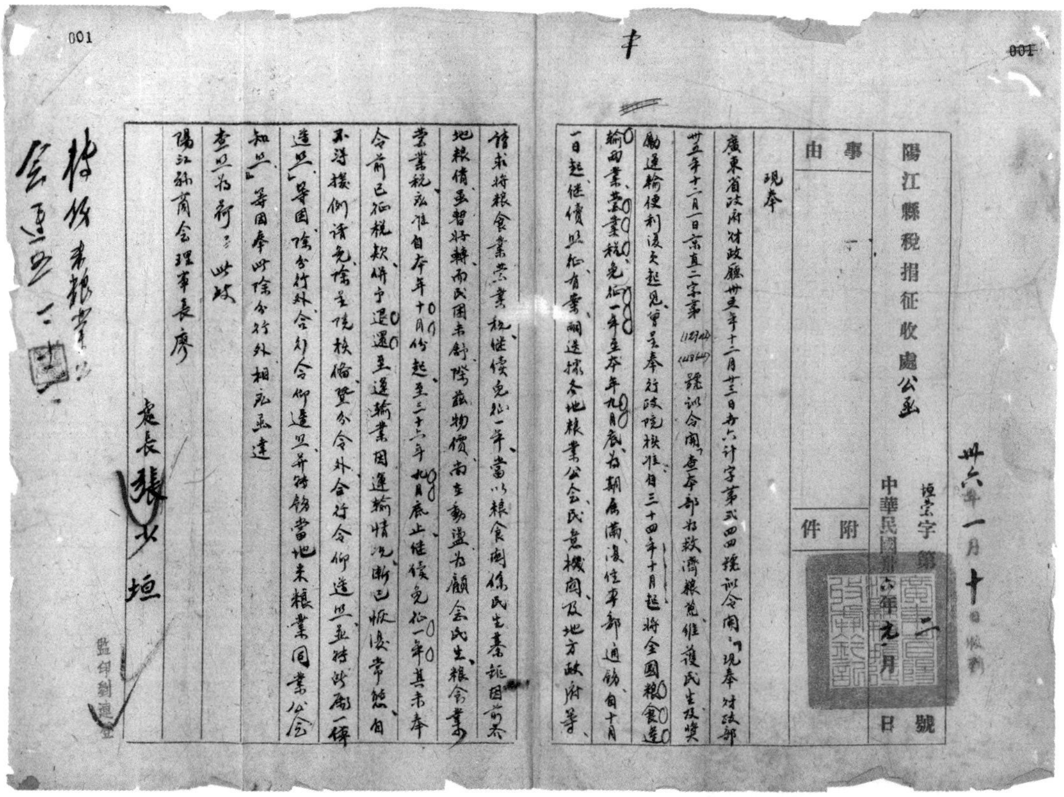

陽江縣稅捐征收處公函

垣宗字第二號

中華民國卅六年一月九日

事由

附件

現奉

廣東省政府財政廳卅五年十二月廿三日府六計字第弍四四號訓令開："現奉財政部卅五年十二月一日京直二字第(11874)(11864)號訓令開："查本部為救濟糧荒，維護民生及獎勵運輸便利，決定起見，曾呈奉行政院核准自三十四年十月起將全國糧食運輸兩業營業稅免征一年，至本年九月底為期屆滿，復經本部通飭自十月一日起繼續照征有案。嗣迭據各地糧業公會、民意機關及地方政府等請求將糧食業營業稅繼續免征一年，當以糧食關係民生，叠據目前各地糧價亟習將轉而民困未舒，際茲物價尚未動盪，為顧念民生，糧食業營業稅准自本年十月份起至三十六年九月底止繼續免征一年，其未奉令前已征稅款，併予退還。至運輸業因運輸情況漸已恢復常態，自不得援例請免。除呈院核備暨分令外，合行令仰遵照並轉飭所屬一律遵照"等因，除分行外，合行令仰遵照並轉飭當地米糧業同業公會知照"等因。奉此，除分行外，相應函達

查照為荷。此致

陽江縣商會理事長廖

處長 張□垣

監印 剝連□

特飭米糧業公會遵照

卅六年一月十日收到

521. 广东省商会联合会电饬各县市镇商会知照财政部对于请政府继续免征粮食营业税及所利得税一案的批复（1947 年 2 月 10 日）

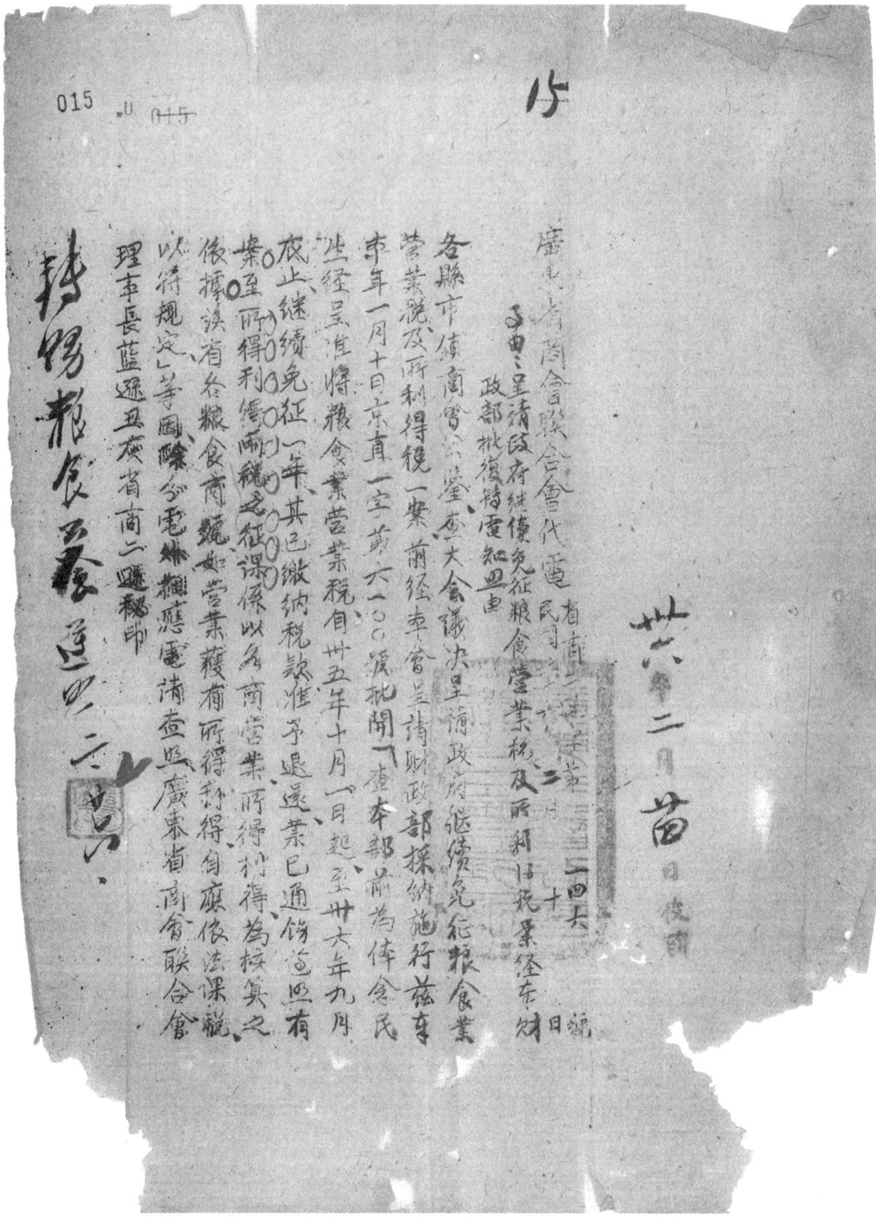
廣東省商會聯合會代電　省商民字第　號
事由：呈請政府繼續免征糧食營業稅及所利得稅案經奉財政部批復轉電知照由
各縣市鎮商會公鑒：查本大會議決呈請政府繼續免征糧食營業稅及所利得稅一案，前經本會呈請財政部採納施行。茲奉本年一月十日京直一字第六一〇〇號批開：「查本部前為体念民生，經呈准將糧食業營業稅自卅五年十月一日起至卅六年九月底止繼續免征一年，其已繳納稅款准予退還，業已通飭遵照有案。至所得利得兩稅之征課，係以各商營業所得利得為核算之依據，該省各糧食商號如營業獲有所得利得，自應依法課稅，以符規定」等因，除分電外，相應電請查照。廣東省商會聯合會理事長藍遜丑灰省商二秘印
卅六年二月十日收到

522. 阳江县捷成店因生意锐减呈县商会理事长廖永年转请县稽征处减低税额（1947 年 4 月 15 日）

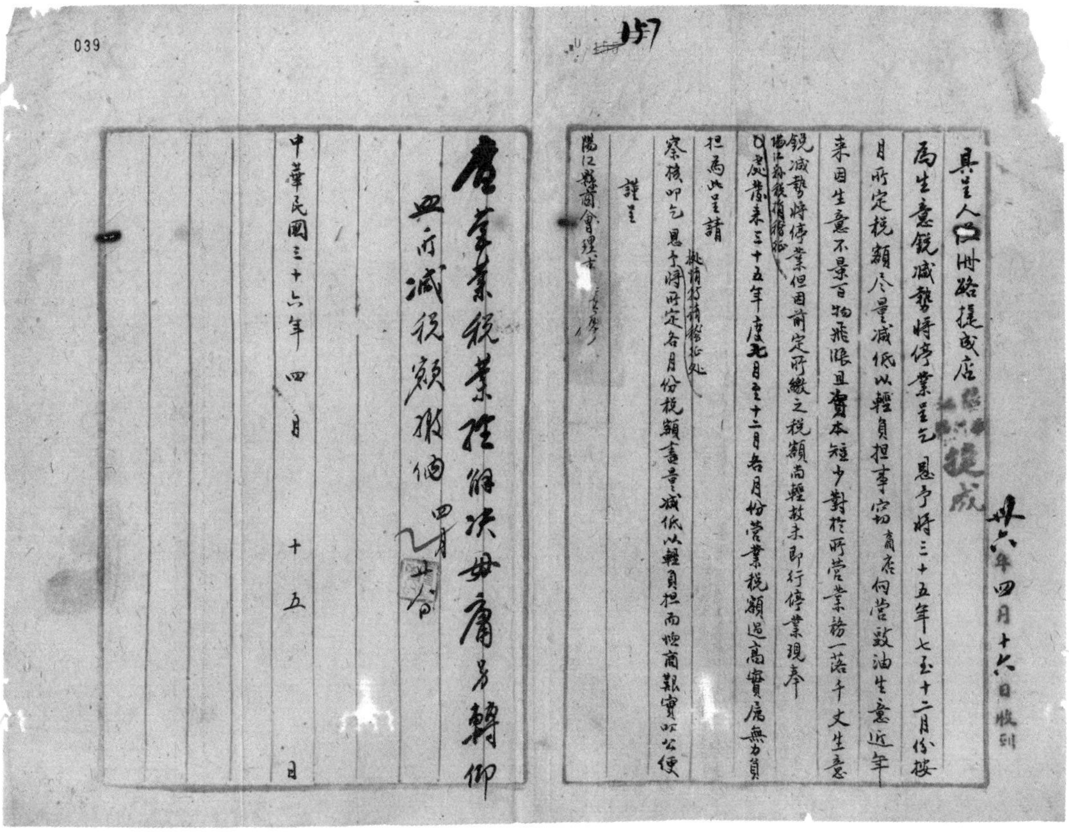
039

157

具呈人□卌路捷成店

為生意銳減暫將停業呈乞　恩予將三十五年七至十二月份按月所定稅額盡量減低以輕負担事竊　商店向營煤油生意近年來因生意不景百物飛漲且資本短少對於所營業務一落千丈生意銳減暫將停業但因前定所繳之稅額尚輕故未即行停業現奉陽江稅捐稽征處催繳三十五年度七月至十二月各月份營業稅額過高實屬無力負担為此呈請

察核叩乞　恩予將所定各月份稅額盡量減低以輕負担而恤商艱實以公便

擬請貴稽征處

謹呈

陽江縣商會理事長廖

卅六年四月十六日收到

函營業稅業經解決毋庸另轉仰無所減稅額撥個

四月廿日

中華民國三十六年四月十五日

523. 广东省商会联合会电复阳江县商会请继续豁免粮食营业税及所利得税各节（1947 年 6 月 19 日）

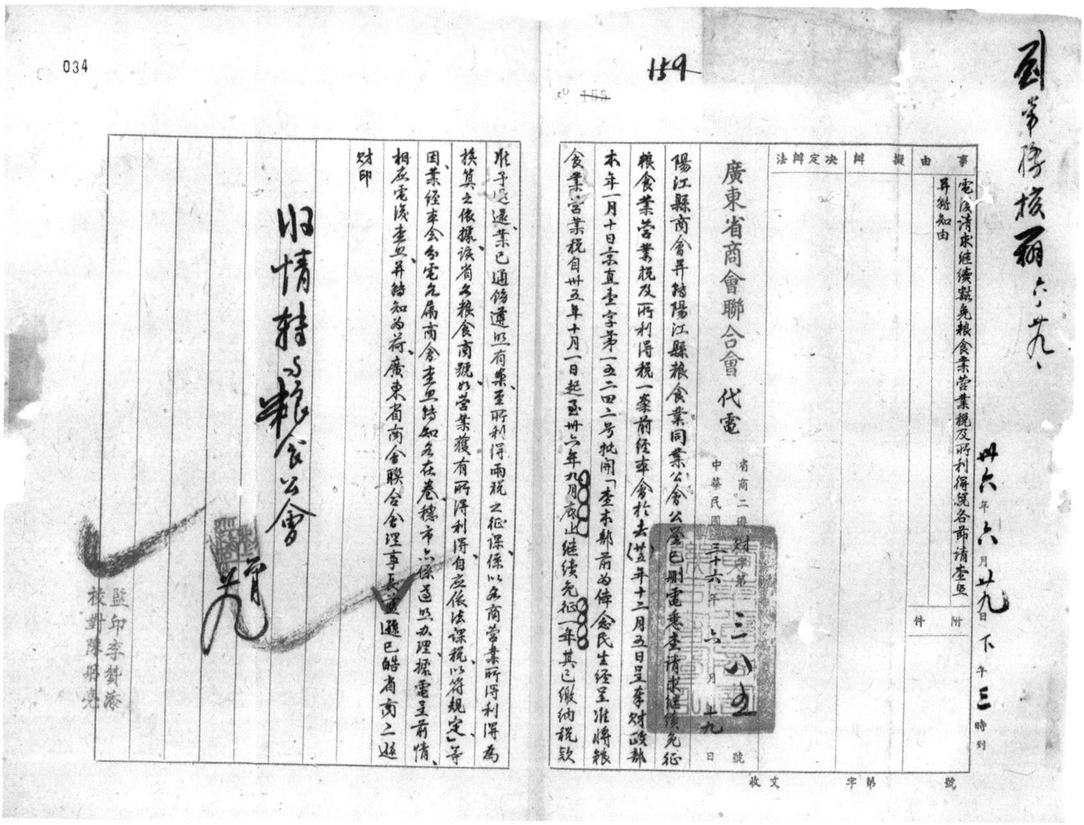
159
155
034

副节陈核稿　六、廿九、

事由：電復請求繼續豁免粮食業營業稅及所利得稅各節請查照并轉知由

卅六年六月廿九日下午三時到

廣東省商會聯合會代電

省商二字第三八五號　中華民國三十六年六月廿九日

陽江縣商會并轉陽江縣粮食業同業公會公鑒：巳刪電悉。查請求繼續免征粮食業營業稅及所利得稅一案，前經本會於去（卅五）年十二月五日呈奉財政部本年一月十日京直壹字第一五二四二号批開：「查本部前為体念民生，經呈准將粮食業營業稅自卅五年十月一日起至卅六年九月底止繼續免征一年，其已繳納稅款准予退還，業已通飭遵照有案。至所利得兩稅之征課，係以各商營業所得利得為核算之依據，該省各粮食商號如營業獲有所得利得，自應依法課稅，以符規定」等因。業經本會分電各屬商會查照轉知各在案。穗市亦係遵照辦理。據電呈前情，相應電復查照，并轉知為荷。廣東省商會聯合會理事長[illegible]遜巳皓省商二巡

財印

照情轉知粮食公會

監印李贊滚

校對陳炳光

收文　字第　號

524. 阳江县大来号店莫亿歧呈请县商会理事长廖永年转呈直接税局准予免缴营业税、所利得税以及财产租赁所利得税等并将以后所派各税缓征三年（1947 年 9 月 17 日）

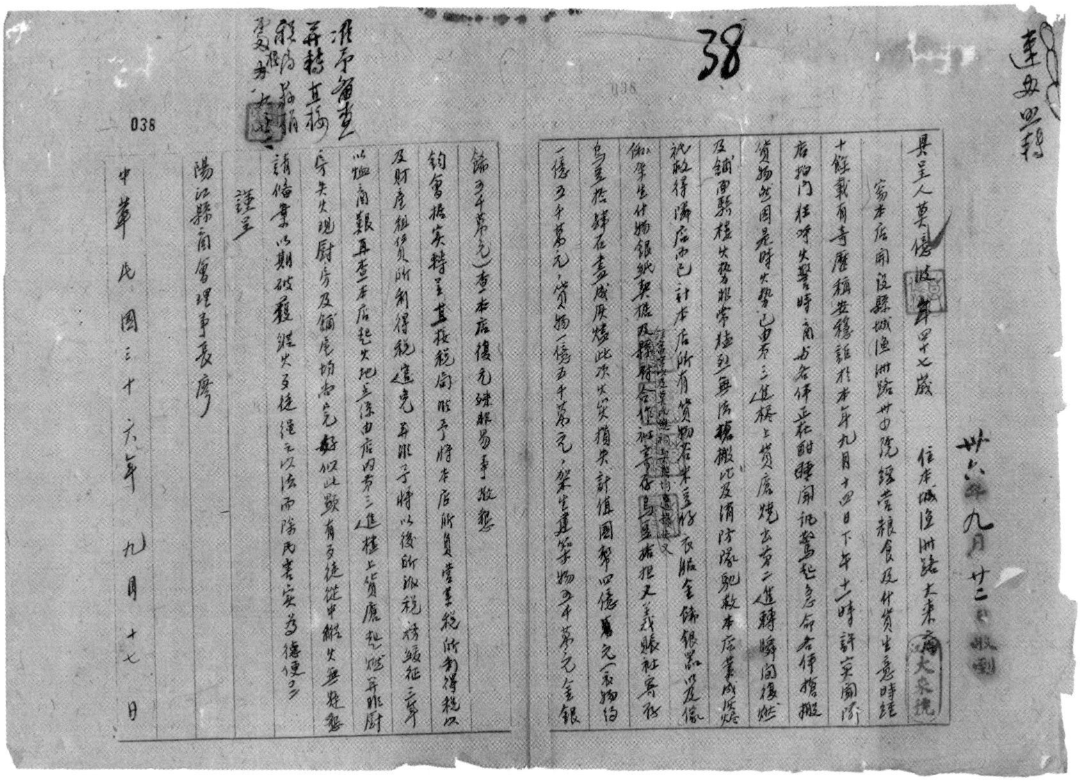

38

速要照轉

卅六年九月廿二日收到

具呈人莫億岐 年四十七歲 住本城漁洲路大來商號

竊本店開設縣城漁洲路廿四號經營糧食及什貨生意時經十餘載有奇歷積若穩詎於本年九月十四日下午十一時許突聞隣店狗門狂呼火警時商店各伴正在酣睡聞訊驚起急命各伴搶搬貨物無因是時火勢已由第三進樓上貨倉燒出第二進轉瞬間樓燃及鋪面縣樓火勢非常猛烈無法搶搬比及消防隊馳救本店業成灰燼祇能得隣店而已計本店所有貨物若米豆谷衣服金飾銀器以及傢俬傢生什物銀紙契據及縣商會合作社等存烏豆猪担又義賑社寄存烏豆等物在該店盡成灰燼此次火災損失計值國幣四億萬元（衣物約一億五千萬元、貨物一億五千萬元、傢生建築物五千萬元、金銀飾五千萬元）查本店復元殊非易事哀懇

鈞會據實轉呈直接稅局准予將本店所負營業稅所利得稅以及財產租賃所利得稅進免並准予將以後所派稅務緩征三年以恤商艱再查本店起火地点係由店內第三進樓上貨倉起燃並非厨房失火現厨房及鋪尾均尚完好似此顯有歹徒從中縱火無疑懇

請備案以期破獲縱火歹徒繩之以法而除民害實為德便之至

謹呈

陽江縣商會理事長廖

中華民國三十六年九月十七日

准予備查并轉直接稅局核辦 廖永年

038

525. 阳江县商会函请县税捐稽征处查照存信店等未开业准予免缴 4、5 月份营业税（1949 年 8 月 21 日）

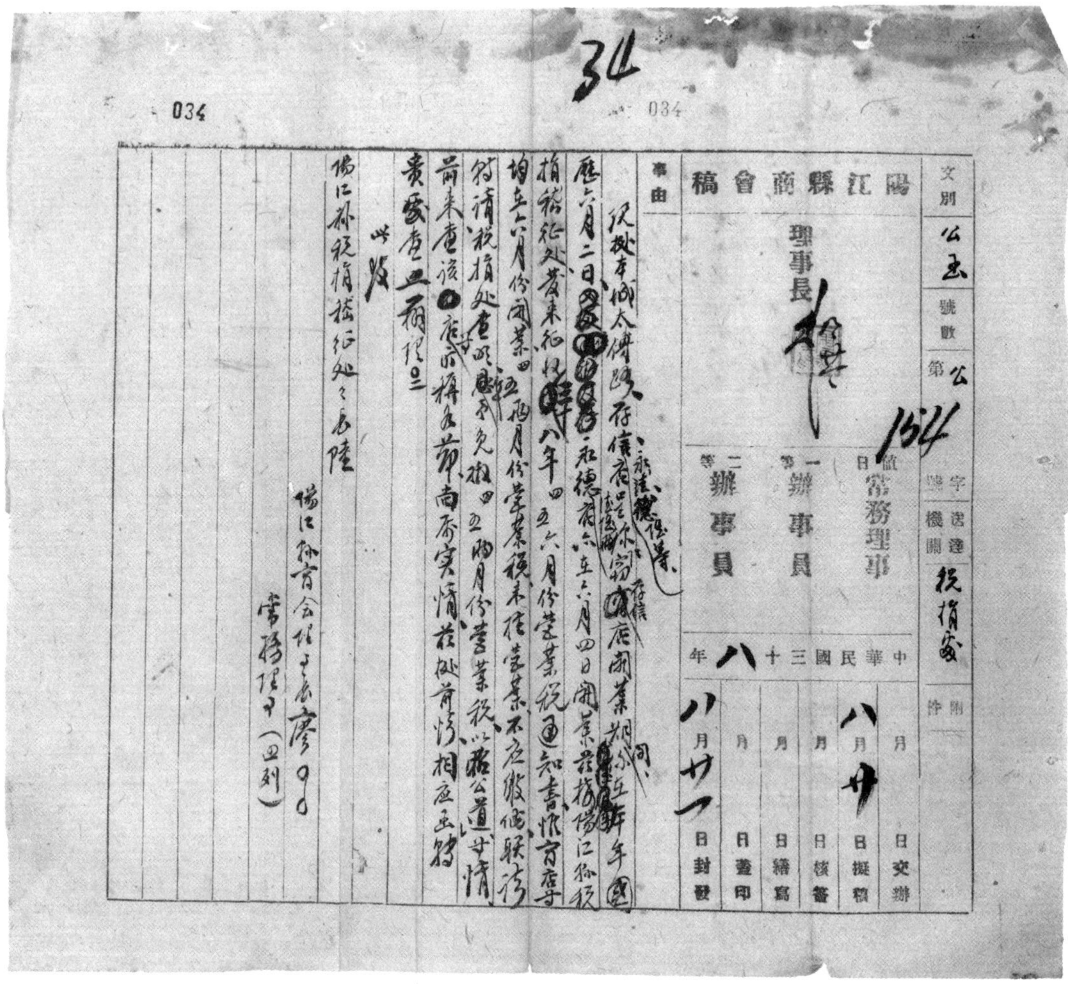

034

34

陽江縣商會稿

文別：公函

號數：第公1514

字號

送達機關：税捐处

附件

理事長

值日常務理事

一等辦事員

二等辦事員

事由

迳据本城太傅路存信、永注、德隆等店于本年六月二日、和德店亦在六月四日开业，并据阳江县税捐稽征处发来征收卅八年四、五、六月份营业税通知书饬店等均在六月份开业，四、五两月份营业税未经营业不应缴纳，联请转请税捐处查照豁免缴四、五两月份营业税，以维公道等情前来。查该店系本年六月开业，商号实情，兹据前情，相应函请贵处查照办理。

此致

阳江县税捐稽征处处长陆

阳江县商会理事长廖○○

常务理事（四列）

中華民國三十八年

八月廿日擬稿

八月廿一日封發

交辦　核簽　繕寫　蓋印

（六）呈请减免所利得税

526. 广东区直接税局阳江分局致函阳江县商会主席林洁予关于专营谷米商店之所利得税、营业税暂予缓征的公函（1942 年 11 月 10 日）

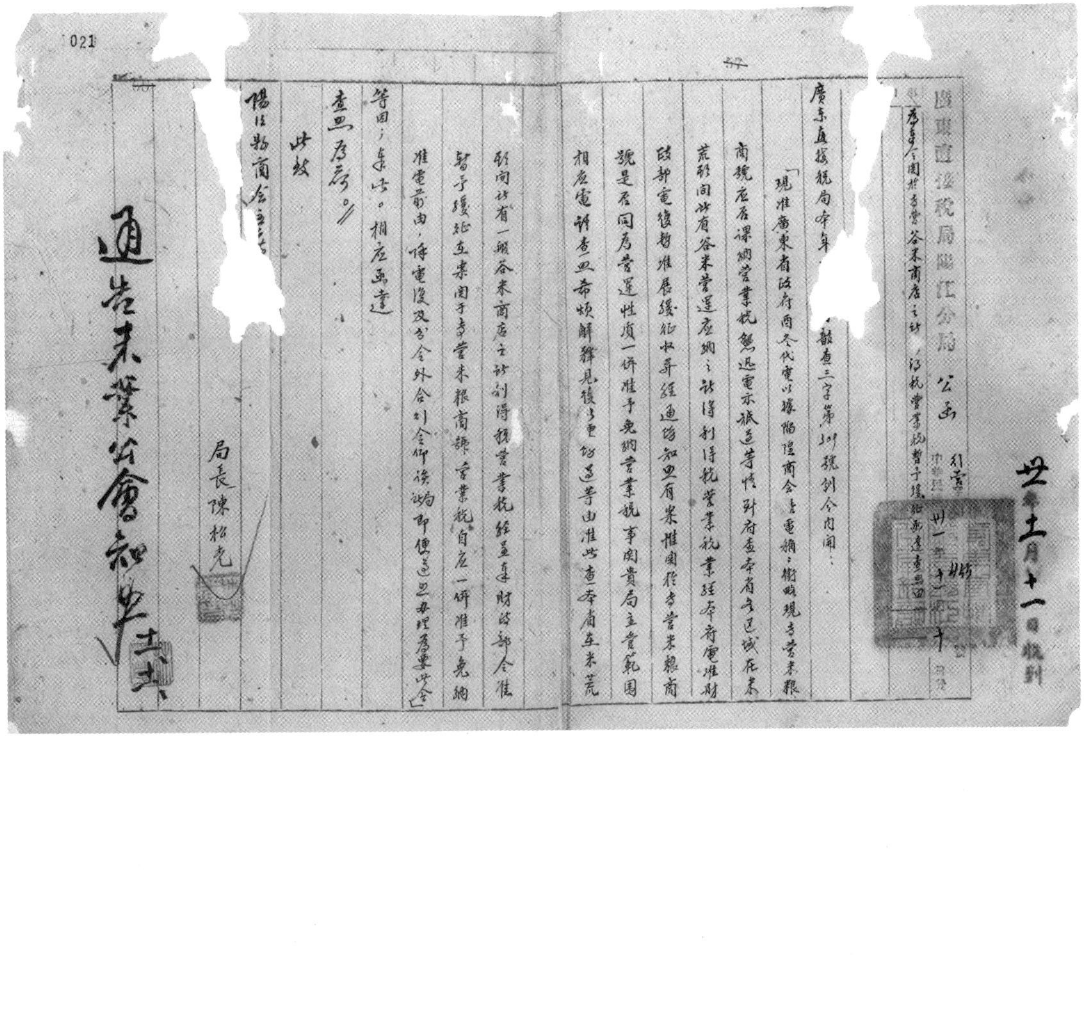

廣東直接稅局陽江分局 公函

527. 阳江县木业同业公会常务理事杨裕雄等报告各行商店迭遭敌寇抢取货物损失甚巨呈请县商会转呈财政部豁免 1945 年度所利得等税（1946 年 8 月）

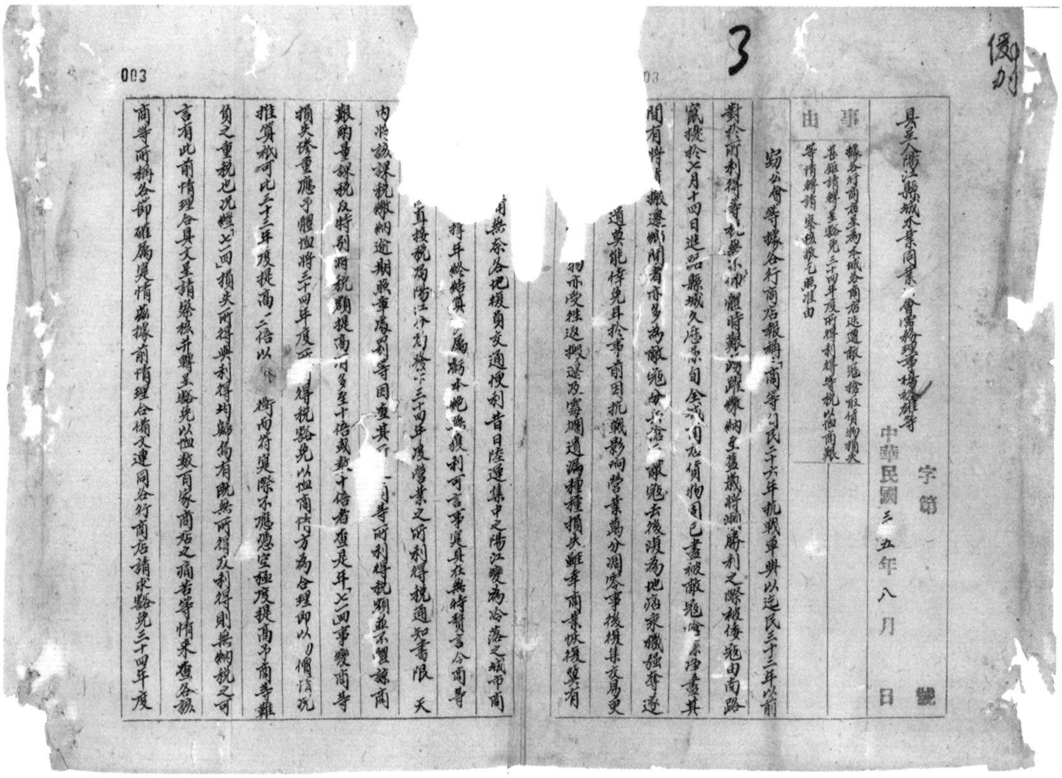
具呈人陽江縣城木業同業公會常務理事楊裕雄等

事由：據各行商店呈為本城各商店迭遭敵寇搶取貨物損失甚鉅請轉呈豁免三十四年度所得利得等稅以恤商艱等情轉請　鑒核救乞照准由

字第　號

中華民國三十五年八月　日

竊公會等據各行商店報稱：「商等自民二十六年抗戰軍興以迄民三十三年以前對於所利得等稅無不恪遵，時繳踴躍輸納，至蓋藏將竭，勝利之際，被倭寇由南路竄擾，於七月十四日進踞縣城，久歷兩旬，全城商店貨物已盡被敵寇搶掠淨盡，其間有將[illegible]搬遷鄉間者，亦多為敵寇[illegible]，敵寇去後復為地痞流氓強奪，遂道莫能倖免，且於事前因抗戰影響，營業萬分凋零，事後復集交易，更物亦受[illegible]，迄搬遷及零碎遺漏種種損失，雖幸商業恢復，莫有[illegible]無奈各地復員交通便利，昔日陸運集中之陽江變為冷落之城市，商[illegible]將年終結算，屬於本地無獲利可言，事實具在，無待贅言。今商等[illegible]直接稅局陽江分局於三十四年度營業之所利得稅通知書限　天內將該課稅繳納，逾期照章處罰等因，查其[illegible]商等所利得稅額並不照該商艱難量課稅，及特別將稅額提高[illegible]多至十倍或數十倍者，查是年「七一四」事變，商等損失奇重，應予體恤，將三十四年度[illegible]得稅豁免，以恤商情，方為合理，即以[illegible]價情況推算，祇可比三十三年度提高一二倍以下，衡而符實際，不應憑空極度提高，予商等難負之重稅也。況經「七一四」損失，所得與利得均歸烏有，既無所得及利得，則無納稅之可言。有此前情，理合具文呈請察核，并轉呈豁免，以恤數百家商店之痛苦」等情。來查各該商等所稱各節確屬實情，茲據前情，理合備文，連同各行商店請求豁免三十四年度

04

4

004

所得利得等稅申請書乙份轉呈

鈞局鑒核懇請照本市損失實情將三十四年度所利得稅豁免征收以恤商艱實叨

公便！

謹呈

財政部廣東區直接稅局陽江分局長黃

附呈各行商店申請書乙份

陽江縣織木業同業公會常務理事楊□雄

油糖業同業公會常務理事劉繼湖

洋貨業同業公會常務理事梁偉業

葵絲業同業公會常務理事麥兆珍

故衣業同業公會常務理事劉開添

首飾業同業公會常務理事陳耀濤

山貨土產蔬菜業同業公會常務理事陳光翰

國藥業同業公會常務理事何劍安

西藥業同業公會常務理事賴遠塵

五金電料業同業公會常務理事馮厚宏

鞋業同業公會常務理事陳立勳

糕餅業同業公會常務理事鄭少炳

線香業同業公會常務理事阮英港

缸瓦業同業公會常務理事黎超凡

005　5

磚瓦石灰業同業公會常務理事林文洋

漆器業同業公會常務理事黄秋樓

粮食業同業公會常務理事莫億波

茶楼飯店業同業公會常務理事沙英詞

旅業同業公會常務理事柳君遜

綢布業同業公會常務理事林文超

528. 阳江县商会向广东区直接税局阳江分局函转忠信店请取消所利得税（1946 年 9 月 3 日）+ 附：阳江县忠信店司理林生致县商会理事长廖永年的呈（1946 年 8 月 29 日）

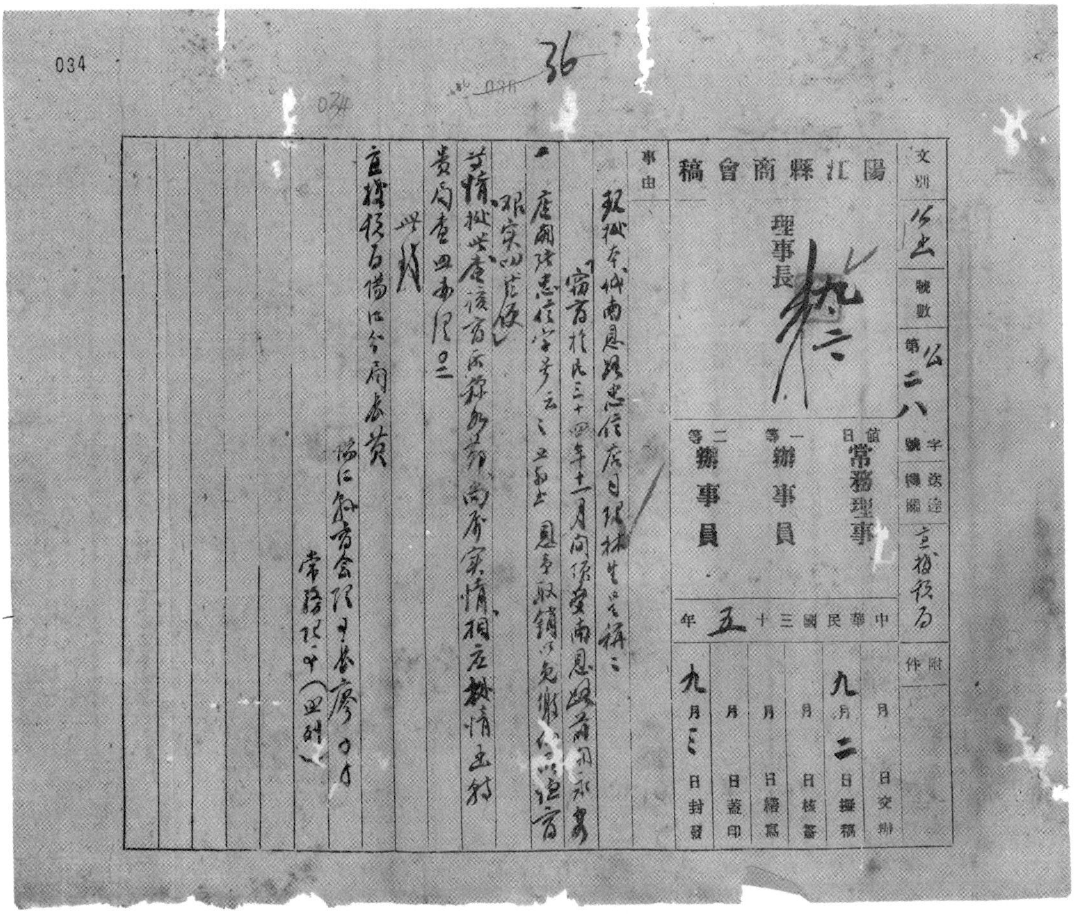

035

具呈人南恩路忠信司理林生

为小店在民三十四年十一月份开始营业，呈请证明，据情转请直接税局阳江分局，恩予免缴所利得税，以恤商艰事。窃商于民三十四年十一月间顶受南恩路前开永安店，开张忠信字号，营业土洋什货生意，即于是月（即卅四年十一月）份开始营业，往税务局核派三十四年十一、十二两月份营业税，经照缴十一月份税额一千零五百元，十二月份一千二百六十元，于本年七月十日清缴有据。昨奉直接税局本年八月八日阳住字第八八八号通知书，定小店三十四年度应纳所得税额一万五千肆百元，利得税额一万九千五百元等因。伏查小店虽于三十四年十一月起开业，有本保保公所编登之籍册可查可证。有此前情，理合具呈

钧会察核证明，据情转请直接税局阳江分局，将派小店三十四年度所利得税恩予取销，以免缴纳，而恤商艰，实叨德便。谨呈

阳江县商会理事长廖

中华民国三十五年八月二十九日

照转　九、二

卅五年八月廿九

529. 阳江县商会为本城木业同业公会等报告各行商店迭遭敌寇抢取货物损失甚巨呈请财政部将 1945 年度所利得税准予豁免（1946 年 9 月 9 日）

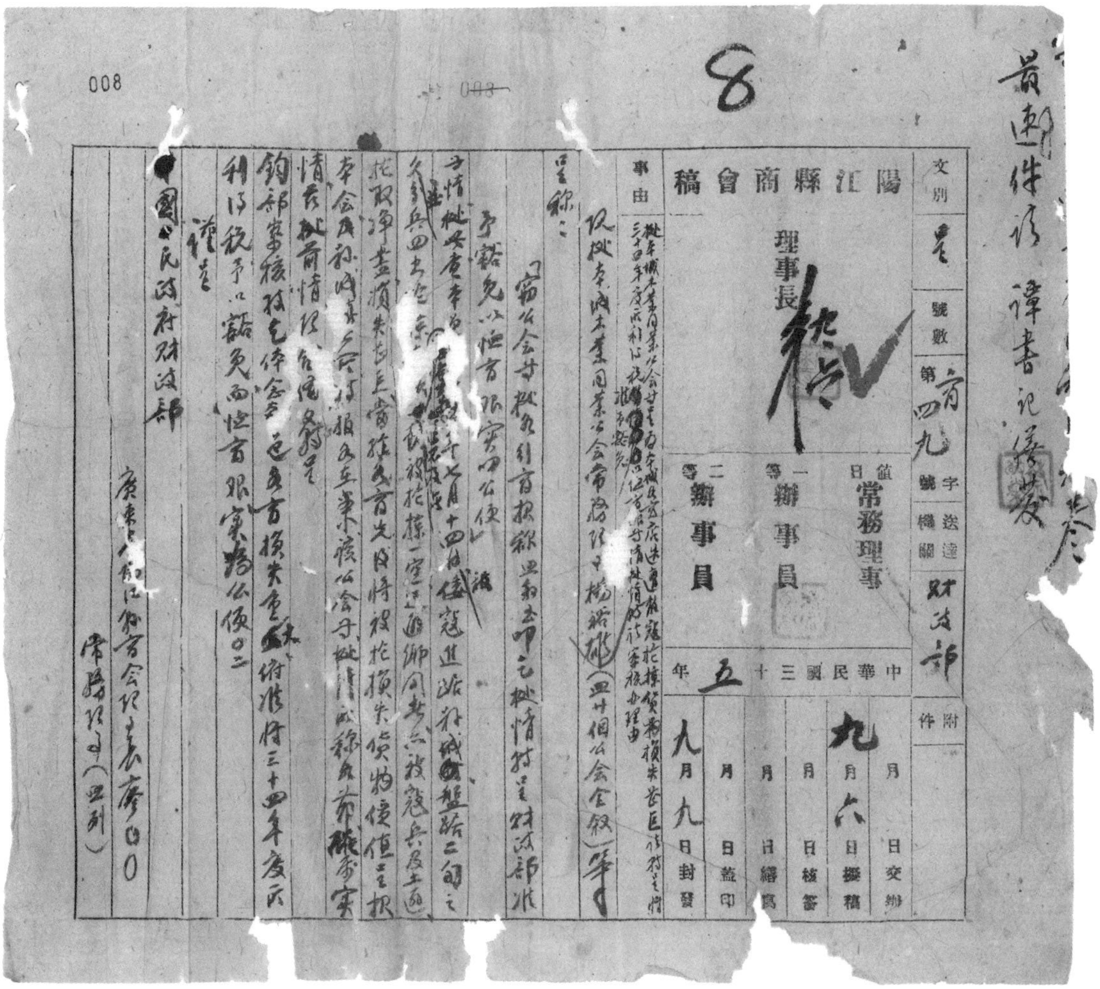

530. 阳江县所得税审查委员会关于 1945 年度所利得税额核减并再开会议决定税额函请县商会查照并转饬各商号踊跃纳税（1946 年 10 月 19 日）

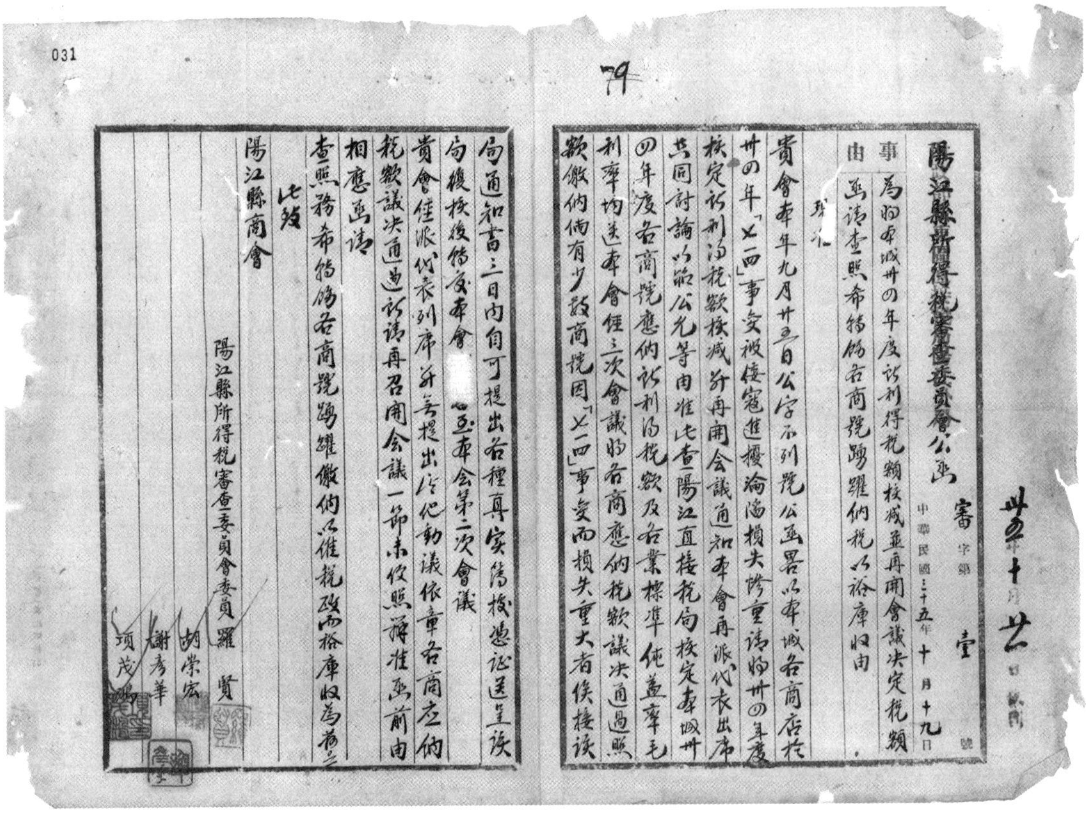

031

79

陽江縣所得稅審查委員會公函　審字第 壹 號

中華民國三十五年十月十九日

事由：為將本城卅四年度所利得稅額核減並再開會議決定稅額函請查照希轉飭各商號踴躍納稅以裕庫收由

逕准

貴會本年九月廿五日公字不列號公函略以本城各商店於卅四年「七一四」事變被倭寇進擾淪陷損失慘重請將卅四年度核定所利得稅款核減並再開会議通知本會再派代表出席共同討論以昭公允等由准此查陽江直接稅局核定本城卅四年度各商號應納所利得稅款及各業標準純益率毛利率均送本會經三次會議將各商應納稅款議決通過照數徵納倘有少數商號因「七一四」事變而損失重大者俟接該局通知書三日內自可提出各種真實簿據憑證送呈該局覆核後轉交本會至本会第二次會議

貴會推派代表列席并签提出臨時動議依章各商應納稅款議決通過後請再召開会議一節未便照辦准函前由相應函請

查照務希轉飭各商號踴躍繳納以維稅政而裕庫收為荷

此致

陽江縣商會

陽江縣所得稅審查委員會委員 羅賢 胡崇宏 謝彥華 項茂鴻

卅五十月廿日收

531. 阳江县友信店为直接税局误会估多 1945 年度所利得税呈请县商会理事长廖永年惠予证明并转请该局予以更正（1946 年 11 月 3 日）

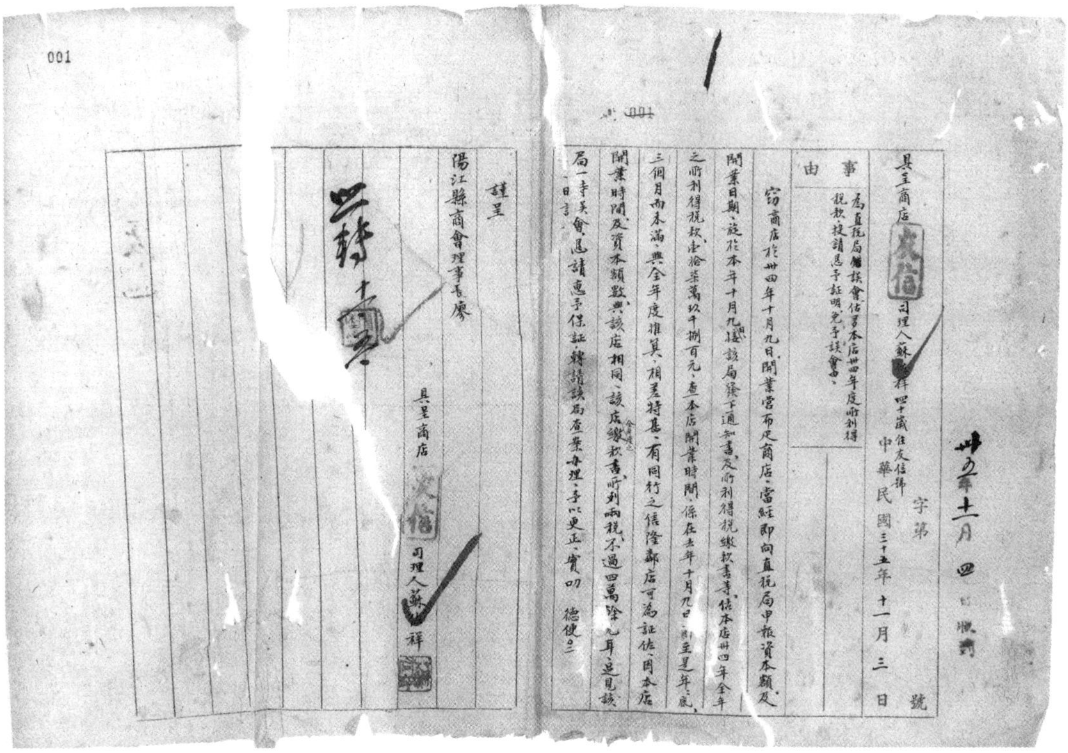
001

具呈商店 友信 司理人蘇[illegible]祥 四十歲 住友信號

字第 號

中華民國三十五年十一月三日

事由：為直稅局錯誤會估多本店卅四年度所利得稅款，投請惠予証明免予誤會由。

窃商店於卅四年十月九日開業營布疋商店，當經即向直稅局申報資本額及開業日期，旋於本年十月九日接該局發下通知書及所利得稅繳款書等，估本店卅四年全年之所利得稅款壹拾柒萬玖千捌百元。查本店開業時間，係在去年十月九日，計至是年底，三個月尚未滿，與全年度推算，相差特甚，有同行之信隆鄰店可為証佐，因本店開業時間及資本額數與該店相同，該店繳款書所列兩稅不過四萬餘元耳，足見該局一手美會，懇請惠予保証，轉請該局查案辦理，予以更正，實叨德便。

謹呈

陽江縣商會理事長廖

具呈商店 友信 司理人蘇[illegible]祥

卅五年十一月四日收到

照轉 十一月[illegible]

532. 阳江县商会关于各同业公会暨各社首分别呈以众商号 1947 年度所利得税额高低悬殊呈请广东区直接税局再行查核确切以昭公允（1947 年）

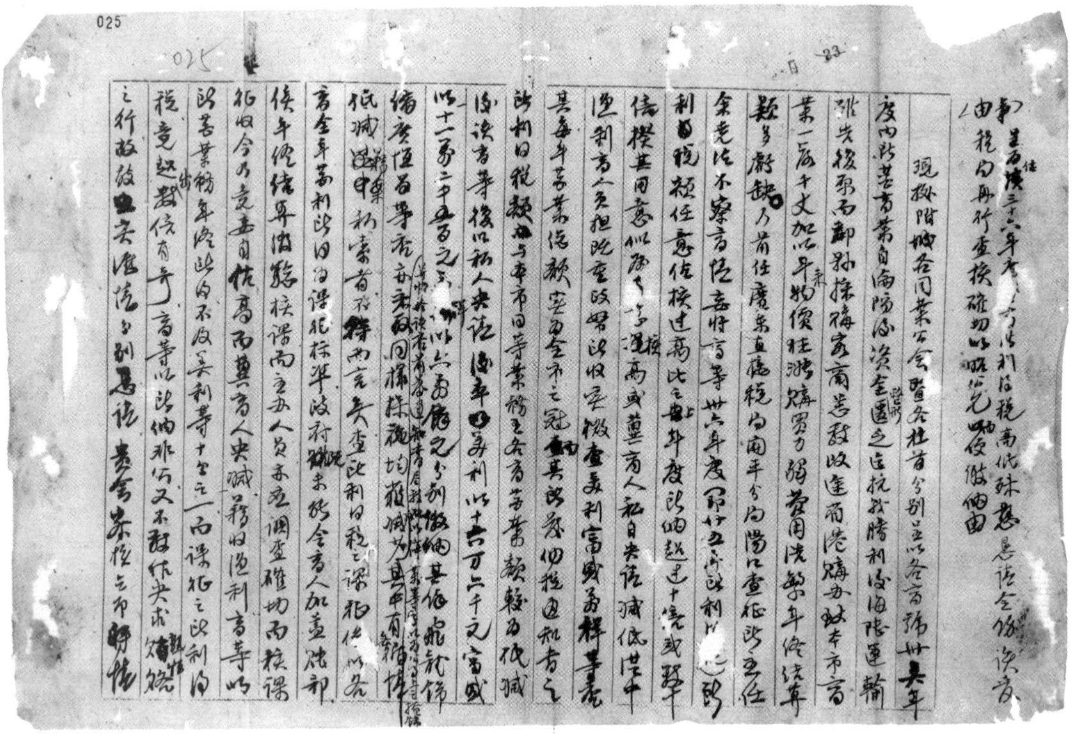

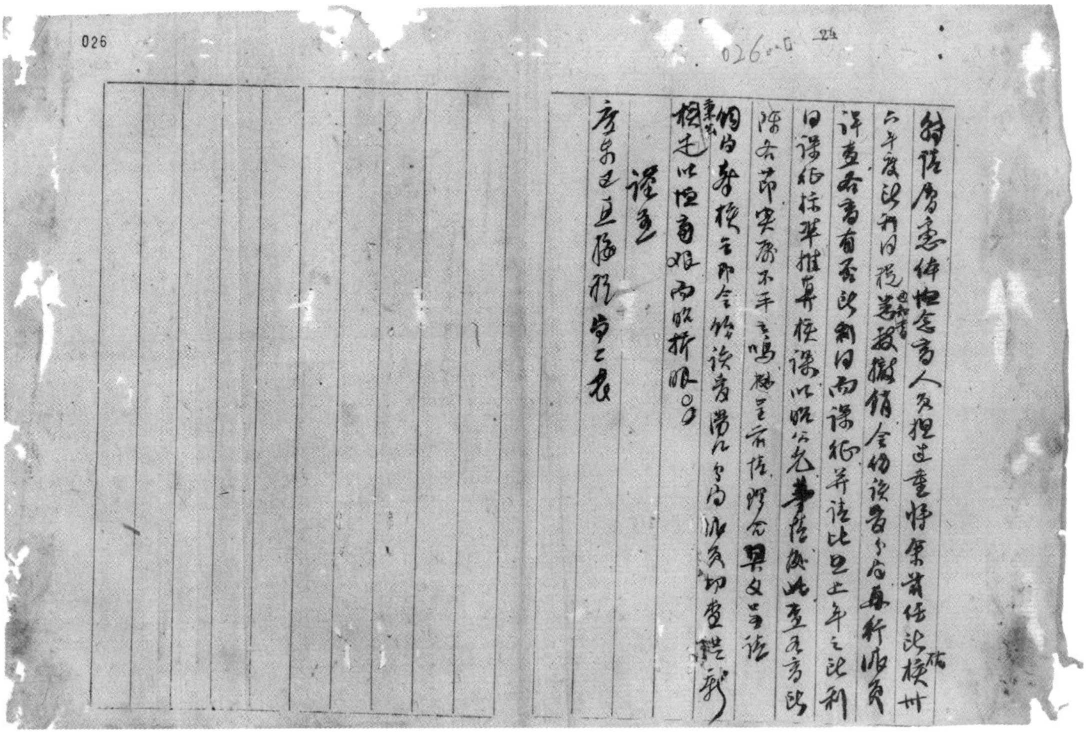
026

026

24

前据唐惠伟、陈念高人等呈控连重侨宗等估税横[illegible]
六年度税利均按照[illegible]撤销，令饬该局分局秉公办理
详查，去年营业所得税系将所得利润计算，并请比照上年之税利
均课所得税率推算核课，以昭公允。兹据该局查复称
陈各节实际不平之鸣，拟呈[illegible]令[illegible]另案[illegible]
[illegible]该局令饬该局[illegible]切实[illegible]
核定，以恤商艰而昭折服。

谨呈

广东区直接税局[illegible]局长

533. 阳江县众商店联呈广东区直接税局阳江分局准予 1947 年度所利得税照 1945 年度已缴税额加多一倍缴纳俾轻负担以恤商艰（1947 年）

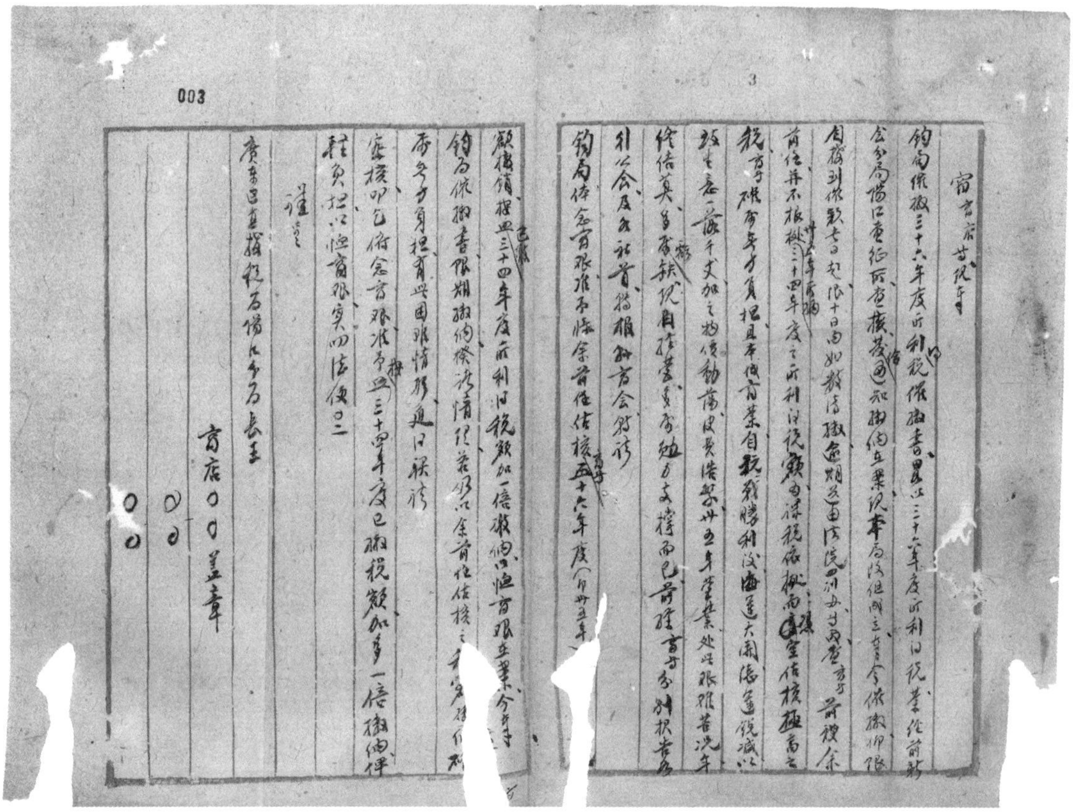

送稅局請減源利口稅商號列下
松茂號
永益昌
仁濟茶房
保元堂
益濟藥房
華豐號
麗新號
信記號
天成號
寶華號
永豐號
天祥號
織雲棧
怡和堂
永利號
益和號
祿元棧
新盛隆
榮昌號
榮豐堂
何家園
均益號
寶文軒
大榮號
振興號
麗隆號
利丁棧
同行號
姜珍號
瑞源號
順安號
許道記
江興號
成興號
錦昌號
正興昌
廣益隆
華棧號
南盛號
明星號
富記號
華盛號
金華號
三友煙房
信可安
啟興號
廣泰成
德盛號
英昌號
天得堂
銀莊館
漢美昌
漢榮號
品玉號
廣志成
張潤記
安泰號
永興號
鹿鳴號
麗生號
佑元堂
杏棧號
桃園號
就記號
永盛隆
瑞茂齋
一品香
野珍號
華豐號
馥珍號
中和號
平安茶局
陳昌糧店
光緒 漆
榮安號
錦彩號
宏泰號
聯昌店

534. 广东省商会联合会关于收复区免征 1945 年度所利得税情形致阳江县商会的代电（1947 年 3 月 22 日）

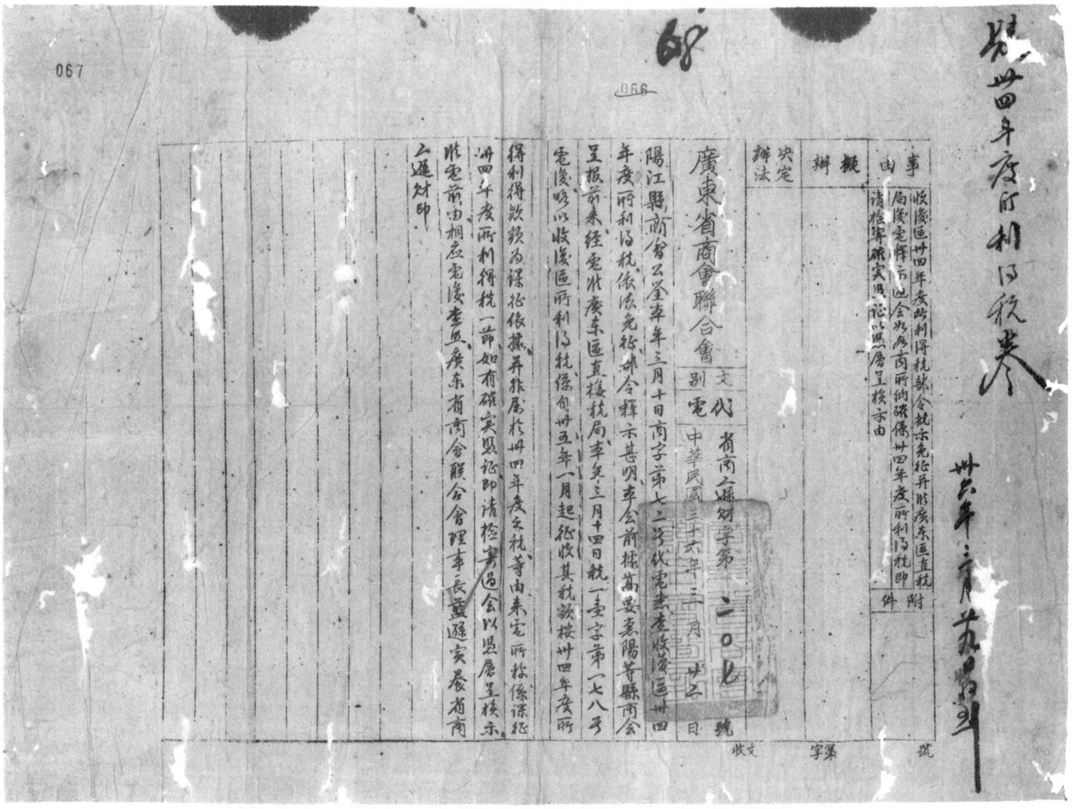
广東省商會聯合會
代電
省商二過財字第二〇七號
中華民國三十六年三月廿二日

事由：收復區卅四年度所利得稅，部令就示免征，并據廣東區直稅局復電釋示，函全系為商所納確係卅四年度所利得稅，即請檢寄確實憑證以憑層呈核示由

陽江縣商會公鑒：本年三月十日商字第七二號代電奉悉。查收復區卅四年度所利得稅，依法免征，并經令釋示甚明。本會前據高要、惠陽等縣商會呈報前來，經電准廣東區直接稅局本年三月十四日稅一壹字第一七八號電復略以：收復區所利得稅係自卅五年一月起征收，其稅款按卅四年度所得利得款額為課征依據，并非屬於卅四年度之稅。等由，來電所指係課征卅四年度所利得稅一節，如有確實憑證，即請檢寄過會，以憑層呈核示。准電前由，相應電復，查照。廣東省商會聯合會理事長藍遜實叩。二過財印

535. 广东省商会联合会关于营利事业所利得税请求减税、免税、缓征、缓缴等办法电请各县市镇商会查照并饬知各行商（1947 年 4 月 11 日）

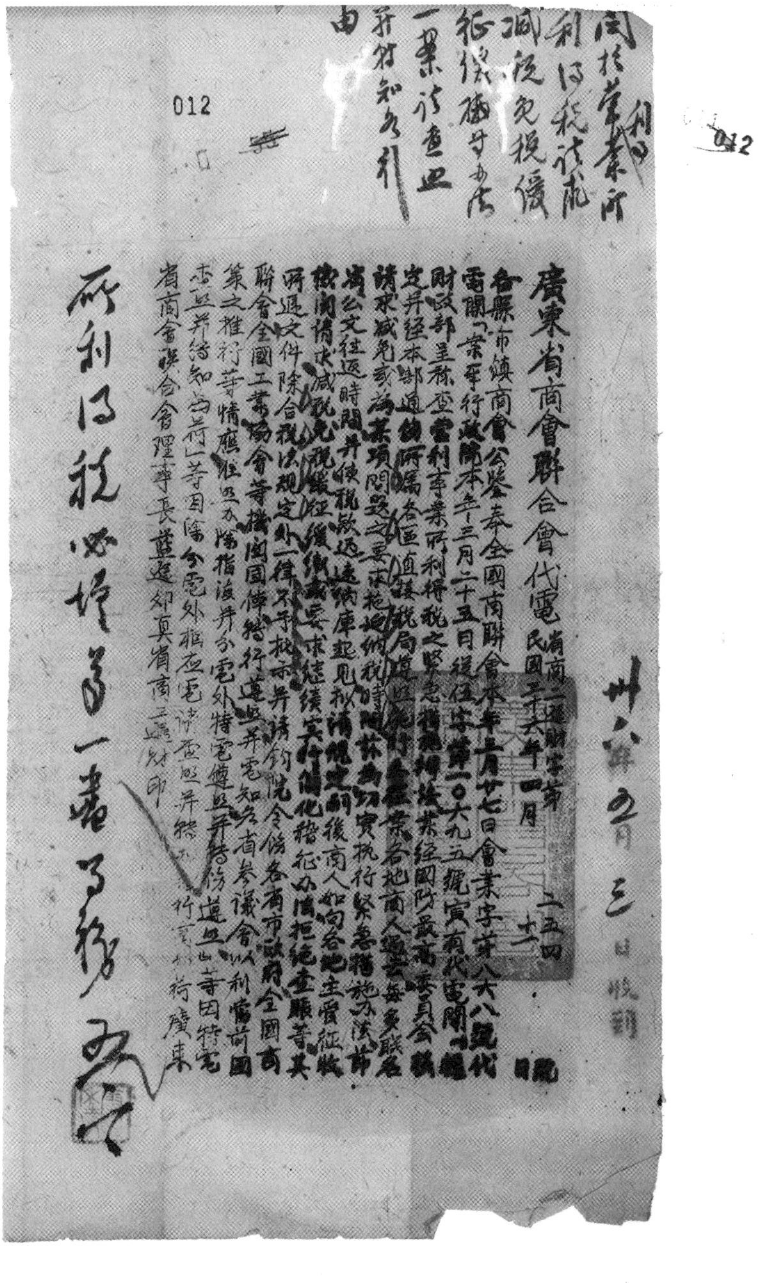

关于营业所利得税请求减税免税缓征缓缴办法一案请查照并饬知各行由

012

廣東省商會聯合會代電 省商(二)運財字第二五四號 民國三十六年四月十一日

各縣市鎮商會公鑒：奉全國商聯會本年三月廿七日會業字第八六八號代電開：「案奉行政院本年三月二十五日從任字第一〇六九五號寅有代電開：『據財政部呈稱：查營利事業所利得稅之緊急措施辦法，業經國防最高委員會核定，并經本部通飭所屬各區直接稅局遵照施行。各地商人選多聯名請求減免或為某項問題之要求，拖延納稅時間，為切實執行緊急措施辦法，節省公文往返時間并使稅款迅速繳庫起見，擬請規定嗣後商人如向各地主管征收機關請求減稅、免稅、緩征、緩繳，要求繼續實行簡化稽征，以及拒絕查賬等其所遞文件，除合稅法規定外，一律不予批示，并請鈞院令飭各省市政府、全國商聯會、全國工業協會等機關團體轉行遵照，并電知各省參議會，以利當前國策之推行等情，應准照辦，除指復并分電外，特電遵照，并轉飭遵照』等因，特電查照，并轉知為荷」等因，除分電外，相應電請查照，并轉行遵照為荷。廣東省商會聯合會理事長蔡遐卯真省商(二)運財印

卅六年四月十三日收到

536. 阳江县城旅业等同业公会报告 1947 年度所利得税额过高联呈县商会理事长廖永年转呈广东区直接税局开平分局核减税额（1947 年 7 月）

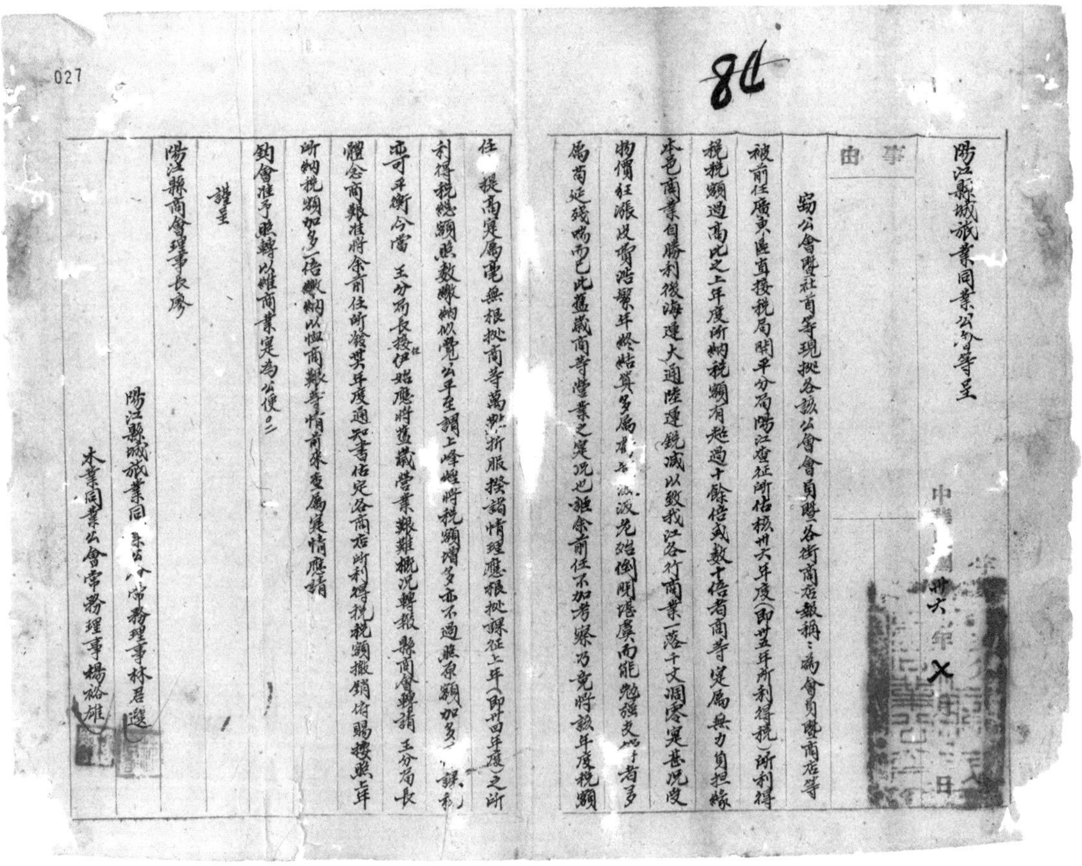
027

84

陽江縣城旅業同業公會等呈

事由

竊公會暨社首等現據各該公會會員暨各街商店報稱：商會員暨商店等被前任廣東區直接稅局開平分局陽江查征所估核卅六年度（即卅五年所利得稅）所利得稅稅額過高，比之上年度所納稅額有超過十餘倍或數十倍者，商等寔屬無力負担。緣本邑商業自勝利後海運大通，陸運銳減，以致我江各行商業一落千丈，凋零寔甚。況復物價狂漲，皮貨滯塞，年終結算多屬虧折，或汲汲先始倒閉，迭虞而能勉強支持者多屬苟延殘喘而已。此舊歲商等營業之寔況也。詎余前任不加考察，乃竟將該年度稅額任意提高，寔屬毫無根據，商等萬難折服。按諸情理，應根據課征上年（即卅四年度）之所利得稅總額照數繳納，似覺公平。至謂上峰將稅額增多，亦不過照原額加多一、二成，尚可平衡。今當王分局長接任伊始，應將舊歲營業艱難概況轉報縣商會轉請王分局長體念商艱，准將余前任所發卅五年度通知書估定各商店所利得稅稅額撤銷，俯賜按照上年所納稅額加多一倍繳納，以恤商艱等情前來。查屬寔情，應請

鈞會准予照轉，以維商業，寔為公便。

謹呈

陽江縣商會理事長廖

陽江縣城旅業同業公會常務理事林君選

木業同業公會常務理事楊裕雄

中華民國卅六年七月　日

028

85

葵蔴業同業公會常務理事麥永珍

烟布業同業公會常務理事林文

故衣業同業公會常務理事劉閔添

首飾業同業公會常務理事陳耀濤 押

土雜貨什業同業公會常務理事陳光翰 押

國藥業同業公會常務理事陳國安

西藥業同業公會常務理事賴逸庭

五金電料業同業公會常務理事馮厚芸

鞋業同業公會常務理事陳立勳

糕餅業同業公會常務理事鮑少炳 押

綫香業同業公會常務理事阮英泯

缸瓦業同業公會常務理事黎超凡

磚灰石灰業同業公會常務理事林文洋 押

漆器業同業公會常務理事黃樹棠

糧食業同業公會常務理事莫億濃

茶樓飯店業同業公會常務理事沙英詞

油糖業同業公會常務理事劉經湖

陶瓷業同業公會常務理事譚宏澤

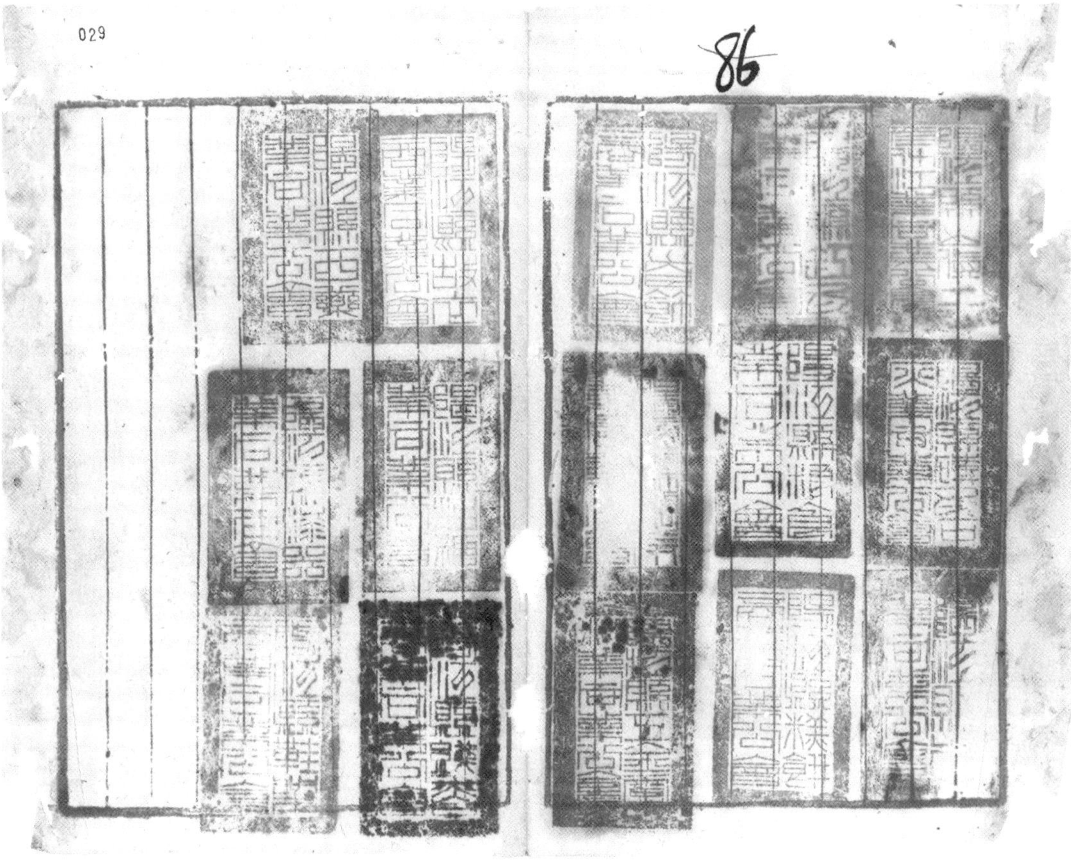
029
86

537. 广东区直接税局阳江分局为 1947 年度所利得税高低悬殊再请核减函复阳江县商会（1947 年 8 月 30 日）

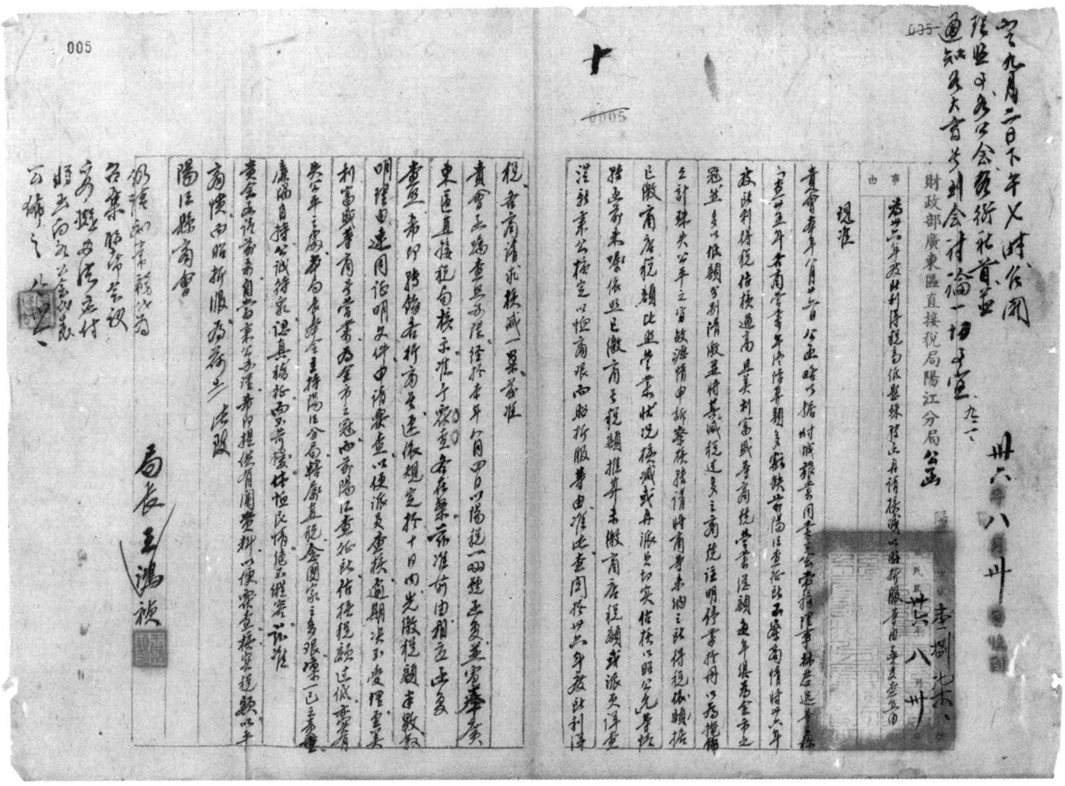
財政部廣東區直接稅局陽江分局公函

538. 国民政府财政部电复阳江县商会豁免 1945 年度所利得税依法不合（1947 年 9 月 30 日）

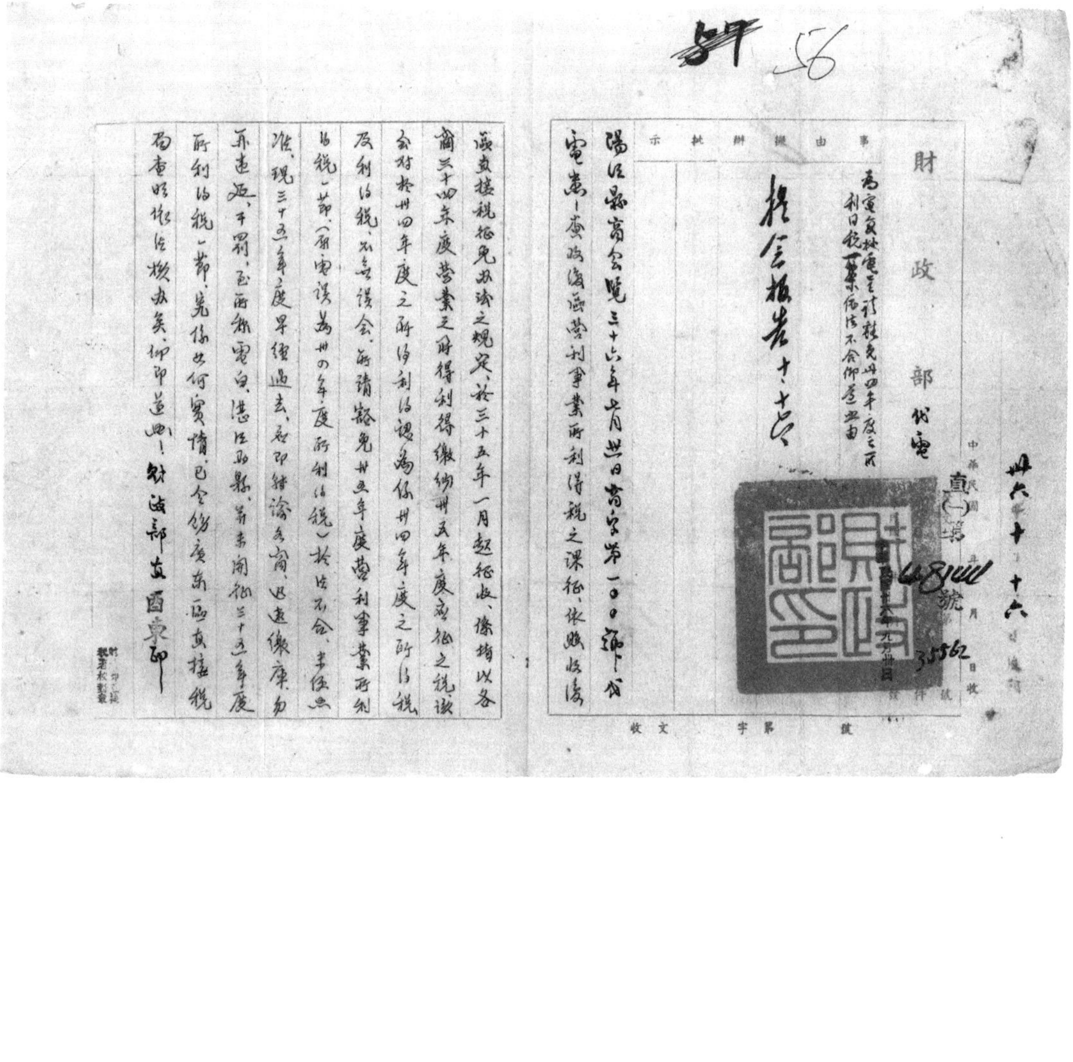
财政部代电

事由：为电复所请豁免卅四年度之所利得税一案依法不合仰遵照由

批示：转会核存　十、十六

阳江县商会览：三十六年七月卅日商字第一〇〇号代电悉。查政府复员后营利事业所利得税之课征，依照战后直接税征免办法之规定，于三十五年一月起征收，系指以各商三十四年度营业之所得利得缴纳卅五年度应征之税。该会对于卅四年度之所得利得误为系卅四年度之所得税及利得税，不无误会。所请豁免卅五年度营利事业所利得税一节（原电误为卅四年度所利得税）于法不合，未便照准。现三十五年度早经过去，希即转谕各商，迅速缴库，勿再延迟，干罚。至所称电白、阳江两县，前未开征三十五年度所利得税一节，究系如何实情，已令饬广东区直接税局查明依法核办矣，仰即遵照！财政部直酉东印

539. 广东省商会联合会关于呈请取消行商所利得税一案电各县市镇区商会查照并饬所属知照（1947 年 10 月 16 日）

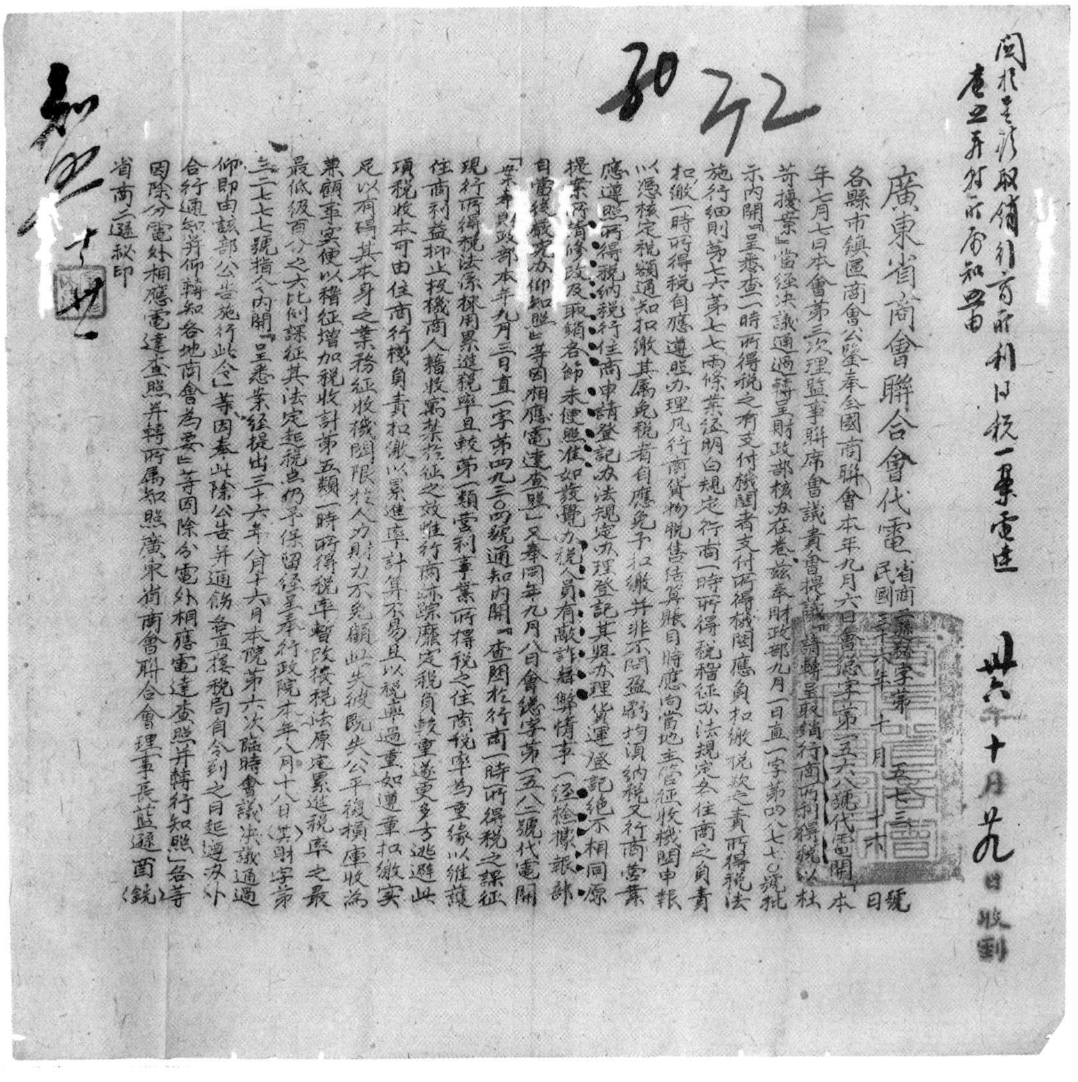

关于呈请取销行商所利得税一案电达查照并饬所属知照由

卅六年十月廿九日收到

廣東省商會聯合會代電 省商三聯字第七五三號 民國三十六年十月 日

各縣市鎮區商會公鑒：奉全國商聯會本年九月六日會總字第一五六八號代電開：「本年七月七日本會第三次理監事聯席會議，貴會提議：請轉呈取銷行商所得稅以杜苛擾案，當經決議通過，轉呈財政部核办在卷。茲奉財政部九月一日直一字第四八七七〇號批示內開：『呈悉。查一時所得稅之有支付機關者，支付所得機關應負扣繳稅款之責，所得稅法施行細則第七六、第七七兩條業經明白規定。行商一時所得稅稽征办法規定各住商之負責扣繳一時所得稅，自應遵照办理。凡行商貨物脫售結算賬目時，應向當地主管征收機關申報，以憑核定稅額，通知扣繳。其屬免稅者，自應免予扣繳，並非不問盈虧均須納稅。又行商營業應遵照所得稅納稅行住商申請登記办法規定办理登記，其與办理貨運登記絕不相同。原提案所請修改及取銷各節，未便照准。如發覺办稅人員有敲詐舞弊情事，經檢舉報部，自當從嚴究办。仰知照』等因，相應電達查照」。又奉同年九月八日會總字第一五八二號代電開：「案奉財政部本年九月三日直一字第四九三〇四號通知內開：『查關於行商一時所得稅之課征，現行所得稅法係採用累進稅率，且較第一類營利事業所得稅之住商稅率為重，緣以維護住商利益，抑止投機商人藉收寓禁於征之效。惟行商行蹤靡定，稅負較重，遂更多方逃避。此項稅收本可由住商行棧負責扣繳，以累進率計算不易，且以稅率過重，如遵章扣繳，實足以有礙其本身之業務，征收機關限於人力財力，不免顧此失彼，既失公平，復損庫收。為兼顧事實，使以稽征增加稅收，對第五類一時所得稅率暫改按稅法原定累進稅率之最最低級百分之六比例課征，其法定起稅點仍予保留，經呈奉行政院本年八月十八日（卅財字第三二七七號）指令內開：「呈悉，案經提出三十六年八月十六日本院第六次臨時會議決議通過，仰即由該部公告施行。此令」等因。奉此，除公告并通飭各直接稅局自令到之日起遵办外，合行通知，并仰轉知各地商會為要』等因。除分電外，相應電達查照，并轉行知照」各等因。除分電外，相應電達查照，并轉所屬知照。廣東省商會聯合會理事長藍遜酉（銑）

省商二遜 秘印

知照 十廿

（七）呈请减免其他税捐

540. 阳江县商会函请阳江查验站将查抽各商购运货物手续费详为解释（1942 年 2 月 20 日）

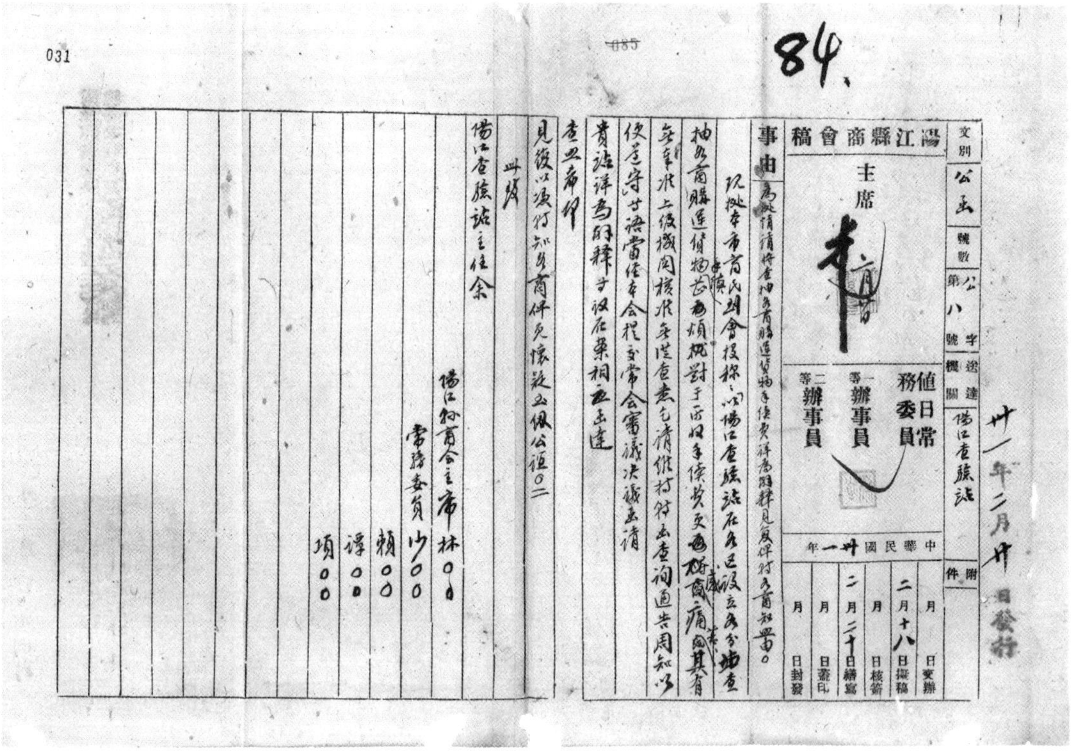

031

85

84.

陽江縣商會稿

文别：公函

號數：第八號

送達機關：陽江查驗站

主席

值日常務委員

一等辦事員

二等辦事員

中華民國卅一年

二月十八日擬稿　二月二十日繕寫

事由：為函請將查抽各商購運貨物手續費詳為解釋見復俾轉知各商知照由

現據本市商民到會投稱：以陽江查驗站在本區設立分站查抽各商購運貨物，每每增加手續，對于所收手續費又無標準，痛苦莫名，務懇轉請上級機關核准，並從寬查驗，並請依照特予查詢，通告周知，以便各商遵守等語。當經本會提交常會審議，決議函請貴站詳為解釋，並將收費標準函達查照，見復，以便轉知各商，俾免懷疑，至紉公誼。此致

陽江查驗站主任余

陽江縣商會主席林〇〇

常務委員少〇〇

賴〇〇

譚〇〇

項〇〇

卅一年二月廿日發行

541. 阳江查验站函复阳江县商会解释查抽各商购运货物手续费并转饬各商务须依章报验（1942 年 2 月 24 日）

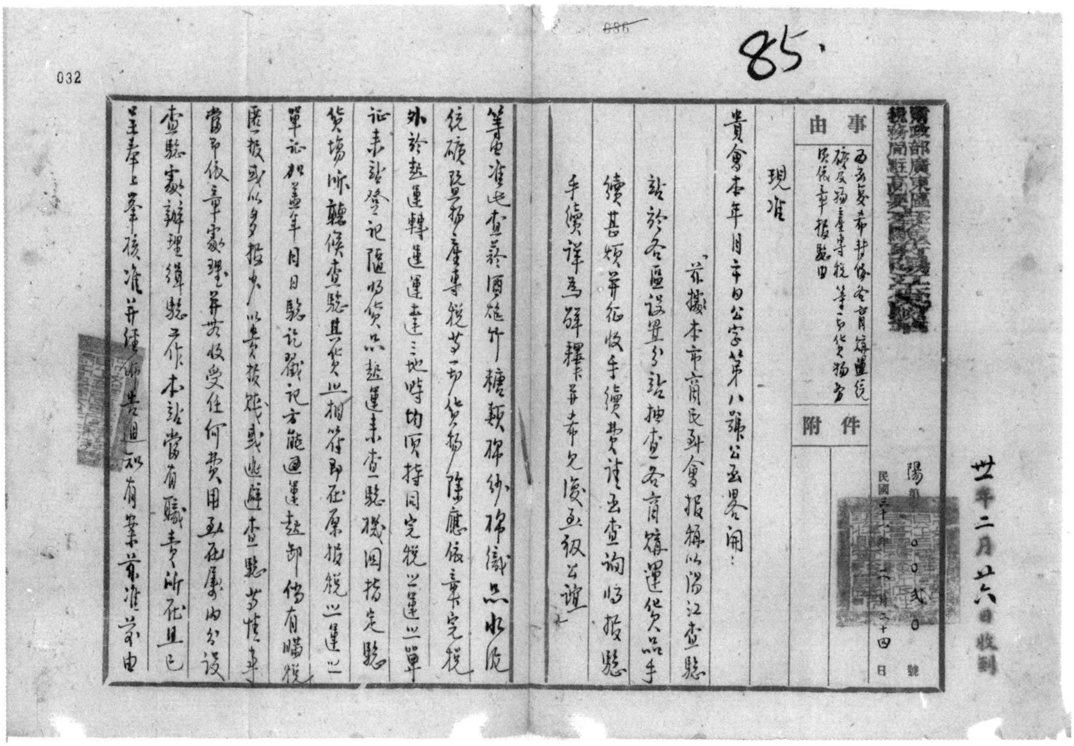

事由：函復貴會抽查各商購運貨物手續費並轉飭各商務須依章報驗由

附件

陽字第〇〇弍〇號

民國三十一年二月二十四日

卅一年二月廿六日收到

現准
貴會本年二月廿日公字第八號公函略開：
"案據本市商民到會報稱以陽江查驗
站於各區設置分站抽查各商購運貨品手
續甚煩并征收手續費請函查詢明報驗
手續詳為解釋并希見復為級公誼"
等由准此查菸酒火柴竹糖麵粉棉紗棉織品水泥
統稅品及專稅等一切貨物除應依章完稅
外於起運轉運運達之地時均須持同完稅之運照單
證來站登記隨將貨品起運來查驗機關指定驗
貨場所聽候查驗其貨品相符即在原發稅之運照
單證加蓋年月日驗訖戳記方能通運起卸倘有瞞稅
匿報或以多報少以貴報賤或逃避查驗者情事
當即依章處理并未收受任何費用至在屬內分設
查驗處辦理緝驗亦本站當有職責所在且已
呈奉上峰核准并經函知貴會有案茲准前由

033

86

033

相應函復，即煩

查照并轉飭各商關於填運統稅及物產專稅

等產貨物於起運時，運單運達之地時，務須依章

填備完稅後運之單，記挑同貨物報請查驗，以維

章制，實級公誼。

此致

陽江縣商會主席林

陽江查驗站主任余健臣

542. 阳江县怡泰荣张波为迭遭变故停业日久呈请县商会主席林洁予转请阳江税务局准将税款核免（1942 年 2 月 24 日）

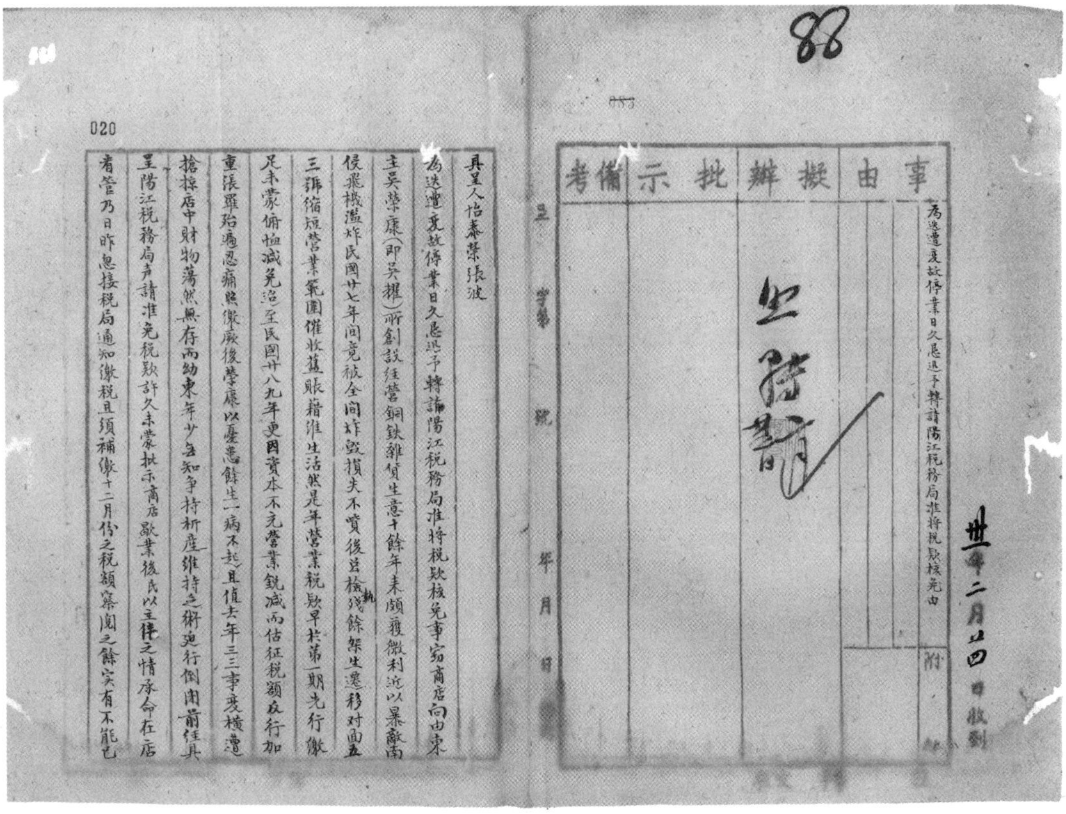
88

事由：為迭遭變故停業日久懇迅予轉請陽江稅務局准將稅款核免由

擬辦

批示

備考

卅一年二月廿四日收到

呈 字第 號 年 月 日

020

具呈人怡泰榮張波

為迭遭變故停業日久懇迅予轉請陽江稅務局准將稅款核免事竊商店向由東主吳榮康（即吳耀）所創設經營銅鐵雜貨生意十餘年來頗獲微利近以暴敵南侵飛機濫炸民國廿七年間竟被全間炸毀損失不貲後並檢執殘餘架生遷移對面五三號縮短營業範圍催收舊賬藉維生活然是年營業稅款早於第一期先行繳足未蒙俯恤減免迨至民國廿八九年更因資本不充營業銳減而估征稅額反行加重張羅殆遍忍痛照繳厥後榮康以憂患餘生一病不起且值去年三三事變橫遭搶掠店中財物蕩然無存而幼東年少無知爭持析產維持乏術迫行倒閉前經具呈陽江稅務局聲請准免稅款許久未蒙批示商店歇業後民以主僕之情承命在店看管乃日昨忽接稅局通知繳稅且須補繳十二月份之稅額寡閱之餘實有不能已

89

021

杜言者良以商店一經呈報停業即可准免稅款固為營業稅章所明定商店既已停業在先實無再行繳稅之義務且商東故迭生連續受敵損害卒致虧折過甚無力復業此中苦況倍覺堪憐揆諸事理人情亦無繼續負担稅款之必要茲以營業既難存在店內復無資產並欲遵令繳納而情勢實所不能有此緣由用特瀝情呈請

鈞會察核恩迅予轉請陽江稅務局准將稅款核免實為公便謹呈

陽江縣商會主席梁

中華民國三十二年二月二十四日

543. 阳江县商会为据本城鱼贩报称把朝晚市来城之鲜鱼划入征收战时消费税影响人民生活函请雷州关阳江段总办事处准予依照江门先例免税（1942 年 5 月 15 日）

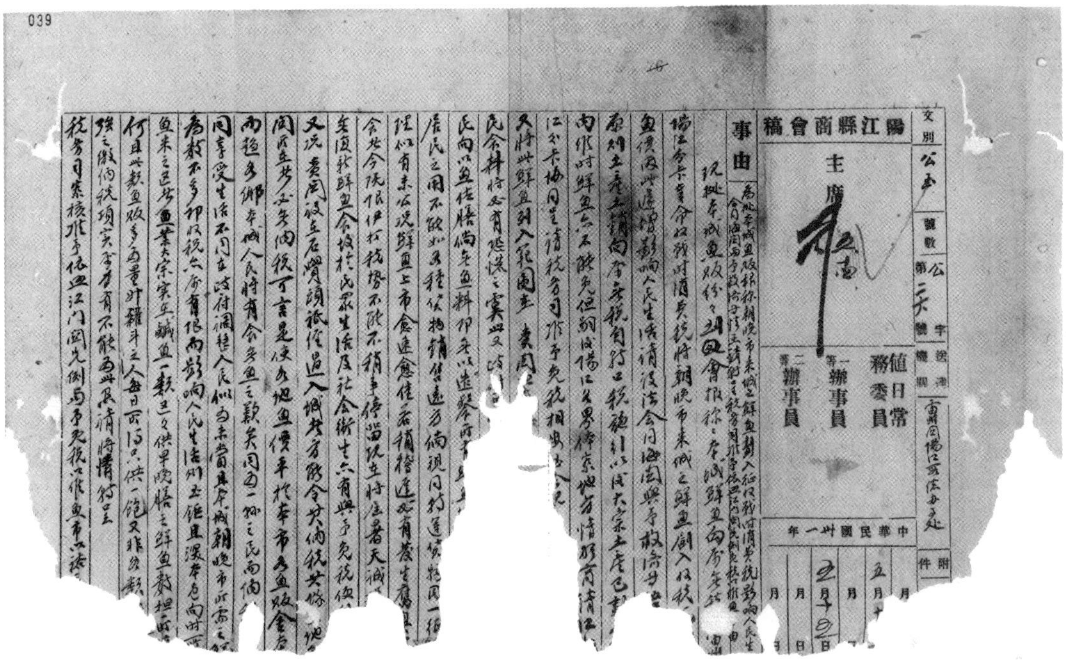
阳江县商会稿

文别：公函
号数：公字第二六号
送达机关：雷州关阳江段总办事处
主席
值日常务委员
一等办事员
二等办事员
中华民国卅一年 五月 日

事由：为据本城鱼贩报称朝晚市来城之鲜鱼划入征收战时消费税影响人民生活……

现据本城鱼贩……到会报称：本城鲜鱼向……
端江分卡奉令以战时消费税将朝晚市来城之鲜鱼划入收税……
鱼价因此腾增，影响人民生活，请设法会同地方团体予救济……
原料土产，请向本关税务司……

040

47

此致

雷州闽阳江区保安分处主任农

阳江县商会主席林○○

常务委员沙○○

赖○○

谭○○

项○○

544. 阳江县糖面业同业公会呈请县商会主席林洁予转请广东省财政厅准将糖类公秤捐撤销以恤商艰（1942 年 10 月 25 日）

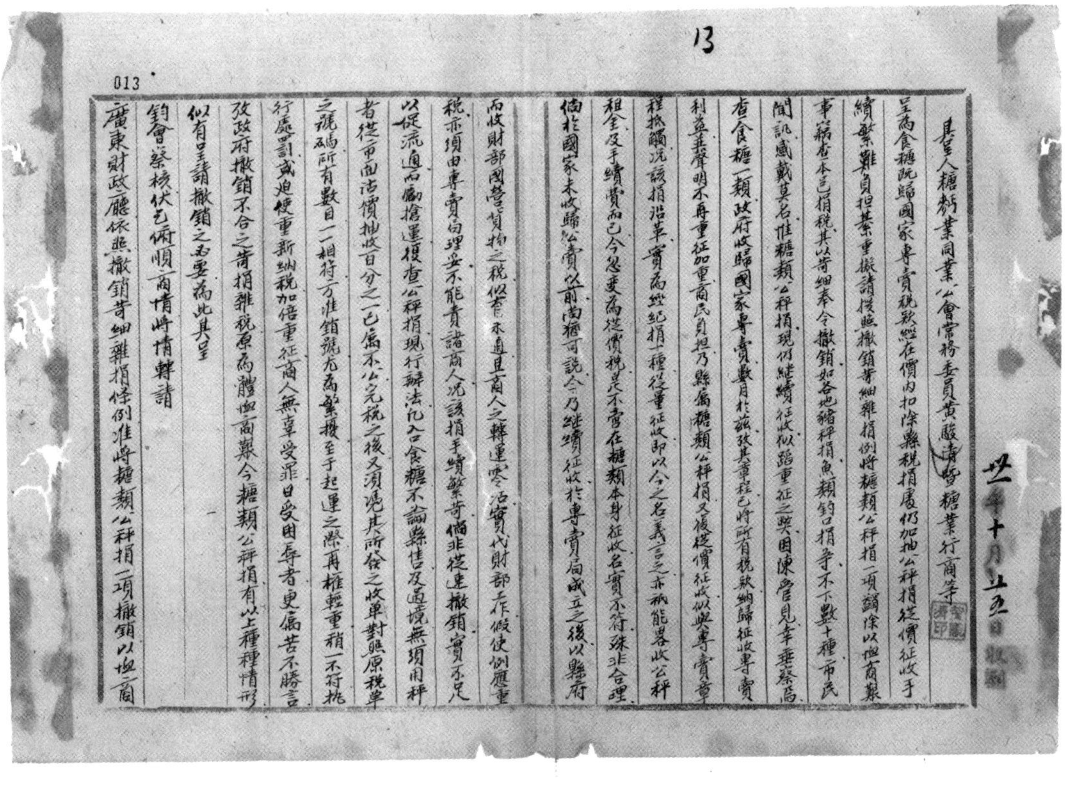

13

卅一年十月廿五日收到

具呈人糖麪業同業公會常務委員黃[illegible]清暨糖業行商等

呈為食糖既歸國家專賣稅款經在價內扣除縣稅捐處仍加抽公秤捐從價征收手續繁雜負担綦重擬請核照撤銷苛細雜捐例將糖類公秤捐一項豁除以恤商艱事竊查本邑捐稅其以苛細奉令撤銷如各地豬秤捐魚類鈎口捐等不下數十種市民聞訊咸戴莫名惟糖類公秤捐現仍繼續征收似蹈重征之弊因陳管見幸垂察焉查食糖一類政府收歸國家專賣數月於茲致其章程已將所有稅款納歸征收專賣利益並聲明不再重征加重商民負担乃縣府糖類公秤捐又復從價征收似與專賣章程抵觸況該捐沿革實為經紀捐一種從量征收即以公之名義言之亦祇能畧收公秤租金及手續費而已今忽變為從價稅是不啻在糖類本身征收名實不符殊非合理倘於國家未收歸公賣以前尚猶可說今乃繼續征收於專賣局成立之後以縣府

013

而收財部國營貨物之稅似有未適且商人之轉運零沽實代財部工作假使例應重稅亦須由專賣局理妥不能責諸商人況該捐手續繁苛倘非從速撤銷實不足以促流通而勵搶運復查公秤捐現行辦法凡入口食糖不論縣售及過境無須用秤者從市面估價抽收百分之一已屬不公完稅之後又須憑其所發之收單對照原稅單之號碼所有數目一一相符方准銷號尤為繁擾至于起運之際再權輕重稍一不符挑行處罰或迫使重新納稅加倍重征商人無辜受罪日受困辱者更屬苦不勝言故政府撤銷不合之苛捐雜稅原為體恤商艱今糖類公秤捐有以上種種情形似有呈請撤銷之必要為此具呈

鈞會察核伏乞俯順商情將情轉請

廣東財政廳依照撤銷苛細雜捐條例准將糖類公秤捐一項撤銷以恤商

14

014

縣寶明公便謹呈

陽江縣商會主席林

准予照辦 [illegible]

惟仰須各商店照章辦送

545. 阳江县商会呈请广东省财政厅准将糖类公秤捐予以撤销以恤商艰（1942 年 11 月 4 日）+ 附：阳江县城糖业商号请撤销糖类公秤捐盖章名单

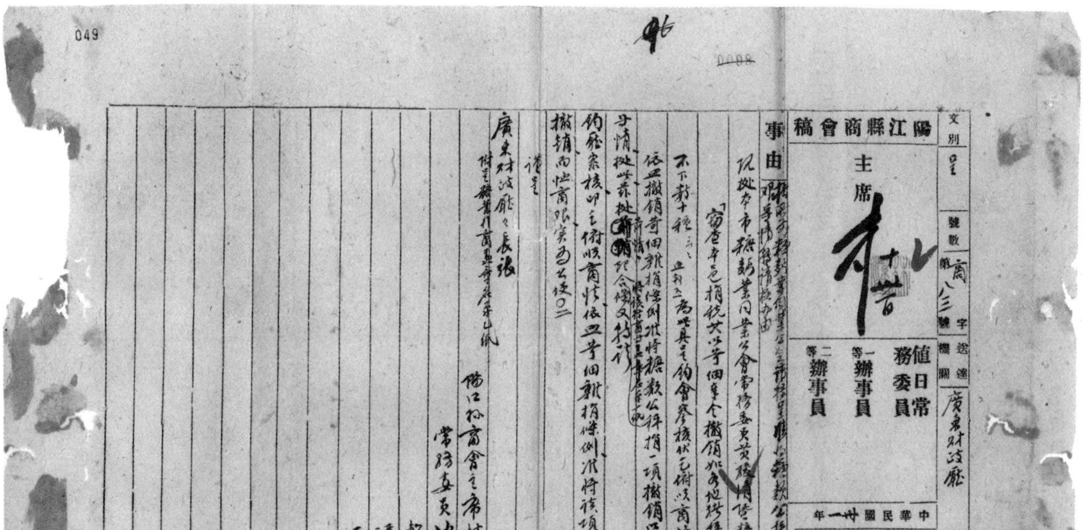
049

陽江縣商會稿

文别 呈

號數 第 商 八三 號 字

送達機關 广东财政厅

主席 林

值日常務委員

一等辦事員

二等辦事員

中華民國卅一年 十月廿七日擬稿 十一月〇日繕寫 十一月〇日封發

附件

事由

现据本市糖新业同业公会常务委员黄[illegible]呈称：

"窃查本邑[illegible]捐税共[illegible]等四[illegible]，全[illegible]撤销，外尚[illegible]秤捐[illegible]捐等不下数十种[illegible]为此具文请钧会参核，[illegible]商情，转请广东财政厅依照撤销前四种捐条例，准将糖类公秤捐一项撤销以恤商艰"

等情，据此[illegible]理合备文转请钧厅察核，[illegible]俯[illegible]商情，依照[illegible]等四种新捐条例，准将该项糖类公秤捐予以撤销，而恤商艰，实为公便。

谨呈

广东财政厅厅长张

阳江县商会主席林〇〇

常务委员沙〇〇

校〇〇

缮〇〇

核〇〇

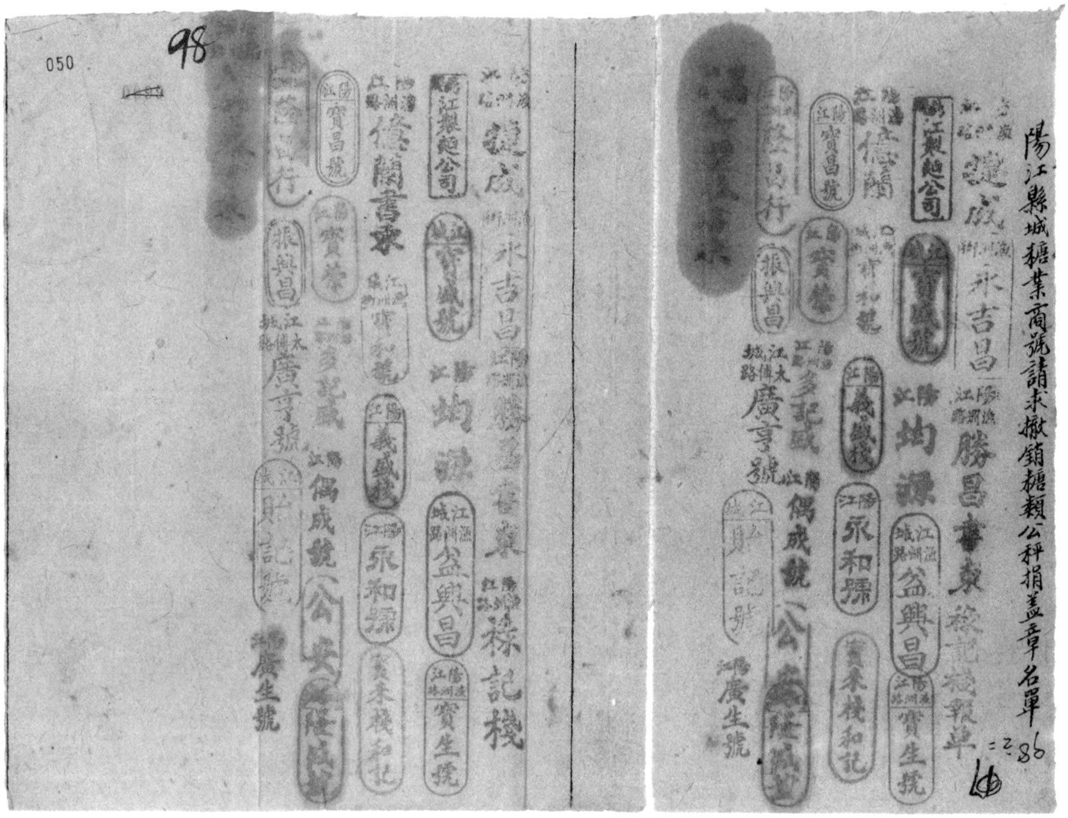
陽江縣城糖業商號請求撤銷糖類公秤捐蓋章名單

546. 阳江县商会呈请县政府转呈准将糖类公秤捐予以撤销以恤商艰（1942 年 11 月 5 日）

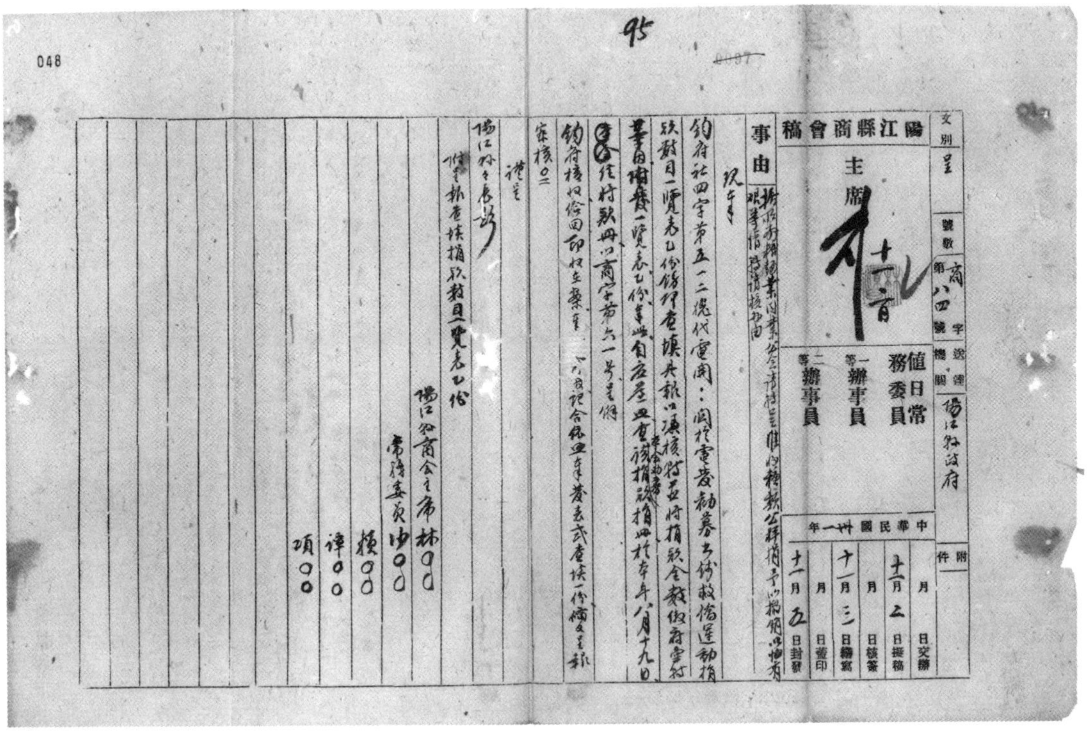

547. 广东省政府财政厅关于阳江县糖面业同业公会呈请将糖类公秤捐予以撤销批复阳江县商会（1942 年 12 月 18 日）

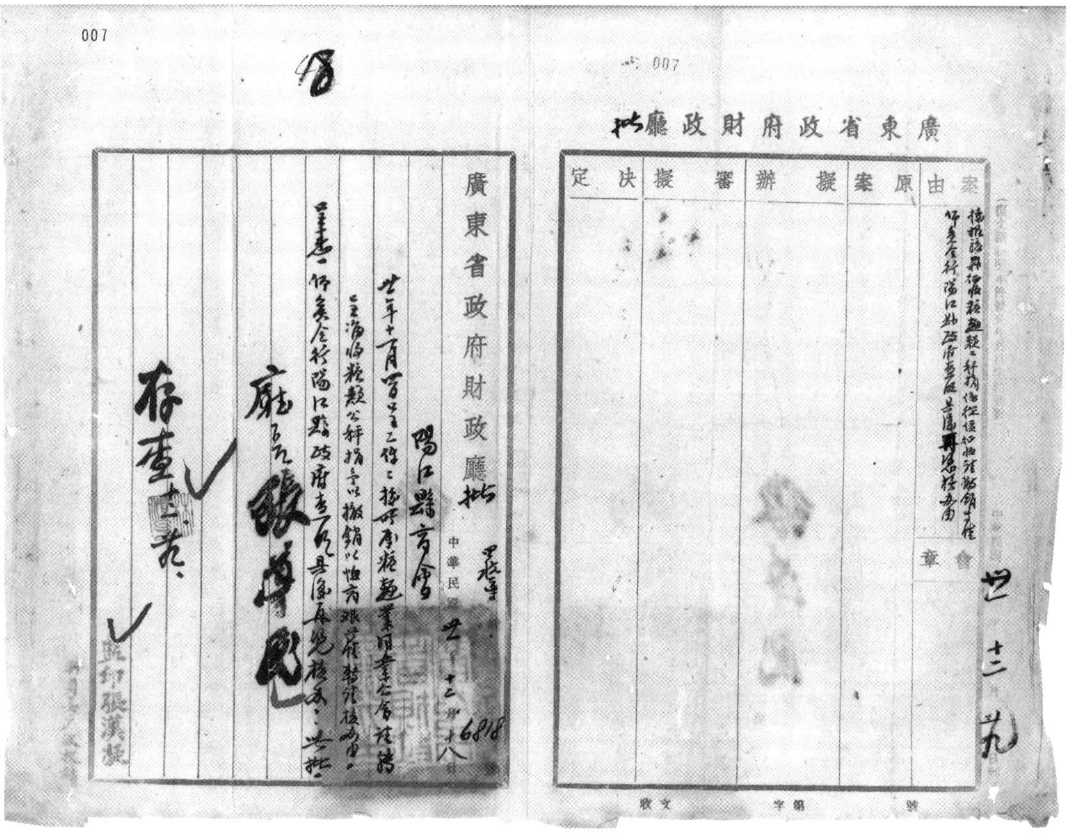

548. 阳江县商会通告福寿堂商人司徒芝知照县政府关于减收捐费的指令（1942 年 12 月 19 日）+ 附：阳江县政府对县商会主席林洁予的指令（1942 年 12 月 19 日）

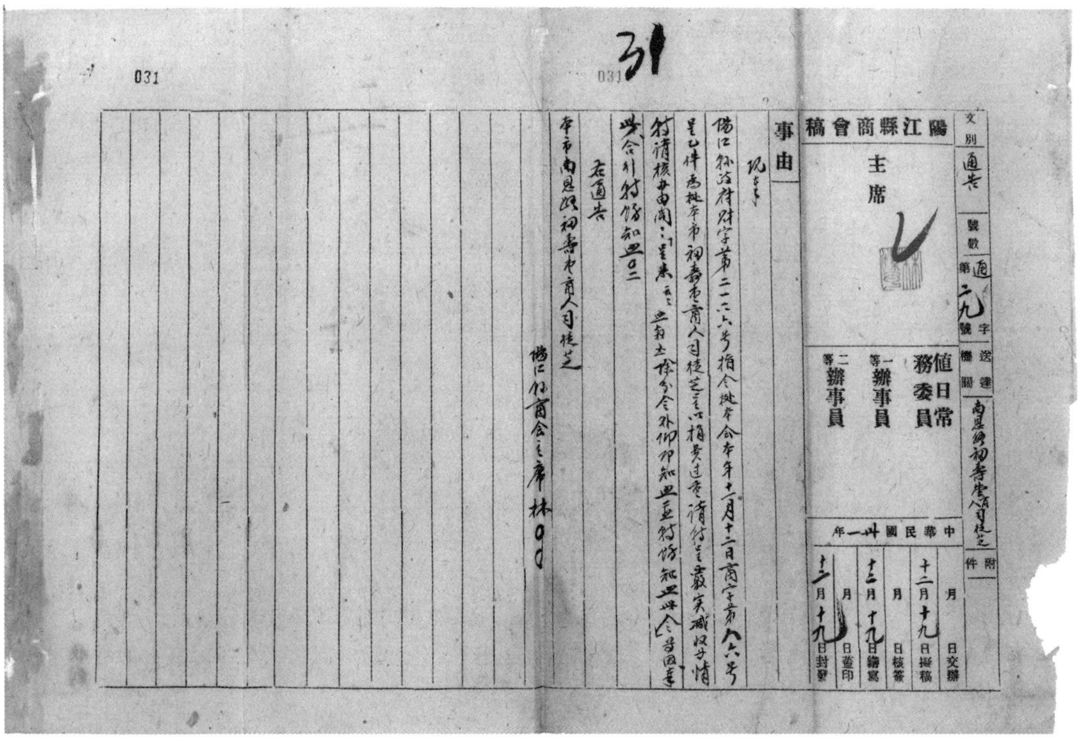

032

032　32

陽江縣政府指令　財字第2126號
中華民國卅一年十二月十九日發

事由

令縣商會主席林蘭芳

本年十一月十二日商字第86號呈乙件：爲據本市福壽堂商人繼芸等以租費過重，請特予核實減收等情，轉請核辦由。

呈悉。案經發交本縣房屋評價委員會本年十二月十二日第三次委員會議議決："照該店約收租額計，征房捐一年"，録案除分令外，仰即知照，並轉飭知照。

此令。

縣長彭展義

福壽堂叙

廿一　十二　九

549. 阳江县商会全体会员选举第四届理监事代表大会呈请广东省政府撤销阳春县古良派出所苛抽来往商人货物什税及抽取谷米捐（1945 年 10 月）

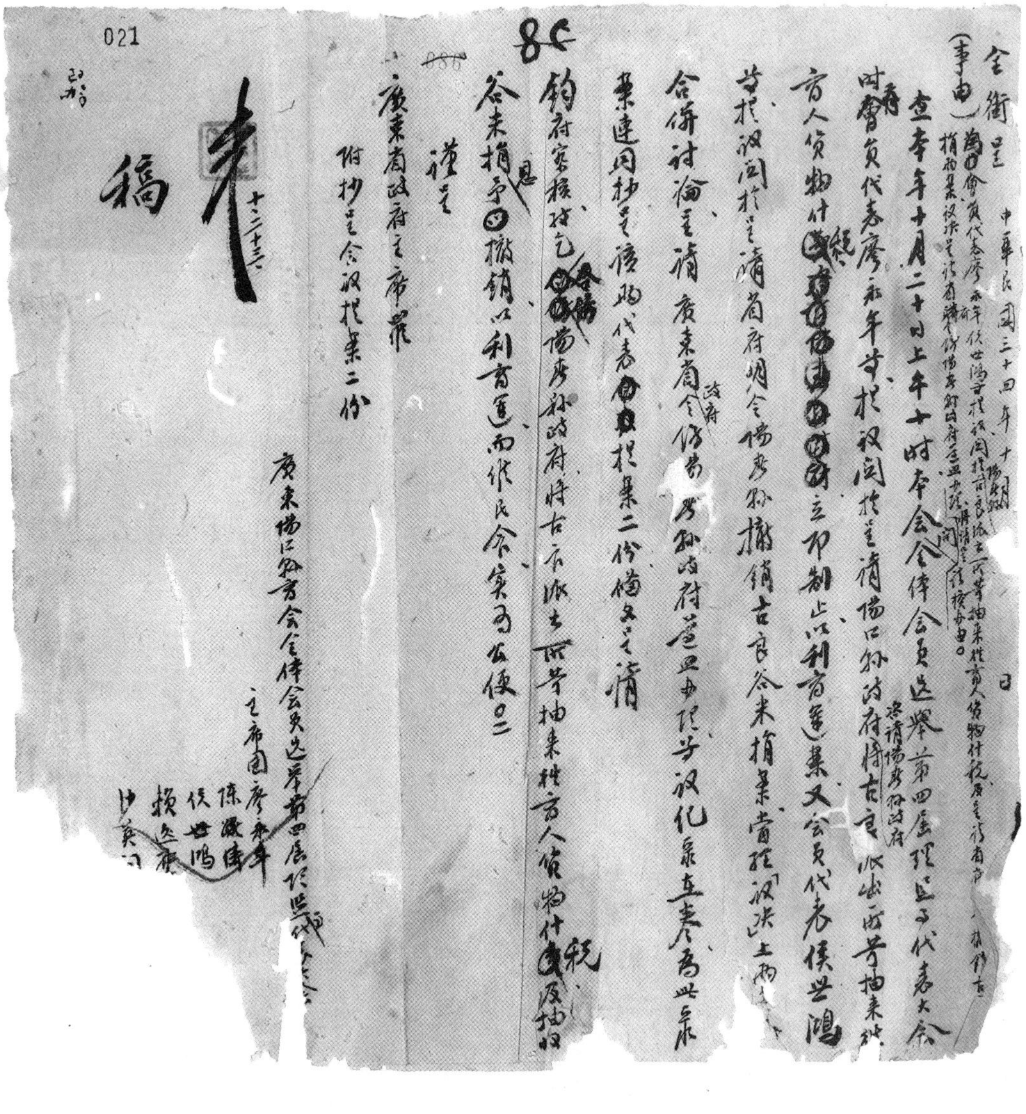
021

稿

全衔呈

中华民国三十四年十月 日

查本年十月二十日上午十时本会全体会员选举第四届理监事代表大会时，会员代表廖[illegible]年等提议请转呈协助政府将古良派出所苛抽来往商人货物什税[illegible]立即制止，以利商旅；又会员代表伍世鸿等提议同于呈请省府明令协助撤销古良谷米捐案，当经议决上两案合併讨论，呈请广东省政府令饬协助政府[illegible]议决在案。为此录案连同抄呈该两代表提案二份备文呈请

钧府察核，令饬协助政府将古良派出所苛抽来往商人货物什税及抽取谷米捐予以撤销，以利商旅而作民食，实为公便。

谨呈

广东省政府主席罗

附抄呈会议提案二份

广东阳江县商会全体会员选举第四届理监事代表大会

主席团 廖[illegible]年 陈[illegible] 伍世鸿 杨[illegible]

550. 广东省商会联合会关于财政厅电复豁免征收粉面粥品甜品筵席捐一案电各县市镇商会（1946 年 12 月 24 日）

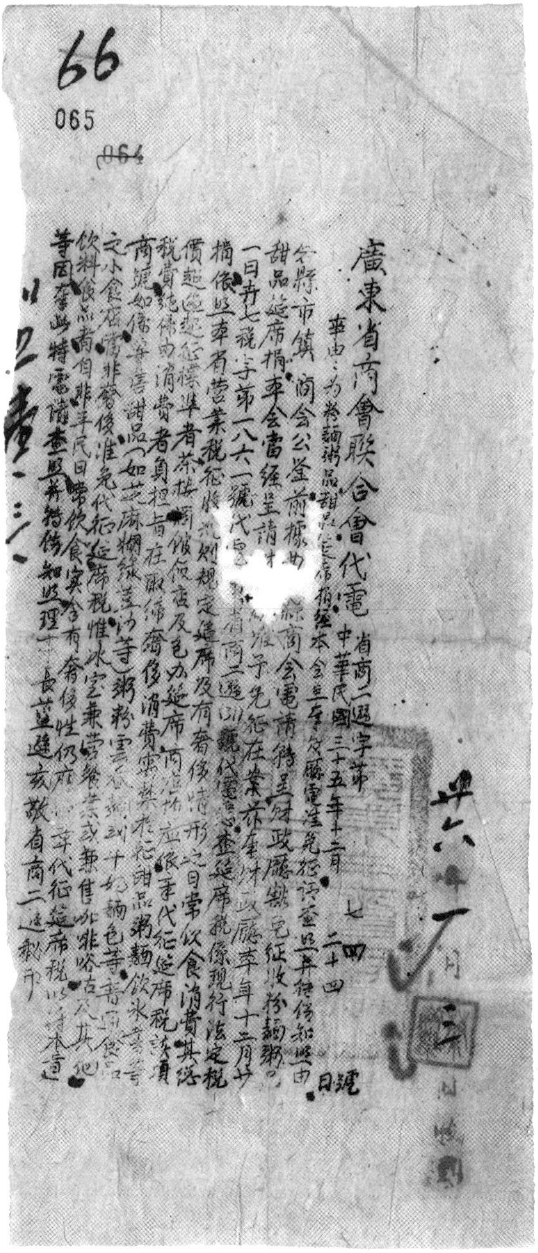
066
065
~~064~~

广东省商会联合会代电 省商二迭字第 七 号 中华民国三十五年十二月二十四日

事由：为粉面粥品甜品筵席捐经本会呈奉财厅电准免征请查照并转饬知照由

各县市镇商会公鉴：前据[illegible]县商会电请转呈财政厅豁免征收粉面粥品甜品筵席捐，本会当经呈请[illegible]准予免征在案，亦奉财政厅本年十二月廿一日财七税字第一八六一号代电开：[illegible]省商二迭[illegible]号代电悉。查筵席税系现行法定税捐，依照本省营业税征收规则规定，筵席及有奢侈情形之价超过规定标准者，茶楼酒馆饭店及包办筵席商应依率代征筵席税，该项税负系由消费者负担，旨在取缔奢侈消费，[illegible]日常饮食消费。其经营甜品（如芝麻糊、绿豆沙等）粥粉云吞面[illegible]面色等普通食品之小食店，尚非奢侈，准免代征筵席税。惟冰室兼营餐室或兼售咖啡[illegible]其他饮料食品者，自非平民日常饮食，实含有奢侈性，仍应[illegible]代征筵席税，以[illegible]本旨等因。奉此，特电请查照并转饬知照。理事长[illegible]亥敬 省商二迭秘印

551. 侯世冯等关于请广东省政府明令阳春县撤销古良谷米捐的提议书

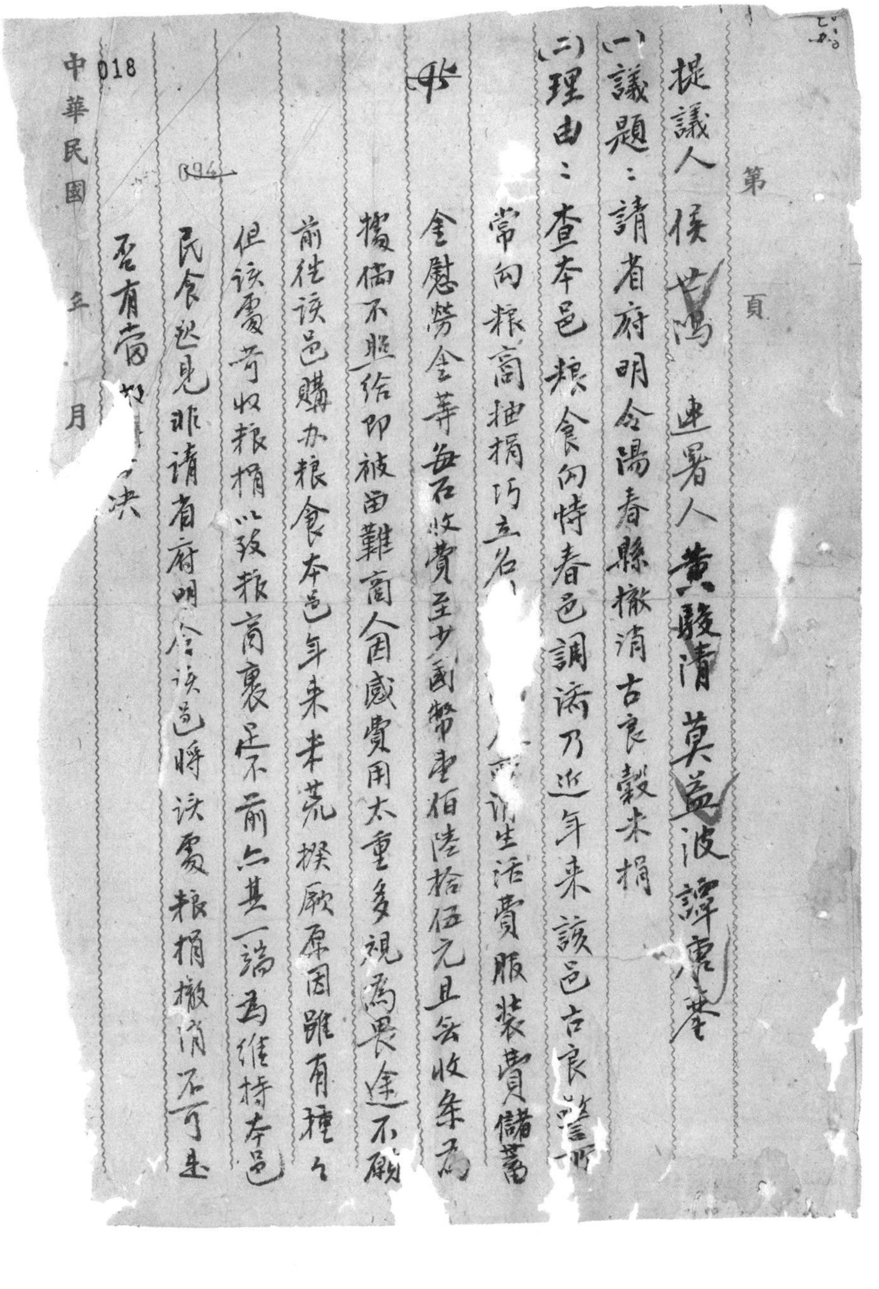

第　頁

提議人 侯世馮　連署人 黃駿清 莫益波 譚惠荃

(一)議題：請省府明令陽春縣撤消古良穀米捐

(二)理由：查本邑粮食向恃春邑調濟，乃近年來該邑古良警所常向粮商抽捐巧立名目，[illegible]生活費、服裝費、儲蓄金、慰勞金等，每石收費至少國幣壹佰陸拾伍元，且無收條為據，倘不照給即被留難，商人因感費用太重，多視為畏途，不願前往該邑購办粮食，本邑年來米荒，探厥原因，雖有種種，但該處苛收粮捐以致粮商裹足不前亦其一端，為維持本邑民食起見，非請省府明令該邑將該處粮捐撤消不可，是否有當，[illegible]決

中華民國　年　月

018

894

019

~~085~~

~~96~~

第　頁

（三）办法　拟由大會名義呈請縣府轉呈省府明令查照將去歲抽收糧捐撤消以甦民困

中華民國　年　月　日

552. 阳江县商会理事长廖永年关于呈请县政府将古良派出所苛抽来往商人货物什税咨阳春县政府立即制止以利两阳商运的提案

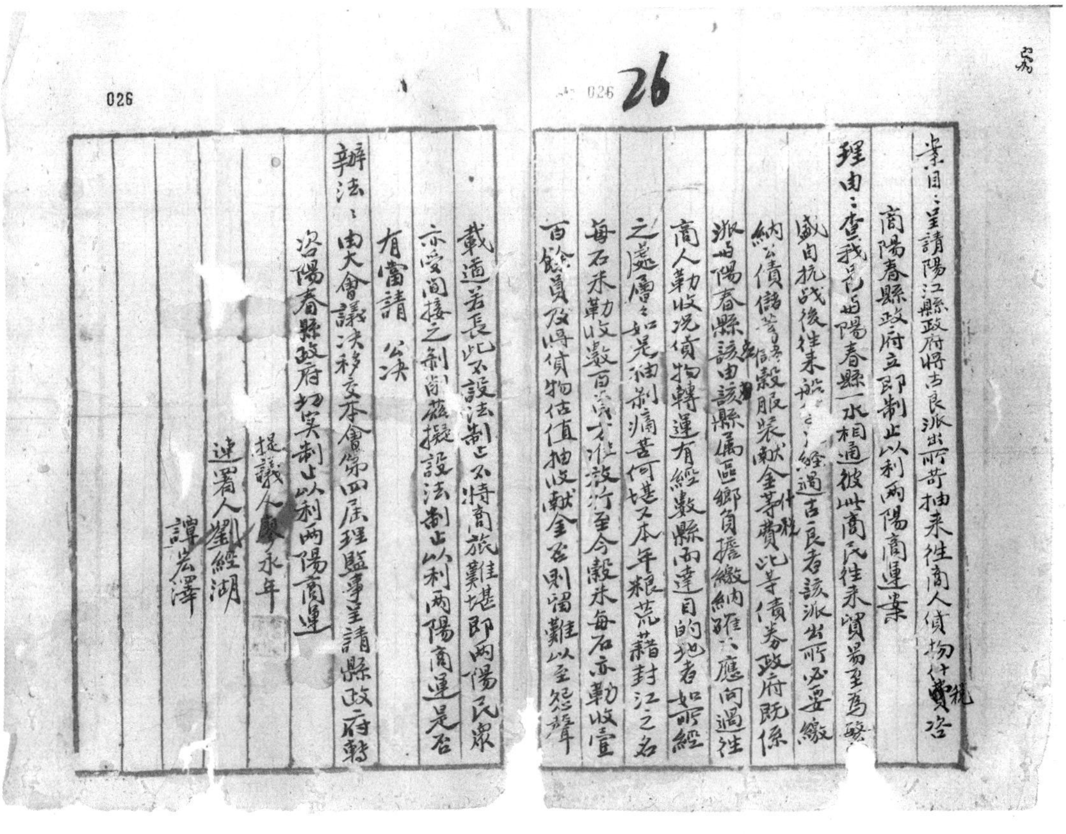
026

026 26

案目：呈請陽江縣政府將古良派出所苛抽來往商人貨物什稅咨

商陽春縣政府立即制止以利兩陽商運案

理由：查我兩陽春縣一水相通，彼此商民往來貿易至為繁

盛，自抗戰後往來船隻經過古良者，該派出所必要繳

納公債儲蓄、捐穀、服裝、獻金等費什稅，此等債券政府既係

派向陽春縣，該由該縣屬區鄉負擔繳納，雅不應向過往

商人勒收，況貨物轉運有經數縣而達目的地者，如所經

之處層層如是抽剝，痛苦何堪。又本年糧荒，藉封江之名

每石米勒收數百元不准放行，至今穀米每石亦勒收壹

百餘員，及將貨物估值抽收獻金，否則留難，以至怨聲

載道。若長此不設法制止，不特商旅難堪，即兩陽民眾

亦受間接之剝削。茲擬設法制止，以利兩陽商運，是否

有當，請 公決

辦法：由大會議決移交本會第四屆理監事呈請縣政府轉

咨陽春縣政府切實制止，以利兩陽商運

提議人廖永年

連署人劉經湖

譚宏澤

553. 阳江县新平店呈请县商会理事长廖永年核减所派借自卫费稻谷（5 月 23 日）

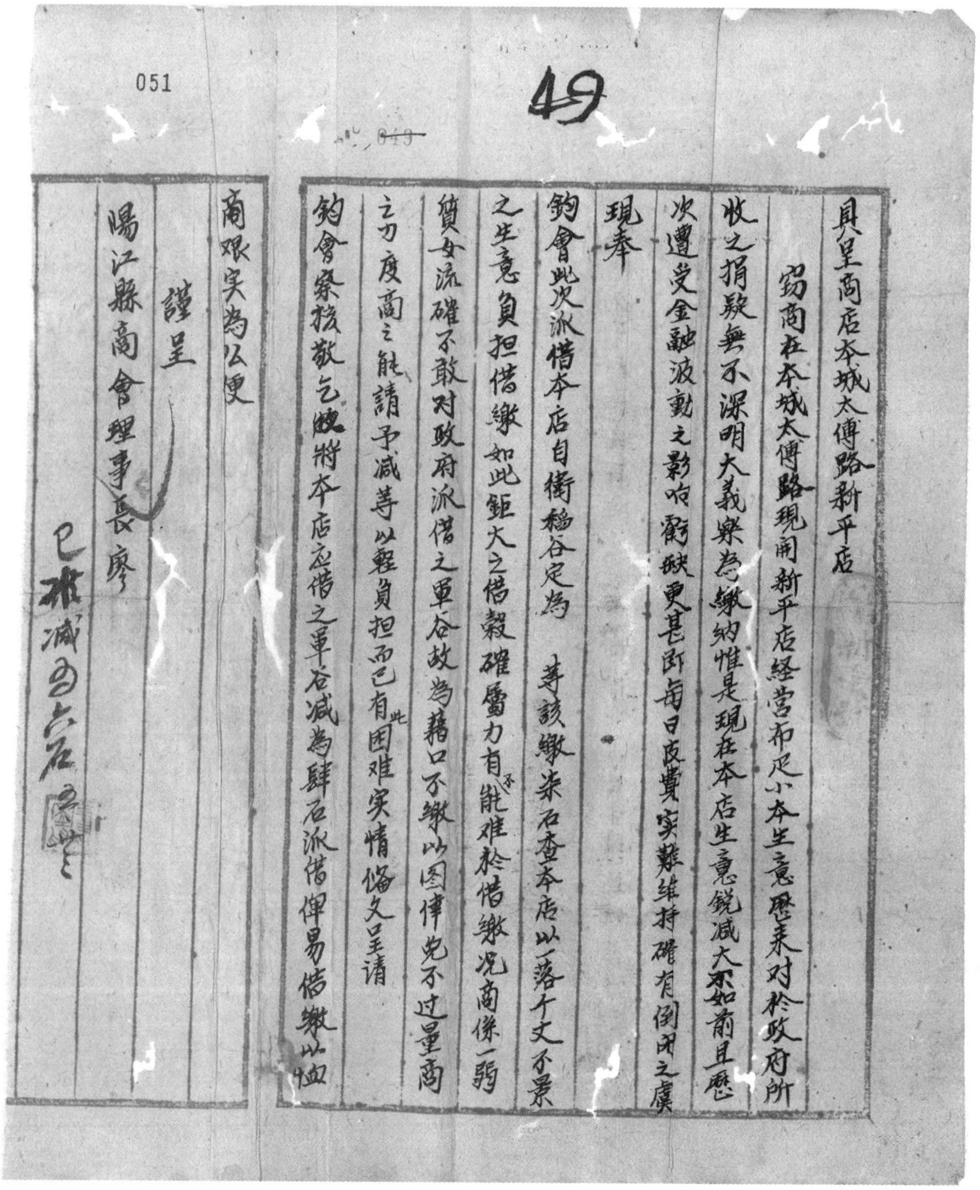

051

49

049

具呈商店本城太傅路新平店

竊商在本城太傅路現開新平店經營布疋小本生意歷來對於政府所收之捐欵無不深明大義樂為繳納惟是現在本店生意銳減大不如前且歷次遭受金融波動之影响虧蝕更甚以每日度費實難維持確有倒閉之虞

現奉

鈞會此次派借本店自衛稻谷定為　等該繳柒石查本店以一落千丈不景之生意負担借繳如此鉅大之借穀確屬力有不能難於借繳况商係一弱質女流確不敢對政府派借之單谷故為藉口不繳以圖倖免不過量商之力度商之能請予減等以輕負担而已有此困難實情備文呈請

鈞會察核敬乞俯將本店應借之單谷減為肆石派借俾易借繳以恤商艰实為公便

謹呈

陽江縣商會理事長廖

已准減四石

554. 阳江县丽新店呈请县商会理事长廖永年核减所派借军粮（5 月 23 日）

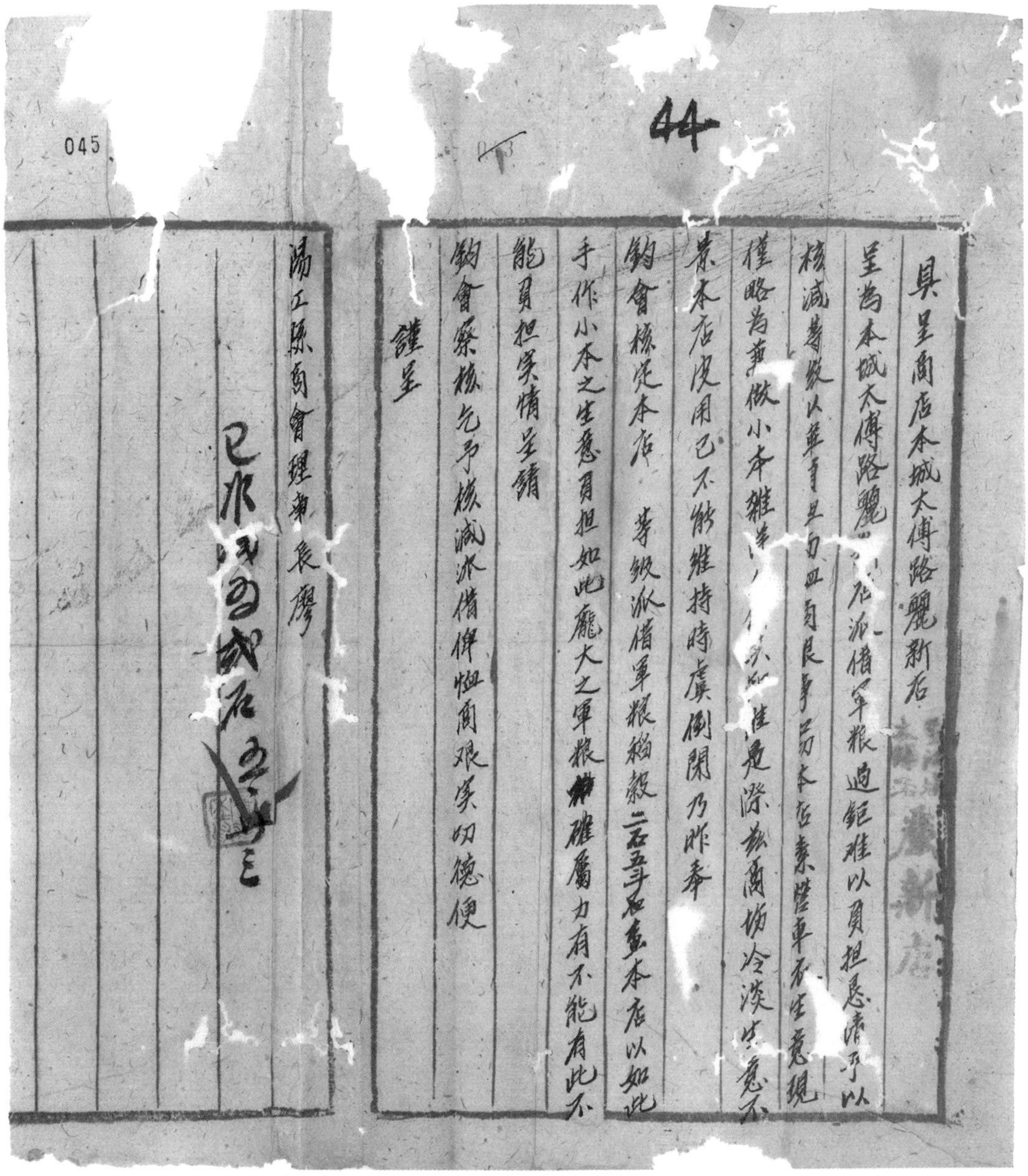

具呈商店本城太傅路麗新店

呈為本城太傅路麗[illegible]店派借軍粮過鉅難以負担懇請予以

核減事竊以年來且因四面良事影响本店業營不生意現

僅賴為華僑小本雜貨[illegible]是深蒙商場冷淡生意不

景本店沒用已不能維持時虞倒閉乃昨奉

鈞會核定本店 等級派借軍粮稻穀二石五斗石壹本店以如此

手作小本之生意負担如此龐大之軍粮確屬力有不能有此不

能負担實情呈請

鈞會察核免予核減派借俾恤商艱實切德便

謹呈

陽江縣商會理事長廖

六、参与政治、司法和社会活动

（一）政治活动

555. 阳江县商会为国民兵团征集床板凳函复县城警察所请转县军民合作站办理（1942年10月26日）

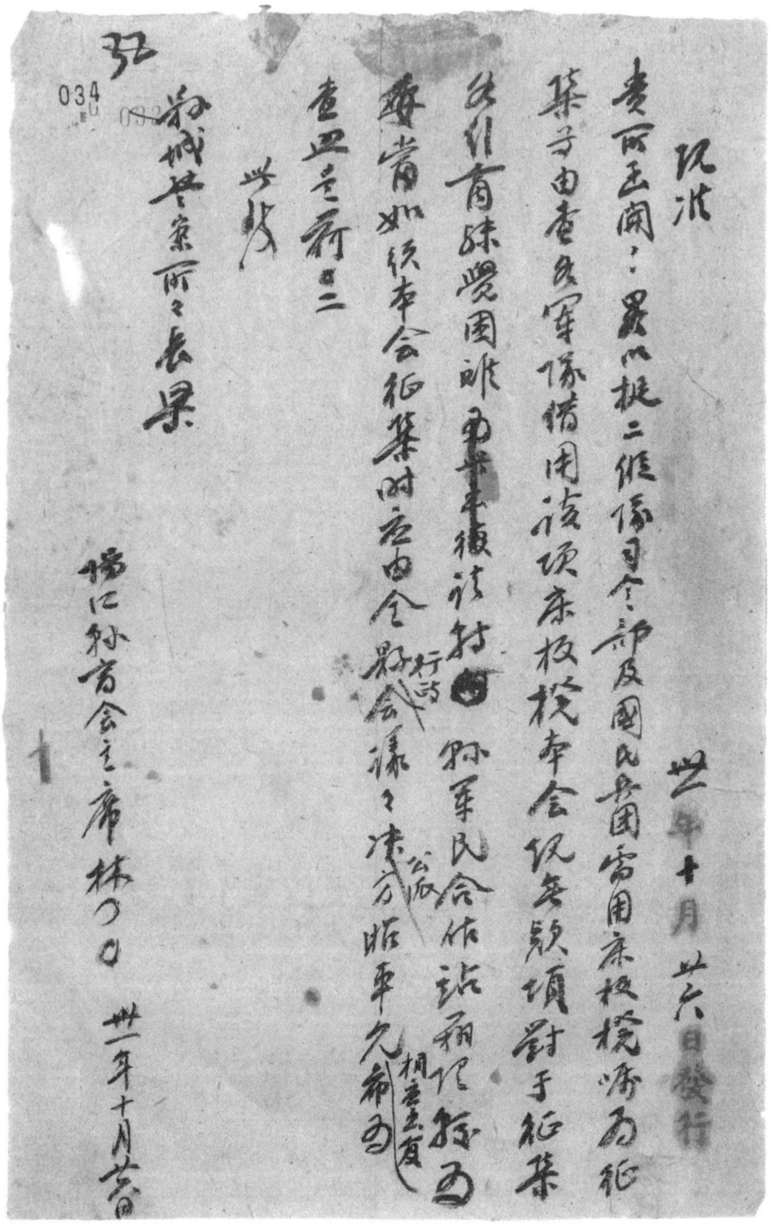

32

034

代电

贵所主阅：案以挺二纵队司令部及国民兵团需用床板凳嘱为征

集予由本县军队借用该项床板凳本会现无款项对于征集

然有殊觉困难本年本县征借封县军民合作站办理

要当如彼本会征集时应由合县行政会议公派决分配平允希西相应函复

查照是荷

此致

阳城警察所所长吴

阳江县商会主席林○○

卅一年十月廿六日

卅一年十月廿六日发行

556. 阳江县职业团体商会投票所向县商会呈缴县参议会初选代表选举票（1945 年 10 月 8 日）

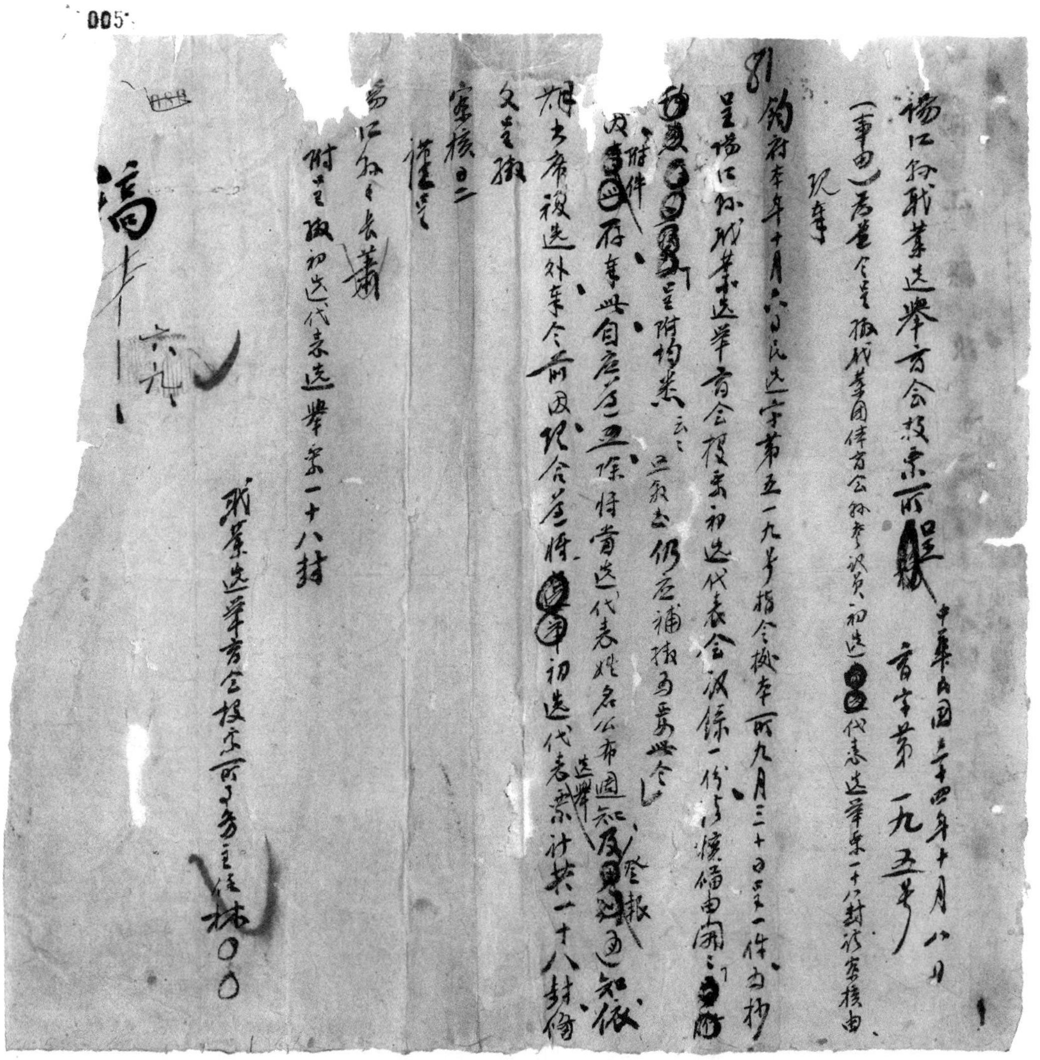
阳江职业选举商会投票所呈
中华民国三十四年十月八日
商字第一九五号
（事由）为呈缴职业团体商会参议员初选代表选举票一十八封请察核由
现奉
钧府本年十月六日民选字第五一九号指令，据本所九月三十日呈一件，为抄呈阳江职业选举商会投票初选代表会议录一份，[illegible]
[illegible]
附件[illegible]
[illegible]
文呈缴
察核！
谨呈
阳江县县长萧
附呈缴初选代表选举票一十八封
职业选举商会投票所主任林○○

557. 阳江县职业团体商会投票所向县政府呈缴复选县参议员选举会议录、选举票（1945 年 10 月 11 日）

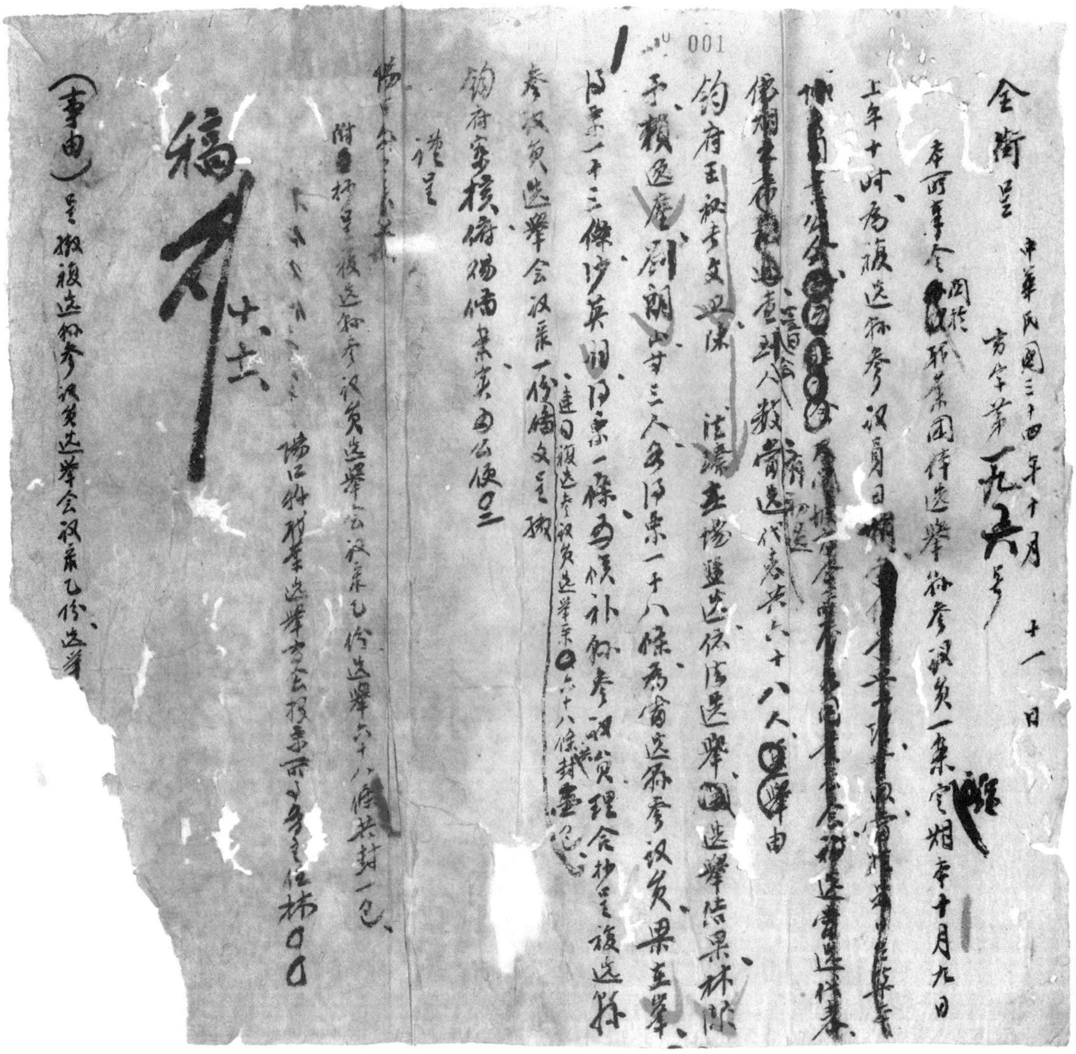
全衔呈　中华民国三十四年十月十一日

钧府察核备案实为公便。

谨呈

附呈复选县参议员选举会议录乙份、选举票六十八张共封一包

阳江县职业选举事务所投票所主任林○○

（事由）呈缴复选县参议员选举会议录乙份、选举

558. 戴天球为争取商业团体国大代表名额致阳江县商会的函（1947 年 7 月 2 日）
+ 附：戴天球上书国民政府主席蒋介石原稿

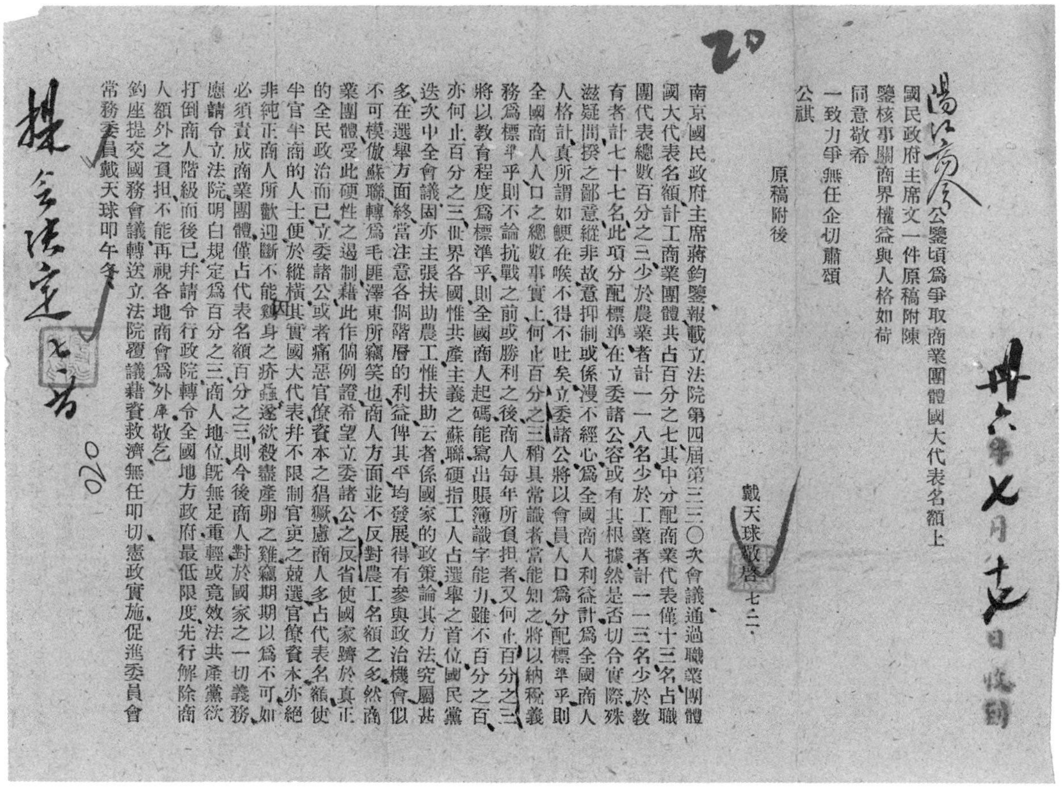

陽江商會公鑒頃爲爭取商業團體國大代表名額上
國民政府主席文一件原稿附陳
鑒核事關商界權益與人格如荷
同意敬希
一致力爭無任企切肅頌
公祺
原稿附後
戴天球敬啓 七二

南京國民政府主席蔣鈞鑒報載立法院第四屆第三三〇次會議通過職業團體國大代表名額計工商業團體共占百分之七其中分配商業代表僅十三名占職團代表總數百分之三少於農業者計一一八名少於工業者計一一三名少於教育者計七十七名此項分配標準在立委諸公容或有其根據然是否切合實際殊滋疑問揆之鄙意縱非故意抑制或係漫不經心爲全國商人利益計爲全國商人人格計真所謂如鯁在喉不得不吐矣立委諸公將以會員人口爲分配標準乎則全國商人人口之總數事實上何止百分之三稍具常識者當能知之將以納稅義務爲標準乎則不論抗戰之前或勝利之後商人每年所負担者又何止百分之三將以教育程度爲標準乎則全國商人起碼能寫出賬簿識字能力雖不百分之百亦何止百分之三世界各國惟共產主義之蘇聯硬指工人占選舉之首位國民黨迭次中全會議固亦主張扶助農工惟扶助云者係國家的政策論其方法究屬甚多在選舉方面終當注意各個階層的利益俾其平均發展得有參與政治機會似不可模倣蘇聯轉爲毛匪澤東所竊笑也商人方面並不反對農工名額之多然商業團體受此硬性之遏制藉此作個例證希望立委諸公之反省使國家躋於真正的全民政治而已立委諸公或者痛惡官僚資本之猖獗慮商人多占代表名額使半官半商的人士便於縱橫其實國大代表並不限制官吏之競選官僚資本亦絕非純正商人所歡迎斷不能因身之疥蟲遂欲殺盡產卵之雞竊期期以爲不可如必須責成商業團體僅占代表名額百分之三則今後商人對於國家之一切義務應請令立法院明白規定爲百分之三商人地位既無足重輕或竟效法共產黨欲打倒商人階級而後已並請令行政院轉令全國地方政府最低限度先行解除商人額外之負担不能再視各地商會爲外庫敬乞
鈞座提交國務會議轉送立法院覆議藉資救濟無任叩切憲政實施促進委員會常務委員戴天球叩午冬

559. 广东省商会联合会为争取商业团体国大代表名额电各县市镇商会（1947 年 8 月 10 日）+ 附：广东省商会联合会午江代电原稿

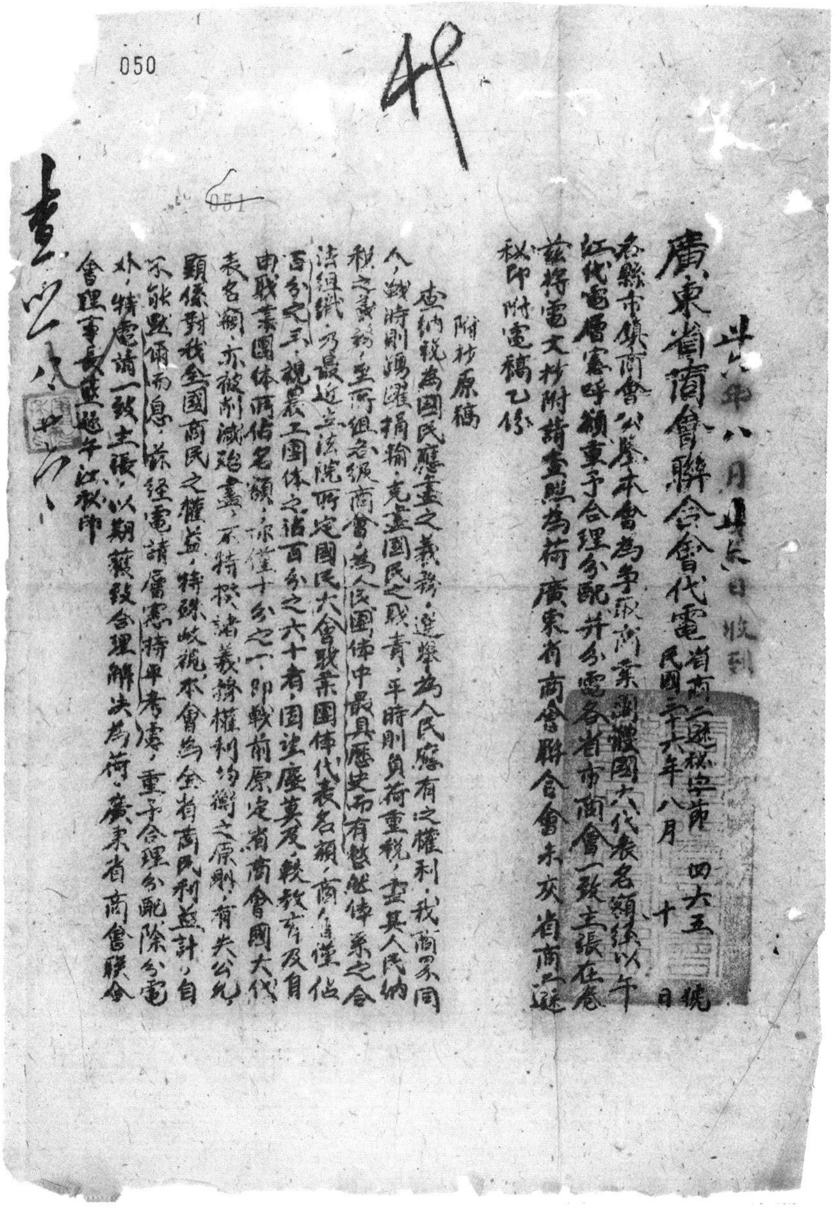

050

051

廣東省商會聯合會代電　省商二字秘字第四六五號

民國三十六年八月十日

卅六年八月十五日收到

各縣市鎮商會公鑒：本會為爭取商業團體國大代表名額，經以午江代電層塞呼籲，重予合理分配，并分電各省市商會一致主張在卷。茲將電文抄附，請查照為荷。廣東省商會聯合會未灰省商二字秘印附電稿乙份

附抄原稿

查納稅為國民應盡之義務，選舉為人民應有之權利。我商界同人，戰時則踴躍捐輸，克盡國民之職責，平時則負荷重稅，尤甚人民納稅之義務。至商組各級商會，為人民團體中最具歷史而有整個體系之合法組織。乃最近立法院所定國民大會職業團體代表名額，商人僅佔百分之三，視農工團體之佔百分之六十者，固望塵莫及，較教育及自由職業團體所佔名額，亦僅十分之一。即戰前原定省商會國大代表名額，亦被削減殆盡，不特於諸義務權利均衡之原則，有失公允，顯係對我全國商民之權益，特殊歧視。本會為全省商民利益計，自不能默爾而息。除經電請層憲，特予考慮，重予合理分配，除分電外，特電請一致主張，以期藉致合理解決為荷。廣東省商會聯合會理事長[illegible]懸午江秘印

查　八·廿六

560. 阳江县商会通告各业同业公会编造选举各款簿册限于 8 月 7 日以前具报（1947 年 8 月 2 日）+ 附：阳江县政府致县商会的通告（1947 年 7 月 29 日）

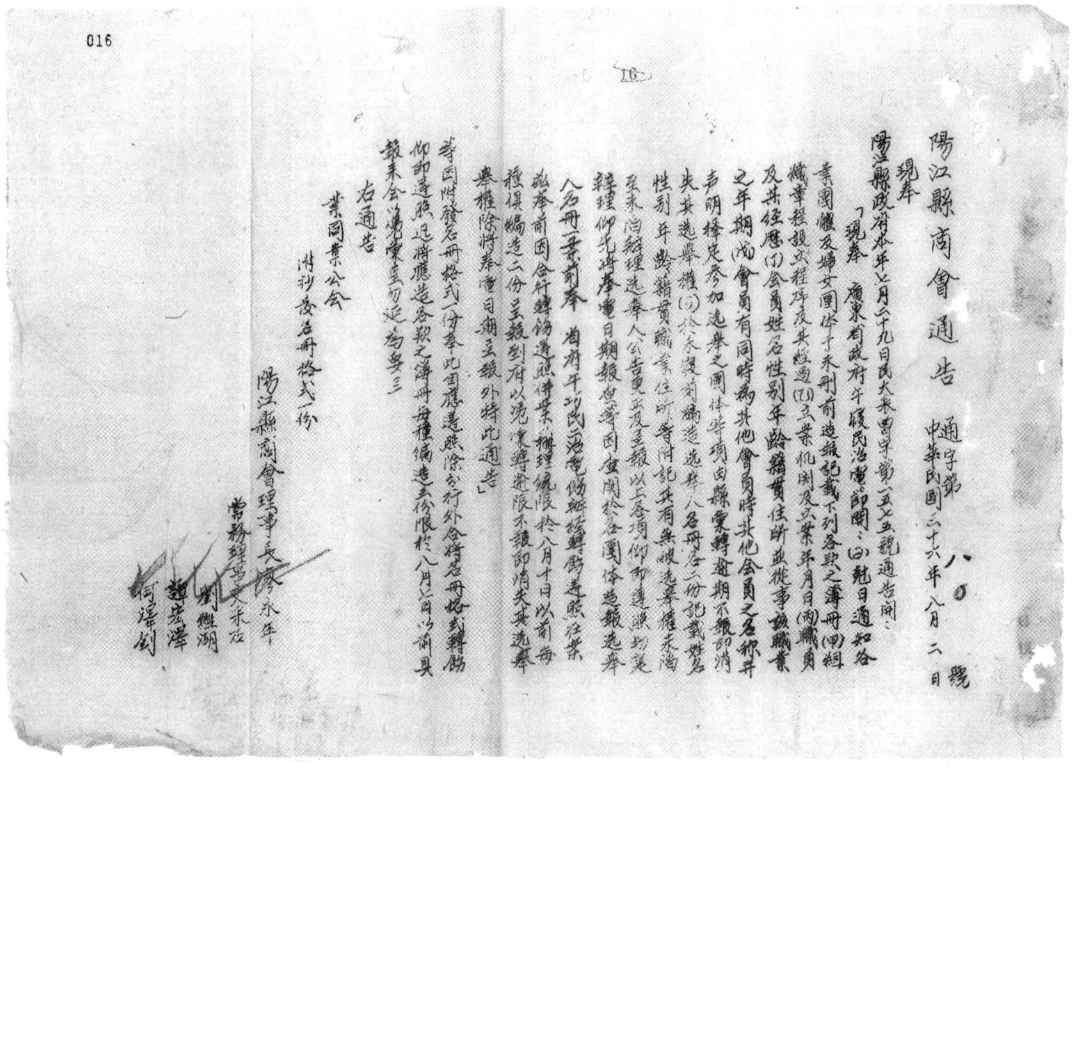

016

16

陽江縣商會通告　通字第八〇號

中華民國三十六年八月二日

現奉

陽江縣政府本年七月二十九日民大表四字第一五七五號通告開：

「現奉 廣東省政府午寢民治電節開：（一）飭日通知各業團體及婦女團体于本刑前造報記載下列各款之簿冊（甲）職業團體立程序及其經過（乙）立案機關及立案年月日（丙）職員及其經歷（丁）会員姓名性別年齡籍貫住所並從事該職業之年期（戊）會員有同時為其他會員時其他会員之名稱並聲明擇定参加選舉之團体等項由縣彙轉逾期不報即消失其選舉權（二）於本復前編造選舉人名冊各二份記載姓名性別年齡籍貫職業住所等附記其有無被選舉權未滿……至未尚辦理選舉人公告更正及呈報以上各項仰即遵照切速辦理仰先將奉電日期報查等因查關於各團体造報選舉人名冊一案前奉 省府午巧民二治電飭辦經轉飭遵照在案茲奉前因合行轉飭遵照籌辦理統限於八月十日以前每種俱編造二份呈報到府以憑彙轉逾限不報即消失其選舉權除將奉電日期呈報外特此通告」

等因附發名冊格式一份奉此自應遵照除分行外合將名冊格式轉飭仰即遵照迅將應造各款之簿冊每種編造二份限於八月七日以前具報来会以憑彙呈切延為要！

右通告

業同業公会

附抄發名冊格式一份

陽江縣商會理事長 廖永年

常務理事 [illegible]采[illegible] 劉繼湖 趙宏澤 何澤釗

017

陽江縣政府通告

民大表字第　號

中華民國卅六年七月廿九日

卅六年八月一日收到

現奉：

廣東省政府午灰民二治電節開：「(以)兹月通知各業團体及婦女團体刪前造報記載下列各款之結冊：(甲)組織數及程序及其經過；(乙)立案機關及立案年月日；(丙)職員及其經歷；(丁)會員姓名性别年齡籍貫技術並從了該職業之年期；(戊)會員有同時為其他會員時其他會員之名稱并声明擇一參加選舉之團体等項。由縣彙轉逾期不報即消失其選舉權。(3)於本(?)前編造選舉人名冊各二份記載姓名、性别、年齡、籍貫、職業、技術等欄，說明其有無被選舉權。本陽、至未陽辦理選舉人公告更正及呈報以上各項，仰即遵照切實辦理，仰先將奉電日期報查」等因。查關於各團体造報選舉人名冊一案，前奉 省府午巧民二治電飭辦，經轉飭遵照在案。茲奉前因，合行轉飭遵照，併案辦理，統限於八月十日以前每種俱編造二份呈報到府，以憑彙轉。逾限不報即消失其選舉權，除將奉電日期呈報外，特此通告。

右通告

陽江縣商會

縣長 [illegible]

秘書 [illegible]德[illegible]代行

監印 梁炯祥

校對 [illegible]

即轉飭各公會遵照編造送會，以憑彙轉。[illegible]

561. 阳江县商会向县政府呈报各行商店代表应选国大代表人名册（1947 年 8 月 11 日）

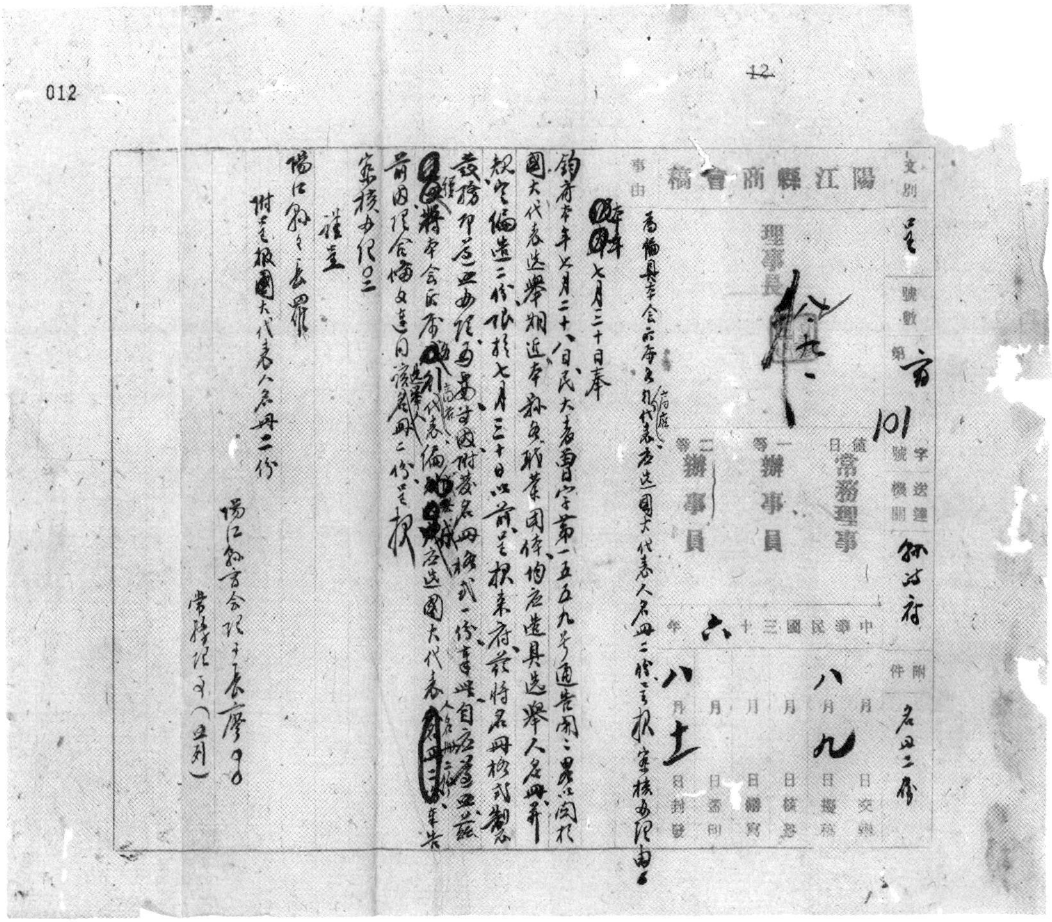

012

12

陽江縣商會稿

文別：呈

號數：第 101 號

送達機關：縣政府

附件：名冊二份

理事長

值日常務理事

一等辦事員

二等辦事員

中華民國三十六年八月九日擬稿 八月十一日封發

事由：為編具本會所屬各行代表應選國大代表人名冊二份呈報察核由

鈞府本年七月二十八日民大字第一五五九號通告開：國大代表選舉期近，本縣各職業團體均應造具選舉人名冊，並規定編造二份，限於七月三十日以前呈報來府，茲將名冊格式制發，務即查照辦理等因，附發名冊格式一份。奉此，自應遵照辦理。茲將本會所屬各行代表應選國大代表人名冊編造完竣，奉令前因，理合備文連同該名冊二份呈報，察核備案。

謹呈

陽江縣縣長 羅

附呈報國大代表人名冊二份

陽江縣商會理事長 廖

常務理事

562. 阳江县政府电各乡镇公所、各职业团体及妇女团体知照广东省选举事务所关于国大代表女性选民姓名处理办法（1947 年 9 月 25 日）

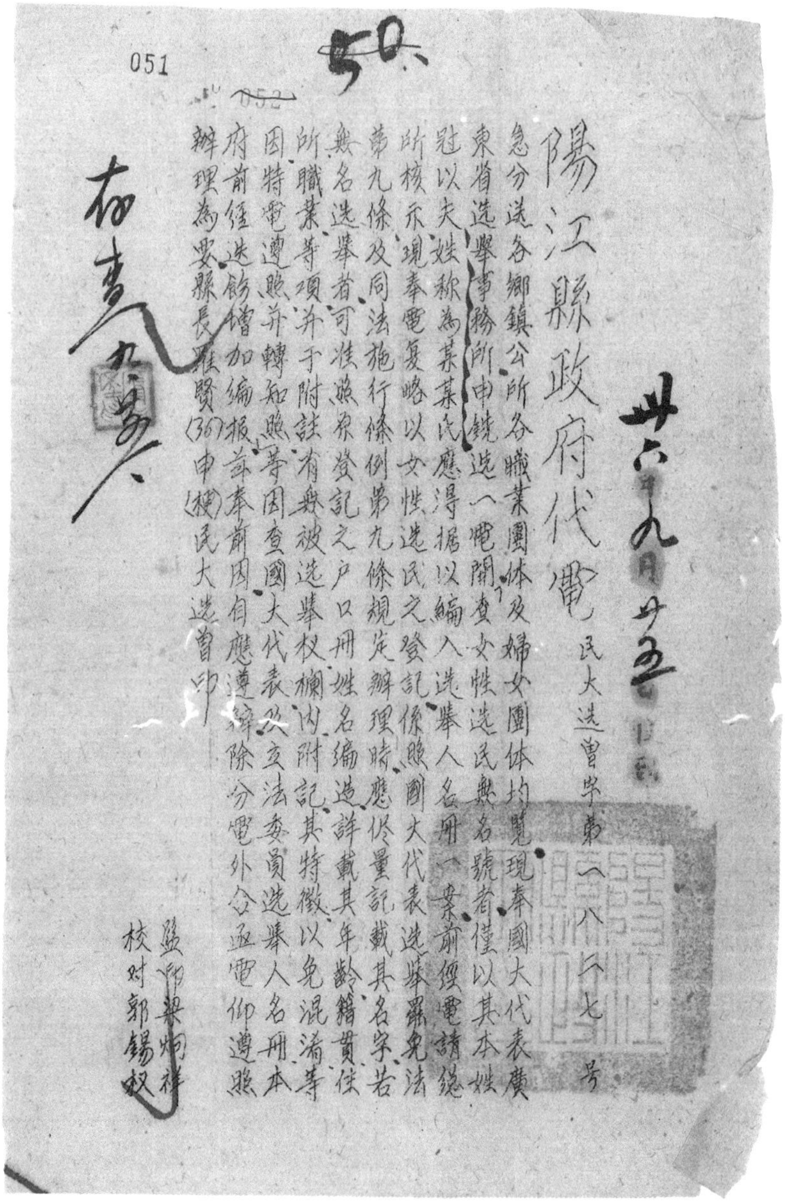
051

陽江縣政府代電　民大選曾字第一八六七号

急分送各鄉鎮公所各職業團体及婦女團体均覽現奉國大代表廣東省選舉事務所申銑選一電開查女性選民無名號者僅以其本姓冠以夫姓称為某某氏應得據以編入選舉人名冊一案前經電請總所核示現奉電復略以女性選民之登記係照國大代表選舉罷免法第九條及同法施行條例第九條規定辦理時應儘量記載其名字若無名選舉者可准照承登記之户口冊姓名編造詳載其年齡籍貫住所職業等項并于附註有無被選舉权欄內附記其特徵以免混淆等因特電遵照并轉知照等因查國大代表及立法委員選舉人名冊本府前經造飭增加编報并奉前因自應遵辦除分電外合亟電仰遵照辦理為要縣長羅賢（36）申（梗）民大選曾印

監印梁炯祥
校对郭锡权

存查

卅六年九月廿五

563. 阳江县政府电县总工会、县教育会、县商会等遵照补缴国大代表选举人名册（1947 年 9 月 27 日）

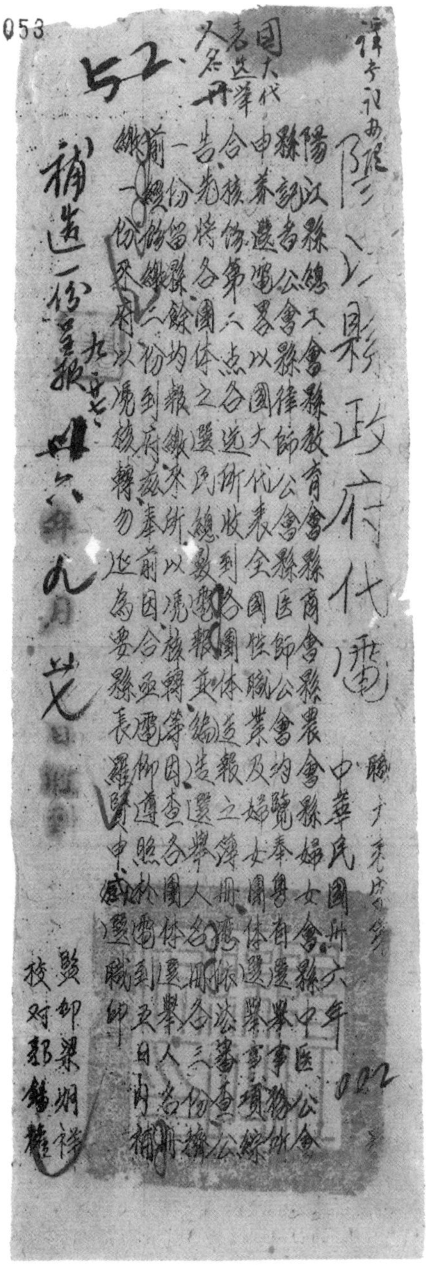

053

52、國大代表選舉人名冊

陽江縣政府代電

陽江縣總工會縣教育會縣商會縣農會縣婦女會縣中醫公會
縣記者公會縣律師公會縣醫師公會均覽奉粵省選舉事務所
申養選罍以國大代表全國性職業及婦女團體選舉事項綜
合核飭第六点各選所收到各團体造報之選舉冊應依法審查公
告先將各團体之選民總數報並繕造選舉人名冊各三份
一份留縣餘均報繳來所以憑核轉等因查各團体選舉人名冊
前繳一份尚欠二份到府茲奉前因合亟電仰遵照於電到五日內補
繳一份來府以憑核轉勿延為要縣長羅賢中感選職印

中華民國卅六年

補造一份呈報 九、廿七

卅六年九月廿七日

監印梁炯祥
校对郭錫權

564. 关能创致阳江县商会理事长廖永年的函（1947 年 9 月 10 日）

國源銀號
廣州市抗日中路三十一號
電話：一一四六六二 一一一六四二

030　106

永年先生大鑒：久違
雅教，時切馳思，比維
動定咸宜，籌謀順遂，爲慰爲祝！茲啓者：國家行憲在邇，大選即將舉行。本省商會所佔國民大會代表名額，約一至二名。會方經組設特種委員會，主持選舉事務，並就現任理監事中，推出六名爲候選人。弟以菲才，辱承同人過愛，推爲候選人之一，當經參加競選活動。竊念頻年爲商界服務，忝任廣州鐵銀業公會理事長，粵省商聯會常務理事，及全國商聯會監事；並謬蒙地方推舉，担任粵省參議員，雖才輕任重，亦竭蹶以趨。現憲政即將實施，正吾輩商人爭取本身利益，共求國家進步之良機。用敢不辭冒昧，敬請　公等于選舉期間，號召羣倫，予以有力支持，他日倘能獲選，定當盡其所能，爲我全省商界同胞忠誠服務，以期毋負　諸公之厚望也！臨書神往，不盡所懷，有暇並希時錫南針，藉匡不逮爲禱！耑肅，祇頌
籌祺百益！

弟 關能創（印）謹啓
三十六年九月十日

565. 许佩华致阳江县商会理事长廖永年的函（1948 年 1 月 14 日）

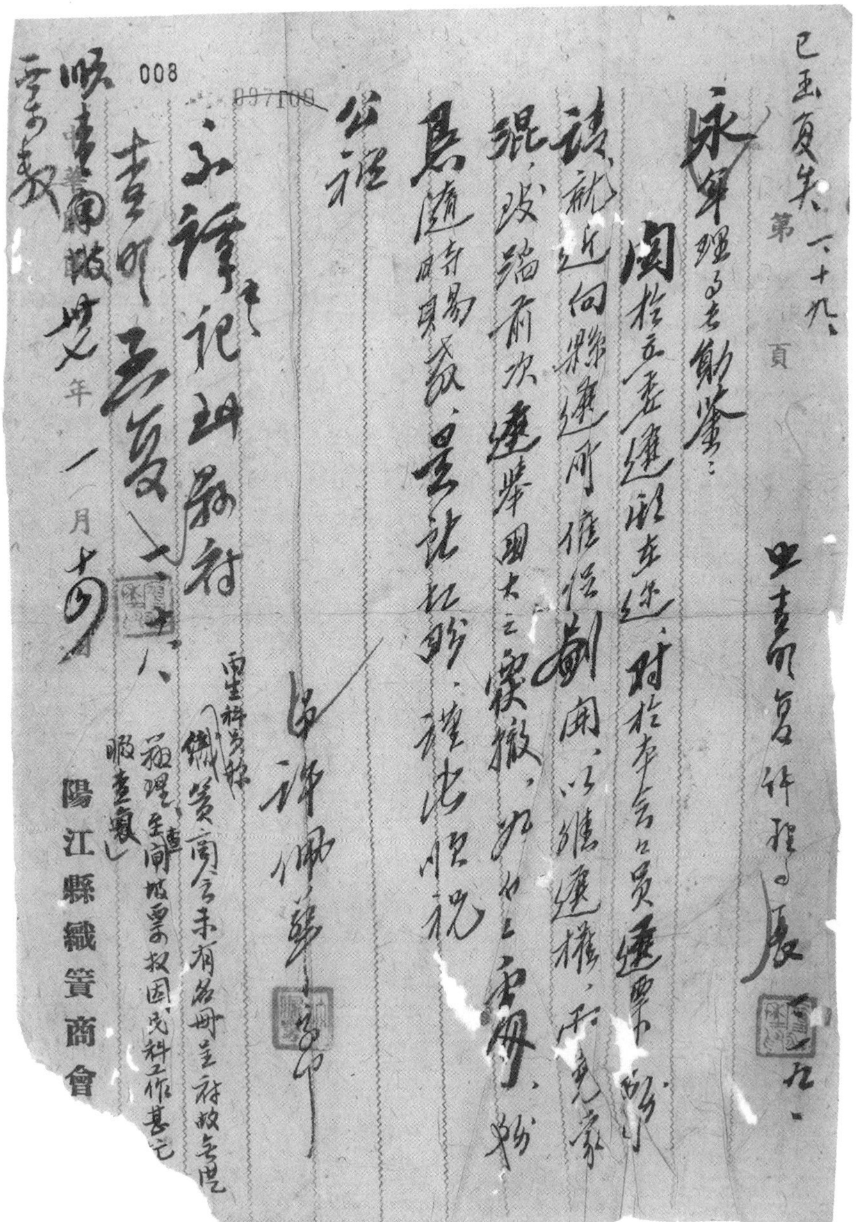

永年理事长勋鉴：

公祺

008

许佩华

陽江縣織篢商會

中華民國卅七年一月十四日

566. 阳江县商会向国民大会阳江县选举事务所呈报职业团体选举办理情形（1948 年 1 月 30 日）

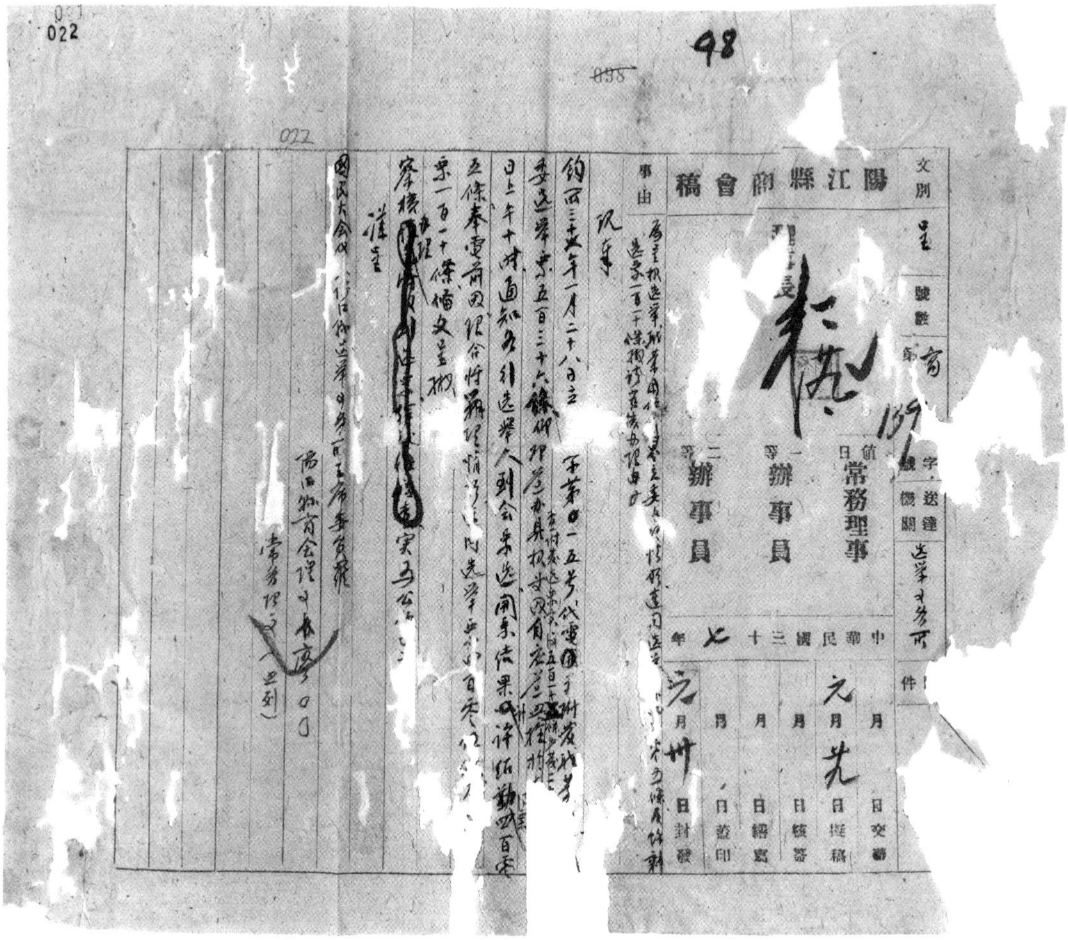

567. 阳江县警察局为编组县城区义勇警察函请县商会将县城区所有商店各等级总数分别上报（1949 年 6 月 3 日）+ 附：阳江县商会致县警察局值日官函（1949 年 6 月 5 日）

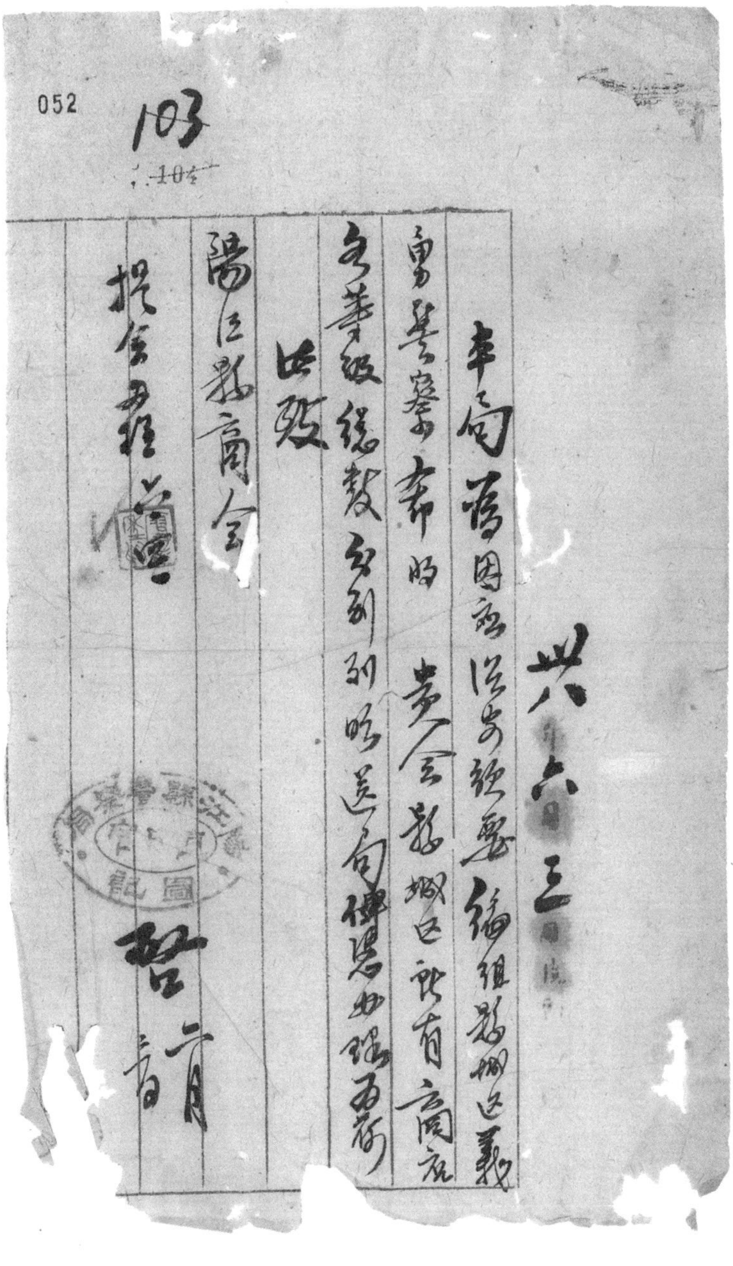

052
103
卅八 六 三

本局茲因為須要編組縣城區義勇警察，希將貴會縣城區所有商店各等級總數分別列明送局，俾憑辦理為荷。

此致

陽江縣商會

[illegible]局長羅[illegible]

啓 六月三日

053

~~105~~ 104

文别	公函
號數	第公不列號
送達機關	警局值日官
附件	

陽江縣商會稿

事由

理事長 [signature]

值日常務理事

一等辦事員

二等辦事員

中華民國三十八年

六月　日交辦

六月五日擬稿

月　日核簽

月　日繕寫

月　日蓋印

六月五日封發

敬復者：

贵局值日官函称：“本局因应治安须要编组新城区义务更警，希转知贵会新城区所有商店各号[illegible]分别照办理”等由。当经召集常务理事会议[illegible]等很僱役，负担日夜巡逻，向外募款，以[illegible]月为[illegible]，并抄[illegible]须要组织义务更警时，亦再新城区城外本会各店一[illegible]俟届时情形再复警局查照，讨议记录在案，准函前由，相应函复，即希查照是荷。此致

阳江县警察局值日官

（本会条印）启

568. 阳江县商会理事长廖永年呈请县政府准予辞去治安经费筹给委员会主任委员一职另推贤能办理以免贻误（1949 年 6 月 27 日）

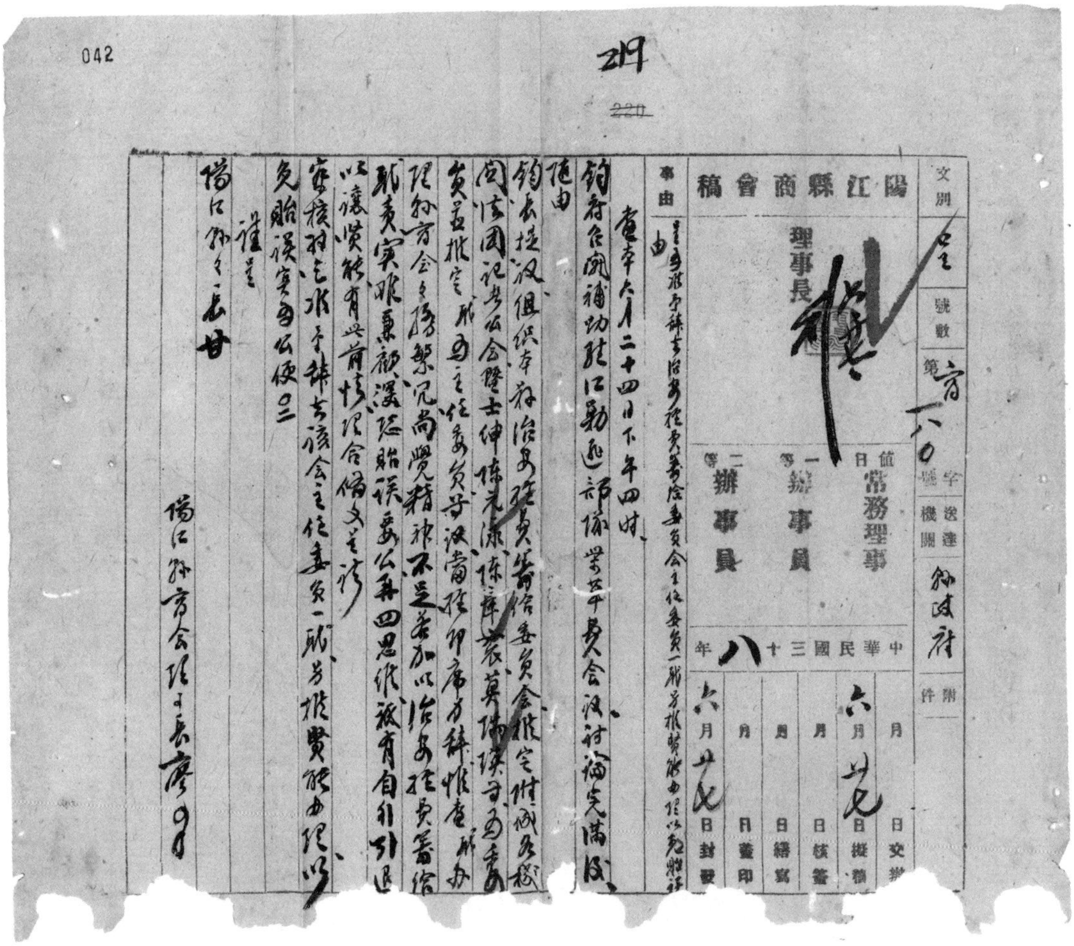
042

219

阳江县商会稿

文别：呈

号数：第商一六〇号

送达机关：县政府

附件：

理事长

常务理事

一等办事员

二等办事员

中华民国三十八年 六月廿七日

事由：呈为准予辞去治安经费筹给委员会主任委员一职另推贤能办理以免贻误由

钧府合阅：窃本年六月二十四日下午四时，钧府召开补助阳江勤选部队学生军费会议讨论完满后，随由钧长提议组织本县治安经费筹给委员会，推定附城各机关法团代表公会暨士绅陈光流、陈辞农、莫瑞瑛等为委员，并推定永年为主任委员。永年当经即席力辞，惟查永年办理县商会会务，繁冗尚觉精神不足，若加以治安经费筹给职责，实难兼顾，深恐贻误要公，再四思维，祗有自行引退，以让贤能，有此前情，理合备文呈请钧府察核，准予辞去该会主任委员一职，另推贤能办理，以免贻误，实为公便。

谨呈

阳江县县长甘

阳江县商会理事长廖永年

569. 阳江县政府指令县商会理事长廖永年不准辞去治安经费筹给会主任委员兼职（1949 年 6 月 30 日）

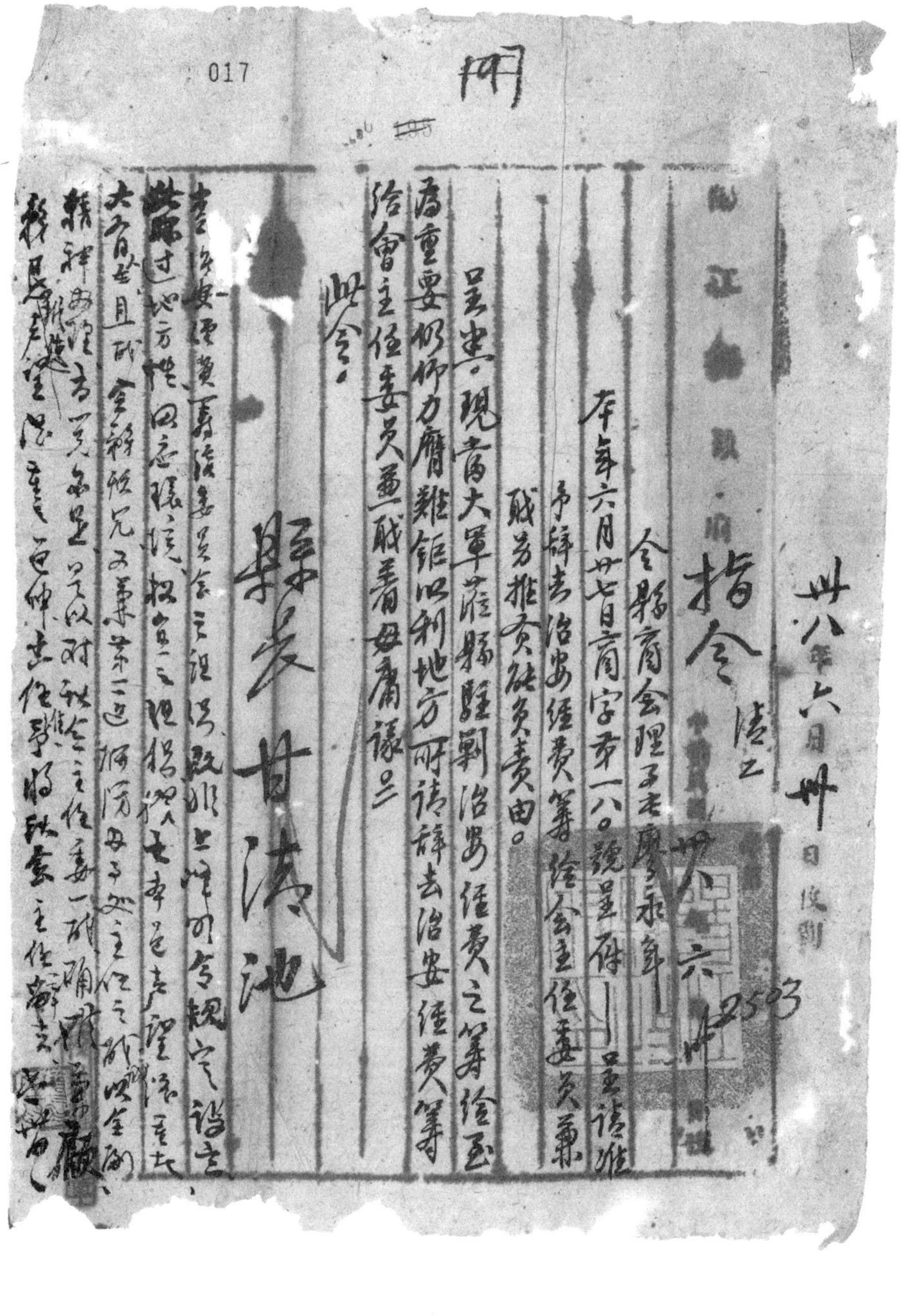
卅八年六月卅日发

阳江县政府指令 法之

令县商会理事长廖永年

本年六月廿七日商字第一八○号呈一件，呈请准予辞去治安经费筹给会主任委员兼职，胪劳推贤，结负责由。

呈悉。现当大军莅县驻剿，治安经费之筹给至为重要，仍仰力膺艰钜，以利地方，所请辞去治安经费筹给会主任委员兼职，着毋庸议。此令。

县长 甘清池

（二）调解劳资纠纷

570. 阳江县木业同业公会关于加价引起罢工行动呈请县商会主席廖永年集案调处以息纠纷维持商业（1946 年 7 月 27 日）

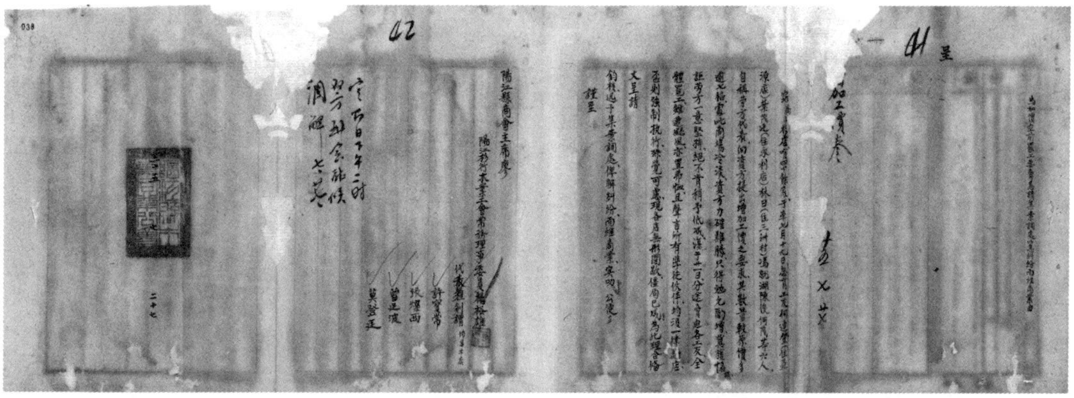

571. 阳江县木业同业公会劳资调解会议录（一）（1946 年 7 月 27 日）

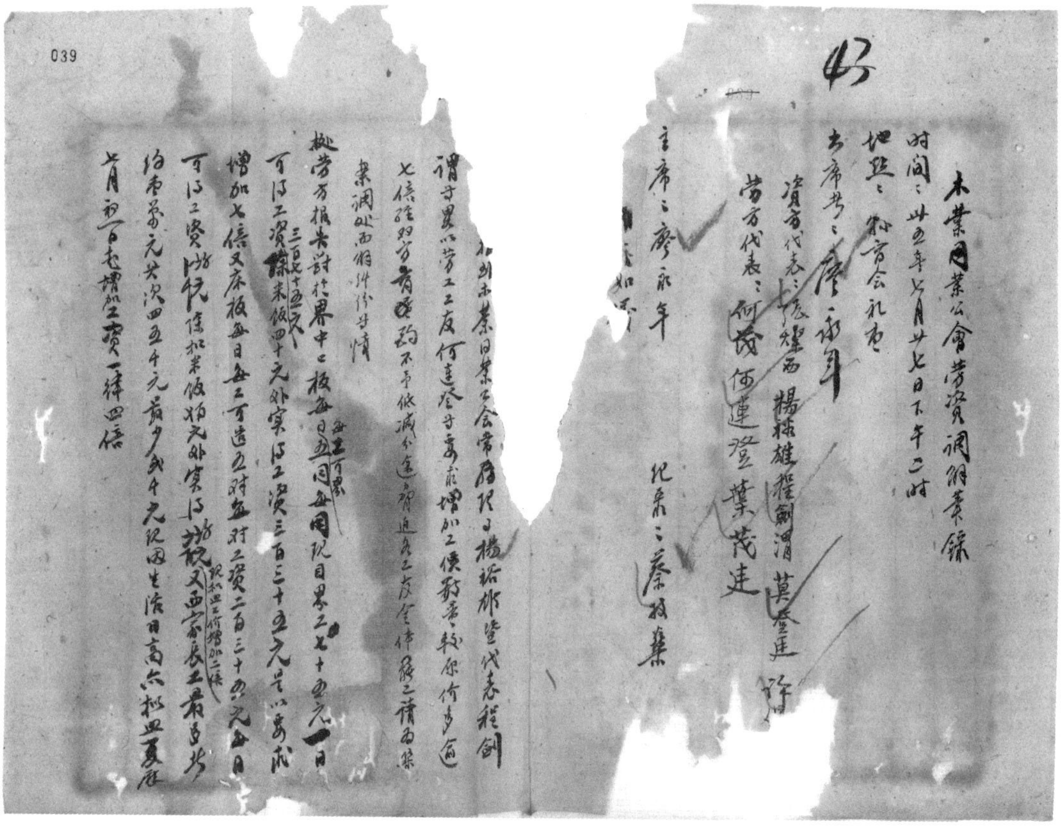

039

木業同業公會勞資調解會議錄
時間：卅五年七月廿七日下午二時
地點：縣商會禮堂
出席者：廖永年
資方代表：張耀西 楊樹雄 程劍湘 莫登廷 許[illegible]
勞方代表：何茂 何蓮登 葉茂廷
主席：廖永年
紀錄：蔡[illegible]集
[illegible]如[illegible]
[illegible]木業同業公會常務理事楊裕鄰暨代表程劍
謂本界以勞工工友何達登等要求增加工價[illegible]較原價多逾
七倍殊[illegible]不平依減[illegible]通知勞方全體工友[illegible]
業調[illegible]請[illegible]情
據勞方根[illegible]界中之板每日[illegible]同每個現目界工[illegible]一日
可得工資[illegible]米飯四十元外實得工資三百三十五元[illegible]
增加七倍又床板每日每工可造五對每對工資二百三十[illegible]元每日
可得工資[illegible]米飯[illegible]元外實得[illegible]又西家長工[illegible]
[illegible]元共次四五千元[illegible]千元現因生活日高[illegible]
七月初一日起增加工資一律四倍

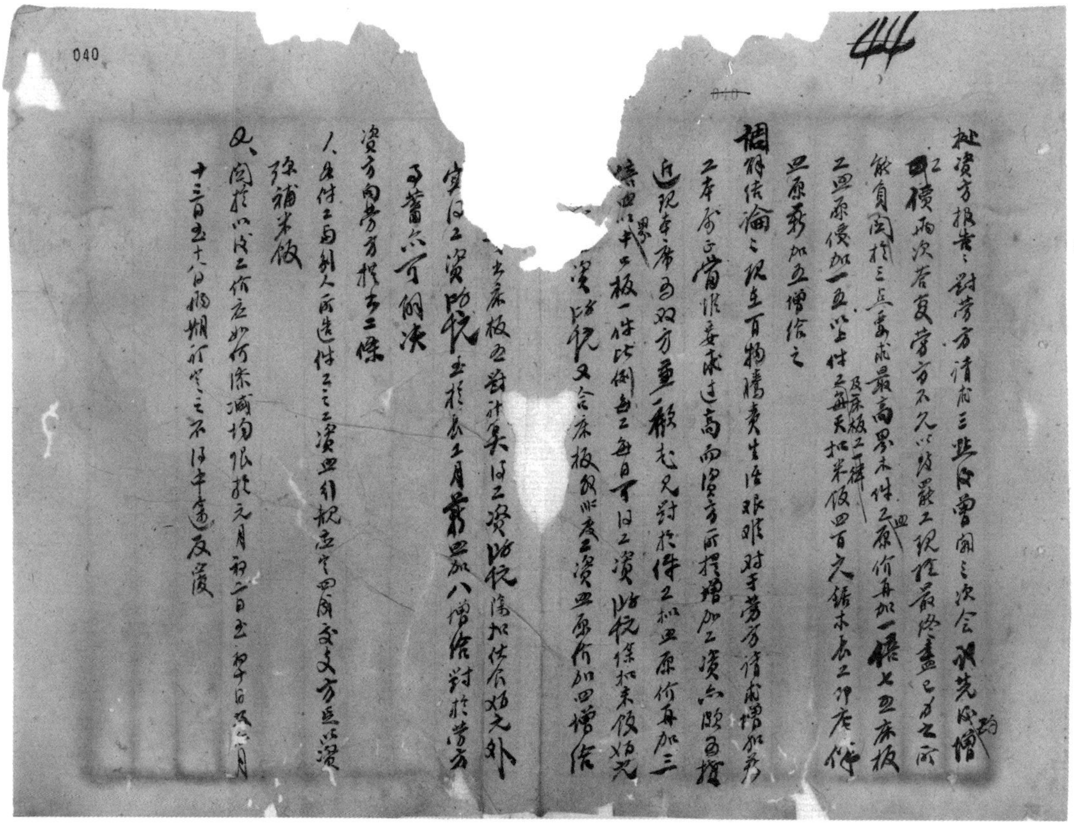
040
44
据资方报告：对劳方请求三点曾开三次会议先行增
加工资两次，若复劳方不久以致罢工，现经最后尽已力之所
能负，关于三点要求最高界木作工原价再加一倍七五，床板
工照原价加一五，坐作工每天按米价四百文，锯木衣工[illegible]
照原价加五增给之
调解结论：现在百物腾贵，生活艰难，对于劳方请求增加薪
工本属正当，惟要求过高，而资方所拟增加工资亦难为据
近，现本处为双方兼顾起见，对于作工按照原价再加三
[illegible]板一律比例每工每日可得工资[illegible]
资[illegible]又合床板[illegible]工资照原价加四增给
[illegible]床板[illegible]工资[illegible]之外
实得工资[illegible]月[illegible]加八增给，对于劳方
[illegible]亦可[illegible]决
资方向劳方报告二条
[illegible]
[illegible]
又、[illegible]
十二月[illegible]

572. 阳江县木业同业公会劳资调解会议录（二）（1946 年 7 月 29 日）

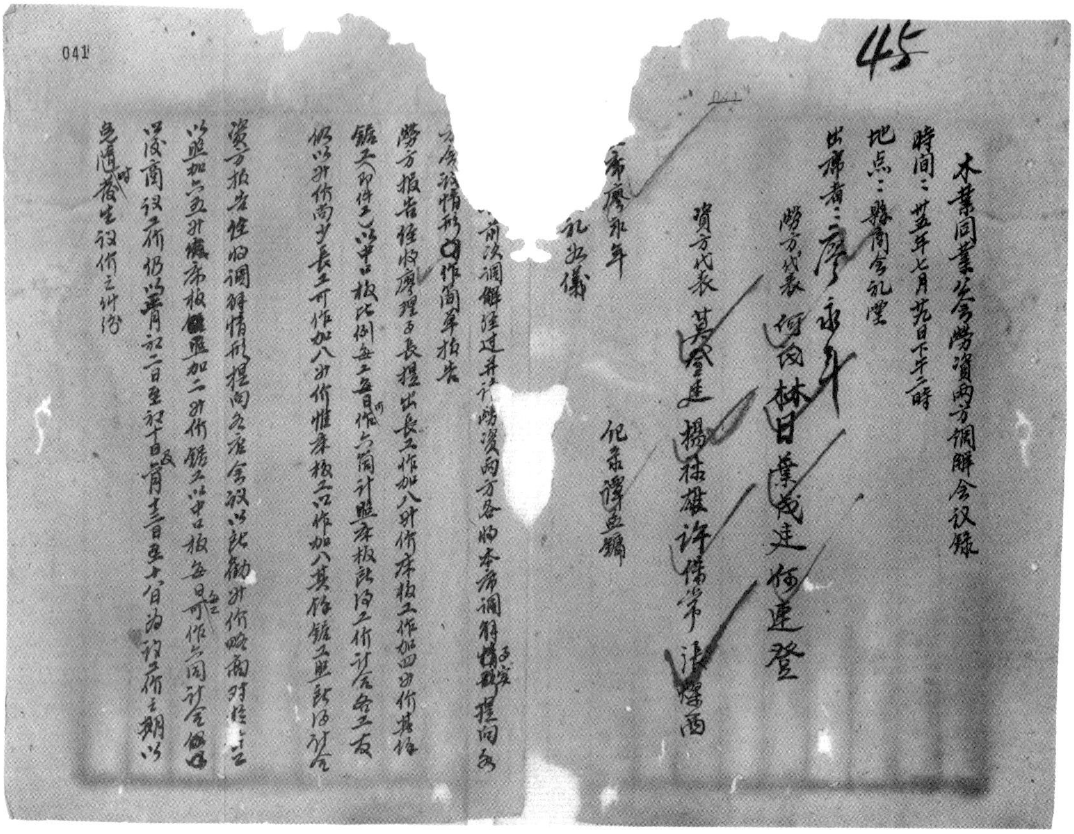

木業同業公会勞資兩方調解会议録
時間：卅五年七月廿九日下午二時
地点：縣商会礼堂
出席者：廖承年
勞方代表 何[illegible] 林日 葉茂建 何達登
資方代表 莫金建 楊桂雄 許偉常 張[illegible]酉
主席 廖承年
紀錄 譚益鏞
礼如儀
（一）前次調解經過并討勞資兩方各將本席調解情形提向各方会议情形作簡單报告
勞方报告經收廖理事長提出長工作加八计作床板工作加四计作其他鋸工（即件工）以中口板比例每工每日可作六間计照床板就內工作討論各工友仍以计作尚少長工可作加八计作惟床板工只作加八其餘鋸工照就內討論
資方报告經將調解情形提向各屆会议以就勸计作略為對換之以照加六五计作床板照加二计作鋸工以中口板每日可作六間討論
以後商议工作仍以本月初二日至初十日及十三日至十八日為改工作之期以免遺誤生意

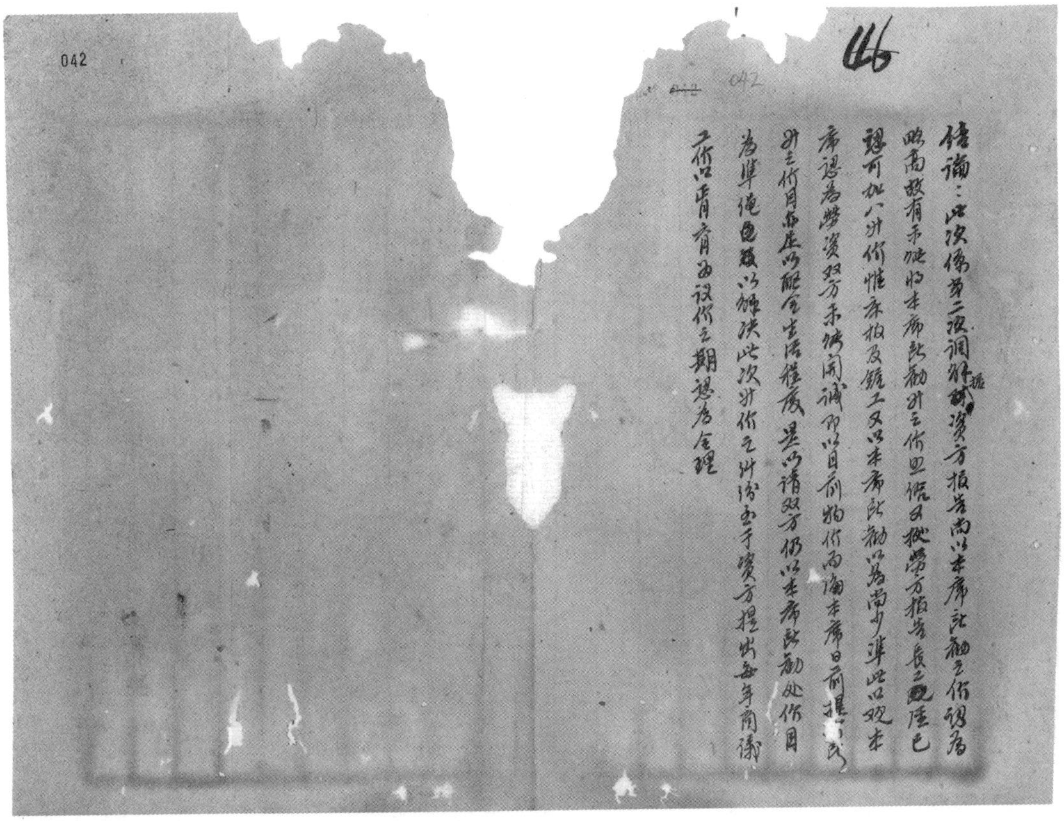

042

66

042

结论：此次系第二次调解，据资方报告尚以本厂訂額之工价码为
略高故有未能将本厂訂额升工价照依劳方报告长之理但已
认可加八升价惟系按及镀工又以本厂訂额以为當日準此以观本
厂认为劳资双方未能闻识即以目前物价而论本厂日前提议
升工价目亦足以维全生活程度是以请双方仍以本厂訂额作目
為準俾免纠纷以解决此次升价之纠纷至于资方提出每年商议
工价以资育而设价之期認為合理

573. 阳江县商会为调解本城木行劳资纠纷呈报县政府（1946 年 8 月 25 日）

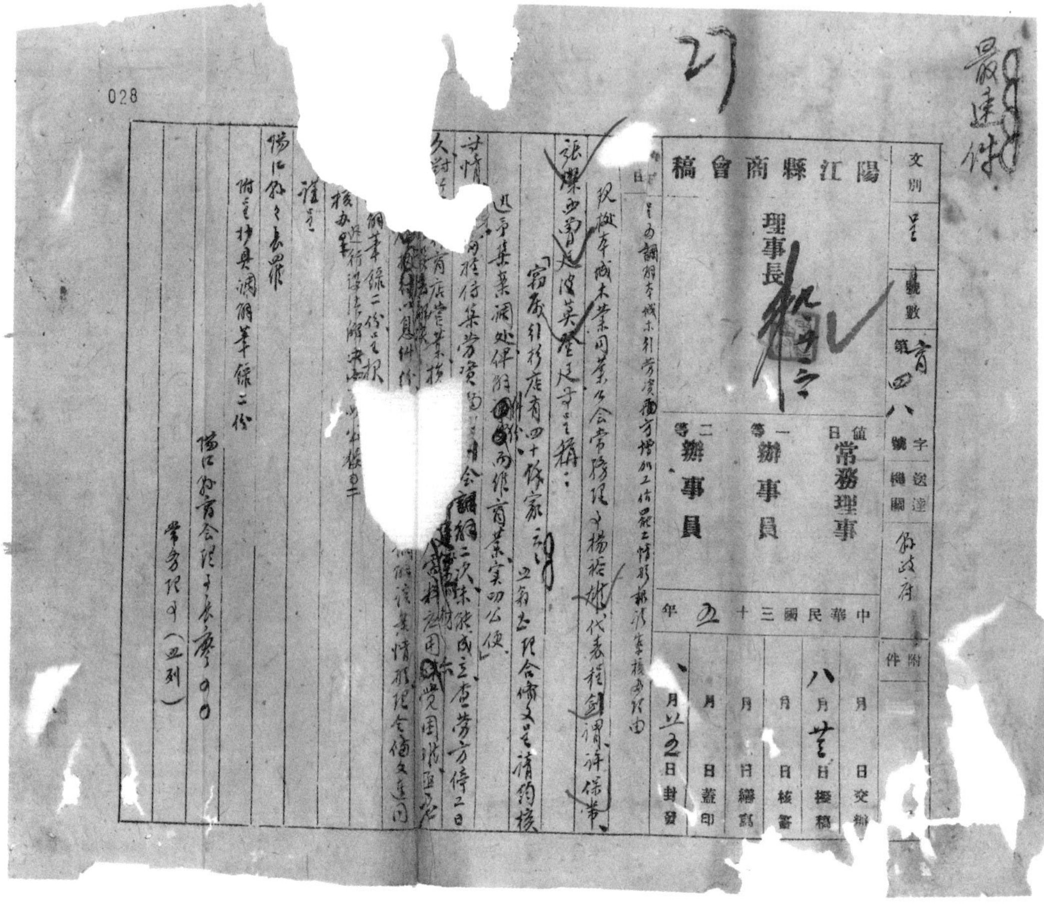
028

陽江縣商會稿

文別：呈

號數：第育四八號

送達機關：縣政府

附件

理事長

值日常務理事

一等辦事員

二等辦事員

中華民國三十五年

八月廿三日擬稿　月　日核簽　月　日繕寫　月　日蓋印　月廿五日封發　月　日交辦

事由：呈為調解本城木行勞資糾紛增加工值最上情形報請察核由

現據本城木業同業公會常務理事楊裕……代表程釗……等呈稱：

[illegible]

謹呈

陽江縣縣長

附呈抄具調解筆錄二份

陽江縣商會理事長廖○○

常務理事（丑列）

574. 阳江县政府关于调解本城木行劳资纠纷批复县商会（1946 年 9 月 1 日）

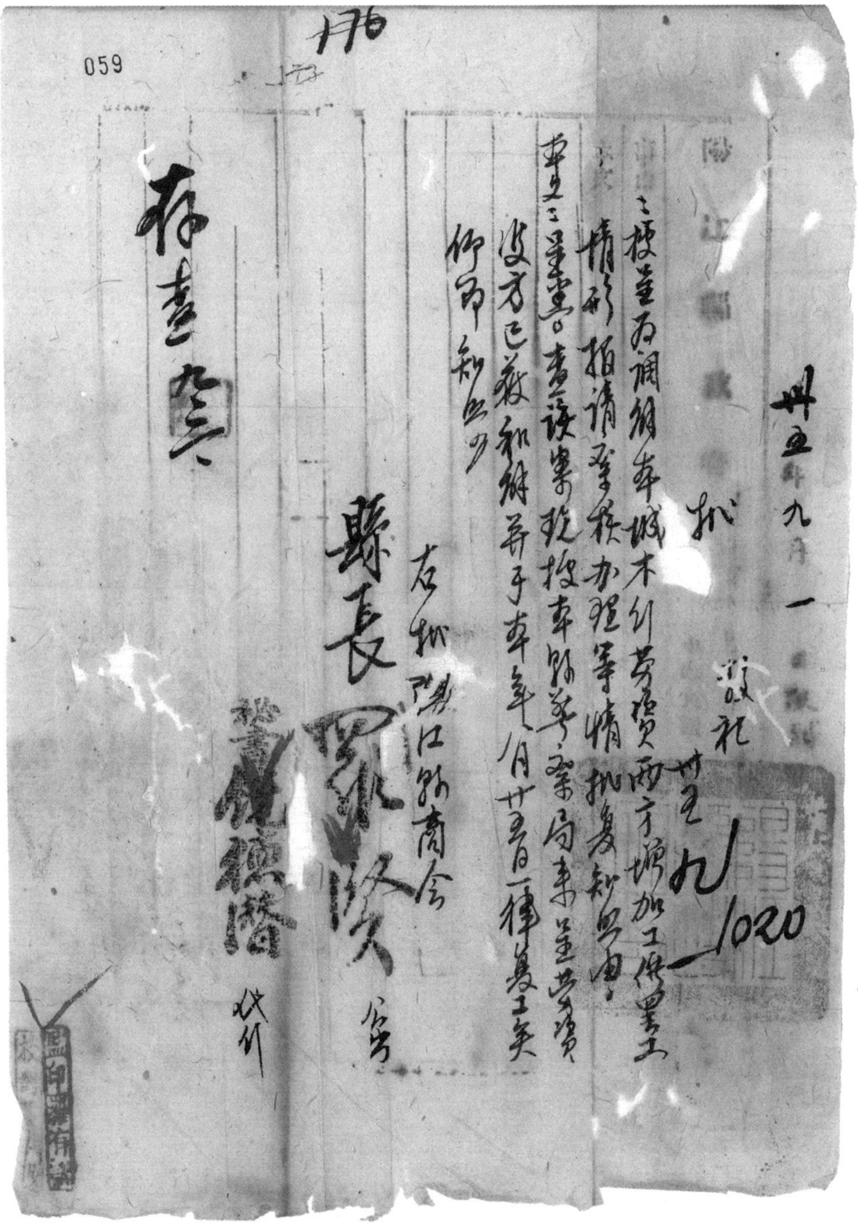
卅五年九月一日
批　發社　字第九號
事由：據並爲調解本城木行勞資兩方增加工資罷工情形指請鑒核辦理等情批復知照由
本年八月廿日呈一件書悉。該案現據本縣總工會呈稱勞資雙方已獲和解，并于本年八月廿五日一律復工矣。仰即知照。此令。
右批陽江縣商會
縣長
監印　校對
存查

575. 阳江县木工业同业公会为接纳县府调解一致请求资方清发工资方得复工函请县商会查照（1947 年 11 月 16 日）

第　頁

逕啟者：敝會于本日開會員大會，經已接納縣政府調解（即木工加六成，伙工加二成），惟一致請求資方清發工金（包括去九月在內），方得復工，毋誤紀錄在案。除函請資方查照辦理外，相應函請

貴理事長查照，希即轉請資方查照辦理見复為荷。此致

陽江縣商會理事長廖

引

陽江縣木工業職業工會　啟

中華民國卅六年十一月十六日

576. 阳江县政府训令县商会调处两阳电船机房会员工资一案（1948 年 4 月 12 日）

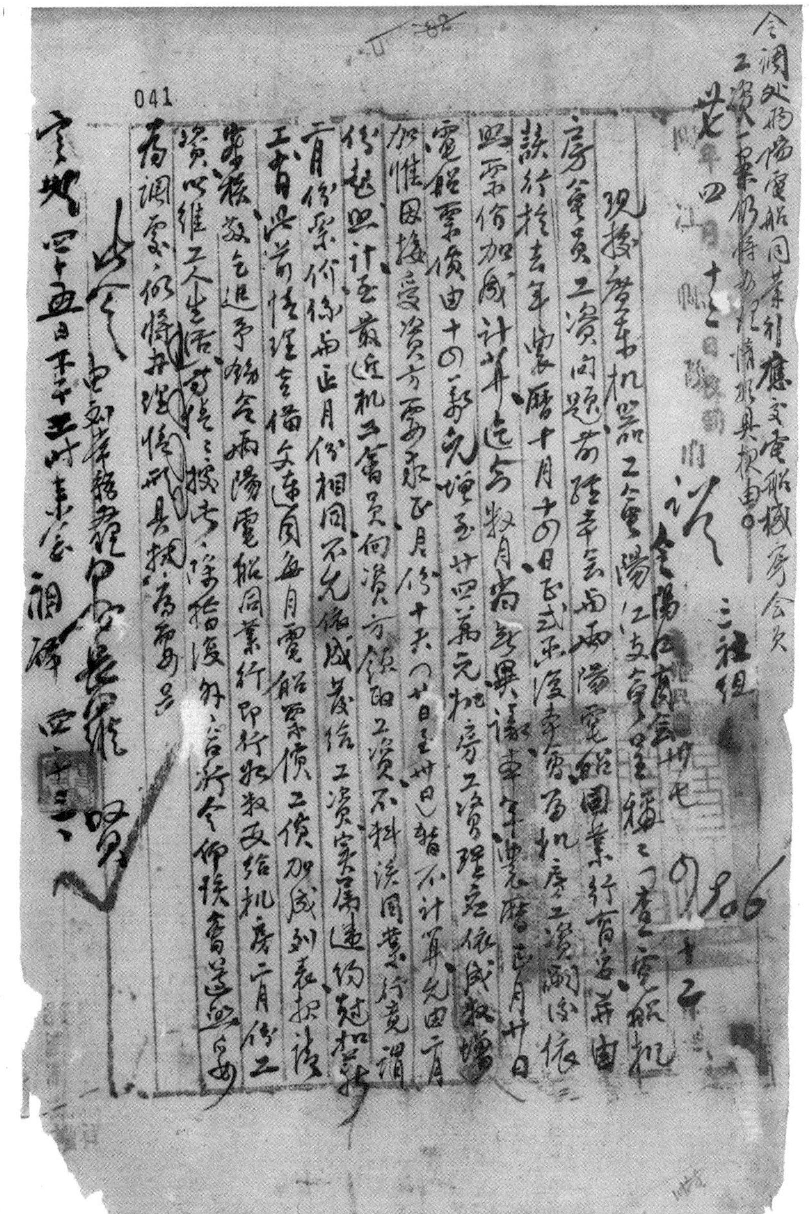
041

令调处两阳电船同业行应交电船机房会员工资一案仰将办理情形具报由

卅七年四月十二日

阳江县政府训令 三社组

令阳江县商会理事长[illegible]

现据本县中机器工会阳江支会呈称：“查电船机房会员工资问题，前经本会与两阳电船同业行商定，并由该行于去年农历十月十四日正式承认本会电船机房工资除依照票价加减计算，迄今数月尚无异议。本年农历正月廿日电船票价由十四万元增至廿四万元，机房工资理应依照比例增加，惟因接受资方要求正月份十六（廿日至卅日）暂不计算，只由二月份起照计。至最近机工会员向资方领取工资，不料该同业行竟谓二月份票价仍与正月份相同，不允依照增给工资，实属违约。[illegible]工会照前情，理合备文呈请，每月电船票价工资加减列表[illegible]察核，并令准予转令两阳电船同业行即行照数发给机房二月份工资，以维工人生活”等情。据此，除指复外，合行令仰该会即便遵照调处，仍将办理情形具报为要。此令。

县长[illegible]

实收 四月十五日下午三时

577. 广东机器公会阳江支会为各工友以资方违约短给工资绝不能接受函请阳江县商会理事长廖永年查照并转报县府（1948 年 4 月 26 日）

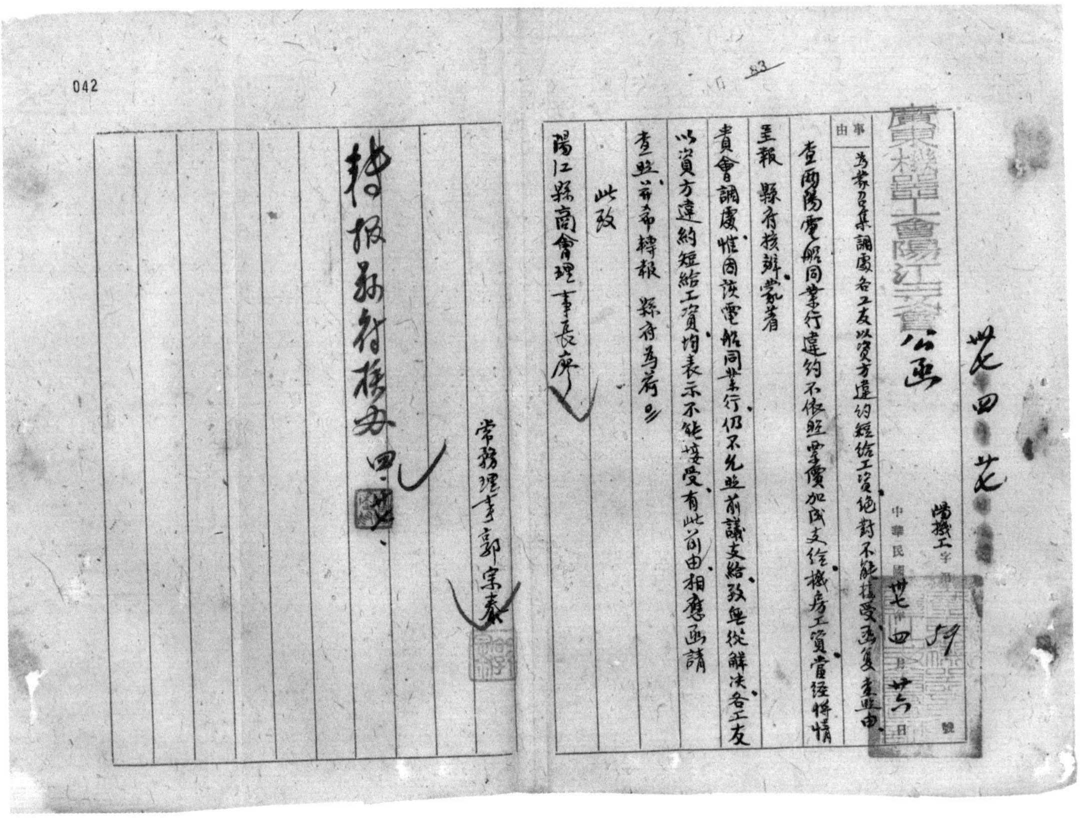

042

廣東機器工會陽江支會公函

事由：為據召集調處各工友以資方違約短給工資絕對不能接受函復查照由

查兩陽電船同業行違約不依照工價加成支給機房工資業經將情

呈報　縣府核辦，並着

貴會調處，惟因該電船同業行仍不允照前議支給，致無從解決。各工友

以資方違約短給工資均表示不能接受，有此前由，相應函請

查照，并希轉報　縣府為荷。

此致

陽江縣商會理事長廖

常務理事郭宗泰

陽機工字第　號

中華民國卅七年四月廿六日

花四花

轉報縣府核辦

四．廿七

578. 阳江县商会向县政府呈报调处电船机房工人向电船业行领取工资情形（1948 年 4 月 28 日）

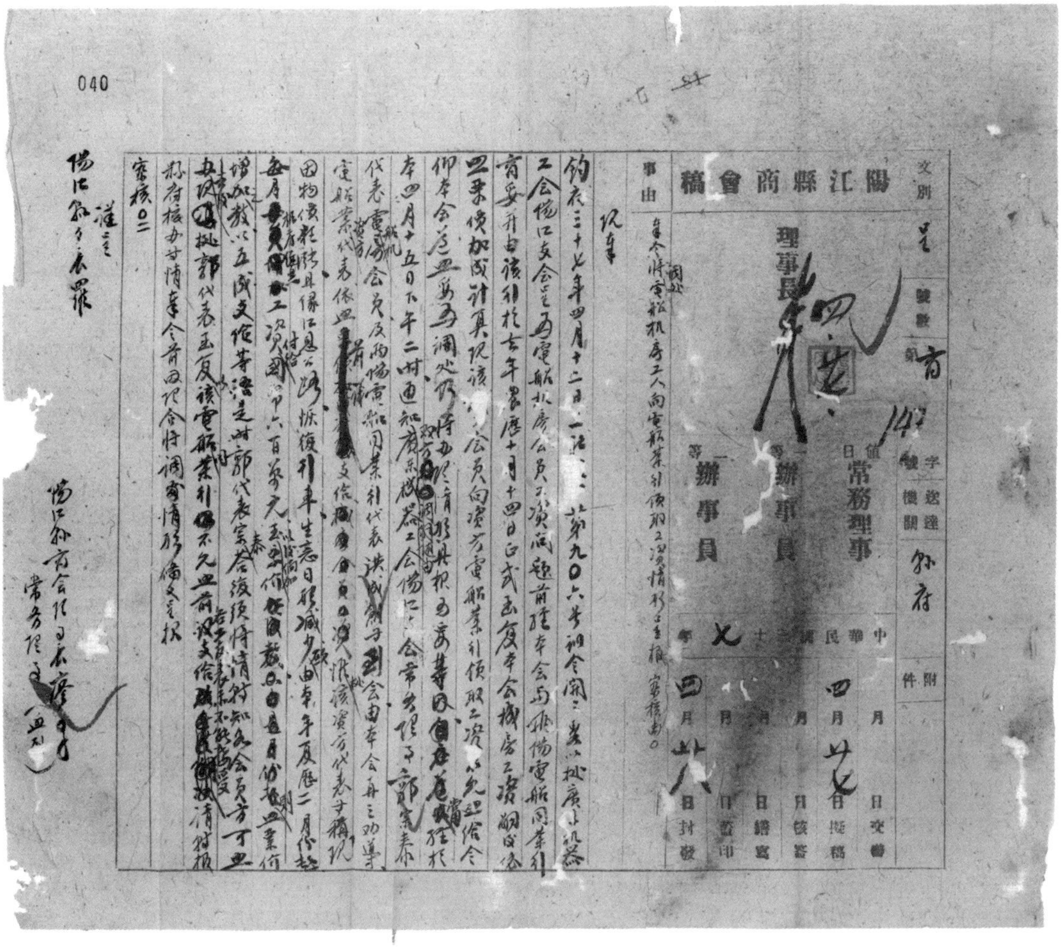

040

陽江縣商會稿

文別 呈

號數 第 號

送達機關 縣府

附件

理事長

常務理事

辦事員

事由

中華民國三十七年 四月 日交辦

四月廿七日擬稿

月 日核簽

月 日繕寫

月 日監印

四月廿八日封發

579. 阳江县木业同业公会为本会工人罢工要求加薪致所属商店全体暂行停业呈请县商会主席廖永年鉴核（1948 年 8 月 2 日）

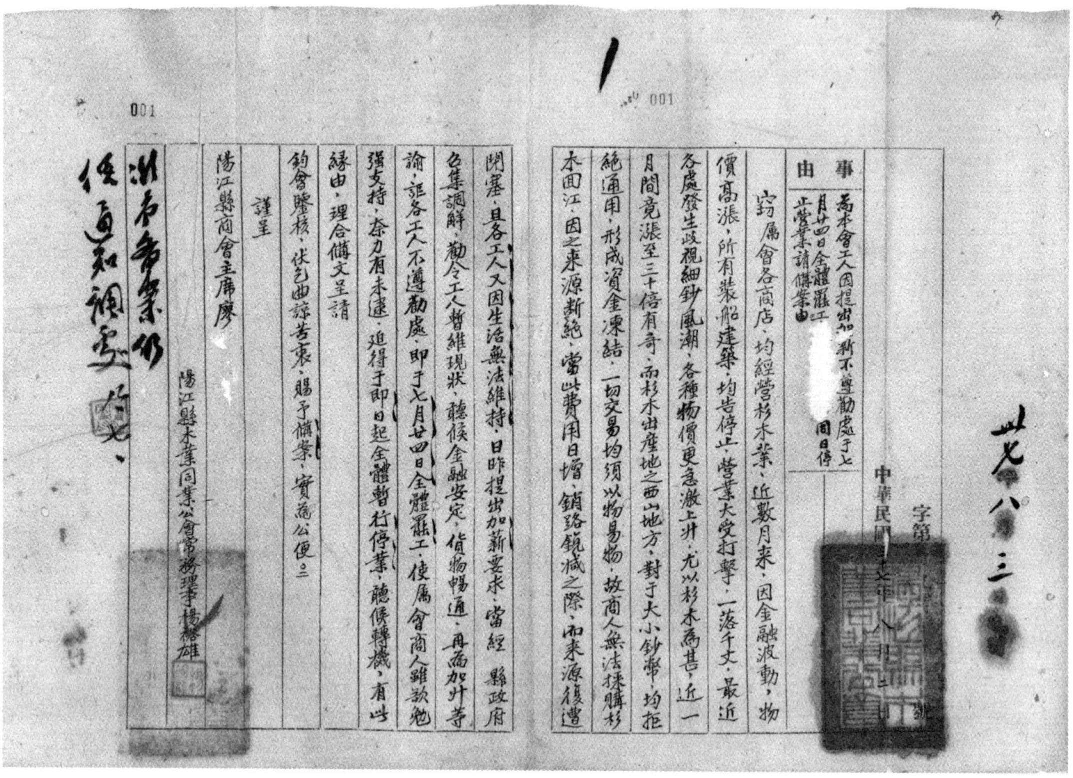

事由：為本會工人因提出加薪不遵勸處于七月廿四日全體罷工同日停止營業請備案由

竊屬會各商店，均經營杉木業，近數月來，因金融波動，物價高漲，所有裝船建築，均告停止，營業大受打擊，一落千丈，最近各處發生歧視細鈔風潮，各種物價更急激上升，尤以杉木為甚，近一月間竟漲至三十倍有奇，而杉木出產地之西山地方，對于大小鈔幣，均拒絕通用，形成資金凍結，一切交易均須以物易物，故商人無法採購杉木回江，因之來源斷絕，當此費用日增、銷路銳減之際，而來源復遭閉塞，且各工人又因生活無法維持，日昨提出加薪要求，當經 縣政府召集調解，勸令工人暫維現狀，聽候金融安定，貨物暢通，再為加升等論，詎各工人不遵勸處，即于七月廿四日全體罷工，使屬會商人雖欵勉強支持，奈力有未逮，迫得于即日起全體暫行停業，聽候轉機，有此緣由，理合備文呈請

鈞會鑒核，伏乞曲諒苦衷，賜予備案，實為公便。

謹呈

陽江縣商會主席廖

陽江縣木業同業公會常務理事楊榕雄

中華民國三十七年八月二日

（三）调解商业纠纷

580. 黄鸣五为合办贷款久未交还呈请阳江县商会传对方责令将股本交还（1942 年 5 月 22 日）

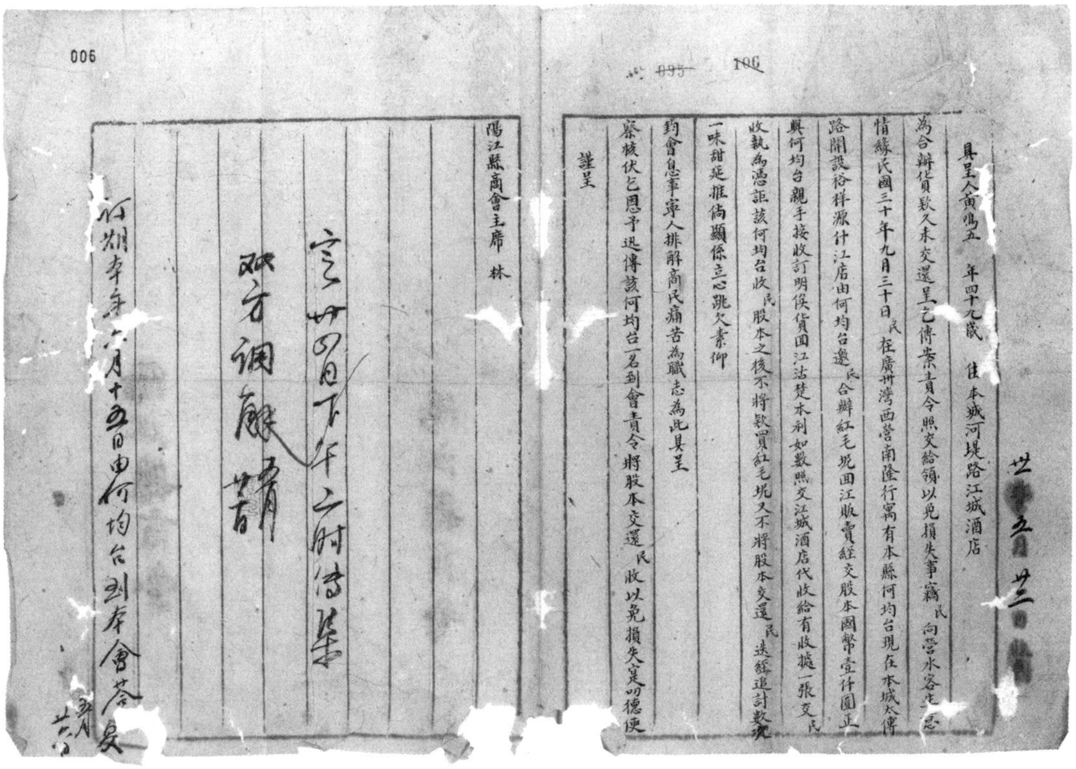

卅一 五 廿二

具呈人黃鳴五 年四十九歲 住本城河堤路江城酒店

為合辦貸款久未交還呈乞傳案責令照交給領以免損失事竊民向營水客生意

情緣民國三十年九月三十日民在廣州灣西營南隆行寓有本縣何均台現在本城太傅路開設裕祥源什江店由何均台邀民合辦紅毛坭回江販賣經交股本國幣壹仟圓正與何均台親手接收訂明俟貨回江沽楚本利如數照交江城酒店代收給有收據一張交民收執為憑詎該何均台收民股本之後不將款買紅毛坭又不將股本交還民迭經追討數現一味甜延推倘顯係立心跳欠素仰

鈞會息事寧人排解商民痛苦為職志為此具呈

察核伏乞恩予迅傳該何均台一名到會責令將股本交還民收以免損失實叨德便

謹呈

陽江縣商會主席 林

定廿四日下午六時傳集

雙方調解

據報本年六月十五日由何均台到本會答复

581. 张清福为批期久逾据铺不交呈请阳江县商会通知集案调解（1942 年 3 月 28 日）

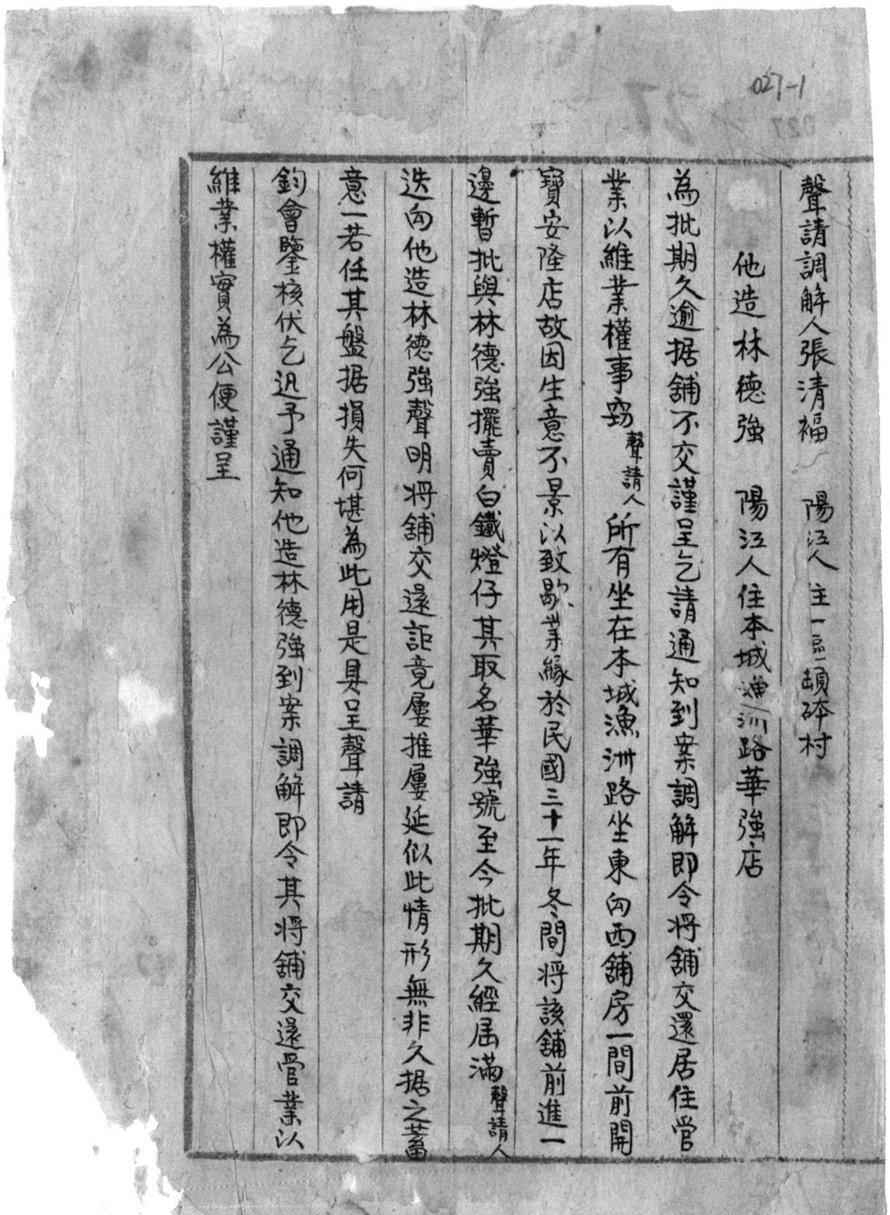
027-1

聲請調解人張清福　陽江人　住一區頭碎村
他造林德強　陽江人住本城漁洲路華強店
為批期久逾据鋪不交謹呈乞請通知到案調解即令将鋪交還居住營
業以維業權事竊聲請人所有坐在本城漁洲路坐東向西鋪房一間前開
寶安隆店故因生意不景以致歇業緣於民國三十一年冬間将該鋪前進一
邊暫批與林德強擺賣白鐵燈仔其取名華強號至今批期久經屆滿聲請人
迭向他造林德強聲明将鋪交還詎竟屢推屢延似此情形無非久据之蓄
意一若任其盤据損失何堪為此用是具呈聲請
鈞會鑒核伏乞迅予通知他造林德強到案調解即令其将鋪交還營業以
維業權實為公便謹呈

28

028

陽江縣商會理事長廖公鑒

通知兩方卅会調解 三、廿六

中華民國三十一年三月二十八日具呈人張清福

582. 阳江县忠宝堂为租借铺舍满期在即呈请县商会传集调解责令履约还铺（1942 年 4 月 30 日）

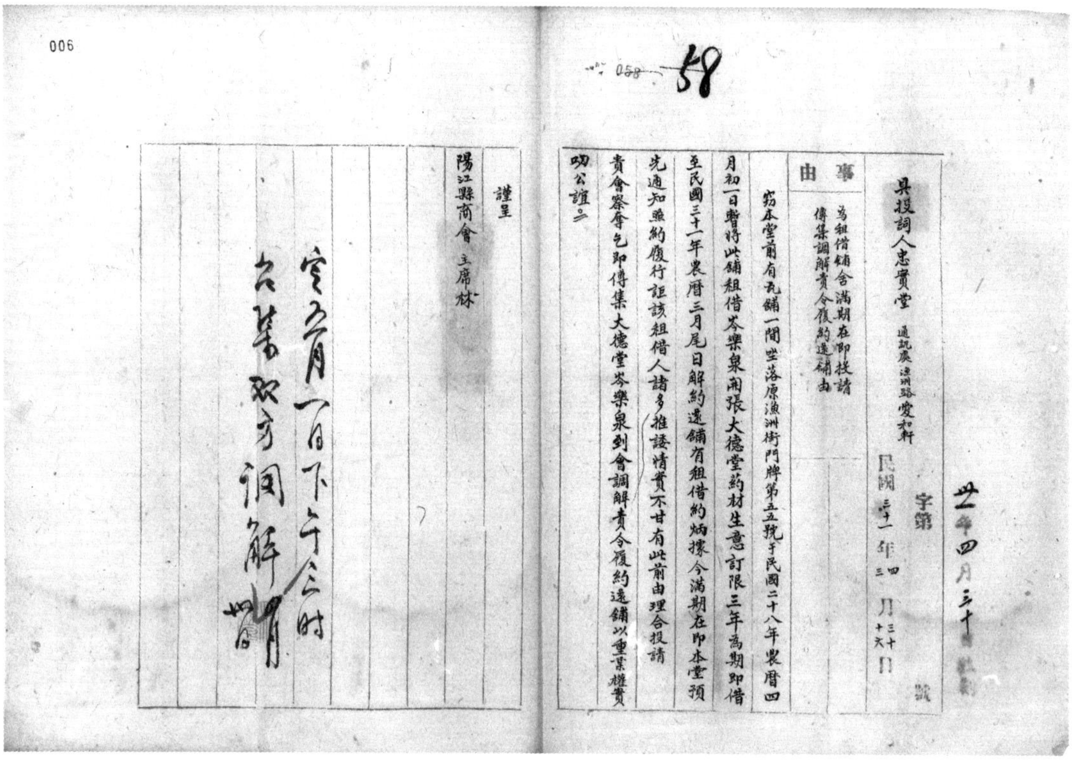

058 58

具投詞人忠寶堂 通訊處漁洲路雙和軒

字第　號 民國三十一年四月三十日

卅一年四月三十日

事由：為租借鋪舍滿期在即投請傳集調解責令履約還鋪由

竊本堂前有瓦鋪一間坐落原漁洲街門牌第五五號于民國二十八年農曆四月初一日暫將此鋪租借岑樂泉開張大德堂葯材生意訂限三年為期即借至民國三十一年農曆三月尾日解約還鋪有租借約炳據今滿期在即本堂預先通知照約履行詎該租借人諸多推諉情實不甘有此前由理合投請貴會察奪乞即傳集大德堂岑樂泉到會調解責令履約還鋪以重業權實叨公誼之

謹呈

陽江縣商會主席林

定五月一日下午二时召集双方调解

583. 阳江县义益堂为租借字号铺底架生限期即满呈请县商会传集调解责令依约履行（1942 年 4 月 30 日）

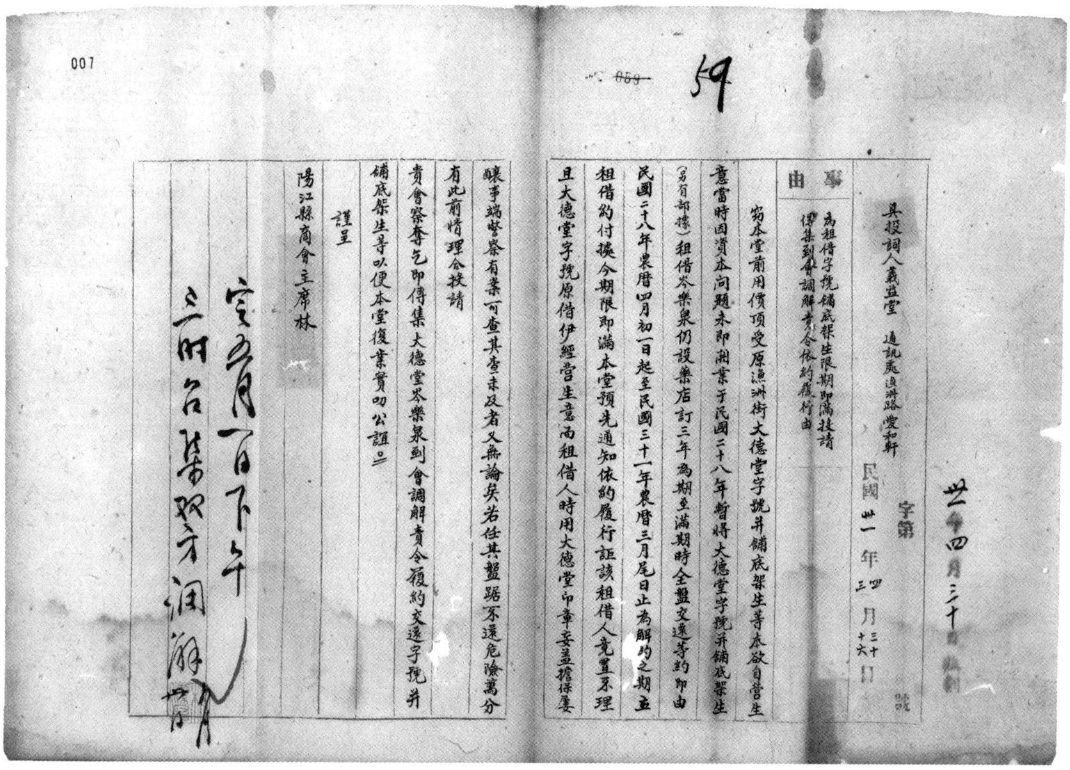

具投詞人義益堂　通訊處漁洲路慶和軒

字第　號

民國卅一年四月三十日

事由：為租借字號鋪底架生限期即滿投請傳集到會調解責令依約履行由

竊本堂前用價項受原漁洲街大德堂字號并鋪底架生等本欲自營生意當時因資本問題未即開業于民國二十八年暫將大德堂字號并鋪底架生（另有部據）租借岑樂泉仍設藥店訂三年為期至滿期時全盤交還等約即由民國二十八年農曆四月初一日起至民國三十一年農曆三月尾日止為解約之期茲租借約付換今期限即滿本堂預先通知依約履行詎該租借人竟置不理且大德堂字號原借伊經營生意而租借人時用大德堂印章妄盖擔保屢釀事端警察有案可查其害未及者又無論矣若任其盤踞不還危險萬分有此前情理合投請

貴會察奪乞即傳集大德堂岑樂泉到會調解責令履約交還字號并鋪底架生等以便本堂復業實叨公誼

謹呈

陽江縣商會主席林

定五月一日下午三時召集雙方調解

卅一年四月三十日收到

584. 阳江县商会通知忠宝堂、义益堂依时到会调解租铺纠纷（1942 年 5 月 1 日）

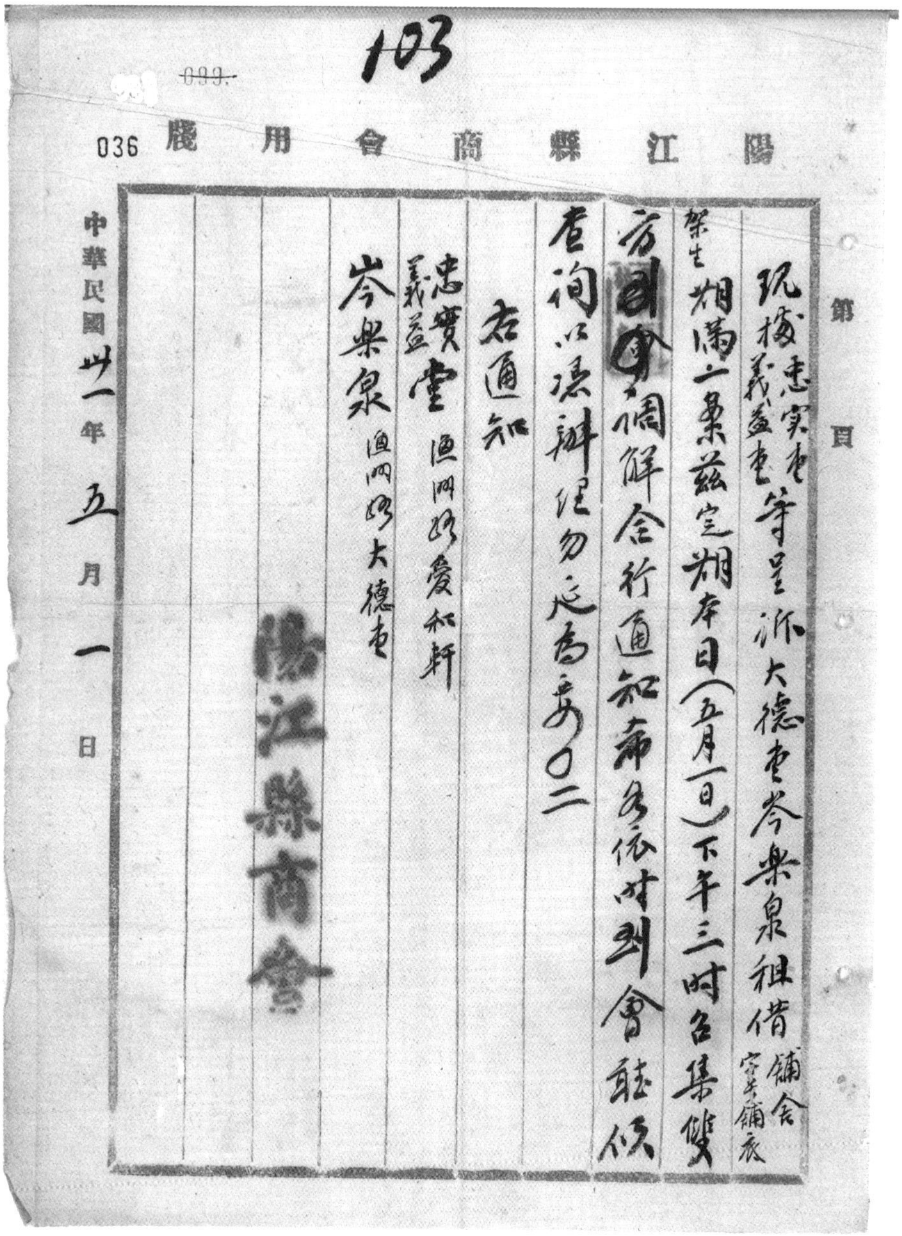

103

~~099~~

陽江縣商會用箋 036

第 頁

現接忠寶堂、義益堂等呈訴大德堂岑樂泉租借舖舍（穿衣舖）發生糾葛一案，茲定期本日（五月一日）下午三時召集雙方到會調解，合行通知，希即依時到會駐候查詢，以憑辦理，勿延為要。〇二

右通知

忠寶堂、義益堂 迴瀾路愛和軒

岑樂泉 迴瀾路大德堂

陽江縣商會

中華民國卅一年五月一日

585. 广东高等法院函请阳江县商会将调处沙忠文与张高买铺纠纷经过情形函复（1942 年 6 月 25 日）

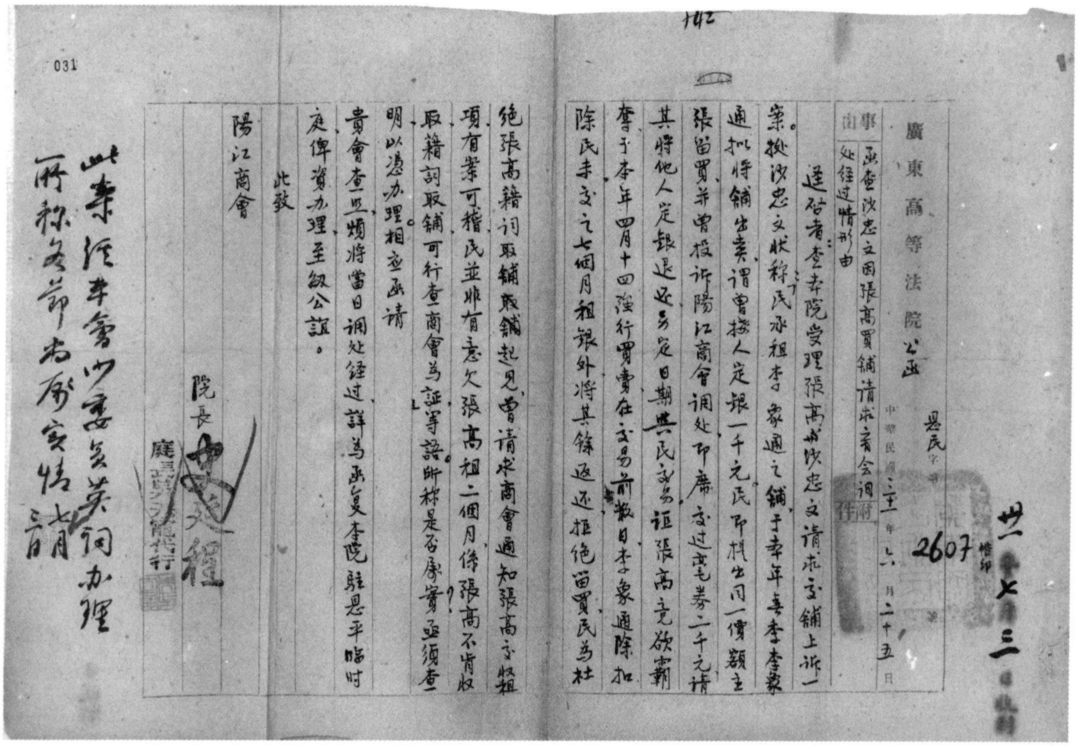

廣東高等法院公函 县民字第 2607 號

中華民國三十一年六月二十五日

事由：函查沙忠文因張高買鋪請求商会调处经过情形由

逕啓者：查本院受理張高等與沙忠文請求交鋪上訴一案。據沙忠文狀稱：民承租李家通之鋪，于本年去李李家通擬將鋪出賣，謂曾於人定銀一千元，民即糾出同一價額，主張留買，并曾投訴陽江商會调处，即席交过毫券二千元，請其將他人定銀退还，另定日期與民交易，詎張高竟欲霸奪，于本年四月十四強行買賣，在交易前數日李象通除扣除民未交之七個月租銀外，將其餘返还，拒绝留買，民為杜絕張高藉詞取鋪取鋪起见，曾請求商會通知張高予收租項，有案可稽。民並非有意欠張高租二個月，係張高不肯收取，藉詞取鋪，可行查商會為證等語。所稱是否屬實，亟須查明，以憑办理，相应函請

貴會查照，煩將當日调处经过，詳為函复本院駐恩平临时庭，俾資办理，至紉公誼。

此致

陽江商會

院長 ……程

此案經本會少委员黄詞办理，所称各节尚属实情。七月三日

586. 阳江县商会函复广东高等法院调处沙忠文与张高买铺纠纷经过情形（1942 年 7 月 24 日）

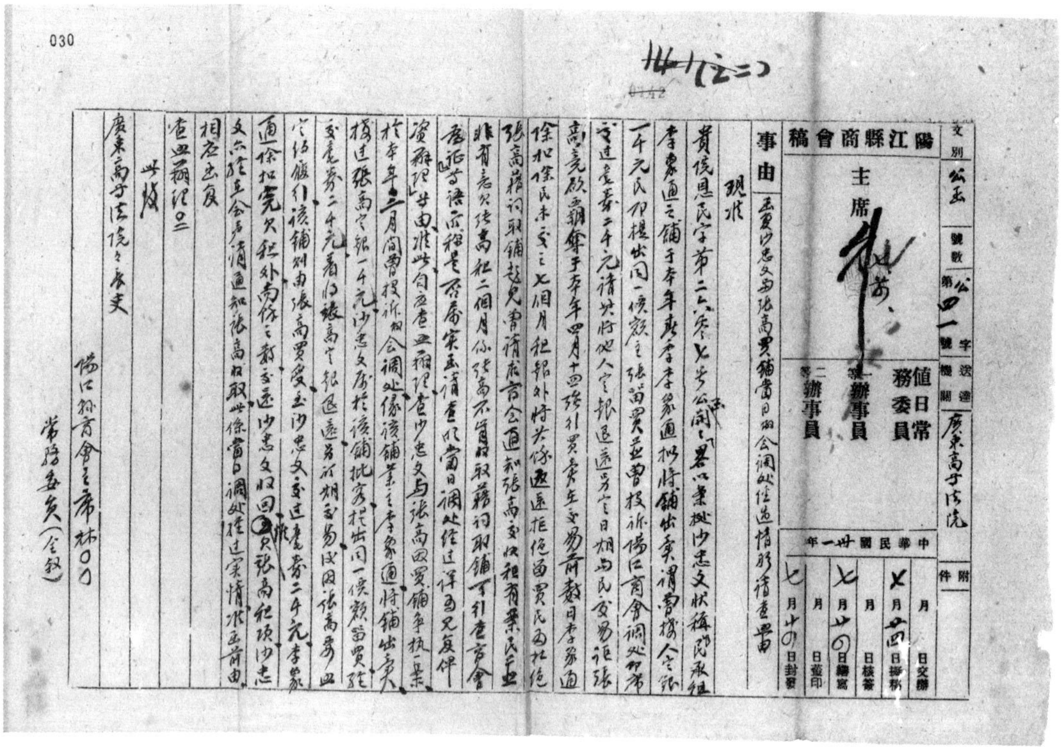

030

阳江县商会稿

文别：公函

号数：第公四一号

送达机关：广东高等法院

主席

值日常务委员

一办事员

二办事员

中华民国卅一年

七月廿四日封发　月日盖印　七月廿四日缮写　月日核签　七月廿四日拟稿　月日交办

附件

事由：函复沙忠文与张高买铺当日由会调处经过情形请查照由

587. 阳江县寓永生店吴日忠为生意拆股发生纠纷呈请县商会传集调解（1943 年 3 月 15 日）

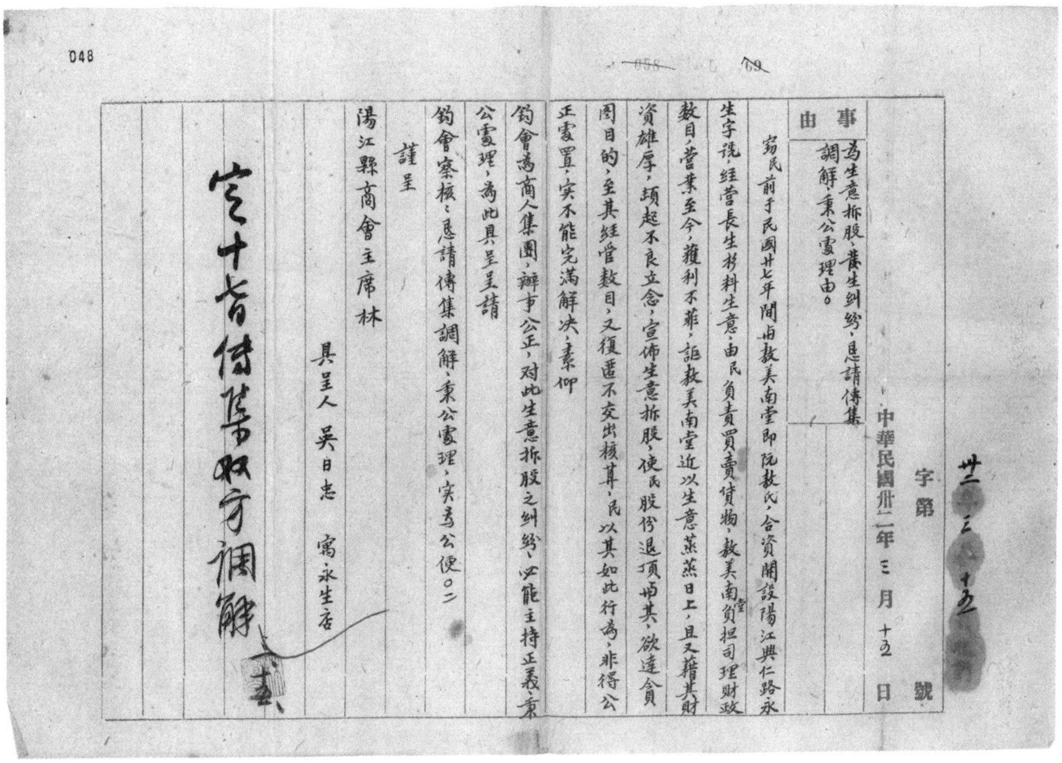

048

事由：為生意拆股，發生糾紛，懇請傳集調解，秉公處理由。

字第 號

中華民國卅二年三月十五日

竊民前于民國廿七年間由教美南堂即阮教氏，合資開設陽江興仁路永生字號，經營長生杉料生意，由民負責買賣貨物，教美南堂負担司理財政數目，營業至今，獲利不菲，詎教美南堂近以生意蒸蒸日上，且又藉其財資雄厚，頓起不良立念，宣佈生意拆股，使民股份退頂與其，欲達貪圖目的，至其經管數目，又復匿不交出核算，民以其如此行為，非得公正處置，實不能完滿解決，素仰鈞會為商人集團，辦事公正，對此生意拆股之糾紛，必能主持正義，秉公處理，為此具呈呈請鈞會察核，懇請傳集調解，秉公處理，實為公便。

謹呈

陽江縣商會主席林

具呈人 吴日忠 寓永生店

定十六日傳集雙方調解

588. 广东高等法院函请县商会传集调解赖生等求偿鱼款案（1945 年 1 月 23 日）

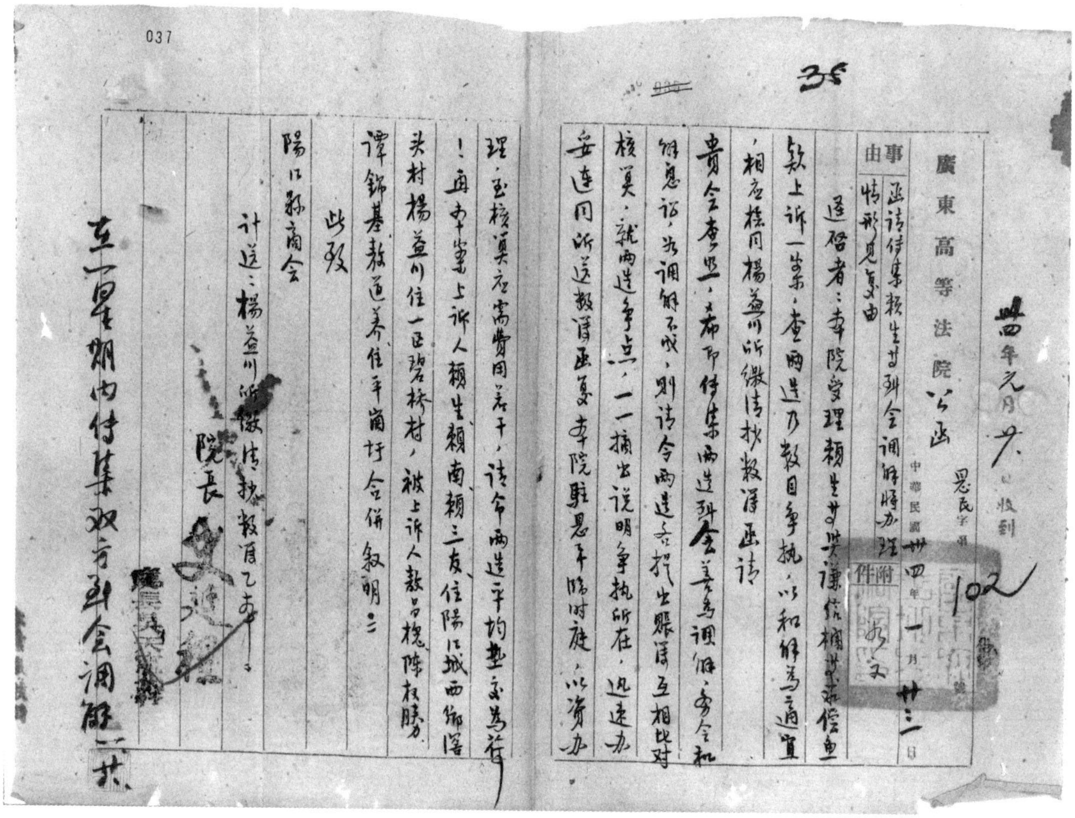

037

廣東高等法院公函　恩民字第　號

事由：函請傳集賴生等到會調解時辦理情形見覆由

中華民國卅四年一月廿三日

附件：抄文

卅四年元月廿六日收到　102

逕啓者：本院受理賴生等與謙信棉莊求償魚款上訴一案，查兩造乃數目爭執，以和解為適宜，相應檢同楊益川所繳清抄數據函請貴會查照，希即傳集兩造到會並為調解，务令和解息訟；如調解不成，則請令兩造各提出賬據互相比對核算，就兩造爭點，一一摘出說明爭執所在，迅速办妥，連同所送數據函复本院駐恩平臨時庭，以資办理。至核算應需費用若干，請令兩造平均垫交為荷！再本案上訴人賴生、賴南、賴三友，住陽江城西鄉塔头村；楊益川住一区碧桥村；被上訴人敖吕槐、陳权勝、譚錦基、敖道养，住平岡圩，合併叙明。

此致

陽江縣商會

計送：楊益川所繳清抄數據乙本

院長

立一星期內傳集双方到会調解　廿六

589. 阳江县丽昆店司理黄秉森为股友私窃货款呈请县商会察核备案（1945 年 1 月 30 日）

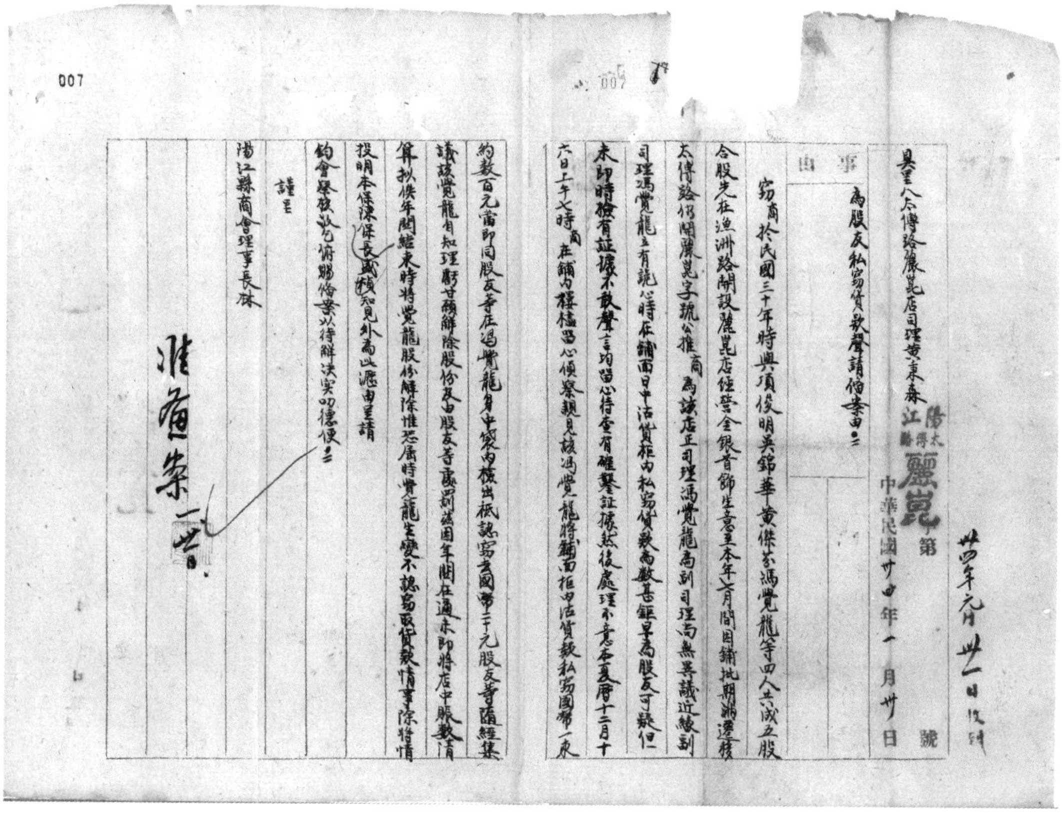
具呈人太傅路丽昆店司理黄秉森
阳江县太傅路丽昆 第 号
中华民国卅四年一月卅日
卅四年元月卅一日收到

事由：为股友私窃货款声请备案由

窃商于民国三十年时与项俊明、吴锦华、黄杰芬、冯觉龙等四人共成五股合股，先在渔洲路开设丽昆店经营金银首饰生意，至本年六月间因铺址期满，迁移太傅路仍开丽昆字号，公推商为该店正司理，冯觉龙为副司理，向无异议。近被副司理冯觉龙五有诡心，时在铺面日中沽货柜内私窃货款为数甚钜，早为股友可疑，但未即时检有证据，不敢声言，均留心待查有确凿证据然后处理。不意本夏历十二月十六日上午七时，商在铺内楼梯留心侦察，亲见该冯觉龙将铺面柜中沽货款私窃国币一束约数百元，当即同股友等在冯觉龙身中袋内检出，祇认窃去国币二千元。股友等随经集议，该觉龙自知理亏，甘愿解除股份及由股友等处罚。兹因年关在迩，未即将店中账数清算，拟俟年关结束时将觉龙股份解除。惟恐届时觉龙生变，不认窃取货款情事，除将情投明本保保长知见外，为此沥由呈请
钧会察核，准予备案，以待解决，实叨德便。
谨呈
阳江县商会理事长林

准备案

590. 广东高等法院函阳江县商会催请将调解赖生等求偿鱼款案情形函复（1945 年 3 月 22 日）

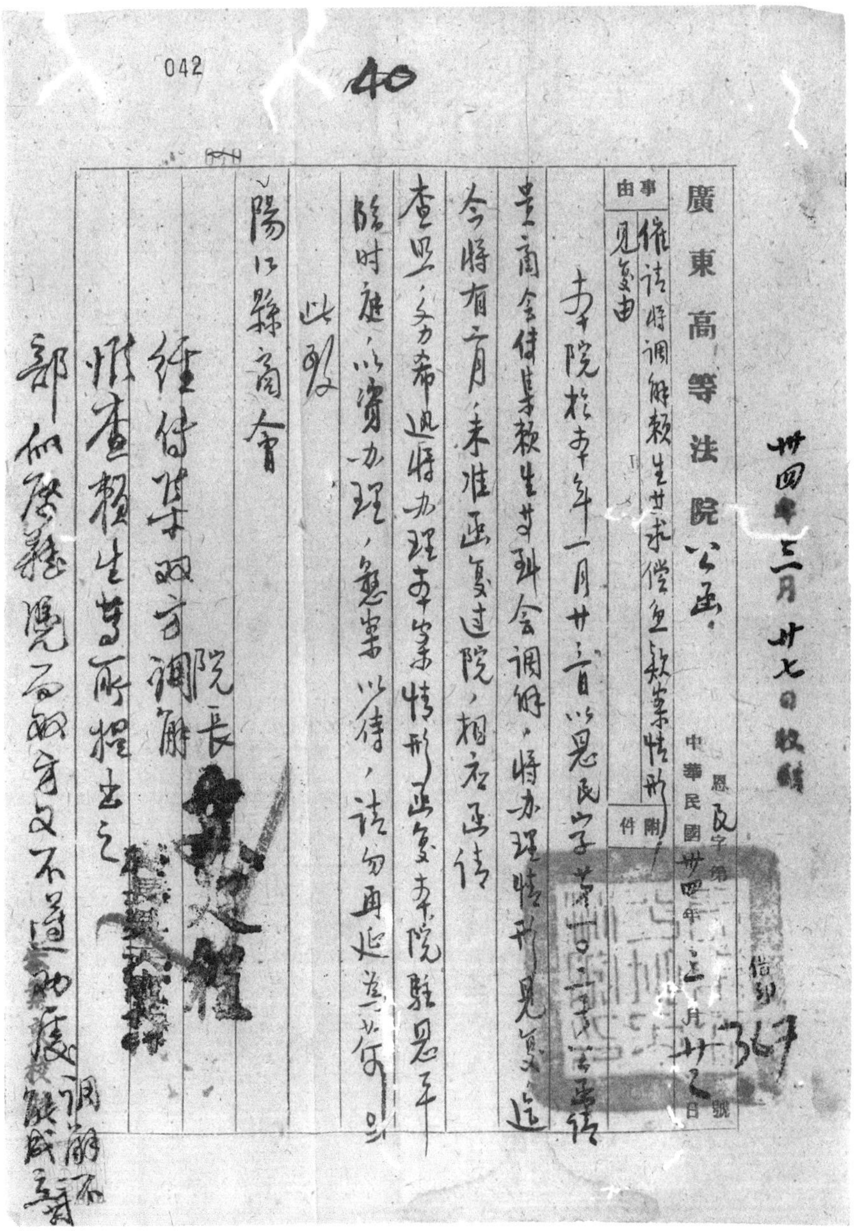

042

40

廣東高等法院公函

恩民字第　號

中華民國卅四年三月廿二日

事由：催請將調解賴生等求償魚款案情形見復由

附件

本院於本年一月廿三日以恩民字第一〇三號函請

貴商會將某賴生等訴會調解，將办理情形見復，迄今將有二月，未准函復過院，相應函請

查照，务希迅將办理本案情形函复本院駐恩平臨时庭，以資办理，該案以待，請勿再延為荷。

此致

陽江縣商會

院長

卅四年三月廿七日收到

經傳某雙方調解

冰查賴生等所提出之部份證據原與事實不符，通知後調解不能成立

591. 阳江县商会函复广东高等法院调解赖生等求偿鱼款案情形（1945 年 3 月 29 日）

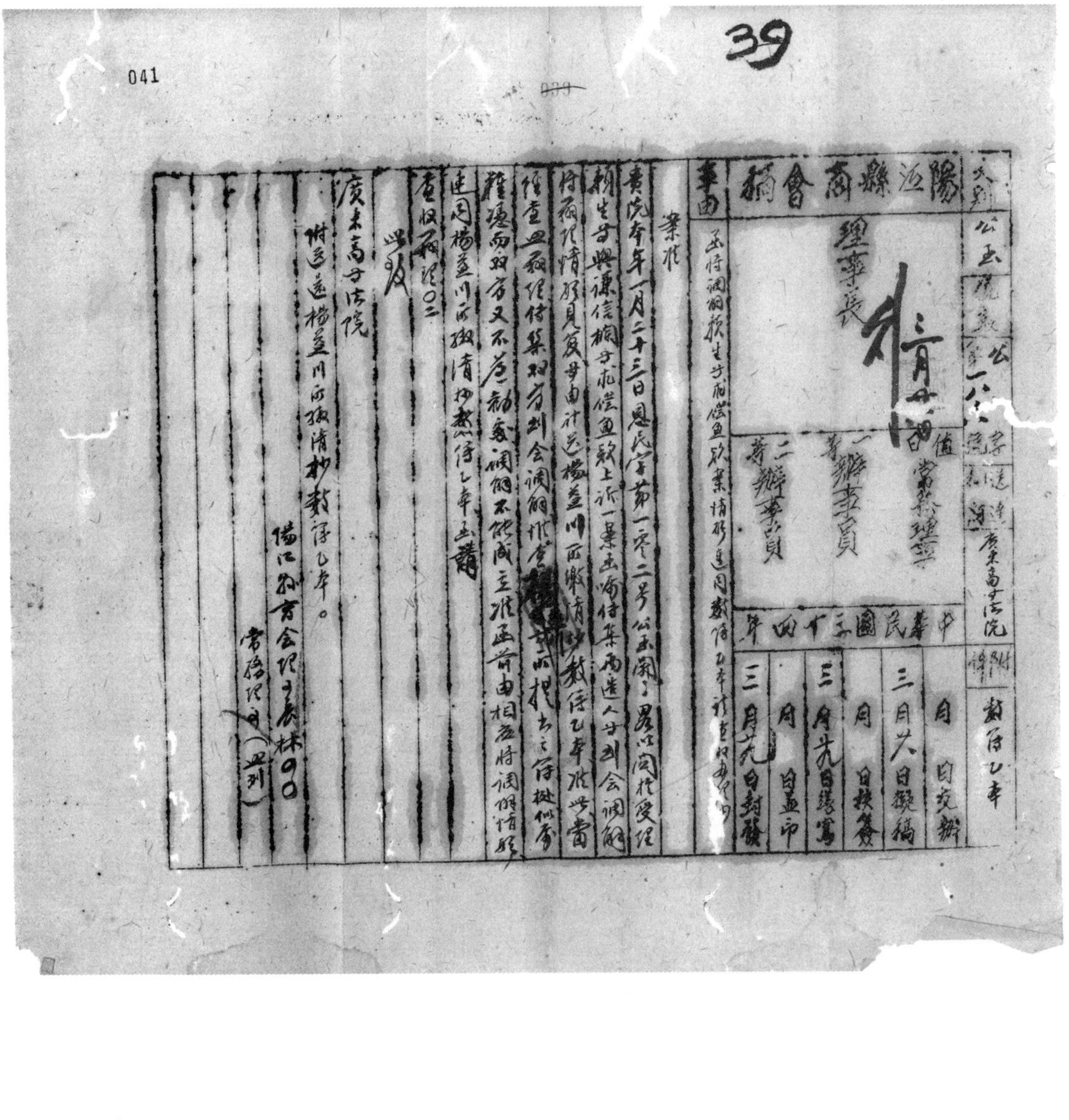

041

39

阳江县商会稿

文别：公函
号数：公 一八七
受送者：广东高等法院
附件：数据乙本

事由：函将调解赖生等求偿鱼款案情形连同数据乙本请查收办理由

理事长 林〇 三月廿九日
值日常务理事
一、办事员
二、办事员

中华民国三十四年
三月 日交办
三月廿八日拟稿
月 日核签
三月廿九日缮写
月 日盖印
三月廿九日封发

案准
贵院本年一月二十三日恩民字第一零二号公函开：关于受理赖生等与陈信桐等求偿鱼款上诉一案，函请传集两造人等到会调解，将办理情形具复，并由计送据益川所缴清抄数据乙本，准此。当经查照办理，传集双方到会调解，旋据……双方又不甚融洽，调解不能成立。准函前由，相应将调解情形连同据益川所缴清抄数据乙本，函请
查收办理。
此致
广东高等法院
附送据益川所缴清抄数据乙本。
阳江县商会理事长林〇〇
常务理事（签列）

592. 阳江县南奥昌店谢汝鉴为合股营生清算呈请县商会传集到会核算（1945 年 4 月）

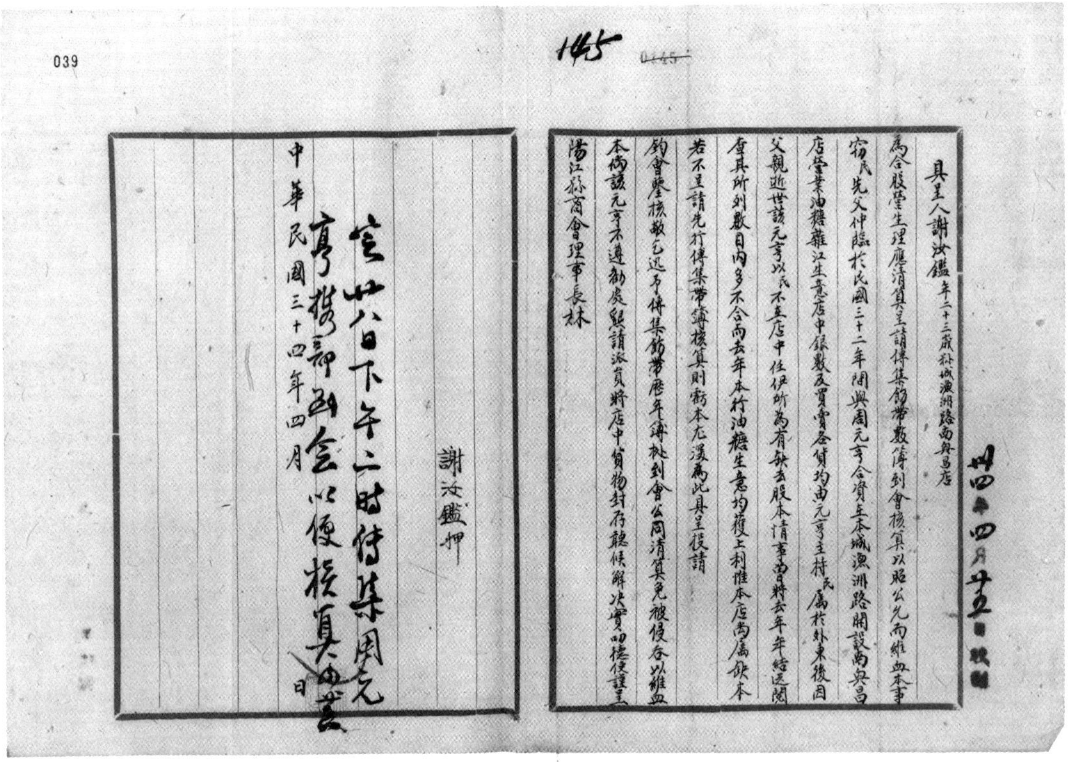
039

1445

具呈人謝汝鑑年二十三歲住城濠洲路南奥昌店

為合股營生理應清算呈請傳集飭帶數簿到會核算以昭公允而維血本事

竊民先父仲臨於民國三十二年間與周元亨合資在本城濠洲路開設南奥昌店營業油糖雜貨生意店中銀數及買賣各貨均由元亨主持民屬於外東後因父親逝世該元亨以民不在店中任伊所為有缺去股本情事當將去年年結送閱查其所列數目內多不合而去年本行油糖生意均獲上利惟本店尚屬缺本若不呈請先行傳集帶簿核算則虧本尤深為此具呈投請

鈞會鑒核敬乞迅予傳集飭帶歷年簿據到會公同清算免被侵吞以維血本倘該元亨不遵飭處懇請派員將店中貨物封存聽候解決實叨德便謹呈

陽江縣商會理事長林

謝汝鑑押

中華民國三十四年四月　日

定廿六日下午二時傳集周元亨携簿到會以便核算

卅四年四月廿五日收到

593. 阳江县商会向阳江地方法院检察处函转宏昌堂等众商号呈请撤销诬陷交保省释（1946年1月24日）+附：阳江县宏昌堂等众商号致县商会理事长廖永年的呈（1946年1月）

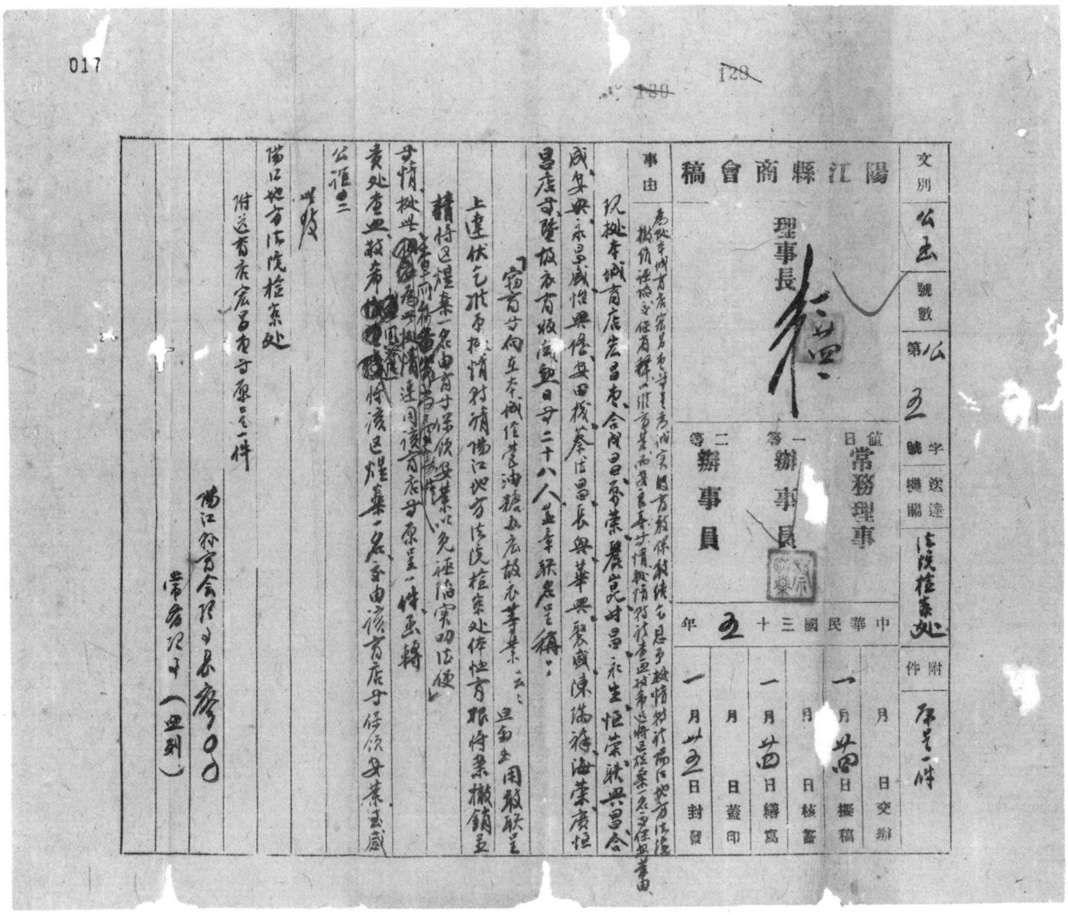

017

128

陽江縣商會稿

理事長 [illegible]

常務理事

一等辦事員

二等辦事員

文別 公函

號數 第公五號

送達機關 法院檢察處

附件 原呈一件

中華民國三十五年

一月 日交辦　一月廿四日擬稿　一月 日核簽　一月廿四日繕寫　一月 日蓋印　一月廿五日封發

事由 [illegible]

現據本城商店宏昌堂、合成昌、巨昌榮、廣益興、時昌、永生、恒榮號、興昌合、成安興、永昌盛、怡興隆、安田棧、泰佔昌、長興、華興、聚盛、陳瑞祥、海棠、廣恒昌店等 [illegible] 呈稱：

「竊商等向在本城經營油糖雜貨等業 [illegible]」

上述伏乞 [illegible] 轉請陽江地方法院檢察處體恤商艱，將案撤銷 [illegible] 將該煙案一名由商等保領安業，以免誣陷，實為德便

等情。據此，[illegible] 連同該商店等原呈一件函轉

貴處查照 [illegible] 將該煙案一名交由該商店等保領安業為盛

公誼

此致

陽江地方法院檢察處

附送商店宏昌堂等原呈一件

陽江縣商會理事長廖〇〇

常務理事（照列）

014

~~127~~　~~117~~

事由	擬辦	批示	備考
為誠實股商致保敦睦呈乞 恩予援情轉請陽江地方法院撤銷証據交保省釋以為商業而安良善由		准予照轉	附件

至　字第　號　年　月　日　時到

收文　字第　號

具呈人縣城商店宏昌堂等

竊商等向在本城經營油糖雜貨故衣等業歷經有年不敢妄干外事情緣本縣一區周一鄉名揚村區煜森人素誠實向充教員去年正月始改營商業由三埠購買故衣回本城環城路故衣場擺賣並無非為詎本年一月十三日正在故衣場中擺賣故衣之際突有自稱余黃氏協警到場將區煜森擺賣故衣內有白絨褲一條指為其本年一月十二日下午十時在河堤畢尾太平旅店居住被人用藥迷醉取去贓物將區煜森拘回陽江縣警察局扣留隨蒙該局訊明以該余黃氏全無証據提出將區煜森交保釋放至同月十五日復傳兩造及太平旅店司理陳汝壽到案集訊惟余黃氏不敢到案據陳汝壽供稱區煜森向未到過太平旅店等語各有案供該余黃氏不知如何聽人唆擺故陷人罪復在陽江地方法院檢察處誣控於本月十七日將區煜森

卅五年一月廿日收到

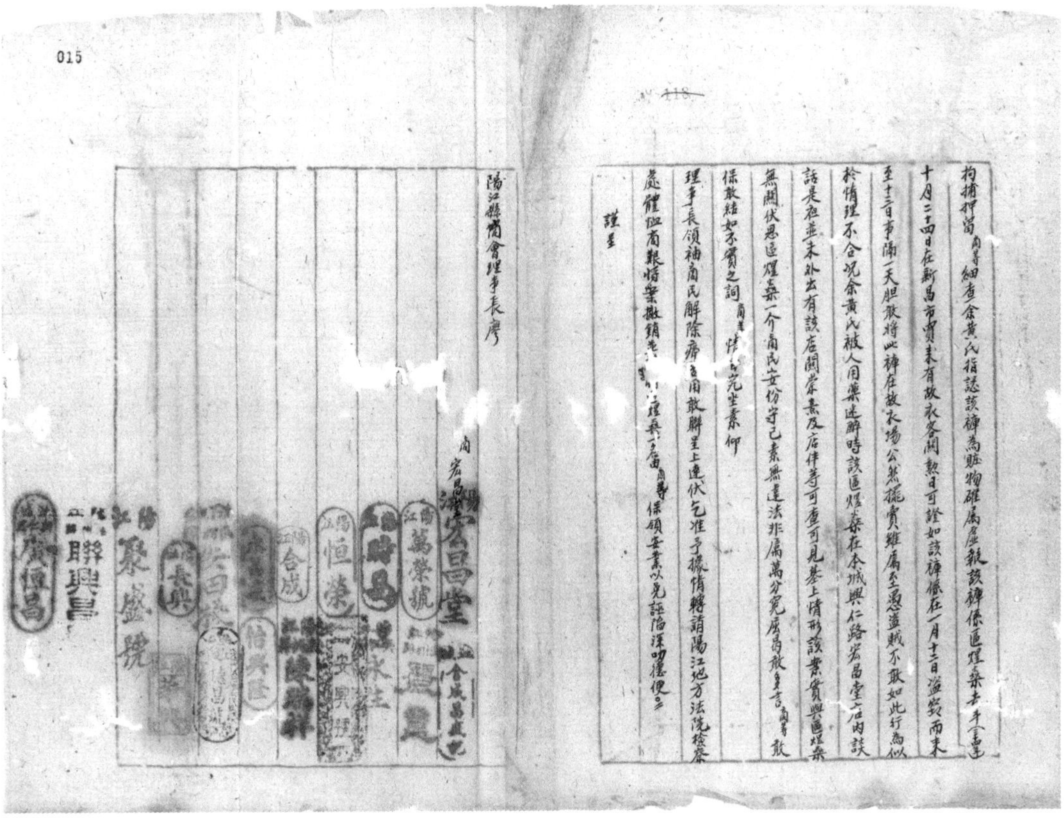

015

118

拘捕押留。商等細查余黃氏指認該褲為贓物，確屬冤誣。該褲係區煜燊去年十二月
十月二十四日在新昌市買來，有故衣客闆熟可證。如該褲係在一月十三日盜竊而來，
至十三日事隔一天，胆敢將此褲在故衣場公然擺賣，雖屬至愚盜賊不敢如此，行為似
於情理不合。況余黃氏被人用藥迷醉時，該區煜燊在本城興仁路宏昌堂店內談
話，是夜並未外出，有該店關崇熹及店伴等可查，可見甚上情形，該案實與區煜燊
無關。伏思區煜燊一介商民，安份守己，素無違法非屬，萬分冤屈。商敢負言，商等敢
保。敢結。如不實之詞，商等情甘究坐。素仰
理事長領袖商民，解除痛苦，用敢聯呈上達，伏乞准予據情轉請陽江地方法院檢察
處體恤商艱，將案撤銷，將區煜燊交商等保領安業，以免誣陷深冤，叨懇便之。

謹呈

陽江縣商會理事長廖

商 宏昌堂

萬榮號

恒榮

合成

長興

聚盛號

聯興昌

廣恒昌

016

No. 119

故衣商販

閻勳日　吴兆春

王宏義　徐滿

蘇鴻浩　全漢忠

吴瑞　張合記

左均　阮仲文

張新　潘保瑞

陶欧　張大東

陳先　楊榮記

張炳　梁姑

黄定華　張厚誠

林德宗　譚錫英

張澤　譚振

程三兆　陳勳旺

張達　陳華

中華民國　年　月　日

594. 阳江县俊发号为加租不遂借端控诉呈请县商会理事长廖永年传集劝处酌量加租以维主客感情（1946 年 3 月 24 日）

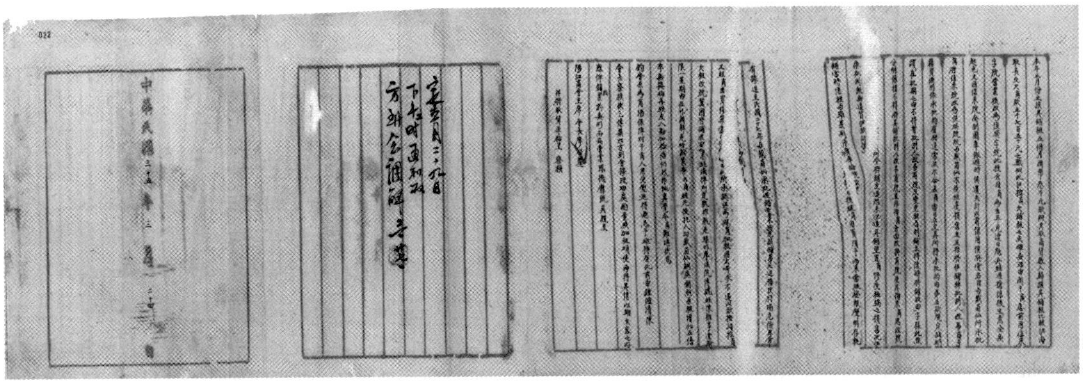

595. 阳江县梁裕安堂梁启业为批期即满先以通融呈请县商会理事长廖永年通知承租人预备将铺交还居住管业（1946 年 5 月 23 日）

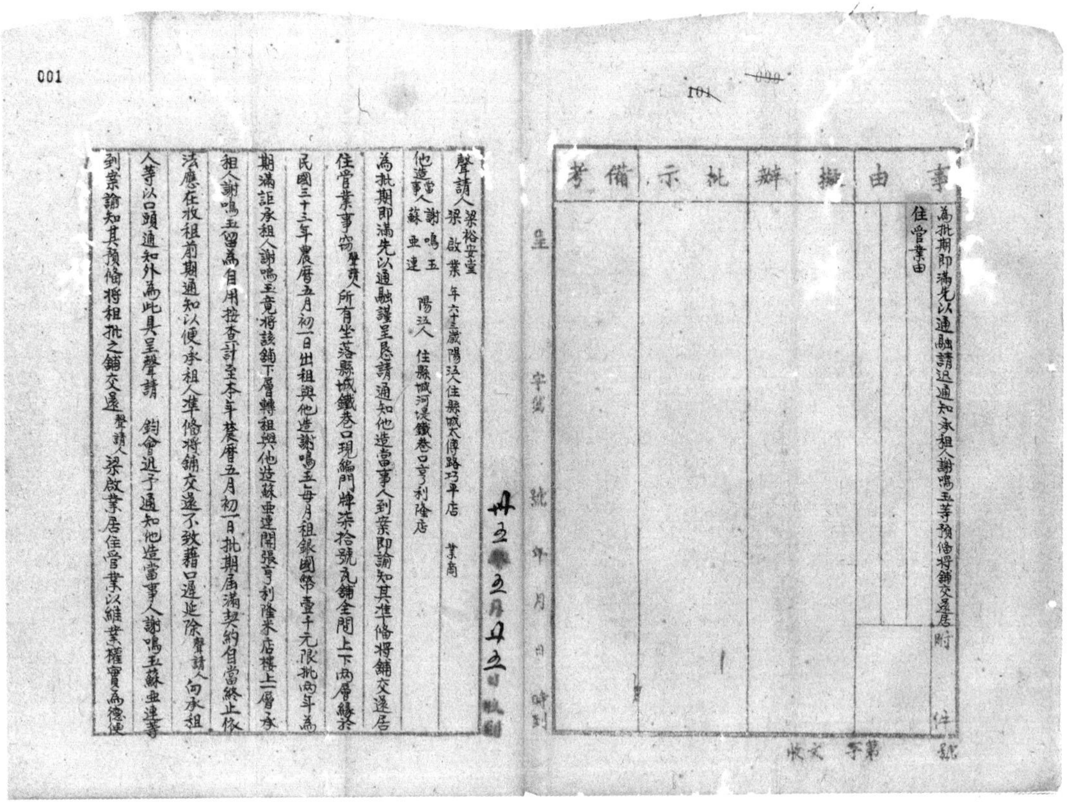

收文第　字第　號

事由	擬辦	批示	備考
為批期即滿先以通融請迅通知承租人謝鳴玉等預備將鋪交還居住管業由　附件			

呈　字第　號　卅五年五月廿五日　時到

聲請人梁裕安堂 梁啟業 年六十三歲 陽江人 住縣城太傅路巧平店 業商

他造當事人 謝鳴玉 蘇亞連 陽江人 住縣城河堤鐵巷口亨利隆店

為批期即滿先以通融謹呈懇請通知他造當事人到案即諭知其準備將鋪交還居住管業事。竊聲請人所有坐落縣城鐵巷口現編門牌柒拾號瓦鋪全間上下兩層，緣於民國三十三年農曆五月初一日出租與他造謝鳴玉，每月租銀國幣壹千元，限批兩年為期滿。詎承租人謝鳴玉竟將該鋪下層轉租與他造蘇亞連開張亨利隆米店，樓上一層承租人謝鳴玉留為自用。按查計至本年農曆五月初一日批期屆滿，契約自當終止，依法應在批租前期通知，以便承租人準備將鋪交還，不致藉口遲延。除聲請人向承租人等以口頭通知外，為此具呈聲請鈞會迅予通知他造當事人謝鳴玉、蘇亞連等到案，諭知其預備將租批之鋪交還聲請人梁啟業居住管業，以維業權，實為德便。

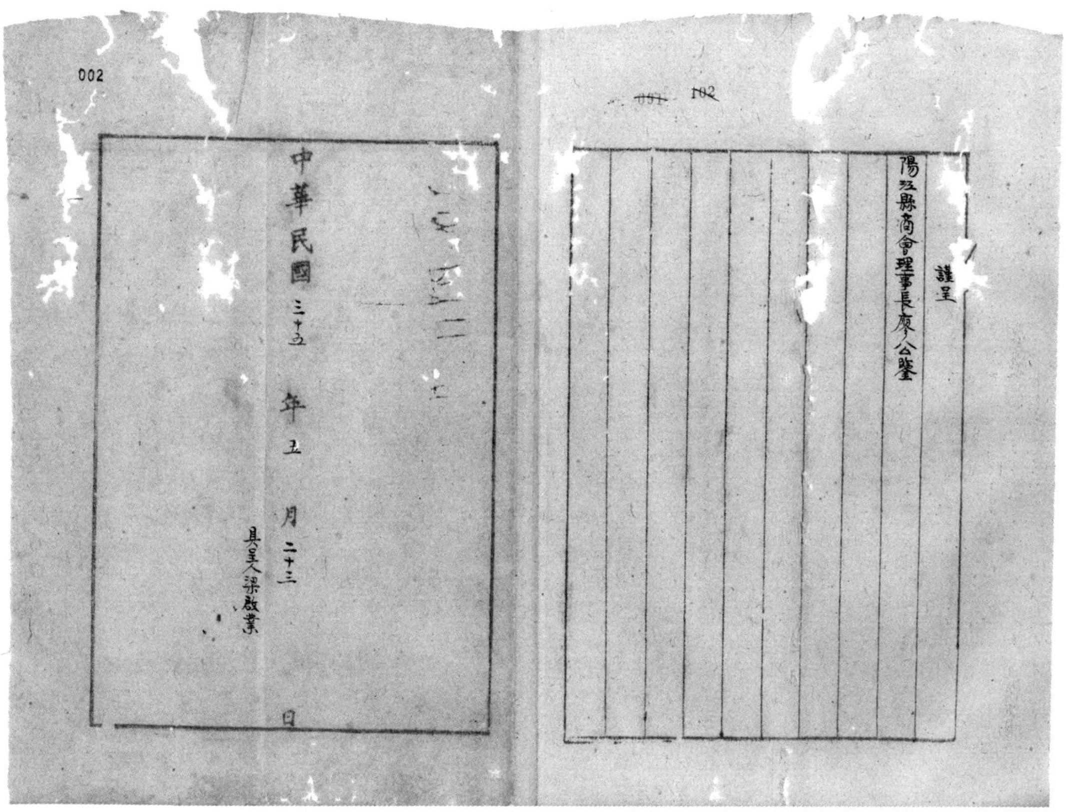

謹呈

陽江縣商會理事長廖公鑒

中華民國三十五年五月二十三日

具呈人梁啟業

596. 阳江县梁远贻堂、浩兴隆店为匿铺不交呈请县商会理事长廖永年集讯明确责令将铺交还而维业权（1946 年 7 月 20 日）

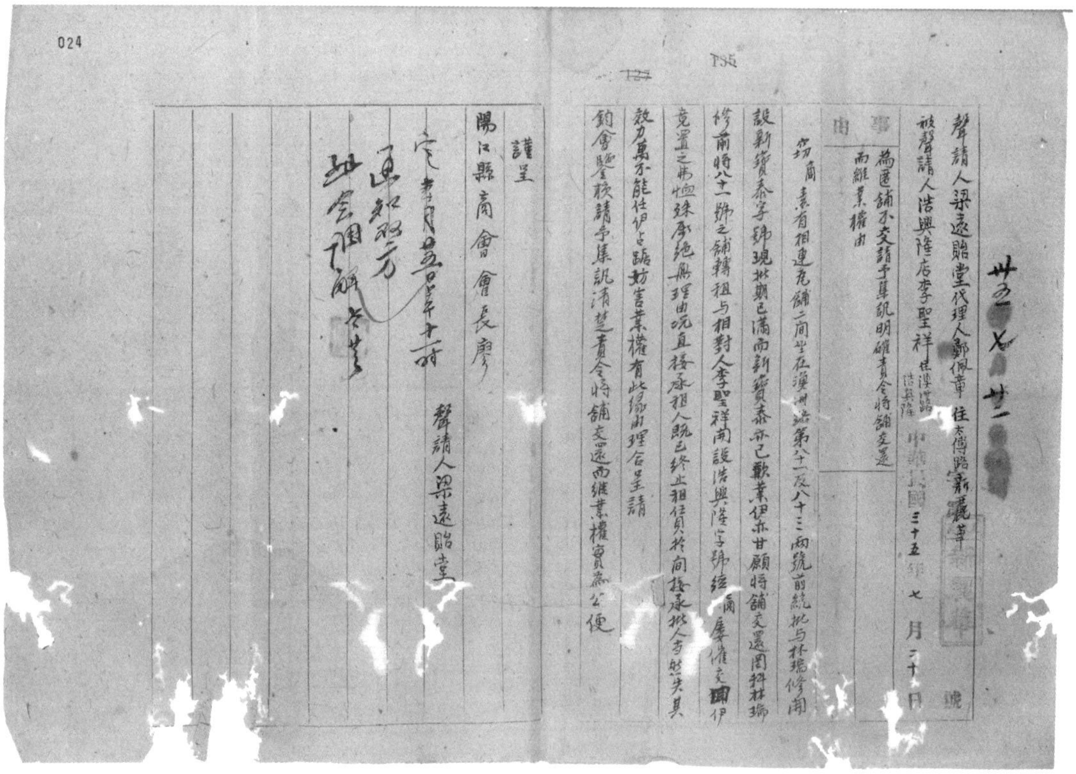
024

聲請人梁遠貽堂代理人鄭佩章 住太傅路新巖華

被聲請人浩興隆店李聖祥 住漢濱路浩興隆

中華民國三十五年七月二十日　號

事由：為匿鋪不交請予集訊明確責令將鋪交還而維業權由

竊商素有相連兩鋪二間坐在漢濱路第八十一及八十三兩號，前統批与林瑞修開設新寶泰字號，現批期已滿，而新寶泰亦已歇業，伊亦甘願將鋪交還。但林瑞修前將八十一號之鋪轉租与相對人李聖祥開設浩興隆字號，經商屢備文函伊，竟置之弗恤，殊屬絕無理由。况直接承租人既已終止租賃，於商接承批人亦然失其效力，萬不能任伊占踞，妨害業權。有此緣由，理合呈請鈞會鑒核，請予集訊清楚，責令將鋪交還而維業權，實為公便。

謹呈

陽江縣商會會長廖

聲請人梁遠貽堂

定本月廿五日下午十時通知雙方出會調解　永年

597. 阳江县德馨昌呈请县商会理事长廖永年通知业主到案调解酌加租项换约续批（1946 年 12 月 16 日）

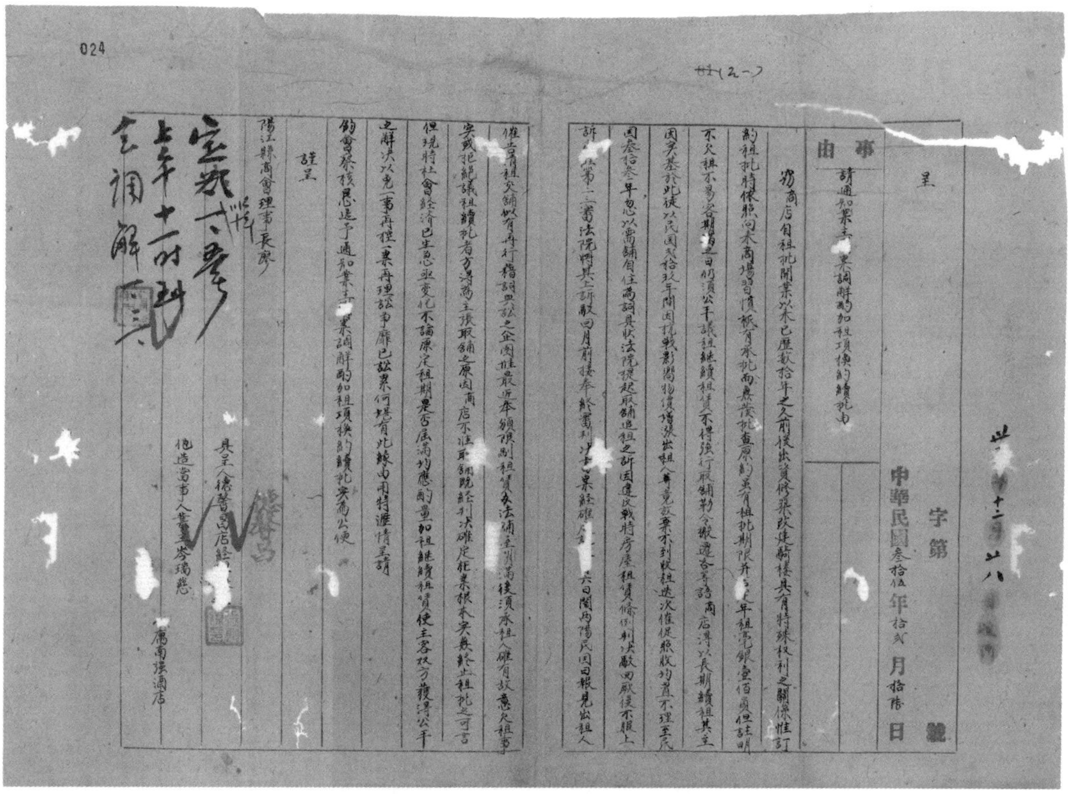
024

呈　字第　號

事由：請通知業主[illegible]來調解酌加租項換約續批由

竊商店自租批開業以來已歷數拾年之久前後出資修築改建騎樓具有特殊權利之關係惟訂約租批時係照向來商場習慣祇有承批而無[illegible]批查原約其有租批期限并[illegible]年租[illegible]銀壹佰貳[illegible]但註明不欠租不易客期滿之日仍須公平議租繼續租賃不得強行取鋪勒令搬遷各等語商店得以長期續租其意因為基於此後以民國貳拾玖年間因抗戰影響物價增漲出租人[illegible]竟故意不到收租迭次催促[illegible]收均置不理至民國叁拾叁年忽以需鋪自住為詞具狀法院提起取鋪退租之訴因適值戰時房屋租賃條例判決[illegible]敗後不服上訴[illegible]第二審法院將其上訴駁回月前接奉[illegible]第二審判決業經確定[illegible]六日閱[illegible]陽民國日報見出租人[illegible]催告前租客鋪似有再行稽訴興訟之企圖惟最近本縣頒[illegible]限制租賃辦法[illegible]期滿後須承租人確有故意欠租事實或拒絕議租續批者方得為主張取鋪之原因商店不欠租取鋪既經判決確定租業根本無[illegible]終止租批之可言但現時社會經濟已生急激變化不論原定租期是否屆滿均應酌量加租繼續租賃使主客雙方獲得公平之解決以免一事再控一案再理訟事靡已訟累何堪有此緣由用特瀝情呈請鈞會察核恩准予通知業主[illegible]來調解酌加租項換約續批實為公便

謹呈

陽江縣商會理事長廖

具呈人德馨昌店經[illegible]

代造當事人黃[illegible]岑瑞[illegible]

廣南[illegible]酒店

定期式[illegible]號上午十時到會調解

中華民國叁拾伍年拾貳月拾陸日

598. 阳江县广益公司向县商会函报议决出卖兴仁市旧泰合店铺尾情形（1947 年 3 月 22 日）

035

逕啓者本公司本年舊曆二月十八日召開股東大會關於上年議决出賣興仁市舊泰合店舖尾議價六十萬元尚未成交現在買主又欲照價承買應如何答復請公决一案旋因到會股份不足改開談話會僉以現在物價不至如買主出到一百五拾萬元再行通知各股東取决等議紀錄在卷茲經買主承允出價一百五拾萬元但因各股東散處各處深恐意見不一用特分函通知如有反對限在十日內即四月二日以前提出異議直送周律師處否則作爲默認除登報外特再通知此致

商務會　股東

中華民國三十六年三月二十二日廣益公司啓

599. 阳江县商会函复广益公司对于其议决出卖兴仁市旧泰合店铺尾的意见（1947 年 3 月 27 日）

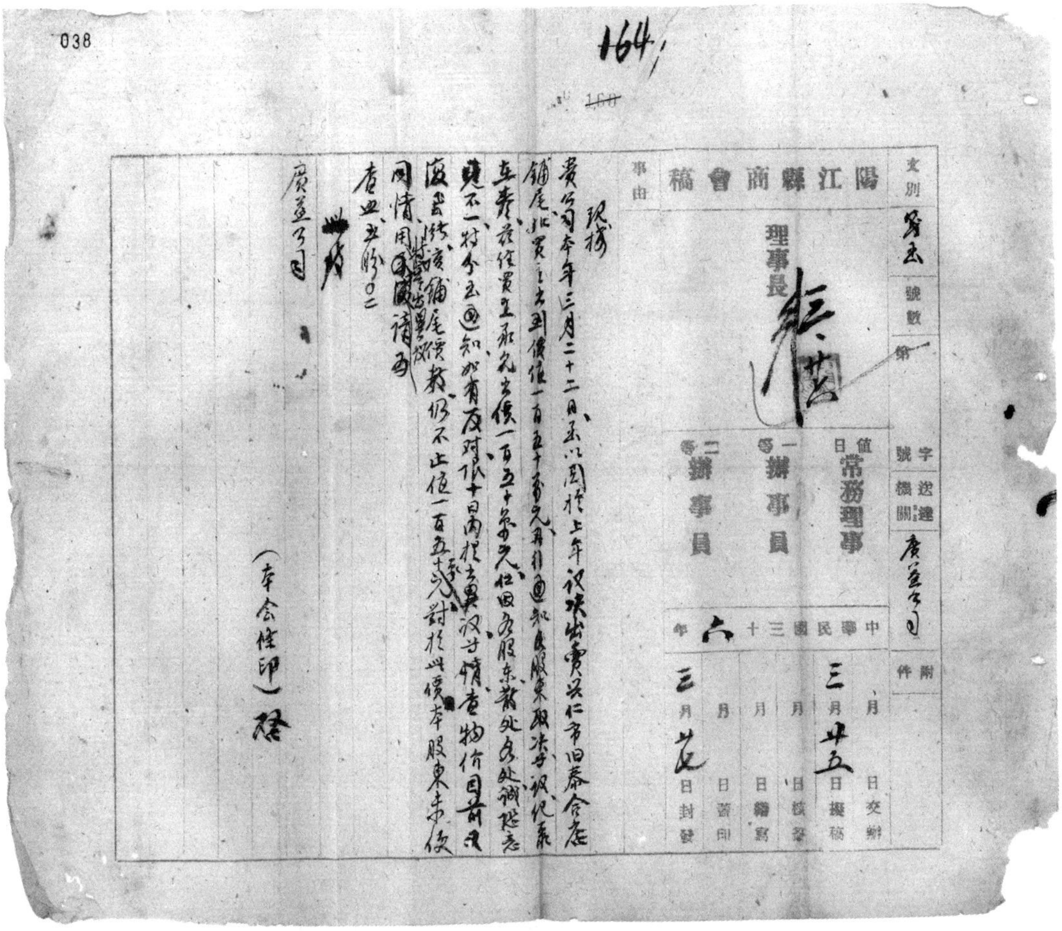
038

164

陽江縣商會稿

文別 復函

號數 第 號

字號

送達機關 廣益公司

附件

事由

理事長

值日常務理事

一等辦事員

二等辦事員

中華民國三十六年

三月 日交辦

三月廿五日擬稿

月 日核簽

月 日繕寫

月 日蓋印

三月廿[illegible]日封發

逕復者：

貴公司本年三月二十二日函以關於上年議決出賣興仁市舊泰合店鋪尾……[illegible]

廣益公司

（本会條印）啟

600. 阳江县福加堂为瓦铺租赁期满呈请县商会传讯承批人克日将铺交还（1947 年 6 月 5 日）

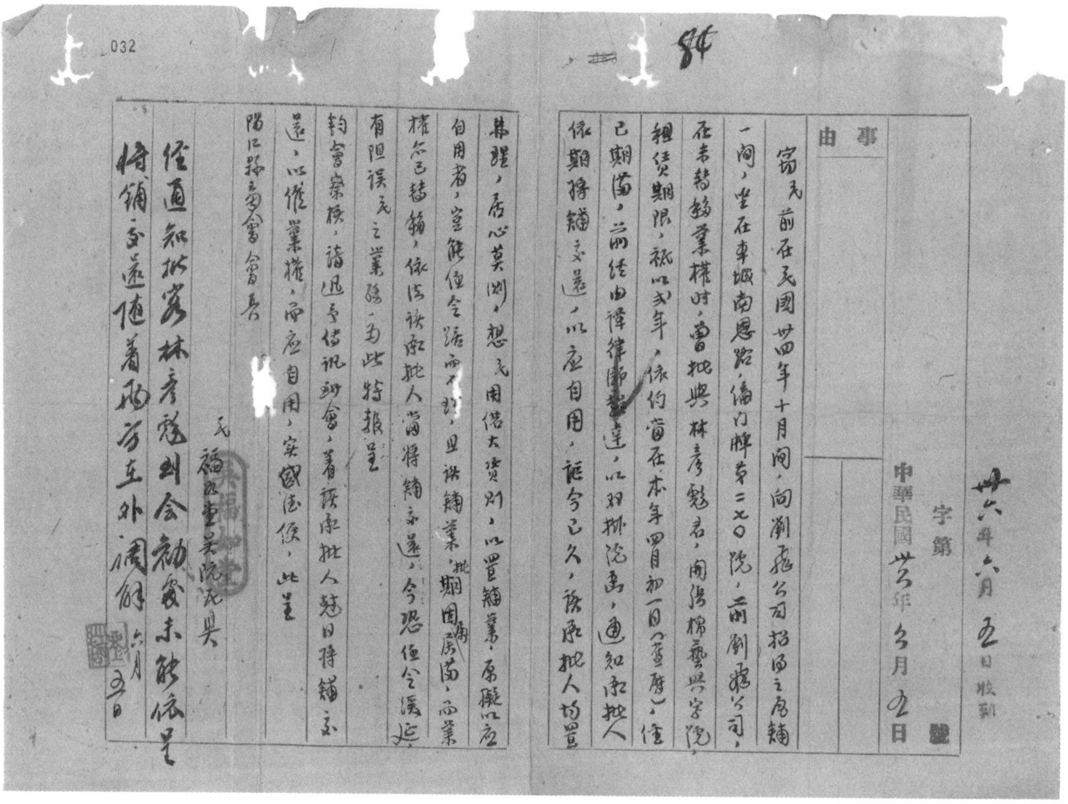

032

84

事由

字第　　號

中華民國卅六年六月五日

卅六年六月五日收到

窃民前在民国卅四年十月间，向刘龙公司租得之房铺一间，坐在本城南恩路，编门牌第二七〇号，前刘龙公司在本营纱业权时，曾批与林彦魁君，开设棉艺兴字号，租赁期限，只以弍年，依约当在本年四月初一日（旧历）经已期满，前经由律师函达，以期拆迁，通知承批人依期将铺交还，以应自用，讵今已久，该承批人均置未理，居心莫测，想民因借大资财，以置铺业，原拟以应自用者，岂能任令诿而不迁，且该铺业批期届满，而业权又已转移，依法该承批人当将铺交还，今恐任令诿延，有阻误民之业务，为此特报呈

钧会察核，请迅予传讯到会，着该承批人克日将铺交还，以维业权，而应自用，实感德便，此呈

阳江县商会会长

民　福加堂吴院元

经通知拟案林彦魁到会劝处未能依呈将铺交还随着两方在外调解　六月五日

601. 阳江县吴兴业堂吴钧为物价高涨呈请县商会传店东到会依现在物价与社会经济比较增加租值（1947 年 7 月 14 日）

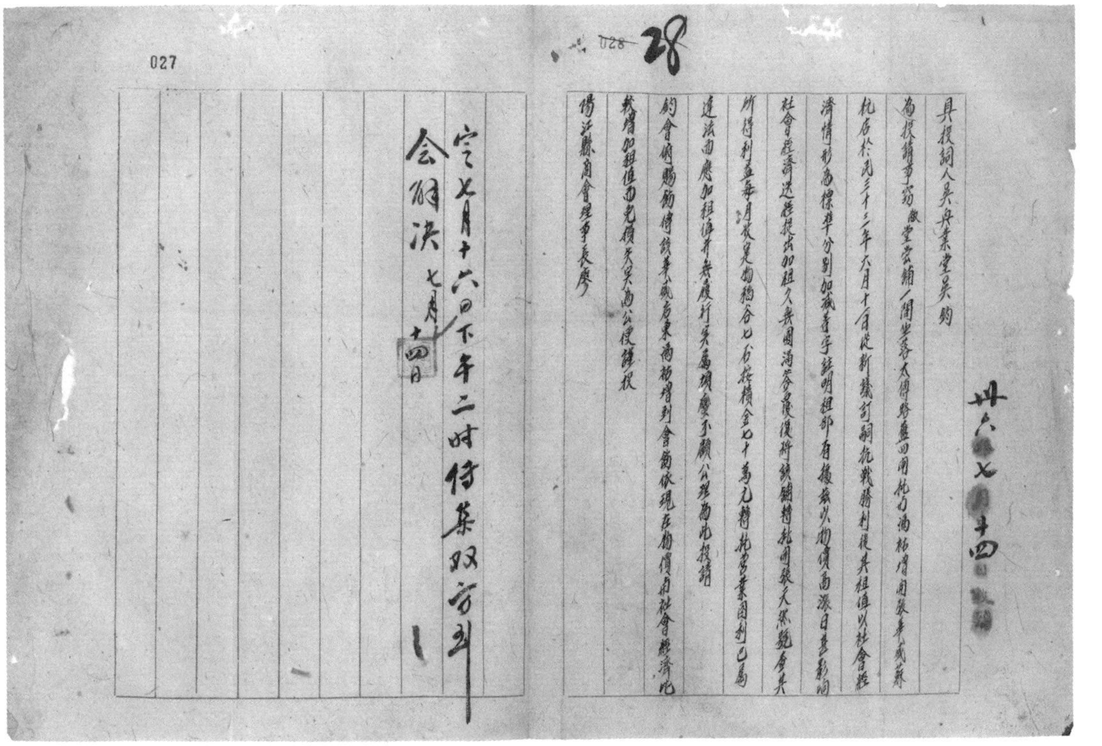
028 28

具投詞人吳興業堂吳鈞
為投請事竊 敝堂嘗舖一間坐落太傅路魚田角杭力酒號僧周張幸咸蘇
杭店於民三十三年六月十日從新議訂嗣抗戰勝利後其租值以社會經
濟情形為標準分別加減等字註明租部有據茲以物價高漲日甚影响
社會經濟迭經提出加租久無圓滿答覆復將該舖轉批周張久保號會其
所得利益每月收吳勒穀合七石於積金七十萬元轉批分業圖利已屬
違法而應加租價并無履行吳為顧慮不顧公理為此投請
鈞會俯賜飭傳該幸咸蘇店東商柏增到會當依現在物價與社會經濟比
較增加租值而免損失吳為公便謹狀
陽江縣商會理事長廖

卅六 七 十四 具狀

027

定七月十六日下午二时传集双方到会解决
七月十四日

602. 阳江县宏昌号为无理取铺影响商业呈请县商会传谕调处以息纠纷而安商业（1947年7月23日）

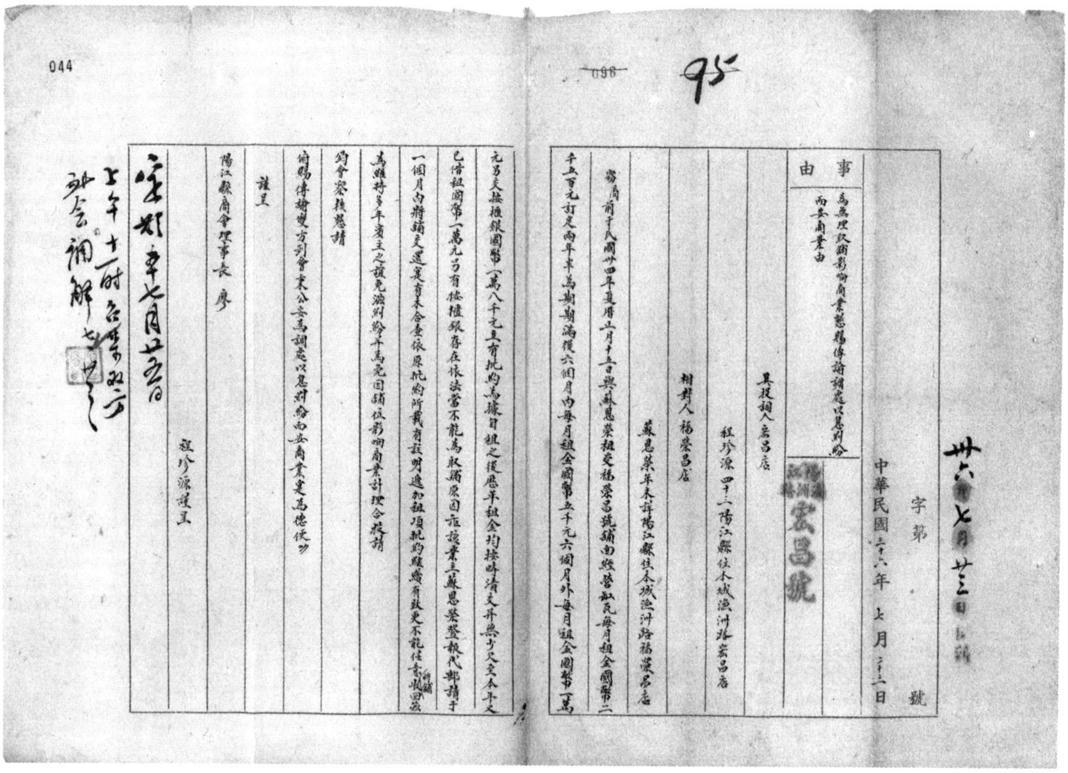

095
95

事由：為無理取鋪影響商業懇賜傳諭調處以息糾紛而安商業由

具投詞人：宏昌店

陽江縣漁洲路 宏昌號

中華民國三十六年七月二十三日

字第　號

卅六年七月廿三日收到

祖珍源　四十二　陽江縣住本城漁洲路宏昌店

相對人：福榮昌店

蘇恩榮　年未詳　陽江縣住本城漁洲路福榮昌店

竊商前于民國卅四年夏曆五月十五日與蘇恩榮租受福榮昌號舖面經營批民每月租金國幣二千五百元訂足兩年半為期期滿後六個月內每月租金國幣五千元六個月外每月租金國幣一萬元另交按櫃銀國幣一萬八千元立有批約為據自租之後歷年租金均按時清交并無少欠交本年又已借祖國幣一萬元另有按櫃銀存在依法當不能為取鋪原因詎該業主蘇恩榮發輒代郵請于一個月內將鋪交還冥有未合查依原批約所載有註明逾加租項批約繼續有效更不能任意收回舖

為雖特多年業主之攞免滋糾紛并為免因舖位影響商業計理合據情

鈞會察核懇請

俯賜傳諭雙方到會秉公妥為調處以息糾紛而安商業實為德便切

謹呈

陽江縣商會理事長　廖

祖珍源　謹呈

定期本年七月廿五日上午十一時召集雙方到會調解　七、廿三

044

603. 阳江县金利栈店司理刘昌为违反会规籍名扣债投请县商会集案调解责令克日如数交还以维商信（1947 年 8 月 20 日）

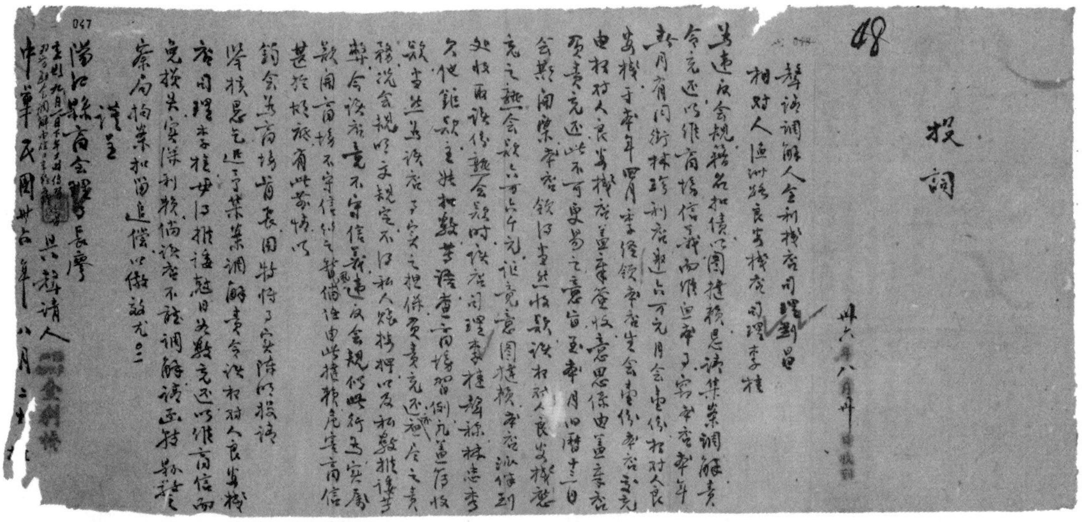

投词

声请调解人金利栈店司理刘昌

相对人渔洲路良安栈店司理李桂

为违反会规籍名扣债以图拖赖恳请集案调解责令克还以维商信事。窃本店本年新月份间街林珍利店[illegible]六万元月会，电令相对人良安栈于本年四月李经领本店之会，电令本店交克由相对人良安栈店主[illegible]收，意思系由[illegible]负责克还，此不可更易之意旨。至本月四日晋十三日会期开票，本店领得，当然收款。该相对人良安栈应充之熟会款六万六千元，讵竟意图拖赖。本店派伴到处收取，该伴熟会款时，该店司理李桂称林志秀欠他银款[illegible]和数等语。查商场习例[illegible]

谨呈

阳江县商会理事长廖

具声请人金利栈

中华民国卅六年八月二十日

604. 阳江县东源号为批客欠款私逃无踪呈请县商会鉴核准予备案（1947 年 8 月 29 日）

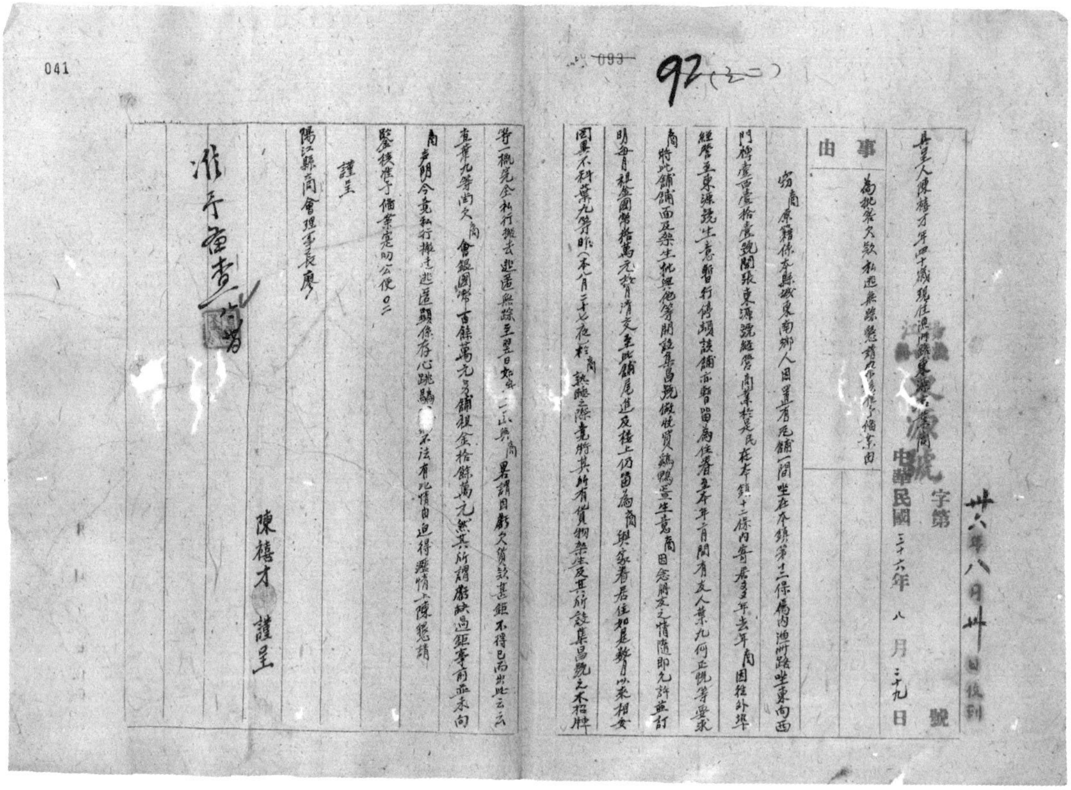
041

92

具呈人陳禧才，年四十歲，現住漠州路東源號

東源商號　字第　號

中華民國三十六年八月二十九日

卅六年八月卅日收到

事由：為批客欠款私逃無踪懇請鑒核准予備案由

竊商原籍係本縣城東南鄉人，因置有瓦舖一間，坐落本鎮第十二保漠州路，坐東向西，門牌壹百壹拾壹號，開張東源號，經營商業，於是民在本鎮十二保內寄居多年。去年商因往外埠經營，至東源號生意暫行停頓，該舖亦暫留為住眷。至本年貳月間，有友人葉九、何正既等要求商將此舖舖面及棧生批與他等開設集昌號，做收買雞鴨豆生意。商因念朋友之情，隨即允許，並訂明每月租金國幣拾萬元，按月清交。至此舖尾進及樓上仍留為商與家眷居住。如是數月以來相安無異。不料葉九等於昨（本八月二十七）夜，於商熟睡之際，竟將其所有貨物傢生及其所設集昌號之木招牌等一概竟全私行搬去，逃匿無踪。至翌日始知。[illegible]與商界謂因虧欠貨款甚鉅，不得已而出此云云。查葉九等尚欠商會銀國幣壹佰餘萬元及舖租金拾餘萬元。然其所謂虧缺過鉅，事前並未向商声明，今竟私行搬走逃匿，顯係存心跳騙，[illegible]不法。有此情由，迫得瀝情上陳，懇請鑒核准予備案，是叨公便。

謹呈

陽江縣商會理事長廖

陳禧才　謹呈

准予備查

605. 吴茂松、易茂记、陈兰茂呈请阳江县商会责成河堤路隆昌号将欠款即刻退还及赔偿损失（1947 年 12 月 28 日）

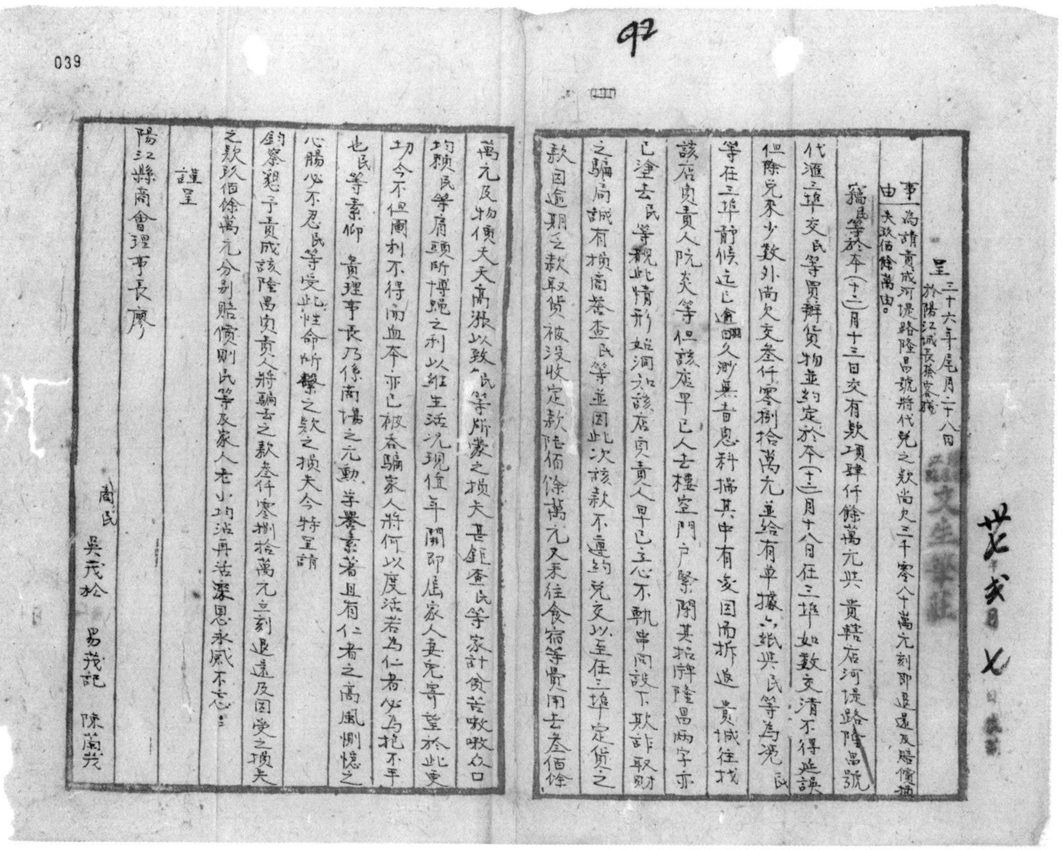

039

92

呈 三十六年尾月二十八日

於陽江城長發客棧

事由 為請責成河堤路隆昌號將代兑之欵尚欠三千零八十萬元刻即退還及賠償損失玖佰餘萬由。

竊民等於本（十二）月十三日交有欵項肆仟餘萬元與 貴轄店河堤路隆昌號代滙三埠交民等買辦貨物並約定於本（十二）月十八日在三埠如數交清不得延誤但除兑來少數外尚欠交叁仟零捌拾萬元並給有单據六紙與民等為憑 民等在三埠静候迄已逾期久渺無音息料揣其中有変因而折返 貴城往找該店負責人阮炎等但該店早已人去樓空門户緊閉其招牌隆昌兩字亦已塗去民等覩此情形始洞知該店負責人早已立心不軌串同設下欺詐取財之騙局誠有損商誉查民等並因此次該款不遵約兑交以至在三埠定貨之款因逾期之款取貨被没收定款陸佰餘萬元又来往食宿等費用去叁佰餘萬元及物價夫天高漲以致民等所蒙之損失甚鉅查民等家計貧苦嗷嗷众口均頼民等肩頭所博绳之利以維生活况現值年關即届家人妻兒寄望於此更切今不但圖利不得而血本亦已被吞騙家人將何以度活若為仁者必為抱不平也民等素仰 貴理事長乃係商場之元勳 学譽素著且有仁者之高風惻憶之心腸必不忍民等受此性命所繫之欵之損失今特呈請

鈞察懇予責成該隆昌負責人將騙去之欵叁仟零捌拾萬元立刻退還及因受之損失之欵玖佰餘萬元分別賠償則民等及家人老小均沾再造深恩永感不忘

謹呈

陽江縣商會理事長廖

商民 吳茂松 易茂記 陳蘭茂

606. 阳江县梁滉祖为馥珍店折股及清算拟转请族中父老秉公调处呈请县商会停止传案调解（1948 年 3 月 11 日）

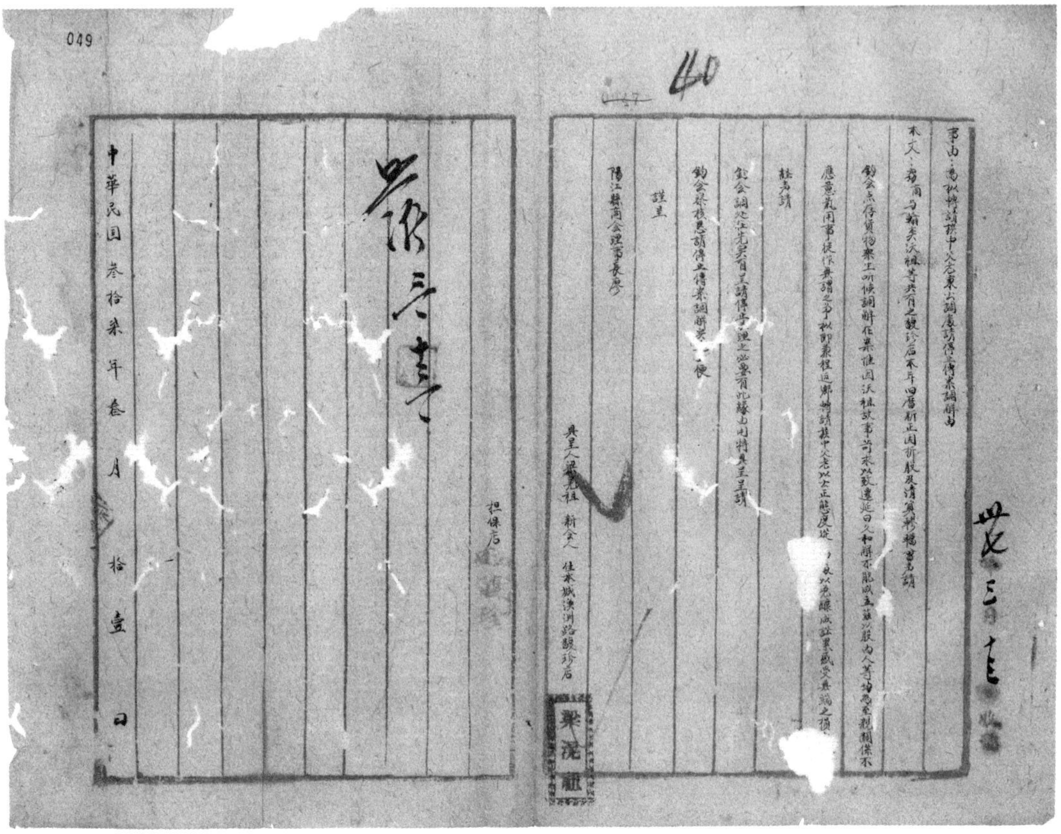
事由：为拟转请族中父老秉公调处请停止传案调解由
本文：窃商与梁亲沃祖等共有之馥珍店本年四历新正因折股及清算纠纷曾呈请
钧会定传货物乘工所候调解在案惟因沃祖故事前来以致迁延日久和解不能成立兹以股内人等均为至亲关系不
愿意气用事徒作无谓之争拟即秉程返乡转请族中父老以大公正态度从中[illegible]以免酿成讼累或受无端之损
[illegible]为请
钧会调处在先实有呈请停止传案之必要有此缘由理合具呈呈请
钧会察核恩准停止传案调解实为德便
谨呈
阳江县商会理事长李
具呈人梁滉祖　新会人　住本城渔洲路馥珍店
梁滉祖
担保店
中华民国叁拾柒年叁月拾壹日

607. 阳江县公昌店司徒尚华呈请县商会通知关应参到会公同签立退股字据以清手续（1948 年 5 月 1 日）

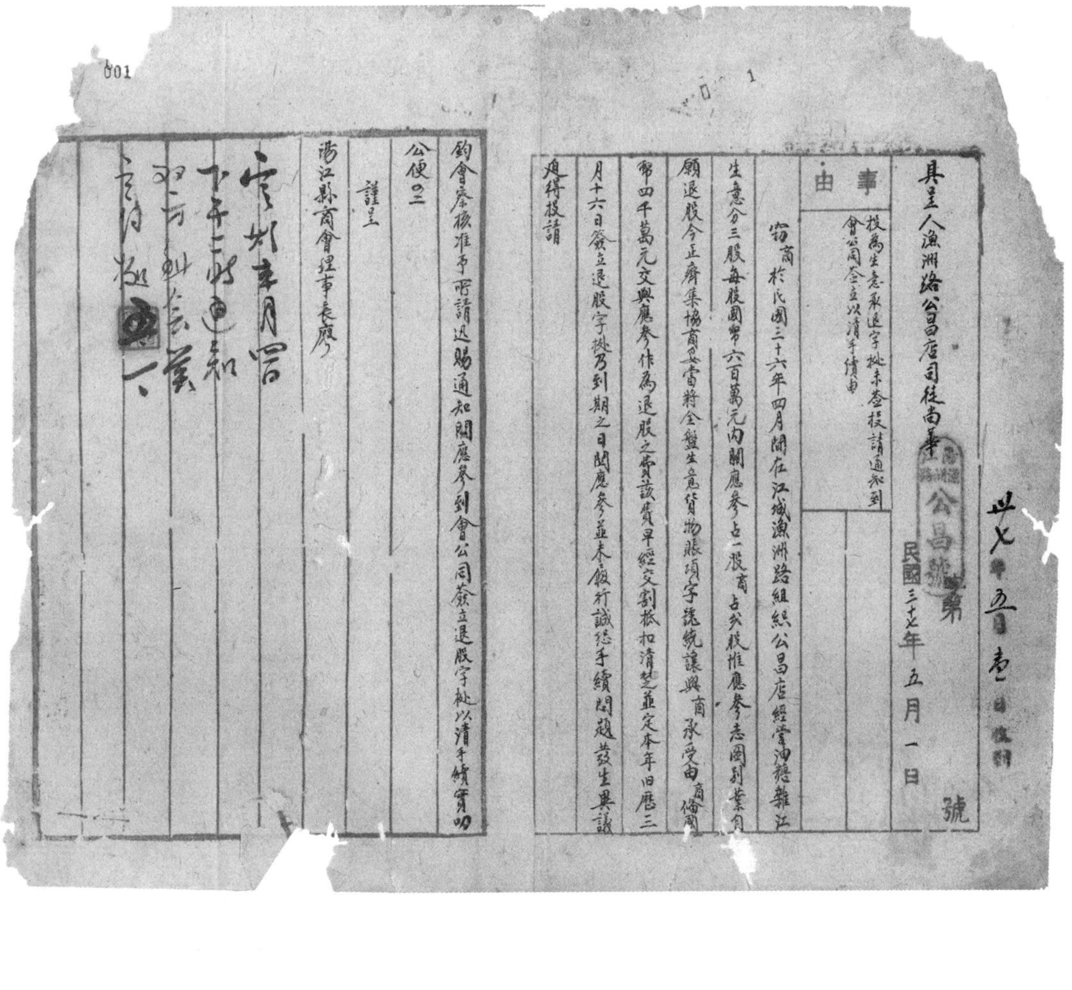

具呈人漁洲路公昌店司徒尚華

事由：投為生意承退字據未簽投請通知到會公同簽立以清手續由

民國三十七年五月一日 第 號

竊商於民國三十六年四月間在江城漁洲路組織公昌店經營油糖雜貨生意分三股每股國幣六百萬元內關應參占一股商占弍股惟應參志圖別業自願退股今正齊集協商妥當將全盤生意貨物賬項字號統讓與商承受由商備國幣四千萬元交與應參作為退股之費該費早經交割抵扣清楚並定本年舊曆三月十六日簽立退股字據乃到期之日關應參並未履行議妥手續問題發生異議迫得投請

鈞會察核准予所請迅賜通知關應參到會公同簽立退股字據以清手續實叨公便之至

謹呈

陽江縣商會理事長廖

608. 阳江县公昌店司徒尚华为顶让商业股份关应参不允签据交执呈请县商会准予备案以固业权（1948 年 5 月 14 日）

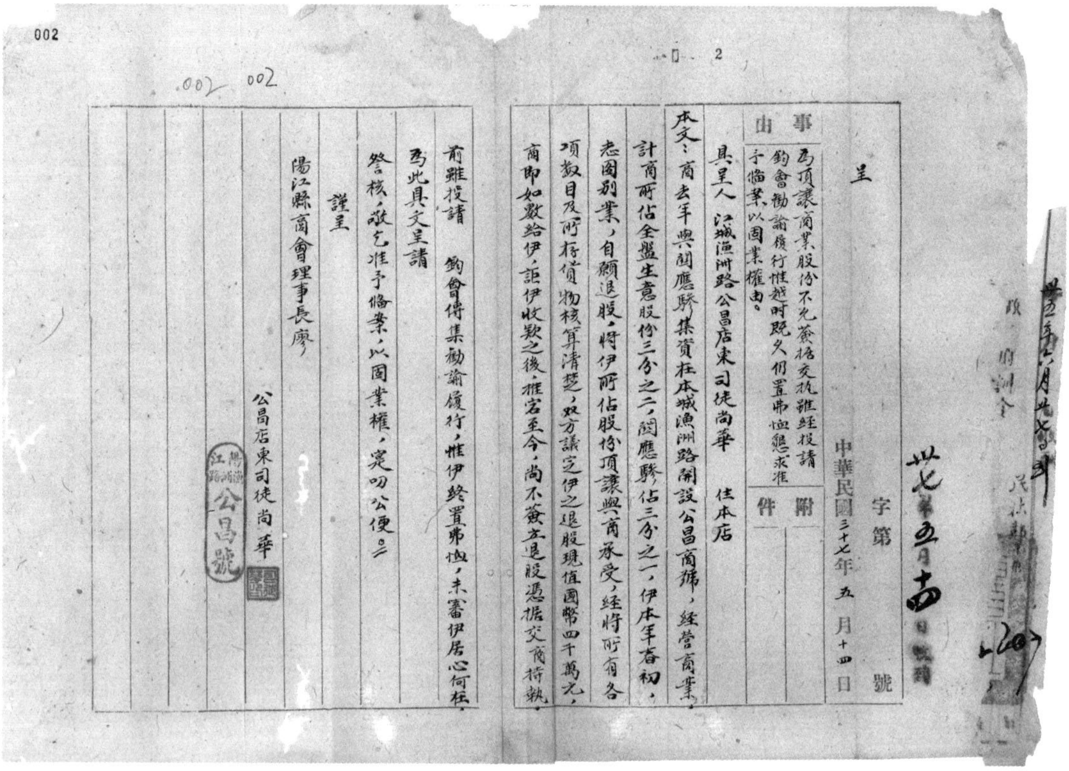

呈

字第　　號

事由：為頂讓商業股份不允簽据交执雖經投請鈞會勸諭履行惟延时既久仍置弗恤懇求准予備案以固業權由。

中華民國三十七年五月十四日

附件

具呈人　江城漁洲路公昌店東司徒尚華　住本店

本文：商去年與關應駿集資在本城漁洲路開設公昌商號，經營商業，計商所佔全盤生意股份三分之二，關應駿佔三分之一，伊本年春初，志圖別業，自願退股，將伊所佔股份頂讓與商承受，經將所有各項數目及所存貨物核算清楚，双方議定伊之退股現值國幣四千萬元，商即如數給伊，詎伊收款之後，推宕至今，尚不簽立退股憑据交商持執，前雖投請鈞會傳集勸諭履行，惟伊終置弗恤，未審伊居心何在。為此具文呈請

詧核，敬乞准予備案，以固業權，寔叨公便。

謹呈

陽江縣商會理事長廖

公昌店東司徒尚華

609. 阳江县和发店关国藩为订期立契卖主匿不见面呈请县商会传讯责令依期立契以为信用（1948 年 7 月 22 日）

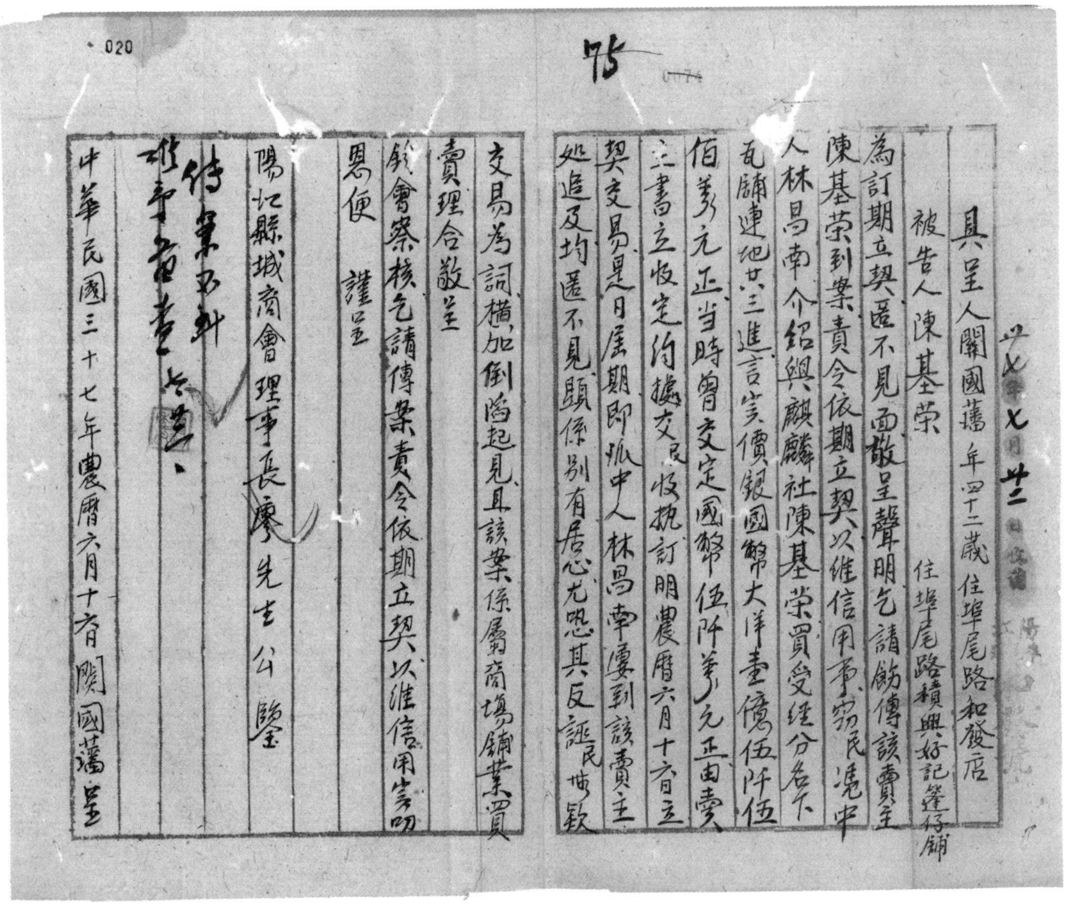
75

具呈人關國藩 年四十二歲 住埠尾路和發店

被告人陳基荣 住埠尾路積興好記蓬仔舖

為訂期立契匿不見面敬呈聲明乞請飭傳該賣主陳基荣到案責令依期立契以維信用事竊民憑中人林昌南介紹與麒麟社陳基荣買受坐分名下瓦舖連地共三進言定實價銀國幣大洋壹億伍仟伍佰萬元正当時曾交定國幣伍仟萬元正由賣主立書立收定約據交民收執訂明農曆六月十六日立契交易是日屆期即邀中人林昌南偕到該賣主處追交均匿不見顯係别有居心尤恐其反誣民趁欵交易為詞橫加倒陷起見且該案係屬商場舖業買賣理合敬呈

鈞會察核乞請傳案責令依期立契以維信用實叨

恩便 謹呈

陽江縣城商會理事長廖先生公鑒

待集取訊 [illegible]

中華民國三十七年農曆六月十六日 關國藩呈

610. 阳江县怡胜社为批期已满抗不交铺呈请县商会传集调解（1948 年 9 月 4 日）

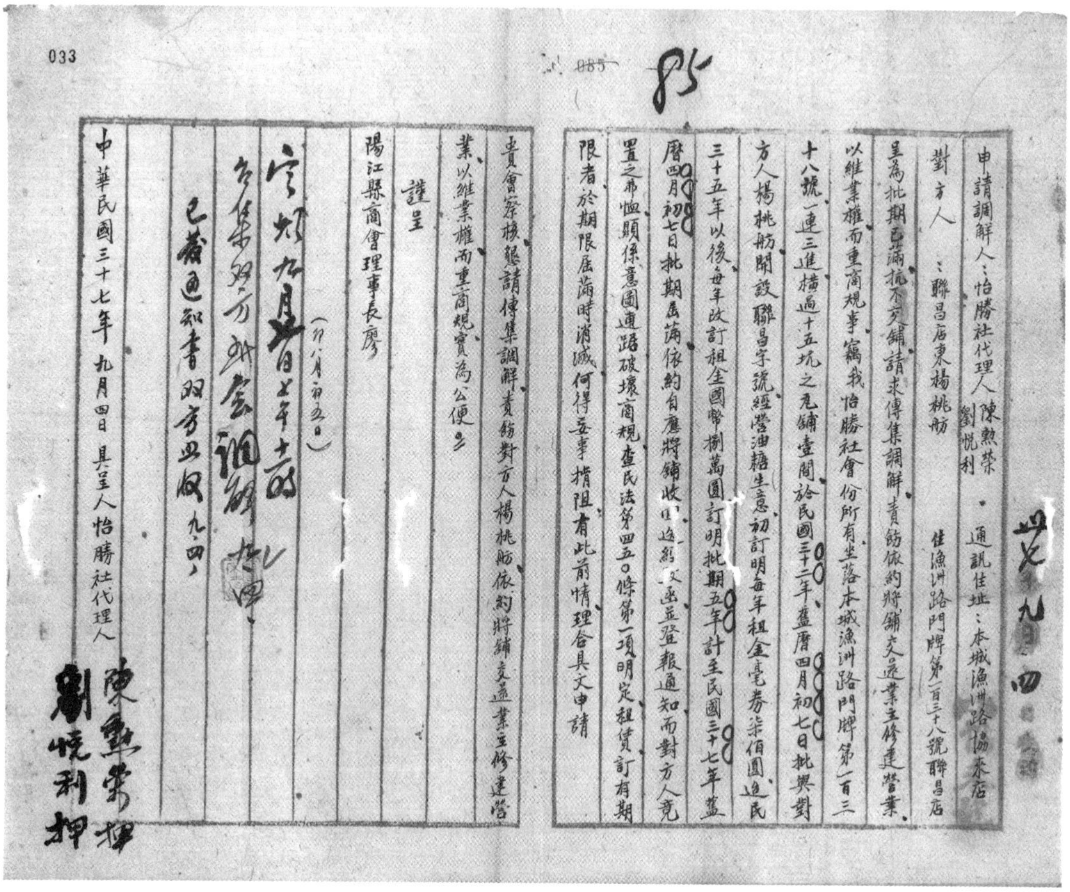

033

85

申請調解人：怡勝社代理人陳熱榮、劉悅利　通訊住址：本城漁洲路協來店

對方人：聯昌店東楊桃舫　住漁洲路門牌第一百三十八號聯昌店

呈為批期已滿抗不交鋪，請求傳集調解，責飭依約將鋪交還業主修建營業，以維業權而重商規事。竊我怡勝社會份所有坐落本城漁洲路門牌第一百三十八號一連三進橫過十五坑之瓦鋪壹間，於民國三十二年、舊曆四月初七日批與對方人楊桃舫開設聯昌字號，經營油糖生意，初訂明每年租金毫券柒佰圓，迨民三十五年以後每年改訂租金國幣捌萬圓，訂明批期五年，計至民國三十七年舊曆四月初七日批期屆滿，依約自應將鋪收回。迨經去函並登報通知，而對方人竟置之不恤，顯係意圖違背破壞商規。查民法第四五〇條第一項明定租賃訂有期限者，於期限屆滿時消滅，何得妄事措阻。有此前情，理合具文申請貴會察核，懇請傳集調解，責飭對方人楊桃舫依約將鋪交還業主修建營業，以維業權而重商規，實為公便。

謹呈

陽江縣商會理事長廖

定期九月十六日下午十二時召集雙方到會調解　[illegible]

（八月初五日）

已發通知書雙方收　九、四

中華民國三十七年九月四日　具呈人怡勝社代理人陳熱榮、劉悅利　押

611. 阳江县广益置业公司函请县商会召集龙津、兴仁两市场铺客推派代表定期到会洽商提升铺租（1948 年 9 月 20 日）

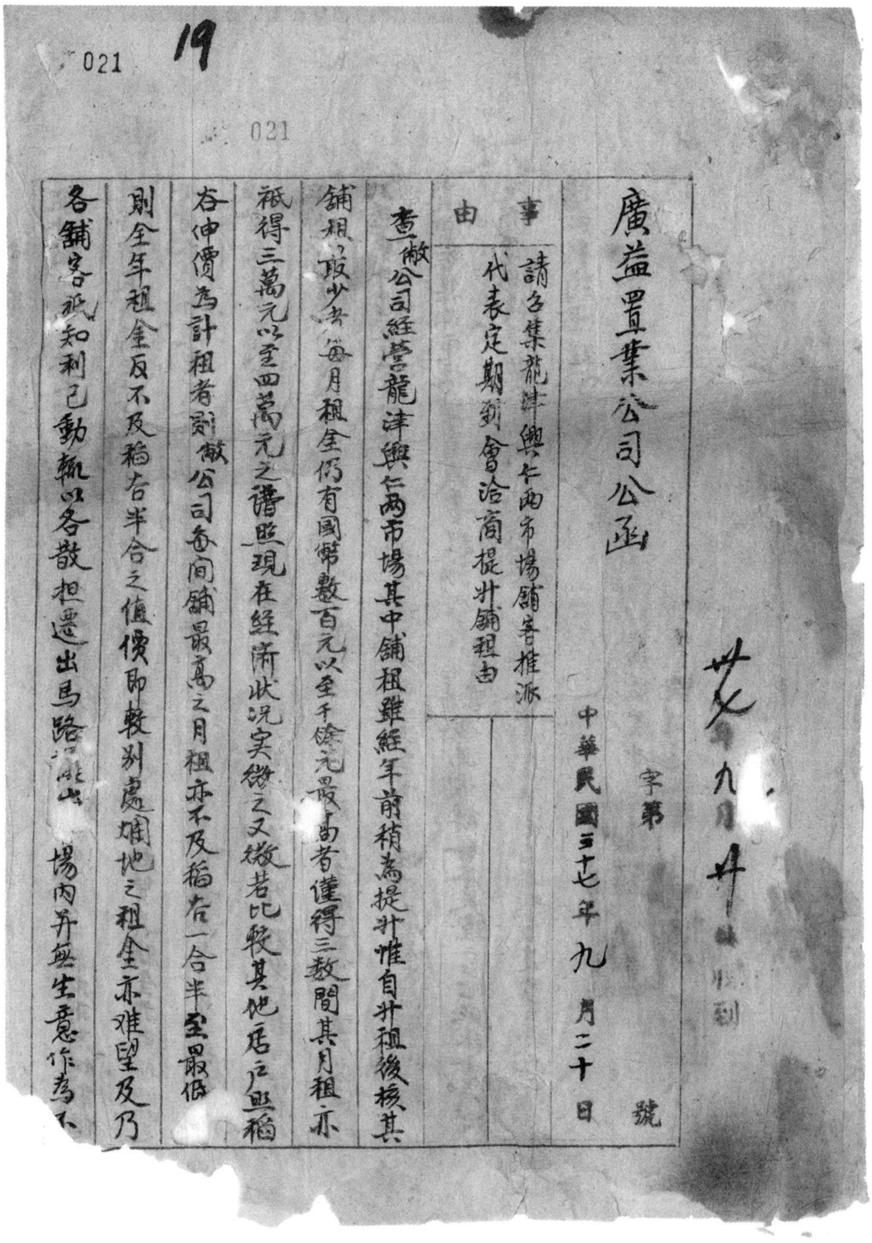

021　19

021

廣益置業公司公函

事由：請召集龍津興仁兩市場舖客推派代表定期到會洽商提升舖租由

字第　號

中華民國三十七年九月二十日

查敝公司經營龍津興仁兩市場其中舖租雖經年前稍為提升惟自升租後核其舖租最少者每月租金仍有國幣數百元以至千餘元最高者僅得三數間其月租亦祇得三萬元以至四萬元之譜照現在經濟狀況實微之又微若比較其他店戶無稻谷伸價為計租者對敝公司每間舖最高之月租亦不及稻谷一合半至最低則全年租金反不及稻谷半合之值便即較別處墟地之租金亦难望及乃各舖客祇知利己動輒以各散担遷出馬路[illegible]場內并無生意作為不

艾

00021-1

021

能升租之藉口殊不知各散担不入市場擺賣乃係警局□□非敝公司能力所及何能借此要脅且縱無生意就作住户或棧房或床位甚至烟地為租賃其租金亦斷無如此之少查本城普通屋租最低者每月亦要三斗谷計算今則市場内最高者不及二合谷低者全年亦不及半合谷尚安有租值可言雖因批期未滿未便終止租約但租金既失公平則以與為負後按照民事訴訟補充條例第十二條之規定未嘗不可將租金為提升此種事件歷經法院判准有例可援不過敝公司以主客首貴融洽不忍過火故特函請
貴會召集兩市場舖客或着推派代表定期妥為調解各本天理良心與社會經濟及商場物價波動欵懇開誠協議作公平升租之洽商双方并顧各無損害是所至禱此上
陽江縣商會理事長廖

廣益置業公司
經理姜自明
董事周鳳衡　代行

612. 阳江县荣利冈记店为意图瞒声抢夺架生呈请县商会察核不予受理以安商业（1948 年 10 月 29 日）

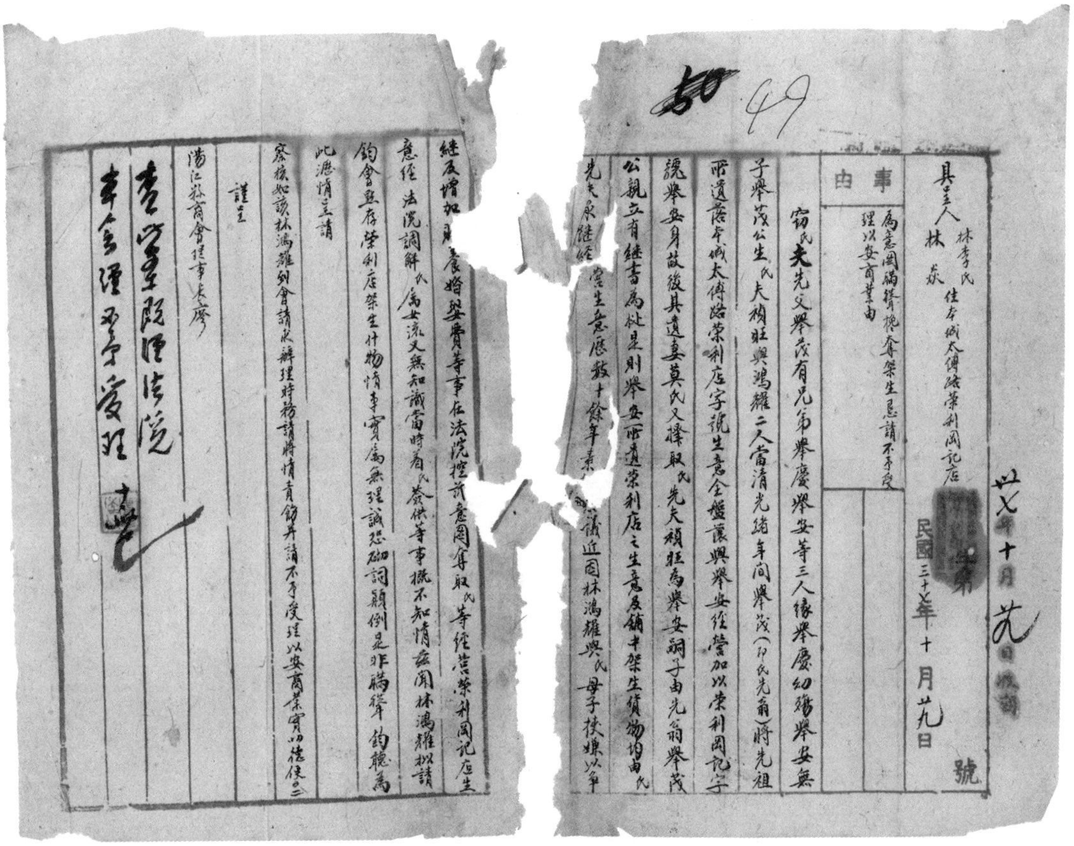

具呈人林李氏 林焱 住本城太傅路荣利冈記店

事由 為意圖隔瞞撓奪架生懇請不予受理以安商業由

民國三十七年十月廿九日 號

竊氏夫先父舉茂有兄弟舉慶舉安等三人緣舉慶幼殤舉安無子舉茂公生氏夫禎旺與鴻耀二人當清光緒年間舉茂（即氏先翁）將先祖所遺落本城太傅路榮利店字號生意全盤讓與舉安經營加以榮利冈記字號舉安身故後其遺妻莫氏又擇取氏先夫禎旺為舉安嗣子由先翁舉茂公親立有繼書為據是則舉安所遺榮利店之生意及舖中架生貨物均由氏先夫承繼經[illegible]生意歷數十餘年素[illegible]議近因林鴻耀與氏母子挾嫌以爭繼及增加[illegible]產婚娶費等事在法院控訴意圖奪取氏等經營榮利冈記店生意經法院調解氏屬女流又無知識當時看氏簽供等事概不知情茲聞林鴻耀擬請鈞會查存榮利店架生什物情事實屬無理誠恐砌詞顛倒是非瞞聳鈞聽為此瀝情呈請察核如該林鴻耀到會請求辦理時務請將情責飭并請不予受理以安商業實以德便

謹呈

陽江縣商會理事長廖

查案經法院 本會[illegible]不予受理

613. 陈伯煌呈请阳江县商会通知黄骏清交数清算以明责任而清手续（1948 年 11 月 7 日）

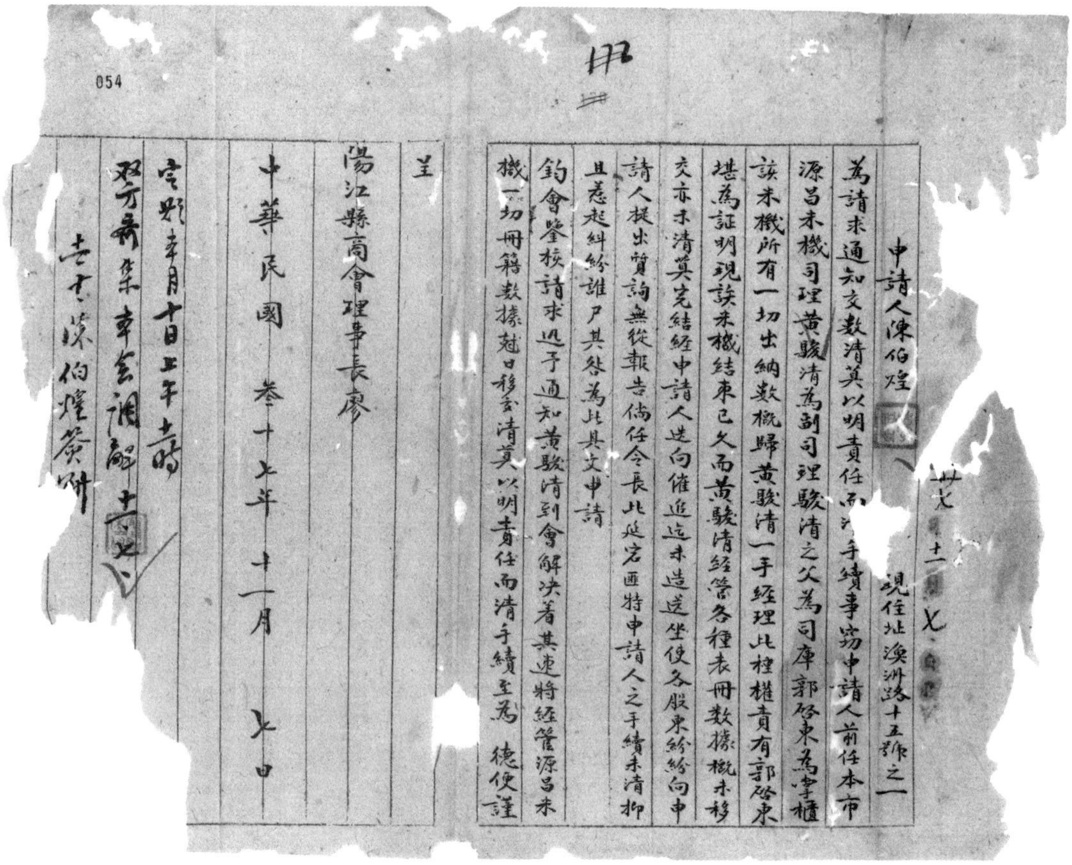

054

申請人陳伯煌

卅七　十一　七

現住址澳洲路十五號之一

為請求通知交數清算以明責任而清手續事竊申請人前任本市源昌米機司理黃駿清為副司理駿清之父為司庫郭啓東為掌櫃該米機所有一切出納數概歸黃駿清一手經理此種權責有郭啓東堪為証明現該米機結束已久而黃駿清經管各種表冊數據概未移交亦未清算完結經申請人迭向催追迄未造送坐使各股東紛紛向申請人提出質詢無從報告倘任令長此延宕匪特申請人之手續未清抑且惹起糾紛誰尸其咎為此具文申請

鈞會鑒核請求迅予通知黃駿清到會解決着其速將經管源昌米機一切冊籍數據尅日移交清算以明責任而清手續至為德便謹

呈

陽江縣商會理事長廖

中華民國叁十七年十一月七日

定期本月十日上午十時雙方齊集本会調解　十一、七

[illegible]陳伯煌簽附

（四）消防活动

614. 阳江县商会向各街社首通告县警察局关于组织义勇消防队的训令（1942 年 5 月 18 日）+ 附：会议录

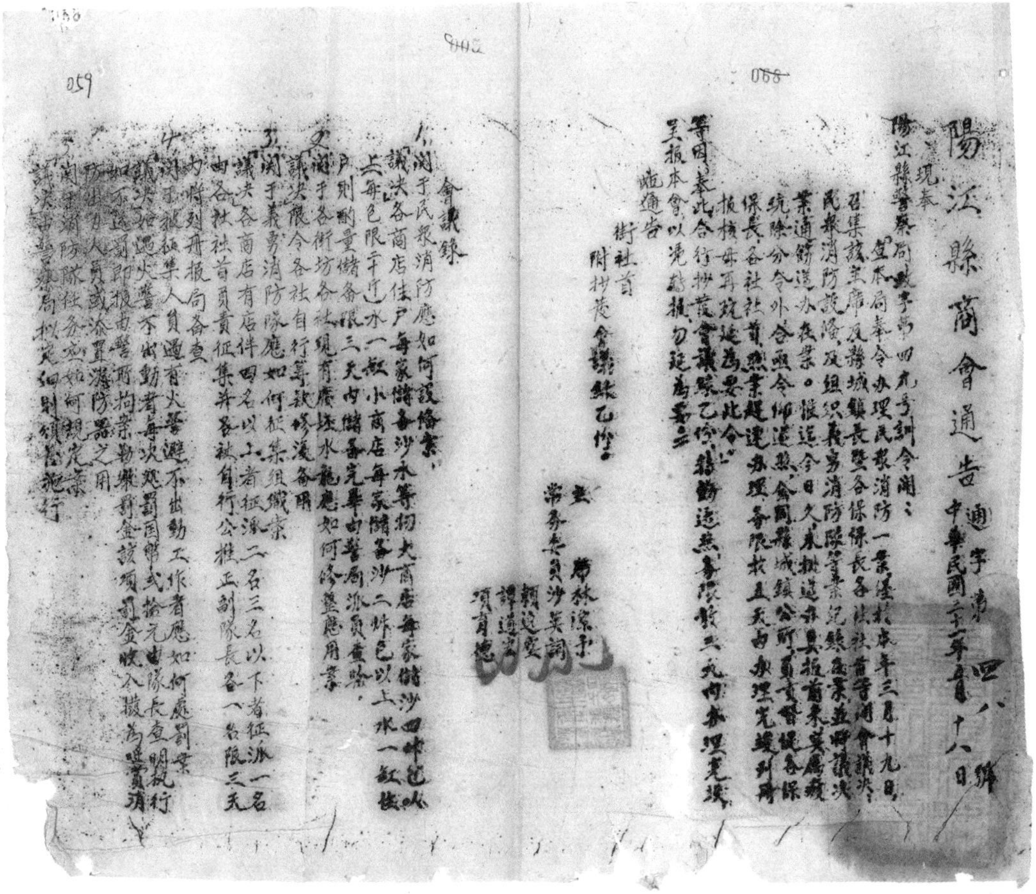

陽江縣商會通告 通字第四八號

現奉

陽江縣警察局警字第四九號訓令開：

「查本局奉令辦理民眾消防一案，經於本年三月十九日召集該室席及縣城鎮長暨各保保長各該社社首等開會議決，民眾消防設備及組織義勇消防隊等案記錄在卷，並將議決案通飭遵辦在案。惟迄今日久，未據遵辦具報前來，實屬藐視。除分令外，合亟令仰遵照，會同縣城鎮公所負責督促各保保長、各社社首，照案趕速辦理，並限於五天內辦理完竣列冊報核，毋再玩延為要。此令。」

等因，奉此，合行抄發會議錄乙份，轉飭遵照，並限於三天內辦理完竣，具報本會，以憑彙報，勿延為要。

此通告

街社首

附抄發會議錄乙份

中華民國三十一年五月十八日

主席 陳林[illegible]

常務委員 沙英詞 賴廷燮 譚[illegible] 項育德

會議錄

一、關于民眾消防應如何設備案，議決：各商店住戶每家儲備沙水等物，大商店每家儲沙四袋，水一缸以上（每包限二十斤），小商店每家儲備沙二袋以上，水一缸，住戶則酌量儲備，限三天內儲備完畢，由警局派員查驗。

二、關于各街坊各社現有舊式水龍應如何修整應用案，議決：限令各社自行籌款修復備用。

三、關于義勇消防隊應如何征集組織案，議決：各商店有店伴四名以上者征派二名，三名以下者征派一名，由各社社首負責征集，并各社自行公推正副隊長各一名，限三天內將列冊報局備查。

四、關于被征集人員遇有火警避不出動工作者應如何處罰案，議決：如遇火警不出動者，每次罰國幣弍拾元，由隊長查明執行，如不遵罰，即報由警局拘案勒繳罰金，該項罰金收入撥為獎賞消防出力人員或添置消防器之用。

五、關于消防隊任務應如何規定案，議決：由警察局擬定細則頒發施行。

615. 阳江县商会向县警察局函送收缴添置救火器材款（1944 年 3 月 8 日）

018

阳江县商会稿

文别	公函
号数	第一五三号（公字）
送达机关	阳江县警察局
附件	国币[illegible]救款四[illegible]
主席	
值日常务委员	
一等办事员	
二等办事员	

中华民国卅三年 三月七日拟稿 三月八日缮写 三月八日封发

事由：函送收缴添置救火器材款国币四千[illegible]元四角[illegible]

案查

阳江县政府本年一月十三日警政字第二七号训令开："阅报当地筹款添置救火器材以利消防工作一案，经本会依照警察局核集筹款国币六千元，交由警局购置材料消防设备用等因[illegible]当经[illegible]召开会议，决议由四街[illegible]在各街均派[illegible]

[illegible]街道[illegible]三街[illegible]

[illegible]当经四业[illegible]派各街社[illegible]计各街[illegible]

[illegible]二百七十二元四角，而[illegible]计尚有[illegible]七百

[illegible]十五元[illegible]将收缴之款[illegible]同送到[illegible]

乙本函送

贵局查收给据备查，并请将各街延欠不缴者派警按册严催收缴，以符

原案，而免效尤。并候公祉。

此致

阳江县警察局局长吴

附送收缴添置救火器材款国币四千二百[illegible]十二元四角，数款册乙本

阳江县商会理事长[illegible]林〇〇

常务理事[illegible]〇〇

[illegible]〇〇

[illegible]〇〇

[illegible]〇〇

616. 阳江县警察局关于派警严追未缴添置救火器材商户函复县商会查照会同办理（1944 年 3 月 22 日）

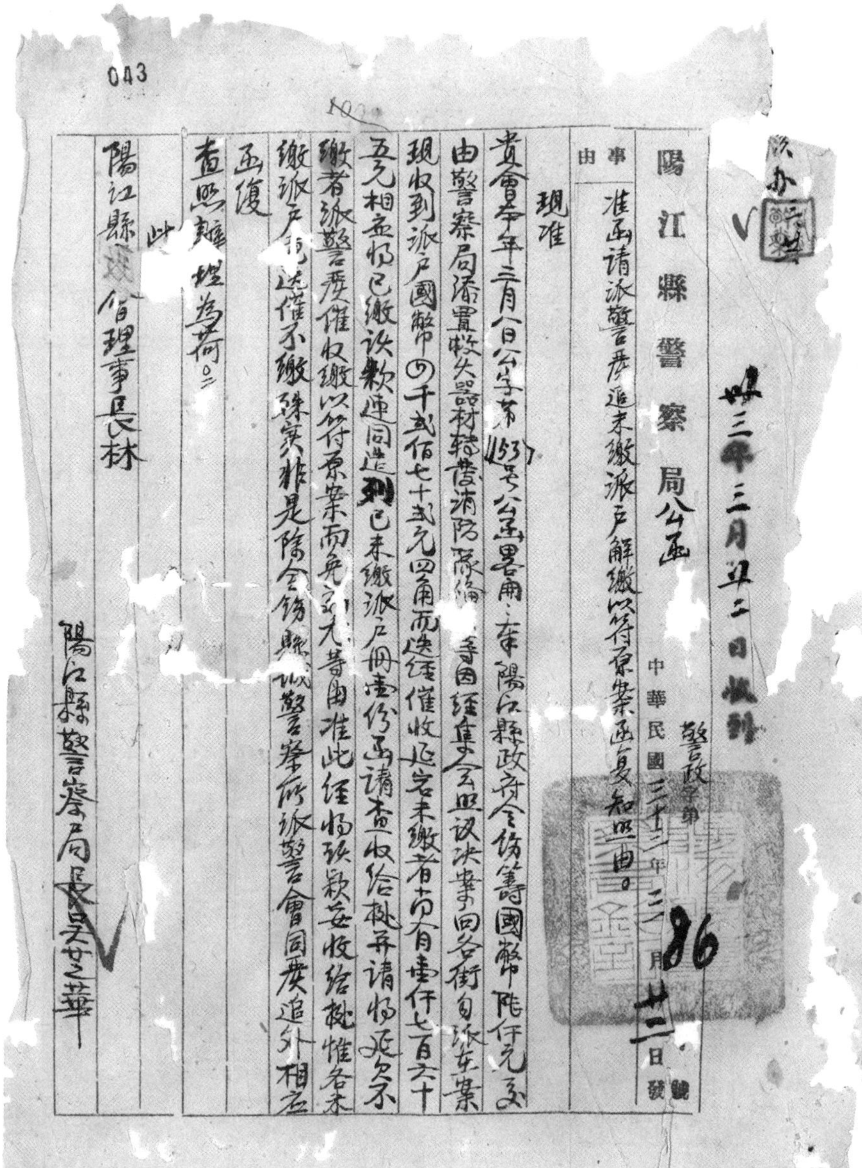

043

陽江縣警察局公函

事由：准函請派警嚴追未繳派戶解繳以符原案函復知照由。

中華民國三十三年三月廿二日發 警政字第86號

卅三年三月廿二日收到

現准

貴會本年三月八日公字第1537号公函略開：奉陽江縣政府令飭籌國幣陆仟元交由警察局添置救火器材藉資消防（等因）經集會議決案向各街自派在案。現收到派戶國幣四千贰佰七十贰元四角，而迭經催收延宕未繳者尚有壹仟七百六十五元，相應將已繳該款連同造列已未繳派戶冊壹份函請查收給執，并請將延欠不繳者派警嚴催收繳，以符原案而免（貽誤）等由。准此，經將該款妥收給執，惟各未繳派戶（任）迭催不繳，殊實非是，除令飭縣城警察所派警會同嚴追外，相應

函復

查照辦理為荷。此致

陽江縣商會理事長林

陽江縣警察局局長吴世華

617. 阳江县商会函请县警察局派警自行按照欠数册催收（1944 年 3 月 23 日）

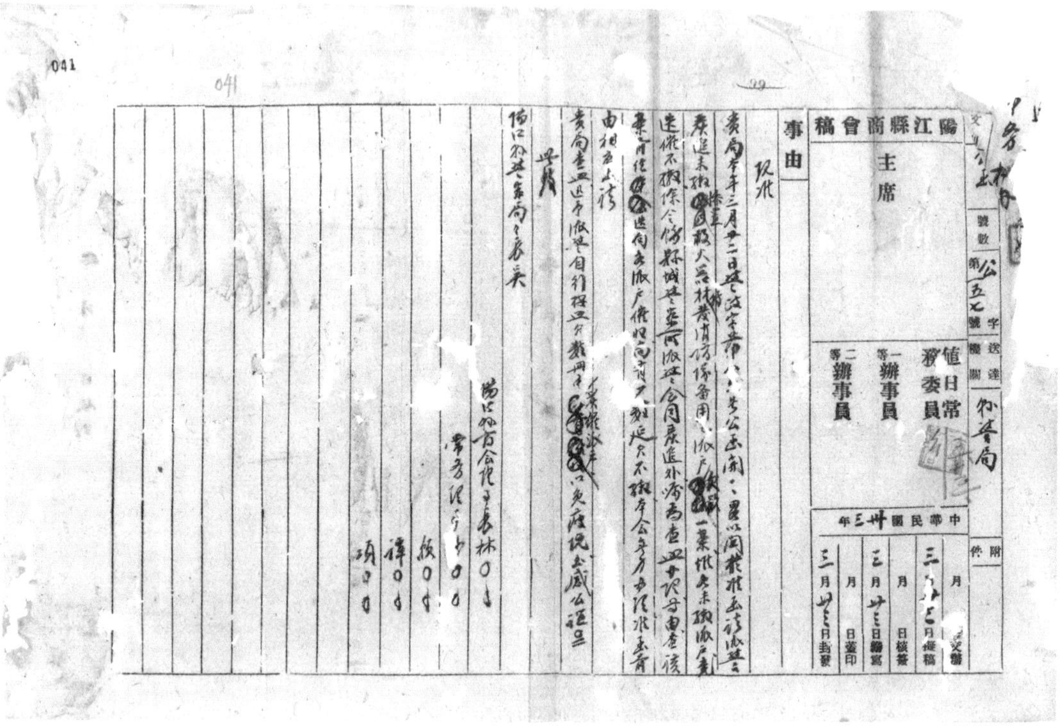

618. 阳江县政府关于由县商会筹款添置消防器材一案经办情形批复县商会（1944 年 10 月 26 日）

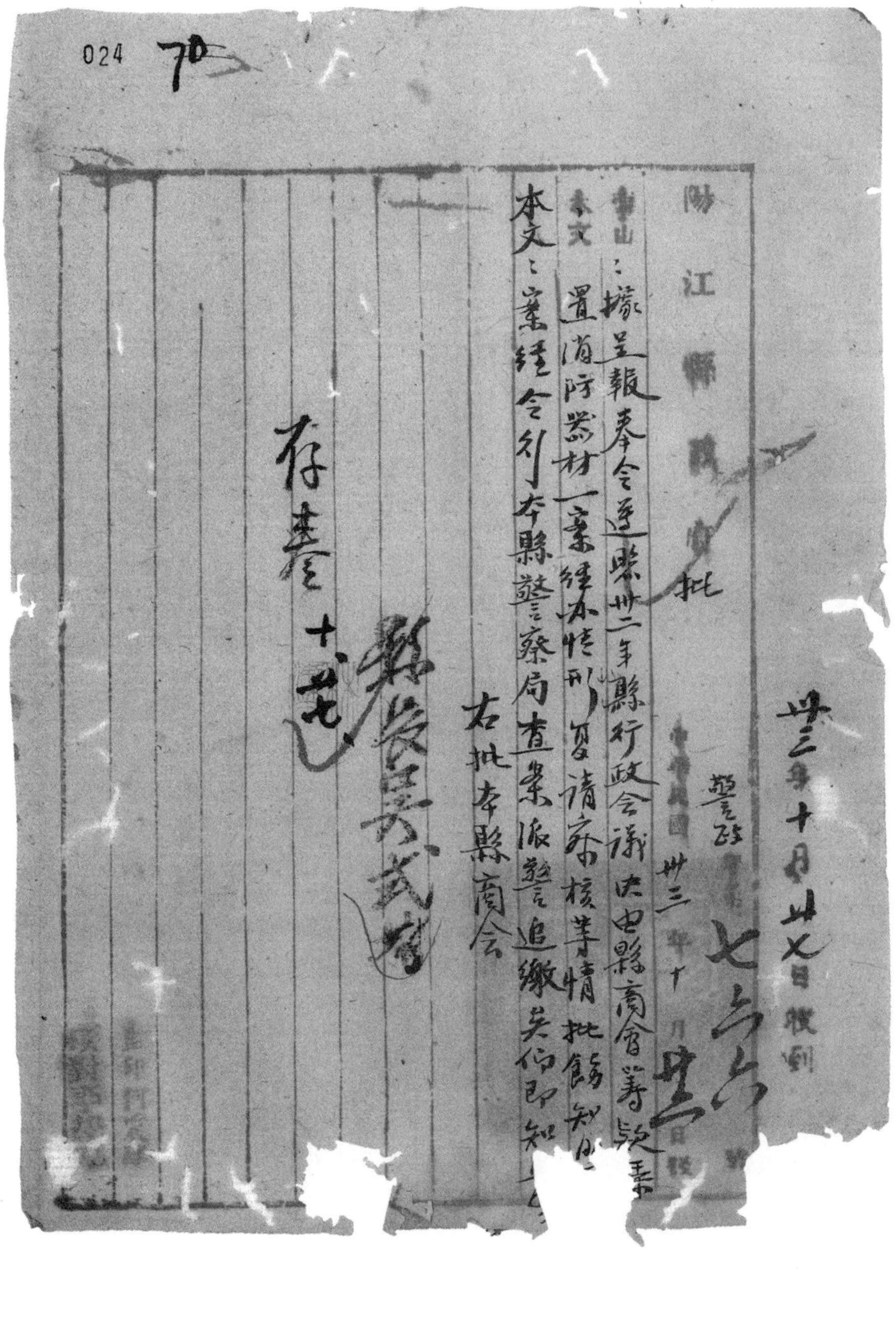

陽江縣政府批

事由：據呈報奉令遵照卅二年縣行政會議決由縣商會籌款添置消防器材一案經办情形覆請察核等情批飭知由

本文：案經令行本縣警察局查案派警追繳矣仰即知照

右批本縣商會

中華民國卅三年十月廿六日發

警政字第七六六號

卅三年十月廿七日收到

619. 阳江县政府关于县行政会议议决由商会筹款添置消防器材令饬县商会理事长林洁予查照办理（1945 年 10 月 20 日）

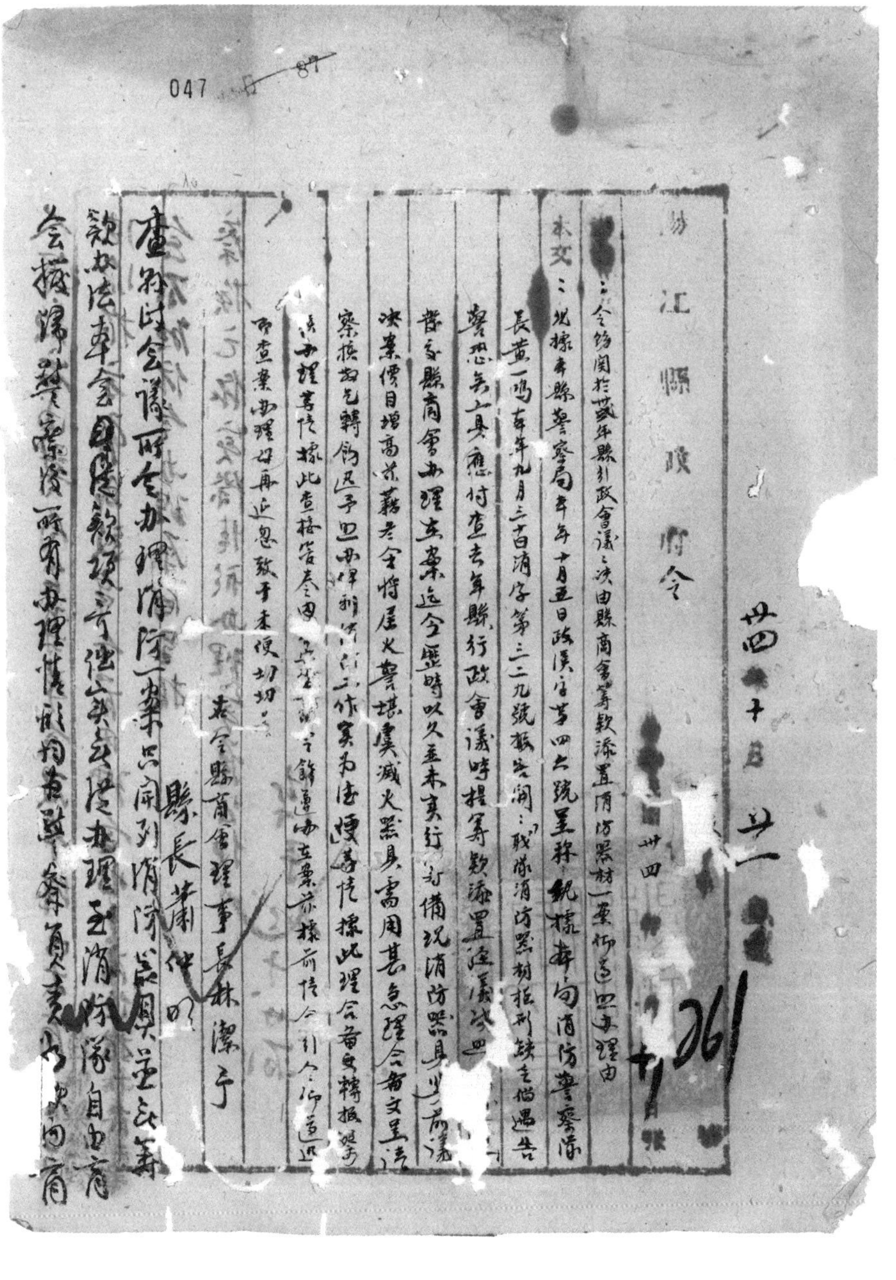

阳江县政府令

令县商会理事长林洁予

620. 阳江县商会向县政府呈报不能依令筹措消防费原因（1945 年 10 月 26 日）

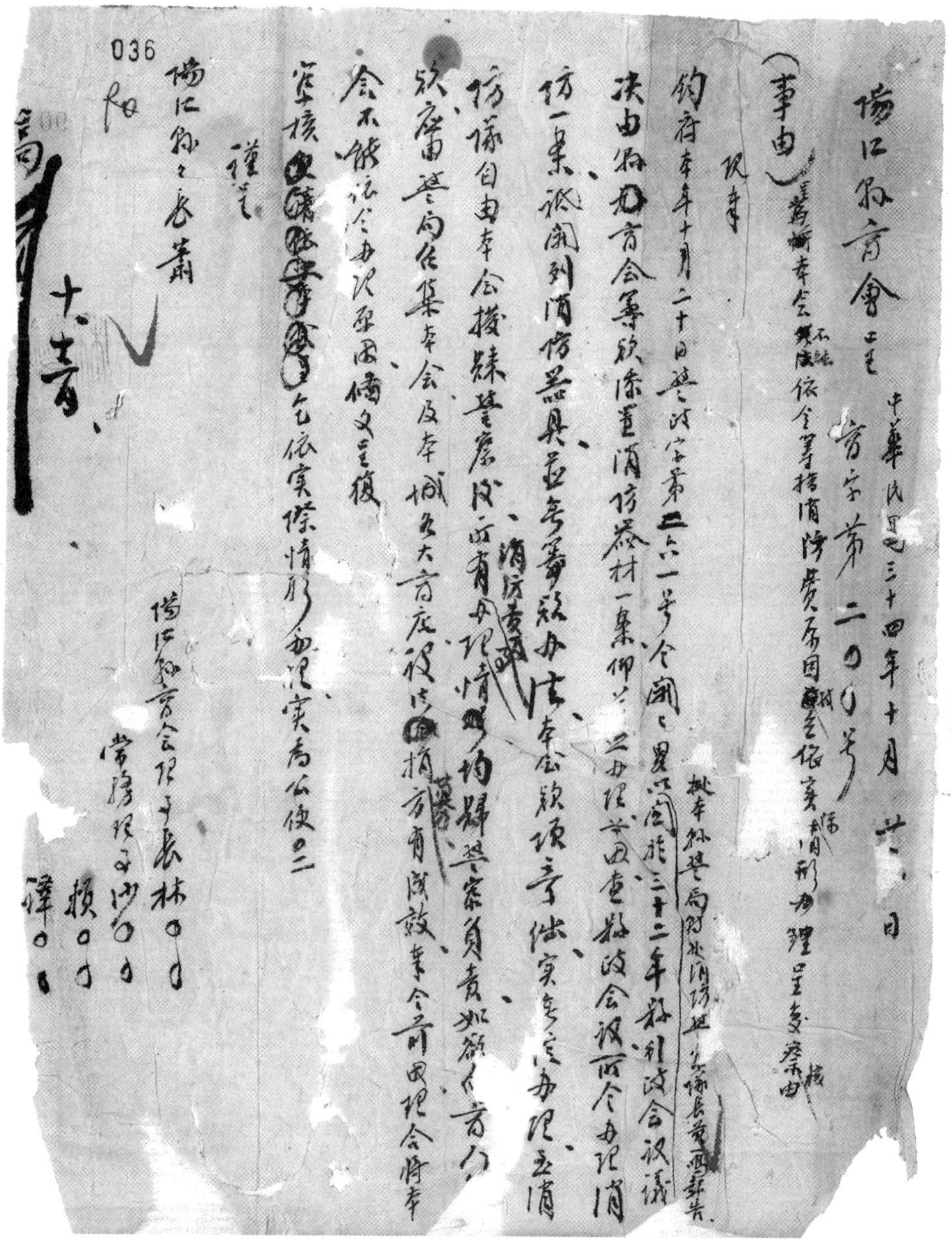

阳江县商会 呈

中华民国三十四年十月廿六日　商字第二〇〇号

（事由）呈覆本会不能依令筹措消防费原因，恳请依实情形办理，呈复察核由

现奉

钧府本年十月二十日县政字第二六一号令开：[illegible]于三十二年县行政会议议决由县商会筹款添置消防器材一案，仰[illegible]办理[illegible]。查县政会议所令办理消防一案，[illegible]消防器具及各筹款办法，本会款项[illegible]实[illegible]办理。且消防[illegible]由本会接办警察队，所有办理情形，均归警察负责，[illegible]本会及本城各大商店[illegible]方有成效[illegible]。本会不能依令办理原因，备文呈覆，

[illegible]乞依实际情形办理，实为公便。

谨呈

阳江县县长萧

阳江县商会理事长林〇〇

常务理事[illegible]〇〇

赖〇〇

谭〇〇

621. 阳江县铁钉业同业公会关于被杉店火警殃及全行商店焚烧损失惨重呈县商会转请上级予以救济（1947 年 11 月 24 日）

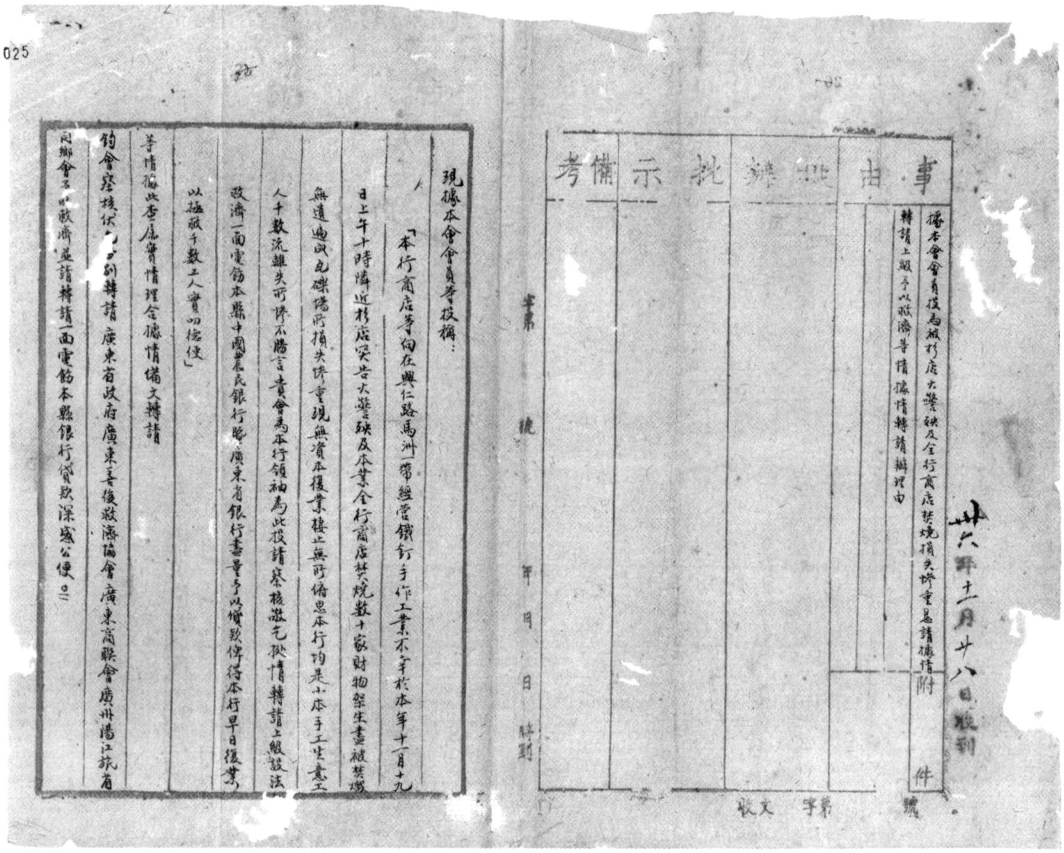

事由：據本會會員投爲被杉店火警殃及全行商店焚燒損失慘重懇請據情轉請上級予以救濟等情據情轉請辦理由

附件

批辦

批示

備考

卅六年十一月廿八日收到

收文　字第　號

字第　號　年　月　日　時到

現據本會會員等投稱：

「本行商店等向在興仁路馬洲一帶經營鐵釘手作工業，不幸於本年十一月十九日上午十時鄰近杉店突告火警，殃及本業全行商店焚燒數十家，財物器生盡被焚燬無遺，興幾成瓦礫場，所損失慘重，現無資本復業，樓上無所倚恩，本行均是小本手工生意，工人十數流離失所，慘不勝言。貴會爲本行領袖，爲此投請察核，徼乞據情轉請上級設法救濟，一面電飭本縣中國農民銀行暨廣東省銀行盡量予以貸款，俾得本行早日復業，以拯救千數工人，實叨德便」

等情。據此，查屬實情，理合據情備文轉請

鈞會察核，伏乞分別轉請廣東省政府、廣東善後救濟協會、廣東商聯會、廣州陽江旅省同鄉會予以救濟，並請轉請一面電飭本縣銀行貸款，深感公便。

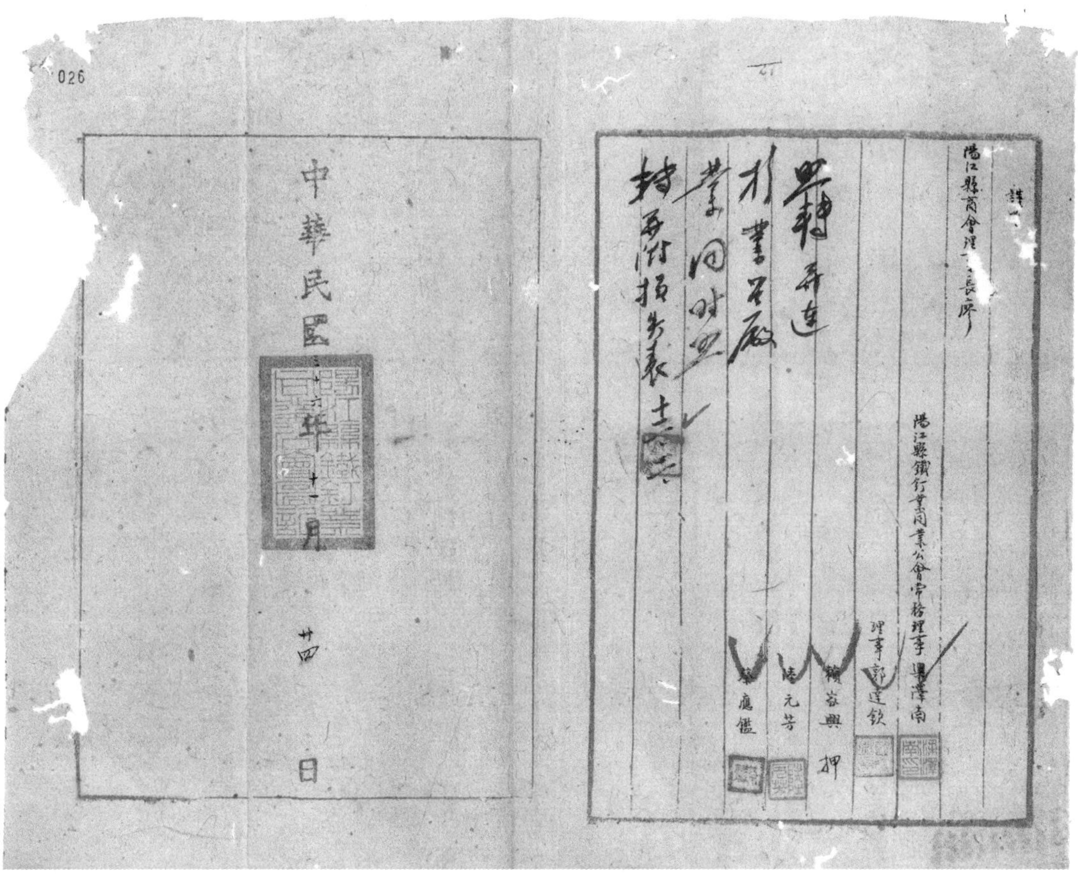

陽江縣鐵釘業同業公會常務理事 梁澤南

理事 郭達欽

賴容興 押

陳元芳

蔡應鑑

中華民國三十六年十二月廿四日

622. 阳江县商会向广东省政府、广东善后救济协会、广东省商会联合会等呈报被火灾损失惨重请电饬县银行贷款以拯商艰拨款救济（1947 年 12 月 3 日）

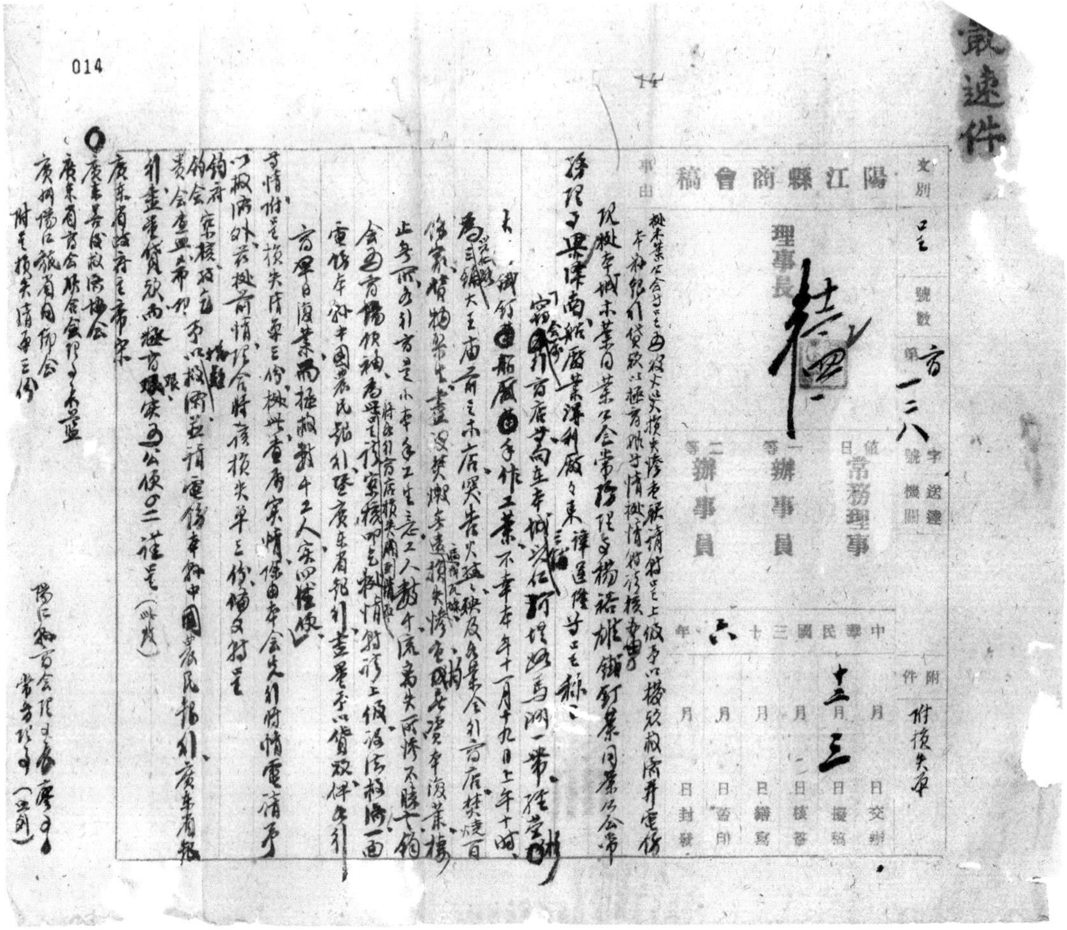

014

最速件

陽江縣商會稿

文別

字號

第一三八號

送達機關

附件

事由

理事長

常務理事

一等辦事員

二等辦事員

中華民國三十六年十二月三日

月　日交辦
月　日擬稿
月　日核簽
月　日繕寫
月　日蓋用
月　日封發

623. 阳江县商会通告各商号交缴购买救火机款（1947 年 12 月 10 日）

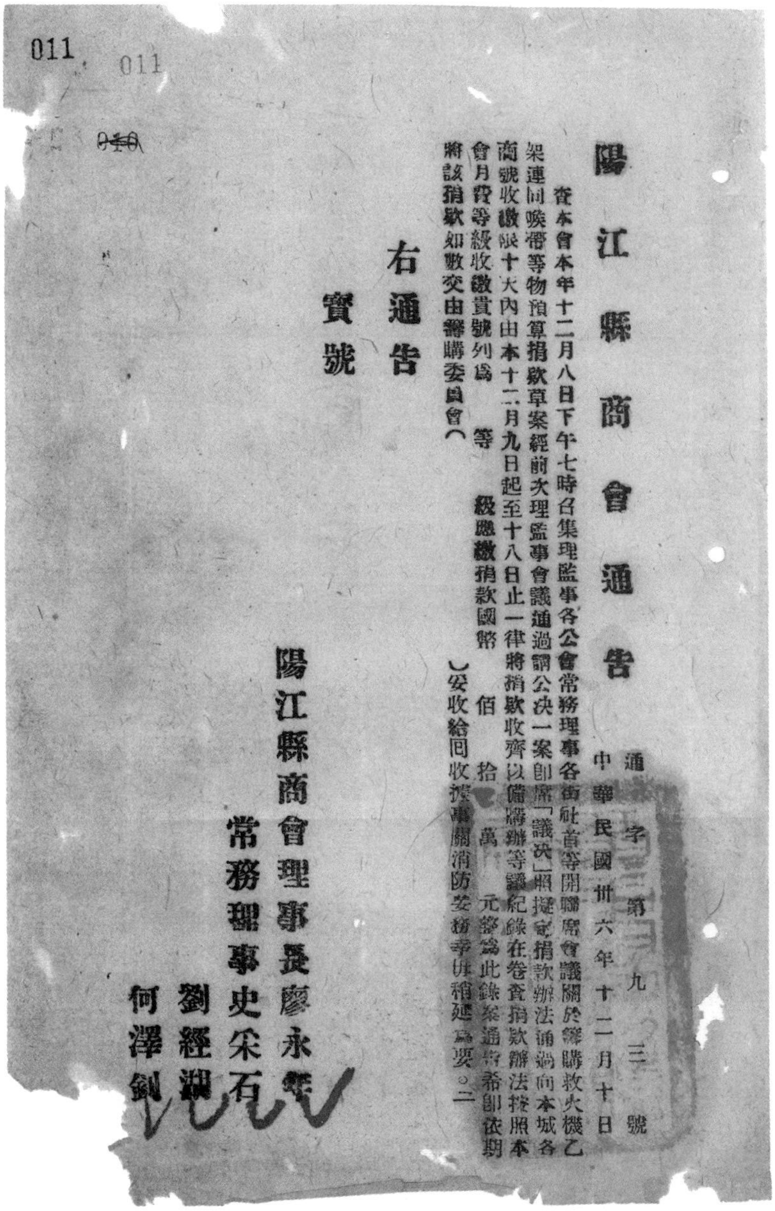

011

陽江縣商會通告

通字第九三號

中華民國卅六年十二月十日

查本會本年十二月八日下午七時召集理監事各公會常務理事各街社首等開聯席會議關於籌購救火機乙架連同喉帶等物預算捐款草案經前次理監事會議通過謂公決一案即席「議決」照擬定捐款辦法通過向本城各商號收繳限十天內由本十二月九日起至十八日止一律將捐款收齊以備購辦等議紀錄在卷査捐款辦法按照本會月費等級收繳貴號列為　等　級應繳捐款國幣　佰　拾　萬　元整為此錄案通告希即依期將該捐款如數交由籌購委員會（　）妥收給回收據事關消防要務幸毋稍延為要。

右通告

　　寶號

陽江縣商會理事長廖永聲

常務理事史采石

劉經瀾

何澤鋼

624. 阳江县城第七闸社首及全体商店为防火灾呈县商会转请县政府令饬县警察局将在本闸河堤摆卖山草勒令择地迁移（1948 年 1 月 18 日）

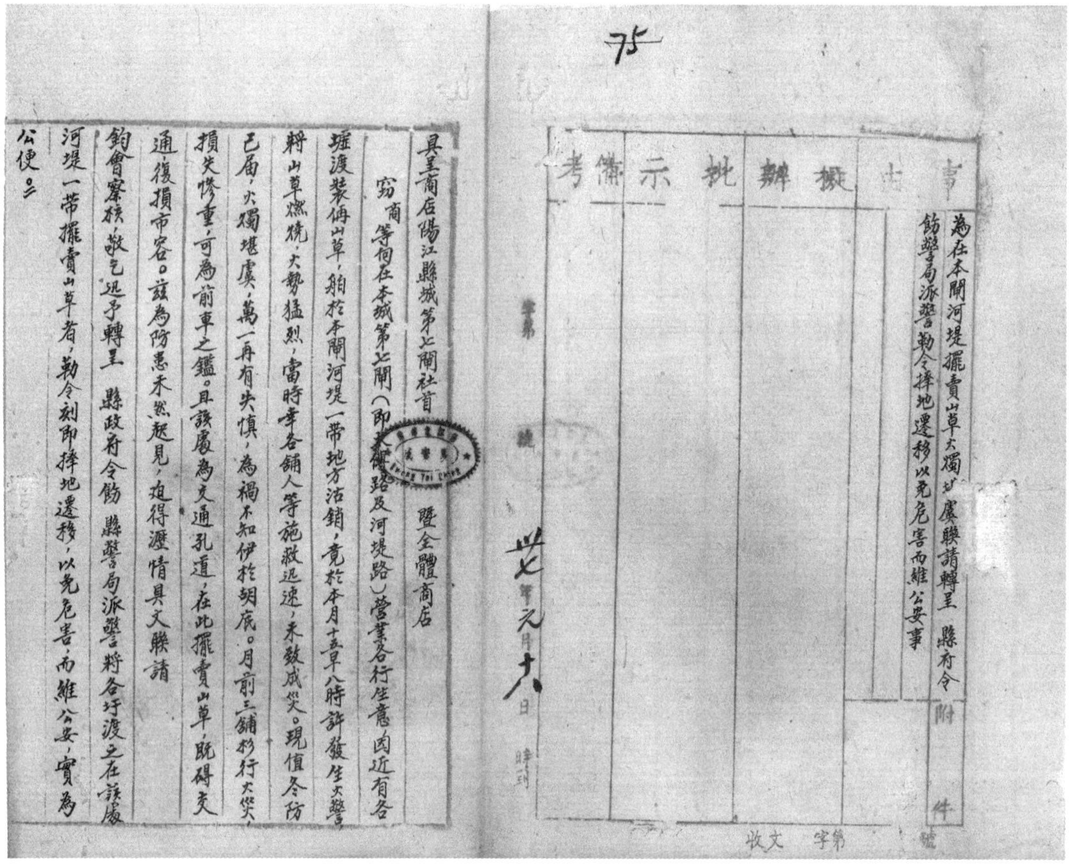

75

事由	為在本閘河堤擺賣山草火燭堪虞聯請轉呈 縣府令飭警局派警勒令擇地遷移以免危害而維公安事
附件	
擬辦	
批示	
備考	

卅七年元月十八日

收文 字第 號

具呈商店陽江縣城第七閘社首暨全體商店

窃商等向在本城第七閘（即[illegible]路及河堤路）營業各行生意，因近有各埠渡裝備山草，艤於本閘河堤一帶地方沽銷，竟於本月十五早八時許發生火警，將山草燃燒，火勢猛烈，當時幸各鋪人等施救迅速，未致成災。現值冬防已屆，火燭堪虞，萬一再有失慎，為禍不知伊於胡底。月前三鋪杉行火災，損失慘重，可為前車之鑑。且該處為交通孔道，在此擺賣山草，既碍交通，復損市容。茲為防患未然起見，迫得瀝情具文聯請

鈞會察核，敬乞迅予轉呈 縣政府令飭 縣警局派警將各圩渡之在該處河堤一帶擺賣山草者，勒令刻即擇地遷移，以免危害，而維公安，實為公便。

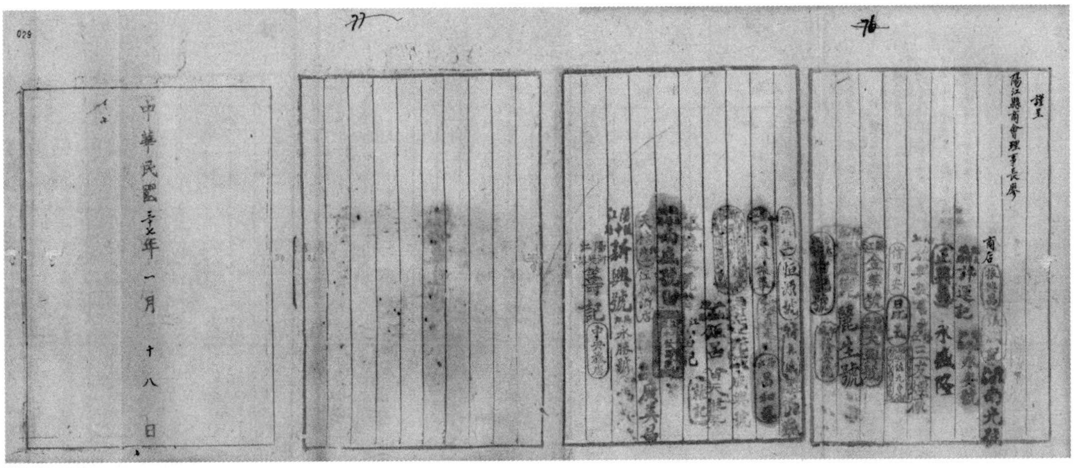
谨呈
阳江县商会理事长廖
商店

中華民國二十七年一月十八日

625. 阳江县商会关于邓乐常为消防义勇警察队队长的派令（1949 年 1 月 14 日）

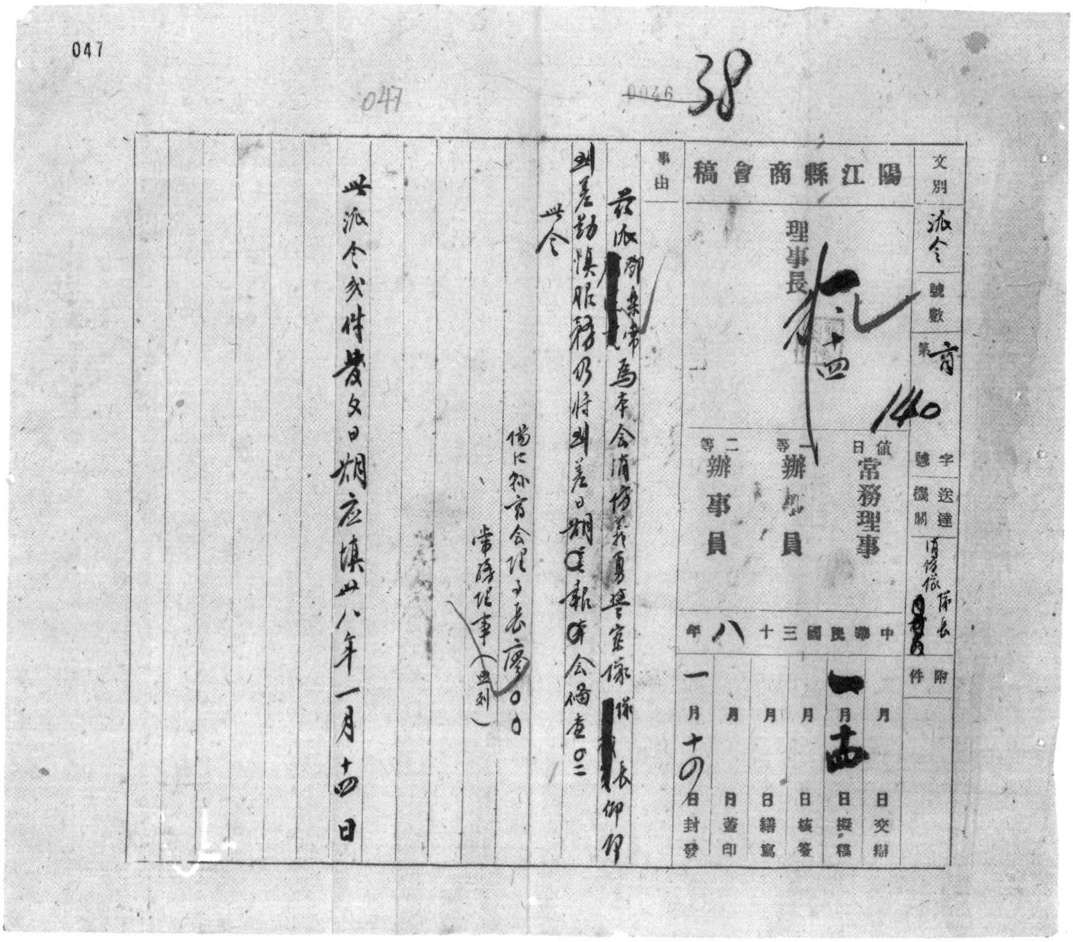
047

0046 38

陽江縣商會稿

文別：派令

號數：第　育　140

理事長　十四

值日常務理事

一等辦事員

二等辦事員

送達機關：消防隊隊長

事由

兹派[redacted]乐常为本会消防义勇警察队[redacted]长，仰即到差勤慎服务，仍将到差日期具报本会备查。

此令

備仁和商会理事長廖○○

常務理事（並列）

此派令發件發文日期應填卅八年一月十四日

中華民國三十八年

一月十四日擬稿　一月十四日封發

附件

626. 阳江县商会为购办救火机函请书年社捐助稻谷 50 石（1949 年 1 月 18 日）

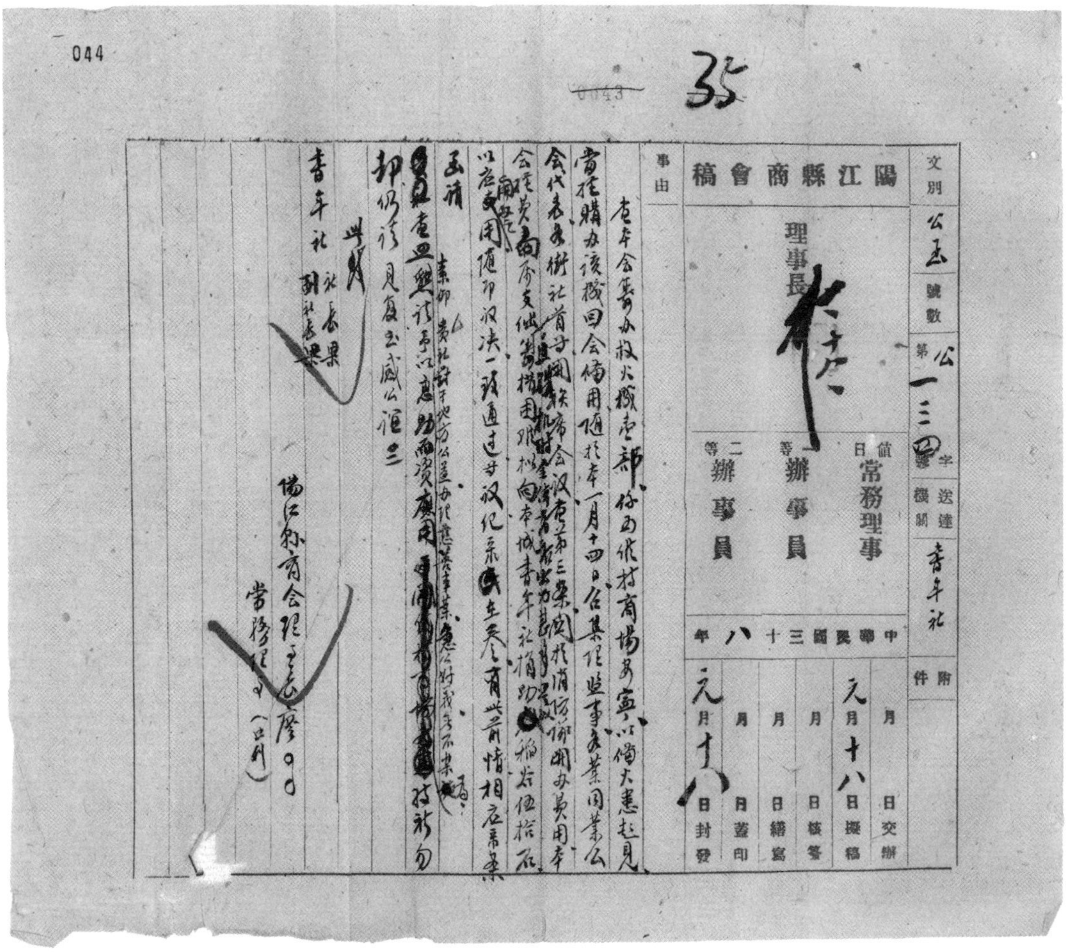

044

35

阳江县商会稿

文别：公函

号数：第公一三四号

送达机关：青年社

理事长

值日常务理事

一等办事员

二等办事员

中华民国三十八年

元月十八日拟稿

元月十八日封发

附件

事由

查本会筹办救火机壹部，俾西街材商场各……以备大患起见，当经购办该机回会备用，随于本一月十四日召集理监事及同业公会代表及街社首事开联席会议，查第三案关于消防御用办费用本会经费……困难，拟向本城青年社捐助稻谷伍拾石，以应……用，随即议决一致通过，并议……前情相应函达

函请

贵社查照……

即仍请见复为感，公谊二

此致

青年社 社长梁 副社长梁

阳江县商会理事长

常务理事 廖

627. 阳江县商会向县政府呈报筹办救火机及组织消防义勇警察队成立日期（1949 年 1 月 19 日）

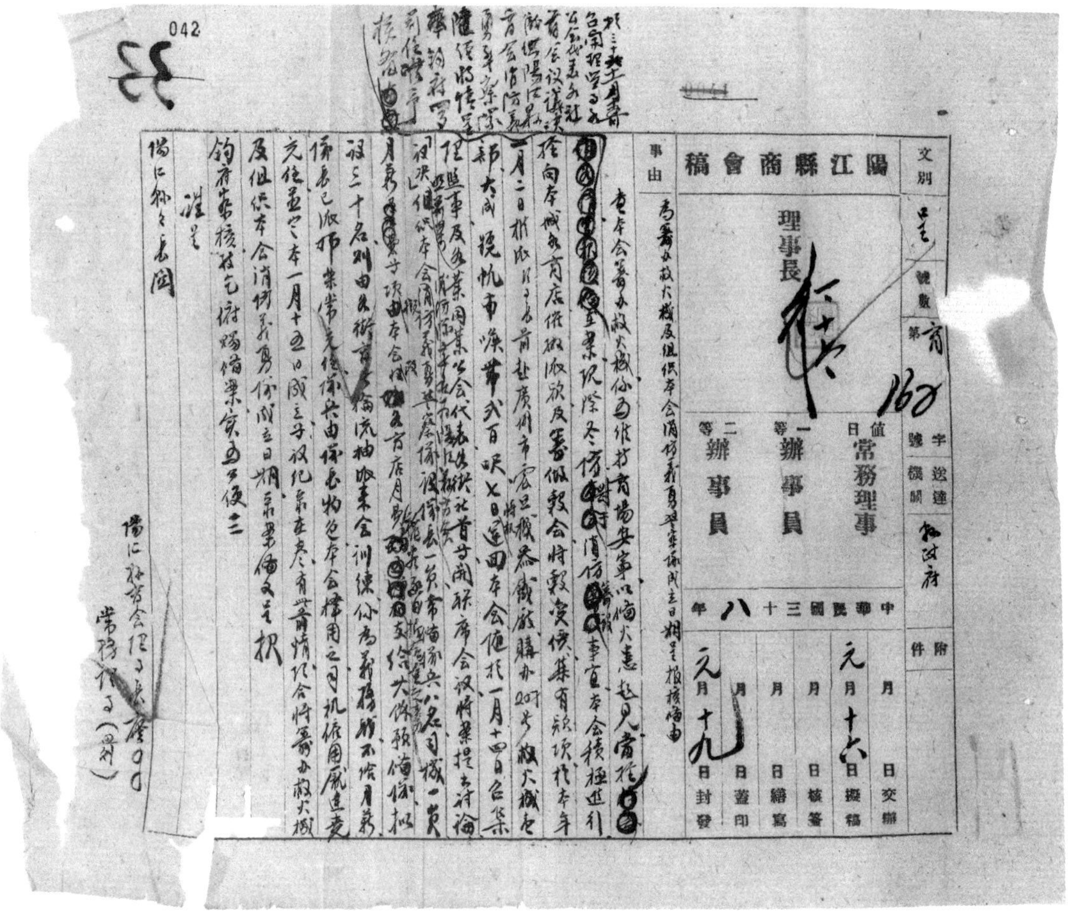
陽江縣商會稿

文別

號數

第　號

字

送達機關

附件

事由

理事長

值日常務理事

一等辦事員

二等辦事員

中華民國三十八年

月　日交辦

月　日擬稿

月　日核簽

月　日繕寫

月　日蓋印

月　日封發

628. 阳江县商会向县政府呈报南恩路河水安饼店等失火施救情形（1949 年 1 月 24 日）

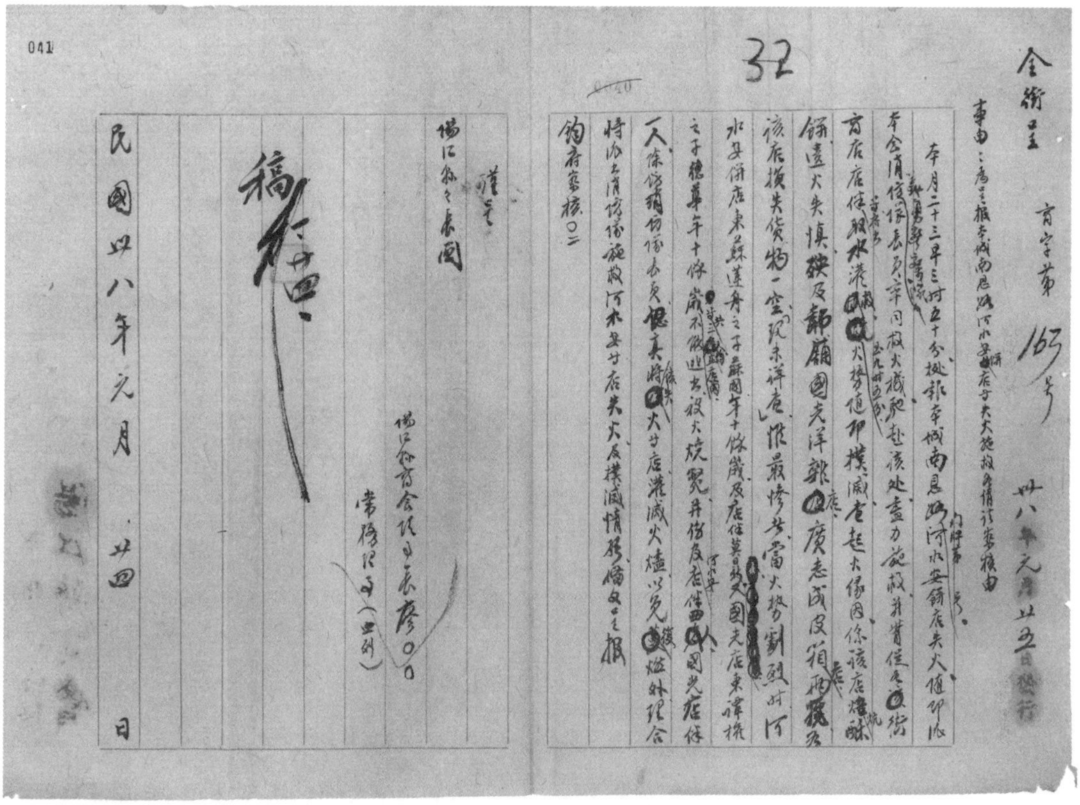

全衔呈　育字第163号

事由：为呈报本城南恩路河水安饼店等失火施救情形请察核由

卅八年元月廿五日发行

本月二十三日三时五十分据报本城南恩路河水安铺店失火，随即派本会消防队长[illegible]率同救火机驰赴该处尽力施救，并督促[illegible]店伙[illegible]水喉[illegible]火势随即扑灭，查起火缘因系该店[illegible]饼遗火失慎，[illegible]及邻铺国光洋装[illegible]广志成皮箱[illegible]该店损失货物一空，现未详查，惟最惨者当火势剧烈时，河水安饼店东苏莲舟之子苏国[illegible]年十余岁及店伙[illegible]国光店东谭[illegible]之子[illegible]年十余岁[illegible]不及逃出被火烧死，并伤及店伙[illegible]人，国光店伙一人，除饬[illegible]外，理合将本会消防队施救河水安等店失火及扑灭情形备文呈报

钧府察核。〇二

谨呈

阳江县县长　国

阳江县商会理事长　廖〇〇

常务理事（出外）

民国卅八年元月廿四日

稿

629. 阳江县商会向县政府呈报消防队开办费用及添置器材等费办理情形（1949 年 1 月 28 日）

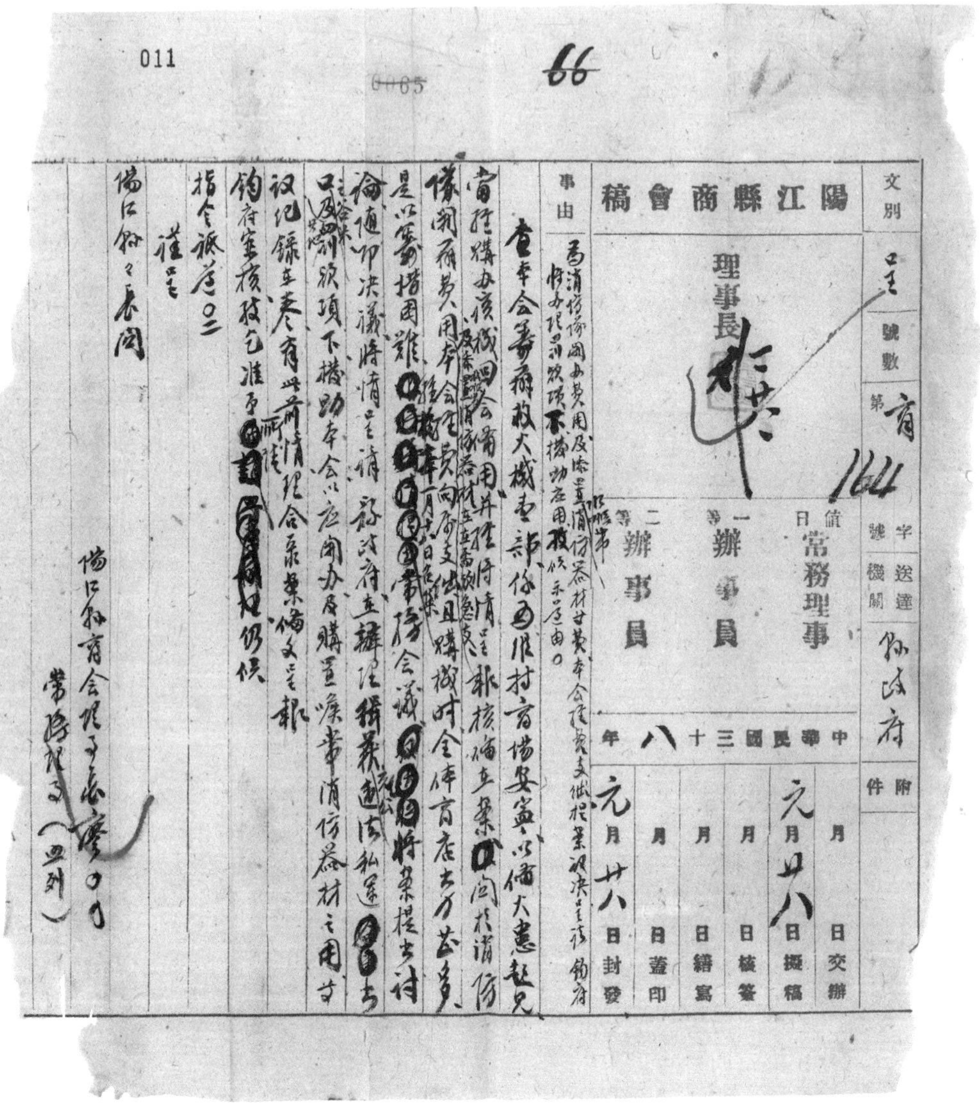
011

66

陽江縣商會稿

文別：呈

號數：第 商 1644

送達機關字號：縣政府

附件

理事長

常務理事

一等辦事員

二等辦事員

事由

中華民國三十八年

元月廿八日擬稿

元月廿八日封發

630. 阳江县消防队向县商会理事长廖永年报告救车及救火消耗电油请准予核销（1949 年 1 月 29 日）

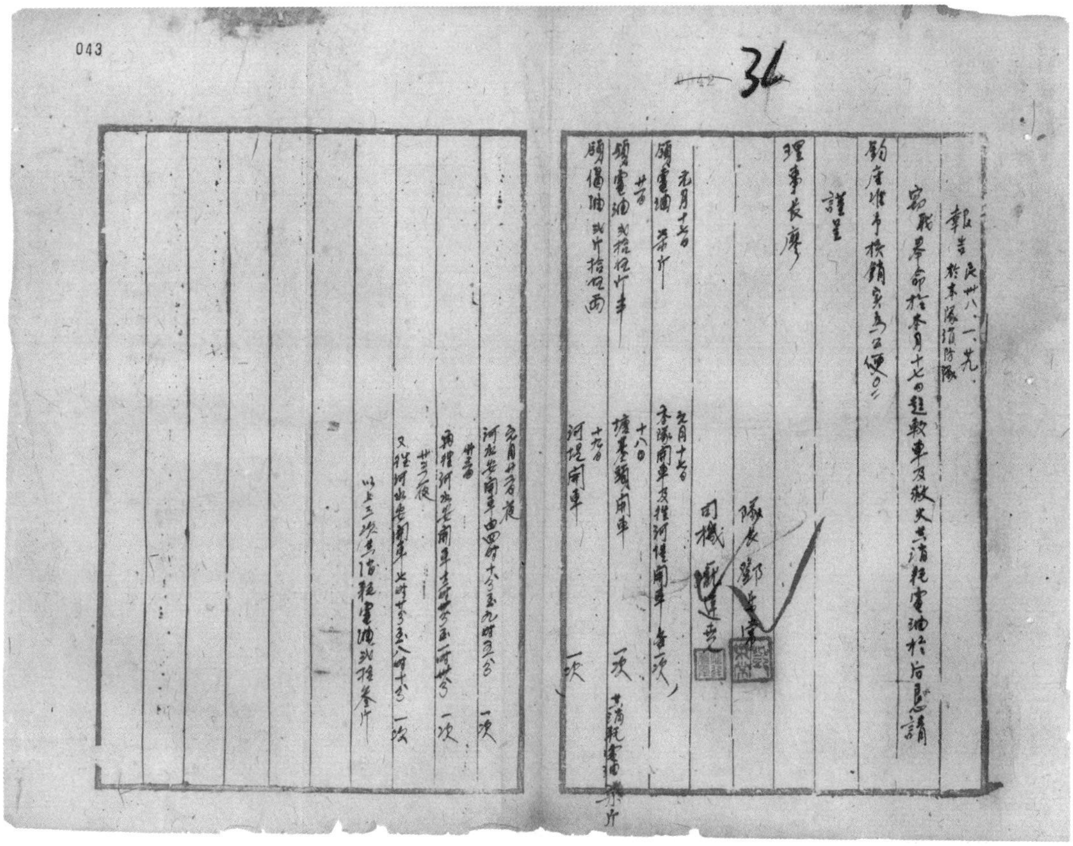

043

36

報告　民卅八、一、廿九　於本縣消防隊

竊職奉命於本月十七日駛救車及救火共消耗電油於后，懇請

鈞座准予核銷，實為公便。

謹呈

理事長廖

隊長 鄧[illegible]

司機 [illegible]

元月十七日 本隊開車及往河堤開車 各一次

十八日 墟基鎮開車 一次

十九日 河堤開車 一次

共消耗電油[illegible]斤

元月十七日 領電油 叁斤

廿五日 領電油 貳拾伍斤半

領備油 貳斤拾伍兩

元月廿二日夜 河北巷開車由四時十六分至九時五分 一次

廿三日 再往河北巷開車 十二時卅分至一時廿分 一次

廿三夜 又往河北巷開車 七時廿分至八時十分 一次

以上三次共消耗電油貳拾叁斤

631. 阳江县商会为成立消防队通告各商店成立预备队并编列名册送会（1949 年 2 月 7 日）

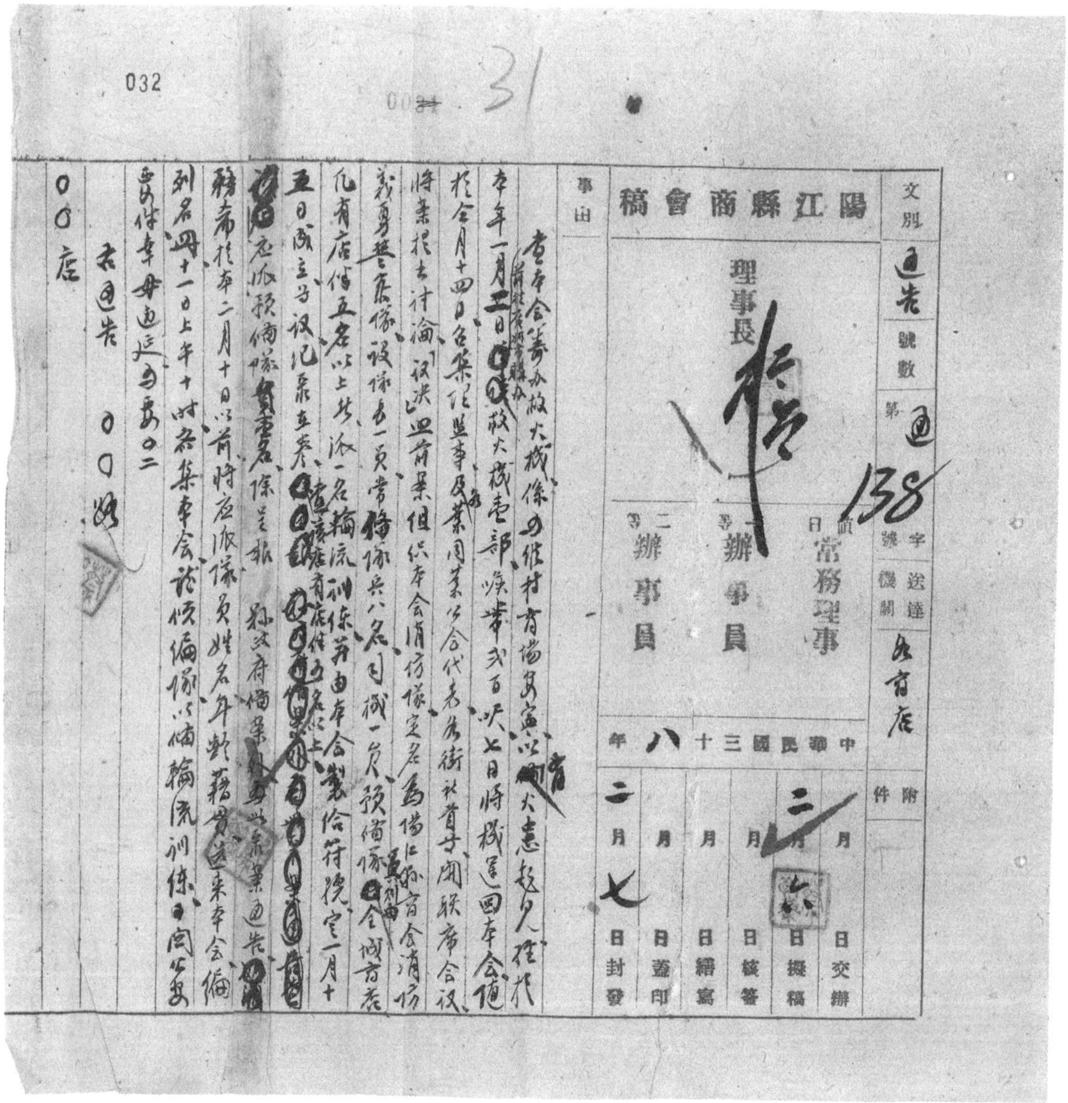

陽江縣商會稿

文別 通告

號數 第 通 138 號

理事長

值日常務理事

一等辦事員

二等辦事員

字號 送達機關 各商店

事由

附件

中華民國三十八年 二月 日交辦 二月 日擬稿 月 日核簽 月 日繕寫 月 日蓋印 二月七日封發

右通告

〇〇店

632. 阳江书年社函复县商会理事长廖永年捐稻谷二十石以购办救火机（1949 年 2 月 22 日）

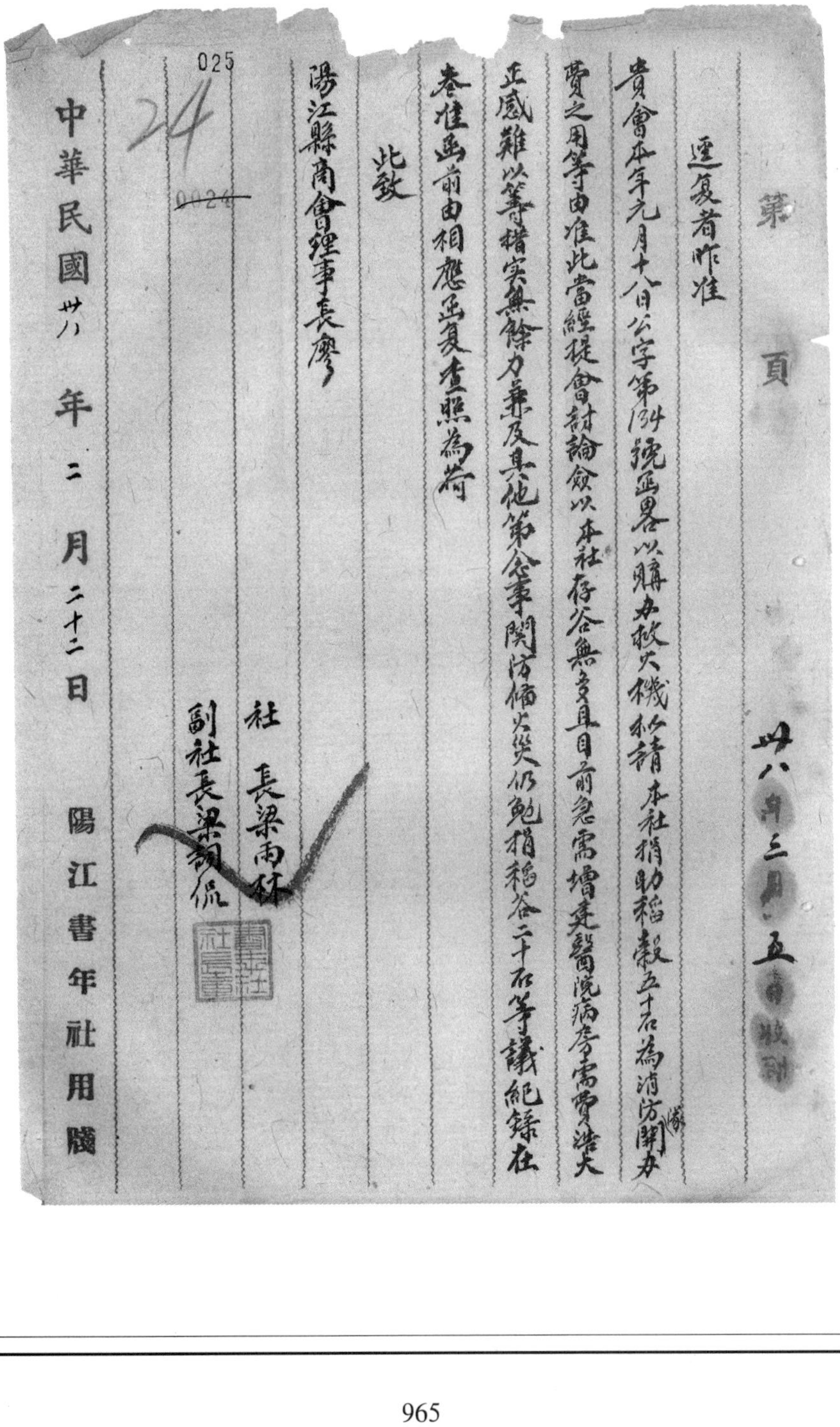

第 頁

逕復者：昨准

貴會本年元月十八日公字第134號函略以購办救火機械請本社捐助稻穀五十石為消防開办費之用等由准此當經提會討論僉以本社存谷無多且目前急需增建醫院病房需費浩大正感難以籌措實無餘力兼及其他第公事關防備火災仍勉捐稻谷二十石等議紀錄在卷准函前由相應函復查照為荷

此致

陽江縣商會理事長廖

社長梁雨林

副社長梁調侃

中華民國卅八年二月二十二日

陽江書年社用牋

卅八年三月五日[illegible]

（五）社会事业

633. 阳江县商会函请各委员、各业同业公会认销演戏名誉券（1942 年 10 月 17 日）

014　80　080

敬启者：

据建第二修缘政治部，为响应滑翔机运动演戏筹款，发来壹百元及伍拾元两种名誉券数十张，函请本会劝销，等由，除分派各委员及各同业公会认销外，兹将该壹百/伍拾元名誉券一张，

函送

贵委员/公会查收，并该券款，候定日派役到收，希为照给为荷。

此致

〇〇〇委员

〇〇业同业公会

阳江县商会主席林〇〇

十月十六日

卅一年十月十七日发行

634. 阳江县商会通告各街社首缴交寒衣费派款（1942 年 12 月 12 日）

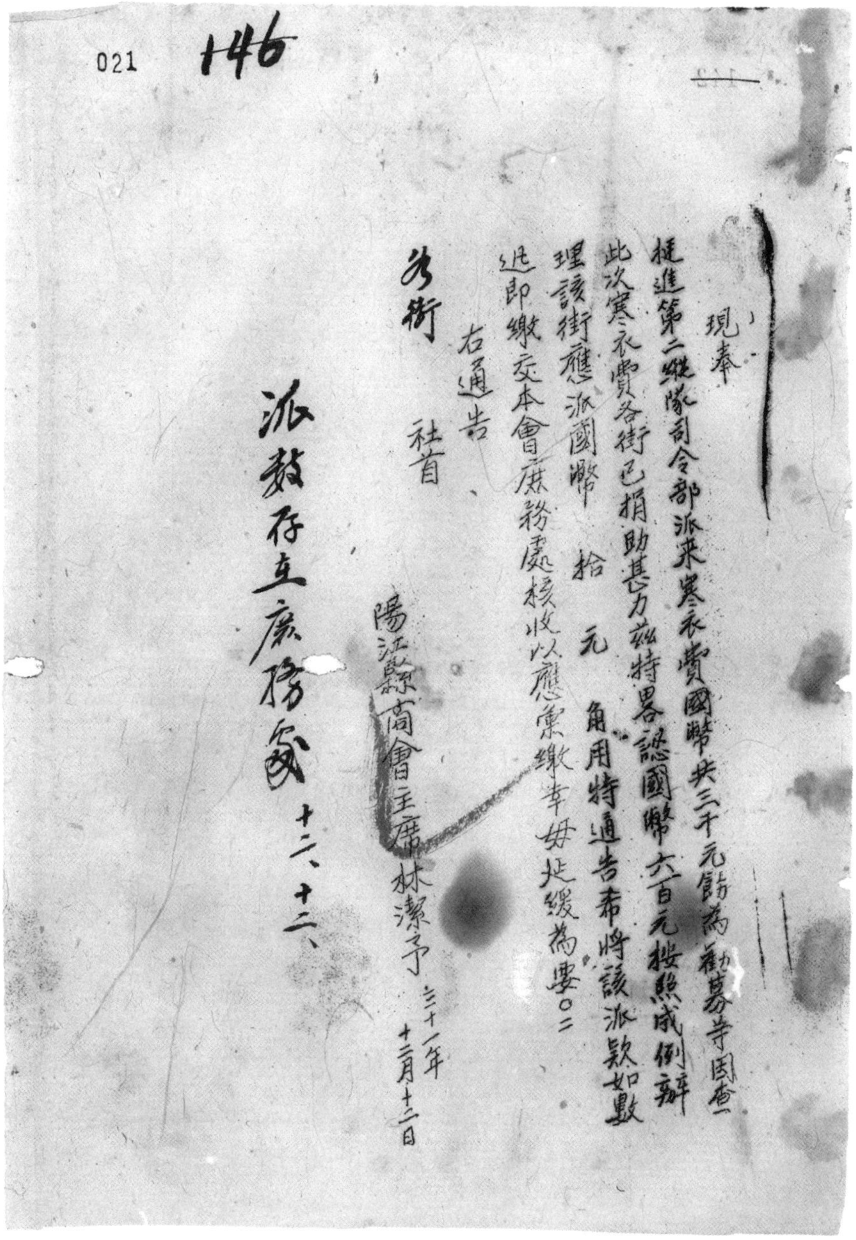
021 146

現奉
挺進第二縱隊司令部派來寒衣費國幣共三千元飭為勸募等因查
此次寒衣費各街已捐助甚力茲特畧認國幣六百元按照成例辦
理該街應派國幣 拾 元 角用特通告希將該派款如數
迅即繳交本會庶務處核收以應彙繳幸毋延緩為要。
右通告
□街 社首
陽江縣商會主席林潔予 三十一年十二月十二日
派款存立庶務處 十二、十二、

635. 阳江县商会向挺进第二纵队司令部呈缴代销筹寒衣费国字名誉券（1942 年 12 月 12 日）

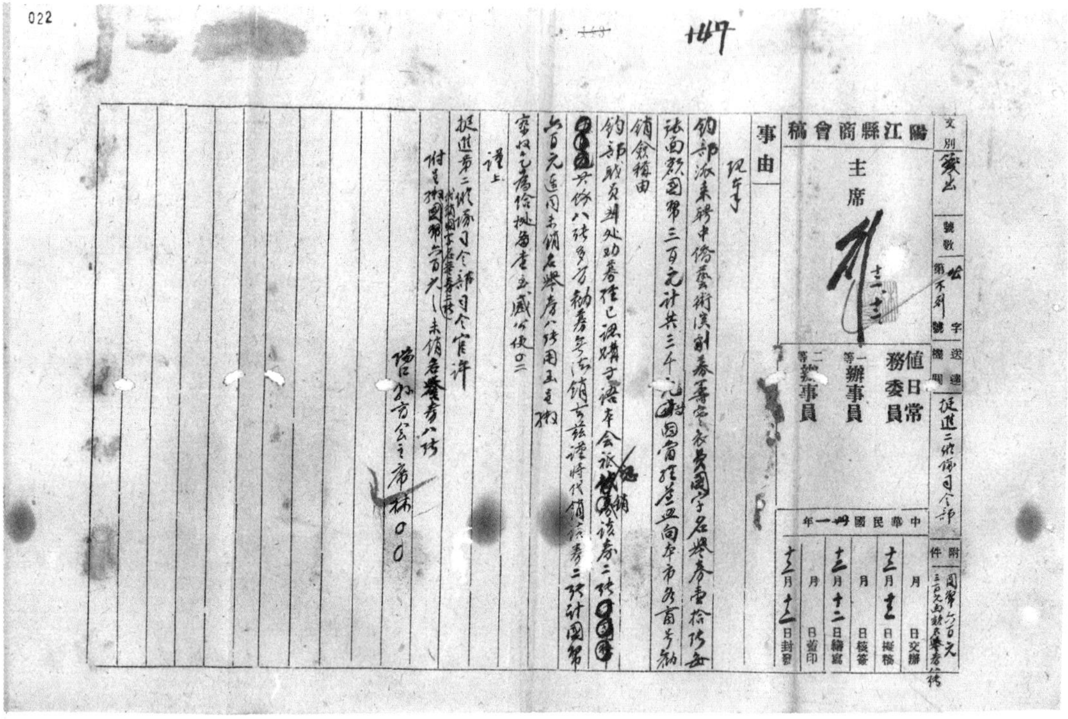
阳江县商会稿

文别：发出

号数：第　号　字

送达机关：挺进二纵队司令部

附件：国币六百元，未销名誉券八张

主席

值日常务委员

一等办事员

二等办事员

中华民国卅一年　十二月　日交办　十二月十二日拟稿　月　日核签　十二月十二日缮写　月　日盖印　十二月十二日封发

事由

现奉

钧部派来胜中侨艺术演剧团筹寒衣费国字名誉券壹拾伍张，每张面额国币三百元，计共三千[illegible]元，因当经并[illegible]向本市各商号劝销，叙据由

钧部职员到处劝募，该已认购了，请本会[illegible]销该券二张，计国币[illegible]共仅八张，多方劝募，无法销去，兹谨将代销该券二张计国币六百元，连同未销名誉券八张，用函送缴

察收，请给据备查，并[illegible]公便。

谨上

挺进第二纵队司令部司令官许

附呈国币六百元，未销名誉券八张

阳江县商会主席林○○

636. 广东方便善院函请阳江县商会主席林洁予将所募捐的款项连同捐册赐复办理（1943 年 12 月 25 日）

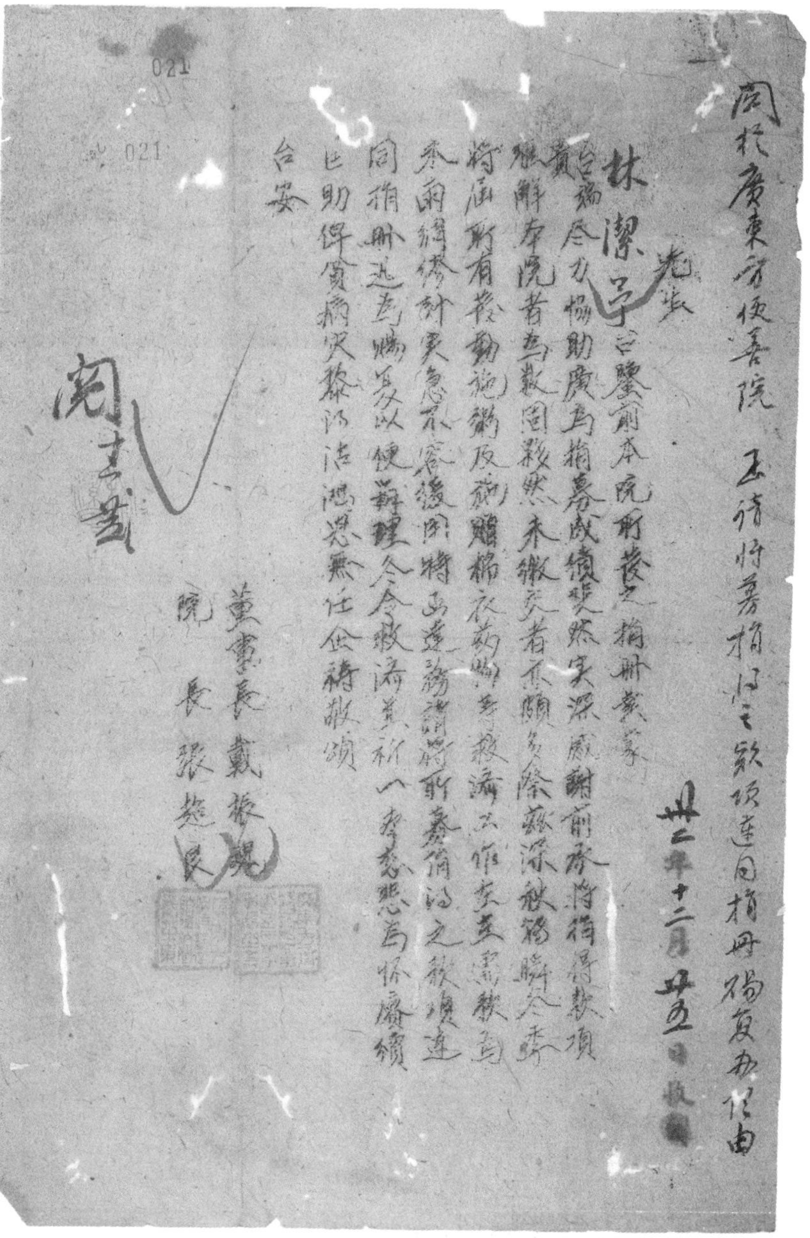
關於廣東方便善院 函請將募捐得之款項連同捐冊賜復办理由

卅二年十二月廿五日

林潔予先生台鑒：前本院所發之捐冊，敬希

貴台端念力協助廣為捐募，成績斐然，實深感謝。前承將捐得款項

匯解本院者，為數固夥，然未繳交者亦頗多。際茲深秋，轉瞬冬季

將屆，所有發動施粥及贈棉衣藥物等救濟工作，在在需款，為

參兩綢繆計，更急不容緩。用特函達，務請將所募捐得之款項連

同捐冊迅為賜復，以便辦理冬令救濟，冀祈一本慈悲為懷，廣續

已助，俾災黎得沾鴻恩，無任企禱。敬頌

台安

董事長 戴根魂

院長 張憇良

閱

637. 阳江县政府函请县商会于 12 日以前赴指定地段植树（1944 年 3 月 7 日）

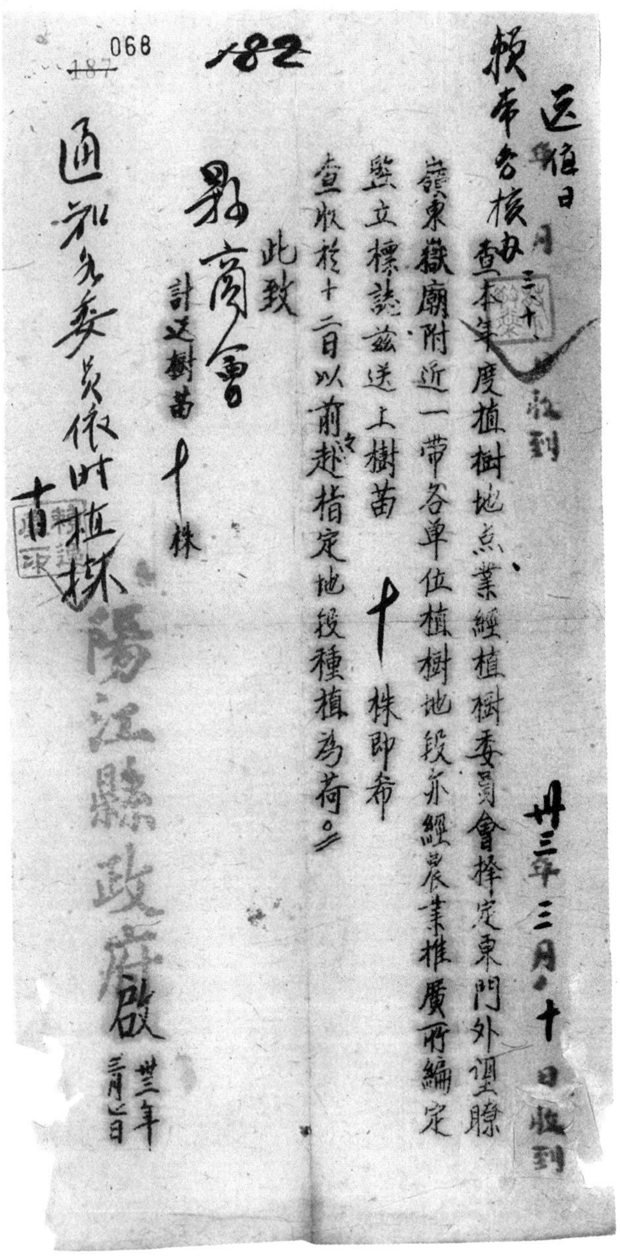

查本年度植树地点、业经植树委员会择定东门外望瞭嶺東嶽廟附近一帶各单位植樹地段亦經農業推廣所編定豎立標誌茲送上樹苗十株即希查收於十二日以前赴指定地段種植為荷。

此致

縣商會

計送樹苗十株

陽江縣政府啟

卅三年三月七日

638. 阳江县商会主席林洁予向县救济难童筹备委员会函缴救济难童捐款（1944 年 3 月 21 日）

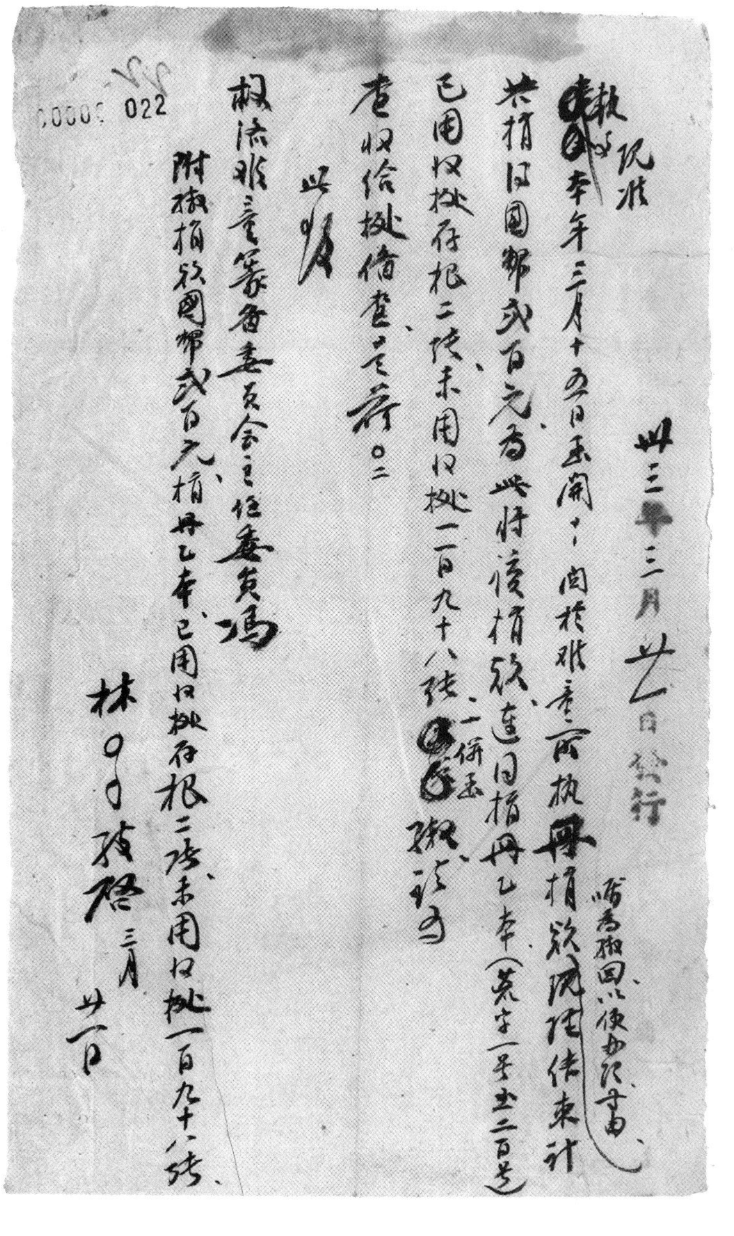

0000 022

卅三年三月廿一日發行

敬啟者：現准

貴會本年三月十五日函開：「內於難童所執冊捐款，限陸續繳來，所募捐回，以便彙收」等由，計

共捐得國幣貳百元，為此特將捐款連同捐冊乙本（莞字一號至二百號）、

已用收據存根二張、未用收據一百九十八張一併函繳，請予

查收給據備查，是荷。〇二

此致

救濟難童籌備委員會主任委員馮

附救捐款國幣貳百元、捐冊乙本、已用收據存根二張、未用收據一百九十八張

林潔予謹啟 三月廿一日

639. 阳江县商会为往西山采买杉木返江修整上下濑西岸木桥函请雷州关阳江支关饬阳春支所凭证放行（1945 年 2 月 23 日）

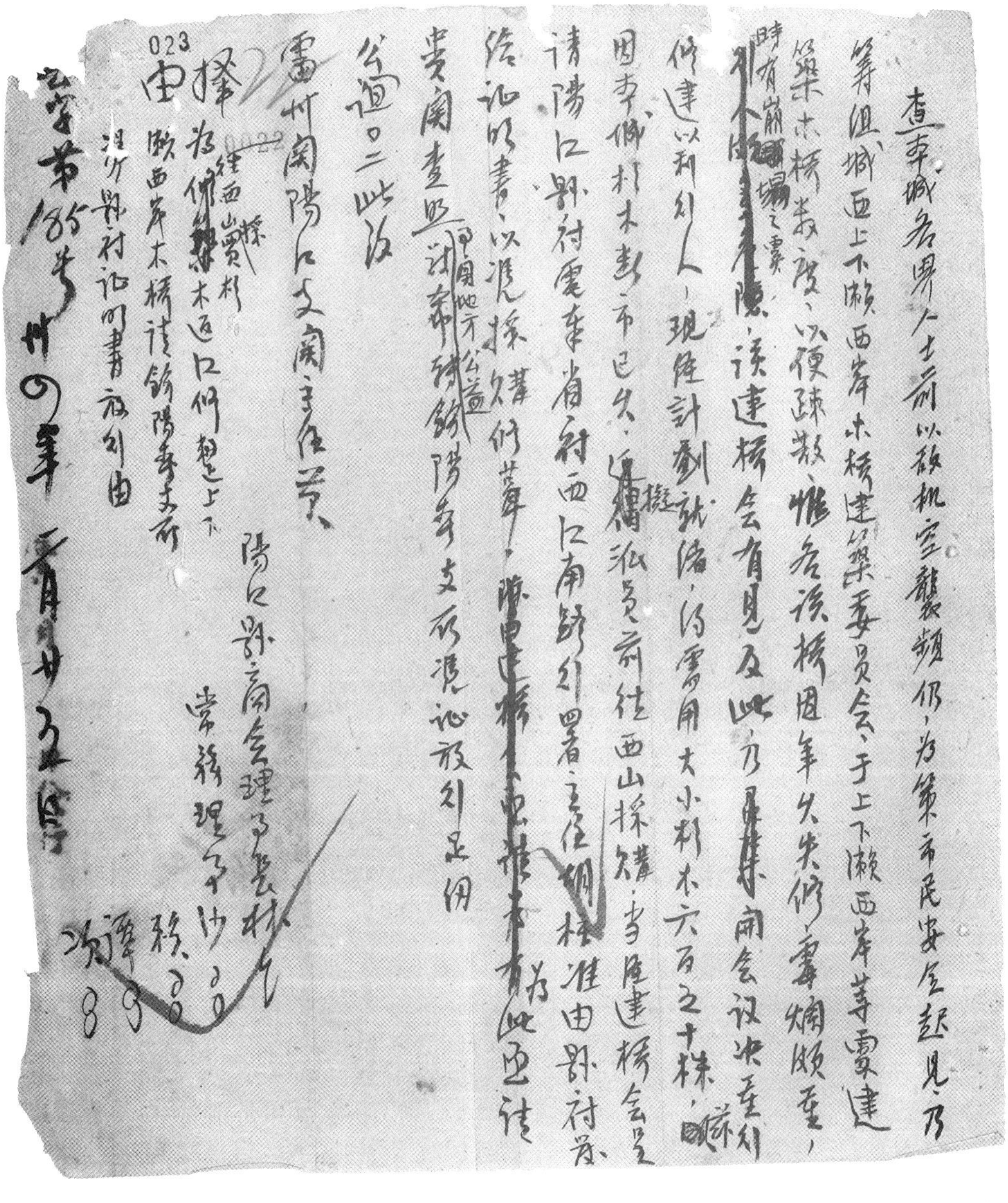

023

事由：为往西山采买杉木返江修整上下濑西岸木桥请饬阳春支所凭证放行由

查本城各界人士前以敌机空袭频仍，为策市民安全起见，乃筹组城西上下濑西岸木桥建筑委员会，于上下濑西岸等处建筑木桥数度，以便疏散。惟各该桥因年久失修，毁烂频至，时有崩塌之虞。该建桥会有见及此，乃召集开会议决，重行修建，以利行人。现经计划就绪，仍需用大小杉木六百五十株。因本城杉木缺乏已久，拟备派员前往西山采办，当经建桥会呈请阳江县府电本省府西江南路行署主任核准由县府发给证明书，以凭采办在案。为此函请贵关查照，希饬阳春支所凭证放行，是所公谊。此致

雷州关阳江支关主任

阳江县商会理事长

常务理事

640. 阳江县商会向县政府呈缴筹建忠烈祠捐款、捐册、已用收据存根等（1946 年 4 月 9 日）

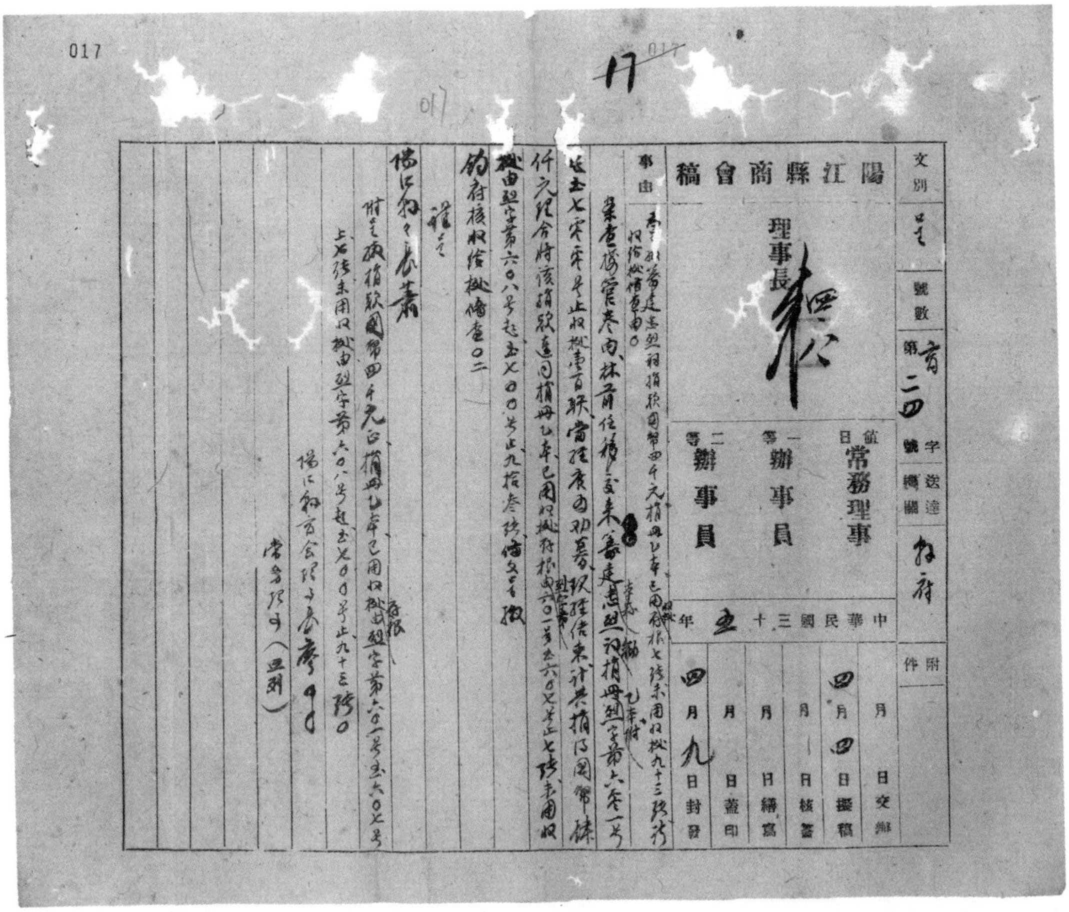
017

陽江縣商會稿

理事長

常務理事

一等辦事員

二等辦事員

中華民國三十五年

四月四日擬稿

四月九日封發

文別：呈

號數：第商二四號

送達機關：縣府

事由：為呈繳籌建忠烈祠捐款國幣四千元捐冊乙本已用收據……

謹呈

641. 阳江县商会函请阳江广东省银行将各商店月费及收缴建筑师范学校捐款兑换大钞（1946 年 4 月 26 日）

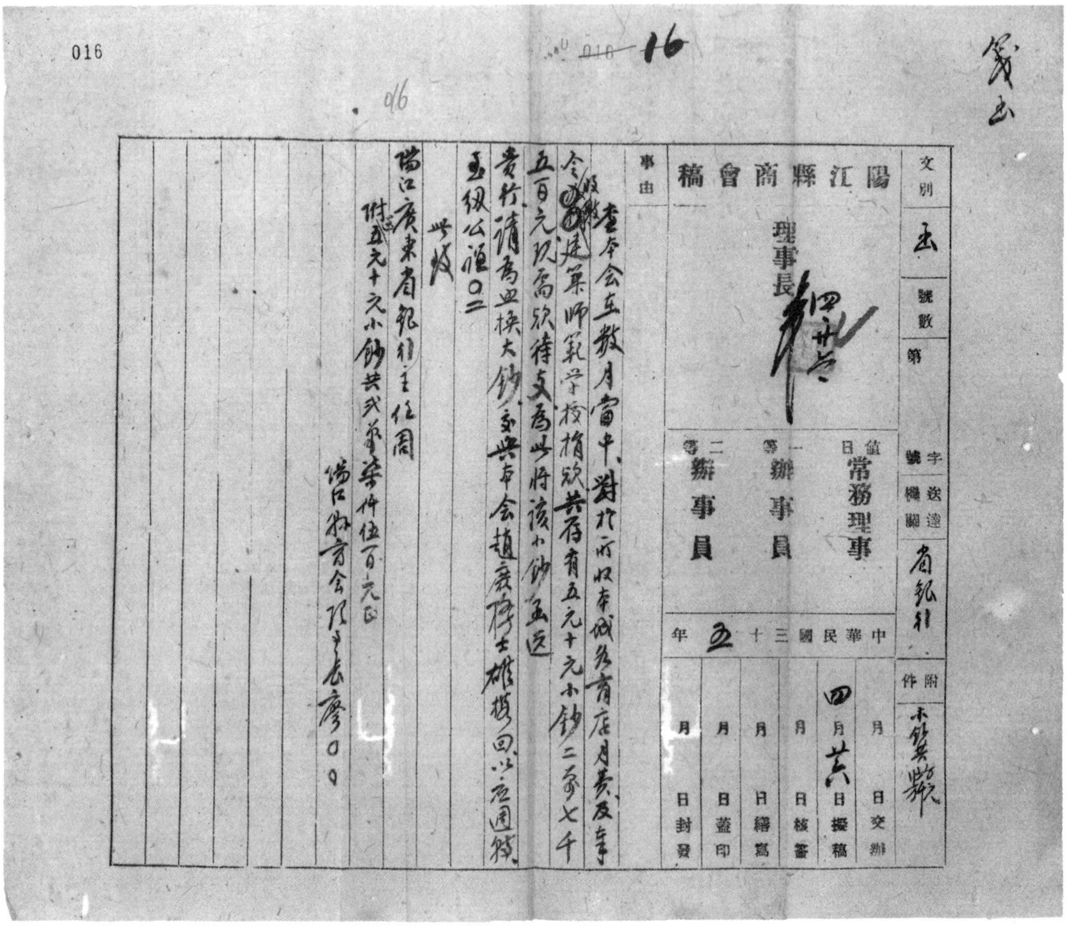

016

发出

阳江县商会稿

文别：函

理事长：（签名）

送达机关：省银行

中华民国三十五年四月廿六日拟稿

附件：小钞票

值日常务理事

一等办事员

二等办事员

事由：

查本会在数月当中，对于所收本城各商店月费及筹令收缴建筑师范学校捐款，共存有五元十元小钞二万七千五百元，现商欵待支，为此将该小钞备送贵行，请为照换大钞，交与本会赵广传士雄携回，以应周转，至级公谊。

此致

阳江广东省银行主任周

附送五元十元小钞共弍万柒仟伍百元正

阳江县商会理事长廖〇〇

642. 阳江县商会奉劝慷慨乐捐建筑广东省忠烈祠启事（1946 年 6 月 9 日）

中華民國卅五年六月拾五日收到 收文 公函（2599）

奉勸慷慨樂捐建築廣東省忠烈祠啟事

查東夷寇我中國，歷時八載，沿海各省，悉被蹂躪，鐵蹄所至，廬舍為墟，幸我全國軍民，在 蔣委座領導之下，戮力同心，前仆後繼，卒使東夷降伏，國土重光，追思抗戰死難軍民，沙場浴血，為國捐軀，殊深悼念，况我百粵健兒，當抗戰之初，請纓前赴上海殺敵，比及粵垣淪陷，國軍仍在粵中各縣，配合團隊，守土作戰，迭奏膚功，其中慷慨赴義之士，為國犧牲者大不乏人，不有崇德報功之舉，何以慰忠魂而勵來茲乎。茲幸 張長官，羅主席，余主任委員，林議長，陳市長等，發起建築 廣東省忠烈祠，成立籌備委員會，以張長官為主任，預算募捐三萬萬元，為大規模之建築費，並訂定勸獎條例六條，查第一條，凡個人或團體捐國幣壹萬元以上者，頒發獎狀，第二條、個人或團體捐欵十萬元以上除頒獎狀外，並勒石留念等規定，現本會奉到該會忠字第一六號公函，附捐册及收據各乙本，自當敬謹辦理，現擬發動百萬元以上之募捐，俾資臂助，尚望邑中明達，志士仁人，念此次山河光復，民族存，皆賴 先烈鐵血之保衛，慨然各捐萬元，而以獲得該會獎狀為無上之榮譽，誠如是，則百萬以上之捐欵不難立致也，除蒙敖君和惠，張君鏞光，何君澤釗，余君建中，暨永年等，各捐壹萬元，及發動勸捐以為提倡外，倘有好義君子，聞風興起者，敬請慨然贊助，踴躍輸將，行看巍峩廟貌，與嶺海而爭輝，忠烈英風 向珠江而廣被矣，懇切陳詞 佇候明教。

謹上

嶼恩塭場公署場長 先生

（如荷贊成請將捐欵在本月二十九日以前逕寄本會以便給據彙繳為盼）

陽江縣商會理事長廖永年 敬啟

中華民國三十五年 國曆六月 夏曆五月 九日 初十

643. 阳江县商会向县政府呈缴各商店防疫费捐款、捐册（1946 年 6 月 25 日）

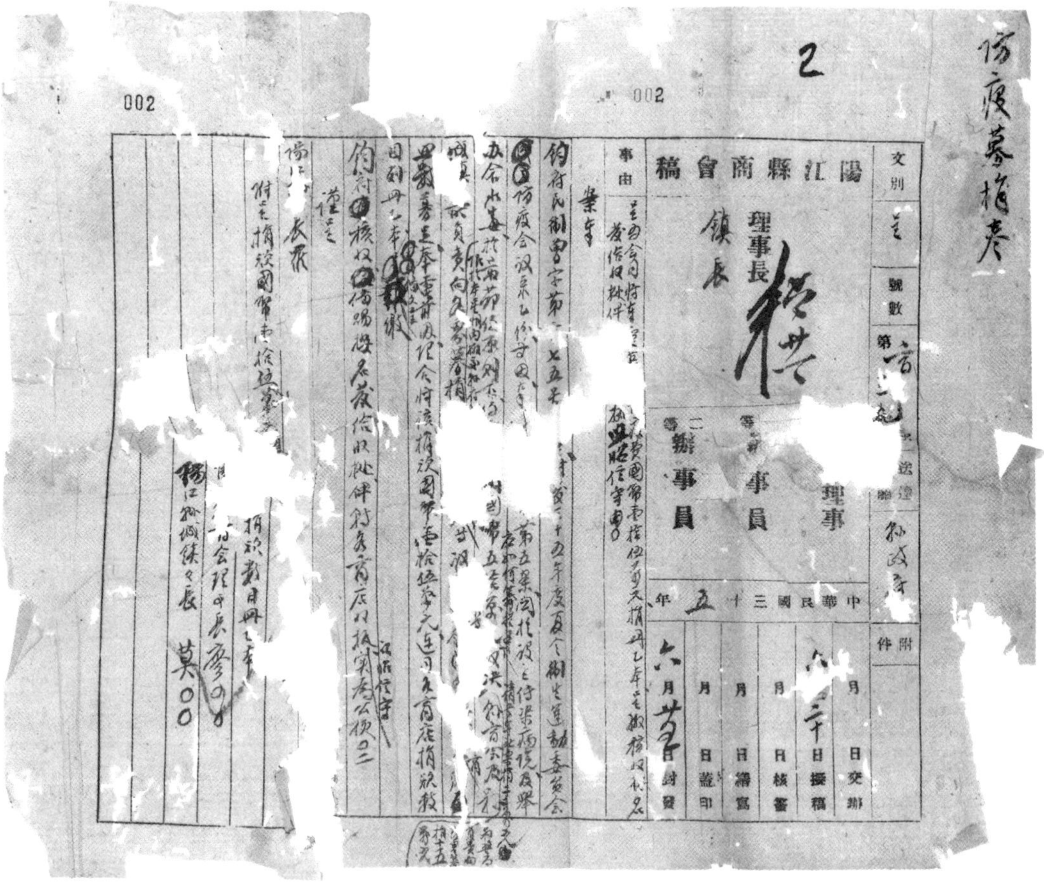

陽江縣商會稿

理事長

理事

事員

辦事員

中華民國三十五年

644. 阳江县商会向县政府呈缴修建阳江县宾馆捐款、已用收据存根和未用收据（1946 年 7 月 15 日）

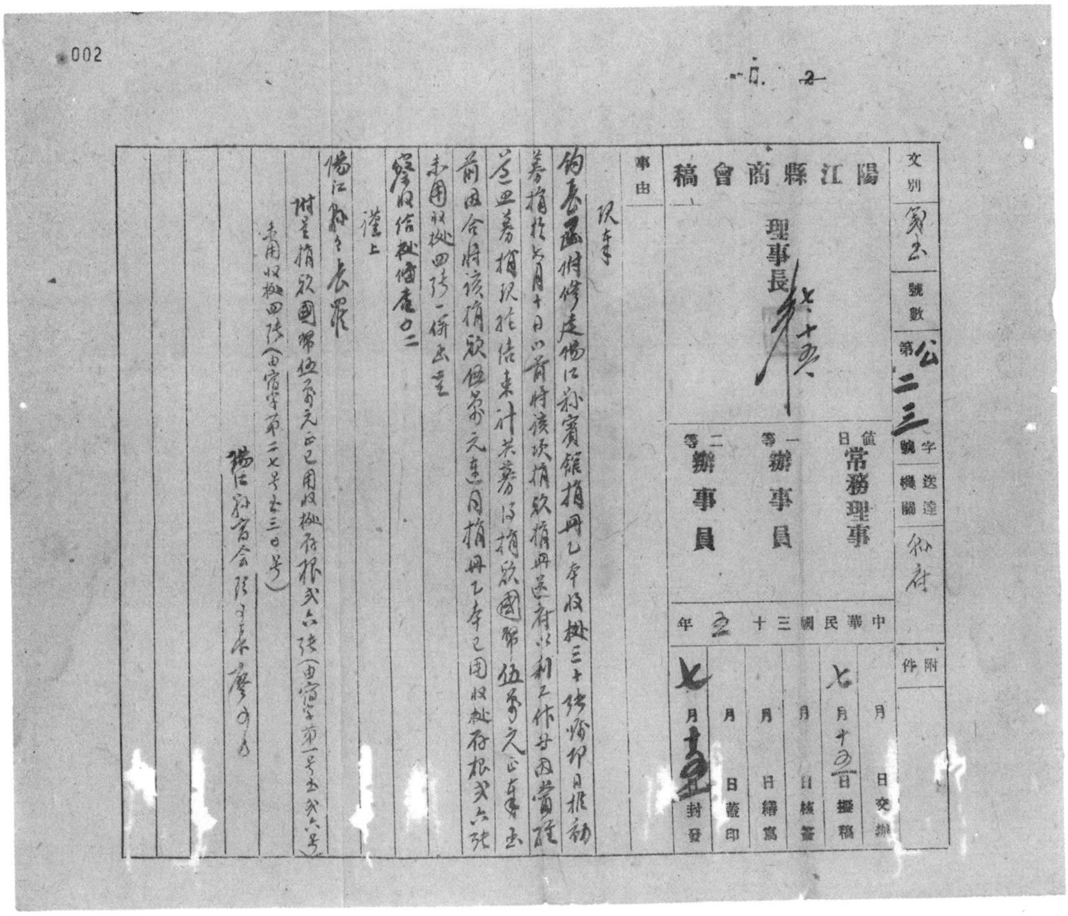
002

陽江縣商會稿

文別：箋函　號數：第公二三號　送達機關：縣府　附件

理事長（簽）

常務理事　值日
一等辦事員
二等辦事員

中華民國三十五年七月十三日擬稿　七月十五日封發

事由：

現奉
鈞長函囑修建陽江縣賓館捐冊乙本收據三十張，囑即日推動募捐，於七月十日以前將該次捐款捐冊送府，以利工作，等因。當經召集募捐，現經結束，計共募得捐款國幣伍萬元正。奉函前因，合將該捐款伍萬元連同捐冊乙本、已用收據存根式六張、未用收據四張一併呈上，
察收給據備查爲荷。
謹上
陽江縣縣長羅
附呈捐款國幣伍萬元正，已用收據存根式六張（由賓字第一號至第式六號），未用收據四張（由賓字第二七號至三十號）
陽江縣商會理事長廖□□

645. 阳江县商会关于劝捐建筑广东省忠烈祠的快邮代电（1946 年 7 月 24 日）

005

稿

黃

陽江縣商會快郵代電　商字第四四號

中華民國三十五年七月廿四日

建築廣東省忠烈祠籌備委員會張主任委員暨各委員

林主任代表鈞鑒：本年五月二十日奉

鈞會三十五年五月九日忠字第一六〇號公函，附送張主任委員勸捐建築廣東

省忠烈祠啓事乙份、忠字第八五八號捐冊及忠字第三五八號收據各乙

本，囑踴躍勸捐等因。查籌建忠烈祠，係崇奉抗戰殉國忠勇軍

民、蹟法報功之舉，自應悉力贊助發動勸捐。由本年發出勸捐啓事

以來，可捐偏現計共捐得國幣三十餘萬元，收訖該原發收據五

十張，將已用罄，擬請再發收據乙本（五十張）郵寄本會，俾得繼續

募捐，以盡微忱。一俟結束，即將捐款、捐冊暨收據存根等件呈繳核收。謹

先電陳，敬希查照，並候示復。附呈啓事乙紙。陽江縣商會理事長廖〇〇叩午迴印

646. 阳江县立简易师范学校筹建委员会函请县商会暂借建校费（1946 年 8 月 29 日）

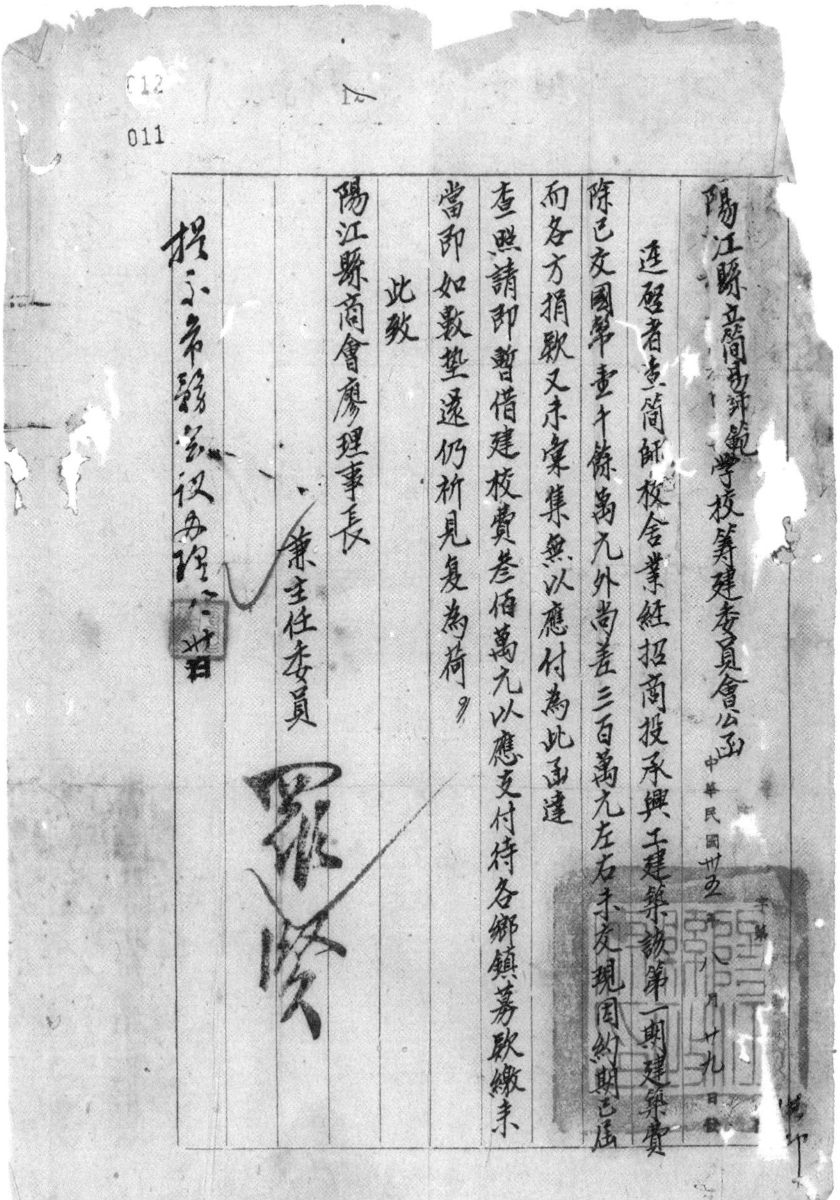

陽江縣立簡易師範學校籌建委員會公函

中華民國卅五年八月廿九日

逕啓者：查簡師校舍業經招商投承興工建築，該第一期建築費除已交國幣壹千餘萬元外，尚差三百萬元左右未交，現因約期已屆，而各方捐款又未策集，無以應付，為此函達

查照，請即暫借建校費叁佰萬元以應支付，待各鄉鎮募款繳來，當即如數墊還，仍祈見復為荷。

此致

陽江縣商會廖理事長

兼主任委員 羅陔

提交常務會議辦理 八卅

647. 阳江县商会函复县立简易师范学校筹建委员会暂借建校费（1946 年 9 月 30 日）

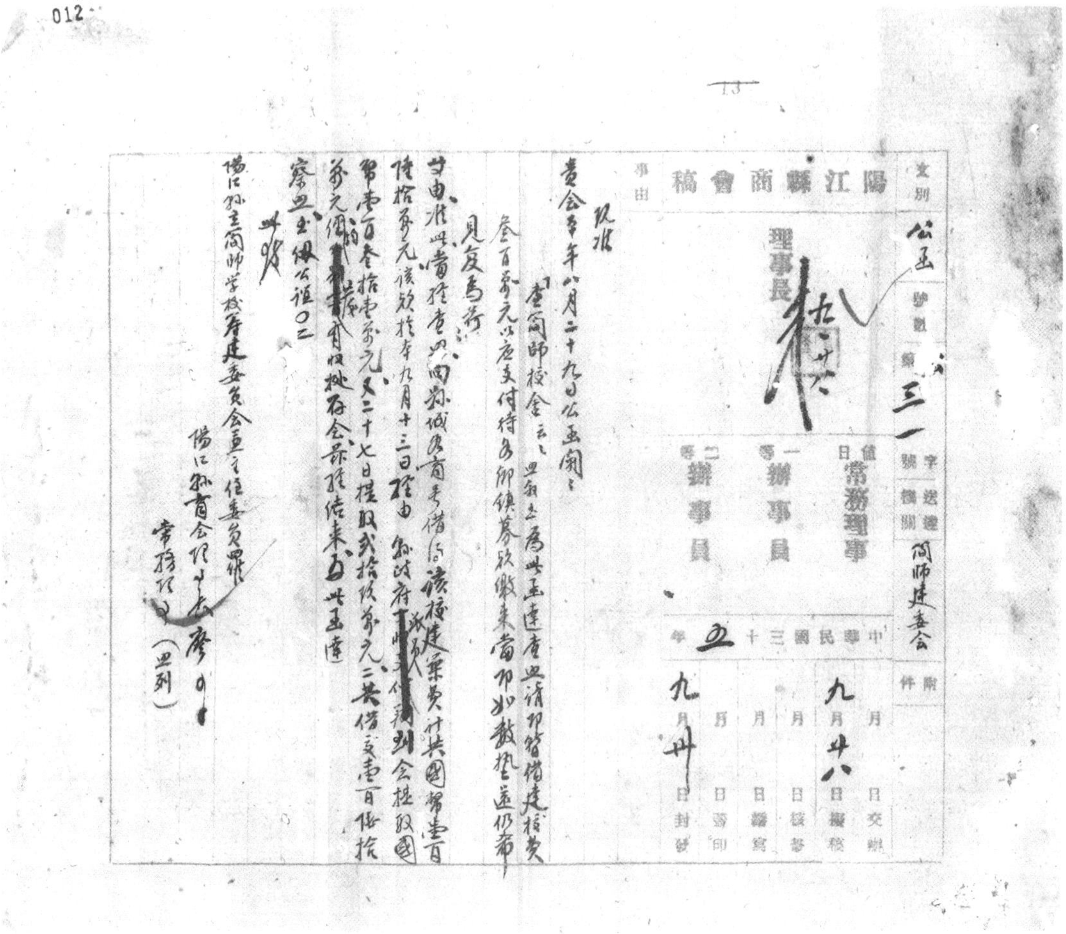

012

13

阳江县商会稿

文别：公函

发文：字第三一号

送达机关：简师建委会

附件：

理事长：［签名］

值日常务理事

一等办事员

二等办事员

中华民国三十五年

九月廿八日拟稿

九月卅日封发

现准

贵会本年八月二十九日公函开：

"查简师校舍［illegible］为此函达，查照，并请即暂借建校费叁百万元，以应支付，待各乡镇募款缴来，当即如数拨还，仍希

见复为荷"等由。准此，当经本会与县城教育参议借给该校建筑费计共国币壹百陆拾万元，该款于本年九月十三日经由县政府［illegible］到会提取国币壹百叁拾万元，又二十七日提取贰拾万元，二共借支壹百伍拾［illegible］万元，［illegible］尚有［illegible］拟存会，并请结束。函达

察照为荷。此致

阳江县立简师学校筹建委员会

阳江县商会理事长 ［illegible］

常务理事 廖［illegible］

（照列）

648. 阳江县城商号暂借县立简易师范学校建筑费簿（1946 年 9 月）

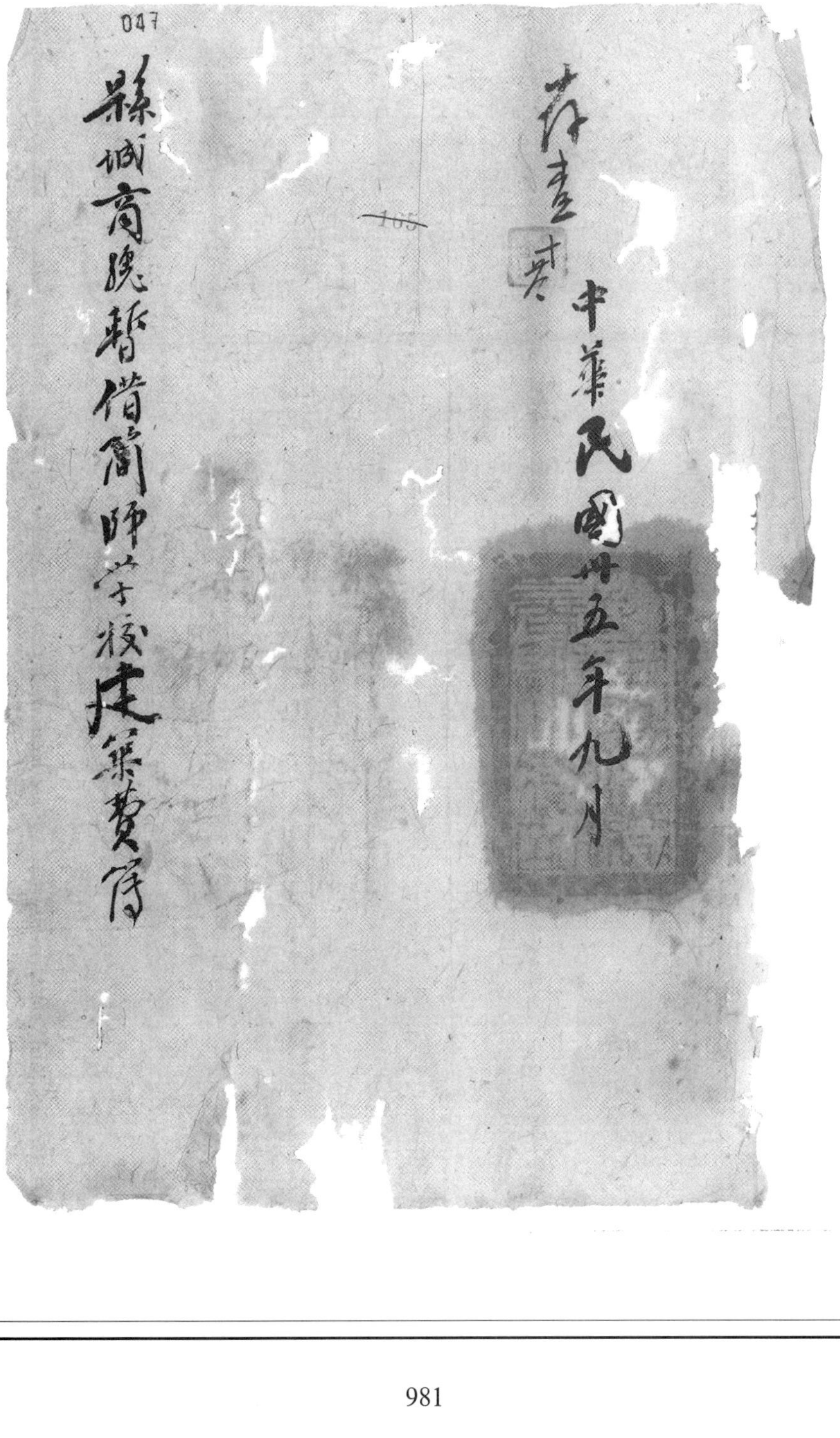

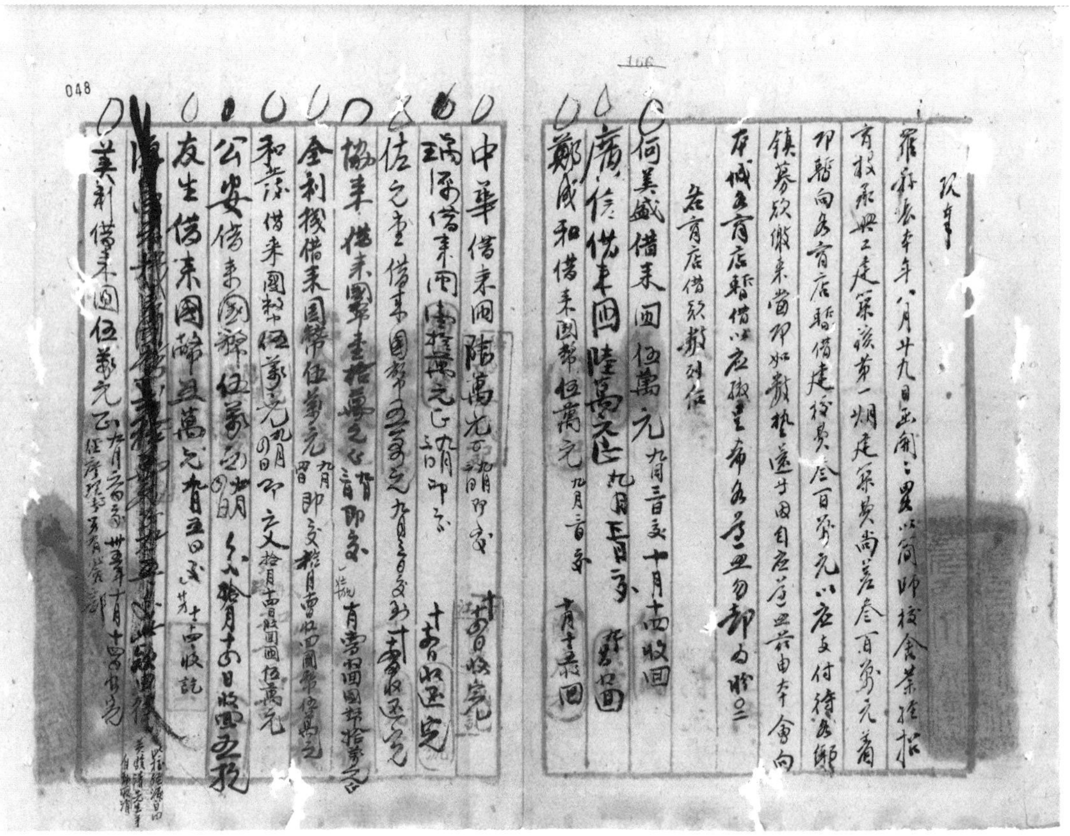

现查
罗孙长本年八月廿九日函开[illegible]以前师校会[illegible]
育校[illegible]工建筑该第一期建筑费尚差叁百万元着
即暂向各商店暂借建校费叁百万元以应支付等由乡
镇募款缴来当即如数[illegible]还等因自应[illegible]由本会向
本城各商店暂借以应[illegible]布[illegible]
各商店借款数列后
何美盛借来国币伍万元　九月三十日交　十月十四收回
广信优借来国币陆万元正　九月廿日交　[illegible]收回
郑成和借来国币伍万元　九月廿日交　十月十[illegible]日收回
中华借来国币陆万元正　九月二十日即交　十月十四日收完讫
瑞[illegible]借来国币[illegible]拾万元正　九月二十日即交　十月十四日收还完
佐[illegible]堂借来国币五万元　九月三十日交　十月十四日收还完
协来借来国币壹拾万元正　九月[illegible]日即交　十月十四日收回国币拾万元正
金利栈借来国币伍万元　九月[illegible]即交　拾月十四日收回国币伍万元
和[illegible]借来国币伍万元　九月四日即交　拾月十四日收回国币伍万元
公安借来国币伍万元　九月四日　拾月十四日收回五万元
友生借来国币五万元　九月五日交　十月十四收讫
[illegible]
美利借来国币伍万元正　九月二十日交　卅五年十月十四日收完

049

167

大方店借来国币叁万元 八月十五 十月十四收完 该借款

寿丰借来洋叁万元正 十月十五 廿四收款

同丰米机借来国币壹拾万元 九月廿三 十月廿四收完

永丰米机借来国币贰拾万元 九月 十月 四日

同昌店借来国币叁万元正 九月廿五 十月十四收完

源昌米机借来国币贰拾万元 九月廿二

存仁堂借来国币叁万元 十月 十四日收完

广永年借来国币伍万元正 十月 五万元

来卑石借来国币伍万元正 十月 收

振兴昌借来国币叁万员正 九月廿七日 十月廿五日收

合成栈借来大洋伍万元正 九月廿七日 十月 书收完

万丰借来大洋伍万员 九月十七日 收完

广泰成借来大洋叁万员正 九月十七日 十月 收完

共国币壹佰陆拾万元正

此款经向县政府提回立即收款

还各店收完 此注

649. 阳江县善后救济协会为在上濑书年医院开投赈品函请县商会发动商人竞投
（1946 年 11 月 19 日）

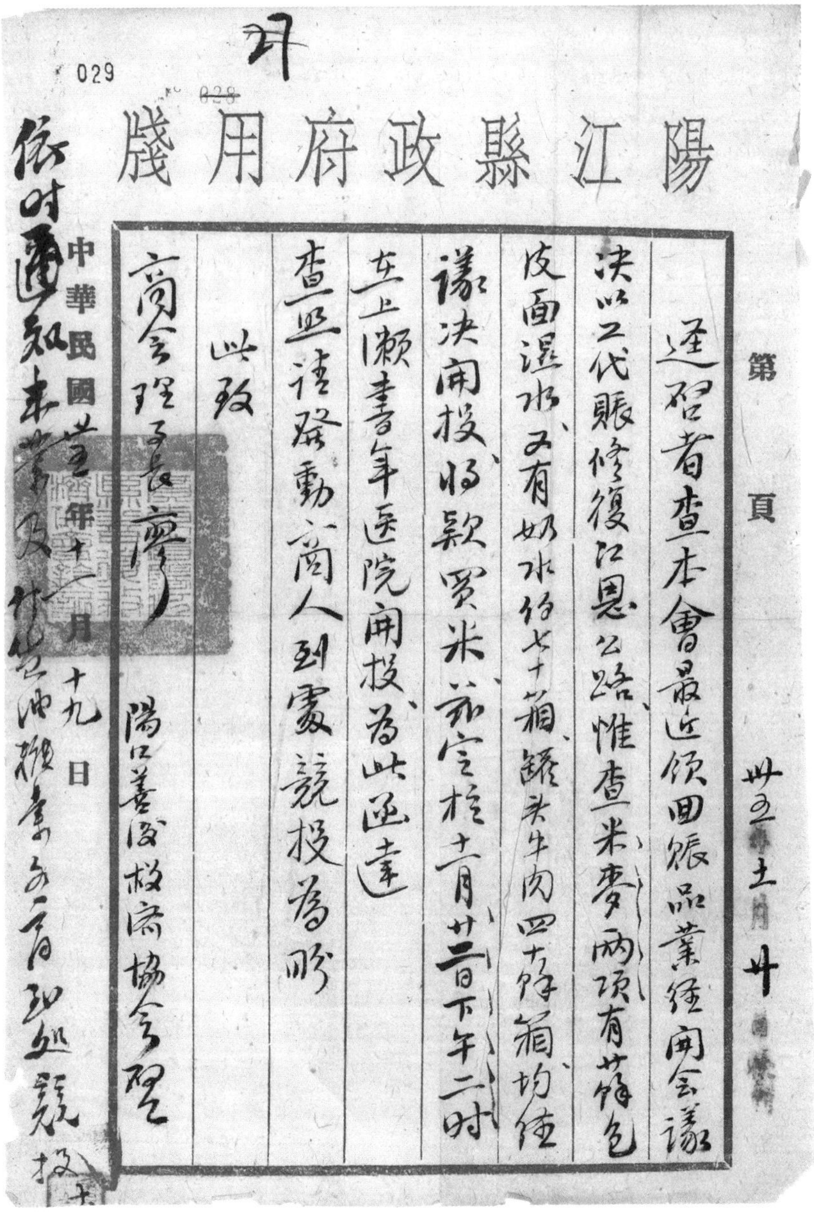
029

陽江縣政府用箋

第　頁

逕啓者：查本會最近領回賑品，業經開会議決以工代賑修復江恩公路，惟查米麥兩項有蔴包皮面渥水，又有奶水約七十箱、鹹牛肉四十餘箱，均經議決開投，將款買米，茲定於十一月廿二日下午二时在上瀨書年医院開投，為此函達查照，請發動商人到處競投為盼。

此致

商会理事長 廖

陽江善後救濟協会理

中華民國卅五年十一月十九日

650. 阳江县 1946 年度冬令救济委员会为发放难童收容所之旧衣被给当街难民、难童函请县商会理事长廖永年查照（1946 年 12 月 27 日）

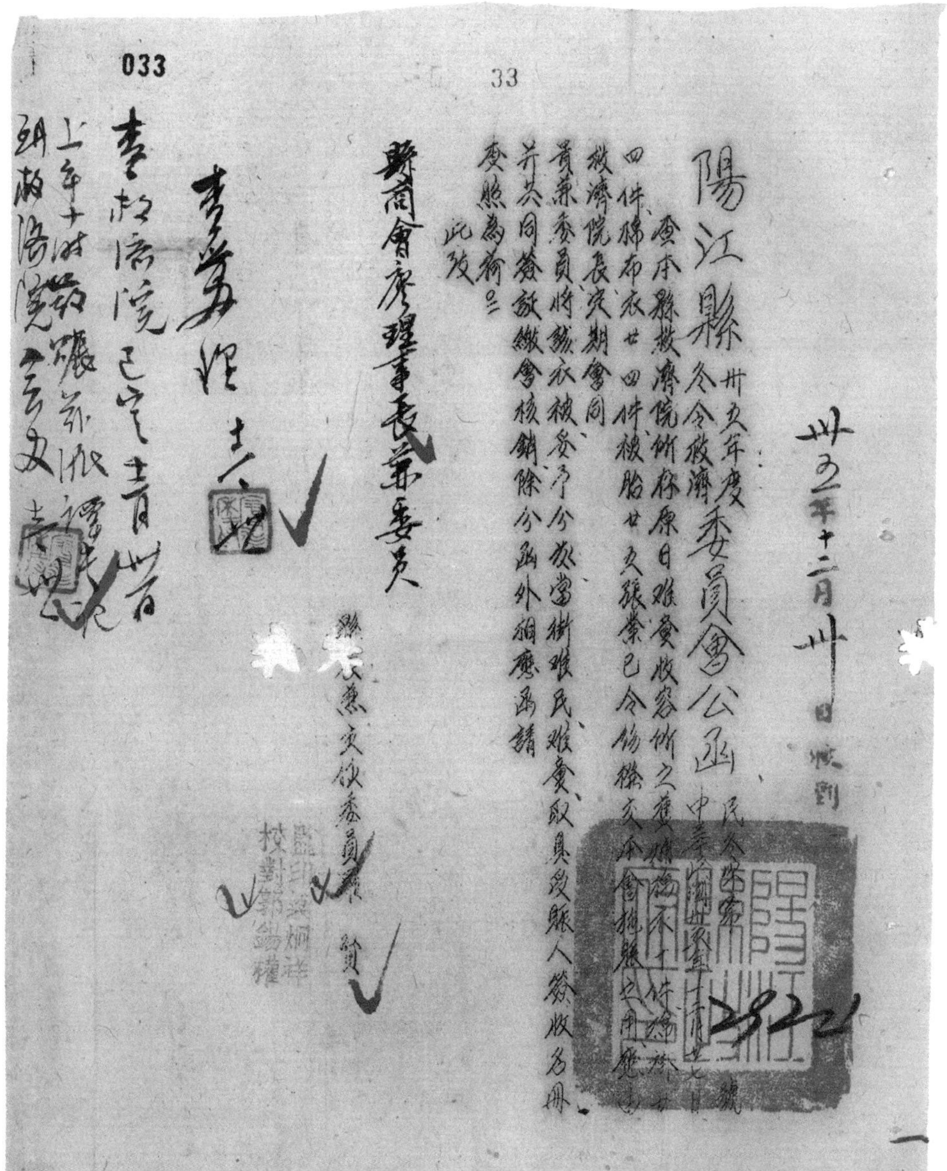

陽江縣卅五年度冬令救濟委員會公函　字第　號
中華民國卅五年十二月廿七日

查本縣救濟院所存原日難童收容所之舊棉被廿四件、棉布衣廿四件、被胎廿五張，業已令飭該院交本會接收應用，茲於救濟院長定期會同貴兼委員將該衣被發予分放當街難民、難童，取具受賑人簽收名冊，并共同簽該繳會核銷，除分函外，相應函請查照為荷。此致

縣商會廖理事長兼委員

651. 阳江县政府向县商会函送 1946 年度冬令救济会议录（1947 年 1 月 9 日）+ 附：1946 年度冬令救济会议录

001

70

陽江縣政府公函

民冬字第　　號

中華民國卅六年　月　日

卅六年一月九日

064

查卅五年度冬令救濟委員會，奉令組织成立，業於卅五年十二月十八日召集各有關机關法团及热心地方公益人士會商辦理，隨即決議即日成立，并推定各兼委員暨救濟辦法，紀錄在卷。除分函外，相應抄同会議錄送請查照，如有關指定任務，即希協助辦理為荷！

此致

縣商会

附送会議錄乙份

縣長羅賢

監印梁炯祥

校对郭錫权

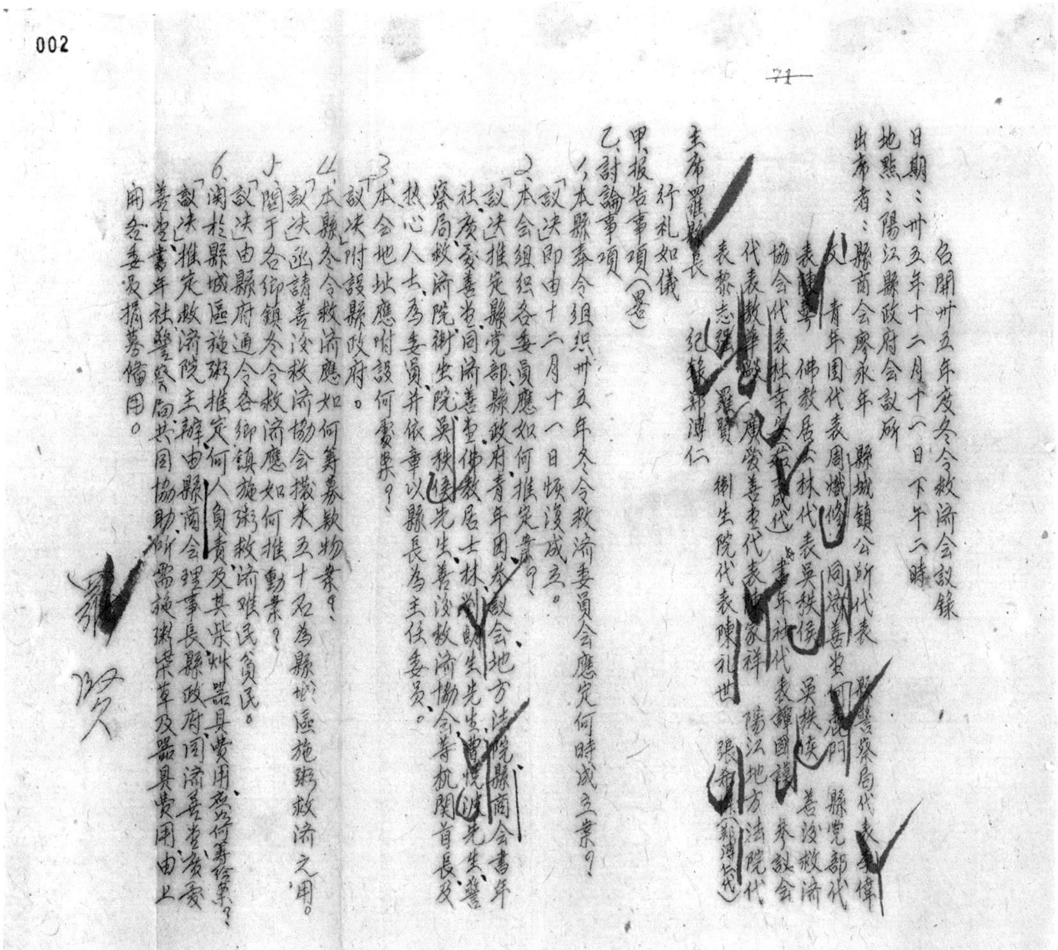
002

71

召開卅五年度冬令救濟会議錄

日期：卅五年十二月十八日下午二時

地點：陽江縣政府会議所

出席者：縣商会廖永年　縣城鎮公所代表　縣警察局代表李偉文　青年团代表周熾修　同濟善堂何彪門　縣党部代表陳學　佛教居士林代表吳秩侯　吳秩侯　善後救濟協会代表杜幸安（会成代）　青年社代表鍾國讓　參議会代表敖華琛　廣愛善堂代表黃家祥　陽江地方法院代表黎志强　羅賢　衛生院代表陳礼世　張希（鄭溥仁代）

主席羅縣長　紀錄鄭溥仁

行礼如儀

甲、報告事項（畧）

乙、討論事項

1、本縣奉令組织卅五年冬令救濟委員会應定何時成立案？

「議決」即由十二月十八日恢復成立。

2、本会组织各委員應如何推定案？

「議決」推定縣党部、縣政府、青年团、參議会、地方法院、縣商会、書年社、廣愛善堂、同濟善堂、佛教居士林、劉朗先生、曹悦波先生、警察局、救濟院、衛生院、吳秩侯先生、善後救濟協会等机関首長及熱心人士為委員并依章以縣長為主任委員。

3、本会地址應附設何處案？

「議決」附設縣政府。

4、本縣冬令救濟應如何籌募款物案？

「議決」函請善後救濟協会撥米五十石為縣城區施粥救濟之用。

5、關于各鄉鎮冬令救濟應如何推動案？

「議決」由縣府通令各鄉鎮施粥救濟難民貧民。

6、關於縣城區施粥推定何人負責及其柴料器具費用應如何籌給案？

「議決」推定救濟院主辦，由縣商会理事長、縣政府、同濟善堂、廣愛善堂、書年社、警察局共同協助，所需施粥柴草及器具費用由上開各委員捐募備用。

羅賢

652. 阳江县商会向县政府呈缴暂定两阳中学建筑费国币 100 万元（1947 年 4 月 4 日）

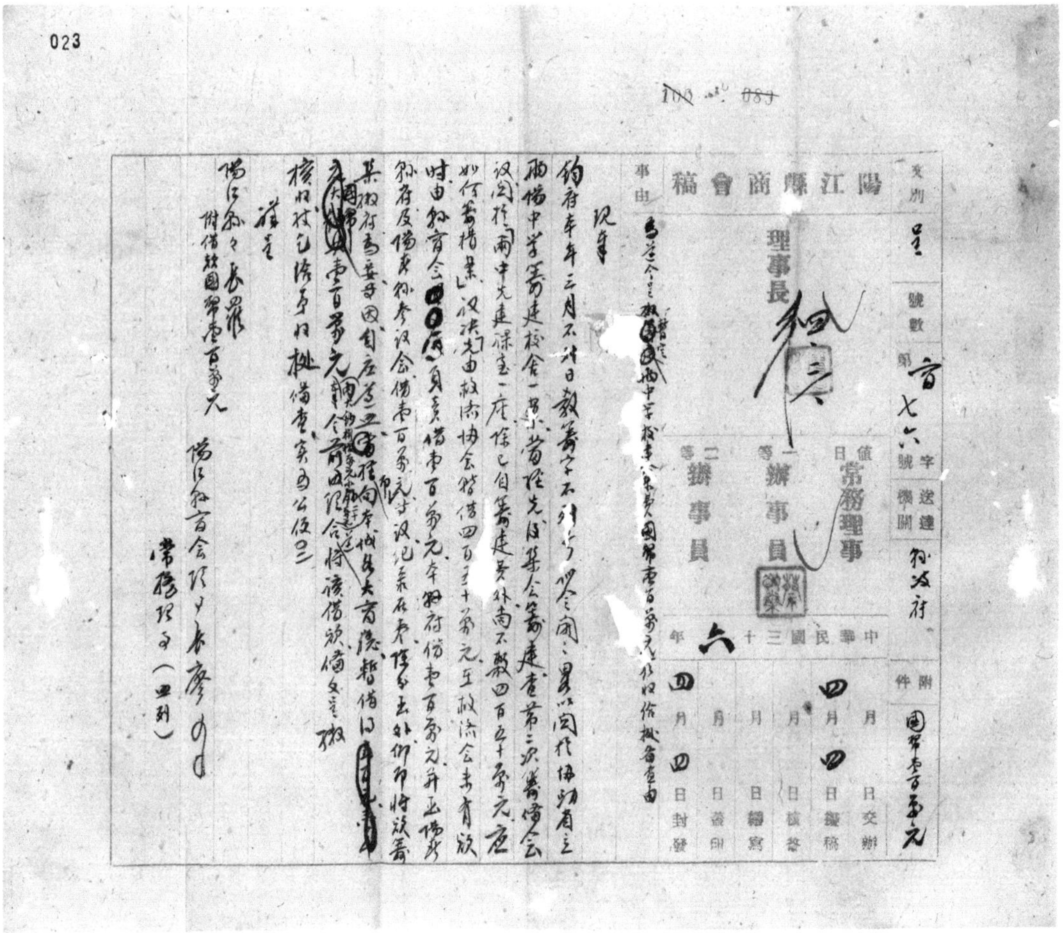

653. 阳江县商会向电船工人等通告县政府改善电船工人待遇决议（1947 年 5 月 16 日）+ 附：阳江县政府致县商会理事长廖永年的训令（1947 年 5 月 13 日）

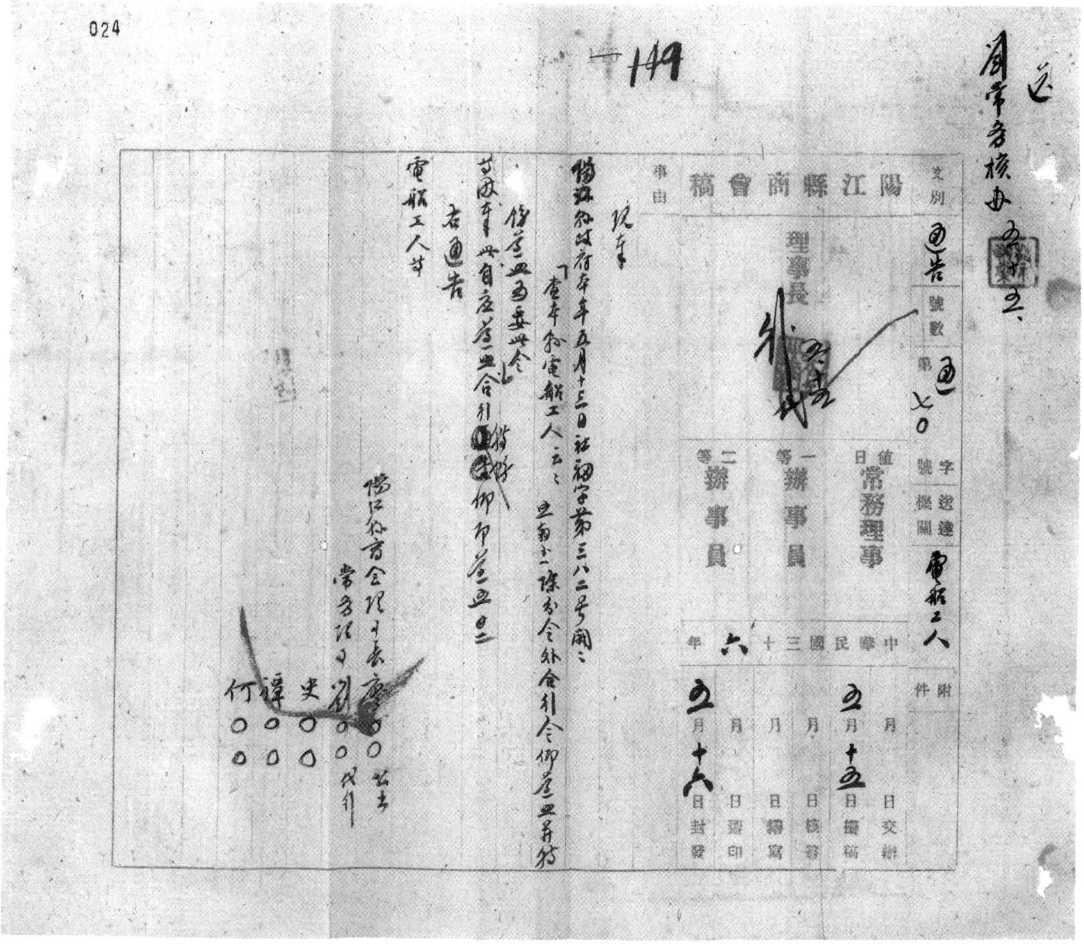

陽江縣商會稿

文別	通告
號數	第 通 七〇 號
送達機關	電船工人
附件	

理事長
值日常務理事
一等辦事員
二等辦事員

中華民國三十六年 五月十五日擬稿 月 日交辦 月 日核稿 月 日繕寫 月 日蓋印 五月十六日封發

事由

現奉
陽江縣政府本年五月十三日社福字第三八二號開：
「查本縣電船工人……除分令外合行令仰遵照並轉飭
[illegible]
右通告
電船工人等
陽江縣商會理事長廖○○
常務理事 ○○

025

150

阳江县政府训令　社福

中华民国卅六年五月十三日　382

卅六年五月十四日收到

令阳江县商会理事长廖秋年

查本县电船工人要求改善待遇一案，经依据各有关机关人员会议决：(一)关于电船机房每日工价增至四十万元；(二)其他电船工人工价照机房工价比例增加等议纪录在卷。除分令外，合行令仰遵照并转饬遵照为要！

此令。

县长　罗　贤

654. 阳江县商会向县政府呈报举行安定社会座谈会日期并请届时派员到会指导（1947 年 6 月 18 日）

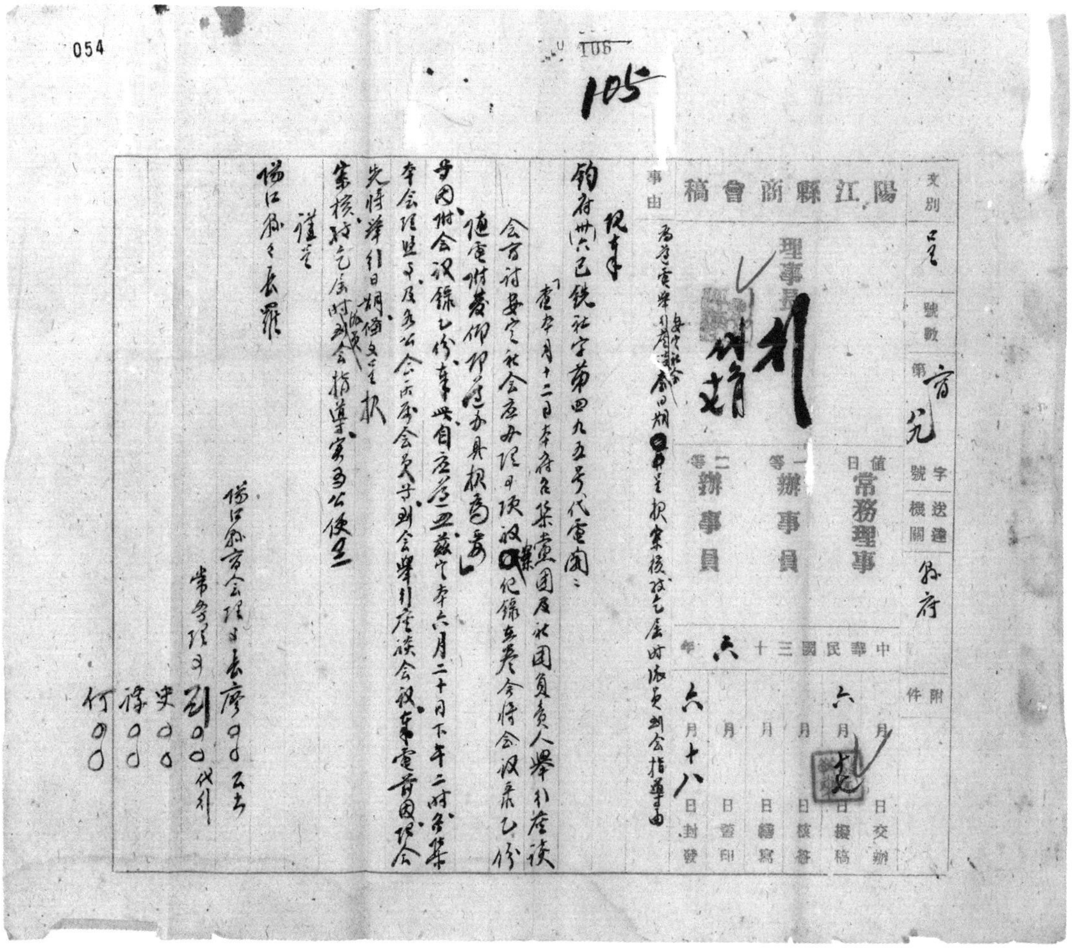

054

105

陽江縣商會稿

文別：呈
號數：第 商 字 元 號
送達機關：縣府
事由：為奉電舉行安定社會座談會日期呈報察核請屆時派員到會指導由

理事長　常務理事　一等辦事員　二等辦事員

中華民國三十六年
六月十六日交辦　月　日擬稿　月　日核簽　月　日繕寫　月　日蓋印　六月十八日封發

案奉
鈞府卅六巳銑社字第四九五號代電開：「查本月十二日本府召集黨團及社團負責人舉行座談會商討安定社會辦法，經決議紀錄在卷。合將會議紀錄乙份隨電附發，仰即遵辦具報為要」等因；附會議紀錄乙份。奉此，自應遵辦。茲定本年六月二十日下午二時召集本會理監事及各公會正副理事長舉行座談會，奉電前因，理合先將舉行日期備文呈報，仰祈
察核，並請屆時派員到會指導，實為公便。
謹呈
陽江縣縣長羅
陽江縣商會理事長 廖〇〇 出差
常務理事 劉〇〇 代行
史〇〇
徐〇〇
何〇〇

655. 阳江县西濑木桥管理委员会常务委员向县政府呈报办理上下濑木桥承商苛收过桥费一案情形（1947 年 6 月 21 日）

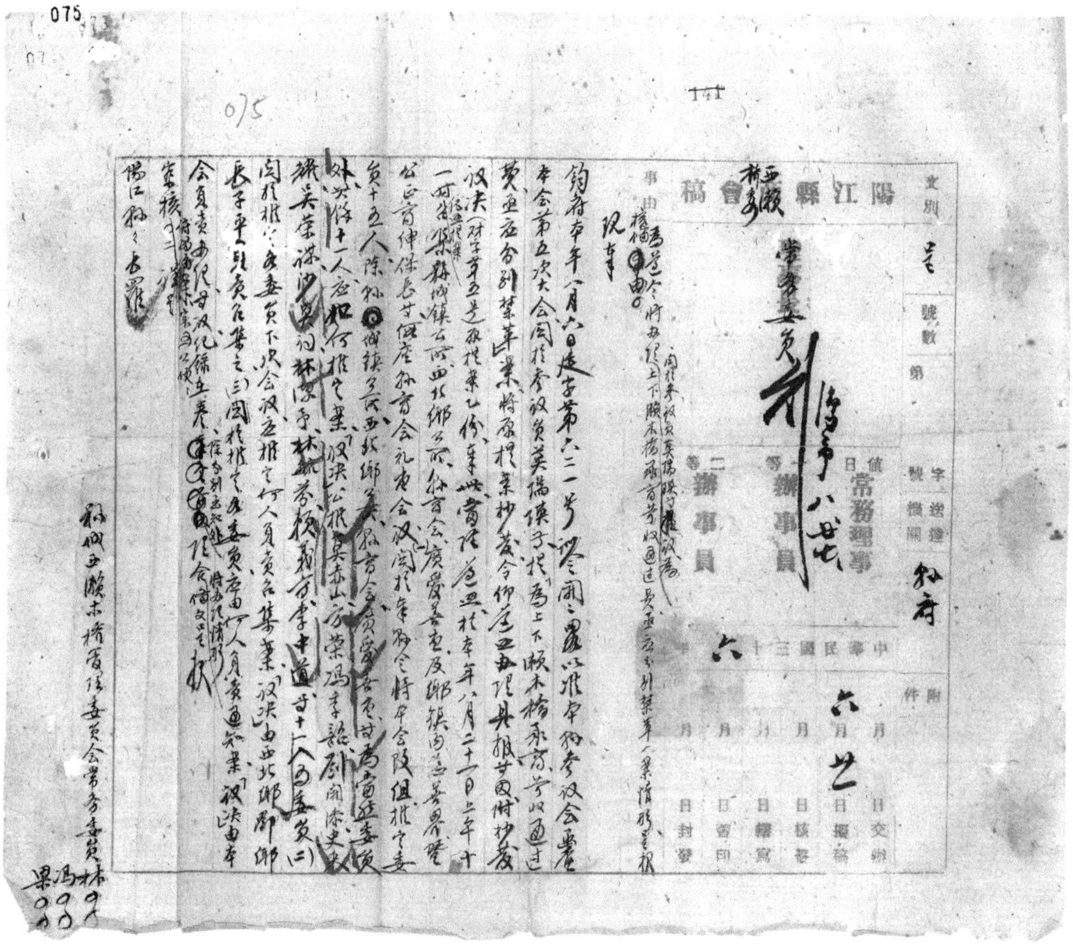

656. 阳江县善后救济协会奉令结束定 9 日召开会议讨论尚存物资处理办法函请县商会理事长廖永年依时出席（1947 年 8 月 6 日）

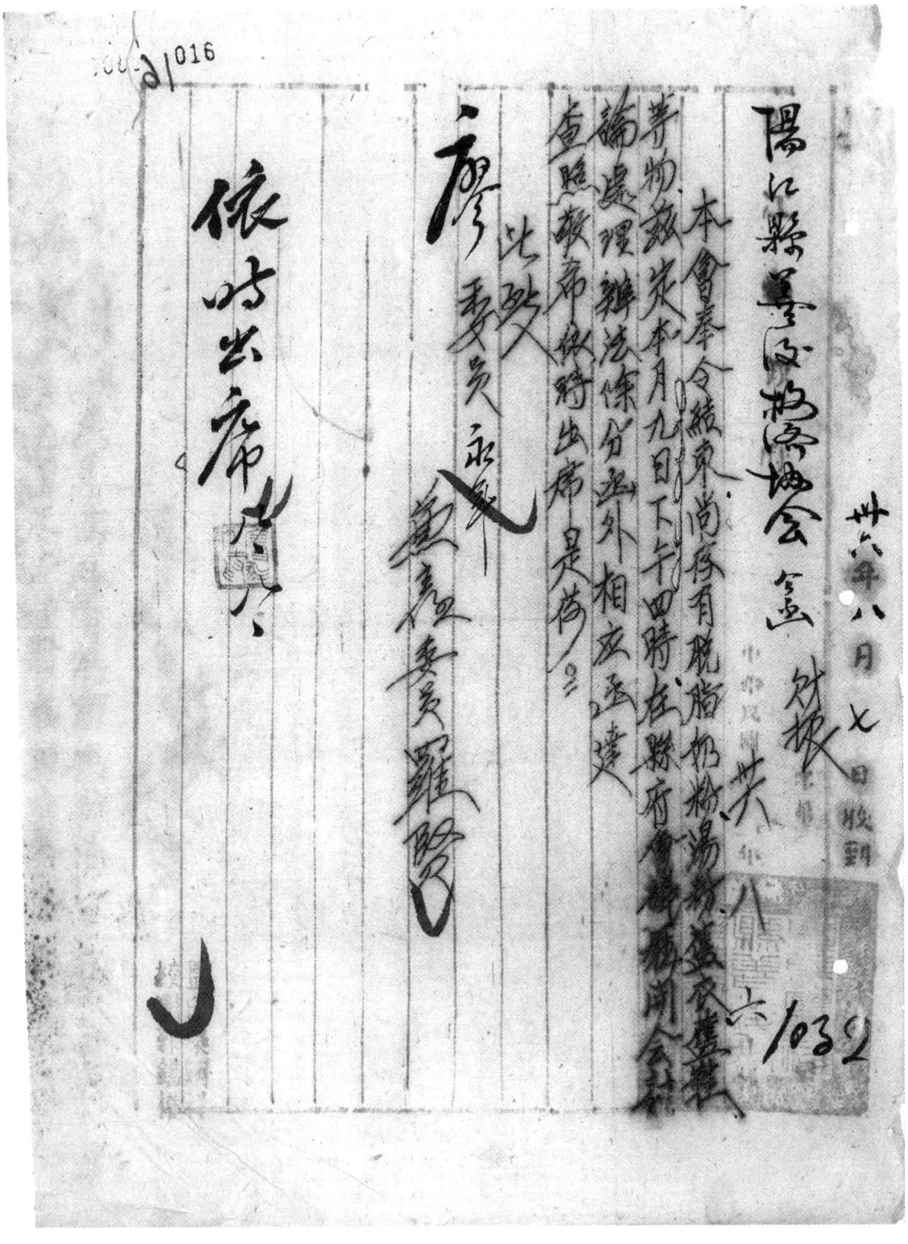

陽江縣善後救濟協會箋

本會奉令結束，尚存有脫脂奶粉、湯粉、藍衣舊鞋等物，茲定本月九日下午四時在縣府會議廳開會討論處理辦法，除分函外，相應函達查照，敬希依時出席是荷。此致

廖委員永年

兼主任委員羅賢

卅六年八月七日收到

依時出席

657. 阳江县商会向县政府呈缴清寒学生奖助金捐款、捐册、已用收据存根（1947 年 10 月 18 日）

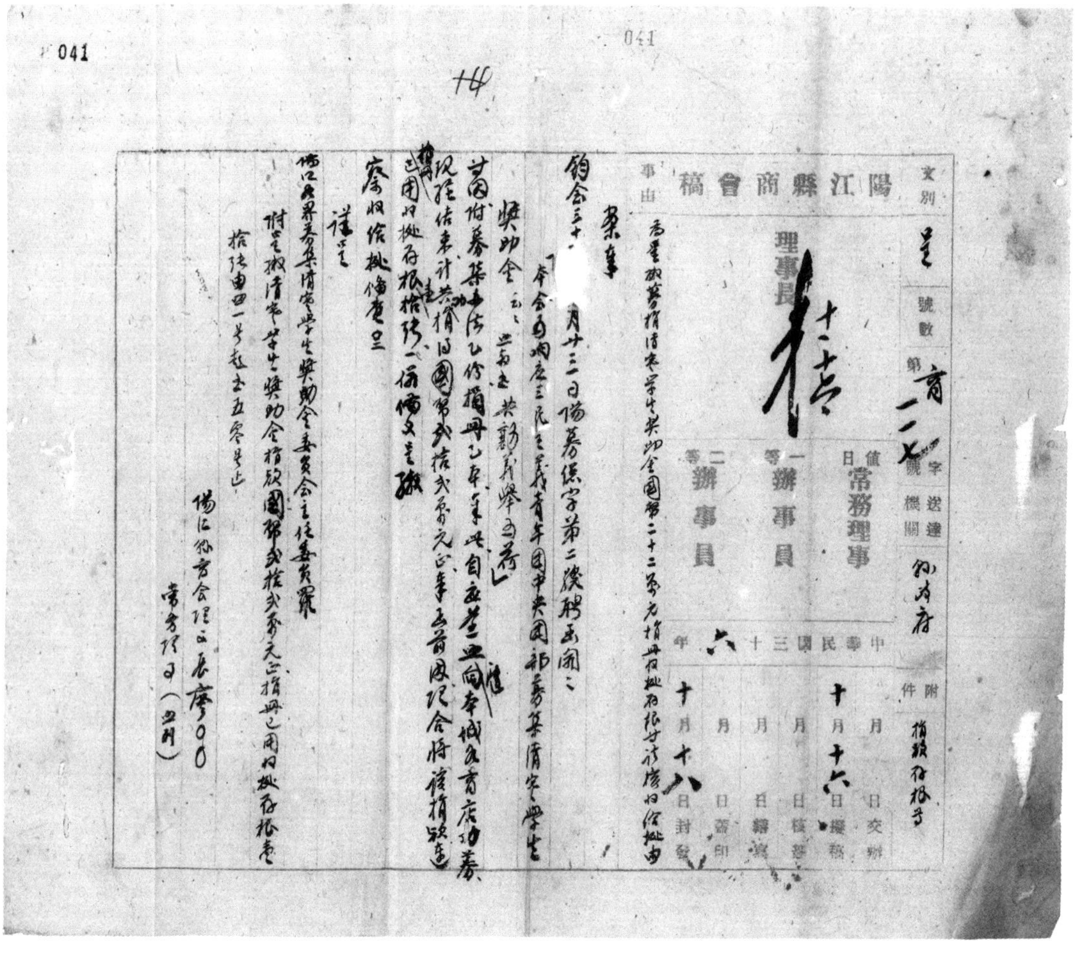

041

陽江縣商會稿

文别：呈

號數：第一一七號

送達機關：縣政府

附件：捐款存根等

理事長：杜

常務理事　值日

辦事員　一等

辦事員　二等

中華民國三十六年

十月十六日擬稿

十月十八日封發

事由：為呈繳募捐清寒學生奖助金國幣二十二萬元、捐冊及收據存根廿二張，請核收給據由

案奉

鈞會三十[illegible]月廿三日陽募保字第二號代電開："本會為響應三民主義青年團中央團部募集清寒學生奖助金……"云云。

等因，附募集清寒學生奖助金捐冊乙本……自應遵照，向本城各商店勸募。

現經結束，計共募得國幣貳拾貳萬元正，合將該捐款連同收據存根、捐冊一併備文呈繳，

察收給據，俾便轉呈。

謹呈

陽江縣募集清寒學生奖助金委員會主任委員羅

附呈繳清寒學生奖助金捐款國幣貳拾貳萬元正、捐冊乙本、已用收據存根，捐據由四一號起至五零號止。

陽江縣商會理事長廖○○

常務理事（　）

658. 阳江县商会致函县政府员工福利社送还尚存演戏誉券（1947 年 12 月 30 日）

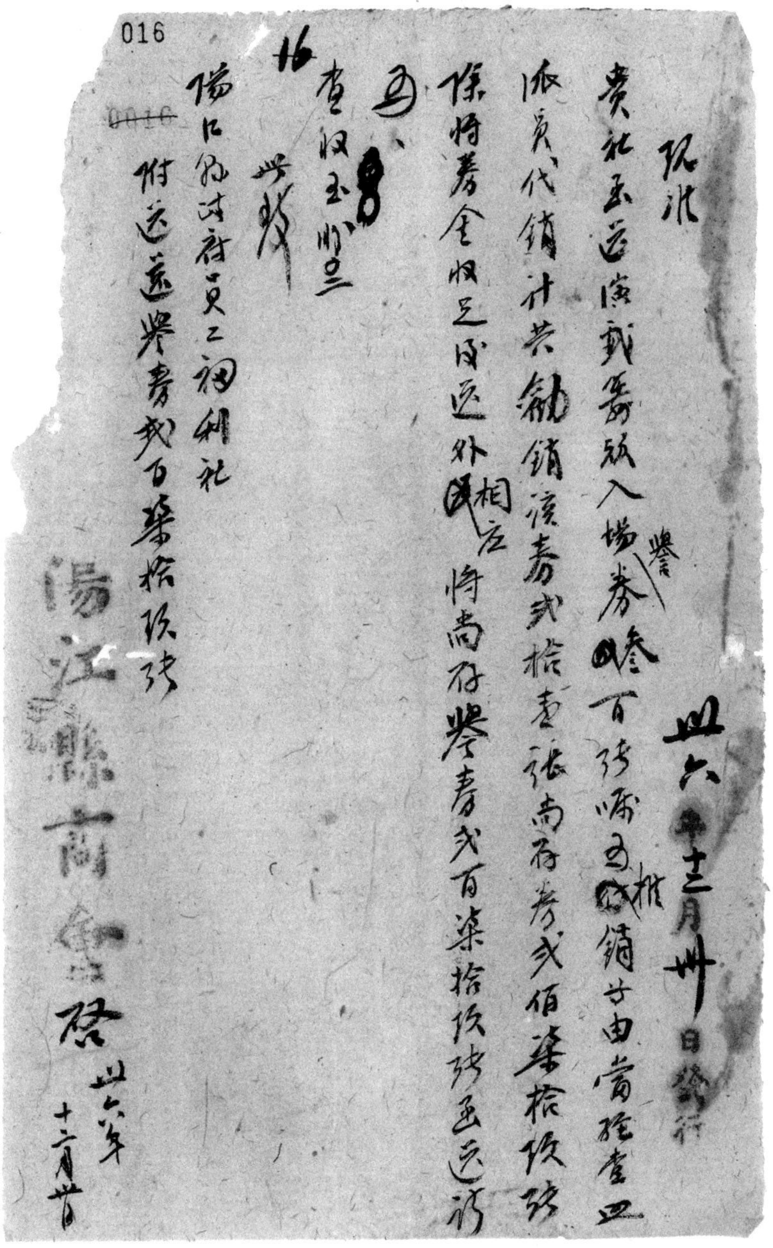

016

16

逕啟者：

貴社函送演戲入場譽券叁百張，囑為推銷，茲由會轉達四派員代銷，計共銷演券貳拾壹張，尚存券貳佰柒拾玖張，除將券金收足另送外，相應將尚存譽券貳百柒拾玖張函送，

查收為荷。

此致

陽江縣政府員工福利社

附送還譽券貳百柒拾玖張

陽江縣商會啟

卅六年十二月卅日

卅六年十二月卅日發行

659. 阳江县商会致函两阳民国日报社社长、江华日报社社长送还尚存演剧筹款特等戏票、对号位票（1948 年 1 月 3 日）

031

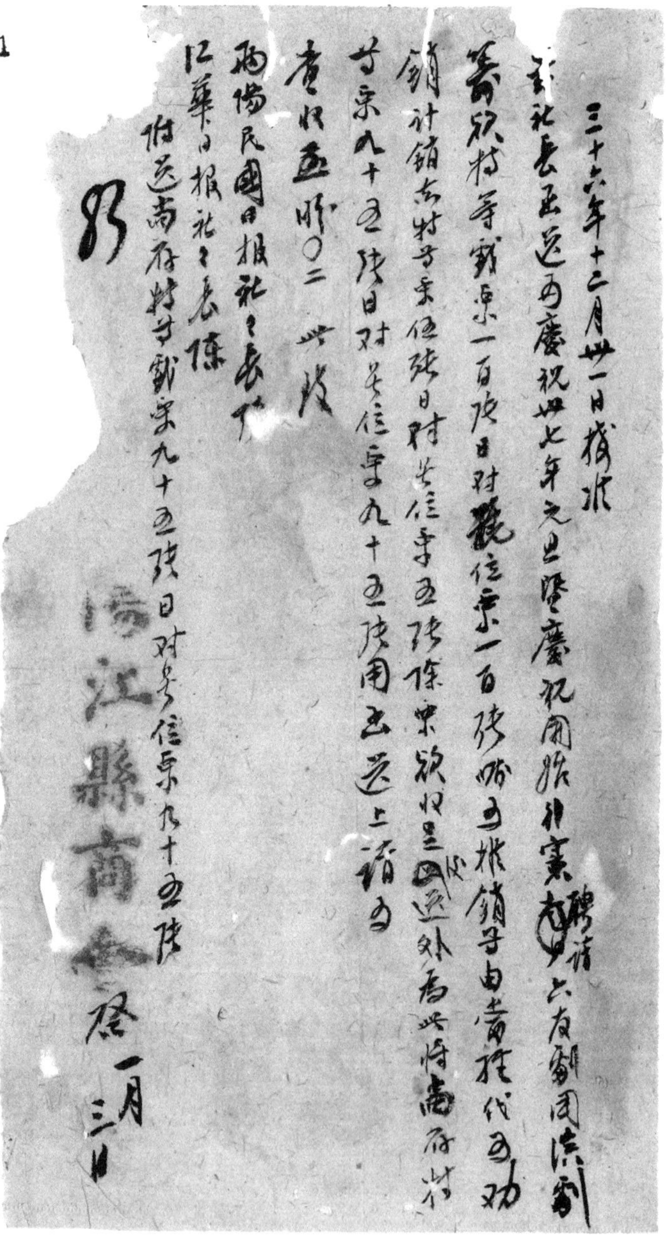
三十六年十二月廿一日接准
贵社长函送为庆祝卅七年元旦暨庆祝同胞社案聘请六友剧团演剧
筹款特等戏票一百张、日对号位票一百张，嘱为推销等由，当经代为劝
销，计销去特等票伍张、日对号位票五张，除票款收足照送外，尚存特
等票九十五张、日对号位票九十五张，用函送上，请为
查收为盼。此致
两阳民国日报社社长
江华日报社社长陈
附送尚存特等戏票九十五张、日对号位票九十五张
阳江县商会启　一月三日

660. 广州市商会为商品陈列所开幕函请阳江县商会惠送各厂商号优良出品（1948 年 2 月 20 日）

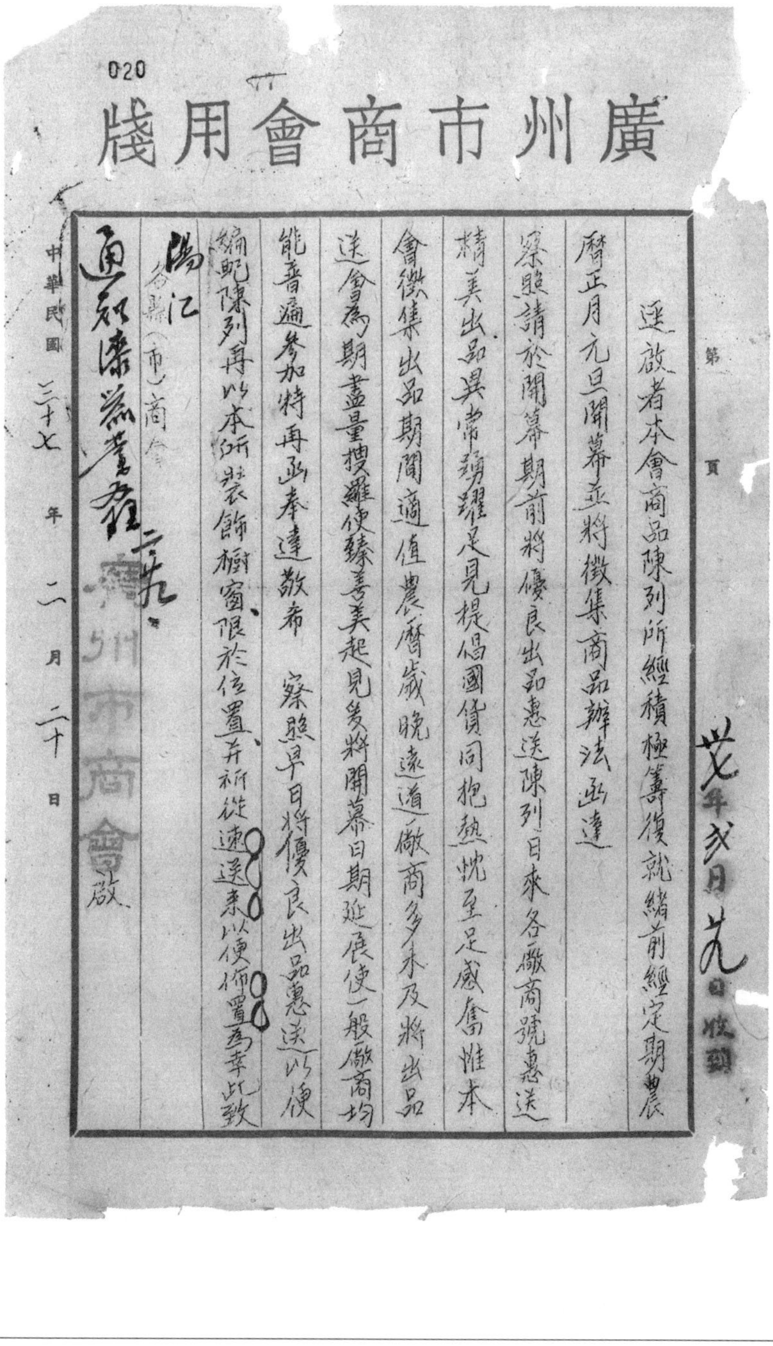
020

廣州市商會用箋

第　頁

逕啟者本會商品陳列所經積極籌復就緒前經定期農
曆正月元旦開幕並將徵集商品辦法函達
察照請於開幕期前將優良出品惠送陳列日來各廠商號惠送
精美出品異常踴躍足見提倡國貨同抱熱忱至足感奮惟本
會徵集出品期間適值農曆歲晚遠道廠商多未及將出品
送會爲期盡量搜羅俾臻善美起見爰將開幕日期延展俾一般廠商均
能普遍參加特再函奉達敬希
察照早日將優良出品惠送以便
編配陳列再以本所裝飾橱窗限於位置并祈從速送來以便佈置爲幸此致
陽江各縣（市）商會
廣州市商會敬

中華民國三十七年二月二十日

通知糖業公會 二/廿九

卅七年弍月廿九日收到

661. 阳江县商会通告漆器业同业公会召集所属会员将漆器优良出品送省陈列（1948年3月28日）

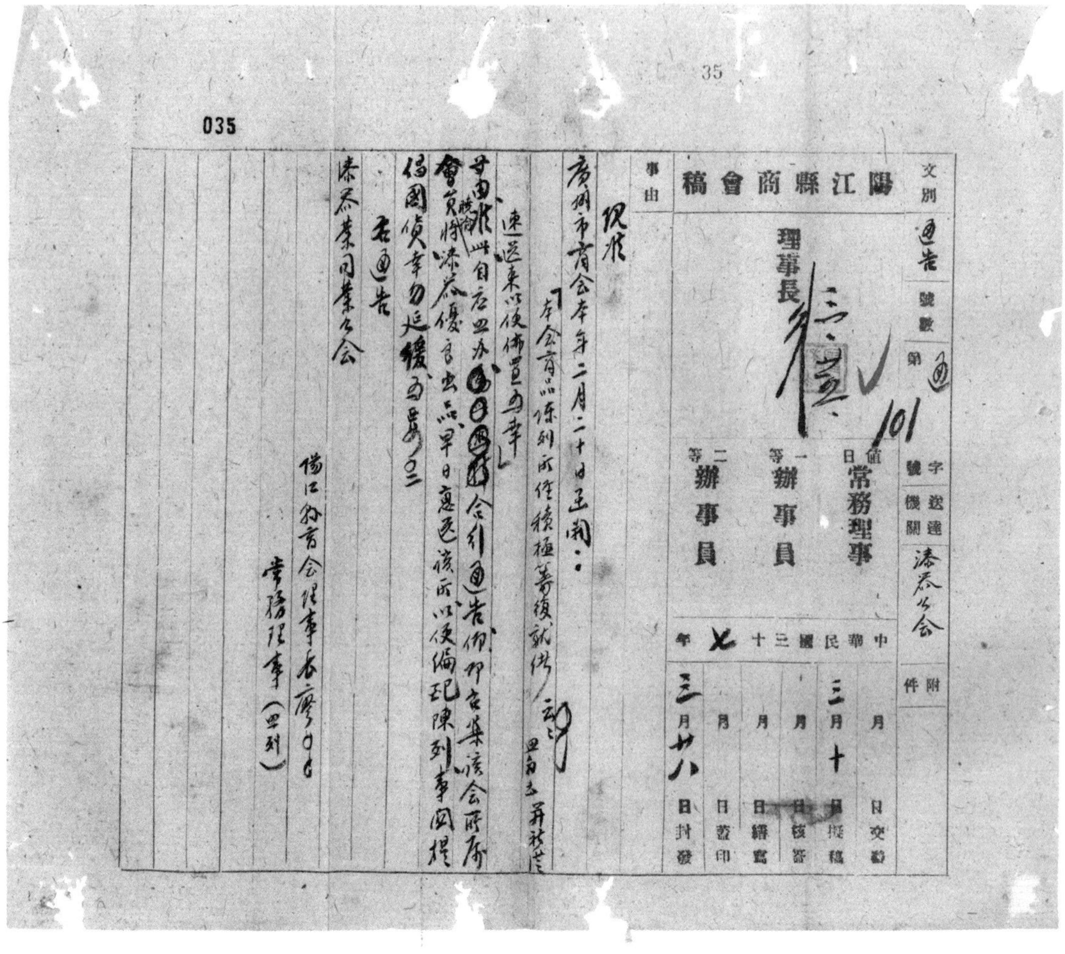
035

35

陽江縣商會稿

文別：通告

號數：第　通　101

送達機關：漆器公會

附件

理事長

值日常務理事

一等辦事員

二等辦事員

中華民國三十七年

三月十日擬稿　月　日核簽　月　日繕寫　月　日蓋印　三月廿八日封發　月　日交辦

事由

現准

廣州市商會本年二月二十日函開：

「本會前品陳列所經積極籌復就緒……」

等由。准此，自應照辦。除函復外，合行通告，仰即召集該會所屬會員，將漆器優良出品早日惠送該所，以便轉送陳列，事關提倡國貨，幸勿延緩為要。

右通告

漆器業同業公會

陽江縣商會理事長

常務理事

（四列）

后 记

阳江市档案馆高度重视馆藏重点档案的保存和利用。国家档案局《国家重点档案保护与开发项目管理办法》发布后，阳江市档案馆立即组织专家对馆藏档案进行清查，2019 年决定先期编纂和出版馆藏民国商会档案，为近代阳江商会史、民族工商业发展和社会经济变迁的研究提供第一手的资料，推动地方历史文化事业的发展。在陈宝德馆长的领导下，阳江市档案馆成立由苏云龙副馆长负责的民国商会档案汇编指导组和华南师范大学历史文化学院黄珍德副教授主持的课题专家组，迅速投入紧张的选材、整理和汇编工作，编纂《民国阳江商会档案汇编》书稿。

民国阳江商会档案汇编项目是国家重点档案专项资金支持项目。本书的出版得到国家档案局、广东省档案局的大力指导、帮助和支持，在此谨向国家档案局、广东省档案局表示衷心感谢!

编 者